VIS à VIS

CHINA

Liaoning, Jilin & Heilongjiang
Seiten 436-455
Beijing
Seiten 78-119
Hebei, Tianjin & Shanxi
Seiten 120-139
Shandong & Henan
Seiten 140-159
Shaanxi
Seiten 160-171
Fujian
Seiten 284-293
Guangdong & Hainan
Seiten 294-305
Harbin
Nordost-China
Jilin
Shenyang
Hohhot
Beijing
Tianjin
Shijiazhuang
Taiyuan
Ji'nan
Yinchuan
Beijing & Nordchina
Gelbes Meer
Zhengzhou
Lanzhou
Xi'an
Nanjing
Shanghai
Hefei
Hangzhou
Wuhan
Zentralchina
Chengdu
Nanchang
Chongqing
Changsha
Fuzhou
Guiyang
Südwestchina
Südchina
Guangzhou
Kunming
Hong Kong & Macau
Nanning
Haikou
Süd-chinesisches Meer
0 Kilometer 500

VIS À VIS

CHINA

DK

DORLING KINDERSLEY

LONDON • NEW YORK • MÜNCHEN

MELBOURNE • DELHI

www.dk.com

Ein Dorling Kindersley Buch

www.travel.dk.com

Texte
Donald Bedford, Deh-Ta Hsiung, Christopher Knowles, David Leffman, Simon Lewis, Peter Neville-Hadley, Andrew Stone, Calum Macleod, Helen Glaister, Sarah Waldram, Martin Walters

Fotografien
Demetrio Carrasco, Ian Cumming, Eddie Gerald, Nigel Hicks, Colin Sinclair, Chris Stowers, Linda Whitwham

Illustrationen
Richard Bonson, Stephen Conlin, Gary Cross, Richard Draper, Kevin Goold, Paul Guest, Claire Littlejohn, John Mullany, Chris Orr, Arun Pottirayil

Kartografie
Uma Bhattacharya, Casper Morris, Alok Pathak

Redaktion und Gestaltung
Dorling Kindersley London: Hugh Thompson, Kathryn Lane, Gadi Farfour, Vandana Mohindra, Methew Kurien, Maite Lantaron, Pallavi Narain, Rebecca Milner, Ellen Root, Jason Little, Kate Poole, Scarlett O'Hara, Vicki Ingle, Anna Streiffert, Douglas Amrine

•

Titel der englischen Originalausgabe:
Eyewitness Travel Guide *China*
Zuerst erschienen 2005 in Großbritannien
bei Dorling Kindersley Ltd., London
A Penguin Company

•

Für die deutsche Ausgabe:

Aktualisierte Neuauflage 2010/2011

•

Programmleitung Dr. Jörg Theilacker, Dorling Kindersley Verlag
Projektleitung Stefanie Franz, Dorling Kindersley Verlag
Übersetzung Brigitte Maier, Konzept & Text, München;
Annika Schroeter, München
Redaktion Dr. Elfi Ledig, München
Schlussredaktion Philip Anton, Köln
Satz und Produktion Dorling Kindersley Verlag
Lithografie Colourscan, Singapur
Druck KHL Printing Co. Pte. Ltd., Singapur

ISBN 978-3-8310-1566-5
3 4 5 6 7 8 12 11 10 09

Dieser Reiseführer wird regelmäßig aktualisiert. Angaben wie Telefonnummern, Öffnungszeiten, Adressen, Preise und Fahrpläne können sich jedoch ändern. Der Verlag kann für fehlerhafte oder veraltete Angaben nicht haftbar gemacht werden. Für Hinweise, Verbesserungsvorschläge und Korrekturen ist der Verlag dankbar. Bitte richten Sie Ihr Schreiben an:

Dorling Kindersley Verlag GmbH
Redaktion Reiseführer
Arnulfstraße 124 • 80636 München
travel@dk-germany.de

Konfuzius (551–479 v. Chr.)

Inhalt

◁ **Chinesische Mauer in Nordchina** ***(siehe S. 106–108)***
◁◁ **Umschlag: Schwarzer-Drachen-Teich in Lijiang, Yunnan** ***(siehe S. 380f und S. 392)***

Pailou: Schmucktor zum Gao Miao in Zhongwei, Ningxia *(siehe S. 476)*

Eindrucksvolle Karstkegel in der Stadt Guilin, Guangxi *(siehe S. 414f)*

Fengxian Si, die größte der buddhistischen Longmen-Grotten *(siehe S. 154f)*

Benutzerhinweise

Dieser Reiseführer hilft Ihnen, China besser kennenzulernen und Ihren Aufenthalt optimal zu erleben. *China stellt sich vor* geht auf den historischen und kulturellen Kontext des Landes ein. Die sieben nach Provinzen unterteilten Hauptkapitel beschreiben detailliert die einzelnen Städte, Regionen und wichtigen Sehenswürdigkeiten mit Karten, Fotos und Illustrationen. In *Zu Gast in China* finden Sie Hotel- und Restaurantempfehlungen sowie Tipps zu Shopping, Unterhaltung und zu vielen anderen Aktivitäten. Die *Grundinformationen* bieten praktische Infos von der Einreise bis zu öffentlichen Verkehrsmitteln.

1 Überblick
Hier finden Sie eine kurze Einführung in die Region. Die Regionalkarte *zeigt die größten Städte und die wichtigsten Sehenswürdigkeiten.*

In … unterwegs informiert über Verkehrsverbindungen und Reisewege in einer Region.

Bei der Orientierung hilft eine kleine farbcodierte Karte.

2 Sonderseiten
In der Einführung zu den Regionen finden Sie Features zu einzelnen Aspekten der Kultur, Geschichte, Geografie und Küche. Solche informativen Sonderseiten sind über das ganze Buch verteilt.

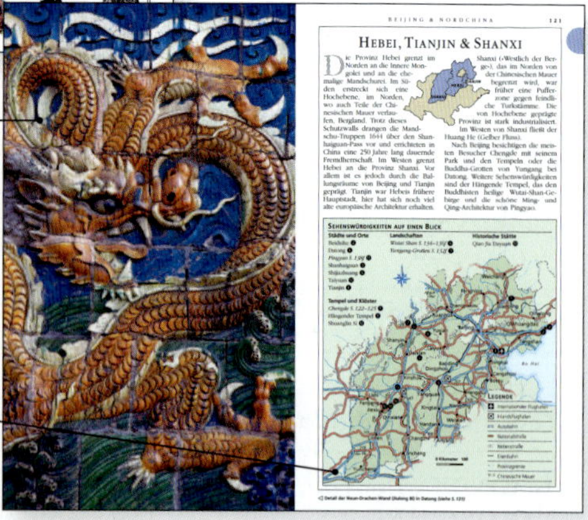

3 Einführung
Jedes Kapitel und damit jede Region hat ihre eigene Farbe, die sich als Griffmarke am Seitenrand befindet. Alle Sehenswürdigkeiten der Region sind nummeriert. Die Nummerierung ist mit den folgenden Einträgen identisch.

Eine Karte zeigt Städte, Eisenbahnlinien und größere Straßen.

4 Städte
Größere Orte und Städte werden im Detail beschrieben. Sehenswürdigkeiten sowie Bahnhöfe, Flughäfen etc. sind auf einer Karte des Stadtzentrums eingetragen.

Die Infobox enthält Adresse, Öffnungszeiten, Anfahrt und weitere nützliche Hinweise.

Die Nummern der Sehenswürdigkeiten korrespondieren mit der Karte.

5 Hauptsehenswürdigkeiten
Historische Gebäude sind im Aufriss und als 3-D-Zeichnungen abgebildet. Durch Museen führt ein farbiger Lageplan. Für die Nationalparks gibt es Karten mit Routen.

Sterne markieren Sehenswürdigkeiten, die Sie nicht versäumen sollten.

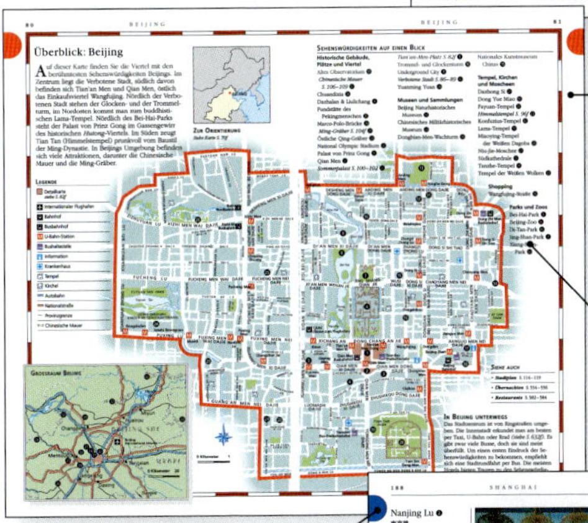

6 Stadtpläne
Beijing, Hong Kong und Shanghai haben jeweils ein eigenes Kapitel, das mit einer Übersichtskarte beginnt. Für Beijing und Hong Kong finden Sie auch einen detaillierten Stadtplan.

Sehenswürdigkeiten werden alphabetisch aufgelistet.

Jedes Kapitel hat farbige Griffmarken. Die vorderen Umschlaginnenseiten geben einen Überblick.

7 Detaillierte Informationen
Neben praktischen Informationen finden Sie z. B. den Namen der Sehenswürdigkeit in chinesischen Zeichen, teils auch die vor Ort gebräuchliche englische Bezeichnung.

China stellt sich vor

China entdecken

China ist bekannt für das immense Bauwerk der Großen Mauer, die Paläste im Hochland von Tibet und die Höhlentempel, die sich entlang der alten Seidenstraße reihen. Innerhalb des riesigen Reichs der Mitte finden sich suptropische Gegenden, Wildnis und ewiger Schnee, aber auch sanft terrassierte Hänge, die seit Jahrtausenden dem Reisanbau dienen. Genauso unterschiedlich wie die Landschaften sind auch ihre Bewohner, ihre Tempel und ihre Architektur. Das vielgesichtige China hat sich mittlerweile zu einem beliebten Reiseziel entwickelt.

Porzellanteller, Guangxu-Zeit

Beijings Verbotene Stadt

Beijing & Nordchina

- **Beijings Verbotene Stadt**
- **Chinesische Mauer**
- **Xi'ans Terrakotta-Armee**
- **Altehrwürdiges Pingyao**

In Nordchina befinden sich viele der attraktivsten Sehenswürdigkeiten. Man könnte ganze Tage in den Hofanlagen und den kaiserlichen Palästen der **Verbotenen Stadt** *(siehe S. 86–89)* zubringen. Ebenfalls im Norden befindet sich die **Chinesische Mauer** *(siehe S. 106–108)*, die das Reich der Mitte schützen sollte. Verschiedene Abschnitte kann man bei einem Tagesausflug von Beijing aus besichtigen. Die einstige Hauptstadt Xi'an beherbergt die faszinierende **Terrakotta-Armee** *(siehe S. 168f)* des ersten Kaisers. In der Umgebung liegen viele Gräber aus der Tang-Zeit. In Shanxi stehen die ältesten Holzgebäude Chinas, etwa in **Datong** *(siehe S. 131)* und **Wutai Shan** *(siehe S. 134–136)*. Die Ming-Stadt **Pingyao** *(siehe S. 138f)* ist komplett von einer Stadtmauer umgeben.

Zentralchina

- **Boomendes Shanghai**
- **Gärten von Suzhou**
- **Tunxi und Shexian (Ming-Zeit)**
- **Hangzhous West-See**

Zhejiang ist Chinas reichste Provinz. Hier stößt man etwa in den früheren Häfen Ningbo und Wenzhou auf enormen Wohlstand. **Shanghai** *(siehe S. 182–201)*, in den 1920er Jahren das »Paris des Ostens«, ist heute wieder die glamouröseste Stadt auf dem chinesischen Festland. Die renovierten Gebäude aus der Konzessionszeit beherbergen nun Restaurants und Bars. Im neuen Viertel Pudong ragen Kräne und grandiose Wolkenkratzer in den Himmel. In der Nähe gibt es aber auch den Alte-Welt-Charme der **Gärten von Suzhou** *(siehe S. 204–215)*. Häuser aus der Ming-Zeit und die Landsitze einstiger Kaufleute sieht man in **Tunxi**, **Shexian**, **Hongcun** und **Xidi** *(siehe S. 234)*. Der **West-See** *(siehe S. 242f)* bietet eine Bilderbuchlandschaft.

Neonlichter in Shanghais belebter Nanjing Road

Traditionelle Dschunke vor der Skyline von Hong Kong

Südchina

- **Hong Kong**
- **»Kranich-Stadt« Xiamen**
- **Multikulturelles Quanzhou**
- **Die *tulou* von Yongding**

Vieles im Südosten verdankt sich dem Einfluss von Fremden. Die frühere britische Kronkolonie **Hong Kong** *(siehe S. 307–325)* ist so kosmopolitisch, wie es die Städte auf dem Festland gern wären. Ihre aufregende Skyline erinnert an Manhattan. Der einstige Handelshafen **Xiamen** *(siehe S. 286f)* besitzt noch schöne Häuser im eu-

◁ **Detail der *Geschichte der Kaiser von China*, einer Serie von Seidenmalereien aus dem 17. Jahrhundert**

ropäischen Stil. Ein paar Hundert Jahre früher sorgten Katholiken und Muslime für imposante Sakralbauten in **Quanzhou** *(siehe S. 291)*. Im bergigen Hinterland kann man die aus gestampfter Erde erbauten Hakka-Festungen *(tulou)* in **Yongding** *(siehe S. 290)* bewundern: Hier lebten einst Hunderte von Menschen zusammen mit dem Vieh.

Typische Kopfsteinpflasterstraße in der Altstadt von Lijiang

Südwestchina

- **Guangxis Kalksteingipfel**
- **Dali und Lijiang**
- **Dong-Architektur, Sanjiang**

Im milden Klima des Südwestens leben viele ethnische Minderheiten, die für ihre Feste und ungewöhnliche Architektur bekannt sind. Zu den Naturschönheiten gehören die Karstformationen von **Guangxi** *(siehe S. 412–425)*. Eine Bootsfahrt auf dem Li von **Guilin** *(siehe S. 414–417)* aus führt an markanten, gleichwohl harmonischen Kalksteingipfeln vorbei. Yunnans Bergorte **Dali** *(siehe S. 386–388)* und **Lijiang** (siehe *S. 390–393)* bieten schöne verwinkelte Altstädte. Um **Sanjiang** *(siehe S. 420f)*, Provinz Guangxi, findet man hölzerne Trommeltürme, überdachte Brücken und Tempel.

Nordostchina

- **Architektur der Konzessionszeit in Dalian und Harbin**
- **Qing-Palast in Shenyang**
- **Changbai Shans Wasserfälle**

Der Nordosten garantiert Erholung von der Sommerhitze. Die gut erhaltene Architektur **Dalians** *(siehe S. 444f)* und **Harbins** *(siehe S. 450f)* geht auf die Zeit der russischen und japanischen Besetzung zurück. **Shenyang** *(siehe S. 438f)* beherbergt einen Qing-Palast. Der letzte Kaiser Pu Yi regierte von **Changchun** *(siehe S. 446)* aus als japanisch kontrollierter Marionettenkaiser. Auf dem **Changbai Shan** *(siehe S. 448f)* liegt in einem Vulkankrater der Tian Chi (Himmelssee), der tiefste See Chinas – auf der Grenze zu Nordkorea.

Innere Mongolei & Seidenstrasse

- **Mogao-Grotten**
- **Oasenstädte der Takla Makan**
- **Tibetische Klöster**

Durch diese Region verliefen einst wichtige Handelsrouten nach Zentralasien – daher die vielen buddhistischen Denkmäler. Besonders imposant sind die **Mogao-Grotten** von Dunhuang *(siehe S. 497)*. Die Höhlenmalereien erzählen vom Einfluss des Buddhismus. An der alten Seidenstraße zur Umgehung der Wüste **Takla Makan** liegen die Oasenstädte **Turpan** *(siehe S. 504f)* mit weinumrankten Häusern, **Kuqa** *(siehe S. 509)* mit Lehmziegelbauten und **Kashgar** *(siehe S. 510–513)* mit Moschee und sonntäglichem Viehmarkt. Die tibetischen Klöster von **Tongren** *(siehe S. 498)* und **Xiahe** *(siehe S. 482)* bewahren die religiöse Tradition. Das wiedererbaute Ming-Fort **Jiayuguan** *(siehe S. 492f)* markiert das Ende der Chinesischen Mauer aus der Ming-Ära.

Majestätischer Anblick: der Potala-Palast in Lhasa

Tibet

- **Zugfahrt nach Lhasa**
- **Potala-Palast in Lhasa**
- **Mount-Everest-Basislager**

Die neue Eisenbahn nach **Lhasa** *(siehe S. 528–537)* verspricht eine aufregende Zugfahrt. Sie ist die am höchsten gelegene Strecke der Welt. Teile des tibetischen Hochlands sind leider noch immer gesperrt und nur mit Sondererlaubnis zugänglich. Der **Potala-Palast** *(siehe S. 534f)* erhebt sich Ehrfurcht einflößend über Lhasa. Ein Ausflug zum Mount-Everest-Basislager *(siehe S. 546f)* führt auf der Schotterpiste des Friendship Highway in Richtung Nepal. Die Fahrt bietet das atemberaubende Panorama der Achttausender.

Traumhafte Karstlandschaft: die Kalksteingipfel von Guangxi

China auf der Karte

Mit einer Fläche von 9,6 Millionen Quadratkilometern und rund 1,3 Milliarden Einwohnern ist die Volksrepublik China eines der größten Länder der Welt. Hier leben über 20 Prozent der Weltbevölkerung. China grenzt an 14 Länder und auf einer Länge von 15 000 Kilometern an den Pazifik. Die Hauptstadt Beijing hat über 15 Millionen Einwohner und ist der Staatsregierung direkt unterstellt.

LEGENDE
Internationaler Flughafen
Autobahn
Nationalstraße
Eisenbahn
Staatsgrenze
Provinzgrenze
Umstrittene Grenze
RUSSLAND
HEILONGJIANG
Qiqiha'er
Harbin
Xingkai Hu
JILIN
Changchun
Jilin
Xilinhot
INNERE MONGOLEI (NEI MENGGU)
Shenyang
LIAONING
Anshan
NORD-KOREA
SÜD-KOREA
Hohhot
Baotou
Datong
BEIJING
Tianjin
TIANJIN
Bo Hai
Dalian
HEBEI
Shijiazhuang
Yinchuan
Taiyuan
SHANXI
NINGXIA
Ji'nan
Qingdao
SHANDONG
Huang Hai (Gelbes Meer)
Luoyang
Zhengzhou
Xuzhou
JIANGSU
Xi'an
HENAN
SHAANXI
Huainan
Hefei
Nanjing
Shanghai
SHANGHAI
ANHUI
HUBEI
Hangzhou
Ningbo
Wuhan
CHONGQING
ZHEJIANG
Dong Hai (Ost-chinesisches Meer)
Nanchang
Changsha
HUNAN
JIANGXI
FUJIAN
Fuzhou
TAIBEI (TAIPEH)
Guiyang
GUIZHOU
Xiamen
TAIWAN
GUANGDONG
GUANGXI
Guangzhou
Shenzhen
Hong Kong
Macau
Nanning
Nan Hai (Südchinesisches Meer)
Haikou
HAINAN
Amur (Heilong Jiang)
Argun
Huang He
Huai He
Yangzi
Yuan Jiang
Zi Shui
0 Kilometer 400

Ein Porträt Chinas

Gut 30 Jahre nachdem Deng Xiaopings Politik der »Reform und Öffnung« wieder Reisen nach China ermöglichte, ist das Land in weiten Teilen immer noch so rätselhaft, wie es im 19. Jahrhundert war. Damals übten ausländische Großmächte Druck auf die letzte Dynastie aus und zwangen China, sich für den internationalen Handel zu öffnen.

Der Reiz des Unbekannten ließ die Besucherzahlen im Reich der Mitte schnell anwachsen. Hier gibt es Sehenswürdigkeiten, die jeden faszinieren. Die Chinesische Mauer ist zwar teilweise neu errichtet worden, doch der Anblick des sich über 6000 Kilometer dahinschlängelnden Bauwerks verschlägt einem fast die Sprache. Die Verbotene Stadt im Herzen Beijings ist ein Publikumsmagnet. Gleichwohl finden entdeckungshungrige Besucher noch zauberhafte Ecken im Labyrinth der Seitengassen. Auch wenn man schon Bilder oder Kopien der Terrakotta-Krieger von Xi'an gesehen hat, stockt einem der Atem, wenn man vor der tönernen Armee des ersten Kaisers steht.

Landarbeiter

China entspricht nicht überall dem propagierten boomenden Wirtschaftsland, doch es ist auch keineswegs so verschlafen, wie einige Reiseberichte glauben machen. Die Wahrheit liegt in der Mitte: In unmittelbarer Nähe von Wolkenkratzern ziehen noch Wasserbüffel den Pflug und dienen Eselskarren als Transportmittel. Die Olympischen Sommerspiele von 2008 waren für China ein enorm wichtiges Ereignis. Sie wurden allerdings überschattet von Protesten und der kurz darauf folgenden globalen Finanzkrise.

Shanghais Skyline gilt als Symbol für Chinas Wirtschaftswachstum

◁ Zeitlos wirkende Idylle: Fischer mit Kormoranen vor der Kulisse der südchinesischen Karstlandschaft

Scheinbar unendlich mäandert die Chinesische Mauer über das Bergland

Modernes China

Trotz Hunger und Bürgerkriegen ist die Bevölkerung Chinas in weniger als einem Jahrhundert von 400 Millionen auf über 1,3 Milliarden angewachsen. Dieser Anstieg hat vor allem in den Städten zu einem Konsum-Boom geführt: Auffällige Reklamen für Kaffee, Computer und die neueste Mode säumen die Einkaufsstraßen mit ihren Fast-Food-Restaurants, Internet-Cafés und Face-lift-Studios.

Shanghai gilt als Chinas Wirtschaftsmetropole schlechthin. Die Werbetafeln, Hochhäuser und riesigen Bildschirme in den Shopping Malls sind augenfällig. In Vorbereitung auf die Weltausstellung EXPO 2010 entstanden hier neue Bürogebäude, Straßen und U-Bahn-Linien. Gleichwohl: Nach wie vor arbeiten 70 Prozent der Chinesen in der Landwirtschaft, die mehrheitlich in staatlicher Hand ist oder vom Staat kontrolliert wird.

Unübersehbar ist die rasante wirtschaftliche Entwicklung mit Luxushotels, einem guten Verkehrsnetz und exzellenten Restaurants – doch diese Annehmlichkeiten verlieren leicht an Reiz, wenn anstelle der traditionellen Häuschen jetzt verstopfte Autobahnen die Stadtbilder prägen. Der neue Kommerz segnet einige Menschen mit einem Einkommen, das ihnen nun die Rückkehr zu den Traditionen erlaubt: So mögen sie zwar aus ihrem bröckelnden Häuschen im Hinterhof in ein halb fertiges Hochhaus in der Vorstadt verbannt worden sein, doch zwischen den Wohnblöcken führen sie ihren Pekinesen spazieren, halten zwitschernde Vögel in filigranen Bambuskäfigen und sitzen gemütlich zu-

Traditionelle Hofhäuser in Lijiang im Südwesten Chinas

sammen und plaudern. Auf den Brücken über Umgehungsstraßen treffen sich alte Männer und lassen bunte Drachen steigen – jetzt aus Supermarkt-Plastiktüten angefertigt.

Schnelles Wachstum

Das Bevölkerungswachstum steigert den Konsum, doch Chinas Energiebedarf übersteigt die Kapazitäten. Der Bau neuer Kohlekraftwerke ist geplant. Bereits jetzt ist China der größte Umweltverschmutzer der Welt. In manchen Städten ist die Luftqualität katastrophal.

Da es auf dem Land wenig Arbeit gibt, ziehen Millionen von Menschen in die Städte. Dort leben sie unter armseligen Bedingungen, um ihren Familien Geld schicken zu können. Sie schuften im Baugewerbe, arbeiten in Restaurants oder verdingen sich als Schuhputzer. Falls Ihr Taxifahrer den Weg nicht kennt, lebt er vermutlich noch nicht lange in der Stadt.

Die Bessergestellten meinen, die Wanderarbeiter und Zuwanderer seien schuld am Anstieg der Kriminalität in den Städten (obwohl diese in China vergleichsweise gering ist), beschweren sich aber gleichzeitig, wenn Dienstleistungen am Chinesischen Neujahr entfallen, weil die Arbeiter nach Hause fahren.

Europäische Architektur am Bund, Shanghai

Politik

Ende des 20. Jahrhunderts zerfielen die kommunistischen Regimes in Europa, doch die chinesische Regierung gab klar zu verstehen, dass es in nächster Zukunft keine politische Wende im Land geben würde. Die Politik beherrscht – von Besuchern unbemerkt – jeden Aspekt des Lebens. Sogar Fremdenführer erhalten bei ihrer Ausbildung zu Geschichte und Kultur des Landes parteilinientreue Informationen. Die Chinesen sind in politische Apathie verfallen, weil sie der Ansicht sind, dass ein Einzelner sowieso nichts verändern

Hong Kong in der Rushhour – ein ähnlicher Anblick wie in anderen Metropolen

kann. Es herrscht allgemeine Unzufriedenheit. Sie nimmt in Bezug auf Korruption, Umweltverschmutzung und steigende Kosten zu. Die Wirtschaftskrise hat einige Bereiche, etwa die Textilindustrie, besonders getroffen – mit dem Resultat steigender Arbeitslosigkeit.

Traditionelles chinesisches Transportmittel ist das Rad

Familienleben

Für 80 Prozent der Eltern der heute 20-Jährigen wurden seinerzeit die Ehepartner von der Arbeitseinheit gewählt. Die Jugend von heute experimentiert schon früh und lebt in »wilder Ehe« (bis vor Kurzem noch illegal). Scheidung – bis Ende des 20. Jahrhunderts noch ein Fremdwort – gehört nun zum Alltag. Die steigende Quote wird der Zunahme von Arbeitsbelastung und außerehelichen Affairen zugeschrieben.

Es gibt Dutzende ethnischer Gruppen in China

Auch die Einstellung gegenüber Kindern ändert sich. Eine Lockerung der Ein-Kind-Politik, die schon lange von denen ignoriert wurde, die über Geld oder Beziehungen verfügten, scheint greifbarer. Zudem gibt es Anzeichen dafür, dass die urbane Mittelklasse – immer noch eine winzige Minderheit – lieber den neuen Lebensstandard genießen will, als Kinder zu zeugen. Während noch vor 20 Jahren mit dem Kauf eines eigenen Fahrrads ein Traum in Erfüllung ging, arbeiten die jungen Großstädter heute für ein Auto und eine eigene Wohnung.

Durch Sprache geeint

Als China 2003 durch Yang Liwei, den ersten chinesischen Taikonauten, in die Riege der Raumfahrtnationen aufstieg, war die ganze Nation voller Stolz. Die Regierung benutzt solche Ereignisse gern, um die »Han-Nationalität« zu propagieren. »Han-Chinesen« sind die zahlenmäßig stärkste ethnische Gruppe (ca. 91 Prozent). Hinzu kommen 55 offiziell anerkannte Minderheiten (»Nationalitäten«) innerhalb der Volksrepublik China *(siehe S. 24f)*. Sie werden ein wenig von oben herab betrachtet. Mit ihren meist farbenfrohen Trachten und den traditionellen Festlichkeiten wurden sie in den letzten Jahren zur Tourismusförderung benutzt. Kein Idealzustand, aber besser als die frühere Repression.

Fast jeder lernt Hochchinesisch *(Putonghua, früher: Mandarin)*, die offizielle Landessprache. Allerdings gibt es mehrere, völlig unterschiedliche Regionaldialekte, die man grob in nord- und südchi-

Popstars bei einem Open-Air-Konzert in Beijing

nesische Dialekte unterteilen kann. Linguisten sprechen nicht von Dialekten, sondern von sechs chinesischen Sprachen, da z. B. ein Sprecher eines nördlichen Dialekts einen Sprecher des Kantonesischen so gut wie nicht versteht.

China unterscheidet sich auch nach den regionalen Küchen. In Sichuan und Yunnan gibt es feurig-scharfe Speisen, während etwa in Guangdong und Guangxi delikate kantonesische Gerichte bevorzugt werden.

Kultur und Religion

Traditionelle Oper wird fast nur noch für Besucher aufgeführt, moderne Kunst, Film und Popmusik blühen hingegen auf. Kunstgalerien sind jetzt auch Teil von Tourismusprogrammen, Studenten drängen sich in Bars, um Punkbands zu hören, und Millionen Menschen weltweit sehen sich die aufwendigen Martial-Arts-Filme an.

Religion und Aberglaube leben wieder auf – und werden von der Regierung argwöhnisch beäugt. Viele Menschen, die mit der neuen Zeit nicht klarkommen oder gegen das System opponieren, suchen Zuflucht in religiös-spirituellen Traditionen. Seit Deng Xiaopings Reform gibt es

Yang Liwei, Chinas erster Taikonaut

zwar sehr viel mehr Möglichkeiten, ein Unternehmen aufzubauen und auf alle erdenklichen Arten Geld zu verdienen, doch damit bekommt man weder automatisch eine Wohnung noch medizinische Versorgung oder hat gar eine Job-Garantie.

Die Chinesen sind Schwierigkeiten und Unwägbarkeiten gewöhnt und nehmen sie unglaublich gelassen hin. Ihre Haltung gegenüber Fremden reicht von der einstudierten Gleichgültigkeit der hippen Städter über Neugierde (leider auch dem penetranten Interesse der Touristen-Nepper) bis hin zur Offenheit und Großzügigkeit der einfachen Leute.

Moderne Konsumgesellschaft: schicke Shopping Mall im Xi-Dan-Einkaufsviertel, Beijing

Landschaft und Tierwelt: Westen

Schmetterling

Der Westen Chinas ist von einer kargen Hochebene und weiter nördlich von rauer Wüste geprägt. Die Gegenden sind landwirtschaftlich kaum nutzbar und entsprechend dünn besiedelt. Nur speziell angepasste Tiere können hier überleben. Am östlichen Rand der Tibetischen Hochebene ragen die Berge und Hügel Zentral- und Westchinas auf. Hier bieten Bambuswälder Lebensraum für Chinas berühmtestes Tier: den Großen Panda. Die durch das Schmelzwasser der Flüsse aus Tibet mit Wasser versorgten Wälder beherbergen eine große Vielfalt an Tieren, Bäumen und besonders schönen Blumen *(siehe S. 344)*.

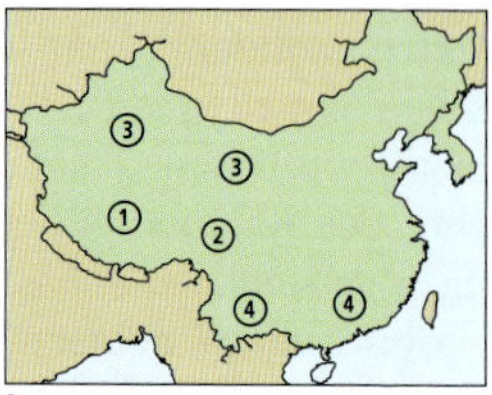

Legende

① Tibetische Hochebene

② Berge: Zentral- und Westchina

③ Wüsten: Norden und Nordwesten

④ Bambuswald

Tibetische Hochebene

Das felsige Qinghai-Tibet-Plateau erstreckt sich zwischen dem Kunlun-Gebirge im Norden, dem Karakorum im Westen und dem Himalaya im Süden. Mit einer mittleren Höhe von knapp 5000 Metern ist es die höchstgelegene Ebene der Welt.

Blauer Scheinmohn *gehört zu den bekanntesten Blumen des Himalaya. In Yunnan und Tibet wachsen 15 Arten* Meconopsis. *Sie werden in der traditionellen Medizin genutzt.*

Das Blauschaf (Pseudois nayaur), *eher eine Ziege, ist gut an die Felswände Westchinas angepasst und vorwiegend in Tibet, Sichuan und Yunnan zu finden.*

Schneeleoparden (Panthera uncia) *haben ein dickes Fell, das sie vor Kälte schützt. Obwohl sie unter Naturschutz stehen, sind sie das Ziel von Pelzjägern.*

Berge: Zentral- und Westchina

Die mittleren Lagen sind von großen Waldgebieten bedeckt, die auf einer Fläche von mehr als 52 000 Quadratkilometern Lebensraum für viele Arten bieten, etwa für den vom Aussterben bedrohten Gold-Stumpfnasenaffen.

Rhesusaffen (Macaca mulatta) *sind in den Wäldern Chinas verbreitet. Sie sind häufig an Menschen gewöhnt und nerven manchmal mit ihrer Bettelei.*

Die Spießtanne (Cunninghamia lanceolata) *ist ein kieferähnlicher Baum und vor allem in Mischwäldern der hohen, subtropischen Lagen weitverbreitet.*

Der Silberfasan (Lophura nycthemera) *gehört zu den schönsten Vögeln Chinas. Zu finden ist er in den südlich oder östlich gelegenen immergrünen Wäldern und Bambushainen.*

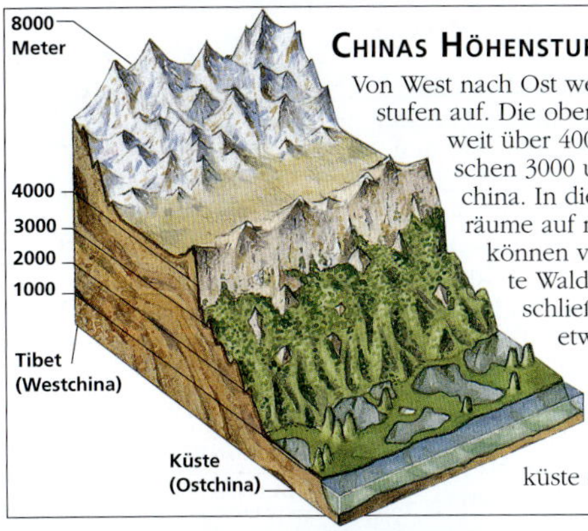

Chinas Höhenstufen

Von West nach Ost weist die Landschaft Chinas drei Höhenstufen auf. Die oberste ist die Tibetische Hochebene, die weit über 4000 Meter liegt. Dann folgen etwa zwischen 3000 und 1500 Metern Sichuan und Zentralchina. In diesen Lagen verändern sich die Naturräume auf relativ engem Raum sehr stark: Sie können von hoch gelegenen Eiswüsten in dichte Waldbestände übergehen. Nach unten schließen fruchtbare Tiefebenen an, die von etwa 1500 Metern Höhe bis zur Meeresküste verlaufen. Angesichts des Gefälles wird klar, warum die chinesischen Flüsse, die in der Hochebene entspringen, auf ihrem Weg zur Ostküste derart reißend werden können.

Wüsten: Norden und Nordwesten

Wüsten bedecken 20 Prozent von China, hauptsächlich im Nordwesten. An die unwirtliche Landschaft haben sich nur wenige Pflanzen und Tiere angepasst, etwa Reptilien und winzige Nager wie die Kleine Wüstenspringmaus.

Ein Trampeltier – *etwa 600 Zweihöckrige Kamele* (Camelus bactrianus) *leben in den chinesischen Wüsten.*

Beifuß- bzw. Wermutarten (Artemisia spp.) *wachsen in Steppen und kommen auch mit Dürreperioden und salzigen Böden klar.*

Die Halbwüsten *Nordchinas sind Lebensraum der seltenen, gefährdeten Kropfgazelle* (Gazella subgutturosa). *Sie wird leider immer noch von Trophäenjägern geschossen.*

Bambuswald

Etwa 500 Bambusarten wachsen in China auf etwa drei Prozent des Waldgebiets. Man findet sie in 18 Provinzen. Sie bieten einerseits Lebensraum und Nahrung für Tiere, andererseits ist ihr leichtes, aber hartes Holz ein wichtiger Baustoff.

Hochwälder mit Muso-Bambus (Phyllostachys pubescens) *werden für die Gewinnung starker Stangen kultiviert, die die Einheimischen auf vielfältige Weise nutzen* (siehe S. 411).

Der Goldfasan (Chrysolophus pictus) *ist in Lagen zwischen 800 und 2500 Metern im Unterholz der Wälder Zentralchinas zu Hause.*

Der Große Panda (Ailuropoda melanoleuca), *das Symbol des WWF, verbreitet sich langsam wieder in den Naturschutzgebieten Zentral- und Westchinas.*

Landschaft und Tierwelt: Osten

Lotosblüte

Chinas Flora und Fauna sind vielfältiger als die anderer Länder mit gemäßigter Klimazone: Es gibt 30 000 Pflanzenarten, 500 verschiedene Säugetiere und 1200 Vogelarten. Obwohl das Tiefland Chinas schon seit Jahrhunderten intensiv bewirtschaftet wird, gibt es weite Gebiete unberührter Wildnis – davon zwölf Millionen Hektar Seen und 13 Millionen Hektar Sumpf-, Moor- und Wattgebiete. Das unwegsame Gelände der Grenzregion im Nordosten hat die Wälder vor Urbarmachung bewahrt. Auch wenn viel Holz geschlagen wird, bleibt es das waldreichste Gebiet des Landes. Die leichter zugängliche Steppe hingegen wird großteils landwirtschaftlich genutzt.

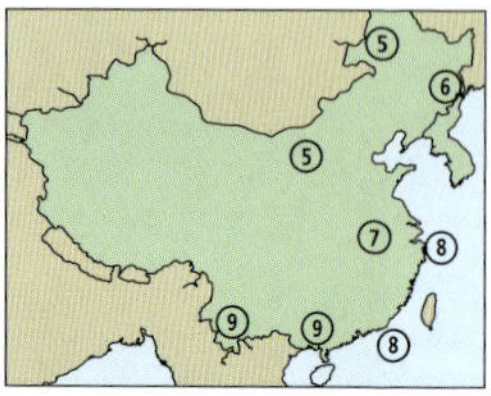

Legende

- ⑤ Steppe
- ⑥ Wälder Nordostchinas
- ⑦ Fruchtbares Tiefland
- ⑧ Feuchtgebiete und Küsten
- ⑨ Dschungel

Steppe

Die Gräser und dürreresistenten Kräuter der Steppe sind für Wanderhirten wichtig. Außerdem verhindern die Wurzeln Erosion und Desertifikation. Die extensive Bewirtschaftung der letzten Jahre hat jedoch bereits zu Sandstürmen geführt.

Die Wildkatze (Felis libyca) *ist in der Steppe des Tian-Shan-Gebirges im Nordwesten stark verbreitet. Sie ernährt sich von Kleinsäugern, Vögeln und Reptilien.*

Die Großtrappe (Otis tarda) *ist mit bis zu 15 Kilogramm Gewicht der schwerste Flugvogel. Sie brütet im Grasland des offenen Geländes.*

Saigas (Saiga tatarica), *eine Huftierart, können mit ihrer großen Nase ihre Atemluft filtern und zugleich erwärmen.*

Wälder Nordostchinas

Die Wälder im Nordosten bestehen vorwiegend aus Nadelbäumen. Neben verschiedenen Fichtenarten und Pinien sieht man vor allem auch Lärchen. Weiter im Süden des Landes überwiegen Laubmischwälder mit Birken und Eichen.

Asiatische Schwarzbären (Ursus thibetanus) *leben in vielen Regionen – sogar im Süden bei Hainan. In kälteren Gegenden halten sie Winterschlaf.*

Die Falsche Akazie (Robinia pseudoacacia) *stammt ursprünglich aus Nordamerika, wurde aber auch in China angepflanzt.*

Die hübsche Blauelster (Cyanopica cyana) *ist ein geselliges Wesen, das sich in lautstarken Schwärmen in den Bäumen der Wälder und Parks bewegt.*

Bedrohte Arten

Umweltverschmutzung bedroht die empfindlichen Ökosysteme Chinas. Ein weiteres Problem ist die Versteppung. Auch Großprojekte wie der Drei-Schluchten-Damm gefährden Flora und Fauna. Einige Heilmittel der traditionellen Medizin und vor allem der Volksmedizin basieren auch auf tierischen Bestandteilen. Vor allem für »Potenzmittel« wurden einige Tiere von Wilderern fast ausgerottet. Doch inzwischen betreibt die chinesische Regierung auch Artenschutz. Entsprechende Schutzmaßnahmen haben zu einem Zuwachs an Großen Pandas, Japanischen Ibissen und China-Alligatoren geführt. Es bleibt allerdings noch viel zu tun.

Dschungel

Im Süden Chinas gibt es Tropenwälder, hauptsächlich auf der Insel Hainan sowie in den Tiefebenen von Yunnan. Viele davon sind nicht mehr ursprünglich oder wurden durch Rodung in Savannen oder Plantagen (insbesondere für Kautschuk) verwandelt.

Fruchtbares Tiefland

Die intensiv bewirtschafteten Überschwemmungsgebiete nahe großen Flüssen wie dem Huang He und dem Yangzi bestehen aus endlosen Feldern. Die vorwiegend mit Reis bepflanzten Ebenen werden von Fischteichen mit Enten und Fröschen aufgelockert.

Reisfelder *bedecken einen Großteil des Tieflands und der Hügellandschaften in Süd- und Zentralchina.*

Den Schachwürger (Lanius schach) *kann man an Straßenrändern auf Stromleitungen sitzen sehen. Er ist in Ost- und Südchina verbreitet.*

Wasserbüffel (Bubalus arnee) *sind Lasttiere und werden zum Pflügen eingesetzt. Ihre Heimat sind die sumpfigen Felder des Südens.*

Feuchtgebiete und Küsten

Die Feuchtgebiete zählen zu Chinas vielseitigsten Ökosystemen, die seltene und einzigartige Pflanzen und Tiere beherbergen. Seen und überflutete Flusstäler dienen auch als lebenswichtige Stationen für Zugvögel wie Wasservögel und bedrohte Kranicharten.

Die Wasser-Calla (Calla palustris) *wächst in Sumpf- und Moorgebieten im Nordosten des Landes in bis zu 1100 Metern Höhe.*

Die Mandarinente (Aix galericulata) *brütet in Baumhöhlen. Man findet sie vorwiegend am bewaldeten Ufer entlang der Ströme im Nordosten.*

Karettschildkröten (Eretmochelys imbricata) *kommen nur noch an einigen Stränden entlang der tropischen Südküste vor.*

Chinas ethnische Vielfalt

Offiziell gibt es in China 55 ethnische Minderheiten, die jeweils über eigene Traditionen, Trachten und oft auch Sprachen verfügen. Trotz ihrer kulturellen Vielfalt machen sie gerade einmal sieben Prozent der Gesamtbevölkerung aus, die überwiegend aus »Han-Chinesen« besteht. Die Modernisierung der Gesellschaft und Mischehen führen zu einer Aufweichung der Unterschiede, dennoch bewahren einige Gruppen den Stolz auf ihr Erbe und behalten ihre traditionellen Bräuche bei. Viele haben wunderbare Trachten (vor allem die Frauen). Genau das macht sie zu einer wichtigen Touristenattraktion, was wiederum die Wirtschaft in den betreffenden Gebieten belebt.

Über eine Million Kasachen *leben im Norden der Provinz Xinjiang. Es sind Muslime, die oft als Bauern und Viehzüchter ihr Auskommen haben. Ihr Wissen über Pferde und deren Zucht ist berühmt.*

Die etwa acht Millionen Uiguren, *ein muslimisches Volk, sprechen eine Turk-Sprache. Sie leben in der Provinz Xinjiang im abgelegenen Nordwesten Chinas.*

Nordwesten

In dieser von Wüsten, Halbwüsten und Gebirge geprägten Gegend leben vorwiegend Muslime. Die Uiguren haben eine eigene autonome Region, die Hui stellen die Bevölkerungsmehrheit. Daneben leben dort Kasachen, Kirgisen, Usbeken, Tadschiken und Tataren.

Die Naxi aus Lijiang leben noch sehr traditionell und haben ein altes Schriftsystem.

Die Bai *mit etwa 1,6 Millionen Angehörigen leben vorwiegend in Sichuan, Yunnan, Guizhou und Hunan. Ihre Hauptstadt ist Dali (Yunnan). Die farbenfrohen Trachten der Landwirte und Fischer beleben den Tourismus.*

Südwesten

Die Region verfügt mit über 20 verschiedenen Minderheiten über die größte ethnische Vielfalt. In der Tibetischen Hochebene gibt es über 4,5 Millionen Tibeter, noch mehr leben in Sichuan. Die Yi, die größte Minderheit in der Region (6,6 Millionen), sind in Sichuan, Yunnan und Guizhou verbreitet.

Die Dai und die Hani *aus Xishuangbanna in Süd-Yunnan, dem tropischen Süden, sind vorwiegend buddhistische Bauern mit großer Ehrfurcht vor der Natur.*

Nordosten

Neben den Mongolen leben im Nordosten noch weitere Minderheiten, darunter einige Tausend Daur sowie Oroqen, Hezhen und Ewenki. Hinzu kommen ca. zwei Millionen Koreaner (Chaoxian). Mit 9,2 Millionen Angehörigen sind die Mandschu (Mandschuren) die größte Volksgruppe.

Die muslimischen Hui *haben ihre eigene autonome Region Ningxia. Es gibt jedoch Hui-Gemeinden in vielen Städten Chinas.*

Die Oroqen *sind mit 7000 Angehörigen eine von Chinas kleinsten Minderheiten. Sie leben in der Inneren Mongolei und in der Provinz Heilongjiang. Ihre Häuser sind konisch, mit Dächern aus Birkenrinde oder Tierhaut* (siehe S. 455).

Es gibt rund 2,1 Millionen Yao.

Die 1,1 Millionen Li *auf der Insel Hainan sind vor allem für ihre Webkunst und die Herstellung von bunten Stoffen bekannt.*

Zentrum und Osten

Die 630 000 She leben vorwiegend in den Provinzen Fujian und Zhejiang. Sie sind Bauern mit starker kunsthandwerklicher Tradition. Gaoshan (ca. 400 000) kommen aus Taiwan, haben sich aber auch im Osten niedergelassen, insbesondere in der Provinz Fujian.

Die etwa 5,7 Millionen Tujia *in Hunan, Hubei und Sichuan blicken auf eine über 2000-jährige Geschichte.*

Süden

Die größte Minorität stellen die Zhuang (15,5 Millionen), die vor allem in der Provinz Guangxi leben, wo sie in einer autonomen Region die Reisterrassen von Longsheng bestellen. Sie sind sprachlich und kulturell mit den Dai verwandt und lieben wie diese Tanz und Gesang. In vielen Gegenden der südlichen Provinzen leben Miao (7,4 Millionen). Ihre Handwerkskünste und farbenfrohen Feste *(siehe S. 406–409)* sind weithin berühmt.

Sprache und Schrift

Die chinesische Schrift lässt sich bis zu den Orakelknochen der Shang-Dynastie (16.–11. Jh. v. Chr.) zurückverfolgen, die mit eingeritzten Symbolen für Weissagungen dienten. Die Verwendung unterschiedlicher Schreibmaterialien bewirkte zwar Änderungen, doch sind die chinesischen Schriftzeichen erstaunlich unverändert geblieben. Zeitunglesen erfordert angeblich die Kenntnis von 3000 Schriftzeichen. Gebildete Menschen dürften jedoch mehr als 5000 kennen. Seit 1913 ist *Putonghua* (Mandarin) Amtssprache, doch es gibt zahlreiche regionale Dialekte. Wenn Chinesen aus unterschiedlichen Regionen einander nicht verstehen, können sie schriftlich kommunizieren.

Cang Jie, *ein Minister des legendären Gelben Kaisers, soll eines Morgens von Tierspuren im Schnee zur Erfindung der chinesischen Schrift inspiriert worden sein.*

Schönschrift

Schreiben wurde zur Kunstform, vergleichbar etwa der Malerei *(siehe S. 38f)*. Je mehr die Knochen-, Messing- oder Steininschriften von Pinselstrichen auf Seide und Papier verdrängt wurden, desto fließender wurde das Schriftbild.

Ein zinnoberrotes Siegel kann mit einem Namen oder auch mit anderen Zeichen beschriftet sein.

Beschriftet wurden Seide, Stein oder Papier, das schon im 2. Jahrhundert v. Chr. erfunden wurde.

Schreibschrift *(cao shu)* wird mit dynamischem Pinselstrich ausgeführt und besitzt daher große Ausdruckskraft.

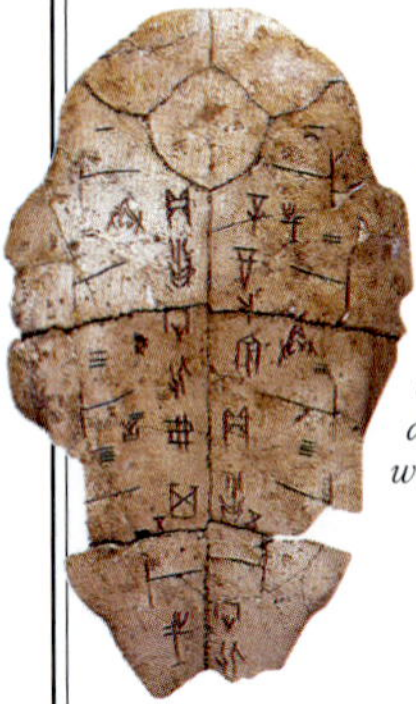

Orakelknochen *sind frühe Beispiele der Siegelschriften. Man ritzte Fragen in die Knochen ein und verbrannte diese. Die Art, wie Risse die Zeichen aufteilten, wurde gedeutet.*

Bambuslatten *wurden seit dem 5. Jahrhundert v. Chr. benutzt. Zusammengebunden waren sie eine Frühform von Büchern. Die Schrift verläuft von oben nach unten.*

Das Diamant-Sutra (868 n. Chr.) *ist weltweit das erste datierte gedruckte Buch (Holzdruck). Der Druck wurde ein Jahrhundert zuvor erfunden. Druck mit beweglichen Lettern wurde im 11. Jahrhundert entwickelt, hatte aber weniger Einfluss als in Europa, da er Tausende von Zeichen erforderte.*

Chinesische Schriftzeichen

Die Zeichen bestehen aus bildlichen, symbolischen und phonetischen Elementen. Das Radikal (oder die Wurzel) erscheint meist links oder oben links und weist auf den Wortsinn hin. Im hier gezeigten Schriftzeichen *hao* wird das Radikal mit dem Bedeutungselement »Kind« kombiniert, was dann zusammen »Frau« und »Kind« ausmacht und »gut« bedeutet.

Das ergänzende Element für »Kind« ist hier ideografisch. Es trägt also selbst Bedeutung. Das zusätzliche Element kann auch phonetisch sein und Hinweise auf die Aussprache des Zeichens geben.

Das Radikal für »Frau« erscheint in weiblichen Zeichen wie »Milch«, »Ehefrau« und »Schwester«.

Pinyin *heißt die 1958 eingeführte Transliteration mit lateinischen Buchstaben, die sich als internationaler Standard durchgesetzt hat. Pinyin liegt auch diesem Reiseführer zugrunde* (zur Aussprache siehe S. 668).

Chinesische Schreibmaschinen *waren kompliziert: Der Schreiber musste unter Tausenden von Zeichen die richtigen finden. Computer haben das Tippen vereinfacht: Man tippt in Pinyin und erhält automatisch eine Auswahl möglicher Zeichen.*

Kalligrafie-Stile

Zhuanshu (Siegelschrift) wurde in der Zhou-Ära für eingravierte Inschriften entwickelt.

Lishu (klerikale Schrift) entstand vermutlich in der Han-Ära für Steininschriften.

Kaishu (Normalschrift) ging nach der Han-Ära aus Lishu hervor und ist Grundlage der modernen Schrift.

Cao shu (Schreibschrift, wörtlich »Grasschrift«) ist auf abstrakte Schwünge und Punkte reduziert.

Xingshu (Laufschrift) besitzt Schwünge, die sich wieder der Schreibschrift nähern.

Die vereinfachte Schrift wurde 1956 für die Alphabetisierung der Landbevölkerung eingeführt.

Literatur

Die frühen chinesischen Texte aus dem 6. Jahrhundert v. Chr. waren philosophisch, darunter etwa die konfuzianischen *Analekten* und der daoistische *Daode Jing*. Geschichtsschreibung wurde erst in der Han-Periode (206 v. Chr. – 220 n. Chr.) mit Sima Qians *Historischen Berichten* üblich. Von da an schrieb jede Dynastie die Geschichte der vorherigen auf. Erste chinesische Romane gab es in der Ming-Zeit (1368–1644). Sie entwickelten sich in der Qing-Zeit weiter, bis der Kommunismus die Entwicklung zum Erliegen brachte. Seit den 1980er Jahren genießen chinesische Autoren mehr Ausdrucksfreiheit. Mit Gao Xingjian gewann 2000 erstmals ein Chinese den Literaturnobelpreis.

Konfuzius, Verfasser der *Analekten*, und seine Schüler

Klassiker

Als der Konfuzianismus in der Post-Qin-Zeit Staatsreligion wurde, wurden fünf frühe Werke zu offiziellen Klassikern – das *Buch des Wandels*, das *Buch der Dokumente*, das *Buch der Gesänge*, die *Frühlings- und Herbstannalen* sowie das *Buch der Rituale*. Sie dienten als Basis der chinesischen Erziehung.

Gelehrte und Schreiber *erlangten häufig den Status von Regierungsbeamten, weil sie aufgrund ihrer Schreibkenntnisse und ihrer Detailkenntnis der Klassiker in Prüfungen brillierten.*

Baoyu flirtet lieber mit Frauen, als seinem Vater zu gehorchen und mit Fleiß seine Karriere voranzutreiben.

Tang-Dichter

Chinesische Dichtkunst findet sich anfänglich im *Buch der Gesänge* und in den *Elegien des Chu*. Sie erreicht ihren Höhepunkt über 1200 Jahre später in der Tang-Periode (618–907). Als größte Tang-Dichter gelten Du Fu und Li Bai. Zudem gibt es den Buddhisten Wang Wei im 8. Jahrhundert und etwas später Bai Juyi (772–846).

Du Fu *(um 712–770) schrieb über Kriege ebenso wie über die Familie. Vorherrschend ist das Mitgefühl, eine konfuzianische Tugend. Aus seinen Gedichten spricht Gelehrsamkeit.*

Li Bai *(um 701–761) war eine überschwängliche Gestalt. Seine Lieblingsthemen als produktiver Poet waren der Mond und Gelage. Freiheit von allen Zwängen ist ein daoistisches Prinzip.*

Epischer Roman

Der Roman der Ming-Zeit entwickelte sich von Volkserzählungen und Mythen zu Klassikern wie *Reise nach Westen*, *Romanze der Drei Königreiche* und *Das Wasserufer* (über den heroischen Kampf gegen die Korruption). In den Qing-Werken wurden Sprache und Beschreibungen subtiler, ein Stil, der im *Traum der roten Kammer* seinen Höhepunkt fand. Viele Romanfiguren tauchen in der Beijing Opera (Peking-Oper) sowie in populären Fernsehserien und Filmen wieder auf.

Guandi, der Kriegsgott, *hat sein Vorbild in Guan Yu, einem General des Staates Shu aus der* Romanze der Drei Königreiche. *Der Roman basiert auf historischen Figuren der Ära der Drei Königreiche (220–280 n. Chr.). Überall in China findet man seine Statue, die für Gerechtigkeit und Integrität steht.*

Reise nach Westen *nimmt Bezug auf die Pilgerreise des buddhistischen Mönchs Xuanzang* (siehe S. 487) *nach Indien. Der komische Roman aus der späten Ming-Zeit kreist um »Affe«, einen geistreichen, mutigen und loyalen Weggefährten des Mönchs.*

Traum der roten Kammer

Der Roman von Cao Xueqin (1715–1764) illustriert den Fall einer adligen Qing-Familie. Das daoistisch beeinflusste Werk dreht sich um Leben und Lieben des untätigen Baoyu, aber auch um das Leben in der Qing-Zeit.

20. Jahrhundert

Anfang des 20. Jahrhunderts griffen Schriftsteller soziale Themen in einer neuartigen realistischen Weise auf. Der Kommunismus wiederum forderte revolutionäre Themen. Nach der Verfolgung der Autoren während der Kulturrevolution *(siehe S. 64f)* entwickelten sich experimentelle Stile. Auch heute noch gibt es Zensur: Bücher werden verboten, wenn sie als regierungskritisch oder »geistige Brandstiftung« gelten. Die Werke sind jedoch trotz des Verbots meist weitverbreitet.

Mo Yan *begann nach der Kulturrevolution zu schreiben. Am bekanntesten ist sein Roman* Rotes Sorghum *(1986), der verfilmt wurde. Sein Stil ist üppig und bildstark, unter seinen Motiven findet sich auch Gewalt.*

Lu Xun *schrieb Anfang des 20. Jahrhunderts Erzählungen und gilt als Vater der modernen chinesischen Literatur. Sein realistischer, satirischer Stil erinnert an Dickens. Besonders beliebt ist seine humoristische Darstellung von Ah Q, einem enthusiastischen Analphabeten vom Land, der Opfer der Konventionen wird.*

Religion und Philosophie

Die drei Strömungen in der chinesischen Religion und Philosophie sind Konfuzianismus, Daoismus und Buddhismus. Die Ausübung aller drei »Religionen« erfolgt oft sogar in einem einzigen Tempel. Im Konfuzianismus, der zuerst an Einfluss gewann, steht das öffentliche, verantwortliche Individuum im Mittelpunkt. Der Daoismus basiert auf dem Weltprinzip des Dao (Weg). Der Buddhismus kam aus dem Ausland. Er bietet mit seiner spirituellen Prägung eine Alternative zum chinesischen Pragmatismus. Die Kulturrevolution verbot Religionen als dem Kommunismus widersprechende Ideologien. Heute können die Menschen ihren Glauben wieder mehr oder weniger frei ausüben.

Laozi, Buddha und Konfuzius

Konfuzianismus

Der von Konfuzius (551–479 v. Chr.) begründete und von Nachfolgern weiterentwickelte Konfuzianismus schreibt Gesellschaftsstrukturen fest, denen zufolge Menschen durch die von fünf Beziehungskonstellationen definierten moralischen Bande zusammenhängen: Eltern-Kind, Herrscher-Diener, Geschwister-Geschwister, Ehemann-Ehefrau und Freund-Freund. Im Kaiserreich China war Konfuzianismus die Philosophie der geistigen Elite. Im Kommunismus war er lange Zeit verpönt.

Kindesliebe und Gehorsam (xiao) *gehören zu den Prinzipien des Konfuzianismus. Gehorsam entspringt dem Respekt gegenüber den Eltern (und anderen Familienmitgliedern) oder dem Herrscher.*

Konfuzius (siehe S. 143) *war Denker und Lehrer, dessen Philosophie der Familienbande und guten Herrschaft auf* ren *(Güte) und* yi *(Rechtschaffenheit) basiert. Er starb einsam, doch Schüler verbreiteten seine Lehren.*

Konfuzius' Geburtstag *wird Ende September in* Qufu (siehe S. 142f)*, dem Heimatort des Philosophen, gefeiert. Nachfahren seiner ehemals mächtigen Familie namens Kong leben noch heute dort.*

Den Vorfahren *wird in der chinesischen Kultur tiefer Respekt entgegengebracht. Während des Qing-Ming-Fests im April ist es Tradition, die Gräber der Vorfahren zu reinigen und in Ordnung zu bringen.*

Gelehrte *bewahrten die Schriften von Konfuzius, darunter auch die* Lunyu (Analekten)*, eine Sammlung von Weisheiten. Sie dienten bis 1912 als Erziehungsgrundlage.*

Daoismus

Der Daoismus ist eng mit dem Volksglauben verknüpft und vereint das traditionelle, von *yin* und *yang* definierte Weltbild mit der Lebensenergie *qi (siehe S. 32f)*. Mit der Zeit entwickelte er sich zu einer komplexen Religion mit zahlreichen Gottheiten. Als Philosophie ermutigt Daoismus intuitives Handeln im Einklang mit der kosmischen Grundordnung, dem Dao.

Laozi (Lao-tse), *der Begründer des Daoismus, ist eine sagenhafte Figur, die möglicherweise im 6. oder 4. Jahrhundert v. Chr. gelebt hat. Ihm wird das* Daode Jing *zugeschrieben.*

Han Xiangzi *ist einer der acht Unsterblichen, einer Gruppe daoistischer Meister, die von einem heiligen Pfirsichbaum fiel und so ewiges Leben erlangte. Darstellungen zeigen Han Xiangzi meist mit Flöte.*

Daoistische Alchemisten *waren auf der Suche nach dem Elixier für das ewige Leben und hatten bei den Kaisern Einfluss. 1600 n. Chr. entdeckten sie – eher zufällig – das Schießpulver.*

In »Pfirsichblütenfrühling« *des Dichters Dao Qian findet sich ein Fischer in einem verzauberten Land wieder und begegnet Unsterblichen. Daoistische Naturverehrung führte zur Vorstellung von Paradiesen.*

Buddhismus

In China wird die Mahayana-Prägung des Buddhismus praktiziert, die jedem, der sie sucht, Erlösung verspricht *(siehe S. 487 und S. 522f)*. Erleuchtete Bodhisattvas bleiben in dieser Welt, um anderen zur Erleuchtung zu verhelfen. Gläubige sammeln durch ihre Taten Verdienste, die sie näher ans Nirvana bringen.

Um den Wächterkönig *des Südens* (links) *windet sich eine Schlange. Der König des Nordens hält einen Sonnenschirm. Die Könige der vier Himmelsrichtungen bewachen die Eingänge vieler Tempel.*

Der Lachende Buddha, *auch* Milefo *genannt, ist eine Adaption von* Maitreya, *dem Buddha der Zukunft. Sein dicker Bauch steht für Überfluss. Ihn verehrt man in der Hoffnung auf ein sorgloses Leben.*

Luohan *(oder* arhat*) sind Heilige und in Tempeln oft in Gruppen von 18 zu finden. Ihre Heiligkeit ermöglicht ihnen, schon zu Lebzeiten das Nirvana zu erreichen.*

Eine Buddhistin *zündet Räucherstäbchen zum Gebet an. Die Tempel mit Gläubigen, die Opfergaben darbringen, sind erfüllt von spiritueller Energie.*

Die Kraft des *qi*

Die Idee des kosmischen *qi* (oder Atems) in der chinesischen Philosophie geht auf die Shang- und die Zhou-Zeit zurück. Der Atem des *qi* hat demnach das All und die Erde erschaffen und den gegensätzlichen Kräften *yin* und *yang* den Weg geebnet. Jede Art der physischen Veränderung auf der Welt wird folglich auf *qi* zurückgeführt. Im daoistischen *Daode Jing* ist *qi* gleichbedeutend mit Dao (»der Weg«). Eine dampfende Reisschale ist das Schriftzeichen für *qi (rechts)*, wobei sich die Kraft des Reises nach oben ausdehnt. Die Idee der Lebensenergie *qi* durchzieht das gesamte chinesische Denken: Sie ist Leitprinzip der traditionellen Wissenschaft wie der Kunst.

Das Schriftzeichen für *qi* ähnelt einer dampfenden Schale Reis

Qi in der Praxis

Qi ist in allen Lebensbereichen präsent. Als die chinesische Medizin im 2. Jahrhundert v. Chr. Gestalt annahm, setzte sich *qi* als Grundkonzept durch. *Qi* wurde als vitale Energie aller Lebewesen betrachtet, die in einem Netz von Kanälen, den Meridianen, im Körper zirkuliert *(siehe S. 232)*. Ist sie blockiert, wird man krank.

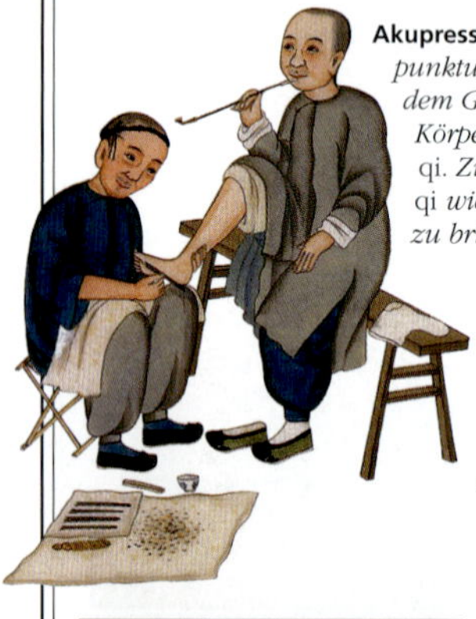

Akupressur *und Akupunktur basieren auf dem Gedanken des im Körper zirkulierenden* qi. *Ziel ist, blockiertes* qi *wieder zum Fließen zu bringen.*

Das *Kun*-Trigramm (das Empfangende) ist Yin-lastig. Seine Attribute sind Hingabe und Aufnahme, es ist dem Element Erde zugeordnet.

Qi Gong *ist eine Bewegungs- und Meditationstechnik mit Tiefenatmung, die das* qi *stärken soll. Daoisten glauben, dass ein verlängerter Atem auch das Leben verlängert. Heute dient Qi Gong eher dem Wohlbefinden.*

Kampfsport *dient der Stärkung und Beherrschung des* qi. *Auf der Grundlage hoher Konzentration zeigen Ausübende, etwa Shaolin-Mönche, eine außerordentliche Körperbeherrschung.*

Feng Shui

Die Kunst, mit der Umgebung in Harmonie zu leben (*feng shui* = »Wind und Wasser«), basiert gleichfalls auf *qi*. Die Anlage und Einrichtung eines Zimmers oder Gebäudes kann den Fluss des *qi* und damit das Wohlbefinden der Bewohner steuern.

Ein Feng-Shui-Meister *mit dem* bagua *und anderen Hilfsmitteln, die den Fluss des* qi *innerhalb eines Bürohauses ermitteln sollen. Feng Shui ist vor allem in Hong Kong beliebt.*

Die Ming-Gräber (siehe S. 104f) *wurden für die Ming-Herrscher nach Feng-Shui-Prinzipien errichtet. Das Jundu-Shan-Gebirge im Norden sollte schlechte Einflüsse abwehren.*

Das HSBC-Gebäude *auf Hong Kongs Statue Square* (siehe S. 310) *symbolisiert mit dem Blick auf den Hafen und dem großen Atrium den freien Fluss des* qi *– ein Paradebeispiel für Feng Shui.*

Das *Qian*-Trigramm (das Schöpferische) verfügt mit drei durchgängigen Linien über das stärkste Yang.

Das Yin-Yang-Symbol steht für die gegenseitige Abhängigkeit von Yin (negativ) und Yang (positiv) und das ideale Fließgleichgewicht zwischen ihnen.

Yijing

Der chinesische Klassiker *Yijing (I Ging* oder *Das Buch der Wandlungen)* geht auf uralte schamanische Orakeltechniken zurück. Die darin enthaltenen *bagua* (Trigramme) sind zu insgesamt 64 Hexagrammen mit jeweils sechs Yin- bzw. Yang-Linien zusammengefasst.

Konfuzius *interessierte sich im Alter sehr für das* Yijing *und schrieb dazu mehrere Kommentare. Hier zählt er Schafgarbenstängel durch. Zum Hexagramm, das er so erhält, befragt er das* Yijing.

Bagua

Acht *bagua* (Trigramme) gruppieren sich um das Yin-Yang-Symbol und bilden damit die Wirkung des *qi* ab. Jedes Trigramm besteht aus drei Linien: Yin (unterbrochen) oder Yang (durchgängig). Die vielen möglichen Kombinationen beschreiben die potenziellen Bewegungen zwischen den einzelnen *Qi*-Stadien.

Weissagungsstäbchen *werden heute oft benutzt, um in die Zukunft zu blicken. In Hong Kong kann man vor den Tempeln Gläubige beobachten, die solche Stäbchen auf dem Boden verstreuen. Ein Wahrsager deutet sie.*

Architektur

Kachel mit kaiserlichem Drachen

Mehr als 2000 Jahre lang errichteten die Chinesen herrschaftliche und religiöse Bauten auf die gleiche Weise. Drei Elemente waren charakteristisch: eine Plattform, ein Rahmen aus Holzpfosten und -balken sowie nichttragende Wände. Solche Anlagen besitzen ein Eingangstor, Innenhöfe und diverse nach Norden verlaufende Räume. Meist waren chinesische Häuser aus Holz, doch da sie leicht Feuer fingen, existieren heute nur noch sehr wenige Originalbauten aus der Tang-Periode.

Luftaufnahme der Verbotenen Stadt mit ihrem traditionellen, linearen Aufbau

Chinesische Halle

Die chinesische Halle, eigentlich das Herrschaftshaus *(tang)*, ist immer gleich gestaltet: Der Boden besteht aus gestampfter Erde oder Stein, darauf kommt ein Raster aus Pfosten. Die Vorderseite des Baus zeigt immer eine ungerade Zahl von Bogen. Zwischen Pfosten und Balken sind Tragstützen *(dougong)*, die die Konstruktion stabilisieren und einen Dachüberhang ermöglichen. Das Holz ist bunt bemalt, das Dach elegant geschwungen.

Tor der Himmlischen Reinheit
(siehe S. 88)
Mitteleingang und ungerade Zahl von Torbogen betonen den heiligen Charakter des Prachtbaus.

Der Sockel verleiht dem Bau Monumentalcharakter

Fach oder Lücke zwischen Balken

Standard-Halle
Chinesische Bauten unterlagen festen Proportionsregeln. Die Einheitsbauweise war identitätsstiftend.

Mehrstöckige Gebäude (lou) und Pavillons (ge)

Mehrstöckige Häuser waren Vorläufer der Pagoden. Sie reichten von zweistöckigen Privathäusern bis zu siebenstöckigen Türmen. Mehrstöckige Pavillons wurden als Lagerhäuser genutzt und hatten nur an der Vorderseite Fenster und Türen. Standardelemente sind Fundament, Holzpfosten und -balken und nichttragende Wände.

Typische »fliegende« Regenrinne

Mehrstöckiger Bau
Die Konstruktion hoher Häuser wie des »Gelber-Kranich-Pavillons« in Wuhan (siehe S. 266) *war mit Tragstützen möglich.*

Symmetrische Fassade

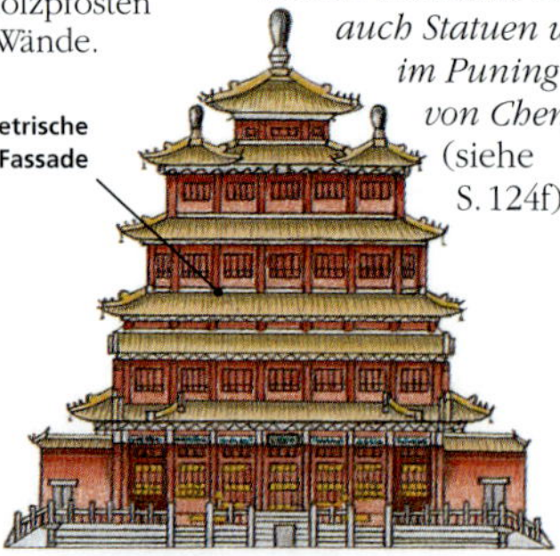

Mehrstöckiger Pavillon
Hier wurden wichtige Dinge gelagert – Bibliotheken mit sutras *oder auch Statuen wie im Puning Si von Chengde* (siehe S. 124f).

Pagode

Die chinesische Pagode *(ta)* wurde im 1. Jahrhundert v. Chr., als der Buddhismus in China Fuß fasste, nach der indischen *stupa* entwickelt. Mehrstöckige Pagoden findet man in buddhistischen Tempelanlagen, später wurden auch frei stehende erbaut. Sie beherbergten meist religiöse Statuen. Pagoden wurden aus Ziegeln, Steinen oder Holz errichtet *(siehe S. 165)*.

Verzierter Torbogen

Der *pailou* oder *paifang* ist ein Denkmal bzw. ein Torbogen in Holz-, Stein- oder Ziegelbauweise (manchmal mit glasierten Dachziegeln). Er trägt oft eine erbauliche Inschrift. *Pailous* wurden an Straßenkreuzungen, Tempelanlagen, Brücken, Grabanlagen oder in Parks errichtet.

Stadtmauern

Frühe Wehranlagen wurden wie andere Bauten aus gestampftem Lehm errichtet, der auf Strohrahmen gepresst wurde. Später verwendete man für die Wände auch Ziegel. Stadtmauern waren traditionell eckig, mit einem Haupttor im Süden. Das chinesische Wort für »Stadt« *(cheng)* bedeutet auch Mauer.

Stadtmauer und -tor
Die Türme der Mauern variieren – von klein bis zu palastartigen, mehrstöckigen Konstruktionen.

Stadtmauer von Pingyao
Die zehn Meter hohen Wälle und Wachtürme aus gestampftem Lehm und Ziegeln dienten der Verteidigung. Hier ist die Ming-Anlage, die nun teilweise eingestürzt ist, zu sehen.

Architektonische Details

Details an chinesischen Bauten sind symbolhaft. So durfte z. B. nur der Kaiser gelbe Ziegel verwenden. Auch die Darstellung der neun Drachen, die sowohl in der Verbotenen Stadt als auch anderswo zu finden ist, war dem Kaiser vorbehalten, da der Drache das männliche Yang-Prinzip symbolisiert – und letztlich den Kaiser.

Chiwen-Drache
Da er mit Wasser Feuer löschen kann, erscheint der mythische chiwen *oft als Dachreiter.*

Dougong
Die Tragstütze (dougong) *leitet das Gewicht vom Dach auf die Säulen um. Sie ist eine oft reich verzierte Konstruktion ohne Nägel.*

Erfindungen

Taschenkompass

Gedruckte Bücher, Porzellan, Seide, Wandschirme und Drachen sind einige der weltweit benutzten Objekte, die ihren Ursprung in China haben. Chinesen entwickelten die Technik zur Herstellung von feinem Porzellan schon 1000 Jahre vor den Europäern. Die Philosophie spielte bei den beiden bekanntesten chinesischen Entdeckungen eine Rolle: Auf der Suche nach dem Lebenselixier erfanden daoistische Alchemisten das Schießpulver. Der Magnet-Kompass fand beim Feng Shui Anwendung.

Schubkarre: *Sie wurde in Landwirtschaft, Handwerk und beim Militär verwendet. Genau wie der Pflug erhöhte sie die Effizienz der Arbeiter enorm.*

Gusseisen: *Mit Phosphor setzte man den Schmelzpunkt von Erz herab, bevor man es in Hochöfen erhitzte, die im Lauf von Jahrhunderten aus Keramik-Brennöfen entwickelt wurden.*

Das Dezimalsystem entwickelte sich parallel zur Schrift und führte zu mathematischen Erkenntnissen.

Das erste Papier wurde aus Maulbeerbaumrinde, Bambus, Hanf, Leinen und Seide hergestellt.

Die Armbrust hatte eine höhere Reichweite und Zielgenauigkeit als der herkömmliche Bogen.

2000	1800	1600	1400	1200	1000	800	600	400	200
v. Chr.									v.
2000	1800	1600	1400	1200	1000	800	600	400	200

Steingut: *Es wurde erstmals in der Shang-Dynastie produziert. Zeitgleich entstanden erste Glasuren, die Stabilität, Wasserdichte und Farbe optimierten.*

Kuan (gusseiserner Pflug): *Er steigerte die Produktivität der Bauern. Die Pflugschar war für vorher nicht nutzbares Gelände geeignet.*

Beeindruckende Innovationen

Frühe technische Entwicklungen bewirkten in China eine landwirtschaftliche Revolution. Pflugscharen aus Eisen ermöglichten es, mehr Land zu kultivieren, wodurch eine wachsende Bevölkerung ernährt werden konnte. Papier, Papiergeld und Druckerhandwerk lieferten die Grundlagen für die Zentralverwaltung des riesigen, bevölkerungsreichen Staats. Verbesserte Organisation und neue Techniken steigerten die Produktion im Bergbau und in Porzellanfabriken und nützten der wachsenden militärischen Macht Chinas.

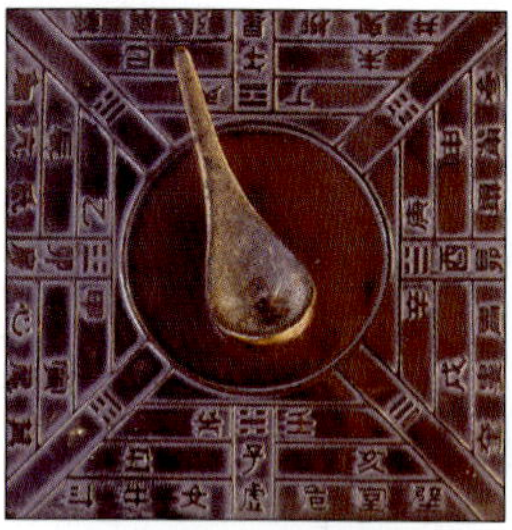

Magnet-Kompass: *Der erste Kompass – für Geomanten – war eine Bronzeplatte mit Magnetit-Löffel. Spätere Exemplare halfen chinesischen Seefahrern auf ihren Handelsreisen.*

Porzellan: *Die Keramikherstellung erreichte mit der Entdeckung des »echten« Porzellans im 6. Jahrhundert eine Hochphase. Das Material war hart, weiß und gab bei Berührung einen Klang von sich. Die Produktionsmethoden blieben ein wohlgehütetes Geheimnis, wodurch der Exportwert für Porzellan stieg* (siehe S. 254f).

Steigbügel: *Sie erhöhten den Nutzen von Pferden als Transportmittel und für den Kriegseinsatz.*

Druck: *Holzschnitte wurden zur Verbreitung buddhistischer Schriften genutzt und in der Zeit des Diamant-Sutra* (siehe S. 26) *noch verfeinert. 1041–48 ritzte Bi Sheng die Schriftzeichen in Tonblöcke und erfand damit die beweglichen Lettern.*

Druck

Die Erfindung der beweglichen Lettern hatte keinen großen Einfluss auf die chinesische Gesellschaft. Die meisten Drucker arbeiteten weiterhin mit Holzschnitten. Anders war dies 400 Jahre später in Europa: Hier revolutionierte der Buchdruck die Gesellschaft. Das liegt u. a. daran, dass es wesentlich einfacher ist, 26 Buchstaben zu kombinieren als 3000 Schriftzeichen, die für das Setzen einer chinesischen Zeitung nötig wären. Holzblöcke waren in China lange Zeit die einfachere Lösung.

200	400	600	800	1000	1200	1400	1600	1800	2000
r.									n. Chr.
200	400	600	800	1000	1200	1400	1600	1800	2000

Papiergeld: *Händler führten es als Handelszertifikat ein. Auch die Regierung ging bald zu Scheinen über.*

Schießpulver: *Es wurde von Geisterbeschwörern erfunden und ursprünglich für Feuerwerk verwendet. Erst ab dem 8. Jahrhundert kam es im Krieg zum Einsatz.*

Frachtschiff: *Es war mit Schratsegeln und Achternrudern ausgestattet. Die Mehrmaster waren größer als ihre europäischen Gegenstücke und diesen technisch überlegen.*

Seismometer: *Es wurde von Chang Heng erfunden und zeigte die Richtung von Erdbebenwellen anhand eines Balls an, der in ein Krötenmaul fiel.*

Abakus: *Der erste »Computer« wurde zur Zeit der Yuan-Dynastie erfunden und ermöglichte komplizierte Berechnungen. Er wird bis heute in China verwendet.*

Traditionelle Kunst

Bronzeglocke für Bestattungen

Die frühesten chinesischen Artefakte fand man in archaischen Königsgräbern. Darunter waren Bronze- und Jadearbeiten sowie Keramiken aus der Shang- und der Zhou-Zeit. Hinzu kommen die Terrakotta-Krieger aus der Qin-Periode. Unter den hoch entwickelten Kunstformen sind Malerei und Keramik wohl am wichtigsten und vollkommensten. Beeindruckend ist auch die Bildhauerei, insbesondere die buddhistisch geprägte im Westen des Landes. Hinzu kommt eine Vielzahl an Kunsthandwerk.

Buddhistische Skulptur im Gandhara-Stil *(siehe S. 133)*

Das rituelle Bronzegefäß *aus einem frühen Königsgrab ist mit mythischen Tierdarstellungen* (taotie) *verziert*

Nasse und trockene Tinte dienen der Darstellung von Baumdetails.

Strukturierte Pinselstriche verleihen den Felsen Kontur.

Keramik

Chinesische Töpferkunst prägte den Geschmack und die Herstellung weltweit. Die Erfindung des Porzellans sowie die Vielfalt an Töpfer-, Verzierungs- und Glasiertechniken setzten einen Standard, der von Japan bis Europa imitiert wurde.

Die tönerne Grabfigur *(Tang-Zeit) stellt einen Krieger dar und ist mit der typischen Sancai-Tropf-Glasur versehen, einer bleihaltigen Glasur, die bei geringer Temperatur gebrannt wurde.*

Song-Seladon-Schale *mit eingeritztem Blumendekor. Der Name »Seladon« stammt aus Europa und bezeichnet die graugrüne Glasur dieser Art von Steingut und Porzellan.*

Ming-Vase *im bekannten und oft imitierten blau-weißen Stil. Bei dieser Technik wird vor dem Brennen eine kobaltblaue Unterglasur aufgebracht.*

Qing-Famille-rose-Vase *aus zartem Porzellan in typischer Farbgebung. Der Name kommt von der hellrosa Emailfarbe.*

Malerei mit Vogel- und Blumenmotiven *(einschließlich der Darstellung von Insekten und Früchten) zeugt vom daoistischen Interesse für die Natur. Trotz ihrer Leichtigkeit zeigen diese Bilder eine quasi wissenschaftliche Detailtreue.*

Chinesische Malerei

Sie gilt als höchste Form traditioneller Kunst und wird auf Seide oder Papier mit Pinsel und Tinte oder Wasserfarben ausgeführt. Die Landschaftsmalerei erreichte ihre Blütezeit in der Song- und der Yuan-Periode. Huang Gongwang *(siehe unten)* war ein Yuan-Meister und wurde für seinen einfachen Kalligrafie-Stil bewundert.

Religiöse Malerei *entstand mit der Verbreitung des Buddhismus aus Indien entlang der Seidenstraße. Bald entwickelte sich in China ein eigener sakraler Stil.*

Getönte Tinte wird zur Darstellung entfernter Berge verwendet.

Bambusmalerei *lag in der Hand der Gelehrten. Bambus symbolisiert den Menschen, der sich angesichts von Gegnern biegt, aber nicht bricht.*

Traditionelles Handwerk

Neben den hohen Künsten Malerei und Keramikherstellung gibt es in China eine Vielzahl an Kunsthandwerk. Dazu gehören Lackschnitzereien, Jade- und Elfenbeinarbeiten ebenso wie Cloisonné-Artikel, verzierte Federhalter, Riechfläschchen und Fächer.

Riechfläschchen *wurden während der Ming-Periode in großen Mengen hergestellt. Sie sind aus Glas, Jade, Perlmutt oder Halbedelstein und weisen filigrane Gravuren oder feinste Bemalung auf.*

Lackschnitzereien, *typischerweise in Rot und mit Blumenmustern, werden häufig auf Dosen angebracht.*

Cloisonné *ist eine Emailliertechnik, bei der einzelne, meist kupferne Metall-Zwischenwände miteinander verlötet und dann mit verschiedenfarbigen Emailfüllungen versehen werden.*

Moderne Kunst

Die Geburtsstunde der modernen Kunst in China vollzog sich zu Beginn des 20. Jahrhunderts mit zunehmendem Kontakt zum Westen. Damals begann das Experimentieren mit neuen Materialien und Stilen in der bildenden Kunst. Westliche Musik, Sprechtheater *(huaju)*, Kino und moderne Literatur fassten Fuß. Doch nach 1949 war davon nichts mehr zu spüren. Während der Kulturrevolution wurden viele Künstler wegen des Vorwurfs, ihre Werke seien »reaktionär«, sogar verfolgt. Doch ab den 1980er Jahren fand eine gewisse Liberalisierung statt, in der sich neue, aufregende Kunstformen entwickeln konnten.

Der Oriental Pearl TV Tower *in Pudong, einem Stadtteil Shanghais, ist ein Beispiel für Chinas Hochhausarchitektur, die seit 1990 boomt.*

Dieses Beispiel von Performance-Kunst *stammt von Cang Xin, einem seit 1995 aktiven Konzeptkünstler aus Beijing. Es trägt den Titel* Die Vereinigung von Mensch und Himmel *und verweist auf die klassische Philosophie.*

Die Skulptur *mit dem Titel* Torso *stammt von Zhan Wang, einem Konzeptkünstler, der in Shanghai lebt. Mit reflektierenden Stahlplatten erweckt er die Illusion von Stabilität.*

MODERNE KUNST
Das Werk *Serie 2 No. 2* stammt von Fang Lijun. Er ist Vorreiter des »Zynischen Realismus«, der in Reaktion auf die Niederschlagung der Demokratiebewegung 1989 aufkam und die Probleme in China kommentiert.

Orchester- und Kammermusik *sind in China seit Anfang des 20. Jahrhunderts beliebt. Heute unterrichten viele Schulen westliche Musik. Es gibt in China einige Ensembles und Interpreten von Weltklasse.*

Chinesischer Film

Am Anfang standen Klassiker wie *Street Angel* (1937) aus der (damals) ausländischen Enklave Shanghai. Später erlangte das chinesische Kino mit Werken renommierter Regisseure wie Zhang Yimou internationales Renommee.

Der Film *Lebewohl, meine Konkubine* *(1993) des post-kulturrevolutionären Regisseurs Chen Kaige spielt in der Welt der traditionellen chinesischen Oper und löste moralische Verunsicherung aus.*

Die Filmindustrie von Hong Kong *ging ihre eigenen Wege und wurde in erster Linie für ihre Actionfilme bekannt. Der Martial-Arts-Star Jackie Chan debütierte mit dem oben abgebildeten Film* Fearless Hyena *als Regisseur. Chan schaffte den Sprung nach Hollywood.*

Der diesig-blaue Hintergrund schafft einen unwirklichen Eindruck.

Anonyme Gestalten wirken bedrohlich.

Die Hauptfigur schreit oder gähnt – ist sie zornig oder gelangweilt?

Wei Wei *ist im heutigen China ein Popstar. Rockmusik kam erst in den 1980er Jahren auf: Cui Jian, der »Großvater« des chinesischen Rock, tritt immer noch auf, wird aber von den Behörden als Rebell betrachtet. Dagegen genießen Hong Kongs Popsänger mehr Freiheiten.*

Ballettaufführungen *im heutigen China mischen traditionelle chinesische mit westlichen Einflüssen. Diese Ballettversion von Zhang Yimous Film* Die Rote Laterne *tanzen Mitglieder des Staatsballetts.*

Das moderne Theater *befasst sich mit dem Leben im 21. Jahrhundert. Hier ein Szenenbild aus* Toilette *(2004), einer schwarzen Komödie, aus dem Nationaltheater in Beijing. Mit seiner unverblümten Darstellung von Stadtleben und Homosexualität brach das Stück Tabus.*

Feste und Feiertage

Feste stellen einen wichtigen Teil der chinesischen Kultur dar und huldigen meist in farbenfroher und ausgelassener Weise den alten Sitten und Bräuchen. Das wichtigste Fest ist das Frühlingsfest oder Chinesische Neujahr. Familien verbringen einige Tage miteinander, das Haus wird geputzt, man zieht Festtagskleidung an, Dekorationen werden angebracht und Geschenke ausgetauscht. Das Ganze gipfelt in einem lautstarken und lebhaften Karneval, der mit einem Feuerwerk endet. Fast alle Rituale sollen Glück und Wohlstand bringen. Im Geschäftswesen ist es üblich, Schulden bis Neujahr zu begleichen. Die Festivitäten dauern 15 Tage lang, doch das öffentliche Leben legt nur eine viertägige Pause ein.

Hongbao
Die dekorativen roten Kuverts symbolisieren Glück und Wohlstand. Am Neujahrsabend werden sie mit Geld gefüllt und traditionell an Kinder verschenkt.

Löwentanz
Er wird am Chinesischen Neujahr und an anderen Feiertagen aufgeführt. Meist sind zwei Menschen nötig, um den Löwen zu mimen. Der Tanz erfordert mehr Kampfsport-Fähigkeiten als der Drachentanz.

Feuerwerk über Victoria Harbour, Hong Kong

Knallkörper
Knallerketten, die zu Neujahr abgefeuert werden, verwandeln die Straßen in lärmende, gefährliche Orte. Beijing verbannte die Knallerei aus dem Stadtzentrum – der Spaß findet nun in den Vororten statt.

Trommler
Zum Frühlingsfest marschieren bunt gekleidete Tänzer- und Trommler-Züge bis zum Beginn des Laternenfests durch die Straßen. Genau wie die Böller soll das Trommeln die bösen Geister vertreiben.

Mondkuchensorte

Festessen

Jedes Fest hat seine eigene Speise: *Jiaozi* (gekochte Klöße) gibt es an Neujahr, vor allem im Norden Chinas. *Yuanxiao* (Klebreisbälle) sind während des Laternenfests aktuell und werden sowohl mit süßer als auch mit pikanter Füllung zubereitet. *Zongzi* (in Bambusblätter gehüllte Reispyramiden) werden zum Drachenbootfest serviert. Zum Mittherbstfest, das immer an Vollmond stattfindet, gibt es Mondkuchen, der nach tausenderlei Rezepten süß oder pikant zubereitet wird.

Reispyramiden *(zongzi)*

Grandiose Feuerwerke

Neujahr wäre ohne Feuerwerk nicht Neujahr. In einigen Großstädten dauert der Zauber die ganze Nacht. Ursprünglich diente das Feuerwerk zur Vertreibung der bösen Geister oder sollte den Drachen aufwecken, damit er in der kommenden Saison für Regen und eine gute Ernte sorgte.

Farbige Laternen
Das Laternenfest findet an Vollmond statt und markiert das Ende der zweiwöchigen Neujahrsfestivitäten. Die Laternen sind mit Schriftzeichen verziert oder haben Tierform.

Mandarinen
Als Glückssymbol für Neujahr werden Mandarinen im Haus zusammen mit Blumen arrangiert. Das Wort »Mandarine« klingt auf Chinesisch wie »Glück«. Blumen sind das Symbol für den Neuanfang.

Duilian
Die roten Schriftrollen rechts und links des Eingangs enthalten Frühlingsverse und Segenswünsche für die Familie auf Hochchinesisch.

Traditioneller Scherenschnitt einer astrologischen Karte

Chinesische Astrologie

Jedes Jahr steht in einem der zwölf Tierkreiszeichen, die sich zyklisch wiederholen. Zu Neujahr heißen die Menschen daher etwa das »Jahr des Tigers« (2010) willkommen. Das Tierkreiszeichen, in dem ein Mensch zur Welt kommt, verleiht ihm bestimmte Eigenschaften.

Tiger: 2010. Er wird in China als König der Tiere betrachtet.

Hase: 2011. Er steht für Langlebigkeit und lebt selbst angeblich auf dem Mond.

Drache: 2012. Er symbolisiert China, den Kaiser und das positive Yang *(siehe S. 32f)*.

Schlange: 2013. Fuxi, ein Urahn, soll halb Schlange, halb Mensch gewesen sein.

Pferd: 2014. Es steht für Freiheit.

Ziege: 2015. Sie bedeutet Frieden und Kreativität.

Affe: 2016. Er steht für Spaß und Genie (wie etwa in der Geschichte vom Affenkönig).

Hahn: 2017. Er hat fünf Tugenden: Mut, Güte, Bestimmtheit, Vornehmheit und Zuverlässigkeit.

Hund: 2018. Er gilt in der Mythologie als Glückspilz.

Schwein: 2019. Ihm wird Fruchtbarkeit und Manneskraft zugeschrieben.

Ratte: 2020. Sie ist als kluge Beschützerin, die Wohlstand bringt, willkommen.

Ochse: 2021. Laozi, der daoistische Philosoph, wird oft auf einem Ochsen dargestellt.

Das Jahr in China

Die traditionellen chinesische Feste hängen mit dem Mondkalender zusammen, der 29,5 Tage pro Monat hat. Die Daten wechseln folglich jedes Jahr. Dennoch fallen nach dem Mondkalender datierte und westliche Feste meist in dieselbe Saison. Kommunistische Feiertage – beispielsweise Nationalfeiertag und Tag der Arbeit – sind meist nach dem westlichen Kalender festgelegt. Religiöse Feiertage, wie sie in Hong Kong, Tibet und anderen Gebieten der chinesischsprachigen Welt überlebt haben, halten allmählich auch wieder in der Volksrepublik China Einzug. Abgelegene Regionen wie die Innere Mongolei feiern eigene Feste. Zudem spielen auch ausländische Feste wie Weihnachten vielerorts eine Rolle. Das Neujahrsfest wird mehrere Wochen vorbereitet. Läden und Büros schließen für vier Tage, einige sogar für eine ganze Woche.

Die rote Laterne symbolisiert Glück

Farbenfroher Festzug zum Chinesischen Neujahr

Frühling (Feb – Apr)

In dieser Zeit begleichen Chinesen ihre Schulden und nehmen sich Zeit für Freunde und Familie. Der Beginn der Pfirsichblüte signalisiert Erneuerung. Mit dem Frühlingsfest feiert man den Beginn des Kreislaufs von Pflügen und Säen.

Erster Mondmonat

Frühlingsfest (Chun Jie) Zum Hauptfest, dem Chinesischen Neujahr *(siehe S. 42f)*, tauscht man Geschenke und mit Geld gefüllte rote Kuverts aus und trägt neue Kleider.

Laternenfest *(Feb–März)*. Abschluss der 15-tägigen Neujahrsfeiern bei Vollmond. Zahlreiche Laternen mit Segenssprüchen oder in Tierform können bestaunt werden. Dazu isst man *yuanxiao* (Reisbällchen).

Zweiter Mondmonat

Tibetisches Neujahr Es beginnt mit dem Verzehr des Gerstenkrumen-Gerichts und mit Tashi-Delek-Segnungen. Später im Monat folgen Monlam, ein Gebetsfeiertag, und das Butterlampenfest.

Kunstvoll gestaltete Skulptur aus Butter zum Tibetischen Neujahr

Hong Kong Arts Festival *(Feb/März)*. Das internationale Kunstfestival ist das wichtigste Kunstevent Hong Kongs. Einheimische und internationale Künstler bieten drei bis vier Wochen lang ein Programm aus Musik, Theater, Tanz, Unterhaltung, Filmen und Ausstellungen.

Internationaler Frauentag *(8. März)*. Frauen haben einen halben oder sogar einen ganzen Tag frei, während die Männer weiterarbeiten müssen.

Dritter Mondmonat

Tag der Aufforstung *(1. Apr)*. Der Tag wurde von der Reformregierung Ende der 1970er Jahre eingeführt und ist Teil einer Begrünungskampagne, jedoch kein offizieller Feiertag.

Weifang Internationales Drachenfest *(Apr)*. Anlässlich des Qing-Ming-Fests lässt man Drachen steigen. Mehr als 1000 Konkurrenten treten beim Drachenfest in Shandong gegeneinander an.

Wasserfest *(Mitte Apr)*. Es wird von der Minderheit der Dai vor allem in Xishuangbanna, Yunnan *(siehe S. 383)*, gefeiert. Das Wasserfest läutet das Neujahr der Dai ein. Dabei segnet man sich gegenseitig, indem man sich mit Wasser bespritzt – eine Tradition, die das Löschen der Flammen eines mythischen Tyrannendämons symbolisiert.

Beim Qing-Ming-Fest werden die Gräber der Vorfahren geschmückt

Qing-Ming-Fest *(Apr).* Man pflegt die Gräber und gedenkt der Toten. Ahnenopfer und Picknick im Grünen gehören dazu.
Hainan Kokosnussfest *(Apr).* Dieses Forum für die örtliche Kokosnussernte gibt es erst seit 1992.
Fest des dritten Mondes *(Apr).* Das Fest findet nur bei den Bai-Buddhisten in Yunnan im Gebiet um Dali statt. Gefeiert wird mit Märkten, Pferderennen, Gesang und Tanz.
Tin-Hau-Fest *(Apr–Mai).* In Hong Kong und in Küstengebieten wie Fujian würdigt man den Geburtstag der Himmelsgöttin Mazu oder Tianhou *(siehe S. 149)*, der Schutzpatronin der Fischer und Seeleute.

Sommer (Mai – Juli)

Ab Sommerbeginn finden viele Feste im Freien statt. Der Mai läutet die Reisesaison ein, in der viele Menschen durchs Land fahren, um Freunde und Verwandte zu besuchen.

Vierter Mondmonat

Internationaler Tag der Arbeit *(1.–3. Mai).* Eine ganze Woche ohne Arbeit. Meist sind die Straßen verstopft.
Jugendtag *(4. Mai).* Man gedenkt der Studentenbewegung von 1919, mit der das moderne China begann.
Buddhas Geburtstag ist in Tibet ein wichtiger religiöser Feiertag, der allerdings in der Volksrepublik China nicht offiziell, sondern höchstens im privaten Rahmen gefeiert wird. In Hong Kong, wo er mehr Beachtung findet, ist der Tag auch als Fest der Zehntausend Buddhas bekannt, bei dem man um Vergebung der Sünden und für Frieden und Weisheit betet.
»Meet in Beijing«-Festival *(Mai).* Internationales Festival mit Oper, Tanz, Instrumental- und Vokalkonzerten.

Fünfter Mondmonat

Kindertag *(1. Juni).* Für Kinder sind der Eintritt ins Kino und weitere Unterhaltungsangebote kostenlos. Darüber hinaus werden sie mit Geschenken bedacht.
Drachenbootfest (Fest des fünften Mondes) *(Juni).* Es erinnert an den patriotischen Poeten Qu Yuan, der sich ertränkte, und war einst ein religiöses Fest. Ruderteams treten in langen, verzierten Booten gegeneinander an. In Hong Kong finden mehrere bunte Rennen statt, eines davon mit internationaler Beteiligung. Überall wird Reiskuchen *(zongzi)* gegessen.
Shanghai International Film Festival *(Juni).* Das seit 1993 veranstaltete Event ist das einzige internationale A-Festival der Volksrepublik China.

Das Drachenbootfest ist ein buntes, lebhaftes und aufregendes Ereignis

Nadaam-Fest, mongolisches Sportfest mit Jahrmarkt

Sechster Mondmonat

Gründungstag der Kommunistischen Partei Chinas *(1. Juli)*. Gedenkfeier anlässlich der Gründung 1921 in Shanghai.

Herbst (Aug – Okt)

Während es im subtropischen Süden noch angenehm warm sein kann, kühlt es in den Hochlagen und im Landesinneren merklich ab. Die Zeit, in der sich die Blätter verfärben, ist beliebt, um diverse Feste zu besuchen.

Siebter Mondmonat

Tag der Volksbefreiungsarmee *(1. Aug)*. Er erinnert an den Aufstand gegen die Nationalisten 1927. Leitthema ist die Einheit von Volk und Armee.

Fest der Liebenden *(Aug)*. Man feiert die Geschichte eines irdischen Hirten und eines himmlischen Webermädchens. Die beiden wurden von den Göttern getrennt, dürfen sich aber am siebten Tag des siebten Mondes über eine von Elstern gebildete Brücke im Himmel wiedersehen. Auch Sieben-Schwestern-Fest genannt.

Shoton-(Joghurt-)Fest *(Aug/Sep)*. Tibetisches Opernfestival. Seinen Namen trägt es wegen des Joghurts, den die Pilger den Mönchen überreichen.

Nadaam-Fest *(Aug)*. In Hohhot, Bayanbulak und an anderen Orten der Inneren Mongolei finden Pferderennen, Ringkämpfe, Bogenschießen und Jahrmärkte statt. Die Frauen tragen traditionelle Trachten.

Nakchu-Pferderennen-Fest (Tibet) *(Aug)*. Das wichtigste Volksfest Tibets findet in Nakchu statt. Mehr als 1000 Hirten wetteifern in traditionellen Disziplinen wie Bogenschießen, Reiten und Pferderennen.

Zhongyuan (Fest des Hungrigen Geistes) *(Aug)*. Es ähnelt Halloween und verbindet die im Kommunismus unterdrückte Ahnenverehrung und den Buddhismus – ein unheilvolles Datum für Heirat oder Umzug.

Internationales Bierfest von Qingdao *(Aug)*. Fest in der östlichen Hafenstadt in Shandong, wo man Tsingtao-Bier mit Quellwasser des Lao Shan braut *(siehe S. 146)*.

Achter Mondmonat

Tag des Lehrers *(1. Sep)*. Er entstand in den 1980er Jahren als Reaktion auf den Anti-Intellektualismus der Kulturrevolution, ist aber kein offizieller Feiertag.

Mittherbstfest (Zhong Qiu) *(Sep)*. Am Ernte- bzw. Mondfest kommen Familien zusammen und essen Mondkuchen *(siehe S. 43)*.

Shaolin International Martial Arts Festival *(Sep)*. Es findet seit 1991 jährlich in Zhengzhou statt.

Konfuzius' Geburtstag *(28. Sep)*. Allmählich gewinnt der Tag in der Volksrepublik China wieder an Popularität, nachdem der Weise im Kommunismus diffamiert worden war. Der Tag wird in konfuzianischen Tempeln, u. a. in Qufu und Beijing, gefeiert.

Drache zum Mittherbstfest

Internationales Modefestival *(Mitte Sep)*. Dalian. Nach einer spektakulären Eröffnungsschau wird zwei Wochen lang Mode asiatischer Designer gezeigt.

Tänzer beim Internationalen Bierfest in Qingdao

Am Nationalfeiertag paradieren gut gedrillte Truppen

Neunter Mondmonat

Nationalfeiertag *(1.–3.Okt).* Offizielle Feiertage mit Paraden zum Gedenken an die Gründung der Volksrepublik China 1949 – oft auf eine ganze Woche ausgedehnt.
Chongyang-Fest (Doppel-Neun-Fest) *(Okt).* Eine doppelte Neun steht für doppeltes Yang (gemäß der Yin-Yang-Dualität), dem man männliche Bestimmtheit und Stärke zuordnet. An diesem Tag besteigt man hoch gelegene Orte, trägt einen Hartriegel-Zweig und trinkt Chrysanthemen-Wein, um böse Geister zu vertreiben.

Winter (Nov – Jan)

Zu dieser Jahreszeit fällt die Temperatur stark ab. Die Feuchtigkeit im Süden nimmt ab, während in den zentralen und nördlichen Regionen strenger Winter herrscht. Die Hauptreisezeit ist vorüber. Die meisten Menschen genießen nun zu Hause die Vorbereitungen zum Neujahrsfest.

Zehnter Mondmonat

Zhuang Song Festival *(Nov).* Die Minderheit der Zhuang in Guangxi pflegt ihre eigene Sing- und Tanztradition. Seit 1999 findet in Nanning das Internationale Volkslied- und Kunstfestival statt.

Elfter Mondmonat

Wintersonnwende Chinesische Astronomen benannten das Phänomen schon in der Han-Periode. An dem ehemals wichtigen Fest essen die Menschen im Norden noch heute Suppe mit Teigtaschen oder Klößen, im Süden eher Fleisch oder rote Bohnen mit Klebreis, um die bösen Geister zu vertreiben.
Weihnachten *(25. Dez).* Obwohl es in China nur eine winzige Anzahl Christen gibt, wird das Fest mit allem notwendigen Beiwerk, etwa Christbäumen, begangen. Shengdan Laoren, eine Art chinesischer Weihnachtsmann, ist eine sehr beliebte Figur. In Hong Kong ist Weihnachten ein offizieller Feiertag.

Zwölfter Mondmonat

Corban-Fest *(Dez/Jan).* In Xinjiang, Ningxia, und bei den Hui in ganz China erinnert der muslimische Feiertag daran, dass Ibrahim (Abraham) in letzter Minute gewährt wurde, eine Ziege statt seines Sohns zu opfern. Zum Fest werden Tiere geschlachtet. Es gibt Gesang und Tanz.
Neujahrstag *(1. Jan).* Er wird zwar von den umfangreichen Vorbereitungen für das Chinesische Neujahr überschattet, das im Januar oder Februar stattfindet, ist aber ein offizieller Feiertag.

Feiertage

Neujahrstag *(1. Jan)*

Chinesischer Neujahrstag (Frühlingsfest) *2010: 14. Feb, 2011: 3. Feb*

Internationaler Tag der Arbeit *(1.–3. Mai)*

Nationalfeiertag *(1.–3. Okt)*

Achtung
Es gibt diverse halbe Feiertage für bestimmte Gruppen (Kinder, Frauen, Militär etc.) Die dreitägigen Feiertage im Mai und Oktober werden mittlerweile so gelegt, dass man sieben freie Tage am Stück erhält. Um die Verwirrung von Besuchern noch zu steigern, stehen diese Termine meist erst kurzfristig fest. Es empfiehlt sich, nicht während dieser Zeiten zu reisen, da viele Einrichtungen geschlossen haben. Klären Sie dies im Voraus, etwa mit dem Reisebüro, ab!

Klima

China hat Anteil an unterschiedlichen Klimazonen. Sie reichen von der subtropischen Südwestküste mit heißen, regenreichen Sommern und warmen Wintern über die Turpan-Tiefebene mit hohen Temperaturen bis hin zu den Bergregionen mit kühlen Sommern und langen, trockenen Wintern. In den Dürregebieten der nördlichen Hochlagen und dem sibiriennahen Nordosten fällt wenig Regen. Reichlich Niederschläge gibt es im feuchten Süden und Osten.

Gipfel des Hua Shan, Shaanxi

Ürümqi

Monat	Apr	Juli	Okt	Jan
°C (max.)	16	28	10	−11
°C (min.)	2	14	−1	−22
Sonne	7 Std.	9 Std.	7 Std.	6 Std.
Regen	38 mm	18 mm	43 mm	15 mm

Legende

- Heiße, feuchte Sommer; warme, trockene Winter
- Warme Sommer; kühle Winter
- Heiße, feuchte Sommer; kühle, trockene Winter
- Heiße, feuchte Sommer; kühle, neblige Winter
- Kühle, trockene Sommer; kalte, windige Winter
- Heiße, feuchte Sommer; kalte, trockene Winter
- Warme Sommer; kalte, trockene Winter
- Heiße, trockene Sommer; kalte, trockene Winter

Lhasa

Monat	Apr	Juli	Okt	Jan
°C (max.)	16	23	17	7
°C (min.)	1	9	1	−10
Sonne	6 Std.	2 Std.	10 Std.	6 Std.
Regen	5 mm	122 mm	13 mm	0 mm

Chengdu

Monat	Apr	Juli	Okt	Jan
°C (max.)	22	30	21	10
°C (min.)	13	20	15	3
Sonne	4 Std.	5 Std.	2 Std.	2 Std.
Regen	48 mm	230 mm	42 mm	5 mm

Kunming

Monat	Apr	Juli	Okt	Jan
°C (max.)	24	24	20	15
°C (min.)	9	17	12	2
Sonne	9 Std.	5 Std.	5 Std.	7 Std.
Regen	27 mm	205 mm	89 mm	12 mm

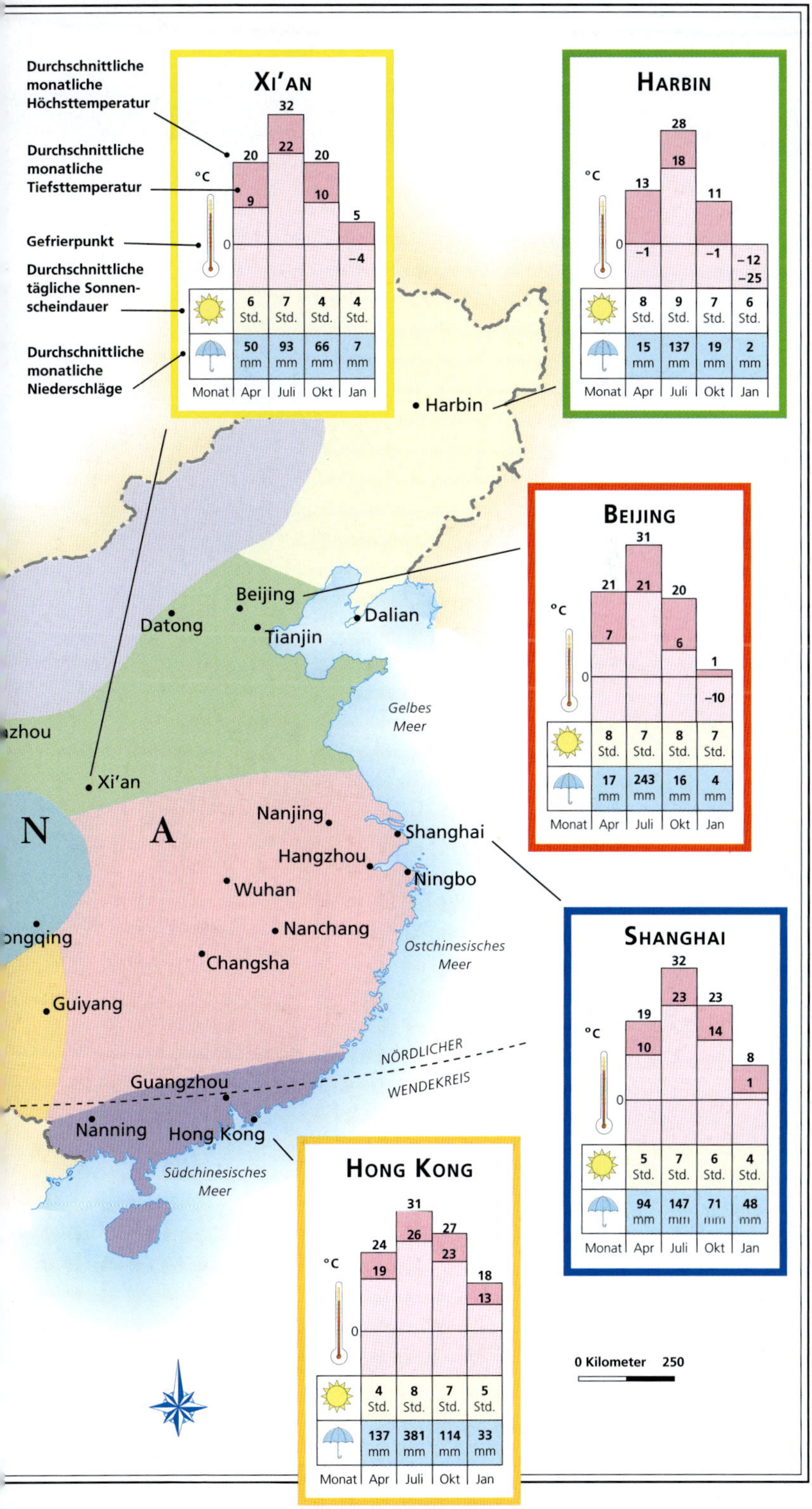
Durchschnittliche monatliche Höchsttemperatur
Durchschnittliche monatliche Tiefsttemperatur
Gefrierpunkt
Durchschnittliche tägliche Sonnenscheindauer
Durchschnittliche monatliche Niederschläge
XI'AN
°C
0
20 9 | 32 22 | 20 10 | 5 −4
6 Std. | 7 Std. | 4 Std. | 4 Std.
50 mm | 93 mm | 66 mm | 7 mm
Monat | Apr | Juli | Okt | Jan
HARBIN
°C
0
13 −1 | 28 18 | 11 −1 | −12 −25
8 Std. | 9 Std. | 7 Std. | 6 Std.
15 mm | 137 mm | 19 mm | 2 mm
Monat | Apr | Juli | Okt | Jan
BEIJING
°C
0
21 7 | 31 21 | 20 6 | 1 −10
8 Std. | 7 Std. | 8 Std. | 7 Std.
17 mm | 243 mm | 16 mm | 4 mm
Monat | Apr | Juli | Okt | Jan
SHANGHAI
°C
0
19 10 | 32 23 | 23 14 | 8 1
5 Std. | 7 Std. | 6 Std. | 4 Std.
94 mm | 147 mm | 71 mm | 48 mm
Monat | Apr | Juli | Okt | Jan
HONG KONG
°C
0
24 19 | 31 26 | 27 23 | 18 13
4 Std. | 8 Std. | 7 Std. | 5 Std.
137 mm | 381 mm | 114 mm | 33 mm
Monat | Apr | Juli | Okt | Jan
Harbin
Beijing
Datong
Tianjin
Dalian
Gelbes Meer
zhou
Xi'an
N
A
Nanjing
Shanghai
Hangzhou
Ningbo
Wuhan
Nanchang
ongqing
Changsha
Ostchinesisches Meer
Guiyang
NÖRDLICHER WENDEKREIS
Guangzhou
Nanning
Hong Kong
Südchinesisches Meer
0 Kilometer 250

Die Geschichte Chinas

China kann sich einer der ältesten Zivilisationen der Welt rühmen. Die Geschichte des Landes ist geprägt von Machtkämpfen rivalisierender Lager, von Zeiten des Friedens und Wohlstands, in denen fremde Einflüsse aufgenommen wurden, von Machtverlust wegen Korruption und politischer List und vom Aufstieg ehrgeiziger Führer, die immer neue Dynastien gründeten.

Erste Siedler

Ab etwa 8000 v. Chr. entstanden in den östlichen Küstenregionen, vor allem in den überaus fruchtbaren Deltas der Flüsse Huang He, Yangzi und Wei, die ersten einfachen Siedlungen. Diese Zivilisationen lebten als Jäger, Sammler und Fischer. Sie bauten im Norden Hirse, im Süden Reis an. Jede der Zivilisationen brachte einen ganz eigenen Keramik-Stil hervor. Bekannt wurden z. B. die robusten Tongefäße der Yangshao (5000–3000 v. Chr.) oder auch die schwarze Keramik der Longshan (3000–1700 v. Chr.).

Yangshao-Tonamphore

Chinas Bronzezeit und die ersten Königreiche

Die erste Dynastie Chinas gründeten die Shang um 1600 v. Chr. Sie lebten in komplexen Gesellschaften und betrieben erstmals die Massenanfertigung von Bronzegegenständen. Die Macht konzentrierte sich auf Führungseliten, die als Schamanen galten und über Wahrsager mit den Ahnen und Göttern kommunizierten. Reich verzierte Bronze- und Tongefäße dienten sowohl für Festmahle als auch zum Darreichen von Opfergaben für die Ahnen. Inschriften auf Orakelknochen von 1300 v. Chr. gelten als erste schriftliche Funde.

1066 v. Chr. gelangten die Zhou an die Macht und errichteten im heutigen Xi'an ihre Hauptstadt. Zu Beginn hielten sich die Westlichen Zhou noch an viele Shang-Traditionen. Später erneuerten sie jedoch das politische System und benutzten statt Orakelknochen Inschriften auf Seide und Bambus.

Die Periode der Östlichen Zhou (770–221 v. Chr.) unterteilt man in die Frühlings- und die Herbstperiode (770–475 v. Chr.) sowie die Ära der Streitenden Reiche (475–221 v. Chr.). Politische Konflikte und soziale Unruhen prägten die Zeit der Östlichen Zhou, in der rivalisierende Lager um die Macht stritten. Dank der geradezu revolutionären Einsatzmöglichkeiten von Eisen in der Landwirtschaft vollzog sich allerdings ein ökonomischer Fortschritt. In diesem Klima des Umbruchs kamen die philosophischen Denkschulen des Konfuzianismus, des Daoismus und des Legalismus auf.

Zeitskala

8000–6500 v. Chr. Neolithikum

6500–5000 v. Chr. Erste Siedlungen in Nordchina

5000–3000 v. Chr. Yangshao-Kultur entlang dem Fluss Wei

2200–1600 v. Chr. Zeit der Xia

1600–1050 v. Chr. Herrschaft der Shang-Dynastie

Bronzegefäß, Shang

1300 v. Chr. Erste Inschriften auf Orakelknochen

1066–771 v. Chr. Westliche Zhou-Dynastie

770–475 v. Chr. Östliche Zhou: Frühlings- und Herbstperiode

um 551–479 v. Chr. Konfuzius

513 v. Chr. Erste Erwähnung von Gusseisen

475–221 v. Chr. Östliche Zhou: Streitende Reiche

8000 v. Chr. | 6000 v. Chr. | 4000 v. Chr. | 2000 v. Chr. | 1000 v. Chr. | 500 v. Chr.

◁ **Detail aus *Der erste Herrscher der Han-Dynastie hält Einzug in Kuan Tung* des Song-Malers Chao Po Chu**

Dynastien

China wurde von einer Reihe von Dynastien regiert, deren Herrschaft von Zeiten der Zersplitterung und des Bürgerkriegs unterbrochen wurde. Die Macht des Kaisers war von den Göttern gegeben und daher uneingeschränkt. Die jeweiligen Herrscher behaupteten, ihr Vorgänger habe die Götter erzürnt, weswegen ihm das Mandat entzogen worden sei.

Shang-Dynastie

1600–1050 v. Chr.

Die Shang-Dynastie steht für den Beginn der Bronzezeit und der Palastkultur. Der halbgottähnliche König hatte die Funktion eines Schamanen und stand in Verbindung mit den Göttern.

Dreibeiniger Bronzekessel aus der Shang-Periode

Westliche Han

206 v. Chr. – 9 n. Chr.

Gaodi	206–195 v. Chr.
Huidi	195–188 v. Chr.
Lu Hou	188–180 v. Chr.
Wendi	180–157 v. Chr.
Jingdi	157–141 v. Chr.
Wudi	141–87 v. Chr.
Zhaodi	87–74 v. Chr.
Xuandi	74–49 v. Chr.
Yuandi	49–33 v. Chr.
Chengdi	33–7 v. Chr.
Aidi	7–1 v. Chr.
Pingdi	1 v. Chr.–6 n. Chr.
Ruzi	7–9 n. Chr.

Fragmente von Terrakotta-Köpfen aus Jingdis Grab

Östliche Han

25–220 n. Chr.

Guang Wudi	25–57
Mingdi	57–75
Zhangdi	75–88
Hedi	88–106
Shangdi	106
Andi	106–125
Shundi	125–144
Chongdi	144–145
Zhidi	145–146
Huandi	146–168
Lingdi	168–189
Xiandi	189–220

Tang (siehe S. 56–58)

618–907

Gaozu	618–626
Taizong	626–649
Gaozong	649–683
Zhongzong	684, 705–710
Ruizong	684–690, 710–712
Wu Zetian	690–705
Xuanzong	712–756
Suzong	756–762
Daizong	762–779
Dezong	779–805
Shunzong	805
Xianzong	805–820
Muzong	820–824
Jingzong	824–827
Wenzong	827–840
Wuzong	840–846
Xuanzong	846–859
Yizong	859–873
Xizong	873–888
Zhaozong	888–904
Aidi	904–907

Tanzende Grabfiguren mit Sancai-*Glasur*

Fünf Dynastien & Zehn Königreiche

907–960

Nördlich des Yangzi folgten fünf Dynastien in rascher Folge aufeinander: Keine überdauerte mehr als drei Regentschaften. Ähnlich turbulent verlief die Zeit der Zehn Königreiche im Süden.

Während der gesamten Epoche und während eines Großteils der Song-Dynastie wurden die nördlichen Grenzen des Ostens von der halbnomadischen Liao-Dynastie (907–1125) kontrolliert. Der Westen unterstand den Westlichen Xia (990–1227). 1115 wurden die Liao von den Jin (1115–1234) entmachtet, die die Song 1127 nach Süden vertrieben.

Yuan

1279–1368

Dschingis Khan (1162–1227) (Er vereinte zahlreiche mongolische Stämme und nahm 1215 Beijing ein. Sein Enkel Kublai schloss die Eroberung Chinas ab, indem er 1279 die Song vernichtend schlug.)

Kublai Khan	1260–1294
Temur Oljeitu	1294–1307
Khaishan	1308–1311
Ayurbarwada	1311–1320
Shidebala	1321–1323
Yesun Temur	1323–1328
Tugh Temur	1328–1329, 1329–1333
Khoshila	1329
Toghon Temur	1333–1368

Ming

1368–1644

Hongwu	1368–1398
Jianwen	1399–1402
Yongle	1403–1424
Hongxi	1425
Xuande	1426–1435
Zhengtong	1436–1449
Jingtai	1450–1457
Tianshun (Zhengtong)	1457–1464
Chenghua	1465–1487
Hongzhi	1488–1505
Zhengde	1506–1521
Jiajing	1522–1567
Longqing	1567–157
Wanli	1573–162
Taichang	162
Tianqi	1621–162
Chongzhen	1628–164

Vestliche Zhou-Dynastie

)66–771 v. Chr.

ie Zhou gründeten in Chang'an
(i'an) ihre Hauptstadt. Sie be-
elten einige Traditionen der
hang bei, reformierten aber das
olitische System mit einer Klas-
fizierung des Adelsstandes. Das
udale System der Westlichen
hou brach zusammen, als die
auptstadt geplündert und der
önig erschlagen wurde.

Östliche Zhou-Dynastie

770–221 v. Chr.

Frühlings- und Herbstperiode
770–475 v. Chr.

Streitende Reiche
475–221 v. Chr.

Die Zhou-Dynastie herrschte in ihrer Hauptstadt Luoyang neben mächtigen Grenzstaaten. Diese lange Epoche nahezu pausenloser Kriege endete erst, als die Qin siegten.

Qin-Dynastie

221–206 v. Chr.

Qin Shi Huangdi	221–210 v. Chr.
Er Shi	210–206 v. Chr.

Wächterfigur aus dem Grab des Qin Shi Huangdi

'eriode der Teilung

20–589

hina zerfiel in die verfeindeten Königreiche
'ei, Wu und Shu. Unter den Westlichen Jin
:80–316), der frühesten der sechs Südlichen
ynastien (280–589), gelang den Wei eine kurz-
stige Wiedervereinigung Chinas mit Jiankang
Nanjing) als Hauptstadt. Der Norden wurde
on einer Reihe von Königshäusern beherrscht,
en 16 Königreichen (304–439). Die nomadi-
hen Toba Wei errichteten die Nördliche Wei-
ynastie, die früheste von fünf Nördlichen Dy-
astien (386–581), die erst Datong und danach
uoyang als Hauptstadt hatten.

Sui

581–618

China wurde unter der kurzen, wichtigen Herrschaft der Sui wiedervereint.

Wendi	581–604
Yangdi	604–617
Gongdi	617–618

Kaiser Wendis Flotte auf dem Großen Kanal

Jördliche Song

60–1126

aizu	960–976	Shenzong	1068–1085
aizong	976–997	Zhezong	1086–1101
henzong	998–1022	Huizong	1101–1125
enzong	1022–1063	Qinzong	1126
ingzong	1064–1067		

Gemälde des Kaisers Huizong

Südliche Song

1127–1279

Gaozong	1127–1162
Xiaozong	1163–1190
Guangzong	1190–1194
Ningzong	1195–1224
Lizong	1225–1264
Duzong	1265–1274
Gongzong	1275
Duanzong	1276–1278
Bing Di	1279

iser Zhengde liebte den Müßiggang – gab weniger herrschaftliche Kontrolle

Qing *(siehe S. 432f)*

1644–1911

Shunzhi	1644–1661
Kangxi	1661 1722
Yongzheng	1723–1735
Qianlong	1736–1795
Jiajing	1796–1820
Daoguang	1821–1850
Xianfeng	1851–1861
Tongzhi	1862–1874
Guangxu	1875–1908
Xuantong (Pu Yi)	1909–1911

Detail eines kaiserlichen Drachen auf der Hofrobe eines Eunuchen

Gründung des Kaiserreichs China

Die Ära der Streitenden Reiche fand erst mit dem Sieg der Qin ein Ende. Im Jahr 221 v. Chr. erklärte sich Qin Shi zum ersten Kaiser *(huangdi)* Chinas. Unter seiner Herrschaft fanden große Neuerungen statt. Das Qin-Reich basierte auf den politischen Theorien des Legalismus, der dem Regenten absolute Herrschaft verlieh und ein System der kollektiven Verantwortung errichtete. Nach der Vereinigung ließ Qin Shi Huangdi von Tausenden von Arbeitern im Norden eine Verteidigungsmauer errichten: die Chinesische Mauer. Er vereinheitlichte Währung, Maße und Gewichte. Qin Shi Huangdi war ein unbarmherziger Herrscher. Er starb im Glauben, dass seine Terrakotta-Armee ihn nach dem Tod vor seinen zahlreichen Feinden beschützen würde.

Bogenschütze aus der Terrakotta-Armee

Die Gründung der Han-Dynastie (206 v. Chr. – 220 n. Chr.) war der Beginn eines Goldenen Zeitalters. Kaiser Gaodi (reg. 206–195 v. Chr.) ließ Chang'an (Xi'an) als Hauptstadt der Westlichen Han (206 v. Chr. – 9 n. Chr.) erbauen und übernahm einen Großteil der von den Qin eingerichteten Zentralverwaltung. Die nachfolgenden Kaiser führten Eignungsprüfungen für Beamte ein, um so fähige Männer für offizielle Ämter zu rekrutieren. Die Han-Gesellschaft stützte sich auf die von Konfuzius formulierten Prinzipien. Neben der Ahnenverehrung bildeten vor allem der Daoismus und das Yin-Yang-Prinzip vom Fließgleichgewicht der Gegensätze die Grundlage des chinesischen Glaubens *(siehe S. 30–33)*.

Mit dem Anschluss von Vietnam und Korea breitete sich das Han-Reich nach Zentralasien aus. 138 v. Chr. wurde General Zhang Qian nach Zentralasien entsandt, um diplomatische Beziehungen zu knüpfen. Nach seiner Rückkehr schwärmte er von fettem Weideland und »himmlischen« Pferden. Man tauschte Seide gegen Pferde und begründete damit den Handel entlang der Seidenstraße *(siehe S. 464f)*.

Die Han-Herrschaft wurde kurz unterbrochen, als Wang Mang 9 n. Chr. die Macht ergriff. Guang Wudi (reg. 25–57 n. Chr.) stellte jedoch den Status quo wieder her. Luoyang wurde Hauptstadt der Östlichen Han. Erneut vergrößerten die Han ihr Reich. Für Dokumentationen nutzte man nun Papier. Das erste chinesische Lexikon entstand. Der Buddhismus breitete sich aus, mit ersten Gemeinden in der Provinz Jiangsu.

Streitwagen und Soldaten auf einem Han-Grabziegel

Zeitskala

213 v. Chr. Bücherverbrennung im Rahmen der »Vereinigung«

206 v. Chr. – 9 n. Chr. Westliche Han errichten Hauptstadt in Chang'an (Xi'an)

um 139–126 v. Chr. Gesandter Zhang Qian etabliert erste Handelsbeziehungen entlang der Seidenstraße

2 n. Chr. Erste Volkszählung: 57 671 400 Einwohner

Bronzepferd mit Reiter, Han-Zeit

um 100 n. Chr. Erstes Wörterbuch *Shuo Wen* mit über 9000 Zeichen

200 v. Chr. | **100 v. Chr.** | **0** | **100 n. Chr.**

221–206 v. Chr. Gründung der Qin-Dynastie unter dem ersten Kaiser Qin Shi Huangdi

Grabfigur, Qin

165 v. Chr. Erste Eignungsprüfungen für Beamte

25–220 n. Chr. Östliche Han-Dynastie mit Hauptstadt Luoyang

65 n. Chr. Erste Erwähnung einer buddhistischen Gemeinde am Hof von Prinz Ying von Chu

Die Sui-Herrscher Yangdi und Wendi auf den *Porträts der 13 Kaiser* des Tang-Malers Yen Li Pen

Zeit der Teilung

Mit der Herrschaft von Hedi (reg. 88–106) begann die Macht der Östlichen Han zu bröckeln. Schließlich kam es 220 zur Teilung des Reichs. Es folgten 350 Jahre Krieg unter der Herrschaft von 14 kurzlebigen Dynastien und 16 Königreichen. China wurde in die Nördliche und die Südliche Dynastie (265–581) geteilt. Fremde Völker übernahmen die Kontrolle im Norden, darunter der Toba-Zweig der Xianbei, der 386 die Nördliche Wei-Dynastie gründete. Diese Herrscher waren fremden Ideen und Religionen gegenüber aufgeschlossen und schufen wunderbare buddhistische Höhlensysteme, zunächst in Yungang *(siehe S. 132f)* nahe ihrer Hauptstadt, ab 494, als sie ihre Hauptstadt nach Luoyang verlegten, in Longmen *(siehe S. 154f)*.

Apsara in einer Höhle, Nördliche Wei-Dynastie

Als ausländische Invasoren die Macht im Norden an sich rissen, zogen sich die Han in den Süden zurück, wo sie in Jiankang (Nanjing) ihre neue Hauptstadt gründeten. In einem Klima relativer Stabilität entwickelte sich der Süden zum Zentrum der Bevölkerung im Yangzi-Delta (Jangtsekiang-Delta). Zudem entwickelte sich ein neues Interesse an Daoismus und Buddhismus. Philosophie und Künste blühten auf.

Vereinigung und Stabilität

Nach seinen militärischen Erfolgen gegen die Liang und die Chen erklärte sich Yang Jian (541–604), ein General aus dem Norden, zum Herrscher über ganz China und gründete 581 die Sui-Dynastie. Seine kurze, aber effektive Herrschaft sorgte für politische und soziale Stabilität. Zudem trieb Yang Jian die Arbeiten an der Chinesischen Mauer voran und begann mit dem Bau des Großen Kanals. Der folgende Herrscher Yangdi (569–618) nahm Beziehungen zu Japan und Taiwan auf und dehnte den Handel nach Zentralasien aus.

)0 Abbruch der Bezie-
ıngen zu Zentralasien

spätes 3. Jh. Erneutes Interesse am Daoismus

310 Exodus bessergestellter Chinesen nach Süden

Buddha-Statue in den Yungang-Höhlen, Nördliche Wei-Dynastie

581–618 Wiedervereinigung Chinas durch Wendi und Beginn der Sui-Dynastie

200 | 300 | 400 | 500 | 600

220 ßürgerkrieg zwischen den König-
ichen Wei,
ıu und Wu

265–581 Teilung Chinas in Nördliche und Südliche Dynastie

386–535 Die Nördlichen Wei nehmen als erstes Herrscherhaus den Buddhismus an

ca. 6. Jh. Erstes Porzellan

ca. 7. Jh. Holzschnitt-Drucktechnik

Tang-Dynastie

Die Tang-Dynastie gilt als eines der Goldenen Zeitalter Chinas. Sie war geprägt von Wohlstand, territorialer Erweiterung und politischer Stabilität. In jener Zeit erreichte China seine bis heute größte Ausdehnung: von Korea nach Vietnam und bis nach Südsibirien. Der Handel mit Luxusgütern zwischen Ost und West florierte auf dem Land- und Seeweg. Fremde Religionen wurden geduldet. Der Buddhismus gewann an Einfluss. Kunst und Literatur erlebten zur Zeit der Tang-Dynastie eine Blütezeit. Die Dichter Li Bai und Du Fu genossen großes Ansehen.

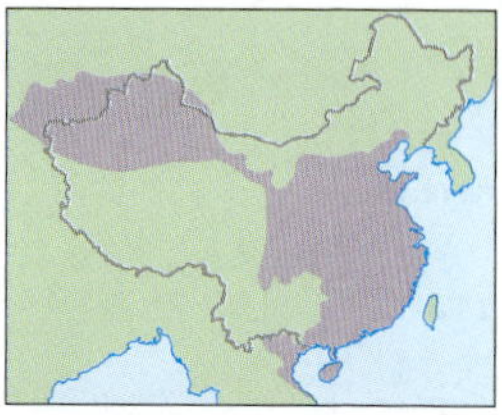

Tang-Dynastie um 750

Diese Tonfigur *mit dreifarbiger* Sancai-*Glasur illustriert das Leben entlang der Seidenstraße. Händler und Pilger bereisten die legendäre Route. Sie führten Gold- und Silberwaren, Textilien, exotische Nahrungsmittel, Kamele und edle Pferde mit sich.*

Die Figuren tragen die typischen Attribute des Avalokitesvara: Die eine hält eine Blume, die andere eine Vase und einen Weidenzweig.

Üppige Gewänder im typischen Tang-Stil

Ausländische Gesandte, *darunter ein Koreaner* (rechts) *und ein Mann aus dem Westen* (neben dem Koreaner), *reisten an den Tang-Hof, um dem Kaiser die Ehre zu erweisen, wie diese Wandmalerei eines Grabs zeigt.*

Diese Silbertasse *entstammt einem 1970 geborgenen Grabschatz und weist trotz der für die Tang-Periode typischen Reliefverzierung westliche Einflüsse auf.*

In Chang'an (Xi'an) *lebten im 7. Jahrhundert innerhalb der kunstvollen Stadtmauern etwa eine Million Menschen. Darunter waren Sogdianer, Türken, Uiguren, Araber und Perser. Damals war Chang'an die größte Metropole der Welt.*

Kaiser Taizong *(reg. 626–649) war ein großer Militärstratege, der die Grenzbewachung verstärkte und diplomatische wie wirtschaftliche Beziehungen zu ausländischen Nationen aufbaute. Seine Reform der Eignungsprüfungen für Beamte trug zur Stabilität der Regierung bei.*

Wu Zetian *(reg. 690–705) war die einzige Kaiserin in der Geschichte Chinas. Sie hinterging ihren schwachen Ehemann, Kaiser Gaozong, und schaltete Gegner gnadenlos aus. Obwohl sie umstritten war, brachte sie Frieden und Wohlstand.*

Inschriften würdigten die Auftraggeber, die für sich oder andere Bilder malen ließen, um religiöse Verdienste zu sammeln.

Avalokitesvara, einer der beliebtesten Bodhisattvas, gilt als eine Verkörperung des Buddhas Amitabha und ist an seiner Krone zu erkennen.

Kaiser Xuanzong *(reg. 712–756, auch Minghuang oder »der Brillante«) herrschte in einer großartigen Zeit. Als Gelehrter und Kunstmäzen verwandte er seinen Reichtum für Tempelbauten und 754 für den Aufbau der Hanlin-Akademie* (han-lin-yuan).

Dunhuang-Seide

Der Buddhismus gewann in der Tang-Dynastie an Bedeutung, insbesondere unter der Regentschaft von Wu Zetian. Buddhistische Gemeinden wurden zu bedeutenden Zentren, in denen man Sutren übersetzte und buddhistische Künste wie edle Seidenmalerei ausübte.

Liebe und Tod eines Kaisers

Im Alter vernachlässigte Kaiser Xuanzong seine Pflichten und verliebte sich in die Konkubine Yang Guifei. Intrigen am Hof führten zu Instabilität. 750 übernahm der türkisch-sogdianische General An Lushan die Kontrolle über die nordöstlichen Grenzen. 755 stürmte An Lushan die Hauptstadt und schlug den Hof in die Flucht. Als dieser auf dem Weg nach Sichuan nach Mawai kam, meuterten Xuanzongs Truppen und forderten die Herausgabe von Yang Guifei. Sie wurde vor den Augen des Kaisers erwürgt – eine Liebestragödie, die viele Dichter verewigten. Obwohl An Lushan geschlagen wurde, war der Niedergang der Tang-Dynastie besiegelt.

Die etwas klobige Yang-Guifei-Figur wurde eine klassische *Sancai*-Form

Glanzzeit der Tang

Die Tang-Dynastie (618–907) war Höhepunkt der chinesischen Geschichte *(siehe S. 56f)*. China genoss während dieses Goldenen Zeitalters Wohlstand und Frieden. Die Künste blühten auf und wurden durch fremde Einflüsse, Motive und Techniken bereichert, etwa der Silberschmiedekunst. Ausländische Religionen waren geduldet, etwa das nestorianische Christentum, das neben dem einheimischen Daoismus und Konfuzianismus existierte. Der im 7. Jahrhundert erfundene Holzblockdruck begünstigte die Verbreitung des Buddhismus. Nach An Lushans Rebellion von 755 schotteten sich die Tang mehr ab. Die große Buddhistenverfolgung der Jahre 841–846 war symptomatisch für den Niedergang der Dynastie, die 907 endgültig fiel.

***Sancai*-glasiertes Pferd, Tang-Zeit**

Liao-Dynastie (907–1125)

Die Liao-Dynastie erstreckte sich in ihrer Hochphase über die Mongolei, die Mandschurei und Nordchina. Die Herrscher stammten aus dem halbnomadischen Bauernvolk der Qidan. Die Liao unterhielten eine Doppelregierung aus Qidan und Chinesen und achteten auf die Bewahrung der Sitten und Bräuche, während sie sich der Herrschaftsstrukturen der Tang bedienten. 1115 wurden die Qidan von einem anderen halbnomadischen Volksstamm erobert, den Ruzhen (Jurchen). Sie wurden von den Nördlichen Song unterstützt, übernahmen die Kontrolle im Norden und gründeten die Jin-Dynastie. Die Liao wurden nach Westen ins Tian-Shan-Gebirge im Gebiet der heutigen Provinz Xinjiang vertrieben, wo sie sich als Westliche Liao (1125–1211) etablieren konnten. Die anderen Teile im Nordwesten Chinas wurden von den Westlichen Xia beherrscht, ein mit den Tibetern verwandtes Volk.

Fünf Dynastien und Zehn Königreiche (907–960)

Während die aufständischen Halbnomaden aus den Steppengebieten den Norden kontrollierten, erlebte der Süden mehrere, allerdings nicht lange dauernde Militärdiktaturen. 960 gründete General Zhao Kuangyin die Song-Dynastie – sein Herrschername war Shizong. Im Yangzi-Delta (Jangtsekiang-Delta) und im Süden erlebten die Zehn Königreiche eine Phase relativer Ruhe und Stabilität. 979 wurden sie von den Song wiedervereint.

Gemälde einer offiziellen Feier, Fünf Dynastien (923–938)

Zeitskala

618–907 Tang-Dynastie läutet ein neues Goldenes Zeitalter ein

690–705 Wu Zetian wird erste Kaiserin von China

755–763 An Lushans Rebellion zwingt Kaiser und Hof zur Flucht von Chang'an nach Sichuan

806 Erste datierte Handschrift: das Diamant-Sutra

907–960 Zeit der Teilung, auch Fünf Dynastien und Zehn Königreiche genannt

10. Jh. Ers[…] Schießpul[…] und Schus[…] waffen

700 | 750 | 800 | 850 | 900

661 Kaschmir, Buchara und Ostiran unter chinesischer Verwaltung

705 Geburt des Dichters Li Bai

Tang-Silber

770 Tod des Dichters Du Fu

806–820 Erstes Bankdokument

907–1125 Qidan-Volk herrscht als Liao-Dynastie in Nordostchina und macht Beijing zur südlichen Hauptstadt

Song-Dynastie (960–1279)

Die Song herrschten in einer Zeit kultureller Errungenschaften und eines nie zuvor gekannten urbanen Wachstums, wodurch sich das soziale Antlitz Chinas vollkommen wandelte. Auch waren die Song weniger auf Ausdehnung ihres Machtbereichs bedacht, sondern eher bemüht, wirtschaftlichen Fortschritt durch bessere Transport- und Kommunikationsmittel zu fördern. Es entstanden neue, von Massenfertigung geprägte Produktionszweige. In der Provinz Jianxi wurde die Porzellanherstellung bedeutsam. In China vollzog sich eine industrielle Revolution mit steigenden Rohstoffmengen (z.B. Salz und Eisen), wie Europa sie erst im 18. Jahrhundert erlebte.

Bild des Song-Kaisers Huizong (um 1101–1125)

In diesem Wirtschaftsklima entstand eine neue Mittelschicht. Die Macht ging von der aristokratischen Elite auf Regierungsbeamte über, die sich in ihrer Freizeit der Dichtkunst, Kalligrafie und Malerei widmeten. Eine künstlerische Blütezeit entstand, die ersten kaiserlichen Sammlungen wurden angelegt. Kaiser Huizong galt als Kunstliebhaber, der sich an seine Vorgänger und traditionelle Werte anlehnte, um seine Position zu festigen. Der Neo-Konfuzianismus und die Besinnung auf den Daoismus markierten die Rückkehr zu den Machtstrukturen von früher.

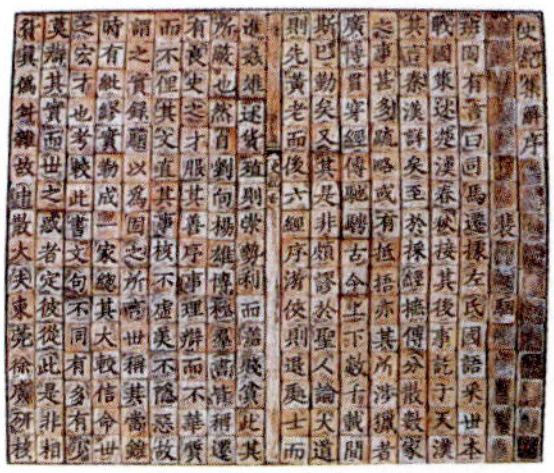

Frühe bewegliche Lettern, Song-Zeit

Die Nördlichen Song gerieten im Nordwesten wiederholt in Konflikte mit den Westlichen Xia. Im Nordosten griffen die Jin an. Zwölf Jahre nachdem sie sich mit den Song gegen die Liao verbündet hatten, marschierten die Jin in die Hauptstadt Bianliang (Kaifeng) der Nördlichen Song ein, nahmen Kaiser Qinzong gefangen und vertrieben den Hof nach Süden. Südlich des Yangzi entstand mit Lin'an (Hangzhou) die Hauptstadt der Südlichen Song (1127–1279).

Jin-Dynastie (1115–1234)

Die Jin waren halbnomadische (Mandschu-)Tungusen. Der Krieg gegen die Song und ständige Angriffe der Mongolen führten zur Schwächung des Jin-Reichs, das im frühen 13. Jahrhundert zum Pufferstaat zwischen den Song im Süden und den Mongolen im Norden wurde. 1227 bezwangen mongolische und chinesische Truppen die Jin, deren Kaiser 1234 Selbstmord beging. Das Jin-Gebiet wurde ins Mongolenreich eingegliedert.

960–1126 Nördliche Song vereinen China und gründen die Hauptstadt Bianliang (Kaifeng)

Detail eines Bildes, das Kaiser Huizong malte

1127–1279 Südliche Song-Dynastie mit Hauptstadt Hangzhou nach der Vertreibung durch die Jin

1154 Erstes Papiergeld

1206–08 Krieg zwischen Song und Jin

950 | 1000 | 1050 | 1100 | 1150 | 1200

990–1227 Westliches Xia-Volk errichtet Königreich im Nordwesten Chinas

1041–48 Erste Druckversuche mit beweglichen Lettern

1090 Erster dokumentierter Gebrauch des Kompasses auf chinesischen Schiffen

1115–1234 Jin-Dynastie im Nordosten Chinas und Vertreibung der Liao nach Westen

1214 Jin verlegen ihre Hauptstadt von Beijing nach Kaifeng in der Provinz Henan

Mongolenherrschaft (1279–1368)

Der Mongolenherrscher Dschingis Khan *(siehe S. 471)* vereinte mehrere mongolische Steppenvölker und eroberte 1215 Nordchina. Er teilte sein Reich in vier Königreiche auf, die er seinen Söhnen übergab. Sein Enkel Kublai Khan (reg. 1260–94) erhielt später das östliche Khanat, schlug 1279 die Südlichen Song und proklamierte sich zum Kaiser der Yuan-Dynastie. Damit wurde China Teil eines riesigen Imperiums, das sich vom Ostchinesischen Meer über ganz Asien bis nach Polen, Ungarn und Böhmen erstreckte. Es gab zwei Hauptstädte, Dadu oder Khanbalik (heute Beijing) und Yuanshangdu (Xanadu). Die Seidenstraße wurde erneut verlängert: Sie verband nun China, Vorderasien und das mittelalterliche Europa. Erstmals gab es direkte Kontakte zwischen dem mongolischen Hof und europäischen Diplomaten, Franziskanermissionaren und Händlern. Den Aufzeichnungen Marco Polos ist zu entnehmen, dass der venezianische Kaufmann 21 Jahre im Dienst Kublai Khans stand.

Die buddhistische Gottheit Yuan

Die Mongolen führten eine Militärherrschaft, die im Gegensatz zum chinesischen Beamtentum stand. Obwohl sowohl Chinesisch als auch Mongolisch Amtssprachen waren, sah man Chinesen nicht gern in offiziellen Positionen. Muslime aus Westasien traten an ihre Stelle, sodass die Chinesen mehr und mehr aus dem öffentlichen Leben verschwanden.

Wegen der ungeklärten Nachfolge brach unter den mongolischen Adligen 1328 ein bewaffneter Konflikt aus. Geheimgesellschaften wie »Die Roten Turbane« und »Der Weiße Lotos« führten Bauernaufstände an, in deren Verlauf Zhu Yuanzhang die Mongolen aus China vertrieb und erster Kaiser der Ming-Dynastie wurde.

Dschingis Khan (1162–1227), persische Miniatur

Ming-Dynastie (1368–1644)

Die Ming-Dynastie (»Brillant«-Dynastie) läutete eine der längsten und stabilsten Phasen der chinesischen Geschichte ein. Zhu Yuanzhang, ihr Gründer, war aus einfachen Verhältnissen zum bedeutenden Heerführer aufgestiegen und regierte als Kaiser Hongwu (»große militärische Verdienste«). Während seiner Herrschaft setzte Hongwu radikale Reformen sowohl der zentralen als auch der regionalen Regierungen durch, die er auch für seine Nachfolger festschrieb. Der Kaiser erhielt mehr Macht und regierte autokratisch. Hongwu schaffte den Posten des Premierministers ab und übernahm selbst die Überwachung aller sechs Ministerien.

Zeitskala

1215 Mongolen erobern Beijing

1234 Selbstmord des Jin-Kaisers und Eingliederung der Jin ins Mongolenreich

Mongolischer Reiter

1368–1644 Ming-Dynastie, gegründet von General Zhu Yuanzhang

1403 Baubeginn der Chinesischen Mauer in Nordchina

1250 — 1300 — 1350 — 1400

1227 Tod von Dschingis Khan, der mehrere mongolische Steppenvölker vereint hatte

1279–1368 Herrschaft der Yuan-Dynastie nach dem Sieg Kublai Khans über die Südlichen Song

1328 Bürgerkrieg zwischen Adel und Mongolen

Jade-Elefant, Ming-Zeit

Die Chinesische Mauer wurde während der Ming-Zeit verstärkt und ausgebaut

Hongwu bestimmte seinen Enkel zum Nachfolger. Nach Hongwus Tod führte sein Sohn, der Prinz von Yan, der die Region um Beijing kontrollierte, eine Armee gegen seinen Neffen an, eroberte Nanjing und erklärte sich zum Kaiser Yongle (»Ewige Freude«). Unter Yongle (reg. 1403–24) wurde Beijing nach den traditionellen Prinzipien chinesischen Städtebaus neu errichtet. Zentral lagen die Verbotene Stadt *(siehe S. 86–89)*, Kaiserpalast und Regierungsbüros. Sie waren von einem schachbrettartigen Straßennetz umgeben, an dessen Hauptpunkten vier kaiserliche Altäre standen. Die Stadt war von Mauern umschlossen. 1421 wurde Beijing chinesische Hauptstadt. Die Chinesische Mauer wurde nun mit Ziegeln verstärkt und erweitert.

Im 15. Jahrhundert war China zur bedeutenden Seemacht aufgestiegen, deren Handelsschiffe den europäischen weit überlegen waren. Für blau-weißes Porzellan, Seide und andere Luxusgüter aus China war die Nachfrage in Japan, in Südostasien und im Nahen Osten groß. Yongle rüstete sechs Expeditionen unter dem muslimischen Eunuchen Admiral Zheng He aus, der bis zur Ostküste Afrikas gelangte. 1514 landeten portugiesische Händler in China, um Tee einzukaufen, der in der europäischen Gesellschaft zum Modegetränk avanciert war. Porzellan und weitere Luxusartikel wurden ebenfalls exportiert. Jesuitische Missionare, die im 15. Jahrhundert eintrafen, konnten nur wenige Chinesen bekehren, bekamen jedoch Zutritt zum Hof des Kaisers.

Hochzeitsschmuck, Ming-Zeit

Unter Kaiser Xuande (reg. 1426–1435) blühten Kunst und Handwerk auf, insbesondere die Porzellanherstellung in Jingdezhen. Was die Literatur betrifft, so ist die späte Ming-Zeit für ihre großen Dramen und klassischen Romane, etwa *Reise nach Westen (siehe S. 29)*, bekannt.

Die späte Ming-Zeit war von Überfällen durch japanische Piraten und Mongolenvölker, Bauernaufständen sowie durch die Machtstellung der Eunuchen geprägt. Schließlich schlossen sich aufständische Gruppen und ausländische Kräfte zusammen und setzten der Ming-Herrschaft ein Ende.

26–35 Kaiser Xuande ernimmt als erster ng-Herrscher das tronat über die Künste

1514 Portugiesen landen in China und exportieren als erste Europäer Tee und Porzellan

Vergoldete Bronzeschale, Ming-Zeit

1573–1620 Herrschaft von Kaiser Wanli beginnt vielversprechend; er vernachlässigt jedoch seine Pflichten

1620 Kaiser Taichang wird von Eunuchen vergiftet

1450 | **1500** | **1550** | **1600**

0 Fertigstel- ; der Verbote- Stadt, Beijing

um 1505 Ming-Herrscher vernachlässigen ihre Pflichten, wodurch die Eunuchen an Macht gewinnen

1538 Jesuitenpater Matteo Ricci beginnt Missionsarbeit in Südchina

1570 Veröffentlichung des Romans *Xi Yu Ji* (Reise nach Westen)

ab 1600 Holland dominiert den Handel mit China

1601 Jesuitenpater Matteo Ricci lässt sich in Beijing nieder

Qing-Dynastie (1644–1911)

1616 begründete der Mandschu-Führer Nurhachi die späteren Jin, indem er die verstreuten Stämme des Nordens zu acht Banner-Einheiten *(siehe S. 432f)* zusammenfasste. 1636 änderte der Mandschu-Herrscher Abahai den Namen in Qing (»rein«) und bereitete die Eroberung von Beijing vor, die 1644 erfolgte. China befand sich erneut unter Fremdherrschaft. Die Mandschu bemühten sich, chinesische Herrschaftsstrukturen zu übernehmen, und ermutigten chinesische Gelehrte, sich in den Dienst der neuen Herrschaft zu stellen. Aufgrund der zweigeteilten Verwaltung auf Provinz- und Zentralebene arbeiteten Mandschu und Chinesen Seite an Seite und benutzten zunächst Mandschu und später Chinesisch als offizielle Regierungssprache. Trotz dieser Kooperation waren die Mandschu darauf bedacht, ihre Privilegien und kulturellen Traditionen zu schützen.

Kaiser Kangxi (reg. 1661–1722)

Die ersten Mandschu-Herrscher der neuen Qing-Dynastie waren weitblickende Oberhäupter, die einem der größten und bevölkerungsreichsten Länder der Welt vorstanden. Die territorialen Ansprüche von Kaiser Kangxi *(siehe S. 122)* brachten die zentralasiatischen Regionen und Südsibirien erneut unter chinesische Kontrolle. Auf Kangxi folgte Kaiser Yongzheng. Kaiser Qianlong (»Bleibende Eminenz«, reg. 1736–95) war Vorbote eines weiteren Goldenen Zeitalters. Als ehrgeiziger Herrscher wollte er die Grenzen Chinas über die der Tang-Dynastie hinaus erweitern und führte Feldzüge bis nach Birma, Vietnam und Zentralasien durch.

Im 18. Jahrhundert nahm der Handel mit dem Westen zu, doch bald unterbanden die Chinesen alle offiziellen Kontakte und öffneten nur Kanton für ausländische Kaufleute. Die Briten entsandten 1792–94 Lord Macartney, um diplomatische Beziehungen aufzubauen. Als der Lord jedoch keinen Kotau vor Kaiser Qianlong machte, verweigerte China den Briten alle Konzessionen.

Niedergang des Kaiserreichs

Das 19. Jahrhundert gehört zu den turbulentesten Phasen der chinesischen Geschichte. Aufstände, Naturkatastrophen und das unnachgiebige Vordringen des Westens führten zum Ende des Imperiums. Eine Reihe von schwachen Herrschern wurde von der Kaiserwitwe Cixi manipuliert, die während eines Großteils der späten

Lord Macartneys Gefolge vor Kaiser Qianlongs Zelt

Zeitskala

1644–1800 Militärische Expansion nach Zentralasien und Sibirien; Kolonisierung der Territorien Yunnan und Xinjiang

1723–35 Kangxis Sohn Yin Zhen ergreift die Macht und herrscht als Kaiser Yongzheng

Kaiser Shunzhi (reg. 1644–61)

1747 Qianlong baut Yuanming Yuan *(siehe S. 103)* im westlichen Stil

1650 | 1675 | 1700 | 1725 | 1750

1644–1911 Qing-Dynastie der Mandschu

1650 Erste katholische Kirche in Beijing

1661–1722 Herrschaft von Kaiser Kangxi; er engagiert Jesuiten als Astronomen

1736–95 Qianlong, Förderer der Künste, ist Herrscher eines neuen Goldenen Zeitalters

1757 Chinesen begrenzen Außenhandel auf Kanton

Ein Kaufmann testet Tee in einem kantonesischen Lagerhaus

Qing-Zeit im Verborgenen die Fäden zog. Während des Taiping-Aufstands 1851–64 *(siehe S. 422)* wurden Süd- und Zentralchina verwüstet.

Wegen der Weigerung Chinas, sich dem ausländischen Handel zu öffnen, setzten die westlichen Mächte die Chinesen mehr und mehr unter Druck. Mit dem Ersten Opiumkrieg (1840–42) zwangen die Briten China zur Öffnung seiner Märkte und zur Duldung des Opiumhandels. Im Vertrag von Nanjing wurden die Öffnung von vier neuen Häfen für den Handel, hohe Entschädigungszahlungen und die Abtretung Hong Kongs an Großbritannien festgelegt. Im Zweiten Opiumkrieg (1856–60), in den auch Frankreich involviert war, teilten die Europäer China in mehrere »Einflussgebiete« auf: Die Briten waren entlang dem Yangzi und in Shanghai am stärksten vertreten, die Deutschen kontrollierten die Provinz Shandong und die Franzosen die Grenze zu Vietnam. 1900 schloss sich die Widerstandsbewegung der sogenannten Boxer den kaiserlichen Truppen an und griff die ausländischen Vertretungen in Beijing an *(siehe S. 433)*. Eine Acht-Nationen-Armee schlug den Angriff nieder. Kaiserwitwe Cixi floh nach Xi'an und gab dem Kaiser die Schuld an der Niederlage. Wieder bezahlte die chinesische Regierung. Als letzter Herrscher lebte der Kindkaiser Pu Yi in der Verbotenen Stadt. 1911 musste er abdanken. Am 1. Januar 1912 rief der republikanische Anführer Sun Yat-sen in Nanjing die Republik aus.

Sun Yat-sen (1866–1925)

Vom Kaiserreich zur Republik

In den letzten Jahren des Kaiserreichs sahen viele chinesische Intellektuelle die Notwendigkeit für eine Erneuerung. Anhänger der Reformbewegung von 1898 plädierten für eine Modernisierung nach westlichem Beispiel – Reformen, die nach dem Boxeraufstand in Teilen auch durchgesetzt wurden. 1911 schlug die von Sun Yat-sen *(siehe S. 297)* angeführte Tongmenghui (»Vereinigte Liga«) die Qing. Sun Yat-sen wurde zum Übergangspräsidenten gewählt, musste aber bald zugunsten von General Yuan Shikai zurücktreten, der sich 1916 kurz vor seinem Tod selbst zum Kaiser ernannte. Ab 1916 wurde China von einer Reihe regionaler »Warlords« (Militärmachthaber) kontrolliert, bis 1949 die Gründung der Volksrepublik China erfolgte.

1796–1805 Aufstände der Sekte »Weißer Lotos«

1816 Lord Amherst leitet britische Gesandtschaft zur Öffnung Chinas für den Handel

1851–64 Taiping-Aufstand

1856–60 Zweiter Opiumkrieg gegen Frankreich und Großbritannien

1898 Kaiser Guangxu wird inhaftiert

1900 Boxeraufstand

1775 | **1800** | **1825** | **1850** | **1875** | **1900**

Jade-Anhänger, Ming-Zeit

1792–94 Lord Macartney versucht erfolglos, Handelsbeziehungen mit England zu ermöglichen

1861 Kaiserwitwe Cixi wird zur heimlichen Herrscherin

Cixis Nagelhüte

1840–42 Erster Opiumkrieg gegen Großbritannien

1908 Tod von Kaiserwitwe Cixi

1894 Chinesisch-Japanischer Krieg

Kulturrevolution

Opern-
schau-
spieler

Mao Zedong, Vorsitzender der Kommunistischen Partei, initiierte 1966 eine politische Kampagne, die später als Kulturrevolution bekannt wurde. Nach der Verstaatlichung von Industrie und Landwirtschaft sollte die Gesellschaft durch Aufhebung der Klassenunterschiede verändert werden. 1967 kam es zum gewalttätigen Höhepunkt, als die Roten Garden das ganze Land mit Terror überzogen. Die Volksbefreiungsarmee stellte die Ordnung wieder her, doch die folgenden Jahre waren von Furcht, Gewalt und Verrat geprägt.

Kinder *wurden ermutigt, an der Revolution teilzunehmen. Ihr Enthusiasmus führte dazu, dass sie Familienfotos und Erbstücke zerstörten – und manchmal ihre Eltern denunzierten.*

Die Roten Garden

Mao forderte Studenten auf, die Roten Garden zu bilden, in deren Hände er das Schicksal der Revolution legte. Schnell gewann die Bewegung an Durchschlagskraft. Die Rotgardisten vergötterten Mao und verbreiteten seine Lehren in ganz China. Sie zerstörten alle Relikte der Vergangenheit und verwüsteten Tempel.

Massenversammlungen *wurden als Teil der sozialistischen Erziehungsbewegung – Vorbote der Kulturrevolution – abgehalten, um »revisionistische« und »kapitalistische« Tendenzen abzuwehren. Jeder wurde zur Teilnahme aufgefordert.*

Das Kleine Rote Buch wurde unter Lin Biao an jeden Soldaten ausgegeben und im Westen als »Mao-Bibel« berühmt.

Ein verletztes Kadermitglied *wird weggetragen, nachdem es denunziert wurde. Öffentliche Brandmarkung wurde ein fester Bestandteil der Versammlungen. Viele Politiker und Lehrer wurden auf diese Weise angeklagt.*

Namen *waren das erste Ziel der Angriffe. Aus Protest gegen den sowjetisch geprägten Kommunismus taufen Rotgardisten das Straßenschild vor der sowjetischen Botschaft in* Fanxiu Lu *(Anti-Revisionismus-Straße) um.*

Lin Biao *verbreitete Maos Gedanken in der Zitatensammlung* Die Worte des Vorsitzenden Mao, *dem* Kleinen Roten Buch, *das zur Pflichtlektüre wurde. Als Chef der Volksbefreiungsarmee wurde Lin Biao Maos designierter Nachfolger. 1971 starb er bei einem Flugzeugunglück über Sibirien – zu einer Zeit, als Umsturzgerüchte kursierten.*

Modellopern *waren ein Steckenpferd von Maos dritter Frau Jiang Qing. Sie setzte sich für eine politisch korrekte Revolutionskultur ein. Viele Künstler und Intellektuelle wurden zur Umerziehung aufs Land geschickt.*

Die Kaderschulen des 7. Mai *wurden 1968 von der Zentralregierung eingerichtet. 100 000 Beamte und rund 30 000 Familienangehörige wurden zur körperlichen Arbeit und ideologischen Umerziehung dorthin geschickt. Die Anzahl der verschickten niederen Kader ist unbekannt.*

Liu Shaoqi (rechts), *der 1959–66 Präsident war, war einer der zahlreichen hochrangigen Beamten, die denunziert, eingesperrt und in Kritik- und Kampfsitzungen zur Schau gestellt wurden.*

Viererbande

Die als »Viererbande« bekannte Gruppe – der Kritiker und Propagandist Zhang Chunqiao, Yao Wenyuan, Chefredakteur der *Shanghai Liberation Army Daily*, der junge Arbeiter Wang Hongwen und Jiang Qing, Ex-Filmstar und dritte Frau Maos – initiierte Anschläge auf Intellektuelle, Schriftsteller, hohe Beamte, Partei und Staat. Die Viererbande war für einige der schlimmsten Exzesse der Kulturrevolution verantwortlich, konnte sich aber bis zu Maos Tod 1976 im Machtzentrum der chinesischen KP halten. Millionen Chinesen verfolgten 1980/81 die Fernsehübertragung des Prozesses gegen die vier. Jiang Qing, die zur zentralen Hassfigur stilisiert wurde, blieb bis zum Schluss unbeugsam und beschimpfte die Staatsanwälte. Sie wurde zu lebenslanger Haft verurteilt und beging 1991 Selbstmord.

Gelynchte Puppen der Viererbande hängen an einem Baum

Chiang Kai-shek (1887–1975), Führer der KMT

Kommunisten und Nationalisten

Nach dem Fall des Kaiserreichs wurde die politische Arena von zwei Kräften beherrscht: der Nationalen Volkspartei oder Kuomintang (KMT) und der 1921 gegründeten Kommunistischen Partei (KP). Die Nationalisten wurden erst von Sun Yat-sen von Guangzhou aus angeführt, danach von General Chiang Kai-shek, der 1926 die Macht ergriff. 1923 bildeten die Parteien eine »Vereinigte Front«, doch 1926 wurden die Kommunisten aus der KMT ausgeschlossen. Chiang Kai-shek zog mit seinen Truppen nach Nanjing, um eine nationalchinesische Hauptstadt zu etablieren. Die Kommunisten wurden in den Untergrund vertrieben. Mao Zedong zog sich aufs Land zurück.

Im Gebirge der Provinz Jiangxi gründeten Mao und Zhu De 1930 den Jiangxi-Sowjet. Von ihrer schwer zugänglichen Basis aus begannen die Kommunisten mit der Umverteilung von Land an die Arbeiter und führten neue Gesetze ein. 1934 vertrieb Chiang Kai-shek die Kommunisten von dort und zwang Mao mit seinen Soldaten auf den legendären Langen Marsch *(siehe S. 256f)*. Yan'an, wo der Marsch endete, wurde zum Hauptquartier der neuen Kommunistischen Partei und blieb es bis 1945.

Besetzung durch Japan

Das innenpolitische Chaos machte China angreifbar. 1931 besetzte Japan die Mandschurei und gründete den Marionettenstaat Manchukuo mit Pu Yi an der Spitze *(siehe S. 446)*. 1937 waren die Japaner bereits weit nach Nordchina (bis Shanghai und ins Yangzi-Tal) vorgedrungen. Sie nahmen Städte ein und verbreiteten Tod und Verwüstung. 1945 wurden sie aus China vertrieben, das sich nun im Bürgerkrieg befand.

Der Osten ist rot

1947 begann die kommunistische Landreform Früchte zu tragen. 1948/49 errangen die Kommunisten entscheidende Siege und beschlagnahmten Waffen und Land der KMT. Am 1. Oktober 1949 rief Mao Zedong in Beijing die Volksrepublik China aus. Chiang Kai-shek floh mit zahlreichen kaiserlichen Schätzen im Gepäck nach Taiwan und rief dort die »Republik China auf Taiwan« aus.

Personenkult um Mao Zedong: Plakat mit jubelnden Massen

Zeitskala

- **1912** Kaiser Pu Yi dankt ab; Ende des Kaiserreichs
- **1921** Gründung der Kommunistischen Partei Chinas
- **1926** Chiang Kai-shek wird Führer der Nationalen Volkspartei
- **1931** Japaner marschieren in die Mandschurei ein
- **1934** Mao führt die Rote Armee auf dem Langen Marsch
- **1935** Mao wird Anführer der Kommunisten
- **1937** Japan besetzt Nordchina
- **1945** Ende des Zweiten Weltkriegs; Japan kapituliert
- **1946** Ausbruch des Bürgerkriegs in China
- **1949** Mao ruft Volksrepublik China aus
- **1951/52** Gründung landwirtschaftlicher Kooperativen
- **1958** Reformen mi dem »Großen Sprung nach vorn«
- **1966** starte Ku revolu

1910 | 1920 | 1930 | 1940 | 1950 | 1960

Der letzte Kaiser Pu Yi

In den ersten Jahren der Volksrepublik arbeiteten die Chinesen am Wiederaufbau von Landwirtschaft und Industrie. 100 Jahre Chaos hatten China verwüstet. Neue Gesetze sollten frühere Ungerechtigkeiten, etwa ungleiche Landverteilung, abschaffen. 1957 brachte die »Hundert-Blumen-Bewegung« eine kurze Phase der Liberalisierung, wurde jedoch schnell von der »Bewegung gegen Rechtsabweichler« abgelöst. 1958 rief Mao den »Großen Sprung nach vorn« aus: Das Gemeinschaftsleben sollte in Volkskommunen straff organisiert und die Produktivität auf diese Weise gesteigert werden. Der verheerende Effekt von Maos Experiment wurde durch frisierte Statistiken verschleiert. Fehlschläge und Naturkatastrophen führten zu einer immensen Hungersnot.

Zhou Enlai *(siehe S. 250)* mit Präsident Nixon

Nach Agrar- und Industriereformen galt das Interesse der Kultur. 1966 startete Mao die Kulturrevolution *(siehe S. 64f)*, deren Exzesse erst 1971 endeten. Das Land blieb bis zum Tod Maos 1976 unter seiner Kontrolle. Sein Nachfolger wurde Deng Xiaoping, der den Bauern Land zurückgab und ökonomische Freiheit förderte.

Das belebte zwar die Wirtschaft – man sprach bald von den »Acht großen Dingen«, die jeder Haushalt haben müsse (Farbfernseher, Stereoanlage, Kühlschrank, Fotoapparat, Motorrad, Möbel, Waschmaschine, Ventilator) –, doch politische Freiheit blieb den Menschen weitgehend versagt. Am 4. Juni 1989 forderte die Demokratie-Bewegung Reformen und ein Ende der Korruption. Die Demonstrationen der Anhänger auf dem Tian'an-Men-Platz in Beijing und in anderen großen Städten wurden von der Armee blutig niedergeschlagen. Viele Studenten und Intellektuelle kamen ums Leben, andere wurden inhaftiert oder flohen ins Ausland. Deng Xiaoping trieb die Wirtschaftsreformen voran. Shenzhen und Shanghai wurden Sonderwirtschaftszonen und bekamen Börsen. Schon 1992 nahm Chinas Volkswirtschaft weltweit den dritten Platz ein.

Das beispiellose Wachstum der 1990er Jahre ging mit einem städtebaulichen Wandel einher. Traditionelle Bauten wichen Hochhäusern. Die Kolonien Hong Kong und Macau gingen an China zurück und trugen zum Wachstum bei. Viele Unternehmer kamen ins Land, auch Teile der Bevölkerung brachten es zu bescheidenem Wohlstand. Die modifizierte Staatswirtschaft hatte allerdings auch eine krasse soziale Ungerechtigkeit zur Folge. Wie das bevölkerungsreichste Land der Erde in Zukunft seine Probleme lösen wird, wird alle übrigen Länder beeinflussen.

Aktienhandel an Hong Kongs Börse

Kleines Rotes Buch

1976 Tod Maos

1978 Deng Xiaoping wird zum starken Mann

1993 Jiang Zemin wird Präsident; Baubeginn des Drei-Schluchten-Damms

2001 China wird Mitglied der Welthandelsorganisation (WTO).

2008 Olympische Sommerspiele in Beijing

1970 | 1980 | 1990 | 2000 | 2010 | 2020

1971 Maos Vize Lin Biao stirbt bei Flugzeugabsturz

1989 Niederschlagung der Demokratiebewegung auf dem Tian'an-Men-Platz

1997 Hong Kong fällt an China zurück; zwei Jahre später Macau

2003 Erster bemannter Weltraumflug der Chinesen; Hu Jintao wird Präsident

2010 Shanghai ist Gastgeber der Weltausstellung EXPO, Guangzhou Gastgeber der Asienspiele

Beijing & Nordchina

Beijing & Nordchina im Überblick

Der Huang He (Gelber Fluss) und die Chinesische Mauer durchziehen Chinas Norden, der neben der Hauptstadt Beijing (Peking) sechs Provinzen umfasst: Hebei, Tianjin, Shanxi, Shandong, Henan und Shaanxi. In diesem Gebiet lagen die sechs Zentren der alten Dynastien. Deshalb häufen sich hier die Sehenswürdigkeiten: Beijings Verbotene Stadt, die Terrakotta-Statuen bei Xi'an, die buddhistischen Grotten von Longmen und Yungang. Zu den religiösen Stätten zählen die den Daoisten heiligen Gipfel von Hua Shan und Tai Shan, die von Buddhisten verehrten Berge des Wutai-Shan-Gebirges und der Shaolin-Tempel. An der Küste liegen die Hafenstädte Tianjin, Qingdao sowie Shanhaiguan, wo die Chinesische Mauer ans Meer stößt.

Tai-Chi-Chuan-Übende vor dem Himmelstempel in Beijing

Das bunt ausgestaltete Innere der Yungang-Grotten, Datong, Shanxi

In Nordchina unterwegs

Beijing verfügt über gute Verkehrsanbindungen per Flugzeug, Bahn und Bus. Es gibt tägliche Flüge nach Xi'an, Luoyang, Qingdao, Kaifeng und Zhengzhou. Expresszüge verbinden Beijing mit allen großen Städten der Region, auch kleinere Städte werden angefahren. Tianjin ist ein Eisenbahnknotenpunkt an der Nord-Süd-Achse. Das Netz der Fernbusse ist gut. Private Busunternehmen bedienen touristische Routen mit Expressbussen.

Legende

- Autobahn
- Nationalstraße
- Nebenstraße
- ▲ Gipfel

◁ Palasttor in der Verbotenen Stadt in Beijing *(siehe S. 86–89)*

Siehe auch

- ***Hotels*** S. 554–559
- ***Restaurants*** S. 582–586

Die imposante Große Weiße Dagoba bei Tayuan Si im Gebirge Wutai Shan, Shanxi

Ein Porträt Beijings & Nordchinas

Der Huang He (Gelber Fluss), die Quelle der Kultur und des Wohlstands Chinas, windet sich durch die gebirgigen nördlichen Regionen, die historische Heimat der Han-Chinesen mit den größten Denkmälern und Sehenswürdigkeiten. Folglich bereisen die meisten Besucher des Reichs der Mitte den Norden und beginnen mit der Hauptstadt Beijing.

Jahrtausendelang war der Huang He die Lebensader der Siedlungen an den Ufern, auch wenn er sie von Zeit zu Zeit wegspülte. Der Strom fließt durch die Provinzen Shaanxi, Shanxi, Henan und Shandong. Oft bildet er die natürliche Grenze zwischen den Provinzen, er ist namensgebend für Henan (»Südlich des Flusses«) und Hebei (»Nördlich des Flusses«). In seinem langen, bogenförmigen Verlauf passiert er Gegenden mit vielen historischen Stätten, bevor er nördlich des heiligen Bergs Tai Shan in die Bo-Hai-Bucht mündet. Einige Male mäandert der Fluss an einer anderen Grenze entlang: der Chinesischen Mauer. Heute ist dieses Bollwerk über weite Strecken zerfallen, doch es erinnert an die gefährdete Lage der Region an der Grenze zur Inneren Mongolei und zur ehemaligen Mandschurei. Die »Große Mauer« wurde als Verteidigungsanlage gebaut, doch sie war militärisch sinnlos und konnte die Nomadenstämme, die nach China eindrangen, nicht abhalten.

Longmen, ein Verteidiger des Buddha

Funde aus dem Neolithikum in der Provinz Henan machen sie zur Stätte frühester chinesischer Geschichte. Hier, südlich des Huang He, liegen mit Luoyang und Kaifeng zwei der wichtigsten Dynastiezentren. Anyang war die Hauptstadt der Shang-Dynastie. Am bedeutendsten ist Xi'an in Shaanxi, wo die Statuen der Terrakotta-Armee *(siehe S. 168f)* überdauert haben. Sie sollten das Grab von Qin Shi Huangdi bewa-

In Beijings Sommerpalast am Kunming-See steht der Turm des Buddha-Weihrauchs

Moderne Skyline von Qingdao in der Provinz Shandong an Chinas Ostküste

chen, dem Qin-Kaiser, der China einte. Xi'an erreichte seinen Höhepunkt während der Tang-Dynastie *(siehe S. 56f)*. Es bildete den östlichen Endpunkt der Seidenstraße. Die Große Moschee und der beachtliche muslimische Bevölkerungsanteil zeugen noch immer von der Größe Xi'ans zu jener Zeit.

Räucherstäbchen in Beijings Lama-Tempel

Gegen Ende des 13. Jahrhunderts machte der Mongolenherrscher Kublai Khan Beijing zur Hauptstadt. Doch erst 1407, als der Ming-Kaiser Yongle seinen Regierungssitz hierher verlegte, bekam die Stadt kaiserlichen Glanz. Man kann gut erkennen, wie Beijing in der Zeit der Ming- und Qing-Dynastie angelegt wurde: Gerade, breite Boulevards kontrastieren mit den engen, verwinkelten Gassen um den alten Kaiserpalast, die Verbotene Stadt. Heute ergänzen schicke Einkaufsstraßen die Tempel und Paläste. Die Volksrepublik China hat sich im 21. Jahrhundert dem westlichen Lebensstil geöffnet.

In den zwei an Beijing grenzenden Provinzen Hebei und Shanxi ist es im Sommer glühend heiß und im Winter eiskalt, auch wenn Brisen in Hebeis Küstenstädten das Klima erträglicher machen. Über Shanxi auf der anderen Seite fegen bisweilen heftige Sandstürme aus der Wüste Gobi. Beide Provinzen haben ihren eigenen Reichtum: In Hebei ist es der fruchtbare, in Shanxi der rohstoffreiche Boden. Industrie spielt in beiden Provinzen eine wichtige Rolle, dennoch gibt es eine Reihe von Sehenswürdigkeiten: das buddhistische Kloster von Chongshan Si *(siehe S. 137)*, den heiligen Berg Tai Shan und die Hafenstadt Tianjin, die frühere Hauptstadt von Hebei. Trotz aller Modernisierung ist in Tianjin noch viel europäische Architektur erhalten aus der Zeit, als die Stadt ein ausländischer Handelsposten war.

Die buddhistischen Statuen in den Longmen-Grotten in Luoyang *(siehe S. 154f)* sind UNESCO-Welterbe. In der Provinz Shandong liegt Qufu, der Geburtsort von Konfuzius, einem der einflussreichsten Philosophen in der Geschichte Chinas.

Landschaften wie das Hua-Shan-Gebirge, Shaanxi, inspirierten Dichter und Maler schon vor 1000 Jahren

Beijing Opera

Souvenir-Maske

Die Beijing Opera (Peking-Oper) stammt nicht aus Beijing, sondern aus den Provinzen Anhui, Hebei und Shaanxi. Kaiser Qianlong (1736–96) fand auf einer Reise durch den Süden so viel Gefallen an dieser Opernform, dass seine Inspektoren Hunderte von Darstellern nach Beijing holten. Der berühmteste Künstler der Beijing Opera war Cheng Changgeng (1811–1880) mit seinem Ensemble. Um 1900 verschwand die Beijing Opera kurzzeitig von den Bühnen. In den 1920er Jahren wurde sie als »historische« Opernform wiederbelebt und feiert auch heute Erfolge.

Qing-Kaiser Qianlong initiierte die Beijing Opera an seinem Hof

Beijing Opera

Die Beijing Opera verbindet Musik, Gesang, Sprechtexte, Tanz, Akrobatik, Pantomime und Kampfkunst zum Gesamtkunstwerk mit mythologischer Handlung. Die Werke umfassen oft 100 Akte und dauern mehrere Tage.

Der Affe *ist eine der beliebtesten Figuren: klug, tapfer und mit vielen Talenten. Er taucht auch in der klassischen chinesischen Literatur* (siehe S. 29) *auf.*

Die Farben der geschminkten Gesichter *charakterisieren die einzelnen Figuren. Rot steht z.B. für Treue und Mut, Lila für Ernst und Gerechtigkeitssinn, Grün für Tapferkeit und Jähzorn.*

Reiten *wird dargestellt, indem man eine Peitsche mit Quasten erhebt. Auch andere Bewegungsformen werden eher stilisiert als realistisch umgesetzt.*

Die akrobatischen Szenen *kombinieren ästhetische Bewegungen mit Kampfkunst* (martial arts). *Das Training der Akteure ist hart. Die Kostüme bauschen sich auf und schwingen mit, sodass sie die Wirkung der Bewegungen – vor allem der Sprünge – noch verstärken.*

Musikinstrumente

Das Orchester der Beijing Opera umfasst sechs oder sieben Musiker mit Streich-, Blas- und Perkussionsinstrumenten. Zu den Saiteninstrumenten gehören die chinesische zweisaitige Fidel *(erhu)*, die dreisaitige Laute mit 120 Zentimeter langem Hals *(sanxian)*, eine Kurzhalslaute mit kreisrundem Korpus und rasselnder Zunge *(yueqin)* und eine Laute mit birnenförmigem Korpus *(pipa)*. Schlaginstrumente wie Klappern, Gongs und Trommeln liefern Akzente für die Action-Szenen, bei denen Bewegung und Musik aufeinander abgestimmt sind. Daneben kommen auch Blasinstrumente zum Einsatz, etwa das chinesische Horn, Flöten und die *suona*, eine der Schalmei verwandte Oboe.

Mei Lanfang *war der bekannteste Darsteller von Frauenrollen* (dan) *in der Blütezeit der Oper während der 1920er und 1930er Jahre. Heute werden weibliche Rollen nicht mehr von Männern gespielt.*

Vier Rollentypen

Sheng (männlich) und *dan* (weiblich) sind Figuren mit naturalistischem Make-up. Im Kontrast dazu stehen die *jing* (»bemalte Gesichter«) mit farbig geschminkten Gesichtern oder Masken. Die *chou* sind komische Rollen.

Dan: Es gibt sechs typische Rollen – vom Mädchen bis zur alten Frau.

Sheng: Die Figuren können jung oder alt sein, mit Bart oder ohne.

Chou: Er hat oft eine weiß gefärbte Partie im Gesicht und ist begriffsstutzig.

Jing: Sie sehen imposant aus und sind die stärksten Persönlichkeiten.

Regionale Küche: Beijing & Nordchina

Am Huang He lebten schon vor rund 8000 Jahren Menschen. Schriftliche Aufzeichnungen über ihre Lebensgewohnheiten gibt es seit ungefähr 1500 v. Chr. Wir wissen, dass sie Schweine hielten, Hirse, Weizen, Gerste und Reis anbauten und sogar Getreide vergären ließen, um alkoholische Getränke zu erhalten. Um 1100 v. Chr. bereicherten Sojabohnen den Speiseplan, aus denen man bald Sojasauce und Tofu gewann. Beijing hat nie einen eigenen Kochstil hervorgebracht, doch im Zentrum des Reichs kamen Elemente und Einflüsse ganz unterschiedlicher Küchen zusammen.

Chinakohl heißt auch Tianjin-Kohl

Küche des Nordens: heiße, kandierte Äpfel

Palastküche

Als Kublai Khan Beijing 1271 zur Hauptstadt machte, hielten einfache mongolische Gerichte in der Küche des Nordens Einzug: Lamm, gebratenes Fleisch und Feuertopf (ein Fondue). Zuvor lagen die Zentren des Reichs um den Huang He in Xi'an, Luoyang oder Kaifeng. Hier hielt man viel von aufwendiger Zubereitung und teuren Zutaten: Haifischflossen und Abalone (Seeohren) mussten aus dem Süden importiert werden. Man präsentierte die Gerichte als Kunstwerke und gab ihnen poetische Namen. Beijings Küche stammt von der 1000 Jahre alten Kunst kaiserlicher Köche.

Shandong

Shandong, die Heimat von Konfuzius, gilt als Provinz mit der ältesten und besten Küche Chinas. Von hier kommen die Meisterköche und die meisten berühmten Küchenchefs. Hier soll auch der Wok erfunden worden sein. Wenn man von Beijing-

Pekingente mit den traditionellen Beilagen

Typische Spezialitäten

Entenbirnen **– sie ähneln Entenköpfen**

Pekingente – ein kaiserliches Mahl – ist wohl das bekannteste Gericht der Küche des Nordens. Bei dieser Entenart (Pekingente) kann die Haut so aufgeblasen werden, dass sie sich vom Fleisch trennt. Dann wird die Ente mit Honig bestrichen, getrocknet und schließlich hängend gebraten. Sie wird vom Koch meisterlich zerlegt. Die Haut wird in Pfannkuchen eingehüllt gegessen. Dazu werden eine spezielle Sauce, Frühlingszwiebeln und Gurken serviert. Zum Abschluss wird eine aus den Entenresten hergestellte Suppe gegessen. Ein regionales Gericht ist auch der mongolische Feuertopf. Weitere Spezialitäten sind Karpfen aus dem Huang He sowie Gambas und Gelbfisch von der Küste Shandongs. Aus Shandong kommen auch aromatische Zutaten wie Knoblauch, Lauch und Frühlingszwiebeln.

Mu Shu *sind Schweinefleischstreifen, Goldnadeln (Lilienblüten = Mu Shu), Pilze, Ei und Sprossen – aus dem Wok.*

Küche spricht, meint man eigentlich die Küche Shandongs. Heute ist Shandong eines der wichtigsten Agrargebiete Chinas und versorgt Beijing mit Lebensmitteln. Hauptsächlich angebaut werden Weizen, Gerste, Hirse und Mais, aber auch Sojabohnen und Erdnüsse. Fischfang spielt am Huang He und an der Küste eine wichtige Rolle. Vor allem von der felsigen Halbinsel Shandong stammen Fische, Garnelen, Schaltiere, Seeohren (Abalone), Seeschnecken und Seeigel. Auch Obst kommt aus der Region, ebenso Weine und Biere – vor allem das berühmte Tsingtao-Bier *(siehe S. 146)* –, die weltweit exportiert werden.

Die Kunst, Tee einzuschenken, in einem Restaurant in Beijing

Tianjin

Die südlich von Beijing gelegene Großstadt nimmt bezüglich ihrer Küche eine einzigartige Position ein: Als Vertragshafen war Tianjin über Jahrhunderte kosmopolitischen Einflüssen ausgesetzt. Vor allem Russen und Japaner hinterließen hier ihre Spuren, sodass man auf der Karte viele Rindfleisch- und Lammgerichte findet.

Angebot auf einem nächtlichen Lebensmittelmarkt

Mongolische und muslimische Küche

Die muslimische Küche Chinas stammt vorwiegend von den Hui, den Uiguren und den mongolischen Minderheiten. Die Hui leben über ganz China verstreut, doch ihre Ursprünge liegen im Norden. Die Uiguren haben sich hauptsächlich im Nordwesten angesiedelt. Die Mongolen leben traditionell als Nomaden im Norden des Landes. Die Muslime unter ihnen essen kein Schweinefleisch, sodass man hier oft Spieße mit Rind- und Schaffleisch bekommt. Typisch sind auch hausgemachte Nudeln und Fladenbrot.

Auf der Speisekarte

Hähnchen »Betrunkene Kaiserin«: nach Yang Guifei, einer Konkubine des Kaisers, die dem Alkohol verfallen war.

»Nierenblumen«: Schweinenieren werden kreuzweise eingeschnitten (blumenartig) und mit Bambussprossen, Wasserkastanien und Mu-Err-Pilzen im Wok zubereitet.

Fischfilet in Weinsauce: Frittierte Fischfilets werden in Weinsauce geschmort.

»Phönixschweif-Gambas«: Garnelenschwänze werden paniert und dann frittiert.

Lamm in süßer Bohnensauce: Lammfilet wird mit süßer Bohnenpaste und Essig geschmort – für den typisch süßsauren Geschmack.

Kandierte heiße Äpfel: Heiße kandierte Äpfel sind ein typischer Nachtisch.

Lammfleisch mit Frühlingszwiebeln *ist pfannengerührtes Fleisch mit Knoblauch, Lauch und Zwiebeln.*

Feuertopf *ist Fleischbrühe, in die dünne Lammfleischscheiben, Gemüse und Nudeln getaucht werden.*

Süßsaurer Karpfen, *ein Gericht aus Shandong, wird meist mit Karpfen aus dem Huang He zubereitet.*

Beijing

Die Hauptstadt der Volksrepublik China ist mit über 15 Millionen Einwohnern eine der größten Metropolen der Welt. Beijing (Peking) wurde erstmals während der mongolischen Yuan-Dynastie (1279–1368) Hauptstadt. Später regierten in der Verbotenen Stadt die Kaiser der Ming- und Qing-Dynastie. Heute hat der Geist der Veränderung alle Bereiche Beijings erfasst.

Beijing wurde in der Zeit der Ming-Dynastie in konzentrischen Kreisen um die Verbotene Stadt neu angelegt. Dieses alte Beijing hat in seinen Tempeln, Palästen und in den Gassen *(hutong)* überlebt. Sie durchziehen die Stadt außerhalb der zweiten Ringstraße, die dem Bogen der zerstörten Stadtmauer folgt. Innerhalb dieser alten Grenze liegen breite Boulevards, Überführungen, Hochhäuser, Einkaufszentren und der riesige Tian'an Men (Platz des Himmlischen Friedens).

Die Stadt, die der mongolische Kriegsherr Dschingis Khan im 13. Jahrhundert eroberte, erfährt derzeit einen dramatischen Wandel. Die Reformen der letzten drei Jahrzehnte machen sich bemerkbar, aber auch die stetig wachsende Einwohnerzahl und Umweltverschmutzung sowie seit Anfang 2009 die Folgen der Finanz- und Wirtschaftskrise.

Beijing bildet mit all seinen Widersprüchen das moderne China ab. Man sieht wohlhabende Menschen beim Einkaufen, gestylte Jugendliche, Bettler und einfach gekleidete Polizisten. Immer mehr Bars und Cafés eröffnen. Zur Unterhaltung gehören Jazz- und Punk-Clubs genauso wie die Beijing Opera (Peking-Oper). In den vielen Restaurants kann man die Bandbreite chinesischer Küche genießen – von den scharfen Gerichten aus Sichuan bis zu leckeren Dim Sum. Auf den Straßen sind die unzähligen Fahrräder oft schon von Autos verdrängt worden, doch man erkundet Beijing noch immer am besten per Rad.

Vergnügungsfahrt auf dem Kunming-See, Sommerpalast

◁ **Rote Flaggen vor dem Zhengyang Men am Tian'an-Men-Platz** ***(siehe S. 82f)***

Überblick: Beijing

Auf dieser Karte finden Sie die Viertel mit den berühmtesten Sehenswürdigkeiten Beijings. Im Zentrum liegt die Verbotene Stadt, südlich davon befinden sich Tian'an Men und Qian Men, östlich das Einkaufsviertel Wangfujing. Nördlich der Verbotenen Stadt stehen der Glocken- und der Trommelturm, im Nordosten kommt man zum buddhistischen Lama-Tempel. Nördlich des Bei-Hai-Parks steht der Palast von Prinz Gong im Gassengewirr des historischen *Hutong*-Viertels. Im Süden zeugt Tian Tan (Himmelstempel) prunkvoll vom Baustil der Ming-Dynastie. In Beijings Umgebung befinden sich viele Attraktionen, darunter die Chinesische Mauer und die Ming-Gräber.

Zur Orientierung
Siehe Karte S. 70f

Legende

- Detailkarte *siehe S. 82f*
- Internationaler Flughafen
- Bahnhof
- Busbahnhof
- U-Bahn-Station
- Bushaltestelle
- Information
- Krankenhaus mit Ambulanz
- Tempel
- Kirche
- Autobahn
- Nationalstraße
- Provinzgrenze
- Chinesische Mauer

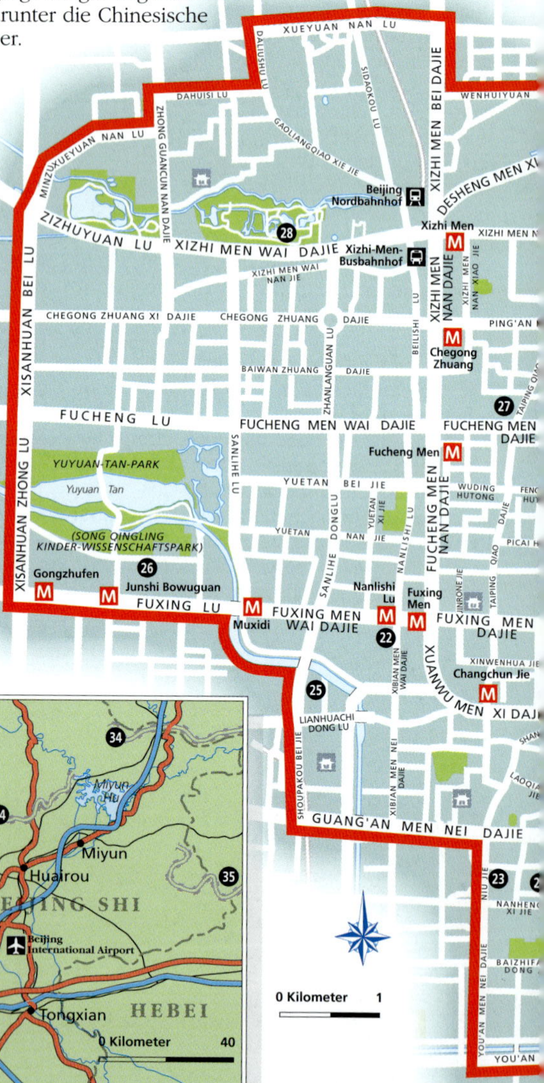

Sehenswürdigkeiten auf einen Blick

Historische Gebäude, Plätze und Viertel

Altes Observatorium 18
Chinesische Mauer S. 106–108 34
Chuandixia 40
Dazhalan und Liulichang 5
Fundstätte des Pekingmenschen 38
Marco-Polo-Brücke 36
Ming-Gräber S. 104f 33
National Olympic Stadium 39
Östliche Qing-Gräber 35
Palast von Prinz Gong 10
Qian Men 2
Sommerpalast S. 100–102 29
Tian'an-Men-Platz S. 82f 1
Trommel- und Glockenturm 11
Underground City 3
Verbotene Stadt S. 86–89 7
Yuanming Yuan 30

Museen und Sammlungen

Beijing Hauptstadtmuseum 22
Beijing Naturhistorisches Museum 20
Beijing Stadtplanungsmuseum 4
Chinesisches Militärhistorisches Museum 26
Dongbian-Men-Wachturm 19
Nationales Kunstmuseum Chinas 16

Tempel, Kirchen, Moscheen

Dazhong Si 31
Dong Yue Miao 15
Fayuan-Tempel 24
Himmelstempel S. 96f 21
Konfuzius-Tempel 13
Lama-Tempel 12
Miaoying-Tempel der Weißen Dagoba 27
Niu-Jie-Moschee 23
Südkathedrale 6
Tanzhe-Tempel 37
Tempel der Weißen Wolken 25

Shopping

Wangfujing-Straße 17

Parks und Zoos

Bei-Hai-Park 9
Beijing-Zoo 28
Di-Tan-Park 14
Jing-Shan-Park 8
Xiang-Shan-Park 32

Siehe auch

- *Stadtplan* S. 114–119
- *Hotels* S. 554–556
- *Restaurants* S. 582–584

In Beijing unterwegs

Das Stadtzentrum ist von Ringstraßen umgeben. Die Innenstadt erkundet man am besten per Taxi, U-Bahn oder Rad *(siehe S. 632f)*. Es gibt zwar viele Busse, doch sie sind meist überfüllt. Um einen ersten Eindruck der Sehenswürdigkeiten zu bekommen, empfiehlt sich eine Stadtrundfahrt per Bus. Die meisten Hotels bieten Touren zu den Sehenswürdigkeiten außerhalb Beijings an. Flexibler ist man mit einem Taxi.

Weitere Zeichenerklärungen *siehe hintere Umschlagklappe*

Im Detail: Tian'an-Men-Platz ❶

天安门广场

Der Große Vorsitzende Mao

Tian'an Men Guangchang – der Platz des Himmlischen Friedens – ist eine riesige betonierte Fläche im Herzen des modernen Beijing. Im Zentrum steht Maos Mausoleum, am Rand sieht man Gebäude aus den 1950er Jahren (der kommunistischen Zeit) und alte Tore der nicht mehr existierenden Stadtmauer. Der Platz ist eine besondere Attraktion, weshalb viele Besucher über ihn schlendern. In der Vergangenheit war er Schauplatz für Demonstrationen – und für Gräueltaten wie die blutige Niederschlagung der Studentenproteste 1989.

Mit dem Fahrrad in der Chang'an Jie

Große Halle des Volkes
Der Sitz der Legislative Chinas mit seinem großen Auditorium und den Hallen ist öffentlich zugänglich, sofern nicht der Nationale Volkskongress tagt.

★ Qian Men
Der Turm heißt auch Zhengyang Men und bildete mit Jian Lou ein Doppeltor. Heute ist hier ein Museum zur Geschichte Beijings.

Jian Lou
Der »Pfeilturm« wurde in der Ming-Dynastie erbaut.

★ Maos Mausoleum
Revolutionsstatuen flankieren das Gebäude, in dem der einbalsamierte Leichnam Maos liegt. Vormittags und nachmittags wird sein in einer Kühlkammer aufbewahrter Sarg gezeigt.

★ Tian'an Men
Von diesem Tor aus der Ming-Dynastie rief Mao Zedong am 1. Oktober 1949 die Volksrepublik China aus. Maos großes Porträt hängt bis heute hier.

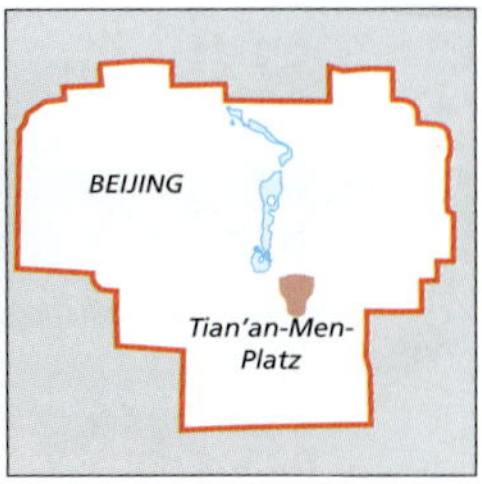

Zur Orientierung
Siehe Stadtplan, Karte 3 C1

0 Meter 200

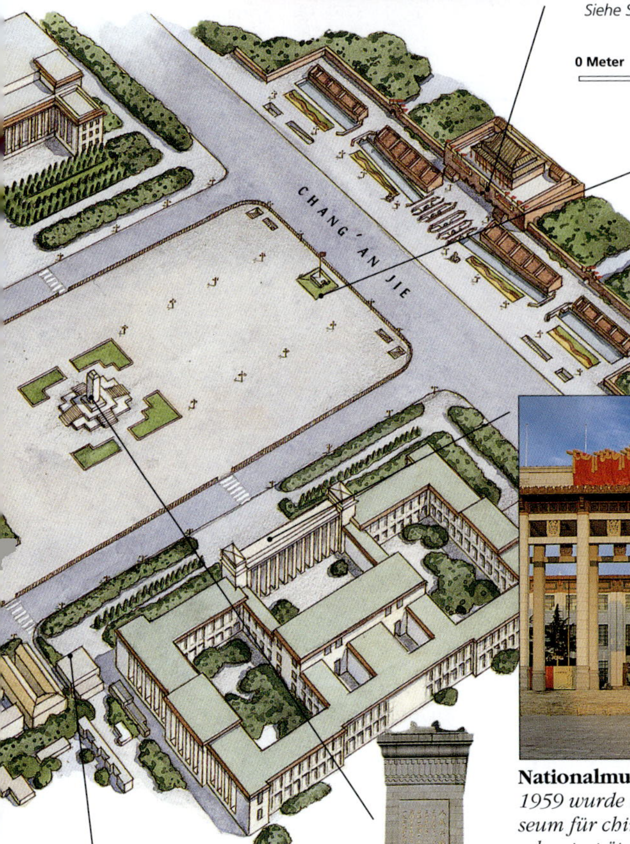

Die Nationalflagge wird jeden Tag in der Morgendämmerung gehisst.

Nationalmuseum von China
1959 wurde das Gebäude als Museum für chinesische Geschichte erbaut, später kam das Museum der Revolution dazu. Die Exponate blieben dieselben, die propagandistischen Texte ebenfalls. Hier finden auch Ausstellungen mit Leihgaben anderer Museen statt.

Taschen, Mäntel und Kameras muss man hier deponieren, bevor man Maos Mausoleum betritt.

Monument der Volkshelden
Die Flachreliefs an dem 1958 errichteten Granitmonument zeigen Episoden aus Chinas Revolutionsgeschichte und Kalligrafien, die Mao Zedong und Zhou Enlai anfertigten.

Nicht versäumen

- ★ Maos Mausoleum
- ★ Qian Men
- ★ Tian'an Men

Qian Men (Zhengyang Men), ein Teil der Befestigungsanlagen Beijings

Qian Men ❷
前门

Qian Men Dajie. **Stadtplan** 3 C2. *Qian Men.* *tägl. 8.30–15.30 Uhr.*

Das Qian Men (Vorderes Tor) besteht aus zwei Bauten: **Zhengyang Men** in der südlichen Ecke des Tian'an-Men-Platzes und **Jian Lou** im Süden.

Zhengyang Men (gegenüber dem Sonnentor) war das imposanteste der neun Tore der inneren Stadtmauer, die die Verbotene Stadt von den Vierteln trennte, in denen während der Qing-Dynastie die Bevölkerung lebte. Das Tor erhebt sich 40 Meter hoch an der Nord-Süd-Achse, die über den Tian'an-Men-Platz und durch die Verbotene Stadt verläuft. Im Tor befindet sich ein Museum, das Dioramen der alten Stadtmauern und Fotografien der alten Straßen Beijings zeigt.

Das 38 Meter hohe Jian Lou (Pfeilturm, Arrow Tower) wurde 1439 erbaut und hat 94 Fenster, aus denen man Pfeile abschießen konnte. Während des Boxeraufstands *(siehe S. 433)* wurden beide Bauten schwer beschädigt. Die halbrunde Mauer, die sie verband, fiel 1916 dem Straßenbau zum Opfer. Jian Lou ist nicht zugänglich.

Auf der anderen Seite der östlich verlaufenden Straße bauten die Briten die Old Railway Station, heute ein Eisenbahnmuseum. In der Umgebung lag das alte Einkaufsviertel, das wegen der Olympiade komplett renoviert wurde. Zahlreiche Seidenläden, Essensstände, Kinos, *Hutong*-Häuser und bessere Apartments lohnen einen Bummel.

Zhengyang Men
(010) 6522 9386. *tägl.*

Underground City ❸
北京地下城

62 Xi Damochang Jie. **Stadtplan** 4 D2. *Qian Men.* *(010) 6702 2657.* *wg. Renovierung bis 2010/11 (bitte fragen Sie tel. nach).*

Auf dem Höhepunkt der chinesisch-sowjetischen Spannungen in den 1960er Jahren ließ Mao Zedong ein Netz bombensicherer Tunnel im Untergrund von Beijing anlegen. In dem Labyrinth von Gängen gab es u.a. Waffen, Krankenstationen sowie Essens- und Wasservorräte. Die meisten Einstiegspunkte sind schwer zu finden. Einfacher zugänglich ist der Eingang bei Xi Damochang Jie, einer Gasse südöstlich des Qian Men. Führer leiten Besucher durch den Haupttunnel, wo Schilder auf die frühere Funktion der Räume und Ausgänge zur Oberfläche hinweisen. Es ist gefährlich, auf eigene Faust herumzugehen.

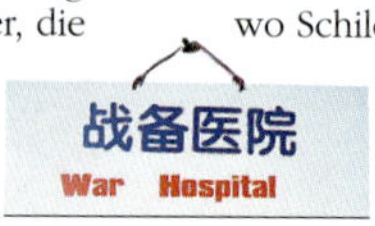

Schild in Beijings Underground City

Beijing Stadtplanungsmuseum ❹
展览馆

20 Qian Men Dong Dajie. **Stadtplan** 3 C2. *Qian Men.* *(010) 6702 4559.* *Di–So 9–17 Uhr.*

Das imposante Museum liegt gleich östlich des

Beijings Stadtmauern

Die ersten Verteidigungsmauern um Beijing (damals Yanjing, später Zhongdu genannt) wurden in der Jin-Dynastie (1115–1234) nach dem Muster der Mauer von Kaifeng *(siehe S. 150f)* erbaut. Der Mongolenherrscher Kublai Khan ließ Zhongdu neu errichten, gab ihm den Namen Dadu und umgab die Stadt mit einer 30 Kilometer langen Mauer. Erst in der Ming-Zeit (1368–1644) wurde sie vollendet: Die äußere Mauer hatte nun sieben Tore, die innere neun. Der innere Mauerring war 11,5 Meter hoch und 19,5 Meter breit. Leider fielen die Mauern dem Straßenbau der 1950er und 1960er Jahre zum Opfer. Von der inneren Mauer blieben nur die Tore Qian Men und Desheng Men, von der äußeren nur Dongbian Men *(siehe S. 95)*. Nach den Toren sind noch heute einige Plätze an der zweiten Ringstraße und Stationen der U-Bahn-Ringlinie benannt.

Jian Lou (Pfeilturm) von Qian Men

Erinnerungsstücke an den Kommunismus in der Dazhalan Jie

Areals von Qian Men. Es erlaubt einen Blick in Beijings Zukunft. Highlight ist ein riesiges Modell der Stadt, wie sie 2020 aussehen will – mit Licht-Ton-Show. Das Museum zeigt auch Modelle und historische Fotos des alten Beijing.

Dazhalan und Liulichang ❺
大栅栏和琉璃厂

Stadtplan 3 C2. **M** *Qian Men.*

In der restaurierten Liulichang Jie

Südlich des Qian Men verlaufen die engen, belebten *hutong* *(siehe S. 91)* des alten Viertels. Die inneren Stadtmauern und ihre Tore trennten die »Innere Stadt« mit dem Bereich der Mandschu-Kaiser von der »Chinesischen Stadt«, in der das Volk lebte. Das nun restaurierte Areal lässt die Quing-Zeit aufleben – mit Touristen-Tram. Vom Nordende der Qian Men Dajie verläuft die Dazhalan Jie nach Westen. Ihr Name »Straße der Großen Barriere« bezieht sich auf die zerstörten Tore, die nachts geschlossen wurden, um die Bewohner von Qian Men und der Inneren Stadt zu schützen. In der Dazhalan Jie warten Rikscha-Fahrer auf Gäste für eine Tour durch die *hutong*.

Die Gegend ist ideal zum Stöbern. Hier findet man Läden, die schon seit der Kaiserzeit existieren: In der ersten linken Seitengasse der Dazhalan Jie liegt der 100 Jahre alte Pickles-Laden **Liubiju**. **Ruifuxiang**, auf der rechten Seite der Dazhalan Jie, existiert seit 1893 und ist für seine Seidenstoffe und traditionelle chinesische Kleidung bekannt. Auch auf der Dazhalan Jie verkauft die **Tongrentang Pharmacy** seit 1699 chinesische Medizin und genoss sogar kaiserliche Protektion. Der Teeladen **Zhangyiyuan Chazhuang** lockt seit dem frühen 20. Jahrhundert mit feinen Tees. Westlich der Dazhalan Jie liegt die Liulichang Jie, auch ein faszinierender Ort zum Bummeln. Hier findet man alles – von Keramik bis zu alten chinesischen Büchern. »Antiquitäten« sollten Sie jedoch genau prüfen.

Südkathedrale ❻
南堂

141 Qian Men Xi Dajie.
Stadtplan 3 A2. **M** *Xuanwu Men.*

Nan Tang, die Südkathedrale, war die erste römisch-katholische Kirche, die in Beijing gebaut wurde. Sie steht ganz in der Nähe der U-Bahn-Station Xuanwu Men an der Stelle des ehemaligen Wohnhauses von Matteo Ricci. Er war 1601 der erste Jesuitenmissionar, der nach Beijing kam. Bald schon schickte er Geschenke – Uhren, mathematische Instrumente oder eine Weltkarte – an Kaiser Wanli, bis er schließlich dessen Vertrauen gewonnen hatte und die Erlaubnis erhielt, eine Kirche zu errichten.

Wie viele Kirchen in China erlebte auch diese viele Zerstörungen. Baubeginn war 1605, doch schon 1775 brannte die Kirche ab. Nachdem sie ein Jahrhundert später wiederaufgebaut war, wurde sie während des Boxeraufstands im Jahr 1900 wieder zerstört und 1904 neu erbaut.

Die Südkathedrale ist die größte katholische Kirche in Beijing. Hier finden regelmäßig Messen in einer Vielzahl von Sprachen statt, darunter auf Chinesisch, Englisch und Latein. Die Zeiten sind am Tor angeschlagen. Beim Südportal gibt es einen kleinen Laden.

Hübsche Bleiglasfenster in der Südkathedrale (Nan Tang)

Stadtplan Beijing *siehe Seiten 114–119*

Verbotene Stadt ❼

故宫

Wanddekoration

Das Herz Beijings, die Verbotene Stadt (Forbidden City), heißt offiziell Gugong (Palastmuseum) und ist wohl Chinas prachtvollster Komplex, ein Symbol des kaiserlichen Glanzes und die Mitte des chinesischen Universums. Vollendet wurde die Anlage 1420. Von hier aus regierten 24 Kaiser nahezu 500 Jahre lang. Bis 1911 war die Verbotene Stadt dem Kaiserhof und seinen Würdenträgern vorbehalten. Erst 1949 wurde sie zum ersten Mal der Öffentlichkeit zugänglich gemacht.

Chinesischer Löwe
Löwenpaare bewachen die Eingänge zu den Hallen. Männchen haben eine Kugel unter der Pfote, Weibchen ein Junges.

★ Goldwasserfluss
Fünf Marmorbrücken, die die fünf Kardinaltugenden des Konfuzianismus symbolisieren, überspannen das »goldene Wasser«, dessen West-Ost-Verlauf dem Jadegürtel der Hofbeamten ähneln sollte.

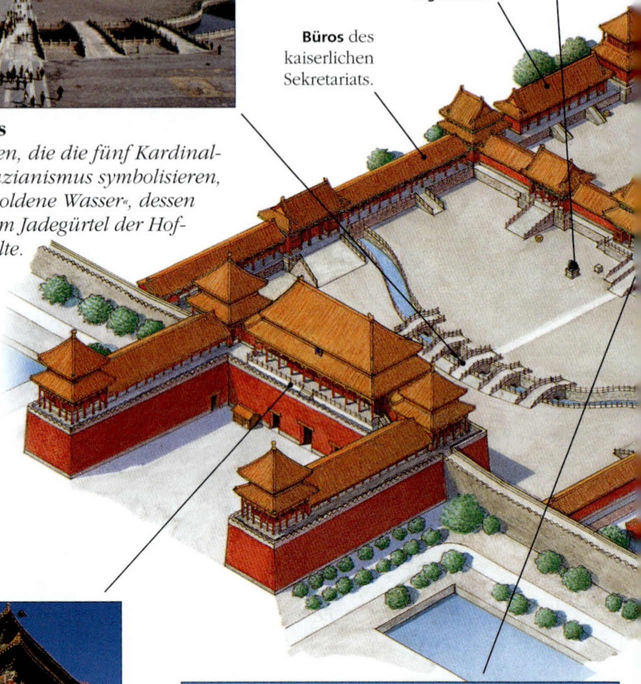

Lagerhäuser

Büros des kaiserlichen Sekretariats.

Äusserer Hof

In der Mitte der Verbotenen Stadt bietet der Äußere Hof das eindrucksvollste Bild. Die meisten anderen Gebäude dienten Verpflegung und Dienstleistungen für diese Stadt in der Stadt.

Wu Men (Mittagstor)
Vom Balkon aus pflegte der Kaiser seine Armeen zu inspizieren und die Zeremonien zu Beginn jedes neuen Kalenderjahrs durchzuführen.

Taihe Men (Tor der Höchsten Harmonie)
In der 24 Meter hohen Halle mit den zwei Dächern empfing man Besucher. Später, in der Qing-Dynastie, wurde sie für Bankette genutzt.

★ Marmorauffahrt
Die Mittelrampe, die dem Kaiser vorbehalten war, weist Drachen auf, die nach Perlen jagen.

INFOBOX

Nördlich des Tian'an-Men-Platzes. **Stadtplan** 1 C5. *(010) 6513 2255.* *Apr–Okt: tägl. 8.30–17 Uhr; Nov–März: tägl. 8.30–16.30 Uhr.* **www**.dpm.org.cn

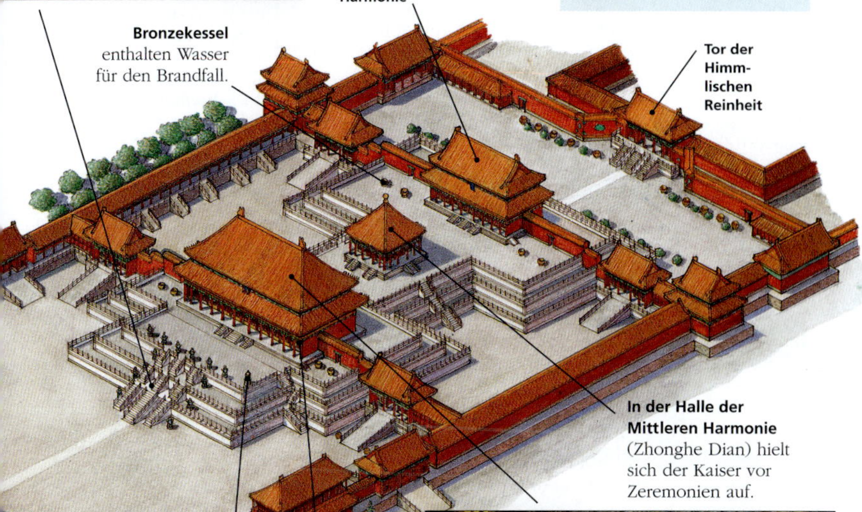

★ Taihe Dian (Halle der Höchsten Harmonie)
Die größte Halle war Inthronisationen, Geburtstagen etc. vorbehalten. Der aufwendig verzierte Drachenthron bildet das Zentrum. Die Decke weist fantastische Farben auf.

Dachwächter
Eine ungerade Anzahl dieser Figuren, die alle mit Wasser in Verbindung stehen, sollte vor Feuer schützen.

NICHT VERSÄUMEN

- ★ Goldwasserfluss
- ★ Marmorauffahrt
- ★ Taihe Dian (Halle der Höchsten Harmonie)

ZAHLENARCHITEKTUR

Die Harmonie von Yin und Yang ist der Schlüssel zur chinesischen Architektur. Ungerade Zahlen bedeuten Yang (das mit dem Kaiser verbundene maskuline Element). Die Zahlen drei, fünf, sieben und vor allem neun tauchen überaus häufig in Architekturelementen auf. Die Verbotene Stadt soll 9999 Räume haben, die Türen weisen oft 81 Beschlagknöpfe auf – da neun mal neun besonders viel Glück bringt.

Palasttor mit zweimal 81 Messingknöpfen

Überblick: Verbotene Stadt

Wenn man durch das Tor der Himmlischen Reinheit weiter nach Norden geht, kommt man in den Inneren Hof mit seinen drei imposanten Inneren Palästen. Durch den Kaiserlichen Blumengarten gelangt man zum Shenwu-Tor, dem nördlichen Ausgang des Palasts, von dem ein Weg zum Jing-Shan-Park *(siehe S. 90)* führt. An den West- und Ostseiten des Inneren Hofs liegen zahlreiche Hallen, in manchen von ihnen sind Museen untergebracht (jeweils Extra-Eintritt).

Der Pavillon der Tausend Herbste in den Kaiserlichen Gärten

Innerer Hof (Neiting)

Hinter der Halle der Bewahrenden Harmonie (Äußerer Hof) kommt man in einen schmalen Hof mit Toren, die zu den freien Flächen östlich und westlich führen, sowie zum Haupttor, dem **Tor der Himmlischen Reinheit**, dem Eingang zum Inneren Hof. Hier befinden sich drei prächtige Paläste, kleinere Gegenstücke zu denen im Äußeren Hof. In dem mit zwei Dächern gekrönten **Palast der Himmlischen Reinheit** waren die Schlafstätten. Der letzte Ming-Kaiser schrieb hier seinen letzten Willen in roter Tinte. Dann betrank er sich, tötete seine 15-jährige Tochter und seine Konkubinen und erhängte sich im Jing-Shan-Park *(siehe S. 90)*, gleich nördlich des Palasts, während rebellierende Bauern durch die Hauptstadt schwärmten.

Dahinter liegen die **Halle der Einheit**, die die Kaiserin als Thronsaal nutzte, und der **Palast der Irdischen Ruhe**, die Wohngemächer der Ming-Kaiserinnen. Während der Qing-Dynastie wurde die Halle für Riten und Tieropfer der Mandschu-Kaiser genutzt.

Kaiserliche Gärten

Der **Blumengarten** nördlich der drei Inneren Paläste und des Tors der Irdischen Ruhe stammt aus der Zeit des Ming-Kaisers Yongle. Er ist symmetrisch angelegt und hat Pavillons, Tempel und Hallen sowie einen Felsengarten und alte Bäume. An der West- und Ostseite des Gartens befinden sich der hübsche Pavillon der Tausend Herbste und der Pavillon der Zehntausend Quellen, jeder mit einem runden Dach. Im Norden des Gartens diente die **Halle des Kaiserlichen Friedens** ehemals als Tempel. Im Nordosten des Gartens thront der Kaiserblick-Pavillon auf der Anhöhe des Felsengartens. Von hier aus genießt man eine schöne Aussicht.

Während der Qing-Dynastie wurde in den Gärten geopfert: Am siebten Tag des siebten Mondmonats (das Äquivalent zum Valentinstag) vollzogen Kaiser, Kaiserin und kaiserliche Konkubinen Opferrituale vor einem Paar Sterne, die Liebende repräsentierten.

Östliche Paläste

An der Ostseite des Inneren Hofs stehen die kleineren Paläste, die Wohnhäuser der kaiserlichen Konkubinen, relativ eng beieinander. Heute findet man hier Museen, die Jade-Objekte, Gemälde, Emailarbeiten und viele andere alte Stücke ausstellen. Beeindruckend ist die Halle mit der großen Uhrensammlung im **Palast der Ewigen Harmonie**. Die Ausstellung wird biswei-

Fünfklauige Drachen auf einer glasierten Neun-Drachen-Wand

Chinesische Drachen

Im chinesischen Drachen können sich viele Tiermerkmale versammeln – Schlangenleib, Hirschgeweih, Adlerklauen und Fischschuppen. Er besitzt magische Eigenschaften, kann fliegen, schwimmen, sich in ein anderes Tier verwandeln, Regen bringen und böse Geister abwehren. Ein Drache mit fünf Klauen repräsentierte die Macht des Kaisers und durfte nur kaiserliche Gebäude schmücken. Der Drache schützt und bringt Glück, er ist sowohl auf Stellwänden wie Marmorwegen zu sehen. Auch heute noch steht er im Zentrum vieler Feste, z. B. des Chinesischen Neujahrs.

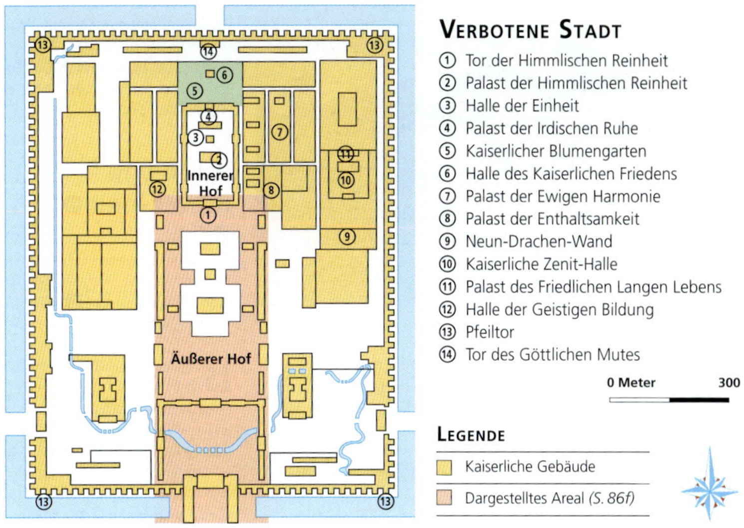

len in andere Paläste verlegt (in einigen wird Eintritt verlangt). Zur Sammlung gehören chinesische, britische und französische Uhren aus dem Besitz der Qing-Kaiser.

Im Südosten des Inneren Hofs steht der **Palast der Enthaltsamkeit**, in dem der Kaiser vor den Opferzeremonien fastete. Südöstlich davon kommt man zur schönen **Neun-Drachen-Wand**, einer 31 Meter langen Mauer mit glasierten Kacheln, die der Drachen-Wand im Bei-Hai-Park *(siehe S. 90)* ähnlich sieht. Solche Wände wurden als Sichtschutz aufgestellt, damit Gäste ihre Kleidung vor dem Besuch ordnen konnten. Die Wand führt zu einer Reihe von Hallen im Nordosten des Komplexes, in denen Schmuck ausgestellt wird. Hier stehen auch die **Kaiserliche Zenit-Halle** und der **Palast des Friedlichen Langen Lebens**, in denen man eine Sammlung von Schmuckobjekten und Gerätschaften besichtigen kann, die der Kaiser benutzte. Nordwestlich des Palasts des Friedlichen Langen Lebens befindet sich ein Blumengarten mit Felsen und Pavillons.

Kachelrelief an der Halle der Geistigen Bildung

Westliche Paläste

Die meisten Gebäude an der Westseite der Anlage sind für Besucher nicht zugänglich. Ausnahmen bilden die Hallen der drei Inneren Paläste: Die Halle der Geistigen Bildung diente Kaiser Yongzheng *(siehe S. 109)* als Wohngebäude. Sein Vater Kangxi hatte 60 Jahre lang in der Halle der Himmlischen Reinheit gewohnt. In der Halle der Geistigen Bildung befindet sich der Raum, in dem Pu Yi, der letzte Kaiser, am 12. Februar 1912 offiziell abdankte *(siehe S. 446)*.

Palastmauern

Die Mauern um die Verbotene Stadt sind an jeder Ecke von einem schön gestalteten **Pfeiltor** mit vielen Dächern unterbrochen. Das Nordtor des Palasts heißt **Tor des Göttlichen Mutes** (Shenwu Men) und diente als Glocken- und Trommelturm. Um die Palastmauer verlief ein Graben. Eine zweite Mauer umgab die gesamte Kaiserstadt. Dahinter lagen die inneren und äußeren Stadtmauern von Beijing. Sie wurden in den 1950er und 1960er Jahren fast vollständig zerstört. Nur wenige Reste der Mauern um die Kaiserstadt überdauerten. Die Mauer um die Verbotene Stadt mit ihren vier Toren ist jedoch immer noch intakt.

Eines von vier Pfeiltoren, die an jeder Ecke der Palastmauern stehen

Bei-Hai-See mit dem Jing-Shan-Hügel im Hintergrund

Jing-Shan-Park ❽
景山公园

44 Jingshan Xi Jie, Xicheng. **Stadtplan** 1 C4. *Dong Si.* *(010) 6404 4071.* *tägl. 6.30–19.30 Uhr.*

Der Park an Beijings Nord-Süd-Achse geht auf die Yuan-Ära (1279–1368) zurück. Der Hügel wurde aus Erdreich geschaffen, das beim Ausgraben des Palastgrabens unter dem Ming-Kaiser Yongle anfiel. In der frühen Ming-Zeit hieß er Wansui Shan (Langes-Leben-Hügel). In der Qing-Ära wurde er umbenannt in Jing Shan (Aussichtshügel). Ausländer nannten ihn auch Coal Hill (Kohlehügel, Mei Shan), wahrscheinlich weil am Fuß des Hügels Kohle gelagert wurde. Bis zum Ende der Qing-Dynastie war Jing Shan mit der Verbotenen Stadt verbunden und nur dem Kaiser und seinem Hof vorbehalten. Die Aufschüttung sollte den Kaiserpalast in der Verbotenen Stadt vor den bösen Einflüssen aus dem Norden schützen, die laut Feng Shui Tod und Verderben bringen konnten. Allerdings versagte dieser Schutz im Fall des letzten Ming-Kaisers Chongzhen, der sich 1644 im Park an einer Robinie *(huaishu)* erhängte, während Aufständische durch Beijing zogen. Nachdem der Originalbaum gefällt worden war, markiert nun ein später gepflanzter Baum die Stelle im Südosten des Parks.

Im Park gibt es einige Pavillons und Hallen. Das Interessanteste ist jedoch der Blick auf die Verbotene Stadt, den man vom Pavillon Wancheng Ting aus genießt.

Bei-Hai-Park ❾
北海公园

1 Wenjin Jie, Xicheng. **Stadtplan** 1 C4. *Tian'an Men Xi.* *(010) 6403 3225.* *tägl. 6–20.30 Uhr.*

Weiße Dagoba, Bei-Hai-Park

Erst 1925 wurde der Bei-Hai-Park öffentlich zugänglich, nachdem er fast 1000 Jahre lang dem Kaiser vorbehalten gewesen war. Im Park gibt es viele künstliche Hügel, Pavillons und Tempel. Kublai Khan gestaltete den Park während der mongolischen Yuan-Dynastie neu. Tuancheng (Runde Stadt) nahe beim Südeingang ist eine riesige Jade-Urne, die Kublai Khan aufstellen ließ.

Der Park heißt nach dem riesigen See **Bei Hai**, an dessen Südufer das nicht zugängliche Hauptquartier der KPCh, Zhong Nan Hai, steht. Die Jade-Insel in der Mitte des Bei Hai wurde wahrscheinlich mit Aushubmaterial aufgeschüttet, als man den See künstlich anlegte. Hier erhebt sich die 36 Meter hohe **Weiße Dagoba**, eine Stupa im tibetischen Stil, die 1651 aus Anlass des Besuchs des 5. Dalai-Lama gebaut wurde. Am Hang unterhalb der Pagode liegen einige Hallen: **Yongan Si**.

Am Nordufer des Sees befinden sich einige Sehenswürdigkeiten, darunter die 27 Meter lange **Neun-Drachen-Wand** mit bunten glasierten Kacheln, die böse Geister abhalten sollte. Im Westen steht der Xiaoxitian-Tempel.

Palast von Prinz Gong ❿
恭王府

17 Qianhai Xi Jie, Xicheng. **Stadtplan** 1 B3. *Gulou.* *(010) 8328 8149.* *tägl. 8–16 Uhr.*

Beijings besterhaltenes Beispiel eines historischen Palasts findet man im reizvollen *Hutong*-Distrikt westlich der Qian Hai. Vermutlich war er das Vorbild für das Anwesen, das in Cao Xueqins klassischem Roman *Traum der roten Kammer (siehe S. 29)* beschrieben wurde. Die große Residenz wurde in der Ära des Kaisers Qianlong gebaut. Der reizvolle Garten bietet ein Muster von offenen Korridoren und Pavillons mit Teichen und Toren. Ursprünglich wurde der Palast für Heshun erbaut, einen Mandschu-Beamten und Liebling des Kaisers, der jedoch in Ungnade fiel. Später – unter der Herrschaft von Kaiser Xianfeng (reg. 1851–61) – erhielt ihn Prinz Gong.

Der Palast ist eine beliebte Sehenswürdigkeit bei Stadttouren. Der frühe Morgen ist die beste Zeit für eine individuelle Besichtigung. Im Sommer finden in einem der Gartenpavillons Vorstellungen der Beijing Opera (Peking-Oper) statt.

Schön gearbeitetes Tor am Palast von Prinz Gong

Beijings Hofhäuser

Auf den ersten Blick wirkt Beijing wie eine durchaus moderne Stadt, doch ein Spaziergang durch die Gassen *(hutong)* zeigt den Charme des alten Beijing. Die *hutong*, in denen noch viele Einwohner Beijings, die *Beijingren*, leben, nehmen einen großen Teil des Zentrums ein. In der Regel verläuft ein *hutong* in Ost-West-Richtung. Rechts und links wird er gesäumt von den Mauern der Hofhäuser *(siheyuan)*.

Hier wird öffentlich Wäsche gewaschen

Früher gehörten diese Häuser mit Hof Beamten und Bessergestellten. Dann wurden viele verstaatlicht, heute sind einige wieder in privater Hand. Zahlreiche *hutong* findet man noch zwischen den Hauptstraßen südlich von Qian Men oder um Hou Hai und Qian Hai. Bei der Modernisierung der Hauptstadt wurden viele der traditionellen *siheyuan* zerstört. Einige wurden zu Hotels umgebaut *(siehe S. 554–556)*.

Gut genutzte Innenhöfe
Da Platz in Beijing immer ein Problem war, wurden in große Höfe zusätzliche Bauten gestellt. In einem siheyuan *können mehrere Familien leben.*

Sozialleben
Wo mehrere Familien zusammenlebten, entstand ein starkes Gemeinschaftsgefühl. Der hutong *draußen vor der Tür wurde als eine Erweiterung des eigenen Heims gesehen.*

Typischer *hutong* in Beijing
Es gibt Rikscha-Touren durch die hutong. *Oft sind sie mit einem Besuch des Palasts von Prinz Gong verbunden. Auf eigene Faust durch die Gassen zu schlendern macht allerdings mehr Spaß.*

Der Glockenturm, vom Trommelturm aus gesehen

Trommel- und Glockenturm ⓫

鼓楼

Nordende der Di'an Men Wai Dajie, Dongcheng. **Stadtplan** 1 C2/3. *Gulou.* *(010) 8402 7869.* *tägl. 9–17 Uhr.*

An der Nord-Süd-Achse, die exakt die Verbotene Stadt und den Tian'an-Men-Platz teilt, steht der Trommelturm (Gu Lou) mitten in einem historischen *Hutong*-Viertel *(siehe S. 91)*. Das massive, rechteckige Gebäude wurde 1420 während der Herrschaft des Ming-Kaisers Yongle errichtet. Wenn man die steilen Stufen erklimmt, kann man über Beijing blicken und die 25 Trommeln sehen. Die große und die 24 kleineren Trommeln wurden zur vollen Stunde geschlagen. Nach offizieller chinesischer Lesart wurden die Originaltrommeln von ausländischen Soldaten zerstört, die Beijing während des Boxeraufstands *(siehe S. 433)* befreiten.

Nördlich des Trommelturms befindet sich der Glockenturm (Zhong Lou), der 1745 anstelle eines abgebrannten Turms erbaut wurde. Hier hängt eine 4,5 Meter hohe, 42 Tonnen schwere Glocke von 1420. Für Besucher wird sie gegen Bezahlung geläutet, was dem Geldgeber Glück bringen soll.

Lama-Tempel ⓬

雍和宫

12 Yonghe Gong Dajie, Dongcheng. **Stadtplan** 2 E2. *Yonghe Gong.* *(010) 6404 3769.* *tägl. 9–16 Uhr.*

Beijings spektakulärster Tempelkomplex Yonghegong wurde im 17. Jahrhundert errichtet und 1744 in einen tibetischen Lama-Tempel umgewandelt. Die fünf Haupthallen weisen einen Stilmix aus Han-, mongolischen und tibetischen Motiven auf. In der ersten Halle sieht man den Lachenden Buddha (Milefo). Hinter ihm steht Wei Tuo, der Beschützer der buddhistischen Lehre. An den Seiten sind die Vier Himmlischen Könige. Die **Yonghe-Halle** dahinter präsentiert drei Manifestationen von Buddha, die von 18 *luohan* (vom Zyklus der Wiedergeburt Erlöste) flankiert werden. In der tibetischen **Falun-Halle** (Falun = Rad des Gesetzes) steht eine Statue von Tsongkhapa, dem Begründer des tibetischen Gelbmützen-Ordens *(siehe S. 522f)*.

Highlight im **Wanfu-Pavillon** (Wanfu Ge) ist eine 17 Meter hohe Statue von Maitreya, dem Zukunfts-Buddha, die aus einem einzigen Block Sandelholz geschnitzt ist.

Haupttor des farbenfrohen Lama-Tempels

Statue des Konfuzius am Haupteingang des Konfuzius-Tempels

Hinter dem Tempel sind tibetisch-buddhistische Objekte ausgestellt, etwa Statuen der Gottheiten Padmasambhava (Guru Rinpoche) und Chenresig (des tibetischen Pendants zu Guanyin) sowie rituelle Objekte, so der zepterähnliche *dorje* (Donnerkeil) und die *dril bu* (Glocke), Symbole für männliche und weibliche Energie.

Konfuzius-Tempel ⓭
孔庙

13 Guozi Jian Jie, Dongcheng. **Stadtplan** 2 E2. *Yonghe Gong.* *(010) 8401 1977.* *tägl. 9–17 Uhr.*

Der Konfuzius-Tempel beim Lama-Tempel ist der zweitgrößte in China – nach dem in Qufu, dem Geburtsort des Philosophen in der Provinz Shandong *(siehe S. 142f)*. Am Weg zum Tempel steht ein schönes *pailou* (Schmucktor), von denen es in Beijing nur noch wenige gibt. Der Tempel wurde 1302 während der mongolischen Yuan-Dynastie erbaut und 1906 unter Kaiser Guangxu erweitert. Rund 200 alte Stelen ragen im Hof vor der Haupthalle (Dacheng Dian) auf. Auf ihnen wurden die Namen derer festgehalten, die die Prüfungen als kaiserliche Beamte erfolgreich bestanden hatten. Stelen tragen auch die mythologischen *bixi*, Kreuzungen zwischen Schildkröte und Drachen. Pavillons und Zypressen umgeben den Ort. Auf einer Marmorplattform in der Haupthalle stehen Statuen von Konfuzius und einigen seiner Schüler.

Di-Tan-Park ⓮
地坛公园

Nördlich des Lama-Tempels, Dongcheng. **Stadtplan** 2 E1. *Yonghe Gong.* *(010) 6421 4657.* *tägl. 6–21 Uhr.*

Wer zwischen Bäumen spazieren will, ist hier richtig: Der Di-Tan-Park ist nach dem Tempel der Erde (Di Tan) benannt, in dem der Kaiser seine Opfer darbrachte. Die rechteckige Form des Altars (Fangze Tan) aus der Ming-Zeit symbolisiert die Erde. In der Ming-Dynastie wurden fünf Hauptaltäre an wichtigen Punkten der Stadt aufgestellt: Tian Tan (Himmelstempel) im Süden, Di Tan im Norden, Ri Tan (Sonnentempel) im Osten, Yue Tan (Mondtempel) im Westen und Sheji Tan (Tempel des Landes und des Korns) in der Mitte.

Während des Chinesischen Neujahrs *(siehe S. 42f)* findet hier ein Tempelfest *(miaohui)* statt, bei dem der Frühling begrüßt und für ein gutes Erntejahr gebetet wird.

Wächter am Eingang des Dong Yue Miao

Dong Yue Miao ⓯
东岳庙

141 Chaoyang Men Wai Dajie, Chaoyang. **Stadtplan** 2 F4 – östlich von *Chaoyang Men.* *(010) 6551 0151.* *Di–So 8.30–16.30 Uhr.*

Im Osten Beijings nahe am Arbeiterstadion steht der Tempel Dong Yue Miao. Er ist nach dem daoistischen Berg Dong Yue (auch Tai Shan) benannt *(siehe S. 144f)*. Am Eingang steht ein prächtiger *paifang* (Torbogen) aus der Ming-Zeit mit den Schriftzeichen »Zhisi Daizong«, was »dem Berg Tai Opfer darbringen« bedeutet.

Der farbenprächtige, sehr belebte daoistische Tempel stammt aus dem frühen 14. Jahrhundert und wurde 1999 mit beträchtlichem Aufwand restauriert. Über den Haupthof kommt man zur Tai-Shan-Halle, wo Statuen der Gottheit des Tai Shan und ihrer Diener stehen. Die größte Attraktion sind die über 70 »Abteilungen« mit daoistischen Göttern und Dämonen, deren Funktion auf Englisch erklärt wird. Daoisten glauben, dass die Seelen der Toten zum Tai Shan wandern. Daher befassen sich viele »Abteilungen« mit dem Leben nach dem Tod. Die »Abteilung für Zunehmenden Wohlstand und Langes Leben« bietet Tipps für dieses Thema.

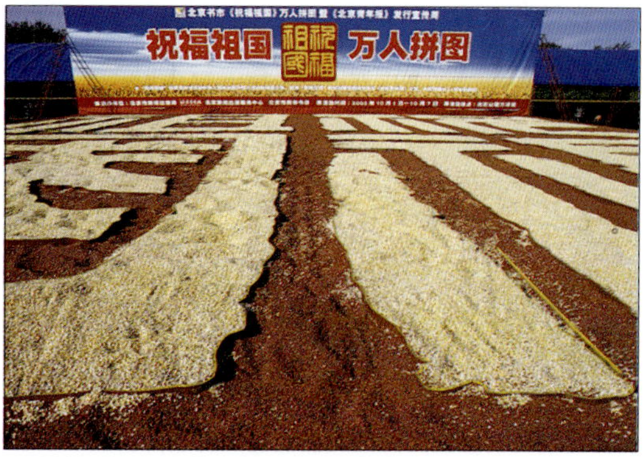

Aus Mais gelegte Schriftzeichen beim Tempelfest, Di-Tan-Park

Nationales Kunstmuseum Chinas ⓰
中国美术馆

1 Wusi Dajie, Dongcheng. **Stadtplan** 2 D4. Ⓜ *Dong Si.* ☎ *(010) 8403 3500.* ◯ *tägl. 9–17 Uhr (letzter Einlass 16 Uhr).*

Zhongguo Meishuguan, das National Art Museum of China, hat 14 Säle auf drei Ebenen. In dem unprätentiösen Gebäude sind Ausstellungen chinesischer und internationaler Kunst zu sehen, manchmal auch Fotografie-Ausstellungen. Vor allem die moderne chinesische Kunst ist spannend – sie unterliegt weniger der Zensur als Film oder Literatur. In Magazinen wie *Time out Beijing* und *The Beijinger* erfährt man Details über aktuelle Ausstellungen.

Wangfujing-Straße ⓱
王府井

Stadtplan 4 D1. Ⓜ *Wangfujing.* **Night Market** ◯ *tägl. 17.30–22 Uhr.* **St.-Josephs-Kirche** ☎ *(010) 6524 0634.* ◯ *frühmorgens während der Gottesdienste.*

Die Wangfujing Dajie ist Beijings traditionelle Einkaufsstraße mit Kaufhäusern und Shopping Malls wie dem Sun Dong'an Plaza *(siehe S. 112)*. Hier bekommt man alles – von *objets d'art* und Antiquitäten über Kleidung bis hin zu Büchern. Der große **Foreign Language Bookstore** ist die richtige Adresse, um einen detaillierteren Stadtplan von Beijing zu erwerben. Es gibt Apotheken, Wäschereien und Färbereien, aber auch kleine Läden mit Seide, Tee oder Schuhen.

Fassade der St.-Josephs-Kirche, Wangfujing Dajie

Hauptattraktion ist jedoch der **Night Market**, auf dem sich ein chinesischer Snack-Stand an den anderen reiht. Angeboten werden Rindfleischspießchen, Pfannkuchen, Tintenfisch, Shrimps, Fladenbrot – oder auch gegrillte Skorpione. Die Wangfujing Snack Street südlich des Night Market bietet eine Reihe von Restaurants.

Die imposante St.-Josephs-Kirche (74 Wangfujing Dajie) wird auch Östliche Kathedrale genannt. Sie wurde 1655 an der Stelle des früheren Wohnsitzes des Jesuiten Adam Schall von Bell (1591–1669) errichtet, von Erdbeben und Bränden und zuletzt während des Boxeraufstands zerstört, doch jedes Mal wieder neu aufgebaut und in jüngerer Zeit restauriert. Vor der Kirche befindet sich ein Hof mit Torbogen. Abends wird der Bau angestrahlt.

Straßenstand am Night Market, Wangfujing Dajie

Altes Observatorium ⓲
古观象台

Stadtplan 4 F1. Ⓜ *Jianguo Men.* ☎ *(010) 6512 8923.* ◯ *tägl. 9–11.30, 13–16 Uhr.*

Beijings Gu Guanxiangtai (Ancient Observatory) steht auf einer Plattform neben der Straßenüberführung an der Jianguo Men Nei Dajie. Das 1442 erbaute Observatorium ist eines der ältesten der Welt. Zuvor stand an der Stelle ein Observatorium aus der Yuan-Dynastie (1279–1368). Das heutige Gebäude stammt aus der Zeit, als die Ming-Kaiser ihre Hauptstadt von Nanjing nach Beijing verlegt hatten. Im frühen 17. Jahrhundert beeindruckten die Jesuiten, allen voran Matteo Ricci (1552–1610) und später Adam Schall von Bell, die Kaiser und die Hofastronomen mit ihren astronomischen Kenntnissen, vor allem mit der genauen Vorhersage von Sonnen- und Mondfinsternissen.

Armillarsphäre, Altes Observatorium

Pater Verbiest (1623–1688), ein belgischer Jesuit, wurde ins kaiserliche Astronomieamt berufen, wo er 1674 einige astronomische Geräte entwarf. Einige davon eigneten sich deutsche Soldaten während des Boxeraufstands von 1900 an – die Geräte wurden erst nach dem Ersten Weltkrieg zurückgegeben. Nachbildungen von astronomischen Gerätschaften sind im Innenhof zu sehen. Manche

Die schön gestaltete Red Gate Gallery, Dongbian-Men-Wachturm

davon tragen sehr schöne Verzierungen, etwa mit Drachenmotiven. Treppen führen zum Dach hinauf, wo ebenfalls bronzene Instrumente in den Himmel ragen, darunter ein Azimut-Theodolit, mit dem man die Höhe von Himmelskörpern messen konnte, und eine Armillarsphäre, die die Position von Planeten und Sternen anzeigte.

Dongbian Men Jian Lou, der Wachturm an der Südostecke

Dongbian-Men-Wachturm ⓳

东边门箭楼

Nahe der Jianguo Men Nan Dajie, Chongwen. **Stadtplan** 4 F2. **M** *Beijing Zhan.* **Red Gate Gallery** *(010) 6525 1005.* *tägl. 9–17 Uhr.* *Details zu Ausstellungen unter* **www**.redgategallery.com

Ein wenig südlich des Alten Observatoriums ragt ein Relikt der Stadtmauern Beijings *(siehe S. 84)* auf: Der Südöstliche Wachturm (Southeast Corner Watchtower) wurde im 15. Jahrhundert (Ming-Dynastie) erbaut. Auf dem kurzen, aber imposanten Stück Mauer daneben kann man gehen – von hier sieht man den Turm mit den vielen Öffnungen für Bogenschützen am besten. Seine Wände sind mit Graffiti bedeckt, die Soldaten der internationalen Armee, die in Beijing während des Boxeraufstands kämpfte, einritzten.

Das Innere des Turms weist prächtige Schnitzereien, große rote Holzsäulen, Pfeiler und Querbalken auf. Die **Red Gate Gallery**, eine der ansprechendsten Kunstgalerien Beijings, ist auf den Ebenen 1 und 4 zu Hause. Sie wurde 1991 von einem Australier gegründet und stellt zeitgenössische chinesische und internationale Kunst aus. Sehenswert ist das Spektrum der Techniken: von Tuschezeichnungen über Öl- und Acrylgemälde, Lithografien und Collagen bis hin zu Fotografien. Die Galerie betreibt ein *Artist-in-Residence*-Programm mit einigen Künstlerstudios. Über aktuelle und geplante Ausstellungen informiert die Website auf Englisch.

Beijing Naturhistorisches Museum ⓴

自然历史博物馆

126 Tianqiao Nan Dajie, Chongwen. **Stadtplan** 3 C4. **M** *Qian Men.* *(010) 6702 4439.* *Di–So 9–17 Uhr.* **www**.bmnh.org.cn

Das Gebäude aus den 1950er Jahren beherbergt das größte naturhistorische Museum von China mit rund 5000 Arten. Interessant ist der Paläontologische Saal mit prähistorischen Tieren, die China vor Millionen Jahren bevölkerten. Die zoologische Abteilung widmet sich der Evolution. Im Untergeschoss gibt es eine makabre Sammlung konservierter Leichen, Gliedmaßen und Organe. Die botanische Sammlung ist dagegen weniger nervenaufreibend.

Himmelstempel ㉑

Siehe S. 96f.

Beijing Hauptstadtmuseum ㉒

北京首都博物馆

16 Fuxingmenwai Dajie. **M** *Muxidi.* *(010) 6337 0491.* *Di–So 9–17 Uhr.*

Beijings Capital Museum bietet 200 000 chinesische Kunstwerke und Antiquitäten auf fünf Stockwerken. Jede halbe Stunde läuft ein Film zur Geschichte Beijings. Einige wenige Beschriftungen sind auf Englisch. Eine Audio-Führung ist daher sinnvoll.

Dino-Skelette im Naturhistorischen Museum (Museum of Natural History)

Himmelstempel ㉑

天坛

Tor zum Rundaltar

Tian Tan (Temple of Heaven) wurde während der Ming-Dynastie fertiggestellt und ist eine der größten Tempelanlagen in China, bei der die Ausgewogenheit und die Symbolhaftigkeit chinesischer Architektur gut zu sehen sind. Hier brachte der Kaiser Opfer dar und betete zur Zeit der Wintersonnwende zum Himmel und zu den Vorfahren. Als »Himmelssohn« war der Kaiser Vermittler zwischen den Göttern und den Menschen und bat um eine gute Ernte. Während der Ming- und Qing-Dynastie war der Himmelstempel für das gewöhnliche Volk nicht zugänglich. Heute ist er von einem schönen Park umgeben, in dem die Menschen frühmorgens Tai Chi Chuan *(siehe S. 273)* praktizieren.

Qinian Dian, wo der Kaiser für eine gute Ernte betete

Tian-Tan-Komplex

Die Hauptbauten der Tempelanlage sind entlang einer Nord-Süd-Achse angeordnet und durch einen erhöhten Weg miteinander verbunden. Diese Danbi-Brücke (Red Step Bridge) bildet das Zentrum. Der Rundaltar besteht aus konzentrischen Ringen zu jeweils neun Steinen. Die halbrunde Echowand (Echo Wall) ist dafür bekannt, dass sie ein Flüstern von einer Seite der Wand zur anderen trägt.

① Halle des Gebets für gute Ernten
② Danbi-Brücke
③ Echowand
④ Kaiserliches Himmelsgewölbe
⑤ Rundaltar

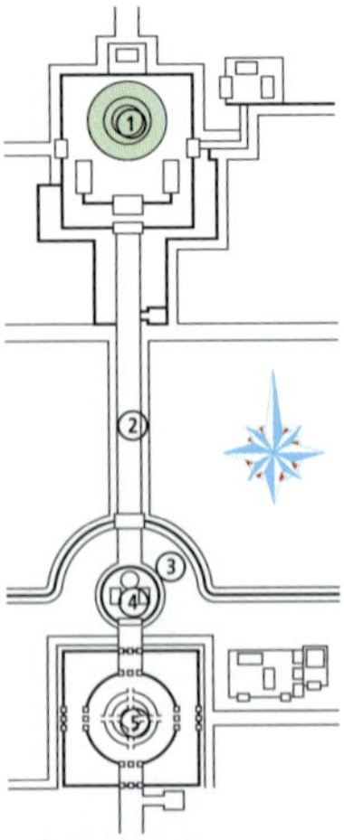

Legende

Dargestelltes Gebäude

Dreiertor für Kaiser (Ost), Beamte (West) und Götter (Mitte)

Kaiserliches Himmelsgewölbe, Lager für die Opfergaben

Am Rundaltar wurde das Opfer dargebracht

Nicht versäumen

★ Drachensäulen

★ Kassettendecke

Die goldene Spitze ist 38 Meter hoch und damit anfällig für Blitzschlag.

INFOBOX

Tian Tan Dong Lu (Osttor), Chongwen. **Stadtplan** 4 D4/E4. *(010) 6702 8866.* M *Tiantan Dong Men.* *6, 34, 35.* **Park** *tägl. 6–20 Uhr.* **Tempelanlage** *8.30–18 Uhr.*

★ Kassettendecke
Im Zentrum der prächtigen runden Kassettendecke befinden sich Drache und Phönix. Die Halle wurde aus Holz – ohne einen Nagel – errichtet.

Blau repräsentiert die Farbe des Himmels.

★ Drachensäulen
Das Hallendach wird von 28 mit Drachenmustern geschmückten Säulen getragen. Die vier riesigen Säulen im Zentrum repräsentieren die Jahreszeiten, die 24 kleineren Pfeiler stehen für die Stunden eines Tages.

Bei den Tafeln zum Gedenken an seine Vorfahren betete der Kaiser.

Symbolische Opfergaben

QINIAN DIAN

Die 1420 erbaute Halle des Gebets für gute Ernten wird oft mit dem Himmelstempel gleichgesetzt. Der Name Tian Tan (eigentlich »Himmelsaltar«) bezieht sich jedoch nicht auf ein einzelnes Gebäude, sondern auf die ganze Anlage.

Marmorplattform
Drei Marmorebenen bilden einen sechs Meter hohen Kreis mit einem Durchmesser von 90 Metern. Die Balustraden der oberen Ebene sind mit Drachen verziert, Ausdruck der kaiserlichen Würde.

Stadtplan Beijing *siehe Seiten 114–119*

Niu-Jie-Moschee ㉓
牛街清真寺

18 Niu Jie, Xuanwu. **Stadtplan** 3 A3. M *Xuanwu Men, dann Taxi.* ☎ *(010) 6353 2564.* ○ *tägl. 8–18 Uhr; möglichst keine Besichtigung zum Freitagsgebet.*

Beijings älteste und auch größte Moschee (Cow Street Mosque) geht auf das 10. Jahrhundert zurück. Sie steht im Hui-Viertel, wo es auch zahlreiche muslimische Restaurants und Läden gibt. Die muslimische Minderheit der Hui stammt ursprünglich aus der Provinz Ningxia, lebt aber heute in allen Landesteilen, etwa 200 000 Menschen allein in Beijing. Hui-Männer kann man leicht an ihren Bärten und den typischen weißen Hüten erkennen.

Die Moschee ist ein schönes Gebäude. Islamische Motive und arabische Verse schmücken die Hallen und Stelen. Der wertvollste Besitz ist eine 300 Jahre alte Handschrift des Korans *(Gulanjing)*.

Astronomische Beobachtungen und Mondberechnungen wurden vom turmähnlichen **Wangyue Lou** aus gemacht. Es gibt Gräber zweier arabischer Missionare aus der Yuan-Dynastie. Der Hof ist üppig grün – ein idyllischer Rückzugsort aus Beijings Straßen. Besucher sollten sich konservativ-dezent kleiden (man kann Schals o. Ä. ausleihen). Nur Muslime dürfen den Gebetsraum betreten.

Buddhistische Statuen in der Haupthalle des Fayuan-Tempels

Fayuan-Tempel ㉔
法源寺

7 Fayuan Si Qian Jie, Xuanwu. **Stadtplan** 3 A3. M *Xuanwu Men.* ☎ *(010) 6353 4171.* ○ *Mo, Di, Do–Sa 8.30–15.30 Uhr.*

Wenn man von der Niu-Jie-Moschee nach Osten geht, kommt man bald zum Fayuan-Tempel, der 696 geweiht wurde und wohl der älteste Tempel Beijings ist. Der Tang-Kaiser Taizong (reg. 626–649) widmete ihn den Soldaten, die bei Kämpfen mit den Stämmen im Norden ums Leben kamen. Eine Reihe von Naturkatastrophen fügte dem Bau schweren Schaden zu. Der heutige Komplex stammt aus der Qing-Zeit.

Der Fayuan Si ist ein typischer buddhistischer Tempel. Nahe am Tor steht ein Räuchergefäß *(lu)*, flankiert vom Trommel- (Osten) und Glockenturm (Westen). Dahinter wird die Halle der Himmlischen Könige (Tianwang Dian) von zwei Bronzelöwen bewacht. Es gibt Statuen vom Lachenden Buddha (Milefo) und den Himmlischen Königen. Alte Stelen stehen vor der Haupthalle. Hier gibt es eine vergoldete Statue von Sakyamuni, dem historischen Buddha, umgeben von Bodhisattvas und *luohan*, den vom Zyklus der Wiedergeburt Befreiten. In der Schrifthalle werden Sutren aufbewahrt. In einer weiteren Halle steht eine fünf Meter hohe Buddha-Statue. Auf dem Gelände gibt es auch eine buddhistische Akademie.

Das prachtvolle Innere der Niu-Jie-Moschee

Tempel der Weißen Wolken ㉕
白云寺

6 Baiyuanguan Jie, Xuanwu. M *Nanlishi Lu, dann Taxi.* ☎ *(010) 6340 3666.* ○ *tägl. 8.30–16 Uhr.*

Baiyun Guan (White Clouds Temple) ist der Sitz der China Daoist Association. Der 739 gegründete Tempel ist Beijings größtes daoistisches Heiligtum. Er war unter dem Namen »Tempel der Himmlischen Ewigkeit« eine der drei Vorfahrenhallen der daoistischen Quanzhen-Schule, die sich auf richtiges Handeln und gutes Karma konzentrierte. Da der Tempel überwiegend aus Holz gebaut war, brannte er 1166 ab und wurde seither wiederholt aufgebaut und erneut zerstört. Die heutigen Gebäude stammen aus der Qing- und Ming-Zeit.

Ein dreigeteiltes Ming-Tor *(pailou)* bildet den Eingang. Es soll Glück bringen, wenn man die Affenfigur am Haupttor reibt. Die großen Hallen sind entlang einer Mittelachse angeordnet, kleinere stehen zu beiden Seiten.

Die Halle des Schutzgottes enthält Bilder von vier Tempelwächtern. Die Halle der Alten Schüler ist den sieben Schülern von Wang Chongyang gewidmet, dem Gründer der Quanzhen-Schule. Die Halle des Wohlstands ist bei den Pilgern beliebt, die den Segen der drei Geister des Wohlstands suchen. Kranke Gläubige suchen die Halle des Königs der Medizin auf.

Auf dem Tempelgelände sieht man viele daoistische Mönche mit ihren typischen Haarknoten. Am Chinesischen Neujahr wird das Tempelfest *miaohui* gefeiert.

Buddhistische Mönche, Miaoying-Tempel der Weißen Dagoba

Chinesisches Militärhistorisches Museum ㉖

军事博物馆

9 Fuxing Lu, Haidian. Ⓜ *Junshi Bowuguan.* ☎ *(010) 6686 6244.* ◯ *tägl. 8–17 Uhr.*

Das vergoldete Emblem der Volksbefreiungsarmee prangt auf dem Chinese Military History Museum. Es liegt nahe bei Muxidi, dem Viertel, in dem die Armee im Juni 1989 in die Menschenmenge feuerte und zahlreiche Zivilisten tötete. Am Eingang sieht man Bilder von Mao, Marx, Lenin und Stalin. Im Erdgeschoss stehen F5- und F7-Jets, Panzer und Raketen. Die obere Galerie zeigt eine Chronik der erfolgreichen Militäroperationen Chinas.

F5-Kampfflugzeuge, Chinesisches Militärhistorisches Museum

Miaoying-Tempel der Weißen Dagoba ㉗

妙应寺

Fucheng Men Nei Dajie, Xicheng. **Stadtplan** 1 A4. Ⓜ *Fucheng Men.* ☎ *(010) 6616 0211.* ◯ *tägl. 9.30–16 Uhr.*

Typisch tibetisch an dieser Tempelanlage ist die 51 Meter hohe Weiße Dagoba (Stupa), die ein Architekt aus Nepal entwarf. Der buddhistische Miaoying-Tempel (Miaoying Si) stammt von 1271, als Beijing von den Mongolen beherrscht wurde. Die üblichen Bauten – Trommel- und Glockenturm, die Halle der Himmelskönige und die Haupthallen – werden durch eine Sammlung kleiner tibetischer Statuen ergänzt.

Beijing-Zoo ㉘

北京动物园

137 Xizhi Men Wai Dajie, Haidian. Ⓜ *Xizhi Men, dann Taxi.* ☎ *(010) 6831 4411.* ◯ *tägl. 7.30–17 Uhr (im Frühjahr und Sommer bis 18 Uhr).*

Westlich der Beijing Exhibition Hall wirkt der Zoo mit seinen Beton-Glas-Käfigen für einige Tiere wie ein Relikt vergangener Zeiten. Die Pandahalle gehört zu den besseren Abteilungen des Etablissements – die Bären sind allerdings eher am Vormittag aktiv. Beeindruckend ist das große **Aquarium** mit Korallenriffen, einem Haibecken und einem Stück Regenwald. Zu sehen sind auch Wale, Delfine und andere Meeressäuger.

Stadtplan Beijing *siehe Seiten 114–119*

Sommerpalast ㉙

颐和园

Bronzedrachen

Das großzügige Gelände von Yihe Yuan (Summer Palace) diente den Kaisern der Qing-Dynastie im stickig-heißen Sommer als Rückzugsort aus der Verbotenen Stadt. Schon frühere Dynastien hatten den Park angelegt und genutzt, doch erst Kaiser Qianlong (reg. 1736–95) ließ den Palast erbauen, den wir heute sehen. Die Kaiserwitwe Cixi veranlasste zwei größere Umbauten: einmal 1860 nach der Zerstörung des Palasts durch die französischen und britischen Truppen und erneut 1902, nachdem er während des Boxeraufstands geplündert worden war.

★ Berg der Langlebigkeit
An diesem Hang stehen zahlreiche religiöse Bauten, darunter auch der Turm des Buddha-Weihrauchs.

Marmorboot
Cixi bezahlte diese extravagante Spielerei mit Geld, das für die Modernisierung der Kaiserlichen Flotte bestimmt war. Das »Marmorboot« besteht aus Holz, das wie Marmor bemalt ist.

Tempel des Meeres der Weisheit

Pier

Der Bronze-Pavillon
wiegt 188 Tonnen und ist ein detailgetreuer Nachbau eines Fachwerkhauses.

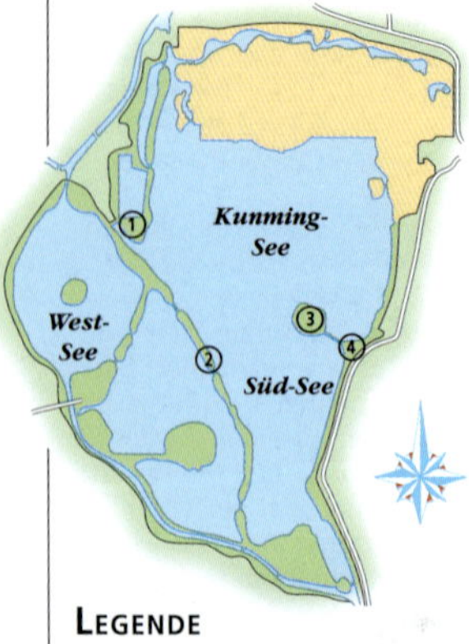

Grundriss

Das Gelände des Sommerpalasts umfasst 290 Hektar. Der Kunming-See liegt südlich des Bergs der Langlebigkeit. Vor seinem Ostufer liegt South Lake Island. Ein Spaziergang um alle Seen dauert rund zwei Stunden.

① Jadegürtel-Brücke
② West Causeway
③ South Lake Island
④ Bronzener Ochse

Legende

Dargestelltes Gebiet

0 Meter 800

Nicht versäumen

★ Berg d. Langlebigkeit

★ Garten der Tugend und Harmonie

★ Langer Korridor

Kaiserwitwe Cixi (1835–1908)

Kaiserwitwe Cixi

Neben der Tang-Kaiserin Wu Zetian *(siehe S. 57)* gilt Cixi (1835–1908) als eine der mächtigsten Frauen Chinas. Als Konkubine hatte sie dem Kaiser Xianfeng einen Sohn geboren. Später übernahm sie sowohl die Regentschaft für ihren Sohn Kaiser Tongzhi als auch für ihren Neffen Kaiser Guangxu. Cixi hielt Guangxu davon ab, Staatsreformen durchzuführen. Sie unterstützte den Boxeraufstand und trug so zum Ende der Qing-Dynastie 1911 bei.

Infobox

10 km nordwestlich von Beijing. *(010) 6288 1144.* M *Suzhou Jie, dann 5 Min. mit dem Taxi.* *vom Yuyuan-Tan-Park und vom Exhibition Center am Zoo (nicht im Winter).* *Apr–Okt: 6.30–18 Uhr; Nov–März: 7–17 Uhr.*

Suzhou-Straße

Hinterer See

★ Garten der Tugend und Harmonie
Das dreigeschossige Gebäude diente als Theater, in dem eine Operntruppe mit 348 Mitgliedern für Cixis Unterhaltung sorgte.

Der Garten der Harmonischen Vergnügungen war Cixis Lieblingsplatz zum Angeln.

Halle der Freude und Langlebigkeit

Östliches Palasttor (Haupteingang)

Halle der Jadewellen

★ Langer Korridor
Die Balken des 728 Meter langen Wandelgangs sind mit über 14 000 Malereien bedeckt.

Halle des Wohlwollens und der Langlebigkeit
Hier fanden die wichtigsten Zeremonien statt – deshalb steht hier auch der Thron, auf dem Cixi saß.

Überblick: Sommerpalast

So wie in der kaiserlichen Sommerresidenz in Chengde *(siehe S. 122–125)* ist auch hier der Park als Mikrokosmos der Natur angelegt. Hügel *(shan)* und Wasser *(shui)* bilden eine Komposition, die durch Tempel, Hallen, Brücken und Wege ergänzt wird. Auch nach vielen Umgestaltungen sieht man im Sommerpalast noch immer die Verbindung von Funktion und Fantasie: Von den Wohn- und Verwaltungskomplexen kommt man zu idyllischen Plätzen und heiligen Stätten.

Eine Brücke mit 17 Bogen verbindet South Lake Island mit dem Ufer

Das Gelände des Sommerpalasts ist groß, doch mit ein bisschen Lust am Spazierengehen kann man alle Hauptgebäude besichtigen. Vom Haupteingang am **Ostpalast-Tor** (Gong Dong Men) kommt man zu den offiziellen Hallen des Palastkomplexes. Unmittelbar hinter dem Tor steht die **Halle des Wohlwollens und der Langlebigkeit** (Renshou Dian), die für vielfältige Zeremonien genutzt wurde. Davor befinden sich Bronzestatuen. Eine davon ist der mythologische *qilin*, ein Symbol konfuzianischer Tugend, dargestellt als Paarhufer mit Hörnern und Schuppen. Hier findet man auch Hinweisschilder zur Suzhou Jie, wo es überteuerte Snack- und Souvenirstände gibt – die Nebenanlage ist allerdings den Extra-Eintritt nicht wert.

Am Seeufer steht die **Halle der Jadewellen** (Yulan Tang), wo Cixi den Kaiser Guangxu nach der fruchtlosen Reformbewegung von 1898 inhaftieren ließ. Cixis Residenz, die **Halle der Freude und der Langlebigkeit** (Leshou Tang) steht westlich vom **Garten der Tugend und Harmonie** (Dehe Yuan) und nördlich des Stegs, von dem aus Cixi Bootsfahrten auf dem See unternahm. Von hier aus verläuft der **Lange Korridor** (Chang Lang) am Ufer entlang. Vier Pavillons unterbrechen ihn. Auf halber Strecke ziehen sich sakrale Bauten den **Berg der Langlebigkeit** (Wanshou Shan) hinauf. Am Ufer erhebt sich ein Schmucktor *(pailou)* und dahinter das **Wolken Zerstreuende Tor** mit zwei Bronzelöwen. Die erste Halle am Berg heißt **Wolken Zerstreuende Halle** (Paiyun Dian) und besitzt ein Doppeldach. Oberhalb davon erhebt sich der achteckige **Turm des Buddha-Weihrauchs** (Foxiang Ge). Gleich dahinter wurde im 18. Jahrhundert der **Tempel des Meeres der Weisheit** (Huihai Si) errichtet, der außen mit grünen und gelben Kacheln sowie mit glasierten Buddha-Darstellungen verziert ist – viele davon sind allerdings zerstört. Von hier blickt man auf den **Hinteren See** (Hou Hu). Westlich vom Turm des Buddha-Weihrauchs steht der **Pavillon der Wertvollen Wolken** (Baoyun Ge), auch **Bronze-Pavillon** genannt. Er stammt aus dem 18. Jahrhundert und besteht vollständig aus Metall. Der Pavillon ist eines der wenigen Gebäude, die von ausländischen Truppen nicht zerstört wurden.

Der Bronze-Ochse sollte vor Überflutungen schützen

Ein einziger Besuch reicht gerade aus, um die Gebäude an der Nordseite des Sees zu besichtigen. Wer mag, findet südlich des Sees viele ruhige Plätzchen. Boote nach **South Lake Island** fahren vom Pier in der Nähe des Marmorboots ab. Nördlich davon stehen die kaiserlichen Bootshäuser. Falls Sie genug Zeit haben, können Sie auch ein Boot mieten und auf dem Kunming-See rudern.

Der **Drachen-Königs-Tempel** (Longwang Miao) auf South Lake Island ist dem Gott der Flüsse, der Meere und des Regens geweiht. Vom Ostufer des Sees aus führt die elegante **Siebzehn-Bogen-Brücke** (Shiqi Kong Qiao) auf die Insel. Ein Marmorlöwe sitzt auf jeder der 544 Säulen des Geländers, ein großer Bronze-Ochse von 1755 ruht am Ostufer. Vom Westufer des Sees aus führt die **Jadegürtel-Brücke** auf den West Causeway, der quer durch den See verläuft.

Der ungewöhnliche Bronze-Pavillon besteht gänzlich aus Metall

Hotels und Restaurants in Beijing *siehe Seiten 554–556 und 582–584*

Ruinen des Yuanming Yuan, der einst als zweites Versailles galt

Yuanming Yuan ㉚

圆明园

28 Qinghua Xi Lu, Haidian. *Wudaokou, dann Taxi.* *(010) 6262 8501.* *tägl. 7–19 Uhr.*

Yuanming Yuan, der Garten der Vollkommenen Klarheit, wird auch Alter Sommerpalast genannt, obwohl er mit diesem nichts zu tun hat. Die Anlage besteht aus einzelnen prinzlichen Gärten, die Qing-Kaiser Qianlong Mitte des 18. Jahrhunderts zusammenfassen ließ. Um zu zeigen, dass sich der Kaiser von China jeden Luxus leisten konnte, beauftragte Qianlong Jesuiten, Gebäude im europäischen Stil zu errichten. Heraus kam dabei eine Gruppe von Rokoko-Schlösschen, die denen in Versailles glichen, dazu Brunnen, Statuen und ein Triumphbogen.

Als englische und französische Truppen Ende des Zweiten Opiumkriegs (1856–60) Beijing besetzten, zerstörten sie die chinesischen Bauten, später wurden auch die europäischen abgerissen. Einheimische nutzten die Steine als Baumaterial.

Heute sieht man in Yuanming Yuan nur noch die Ruinen im **Garten des Ewigen Frühlings** in der Nordostecke des Parks. Ein kleines Museum zeigt Bilder und Modelle des Palasts. Der **Palast-Irrgarten** westlich der Ruinen wurde aus Beton nachgebaut. Im Rest des Parks kann man zwischen Seen und Pavillons herumspazieren.

Dazhong Si ㉛

大钟寺

31a Beisanhuan Xi Lu, Haidian. *Dazhong Si.* *300, 367.* *(010) 6255 0819.* *tägl. 8.30–16 Uhr.*

Der Tempel der Großen Glocke (18. Jh.) ist typisch buddhistisch: Die Halle der Himmlischen Könige, die Haupthalle und die Guanyin-Bodhisattva-Halle stehen auf einer zentralen Achse. Sehenswert ist die 47 Tonnen schwere Glocke im hinteren Turm, eine der größten der Welt. Sie wurde 1403–24 gegossen und unter Kaiser Qianlong aus dem Wanshou-Tempel hierher gebracht. Sutren auf Chinesisch und Sanskrit zieren sie. Zur Zeit der Ming- und Qing-Dynastie schlug man die Glocke 108 Mal, um das neue Jahr einzuläuten, was 40 Kilometer weit zu hören war. Eine Ausstellung erläutert die Technik des Glockengießens. Hunderte von Glocken aus der Song-, Yuan-, Ming- und Qing-Ära sind in einer Halle auf der Westseite zu sehen.

Xiang-Shan-Park ㉜

香山公园

Wofosi Lu, Xiang Shan, Haidian. *333 vom Sommerpalast, 360 vom Zoo.* *6–18 Uhr.* **Botanischer Garten** *tägl. 9–16 Uhr.*

Der bewaldete Park der Duftenden Hügel wirkt im Herbst am schönsten, wenn sich die Ahornblätter rot färben. Zu den Attraktionen gehören der **Incense Burner Peak**, den man per Sessellift erreicht, und der prächtige **Biyun-Tempel** (Tempel der Azurblauen Wolke) nahe dem Haupttor. Die bedrohlich wirkenden Gottheiten Heng und Ha in der Bergtor-Halle bewachen den Tempel. Auf dem Weg zur Sun-Yat-sen-Gedenkhalle, in der der Sarg des Politikers stand, bevor er nach Nanjing überführt wurde, kommt man an weiteren Hallen vorbei. Hinter dem Tempel erhebt sich die 34 Meter hohe Diamantthron-Pagode.

Heng-Statue, Biyun-Tempel

Rund zwei Kilometer östlich des Xiang-Shan-Parks liegt der **Botanische Garten** mit rund 3000 Pflanzenarten. Der dortige **Tempel des Schlafenden Buddha** besitzt eine schöne Bronzestatue. Chinas letzter Kaiser, Pu Yi *(siehe S. 446)*, arbeitete die letzten Jahre seines Lebens im Botanischen Garten als Gärtner.

Dazhong Si, der Tempel der Großen Glocke

Stadtplan Beijing *siehe Seiten 114–119*

Ming-Gräber – Chang Ling ㉝

明十三陵

Ein *qilin* an der Straße der Seelen

Shisan Ling, die letzte Ruhestätte für 13 von 16 Ming-Kaisern, ist das schönste Beispiel chinesischer Grabarchitektur. Der Ort wurde wegen seiner gemäß den Feng-Shui-Regeln günstigen Lage ausgewählt: Eine Bergkette im Norden umschließt die Gräber auf drei Seiten und schützt die Toten so vor den bösen Geistern des Nordwinds. Die imposanteste Grabstätte ist Chang Ling. Die letzte Ruhestätte von Kaiser Yongle (1360–1424), dessen Bestattungsname Chang war (daher der Name Chang Ling), wurde als erste errichtet und ist schön restauriert. Die Grabkammer, in der Yongle, seine Frau und 16 Konkubinen liegen sollen, wurde nie freigelegt.

★ Straße der Seelen
Ein Teil der sieben Kilometer langen Zufahrtsstraße wird von 36 Steinstatuen gesäumt: Ming-Beamte, Soldaten, Tiere und mystische Wesen.

★ Long'en Dian
Auf einer Terrasse mit drei Ebenen steht die Opferhalle mit Doppeldach – eines der schönsten erhaltenen Ming-Gebäude Chinas.

Rekonstruktion von Chang Ling

Die Illustration zeigt die Grabanlage zur Zeit der Bestattung von Kaiser Yongle (15. Jh.).

Ein Säulenpavillon trägt Inschriften aus der Qing-Dynastie, die den Ming-Kaisern huldigen.

Long'en Men (Tor der Hohen Gnaden)

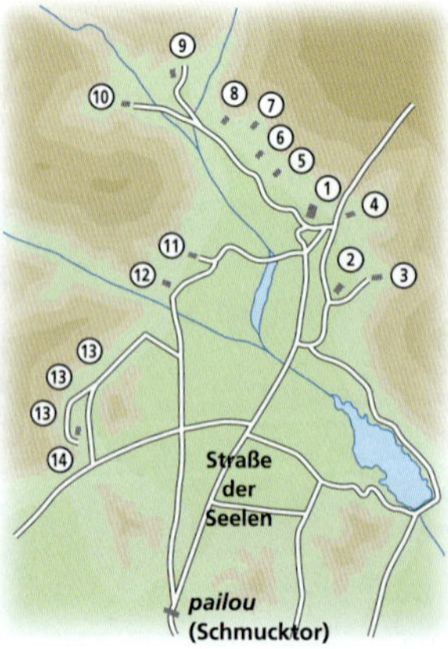

Ming-Gräber

Die 13 Grabanlagen liegen über 80 Quadratkilometer verstreut. Man besichtigt sie am besten per Taxi. Chang Ling, Ding Ling und Zhao Ling wurden restauriert und sind gut besucht. Seit 2003 sind die Ming-Gräber UNESCO-Welterbe.

① Chang Ling (1424)
② Yong Ling (1566)
③ De Ling (1627)
④ Jing Ling (1435)
⑤ Xian Ling (1425)
⑥ Qing Ling (1620)
⑦ Yu Ling (1449)
⑧ Mao Ling (1487)
⑨ Tai Ling (1505)
⑩ Kang Ling (1521)
⑪ Ding Ling (1620)
⑫ Zhao Ling (1572)
⑬ Konkubinen-Friedhöfe
⑭ Si Ling (1644)

★ Ding-Ling-Grabschatz
In der Haupthalle von Chang Ling sind Objekte aus den Wanli-Gräbern ausgestellt, z.B. eine Krone aus Goldfäden mit zwei Drachen.

INFOBOX

45 km nordwestlich von Beijing. *1 bis 5 vom Qian Men aus zur Chinesischen Mauer bei Badaling, dann weiter zu den Gräbern. Auch viele Touren zur Chinesischen Mauer stoppen bei den Gräbern* (siehe S. 106–108). *(010) 6076 1334. tägl. 8.30–17 Uhr. innen.*

Der Geisterturm markiert den Eingang zur Grabkammer.

Ein Erdhügel, der von einer runden Mauer umgeben ist, bedeckt die steinernen Grabkammern.

Zedernsäulen
Das Dach wird von gewaltigen, 13 Meter hohen Säulen aus nanmu *(Duftzeder) getragen. Oben bildet ein geschnitzter* dougong *(Tragstütze) den Abschluss.*

Statue von Kaiser Yongle
Yongle, der dritte Ming-Kaiser, verlegte die Hauptstadt von Nanjing nach Beijing und veranlasste den Bau der Verbotenen Stadt.

GRABKAMMER DING LING

Ding Ling, Grab des Ming-Kaisers Wanli (1573–1620), ist das einzige der 13 Gräber, das freigelegt und öffentlich zugänglich gemacht wurde. Durch Zufall fand man in den 1950er Jahren den Eingang. Die Türen zur Grabkammer waren noch intakt. Im Innern befand sich der Grabschatz eines Kaisers, dessen verschwenderische Herrschaft den Untergang der Ming-Dynastie einläutete.

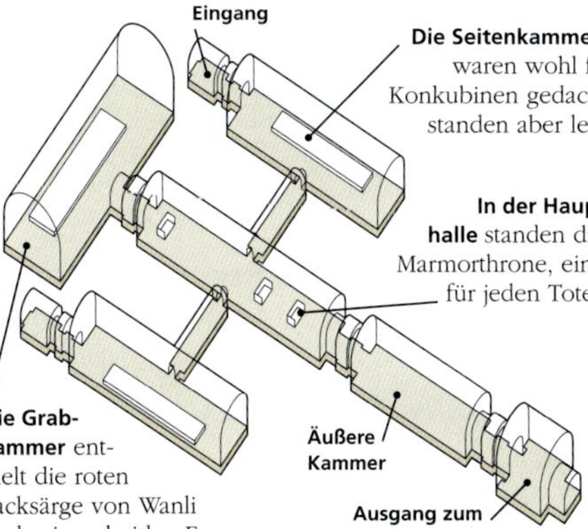

NICHT VERSÄUMEN

- ★ Ding-Ling-Grabschatz
- ★ Long'en Dian
- ★ Straße der Seelen

Chinesische Mauer ㉞

长城

Chang Cheng, die Große Mauer (Great Wall), steht für den frühen Versuch Chinas, sich zu schützen. Über 6000 Kilometer – neuere Berechnungen kommen auf über 8800 Kilometer – verläuft dieses »Weltwunder« durch Wüsten, Ebenen und über Berge. Ursprünglich waren es Erdwälle, die einzelne Reiche bauten. Nach der Einigung Chinas unter Qin Shi Huangdi (reg. 221–210 v. Chr.) begann man mit dem Bau der Mauer. Trotz der imposanten Wehranlagen erwies sich das gigantische Bauwerk als ineffektiv: Im 13. Jahrhundert durchbrachen es Mongolen, im 17. Jahrhundert die Mandschu. Heute sind einige Abschnitte restauriert.

Ruinen
Die meisten Abschnitte der Mauer sind nicht restauriert. Das Äußere ist abgebröckelt, nur der Kern steht noch.

★ Panoramablick
Beim Bau der Mauer nutzte man natürliche Gegebenheiten und errichtete sie auf Bergrücken und Graten. Umso schöner ist heute der Blick die Mauer entlang.

★ Wachtürme
Die in der Ming-Zeit errichteten Bauten dienten als Signaltürme, Forts, Unterkünfte und Vorratslager.

Rekonstruktion der Chinesischen Mauer

Der abgebildete Mauerabschnitt wurde zur Zeit der Ming-Dynastie (1368–1644) gebaut. Der Abschnitt bei Badaling von 1505 ist ganz ähnlich. Er wurde in den 1950er und 1980er Jahren restauriert.

Nicht versäumen

- ★ Panoramablick
- ★ Wachtürme

Kanonen
Sie stammen aus der Ming-Ära, sollten Feinde abwehren und Hilfe »herbeirufen«.

Wachtürme stehen zwei Pfeilschuss-Längen auseinander. So blieb kein Abschnitt ungeschützt.

Signalfeuer warnten vor Angriffen. Zum Verbrennen diente getrockneter Wolfskot.

Der Weg verläuft durchschnittlich auf acht Metern Höhe und ist bis sieben Meter breit.

Tipps

- Die Mauer ist den Elementen ausgesetzt. Stellen Sie sich auf unterschiedlichstes Wetter ein. Nehmen Sie Regenschutz mit, aber auch Sonnencreme.
- Nehmen Sie genügend Trinkwasser mit. Es wird an der Mauer teuer verkauft.
- Der Weg auf der Mauer ist teilweise steil. Tragen Sie unbedingt festes Schuhwerk.

Mauer mit vielen Funktionen
Entlang der Mauer konnte man sich gut verständigen – über Rauchzeichen, Signalfeuer, Flaggen, Trommeln und Glocken. Auch für Truppenbewegungen war die Mauer geeignet.

Chinesische Mauer (Ming-Dynastie)

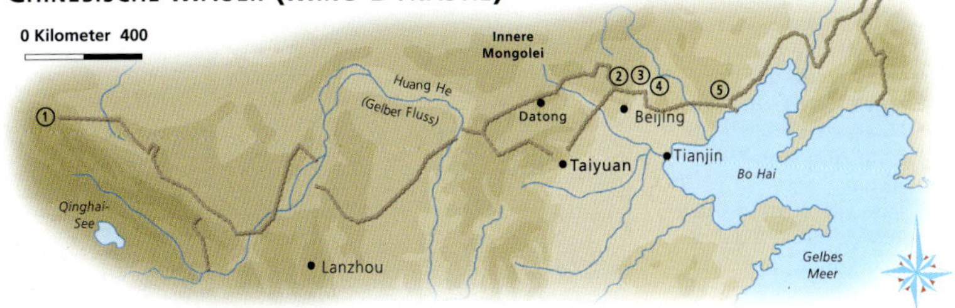

Die meisten Besucher besichtigen die Mauer von Badaling aus *(siehe S. 108)*, doch sie ist auf ihrer gesamten Länge sehenswert. Beeindruckend sind die restaurierten Forts bei Juyong Guan, Jiayuguan und Shanhaiguan.

Sehenswerte Abschnitte

① Jiayuguan *(siehe S. 490)*
② Badaling und Juyong Guan
③ Mutianyu und Huanghua Cheng
④ Simatai
⑤ Shanhaiguan *(siehe S. 128)*

Überblick: Chinesische Mauer

Ein Ausflug zur Großen Mauer gehört zum Pflichtprogramm eines Beijing-Besuchs. Die meisten Hotels organisieren Touren, oft sind sie mit einem Besuch der Westlichen Ming-Gräber *(siehe S. 104f)* kombiniert. Prüfen Sie vorher, ob die Tour nicht auch unerwünschte Abstecher zu Cloisonné-Werkstätten, Jadefabriken etc. vorsieht. Eine kleinere Gruppe ist oft angenehmer: Man kann in Beijing ein Taxi für einen Tag mieten und damit auch weniger überlaufene Abschnitte anfahren.

Andenkenverkauf an der Chinesischen Mauer bei Badaling

Badaling

70 km nordwestlich von Beijing. *(010) 6912 1268. 1 vom Qian Men. tägl. 6.30–18.30 Uhr.*

Die restaurierte Ming-Befestigungsanlage bei Badaling ist einer der meistbesuchten Abschnitte der Mauer, ausgestattet mit Wachtürmen, aber auch mit Geländer, Seilbahn und touristischen Einrichtungen. Badaling bietet eine atemberaubende Aussicht auf die Mauer, die sich hier durch Hügelland schlängelt. Die Menschenmengen lichten sich schnell, wenn man vom Haupteingang aus auf der Mauer nach Osten oder Westen geht. Das Ticket schließt den Eintritt zum Great Wall Museum ein.

Der Pass von **Juyong Guan** liegt am Weg nach Badaling. Auch hier wurde die Mauer restauriert, doch es geht ruhiger zu. Zwischen den steilen Bergen begreift man die strategische Bedeutung des Baus. Auf einer Plattform (»Wolkenterrasse«) sind buddhistische Statuen aus der Yuan-Zeit (1279–1368) zu sehen.

Mutianyu

90 km nördlich von Beijing, Mutianyu, Kreis Huairou. *6 vom Xuanwu Men. 916 vom Dongzhi Men, dann Taxi. tägl. 7.30–18 Uhr. Kabinen-, Sessellifte.*

Der Reiz von Mutianyu liegt in der dramatischen Berglandschaft. Auch das touristische Angebot ist hier etwas weniger aufdringlich. Wachtürme erheben sich auf dem restaurierten Abschnitt von 1368. Dieser wurde seinerzeit auf die Fundamente einer Mauer der Nördlichen Qi-Dynastie (550–577) gebaut.

Huanghua Cheng

60 km nördlich von Beijing, Kreis Huairou. *916 vom Dongzhi Men, dann Taxi. tägl.*

Am selben Mauerabschnitt wie Mutianyu liegt Huanghua, ein grandioser, wenig touristisch erschlossener Teil der Ming-Mauer. Ein Stausee teilt die Mauer in zwei Teile. Die meisten Besucher nehmen den Mauerweg auf der rechten Seite, der einfacher zu erreichen ist. Trotz Geländer ist das bröckelnde Mauerwerk teils schwierig zu begehen. Deshalb ist der Zugang auch begrenzt. Wenn Sie in der Nähe der Mauer übernachten wollen, haben Sie hier die besten Angebote.

Mauerruinen bei Huanghua Cheng auf einem steilen Berghang

Simatai

110 km nordöstlich von Beijing, Kreis Miyun. *6 vom Xuanwu Men. tägl. 6–18 Uhr. Apr–Nov.*

Die Mauer bei Simatai ist nur teilweise restauriert, bietet dafür aber einen wesentlich ursprünglicheren Eindruck von diesem gewaltigen Bauwerk. Auf den steileren Teilen sollten Sie besonders vorsichtig sein. Die meisten Besucher nehmen bei Simatai den östlichen Abschnitt der Mauer. Je weiter man geht, desto steiler wird es – schließlich kommt man zu unpassierbaren Ruinenabschnitten der Mauer. Auch hier ist man auf Besucher eingestellt. Der Blick über das Gelände ist wunderbar. Eine vierstündige Wanderung führt von Simatai nach Jingshanling – ebenfalls mit überwältigender Aussicht.

Restaurierter Mauerabschnitt bei Badaling, nordwestlich von Beijing

Östliche Qing-Gräber ㉟
清东陵

125 km östlich von Beijing, Zunhua, Provinz Hebei. *Mai–Okt: tägl. 8–17 Uhr; Nov–Apr: tägl. 9–16.30 Uhr.*

Die Östlichen Qing-Gräber sind von Beijing weiter entfernt und damit weniger überlaufen, aber nicht weniger prächtig als die Ming-Gräber *(siehe S. 104f)*. Sie bilden die größte noch intakte kaiserliche Grabstätte. Ihre Pracht reicht an die der Verbotenen Stadt heran. Von den vielen Grabstätten auf dem Gelände sind nur fünf Gräber von Qing-Kaisern: Für Besucher geöffnet sind die Grabstätten der Kaiser Shunzhi (reg. 1644–61), Kangxi (reg. 1661–1722), Qianlong (reg. 1736–95) und Xianfeng (reg. 1851–61). Das Grab von Kaiser Tongzhi (reg. 1862–74) ist nicht zugänglich. Eine fünf Kilometer lange, von Wächterfiguren gesäumte Straße führt zu Shunzhis Grab Xiao Ling, das im Zentrum steht. Einige der anderen Gräber haben eigene, kleinere Straßen.

Straße der Seelen zum Grab von Kaiser Shunzhi, Östliche Qing-Gräber

Räuchergefäße vor einem Geisterturm, Östliche Qing-Gräber

Südwestlich von Shunzhis Grab liegt Yu Ling, das Grab von Qianlong. Die Grabkammer ist unvorstellbar üppig mit buddhistischen Motiven ausgestattet, aber auch mit tibetischen und Sanskrit-Zeichen, ein seltenes Dekor in kaiserlichen Gräbern.

Die Kaiserwitwe Cixi *(siehe S. 101)* ist im westlich gelegenen Ding Dong Ling bestattet, und zwar in der rechten Kammer eines Doppelgrabs. In der linken Kammer ruht Ci'an, die älteste Frau von Kaiser Xianfeng. Obwohl beide Grabstätten 1879 gebaut wurden, ließ Cixi ihre 1895 prachtvoll erneuern. Am Marmorweg, der zur Long'en-Halle führt, sieht man einen Phönix *(feng)*, das Symbol der Kaiserin, über dem des Drachen *(long)*, Symbol des Kaisers – eine ungewöhnliche Darstellung, da die Anordnung traditionell umgekehrt sein müsste.

Westlich von Ding Dong Ling wurde das Grab Ding Ling teilweise freigelegt. Am Weg davor stehen Tierstatuen aus Stein. Interessant sind auch die kleineren Gräber der kaiserlichen Konkubinen: Sie haben grüne Dächer – Gelb war dem Kaiser vorbehalten.

Kaiser Yongzheng

Yongzheng (reg. 1723–35), der Sohn von Kaiser Kangxi und einer Dienerin, wollte nicht in den Östlichen Qing-Gräbern bestattet werden und ließ eine neue Nekropole anlegen: die Westlichen Qing-Gräber (Kreis Yixian, Provinz Hebei). Man vermutet, dass Yongzheng nicht neben seinem Vater liegen wollte, da er dessen Vermächtnis missachtet hatte. Nach Kangxis Tod hatte Yongzheng seinem Bruder, den sein Vater als Nachfolger bestimmt hatte, den Thron streitig gemacht und sich selbst als legitimen Erben eingesetzt, wofür er einige andere Brüder und Onkel bedenkenlos eliminieren ließ. Trotz dieser Vorkommnisse war Yongzheng ein fähiger Herrscher und gläubiger Buddhist. Er bestrafte die Unehrlichkeit seiner Beamten und versuchte, Moral und Erziehung des Volks zu verbessern. Eine andere These besagt, dass Yongzheng eine andere Grabstätte suchte, weil sein Platz in den Östlichen Gräbern gemäß den Feng-Shui-Regeln ungünstig lag. Auf einem Friedhof bei den Westlichen Qing-Gräbern befindet sich das Grab von Pu Yi, dem letzten Kaiser von China, dessen Leichnam 1995 hierher überführt wurde.

Yongzheng in einer Robe, die mit Symbolen der Macht bestickt ist

Die Ziegel-Stupas des Talin Si (Stupa-Wald-Tempel)

Marco-Polo-Brücke ㊱
芦沟桥

Gemeinde Wanping, Distrikt Fengtai. 16 km südwestlich des Zentrums. *339 von Beijings Busbahnhof Lianhuachi; 309 von WAZI (bei Beijings Westbahnhof).* *tägl. 7–19 Uhr.* **Gedenkhalle** *101 Wanpingcheng Nei Jie.* *Di–So 8–17 Uhr.*

Über den Fluss Yongding wurde während der Jin-Dynastie 1189 eine 267 Meter lange Marmorbrücke gebaut, die eine Flut zerstörte. Die heutige Konstruktion stammt von 1698. Auf Chinesisch heißt die Brücke Lugou Qiao. Ihren westlichen Namen erhielt sie, da sie in den *Reisen des Marco Polo (siehe S. 243)* beschrieben ist.

An den Brückenköpfen befinden sich Stelen mit Schriftzeichen der Qing-Kaiser Kangxi und Qianlong. Die poetische Äußerung Qianlongs auf der östlichen Stele lautet *lugou xiaoyue* und bedeutet »Mond bei Tagesanbruch in Lugou«.

Steinlöwe, Marco-Polo-Brücke

Die Balustraden der Brücke sind auf voller Länge mit über 400 steinernen Löwenskulpturen geschmückt – jede von ihnen sieht ein wenig anders aus. Lokale Sagen berichten, dass die grimmigen Statuen des Nachts lebendig werden. Trotz vieler Restaurierungsarbeiten und sogar einer Verbreiterung der Brücke ist noch vieles original erhalten.

Bekanntheit erlangte die Brücke auch als Schauplatz des »Marco Polo Bridge Incident« (»Zwischenfall an der Lugou Qiao«). Am 7. Juli 1937 beschossen sich hier chinesische und vordringende japanische Truppen, was als Auslöser des Zweiten Chinesisch-Japanischen Kriegs (1937–45) gilt. In der **Gedenkhalle** von Wanping sind einige grausige Exponate zu dem Zwischenfall zu sehen.

Tanzhe-Tempel ㊲
潭柘寺

Distrikt Mentougou. 45 km westlich von Beijing. *nach Pingguo Yuan (1 Std.), dann Bus 931 oder Tourist-Bus 7.* *(010) 6086 2505.* *tägl. 8–17 Uhr.*

Die riesige Tempelanlage geht auf das 3. Jahrhundert zurück und hieß damals Jiafu Si. Später wurde sie nach dem nahe gelegenen Berg Tanzhe Shan in Tanzhe-Tempel umbenannt. Der Berg wiederum hat seinen Namen von Long Tan, dem Drachen-Teich, und den Zheshu-Bäumen *(Cudrania tricuspidata)*, die ihn umgeben.

In einer prachtvollen Bergszenerie liegen die Tempelhallen an einem steilen Hang. Auf dem Gelände stehen viele alte Bäume, darunter ein riesiger Ginkgo-Baum, der auch als »Kaiserbaum« bezeichnet wird. Ein etwas kleinerer Baum daneben heißt »Frau des Kaisers«.

Am faszinierendsten ist jedoch **Talin Si**, der Stupa-Wald-Tempel (Stupa Forest Temple) in der Nähe des Parkplatzes. Zwischen Bäumen stehen wunderschöne Ziegel-Stupas, jede wurde zum Gedenken an einen berühmten Mönch errichtet. Diese turmähnlichen Bauten weisen die verschiedensten Stile auf, manche sind als *miyan ta* mit vielen gebogenen Dächern übereinander gestaltet. Die älteste Stupa stammt aus der Jin-Dynastie (1115–1234).

Die Marco-Polo-Brücke (Lugou Qiao) mit ihren elf Bogen

Fundstätte des Pekingmenschen ㊳

周口店北京猿人遗址

Gemeinde Zhoukoudian. 48 km südwestlich von Beijing. *917 von Beijings Busbahnhof Tianqiao nach Fangshan, dann Bus 2 oder Taxi.* *tägl. 8.30–16.30 Uhr.*

In den 1920er Jahren fand man in einer Höhle bei Zhoukoudian über 40 Knochenfossilien sowie primitive Werkzeuge. Es waren Überreste des Pekingmenschen *(Homo erectus Pekinensis)*, der hier vor über 500 000 Jahren lebte. Man hielt die Entdeckung für das lang gesuchte Missing Link zwischen Neandertaler und modernem Menschen. Die Stätte wurde von der UNESCO zum Welterbe erklärt. Ein kleines Museum präsentiert Werkzeuge, Ornamente und Knochenfragmente. Die Originalfossilien sind allerdings nicht hier. Insgesamt wirkt die Stätte etwas vernachlässigt.

Fundstätte des Pekingmenschen bei Zhoukoudian

National Olympic Stadium ㊴

奥林匹克体育中心

Olympic Green. *Olympic Park.* *tägl. 10–17 Uhr.*
www.beijing2008.cn

Das Olympiastadion von Beijing war das Herzstück des Bauprogramms und der Neugestaltung der chinesischen Hauptstadt anlässlich der Olympischen Spiele 2008.

Die imposante »Vogelnest«-Struktur des Nationalstadions in Beijing

Es liegt direkt auf der historischen Kaiser-Achse, d. h. auf einer Linie zur Verbotenen Stadt. Das Olympiagelände (Olympic Green) besteht aus einem Landschaftspark, dem Olympischen Dorf sowie vielen Sportarenen und -hallen, etwa dem Schwimmzentrum.

Der Stadionbau stammt von den Schweizer Architekten Herzog und de Meuron. Sie gewannen die Ausschreibung mit ihrem »Vogelnest«-Entwurf (»Bird's Nest«). Das Stadion besitzt außen eine kühne Stahlkonstruktion, innen ist es eine Betonschüssel. Die Betonzwischenräume des Dachs sind mit transluzentem Stoff ausgefüllt, der Wasser abweist, aber Licht nach unten auf die Zuschauerränge durchlässt. Der Bau bietet bis zu 91 000 Menschen Platz.

Das Nationalstadion ist ein Stück aufregender Architektur. Man kann es bei Touren besichtigen. In der Umgebung soll ein Shopping- und Unterhaltungszentrum entstehen.

Chuandixia ㊵

川底下

Bei Zhaitang. 90 km nordwestlich von Beijing. *nach Pingguo Yuan (1 Std.), dann Bus 929 nach Zhaitang (3 Std.) oder Taxi.* *tägl.*

Es ist zwar umständlich, von Beijing aus hierher zu gelangen – dennoch lohnt sich der Besuch des kleinen Dorfs Chuandixia (Unter dem Fluss). Es ist ein lebendiges Museum mit Architektur aus der Ming- und Qing-Dynastie.

Chuandixia liegt an einem steilen Berghang, an den sich die ländlichen Häuser klammern. Alle Hofhäuser *(siheyuan)* sind durch schmale Wege miteinander verbunden. Natursteinmauern säumen die Wege.

In Chuandixia leben rund 70 Menschen, die zu einer Handvoll Familien gehören. Hier sieht man noch Graffiti und kommunistische Parolen an den Mauern, die in den meisten anderen Städten und Dörfern längst übertüncht worden sind.

Die Eintrittskarte verschafft Besuchern Zugang zum ganzen Dorf. Man kann es in wenigen Stunden durchstreifen. Es ist auch möglich, hier zu übernachten, wenn man etwa in den umliegenden Bergen wandern will oder einfach nur die ländliche Gastfreundschaft erleben möchte. Seit immer mehr Besucher nach Chuandixia kommen, bieten einige Familien einfache Unterkünfte zu recht günstigen Preisen an.

Traditionelle Häuser aus der Ming- und Qing-Zeit in Chuandixia

Shopping und Unterhaltung

Mao-Souvenir, Liulichang

Beijings Shopping-Szene hat sich in den letzten Jahren dramatisch verändert und entwickelt sich weiter. Es gibt schicke Kaufhäuser und Einkaufszentren, aber auch kleine Läden, die Mode, Antiquitäten, Seide und andere Waren anbieten, sowie immer noch Straßenverkäufer. Die hauptsächlcihe Shopping-Meile ist immer noch die Wangfujing Dajie *(siehe S. 94)*, doch neue Shopping Malls machen ihr Konkurrenz. Leider sind viele der traditionellen Läden verschwunden, die meisten findet man noch in der Dazhalan Jie *(siehe S. 85)*. Für Unterhaltung ist in Beijing gesorgt: Es gibt immer mehr Kneipen, Bars, Clubs und zahlreiche Veranstaltungsorte für Oper, Theater und Musik.

Shopping

Bei Beijing-Besuchern beliebt sind Läden für traditionelles Kunsthandwerk, Teppiche, Seide, Möbel, Kleidung sowie elektronische Artikel. Viele der hier aufgeführten Läden versenden Ihnen die gekaufte Ware auch per Schiff nach Hause.

Antiquitäten und Kunsthandwerk

Echte Antiquitäten *(gudong)* sind schwer zu finden. Stücke, die aus der Zeit zwischen 1795 und 1939 stammen, dürfen ohne ein Zertifikat nicht ausgeführt werden. Alles Ältere darf überhaupt nicht exportiert werden *(siehe S. 599)*. Der interessanteste Markt für Altes und Authentisches ist der **Panjiayuan Market** im Südosten der Stadt. Er hat jeden Tag offen. Die besten Funde in Bezug auf Bodhisattva-Statuen, Keramik, Stellschirme, Kalligrafien und ornamentale Teile kann man am Wochenende bei Sonnenaufgang machen. In der **Beijing Curio City** ganz in der Nähe werden auf mehreren Stockwerken Keramik, Möbel, Schmuck und tibetische Kunst angeboten. Auch der große **Hong Qiao Market** beim Himmelstempel *(siehe S. 96f)* ist eine gute Quelle für Sammlerstücke aller Art sowie Perlen, vor allem die Abteilungen im dritten und vierten Stock. Sie sollten sich allerdings darüber im Klaren sein, dass es sich hier um Kopien handelt. In der **Liulichang** *(siehe S. 85)* findet man Lackarbeiten, Keramik und Bilder. **Huayi Classical Furniture** bietet alte Möbel an – sowohl restaurierte Stücke als auch nachgeschreinerte.

Bücher

Fremdsprachige Bücher werden Sie in China eher selten finden (falls überhaupt, dann auf Englisch). Dennoch lohnt es sich, nach Fotobänden und Kunstführern Ausschau zu halten. Der **Foreign Languages Bookshop** liegt günstig und hat eine kleine Auswahl an englischsprachigen Büchern.

Tushu Dasha, Beijings größte Buchhandlung *(shudian)*, ist gelegentlich stark überlaufen, führt aber im dritten und vierten Stock englischsprachige Bücher.

Manche Bars, darunter The Bookworm, fungieren als Bücher-Tauschbörse oder als Leihbibliothek.

Kaufhäuser und Shopping Malls

Kaufhäuser sind bei den Chinesen nach wie vor beliebt, auch wenn sie in letzter Zeit Konkurrenz durch viele Spezialgeschäfte bekommen haben. Die meisten großen Kaufhäuser finden Sie in der Xidan Dajie. Die neue Konsumleidenschaft der Chinesen hat gigantische neue Einkaufszentren (Shopping Malls) hervorgebracht. Viele liegen um die U-Bahn-Station Xi Dan. Hier bekommt man alles an Markenartikeln und Mode. **The Village** in der Sanlitun Lu bietet viele Markenartikel, im **Shin Kong Place** in der Nähe der U-Bahn-Station Dawang Lu finden sich viele Designerläden.

Teppiche und Textilien

Auf den Märkten werden oft Teppiche *(ditan)* aus Tibet, Gansu oder Xinjiang angeboten, doch als Ausländer muss man entweder hartnäckig verhandeln, oder man zahlt viel zu viel. Die **Qian Men Carpet Company** in der Xingfu Dajie führt schöne handgeknüpfte Teppiche aus Xinjiang, der Mongolei und Tibet. Andere empfehlenswerte Läden sind **Antique Carpets**, **Liangma Antique Market**, die Geschäfte in der **Liulichang** und die Stände des **Panjiayuan Market**.

Der beengte Silk Street Alley Market wurde zum **New Silk Street Alley Market** mit mehreren Stockwerken umgewandelt. Insider sagen, er lasse die Atmosphäre des alten Markts vermissen. Als Besucher sollte man hier unbedingt handeln. Die beliebte **Yuanlong Silk Corporation** bietet Seidenstoffe und eine große Auswahl an Seidenkleidung an. Auch der **Beijing Silk Store** südlich des Qian Men führt Seide zu einem akzeptablen Preis. Der **Yaxiu Clothing Market** verkauft auf vier Etagen Kleidung, Stoffe und mehr. Markenmode finden Sie bei **Na-Li**.

Unterhaltung

Beijings Kulturszene erhielt durch die Eröffnung des **National Center for Performing Arts** (das »Ei«) einen veritablen Schub. Noch rangiert Theater in Sachen Unterhaltung vorn, sei es die Beijing Opera oder anderes traditionelles Theater. Englischsprachige Aufführungen bewegen sich auf Laien-Niveau, werden aber immer beliebter. Sehr im Kommen sind Kunstausstellungen und Konzerte. Vor allem die Rock-, Punk- und

Jazz-Szene wächst schnell. Im Kino laufen wenige ausländische Filme – pro Jahr wird nur eine begrenzte Anzahl ausländischer Filme zugelassen. Dagegen zeigen viele Botschaften und Bars Filme (auf Englisch oder mit Untertiteln). Eine gute Auswahl bietet Cherrylane (www.cherrylanemovies.com.cn). Alle Hollywood-Produktionen werden raubkopiert und auf den Märkten als DVDs oder Videokassetten angeboten.

Veranstaltungskalender für alles Englischsprachige finden Sie in Magazinen, die in Kneipen in der Sanlitun Lu und in Hotels ausliegen. *The Beijinger* ist eines der besten.

Beijing Opera

Aufführungen der Beijing Opera (Peking-Oper, *jingju*) gibt es im prächtigen **Zhengyici Theater**. Dieses letzte aus Holz erbaute Theater Chinas war früher ein Tempel. Die Shows beginnen meist um 19.30 Uhr. **Huguang Guildhall** bietet ein ähnliches Ambiente, hier beginnt man täglich um 19.15 Uhr. Im Sommer finden auch Vorstellungen im **Palast von Prinz Gong** *(siehe S. 90)* statt, Beginn ist 19.30 Uhr. Pauschalreisende werden meist ins Liyuan Theater im Jianguo Hotel geführt.

Traditionelles Theater

Die zahlreichen Teehäuser Beijings zeigen oft Traditionelles. Die Palette reicht von traditioneller chinesischer Musik über chinesische Oper bis hin zur Akrobatik und Kampfkunst. Die außergewöhnliche Biegsamkeit chinesischer Akrobaten *(zaji)* kann man an mehreren Orten bestaunen: Beliebte Shows finden im **Chaoyang Theater** um 17.15 und 19.15 Uhr statt. Die Beijing Acrobat Troupe ist ab 19 Uhr im **Wan Sheng Theater** zu sehen. Ebenfalls um 19 Uhr beginnen die Aufführungen im **Universal Theater**. Das **Lao She Teahouse** zeigt nachmittags und abends Shows mit Musik und Akrobatik. Ähnliche Aufführungen im **Tianqiao Happy Teahouse** beginnen um 18.30 Uhr.

Bars und Clubs

Jahrelang hat sich die Barszene der in Beijing lebenden Ausländer auf die Sanlitun Lu im Chaoyang-Areal, östlich der U-Bahn-Station Dong Si Shi Tiao, konzentriert. Relaxed geht es in den Bars zu, die an der Kreuzung der Seen Hou Hai und Qian Hai liegen. Eine solche Location ist z. B. das schicke **World of Suzie Wong** mit seinen Betten aus der Ming-Dynastie. Eine der ersten Bars war die **No Name Bar** östlich der Yinding-Brücke – sie wird immer noch als eine der besten angesehen. Edlere und teurere Bars finden Sie auch in den meisten der Vier- oder Fünf-Sterne-Hotels in Beijing.

Auf einen Blick

Antiquitäten und Kunsthandwerk

Beijing Curio City
21 Dongsanhuan Nan Lu, westlich der Huawei-Brücke, Chaoyang-Viertel.

Hong Qiao Market
Hong Qiao Lu, Chaoyang-Viertel.
Stadtplan 4 E3.

Huayi Classical Furniture
89 Xiaodian Dongwei Lu, Chaoyang-Viertel.

Panjiayuan Market
Panjiayuan Lu, Chaoyang-Viertel.
tägl. 6–15 Uhr.

Bücher

Foreign Languages Bookshop
235 Wangfujing Dajie.
Stadtplan 2 D5.

Tushu Dasha
17 Xi Chang'an Jie, Xi-Cheng-Viertel.
Stadtplan 3 B1.

Kaufhäuser und Shopping Malls

The Village
Sanlitun Lu, Shin-Kong-Platz, 87 Jianguo Lu.

Teppiche und Textilien

Antique Carpets
4A6 Gongti Donglu, Chaoyang-Viertel.

Beijing Silk Store
5 Zhubaoshi, Qian Men Dajie. **Stadtplan** 3 C2.

Liangma Antique Market
27 Liangmaqiao Lu, Chaoyang-Viertel.

Na-Li
Sanlitun Bei Lu, Chaoyang-Viertel.

Qian Men Carpet Company
F1, Gebäude 3, 59 Xingfu Dajie. **Stadtplan** 4 F3.

Yaxiu Clothing Market
58 Gongti Bei Lu, Chaoyang-Viertel.

Yuanlong Silk Corporation
15 Yongding Men Dong Jie. **Stadtplan** 4 D4.

Beijing Opera

Huguang Guildhall
3 Hufangqiao Lu.
Stadtplan 3 B3.
(010) 6351 8284.

Palast von Prinz Gong
17 Qianhai Xi Jie.
Stadtplan 1 B3.
(010) 8328 8149.

Zhengyici Theater
220 Qian Men Xiheyan Dajie. **Stadtplan** 3 C2.
(010) 8315 1550.

Traditionelles Theater

Chaoyang Theater
36 Dongsanhuan Bei Lu.
(010) 6507 2421.

Lao She Teahouse
3 Qian Men Xi Dajie, Xuanwu-Viertel.
Stadtplan 3 C2.
(010) 6303 6830.

National Center for Performing Arts
2 Xi Chang'an Ji.
(010) 6655 0000.
www.chncpa.org

Tianqiao Happy Teahouse
1 Bei Wei Lu, Xuanwu-Viertel. **Stadtplan** 3 C3.
(010) 6304 0617.

Universal Theater
10 Dong Zhi Men Nan Dajie. **Stadtplan** 2 F3.
(010) 6416 9893.

Wan Sheng Theater
95 Tianqiao Shichang Lu.
Stadtplan 3 C3.
(010) 6303 7449.

Bars und Clubs

No Name Bar
Qianhai Dong Yan, östlich der Yinding-Brücke.
Stadtplan 1 C3.
(010) 6401 8541.

World of Suzie Wong
1a Nongzhanguan Lu, Chaoyang-Viertel.

Stadtplan

Die Kartenverweise bei den Sehenswürdigkeiten, Hotels, Restaurants, Läden und Veranstaltungsorten in diesem Kapitel beziehen sich auf den folgenden *Stadtplan*. Auf der Karte unten sehen Sie, welche Viertel auf welcher Karte abgebildet sind. Ein Straßenverzeichnis finden Sie auf der gegenüberliegenden Seite. Auf den Karten sind außer den Sehenswürdigkeiten u.a. auch U-Bahn-Stationen, Bahnhöfe, Busbahnhöfe, Krankenhäuser und touristische Informationsstellen eingetragen. Beijing hat sich weit ins Umland hinaus ausgebreitet. Die Karte »Großraum Beijing« *(siehe S. 80)* gibt einen Eindruck von den gewaltigen Ausmaßen der chinesischen Hauptstadt. Bei der Orientierung hilft der Überblick über die chinesischen Straßenbenennungen, die oft auch mit Himmelsrichtungen gekennzeichnet sind *(siehe gegenüberliegende Seite)*.

Das Rad ist ein ideales Fortbewegungsmittel

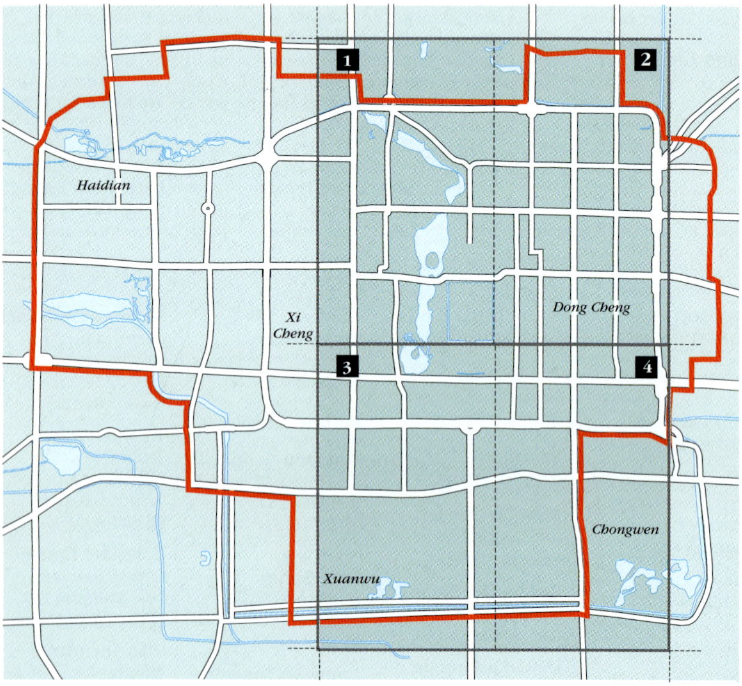

Legende

- Hauptsehenswürdigkeit
- Sehenswürdigkeit
- Anderes Gebäude
- Bahnhof
- Busbahnhof (Fernbusse)
- U-Bahn-Station
- Busbahnhof
- Information
- Krankenhaus mit Notaufnahme
- Post
- Tempel
- Kirche
- Moschee

Massstab Karte oben

0 Kilometer 2

Massstab Karten 1–4

0 Meter 500

Kartenregister

Bei Straßennamen werden die Endungen *»jie«* (Straße) und *»lu«* (größere Straße) oft ausgetauscht. Tian Tan Jie kann auch als Tian Tan Lu bekannt sein. Viele Straßen heißen *»dajie«* (Boulevard). Oft werden Richtungsangaben angefügt: *»zhong«* bedeutet Mitte, *»dong«* Osten, *»xi«* Westen, *»bei«* Norden und *»nan«* Süden. Der Begriff *»hutong«* bezeichnet ein Viertel aus traditionellen Hofhäusern und auch eine Gasse mit solchen Häusern.

1
A
B
C
1
2
3
4
5
XUEYUAN NAN LU
XINKANG JIE
XINDE JIE
WULUTONG JIE
Rending Hu
RENDING HU GONG YUAN
ANDELI BEI JIE
ANDELI ZHONG JIE
ANDELI NAN JIE
ANDELI DONG JIE
GULOUWAI DAJIE
JIUGULOUWAI DAJIE
DAJING HUTONG
JIAOCHANGKOU JIE
HONGCI XIANG
TYUAN HUTONG
LINJIA HUTONG
LIBAISI JIE
DESHENG MEN WAI DAJIE
DEWAI XI HOU JIE
DESHENGLI XIJIE
WENHUIYUAN LU
XINJIEKOU WAI DAJIE
BINGJIAOKOU HUTONG
ANDE LU
DESHENG MEN XI BINHE LU
Pfeilturm
Jishuitan
DESHENG MEN DONG DAJIE
ANDING
Gulou Dajie
DESHENG MEN XI DAJIE
Huifeng-Tempel
Xi Hai
XIHAI BEI YAN
XIHAI DONG YAN
DESHENG MEN NEI DAJIE
Ehemalige Residenz von Song Qingling
BABUKOU HUTONG
XITAO HUTONG
ZHONGTAO
DASHIQIAO HUTONG
XIAOSHIQIAO HUTONG
JIUGULOU DAJIE
GUOWANG HUTONG
ZHAOFU JIE
XIJIAOCHANGXIAO 7 TIAO
XINJIEKOU 7 TIAO
BANQIAOTOU TIAO
XIHAI NAN YAN
XINJIEKOU BEI DAJIE
GULOU XI DAJIE
QIANMACHANG HUTONG
DOUFUCHI HUTONG
XINJIEKOU 4 TIAO
XIJIAOCHANG HUTONG
HEITA HUTONG
BEI CAOCHANG HUTONG
XIZHANG HUTONG
DONGXINKAI HUTONG
SHUICHE HUTONG
Hou Hai
HOUHAI BEI YAN
Glockenturm
Guanghua-Tempel
Trommelturm
XINJIEKOU DONG JIE
YANGFANG HUTONG
XIZHI MEN NEI DAJIE
DAHOUCANG HUTONG
NACAOCHANG JIE
ZHENGJUE HUTONG
HANGKONG HUTONG
LUOER HUTONG
BOQICANG HUTONG
SANBULAO HUTONG
DASHIHU HUTONG
HONGSHAN HUTONG
HOUHAI NAN YAN
LIU XIANG
QIANGONGYONG HUTONG
BEIWEI HUTONG
ZHAODENGYU LU
XINJIEKOU NAN DAJIE
MIANHUA HUTONG
LIUHAI HUTONG
SONGSHU JIE
LIUYIN JIE
DAXINKAI HUTONG
Palast von Prinz Gong
QIANHAI DONG YAN
DI'AN MEN WAI DAJIE
FANGZHU HUTONG
DONGGUANYING HUTONG
DACHENG XIANG
Museum von Mei Lanfang
YANNIAN HUTONG
QIANHAI BEI YAN
Qian Hai
DAJIAO HUTONG
BAOCHAN HUTONG
HUGUOSI JIE
DINGFU JIE
JINGYONGLI
LONGTOUJING JIE
XINGHUA HUTONG
QIANHAI NAN YAN
JINGUO HUTONG
YUYOU HUTONG
YUDE HUTONG
PING'AN DAJIE
DI'AN MEN XI DAJIE
QIANCHE HUTONG
FUGUO JIE
XI SI BEI BA TIAO
TAIPINGCANG HUTONG
XI SI BEI QI TIAO
XI SI BEI LIU TIAO
XI SI BEI WU TIAO
XI SI BEI SI TIAO
XI SI BEI SAN TIAO
XI SI BEI ER TIAO
XISI BEI TOU TIAO
CUIHUAHENG JIE
CUIHUA JIE
DACHAYE HUTONG
DONGLANGXIA HUTONG
ZHONGMAOJIAWAN
AIMIN 4 XIANG
AIMIN JIE
AIMIN 7 XIANG
BEI-HAI-PARK
Bei Hai
BEIHAIBEIJIA DAO
DI'AN MEN NAI DAJIE
HUANGHUAN JIE
XISI BEI DAJIE
DAHONGLUOCHANG JIE
JING SHAN HOU JIE
JING SHAN XI JIE
Kinderpalast
ANPING XIANG
TAIPING QIAO DAJIE
Miaoying-Tempel der Weißen Dagoba
Guangji-Tempel
DAGUAIBANG HUTONG
XIHUANGCHENGGEN BEI JIE
Xisbiku-Kirche
XISHIKU DAJIE
Tempel der Weißen Dagoba
Jade-Insel
JING-SHAN-PARK (KOHLEHÜGEL)
FUCHENG MEN NEI DAJIE
YANGROU HUTONG
ZHUANTA HUTONG
DASHIZOU HUTONG
Tuancheng (Round City)
XI'AN MEN DAJIE
WENJIN JIE
JING SHAN QI
BANSANG HUTONG
JINGSHENG HUTONG
SANDAOZHALAN HUTONG
DAYUAN HUTONG
NENGREN HUTONG
TAIPING QIAO DAJIE
XIXIN HUTONG
GUANGMING HUTONG
KAISERLICHE GÄRTEN
BINGMA SI HUTONG
FENGSHENG HUTONG
HOUNIWA HUTONG
FENZI HUTONG
XIHUANGCHENGGEN NAN JIE
BEI CHANG JIE
Verbotene Stadt
YUQIAN HUTONG
BANBI HUTONG
SHIFANGXIAO JIE
DONG XIEJIE
HUZHU XIANG
FUYOU JIE
Zhong Hai
XIDAN BEI DAJIE
HONGMIAO HUTONG
PICAI HUTONG
LINGJING HUTONG
XI CHENG
BEIYIN HUTONG
DAMUCANG HUTONG
TAIPUSI JIE
3

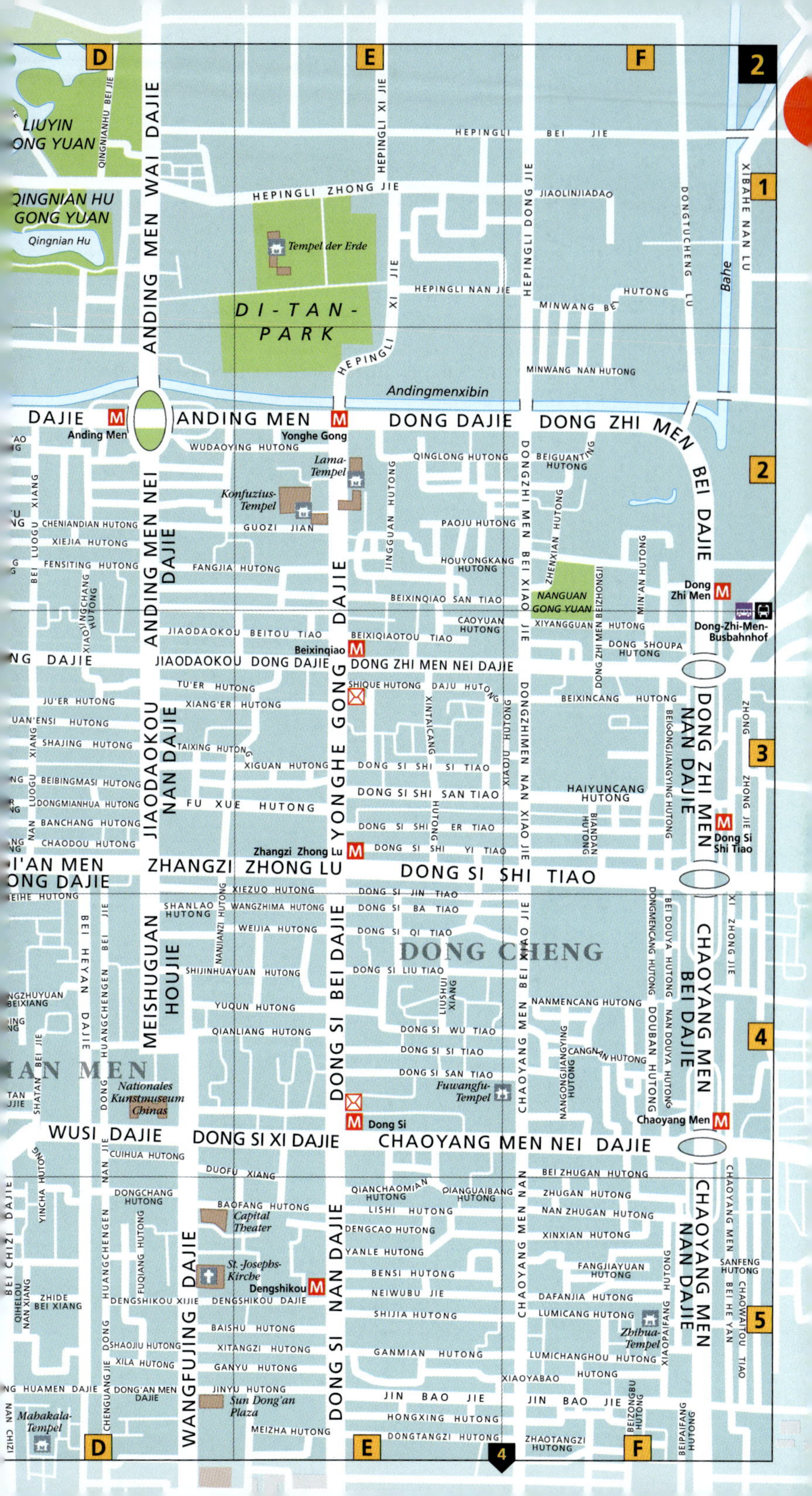
D
E
F
2
1
2
3
4
5
4
Liuyin Gong Yuan
Qingnian Hu Gong Yuan
Qingnian Hu
Qingnianhu Bei Jie
Anding Men Wai Dajie
Hepingli Xi Jie
Hepingli Bei Jie
Hepingli Zhong Jie
Jiaolinjiadao
Hepingli Dong Jie
Dongtucheng Lu
Xibahe Nan Lu
Bahe
Tempel der Erde
Hepingli Nan Jie
Hutong
Minwang Bei
Di-Tan-Park
Hepingli Xi Jie
Minwang Nan Hutong
Andingmenxibin
Dajie
Anding Men
Anding Men Dong Dajie
Dong Zhi Men Bei Dajie
Yonghe Gong
Wudaoying Hutong
Lama-Tempel
Qinglong Hutong
Beiguanting Hutong
Konfuzius-Tempel
Cheniandian Hutong
Xiejia Hutong
Guozi Jian
Paoju Hutong
Jingguan Hutong
Fensiting Hutong
Fangjia Hutong
Houyongkang Hutong
Zhenxian Hutong
Anding Men Nei Dajie
Dongzhi Men Bei Xiao Jie
Beixinqiao San Tiao
Nanguan Gong Yuan
Beizhongji
Min'an Hutong
Dong Zhi Men
Dong-Zhi-Men-Busbahnhof
Xiaojingchang Hutong
Jiaodaokou Beitou Tiao
Beixiqiaotou Tiao
Caoyuan Hutong
Xiyangguan Hutong
Dong Shoupa Hutong
Beixinqiao
Jiaodaokou Dong Dajie
Dong Zhi Men Nei Dajie
Dong Zhi Men Beixiao Jie
Tu'er Hutong
Shique Hutong
Daju Hutong
Ju'er Hutong
Xiang'er Hutong
Xintaicang
Beixincang Hutong
Dong Zhi Men Nan Dajie
Zhong
Taixing Hutong
Xiguan Hutong
Beigongjiangying Hutong
Dong Si Shi Si Tiao
Xiaoju Hutong
Dongzhimen Nan Xiao Jie
Beibingmasi Hutong
Dongmianhua Hutong
Fu Xue Hutong
Dong Si Shi San Tiao
Haiyuncang Hutong
Banchang Hutong
Dong Si Shi Er Tiao
Biandan Hutong
Zhong Jie
Chaodou Hutong
Zhangzi Zhong Lu
Dong Si Shi Yi Tiao
Dong Si Shi Tiao
Jiaodaokou Nan Dajie
Yonghe Gong Dajie
Xiezuo Hutong
Dong Si Jiu Tiao
Shanlao Hutong
Wangzhima Hutong
Dong Si Ba Tiao
Weijia Hutong
Dong Si Qi Tiao
Nanjianzi Hutong
Dong Cheng
Dongmencang Hutong
Bei Douya Hutong
Chaoyang Men Bei Dajie
Xi Zhong Jie
Bei Heyan Dajie
Huangchengen Bei Jie
Shijinhuayuan Hutong
Dong Si Liu Tiao
Liushui Xiang
Meishuguan Houjie
Yuqun Hutong
Nanmencang Hutong
Qianliang Hutong
Dong Si Wu Tiao
Nan Douya Hutong
Douban Hutong
Dong Si Si Tiao
Cangnan Hutong
Nangongjiangying Hutong
Dong Si San Tiao
Chaoyang Men Nan Xiao Jie
Nationales Kunstmuseum Chinas
Fuwangfu-Tempel
Dong Si Bei Dajie
Dong Si
Chaoyang Men
Wusi Dajie
Dong Si Xi Dajie
Chaoyang Men Nei Dajie
Cuihua Hutong
Duofu Xiang
Bei Zhugan Hutong
Yincha Hutong
Qianchaomian Hutong
Qianguaibang Hutong
Zhugan Hutong
Dongchang Hutong
Baofang Hutong
Lishi Hutong
Nan Zhugan Hutong
Capital Theater
Dengcao Hutong
Xinxian Hutong
Chaoyang Men Nan Dajie
Chaoyang Men Nan Jie
Bei Chizi Dajie
Fuqiang Hutong
Yanle Hutong
Fangjiayuan Hutong
Sanfeng Hutong
St.-Josephs-Kirche
Bensi Hutong
Huangchenggen
Dengshikou
Neiwubu Jie
Dafanjia Hutong
Zhide Bei Xiang
Qihelou Nan Xiang
Dengshikou Xijie
Dengshikou Dajie
Shijia Hutong
Lumicang Hutong
Zhihua-Tempel
Xiaopaifang Hutong
Bei He Yan
Chaowatou Tiao
Baishu Hutong
Shaojiu Hutong
Xitangzi Hutong
Wangfujing Dajie
Ganmian Hutong
Lumichanghou Hutong
Xila Hutong
Ganyu Hutong
Xiaoyabao Hutong
Huamen Dajie
Dong'an Men Dajie
Jinyu Hutong
Dong Si Nan Dajie
Jin Bao Jie
Beizongbu Hutong
Mahakala-Tempel
Sun Dong'an Plaza
Hongxing Hutong
Beipaifang Hutong
Meizha Hutong
Dongtangzi Hutong
Zhaotangzi Hutong
Nan Chizi
Chenguang Jie

3
A
B
C
1
2
3
4
5
XI CHENG
XUANWU
Kulturpalast der Nationalitäten
PIKU HUTONG
DAZHI HUTONG
MINFENG H
HENG 2 TIAO
ZHONGSHENG HUTONG
BEI'ANLI
FUYOU JIE
Nan Hai
NAN CHANG JIE
ZHONG-SHAN-PARK
CAAC (Busse zum Flughafen)
Xidan
Xinhua Men
Tian'an Men Xi
Tian'an Men
FUXING MEN NEI DAJIE
XI CHANG'AN JIE
Capital Cinema
XI'ANFU HUTONG
BEIXINPING HUTONG
DALIUBUKOU JIE
Beijing Concert Hall
National Center for Performing Arts
Tian'an-Men Platz
TONGLINGGE LU
XUANWU MEN NEI DAJIE
XINWENHUA JIE
XI RONGXIAN HUTONG
DONG RONGXIAN HUTONG
BEI XINHUA JIE
Große Volkshalle
XIJIULIANZI HUTONG
XIXINLLANZI HUTONG
BINGBUWA HUTONG
Mao-Zedong-Mausoleum
YONGNING HUTONG
St. Maria Südkathedrale
XINBI JIE
XIJIAOMIN XIANG
Bank of China
WENJIA JIE
Changchun Jie
Xuanwu Men
Heping Men
Qian-Men-Busbahnhof
Qian Men
XUANWU MEN XI DAJIE
XUANWU MEN DONG DAJIE
QIAN MEN XI DAJIE
Zhengyici Theater (Beijing Opera)
XUANWU MEN DONG HEYAN JIE
HEPING MEN WAI DONG JIE
QIAN MEN XIHOUHEYAN JIE
QIAN MEN XIHEYAN JIE
SHANGXIE JIE
SANMIAO JIE
CHUKUYING HUTONG
HAIBAI HUTONG
SHEJIA HUTONG
SANJING HUTONG
PAIZI HUTONG
LANGFANGTOU TIAO
YANGWEI HUTONG
ZHUBAOSHI JIE
QIAN MEN DAJIE
XUANWU WAI DAJIE
YONGGUANG XI JIE
BEI LIU XIANG
NAN XINHUA JIE
YANSHOU JIE
LIULICHANG XI JIE
QIANQINGCHANG HUTONG
LIULI XIANG
LIULICHANG DONG JIE
YANGMEIZHUXIE JIE
MEISHI JIE
LIANGSHIDIAN JIE
XIAXIE JIE
LAOQIANGGEN JIE
CHUNSHUSHANGTOU TIAO
NAN LIU XIANG
TIEYAO HUTONG
DAZHALAN JIE
JIAOCHANGKOU HUTONG
XICAOCHANG JIE
YINGTAOXIE JIE
SHITOU HUTONG
ZHONGSHUXIE JIE
TIESHUXIE JIE
SHIJING HUTONG
PEIYING HUTONG
DINGJU HUTONG
JIADAOJU HUTONG
TIEMEN HUTONG
MIANHUAXIA 7 TIAO
WEIRAN HUTONG
HONGXIAN HUTONG
BAISHUN HUTONG
SHAAN XIXIANG
GUANG'AN MEN NEI DAJIE
LUOMASHI DAJIE
ZHUSHIKOU XI DAJIE
MADAO HUTONG
CUZHANG HUTONG
PEIYU HUTONG
XIZHUAN HUTONG
LANMAN HUTONG
BEIBANJIE HUTONG
BEIDAJI XIANG
BAO'ANSI JIE
MISHI HUTONG
YINGXIN JIE
JIAJIA HUTONG
LIULIJIE
Beijing Workers' Club
LAZHU HUTONG
QIAN'ER HUTONG
WANMING LU
BANZHANG HUTONG
YAO'ER HUTONG
ZHAOZHUIZI HUTONG
XIANGCHANG LU
CHUZIYING HUTONG
SHURU HUTONG
Fayuan-Tempel
Niu-Ji-Moschee
JIAOZI
NANBAN JIE HUTONG
FENFANGLIULI JIE
FUZHOUGUANQIAN JIE
HUFANG LU
Liyuan Theater
YONG'AN LU
FUCHANGJIETOU TIAO
Friendship Hospital
XIJING LU
SHALAN HUTONG
NANHENG XI JIE
NANHENG DONG JIE
BEI WEI LU
Tianqiao-Busbahnhof
FUCHANG JIE
Wan Sheng Theater
TIANQIAO NAN DAJIE
CAISHIKOU DAJIE
PEN'ER HUTONG
HEIYAOCHANG JIE
NANHUA XI JIE
NANHUA DONG JIE
NANHUA
TAIPING JIE
WU TIAO
DONGJING LU
NAN WEI LU
WANSHOU-PARK
BAIZHIFANG DONG JIE
RUFULI
TAORANTING LU
Peking Opera Theater
LONGZHUAHUAI HUTONG
Nordtor
Uferpavillon
Xiannong Tan
LIREN JIE
LIREN DONG JIE
Osttor
Central Academy of Traditional Opera
Westtor
Taoranting Hu
TAORANTING-PARK
Xiannong Tan Stadium
XIANNONGTAN JIE
YONGDING MEN NEI DAJIE
BANBUQIAO HUTONG
YONGDING MEN XI JIE
ZUO'AN MEN DONG JIE
YOU'AN MEN DONG BINHE LU
YONGDING MEN XI BINHE LU
Yongding-Men-Busbahnhof
Südbahnhof Beijing
YONGDING MEN WAI
CAISHIKOU DAJIE

D
E
F
4
1
2
3
4
5
2
DATIANSHUIJING HUTONG
NAN HEYAN DAJIE
HUALONG JIE
XIAGONGFU JIE
CHANGPUHEYAN
Wangfujing
DONGDAN 3 TIAO
Beijing Union Medical Hospital
Oriental Plaza Mall
DONGDAN BEI DAJIE
Dongdan
WAIJIAOBU JIE
XIZONGBU HUTONG
XINKAILU HUTONG
CHUNYU HUTONG
BEIJIGETOU
TIAO
XIFENGLOU HUTONG
DAYANGYIBIN HUTONG
DONG ZONGBU
HUTONG
CHAOYANG MEN NAN XIAO JIE
FUJIAN HUTONG
GONG YUAN XI JIE
Jianguo Men
JIANGUO MEN BEI DAJIE
ONG CHANG'AN JIE
JIANGUO MEN NEI DAJIE
Polizei-ministerium
Regierungs-gebäude
ZHENGYI LU
TAIJICHANG DAJIE
TAIJICHANGTOU TIAO
DAHUA LU
Beijing Hospital
DONGDAN-PARK
REGIERUNGS-VIERTEL
CHONGWEN MEN NEI DAJIE
XI BIAOBEI HUTONG
XIANYU XIANG
SUZHOU HUTONG
HUTONG
BEIJING ZHAN XI JIE
NANBABAO
Beijing Zhan
BEIJING ZHAN JIE
DONG BIAO BEI HUTONG
Altes Observatorium
BEIJING ZHAN DONG JIE
Bahnhof Beijing
KUIJIACHANG HUTONG
Dongbian-Men-Wachturm
China Travel Service
MEN DONG DAJIE
CHONGWEN MEN XI DAJIE
Chongwen Men
CHONGWEN MEN DONG DAJIE
CHONGWEN MEN DONG HEYAN
DONG HOUHEYAN
XI HEYAN
XI DAMOCHANG JIE
DONG
DAMOCHANG JIE
XIMI HUTONG
DAQIAO HUTONG
JINMAO HUTONG
XI XINGLONG JIE
DONG XINGLONG JIE
SHENGOU HUTONG
BEI YANGSHIKOU JIE
SHANG ER TIAO
HUASHIZHONG ER TIAO
HUASHIXIA ER TIAO
HUASHISHANG SI TIAO
HUASHIZHONG SI TIAO
HUASHIXIA SI TIAO
XI HUASHI DAJIE
DONG HUASHI DAJIE
NAN XIAOSHIKOU JIE
SHOUPA HUTONG
SHANGTANGZI HUTONG
XIATANGZI HUTONG
DONG HUASHIXIE JIE
CHONGWEN MEN WAI DAJIE
QINGYUN HUTONG
CAOCHANGHENG HUTONG
CAOCHANG SHI TIAO
NAN GUANYUAN HUTONG
BEILUCAOYUAN HUTONG
XUEJIAWAN HUTONG
DONG CHASHI HUTONG
WULAO HUTONG
SHANHU HUTONG
XIANGCHUAN H
BEIHECAO HUTONG
ZHUYING HUTONG
BEIJING ZHAN NAN LU
ZHUSHIKOU DONG DAJIE
JINXIUTOU TIAO
Ciqikou
GUANGQU MEN NEI DAJIE
NAN QIAOWAN JIE
QINGHUA JIE
MAWEIMAO HUTONG
NAN MECAO HUTONG
XIXIAOSHI JIE
DONG XIAOSHI JIE
JINYUCHI ZHONG JIE
XI YUANZI JIE
CIQIKOU DAJIE
XI TANG JIE
DONG TANG JIE
DONGBI JIE
XINGFU XIANG
XINGFU DAJIE
PEIXIN JIE
CONGDIAN XI JIE
BEI GANGZI JIE
DONGDADIJIE
TIAN TAN LU
FAHUASI JIE
CHONGWEN
WENZHANG HUTONG
FUGUANG LU
GUANGMING XI JIE
TIYUGUAN XI LU
YINGFANGKUAN JIE
NAN GANGZI JIE
TIAN-TAN-PARK
Nördliches Himmelstor
TIYUGUAN LU
GUANGMING LU
Qinian Dian (Halle des Gebets um eine gute Ernte)
Chinesischer Rosengarten
Tian Tan
Östliches Himmelstor
DONGSIKUAIYU NAN JIE
LONG TAN LU
Yuandushi-Tempel
Long Tan Hu
ZUO'AN MEN NEI DAJIE
Halle der Enthaltsamkeit
Long Tan Stadium
Long Tan Hu
Himmels-tempel
TIAN TAN DONG LU
TIAN TAN DONG LI
BEIJING AMUSEMENT PARK
Taiyuan-Tor
Südliches Himmelstor
ONGDING MEN DONG JIE
Tian Tan Dong Men
YONGDING MEN DONG BINHE LU
ZUO'AN MEN XI BINHE LU
PUHUANGYU LU
Puhuangyu
D
E
F

Hebei, Tianjin & Shanxi

Die Provinz Hebei grenzt im Norden an die Innere Mongolei und an die ehemalige Mandschurei. Im Süden erstreckt sich eine Hochebene, im Norden, wo auch Teile der Chinesischen Mauer verlaufen, Bergland. Trotz dieses Schutzwalls drangen die Mandschu-Truppen 1644 über den Shanhaiguan-Pass vor und errichteten in China eine 250 Jahre lang dauernde Fremdherrschaft. Im Westen grenzt Hebei an die Provinz Shanxi. Vor allem ist es jedoch durch die Ballungsräume von Beijing und Tianjin geprägt. Tianjin war Hebeis frühere Hauptstadt, hier hat sich noch viel alte europäische Architektur erhalten. Shanxi (»Westlich der Berge«), das im Norden von der Chinesischen Mauer begrenzt wird, war früher eine Pufferzone gegen feindliche Turkstämme. Die von Hochebene geprägte Provinz ist stark industrialisiert. Im Westen von Shanxi fließt der Huang He (Gelber Fluss).

Nach Beijing besichtigen die meisten Besucher Chengde mit seinem Park und den Tempeln oder die Buddha-Grotten von Yungang bei Datong. Weitere Sehenswürdigkeiten sind der Hängende Tempel, das den Buddhisten heilige Wutai-Shan-Gebirge und die schöne Ming- und Qing-Architektur von Pingyao.

Sehenswürdigkeiten auf einen Blick

Städte und Orte
Beidaihe 2
Datong 6
Pingyao S. 138f 11
Shanhaiguan 3
Shijiazhuang 5
Taiyuan 10
Tianjin 4

Tempel und Klöster
Chengde S. 122–125 1
Hängender Tempel 8
Shuanglin Si 12

Landschaften
Wutai Shan S. 134–136 9
Yungang-Grotten S. 132f 7

Historische Stätte
Qiao Jia Dayuan 13

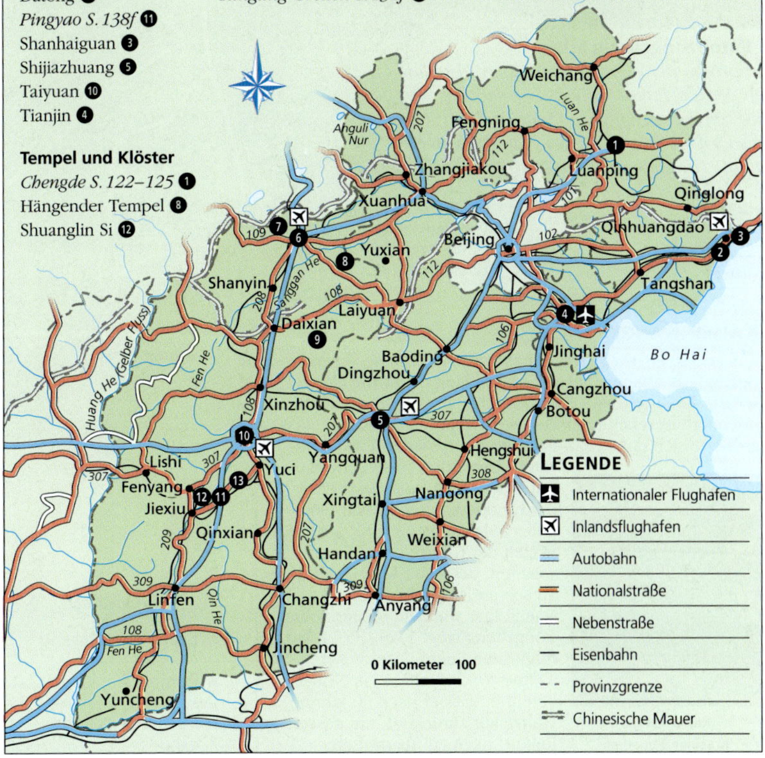

◁ **Detail der Neun-Drachen-Wand (Jiulong Bi) in Datong** ***(siehe S. 131)***

Chengde ❶

承德

Räuchergefäß

In den Bergen bei Chengde wählte Kaiser Kangxi 1703 Bishu Shanzhuang als Residenz aus, um den heißen Sommern in der Verbotenen Stadt zu entkommen. Das Areal lag geschützt. Zudem konnte der Mandschu-Kaiser hier seinen Leidenschaften, dem Jagen und der Kampfkunst, nachgehen. Das ländliche Ambiente bei der Chinesischen Mauer erinnerte die Mandschu-Herrscher an ihre ursprüngliche Heimat im Nordosten. Die Tempel, die sie bauen ließen, wiesen Stile auf, die den zu Besuch kommenden mongolischen Stammesfürsten vertraut waren. Dies diente den Kaisern dazu, sie als Verbündete zu halten.

Tibetisch-buddhistische Darstellung für die mongolischen Verbündeten

★ Putuozongcheng Miao

Der größte der Acht Äußeren Tempel sollte dem Potala-Palast in Lhasa ähneln. In ihm sind tibetische thangkas *(Schriftrollen), tibetische Ornamente und zwei Pagoden aus Sandelholz (in kleinerem Maßstab) zu sehen.*

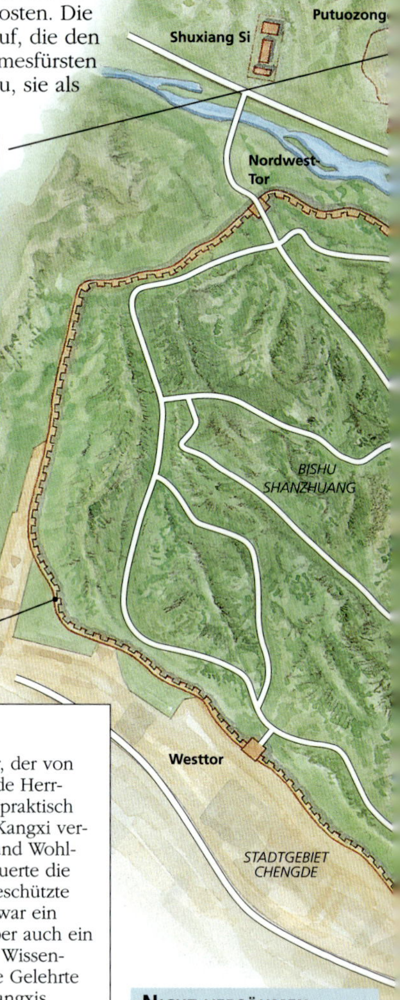

Die Mauer ist über zehn Kilometer lang.

Legende

- Stadtgebiet
- Straße

Kaiser Kangxi

Kangxi (1654–1722) war der zweite Qing-Kaiser, der von Beijing aus regierte. Seine 61 Jahre lang dauernde Herrschaft, die längste in Chinas Geschichte, gilt als praktisch orientiert, bescheiden und gewissenhaft. Unter Kangxi vergrößerte sich das Reich. Es herrschten Frieden und Wohlstand. Der Kaiser besteuerte die Bauern maßvoll und beschützte die Landbewohner. Er war ein guter Militärstratege, aber auch ein Mäzen der Künste und Wissenschaften, der jesuitische Gelehrte an seinen Hof holte. Kangxis Nachfolger war sein vierter Sohn Yongzheng (reg. 1723–35). Danach folgte sein Enkel Qianlong (reg. 1736–95), der seinen Großvater so verehrte, dass er nach 60 Jahren Herrschaft zurücktrat, um dessen Rekord nicht zu übertreffen.

Kaiser Kangxi in seiner Bibliothek

Nicht versäumen

- ★ Bishu Shanzhuang
- ★ Puning Si
- ★ Putuozongcheng Miao

Xumifushou Zhi Miao
Der Tempel wurde gebaut, um den Panchen Lama, der 1780 anlässlich Qianlongs Geburtstag zu Besuch nach Chengde kam, zu beeindrucken.

INFOBOX

250 km nordöstlich von Beijing. *5, 7, 11, 15 vom Bahnhof Chengde.* **Bishu Shanzhuang** *tägl. 8.30–17.30 Uhr.* **Äußere Tempel** *tägl. (unterschiedliche Öffnungszeiten).*

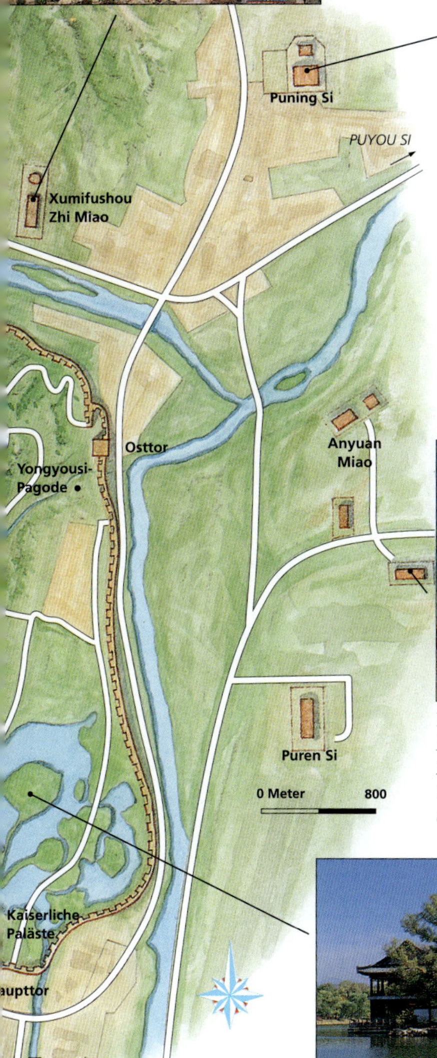

★ **Puning Si**
Der Tempel mischt die Architektur der Han-Chinesen auf der Vorderseite mit tibetischen Strukturen auf der Rückseite. Imposant: die Guanyin-Holzstatue in der Haupthalle (siehe S. 124f).

Pule Si
Die schöne, mit einem konischen gelben Doppeldach versehene Halle des Pule Si (Tempel der Universellen Freude) erinnert an den Himmelstempel in Beijing.

★ **Bishu Shanzhuang**
Im südlichen Bereich des Geländes stehen elegante Paläste. Pavillons säumen die kühlenden Seen. Am besten sieht man die Anlage vom Ruderboot aus.

TIPPS
Man kann Tempel und Anlage an einem Tag per Minibus-Tour besichtigen. Stressfreier ist es, wenn Sie sich einen Tag zum Herumschlendern nehmen und am nächsten Tag die Tempel per Taxi ansteuern.

Chengde: Puning Si

普宁寺

Räuchergefäß

Puning Si ist einer der beeindruckendsten Äußeren Tempel in der kaiserlichen Sommerresidenz in Chengde. Kaiser Qianlong ließ ihn 1755 erbauen, um der Abwehr der mongolischen Rebellen zu gedenken. Der Komplex ist eine harmonische Synthese aus chinesischen und tibetischen Architekturstilen. Eine Anlage von Hallen zieht sich am Berghang hinauf. Ganz oben erhebt sich die Mahayana-Halle. Hier befindet sich die 22 Meter hohe Holzstatue von Guanyin, der tibetisch-buddhistischen Göttin des Mitgefühls.

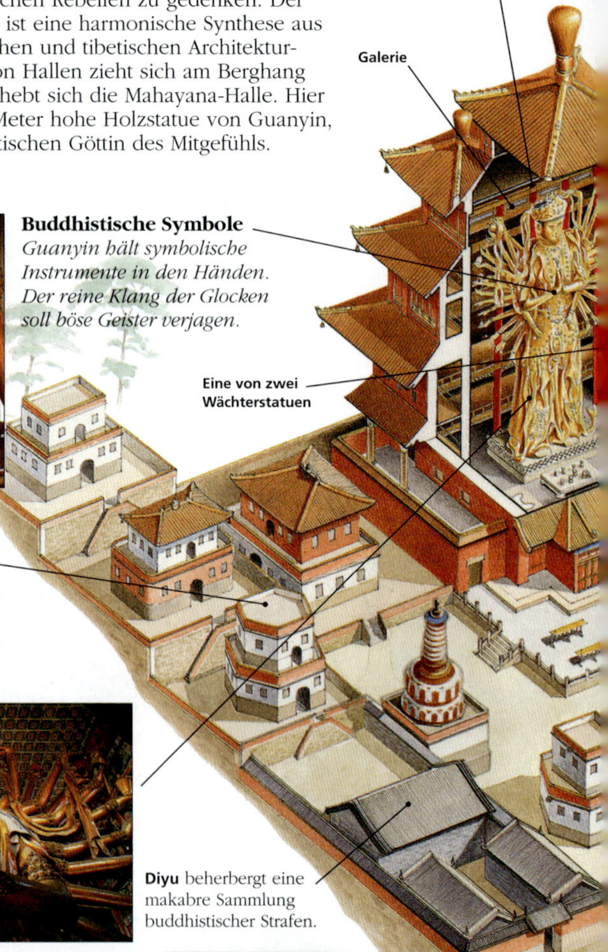

Amitabha Buddha, Guanyins Lehrer, thront über dem Kopf der Statue.

Galerie

Buddhistische Symbole
Guanyin hält symbolische Instrumente in den Händen. Der reine Klang der Glocken soll böse Geister verjagen.

Eine von zwei Wächterstatuen

Die Terrassengebäude bilden ein dreidimensionales Mandala *(siehe S. 536)*, eine Manifestation des buddhistischen Kosmos.

Diyu beherbergt eine makabre Sammlung buddhistischer Strafen.

★ Guanyin
Die große Statue von Guanyin, die Buddhisten auch als Avalokiteshvara kennen, ist aus fünf verschiedenen Holzarten gefertigt. Es gibt Galerien, die einen guten Blick auf die Göttin ermöglichen.

Mönche
Puning Si ist der einzige Tempel in Chengde, in dem noch Mönche leben. Morgens kann man sie beten sehen.

NICHT VERSÄUMEN

- ★ Guanyin
- ★ Mahayana-Halle

Gebetsmühlen
Im tibetischen Buddhismus werden Mantras und Gebete in zylindrische Schmuckbehälter gesteckt, die man im Uhrzeigersinn dreht.

Infobox

8 km nordöstlich von Chengde, Provinz Hebei. 6.
Chengde International Travel Service, (0314) 203 0741. tägl. 8.30–16.30 Uhr.

Stupa (Chorten)
Die Monumente stehen für die leibliche Anwesenheit des Buddha und bergen oft auch Reliquien oder die sterblichen Überreste verehrter Lamas.

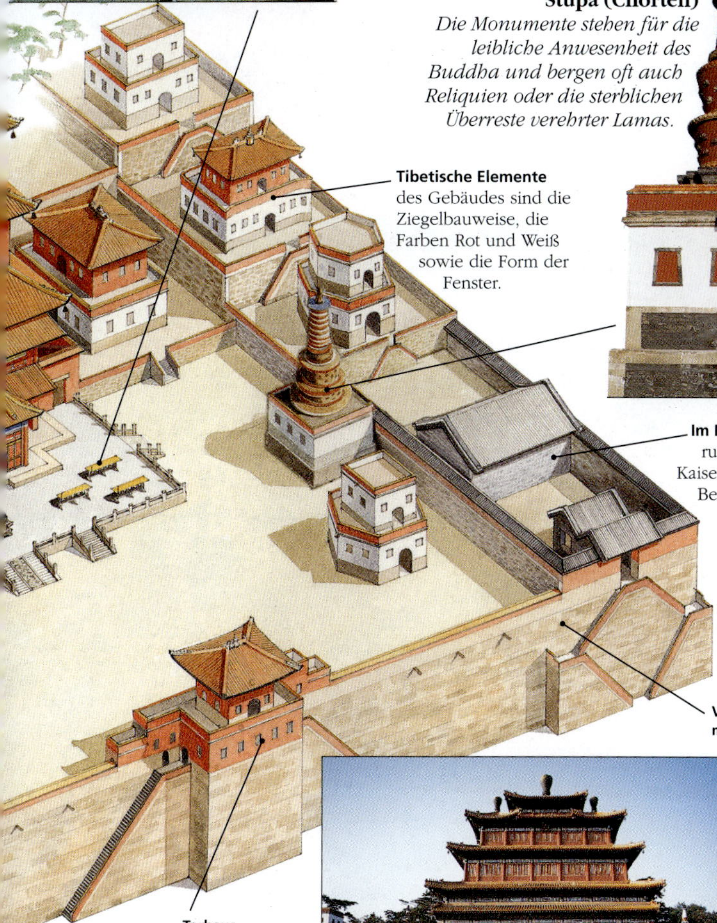

Tibetische Elemente des Gebäudes sind die Ziegelbauweise, die Farben Rot und Weiß sowie die Form der Fenster.

Im Miaoyan Shi ruhte sich der Kaiser bei seinen Besuchen aus.

Verteidigungsmauer

Torhaus

Puning Si

Die Illustration zeigt den hinteren, tibetisch gestalteten Teil des Tempelkomplexes. Hier schuf man Terrassen, die die Größenverhältnisse betonen. Ein traditioneller chinesischer Tempelkomplex besteht dagegen aus einer symmetrisch entlang einer Achse angeordneten Reihe von Hallen.

★ **Mahayana-Halle**
Die 37 Meter hohe Halle (chin. Dacheng Ge*) symbolisiert Buddhas Palast auf dem mythischen Berg Sumeru, dem Zentrum der buddhistischen Kosmologie.*

Der Strand von Beidaihe, einer der beliebtesten Badeorte Nordchinas

Beidaihe ❷
北戴河

300 km östlich von Beijing. *nach Qinhuangdao, 15 km nordöstlich von Beidaihe, dann Expressbus.*

Trotz seiner langen Küste besitzt China nur wenige schöne Strände, außer vielleicht auf der Insel Hainan im Süden. Dennoch ist die Küstenstadt Beidaihe im Sommer ein relativ angenehmer Rückzugsort vor der unerträglichen Hitze Beijings. Im 19. Jahrhundert »entdeckten« britische Eisenbahningenieure den Ort. Bald folgten Ausländer aus Tianjin. Villen, Ferienhäuser und Golfplätze entstanden. Später übernahmen die Funktionäre der Kommunistischen Partei die Anlagen. Noch heute treffen sich die Parteiführer jedes Jahr im August zur Konferenz in Beidaihe.

Leider sind heute viele der eleganten europäischen Villen von protzigen modernen Anlagen direkt am Wasser verstellt. Im Sommer, d.h. April bis Oktober, sind die Strände mit einheimischen Urlaubern und Händlern überfüllt. Ein guter Zeitvertreib ist es, sich an der Zhonghaitan Lu ein Rad oder Tandem zu mieten und die Küste entlangzufahren. Im hügeligen **Lianfengshan-Park** im Westen der Stadt gedeihen Zypressen und Pinien. Vom Pavillon auf dem Hügel hat man einen schönen Blick über die Küste. Auf dem Gelände des Parks befindet sich auch der restaurierte, der Göttin des Mitgefühls gewidmete **Guanyin-Tempel**.

An den drei Stränden von Beidaihe stehen Statuen von Revolutionsführern. **Middle Beach** ist der beliebteste Strand. Der weiter westlich gelegene Strand ist ruhiger. Bei Sonnenuntergang versammeln sich viele an den **Tiger Rocks**. Der **East Beach** erstreckt sich sechs Kilometer nordöstlich der Stadt. Bei Ebbe ist er meist mit Seegras und Muscheln bedeckt.

Shanhaiguan ❸
山海关

350 km östlich von Beijing. *nach Qinhuangdao, 13 km südwestlich von Shanhaiguan, dann Expressbus.*

Nördlich von Beidaihe, beim Shanhaiguan-Pass, dem Pass zwischen Yan-Shan-Gebirge und Meer, erreicht die Chinesische Mauer die Küste. Die historische Stadt ist von einer Mauer aus der Ming-Zeit umgeben. Innerhalb verlaufen *hutong* (verwinkelte Gassen), auch einige Hotels finden sich hier.

Shanhaiguan profitiert von seiner Lage an der Chinesischen Mauer und vermarktet sie entsprechend. Im Osten der Stadt liegt der **Erste Pass unter dem Himmel**, ein schöner Mauerabschnitt mit einem großen Torhaus. Hier überwanden die Mandschu den vermutlich nicht sehr heftigen Widerstand der Chinesen und zogen weiter nach Beijing, um dort die Qing-Dynastie zu etablieren. Mauer und Turm sind begehbar. Im Turm sind Qing-Waffen und -Kleidung ausgestellt. Im Süden kann man im **Große-Mauer-Museum** Fotografien und Modelle der Mauer sowie Waffen, die bei ihrer Verteidigung benutzt wurden, bestaunen. Die Exponate werden gut präsentiert, es gibt ein paar Erläuterungen auf Englisch.

Etwas anstrengender ist der Mauerabschnitt in **Jiao Shan**, drei Kilometer nördlich der Stadt. Hier ist der Mauerweg teils sehr steil, es gibt jedoch auch eine Seilbahn. **Lao Long Tou** (Alter Drachenkopf) ist passenderweise der Name der Stelle, an der die Große Mauer das Meer erreicht. Da dieser Abschnitt komplett rekonstruiert ist, halten hier viele Sightseeing-Busse. Wer am Strand entlang nach Westen geht, erreicht Haishen Miao, den Tempel des Meeresgotts.

Große-Mauer-Museum
tägl. 8–17 Uhr.

Lao Long Tou – hier erreicht die Chinesische Mauer das Meer

◁ Halle der Universellen Freude des Pule Si *(siehe S. 123)* in Chengde

Tianjin ❹

天津

80 km südöstlich von Beijing. 3,8 Mio. (Großraum 10 Mio.). Hauptbahnhof, Nordbahnhof, Westbahnhof (Expresszug von Beijing braucht ca. 30 Min.). Busbahnhof West, Busbahnhof Nordost, Busbahnhof 1, CAAC (Busse zum Flughafen), Busbahnhof Süd. Hafen von Tanggu. 22 Youyi Lu, (022) 2835 8309.

Hebeis einstige Hauptstadt Tianjin ist ein wichtiger Hafen. Die Architektur ist teils westlich geprägt, denn Tianjin war ab 1858 eine westliche Konzession (Handelszone in ausländischer Hand): Briten und Franzosen, später Japaner, Deutsche, Österreicher, Italiener und Russen bauten hier Schulen, Banken und Kirchen.

Im Norden der Metropole verläuft die **Ancient Culture Street**, die an der Stelle einer alten chinesischen Straße angelegt wurde. Hier steht der **Tianhou-Tempel**, der Tempel der Meeresgöttin. Der **Konfuzius-Tempel** südwestlich davon wurde während der Kulturrevolution beschädigt und 1993 restauriert.

Gottheit am Straßenmarkt

Rund 1,5 Kilometer nordöstlich, auf der anderen Seite des Flusses Hai He, erhebt sich die schlichte Kathedrale **Wang Hai Lou Jiao Tang**. Eine Tafel erläutert auf Chinesisch die turbulente Geschichte der Kirche: Sie wurde 1870 von der aufständischen Menge zerstört, erlitt 1900 während des Boxeraufstands erneut schwere Schäden und ein drittes Mal 1976 beim Tang-Shan-Erdbeben. 1983 wurde sie restauriert. Nördlich der Kathedrale führt eine bunte Marktstraße, wo man Räucherstäbchen und buddhistische Glücksbringer kaufen kann, zum **Dabei-Kloster** aus der Qing-Ära. Am Eingang bezeugen Menschen Milefo (Lachender Buddha) ihren Respekt. In einer eigenen Halle wird Guanyin verehrt. Westlich steht **Qingzhen Si**, eine Moschee im chinesischen Stil. Sie ist nicht geöffnet, kann aber auf Nachfrage besichtigt werden, sofern man angemessene Kleidung trägt.

Kachelbild an einer Mauer des Tianhou-Tempels, Tianjin

An der **Jiefang Bei Lu** stehen zahlreiche Kolonialgebäude, darunter das Astor Hotel, in dem Pu Yi, der letzte Kaiser Chinas, wohnte. Auf dem **Antiquitätenmarkt** in der Shenyang Dao findet man u. a. kommunistische Memorabilien wie Anstecker oder Mao-Bildnisse. Im Süden, am Ende der Binjiang Dao, befindet sich Tianjins Einkaufsviertel. Hier steht die unter den Franzosen erbaute Kathedrale **Xi Kai Jiao Tang** mit ihren drei grünen Kuppeln. Sie ist nur sonntags geöffnet.

Dabei-Kloster

40 Tianwei Lu. tägl.

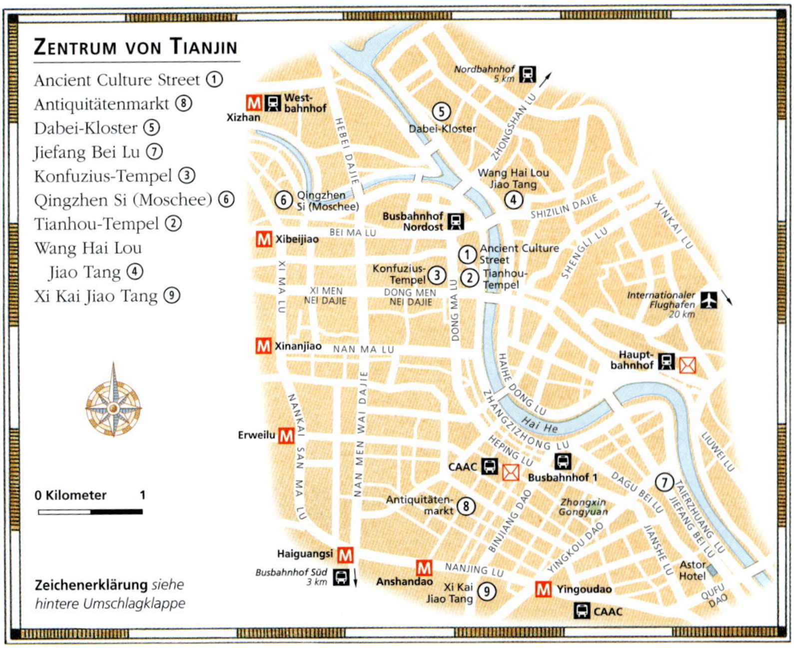

Shijiazhuang 5

石家庄

250 km südwestlich von Beijing.
9,3 Mio. (Großraum).
26 Donggang Lu, (0311) 8589 8765.

Mit Beijing oder Tianjin kann man die Provinzhauptstadt von Hebei nicht vergleichen. Shijiazhuang ist eine moderne Stadt und besitzt nur wenige Highlights. Das **Hebei Provinzmuseum** im Osten präsentiert interessante Objekte, darunter eine Terrakotta-Armee in Miniaturausgabe, 2300 Jahre alte Musikinstrumente und Grabgewänder. Im Westen liegt in der Zhongshan Lu das **Denkmal der Märtyrer**, ein Park, der zwei Ärzte als Helden der Revolution ehrt. Die beiden Helden, ein Kanadier namens Norman Bethune und ein Inder mit dem Namen Dwarkanath Kotnis, standen zu Beginn des 20. Jahrhunderts im Dienst der Kommunistischen Partei Chinas.

Hebei Provinzmuseum
Di–So 9–17 Uhr.

Tang-Pagode, Kaiyuan Si, Zhengding

Umgebung: Die meisten der wichtigen Sehenswürdigkeiten der Gegend befinden sich außerhalb von Shijiazhuang. Man erreicht sie allerdings recht gut per Zug, Bus oder Minibus. Mit Zug oder Bus kommt man ins 15 Kilometer nördlich gelegene **Zhengding**, eine alte, von Mauern umgebene Stadt mit Pagoden und Tempeln. Der bekannteste davon ist **Dafo Si** (Großer Buddha-Tempel, auch Longxing Si genannt). Seine Attraktion ist die 21 Meter hohe Statue von Guanyin, der Göttin des Mitgefühls. Die über 1000 Jahre alte, vielarmige Statue aus der Zeit der Song-Dynastie steht im Dabei Ge (Pavillon der Großen Gnade) und bietet einen faszinierenden Anblick. Von der Galerie aus kann man die Figur noch genauer betrachten. Westlich vom Dafo Si steht die 41 Meter hohe **Lingxiao Ta** (Lingxiao-Pagode) des Tianning Si.

Das mittlerweile restaurierte Bauwerk aus Ziegeln und Holz stammt aus der Tang-Zeit. Die Tang-Pagode des **Kaiyuan Si** steht direkt an der Yanzhao Dajie, der Hauptstraße von Zhengding. Hier ragt auch der Zhong Lou auf, Chinas einziger noch existierender Glockenturm aus der Tang-Epoche. In ganz Zhengding stößt man auf Tempel und Pagoden, darunter den Konfuzius-Tempel, Chengling Ta (Chengling-Pagode) im Linji Si und Hua Ta (Hua-Pagode) im Guanghui Si. In der Hua-Pagode sind Buddha-Bildnisse, Elefanten und Wale zu sehen.

Rund 40 Kilometer südöstlich von Shijiazhuang, nahe der Stadt Zhaoxian, zeugt die elegante 1400 Jahre alte **Zhaozhou-Brücke** (Zhaozhou Qiao) von vergangener Baukunst. Zehn Jahre lang arbeitete der Steinmetz Li Chun daran. Als die Brücke 605 fertiggestellt war, genügte sie mehreren Ansprüchen: Der Bogen war flach genug, damit die kaiserlichen Soldaten gut darübergehen konnten, und hoch genug, um bei einem Hochwasser nicht überschwemmt zu werden – obwohl das Flussufer, auf dem die Brücke ruhte, weich war. Der Hauptbogen besteht aus 28 Steinblöcken. An beiden Enden befinden sich kleinere Bogen, die die Struktur leichter machen und Hochwasser durchfließen lassen.

Die elegante Zhaozhou-Brücke (Zhaozhou Qiao)

Qiao Lou, ein Teil des Hängenden Palasts, Cangyan Shan

Rund 40 Kilometer südwestlich von Shijiazhuang steht eine erstaunliche Gruppe von Klöstern und Pagoden zwischen Zypressen an den steilen Abhängen des **Cangyan-Shan-Gebirges**. Der Cangyan Shan Si aus der Sui-Ära wird auch Hängender Palast genannt, da er nur über Hunderte von Stufen erreichbar ist. Qiao Lou, eine seiner Hallen, »hängt« zwischen zwei Felsen – gestützt durch eine Brücke. Mehrere Wege führen durch wilde Landschaft und an einigen Schreinen vorbei nach oben.

Dafo Si
tägl. 8–20 Uhr.

Zhaozhou-Brücke
tägl.

Cangyan Shan
von Shijiazhuang. *tägl.*

Hotels und Restaurants in Hebei, Tianjin & Shanxi *siehe Seiten 556f und 584f*

Datong 6

大同

265 km südwestlich von Beijing.
1,5 Mio. *CITS Datong, (0352) 510 1326.*

Datong nahe der Südgrenze zur Inneren Mongolei bietet einige Sehenswürdigkeiten, die einen Besuch trotz der Kohleminen und Kraftwerke lohnend machen.

Zweimal war Datong Hauptstadt – zunächst der Nördlichen Wei (386–534), dann der Liao-Herrscher (907–1125). Beide waren nichtchinesische Herrscher. Die Nördlichen Wei waren eifrige Buddhisten, die die nahen **Yungang-Grotten** *(siehe S. 132f)* schufen. Die Liao hinterließen ihre Spuren im **Huayan Si** (Huayan-Tempel), der in einer Seitengasse der Da Xi Jie in der Altstadt steht. Der Tempel wurde von den Jin vervollständigt und von späteren Dynastien wiederholt restauriert und umgebaut. Auf einer vier Meter hohen Terrasse steht Daxiong Bao Dian, die Große Schatzhalle von Huayan Si, eine der größten buddhistischen Hallen Chinas. Darin sitzen fünf vergoldete Statuen mit Wächtern (Ming-Dynastie). Die Deckenpaneele sind mit Sanskrit, Blumen und Drachen verziert. Östlich der Kreuzung der Da Dong Jie steht **Jiulong Bi** (Neun-Drachen-Wand), eine 45 Meter hohe, gekachelte Geisterwand vor dem Palast des 13. Sohns von Hongwu, dem ersten Ming-Kaiser. Gut einen Kilometer südlich der Kreuzung an der Da Nan Jie steht **Shanhua Si** aus der Tang-Ära. Der Tempel brannte später ab und wurde im 12. Jahrhundert neu errichtet. Die Haupthalle birgt fünf Buddha-Statuen, flankiert von 24 Göttlichen Generälen.

Vergoldete Buddha-Statue, Mahavira-Halle, Huayan Si, Datong

Huayan Si
tägl. 8.30–17.30 Uhr.

Shanhua Si
tägl. 8.30–17 Uhr. *17.*

Yungang-Grotten 7

Siehe S. 132f.

Hängender Tempel 8

悬空寺

65 km südöstlich von Datong.
von Datong nach Hunyuan, dann Taxi. *(0352) 832 7417.*
tägl. 8–18.30 Uhr.

Einer der fünf heiligen daoistischen Berge Chinas ist der Heng Shan, auch Beiyue (Nordgipfel) genannt. Der Zweitausender ist eine bergsteigerische Herausforderung. Schon der erste Qin-Kaiser, Qin Shi Huangdi (reg. 221–210 v. Chr.), pflegte hier zu klettern. Die Attraktion des Bergs ist der Xuankong Si (Hängender Tempel). Die Anlage scheint am Felshang zu kleben und wird von dünnen Holzpfosten getragen. Die Nördlichen Wei bauten als Erste hier, doch die Hochwasser des Flusses Heng rissen alles regelmäßig mit sich. Die jetzige Anlage stammt aus der Qing-Zeit. Über 40 Hallen sind in die natürlichen Höhlungen gebaut, nur die Fassaden davor sind aus Holz. Die Hallen sind durch Wege und Brücken miteinander verbunden und bergen konfuzianische, buddhistische und daoistische Statuen aus Stein, Eisen und Bronze. In der Sanjiao Dian (Drei-Religionen-Halle) sitzen Konfuzius, Buddha und Laozi zusammen.

Filigrane Struktur am Felsen – der Hängende Tempel (Xuankong Si) des Heng Shan

Yungang-Grotten 7

云岗石窟

Ein *arhat*, Höhle 18

Die Yungang-Grotten (Wolkengrat-Grotten) gehören zu den bekanntesten buddhistischen Kunstwerken Chinas. Über 51 000 Statuen – von Kolossalstatuen bis zu »Winzlingen« – sind hier in den Sandstein gehauen. Die Nördlichen Wei begannen 453 mit der Ausgestaltung, um ein Monument für die neue Staatsreligion, den Buddhismus, zu schaffen. Als sie 494 ihre Hauptstadt von Datong nach Luoyang verlegten, hörten die Arbeiten auf. Die hellenistischen, persischen, zentralasiatischen und indischen Merkmale der Statuen zeugen von den vielen Einflüssen, die China über die Seidenstraße erreichten.

★ Äußeres der Höhle 6
Die Tempelfassade aus Holz schützt die 16 Meter hohe Steinpagode und die Figuren im Inneren.

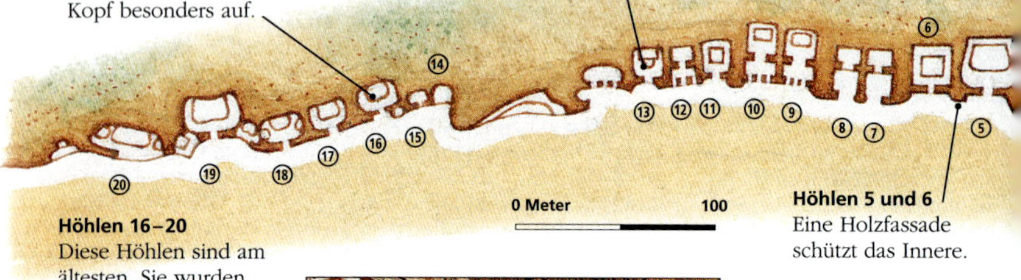

Höhle 16
Unter den fein gearbeiteten Skulpturen fällt Buddhas Kopf besonders auf.

Höhle 13
Ein kleine Figur stützt den Arm des Buddha.

Höhlen 16–20
Diese Höhlen sind am ältesten. Sie wurden 453–62 vom Mönch Tan Hao geschaffen.

Höhlen 5 und 6
Eine Holzfassade schützt das Innere.

Detail in Höhle 10
Ähnlich wie Höhle 9 ist auch diese in zwei Kammern geteilt und mit farbigen Flachreliefs sowie Statuen in den Nischen reich ausgeschmückt.

★ Haupt-Buddha, Höhle 20
Die Schlichtheit und Ausgewogenheit dieser Skulptur zeugt von großer Kunst. Die Höhle wurde einst von einer Holzwand geschützt.

Musiker, Höhle 12
Farbig gestaltete Musiker und Tänzer schmücken die Höhle. Sie zeigen die Entwicklung und den Gebrauch von Musikinstrumenten zu jener Zeit in China.

NICHT VERSÄUMEN

- ★ Höhle 5
- ★ Höhle 6
- ★ Höhle 20

★ Sitzender Buddha, Höhle 5
Im Gegensatz zu früheren stilisierten Buddha-Figuren ist dieser korpulenter und naturalistischer. Die Höhle besitzt eine Holzfront und ist in gutem Zustand.

Blick auf den zentralen Abschnitt der Yungang-Grotten bei Datong

Infobox

16 km westlich von Datong. (0352) 510 2265, *CITS Datong.* *3-1 vom Busbahnhof.* *3-2 vom Bahnhof oder CITS-Tour, die am Bahnhof gebucht werden kann.* *tägl. 8.30–17.30 Uhr.*

Inneres, Höhle 3
Die Buddha-Figuren haben runde, fleischige Gesichter und volle Lippen. Sie stammen wahrscheinlich aus der Sui-Zeit (581–618).

Pagode in Höhle 2
Die Höhle ist nahezu quadratisch und besitzt eine rechteckige Pagode, die vom Boden bis zur Decke reicht. Die Statuen haben ein wenig unter den Witterungseinflüssen gelitten.

Künstlerische Einflüsse, Höhle 18

Die Kolossalstatue von Buddha erinnert an den Kunststil von Gandhara *(siehe S. 465)*. Dieser buddhistische Treffpunkt an der Seidenstraße gab der Ehrfurcht gebietenden Würde des Buddha Ausdruck. Ein eher naturalistischer Stil ist bei den fünf kleineren *arhats* an jeder Seite zu sehen.

Statt nackter Schultern bekam Buddha nun ein chinesisches Gewand mit Gürtel *(siehe Höhle 5)*.

Die lebensnahen Gesichter der *arhats* zeigen den persönlichen Stil des Künstlers.

Die Hände dieser Statue haben Schwimmhäute, eines der Merkmale des Buddha.

Höhle 18 mit dem Kolossal-Buddha, von außen gesehen

Wutai Shan ❾

五台山

Räucher-gefäß

Der schöne Ort Taihuai liegt geschützt in einem Tal, umgeben von den fünf Gipfeln des Wutai-Shan-Gebirges. Hier findet man die meisten Tempel sowie Hotels und Restaurants der Gegend. Zur Zeit der Qing-Dynastie soll es in den Bergen über 300 Tempel gegeben haben. Viele davon wurden zerstört. Tsongkhapa, der Gründer des buddhistischen Gelbmützen-Ordens (dessen Oberhaupt der Dalai Lama ist), lebte hier. Deshalb pilgern viele Buddhisten aus Tibet und der Mongolei hierher. Die schönste Zeit für einen Besuch ist der Frühsommer – leider ist es dann auch sehr voll.

Luohou Si

Der Tempel besitzt eine hölzerne Lotosblüte mit acht Blättern. Wenn sie gedreht wird, öffnet sich die Blüte und enthüllt Buddha-Figuren.

★ Tayuan Si

Da Bai Ta, die Große Weiße Dagoba aus der Ming-Zeit, ragt 50 Meter hoch. Sie ist tibetisch gestaltet und hat eine Bronzehaube mit Glocken.

LEGENDE

- Bebautes Gebiet
- Straße

NICHT VERSÄUMEN

- ★ Pusa Ding
- ★ Tayuan Si
- ★ Xian Tong Si

Taihuai

Der Ort liegt westlich des Flusses Qingshui. Hier geht es lebhaft zu: In den Straßen sieht man Pilger und Mönche, in den Läden gibt es buddhistische Kultgegenstände.

★ Xian Tong Si
Eine Besonderheit des größten Tempels am Wutai Shan ist die Bronzehalle, die mit Tausenden kleiner buddhistischer Figuren geschmückt ist.

INFOBOX

240 km nördlich von Taiyuan. von Datong oder Taihuai. von Beijing nach Shahe, dann Bus (1 Std.). CITS, (0350) 654 2122. tägl. mit privat organisierten Minibussen, Taxis oder über CITS.

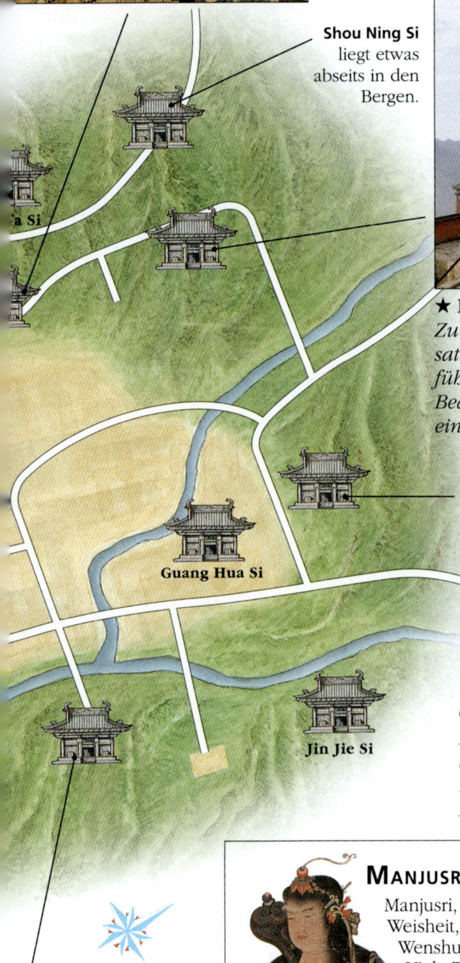

Shou Ning Si liegt etwas abseits in den Bergen.

★ Pusa Ding
Zum Tempelkomplex Pusa Ding (Bodhisattva-Gipfel) aus der Ming- und Qing-Zeit führen 108 Stufen hinauf – eine Zahl mit Bedeutung: Es ist die Anzahl der Perlen einer buddhistischen Gebetskette.

Qi Fo Si
Der Tempel ist nicht so überlaufen wie die anderen. Hier hat man die Gelegenheit, die Szenerie in sich aufzunehmen. Es gibt eine weiße Steinpagode.

Shang Cai Dong liegt am Fuß der Berge in Sichtweite der Seilbahn im Norden.

MANJUSRI-KULT

Manjusri, den buddhistischen Bodhisattva der Weisheit, kennt man in China unter dem Namen Wenshu. Er ist der Schutzgott von Wutai Shan. Viele Tempel sind ihm geweiht. Dies geht auf das 1. Jahrhundert n. Chr. zurück, als ein indischer Mönch hier eine Vision des Bodhisattva hatte. Spätere Berichte bezeugen weitere Erscheinungen. Manjusri war ein Schüler von Sakyamuni (Buddha) und wird oft auf einem Löwen reitend dargestellt oder mit einem Schwert, mit dem er Unwissenheit und Leiden zerschlagen soll.

Manjusri, der Schutzgott von Wutai Shan

Überblick: Wutai Shan

Wutai Shan, ein Gebirge mit über 3000 Meter hohen Gipfeln, war einst ein heiliger Ort der Daoisten, die hier das Geheimnis der Unsterblichkeit suchten. Später wurden die meisten Tempel von Buddhisten errichtet. Zahlreiche Tempel stehen außerhalb des Orts Taihuai und in abgelegeneren Regionen. Die meisten von ihnen sind relativ einfach zu erreichen. Die Mühe eines Fußmarsches lohnt sich, denn so bekommt man einige der ältesten Bauwerke Chinas zu Gesicht.

Die dicht bewaldeten Hänge des Wutai Shan

Tempel am Wutai Shan
Die ersten Tempel entstanden am Wutai Shan in der Zeit der Östlichen Han-Dynastie. Auf jedem der fünf Gipfel steht ein Tempel, zu denen man nur im Rahmen von Bergtouren vordringen kann, was vor allem eifrige Pilger tun. Einige Tempel erreicht man per Bus oder Minibus von Taihuai aus (oder auch bei einer CITS-Tour), andere erfordern eine längere Expedition.

Einen schönen Blick über das Tal hat man vom **Nanshan Si** (Südberg-Tempel), drei Kilometer südlich von Taihuai. Er ist einer der größten Tempel und vor allem wegen der 18 kunstvoll gearbeiteten *Arhat*-Statuen sehenswert. Fünf Kilometer südwestlich von Taihuai, direkt oberhalb vom Nanshan Si, erhebt sich **Youguo Si** als Teil desselben Komplexes. Den **Longquan Si** (Drachenquellen-Tempel) betritt man nach 108 Stufen durch ein schönes Marmortor. Hier steht die Halle der Himmelskönige mit einer Darstellung von Milefo, dem Buddha der Zukunft (oft als Lachender Buddha dargestellt). Sehenswert sind hier auch die Puji-Pagode und die Guanyin-Halle.

Zu den von Taihuai leicht zu erreichenden Tempeln gehören **Bishan Si** mit einigen interessanten buddhistischen Skulpturen und **Zhenhai Si**. Bedeutend weiter entfernt liegt **Nanchan Si**, rund 70 Kilometer südlich von Taihuai an der Straße nach Taiyuan. Der Tempel besitzt eine der ältesten erhaltenen Holzhallen Chinas aus dem Jahr 782. Es gleicht fast einem Wunder, dass sie die zahlreichen »Säuberungen« in Chinas Geschichte überlebt hat. Trotz vieler Restaurierungsarbeiten ist der ursprüngliche Entwurf zur Zeit der Tang-Dynastie – eine Seltenheit der Tempelarchitektur – noch erhalten.

Auch **Foguang Si** (Tempel des Buddha-Lichts), rund 40 Kilometer südlich von Taihuai, hat eine Halle aus dem 9. Jahrhundert, der Zeit der Tang-Dynastie. Sie ist insbesondere wegen der schönen *Dougong*-Tragstützen *(siehe S. 35)* sehenswert. Beeindruckend sind darüber hinaus auch die Malereien aus der Tang- und Song-Ära und die *arhats* aus der Ming-Zeit.

Das prächtige Eingangstor zum Longquan Si

Tempel am Wutai Shan

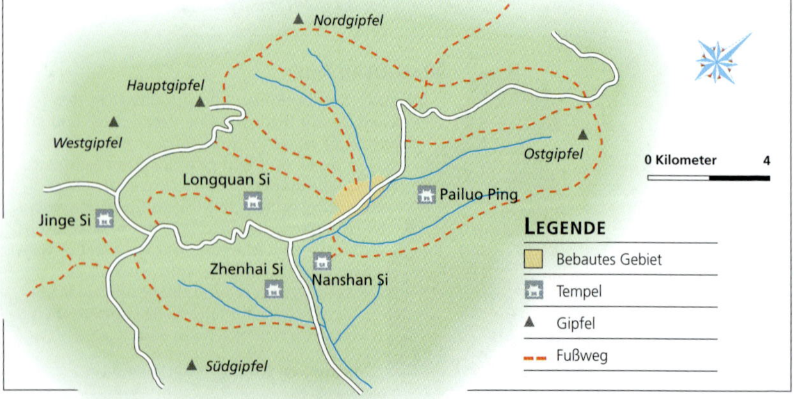

Der buddhistische Chongshan Si, Taiyuan

Taiyuan ⑩
太原

408 km südwestlich von Beijing.
3,4 Mio. CITS, 38 Pingyang Lu, (0351) 821 1109.

Die Industriestadt Taiyuan liegt am Ufer des Fen im Herzen von Shanxi und ist ein guter Ausgangspunkt für Ausflüge nach Pingyao *(siehe S. 138f)* und zum Wutai Shan *(siehe S. 134–136)*. Von 471 bis 221 v. Chr. war Taiyuan Hauptstadt des Zhao-Reichs. Im 6. Jahrhundert n. Chr. hatte es sich zu einem blühenden Zentrum des Buddhismus entwickelt. Wegen der Nähe zu den feindlichen Nomadenvölkern im Norden wurde die Stadt in der Tang-Zeit stark befestigt. Die Song-Herrscher fürchteten jedoch ihre Ambitionen und machten sie dem Erdboden gleich. Kurz danach wurde sie wiederaufgebaut.

Wächterfigur, Jinci Si

Das buddhistische Kloster **Chongshan Si** liegt versteckt in einer Gasse nordöstlich des Wuyi-Platzes (1. Mai-Platz). Das Gebäude stammt aus dem 14. Jahrhundert. Es wurde 1864 bei einem Brand stark zerstört, konnte aber weitgehend wiederaufgebaut werden. Dabei Dian, die Halle des Großen Mitgefühls, beherbergt eine imposante Statue von Qianshou Guanyin, der vielarmigen Göttin des Mitgefühls. Die acht Meter hohe Statue besitzt nicht nur viele Arme, sondern auch viele Augen. In dem Tempel sind auch Sutren aus der Zeit der Song-, Yuan- und Ming-Dynastie zu sehen.

Im Osten der Stadt befindet sich der **Shuangta Si** (Doppelpagoden- oder Yongzuo-Tempel) vom Ende der Ming-Zeit. Seine 50 Meter hohen Pagoden mit 13 Ebenen sind ein Wahrzeichen Taiyuans. Das **Shanxi Provinzmuseum** vor dem Chongshan Si hat zwei Abteilungen: Die Hauptabteilung ist in einem daoistischen Tempel (Ming-Ära) untergebracht, dem früheren Chunyang-Tempel nordwestlich des Wuyi-Platzes. In den Hallen sieht man prähistorische Funde sowie Bronzen und Statuen aus der Region Shanxi. Die zweite Museumsabteilung befindet sich im ehemaligen Konfuzius-Tempel (Ming-Ära) östlich des Wuyi-Platzes und zeigt Exponate zu Shanxis jüngerer Geschichte sowie eine Sammlung buddhistischer Sutren.

Chongshan Si
tägl. 8–16.30 Uhr.

Shanxi Provinzmuseum
Beide Abteilungen *Di–So 9–17 Uhr.*

Umgebung: Der viel besuchte Tempel **Jinci Si**, 25 Kilometer südwestlich von Taiyuan am Fuß des Bergs Xuanwang Shan, stammt aus der Zeit der Nördlichen Wei, obwohl die meisten Gebäude während der Song-Periode errichtet wurden. Der Haupteingang führt direkt zur Wasserspiegel-Terrasse aus der Ming-Zeit, die einst als Theaterbühne genutzt wurde. Im Westen führt ein Kanal durch den Tempelkomplex. Eine Brücke überquert ihn und endet bei einer Terrasse mit vier grimmigen Wächterstatuen aus Gusseisen. Dahinter steht Shengmu Dian, die Halle der Großen Mutter, eines der ältesten Holzgebäude Chinas. Innen gruppieren sich Dienerinnen- und Eunuchen-Figuren aus der Song-Ära um die zentrale Statue der Großen Mutter.

Rund 40 Kilometer südwestlich von Taiyuan zeigen die **Tianlong-Shan-Grotten** in den Tianlong-Bergen eine kleine, aber bedeutende Sammlung buddhistischer Höhlenkunst. Es gibt 21 Höhlen mit leider ziemlich beschädigten Statuen aus der Zeit der Östlichen Wei- und der Tang-Dynastie. Die am besten erhaltene Statue ist der große Sitzende Buddha in Grotte 9.

Jinci Si
tägl. 8–17 Uhr.

Tianlong-Shan-Grotten
tägl. 9–18 Uhr.

Tempelquelle des Jinci Si, Taiyuan

Pingyao ⓫

平遥

Traditionelle rote Laterne

Eine der wenigen noch intakten Stadtmauern Chinas umgibt diese Ming-Stadt. In Pingyaos Straßen reiht sich ein altes Gebäude ans andere – Hofhäuser, Tempel und über 3000 historische Läden. Die Architekturschätze (Ming- und Qing-Ära) stammen aus den Tagen, als Pingyao ein Bankenzentrum war. Aber die Herrscher der Qing-Dynastie konnten ihre Darlehen nicht zurückzahlen – als sie abdankten, waren die Kassen leer. Die Finanzen des Landes wurden fortan in Shanghai und Hong Kong verwaltet. Pingyao entwickelte sich nicht weiter, sodass sein Charakter erhalten blieb.

★ Rishenchang
Das riesige Museum ist an dem Ort, an dem 1824 Chinas erste Wechselbank gegründet wurde.

Kreisgericht (Yamen)
Pingyaos Gerichtshöfe repräsentierten zur Zeit der Ming- und Qing-Dynastie die weltliche Macht. Um die Ecke, in der Nan Dajie, vertreten die daoistischen Tempel den spirituellen Bereich.

Nicht versäumen

- ★ Glockenturm
- ★ Rishenchang
- ★ Stadtmauer

Südost-Pingyao

Die bemerkenswertesten Teile der autofreien Stadt sind das Zentrum und Südost-Pingyao. Hier liegen die meisten Sehenswürdigkeiten und Museen.

★ Stadtmauer
Die zwölf Meter hohe Stadtmauer mit Zinnen soll dem Umriss einer Schildkröte ähneln: Der Kopf liegt am Südtor, die vier Füße sind im Osten und Westen, das Nordtor bildet den Schwanz.

Möbelmuseum
Im Gebäude (Qing-Ära) sind die Räume als Schlafzimmer, Küchen und Opiumhöhlen eingerichtet. Auch die abgebildete Rikscha ist zu sehen.

Hotels und Restaurants in Hebei, Tianjin & Shanxi *siehe Seiten 556f und 584f*

INFOBOX

100 km südlich von Taiyuan.
40 000. Stadtmauer *Zugang am Westtor.*
tägl. (Kombiticket für Rishenchang, Möbelmuseum und Yamen).

★ Glockenturm
In der Nan Dajie erhebt sich der Glockenturm. Seine geschwungenen Giebelbalken weisen schöne Ornamente auf.

Nordtor (Gonji Men)

Das Tianjixiang-Museum präsentiert lokale Artefakte.

Die drei aneinandergrenzenden Dao-Tempel wurden 1859 neu erbaut, nachdem sie abgebrannt waren.

Oberes Osttor

Wachtürme sind alle 50 Meter an der Mauer angebracht.

Kuixing-Turm
Der ungewöhnliche, achteckige Pavillon, der sich über der Befestigung erhebt, ist nach einem Stern aus den 28 Konstellationen des chinesischen Tierkreises benannt.

Shuanglin Si ⓬
双林寺

6 km südwestlich von Pingyao.
tägl. 8.30–18.30 Uhr (im Winter bis 17 Uhr).

Die Geschichte des Tempels reicht 1500 Jahre zurück – bis zu den Nördlichen Wei, deren Hauptstadt Datong war. Der heutige Tempel stammt aus der Ming- und Qing-Zeit und enthält über 2000 Buddha-Statuen, einige davon wurden während der Song-Dynastie gefertigt. Die Figuren sind in zehn Hallen, die um drei Höfe liegen, aufgestellt. Der Ausdruck der hervorragend gearbeiteten Statuen reicht von feinsinnig über komisch bis hin zu ernst. Die wie lebend wirkenden *luohan* (Schüler des Buddha) in der zweiten Halle repräsentieren individuelle Personen. Auch die Bodhisattvas in der dritten Halle sind sehenswert.

Klassischer Hof im Anwesen Qiao Jia Dayuan

Qiao Jia Dayuan ⓭
乔家大院

20 km nördlich von Pingyao.
zwischen Taiyuan und Pingyao; Fahrziel ankündigen (der Bus hält nur dann an). *von Pingyao.*
tägl. 8–17.30 Uhr.

Das schöne Hofhaus war Drehort des Films *Rote Laterne (Raise the Red Lantern)* von 1991 mit Hauptdarstellerin Gong Li. Der große Komplex stammt aus dem 18. Jahrhundert. Er umfasst 313 Räume. Die Anordnung der miteinander verbundenen Höfe und Gebäude drückt perfekte Ausgewogenheit aus. Eine zehn Meter hohe Mauer umgibt das Ganze. Qiao Guifa, der ein Vermögen mit Tofu- und Teehandel machte, ließ das Haus bauen.

Shandong & Henan

Das Gebiet der Provinzen Shandong und Henan, das der Huang He (Gelber Fluss) durchfließt, war einer der frühesten Siedlungsräume Chinas. In Shandong ist man stolz auf die Schätze der Vergangenheit: Es ist die Heimat von Konfuzius und Mengzi (Menzius) und Stätte des Tai Shan, des heiligsten daoistischen Bergs. Auch der frühere deutsche Kolonial-Handelsstützpunkt Qingdao liegt hier. Er ist immer noch geprägt von Kopfsteinpflasterstraßen und deutscher Architektur.

Der Huang He fließt von Westen nach Shandong (Östlich der Berge), nachdem er zuvor Henan (Südlich des Flusses) in zwei ungleiche Teile geschnitten hat. Henans historische Sehenswürdigkeiten liegen alle im Norden nahe dem Fluss. Das Gebiet war bereits 6000 v. Chr. bewohnt und gilt als Wiege der chinesischen Zivilisation. Die einstigen Hauptstädte Anyang, Kaifeng und Luoyang liegen hier. Außerhalb von Luoyang findet man die beeindruckenden Longmen-Grotten mit ihren riesigen buddhistischen Statuen. Eine andere Sehenswürdigkeit ist der heilige daoistische Berg Song Shan, Heimat des Shaolin-Klosters, in dem Mönche die Kampfkunst Kung Fu erfanden und bis heute praktizieren. Kaifeng, die alte Hauptstadt der Nördlichen Song, besitzt schöne buddhistische Bauten.

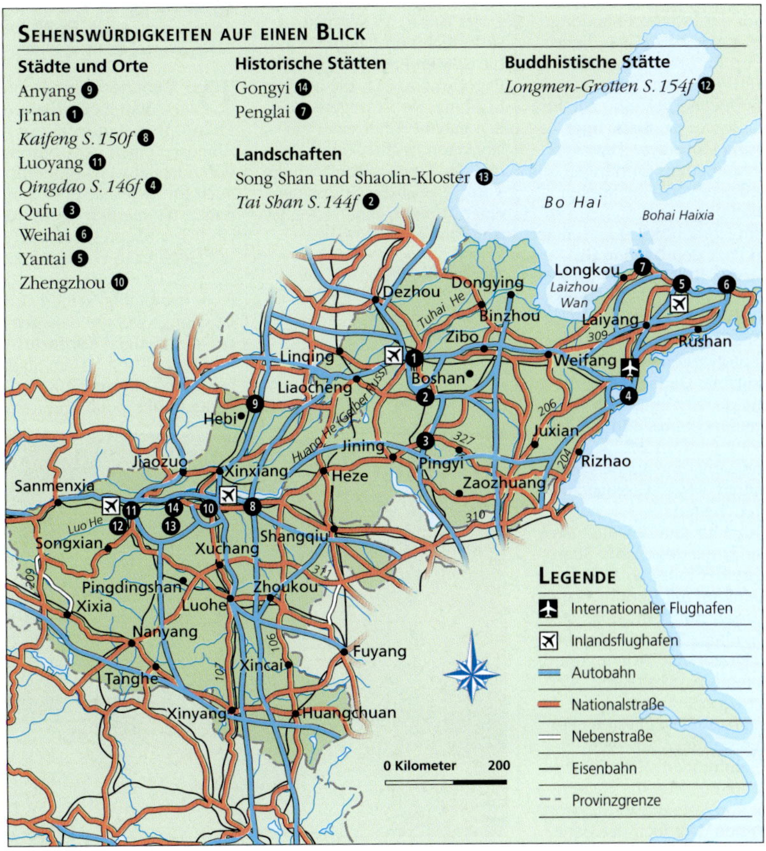

◁ **Buddha mit Wächterstatuen im Fengxian Si, Longmen-Grotten** ***(siehe S. 154f)***

Die moderne Skyline von Ji'nan – in der Ferne ahnt man den Huang He, den Gelben Fluss

Ji'nan ❶
济南

350 km südlich von Beijing.
5,9 Mio. *9 Qianfoshan Dong Er Lu, (0531) 8292 7250.*

Südlich des Huang He, an dessen letzter Biegung vor dem Meer, liegt die Hauptstadt der Provinz Shandong. Sie ist vor allem Zwischenstopp für Reisende nach Qufu. Ji'nan war für seine vielen Quellen bekannt. Die berühmteste, die **Black Tiger Spring** (Schwarze-Tiger-Quelle) kommt aus Öffnungen, die die Form von Tigerköpfen haben.

Im Norden der Stadt umgibt ein Park den **Daming Hu** (Großer-Brillant-See). Hier kann man schön spazieren gehen und sich die Teiche, Gärten und Tempel ansehen. Im Südwesten steht die **Li-Qingzhao-Gedenkhalle**, die an eine der berühmtesten Dichterinnen Chinas erinnert, die im 12. Jahrhundert hier lebte. Man sieht eine Statue von ihr, Porträts sowie Auszüge aus ihren Texten.

Im Südosten der Stadt sind die Hänge des **Qianfo Shan** (Berg der Tausend Buddha-Bildnisse) mit Buddha-Statuen übersät. Auf dem Gipfel stehen einige Tempel. Man benötigt gut eine Stunde, um die Stufen hinaufzusteigen. Wer es bequemer mag, nimmt die Bergbahn. Die ältesten Statuen stammen aus dem 6. Jahrhundert. Viele jüngere Werke ersetzen die Statuen, die von Rotgardisten zerstört wurden. Nördlich des Bergs steht das **Shandong Provinzmuseum**, das u. a. buddhistische Bildwerke, Keramiken aus dem Neolithikum (teils Funde vom nahen Long Shan) und Dinosaurierfossilien zeigt. Zu sehen ist auch Chinas ältestes Buch, dessen Seiten aus Bambusstreifen bestehen.

Umgebung: In der Nähe des Dorfs Liubu, 33 Kilometer südöstlich von Ji'nan, steht die **Si-Men-Pagode** (Vier-Tore-Pagode) von 611, die älteste in China. Sie ist ungewöhnlich gebaut: Über einer einstöckigen, rechteckigen Halle mit vier Toren erhebt sich ein Turm – einst die Grabstätte eines Mönchs. Innen ist eine Säule mit Buddha-Figuren.

Qianfo Shan
18 Jing Shiyi Lu, nahe Qianfoshan Lu. *tägl. 5–21 Uhr.*

Shandong Provinzmuseum
14 Jing Shiyi Lu. *tägl.* *Mo–Sa über Mittag.*

Tai Shan ❷

Siehe S. 144f.

Qufu ❸
曲阜

180 km südlich von Ji'nan.
640 000. *nach Yanzhou, 16 km westlich, dann Minibus.* *CITS 36 Hongdao Lu, (0537) 449 149.*

Der Geburtsort von Konfuzius, dem meistverehrten Philosophen, hat nicht nur für Chinesen einen ganz besonderen Stellenwert, sondern auch für Koreaner und Japaner, die hierherpilgern. Alljährlich im September wird der Geburtstag von Konfuzius gefeiert. Der Weise selbst lebte unauffällig, seine Familie (Kong) wohnte dagegen in der weitläufigen **Konfuzius-Residenz** (Kong Fu) im Stadtzentrum. Die Familie Kong genoss hohe politische Auto-

Überdachter Korridor zum Konfuzius-Tempel in Qufu

rität und Wohlstand – sie galt den Chinesen als »Erste Familie unter dem Himmel«. Die palastartige Familienresidenz nimmt 16 Hektar ein. Sie ist wie üblich entlang der Nord-Süd-Achse ausgerichtet und in Wohn- und Verwaltungstrakte geteilt. Im Osten steht ein Tempel. Im hinteren Teil erstreckt sich ein Garten. Die meisten Hallen stammen aus der Ming-Ära. Das Nordtor des Doppelten Ruhms wurde für Besuche des Kaisers genutzt. Im Osten steht der Turm des Rückzugs, in dem sich die Familie in Kriegszeiten verschanzte.

Der **Konfuzius-Tempel** (Kong Miao) neben der Residenz ist ein lang gezogener Komplex voller Gedenktore, Höfe, Hallen, Stelen-Pavillons, Nebentempel, alter Zypressen und Schreine. 478 v. Chr., dem Jahr nach Konfuzius' Tod, war dies noch ein schlichter Schrein. Jahrhundertelang wuchs die Anlage allmählich, bis sich der Tempelkomplex in der Ming- und Qing-Zeit zunehmend vergrößerte. Hinter dem Eingang stehen 198 Steinstelen, auf denen die 50 000 Namen derer stehen, die die kaiserliche Beamtenprüfung in der Yuan-, Ming- und Qing-Ära erfolgreich abgeschlossen haben. Manche

Verzierte Säule, Konfuzius-Tempel

Menzius-Tempel in Zoucheng, südlich von Qufu

Stelen werden hinten von großen *bixi* gestützt, primitiven, schildkrötenähnlichen Drachen. Eine lange Folge von Toren führt zum Kuiwen-Pavillon (11. Jh.) mit seinem dreifachen Dach. Konfuzius sprach zu seinen Schülern vom Aprikosen-Pavillon, den man durch das Tor der Großen Vollkommenheit erreicht. Auf einer Marmorterrasse mit Drachensäulen befindet sich Dacheng Dian (Halle der Großen Vollkommenheit), die Haupthalle der Konfuzius-Verehrung. In der Halle mit Reliquien des Weisen sieht man Steinplatten, die Szenen aus seinem Leben zeigen. Die Lu-Wand im östlichen Abschnitt ist die Stelle, an der ein Nachkomme seine Bücher versteckte, um sie vor Qin Shi Huangdi (259–210 v. Chr.), dem ersten Kaiser, zu schützen, der sie verbrennen wollte. Die Bücher wurden in der Han-Ära wiederentdeckt.

Im Norden der Stadt, im **Konfuzius-Wald** (Kong Lin), befinden sich die Gräber von Konfuzius und Mitgliedern der Familie Kong. Hier stehen Schreine und Grabsteine zwischen Zypressen und Kiefern.

Etwas südlich von Qufu liegt **Zoucheng**, der Heimatort des zweitwichtigsten Philosophen Mengzi (Menzius, 372–289 v. Chr.). Der Menzius-Tempel besitzt 64 Hallen um fünf große Höfe. Wie in Qufu gibt es auch hier eine Residenz und einen Friedhof.

Konfuzius-Residenz
tägl. 8–17 Uhr.

Konfuzius-Tempel
tägl. 8–17 Uhr.

Konfuzius

Die Lehren des Konfuzius (551–479 v. Chr.), des bekanntesten chinesischen Philosophen, haben Chinas Kultur und auch die anderer Nationen wie Japan, Korea und Vietnam beeinflusst – allerdings erst nach seinem Tod. Konfuzius (chinesisch: Kong Fuzi = Meister Kong) wurde im Staat Lu in einer Zeit ständiger Kriege geboren. Er sah das Leiden um sich herum und entwickelte eine Staatsphilosophie, die auf dem Prinzip der Tugend *(ren)* und der Menschlichkeit *(jen)* beruhte. Da er keinen Herrscher fand, der danach regieren wollte, teilte er seine Überzeugungen Schülern mit. Das Leben des Konfuzius liegt im Dunkeln. Verschiedene Quellen beschreiben ihn als Hofbeamten, im Exil bzw. als Wanderlehrer. Er starb, ohne politischen Erfolg zu haben. Seine Lehren wurden erst von seinen Schülern aufgeschrieben: Die *Analekten (Lunyu)* sind eine Sammlung von Maximen, bei denen verschiedene Tugenden im Mittelpunkt stehen. Diese Grundsätze bildeten später die Basis für die Prüfungen, die kaiserliche Beamten bestehen mussten – noch bis ins 20. Jahrhundert hinein eine Hürde für die Beamtenkarriere.

Meister Kong: der Philosoph Konfuzius

Tai Shan ❷

泰山

Träger transportieren Vorräte zum Gipfel

Der Tai Shan ist der bekannteste der fünf heiligen Berge und beherrscht die Imaginationswelt der Chinesen seit Jahrtausenden. Das ganze Jahr über erklimmen Pilger diesen meistbestiegenen Berg Chinas, doch trotz der Menschenmengen spürt man am Tai Shan eine fast magische Aura. Am besten entscheidet man sich für einen langsamen Aufstieg und besichtigt die Schreine und Monumente am Weg. Viele Besucher übernachten in einem der Hotels am Berg und beobachten den Sonnenaufgang vom wolkenumhüllten Gipfel aus. Dort befinden sich auch die wichtigsten Tempel, die viele Gläubige anziehen.

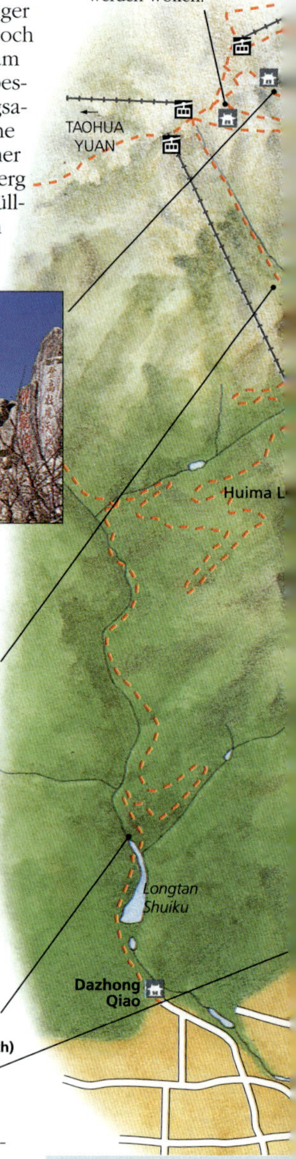

Bixia Ci ist der Göttin der Azurblauen Wolke gewidmet und das Ziel vieler Frauen, die schwanger werden wollen.

★ Yuhuang Miao
Der Jadekaiser-Tempel ist dem höchsten Gott des Daoismus geweiht. Auf 1545 Meter Höhe birgt der Bau eine Statue des Jadekaisers sowie Wandbilder.

★ Shiba Pan
Den anstrengendsten Teil des Aufstiegs, den Pfad der 18 Kehren, hat man vom Zhong Tian Men auf halbem Weg vor Augen. Der Pfad führt zum Nan Tian Men, dem letzten Tor, aber nicht zum Gipfel.

Heilong Tan (Schwarzer-Drachen-Teich)

Puzhao Si
Tai Shans Schreine sind nicht allein daoistisch. Der abgebildete trägt einen buddhistischen Namen: Tempel des Universellen Lichts. Am besten erreicht man ihn über die Westroute.

NICHT VERSÄUMEN

- ★ Dai Miao
- ★ Shiba Pan
- ★ Yuhuang Miao

Der Berg der Kaiser

Den Tai Shan, den herausragendsten der fünf daoistischen Berge Chinas, erstiegen Herrscher schon seit der Zeit von Qin Shi Huangdi. Mit dem Aufstieg wollten sie Sicherheit darüber gewinnen, ob ihr himmlisches Mandat andauerte. Wenn man den Aufstieg abbrechen musste, war dies ein Zeichen der Ungunst des Himmels. Bestimmte Stellen am Berg sind mit Kaisern verbunden: So markiert Huima Ling die Stelle, an der Zhenzongs Pferd nicht weitergehen wollte und der Kaiser mit der Sänfte weitergetragen werden musste. Auch Konfuzius und Mao Zedong erklommen den Tai Shan.

Qin Shi Huangdi, erster Kaiser von China

Infobox

Tai'an, 70 km südlich von Ji'nan. *bei Ji'nan.* *beim Bahnhof, (0538) 827 2114.* *Tai-Shan-Rennen (Sep).* *7.40–17 Uhr (Seilbahn: 8–18 Uhr).*

Legende

- Seilbahn
- Tempel
- Nebenstraße
- Fußweg
- Bebautes Gebiet

Aufstieg auf den Tai Shan

Zum Gipfel führen zwei Routen. Die beliebtere Zentralroute war der traditionelle Weg der Kaiser und führt an den bedeutenden Monumenten vorbei. An der nicht besonders gut markierten Westroute liegen weniger historische Stätten, dafür führt sie durch bezaubernde Landschaften wie z. B. Heilong Tan. Viele Besucher wählen die Zentralroute für den Aufstieg und die Westroute für den Abstieg.

Steinsutra-Tal
Nördlich von Doumu Gong befindet sich ein großer flacher Fels. Darauf eingraviert ist der Text aus dem »Diamant-Sutra«, der zu den wichtigsten Texten des buddhistischen Glaubens zählt.

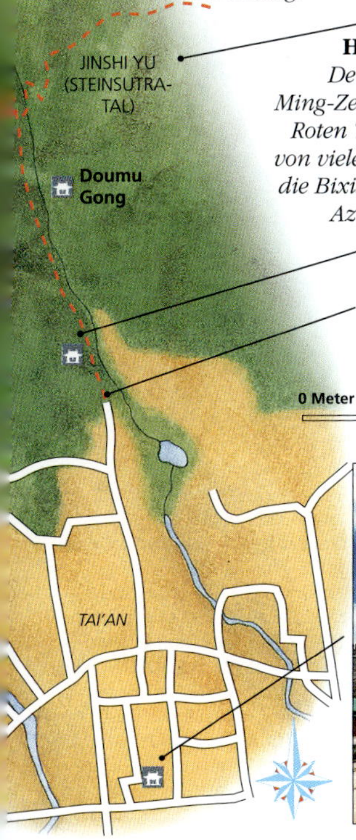

Hong Men Gong
Der Tempel aus der Ming-Zeit, der Palast des Roten Tors, ist das erste von vielen Heiligtümern, die Bixia, der Göttin der Azurblauen Wolke, gewidmet sind.

Yi Tian Men (Erstes Tor unter dem Himmel)

0 Meter 800

★ Dai Miao
Der große Tempel, Hauptattraktion des Orts, ist ein guter Ausgangspunkt für den Aufstieg. Das Hauptgebäude, Tiankuang Dian, ist eine riesige Halle mit gelbem, gebogenem Dach. Sie enthält ein schwach beleuchtetes Wandbild aus der Song-Zeit von Kaiser Zhenzong als Gottheit des Tai Shan.

Qingdao ❹

青岛

Welten liegen zwischen den eintönigen Industriestädten und der farbenfrohen Hafenstadt auf der Halbinsel von Shandong. International ist die Stadt unter dem Namen Tsingtao bekannt – vor allem wegen des gleichnamigen Biers, das hier gebraut wird. Qingdaos Charme kommt nicht zuletzt durch die deutsch geprägten, kopfsteingepflasterten Straßen, die roten Dächer und die baumgesäumten Boulevards. Das deutsche Erbe geht auf das Jahr 1898 zurück, als Qingdao für den Zeitraum von 99 Jahren an das Deutsche Reich verpachtet wurde. Doch bereits 1922 kam die Stadt wieder zu China. 2008 war Qingdao Austragungsort der Segelwettbewerbe der Olympischen Spiele.

Die frühere Gouverneursresidenz

Überblick: Qingdao

Nachdem bei einem chinesischen Übergriff 1897 zwei deutsche Missionare getötet wurden, stellte Kaiser Wilhelm II. China ein Ultimatum. Der Qing-Hof war – angesichts eines deutschen Kreuzgeschwaders vor der Küste – gezwungen, Qingdao für 99 Jahre an das Deutsche Reich zu verpachten. Mit Beginn des Ersten Weltkriegs musste Deutschland Qingdao Japan überlassen. 1922 kam die Stadt an China zurück. 1938–45 hielt wiederum Japan den Hafen besetzt.

Auf die meisten Sehenswürdigkeiten stößt man bei einem Spaziergang durch das **Deutsche Viertel** (German Concession), das im Südwesten der Stadt zwischen der Tai'an Lu und dem Xiaoyu-Shan-Park liegt. Die Deutschen errichteten den Bahnhof mit Turm als Endstation der von ihnen gebauten Eisenbahnlinie zur Provinzhauptstadt Ji'nan. Am Ende des **Zhanqiao-Piers** steht der achteckige Huilai-Pavillon, der auch auf dem Label des bekannten Tsingtao-Biers zu sehen ist und Kunsthandwerksausstellungen beherbergt. Der Pier ragt nahe dem Number 6 Beach 440 Meter in die Bucht.

Die belebte Zhongshan Lu führt nach Norden und ist die Haupteinkaufsstraße. Im Osten steht die katholische **St.-Michael-Kirche**, deren Zwillingstürme ein schönes Viertel mit Kopfsteinpflasterstraßen und Zierbalkonen überragen. Südöstlich davon liegt die reizende **Protestantische Kirche** mit ihrem charakteristischen Uhrturm. Sie wurde 1910 erbaut, hat sandsteingelbe Wände und rote Dachziegel. Der 39 Meter hohe Uhrturm ist manchmal geöffnet. Etwas weiter östlich, im Xinhao-Shan-Park, steht die ehemalige **Gouverneurs-**

Zentrum von Qingdao

Badaguan ⑦
Gouverneursresidenz ③
Huashi Lou ⑥
Protestantische Kirche ④
Qingdao-Museum ⑤
St.-Michael-Kirche ②
Zhanqiao-Pier ①

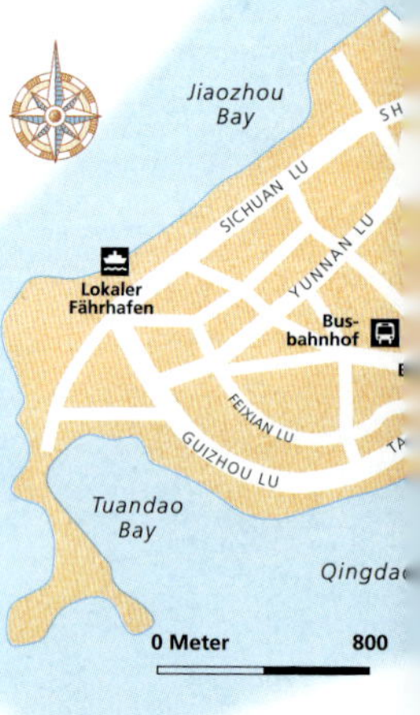

Zeichenerklärung *siehe hintere Umschlagklappe*

Chinesisches Bier

Tsingtao-Bierdose

Tsingtao, Chinas bekanntestes Bier *(pijiu)*, schwört auf sein Quellwasser vom Lao Shan. Die Brauerei wurde 1903 von Deutschen gegründet – heute ist sie Chinas größte und exportiert in über 40 Länder. Einst war Tsingtao das beste (und teuerste) chinesische Bier, doch da China der am schnellsten wachsende Biermarkt der Welt ist, schläft die Konkurrenz nicht: Immer mehr internationale Brauereien investieren in Joint Ventures. Im August findet in Qingdao ein Bierfest statt. Es gibt auch Brauereiführungen mit Bierproben.

Einer der vielen Strände von Qingdao

residenz. Hier wohnten schon Yuan Shikai und Mao Zedong.

Ein kurzer Spaziergang nach Süden führt zum **Qingdao-Museum**, das u.a. einige große, steinerne Buddha-Statuen (um 500) besitzt sowie Malereien aus der Yuan- und Ming-Ära. Man kann am Wasser entlangspazieren: Number 1 Beach ist der längste der Strände, Number 2 Beach ist attraktiver. Er führt zum **Huashi Lou**, der einstigen Residenz eines russischen Aristokraten. Nördlich davon, im Viertel **Badaguan**, stehen schöne Villen und Sanatorien an Alleen.

St.-Michael-Kirche
15 Zhejiang Lu. *tägl. 8–17 Uhr; Gottesdienste So 6, 8, 18 Uhr.*

Protestantische Kirche
15 Jiangsu Lu. *tägl. 8.30–17 Uhr; Gottesdienste So.*

Qingdao-Museum
27 Meiling Lu. *tägl.*

INFOBOX

330 km östlich von Ji'nan.
2,6 Mio. Bahnhof. Busbahnhof, CAAC (Busse zum Flughafen). Passagier-Fährhafen, lokaler Fährhafen. 9 Nanhai Lu, (0532) 389 3062. Bierfest (Aug).

Umgebung: Mit dem Bus gelangt man in die rund 40 Kilometer entfernte Bergregion **Lao Shan**, eine Oase der Ruhe mit Tempeln, Wasserfällen und Wanderpfaden. Die Gegend ist mit der daoistischen Mythologie verbunden – hier wurde nach dem Elixir des ewigen Lebens gesucht. Der **Tempel der Höchsten Reinheit**, der vom ersten Song-Kaiser errichtet wurde, liegt im ersten Drittel des Wegs zum Gipfel des Lao Shan. Hier hielt der Kaiser daoistische Rituale zur Ahnenverehrung ab. Vom Tempel aus führen Wege auf den Gipfel. Besucher können die Treppen hochsteigen oder aber die Seilbahn benutzen. Früher gab es am Lao Shan zahlreiche daoistische Tempel, heute sind nur noch wenige übrig. Der bekannteste ist der nahe der Küste gelegene **Taiqing-Tempel** (Song-Dynastie). Er ist nicht weit von dem Ort entfernt, an dem der Dichter Pu Songling (1640–1715) lebte. An den Hängen stehen weitere Tempel. Es gibt auch einige Höhlen: Die Mingxia-Höhle beim Gipfel des Xuanwu ist die längste. Der Lao Shan ist für sein Quellwasser bekannt – unverzichtbarer Bestandteil des Tsingtao-Biers.

Qingdaos Skyline konkurriert mit der modernen Architektur von Pudong, Shanghai

Tor zum Yantai-Museum in einer schönen Zunfthalle aus der Qing-Zeit

Yantai ❺
烟台

240 km nordöstlich von Qingdao. *1,5 Mio. (Zentrum), 6,5 Mio. (Großraum).* *nach Shanghai, Dalian und Tianjin.* *180 Jiefang Lu, (0535) 623 4144.*

Die Hafenstadt Yantai (früher Chefoo) an der Nordküste der Halbinsel von Shandong ist bekannt für Uhren, Obst und Wein. Der Name bedeutet »Rauch-Terrasse« und bezieht sich auf mit getrocknetem Wolfskot geschürte Signalfeuer, die man in der Ming-Zeit an der Küste entflammte, um vor Überfällen durch Piraten oder Japaner zu warnen. 1863 wurde die Stadt britischer Vertragshafen. In der Folge zogen viele ausländische Kaufleute nach Yantai. Nach den Briten kamen die Deutschen, die Amerikaner und schließlich die Japaner. Die Entwicklung Yantais wurde erst spät durch den raschen Aufstieg der südlich gelegenen Hafenstadt Qingdao gestoppt. Trotz seiner Geschichte als Vertragshafen blieb in Yantai sehr wenig von der ausländischen Architektur erhalten, da die Stadt zu keiner Zeit eine ausländische Konzession, also eine Enklave der Vertragspartner in der Stadt, hatte. Die meisten Besucher kommen auf dem Weg nach Penglai im Westen durch Yantai.

Verzierte Türen (Qing-Zeit), Yantai-Museum

Eine Besichtigung des **Yantai-Museums** lohnt sich vor allem wegen des prächtigen Gebäudes, in dem es untergebracht ist. Es wurde in der Qing-Zeit als Zunfthalle für Seefahrer und Händler erbaut und weist viele Holzschnitzereien und Steinornamente auf. Die beeindruckende Haupthalle trägt den Namen »Palast der Himmelsgöttin«. Seeleute aus Fujian, die während eines schweren Sturms hier Schutz suchten, widmeten sie Tianhou, der Schutzherrin der Seefahrer. Alle Elemente wurden in den südlichen Provinzen Fujian und Guangdong gefertigt und per Schiff nach Yantai gebracht, wo man sie 1864 zusammensetzte. So kann man im Norden ein schönes Beispiel südlicher Baukunst bewundern. Typisch ist z. B. das Doppeldach mit den mythologischen Figuren aus Keramik, Stein und Holz. In der Eingangshalle sieht man Schnitzereien, die Parabeln und Szenen aus der chinesischen Literatur und Mythologie zeigen, darunter auch die Acht Unsterblichen, die das Meer überqueren, sowie Schlachtbilder, Fabeltiere und einige Szenen aus der *Romanze der Drei Königreiche (siehe S. 29)*. Arabische Figuren, die Musikinstrumente spielen, liegen zwischen den Giebeln. Das Gebälk zeigt die Form einer Frau mit Kind. Zur Tempelanlage gehören außerdem ein Garten und eine Bühne, auf der Feierlichkeiten zu Ehren der Göttin Tianhou stattfinden.

Yantai besitzt einige Parks, darunter den kleinen, zentral gelegenen **Yuhuangding-Park** und den **Yantai-Shan-Park** am Hügel über dem Meer. Östlich davon erstrecken sich die zwei Strände von Yantai. Beide sind wenig attraktiv und von Gebäuden umgeben. Dagegen bietet sich das Hafengebiet für einen Spaziergang an. Zur östlichen Landspitze hin kann man Fischern zusehen, die Netze flicken.

Yantai-Museum
257 Nan Dajie. *tägl. 8.30–11.30, 13–16.30 Uhr.*

Weihai ❻
威海

60 km östlich von Yantai. *2,5 Mio.* *nach Yantai, Qingdao, Beijing & Shanghai.* *CITS 96 Guzhai Dong Lu, (0631) 581 8616.* *tägl. nach Dalian, dreimal pro Woche nach Inch'on (Südkorea).*

Während des Chinesisch-Japanischen Kriegs 1894/95 erlitt die chinesische Beiyang-Flotte vor der Hafenstadt Weihai eine schwere Niederlage. Zwischen 1889

Museum of the 1895 Sino-Japanese War in Weihai

Penglai-Pavillon, der mythische Aufenthaltsort der Acht Unsterblichen

und 1930 war die Stadt, damals Port Edward genannt, britischer Vertragshafen, doch von damals ist wenig übrig.

Der größte Teil von Weihai liegt auf der Insel **Liugong Dao**, fünf Kilometer vor der Küste, und ist mit der Fähre zu erreichen. Die Insel, die Weihais Hafen Schutz bietet, ist eine natürliche Festung und war der Stützpunkt der Beiyang-Flotte. Hauptsehenswürdigkeit ist das **Museum of the 1895 Sino-Japanese War** (Museum des Chinesisch-Japanischen Kriegs). Der Konflikt zwischen diesen beiden Nationen endete damit, dass China Taiwan (damals »Formosa«), die Halbinsel Liaodong (mit Dalian) sowie die Pescadores-Inseln (bei Taiwan) abtreten musste. Nicht weit von der Fähranlegestelle dient das Museum der »patriotischen Erziehung« der chinesischen Besucher. Gezeigt werden Fotos, Gegenstände von den Schiffen und Erinnerungsstücke an die Zeit, als die Insel eine Station der British Royal Navy war.

Die Insel ist angenehm zu erkunden. Mehrere Wege führen in die hügeligen Wälder. Der International Beach bietet lange Sandabschnitte und ruhiges Wasser. Fähren verbinden Weihai mit Dalian und Inch'on in Südkorea. Übernachtungsmöglichkeiten gibt es auf der Insel nicht.

Museum of the 1895 Sino-Japanese War
Liugong Island. *von Weihai (ca. 20 Min.). Sommer: 7–18 Uhr (alle 8 Min.); Winter: 8.30–16.30 Uhr (alle 30 Min.).* *tägl.*

Penglai 7
蓬莱

70 km nordwestlich von Yantai.
von Yantai.

In Penglai sollen die daoistischen Acht Unsterblichen Wein getrunken haben, bevor sie ohne Hilfe von Booten das Meer überquerten. Der burgähnliche Pavillon-Komplex **Penglai Ge** auf einer windumtosten Klippe bietet einen atemberaubenden Blick aufs Meer. Man erreicht ihn per Bus oder Schiff. Der Pavillon stammt von 1061, obwohl Penglai erst berühmt wurde, als Qin Shi Huangdi, Chinas erster Kaiser, in dieser Gegend Kräuter suchte, die Unsterblichkeit verliehen.

Der Komplex besteht aus zahlreichen Pavillons, Hallen, Tempeln, Gärten und Mauern mit Zinnen. Viele Gebäude sind von Efeu oder Wein überwuchert. Die sechs Haupthallen wurden restauriert, eine davon ist Tianhou geweiht und besitzt eine goldene Statue der Himmelsgöttin. Auf dem Wandbild hinter der Statue toben Drachen im Meer und zwischen den Wolken. Am lebhaftesten ist es hier am Geburtstag der Göttin, dem 23. Tag des dritten Monats im chinesischen Mondkalender *(siehe S. 45)*. Dann wird hier ein großes Tempelfest abgehalten, die Statue der Göttin ist in Weihrauch gehüllt, und viele Pilger beten zu ihr. Der Komplex besitzt auch eine Seilbahn und ein Theater.

Bekannt ist Penglai Ge auch wegen des Wunders, das sich alle paar Jahrzehnte ereignen soll. Augenzeugen berichten, dass dann eine Insel mit Gebäuden, Bewohnern und Bäumen aus dem Nebel auftaucht. Gegen eine Gebühr kann man im Tianhou-Palast ein Video dieses Ereignisses sehen. Am Wochenende ist auf dem Komplex normalerweise viel mehr Betrieb als unter der Woche. Penglai ist ein hübscher Tagesausflug von Yantai aus.

Penglai Ge
von Penglai (ca. 90 Min.); tägl. alle 20 Min. *tägl. (letzter Einlass 17 Uhr).*

Himmelsgöttin Tianhou

Die Himmelsgöttin Tianhou wird von den Chinesen auch Mazu, Niangniang oder Tianshang Shengmu genannt. Auf Kantonesisch wird sie »Tinhau« ausgesprochen, in Macau heißt sie A-Ma. Tianhou ist das daoistische Äquivalent zu Guanyin, der buddhistischen Gottheit des Mitgefühls, die meist als Frau dargestellt wird. In den Küstenprovinzen Guangdong und Fujian wird sie als Meeresgöttin und Schutzpatronin der Seefahrer verehrt. Wahrscheinlich war sie eine Frau namens Lin Mo, die 960 auf der Insel Meizhou in Fujian *(siehe S. 291)* geboren wurde. Sie wurde berühmt, weil sie seit frühester Jugend Seeleuten in Not half. Nach ihrem Tod im Alter von 27 Jahren erschien ihre rot gekleidete Gestalt oft Fischern und Seglern in Not.

Die Himmelsgöttin Tianhou auf einer Piratenflagge

Kaifeng ❽

开封

Südlich des Huang He (Gelber Fluss) liegt das von alten Mauern umgebene Kaifeng, die Hauptstadt von sieben Dynastien, die ihren Zenit als Kapitale der Nördlichen Song (960–1126) erreichte. Diese ruhmreichen Tage sind festgehalten in der fünf Meter langen Schriftrolle »Den Fluss aufwärts reisen während des Qingming-Fests«, die heute in der Verbotenen Stadt in Beijing aufbewahrt wird. Immer wieder überflutete der Huang He die Stadt. Die Überschwemmungen kosteten viele Menschenleben, aber auch zahlreiche Gebäude wurden zerstört, darunter die Synagoge. Heute ist Kaifeng eine angenehm ruhige, attraktive Stadt mit schönen Tempeln und Pagoden sowie bunten Märkten.

Die prächtige Zunfthalle Shanshan Gan

Überblick: Kaifeng

Viel des modernen Kaifeng liegt innerhalb der alten Stadtmauern. Im Westen erstreckt sich der große See Baogong Hu. In der Nähe des Sees, in der Yingbin Lu, zeigt das Kaifeng-Museum drei Stelen, die früher vor der Synagoge standen. Sie berichten von der Geschichte der jüdischen Gemeinde Kaifengs. Das Number 4 People's Hospital an der Beitu Jie wurde auf den Überresten der Synagoge im jüdischen Viertel erbaut. Alles, was heute davon übrig ist, ist eine Eisenplatte über einem alten Brunnen.

Zehn Kilometer weiter nördlich gibt es einen Aussichtspunkt am Huang He (Yellow River Viewing Point). Von einem Pavillon aus kann man den Gelben Fluss überblicken. Neben dem Pavillon steht die gusseiserne Statue eines Ochsen, von dem man glaubt, dass er gegen Überschwemmungen schütze.

Zunfthalle Shanshan Gan

Xufu Jie, nahe der Shudian Jie.
tägl 8–16.30 Uhr.

Kaufleute aus den Provinzen Gansu, Shanxi und Shaanxi ließen die Halle in der Qing-Ära als Unterkunft errichten. Sie hat einen Trommel- und Glockenturm sowie eine Geistermauer. Die Dachbalken zeigen Szenen aus dem Händlerleben. Das Gebälk in der Haupthalle zieren Schnitzereien von Tieren, Vögeln und Glückssymbolen.

Da Xiangguo Si

Ziyou Lu. 5, 9. *tägl. 8–18 Uhr.*
Yanqing Guan Baogong Hu Dongbei Shengli Jie. *tägl.*

Kaifengs bekanntester Tempel ist der Da Xiangguo Si (Premierminister-Tempel). Er wurde 555 errichtet und war in der Song-Dynastie Chinas Haupttempel. Zu jener Zeit hatte er 64 Hallen und Legionen von Mönchen. 1642, am Ende der Ming-Zeit, wurde er weggeschwemmt, um 1766 wiedererrichtet. Der achteckige Pavillon im hinteren Teil des Tempels beherbergt eine bemerkenswerte Statue der Qianshou Guanyin, der Tausendarmigen Göttin des Mitgefühls. Sie wurde aus einem einzigen Baum geschnitzt und mit Blattgold belegt. In der Haupthalle sieht man einen Fries mit *luohan* (*siehe S. 31*). In der Nähe des Tempels liegt ein viel besuchter Markt.

Im Westen steht der Tempel **Yanqing Guan**, ein kleines daoistisches Heiligtum, das sich durch den ungewöhnlich angelegten Pavillon des Jadekaisers auszeichnet. Der achteckige Bau ist mit türkisfarbenen Kacheln bedeckt, besitzt viele Schnitzereien und ein Bronzebild des Jadekaisers.

Eisenpagode

Iron Pagoda Park, Beimen Dajie.
tägl. 8–18 Uhr.

Die 13-stöckige Eisenpagode (Tie Ta) steht innerhalb der Stadtmauern aus der Song-Ära im Nordosten der Stadt. Das Bauwerk stammt von 1049 und ist gemauert. Die braun glasierten Kacheln, mit denen es bedeckt ist, verleihen dem Turm einen metallischen Glanz, der ihm den Namen gab. Man kann die engen Treppen hinaufsteigen und wird mit einem sehr schönen Blick über die Stadt belohnt. Die Pagode ist das bekannteste Wahrzeichen Kaifengs.

Qianshou Guanyin im Tempel Da Xiangguo Si

Hotels und Restaurants in Shandong & Henan *siehe Seiten 557f und 585*

Gebetsfahnen vor dem Da Xiangguo Si

Longting-Park

Nördlich der Zhongshan Lu. *tägl.*
Millennium City *tägl.*

Songdu Yu Jie wurde am Kaiserweg errichtet – Kaifengs Hauptstraße während der Song-Zeit. Sie führt nach Norden zum Longting-Park. Hier gibt es Restaurants, die Lokale aus der Song-Ära imitieren, und Läden, die Kalligrafien, Schnickschnack und allerlei »Antikes« verkaufen. Wenn man weiter zum See Yangjia Hu geht, wird es immer bunter: Nicht nur bei Besuchern, sondern auch bei Einheimischen beliebt sind Vergnügungsparks wie **Millennium City**.

Der Longting-Park liegt an der Stelle, die zur Zeit der Song-Dynastie der Kaiserliche Palast mit seinem Park einnahm. Xibei Hu und Yangjia Hu befinden sich im Nordwesten bzw. im Süden. Es gibt einige Fahrgeschäfte für Kinder sowie einen Drachen-Pavillon aus der Zeit der Qing-Dynastie. Es macht Spaß, zu sehen, wie Kaifengs Bewohner ihre Freizeit verbringen.

Po Ta

1,5 km südöstlich von Kaifeng.
15. *tägl. 8–17 Uhr.*

Etwas abseits, südlich der Stadtmauern und westlich des angenehmen Parks Yuwangtai Gongyuan, liegt diese Pagode aus der Zeit der Nördlichen Song-Dynastie. Po Ta wurde 997 errichtet und ist das älteste buddhistische Bauwerk in Kaifeng. Früher hatte das Gebäude neun Stockwerke und war 80 Meter hoch. Heute kann man die verbliebenen drei Stockwerke erklimmen, was einen Blick auf die umliegenden Häuser und Fabriken ermöglicht.

Infobox

70 km östlich von Zhengzhou.
850 000 (Großraum 4,8 Mio.).
Bahnhof. *Busbahnhöfe Süd und West.* *98 Yingbin Lu, (0378) 398 4593.*

Juden in China

Man weiß nicht, wann die ersten Juden *(youtairen)* nach Kaifeng kamen, doch es gibt Hinweise, dass jüdische Kaufleute im 8. Jahrhundert entlang der Seidenstraße nach China reisten. Viele Juden gaben sich nicht zu erkennen, da sie diskriminiert wurden. Fest steht, dass Juden in der Ming-Zeit per kaiserlichem Erlass Zusatznamen wie Ai, Jin, Lao, Li, Shi, Zhang oder Zhao erhielten. Man erzählt sich, dass der Jesuit Matteo Ricci 1605 nach Kaifeng reiste, weil man ihm gesagt hatte, dort gäbe es eine Gemeinde, die an einen einzigen Gott glaube. Ricci erwartete Katholiken und war erstaunt, Juden zu treffen. Die jüdische Gemeinde lebte lange isoliert und verschwand ganz, als die von der Flut beschädigte Synagoge im 19. Jahrhundert abgerissen wurde.

Zentrum von Kaifeng

Da Xiangguo Si ②
Eisenpagode ③
Longting-Park ④
Po Ta ⑤
Zunfthalle Shanshan Gan ①

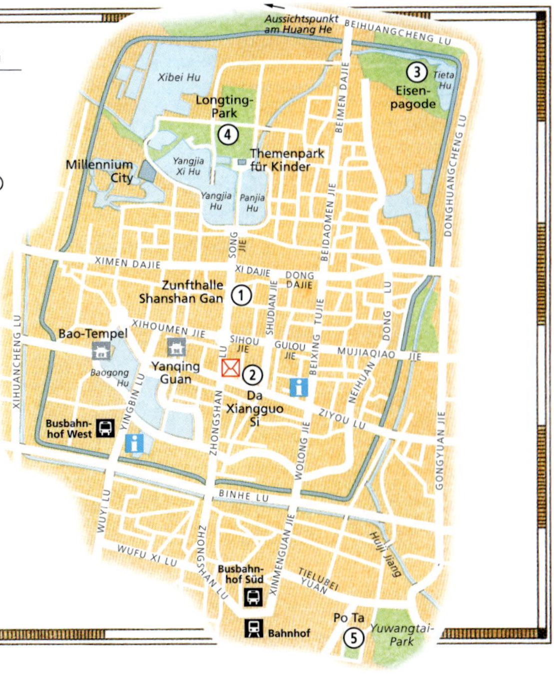

Zeichenerklärung *siehe hintere Umschlagklappe*

Anyang ⑨
安阳

200 km nördlich von Zhengzhou.
780 000 (Großraum 5,2 Mio.).

Bei Ausgrabungen ergab sich, dass Anyang im Norden Henans einst Yin, Hauptstadt der Shang-Dynastie, war. Im späten 19. Jahrhundert fanden Bauern Knochen, auf denen alte chinesische Symbole eingeritzt waren. Man identifizierte sie als Orakelknochen *(siehe S. 26)*. Weitere Grabungen brachten Bronze- und Jade-Objekte sowie Königsgräber zutage, sodass man ein Bild der längst vergessenen Stadt bekam. **Yinxu Bowuguan**, das Museum der Yin-Ruinen im Norden, zeigt Reste der Orakelknochen, Tonwaren, Bronzekessel und sechs Wagen mit Pferdeskeletten.

Im Osten liegt das **Grab von Yuan Shikai**, einem General, der mit dazu beitrug, dass der letzte Qing-Kaiser abdankte, und der sich bald danach selbst zum Kaiser erklärte *(siehe S. 63)*. Die **Altstadt** gruppiert sich um den Glockenturm südlich der Jiefang Lu. Im Südwesten steht die achteckige **Wenfeng-Pagode** mit ihrem mehrstöckigen Dachaufbau. Sie wurde im 10. Jahrhundert errichtet und in der Ming-Ära restauriert.

Wenfeng-Pagode, Anyang

Yinxu Bowuguan
tägl. 8–17.30 Uhr.

Grab von Yuan Shikai
8, 23. tägl. 8–17 Uhr.

Traditionelles dreigeteiltes Tor des Baima Si, Luoyang

Zhengzhou ⑩
郑州

700 km südwestlich von Beijing.
7 Mio. (Großraum).
Nongye Lu (Ecke Huayuan Lu), (0371) 585 2339.

Henans Hauptstadt ist ein Zwischenstopp auf dem Weg nach Kaifeng, Luoyang und zum Shaolin-Tempel. Die **Shang-Stadtmauer** im Osten ist alles, was von der Stadt, die hier vor 3000 Jahren stand, übrig blieb. Im Westen liegt **Chenghuang Miao** (Tempel des Stadtgotts) mit Drachen- und Phönix-Dachreitern. Im **Henan Provinzmuseum** im Norden gibt es eine exzellente, englisch beschriftete Sammlung von 130 000 Shang-Objekten. In der vierten Etage ist eine Dinosaurier-Ausstellung. Einen schönen Blick auf den Huang He hat man im **Yellow River Park**, 28 Kilometer nordwestlich.

Henan Provinzmuseum
8 Nongye Lu. *tägl. 9–16 Uhr.*

Luoyang ⑪
洛阳

121 km westlich von Zhengzhou.
6,4 Mio. (Großraum).
Jiudu Xi Lu, (0379) 432 3212.

In der Industriestadt Luoyang sieht man nur noch wenig Historisches. Doch hier war einst der Zhao-Hof, an dem der Weise Laozi das Archiv verwaltete, sowie der Sitz der ersten Universität Chinas (29 v. Chr.). Bis 937 war Luoyang die Hauptstadt von 13 Dynastien.

Östlich vom Wangcheng-Park präsentiert das **Luoyang-Stadtmuseum** Shang-Bronzen, Jade-Arbeiten und *Sancai*-Porzellan aus der Tang-Ära. Im Frühjahr kommen viele Besucher zum Pfingstrosen-Fest in den Wangcheng-Park. Die Blumen wurden einst auf Befehl der Tang-Kaiserin Wu Zetian angepflanzt.

Die meisten Sehenswürdigkeiten liegen außerhalb der Stadt. Der **Guanlin Si**, sieben Kilometer südlich, ist Guan Yu *(siehe S. 29)* gewidmet, einem General aus der Ära der Drei Königreiche. Die Gebäude sind prächtig verziert. Steinlöwinnen säumen den Weg zu der Halle, in der eine Statue von Guan Yu steht. Zwölf Kilometer östlich der Stadt liegt **Baima Si**, der Tempel des Weißen Pferdes. Chinas ältestes buddhistisches Kloster von 68 n. Chr. ist noch in Betrieb, Gläubige pilgern hierher. Im Hof sieht man Mönchsgräber, in der Haupthalle eine Buddha-Statue.

Luoyang-Stadtmuseum
tägl. 8–17 Uhr.

Guanlin Si
tägl. 8–18 Uhr.

Kriegswagen mit Lenker aus einem Königsgrab (Shang-Ära), Anyang

Hotels und Restaurants in Shandong & Henan *siehe Seiten 557f und 585*

Huang He, der Gelbe Fluss

Der Huang He, Chinas zweitlängster Fluss (Längenangaben 4845 bis 5464 km), hat seinen Namen von den großen Mengen Löss, die er in den Provinzen Gansu, Shaanxi und Shanxi aufnimmt und die das Wasser färben. Er führt die größte Schlammmasse aller Flüsse der Erde mit sich und lädt viel davon wieder ab: So liegt etwa das Flussbett nahe Kaifeng zehn Meter höher als die Stadt, was Überschwemmungen begünstigt. Der Huang He hat seinen Lauf mehrfach geändert. 1642 starben etwa 300 000 Menschen, als der Fluss die Dämme durchbrach und nach Süden floss. Andererseits ist der Pegel in jüngster Zeit stark gesunken: Kurz vor seiner Mündung ist der Fluss kaum breiter als 100 Meter und nicht sehr tief, was am rapide gestiegenen Wasserverbrauch des industrialisierten Nordens liegt. So oder so: Der Huang He ist Chinas Sorgenkind.

Banpo-Tongefäß

① **Die Quelle des Huang He** *liegt im Hochland von Qinghai. Das starke Gefälle aus 4000 Metern Höhe verleiht dem Fluss zunächst reißende Kraft.*

⑤ **An der Mündung** *lagern sich die Sedimente ab, wie man aus der Luft sieht. 680 Millionen Tonnen Schlamm jährlich lassen die Küste verlanden.*

Chinas Mutter

Am Huang He wurden Reste von Siedlungen entdeckt, die auf etwa 6000 v. Chr. zurückgehen. Deshalb nennt man den Gelben Fluss nicht nur »Chinas Sorge«, sondern auch »Chinas Mutter«.

② **Der Fluss nimmt Löss und andere Sinkstoffe** *auf, während er durch die Hochebenen im Norden fließt. Pro Kubikmeter Wasser führt er rund 35 Kilogramm Sediment.*

③ **Wenn der Fluss träger wird**, *lagert er den Schlamm ab, was die Region zur produktivsten Agrarregion Chinas macht.*

④ **Da der Löss das Flussbett erhöht**, *müssen gegen die Überschwemmungsgefahr Deiche gebaut und ständig gewartet werden.*

Longmen-Grotten ⓬

龙门石窟

Blume am Dach der Lotos-Höhle

Die buddhistischen Nördlichen Wei (386–534) ließen zunächst die Yungang-Grotten *(siehe S. 132f)* anlegen und dann – als sie die Hauptstadt von Datong nach Luoyang verlegten – die Longmen-Grotten. Die folgenden Sui- und Tang-Dynastien bauten sie aus. Vor allem die Tang-Kaiserin Wu Zetian förderte die Arbeiten, bevor antibuddhistische Säuberungen den weiteren Ausbau stoppten. Vandalismus und Diebstahl sorgten dafür, dass man heute eine Anzahl von Statuen ohne Kopf sieht. Seit 2000 gehören die Grotten zum UNESCO-Welterbe.

Blick über den Fluss Yi auf Fengxian Si und die Höhlen am Westufer

Fengxian Si ①

Die größte Höhle wurde im Jahr 675 vollendet.

★ Vairocana Buddha

Die über 17 Meter hohe Kolossalstatue soll die Gesichtszüge der Kaiserin Wu Zetian tragen. Das rätselhafte Lächeln brachte ihr den Spitznamen »Mona Lisa des Ostens« ein.

Ananda

Die Statue zeigt Ananda, einen Schüler von Sakyamuni. Er war ein Gedächtniskünstler und schrieb die Sutren auf.

Zerstörter Ananda

Einige Statuen wurden in der späten Tang-Ära zerstört, als der Buddhismus verpönt war. Andere wurden von Souvenirjägern gestohlen oder von Rotgardisten beschädigt.

Nicht versäumen

- ★ Himmelskönig
- ★ Vairocana Buddha

★ **Himmelskönig**
Er hält eine Votiv-Pagode in der Hand und zertritt mit den Füßen einen Dämon – die Pose der Statue wirkt erstaunlich realistisch.

Überblick: Longmen-Grotten

Auf einem rund einen Kilometer langen Streifen am Westufer des Flusses Yi befinden sich über 2000 Höhlen bzw. Nischen. In wenigen Höhlen drängen sich über 100 000 Statuen (mit englischen Erläuterungen).

Die gut erhaltene **Lotos-Höhle** (Lotus Flower Cave) ② wurde um 527 errichtet. Ihre Statuen entstanden alle aufgrund eines Plans und wurden nicht nach und nach zugefügt. Eine große Lotosblüte ziert die Mitte der Höhlenkuppel. Sie wird von *apsarases* (Wassergeistern) umrahmt.

Die **Zehntausend-Buddha-Grotte** (Ten Thousand Buddha Cave) ③ stammt von 680 und zeigt eine überwältigende Präsenz des großen Lehrers.

In der **Yaofang-Grotte** (Prescription Cave) ④ sind 140 Behandlungsmöglichkeiten gegen veschiedenste Krankheiten neben dem Eingang in die Wand graviert. Die Liste wurde 150 Jahre lang immer wieder ergänzt.

Sakyamuni, der Sitzende Buddha, in der mittleren Binyang-Grotte

Infobox

14 km südlich von Luoyang.
(0379) 598 1651. 53, 60 sowie 83 vom Bahnhof. Taxis dürfen nicht aufs Gelände fahren.
Sommer: tägl. 8–17.30 Uhr; Winter: tägl. 8.30–17 Uhr.

An den drei Höhlen **Binyang San Dong** ⑤ (wörtlich: »der aufgehenden Sonne entgegen«) wurde 24 Jahre lang gearbeitet. 523 waren sie fertiggestellt. An der Hauptwand befinden sich fünf sehr große Figuren. Sakyamuni, die Figur in der Mitte, wird von vier Bodhisattvas im asketischen, sehr formalen Stil der Nördlichen Wei flankiert. Zusammen mit den Statuen an den Seitenwänden ergeben sich drei Gruppen: die Buddha-Bildnisse der Vergangenheit, der Gegenwart und der Zukunft. Zwei große Reliefs, auf denen Kaiser und Kaiserin zu Buddha beten, wurden in den 1930er Jahren gestohlen und sind nun in Museen in den USA ausgestellt. Die südliche Binyang-Grotte wurde 641 vollendet und enthält wunderbare Skulpturen. Die ernsten Gesichtszüge der Figuren zeigen recht gut den Übergang vom feierlich-strengen Stil der Nördlichen Wei zum realistischeren Stil der Künstler in der Tang-Ära, wie man ihn in der Fengxian-Si-Grotte erkennen kann.

Longmen-Grotten

Das Ostufer des Flusses Yi bietet eine gute Möglichkeit, die Größe von Fengxian Si aus der Entfernung zu würdigen. Auch hier gibt es einen Tempel und einige kleinere Höhlen.

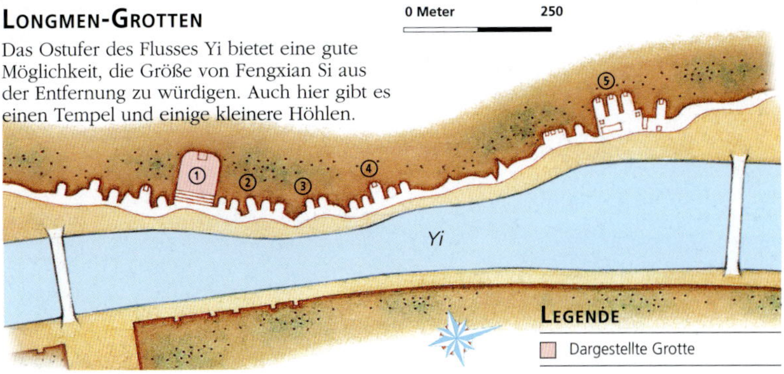

Monumentaler Stupa-Wald im Shaolin-Kloster

Song Shan und Shaolin-Kloster ⓭

嵩山和少林寺

80 km westlich von Zhengzhou. *von Luoyang und Zhengzhou nach Dengfeng und zum Shaolin-Kloster.* **Dengfeng** *203 Beihuan Lu, (0371) 6288 3442.*

Der zentrale Gipfel der fünf heiligen daoistischen Berge Chinas, der Song Shan, ist 1492 Meter hoch. Seine Sehenswürdigkeiten erkundet man am besten, wenn man in **Dengfeng** am Fuß des Taishi Shan übernachtet. Von dort führen viele Wege zu alten Tempeln und Pagoden.

Fünf Kilometer östlich befindet sich **Zhongyue Miao**, der Tempel des Mittelgipfels. Er wurde vor über 2200 Jahren geweiht und ist Chinas ältestes daoistisches Heiligtum. Die Gebäude, die man heute sieht, stammen jedoch aus jüngerer Zeit. Drei Kilometer nördlich von Dengfeng liegt die **Songyang-Akademie**, ein konfuzianisches Kolleg, einst eine der vier bedeutendsten chinesischen Hochschulen. Die zwei hohen Zypressen im Hof sollen schon vor etwa 2000 Jahren von Kaiser Wudi gepflanzt worden sein.

Weiter den Hügel hinauf kommt man zur zwölfeckigen Pagode **Songyue Si** (6. Jh.), der ältesten Ziegelpagode Chinas. Das Gaocheng-Observatorium zehn Kilometer südöstlich von Dengfeng stammt aus der Yuan-Zeit und verfügt über Chinas ältesten Pyramidenturm.

Bodhidarma-Statue, Shaolin-Kloster

Shaolin (wörtlich: ›Junger Wald‹) ist der Name des Ordens der kämpfenden Mönche im **Shaolin-Kloster**, 13 Kilometer nordwestlich von Dengfeng. Das Kloster wurde im 5. Jahrhundert gegründet und verdankt die Kampfkunst Bodhidarma, einem indischen Mönch, der 527 hierherkam. Er entwickelte Übungen, aus denen das *shaolin quan* (Shaolin-Boxen) hervorging: Ursprung aller chinesischen Kampfkunstformen. Das Kloster brannte mehrmals ab. Heute ist es aufdringlich kommerziell. Dennoch pilgern immer noch zahlreiche Anhänger der *martial arts* hierher, um *gong fu* (›Können‹; im Westen: Kung Fu) zu lernen, obwohl sich die meisten Schulen in Dengfeng befinden.

Der große Tempel besitzt mehrere Hallen. Ein Pavillon im hinteren Teil markiert die Stelle, an der sich der Mönch Huihe seinen Arm abschlug, um dem Zen-Buddhismus näherzukommen. Dahinter sieht man im Pilu-Pavillon Vertiefungen, in denen die Mönche ihre Fußtechnik schulten.

Der Stupa-Wald liegt etwas abseits vom Tempel. Die zahlreichen Ziegelpagoden erinnern an berühmte Shaolin-Mönche. Im September wird hier das *Wushu*-Fest (Kampfkunst-Fest) begangen.

Weiter oben am Berg gibt es eine Höhle, in der Bodhidarma neun Jahre lang meditiert haben soll.

Shaolin-Kloster
tägl. 8–17 Uhr.

Zhongyue Miao
tägl. 8–17 Uhr.

Gongyi ⓮

工艺

80 km westlich von Zhengzhou. *von Luoyang oder Zhengzhou.*

Außerhalb des Orts Gongyi gibt es einige Kaisergräber der Song-Dynastie sowie buddhistische Grotten. Die sieben Gräber der Song-Kaiser sind an Grabhügeln und Statuen erkennbar und liegen weit verstreut. Man besucht sie am besten per Shuttlebus, der zwischen Luoyang und Zhengzhou verkehrt. Acht Kilometer nördlich von Gongyi befinden sich in den **Buddhistischen Grotten** *(shiku)* Skulpturen aus der Ära der Nördlichen Wei.

Buddhistische Grotten
tägl. 8–18 Uhr.

Statuen in den Buddhistischen Grotten bei Gongyi

◁ **Himmelskönig und Wächterstatue, Longmen-Grotten** ***(siehe S. 154f)***

Kung Fu

Das chinesische *Gong fu* bedeutet »Können« und beschreibt die Kunst(fertigkeit) eines Kalligrafen ebenso wie die eines Pianisten oder eines Kampfkünstlers. In China existierte schon zur Zeit der Zhou-Dynastie eine Tradition von Kampfformen. Der Mönch Bodhidarma betrachtete die Übungen als Weg zur geistigen Vervollkommnung und erhob Kampfrituale zur Kunstform. Heute gibt es nicht nur in China alle möglichen (und unmöglichen) Varianten des Kung Fu, darunter auch »Drunken Boxing« oder »Praying Mantis Fist«. Seriöse Kampfkunst unterscheidet zwischen den inneren »weichen« Formen *(neijia)* und den äußeren »harten« *(waijia)*. *Neijia*-Schulen stärken die Lebensenergie *qi (siehe S. 32f)*, um so den Gegner ohne körperliche Kraftanwendung aus der Balance zu bringen. *Waijia*-Schulen betonen eher Stärke, Geschicklichkeit etc. Zu den Waffen des Kung Fu zählen u.a. Schwert, Säbel, Dreistock und Peitsche.

Kung-Fu-Schwert

Bodhidarma, *der Gründer des Chan-Buddhismus (Zen-Buddhismus), war ein indischer Mönch, der das Shaolin-Kloster besuchte. Er führte ein Übungssystem zum Ausgleich und zur Weiterentwicklung der Meditation ein. Daraus entstand das Shaolin-Boxen.*

Shaolin-Mönche *durchlaufen ein strenges, äußerst hartes Training. Hier zeigen sie eine akrobatische Version von* mabu, *der Reiterstellung, die wichtig ist, um »erdverwurzelt« zu sein, also einen ausbalancierten Stand beim Kampf zu haben.*

Xingyi Quan *zählt zwar zu den inneren Kampfstilen, betont allerdings auch die Offensive. Die Bewegungen sind geradlinig und direkt und werden mit innerer Energie und Willen in Richtung des Gegners ausgeführt.*

Beim Bagua Zhang *(acht Trigramme), einer* Neijia-*Methode, beschreiben die Bewegungen von Händen und Füßen immer einen Kreis. Charakteristisch sind die schnellen, gleichwohl »fließenden« Richtungswechsel.*

Bruce Lee *(rechts)* in *Todesgrüße aus Shanghai*

Kung Fu und die Filmindustrie

Die Zeiten sind vorbei, in denen Kung-Fu-Filme aus China und Hong Kong mit B-Movie-Schauspielern gedreht wurden und dümmliche Storys über Rache erzählten. Nachdem Bruce Lee (1940–1973) dem Genre den Weg bereitet hatte (*The Chinese Connection* von 1971, dt. *Todesgrüße aus Shanghai*, war weltweit ein Kassenschlager), stiegen Jackie Chan und Jet Li zu gefragten Hollywood-Schauspielern mit Kultstatus auf. *Drunken Master 2* (1994) mit Jackie Chan gilt als Meilenstein. Die Martial-Arts-Filme aus Hong Kong sind mit ausgefeilten Choreografien und höchster technischer Raffinesse produziert. Kampfkunstszenen sieht man mittlerweile auch in westlichen Filmen, etwa in *Matrix*.

Shaanxi

Der Huang He, der Gelbe Fluss, begrenzt im Osten die Provinz Shaanxi, die in der chinesischen Geschichte eine wichtige Rolle spielte. 1066 v. Chr. gründeten hier die Westlichen Zhou ihre Hauptstadt in der Nähe der heutigen Stadt Xi'an *(siehe S. 162–169)*. 850 Jahre später wurde China von Shaanxi aus unter Qin Shi Huangdi *(siehe S. 54)*, dem ersten Kaiser, geeint. In der Folge war Xi'an ein Jahrtausend lang Ort der politischen Macht für die Dynastien der Westlichen Han, der Sui und der Tang.

Im 9. Jahrhundert hatte sich Xi'an, das damals Chang'an hieß und am östlichen Ende der Seidenstraße lag, zur größten und wohlhabendsten Stadt der Welt entwickelt. In der Blütezeit der Tang-Dynastie hatte Xi'an über eine Million Einwohner. Innerhalb der mächtigen Stadtmauer lagen rund 1000 Tempel.

Die kulturellen Reichtümer der Stadt sind vielfältig. Sie reichen von der Terrakotta-Armee, die das Grab von Qin Shi Huangdi beschützen sollte, bis zum Shaanxi-Geschichtsmuseum. Das Museum präsentiert über 3000 Objekte, von Bronzegefäßen aus der Shang- und Zhou-Ära bis hin zu Ornamenten und Grabbeigaben aus der Tang-Zeit. Weitere Sehenswürdigkeiten in Xi'an sind der Tempel der Acht Unsterblichen und die beiden Wildgans-Pagoden.

Viele Besucher reisen auch zum heiligen Berg Hua Shan im Osten von Xi'an, wo sie eine anregende Mischung aus Kontemplation und Wandermöglichkeiten erwartet.

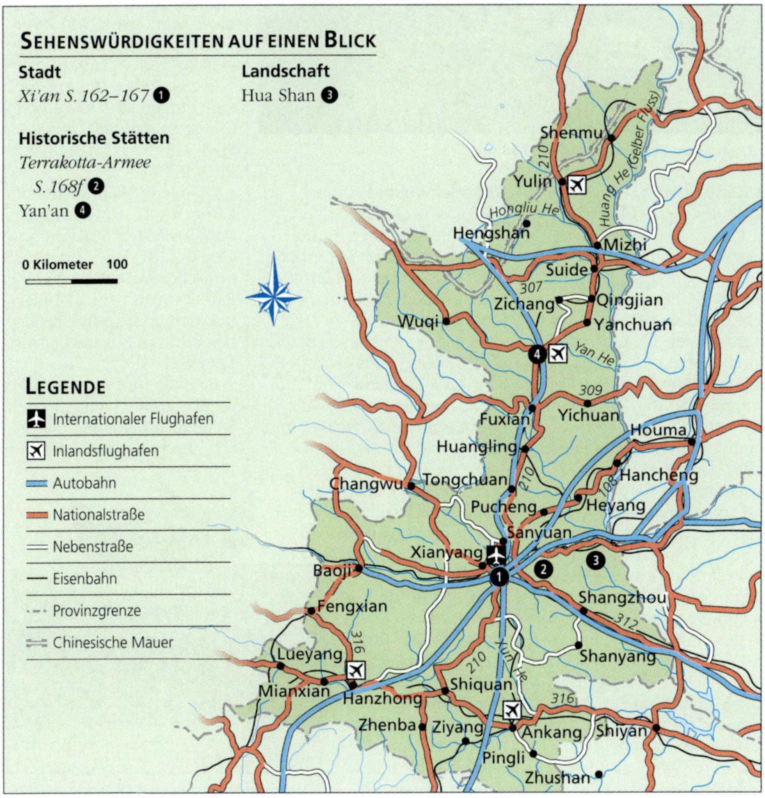

Nur für Schwindelfreie: am Südgipfel, der höchsten Erhebung des Hua Shan *(siehe S. 171)*

Xi'an ❶

西安

Yin-Yang-Trommel im Trommelturm

Die Hauptstadt der Provinz Shaanxi war 4000 Jahre lang die Hauptstadt von elf Dynastien, darunter den Dynastien der Westlichen Zhou, Westlichen Han, Qin, Westlichen Wei, Nördlichen Zhou, Sui und Tang. Die Chinesen führen die Linie sogar noch weiter zurück bis zum mythischen Gelben Kaiser, der angeblich Xianyang zur Hauptstadt erkor. Xi'ans Höhepunkt lag in der Tang-Periode, als es den östlichen Endpunkt der Seidenstraße *(siehe S. 464f)* bildete und zur quirligen Metropole mit zahlreichen ausländischen Händlern und Angehörigen vieler Religionen wurde. Aufgrund dieser Vergangenheit spielt der Tourismus heute in Xi'an eine wichtige Rolle.

Blick von Xi'ans Stadtmauer auf das Südtor

Stadtmauer

Sommer: tägl. 8–19 Uhr; Winter: tägl. 8.30–17 Uhr.

Die meisten chinesischen Städte, darunter auch Beijing, besitzen keine Stadtmauer mehr. In Xi'an sind die Stadtbefestigungen intakt und bilden ein etwa 14 Kilometer langes Rechteck um das Zentrum. Sie wurden 1370 unter dem ersten Ming-Kaiser Hongwu errichtet. Die Fundamente stammten von einem Kaiserpalast der Tang-Dynastie. Die Bastionen sind zwölf Meter hoch und an der Basis bis zu 18 Meter dick. Man kann die Mauer an mehreren Stellen ersteigen. Besonders gut eignen sich die Stufen östlich des Südtors oder am Westtor. Die heutige Stadtmauer, auf der sich Souvenirstände reihen, ist imposant – doch im Vergleich zur Anlage aus der Tang-Ära bescheiden. Letztere umschloss 78 Quadratkilometer der damals Chang'an genannten Stadt.

Stelenwald-Museum

tägl. 8–18 Uhr.

Das nicht weit vom Südtor gelegene Museum beherbergt über 1000 Stelen – Steinsäulen zum Gedenken an vielerlei Anlässe. Die älteste Stele stammt aus der Han-Zeit. Die Tafeln voller chinesischer Schriftzeichen sind wohl nur für Spezialisten interessant, aber es gibt auch welche mit Karten und Illustrationen.

Die Stelen in der ersten Halle bergen zwölf konfuzianische Klassiker, darunter das *Buch der Gesänge (Shijing)*, das *Buch des Wandels (Yijing* oder *I Ging)* und die *Analekten (Lunyu)*. Der Tang-Kaiser Wenzong ließ sie 837 als Standardtexte auf 114 Steintafeln schreiben, um künftig Fehler der Kopisten beim Abschreiben zu vermeiden. Die Nestorianische Tafel Daqin in der zweiten Halle ist mit einem Kreuz gekrönt. Sie wurde 781 geschaffen, um der Ankunft der Nestorianischen Christen in Xi'an zu gedenken. Die Schriftzeichen oben auf der Stele beziehen sich auf Rom (oder Daqin, wie es in China hieß). Das Nestorianische Christentum wird als »Ehrwürdige Religion« bezeichnet. Da sie an die Trennung von göttlichen und menschlichen Eigenschaften Christi glaubten, wurden die Nestorianischen Christen als Häretiker angesehen. Die ersten von ihnen kamen 635 nach Xi'an. Sie lebten zwei Jahrhunderte in der Stadt und verschwanden dann plötzlich.

Detail der Nestorianischen Tafel im Stelenwald-Museum

In der dritten Halle zeigt eine eingravierte Karte von Chang'an das Ausmaß der Stadt auf dem Höhepunkt ihres Ruhms.

Die vierte Halle beherbergt kalligrafische Umsetzungen von Gedichten Su Dongpos (1037–1101) und anderer chinesischer Lyriker sowie einige Radierungen von Bodhidarma, dem indischen Gründer des Zen-Buddhismus *(siehe S. 158f)*.

In Halle fünf sieht man Material zur Geschichte, in den Seitenhallen weitere historische und religiöse Artefakte.

Die Fassade des Stelenwald-Museums, einst ein Konfuzius-Tempel

Trommel- und Glockenturm

tägl. 8.30–17.30 Uhr.

Der große Glockenturm mit seinen drei charakteristischen grünen Dächern überragt das Zentrum von Xi'an, wo die vier Hauptstraßen zusammentreffen. Die Holzkonstruktion steht auf einem gemauerten Sockel. Sie wurde 1384 zwei Blocks weiter westlich errichtet, 1582 an der jetzigen Stelle aufgestellt und 1739 restauriert. Im Turm war früher eine große Bronzeglocke, die jeden Morgen geschlagen wurde. Heute beherbergt der Turm eine Sammlung von Glocken und Musikinstrumenten.

Der Trommelturm von 1380 steht westlich vom Glockenturm am Rand des alten Muslimischen Viertels, in dem seit Jahrhunderten die Minderheit der Hui lebt – heute hat sie rund 30 000 Angehörige. Das Innere des hölzernen Trommelturms mit den drei geschwungenen Dächern wurde vor einiger Zeit restauriert, dennoch gibt dort recht wenig zu sehen.

Glocke im Glockenturm

Große Moschee

tägl. 8–18.30 Uhr.

742, zur Zeit der Tang-Dynastie, wurde die erste Große Moschee (Da Qingzhen Si) im Zentrum von Xi'an westlich des Glockenturms im chinesischen Stil erbaut. Damals war der Islam noch eine junge Religion. Die heutigen Gebäude im chinesischen Stil stammen aus der Qing-Ära und wurden kürzlich restauriert. Die Moschee ist eine der größten in China und mit ihren vier Höfen eine Oase der Ruhe.

Arabische Schrift an einem Bogen im Hof der Großen Moschee

Infobox

1200 km südwestlich von Beijing. 3,9 Mio. (Großraum 8 Mio.). Flughafen Xiguan, Xianyang 40 km. Bahnhof Xi'an. Busbahnhof Xi'an, CAAC (Busse zum Flughafen), Westlicher Busbahnhof. Xi'an CITS, (029) 8522 3170.

Im ersten Hof steht ein neun Meter hoher verzierter Holzbogen aus dem 17. Jahrhundert, im dritten Hof ein Minarett in Form einer achteckigen Pagode mit drei Dächern. Die Halle südlich des Minaretts beherbergt eine Koran-Handschrift aus der Zeit der Ming-Dynastie. Zwischen zwei Brunnen erhebt sich die Hauptgebetshalle (für Nicht-Muslime nicht zugänglich) mit türkisfarbenen Kacheln. An der Decke sind Korantexte lesen. Besichtigen Sie die Moschee möglichst nicht am Freitag, dem muslimischen Feiertag.

Für einen Spaziergang eignet sich das Muslimische Viertel mit seinen engen Gassen, niedrigen Häusern und den guten Restaurants der Hui-Gemeinde.

Tempel der Acht Unsterblichen

tägl. 9–17.30 Uhr.

Östlich der Stadtmauer von Xi'an wurde das große daoistische Heiligtum an der Stelle eines Tempels gebaut, der ursprünglich dem Donnergott geweiht war. Der Name des heutigen Tempels ist Baxian Gong – nach den Acht Unsterblichen der daoistischen Mythologie, die hier in der Song-Ära gesichtet wurden.

In den Hallen und Höfen sieht man viele Mönche und Nonnen. Besonders interessant sind die Tafeln an den Wänden der Haupthalle, auf denen daoistische Texte und Illustrationen zu sehen sind, darunter auch Auszüge aus dem *Neijing*, der »Bibel« der Yogis und Alchimisten. Auf anderen Tafeln gibt es ebenfalls daoistische Zeichnungen, darunter fünf Symbole, die sich auf die fünf heiligen Berge beziehen.

Stelen-Pavillon, Tempel der Acht Unsterblichen

Rechts und links der **Lingguan-Halle** stehen Statuen von Wächterfiguren – ein Weißer Tiger und ein Grüner Drache – sowie ein Bildnis von Wang Lingguan, dem Beschützer des Daoismus. Statuen der Acht Unsterblichen säumen die Halle auf beiden Seiten.

Im hinteren Teil der Anlage steht die **Doumu-Halle**. Sie ist der daoistischen Göttin Doumu geweiht, die auch Doulao heißt (»Königin des Großen Wagens«). Ebenfalls im hinteren Teil befindet sich die Halle von Meister Qiu, in der die Kaiserwitwe Cixi und der Kaiser Guangxu Schutz suchten, als sie am Ende des Boxeraufstands *(siehe S. 433)* aus der Verbotenen Stadt fliehen mussten. Über dem Tor der Halle hängt eine Tafel mit den Schriftzeichen *yuqing zhidao* (»Dao der Jadereinheit«), Cixis Widmung an den Abt.

Am 1. und 15. Tag jedes Mondmonats gibt es hier ein Tempelfest, mittwochs und freitags immer einen interessanten Straßenmarkt vor dem Tempel, auf dem man Kuriositäten, Altes und viele Fälschungen kaufen kann.

Die Kleine Wildgans-Pagode mit ihren 15 Ebenen

Kleine Wildgans-Pagode

Youyi Xi Lu. *7, 8 40 46.* *tägl.*

Südwestlich des Südtors steht die 43 Meter hohe Xiaoyan Ta neben den Ruinen des Tempels Jianfu Si. Er stammt aus der Tang-Ära und wurde gebaut, um Sutren unterzubringen, die über die Seidenstraße aus Indien nach Xi'an kamen. Der gemauerte Turm (709) sollte die Schriften vor Feuer schützen, das oft die Holztempel zerstörte. Die Spitze der Pagode brach bei einem Erdbeben ab. Ein weiteres Beben 1487 ließ über die ganze Länge eine 30 Zentimeter breite Spalte zurück, die sich aber beim nächsten Beben wieder schloss.

Shaanxi Geschichtsmuseum

Siehe S. 166f.

Große Wildgans-Pagode

Yanta Lu. *5, 21, 501.* *tägl. 8–18 Uhr.* *Extra-Gebühr für die Besteigung der Pagode.*

Dayan Ta wurde 652 als Gedenkstätte für Kaiserin Wende, die Mutter von Kaiser Gaozong, errichtet und gehört zum heute noch existierenden Tempel Ci'en Si. Der Mönch Xuanzang, der durch Zentralasien nach Indien reiste und viele Sutren mitbrachte, ließ sich hier nieder und übersetzte Hunderte von Schriften aus dem Sanskrit ins Chinesische. Um die Schriften angemessen unterzubringen, entstand nach seinen Entwürfen die 64 Meter hohe Pagode, eine rechteckige Konstruktion mit gemauertem Äußeren und hölzerner Innenausstattung. In der Blütezeit der Tang-Ära war Xi'an fast siebenmal größer als heute – die Pagode stand damals noch innerhalb der Stadtmauern.

Dayan Ta kann man besteigen. Es soll Glück bringen, wenn man Geld nach unten wirft. Auf der Rückseite der Pagode erzählt ein Relief die Geschichte von Xi'an. Auch die Tempelanlage kann man besichtigen. In der Haupthalle stehen drei Buddha-Statuen flankiert von 18 *luohan* oder *arhats (siehe S. 31)*.

Kerzen im Hof der Großen Wildgans-Pagode

Kleine Geschichte der Pagode

Die Pagode gilt zwar als ein archetypisches Element der chinesischen Architektur, stammt aber aus Indien und hat sich aus der buddhistischen Stupa entwickelt. Bald setzten sich jedoch chinesische Architekturelemente durch, wie man an den Säulenpagoden in den Yungang-Grotten sehen kann, die schon mehrere Stockwerke haben. 1500 Jahre lang entstanden unzählige Pagodenformen – von der Säule über hausähnliche Grabmäler bis hin zu vielgeschossigen Türmen. Pagoden wurden aus Stein, Ziegeln oder Holz errichtet. Sie können quadratisch sein oder viele Ecken haben. Zunächst waren Pagoden der Mittelpunkt eines Tempels, doch in China nahm bald die praktischere Halle das Zentrum ein. Später baute man auch Pagoden ohne Tempel, beispielsweise auf einem Berg oder an einem Fluss, wo sie vor Hochwasser schützen sollten.

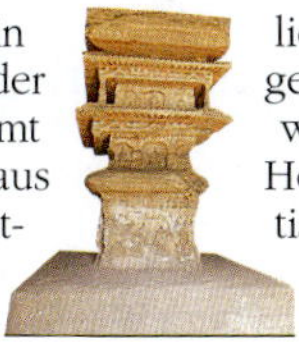

Yungang-Säulenpagode

Die indische Stupa *war ein symbolisches Grabmal für buddhistische Reliquien und zunächst Vorbild für die Pagode. Diese Stupa-Form wurde jedoch im 13. Jahrhundert aufgegeben, als die Yuan tibetische Stupas, auch Dagobas genannt, einführten und spätere Dynastien diese Bauweise weiterführten.*

Die Dali-Pagode *ist ein schönes Beispiel für geschwungene Dächer aus Stein. Über einem quadratischen Sockel ragt sie 69 Meter hoch auf. Die Lotosknospe oben zitiert indische Stupas.*

Achteckige Pagoden *sind wahrscheinlich vom Tantra-Buddhismus inspiriert, dessen Weltbild acht Kardinalpunkte aufweist.*

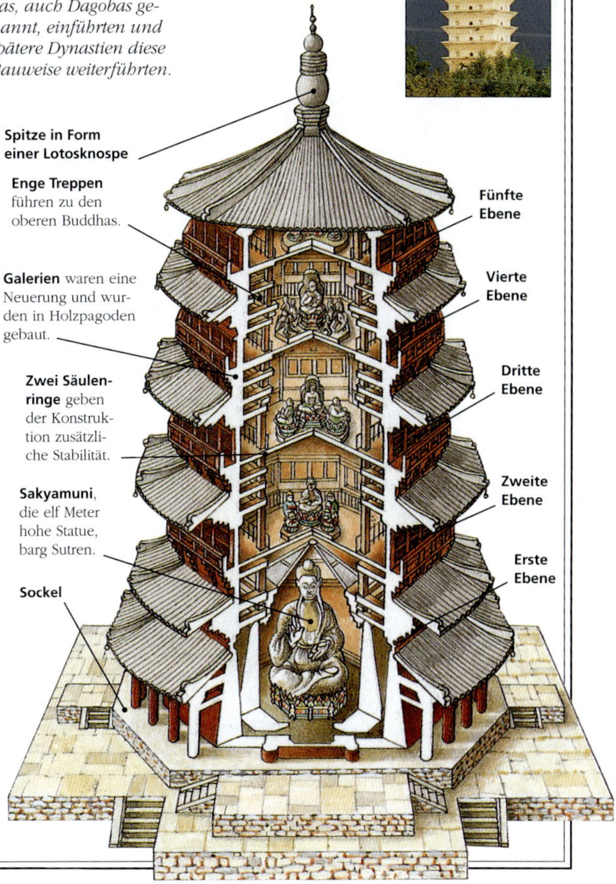

Yingxian-Pagode

Die Holzpagode im Fogong Si ist eine der schönsten noch existierenden. Der achteckige Bau stammt von 1056 und wird auch Sakyamuni-Pagode genannt.

Xi'an: Shaanxi Geschichtsmuseum

陕西历史博物馆

Alter Bogen

Eine der Hauptattraktionen von Xi'an ist das geräumige, moderne Geschichtsmuseum. Es präsentiert über 370 000 Objekte, die von Shaanxis früher Zivilisation und langer Hochkultur zeugen. Die Sammlung enthält Keramiken, Bronzen, Jadestücke, Gold- und Silberobjekte, Münzen und Kalligrafien aus der Zeit vor der Ming-Ära. Es gibt interessante Fresken aus der Zeit der Tang-Dynastie. Zudem kann man einige der berühmten Terrakotta-Krieger *(siehe S. 168f)*, die ganz in der Nähe ausgegraben wurden, sehen. Die Stücke werden gut präsentiert. Die Beschriftungen sind auch auf Englisch.

Das Shaanxi Geschichtsmuseum imitiert in seiner Architektur den Tang-Stil

★ Shang-Kochgefäß

Die Maskenform dieses Bronzekessels zeugt von der Religion der Shang-Dynastie, die in der Welt der Naturgeister verankert war. Bronze-Objekte gehören zu den höchsten künstlerischen Ausdrucksformen jener Zeit.

Zhou-Weingefäß

Dieser 1967 ausgegrabene zun *(Gefäß für Wein) hat die Form eines Rinds, einen Deckelgriff in Form eines Tigers und einen Schwanz-Henkel. Das animistische Muster ist typisch für die Zhou-Dynastie.*

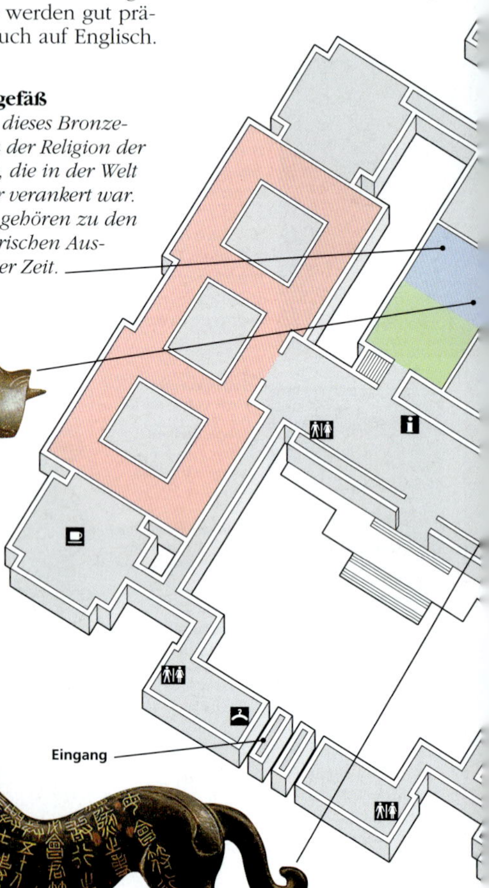

Darstellung in Tigerform

Das ungewöhnliche Bronze-Objekt berechtigte Generäle, Truppen zu mobilisieren. Die Schriftzeichen wurden in der Qin-Dynastie für offizielle Texte benutzt.

LEGENDE

- Prähistorische Zeit
- Shang- und Zhou-Dynastie
- Qin-Dynastie
- Han-Dynastie
- Nördliche und Südliche Dynastie
- Tang-Dynastie
- Song- bis Qing-Dynastie
- Sonderausstellungen
- Keine Ausstellungsfläche

NICHT VERSÄUMEN

- ★ Shang-Kochgefäß
- ★ Tang-*Sancai*-Pferd

★ Tang-*Sancai*-Pferd
Sancai *bedeutet dreifarbig, und dieses polychrom glasierte Pferd aus Ton ist ein unübertroffen schönes Exemplar aus der Tang-Ära.*

INFOBOX

91 Xiaozhai Donglu, Ecke Cuihua Lu. *(029) 8521 7140.*
5, 19, 521 vom Bahnhof.
Apr–Sep: Di–So 8.30–17.30 Uhr; Okt–März: tägl. 9–16.30 Uhr.
www.sxhm.com

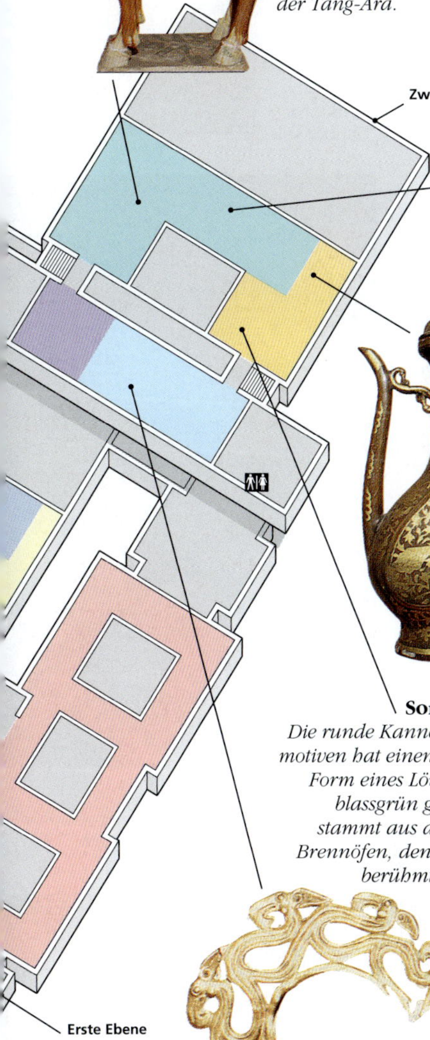

Tang-Achat-Trinkgefäß
Das schön gezeichnete Trinkgefäß in Form eines Horns zeigt Einflüsse aus dem Mittleren Osten. Die Goldkappe ist abnehmbar.

Ming-Kanne
Zu den wenigen Objekten aus der Ming-Zeit gehört diese Kanne. Das Goldmuster zeigt einen Pfau und Pfingstrosen, die Wohlstand und einen hohen Rang symbolisieren.

Song-Seladon-Kanne
Die runde Kanne mit Blumenmotiven hat einen Ausgießer in Form eines Löwenkopfs. Das blassgrün glasierte Stück stammt aus den Yaozhou-Brennöfen, den ältesten und berühmtesten Chinas.

Goldenes Fabelwesen
Das wunderbare Schmuckstück aus der Han-Dynastie hat Muster am Körper und ein stilisiertes Geweih, das sich weit über den Rücken zurückbiegt.

KURZFÜHRER
Die Exponate sind chronologisch angeordnet: im Erdgeschoss Shang und Westliche Zhou (Abteilung 1), im Obergeschoss Han, Westliche Wei und Nördliche Zhou (Abteilung 2). Abteilung 3 konzentriert sich auf Sui-, Tang-, Ming- und Qing-Dynastie. Im Erdgeschoss gibt es zwei Seitenflügel, in denen Sonderausstellungen stattfinden.

Xi'an: Terrakotta-Armee ❷

兵马俑

Glocke, Grabanlage von Qin Shi Huangdi

Die Armee der Terrakotta-Krieger wurde 1974 entdeckt, als Bauern einen Brunnen gruben. Die lebensgroßen Figuren aus gelbem Lehm wurden vor über 2200 Jahren geschaffen, um das Grab von Qin Shi Huangdi zu bewachen, dem ersten Kaiser, der China vor über 2200 Jahren einte *(siehe S. 54)*. Die Ausgrabungen brachten drei Gruben mit über 7000 Soldaten, Bogenschützen und Pferden zutage. In Grube 1 ist die Infanterie, in Grube 2 die Kavallerie, in Grube 3 sind hochrangige Offiziere. Die Terrakotta-Armee ist zusammen mit der gesamten Anlage seit 1987 UNESCO-Welterbe.

★ Armee in Grube 1
Die beeindruckendste Grube enthält über 6000 Krieger in Schlachtformation. Jede Figur zeigt einen individuellen Ausdruck in Gesicht und Haltung.

Hoher Offizier
Er ist größer als die Fußsoldaten um ihn herum, herrschaftlich mit zwei Gewandschichten bekleidet und nimmt eine Haltung ein, als ob er die andern überwachen würde.

Die Tonpferde wurden ebenso wie die Soldaten aus Fragmenten zusammengesetzt.

Originalbemalung
Alle Figuren waren ursprünglich farbenfroh bemalt, wie diese Rekonstruktion zeigt. Bei einigen Statuen finden sich noch Farbspuren, doch die meisten verblassten an der Luft.

Infanterie
Die Tonkrieger waren ursprünglich bewaffnet. Sie hielten Schwert, Speer oder Pfeil und Bogen, doch die meisten Waffen sind korrodiert oder verrottet.

Nicht versäumen

- ★ Armee in Grube 1
- ★ Kniender Schütze

★ Kniender Schütze
Er trägt eine Brustpanzerung und kniet, als ob er sich auf den Schuss vorbereite. Die Figur wirkt wachsam und aktiv, obwohl der Holzbogen sich aufgelöst hat. Seine quadratischen Schuhe mit »Spikes« geben guten Halt.

Infobox

30 km östlich von Xi'an.
28, 306 vom Bahnhof Xi'an.
(029) 8139 9001.
tägl. 8.30–17.30 Uhr.

Die Wälle aus gestampfter Erde zwischen den Gruppen trugen früher die Balken für das Holzdach.

Individuelle Details
Die Differenziertheit der Gestaltung ist erstaunlich: Man sieht individuelle Frisuren und Gesichter. Auch Kleidung, Gürtel und Schuhe zeugen von hoher Kunstfertigkeit und Sorgfalt.

Restaurierungsarbeiten
Die Ausgrabungen dauern noch an. Die Fundstücke werden nach und nach restauriert. Jede Figur muss dabei aus vielen Einzelteilen zusammengefügt werden.

Grabanlage des Qin Shi Huangdi

Die Terrakotta-Armee ist nur ein Teil der Grabanlage des ersten Kaisers der Qin-Dynastie. 1,5 Kilometer westlich der Gruben steht ein hoher, noch nicht vollständig freigelegter Hügel, in dem das eigentliche Grab Qin Shi Huangdis sein soll. Der Kaiser beschäftigte sich früh mit dem Tod und seiner Hinterlassenschaft: 246 v. Chr. erteilte er den Auftrag zum Bau, bei dem 36 Jahre lang bis zu 700 000 Menschen mitwirkten. Aus Quellen kennt man den Plan seiner Anlage: Ein Fluss aus Quecksilber sollte unter einem nachgebauten Himmelsdach mit Perlen als Sternen fließen. Die Nekropole soll auch 48 Grabstätten von Konkubinen enthalten, die lebendig mit dem Kaiser begraben wurden – ein Schicksal, das auch den Arbeitern drohte, damit sie die Lage der Anlage nicht verraten konnten. Zwei Bronze-Streitwagen in halber Lebensgröße wurden in der Nähe des Grabhügels gefunden.

Einer der Bronze-Streitwagen, die man in der Ausstellungshalle sehen kann

Farbenfrohes Fresko im Grab von Yi De, Qian Ling

Umgebung von Xi'an

Die Sehenswürdigkeiten um Xi'an besichtigt man am besten mit Bussen von Western Tour, die morgens am Bahnhof Xi'an abfahren.

25 Kilometer nordöstlich liegt die moderne Stadt Xianyang, einst Chinas erste Dynastie-Hauptstadt war. In einem ehemaligen konfuzianischen Tempel zeigt das **Xianyang Stadtmuseum** Objekte aus der Qin- und der Han-Ära. 20 Kilometer nördlich findet sich das **Han Yangling Museum** mit zahlreichen Terrakotta-Figuren aus dem Grab von Kaiser Yingdi plus Ausgrabungsstätte.

Mao Ling, 40 Kilometer westlich von Xi'an, ist das Grab des Han-Kaisers Wudi (141–87 v. Chr.). Es ist die größte Han-Grabstätte in der Region. Ein Museum zeigt Steinskulpturen und andere Objekte aus dem Grab.

Qian Ling, 80 Kilometer nordwestlich von Xi'an, ist das Grab des Tang-Kaisers Gaozong und seiner Ehefrau Wu Zetian, der einzigen offiziellen Kaiserin von China. Der Kaiserweg wird von Steinfiguren gesäumt. Im südöstlichen Teil liegen die Gräber von 17 weniger bedeutenden Personen, darunter das mit Fresken verzierte Grab von Prinz Zhang Huai, dem zweiten Sohn des Kaisers, und das von Kronprinz Yi De, seinem Enkel.

Stele im Grab von Yi De, Qian Ling

Zhao Ling, das Mausoleum des Tang-Kaisers Taizong, liegt 70 Kilometer nordwestlich von Xi'an.

Der berühmte **Famen-Tempel**, etwa 120 Kilometer nordwestlich von Xi'an, lohnt die lange Fahrt. Er ist einer der schönsten buddhistischen Tempel Chinas und ein Ziel für Pilger aus der ganzen Welt. Er wurde im 2. Jahrhundert n. Chr. erbaut, um einen Fingerknochen von Sakyamuni, dem historischen Buddha, zu bergen. Der indische König Ashoka, der in der ganzen buddhistischen Welt Reliquien *(sarira)* verteilte, hatte ihn gespendet. Das heilige Gebein erfuhr höchste Verehrung – es wurde in der Tang-Ära von Zeit zu Zeit aus der Krypta genommen und in einer Prozession durch Xi'ans Straßen getragen.

Nach dem Fall der Tang-Dynastie geriet die Krypta in Vergessenheit, wahrscheinlich wegen der antibuddhistischen Säuberungswelle. Erst in den 1980er Jahren führten Grabungen nach dem Einsturz einer Pagode zu ihr. Man fand Reliquien und andere Schätze aus der Zeit der Tang-Dynastie. Das Tempelmuseum präsentiert die zahlreichen Fundstücke. Heute wird der Fingerknochen wieder in einer Krypta aufbewahrt. Gelegentlich geht die Reliquie auch auf Reisen. 2003 war sie in Taibei (Taipeh), Taiwan.

Xianyang Stadtmuseum
Zhongshan Lu. *tägl. 8–17 Uhr.*

Han Yangling Museum
vom Bahnhof Xi'an. *März–Nov: 8–19 Uhr.*

Mao, Qian & Zhao Ling
vom Bahnhof Xi'an. *tägl.*

Famen-Tempel
vom Bahnhof Xi'an, vier Busse tägl. ab 7.30 Uhr. *tägl. 8–17.30 Uhr.*

Die zwölfstöckige, restaurierte Pagode des Famen-Tempels

Hotels und Restaurants in Shaanxi *siehe Seiten 558f und 585f*

Pilger und Bergwanderer auf dem Weg zum Nordgipfel des Hua Shan

Hua Shan ❸
华山

120 km östlich von Xi'an. *von Xi'an nach Menyuan, dann Bus.* *Seilbahn vorhanden.*

Der westlichste und unzugänglichste der fünf heiligen daoistischen Berge Chinas ist der mehrgipflige, bis 2160 Meter hohe Hua Shan. Die Hänge sind steil, die Schluchten schroff, aber die Aussicht ist unvergleichlich. Fünf Gipfel (Nord, Süd, Ost, West und Zentral) ragen südwestlich des Huang He (Gelber Fluss) auf, der entlang der Grenze zwischen Henan und Shanxi verläuft. Der Hua Shan (»Blumenberg«) wurde in Schriften mit einer Lotosblüte verglichen. Sein anderer Name ist Xiyue (Westberg). Seit Jahrhunderten zieht er Einsiedler und Asketen auf der Suche nach Erleuchtung an. Zahllose daoistische Mythen sind mit dem Bergmassiv verbunden. Einst gab es hier viele Tempel – die meisten sind verschwunden. Einige stehen noch auf dem Gipfel.

Den Nordgipfel erreicht man entweder mit der Seilbahn von der Talstation im Osten oder zu Fuß in einem drei- bis fünfstündigen Aufstieg zwischen anderen Pilgern aus dem Ort Hua Shan. Vom Nordgipfel aus kann man sich an den Abstieg machen oder dem Weg folgen, der ständig am Bergrücken entlang zu den südlicher liegenden anderen vier Gipfeln führt. Frühling und Herbst sind die besten Jahreszeiten für Wanderungen. Im Sommer und im Winter ist die Witterung zu extrem. Es gibt auch nächtliche Aufstiege.

Bringen Sie am besten Verpflegung mit, auch wenn Erfrischungen von Verkäufern am Weg angeboten werden. Stabile Bergschuhe sind für diesen Ausflug unabdingbar.

An verschiedenen Plätzen in Gipfelnähe sieht man Schlösser an Ketten. Es ist Brauch, dass Brautleute ihre Namen in ein Schloss eingravieren lassen und es hier für immer verschließen. Im Ort Hua Shan und auf dem Berg selbst kann man übernachten – und den Sonnenaufgang sehen.

Yan'an ❹
延安

250 km nördlich von Xi'an. *200 000.* *von Xi'an und Beijing.*

Yan'an erreicht man am besten mit dem Zug von Xi'an aus. Nach dem Langen Marsch *(siehe S. 256f)* hatte die Kommunistische Partei Chinas hier ab Oktober 1935 zehn Jahre lang ihr Hauptquartier. Im Norden der Stadt zeigt das **Yan'an Revolutionsmuseum** Erinnerungsstücke, darunter das ausgestopfte Pferd Maos, Waffen, Fotos und Uniformen (nur wenige Erläuterungen auf Englisch). Nicht weit entfernt liegt die **Wangjiaping Revolution Headquarters Site**, wo Mao und die anderen Parteiführer lebten und arbeiteten. Die **Fenghuang Shan Lu Revolution Headquarters Site** war ein Hauptquartier der Kommunisten und zeigt Memorabilien der prominenten Anführer.

Auf einem Hügel im Südosten steht die **Yan'an-Bao-Pagode** aus der Zeit der Ming-Dynastie, von der aus man eine schöne Aussicht hat. Sie ist auf manchen kommunistischen Ansteckern abgebildet.

Yan'an Revolutionsmuseum
Zaoyuan Lu. *tägl. 8–18 Uhr.*

Wangjiaping Revolution Headquarters Site
Zaoyuan Lu. *tägl. 7 Uhr bis zur Dämmerung.*

Schlösser mit den Namen Frischvermählter auf dem Hua Shan

ZENTRAL-CHINA

Zentralchina im Überblick

Die vom Fluss Yangzi (Jangtse, Jangtsekiang, Chang Jiang) geprägte Zentralregion Chinas umfasst die Hafenstadt Shanghai sowie die sechs Provinzen Jiangsu, Anhui, Zhejiang, Jiangxi, Hunan und Hubei, die sich nördlich, südlich und westlich des längsten chinesischen Flusses erstrecken. Die Region ist reich an Naturschönheiten und historischen Sehenswürdigkeiten, darunter die Stadt Nanjing mit ihrer weitgehend intakten Stadtmauer, die Szenerie um den West-See (Xi Hu) von Zhejiang und das Huang-Shan-Gebirge in Anhui. Die Kulturstädte Hangzhou und Suzhou liegen am Großen Kanal, der als eines der Meisterwerke der chinesischen Frühgeschichte gilt. Ein Projekt der letzten Jahre ist der umstrittene Drei-Schluchten-Damm am Yangzi in Hubei, der weltweit größte Staudamm.

Blick vom Jiuhua Shan, einer heiligen buddhistischen Bergregion

Beschauliche Szenerie in Shizi Lin (Löwenhain-Garten), Suzhou

In Zentralchina unterwegs

Der Hauptflughafen der Region liegt in Shanghai, obwohl auch Nanjing, Hangzhou und Wuhan internationale Flughäfen besitzen. Viele andere Städte verfügen über Inlandsflughäfen. Sofern Sie Zeit haben, sind Züge eher zu empfehlen. Das Eisenbahnnetz wurde ausgebaut. Auf bestimmten Strecken fahren CRH-Schnellzüge. Auf dem Großen Kanal und auf dem Yangzi operieren Fähren, Touristen- und Kanalboote. In abgelegenen Bergregionen wie Wudang Shan in Nord-Hubei und Jinggang Shan in Süd-Jiangxi sind Busse die besten Fortbewegungsmittel.

Legende

- Autobahn
- Nationalstraße
- Nebenstraße
- ▲ Gipfel

◁ Futuristische Architektur entlang dem Fluss Huangpu in Pudong, Shanghai *(siehe S. 189)*

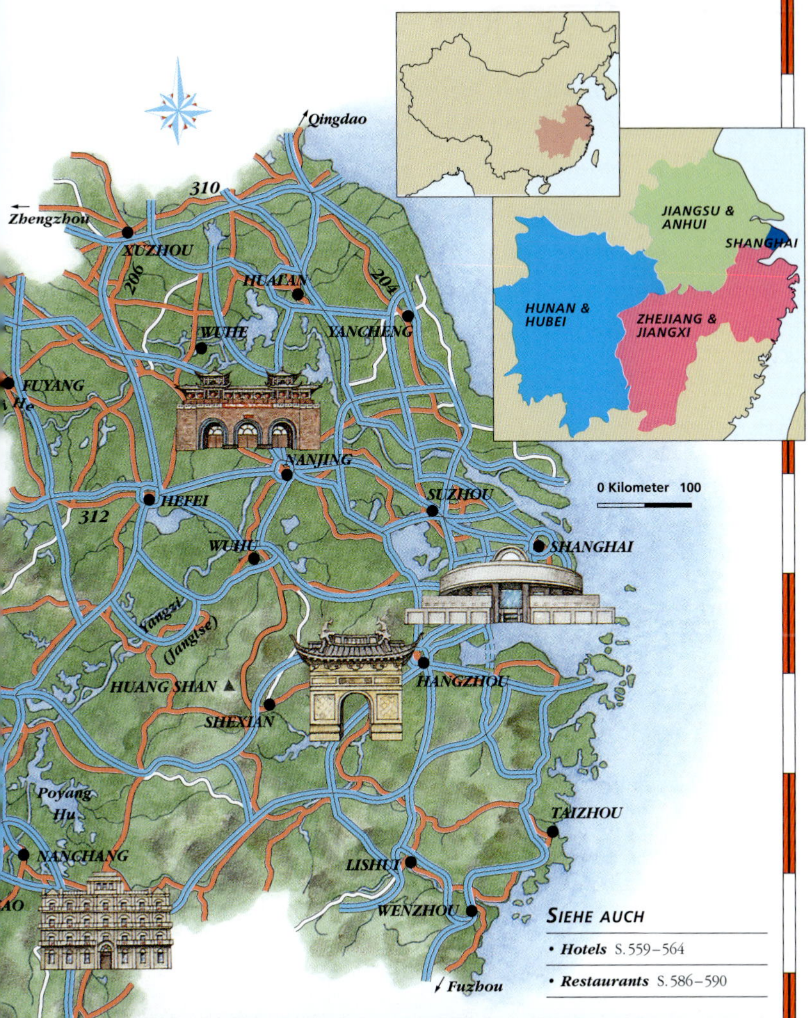

SIEHE AUCH

- **Hotels** S. 559–564
- **Restaurants** S. 586–590

Tempelbauten auf der Insel Putuo Shan vor der Ostküste von Zhejiang

Ein Porträt Zentralchinas

Von der modernen Metropole Shanghai, dem drittgrößten Containerhafen der Welt im Mündungsgebiet des Huangpu, bis zu den pittoresken Städten am Großen Kanal hat Zentralchina eine Vielfalt an Kultur zu bieten. Die Region ist das pulsierende Zentrum des modernen China. Hier fanden zu Beginn des 20. Jahrhunderts viele Ereignisse statt, die das Land prägten. Mao Zedong wurde in der seit der Kaiserzeit bestehenden Provinz Hunan geboren.

Der Yangzi (Chang Jiang), der bei Shanghai ins Ostchinesische Meer fließt, war und ist eine wichtige Verkehrsader Zentralchinas. Sein Wasser und das mitgeführte Sediment machten riesige Flächen fruchtbar, etwa Wuhan, das als Kornkammer Chinas oder auch als »Land voll Fisch und Reis« gilt. Trotz häufigen Hochwassers war der Fluss jahrhundertelang ein Handelsweg. Auf ihm drängten sich die Dschunken, wie schon Marco Polo im 13. Jahrhundert berichtete.

Hübsch gestaltetes Gartentor in Yangzhou

Im 19. Jahrhundert fuhren hier die Teeklipper, heute sind es Fähren und Kreuzfahrtschiffe. Der Fluss beschleunigte die Entwicklung des Landes: Ohne den Yangzi gäbe es den Großen Kanal (Kaiserkanal) nicht und damit kein Shanghai. Durch den umstrittenen Bau des Drei-Schluchten-Damms wird der Fluss zur Energiegewinnung in gigantischen Ausmaßen genutzt.

Shanghai liegt am Huangpu, einem kleineren Nebenfluss des Yangzi. Bis Mitte des 19. Jahrhunderts war Shanghai eine provinzielle Kleinstadt, heute ist es die größte Stadt Chinas. Auch nach der Kulturrevolution blieb Shanghai das chinesische Mode- und Handelszentrum schlechthin. Die Industriemetropole ist zu einem Symbol für Chinas »neue« Vitalität und Dynamik geworden. Für die Weltausstellung EXPO 2010 hat in den letzten Jahren ein massiver Bauboom eingesetzt. Zudem hat sich Shanghai als Weltfinanzzentrum positioniert. Shanghai scheint dem Rest des Landes um Jahre voraus zu sein. Schon in der Vergangenheit war der politische Einfluss der Stadt immens: Hier

Futuristische Skyline von Pudong, gesehen vom Bund in Shanghai

Boote auf einem der vielen Kanäle von Tongli

fanden die ersten Treffen der Kommunistischen Partei statt, hier war die Geburtsstätte der Kulturrevolution sowie die Heimat der Viererbande. Alle wichtigen politischen Ereignisse im China des 20. Jahrhunderts gingen von den zentralen Provinzen aus. Die erste Ming-Hauptstadt Nanjing war auch das republikanische Zentrum von Chiang Kai-shek. Mao Zedong wurde in der Provinz Hunan geboren, wo er auch aufwuchs und mit seinen revolutionären Aktivitäten begann. In Jiangxi war der Nanchang-Aufstand von 1927 der Ausgangspunkt für die Gründung der Roten Garden. In der Provinz nahm auch der Lange Marsch seinen Anfang. Es überrascht keineswegs, dass die revolutionäre Bewegung hier leichtes Spiel hatte, da in den vorwiegend bergigen und abgelegenen Regionen Anhui, Hunan und Jiangxi bittere Armut herrschte.

Detail an den Ruinen des Ming-Palasts, Nanjing

Lange vor dem Sturz des letzten Kaisers war dies jedoch auch die Gegend, in der zu Zeiten der prachtvollen Ming- und Song-Dynastien die Kultur aufblühte. Bevor sie ihre Hauptstadt nach Beijing verlegten, prägten die Ming die Stadt Nanjing, wovon heute noch die große Ming-Grabanlage und die gewaltige Stadtmauer zeugen. Bei Hangzhou, ehemals Hauptstadt der Song, liegt der West-See (Xi Hu) und um ihn eine der schönsten Szenerien Chinas. Ebenso sehenswert sind die Gärten der Region und die Werkstätten für Seidenstickerei und Porzellan.

Auch Suzhou in Jiangsu konnte sich seinen Charme bewahren. Es ist für seine schönen Gärten bekannt, die die Wirren der Geschichte weitgehend intakt überstanden haben. In Jingdezhen wird in der Gegend um die historischen Brennöfen der Kaiserzeit noch immer Porzellan hergestellt. Seide ist wie schon vor Jahrtausenden einer der wichtigsten Exportartikel der gesamten Region.

Bedenkt man, wie dicht besiedelt Zentralchina ist und wie sehr die von Menschenhand gestalteten Landschaften die Region prägen, so ist es erstaunlich, wie viel unberührte Wildnis man hier immer noch vorfindet. Am besten begreift man dies am Beispiel der Sage vom Wilden Mann – Chinas Gegenstück zum Yeti –, der angeblich Shennongjia in Hubei heimsucht. Wer dem städtischen oder dörflichen China entfliehen möchte, hat in dieser Region ausgiebig Gelegenheit dazu – etwa am See Taihu in Jiangsu, in den wunderbaren Bergen bei Wulingyuan in Hunan oder in der Gebirgsregion Yandang Shan in Zhejiang.

Hängebrücke entlang den Göttlichen Felsen (Ling Yan), Yandang Shan

Traditionelle chinesische Gärten

Lotosblüte, ein altes Symbol

Chinesische Gärten verbinden zwei Vorstellungen aus dem Daoismus *(siehe S. 31)* miteinander – Szenerie und innere Einkehr: Kontemplation in der Natur soll zur Erleuchtung führen. Daher errichteten die Reichen und Gebildeten naturähnliche Rückzugsoasen im städtischen Umfeld. Der Garten ist poetisch und malerisch zugleich gestaltet und will die Natur insofern optimieren, als er natürlich aussieht, obwohl er künstlich geschaffen wurde. Chinesische Gartengestalter verwenden vier Grundelemente: Felsen, Wasser, Pflanzen und Gebäude.

Der klassische Garten *soll eine Art dreidimensionales Landschaftsgemälde oder zu Materie gewordene Poesie darstellen.*

Felsen: *Verwendet wurden zwei Gesteinsarten: Kalkstein, der häufig für Skulpturen zum Einsatz kam, oder gelber Stein, der aufgetürmt an Gebirge oder Höhlen erinnert. Die Schönheit und Naturtreue der Steinarrangements war entscheidend für eine erfolgreiche Gartenkunst.*

Wasser: *Das Lebenselement wurde oft als Spiegel eingesetzt, um den Garten optisch zu vergrößern. Wasser dient auch als Kontrast und damit als Gegengewicht zum harten Stein. Außerdem schwimmen in Teichen häufig Goldfische, die als Glückssymbole angesehen werden.*

Gänge, Pfade und Brücken *verbinden die verschiedenen Bereiche und ermöglichen es, den Blick des Betrachters zu steuern.*

Das Interieur *von Pavillons als Orten der Kreativität war wichtig. Mit großer Sorgfalt wurde ein passender poetischer Name für jedes Gebäude gewählt.*

Muster und Mosaiken *dienten sowohl zur Zierde als auch als Symbole. Kraniche stehen für ein langes Leben, während das Yin-Yang-Symbol meist an Weggabelungen zu sehen ist.*

Gartenansichten

Mit seinen vier Elementen gleicht der Garten einer Serie von Tableaus, wie sie auf Seiden-Rollbilder gemalt sind. Eins nach dem anderen enthüllt sich für den Betrachter – genau wie es in der Absicht des Künstlers lag. Das können »geborgte« Aussichten sein, in denen die Szenerie eines anderen Orts zu einem Teil des Bilds wird, oder versteckte Ausblicke, die sich unerwartet hinter einer Ecke auftun. Für Ansichten gilt: Der biegsame Bambus mildert den Anblick von hartem Fels. Auch das Yin-Element Wasser gleicht das Yang-Element Stein aus.

Ein Mondtor *ist ein rundes Tor, das die Aussicht einrahmt, als wäre sie ein Gemälde. Die Tore können auch eckig oder oval sein.*

Durchbrochene Stellwände *lassen eine bestimmte Lichtmenge durchscheinen und werfen gemusterte Schatten auf weiße Wände. Manchmal werden sie eingesetzt, um Ausschnitte von anderen Gartenteilen zu zeigen.*

Pflanzen: *Sie wurden eher sparsam eingesetzt. Lotos wächst im Schlamm und steht für Reinheit. Bambus symbolisiert Entschlossenheit und ist kaum zu brechen. Die Pflaume blüht im Winter und steht für Kraft. Die Pinie symbolisiert Langlebigkeit, die kaiserliche Pfingstrose Wohlstand.*

Gebäude: *Als wesentliche Bestandteile des Gartens bieten Pavillons und Seehäuschen Raum für Kontemplation und Aussicht. Zudem schützen sie vor Sonne und Regen. Die Größe variiert von halb offenen luftigen Pavillons bis zu mehrstöckigen Bauten und Veranstaltungsräumen.*

Penjing

Penjing ist die Kunst, Miniaturlandschaften zu gestalten. Sie existierte schon zur Zeit der Tang-Dynastie (618–907). Neben kleinen Bäumchen verwendet der Künstler dabei Steine und speziell gezüchtete Pflanzen, um ein Abbild einer Naturszenerie zu schaffen, das einem Gemälde gleicht. Neben ihrer Schönheit wird vor allem die Harmonie dieser Kreationen als spiritueller Ausdruck des Verhältnisses Mensch–Natur angesehen, als Zusammentreffen des Vergänglichen mit dem Allgegenwärtigen. Häufig ist ein Teil des traditionellen chinesischen Gartens dieser filigranen Kunst gewidmet.

Das chinesische Penjing ist ein Vorläufer der japanischen Bonsai-Kunst

Regionale Küche: Zentralchina

Zentralchina, das auch als »Land voll Fisch und Reis« bezeichnet wird, gehört zu den besten Agrarregionen mit den fruchtbarsten Böden. Hier werden Weizen und Reis angebaut, auch Gerste, Mais, Süßkartoffeln, Erdnüsse und Sojabohnen. In den zahlreichen Seen und Flussläufen gibt es Fischzucht zuhauf. In den Provinzen an der Küste hat die Hochseefischerei Tradition. Bei den heiligen Bergen Huang Shan und Jiuhua Shan hat der buddhistische Vegetarismus die Küche mitgeprägt. Die Küche von Hunan ist mit der Sichuan-Küche vergleichbar, nur noch schärfer *(siehe S. 346f)*.

Knoblauchsprossen und Pak Choi

Marktstand mit vielfältigem Angebot an Trockenprodukten

Shanghai

Die Shanghai-Küche hat ihre eigene Ästhetik: starke Aromen, aber harmonisch im Geschmack. Eine beliebte Zutat sind Chinesische Wollhandkrabben aus der Yangzi-Mündung (wegen Überfischung heute meist aus anderen Regionen). Als relativ junge Stadt hat Shanghai keine eigene Küche entwickelt, wenn man von den bekannten gefüllten Teigtaschen *(xiao long bao)* absieht. Es gab jedoch ältere Traditionen, insbesondere die Küchen von Huiyang und Suzhe. Erstaunlicherweise befinden sich die besten buddhistisch-vegetarischen Restaurants in Shanghai, einer Stadt mit »feurigem« Ruf. Vielleicht wollen die Sünder durch gelegentlichen Verzicht auf Fleisch Buße tun. Die Speisen tragen oft ähnliche Namen wie Fleischgerichte – und dank des Einsatzes von Sojasauce, Tofu, Gluten und Agar-Agar schmecken sie auch so.

Zutaten für »Eight-treasure Buddha's Special«

Typische Spezialitäten

Fermentierter Tauhu

Nanjing und Hangzhou waren zu verschiedenen Zeiten Hauptstädte in Zentralchina. Bei jedem Standortwechsel zogen die riesigen kaiserlichen Küchen mit ihrem Personal mit um, was zu einer wechselseitigen Bereicherung der Kochkunst der Regionen führte. Das »Bettlerhühnchen« (Beggars Chicken) ist trotz seines Namens ein kaiserliches Gericht. Das mit Gemüse und Kräutern gefüllte und in Lotosblätter gehüllte Huhn kommt vor der Zubereitung in einen Tonmantel. Diese Tonhülle wird bei Tisch aufgebrochen und gibt die herrlichen Aromen frei. Eine zentralchinesische (aber in ganz China beliebte) Spezialität ist fermentierter Bohnenquark (Tofu, Tauhu). Er hat ein durchdringendes, käseähnliches Aroma und wird sowohl zu vegetarischen als auch zu Fleischgerichten serviert. Flusskrebse schmecken im Oktober und November besonders gut.

Lions' Heads *sind in Chinakohl geschmorte Schweinefleischbällchen, die Löwenköpfen mit Mähnen ähneln.*

Huaiyang und Suzhe

Die Huaiyang-Küche ist an den Flussdeltas des Huai und des Yangzi zu Hause und vor allem für ihre Fischgerichte bekannt. Die Flusskrebse aus Tai Hu sind hervorragend. Die typische Suzhe-Küche erstreckt sich über die Provinzen Jiangsu und Zhejiang und hat kulinarische Zentren in den ehemaligen Hauptstädten Nanjing und Hangzhou. Neben Eintöpfen mit leichter Brühe ist vor allem die »Rote Küche« (in Sojasauce, Zucker, Ingwer und Reiswein geschmorte Gerichte) berühmt. Chinkiang-Essig ist schwarzer Reisessig aus der Stadt Zhenjiang in Jiangsu. Er gilt als der beste Reisessig Chinas.

Aale kommen frisch aus den Flüssen Zentralchinas

Die Provinz Zhejiang produziert in Shaoxing die besten Reisweine und in Jinhua den besten Schinken des Landes. Es lohnt sich auch, den Grüntee Long Jing (Drachenbrunnen-Tee), der in Hangzhou um den West-See (Xi Hu) wächst, zu probieren.

Parkcafés – hier kann man gefüllte Teigtaschen genießen

Anhui

Weiter landeinwärts erwartet einen die weniger bekannte Anhui-Küche, die eine lange Tradition hat. Obwohl Anhui nicht ans Meer grenzt, gibt es dort dank der vielen Seen und Flüsse reichlich Fisch. Zudem gehört die Gegend zu den wichtigsten Agrarregionen Chinas, in der eine Vielzahl von Getreidearten und Gemüse angebaut wird. Besonders berühmt ist Anhui für zarte, weiße Bambussprossen. Die knackigen Sprossen werden vor allem in den vegetarischen Gerichten der hoch gelegenen buddhistischen Bergorte verwendet und gern mit exotischen Waldpilzen gemischt. Der weltberühmte rote Tee Keemun – der eigentlich schwarz ist – kommt aus den Bergen von Qimen in Süd-Anhui.

Auf der Speisekarte

Beggars Chicken: Ganzes gefülltes Huhn, das im Tonmantel zubereitet wird.

Fried Prawns in Shells: Ganze, ungeschälte Gambas – kurz gebraten und in Soja- und Tomatensauce geschmort.

Three-layer Shreds: Schinkenstückchen, Hühnergeschnetzeltes und Schweinefleischstücke mit Bambussprossen und Mu-Err-Pilzen.

Fresh Water Crabs: Flusskrebse werden in Sojasauce mit Schalotten, Ingwer, Zucker und Essig gedämpft.

Steamed Belly Pork with Ground Rice: Mariniertes Bauchfleisch wird mit geröstetem gemahlenem Reis paniert – schmeckt himmlisch.

Eight-treasure Buddha's Special: Name für ein vegetarisches Reisgericht, das alles Mögliche enthalten kann.

Tofu-Kasserolle – *Eintopf mit Tofu, Seegurken, Schinken, Shrimps, Pilzen, Bambussprossen und Pak Choi.*

Squirrel Fish – *»Eichhörnchen-Fisch« ist paniertes Brassenfilet, das in süßsaurer Sauce serviert wird.*

Spareribs süßsauer *sind gebratene Schweinerippchen, die in Soja, Zucker und Ingwer geschmort werden.*

五一金店

Shanghai

An den Ufern des Huangpu, nahe der Mündung des gewaltigen Yangzi (Jangtse), liegt Shanghai, die mit mehr als 18 Millionen Einwohnern größte und vitalste Hafenstadt Chinas. Ihre jüngste explosionsartige Wirtschaftsentwicklung hat sie zu einer der am schnellsten wachsenden Städte der Welt gemacht. Stadt und Umland sind direkt der Zentralregierung unterstellt.

Im 13. Jahrhundert wurde Shanghai (wörtlich: »Stadt am Oberlauf des Huangpu«) Verwaltungssitz einer Provinz und blieb dies bis Mitte des 19. Jahrhunderts. Dann führten die wirtschaftlichen Interessen der Briten zum Krieg gegen China (Opiumkriege). Der Vertrag von Nanking gestand den Briten freien Handel von bestimmten Häfen aus zu. Einer dieser Vertragshäfen war Shanghai. Die Stadt wurde in Konzessionsbezirke aufgeteilt, in denen Ausländer in britischen, französischen, amerikanischen und japanischen Kolonien lebten. Bald wurde die Stadt zu einem glamourösen Ort der Ausschweifung und schließlich der Dekadenz. Ende des 19. Jahrhunderts hatte sich Shanghai zur Weltstadt entwickelt. Die Einwohnerzahl überschritt die Millionengrenze. Der Bund, die Promenade am Huangpu, wird noch heute von britischen Kolonialbauten gesäumt. Sie sind Zeugen einer Zeit, als Shanghai drittgrößtes Finanzzentrum der Welt war. 1949 kamen die Kommunisten an die Macht und bereiteten dem Glanz ein Ende. 1990 wurde der Stadtteil Pudong gegenüber der Uferpromenade zur Sonderwirtschaftszone erklärt, was zur Wiederbelebung der Stadt führte. Investitionen flossen, Einkaufszentren und Wolkenkratzer schossen aus dem Boden. Der Ausbau der Infrastruktur ging im neuen Jahrtausend weiter. Beide Flughäfen wurden erweitert. Für die EXPO 2010 entstanden neue Straßen, U-Bahn-Linien, Hotels und Büros.

Spaziergänger auf der Uferpromenade Bund in Shanghai

◁ **Besucheransturm auf der Zickzack-Brücke zum Huxinting Teahouse *(siehe S. 193)* in der Altstadt Shanghais**

Überblick: Shanghai

Shanghai hat drei Hauptbezirke. Die im Süden gelegene Altstadt mit ihren Gassen, Märkten und Tempeln ist typisch chinesisch. Hier liegen die Yu-Gärten (Yu Yuan). Zu den ehemaligen Konzessionsgebieten zählen der frühere französische Verwaltungsbezirk westlich der Altstadt sowie die britischen und amerikanischen Viertel im Norden – gemeinsam unter dem Namen International Settlement bekannt. Hier verlaufen die von prächtigen Kolonialbauten, etwa dem Fairmont Peace Hotel oder dem Shanghai Club, gesäumte Uferpromenade Bund und die Shopping-Meilen der Stadt, Nanjing Road und Huaihai Road. Pudong am Ostufer des Huangpu ist ein Geschäftsviertel mit einigen der höchsten Gebäude der Welt.

Zur Orientierung

Siehe auch

- ***Hotels*** S. 559–561
- ***Restaurants*** S. 586–588

Sehenswürdigkeiten auf einen Blick

Historische Gebäude, Orte und Viertel
Bund S. 186f ❶
Französisches Viertel ❾
Longhua-Friedhof der Märtyrer ⓰
Pudong ❺
Shanghai Exhibition Center ❿
Stätte des Ersten Nationalkongresses der Kommunistischen Partei Chinas ❼
Soong Qinglings Ehemalige Residenz ⓮

Tempel und Kirchen
Jade-Buddha-Tempel ⓬
Jing'an-Tempel ⓫
Xujiahui-Kathedrale ⓯

Parks und Gärten
Fuxing-Park ❽
Hongkou-Park ⓭
Volkspark und Volksplatz ❸
Yu-Gärten und Basar S. 192f ❻

Museum
Shanghai Museum S. 190f ❹

Ort
Song Jiang ⓲

Shopping
Nanjing Road ❷

Landschaft
She Shan ⓱

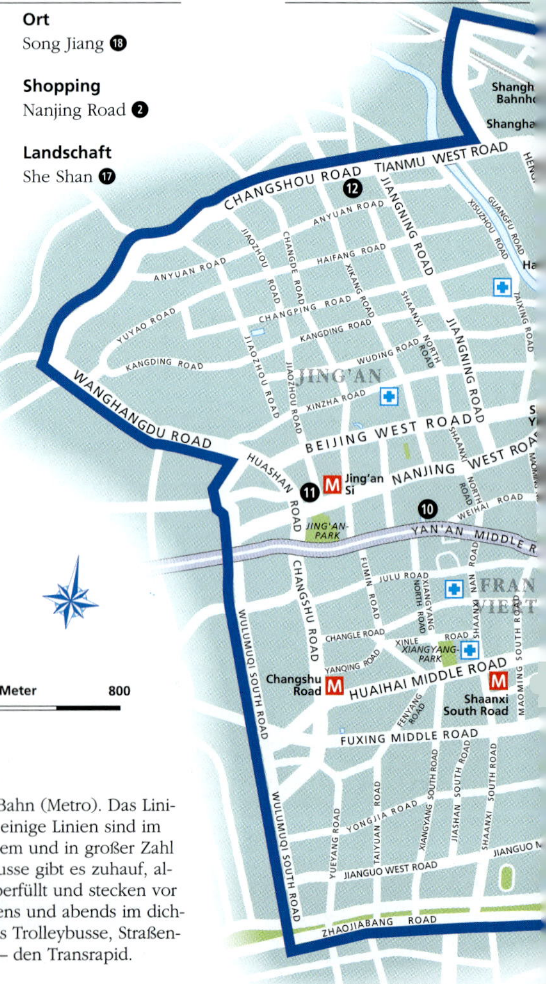

In Shanghai unterwegs

Am besten nehmen Sie die U-Bahn (Metro). Das Liniennetz wird rasant ausgebaut, einige Linien sind im Bau *(siehe S. 632)*. Billig, bequem und in großer Zahl vorhanden sind Taxis. Auch Busse gibt es zuhauf, allerdings sind sie meist stark überfüllt und stecken vor allem zu den Stoßzeiten morgens und abends im dichten Verkehr fest. Zudem gibt es Trolleybusse, Straßenbahnen und – zum Flughafen – den Transrapid.

Legende

- Detailkarte *siehe S. 192f*
- Internationaler Flughafen
- Bahnhof
- Busbahnhof
- U-Bahn-Station
- Fähranlegestelle
- Schiffsanlegestelle
- Information
- Post
- Autobahn
- Nationalstraße
- Eisenbahn

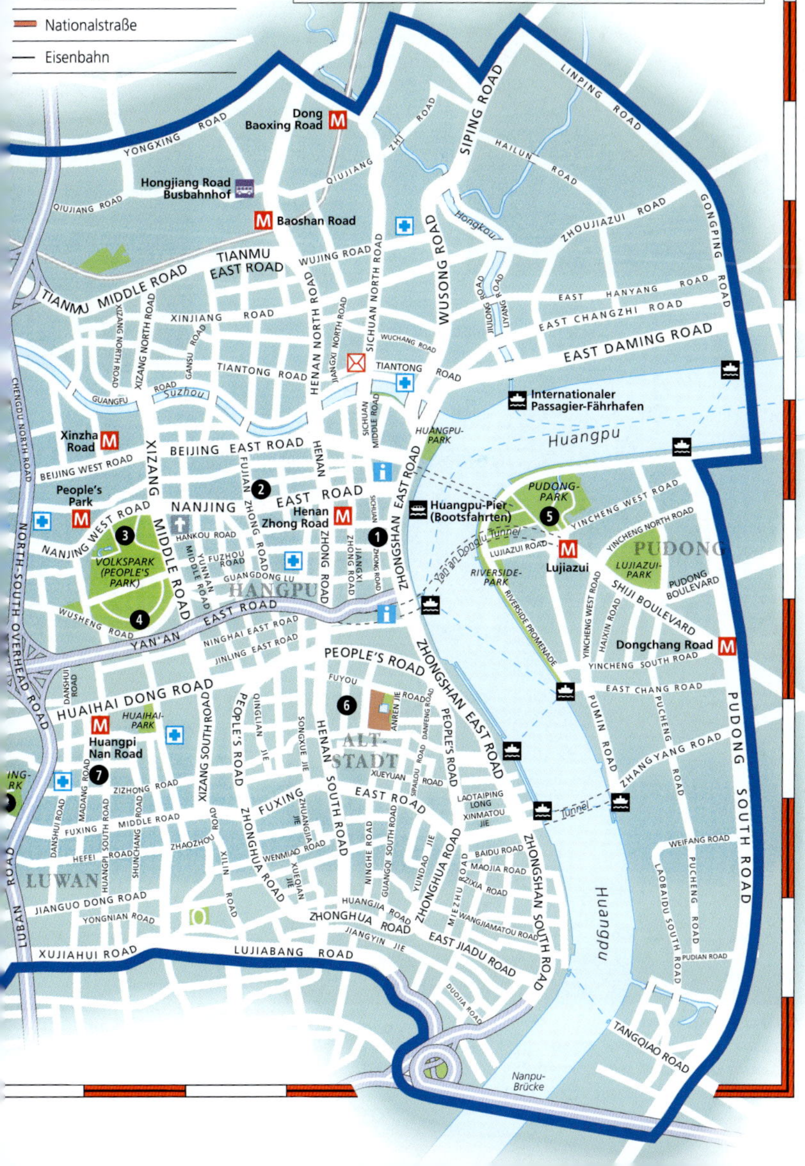

Bund ❶

外滩

Löwe, Symbol der Kolonialmacht

Manche Städte haben ein einziges Wahrzeichen – in Shanghai ist es eindeutig der Bund. Die Uferstraße (Zhongshan Dong Yi Road) war das Herzstück des kolonialen Shanghai. Auf der einen Seite wird sie vom Huangpu flankiert, auf der anderen von eindrucksvollen Symbolen der Wirtschaftsmacht: Hotels, Banken, Büros und Clubs. Die meisten historischen Gebäude stehen noch. Man kann hier gut einige angenehme Stunden verbringen. Das Areal wurde für die EXPO 2010 aufgehübscht.

Der Bund, zu seiner Blütezeit das weltweit drittgrößte Finanzzentrum

★ Hong Kong & Shanghai Bank

Der Bau von 1921 wurde als der schönste von ganz Asien gerühmt. Innen gibt es Wandmalereien.

★ Customs House

Die Eingangshalle zieren Mosaiken mit Meeresmotiven.

Die Bronzelöwen sollen Glück bringen, wenn man Pfoten und Kopf berührt.

Gebäude der Russo-Asiatic Bank

Ehemalige Bank of Communications

★ Uferpromenade

Die Flussseite des Bund ist ein angenehmer Ort, von dem aus man den Schiffsverkehr beobachten oder in Ruhe in einem Restaurant sitzen kann.

NICHT VERSÄUMEN

- ★ Blick auf Pudong
- ★ Customs House
- ★ Hong Kong & Shanghai Bank
- ★ Uferpromenade

★ **Blick auf Pudong**
Abends wimmelt es am Bund von Menschen, die sich die spektakuläre Lichterpracht der modernen Skyline von Pudong ansehen (siehe S. 189).

Ehemaliges Palace Hotel
Das Hotel wurde 1906 gebaut und galt lange Zeit als eines der besten Häuser von Shanghai. 2010 soll es als Swatch Art Palace Hotel eröffnen.

Bank of China
Der Komplex mischt den Stil der 1920er Jahre mit chinesischer Tradition. Er wurde von Sassoons Rivalen H. H. Kung erbaut.

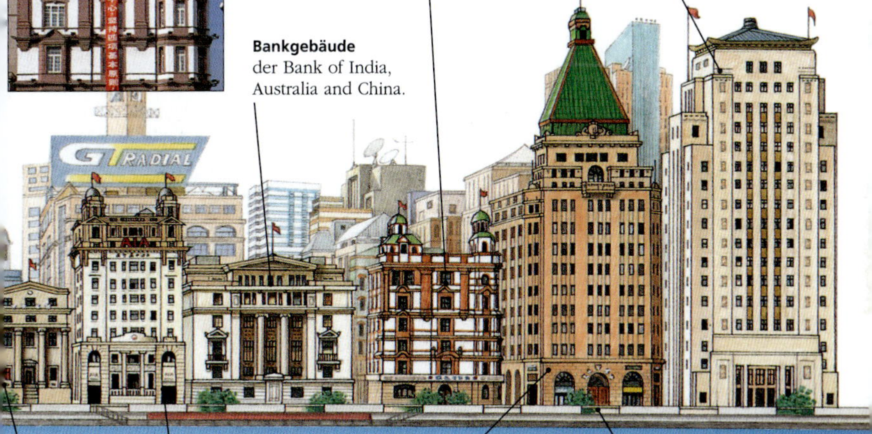

Bankgebäude der Bank of India, Australia and China.

Ehemalige Bank of Taiwan

Gebäude der North China Daily News

Fairmont Peace Hotel
Das charakteristischste Gebäude am Bund wurde 1930 vom Millionär Sir Victor Sassoon gebaut. Berühmte Besucher waren Charlie Chaplin und Autor Noël Coward.

Chen-Yi-Statue
Die Bronzefigur, die den Bund hinabblickt, zeigt Chen Yi, den Revolutionskommandeur und ersten Bürgermeister von Shanghai nach 1949.

Nanjing Road ❷
南京路

M *Shimen Road (zur Nanjing Road).*

Westlich des Bund verläuft die Nanjing Road, die Shopping-Straße Shanghais schlechthin, auch wenn die Konkurrenz durch Gegenden wie die schicke Huaihai Road im französischen Viertel stark ist.

Die Straße ist zweigeteilt – die Nanjing Road East verläuft vom Bund fast bis zum Volkspark, dort wird sie zur Nanjing Road West und kommt so auf eine Gesamtlänge von zehn Kilometern. Das traditionelle Shopping-Paradies liegt in der Fußgängerzone der Nanjing Road East, wo man Passagen mit Luxusläden und Boutiquen findet. Hinzu kommen Kinos, Theater, Restaurants, Schönheitssalons und Massen an Kunden. Vor 1949 waren alle wichtigen Läden hier angesiedelt.

Eines der Geschäfte war der Sun Department Store, der heute **Shanghai No. 1 Department Store** heißt und täglich über 100 000 Kunden anlockt. Da Shopping ein beliebter Zeitvertreib ist, herrscht in der Fußgängerzone der Nanjing Road East zwischen Volkspark und dem Bund mit seinen Häusern aus den 1930er Jahren ständig Hochbetrieb. Das fulminante Straßenende ist

Die belebte Fußgängerzone in der Nanjing Road

Das imposante Shanghai Grand Theater

der Volksplatz mit dem **Pacific Hotel** – mit imposanter Fassade und Stuck-Innendekor – und dem düsteren **Park Hotel**, das zur Zeit seiner Erbauung 1934 das höchste Chinas war.

Weiter westlich, zwischen Nanjing Road West und der U-Bahn-Station Jing'an Si, war die Gegend als Bubbling Well bekannt wegen des nahen Tempels Jing'an Si. Sie ist exklusiver und weniger überlaufen, mit edlen Läden und Apartmentblocks wie dem Plaza 66, Park Place und dem **Shanghai Center** *(siehe S. 200)*. Designerläden, Restaurants und Apartmenthäuser drängeln sich um das Portman Ritz-Carlton Hotel gegenüber dem Shanghai Exhibition Center.

Volkspark und Volksplatz ❸
人民广场

Nanjing Road West. M *People's Park.* ◯ *tägl. 7–18 Uhr.*

Gegenüber dem Park Hotel liegt die einstige Rennbahn. Heute nimmt den nördlichen Teil davon der Volkspark (Renmin Gong Yuan, People's Park) ein. Im südlichen Teil liegen der Volksplatz (People's Square) und das Shanghai Museum. Viele Menschen besuchen den von glänzenden, modernen Glas-Stahl-Konstruktionen umgebenen Park, um zu plaudern, zu trainieren oder dem Treiben zuzusehen. Gegenüber der Ostseite steht **Mu'en Tang** (Merciful Baptism Church), die 1929 als amerikanische Baptistenkirche erbaut wurde. Die ökumenische Kirche hat die zahlreichen Unruhen überstanden und steht Einheimischen und Ausländern offen – der Gottesdienst ist allerdings auf Chinesisch.

Neueren Datums im Park ist die elegante Glaskonstruktion des **MOCA Shanghai**, des Museums für zeitgenössische Kunst. Auf zwei Ebenen werden regelmäßig neueste aufregende Kunst- und Designausstellungen präsentiert. An der Nordwestecke des Parks breitet sich mittlerweile das **Shanghai Art Museum** in den unteren Stockwerken des alten Clubgebäudes der Rennbahn aus und zeigt traditionelle chinesische Malerei sowie einige experimentelle Werke.

Gegenüber dem Shanghai Museum steht die **Shanghai Urban Planning Exhibition Hall**, die die Stadtentwicklung der letzten Jahre nachvollzieht. Ein Modell von Shanghai füllt ein ganzes Stockwerk. Das Modell zeigt alle existierenden und noch geplanten Gebäude.

Am Nordwestrand des Volksplatzes liegt das neue **Shanghai Grand Theater** *(siehe S. 200)*, ein Glaspalast mit gewagter Dachkonstruktion. Ein Besuch lohnt sich – zum Essen mit Aussicht oder auch nur um sich umzusehen. Es werden auch Führungen angeboten.

Mu'en Tang
328 Xizang Zhong Rd. *tägl.* *tägl.; Zeiten am Eingang angezeigt.*

MOCA Shanghai
tägl. 10–18 Uhr.

Shanghai Art Museum
tägl. 9–17 Uhr.

Shanghai Urban Planning Exhibition Hall
tägl.

Shanghai Grand Theater
tägl. 9–11, 13–16 Uhr.

Shanghai Museum ❹

Siehe S. 190f.

Pudong ❺
浦东

Ostufer des Huangpu. *vom Volksplatz nach Lujiazui.* *People's Square.* *Cross-River-Fähre.*

Mitte des 20. Jahrhunderts war Pudong, das gegenüber dem Bund auf der anderen Flussseite liegt, das ärmste Viertel der Stadt, ein Slum, in dem Prostituierte und Gangster wie Du Yuesheng (»Big-Eared Du«) hausten. 1990 wurde Pudong Sonderwirtschaftszone. Seitdem ist es zu einer der größten Baustellen der Welt mutiert. Hier ist angeblich ein Drittel des Weltbestands von Großkränen im Einsatz. Dank enormer Investitionen schoss ein Wald von Hochhäusern empor. Der 457 Meter hohe **Oriental Pearl TV Tower** bietet auf halber Höhe eine umwerfende Aussicht und beherbergt das sehenswerte **Shanghai History Museum**. Daneben befindet sich das Shanghai Aquarium. In Pudong steht auch der 421 Meter hohe **Jinmao Dasha**, dessen Aussichtsdeck im 88. Stock einen unvergleichlichen Blick bietet. Beide Türme werden vom 492 Meter hohen **Shanghai World Financial Center** übertroffen, das (derzeit) das höchstgelegene Hotel der Welt und eine Aussichtsplattform hat.

Oriental Pearl TV Tower
1 Shiji Dadao. (021) 5879 1888. *tägl. 8–21 Uhr.*

Shanghai History Museum
(021) 5879 1888. *tägl. 8–21 Uhr.*

Alte Rennbahn

Die Pferderennbahn (mit Schwimmbad und Kricketplatz) war Anfang des 20. Jahrhunderts ein Muss für die Shanghaier Gesellschaft und eines der profitabelsten Unternehmen Chinas. 1949 erklärten die Kommunisten das Gelände zum Symbol für westliche Dekadenz und wandelten es in einen Park mit Platz um, der für politische Veranstaltungen genutzt wurde und später teilweise dem Shanghai Museum wich. Heute ist nur noch der Uhrturm der Haupttribüne erhalten, nun Teil des Shanghai Art Museum.

Ansicht der ehemaligen Rennbahn vor 1949

Moderne, sich ständig verändernde Skyline von Pudong

Shanghai Museum ❹

上海博物馆

Bronzemünze (927–951)

Mit über 120 000 Exponaten gibt das Shanghai Museum einen Überblick über 5000 Jahre chinesischer Kulturgeschichte von der Jungsteinzeit bis zur Qing-Dynastie. Neben Bronzen, Keramiken, Kalligrafien und Malereien gibt es auch herrliche Jadestücke, Möbel, Münzen und chinesische Siegel. Das Museum wurde 1952 eröffnet. 1995 weihte man den jetzigen Museumsbau ein, dessen Architektur den Besucher in die Vergangenheit zurückversetzt: Er symbolisiert »den runden Himmel über der eckigen Erde«.

Das Shanghai Museum erinnert an ein *ding*, das typische Bronzegefäß der Shang-Dynastie

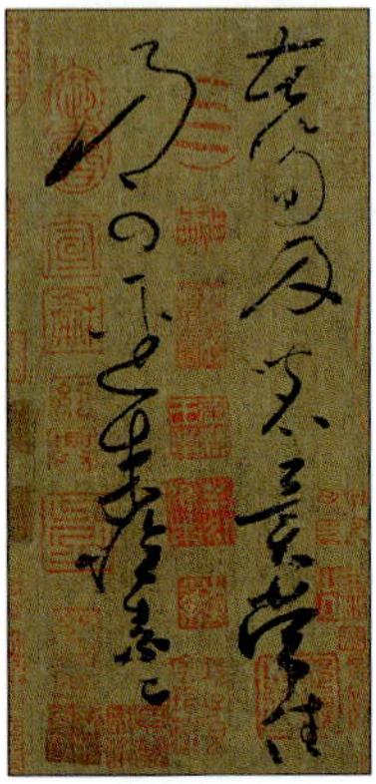

Kalligrafie

Für die Chinesen ist Kalligrafie mehr als »Schönschrift« – sie ist eine der höchsten Kunstformen. Diesen Schriftstil (siehe S. 27) *schuf Huai Su im Jahr 737. Er kombiniert in seinen Schwüngen zarte und kräftige Striche.*

★ *Sancai*-Keramikfiguren

Eine der großen Errungenschaften der Tang-Dynastie (618–907) war die Entwicklung der Sancai-*Technik. Diese Grabfigur ist ein exquisites Beispiel für polychrome Keramik.*

Seladon-Objekte

Ihre kraftvolle Schönheit macht sie begehrenswert. Die abgebildete Longquan-Keramik aus der Zeit der Südlichen Song-Dynastie (1127–1279) nimmt die Bewegungen eines sich schlängelnden Drachen elegant auf.

Die Zande-Lou-Keramiken sind eine private Schenkung. Die Sammlung besteht aus 130 Stücken. Darunter sind einige herausragende Beispiele der Qing-Dynastie.

Legende

- Bronzen
- Skulpturen
- Keramik
- Zande-Lou-Keramiken
- Malerei
- Kalligrafie
- Siegel
- Jade
- Mobiliar
- Münzen
- Abteilung Minderheiten
- Wechselausstellungen
- Keine Ausstellungsfläche

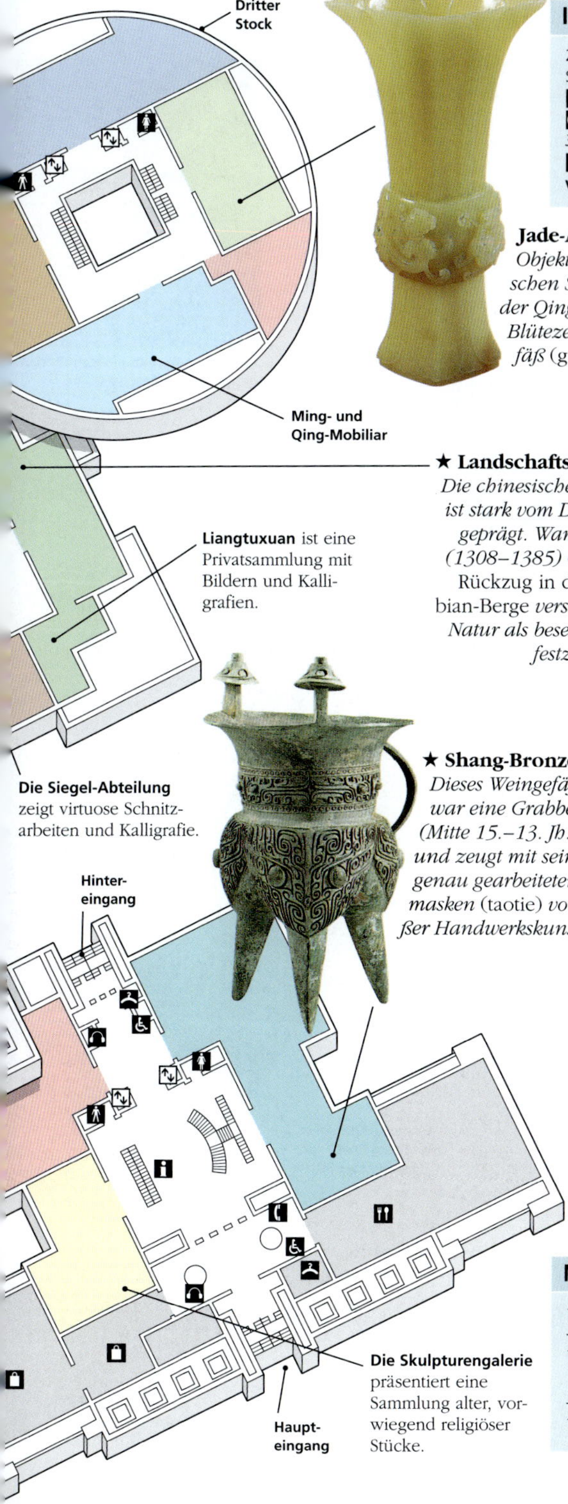

Infobox

201 Renmin Da Dao, People's Square. *(021) 6372 3500.*
Linien 1 und 2.
tägl. 9–17 Uhr (letzter Einlass 30 Min. vor Schließung).
www.shanghaimuseum.net

Jade-Abteilung
Objekte aus Jade, dem chinesischen Stein schlechthin, hatten in der Qing-Ära (1644–1911) ihre Blütezeit, wie an diesem Weingefäß (gu) *zu sehen ist.*

★ Landschaftsmalerei
Die chinesische Malerei ist stark vom Daoismus geprägt. Wang Mengs (1308–1385) Gemälde Rückzug in die Qingbian-Berge *versucht, die Natur als beseelten Ort festzuhalten.*

Liangtuxuan ist eine Privatsammlung mit Bildern und Kalligrafien.

★ Shang-Bronzen
Dieses Weingefäß (jia) *war eine Grabbeigabe (Mitte 15.–13. Jh. v. Chr.) und zeugt mit seinen genau gearbeiteten Tiermasken* (taotie) *von großer Handwerkskunst.*

Die Siegel-Abteilung zeigt virtuose Schnitzarbeiten und Kalligrafie.

Kurzführer

Die Kalligrafien und Gemälde werden zu ihrem eigenen Schutz häufig ausgetauscht. Neben seiner eigenen Sammlung zeigt das Museum häufig auch Exponate aus großen Museen der Welt.

Die Skulpturengalerie präsentiert eine Sammlung alter, vorwiegend religiöser Stücke.

Nicht versäumen

★ Landschaftsmalerei

★ *Sancai*-Keramikfiguren

★ Shang-Bronzen

Yu-Gärten und Basar ❻

豫园

Löwenstatue

Die im traditionellen Stil erbauten Häuser des Basars (Bazaar) in den Yu-Gärten sind zwar nicht alt, aber mit ihren verschnörkelten Dächern schön anzusehen. Die Läden verkaufen alles – von Souvenirs bis zu traditioneller chinesischer Medizin – und sind trotz überhöhter Preise gut besucht. Am besten geht man früh hin und begibt sich direkt in die schönen, relativ stillen Yu-Gärten (Yu Yuan, Yu Gardens) aus der Ming-Zeit. Bevor hier Hochbetrieb herrscht, kann man sich mit Teigtaschen für einen Shopping-Nachmittag stärken, den Sie am besten mit einer Tasse Tee im Huxinting Teahouse ausklingen lassen.

Yu Gardens Bazaar: moderne Läden in alt aussehenden Gebäuden

Yu Gardens Bazaar
Obwohl alles sehr touristisch ist, macht es Spaß, an den Ständen entlangzuschlendern und zu feilschen.

Restaurants umgeben den See. Vormittags kann man dort zusehen, wie Teigtaschen gefüllt werden.

Straßenkünstler
Hin und wieder treten hier bunte Artistentruppen auf, die oft Kinder auf Stangen balancieren, um die Leute zu unterhalten.

Shanghai Old Street (Fangbang Road) und Eingang zum Basar

★ City God Temple
In der Ming-Zeit galt der Tempel als Sitz des Schutzpatrons von Shanghai und umfasste ein Areal in der Größe des Basars. Geblieben ist ein kleiner, restaurierter Tempel, der bei Besuchern sehr beliebt ist.

NICHT VERSÄUMEN

- ★ City God Temple
- ★ Huxinting Teahouse
- ★ Steingarten

★ Huxinting Teahouse
er Bau wurde 1784 von Baumwollhändlern errichtet und Ende des 19. Jahrhunderts in ein Teehaus umgewandelt. Die Zickzack-Brücke hützt gegen böse Geister, da diese nicht um Ecken gehen können.

INFOBOX

269 Fangbang Zhong Road (Shanghai Old Street), Altstadt. 6. (021) 6386 8649.
City God Temple tägl. 8.30–16.30 Uhr.
Yu-Gärten tägl. 8.30–16.30 Uhr.
Huxinting Teahouse tägl. 8.30–21 Uhr.

★ Steingarten
Der Ming-Steingarten – angeblich einer der schönsten, aber zweifellos der größte – ist eine Nachbildung der Schluchten Südchinas.

Drachenmauer
Auf den weißen Mauern der Gartenanlage schlängelt sich ein Drache. Um nicht den Zorn des Kaisers zu erregen, hat er – anders als der kaiserliche Drache – nur vier Klauen.

Themenbereiche
Mauern teilen den Garten in sechs Themenbereiche, was ihn einerseits zum Labyrinth macht und andererseits größer erscheinen lässt, als er tatsächlich ist. Nachmittags und am Wochenende herrscht hier Hochbetrieb.

Eingang zur Stätte des Ersten Nationalkongresses

Stätte des Ersten Nationalkongresses der Kommunistischen Partei Chinas ❼

中共一大会址纪念馆

374 Huangpi Nan Road. Ⓜ *Huangpi Nan Road.* *tägl. 9–16 Uhr.*

Das Gebäude im französischen Viertel war Schauplatz eines historischen Treffens. Am 23. Juli 1921 kamen hier Vertreter der kommunistischen Zellen zusammen, um eine Partei zu gründen. Offiziell gab es zwölf Teilnehmer, darunter auch Mao Zedong – wahrscheinlich waren es mehr. Die Polizei sprengte die Versammlung und zwang die Delegierten zur Flucht per Boot auf dem Nan-See in Zhejiang. Man sieht eine Nachbildung des Treffens mit Originalstühlen sowie eine Ausstellung zur Geschichte der KPCh.

Fuxing-Park ❽

复兴公园

Fuxing Zhong Rd. Ⓜ *Huangpi Nan Rd.* **Sun Yat-sen-Gedenkhaus** 7 Xiangshan Road. *(021) 6437 2954.* *tägl. 9–16 Uhr.* **Zhou Enlais Ehemalige Residenz** 73 Sinan Road. *tägl. 9–16 Uhr.*

Der Privatgarten wurde 1908 von den Franzosen gekauft und hieß ab dieser Zeit »Französischer Park«. Mit seinen von Kirschbäumen gesäumten Pfaden erinnert er an einen Pariser *jardin*. 1949 wurde er in Fuxing (»Wiederbelebung«) umbenannt.

Ganz in der Nähe in der Xiangshan Road steht das **Sun Yat-sen-Gedenkhaus**, eine typische Shanghaier Villa, die der Politiker und seine Frau Soong Qingling von 1918 bis 1924 bewohnten. Die Einrichtung ist vollständig erhalten, darunter viele persönliche Gegenstände wie Grammophon und Bücher. Südlich des Parks – 73, rue Massenet (heute Sinan Road) – befindet sich die **Zhou Enlais Ehemalige Residenz** *(siehe S. 250)*, der dort in den 1940er Jahren als Chef der KPCh lebte. Das Haus ist recht spartanisch eingerichtet und ein weiteres gut erhaltenes Beispiel einer europäisch geprägten Shanghaier Villa.

Statue von Sun Yat-sen

Französisches Viertel ❾

法国花园

Ⓜ *Shaanxi South Road.*

Der ehemalige französische Konzessionsbezirk erstreckt sich vom westlichen Rand der Altstadt mit Boulevards, Läden und Cafés bis zur Avenue Haig (Huashan Road). Hier wohnten Weißrussen und Chinesen. Das Areal hatte ein eigenes Stromnetz, eine eigene Gerichtsbarkeit und Polizei. Deren höchster Beamter war »Pockmarked Huang«, Anführer der berüchtigten Green Gang, die den Opiumhandel kontrollierte.

Heute konzentriert sich das Viertel um **Huaihai Road** und Nanjing Road – belebte Straßen mit Mega-Malls, Boutiquen, Coiffeur-Salons, Restaurants und Bars – und um die Gegend des trendigen **Jinjiang Hotel**. Der Hotelkomplex enthält auch die Grosvenor Residence, bis zum Zweiten Weltkrieg die exklusivste Adresse Shanghais. Der VIP-Club im alten Teil des Hotels besitzt noch das Originaldekor aus den 1920er Jahren. Die umliegenden Straßen, vor allem die Tongren Road mit vielen Bars und Clubs *(siehe S. 201)*, haben ein reges Nachtleben. Interessant ist das **Ruijin Guesthouse** (Ecke Fuxing Zhong Road/ Shaanxi South Road), ein Herrenhaus im Tudor-Stil, heute ein Gästehaus. **The Children's Palace** am westlichen Ende der Yan'an Road gehörte zu einem 1920er-Jahre-Komplex und ist heute ein Kinderkunstzentrum.

Die Villa im europäischen Stil war Zhou Enlais ehemaliger Wohnsitz

Hotels und Restaurants in Shanghai *siehe Seiten 559–561 und 586–588*

Huangpu – »Fluss mit gelbem Ufer«

Der Huangpu ist von seinem Ursprung am Dianshan-See bis zu der Stelle, an der er 28 Kilometer flussabwärts von Shanghai in den Yangzi (Jangtse) mündet, nur 110 Kilometer lang. Dennoch hat er viel zu bieten – angefangen mit der kolonial-altmodischen Uferpromenade Bund über das aufstrebende moderne Pudong bis zu den betriebsamen Hafendocks, die sich bis zur Mündung des Huangpu in den breiten Yangzi aneinanderreihen. Von einem Pier am Bund zwischen Nanjing Road und Yan'an Road *(siehe S. 184f)* legen Ausflugsboote ab. Die einstündige Tour führt bis zur Yangpu-Brücke. Mit dreieinhalb Stunden Fahrt gelangt man bis zur Mündung in den Yangzi.

Frachtschiffe auf dem Huangpu

Shanghai-Docks ④
Nahezu ein Drittel der internationalen Handelsgüter gelangt über den ganzjährig stark befahrenen Huangpu ins Land.

Yangzi ⑦
Dort wo der ölverschmutzte Huangpu in den schlammigen Yangzi fließt, ändert sich die Farbe des Wassers. Ein Leuchtturm markiert die Stelle.

Yangpu-Brücke ③
Die Brücke wurde 1993 errichtet und ist eine der größten Hängebrücken der Welt mit riesigen Pfeilern.

Fort Wusong ⑥
Hier fand 1842 die entscheidende Schlacht gegen die Briten statt. Im halbmondförmigen Fort stehen zehn importierte Kanonen.

Gongqing-Waldpark ⑤
Der große bewaldete Park wurde auf Sumpfgebiet errichtet und wird von den Einheimischen vor allem am Wochenende gern besucht.

Huangpu-Park ②
Im Park am Nordende des Bund stehen Denkmäler der Volkshelden.

Bund ①
Für die EXPO 2010 wurden die Straßen am Bund teils unter die Erde verlegt. Ein Teil des Areals wurde in Parkflächen und Fußgängerwege umgewandelt.

Routeninfos

Länge: *60 km.*
Einstündige Bootsfahrt: 16 km.
Bootstouren: *Es gibt unterschiedlich große und komfortable Boote. Die teureren servieren auch Mahlzeiten und veranstalten Unterhaltungsprogramme.*
Zeiten: *Mo–Fr 9, 14,19 Uhr, Sa, So 11, 15.30, 20 Uhr. Die einstündigen Touren finden häufiger statt (variable Abfahrtszeiten).*

Sowjetisch geprägt: Fassade des Shanghai Exhibition Center

Shanghai Exhibition Center ⑩
上海展览中心

1000 Yan'an Zhong Road. *(021) 6247 3438.* M *Jing'an Si.*
tägl. 9–16 Uhr.

Das gewaltige Ausstellungszentrum ist eine der wenigen Erinnerungen an den ehemals starken sowjetischen Einfluss auf die Stadt. 1954 wurde der Palast als Zeichen der chinesisch-sowjetischen Freundschaft erbaut und sollte zur Dokumentation der technischen und landwirtschaftlichen Fortschritte der Volksrepublik China seit ihrer Gründung 1949 dienen. Ironischerweise befindet sich der Bau auf dem Grundstück des Multimillionärs Silas Hardoon, des größten Kapitalisten im Shanghai der 1920er Jahre. Allein wegen seines sowjetischen Zuckerbäckerstils ist er sehenswert. Der Eingang ist stark verziert. Auf den Säulen prangen rote Sterne, die Türmchen tragen vergoldete Spitzen. Heute ist hier ein Ausstellungs- und Messezentrum.

In der nahen Xinle Road im einstigen französischen Konzessionsbezirk steht die **Russisch-orthodoxe Kirche** mit ihren charakteristischen Zwiebeltürmen. Sie beherbergte Tausende von Flüchtlingen, die während der Russischen Revolution von 1917 geflohen waren. Rund um die nahe Julu Road und Changle Road stehen Villen und Art-déco-Häuser, die sich Shanghais wohlhabende Bürger erbauen ließen.

Jing'an-Tempel ⑪
静安寺

1686 Nanjing Xi Road (nahe Huashan Road). M *Jing'an Si.*
tägl. 7.30–17 Uhr.

Gegenüber dem schönen Jing'an-Park mit seinem Friedhof »Sprudelnde Quelle« liegt der Jing'an Si (Tempel der Ruhe) – einer der wichtigsten Orte für die Ahnenverehrung. Er wurde zur Zeit der Drei Königreiche gegründet. 2006 wurde er nach komplettem Neuaufbau wiedereröffnet. In den 1930er Jahren war er der am reichsten ausgestattete buddhistische Tempel Shanghais und wurde vom einflussreichen Mönch Khi Vehdu geleitet, der zugleich auch ein Gangster mit weißrussischen Leibwächtern und einem Harem war. Angeblich begleiteten ihn diese Leibwächter auf Schritt und Tritt mit kugelsicheren Aktenkoffern, die bei Angriffen als Schutzschilde dienten. Während der Kulturrevolution wurde der Tempel geschlossen. Nach seiner Wiedereröffnung erlebte das buddhistische Heiligtum regen Zulauf. Hier spendet man gern Münzen und betet für finanziellen Erfolg.

Wanddetail, Jade-Buddha-Tempel

Jade-Buddha-Tempel ⑫
玉佛寺

170 Anyuan Road. *(021) 6266 3668.* M *Han Zhong Road, dann Taxi.*
tägl. 8.30–16.30 Uhr.

Jufo Si, der berühmteste Tempel Shanghais, liegt im nordwestlichen Teil der Stadt. Er wurde 1882 als Ort für zwei herrliche Buddha-Statuen aus Jade errichtet, die Abt Wei Ken aus Birma (Burma) mitgebracht hatte. Der Tempel stand ursprünglich woanders und wurde 1918 hierherverlegt, nachdem ein Brand den alten Bau zerstört hatte. Fast 30 Jahre lang war er geschlossen. 1980 wurde er wiedereröffnet. Heute leben hier über 100 Mönche.

Der Tempel ist im Stil der Südlichen Song erbaut und hat stark geschwungene Dächer mit Dachreitern. Die drei Haupthallen sind durch zwei Innenhöfe verbunden. In der ersten Halle, der **Halle der Himmelskönige**, zieren die vier Himmelskönige die Wände. Die **Große Halle der Pracht** zeigt drei Buddha-Inkarnationen. Der **Jade-Buddha-Raum** birgt die Jadestatue eines großen Liegenden Buddha. Die schönere Jadestatue befindet sich im Obergeschoss: Dieser Sitzende Buddha ist aus einem einzigen Jadestück gearbeitet und mit Juwelen besetzt. Fotografieren ist verboten.

Vergoldete Buddha-Statuen im Jade-Buddha-Tempel

Hotels und Restaurants in Shanghai *siehe Seiten 559–561 und 586–588*

Das alte Shanghai

Bis 1842 war Shanghai eine kleine Hafenstadt, die zwar einen Schutzwall besaß, ansonsten aber unbedeutend war. In jenem Jahr kapitulierte China, gab den westlichen Forderungen nach Handelskonzessionen nach und öffnete einige Hafenstädte an der Ostküste. Eine davon war Shanghai, das europäischer Vertragshafen wurde. Dieser war extraterritorial, d. h., ausländische Bürger unterlagen nur den Gesetzen ihres Heimatlandes. Amerikaner, Briten und Franzosen hatten ihre eigenen »Concessions«, Stadtareale, in denen sie über ihre eigene Gerichtsbarkeit und Polizeigewalt verfügten. Diese Situation zog allerdings nicht nur Geschäftsleute an, sondern auch Flüchtlinge, Kriminelle und Revolutionäre. Vor allem in der Zeit zwischen den beiden Weltkriegen erhielt Shanghai den Ruf, eine Stadt der Exzesse und des Glamours zu sein. Diese Periode endete in den 1940er Jahren, als die Ausländer angesichts wachsender chinesischer Opposition ihre Vorrechte aufgaben.

Kalendergirls der 1930er Jahre

Am Bund *(Zhongshan Dong Yu Road), der breiten Prachtstraße entlang dem Huangpu, bauten alle wichtigen Unternehmen ihre Bürohäuser und schufen so die charakteristische Skyline, die noch heute vom Fluss aus zu bestaunen ist.*

Great World *war eine typische Shanghaier Kreation, eine Mischung aus Ausgeflipptheit, Mode, Sex und Theater unter einem Dach. Sie gehörte dem Gangster »Pockmarked« Huang.*

Die Pferderennbahn *lag im heutigen Volkspark und war unentbehrlicher Bestandteil des sozialen Lebens der wohlhabenden Ausländer. Hier konnten sie sich ebenso wie in den zahlreichen Clubs wie zu Hause fühlen.*

»Freien« Opiumhandel *forderten britische Firmen wie Jardine Matheson. Der Opiumschmuggel der Briten florierte und führte zu Shanghais Wohlstand – und zu den »Opiumhöhlen« der Süchtigen. Als dies verboten wurde, avancierte Opium zum Zahlungsmittel der Unterwelt.*

Die Nanking Road *war und ist Shanghais großes Shopping-Zentrum. In der zweigeteilten Straße (der westliche Teil firmiert als »Bubbling Well Road«) entstanden Chinas erste Warenhäuser, in denen Chinesen und Ausländer einkauften.*

Bunte Boote an der Uferpromenade des Hongkou-Parks (Lu Xun-Park)

Hongkou-Park ⓭

虹口公园

146 Dong Jianwan Road. M *Hongkou.* ○ *tägl.*

Nördlich des Flusses Suzhou und der Waibaidu-Brücke liegt der japanische Teil der ehemaligen Internationalen Siedlung (International Settlement). Dort gab es einen Zen-Tempel, eine japanische Schule und japanische Läden. Am interessantesten ist der Hongkou-Park, in dem man Chinesen beim Bootfahren, Schachspielen und Tai Chi Chuan zusehen kann.

Der Park wird nach dem Autor Lu Xun (1881–1936), der nahebei lebte, auch Lu Xun-Park genannt. Sein berühmtestes Werk ist *Die wahre Geschichte von Ah Q*, in dem der chinesische Nationalcharakter aufs Korn genommen wird. Lu Xun war auch Befürworter der *Baihua*-Bewegung zur Vereinfachung der Sprache. Die Gruppe wollte die Schrift einfacher gestalten und die Verwendung der Umgangssprache in der Literatur durchsetzen. **Lu Xuns Grab**, in dem 1956 anlässlich seines 20. Todestags seine Asche beigesetzt wurde, liegt im Park. Rechts vom Haupteingang befindet sich eine **Gedenkhalle** für den Schriftsteller. Dort können Besucher frühe Ausgaben seiner Werke einsehen und seine Korrespondenz mit verschiedenen Intellektuellen, darunter auch George Bernard Shaw, lesen. Südlich vom Park in der Shanyin Road steht **Lu Xuns Ehemaliges Wohnhaus**, in dem der Schriftsteller seine letzten drei Lebensjahre verbrachte. Das im japanischen Stil der 1930er Jahre errichtete Haus ist noch spärlicher möbliert als viele andere Häuser aus dieser Zeit. Zu sehen sind u.a. Lu Xuns Rattanstühle und sein Schreibtisch.

Statue an Lu Xuns Grab

Lu Xuns Ehemaliges Wohnhaus
9 Dalu Xincun, Shanyin Rd. ○ *tägl. 9–16 Uhr.*

Soong Qinglings Ehemalige Residenz ⓮

宋庆龄故居

1843 Huaihai Zhong Road. M *Hengshan Road.* ○ *tägl. 9–11, 13–16.30 Uhr.*

Am Südwestrand der Stadt steht die elegante Villa von Soong Qingling, der Ehefrau des Politikers Dr. Sun Yat-sen. Alle Soong-Geschwister – drei Schwestern und ein Bruder – waren sehr einflussreich. Soong Meiling, eine der Schwestern, heiratete Chiang Kai-shek, der von 1928 bis 1949 Präsident der nationalistischen »Republik China« war. Soong Ailing heiratete H. H. Kung, den Direktor der chinesischen Nationalbank. Soong Qingling wurde die Frau von Sun Yat-sen. Ihr Bruder T. V. Soong war Chiang Kai-sheks Finanzminister. Als die Kommunisten ans Ruder kamen, blieb Soong Qingling in China und wurde eine kommunistische Ikone. Nach dem Tod ihres Gatten lebte sie in Shanghai in ihrem gemeinsamen Haus im französischen Teil der Stadt und zog dann in diese Villa. Sie starb 1981.

Das Haus ist ein schönes Beispiel für eine Shanghaier Villa aus dem frühen 20. Jahrhundert mit wunderbaren Holzvertäfelungen und Lackarbeiten. In der Garage parken noch immer Soong Qinglings Limousinen. Zudem sind einige persönliche Gegenstände ausgestellt.

Soong Qinglings Wohnsitz – eine Villa aus dem frühen 20. Jahrhundert

Xujiahui-Kathedrale ⓯

徐家汇堂

158 Puxi Road. (021) 6438 2595. *Xujiahui.* *Sa, So 13–17 Uhr.*

Die katholische, neogotische Backsteinkathedrale St. Ignatius liegt im Südwesten Shanghais. Ursprünglich gehörte das Grundstück Xu Guangqi (1562–1633), einem Mitglied des Xu-Clans, den Matteo Ricci zum Katholizismus bekehrt hatte. Xu Guangqi vermachte das Grundstück den Jesuiten, die dort eine Kirche, ein Seminar und eine Sternwarte errichten sollten. Die Kathedrale mit den 50 Meter hohen Zwillingstürmen wurde 1906 erbaut, während der Kulturrevolution teilweise zerstört und später renoviert. Sonntags werden Messen abgehalten, die bis zu 2000 Gläubige besuchen. Der Innenraum ist eine Mischung aus katholischer Sakralkunst und chinesischem Dekor. Xu Guangqis Grab liegt im nahen Nandan Park.

Longhua-Friedhof der Märtyrer ⓰

龙华烈士陵园

180 Longhua Xi Road. *Shanghai Stadium, dann Taxi.* (021) 6468 5995. *41.* *Di–Sa 8.30–16 Uhr.* **Longhua Si** 2853 Longhua Xi Road. *tägl. 7–16.30 Uhr.*

Hier werden all jene geehrt, die vor der Ausrufung der Volksrepublik China 1949 ihr Leben für den Kommunismus ließen. In der Mitte steht eine Gedenkhalle. Auf dem Areal gibt es diverse Denkmäler. Der Friedhof liegt auf dem ehemaligen Hinrichtungsplatz der Nationalisten. Hunderte von Kommunisten wurden hier auf Geheiß von Chiang Kai-shek hingerichtet.

An den Friedhof grenzen der **Longhua Si** und eine achteckige Pagode. Seit 687 stand hier ein Tempel, bereits seit 238 eine Pagode. Das Fundament der jetzigen Pagode mit den hochgebogenen Dachgiebeln stammt aus dem Jahr 977. Die Tempelanlagen wurden in der Qing-Zeit errichtet. Der Tempel hat mehrere Hallen und ist rege besucht. Die Umgebung ist zur Zeit der Pfirsichblüte im Frühling besonders schön.

Denkmal auf dem Longhua-Friedhof der Märtyrer

She Shan ⓱

佘山

35 km südwestlich von Shanghai. *von der Bushaltestelle Wenhua Guangchang oder vom Busbahnhof Xi Qu in Shanghai.*

Der She Shan (She-Berg) ist nur etwa 100 Meter hoch. Ganz oben thront eine katholische Backsteinkirche: **Our Lady of China**. Um 1859 bauten europäische Missionare hier eine Kapelle. Ein Bischof, der sich in der Gegend versteckt hielt, gelobte, eine Kirche zu bauen. Die Basilika entstand 1925–35. An christlichen Feiertagen, vor allem im Mai, wenn Hunderte von Pilgern hierherströmen, wird die Messe (meist auf Latein) gelesen. Der Weg auf den Hügel symbolisiert die Via Dolorosa, den Leidensweg Christi, und führt durch Bambuswäldchen. Es gibt auch eine Seilbahn zum Gipfel. Oben steht ein altes Observatorium mit einer Vorrichtung zur Erdbeben-Überwachung (Seismometer): ein Gefäß mit einem Kranz aus Drachenköpfen außen und einem Pendel innen. Jeder Drache hat eine Stahlkugel im Maul. Bei einem Beben gerät das Pendel in Bewegung und schlägt von innen gegen einen der Drachenköpfe, wodurch sich das Maul öffnet, der Ball herausfällt und so die Richtung des Bebens anzeigt.

Our Lady of China – die katholische Kirche auf dem She Shan

Song Jiang ⓲

松江

40 km südwestlich von Shanghai. *vom Busbahnhof Xi Qu in Shanghai.*

Song Jiang ist eine kleine, an der Bahnstrecke Shanghai–Hangzhou gelegene Provinzstadt. Sehenswert ist die Pagode aus der Song-Zeit, die nahe einer vier Meter hohen und sechs Meter langen Ming-Wand steht. Diese Wand ist mit Fabeltieren verziert, die für menschliche Schwächen stehen. Westlich von Song Jiang erhebt sich eine Moschee, die teilweise aus der Yuan-Zeit stammen soll und als einer der ältesten muslimischen Bauten Chinas gilt.

Shopping und Unterhaltung

Mao-Memorabilien, Dongtai Road Market

Schon immer war Shanghai Chinas erste Shopping-Adresse. Vor dem Zweiten Weltkrieg bestimmte die illustre ausländische Klientel der Stadt die Nachfrage nach Luxusgütern. Auch heute noch bietet Shanghai alles für jeden Geschmack und Geldbeutel. Die Stadt verfügt über ein reges Kulturleben. Regelmäßige Opernaufführungen sowie Theater, Akrobatik, westlich-klassische Musik und Jazz werden geboten. Auch das Nachtleben ist mit unzähligen Bars, Restaurants, Kinos und Nachtclubs ausgesprochen lebhaft.

Shopping

Die bekannteste Einkaufsstraße Shanghais ist die Nanjing Road *(siehe S. 188)*. Lohnend ist der **Friendship Store** mit seinen chinesischen Produkten. Der interessanteste Markt liegt gleich bei der Nanjing Road an der Jiangyin Road. Bekannt ist auch die Huaihai Road im ehemaligen französischen Viertel – dort gibt es u.a. exklusive Mode.

Mode und Stoffe

Alle großen Marken aus Europa, Japan und den USA sind hier vertreten. Außerdem gibt es einige Hong Konger Ladenketten, die allerdings vorwiegend kleine Größen für Einheimische führen. Mode wird vor allem in der Nanjing, Shaanxi Nan, Huaihai und Maoming Road verkauft. Billigklamotten gibt es auf dem **Xiangyang Road Clothes Market**, der in einer großen Mall, Ecke Nanjing und Chengdu Road, liegt. Preiswerte Seide erhält man im **No. 1 Department Store** *(siehe S. 188)*, doch die beste Qualität finden Sie in Läden wie **Isetan**. Modeboutiquen gibt es in der Taikang Road. Bei **W. W. Chan & Sons Tailor Ltd.** hält man die Tradition der bezahlbaren Maßanfertigung aufrecht.

Antiquitäten

Obwohl man in Shanghai diverse Antiquitäten bekommen kann, birgt der Kauf zwei Risiken: Zum einen ist der Markt mit Fälschungen überschwemmt, die der Besucher leicht mit Originalen verwechselt. Zum anderen ist es verboten, Antiquitäten auszuführen, die nicht das offizielle Regierungssiegel tragen. Die besten Stücke sind übrigens auch nicht billiger als bei uns. Die größten Märkte finden Sie in der Nähe der Altstadt an der **Dongtai Road**, **Fuyou Road** (nur sonntags geöffnet) und **Fangbang Road**. Der **Hubao Building Basement Market** in der Fangbang Road *(siehe S. 192)* ist der größte Antiquitätenmarkt in Shanghai. In der **Duolun Road** im Hongkou-Viertel haben sich Antiquitäten-, Buch- und Kunstläden niedergelassen.

Kunst und Kunsthandwerk

In ganz Shanghai können Sie traditionelles chinesisches Kunsthandwerk kaufen. Im **Yu Gardens Bazaar** finden Sie vor allem Tee, Teekannen und weiteres Teezubehör sowie verschiedene Souvenirs – vergessen Sie nicht zu handeln! Bei Porzellan lohnen sich vor allem die schönen Reproduktionen der Klassiker, die man im **Shanghai Museum** bekommt. Sie sind zwar teuer, aber viel besser als alles andere auf dem Markt. In Fachgeschäften in der Nanjing Road finden Sie Kunsthandwerk der Minderheiten, etwa aus Tibet, oder Objekte aus Nachbarländern wie Nepal. Fast überall gibt es Schmuckgeschäfte, die auch Jade verkaufen – allerdings ist deren Qualität nur schwer zu beurteilen. Auf der sicheren Seite ist man bei Zuchtperlen, die in Läden wie **Shanghai Pearl City** angeboten werden. Chinesische Kunst bekommen Sie in verschiedenen Galerien um die Moganshan Road in der Nähe des Flusses Suzhou.

Veranstaltungsmagazine und Tickets

Es gibt einige englischsprachige Publikationen wie die Monatszeitschrift *that's Shanghai*, die Veranstaltungsinfos und Restaurantkritiken abdrucken. Wichtige Events werden auch in den chinesischen Tageszeitungen angekündigt. Karten erhält man beim Tourismusbüro, direkt beim Veranstalter oder aber im Hotel. Es wird empfohlen zu reservieren.

Bühnen und Musik

Shanghai bietet eine große Vielfalt an Theateraufführungen. Es gibt in der Stadt einige Institutionen von internationalem Standard, etwa das **Shanghai Grand Theater** *(siehe S. 188)* und das **Shanghai Oriental Art Theater**, die chinesische und internationale Opernaufführungen, Musik, Tanz und Theater anbieten. Auch das **Shanghai Center** *(siehe S. 188)* ist ein recht beliebter Kulturtempel, der sowohl westlich-klassische Musik und Opern auf dem Programm stehen hat, als auch allabendlich Akrobatikvorführungen der bekanntesten Truppen der Stadt zeigt.

Traditionelle chinesische Oper können Sie im **Tianchan Yifu Theater** und gelegentlich auch im alten **Lyceum Theater** (Lan Xin) erleben, wo vor dem Zweiten Weltkrieg noch berühmte britische Music-Hall-Stars auftraten. Im **Majestic Theater** gibt es Ballett und einheimische Opern zu sehen, im **Shanghai Dramatic Arts Center** modernes chinesisches Theater.

An Sonntagabenden finden im **Shanghai Music Conservatory Auditorium** regelmäßig gut besuchte Konzerte statt. Live-Jazz gibt es vornehmlich im **House of Blues & Jazz**. Jazz ist aber auch im **JZ Club** in der Fuxing Road ein regelmäßiger Programmpunkt.

Mehr über Shanghai? Vis-à-Vis Beijing & Shanghai *ISBN 978-3-8310-1041-7*

Kino

Neben Filmen aus China und Hong Kong werden in Kinos und Bars auch europäische und US-amerikanische Filme gezeigt. In Kinos wie **UME International Cineplex**, **Shanghai Film Art Center** oder **Studio City** laufen (häufig zensierte) ausländische Filme in Originalversion mit chinesischen Untertiteln oder aber chinesisch synchronisiert mit englischen Untertiteln.

Bars und Nachtclubs

Shanghai, das noch immer von seiner Zeit als »Paradies für Abenteurer« zehrt, besitzt ein reges Nachtleben. Bars kommen und gehen – was heute in ist, kann morgen schon out sein. Die avantgardistisch anmutenden Bars sind von aktuellen Trends aus Tokio, New York und London beeinflusst. Getränke können teuer sein. Viele Bars bieten Tanz, Live-Musik, Filmnächte und Comedys. Die meisten Bars finden Sie im Areal um die Huaihai Road bei der Tongren Road, auf dem Bund, in der Xintiandi und Yongsia Road. Das **Blue Frog** in der Tongren Road bietet Happy Hour und Tanzmusik. Weiter nördlich liegt **Malone's**, eine amerikanische Bar, und nahebei **Big Bamboo**, eine kanadische Bar und ein beliebter Hangout bei Nachteulen. Populäre Cocktail-Lounges sind **Mesa/Manifesto** und **Sin Lounge**. Der Club **Bonbon** bietet internationale DJs für Tanz-Fans. Live-Musik und Underground-Feeling vermittelt das **Shelter**. Das edlere Xintiandi-Viertel hat gute Kneipen. **Lounge 18** auf dem Bund ist galmourös-elegant, mit Sofas, VIP-Bereichen und Cigar Lounge. Die **Glamour Bar** an der Ecke Guangdong Road ist im Stil einer Hollywood-Filmkulisse der 1930er Jahre eingerichtet. Hinweise, wo welcher DJ aus New York oder London auflegt, finden Sie in *that's Shanghai*.

Auf einen Blick

Shopping

Friendship Store
68 Jinling Dong Rd.
(021) 6337 3555.

Mode und Stoffe

Isetan
527 Huaihai Zhong Rd.
(021) 5306 1111.

No. 1 Department Store
830 Nanjing Dong Rd.
(021) 6322 3344.

W. W. Chan & Sons Tailor Ltd.
129-A02 Maoming South Rd.
(021) 5404 1469.

Kunst und Kunsthandwerk

Duoyun Xuan
422 Nanjing Dong Rd.
(021) 6351 0060.

Room With a View
M50 Moganshan Rd.
(021) 6267 7779.

Shanghai Museum
201 Renmin Dadao.
(021) 6372 5300.

Shanghai Pearl City
Shanghai Travelling Gods Bldg, 2/F, 558 Nanjing Dong Rd.
(021) 6322 3911.

Yu Gardens Bazaar
260 Fangbang Zhong Rd (Shanghai Old Street).
(021) 6386 8649

Bühnen und Musik

House of Blues & Jazz
60 Fuzhou Rd.
(021) 6323 2779.

JZ Club
46 West Fuxing Rd (nahe Yongfu Rd).
(021) 6431 0269.

Lyceum Theater
57 Maoming Nan Rd.
(021) 6217 8530.

Majestic Theater
66 Jiang Ning Rd.
(021) 6217 4409.

Shanghai Center
1376 Nanjing Xi Rd.
(021) 6279 8600.

Shanghai Dramatic Arts Center
288 An Fu Rd.
(021) 6473 4567.

Shanghai Grand Theater
300 People's Square.
(021) 6386 8686.

Shanghai Music Conservatory Auditorium
20 Fen Yang Rd.
(021) 6437 0137.

Shanghai Oriental Art Center
425 Dingxiang Rd, Pudong.
(021) 6217 2426.

Tianchan Yifu Theater
701 Fuzhou Rd.
(021) 6351 4668.

Kino

Shanghai Film Art Center
172 Xinhua Rd.
(021) 6280 8995.

Studio City
10/F, 1038 Nanjing Xi Rd.
(021) 6218 7109.

UME International Cineplex
4/F Nr. 6, Lane 123, Xingye Rd.
(021) 6373 3333.

Bars und Nachtclubs

Big Bamboo
132 Nanyang Rd.
(021) 6256 2265.

Blue Frog
86 Trongren Rd.
(021) 6247 0320.

Bonbon
2. Stock, 132a Huaihai Middle Rd.

Glamour Bar
Im M auf dem Bund 6/F, 20 Guangdong Rd.
(021) 6329 3751.

Lounge 18
Bund 18, 18. Stock.
(021) 6323 839.

Malone's American Café
255 Tongren Rd.
(021) 6247 2400.

Mesa/Manifesto
748 Julu Rd.
(021) 6289 9108.

Pegasus
98 Huaihai Zhong Rd.
(021) 5385 8187.

Shelter
5 Yongfu Rd.
(021) 6437 0400.

Sin Lounge
23/F, 211 Shimen Noi Rd.
(021) 6267 7779.

Jiangsu & Anhui

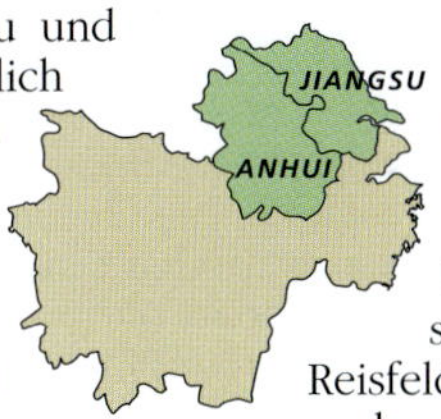

Die Provinzen Jiangsu und Anhui liegen nördlich und westlich von Shanghai. Jiangsu, eine der fruchtbarsten und am dichtesten besiedelten Gegenden Chinas, wirkt eher ländlich. Ihr südlicher Teil wird vom Yangzi (Jangtse) geprägt. An ihm liegen die Provinzhauptstadt Nanjing mit ihren unzähligen historischen Schätzen sowie die Städte Suzhou und Yangzhou mit ihren Gärten, Kanälen und der Seidenproduktion. Jiangsu entwickelt sich wirtschaftlich rasant, besitzt aber einen gewissen Charme, der sich vor allem in den Kleinstädten mit ihrer traditionellen Architektur zeigt. Anhuis Hauptsehenswürdigkeiten befinden sich im Süden, wo riesige Reisfelder vom Huai bewässert werden. Die Region südlich des Yangzi ist gebirgig. Beliebtester Aussichtsberg ist der Huang Shan (Gelber Berg), beschaulicher ist es auf dem buddhistischen Jiuhua Shan. Die Städte Shexian und Yixian sind für ihre traditionellen alten Häuser mit Holzschnitzereien berühmt.

Sehenswürdigkeiten auf einen Blick

Städte

Bozhou ⓫
Changzhou ❼
Hefei ⓬
Nanjing S. 222–231 ❿
Shexian ⓰
Suzhou S. 204–213 ❶
Tongli ❷
Tunxi ⓯
Wuhu ⓭
Wuxi ❹
Yangzhou S. 220f ❾
Yixian ⓱
Zhenjiang ❽
Zhouzhuang ❸

Seen, Naturreservate und Landschaften

Huang Shan S. 236f ⓲
Jiuhua Shan ⓮
Tai Hu ❺
Yixing-Bezirk ❻

Legende

- Internationaler Flughafen
- Inlandsflughafen
- Autobahn
- Nationalstraße
- Nebenstraße
- Eisenbahn
- Provinzgrenze

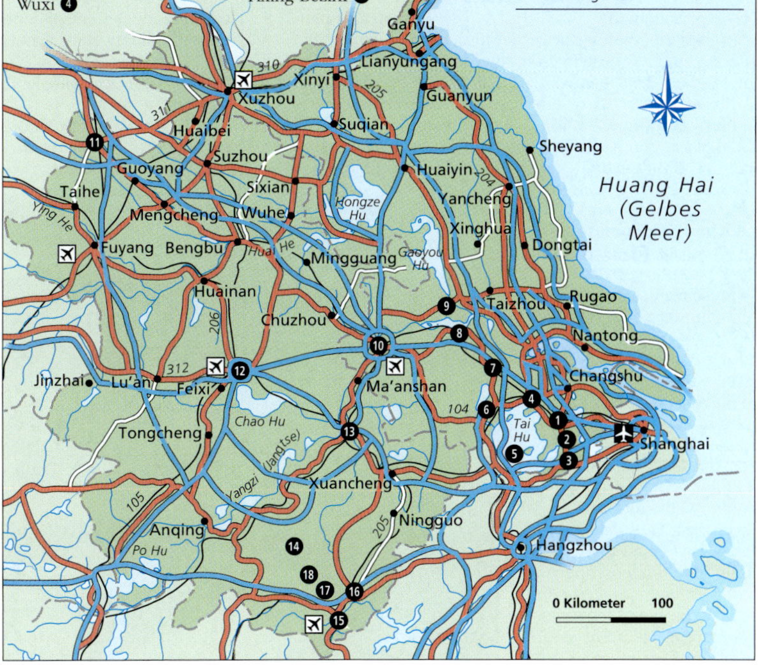

Bauer in einem vom Yangzi (Jangtse) bewässerten Reisfeld in der Provinz Jiangsu

Suzhou ❶

苏州

Milefo-Buddha am Fuß von Beisi Ta

Suzhou ist von einem Netz an Kanälen und Brücken durchzogen – mit Häusern am Wasser. Die Geschichte der Stadt reicht bis ins 6. Jahrhundert v. Chr. zurück. Damals wurden Kanäle angelegt, um den Grundwasserspiegel zu kontrollieren. Rund 1000 Jahre später wurde der Große Kanal *(siehe S. 217)* Grundlage für den Wohlstand, da nun Seide, das Hauptprodukt der Stadt, in den Norden exportiert werden konnte. In der Ming-Zeit galt Suzhou als kultiviert und zog Gelehrte und Kaufleute an, die elegante Gärten anlegten. Die Stadt ist voller Attraktionen. Sie wird durch ein Netz von breiten Straßen gegliedert.

Beisi Ta

1918 Renmin Rd. *(0512) 6753 1197.* *tägl.*

Am Nordende der Renmin Road steht Beisi Ta (Nordpagode), ein Überrest einer früheren Tempelanlage, die neu aufgebaut wurde. Die Grundstruktur der Pagode wurde in der Song-Zeit errichtet, ihre Fundamente sollen aus der Ära der Drei Königreiche (220–265) stammen. Die Pagode ist 76 Meter hoch, achteckig und hat geschwungene Dächer. Besucher können bis nach ganz oben steigen und von dort den Blick auf die Stadt, den Xuanmiao Guan und die Ruigang-Pagode *(siehe S. 212f)* genießen.

Die achteckige Pagode Beisi Ta

Suzhou-Seidenmuseum

2001 Renmin Rd. *(0512) 6753 6538.* *tägl. 9–16.30 Uhr.*

Das Museum ist einen Besuch wert. Die Ausstellungsstücke werden gut präsentiert und sind mit englischen Beschriftungen versehen. Erklärt werden die Geschichte der Seidenherstellung *(siehe S. 208f)* und die Verwendung von Seide von etwa 4000 v. Chr. bis heute. Die Sammlung enthält alte Webstühle und Arbeitsproben, Beispiele alter Muster sowie eine ganze Abteilung über Seidenraupenzucht. Der interessanteste Teil ist ein Raum voller lebender Seidenraupen, die dort Maulbeerblätter fressen und Kokons spinnen.

Suzhou-Museum

204 Dongbei Jie. *(0512) 6757 6011* *tägl. 9–17 Uhr.*
www.szmuseum.com

Das Stadtmuseum lag früher in einer Villa, die Teil des angrenzenden Gartens Zhuozheng Yuan war. Sie wurde um 1860 von Li Xiucheng, einem Anführer des Taiping-Aufstands (Rebellion des Himmlischen Reichs; *siehe S. 422*) bewohnt. Das neue Museum in einem Mix aus modernem und traditionellem Stil stammt von I. M. Pei und wurde 2006 eröffnet. Der Bau präsentiert u. a. Ausgrabungen, Jade, Seidenprodukte, Porzellan und Kalligrafie.

Zhuozheng Yuan

Siehe S. 206f.

Shizi Lin

23 Yuanlin Road. *tägl.*

Viele halten den Lion Grove Garden (Löwenwald-Garten) für den schönsten Park in Suzhou. Doch wer die Feinheiten chinesischer Gartenkunst nicht kennt, mag die vielen Steine etwas eintönig finden. Steine spielten in den klassischen Gärten eine wichtige Rolle und symbolisierten entweder die Erde oder Chinas heilige Berge. Der Garten wurde 1342 angelegt und war ursprünglich Teil einer Tempelanlage. Der große Teich wird von einer Zickzack-Brücke und Gebäuden mit filigranem Holzgitterwerk überspannt. Der Steingarten ist Teil eines Labyrinths.

Ou Yuan

Cang Jie. *tägl. 7.30–17 Uhr.*

Im Ou Yuan (Doppelgarten) herrscht nicht so viel Betrieb wie in den anderen klassischen Gärten der Stadt. Seinen Namen trägt er wegen der beiden Gartenbereiche, die durch zwei Gebäude und Korridore voneinander getrennt sind. Der entspannende Park mit Steingärten, Wasserbecken, einem schönen offenen Pavillon und einigen Teehäusern in der Mitte liegt in einem der schönsten Viertel mit prachtvollen Häusern, Kanälen und Brücken.

Im bezaubernden Park Ou Yuan

Wandbild in der Halle der Literarischen Götter, Xuanmiao Guan

Opern- und Theatermuseum

14 Zhongzhangjia Xiang. *(0512) 6727 3334.* *tägl. 8.30–16.30 Uhr.*

Das faszinierende, sehr visuell ausgerichtete Museum Xiqu Bowuguan ist in einem wunderbaren Holzbau aus der Ming-Zeit zu Hause. Die Ausstellungsräume sind voller alter Musikinstrumente, handgeschriebener Partituren und Libretti. Hinzu kommen Masken und Kostüme. Es gibt ein lebensgroßes Orchester sowie viele anschauliche Fotos von Schauspielern und Autoren. Die Suzhou-Oper, auch *kun ju* genannt, ist mit ihrer rund 5000-jährigen Geschichte die älteste Opernform Chinas. Gelegentlich finden im Museum Aufführungen statt. Im benachbarten Teehaus kann man jeden Tag traditionelle Opern und Musikdarbietungen hören.

Infobox

50 km nordwestlich von Shanghai. *2,1 Mio. (Großraum 6 Mio.).* *Bahnhof Suzhou.* *Busbahnhöfe Bei Men, Nan Men und Wu Xianshi.* *Fähren nach Hangzhou.* *Ausflugsfahrten auf dem Großen Kanal.* *251 Ganjiang Xi Road, (0512) 6515 1369.*

Xuanmiao Guan

94 Miaoqian Jie. *(0512) 6777 5479.* *tägl. 7.30–16.15 Uhr.*

Der daoistische Tempel wurde zur Zeit der Jin-Dynastie gegründet, jedoch wie viele chinesische Tempel oftmals umgebaut. Die Halle der Drei Reinen stammt aus der Song-Zeit und ist die größte daoistische Halle in China. Vor allem der Dachaufbau (Walmdach) ist sehenswert. Wegen seiner Lage mitten im Geschäftszentrum von Suzhou war der Tempel auch ein Ort für Straßenkünstler. Auch wenn mittlerweile keine Jongleure und Musiker mehr dort sind, blieb die volkstümliche Atmosphäre erhalten.

Zentrum von Suzhou

- Beisi Ta ①
- Canglang Ting ⑬
- Forschungszentrum für Seidenstickerei ⑪
- Konfuzius-Tempel ⑮
- Opern- und Theatermuseum ⑦
- Ou Yuan ⑥
- Pan Men ⑭
- Shizi Lin ⑤
- Shuang Ta ⑨
- Suzhou-Museum ③
- Suzhou-Seidenmuseum ②
- Wangshi Yuan ⑫
- Xuanmiao Guan ⑧
- Yi Yuan ⑩
- Zhuozheng Yuan ④

0 Meter 800

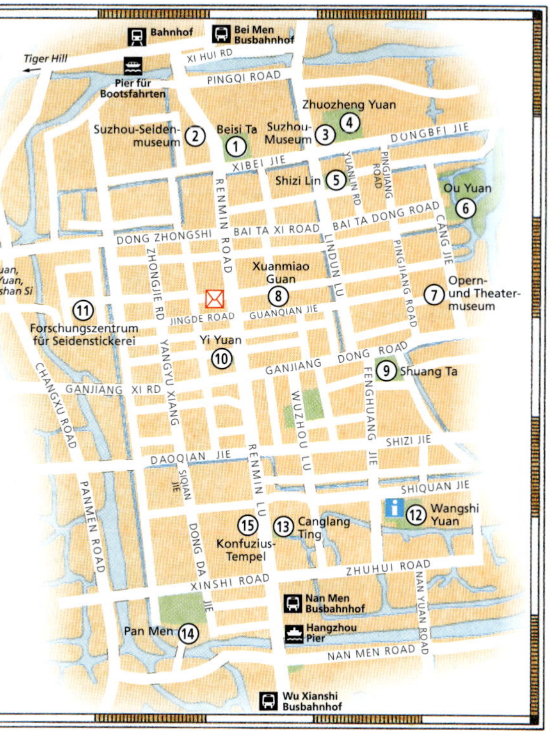

Zeichenerklärung *siehe hintere Umschlagklappe*

Suzhou: Zhuozheng Yuan

拙政园

Tai Hu-Felsen

Der Garten des Bescheidenen Verwalters (Humble Administrator's Garden) gilt als der schönste Suzhous. Er wurde im 16. Jahrhundert von dem pensionierten Stadtverwalter Wang Xianchen angelegt und von den nachfolgenden Besitzern dem Zeitgeschmack entsprechend umgestaltet. Ein Gemälde aus dem 16. Jahrhundert zeigt, dass der Garten ursprünglich weniger dekorativ war als heute. Er ist in drei Hauptbereiche (Osten, Mitte und Westen) unterteilt. Der östliche Teil ist zwar farbenfroh, aber weniger interessant als die anderen. Ein Museum erläutert Philosophie und Geschichte der chinesischen Gartenbaukunst.

Ein überdachter Durchgang bietet Schutz gegen die Sommerhitze

★ Mandarinenten-Halle
Die Zweiteilung erlaubt dem Besucher, den kühleren, nach Norden gerichteten Raum im Sommer zu genießen, den wärmeren, südlichen Teil im Winter.

Westlicher Teil des Gartens

Im geschwungenen Korridor über das Wasser bewegt man sich wie auf Wellen.

Der zentrale Teil des Gartens imitiert die Landschaft südlich des Yangzi-Unterlaufs.

Nicht versäumen

- ★ Duftinsel
- ★ Halle der Fernen Düfte
- ★ Mandarinenten-Halle

★ Duftinsel
Die Terrasse mit Pavillon soll an ein Bootsdeck erinnern. Da der Vorsprung ins Wasser ragt, bietet er herrliche Ausblicke auf den Garten.

Grundriss des Gartens

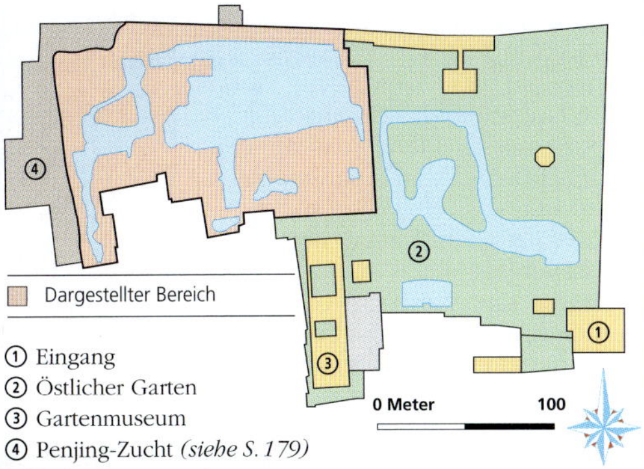

Dargestellter Bereich

① Eingang
② Östlicher Garten
③ Gartenmuseum
④ Penjing-Zucht *(siehe S. 179)*

Infobox

178 Dongbei Jie, Suzhou.
(0512) 6751 0286.
tägl. 7.30–17.30 Uhr.
inklusive Gartenmuseum.
www.szzzy.cn

Orangen-Pavillon
Künstliche Berge waren wichtige Elemente in der chinesischen Gartenbaukunst. Sie dienten der Kontemplation.

Abgeschiedener Pavillon aus Firmiana Simplex und Bambus
Von hier hat man die schönste »geborgte Aussicht« (siehe S. 179) *auf die sich im Wasser spiegelnde Beisi Ta, die Nordpagode.*

★ Halle der Fernen Düfte
Der Hauptraum ist nach dem Duft der großen Lotosblüte benannt, der vom großen Lotosteich nebenan sanft herüberweht.

Geschichte der chinesischen Seide

Statue einer Seidenarbeiterin, Seidenmuseum

Der Sage nach geht die Seidenraupenzucht auf Kaiserin Xi Ling (2640 v. Chr.) zurück. Die Stoffe wurden weltweit gehandelt, was China riesige Profite bescherte. 3000 Jahre lang blieb das Geschäft ein chinesisches Monopol – bis Flüchtlinge das Geheimnis der Herstellung nach Korea und Japan brachten. Eine andere Sage erzählt, dass eine chinesische Prinzessin, die den Prinzen von Khotan heiratete, heimlich Seidenraupen als Mitgift mitbrachte. Die westliche Welt kannte China als Seres (»Land der Seide«) und kam dem Geheimnis der Seide über zwei Mönche auf die Spur, die Seidenraupen in Bambusstäben versteckt hatten.

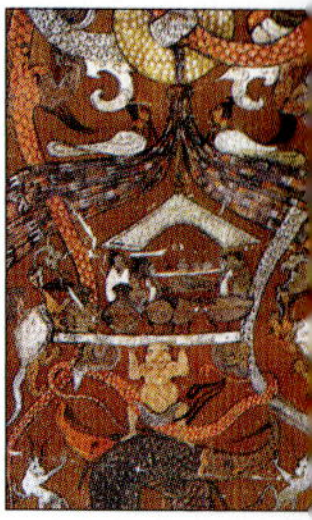

Seidene Grabbeigabe, ca. 200 v. Chr.

Stoffe für Kaiser

Seide war ursprünglich dem Gebrauch bei Hof vorbehalten. Die abgebildete Robe ist mit dem kaiserlichen Symbol des fünfklauigen Drachen bestickt. Das herrschaftliche Gelb symbolisiert die Erde.

Das traditionelle Muster erinnert an Wellen und Berge und stellt damit die Grenzenlosigkeit des chinesischen Reichs dar.

Seide *war eine der Haupteinnahmequellen* (siehe S. 464f) *und diente oft als Zahlungsmittel, etwa für Löhne und Steuern.*

Justinian, *der byzantinische Kaiser, knackte um 600 das Geheimnis. Damals stand Seide im Römischen Reich hoch im Kurs, doch ihre Herstellung war unbekannt. Man glaubte sogar, sie wachse auf Bäumen.*

Frauen stellten *zu Hause Seide her – was sechs Monate pro Jahr einen großen Teil des Tages beanspruchte. Auch der Staat betrieb viele Werkstätten, in denen Seide hergestellt und gewebt wurde. Ab der Tang-Zeit durften alle Gesellschaftsschichten in China Seide tragen.*

Seidenstickerei *wurde ein bedeutendes Kunsthandwerk. Frauen aus gehobenen Familien konnten mit kunstvollen Stickereien ein kleines Vermögen verdienen.*

Symbole

Die Axt *ist eines der zwölf Symbole, die dem Kaiser vorbehalten waren. Sie steht für das Recht zu bestrafen.*

Die Fledermaus *ist nicht nur für Herrscher, sondern für alle ein Glückssymbol. Das chinesische Wort* fu *bedeutet Glück.*

Das Doppel-Chi *ist ein weiteres der zwölf herrschaftlichen Symbole. Es repräsentiert die Macht zu verurteilen.*

Seidenherstellung

Jahrtausendelange Züchtung ließ den Seidenspinner *(bombyx mori)* zu einem blinden, flugunfähigen, eierlegenden Wesen werden, dessen Raupen das Geheimnis der Seide bergen. Der Geniestreich der Chinesen war, das Potenzial der nur in China beheimateten Raupe zu erkennen.

Seidenraupenzucht: *Zunächst werden die Eier bei 18 °C, dann bei 25 °C aufbewahrt, bis die Larven schlüpfen. Die Seidenraupen werden bei konstanter Temperatur gehalten und Tag und Nacht im 30-Minuten-Takt mit Maulbeerblättern gefüttert, bis sie sich verpuppen.*

Seidener Speichel: *Die Drüsen der Seidenraupen sondern eine Flüssigkeit ab, die sich zu Seidenfäden verhärtet und mit einer Gummimasse verklebt.*

Kokons: *Wenn sie sich verpuppen, spinnen die Raupen aus dem Speichel in Achterbewegungen ihren Kokon.*

Seidengewinnung: *Die verpuppten Raupen werden mit heißem Dampf getötet und die Kokons eingeweicht, damit sich die Seidenfäden lösen lassen. Mehrere davon werden zu einem Faden versponnen.*

China-Begeisterung *trat in Europa und Amerika ab dem 17. Jahrhundert immer wieder auf. In Fabriken wurden für den Export bestimmte Kleider hergestellt.*

Seide *hat besondere Eigenschaften: Sie hält die Wärme und ist gleichzeitig leicht und kühl, was sie im Sommer wie im Winter angenehm tragbar macht.*

Die chinesische Seidenindustrie *ist lukrativ. Allerdings ist ein Großteil der »Seide« von Billigmärkten keine echte.*

Shuang Ta – die achteckigen Zwillingspagoden aus der Song-Dynastie

Shuang Ta

Dinghui Si Xiang. *tägl.*

Die 30 Meter hohen Zwillingspagoden stammen aus der frühen Song-Ära. Einer erst vor Kurzem entdeckten Inschrift zufolge wurden sie 982 vom Studenten Wang Wenhan und seinem Bruder zu Ehren ihres Lehrers erbaut, der ihnen half, die kaiserlichen Beamtenprüfungen zu bestehen. Zwillingspagoden gibt es eher in Indien. In den Tempelanlagen Chinas, wo meist Einzelpagoden errichtet wurden, tauchen sie selten auf.

Yi Yuan

343 Renmin Road.

tägl. 7.30–24 Uhr.

Der Garten des Glücks ist einer von Suzhous neueren Gärten und stammt aus der späten Qing-Zeit. Er wurde von einem Regierungsbeamten angelegt, der dazu Steine und Landschaftsansichten aus aufgegebenen Gärten nutzte. Ursprünglich war der Garten größer. Heute ist sein zentrales Element der von Steingärten umgebene und mit einer Zickzack-Brücke überspannte Teich. Die schönste Aussicht hat man vom Duftenden-Lotos-Pavillon. Kühler ist es in dem Pavillon, der ins Wasser ragt. Hier kann man auch Kalligrafien alter Gelehrter und Dichter bewundern.

Forschungszentrum für Seidenstickerei

280 Jingde Road. *tägl.*

Das Institut liegt im Garten Huan Xiu Shan Zhuang (»Umgeben von majestätischen Bergen«). Vorwiegend Frauen produzieren hier feinste Seidenstickereien. Die Produkte kann man kaufen. Um einen gemäldeähnlichen Effekt zu erzielen, verwenden die Frauen zum Teil Seidenfäden, die fast unsichtbar sind. Sie sind auf beidseitige Stickerei spezialisiert – etwa eine Katze mit grünen Augen auf der einen Seite und mit blauen Augen auf der Rückseite.

Wangshi Yuan

Kuojia Xiang. *(0512) 6520 3514.*

tägl. 7.30–17 Uhr.

Angeblich wurde dieser Garten (»Garten des Meisters der Netze«) nach einem seiner Besitzer benannt, einem pensionierten Beamten, der einmal ein guter Fischer werden wollte. Die Gartenanlage stammt aus dem Jahr 1140 und wurde 1770 vollständig umgestaltet. Für viele ist dies der schönste Garten Suzhous. Obwohl die Anlage klein ist, gelingt es ihr, alle wesentlichen Elemente des klassischen Gartens *(siehe S. 178f)* zu integrieren. Es gibt einen See in der Mitte, verborgene kleine Korridore, Pavillons mit kleinen Innenhöfen, Stellwände, filigrane Holzgitter und vor allem Blickwinkel, die »gerahmt« sind wie bei einer perfekten Fotografie. Bekanntester Bau ist der Pavillon zur Mondbeobachtung, von dem aus man den sich im Wasser spiegelnden Mond betrachten kann. Es gibt regelmäßig Abendvorstellungen chinesischer Opern, darunter die heimische *kun ju*.

Canglang Ting

3 Canglang Ting Jie, Renmin Road.

(0512) 6519 4375. *tägl. 7.30–17 Uhr (Mitte Apr–Okt: bis 16 Uhr).*

Der Garten des Pavillons der Azurblauen Welle, dessen Name einen sehr entspannten Lebenswandel andeutet, ist wohl der älteste in Suzhou und wurde erstmals 1044 von dem Gelehrten Su Zimei angelegt. Im 12. Jahrhundert vergrößerte ihn ein General der kaiserlichen Armee, im 17. Jahrhundert wurde er komplett erneuert. Er ist vor allem für seine »geborgten Aussichten bekannt, die auf die Szenerie jenseits der Gartengrenzen Bezug nehmen.

Pavillon zur Mondbeobachtung, Wangshi Yuan

Hotels und Restaurants in Jiangsu & Anhui *siehe Seiten 561f und 588f*

Tor zum Konfuzius-Tempel

Dies wird hier durch niedrige Mauern auf der Nordseite einiger Pavillons erreicht. An anderer Stelle hat man einen schönen Blick auf die Hügel im Südwesten. Ein Hügel im Zentrum ähnelt einem Bergwald. Gärten waren Orte der Kontemplation. Hier konnte man Gedichte verfassen, was an den zahlreichen eingravierten Versen deutlich wird.

Liu Yuan und Xi Yuan

Liu Yuan 338 Liuyuan Rd. *(0512) 6533 7903.* *tägl. 7.30–16.30 Uhr.* **Xi Yuan** Xiyuan Rd. *(0512) 6533 4126.* *tägl. 5.30–19 Uhr.*
Die Gärten liegen westlich der von Wassergräben umgebenen Altstadt nebeneinander. Liu Yuan (»Garten des Verweilens«) wurde 1953 renoviert. Seine vier Themenbereiche sind durch einen Korridor miteinander verbunden. Xi Yuan (»Westgarten«) gehörte einem hingebungsvollen Buddhisten und ist eher eine Tempelanlage. Der Jiechang-Tempel ist ein schönes Beispiel südlicher Architektur. Daneben steht die Halle der Fünfhundert *louhan*.

Landschaftspark Pan Men

Siehe S. 212f.

Konfuzius-Tempel

Renmin Rd. *(0512) 6519 4343.* *tägl.*
Der Tempel aus der Song-Zeit wurde 1864 nach seiner Zerstörung während des Taiping-Aufstands *(siehe S. 422)* original wiederaufgebaut. Im Hauptraum aus der Ming-Zeit gibt es schöne Steingravierungen, darunter den ältesten Stadtplan Chinas, der Suzhou, oder Pingjiang, wie es 1229 hieß, zeigt. Zu sehen ist auch eine Sternkarte von 1247 mit Sternbildern und anderen Himmelskonstellationen.

Tiger Hill

8 Sanmen Nei Rd. *(0512) 6723 2305.* *tägl. 7.30–17 Uhr.*
Im Nordwesten der Stadt liegt Huqiu Shan (»Tigerhügel«), die Grabstätte von He Lu, dem König von Wu und Gründer von Suzhou. Angeblich wird seine Seele von zwei weißen Tigern beschützt, die drei Tage nach seinem Tod auftauchten und nicht mehr weggingen.

Zeremonialurne, Tiger Hill

Hauptattraktion ist Yunyan Ta (»Wolkenfelspagode«), eine schiefe Ziegelpagode aus der Song-Zeit, die sich mehr als zwei Meter zur Seite neigt. Als man den Bau vor dem Umkippen bewahren wollte, fanden sich einige buddhistische Sutren sowie Berichte aus der Bauzeit (959–961). Der Garten ist recht groß und besitzt neben Wasserbecken auch Blumenbeete, die im Frühling und Frühsommer blühen. Einer der Felsblöcke ist gespalten, angeblich dank der Schwertkunst von He Lu, der in der Nähe mit 3000 Schwertern begraben wurde.

Hanshan Si

24 Hanshansi Long. *(0512) 6533 6634.* *tägl. 8.30–16 Uhr.*
Der Tempel des Kalten Berges wurde zwar zur Liang-Zeit erbaut, aber nach einem Dichtermönch der Tang-Dynastie benannt. Ihn und seinen Mönchsbruder Shi De kann man als Steinstatuen bewundern. Der Tempel wurde nach seiner Zerstörung während des Taiping-Aufstands im 19. Jahrhundert wiederaufgebaut. Er liegt am Großen Kanal und wurde vom Tang-Dichter Zhang Ji, der per Boot hier ankam und in der Nähe vor Anker ging, verewigt. Sein Gedicht *Nachts an der Ahornbrücke vor Anker* ist auf einer Steinstele eingeritzt und enthält folgende Zeilen: »Jenseits von Suzhou liegt der Hanshan Si, um Mitternacht erreicht der Klang der Glocke des Reisenden Boot.« Die erwähnte Glocke ging verloren. Die heutige Glocke ist eine japanische Schenkung von 1905. Nahebei hat man von einer Bogenbrücke einen wunderbaren Blick auf den Großen Kanal.

Räuchergefäße auf dem Gelände des Hanshan Si

Suzhou: Landschaftspark Pan Men

盘门

Stein-Buddha, Ruigang-Pagode

Im Südwesten Suzhous wurde dieses zeitweise vollkommen vernachlässigte Gebiet wieder schön hergerichtet. Allerdings mussten dafür die hübschen Pavillons am Kanalufer weichen. Pan Men ist ein einzigartiges Festungstor, das einst den Zugang zur Stadt – vom Land und vom Wasser her – überwachte. Angeblich ist es 7000 Jahre alt, doch ein Großteil des Bauwerks ist deutlich jünger. Attraktionen sind außerdem die hübsche Wu-Men-Brücke und die Stadt- und Kanalansichten von der Ruigang-Pagode aus.

Halle der Schönen Aussic

Der dreistöckige Pavillon beherbergt eine Teestube, von der aus man einen Blick auf die Westbühne hat.

★ Pan Men

Das Tor und das angrenzende Mauerstück (1351) sind alles, was von der alten Festung übrig blieb. Es ist das einzige Land- und Wassertor Chinas.

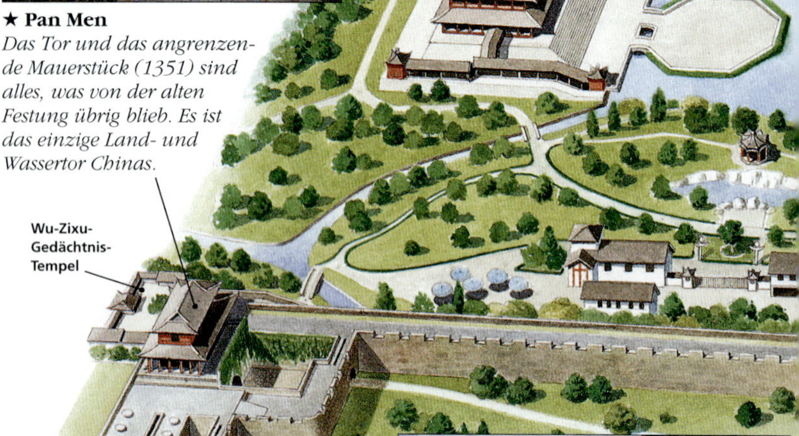

Wu-Zixu-Gedächtnis-Tempel

Doppeltes Wassertor

★ Wu-Men-Brücke

Die grazile Brücke über den Großen Kanal ist die höchste in Suzhou und stammt trotz einiger Erneuerungen noch aus der Zeit der Song-Dynastie. Sie hat eingelassene Stufen und bietet von oben eine herrliche Aussicht.

Nicht versäumen

- ★ Pan Men
- ★ Ruigang-Pagode
- ★ Wu-Men-Brücke

Blick von der Ruigang-Pagode
Wer die schmalen Stufen hinaufsteigt, wird mit einem Blick auf Suzhou belohnt. Die Stadt ist mit grünen Flächen gesprenkelt – den wunderbaren Gärten, für die Suzhou so berühmt ist.

INFOBOX

2 Dong Da Jie, Südwestecke der Stadt. *vom Bahnhof.* *tägl. 8–17 Uhr.* *für Parkgebiet (inkl. Pan Men und Wu-Men-Brücke), Extra-Eintritt für Ruigang-Pagode.*
www.szpmjq.com/doce/jj.htm

Eingangstor
Am Haupteingang bezahlt man den Eintritt in den Park und erhält ein Extra-Ticket für den Aufstieg in der Pagode.

Schmucktor
(pailou)

Abschnitt der Stadtmauer (rund 90 m)

★ Ruigang-Pagode
Die siebenstöckige, 43 Meter hohe Pagode stammt aus der Song-Zeit. Sie wurde aus Backstein und Holz errichtet und besitzt einfache buddhistische Schnitzereien im Erdgeschoss.

Halle der vier Hellseherischen Verdienste
Der Name ist von buddhistischen Lehren inspiriert. Am Ende der überdachten Gänge liegen kleinere Pavillons. Einer enthält eine Trommel, ein anderer eine Glocke.

Boote auf einem Kanal in der Altstadt von Zhouzhuang

Tongli ②
同里

25 km südöstlich von Suzhou.
45 000.

Der für die Gegend typische kleine Ort am Wasser gibt dem Besucher einen guten Eindruck davon, wie Suzhou zu seiner Blütezeit wohl aussah. Die Häuser sind alle auf das Kanalnetz mit seinen unzähligen Steinbrücken und Booten ausgerichtet. Einige Gebäude sind öffentlich zugänglich, etwa die **Jiayin-Halle**, der ehemalige Wohnsitz von Liu Yazi, einem Schauspieler vom Anfang des 20. Jahrhunderts, der für seine bizarre Sammlung an Gaze-Kappen bekannt war. Sehenswert ist auch der **Tuisi Yuan**, ein klassischer Garten aus der späten Qing-Periode.

Tuisi Yuan
tägl. 7.45–17.30 Uhr.

Sightseeing-Boote auf einem der zahlreichen Kanäle von Tongli

Zhouzhuang ③
周庄

20 km westlich von Shanghai.
32 000. *Shanghai, Suzhou.* *nach Tongli.* **Altstadt** *Tickets: Quangong Lu.* *(0512) 6721 1655.*

Die Kleinstadt Zhouzhuang am Jinghang-Kanal, der Suzhou und Shanghai miteinander verbindet, war ein blühender Hafen, in dem mit Seide, Getreide und Porzellan gehandelt wurde. Sie zog Gelehrte und Beamte an, die in der Yuan- und Qing-Zeit Brücken und Häuser bauten. Die **Altstadt** kann man zu Fuß oder via Bootstour erkunden. Sehenswert sind u. a. die Eingangshalle der Zhang-Residenz aus der Zeit der Ming-Dynastie und die Shen-Residenz mit 100 Zimmern, die mit der Haupthalle verbunden sind. Der Chengxu-Tempel stammt aus der Song-Zeit.

Wuxi ④
无锡

40 km nordwestlich von Suzhou.
1 Mio. (Großraum 4,5 Mio.). *nach Hangzhou und Suzhou.* *88 Chezhan Lu.* *(0510) 401 6081.*

Highlights sind der Tai Hu (Tai-See), vor allem zur Zeit der Kirschblüte, und der Große Kanal. Der Überlieferung nach soll Wuxi vor 3500 Jahren als Hauptstadt des Wu-Königreichs gegründet worden sein. Es war Zentrum der Zinnförderung. Als die Minen versiegten (Wuxi heißt »ohne Zinn«), wurde die Hauptstadt verlegt, aber Wuxi blieb wegen des Großen Kanals wichtig. 1958 wurde im Westen der **Xihui-Park** angelegt, der den Jichang-Garten beherbergt. Vom Eingang führt ein Pfad zur Drachenlicht-Pagode auf dem Xi Shan. Eine Seilbahn verbindet Xi Shan mit Hui Shan. Das **Wuxi-Museum** zeigt Exponate, die 6000 Jahre alt sind, und besitzt einige Qing-Kanonen.

Xihui-Park
Huihe Lu. *tägl. 6–18 Uhr.*

Wuxi-Museum
71 Huihe Lu. *tägl. 9–16 Uhr.*

Seilbahnfahrt durch den Xihui-Park, Wuxi

Tai Hu ⑤
太湖

5 km südwestlich von Wuxi.

Tai Hu ist einer der größten Seen Chinas und berühmt für seine Felsen, die auch im traditionellen Garten *(siehe S. 178f)* unentbehrlich sind. Am Nordufer gibt es schöne Anlagen, darunter der zur Frühlingsblüte der 4000 Bäume besonders spektakuläre **Mei Yuan** (Pflaumengarten). Bei den Einheimischen beliebt ist **Yuantou Zhu** (»Schildkrötenkopf-Kap«) mit Teehäusern und Seeblick. Die nahe Insel **Sanshan** ist ein ehemaliges Banditennest mit Tempeln und Buddha-Statuen. Am höchsten ist der Lingshan Buddha (88 m) auf der Halbinsel Ma Shan, die nur eine kurze Busstrecke entfernt liegt. Am Ufer des Sees gibt es auch einige Themenparks.

Mei Yuan & Yuantou Zhu
tägl. 7–17 Uhr.

◁ **Pavillon im Zhuozheng Yuan, Suzhou *(siehe S. 206f)***

Großer Kanal (Kaiserkanal)

Boot für Kanalfahrten

Der Bau des Kaiserkanals (Grand Canal) wurde 486 v. Chr. begonnen und in den folgenden 1000 Jahren weitergeführt. Ziel war eine Verbindung zwischen Yangzi (Jangtse) und Huang He (Gelber Fluss). Bis heute ist dies die größte von Menschenhand geschaffene Wasserstraße. Der erste Abschnitt im Norden wurde aus militärischen Gründen gebaut. Die Bauarbeiten mit über fünf Millionen Arbeitern begannen im 7. Jahrhundert unter Kaiser Sui Wendi und wurden von einer großen Polizeitruppe überwacht. Die Verbindung zwischen dem bevölkerungsreichen Norden und dem Reis produzierenden Süden erreichte Beijing erst im 13. Jahrhundert. Anfang des 20. Jahrhunderts ging die Bedeutung des Kanals durch den zunehmenden Bau von Eisenbahnlinien zurück.

Die Karte *zeigt den Verlauf des 1900 Kilometer langen Kanals von Beijing nach Hangzhou. Er führte direkt durch die Kriegsgebiete und versorgte das ganze Reich mit Nahrung. Wegen des bergigen Geländes entstanden 984 erstmals Doppelschleusen.*

Legende

Großer Kanal

Kaiser Sui Yandi *soll den Kanal zur Feier der Fertigstellung mit Drachenbooten befahren haben, die von den schönsten Frauen in China gezogen wurden.*

Ausflugsboote *sind heute die einzige Möglichkeit, den Kanal zu befahren, da die Einheimischen Straße und Schiene bevorzugen. Regelmäßig verkehren Touristenboote über Nacht zwischen Hangzhou und Suzhou oder Wuxi. Für Tagestouren kann man Boote chartern.*

Frachtkähne *mit Agrarprodukten oder Fabrikgütern tuckern den Kanal entlang. Am meisten Betrieb herrscht südlich und nördlich des Yangzi an der Grenze zu Shandong.*

Am Kanalufer *wimmelt es von Menschen, die Haushaltpflichten nachkommen. Auch Familien mit Häusern leben auf den Booten, wenn sie arbeiten.*

Töpferladen mit typischer Keramik, Ding Shan

Yixing-Bezirk 6
宜兴

40 km südwestlich von Suzhou.
Busse zwischen Wuxi und Yixing.

Die Bezirkshauptstadt Yixing ist ein Verkehrsknotenpunkt, von dem aus man in alle Teile der Region gelangt. Die fruchtbare Gegend mit Kanälen und Ackerland ist wegen der seit 3000 Jahren in **Ding Shan** produzierten Tonwaren bekannt. Der Name *yixing* (»Purpursand«) kommt von der charakteristischen Farbe. Die Straßen der Stadt sind von Werkstätten und Töpferläden gesäumt. Letztere sind voller traditioneller Gefäße in allen Formen und Größen. Das Tourismusbüro von Ding Shan organisiert Werkstattführungen.

Nicht weit von der Stadt entfernt zeigt die **Pottery Exhibition Hall** alles von der feinen frühen Yixing-Töpferkunst bis hin zu wertvollen Miniatur-Teekannen. In der Nähe liegen **Karsthöhlen**, die aus drei Gruppen bestehen: Zhanggong, Linggu und Shanjuan. Highlight der 72 Höhlen von Zhanggong ist die Halle des Meerdrachen-Königs, in der mehrere Tausend Menschen Platz finden. Die Linggu-Gruppe bietet einen unterirdischen Wasserfall.

Changzhou 7
常州

40 km nordwestlich von Wuxi.
650 000 (Großraum 3,5 Mio.).

Die Stadt am Großen Kanal wird oft links liegen gelassen, obwohl ihr alter Stadtkern mit dem Wirrwarr an Gassen, traditionellen Häusern und Kanälen sehenswert ist. In den Hauptstraßen Bei und Nan Dajie reihen sich Läden mit Seide und den hiesigen bemalten Kämmen. Das Dach des **Tianning Si** (7. Jh.) zieren 83 Buddha-Statuen. Der **Yizhou-Pavillon** (Song-Ära) erinnert an den Dichter Su Dongpo, der hier wohnte, wenn er die Stadt besuchte.

Zhenjiang 8
镇江

50 km östlich von Suzhou.
2,6 Mio. (Großraum).
92 Zhongshan Xi Lu.

Der Wohlstand des am Yangzi gelegenen Zhenjiang beruhte auf dem Bau des Großen Kanals *(siehe S. 217)*. Im 19. Jahrhundert ging die Stadt an ausländische Mächte über. Das ehemalige **Royal Hotel** weist viele Elemente europäischer Architektur auf. Im früheren britischen Konsulat, heute das **Zhenjiang-Museum**, gibt es u. a. ein Foto der *Amethyst* zu sehen, eines britischen Schiffs, das 1949 flussaufwärts fuhr, um die Briten in Nanjing zu unterstützen. Es geriet unter Beschuss, lief auf Grund und steckte monatelang fest. Schließlich kam es frei und fand wieder zu seiner Flotte.

Westlich des Museums liegt der **Jin-Shan-Park** mit dem während der Östlichen Jin-Dynastie gegründeten Jin-Shan-Tempel und der Cishou-Pagode, eine von zweien aus der Tang-Ära. Von oben hat man einen herrlichen Blick auf den Yangzi. Nordöstlich der Stadt liegt der **Beigu Shan** mit der **Lingyun-Ting-Pagode**. Weiter östlich findet sich die schöne, per Boot oder Seilbahn erreichbare Insel **Jiao Shan**. Oberhalb der Inselfestung bietet der Turm Xijiang Lou einen guten Ausblick.

Zhenjiang-Museum
85 Boxian Lu. *tägl.*

Jin-Shan-Park
62 Jinshan Xilu. *tägl.*

Im südlichen Stil erbaut: Tianning Si – Tempel des Himmlischen Friedens – in Changzhou

Hotels und Restaurants in Jiangsu & Anhui *siehe Seiten 561f und 588f*

Kalligrafie

Kalligrafie erhebt die chinesische Schrift zu einer Kunstform, die als Ausdrucksmittel ebenso hohes Ansehen genießt wie Malerei oder Dichtkunst. Die Schönheit der Kalligrafie bleibt jedoch vielen Besuchern, die nicht Chinesisch lesen können, verborgen. Leichter fällt dies bei freier Kalligrafie, die normale Schriftzeichen in figurative oder abstrakte Gemälde verwandelt. Der chinesische Betrachter hat die Grundstriche von Kindesbeinen an erlernt und kann die Schriftzeichen des Künstlers innerlich nachzeichnen und auf diese Weise deren Kunstfertigkeit beurteilen. Da es nur acht Prinzipien (Striche) gibt, ist es nicht schwierig, den individuellen Stil des Künstlers, die Variationen seiner Strichstärke, -winkel und -kraft, zu unterscheiden. Experten beachten die Balance und das proportionale Gewicht der Pinselstriche, die Struktur und die Harmonie der Zeichen.

Verzierter Reibstein

Die vier Schätze

Die Hauptutensilien des Kalligrafen werden auch als »Vier Schätze des Gelehrtenzimmers« bezeichnet: Tusche, Tintenstein, Pinsel und Papier. Anhui ist für seine Tusche und Pinsel berühmt.

Stangentusche *wird aus Ruß, Öl und Lack gefertigt, ist meist schwarz, kann aber auch eine andere Farbe haben.*

Jedes Schriftzeichen besteht aus acht Arten von Strichen, die in einer bestimmten Reihenfolge ausgeführt werden.

Feinere Pinselstriche wirken weniger überfüllt

Eleganter Abstrich

Aufstrich am Ende

Das Siegel *wird sorgfältig auf dem Papier platziert. Der Zinnober-Stempel trägt den Namen des Künstlers oder einen Vers.*

Der Reibstein *wird benutzt, um die Stangentusche mit Wasser zu verreiben. Dicke Tusche ist glänzend und dicht, dünne Tusche wirkt subtil und lebhaft.*

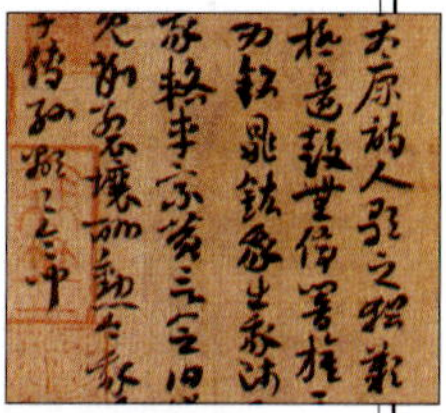

Papier *wurde um 100 n. Chr. erfunden und aus Maulbeerbaum- oder Bambusfasern gefertigt. Es war billiger als Seide. Das Papiergewicht bestimmt, wie schnell die Tinte aufgesaugt wird.*

Pinselbänke *wurden benutzt, um den Pinsel abzulegen, damit sich der Künstler der Kontemplation widmen konnte.*

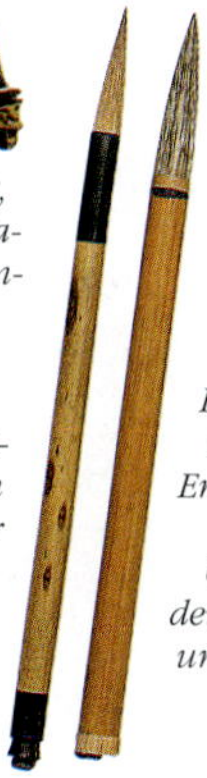

Pinsel *ermöglichten eine größere künstlerische Freiheit als das Gravieren von Knochen oder Steinen. Ihr Einsatz führte zu einer flüssigeren Schrift. Pinsel sind aus Tierhaar gefertigt. Die Spitze sollte rund und biegsam sein.*

Übung *macht den Meister. Die Hand muss immer wissen, wohin sie sich bewegt. Entscheidungsspielraum gibt es nicht. Es werden drei Übungsniveaus unterschieden: nachzeichnen, kopieren und aus dem Gedächtnis arbeiten. Jede Stufe erlaubt mehr Individualität.*

Yangzhou ❾

扬州

Pagode, Daming Si

Die Großstadt am Yangzi-Delta war schon immer berühmt für ihren Wohlstand und ihre Kultur. Die Lage am Ufer des Großen Kanals bestimmte ihr Schicksal. Ihren Niedergang erlebte sie mit dem Fall der Song-Dynastie, die Ming-Ära sah ihre Wiederauferstehung. Damals wurde der Kanal restauriert und für den Transport von Seide, Reis und Salz genutzt. Vor allem die Salzhändler errichteten elegante Villen und Gärten, insbesondere im 18. Jahrhundert, als Yangzhou Teil der kaiserlichen Inspektionsroute wurde. Die Stadt hat viel zu bieten, darunter einige sehr schöne Gärten.

Obststand und historische Architektur in der Dong Guan Jie

Daming Si

1 Pingshantang Road. ☎ *(0514) 734 0720.* ◯ *tägl. 8–17 Uhr.*

Auf einem Hügel liegt der Tempel des Üppigen Lichts. Er stammt aus dem 5. Jahrhundert, wurde aber nach seiner Zerstörung während des Taiping-Aufstands *(siehe S. 422)* erneuert. Die zentrale **Jian-Zhen-Halle** wurde 1973 zu Ehren des Mönchs Jian Zhen erbaut, der 753 nach Japan reiste. Er brachte viele Aspekte der chinesischen Kultur nach Japan und wird von den Japanern verehrt, die auch den Bau der Halle finanzierten und ein Modell davon im Toshodai-Tempel im japanischen Nara aufstellten.

Hanlinyuan-Museum

Xiangbie Road. ◯ *tägl. 8.30–17 Uhr.*

Das prächtige Westliche Han-Grab von Liu Xu, dem Herrscher des Guangling-Reichs, hat fünf unterirdische Ebenen. Die zweite luftdichte Etage enthält 840 *Nanmu*-Ziegel (Zedernziegel). In der dritten waren die Warenlager, in der vierten Wohnräume des Königs, in der fünften stand der Sarg auf Rädern. Das Grab war sehr luxuriös und hatte sogar ein Badezimmer.

Shou Xi Hu

28 Da Hongqiao Road. ☎ *(0514) 734 1324.* ◯ *tägl. 7.30–17 Uhr.*

Der Schmale West-See ist eine Miniversion des berühmten West-Sees *(siehe S. 242f)* von Hangzhou. Er windet sich durch einen mit Weiden bestandenen Park mit Pavillons und Brücken. Die formschöne **Wuting Qiao** (»Brücke der Fünf Pavillons«) ist die berühmteste und wurde 1757 von einem Salzhändler zu Ehren des Besuchs von Kaiser Qianlong errichtet. Westlich davon liegt Ershisi Qiao (»24-Brücke«), die so heißt, weil ihre 24 Bogen 24 Stunden am Tag bewundert werden können. **Bai Ta** (»Weiße Dagoba«) ist eine Stupa im tibetischen Stil, die derjenigen in Beijings Bei-Hai-Park *(siehe S. 90)* nachempfunden ist. Der **Pavillon, um den Pirolen zu lauschen** im Xu-Garten besitzt schöne Holzarbeiten. **Pinyuan Lou** bietet perspektivische Ausblicke. Östlich an der Mole wurde Kaiser Qianlongs Boot festgemacht.

Yangzhou-Museum

Nahe Tianlin Si. ☎ *(0514) 734 4585.* ◯ *tägl. 8.30–11, 13–17 Uhr.*

Das Museum in einem Tempel von 1772 erinnert an einen Ming-Offizier, der sich weigerte, die Stadt für die Qing-Herrscher einzunehmen. Unter den Exponaten sind ein aus dem Kaiserkanal geborgenes altes Boot sowie ein Grabgewand aus Jade.

Ge Yuan

10 Yanfu Dong Road. ☎ *(0514) 734 7428.* ◯ *tägl. 7.15–17 Uhr.*

Yangzhous berühmtester Garten gehörte erst dem Maler Shi Tao und danach einem Salzhändler. Der Name Ge Yuan stammt von den Blättern seiner Bambuspflanzen. Sie ähneln dem Schriftzeichen *»ge«* (»selbst«). In der Mitte befinden sich Steingärten, zudem gibt es schöne Pavillons.

Wuting Qiao, die Brücke der Fünf Pavillons, im Shou Xi Hu Gongyuan

Hotels und Restaurants in Jiangsu & Anhui *siehe Seiten 561f und 588f*

Wang Shi Xiao Yuan

14 Dongquan Men Lishi Jiequ. *tägl. 8–17 Uhr.*

Die Residenz eines wohlhabenden Salzhändlers liegt an einer Straße voller historischer Wohnhäuser – darunter auch dem des früheren Präsidenten Jiang Zemin. Der Bau stammt aus der Qing-Ära und hat um die 100 Zimmer. Die Einrichtung ist luxuriös. Die Haupthalle besitzt Marmorwände und einen Kronleuchter.

Gartengrab des Puhaddin

17 Jiefang Nan Road. *(0514) 722 2241.* *tägl. 8–17 Uhr.*

Der Lehrer Puhaddin soll der 16. Nachfahre des Propheten Mohammed gewesen sein. Er lebte bis zu seinem Tod 1275 in Yangzhou. Sein Grab liegt innerhalb eines Gebäudes, voller Koraninschriften. Ganz in der Nähe sind weitere bekannte Muslime aus der Song- und der Ming-Ära begraben. Puhaddin ließ die kleine **Xianhe-Moschee** erbauen, die südwestlich in der Ganquan Road liegt. Ihre Mauern zieren Arabesken – eine Hinterlassenschaft persischer Händler.

Shi Ta, die Steinpagode, stammt aus der Tang-Ära

He Yuan

66 Xuning Men Jie. *(0514) 723 9626.* *tägl. 7.45–17 Uhr.*

Der kleine Garten vermittelt mit seiner geschickten Anordnung von Büschen, Bäumen und Wegen die Illusion von Größe. Er ist nach einem seiner Besitzer aus dem 19. Jahrhundert benannt und in zwei Teile gegliedert. Die Pavillons werden von Filigranschnitzwerk aus Südchina geziert. Insgesamt überwiegt jedoch der nördliche Einfluss.

Infobox

60 km nordöstlich von Nanjing. *4,5 Mio. (Großraum).* *Busbahnhof Ost und West.* *99 Daxue Bei Road, (0514) 734 5746.*

Wenchang Ge

Der runde Pavillon zur Verbreitung der Literatur ist alles, was von der Konfuzianischen Akademie übrig blieb. Sie hatte ursprünglich zwei Pavillons und wurde vom ersten Ming-Kaiser mit dem Ziel gegründet, Bildung für alle zu ermöglichen. **Si Wang Ting**, der Pavillon der Vier Aussichten im Norden, gehörte zu einer Provinzschule der Ming-Zeit und wurde als Observatorium genutzt. **Shi Ta**, die Steinpagode westlich des Wenchang Ge, stammt aus der Tang-Ära und gehörte zu einem Tempel außerhalb der Stadtmauern. In der Song-Ära wurde sie umgesetzt.

Zentrum von Yangzhou

- Daming Si ①
- Gartengrab des Puhaddin ⑦
- Ge Yuan ⑤
- Hanlinyuan-Museum ②
- He Yuan ⑨
- Shi Ta ⑫
- Shou Xi Hu ③
- Si Wang Ting ⑪
- Wang Shi Xiao Yuan ⑥
- Wenchang Ge ⑩
- Xianhe-Moschee ⑧
- Yangzhou-Museum ④

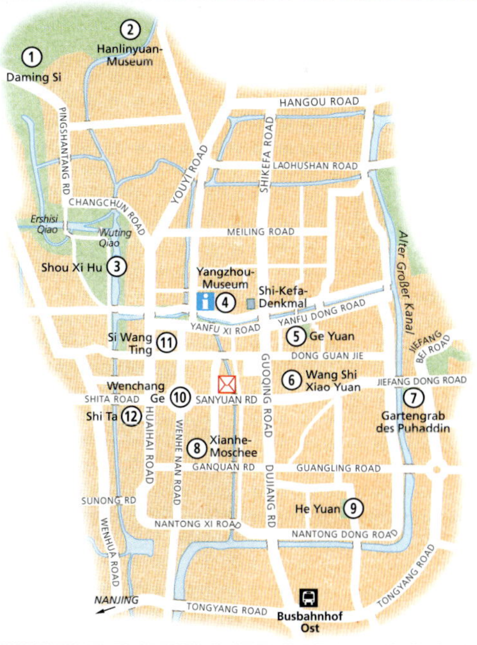

0 Kilometer 1

Zeichenerklärung *siehe hintere Umschlagklappe*

Nanjing ⑩

南京

Statue, Fuzi Miao

Von allen Großstädten Chinas ist Nanjing (Nanking) die wohl attraktivste. Die Hauptstadt der Provinz Jiangsu liegt nicht weit der Purpurberge (Zijin Shan, Purple Mountain) am Ufer des Yangzi. Die Stadt der Seen ist nach wie vor von Mauern umgeben, die Straßen sind von Bäumen gesäumt. Nanjing war bis 220 die Hauptstadt diverser Königreiche: Zu Beginn der Ming-Dynastie war es Hauptstadt Chinas, im 19. Jahrhundert Hauptstadt des Himmlischen Königreichs Taiping und später der Ersten Chinesischen Republik unter Sun Yat-sen. Heute ist Nanjing eine sich schnell entwickelnde Stadt mit guten Restaurants und quirligem Nachtleben.

Gartenpavillons im Museum des Himmlischen Königreichs Taiping

Überblick: Nanjing

Obwohl Nanjing wegen der Stadtmauern zunächst klein wirkt, ist die Stadt relativ ausgedehnt. Vieles kann man zu Fuß erkunden, doch Besucher werden wohl auch die öffentlichen Verkehrsmittel nutzen – seien es die Busse oder die Taxis, die reichlich vorhanden und preiswert sind.

Zhonghua-Tor

Siehe S. 224f.

Taiping Heavenly Kingdom History Museum

128 Zhanyuan Road. *(025) 5220 1849.* *tägl.*

Das Museum thematisiert den antidynastischen Aufstand des Himmlischen Königreichs Taiping von 1851–64 *(siehe S. 422)*. Einer der Anführer der »Himmlischen Prinzen« nutzte dieses Gebäude, dessen Zhan (Enthusiasmus-Garten) einst dem ersten Ming-Kaiser Hongwu gehörte. Heute sind die Hallen voller Andenken und Fotos des Aufstands, der weite Teile Chinas erfasste. Die Rebellen erklärten Nanjing zu ihrer Hauptstadt und hätten beinahe die Qing-Herrschaft in Beijing gestürzt. 1864 wurden sie schließlich von den Qing-Truppen niedergeschlagen. Zu sehen sind Waffen und Uniformen sowie Taiping-Währung und Dokumente, die die »Himmlische Ideologie« darlegen. Deren Ziel war es, die feudalen Strukturen zu eliminieren und in China eine auf Gleichberechtigung basierende Gesellschaft zu schaffen. Dieses Ziel sollte mit einer Reform des bis dahin auf dem Konfuzianismus basierenden Erziehungssystems, mit Landumverteilung und mit der Gleichberechtigung der Geschlechter erreicht werden.

Bailuzhou-Park

tägl.

Der Park des Weißen Reihers gehörte ursprünglich Ming-General Xu Da und wurde in der Zeit der Mandschu-Herrschaft Teil des chinesischen Viertels. Die Pavillons fielen dem Taiping-Aufstand zum Opfer, doch der Park wurde 1951 renoviert. Noch heute stehen traditionelle Häuser auf dem Gelände.

Fuzi Miao

Gongyuan Road. *(025) 8662 8639.* *tägl. 8–21 Uhr.*

Die Geschichte des Fuzi Miao, des Konfuzius-Tempels, reicht bis 1034 zurück, auch wenn die heutigen Gebäude vom Ende des 19. Jahrhunderts stammen und kürzlich erweitert wurden. 1500 Jahre lang war dies ein Ort für die konfuzianische Lehre. In den Hallen gibt es eine kleine Volkskunst-Ausstellung. Die umliegenden Straßen sind von weiß getünchten Häusern mit langen geschwungenen Dächern gesäumt. Viele wurden im typischen Stil Südchinas renoviert. Am nahen Kanalufer liegen Boote, die zum Zhonghua-Tor fahren.

Typische doppelt bedachte Haupthalle des Fuzi Miao

Chaotian Gong

Mochou Road. (025) 8446 6460. *tägl. 8–16.30 Uhr.* **Hof-Rituale** *tägl. 11.15–12.15 Uhr.*

Der Chaotian Gong (»Himmelspalast«) ist eine konfuzianische Tempelanlage, in der früher Ahnen verehrt und Studien betrieben wurden. Die Hallen, Türme und Durchgänge stehen auf einer Tempelanlage aus dem Jahr 390. Heute ist hier der Sitz des Stadtmuseums, in dem Shang-Bronzen und Fragmente der legendären, im Taiping-Aufstand zerstörten Porzellan-Pagode zu sehen sind. Die Pagode wurde im 15. Jahrhundert vom Ming-Kaiser Yongle zu Ehren seiner Mutter erbaut und war mit glasierten weißen Ziegeln verkleidet. Auf dem Palast-Platz gibt es täglich Vorführungen alter **Hof-Rituale** aus der Ming-Zeit.

Haus Nr. 74 in der Tangzi Jie hat farbige Malereien aus der Taiping-Besatzungszeit, die erst 1952 entdeckt wurden. Das Haus war von einem Anhänger des Östlichen Taiping-Prinzen Yang Xiuqing besetzt. Die Malereien von Vögeln und weiteren Tieren sind vor allem historisch interessant.

Detail in der Sun-Yat-sen-Halle, Tianchao Gong

Tianchao Gong und Xu Yuan

292 Changjiang Road. *(025) 8454 2362.* *tägl. 9–17 Uhr.*

Tianchao Gong (Palast des Himmlischen Königreichs) und der ihn umgebende klassische Garten Xu Yuan (Duftender Garten) wurden einst von einem Ming-Prinzen errichtet. Zur Zeit der Qing-Dynastie war er Sitz der Provinzregierung, bis er 1953 von Hong Xiuquan, dem Anführer des Taiping-Aufstands, besetzt und zum Hauptquartier gemacht wurde. Nach dem Fall des Qing-Reichs war der Palast Sitz der republikanischen Regierung. Sowohl Sun Yat-sen als auch Chiang Kai-shek regierten China von hier aus. Die Ausstellung im Palast ist dem Taiping-Aufstand und Sun Yat-sen gewidmet. Xu Yuan ist ein beliebtes Ausflugsziel der Einheimischen.

INFOBOX

200 km nordwestlich von Shanghai. *3 Mio. (Großraum 6 Mio).* *Hauptbahnhof, Westbahnhof.* *Zhongyang Men Busbahnhof, Hanfu Jie Busbahnhof, CAAC (Busse zum Flughafen), Busbahnhof Ost.* *nach Shanghai, Wuhan, Chongqing.* *202/1 Zhongshan Bei Road, (025) 8342 8999.*

Nanjing: Zhonghua-Tor

中华门

Die auf Anordnung des ersten Ming-Kaisers Hongwu 1368–86 errichteten Maueranlagen um die Hauptstadt waren damals die umfangreichsten der Welt. Die zwölf Meter hohen Wände schlängelten sich 33 Kilometer um die Stadt. Neben den natürlichen Schutzgrenzen durch Fluss und Berg war das Zhonghua-Tor für die Verteidigung von Nanjings Südseite wichtig. Die Mauer wurde mit einem bindungsstarken Mörtel aus Klebreis errichtet. Die protzigen Verteidigungsanlagen des Kaisers zeigten Wirkung: Kein Feind versuchte je, die Befestigung am Zhonghua-Tor zu durchbrechen. Die eindrucksvollen Überreste der Anlage sind zugänglich. In den Wehrgängen wurde ein Museum eingerichtet.

Blick von der Stadtmauer auf die Stadt

★ Innere Zitadellen
Hinter dem Haupttor liegen drei Höfe mit Zitadellen. Bei einem Angriff konnte der Feind in diesen Höfen eingekesselt werden. Versteckt in den Hohlräumen der Mauern lauerten die Soldaten.

Vier Torhäuser über dem Eingangstor enthielten Waffen und Vorräte.

Fallgitter versperrten den Weg durch die Tore. Die Einkerbungen sind noch zu sehen.

Rekonstruktion des Zhonghua-Tors

Das Haupttor lag am oberen Ende der Mauer. Dort ragte die Zitadelle in die Stadt hinein. Heute existieren nur noch die Ziegelmauern – keines der Torhäuser ist mehr erhalten.

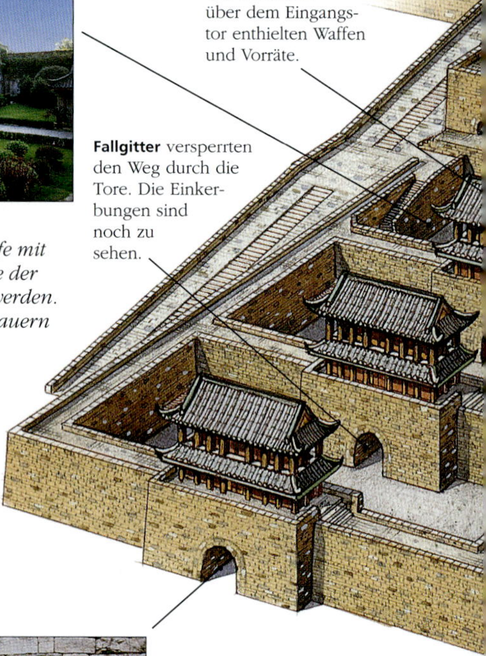

★ Torbogen
Vier 53 Meter lange Tunnel laufen durch die Wehrmauern. Jedes Tor hatte massive Doppeltüren und ein Fallgitter.

Nicht versäumen

- ★ Innere Zitadellen
- ★ Signierte Ziegel
- ★ Torbogen

★ Signierte Ziegel
Viele Ziegel tragen einen Stempel mit dem Namen der Ziegelbrennerei, aus der sie stammen, oder sogar mit dem Herstellernamen und Produktionsdatum.

Infobox

Zhongbua Road. 🚌 *16 vom Stadtzentrum.* ◯ *8–17 Uhr.*

Schmuck-*wen*

Der Turm des Haupttors war die erste Verteidigungslinie. Er bot Schutz und einen guten Ausblick.

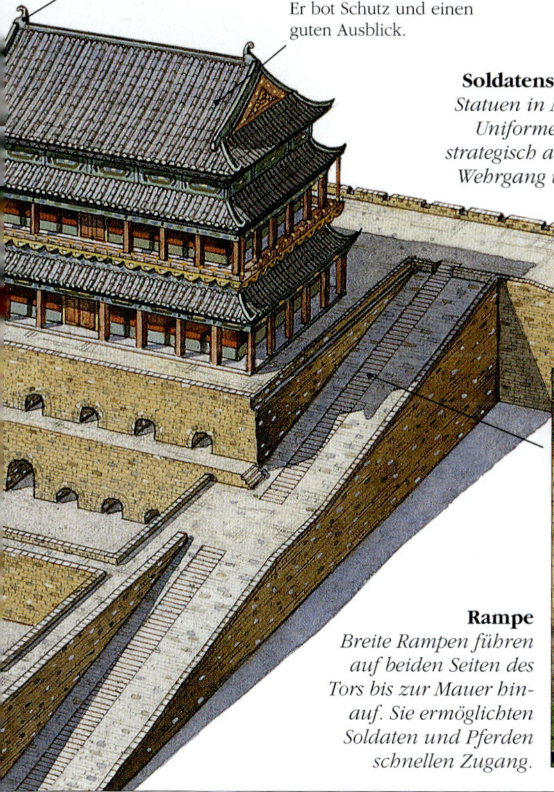

Soldatenstatue
Statuen in Ming-Uniformen sind strategisch auf dem Wehrgang verteilt.

Rampe
Breite Rampen führen auf beiden Seiten des Tors bis zur Mauer hinauf. Sie ermöglichten Soldaten und Pferden schnellen Zugang.

Nanjings Stadtmauer

Heute sind noch etwa 75 Prozent der 33 Kilometer langen Mauer erhalten. Am eindrucksvollsten sind das Teilstück am renovierten Xuanwu-Tor im Norden und der lange Streifen im Osten. Ein Rundgang auf den Mauern ist teilweise möglich.

Xuanwu-Tor ①
Taiping-Tor ②
Zhongshan-Tor ③
Zhonghua-Tor ④

0 Kilometer 1

Legende

Existierende Mauer

Pfad (zerstörte Mauer)

Meiyuan Xincun

tägl. 9–16.30 Uhr.

Das frühere Büro der Kommunistischen Partei Chinas wurde 1946/47 von Zhou Enlai *(siehe S. 250)* geleitet. Er verhandelte nach Japans Kapitulation mit der Kuomintang. Der kürzlich renovierte Bau beherbergt ein Museum zu diesen Ereignissen.

Ming-Palastruinen

Zhongshan Dong Lu. *tägl.*

Ming Gugong, der alte Ming-Palast, wurde im 14. Jahrhundert für den ersten Ming-Kaiser Hongwu errichtet, der Nanjing zur Hauptstadt machte. Bereits in den ersten hundert Jahren wurde der herrliche Palast zweimal durch Brände verwüstet. Später vollendeten Mandschu und Taiping-Soldaten das Werk der Zerstörung. Übrig blieben nur zehn Marmorbrücken, das alte Wu Men (Mittagstor) und zahlreiche Säulensockel, die wegen ihrer bildhauerischen Details von Interesse sind. Die Säulen geben auch Hinweise auf den Grundriss des Palasts. Entlang der Hauptachse verfügte er über drei große Innenhöfe, die von riesigen, auf Plattformen errichteten Hallen umgeben waren. Sie wurden zu beiden Seiten von Altären und Tempeln flankiert. Beijings Verbotene Stadt *(siehe S. 86–89)* ist eine größere Version dieser Anlage. Auf dem Gelände wachsen viele Bäume, die im Sommer Schatten spenden.

Skulpturendetail, Ming-Palastruinen

Marmorne Säulenbasen markieren den Grundriss der Ming-Palastruinen

Xuanwu-See mit Pavillon und Bootsstegen

Provinzmuseum

4 Chaotiangong Rd. *(025) 8446 5317.* *tägl. 8–16.30 Uhr.*

Das 1933 gegründete Museum gehört zu den besten Chinas und ist unbedingt einen Besuch wert. Neben prachtvollen Sänften und Bronzefiguren aus der Zeit der Zhou-Dynastie sind auch Modelle von Handelsschiffen ausgestellt. Die Jade- und Lacksammlung enthält ein Jade-Grabgewand aus der Östlichen Han-Ära. Seine Jade-Plättchen sind mit Silberfäden zusammengenäht. Zudem gibt es Ziegel aus der Stadtmauer, Bilder der Altstadt und viele Erinnerungsstücke an den Taiping-Aufstand zu sehen. Zahlreiche Exponate sind auch auf Englisch erläutert, was die Ausstellung wesentlich anschaulicher macht.

Zijin Shan

Siehe S. 228f.

Xuanwu-See

Xuanwu-Park. *tägl.*

Im Nordosten der Stadt grenzt ein besonders schöner Teil der Stadtmauer ans Westufer des Xuanwu-Sees, der im Xuanwu-Park liegt. Mit gut zwei Kilometern Länge war der See ein wichtiges Wasserreservoir der Stadt. Jahrhundertelang diente er den Kaisern als Erholungsgebiet. In der Song-Zeit wurde er auch für nautische Übungen genutzt. Nach dem Fall der Qing-Dynastie 1911 machte man den Park öffentlich zugänglich.

Im See befinden sich fünf nach den Kontinenten benannte kleine Inseln, die durch Brücken und Dämme miteinander verbunden sind. Sie haben Teehäuser, Restaurants, Pavillons, Badestrände, ein Open-Air-Theater und sogar einen kleinen Zoo. Am schönsten ist Yingzhou mit Lilienbeeten, Bäumen und bunten Blumen. Der Park wird zwar vor allem an den Wochenenden ziemlich voll, ist aber dennoch ein wunderbarer Ort der Entspannung. Am besten gelangt man durch das Xuanwu-Tor mit seinen drei Torbogen hinein. Das Tor liegt in der Stadtmauer bei der Zhongyang Road. Eintrittskarten erhält man an einem Verkaufsstand in der Jiwusi Road.

Trommel- und Glockenturm

tägl.

Der vielfach renovierte Trommelturm stammt von 1382 und besitzt ein traditionelles Eingangstor. Ursprünglich waren mehrere Trommeln dort untergebracht, die nachts zur Wachablösung geschlagen wurden oder als Alarmsignal dienten. Heute ist nur noch eine große Trommel erhalten. Zudem gibt es im Turm eine Sammlung von Sonntagsmalereien sowie ein Teehaus. Nicht sehr weit nordöstlich liegt der Glockenturm (Dazhong Ting). Er wurde in der Ming-Zeit errichtet und 1889 renoviert. Die riesige bronzene Glocke von 1388 ist eine der größten Chinas. Die Gegend um die Türme war das Regierungsviertel der Altstadt. Heute geht es hier mit zahlreichen Büros und dichtem Verkehr recht hektisch zu.

Nanjing-Massaker

Mahnmal für das Nanjing-Massaker

Das Nanjing-Massaker, das auch als »Vergewaltigung Nanjings« bekannt ist, belastet das Verhältnis zwischen China und Japan bis heute. Als japanische Truppen 1937 in Nanjing einmarschierten, blieben viele Bürger – einem Aufruf der chinesischen Regierung folgend – in der Stadt, anstatt zu fliehen. Während die Regierung ihrerseits floh, wurden viele Bewohner Opfer von Mord, Plünderung und Vergewaltigung. Schätzungen sprechen von bis zu 400 000 Todesopfern. Nach der Kapitulation Japans 1945 kehrte die Regierung nach Nanjing zurück. Die Stadt erlangte ihren Status als Hauptstadt Chinas zurück, bis die Kommunistische Partei 1949 Beijing zum Sitz der Zentralgewalt machte.

Verkehr auf der Nanjing-Yangzi-Flussbrücke

Nanjing-Yangzi-Flussbrücke

Daqiao Nan Road. *(025) 5878 5703.* **Aufzug** *tägl.*

Dieses Meisterwerk der Ingenieurskunst entstand 1968 und ist eine der großen Errungenschaften der chinesischen Kommunisten, die das Projekt 1960 nach dem Abzug der Sowjets übernahmen. Der offiziellen chinesischen Darstellung zufolge wurde die Brücke von Grund auf neu geplant, weil die Sowjets die Originalpläne bei ihrem Abzug mitnahmen. Die Doppeldeckerbrücke ist sowohl für Schienen- als auch Straßenverkehr konzipiert und mit etwa 1,5 Kilometern Länge eine der längsten in China. Bevor es sie gab, mussten Fähren ganze Züge Waggon für Waggon über den Fluss bringen. Ein Aufzug in einem der Türme bringt Besucher bis ganz nach oben. Sehenswert sind die Skulpturen im Sowjetstil zu beiden Seiten der Brücke. Am besten nähert man sich der Brücke vom angrenzenden Daqiao Gongyuan (Brückenpark) aus.

Mochou-See

tägl.

Gleich außerhalb der Stadtmauer im Westen von Nanjing liegt der Mochou Hu, ein nach der legendären Heldin Mochou benannter See. Ihren Namen »Ohne Sorge« erhielt sie, weil ihr süßer Gesang alle Sorgen vertrieb. Der den See umgebende Mochou-Park ist zur Zeit der Lotosblüte besonders hübsch. Am Seeufer befinden sich eine Open-Air-Bühne und ein Teehaus. Innerhalb des **Square Pavilion** (Eckiger Pavillon) steht in einem kleinen Teich eine Mochou-Statue. Im benachbarten **Winning Chess Pavilion** (Pavillon der Gewonnenen Schachpartie) spielten der erste Ming-Kaiser Hongwu und sein General eine legendäre Partie Schach.

Square Pavilion mit der Statue der legendären Mochou, Mochou-Park

Nanjing: Zijin Shan

紫金山

Türklopfer, Ming Xiao Ling

Die Purpurberge (Purple Mountains), von denen aus man auf die Stadt blickt, haben ihren Namen von der Farbschattierung der Felsen. Das sanfte Hügelland mit schattigen Wäldern, Bambushainen und den vereinzelten Villen ist pittoresk. Auch befinden sich hier einige der wichtigsten Sehenswürdigkeiten von Nanjing, darunter das Mausoleum von Sun Yat-sen, Ming Xiao Ling und der Linggu-Tempel. Um alles zu besichtigen, sollte man sich einen Tag Zeit nehmen. Zudem empfiehlt es sich, trotz vorhandener Imbissbuden Proviant mitzunehmen. Man kann hinauf zum Gipfel steigen und die einmalige Aussicht auf die Stadt genießen. Eine Seilbahn startet an der Außenseite der Ostmauer.

Statue von Sun Yat-sen, dem »Vater des Modernen China«

Purple Mountains Observatory
Neben seiner modernen Ausstattung birgt das Observatorium eine Ausstellung von Bronze-Instrumenten aus dem 15. Jahrhundert. Bereits vor 3000 Jahren benutzten die Chinesen vergleichbare Geräte.

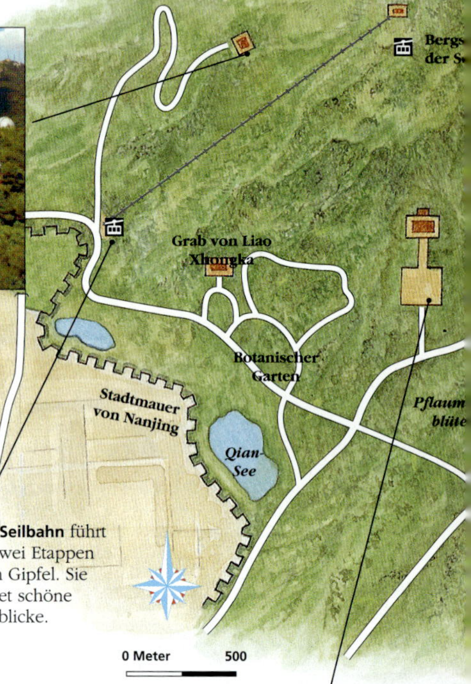

Die Seilbahn führt in zwei Etappen zum Gipfel. Sie bietet schöne Ausblicke.

Legende

- Seilbahn
- Straße

Nicht versäumen

- ★ Linggu-Tempel und Balkenlose Halle
- ★ Mausoleum von Sun Yat-sen
- ★ Ming Xiao Ling

★ Ming Xiao Ling
Die Grabstätte für Hongwu, den ersten Ming-Kaiser, und seine Frau wurde 1405 fertiggestellt. Trotz der Zerstörungen während des Taiping-Aufstands (siehe S. 422) *bekommt man heute noch einen Eindruck von den Ausmaßen.*

Hotels und Restaurants in Jiangsu & Anhui *siehe Seiten 561f und 588f*

Museum des Dr. Sun Yat-sen
Das in einem sehr schönen Gebäude angesiedelte Museum wird von Besuchern oft übersehen. Auf vier Etagen wird das Leben des Politikers Sun Yat-sen anhand von Bildern, Dokumenten und Gegenständen dokumentiert.

INFOBOX

Provinz Jiangsu, 3 km östlich von Nanjing. *vom Bahnhof. Shuttle-Service im Park.* **Purpurberge** *Apr–Nov: tägl. 6.30–18.30 Uhr; Dez–März: tägl. 7–18 Uhr. für jede Sehenswürdigkeit.* **Ming Xiao Ling Museum** *tägl. 9–17 Uhr.*

Die Musikbühne wurde 1933 als Teil des Mausoleums von Sun Yat-sen erbaut.

Linggu-Pagode
Die 61 Meter hohe Pagode entstand 1929 nach Entwürfen des Amerikaners Henry Murphy auf Geheiß von Chiang Kai-shek zu Ehren der in der Revolution von 1911 gefallenen Soldaten (siehe S. 62f).

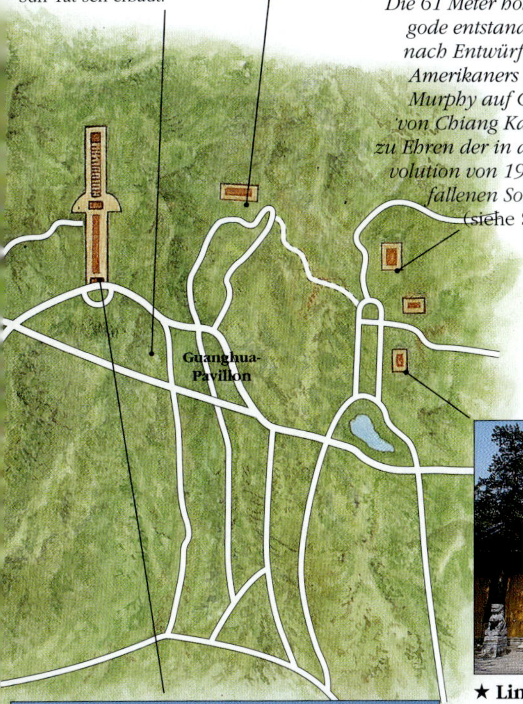

★ Linggu-Tempel und Balkenlose Halle
Der ursprünglich 514 gegründete Tempel wurde vom Ming-Kaiser Hongwu hierher verlegt, um Platz für seine Grabstätte zu schaffen. Die Balkenlose Halle wurde 1381 ohne Verwendung von Holz errichtet.

★ Mausoleum von Sun Yat-sen
Obwohl hier statt der kaiserlich-gelben Ziegel blaue benutzt wurden, hat das Mausoleum imperiale Züge. Die blauen und weißen Kacheln des Baus von 1929 stehen für die Kuomintang.

Überblick: Zijin Shan

Die Purpurberge werden nach dem Mandarin-Namen von Dr. Sun Yat-sen auch »Zhongshan« genannt. Am besten erschließt man sich das Hügelgelände vom östlichen Ende am Linggu-Tempel aus und macht sich von dort aus auf den Weg in die Stadt zurück. Um die ganze Gegend zu sehen, braucht man einen Tag. Falls die Zeit knapp ist, kann man an einem halben Tag zumindest das Mausoleum von Sun Yat-sen und eine weitere Sehenswürdigkeit besuchen. Es macht auch Spaß, sich von den Massen zu entfernen und über die Hügel zu weniger bekannten Attraktionen zu wandern.

See beim Linggu-Tempel am Fuß der Purpurberge

Linggu-Tempel, Balkenlose Halle und Pagode

Der ursprüngliche Standort des Linggu-Tempels war dort, wo Ming-Kaiser Hongwu seine Grabstätte (Ming Xiao Ling) erbauen wollte. Der Tempel wurde deswegen hierher umgesetzt. Original erhalten ist noch die Balkenlose Halle von 1381, ein gewölbter Ziegelbau ohne Verwendung von Holz. Die Konstruktionsweise sollte den Bauholzmangel kompensieren, konnte sich aber nicht durchsetzen. In einem kleinen renovierten buddhistischen Tempel liegen angeblich die Gebeine des Tang-Mönchs Xuanzang, der nach Indien gereist war, um buddhistische Schriften zu holen *(siehe S. 487)*. Die nahe Linggu-Pagode trägt eine Inschrift von Chiang Kai-shek: »Mit größter Loyalität dem Land zurückbezahlt.« Das Gebäude soll Zukunft und Vergangenheit miteinander verbinden: Es ist im alten Stil, aber mit modernen Materialien gebaut und mit Beton verstärkt. Von oben hat man einen herrlichen Blick auf das dichte Grün der Purpurberge.

Steinskulptur am Heiligen Pfad von Xiao Ling

Museum des Dr. Sun Yat-sen

Das Museum liegt ein wenig abseits der Touristenroute in einem Gebäude, das einst eine buddhistische Bibliothek enthielt. Die Gemäldesammlung, Schwarz-Weiß-Fotos und Kunstobjekte dokumentieren das Leben des »Vaters des Volkes«. In den beiden oberen Etagen gibt es englische Beschriftungen. Die buddhistischen Sutren sind heute im Hinterhaus untergebracht.

Mausoleum von Sun Yat-sen (Zhongshan Ling)

Als der Revolutionsführer 1925 starb, wurde ein Wettbewerb für die Gestaltung seiner Grabstätte ausgeschrieben. Es gewann Y. C. Lu, ein Absolvent der Cornell School of Architecture. Der Zugang zum Grab erfolgt über einen Marmoraufgang mit 392 Stufen, der zu einer Halle mit einer lebensgroßen Statue Sun Yatsens führt. Dahinter liegt ein runder Kuppelbau, in dem sein Sarkophag in den Boden eingelassen ist. Die **Musikbühne** ist ein beliebter Picknickplatz. Auch der Guanghua-Pavillon ist sehenswert.

Xiao-Ling-Grab

Das großteils verfallene Grab ist dennoch interessant, da es eines der ersten Ming-Gräber war. Sehenswert ist der Heilige Pfad mit seinen Steinstatuen von Tierpaaren und Würdenträgern, die teils sitzen, teils stehen. Bemerkenswert ist, dass er nicht von Süden nach Norden verläuft, sondern sich den Hügel hinaufschlängelt. Der **Hügel der Pflaumenblüte**, etwas südlich des Grabs, ist vor allem im Frühling hübsch. Der **Botanische Garten** im Westen ist ein riesiges Areal mit farbenfroher Vegetation, Hügeln und Seen. Ganz in der Nähe liegt das **Grab von Liao Zhongkai** und seiner Frau He Xiangning, prominente Nationalisten und Nachfolger Sun Yat-sens.

Purple Mountains Observatory

Es wurde in den 1930er Jahren erbaut. Sehenswert ist die Sammlung von astronomischen Bronze-Instrumenten (Kopien) aus dem 15. Jahrhundert.

Zugang zum Grab des ersten Ming-Kaisers Hongwu

Tor zum Mahnmal für das Nanjing-Massaker

Umgebung von Nanjing

Rund um Nanjing gibt es neben den Purpurbergen viele weitere interessante und sehenswerte Plätze. Alles ist bequem per Taxi oder wie Qixia Si per Bus erreichbar.

Mahnmal für das Nanjing-Massaker

195 Chaping Dong Jie. *(025) 8661 0931.* *tägl. 8.30–16.30 Uhr.*

Nicht weit westlich des Mochou-Parks erinnert das Monument an die als Nanjing-Massaker *(siehe S. 227)* bekannten Gräueltaten der Japaner im Zweiten Weltkrieg. Knochenstücke und Totenschädelhaufen sind grausame Erinnerungsstücke. Mitten in der Fotodokumentation widmet sich ein Raum der Versöhnung beider Nationen nach dem Krieg.

Märtyrer-Mahnmal, Yuhuatai

Yuhuatai

215 Yuhua Road. *(025) 5241 1523.* *tägl. 8.30–17.30 Uhr.*

Der Sage nach soll ein Mönch im 5. Jahrhundert in Yuhuatai, südlich des Zhonghua-Tors, eine derart bewegende Rede gehalten haben, dass es Blumen vom Himmel regnete. Noch heute sammeln Chinesen die farbigen Kiesel auf, die dort liegen. Während der Chinesischen Revolution (1927–49) wurde der Ort zum Hinrichtungsplatz, an dem Tausende ihr Leben ließen. Das **Märtyrer-Mahnmal** besteht aus neun 30 Meter hohen Figuren im Stil des sowjetischen Realismus. Dahinter befindet sich eine Pagode.

Grab des Königs von Borneo

Nahe Ning Dan Gong Road. 2 km nordwestlich von Yuhuatai. *tägl.*

Das Grabmal wurde erst 1958 entdeckt. Ab 977 zahlten die Herrscher Borneos China Tribut. Mitte des 14. Jahrhunderts weitete der erste Ming-Kaiser Hongwu das Tributsystem so weit aus, dass auch andere Nationen China Geschenke und Wertgegenstände liefern mussten. Der Kaiser schickte Gesandte in alle Vasallenstaaten Chinas, darunter auch Borneo, um den wirtschaftlichen Fortschritt zu sichern. 1408 kam der König von Borneo nach Nanjing und starb während seines Aufenthalts. Sein Grab ziert eine Schildkröten-Stele. Wie bei anderen Gräbern der Zeit verläuft zu beiden Seiten eine Straße der Seelen mit Statuen. Das Gelände ist nicht gut ausgeschildert – deshalb sollte man den Namen des Grabs auf Chinesisch geschrieben mitnehmen, um nach dem Weg zu fragen.

Qixia Si und Tausend-Buddha-Felsen

Qixia Shan. 15 km nordöstlich von Nanjing. *Bus gegenüber dem Bahnhof, stündl.* *(025) 8576 8152.* *tägl. 7–17.30 Uhr.*

Qixia Si, eines der größten buddhistischen Seminare Chinas, wurde 483 gegründet. Der jetzige Bau stammt allerdings von 1908, der Endphase der Qing-Dynastie. Er besteht aus zwei Tempelhallen. Die Wände der einen sind mit fliegenden Apsarasen (Himmlische Jungfrauen) bemalt, in der anderen steht eine Vairocana-Buddha-Statue. Er ist der Kosmische Buddha und verkörpert Wahrheit und Wissen. Östlich davon liegt eine Steinpagode von 601, in die Szenen aus dem Leben des Buddha gemeißelt sind.

Hinter den Hallen befinden sich die **Tausend-Buddha-Felsen**. Tatsächlich sind dort rund 500 Buddha-Bildnisse in den Fels geschlagen – »tausend« wird in China häufig einfach als Begriff für »viele« verwendet. Die ältesten Statuen stammen aus der Qi-Dynastie (5. Jh.), die meisten jedoch aus der Song- und der Tang-Zeit. Einige der Statuen wurden während des blutigen Taiping-Aufstands *(siehe S. 422)* und ein weiteres Mal während der Kulturrevolution *(siehe S. 64f)* entstellt. Doch es sind noch so viele erhalten, sodass sich der Besuch lohnt. Es ist auch hübsch, durch den Wald hinter den Felsen zu wandern.

Achteckige Steinpagode mit Steinmetzarbeiten, Qixia Si

Traditionelle chinesische Medizin

Yin und Yang

Die traditionelle chinesische Medizin (TCM) reicht rund 4000 Jahre in die Vergangenheit zurück. Sie entwickelte sich aus der Suche nach dem Lebenselixier, die viele Kaiser betrieben. Im Lauf der Jahrhunderte entstand ein Ansatz, den man heute als ganzheitlich bezeichnet. Das Zusammenspiel von Ernährung, Bewegung und Umwelt ist dabei von großer Bedeutung. Noch heute basiert die Behandlung auf Kräutern, spezieller Ernährung und Akupunktur. Zugrunde liegt der TCM die daoistische Philosophie, deren wichtigster Ansatzpunkt das *qi (siehe S. 32f)*, die Lebensenergie, ist. *Qi* reguliert das Fließgleichgewicht von Yin und Yang, die sich in Gegensätzen wie heiß/kalt, hart/weich oder nass/trocken widerspiegeln.

Anders als in der westlichen Medizin, bei der Kräfte von außen (Bakterien oder Viren) als Krankheitsverursacher gelten, beruht in der TCM ein Gesundheitsproblem immer auf einem Ungleichgewicht von Yin und Yang, wodurch das *qi* blockiert und der Mensch krank wird.

Akupunkturkarte (10. Jh.)

Qi fließt durch Kanäle, sogenannte Meridiane, die den gesamten Körper durchziehen. Die Darstellung zeigt den Herzbeutelmeridian (Yin-Meridian). Druck, Nadeln oder Hitze auf spezielle Punkte des Meridians sollen den Fluss des *qi* regulieren helfen.

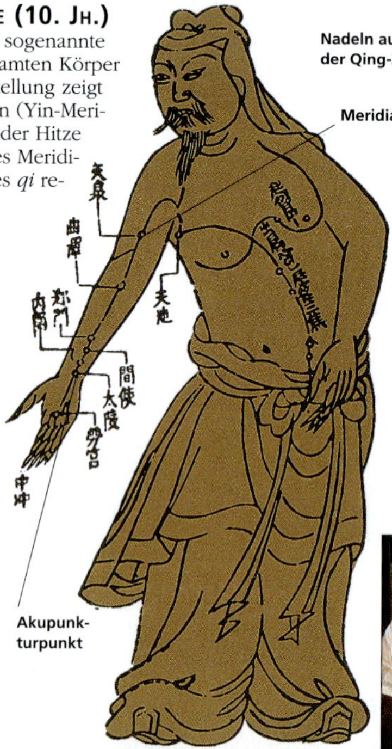

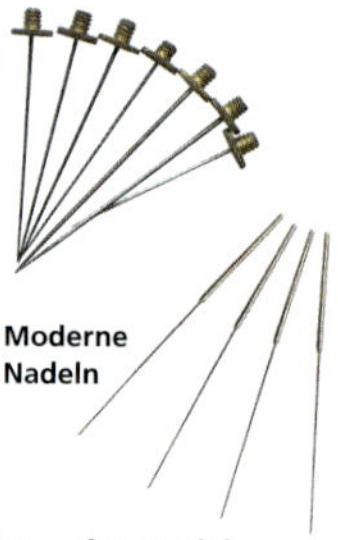

Akupunkturnadeln *werden entlang der Meridiane an Akupunkturpunkten, die* men *(Tore) heißen, in die Haut gesetzt. Akupunktur ist sogar als Anästhetikum wirksam.*

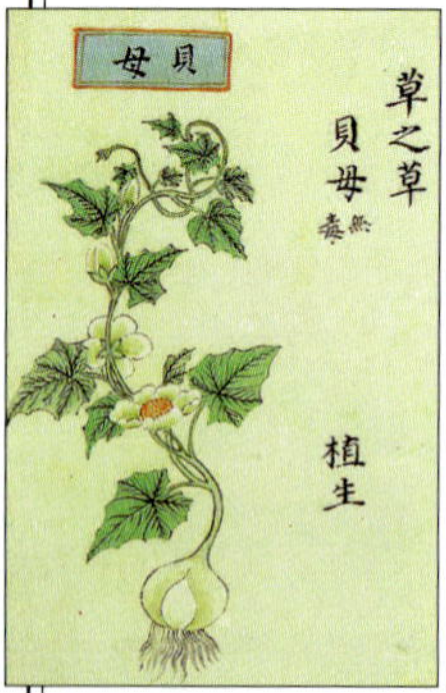

Bencao Gangmu, *ein Arzneibuch mit einer Liste aller bekannten Krankheiten und deren Behandlung, wurde im 12. Jahrhundert von Li Shizhen zusammengestellt.*

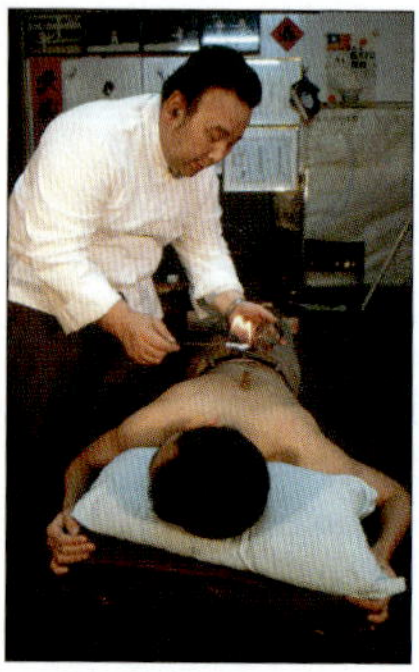

Moxibustion *wird oft bei chronischen Beschwerden eingesetzt. Dabei wird zur Weiterleitung von Wärme Beifuß, der als Hütchen auf der Akupunkturnadel steckt, verbrannt.*

Eine Mischung *aus Kräutern, Pilzen, Wurzeln und manchmal auch getrockneten Tierprodukten, etwa geriebenem Geweih, wird an Patienten verabreicht, die daraus einen heilkräftigen Sud bereiten.*

Plakette über dem schön gestalteten Eingang zum Guangji Si, Wuhu

Bozhou ⓫
亳州

250 km nordwestlich von Hefei.
5 Mio. *(Großraum).*

Der Heilmittel-Markt von Bozhou ist der größte der Welt und zieht über 50 000 chinesische und südostasiatische Händler an. Jede nur erdenkliche Pflanze und jedes Tier gibt es hier in pulverisierter Form. Interessant ist auch das **Blumentheater** (17. Jh.) mit Holz- und Ziegelornamenten und gemalten Friesen um die Bühne. Das Stadtmuseum zeigt ein Jade-Grabgewand aus der Han-Zeit, das für den Vater von Cao Cao, den Kriegsherrn der Drei Königreiche, bestimmt war. Er baute den **Unterirdischen Tunnel**, um bei einem Angriff seine Truppen zunächst verborgen zu halten.

Heilmittel-Markt
Zhongyao Shiyang. *Mo–Fr.*

Unterirdischer Tunnel
Caocao Yunbingdao. *tägl.*

Hefei ⓬
合肥

150 km westlich von Nanjing.
1,6 Mio. (Großraum 4,4 Mio.).
42 Changjiang Zhong Road, (0551) 267 2945.

Nach 1949, als die Regierung die Industrie förderte, entwickelte sich die Provinzhauptstadt von Anhui zum blühenden Zentrum. Es gibt nicht viel zu sehen, doch Reisende kommen oft auf dem Weg in die Provinz vorbei. Das **Provinzmuseum** besitzt u.a. Ziegel von Han-Gräbern und den Schädel eines *Homo erectus*, der in Anhui gefunden wurde. Die Ausstellung der »Vier Schätze des Gelehrtenzimmers« *(siehe S. 219)* zeigt Tuschestangen, Reibsteine, Pinsel und Papier, für das die Provinz berühmt ist. Der Baohe-Park grenzt an einen See und besitzt eine **Gedenkhalle**, die Bao, einem Verwalter der Song-Zeit, gewidmet ist. Der Tempel **Mingjiao Si** (16. Jh.) steht erhöht – etwa fünf Meter über dem Boden. Im nahen **Xiaoyaojin-Park** gibt es zudem einen Brunnen aus dem 3. Jahrhundert.

Provinzmuseum
268 Anqing Road. *Di–So.*

Bao-Gedenkhalle
58 Wuhu Road. *tägl. 8–17.30 Uhr.*

Mingjiao Si
Huaihe Road. *tägl.*

Wuhu ⓭
芜湖

125 km südöstlich von Hefei.
2,2 Mio. (Großraum).

Der Hauptfährhafen hat wenig Sehenswürdigkeiten. Darunter sind der 894 gegründete **Guangji Si** auf dem Zhe Shan und die nahe **Zhe-Pagode**, die einen guten Blick über die Stadt bietet. In einigen Straßen des Zentrums kann man noch zwischen alten, strohgedeckten Häusern aus Lehm umherwandeln. Von Wuhu gelangt man zu **Li Bais Grab** in Caishiji, etwa sieben Kilometer von Ma'an Shan, der ersten Bahnhaltestelle südlich von Wuhu. Der Tang-Dichter Li Bai (701–762) war ein berühmter Trinker und soll im Spiegelbild des Monds ertrunken sein. Sein Grab liegt am Ende einer langen Treppe hinter einem Qing-Tempel mit Blick auf den Yangzi. Wahrscheinlich sind dort nur Li Bais Kleider – der Ort seiner letzten Ruhestätte ist unklar.

Li Bais Grab, Caishiji

Li Bais Grab
Caishiji. *zum Ma'an Shan, dann Bus oder Taxi.* *tägl.*

Umgebung: 60 Kilometer südöstlich von Wuhu liegt die Alligator-Zuchtstation **Xuancheng**, die die Population dieser bedrohten Art mit Erfolg vergrößert hat. Wild lebende Alligatoren sind in Anhui nur in geringer Zahl zu finden, doch in Gefangenschaft leben mittlerweile 1000 Exemplare, die vielleicht wieder ausgewildert werden können.

Alligatoren sonnen sich in der Zuchtstation von Xuancheng

Jiuhua Shan ⓮
九华山

160 km südöstlich von Hefei. *135 Baima Xincun, Jiuhua Jie, (0566) 501 1588.*

Jiuhua Shan ist einer der vier den Buddhisten heiligen Berge. Er wurde für heilig erklärt, nachdem der koreanische Mönch Jin Qiaojue, der die Reinkarnation von Bodhisattva Ksitigarbha gewesen sein soll, 794 hier starb. Heute ist der Berg eine Pilgerstätte.

Die über 60 Tempel liegen auf dem Berggelände verstreut und sind über Pfade mit dem Dorf Jiuhua verbunden. Der erste Tempel, **Zhiyuan Si**, besitzt unzählige Räume. Weiter oben liegt der **Huacheng Si**, der in Teilen aus der Tang-Ära stammende älteste Tempel. Dahinter öffnet sich ein verziertes Tor zum Bergpfad. Zum einen bietet sich hier ein einstündiger Fußmarsch an, der an der Ying Ke Song (Willkommens-Pinie) und einer Reihe von Tempeln vorbei bis zum **Baisui Gong** führt, wo die mumifizierte Leiche des Priesters Wu Xia in Gebetshaltung sitzt. Zurück kommt man zu Fuß oder per Seilbahn. Die zweite Möglichkeit ist ein Weg, der von Yingke Song an der **Feng Huang Song** (Phönix-Pinie) zum Gipfel mit der **Tiantai Zhengding** (Himmlische Terrasse) führt, wo eine riesige Buddha-Statue geplant ist. Die vierstündige Tour zum Hauptgipfel kann man verkürzen, indem man die Seilbahn von Fenghuang nimmt und per Taxi zurückkehrt.

Renovierter Laden aus der Ming-Zeit in der Lao Jie, Tunxi

Tunxi ⓯
屯溪

70 km südöstlich von Huang Shan. *3/4F, 99 Fushang Lu, (0559) 231 0616.*

Als wichtiger Verkehrsknotenpunkt ist Tunxi idealer Startpunkt, um den beliebten Huang Shan *(siehe S. 236f)* zu besuchen. Tunxi selbst hat einige Kleinode traditionell-klassischer Architektur zu bieten. In einigen Vierteln, etwa entlang der **Lao Jie** (Alte Straße, Old Street) wurden Häuser aus der Ming-Zeit in Souvenir- und Antiquitätenläden oder auch in Touristenrestaurants umgewandelt. Durch die originalgetreue Renovierung entsteht der Eindruck einer typischen Stadt aus der Ming-Zeit. Sogenannte Pferdekopf-Giebel *(siehe S. 235)* zieren viele Häuser.

Shexian ⓰
歙县

25 km östlich von Tunxi. *Busse von Tunxi.*

Shexian – früher Huizhou – ist für seine zahlreichen gut erhaltenen Häuser aus der Zeit der Ming-Dynastie bekannt, die früher wohlhabenden Salzhändlern gehörten. Viele davon stehen in den Seitengassen der Jiefang Jie und in der Doushan Jie. Sie sehen noch fast genauso aus wie im 14. Jahrhundert.

Die reichen Händler von Huizhou leisteten sich auch viele Torbogen *(paifang)*. Die bekanntesten davon sind die sieben Ming- und Qing-Tore in **Tangyue**, einem Dorf sieben Kilometer westlich von Shexian. Die Bogen zeugen von politischer Karriere, Frömmigkeit, Reinheit und Wohltätigkeit einer Familie.

Yixian ⓱
黟县

35 km nordwestlich von Tunxi. *Minibus von Tunxi.* **Erlaubnis** *erforderlich, die man in Tunxi erhält.*

Die UNESCO-Welterbestätten **Hongcun** und **Xidi** mit ihren Ming- und Qing-Häusern liegen in der Nähe von Yixian. Hongcun befindet sich elf Kilometer nordöstlich und liegt landschaftlich schön inmitten von Bergen. Es wurde 1131 erbaut und trägt das Attribut »Dorf in einem chinesischen Bild«. Die Anlage hat die Form eines Wasserbüffels. Ein Netz von Kanälen führt Wasser in den Mondteich und den Süd-See, die den Magen des Büffels darstellen. Xidi, acht Kilometer nördlich von Yixian, weist ein Gewirr von Gassen auf, in denen über 100 Häuser aus der späten Ming- und frühen Qing-Zeit stehen. Manche haben schöne Höfe. Ihr Inneres ist oft mit Holzschnitzereien und Holzpaneelen geschmückt. Einige Häuser zeigen Kunst aus der Region.

Auch in **Nanping**, fünf Kilometer westlich von Yixian, gibt es einige Beispiele klassischer Architektur zu sehen.

Der heilige Jiuhua Shan, der Berg der Neun Glorreichen Gipfel

Hotels und Restaurants in Jiangsu & Anhui *siehe Seiten 561f und 588f*

Huizhou-Architektur

Im Bezirk Shexian leben Nachfahren einer Gruppe von Menschen, die vor 400 Jahren eine Schlüsselrolle in der chinesischen Wirtschaft spielte. Heute arbeiten sie im Süden der Provinz Anhui vorwiegend als Bauern, doch ihre Vorfahren waren vom 14. bis zum 17. Jahrhundert die wohlhabenden, in ganz China für ihren Geschäftssinn und ihre Integrität bekannten Kaufleute von Huizhou. Von ihrem Geld bauten sie große Familienresidenzen, die außen weiß getüncht und innen prachtvoll dekoriert waren. Das charakteristische Aussehen dieser Häuser spiegelt das Bemühen wider, unwirtliches Klima, Erdbeben und mögliche Raubüberfälle zu überdauern. Viele der Häuser stehen noch heute – wenngleich ein wenig renovierungsbedürftig – und sind Zeugen der Ära der Händler von Huizhou.

Huizhou-Torbogen ***(paifang)***

Holzpaneele
Das filigrane Gitterwerk war dekorativ und funktional – es ließ Licht hinein und hielt die Hitze draußen.

Die hölzernen Säulen hielten Erdbeben besser stand als Ziegelmauern.

Schräge Dächer ließen Regenwasser – gutes *qi* – in den Teich ablaufen.

Die Mauern waren nicht tragend, sondern sogenannte Vorhang-Wände.

Hohe Fenster machten die Häuser vor Einbrechern sicherer.

Fischteiche im Innenhof kühlen das Haus und sind dekorativ.

Pferdekopf-Giebel
Diese Bauweise diente dem Brandschutz und hinderte Einbrecher daran, von einem Haus auf das nächste zu springen. Zugleich waren sie dekorativ.

Pailou-Torbogen
Die verzierten Konstruktionen heißen pailou *oder* paifang *und wurden eher aus Stein als aus Holz gebaut, da sie so schwieriger zu durchbrechen waren.*

Huang Shan ⓲

黄山

Detail am Westtor

Man sagt, dies sei das schönste Gebirge Chinas. Seit Jahrhunderten werden die wolkenverhangenen Gipfel des Gelben Bergs von Dichtern und Malern thematisiert. Obwohl der Hauptgipfel weniger als 1900 Meter hoch ist, bieten die steilen Felsen einen spannenden Wanderweg. Die Betonstufen sind meist voller Menschen. Selbst bei dichtem Nebel ist die Gegend mit ihren steilen Felsen, Bambushainen und uralten, knorrigen Pinien reizvoll. Übernachtungsmöglichkeiten gibt es im hübschen Wenquan oder im nahen Tangkou. Viele verbringen eine Nacht auf dem Gipfel, um den Sonnenaufgang oder -untergang zu erleben.

Qingliang Tai (Erfrischende Terrasse) ist ein idealer Ort für den Sonnenaufgang.

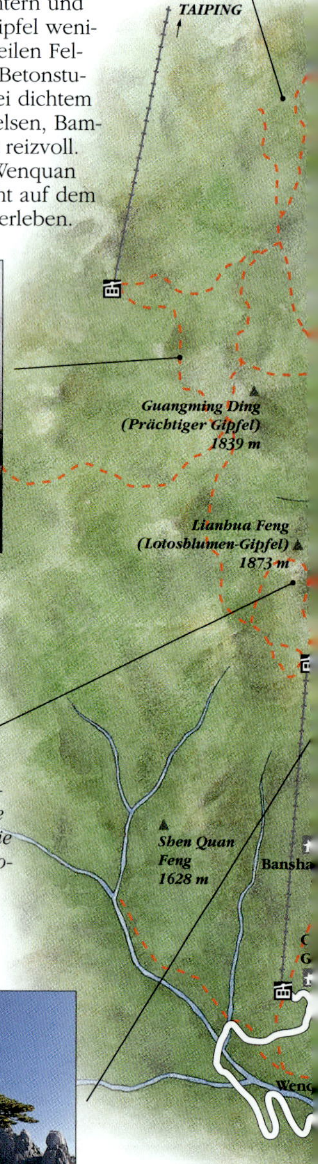

★ Feilai Shi

Der »von weit her geflogene Fels« ist ein massiver rechteckiger Felsblock, der in ungewöhnlichem Winkel über dem »Westlichen Meer«, einem unendlich scheinenden Anblick von Berggipfeln und Wolken aufragt.

Westroute

Dieser Weg ist anstrengender als die Ostroute und durchschneidet die herrlichen Felsformationen in sehr schmalen, steilen Stufen.

Willkommens-Pinie

Huan Ke Song wurde oft auf Briefmarken abgebild und scheint den Besucher einzuladen. Sie soll über 1000 Jahre alt sein.

NICHT VERSÄUMEN

- ★ Aoyu Bei
- ★ Feilai Shi
- ★ Shixin Feng

Aussicht vom Hauptgipfel
Man braucht etwa drei Stunden, um den Hauptgipfel mit fantastischer Aussicht zu erreichen. Den schönsten Sonnenuntergang hat man vom Paiyun Ting (»Pavillon, der die Wolken zerstreut«) an der Bergstation der Taiping-Seilbahn.

Infobox

200 km südlich von Hefei.
Tunxi. *von Tunxi.* *von Nanjing oder Hefei nach Tangkou (5 Std.); von Tunxi nach Tangkou (1,5 Std.); Bus zum Haupttor.*
tägl.
www.huangshanguide.com

Legende

- Minibus-Haltestelle
- Seilbahn
- Tempel
- Fußweg
- Straße

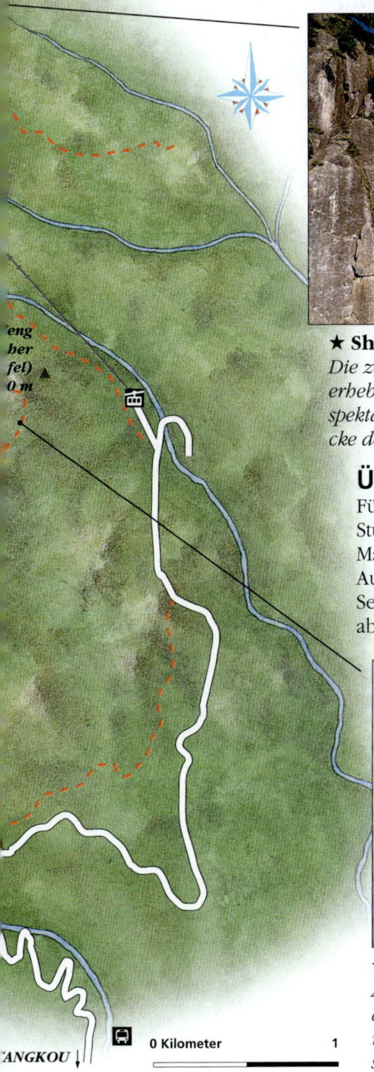

★ Shixin Feng
Die zerklüfteten Gipfel des »Anfangs des Glaubens« erheben sich über Wälder und Bäche und bieten eine spektakuläre Aussicht. Man erreicht sie über die »Brücke der Unsterblichen« am Ostende des Hauptgipfels.

Überblick: Huang Shan

Für die Ostroute (8 km) braucht man rund drei Stunden, für die Westroute etwa doppelt so lang. Manche Bergsteiger nehmen die Ostroute zum Aufstieg und die Westroute für den Abstieg. Zwei Seilbahnen verkürzen den Weg. Meist gibt es dort aber lange Warteschlangen.

★ Aoyu Bei
Auf dem Weg zum Tiandu Feng liegt Aoyu Bei, der Karpfenrücken, ein exponierter und nur neun Meter breiter Grat, der zu beiden Seiten steil abfällt.

西泠印社

ZHEJIANG & JIANGXI

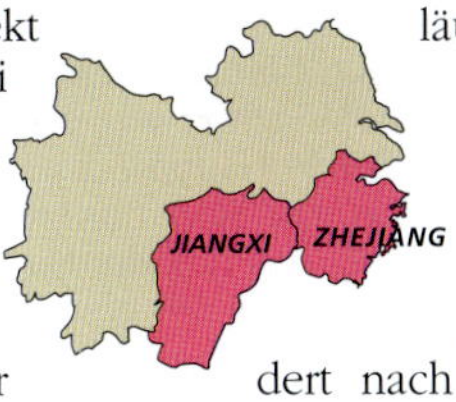

Zhejiang beginnt direkt südlich von Shanghai und grenzt im Südwesten an Jiangxi. Der Norden von Zhejiang ist eine fruchtbare Agrarregion, in der Städte wie die Provinzhauptstadt Hangzhou oder das hübsche Shaoxing liegen. Hangzhou und der große Hafen von Ningbo sind die Industrie- und Wirtschaftszentren der Region. Gleich vor der Küste von Zhejiang liegen etwa 18 000 Inseln, darunter das Heiligtum Putuo Shan. Der Süden der Provinz ist bergig zerklüftet und hat schöne Landschaften, etwa die Bergregion Yandang Shan. Jiangxi ist im Vergleich zum restlichen Zentralchina dünn besiedelt. Die nördlichen Ausläufer sind fruchtbare, von Zuflüssen des Poyang Hu, des größten Sees in China, bewässerte Ebenen. Die Provinzhauptstadt Nanchang florierte im 7. Jahrhundert nach dem Bau des Großen Kanals. Doch mit Zunahme der Vertragshäfen an der Küste im 19. Jahrhundert verkümmerte die Wirtschaft von Jiangxi. Im frühen 20. Jahrhundert zwangen Bürgerkriege die Bevölkerung zur Flucht. Die meisten Kämpfe fanden in Süd-Jiangxi in den Bergen von Jinggang Shan statt. Dort gibt es viele von der Revolution geprägte Stätten. Nordöstlich liegen die Porzellanstadt Jingdezhen und der Ferienort Lu Shan.

Sehenswürdigkeiten auf einen Blick

Städte
Hangzhou 1
Jingdezhen 11
Jiujiang 9
Nanchang S. 250f 8
Ningbo 3
Shaoxing 2
Wenzhou 7

Landschaften, Inseln und Berge
Jinggang Shan 12
Lu Shan S. 252f 10
Putuo Shan S. 248f 4
Tiantai Shan 5
Yandang Shan 6

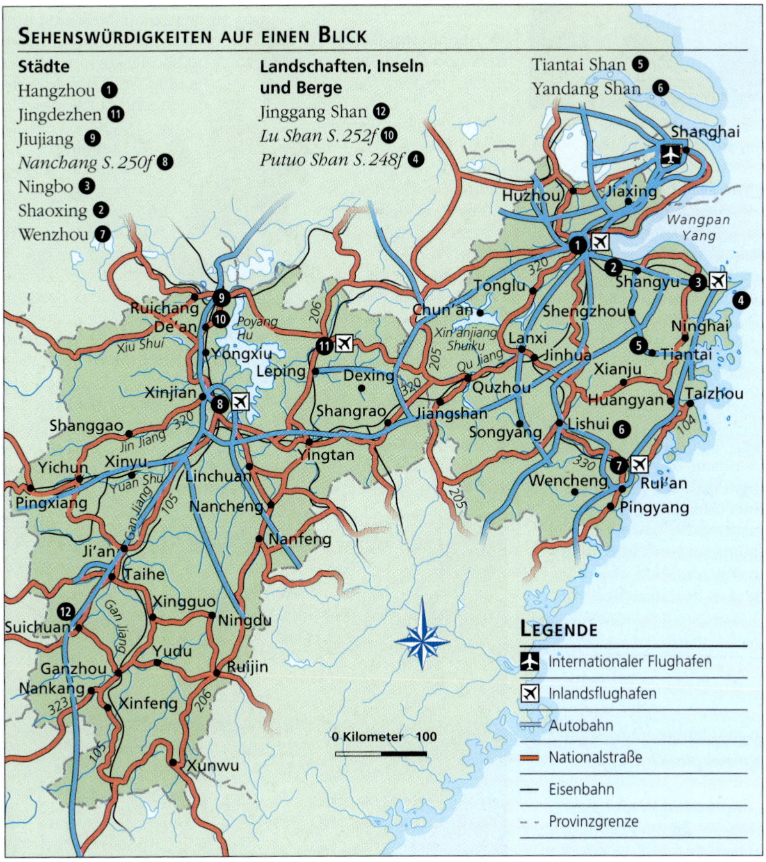

◁ **Pfad zur Pagode der Gesellschaft der Siegel-Graveure, Insel Gu Shan im West-See, Hangzhou** ***(siehe S. 243)***

Hangzhou ❶
杭州

Statue von Yue Fei

Das im mittelalterlichen China als irdisches Paradies gerühmte Hangzhou war von 1138 bis 1279 die strahlende Hauptstadt der Südlichen Song-Dynastie. Die Stadt florierte, ihr Ruf erreichte sogar Marco Polo, der Hangzhou angeblich in dessen Glanzzeit gesehen und es als »Stadt des Himmels, die schönste auf Erden« gepriesen haben soll. Als später die Mongolen das heutige Beijing zu ihrer Hauptstadt machten, florierte Hangzhou weiterhin als Handelsstadt. Auch wenn die meisten historischen Gebäude dem Taiping-Aufstand zum Opfer fielen, sind der schöne West-See und dessen Umgebung auf jeden Fall einen Besuch wert.

Torbogen zum Yue Fei Mu (Grab des Yue Fei)

Yue Fei Mu
Bei Shan Road. *(0571) 8796 6653.* *tägl. 7.30–17.30 Uhr.*
Unmittelbar nördlich des Sees liegt das Grab des Song-Generals Yue Fei, eines für seinen Patriotismus verehrten chinesischen Volkshelden. Er stellte sich so erfolgreich gegen die Invasion der Jin, dass seine Song-Herren befürchteten, er werde sich auch gegen sie erheben. Er wurde zu Unrecht der Volksverhetzung angeklagt und hingerichtet. Der Yue-Fei-Tempel wurde im 19. Jahrhundert errichtet, das Grab liegt daneben. Im zentralen Grabhügel liegt Yue Fei, in dem kleineren sein Sohn, der ebenfalls hingerichtet wurde. Die knienden Eisenfiguren zeigen seine Peiniger, den Premierminister, seine Frau, einen General sowie den Gefängnisvorsteher. Früher war es üblich, sie zu bespucken.

Impression West Lake
Bei Shan Rd. *(0571) 8796 2222.*
Jeden Abend gibt es auf dem See vor dem Yue Fei Mu eine Licht-Wasser-Show. Sie wurde von Zhang Yimou kreiert, dem Regisseur der Eröffnungsshow der Olympischen Spiele in Beijing 2008. Die Begleitmusik stammt von Zhang Liangying.

Huanglong-Dong-Park und Qixia Shan
Nördlich des West-Sees (Xi Hu).
Der Huanglong-Dong-Park mit seinen Teehäusern, Teichen, Blumen und einem Pavillon, in dem im Sommer Musiker auftreten, ist in die Berge eingebettet. Östlich liegt **Baoshu Ta**, eine im 20. Jahrhundert wiederaufgebaute Song-Pagode. Gleich daneben erhebt sich Qixia Shan, der Berg der Trödelnden Wolken, mit der daoistischen Anlage **Baopu** auf halber Höhe. Im Tempel finden fast täglich Zeremonien statt.

Museum für Chinesische Medizin
95 Dajing Xiang. *(0571) 8702 7507.* *tägl. 8.30–17 Uhr.*
Das interessante Huqinyu Tang (Museum of Chinese Medicine) liegt in einer alten Apotheke. Es wurde während der Qing-Dynastie vom Kaufmann Hu Xueyan eingerichtet und verfolgt die Geschichte der chinesischen Heilkunde bis zu ihren Wurzeln vor Tausenden von Jahren zurück. Auch heute noch gibt es hier eine Apotheke.

West-See
Siehe S. 242f.

Teemuseum
88 Longjing Rd. *(0571) 8796 4221.* *tägl. 8.30–16.30 Uhr.*
Das Museum dokumentiert die Geschichte der Teeherstellung *(siehe S. 293)* mit einer Reihe von interessanten Exponaten zu Teesorten und deren Anbau sowie Teezubereitungsgeräten und Geschirr. Viele Beschriftungen sind auf Englisch.

Schnitzarbeit am Baopu-Tempel

Longjing
Südwestlich des Teemuseums.
Im Dorf Longjing (Drachenbrunnen) werden die berühmtesten Grüntees Chinas hergestellt. Man kann durch die Teeterrassen wandern und einen Eindruck der verschiedenen Produktionsstadien vom Lesen und Sortieren bis zum Trocknen gewinnen – und außerdem Tees in jeder Preisklasse kaufen.

In der Haupthalle des Museums für Chinesische Medizin

Lingyin Si

Fayun Long, Lingyin Rd. *(0571) 796 8665.* *tägl. 7–17 Uhr.*

)as Hügelareal ist als Feilai eng (»Herbeigeflogener Gip-el«) bekannt und bietet viele ehenswürdigkeiten, darunter ingyin Si. Der Tempel wurde 26 gegründet. Hier lebten inst 3000 Mönche, die in 0 Hallen beteten. Auch wenn r heute viel kleiner ist, ist er nmer noch einer der größten 'empel Chinas. Während des 'aiping-Aufstands und durch inen Brand im 20. Jahrhun-lert wurde er beschädigt. Dass er noch steht, ist Zhou Enlai *(siehe S. 250)* zu verdanken, der die Zerstörung des Tempels während der Kulturrevolution verhinderte. Einige Teile der Anlage sind alt, so die Steinpagoden (969) zu beiden Seiten der Eingangshalle. Dahinter liegt die **Große-Buddha-Halle** mit einer 20 Meter hohen Buddha-Statue, die 1956 aus Kampferholz geschnitzt wurde.

Die **Ligong-Pagode** am Eingang wurde zu Ehren des indischen Mönchs Hui Li erbaut, der dem Berg seinen ungewöhnlichen Namen gab. Hui Li fand, dass dieser Berg das Ebenbild eines Hügels in Indien sei, und fragte sich, ob er wohl hierhergeflogen wäre. Feilai Feng ist auch für seine zahlreichen in den Fels gehauenen Buddha-Figuren berühmt, die teils aus dem 10. Jahrhundert stammen.

3uddha-Skulptur am Feilai Feng

Infobox

120 km südwestlich von Shanghai. *6,4 Mio. (Großraum).*
Bahnhof, Ostbahnhof.
Busbahnhöfe Ost, Nord und West, CAAC (Busse zum Flughafen).
(0571) 5672 3456.

Sechs-Harmonien-Pagode

16 Zhijiang Road. *(0571) 8659 1364.* *tägl. 6.30–17.30 Uhr.*

Die neben einer Bahnbrücke am Nordufer des Qiantang gelegene Liuhe Ta ist alles, was von dem im Jahr 970 zur Besänftigung der Flutwellen erbauten achteckigen Tempel übrig ist. Die über 60 Meter hohe Pagode diente bis zur Ming-Zeit als Leuchtturm.

Hangzhou: West-See

西湖

Metallarbeit, Insel Xiaoying

Der im Herzen von Hangzhou gelegene acht Quadratkilometer große West-See (Xi Hu, West Lake) zählt zu den schönsten Ecken Chinas. Die umliegenden grünen Hügel, die von Weiden beschatteten Dämme und die Lotosblüten auf dem Wasser waren schon immer ein bei Malern beliebtes Motiv. Ursprünglich war der See ein Seitenarm des Flusses Qiantang. Er wurde zum See, als der Fluss im 4. Jahrhundert versandete. Da der See zu Überschwemmungen neigte, baute man Dämme. Man kann sich am Ostufer ein Boot mieten und einen Nachmittag auf dem Wasser verbringen. Es bietet sich auch an, gemütlich die schattigen Dämme entlangzuschlendern.

★ Drei den Mond spiegelnde T

Nahe der Insel Xiaoying erheben s drei Steinpagoden aus dem Wasse Vollmond werden Kerzen an die n Papier verhängten Fenster gestellt.

Huagang-Garten

Hierher kommt man, um Fische zu beobachten. Die zahlreichen, von erholsamen Grünanlagen umgebenen Wasserbecken des von einem Song-Eunuchen entworfenen Gartens sind voller glitzernder Goldfische.

★ Insel Xiaoying

Wegen der vor ihr liegenden »Drei den Mond spiegelnden Pagoden« nennt man die Insel auch San Tan Yin Yue. Sie besteht aus vier umrahmten Becken, an denen Pavillons (1611) stehen. Die im Zickzack verlaufende Neun-Kurven-Brücke wurde 1727 gebaut.

NICHT VERSÄUMEN

- ★ Drei den Mond spiegelnde Teiche
- ★ Insel Xiaoying
- ★ Su-Damm

★ **Su-Damm**

Der längere der beiden Dämme wurde nach Su Dongpo, einem Dichter der Song-Ära, benannt, der auch Gouverneur war. Der durch sechs Steinbrücken verbundene Damm ist ein angenehmer Weg am Westufer des Sees.

Infobox

Hangzhou. [Boot] *regelmäßig vom Ostufer bei der Hubin Road. Bootsvermietung auf der Insel Gu Shan.* **Zhejiang Provinzmuseum** 22 Gushan Road. [Telefon] *(0571) 8797 1177.* [Uhr] *Mo 13–16 Uhr, Di–So 9–16 Uhr.* [Rollstuhl]

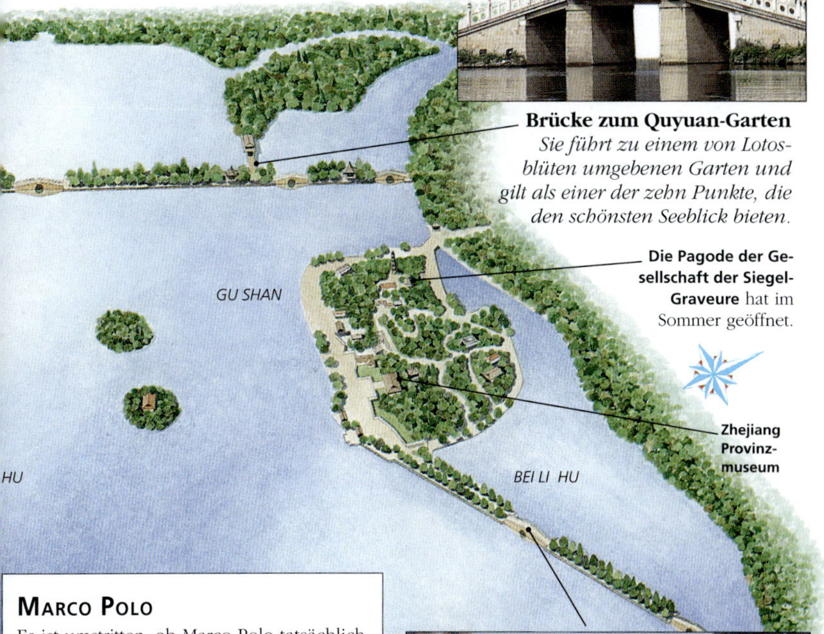

Brücke zum Quyuan-Garten

Sie führt zu einem von Lotosblüten umgebenen Garten und gilt als einer der zehn Punkte, die den schönsten Seeblick bieten.

Die Pagode der Gesellschaft der Siegel-Graveure hat im Sommer geöffnet.

Zhejiang Provinzmuseum

Marco Polo

Es ist umstritten, ob Marco Polo tatsächlich in China war. Seinem Buch *Die Reisen des Marco Polo* zufolge, das er diktierte, war er in der Yuan-Zeit drei Jahre lang Gouverneur von Yangzhou. Polo beschreibt Hangzhou mit seinen Märkten, Vergnügungsbooten und Prostituierten als schönste Stadt der Welt. Hangzhou war tatsächlich eine Metropole, seit die Südliche Song-Dynastie es zur Hauptstadt gemacht hatte. *Die Reisen des Marco Polo* basieren aber möglicherweise auf früheren Reisen seines Vaters und Onkels und auf Erzählungen anderer Geschäftsleute.

Stich von Marco Polo (1254–1324)

Bai-Damm

Der Damm heißt nach dem Gouverneur und Dichter Bai Juyi (9. Jh.) und führt nach Gu Shan, einer Insel, die in der Tang-Zeit aufgeschüttet wurde und heute ein Teehaus und ein Provinzmuseum beherbergt.

Lu Xuns Ehemalige Residenz, Shaoxing

Shaoxing ❷
绍兴

67 km südöstlich von Hangzhou.
4,3 Mio. (Großraum).
3F, 288 Zhongxing Zhong Road.
www.sx.gov.cn

Auch wenn moderne Häuser aufragen, hat die Altstadt mit engen Gassen, Kanälen, geschwungenen Brücken und weiß getünchten Häusern nichts von ihrem Charme eingebüßt. Das alte Shaoxing war 770–221 v. Chr. Hauptstadt des Yue-Königreichs. Es blieb auch wichtig, als Hangzhou Song-Hauptstadt wurde.

Im **Qing Teng Shu Wu** (Zimmer der Grünen Rebe) lebte im 16. Jahrhundert der Dichter und Maler Xu Wei. Es liegt nahe der Dacheng Long, einer Gasse bei der Jiefang Nan Road. Das Haus mit Ziergarten und den schönen Bildern Xus gilt als beispielhaft für traditionelle chinesische Wohnarchitektur.

Es gibt einige Häuser, die mit Lu Xun zu tun haben, dem vielleicht bekanntesten modernen Dichter Chinas, der 1881 hier geboren wurde. Die meisten sind in der Lu Xun Road zu finden. Leider gibt es in der Lu-Xun-Gedenkhalle keine englische Beschriftung, doch **Lu Xuns Ehemalige Residenz** ist wegen ihrer Architektur, Fotos, Möbel und persönlichen Gegenstände sehenswert. Dem Gebäude gegenüber liegt Sanwei Sushi, die Schule, die er besuchte.

Bazi Qiao, Shaoxings berühmteste Brücke (13. Jh.), ähnelt dem Schriftzeichen für »acht«. Sie liegt in einer hübschen Gegend mit alten Straßen unweit der Baziqiao Zhi Jie nördlich der Lu Xun Road.

Von der Stadt aus kann man schöne Ausflüge machen, etwa zum **Dong Hu**, (Ost-See). Oder man fährt mit dem Boot nach **Yu Ling**, wo Yu der Große, der Gründer des Königreichs Xia (2200 v. Chr.), begraben sein soll. Etwas weiter weg liegt **Lan Ting**, der Orchideenpavillon, in dem Chinas berühmtester Kalligraf Wang Xizhi (321–379) Feste feierte. Man erzählt sich, dass die Gäste beim Vorbeifahren Weinbecher leeren und Gedichte verfassen mussten, die Wang Xizhi aufschrieb.

Steinlöwe, Tianye Ge

Qing Teng Shu Wu
Houguan Xiang. tägl.

Lu Xuns Ehemalige Residenz
429 Lu Xun Zhon Road. tägl.

Ningbo ❸
宁波

145 km südöstlich von Hangzhou.
5,5 Mio. (Großraum).
61 Dashani Jie, (0574) 8731 0467.

Ningbo war in der Song- und Ming-Ära der größte Hafen Chinas und liegt von der Küste flussaufwärts am Yong. Später wurde es von Shanghai abgelöst, gewann aber in jüngster Zeit wegen seines tiefen natürlichen Hafens wieder an Bedeutung. Die Stadt war immer vom Handel geprägt. Als Shanghai und Guangzhou im 19. und frühen 20. Jahrhundert florierten, wurden Ningbos Einwohner von ausländischen Firmen als »Compradors«, Agenten und Mediatoren, angeheuert.

Die **Tianye Ge**, eine Privatbibliothek aus dem 16. Jahrhundert, ist die älteste Chinas. In einem Garten mit Bambuswäldchen und Steingärten stehen Pavillons. Einer enthält antike Bücher und Schriftrollen. Südöstlich steht nahe der Kaiming Jie die Tianfeng-Pagode (14. Jh.). Das frühere Ausländerviertel mit portugiesischer Kirche (17. Jh.) und der Uferpromenade Bund mit Bars liegt am Nordende der Xinjiang-Brücke. Außerhalb gibt es im Tempel **Baoguo Si** die Mahavira-Halle zu sehen – die älteste Holzkonstruktion im Yangzi-Delta.

Tianyi Ge
5 Tianyi Jie. tägl. 8.30–17 Uhr.

Charmante Gassen rund um die Bibliothek Tianye Ge in Ningbo

◁ **Brücke des Su-Damms über den nebelverhangenen West-See in Hangzhou** *(siehe S. 242f)*

Putuo Shan ❹

Siehe S. 248f.

Kloster Guoqing Si am Fuß des Tiantai Shan

Tiantai Shan ❺
天台山

190 km südöstlich von Hangzhou. 🚌

Der »Himmlische Terrassen-Berg« ist der Sitz der buddhistischen Tiantai-Schule, die dem Daoismus *(siehe S. 30f)* nahesteht. Heute ist der Ort, der seit den Östlichen Jin ein Pilgerort ist, vor allem bei japanischen Buddhisten beliebt, die in China die Wiege ihres Glaubens sehen. Der Gründer der Schule, der Mönch Zhiyi, verbrachte einen Großteil seines Lebens auf dem Berg, wo er mit der Unterstützung des Kaiserhofs einen Tempel errichtete. Der bezaubernde Ort mit seinen Pfaden, Bächen und Wäldern eignet sich gut zum Wandern. Berühmte Tees und Pflanzen, etwa der Huading-Wolken-Nebel-Tee und die Tiantai-Orange sowie eine Vielzahl von Heilkräutern, wurden hier entdeckt.

Guoqing Si, das erste Kloster am Fuß des Tiantai Shan, liegt etwa drei Kilometer vom Dorf Tiantai entfernt. Eine Straße führt von dort bis zum 1100 Meter hohen **Huading-Gipfel**. Man kann zum Baijingtai Si (Gebets-Terrassen-Tempel) gehen oder zum Shiliang-(Steinstrahl-)Wasserfall am Oberen Fangguang-Kloster, wo es Inschriften, u.a. von dem berühmten Song-Künstler Mi Fu, gibt. Im **Zhenjue Si**, dem Kloster der wahren Erleuchtung, wird der mumifizierte Leichnam von Zhiyi aufbewahrt.

Huading-Gipfel
tägl.

Yandang Shan ❻
雁荡山

80 km nordöstlich von Wenzhou.
🚌 *von Wenzhou zur Endhaltestelle in Baixi.*

Dies ist ein wunderschönes Gebiet voller steiler Hügel, Abhänge und Klöster. Baigang Shan ist der höchste Gipfel (1150 m). **Dalongqiu Pubu**, die Wasserfälle des Großen Drachen, stürzen 190 Meter tief, sie sind die größten Chinas. Der Weg dorthin führt durch turmhohe Felsen, zwischen denen ein Radfahrer jede volle Stunde einen Drahtseilakt vollführt. Die **Ling Feng** (Göttliche Gipfel) bilden das größte Areal. Man wandert hier zwischen Höhlen und kuriosen Felsformationen. Die **Ling Yan** (Göttliche Felsen) sind mit der Seilbahn erreichbar und bieten neben Wanderwegen auch eine Hängebrücke. An der Bushaltestelle in Baixi beginnen mehrere Wanderrouten.

Dalongqiu Pubu
tägl.

Ling Feng
tägl.

Wenzhou ❼
温州

200 km südlich von Ningbo.
7,5 Mio. (Großraum).
107–111 Xiaonan Road, (0577) 8825 3137.

Wenzhou liegt an der Südostküste in der Provinz Zhejiang und war immer schon Seefahrerstadt. Auch heute ist es eine belebte Hafenstadt, deren Wirtschaftsboom auch auf großen Investitionen durch Auslandschinesen beruht. Die Stadt ist ein guter Ausgangspunkt für Ausflüge zum nahen Yandang Shan, hat aber auch einige Sehenswürdigkeiten zu bieten.

Beliebt ist der **Jiangxin-Park** (ohne Autoverkehr). Er liegt auf einer Insel im Fluss Ou und ist über den Linienfährverkehr von der Maxingseng Jie aus erreichbar. Man kann durch die hübschen Gärten, Pavillons und über die Fußgängerbrücken wandeln. Hier steht auch ein Leuchtturm.

Südlich des Ou, zwischen Jiefang und Xinhe Road, stehen Reste der Altstadt. Zu sehen sind etwa die von den Briten erbaute protestantische Kirche (18. Jh.), die katholische Kirche (19. Jh.) und der Miaoguo-Tempel (Tang-Zeit).

Jiangxin-Park
Jiangxin Dao. *von Jiangxin Matou, Wenzhou.*
tägl. 7.30–22 Uhr.

Wanderweg mit Panoramablick, Yandang Shan

Hotels und Restaurants in Zhejiang & Jiangxi *siehe Seiten 562f und 589f*

Putuo Shan 4

普陀山

Detail eines Räuchergefäßes

Putuo Shan liegt eingebettet zwischen zahlreichen Inseln des Zhou-Shan-Archipels. Putuo Shan (Berg Potala) ist einer der vier heiligen buddhistischen Berge. Er ist eng verknüpft mit Guanyin, der Göttin des Mitgefühls und der Gnade. Seit dem 10. Jahrhundert gilt der Ort als heilig. Obwohl die Tempel durch die Rotgardisten während der Kulturrevolution erheblichen Schaden nahmen, sind sie noch immer sehr eindrucksvoll. Die kleine, von blauem Wasser und Sandstränden umgebene Insel Putuo ist ein beliebtes Pilgerziel. Es verkehren Minibusse zwischen den wichtigsten Tempeln und Sehenswürdigkeiten, doch die Hügel der Insel erkundet man am besten zu Fuß.

Gipfel
Eine Seilbahn führt von der Minibus-Haltestelle hinauf zum Gipfel des Foding Shan. Der Blick über die Insel ist wunderbar.

★ Puji Si
Die ausgedehnte Tempelanlage liegt im Besucherzentrum der Insel und ist von schönen Kampferbäumen umringt. Im 11. Jahrhundert wurde hier der erste Tempel gebaut – der jetzige ist allerdings wesentlich jünger.

★ Koloss der Guanyin
An der Südspitze der Insel steht die 33 Meter hohe Statue von Guanyin. In einem Pavillon zu ihren Füßen kann man eine Sammlung von etwa 400 Statuen bewundern, die die Göttin in diversen Inkarnationen darstellen.

NICHT VERSÄUMEN

- ★ Fayu Si
- ★ Koloss der Guanyin
- ★ Puji Si

Hotels und Restaurants in Zhejiang & Jiangxi *siehe Seiten 562f und 589f*

Huiji Si
Knapp unter dem Gipfel Foding Shan steht der prächtige Huiji-Tempel von 1793 inmitten von Teesträuchern und Bambushainen.

INFOBOX

80 km östlich von Ningbo, vor der Küste von Zhejiang. *Zhou Shan.* *von Shanghai (Schnellfähre 4 Std., sonst 14 Std.), Ningbo (Schnellfähre 2,5 Std., sonst 5 Std.) und Zhou Shan (30 Min.).* *Zugang zur Insel, dazu Gebühren für einige Sehenswürdigkeiten.* *Guanyin Festival (Anfang Apr).* **www**.putuoshan.net

LEGENDE

- Minibus-Haltestelle
- Fährhafen
- Seilbahn
- Höhle
- Fußweg
- Straße

Qian Bu Sha
Der Tausend-Schritte-Strand ist der schönste von Putuo Shans Stränden. Er erstreckt sich entlang der Ostküste und ist durch eine Landzunge und die Höhle Chaoyang Dong, in der sich ein Teehaus versteckt, von Bai Bu Sha (Hundert-Schritte-Strand) getrennt.

★ Fayu Si
Die 200 Hallen der Tempelanlage ziehen sich einen Hügel hinauf und blicken aufs Meer. Die Dayuan-Halle mit Gewölbedach und säulenloser Kuppel wurde im späten 17. Jahrhundert aus Nanjing hierher gebracht.

DIE SAGE VON HUI'E

Der japanische Mönch Hui'e hatte eine Guanyin-Figur vom Wutai Shan entwendet und segelte heimwärts, als sein Schiff in einen heftigen Sturm geriet. In Todesangst schwor er, einen Tempel für Guanyin zu erbauen, wenn er verschont bliebe. Plötzlich glättete sich die See – das Schiff trieb an die nahen Ufer von Putuo Shan. Im Glauben, dass Guanyin diese Insel ausgewählt habe, baute Hui'e den versprochenen Tempel und verbrachte sein restliches Leben als Einsiedler auf Putuo Shan.

Fries mit der Darstellung von Hui'es Boot

Nanchang ❽

南昌

Fassadendetail, Youmin Si

Die Provinzhauptstadt wurde in der Han-Zeit gegründet und entwickelte sich in der Ming-Zeit zu einem florierenden Handelszentrum. Am bekanntesten ist die Stadt als Schauplatz eines Aufstands, den der Kommunistenführer Zhou Enlai leitete. 1927 brachte er die Stadt unter seine Kontrolle. Obwohl die Nationalisten Nanchang rasch zurückeroberten, löste der Zwischenfall eine Kette von Ereignissen aus, die schließlich zur Gründung der Volksrepublik China führten. Nanchang ist zwar hauptsächlich eine Industriestadt, hat aber dennoch einige Sehenswürdigkeiten zu bieten.

Vor dem Youmin Si wird Räucherwerk geopfert

Renmin-Platz

Gedenkhalle für die Märtyrer der Revolution 399 Bayi Da Dao. *(0791) 626 2566.* *So–Fr 14.30–17 Uhr.*

Der riesige, offene Renmin-Platz (Volksplatz, People's Square) ist von einigen imposanten Beispielen sowjetisch inspirierter Revolutionsarchitektur gerahmt. Am südlichen Ende steht das **Monument für die Märtyrer**, eine theatralische Skulptur voller revolutionärer Inbrunst mit einem Gewehr an der Spitze. Die riesige **Ausstellungshalle** ziert ein funkelnder roter Stern. Nördlich des Platzes steht die **Gedenkhalle für die Märtyrer der Revolution**, in der Archivfotos der Ereignisse in China zwischen den 1920er und 1940er Jahren zu sehen sind.

Zhu Des Ehemalige Residenz

Nahe Bayi Da Dao. *tägl.*

In dem hübschen Holzhaus von 1927 wohnten die blutjungen Revolutionäre Zhu De und Zhou Enlai. Sie führten die Aufständischen an, die die Stadt am 1. August 1927 für kurze Zeit unter ihre Kontrolle brachten. Ihre Armee aus etwa 30 000 Rebellen hielt die Stadt, bis die Kuomintang-Truppen sie vertrieben. Auch wenn die Operation fehlschlug, gilt sie als Schlüsselereignis der chinesischen Geschichte des 20. Jahrhunderts.

Youmin Si

177 Minde Road. *(0791) 622 2301.* *tägl. 8–17 Uhr.* **Bayi-Park** *tägl. 5–23.30 Uhr.*

Der Tempel wurde in der Liang-Ära (6. Jh.) gegründet und ist eines der wichtigsten Heiligtümer in Jiangxi. Er wurde während der Kulturrevolution beschädigt und ist jetzt renoviert. In einer seiner drei Hallen thront eine zehn Meter hohe Buddha-Figur auf Lotos. Im Tempel hängen eine Ming-Bronzeglocke und eine weitere (967) aus der Tang-Ära.

Südlich des Tempels, wo sich früher die kaiserlichen Prüfungshallen befanden, liegt der **Bayi-Park** (Park des 1. August) mit Wasser und einem Garten, der nach seinem Besitzer in der Song-Dynastie »Gemüsegarten des Alten Mannes Su« heißt.

Revolutionsmuseum

380 Zhongshan Rd. *tägl.*

Das Museum des Aufstands vom 1. August ist in einem ehemaligen Hotel untergebracht, das als Hauptquartier der von Zhou Enlai angeführten kommunistischen Truppen diente. Die drei Stockwerke sind voller historischer Möbel und Waffen.

Teng-Wang-Pavillon

7 Yanjiang Road. *tägl. 8–17 Uhr.*

Der beeindruckende Pavillon wurde erstmals 653 während der frühen Tang-Ära erbaut und vom Dichter Tang Bo verewigt. Seitdem wurde der Pavillon etwa 26 Mal erneuert, zuletzt 1989 als Ersatz für den 1926 durch einen Brand

Zhou Enlai (1898–1976)

Premierminister Zhou Enlai, 1973

Zhou Enlai war eines der ersten Mitglieder der KP Chinas. Er wurde 1949 Premierminister. Sein Pragmatismus und diplomatisches Geschick halfen ihm, die ständigen Umwälzungen während Mao Zedongs Vorsitz zu überstehen. Für den Westen verkörperte er die vernünftige und freundliche Seite der chinesischen Staatsmacht. Bei der Landbevölkerung galt er als einziger Politiker, der die Probleme des Volks verstand. Dank Zhou Enlais Intervention konnten die schlimmsten Exzesse der Kulturrevolution abgemildert werden. Sein Tod rief in China große Trauer hervor.

INFOBOX

500 km südwestlich von Hangzhou. *1,9 Mio. (Großraum 4,5 Mio.). Xiangtan. Bahnhof. Busbahnhof, CAAC (Busse zum Flughafen). Fährhafen. 169 Fuzhou Road, (0791) 638 2245.*

Teng-Wang-Pavillon am Ufer des Gan Jiang

zerstörten. Das 60 Meter hohe Bauwerk wurde im Stil der Südlichen Song errichtet. Man kann mit dem Lift nach oben fahren und die Aussicht auf die Altstadt genießen. In dem kleinen Theater finden gelegentlich Tanz-, Musik- oder Opernvorstellungen statt.

Provinzmuseum

1 Xinzhou Jiangxi Rd. *(0791) 659 5424.* *Di–So 9–16.30 Uhr.*
Das Museum am Flussufer im Westen wirkt ein bisschen leer. Unter den Exponaten gibt es jedoch Fossilien aus Jiangxi oder Porzellan aus den Brennöfen von Jingdezhen in der Qing-Ära (4. Jh.). Zu sehen sind auch Grabbeigaben aus der Frühling- und Herbst-Periode und der Ming-Ära, darunter Plastiken, Jadegürtel und Schmuck. Einige Stücke wurden im Grab des Sohns von Hongwu, dem Begründer der Ming-Dynastie, gefunden.

Shengjin Ta

Zhishi Jie. *oft geschlossen.*
Die 59 Meter hohe Ziegelpagode war ursprünglich Teil eines Tempels und wurde in der späten Tang-Zeit gebaut, aber im 18. Jahrhundert komplett erneuert. Wie bei vielen Pagoden sollte ihr Bau Katastrophen abhalten. Ihre Zerstörung kündigt den Fall der Stadt an. Die Pagode steht in einem urtümlichen Viertel mit Teehäusern, Barbieren und Lebensmittelläden.

Qingyun Pu

Dingshan Qiao. *Di–So.*
Der Blaue-Wolke-Garten bzw. Ba Da Shan Ren-Museum war Rückzugsort eines der größten chinesischen Maler namens Zhu Da. Er wirkte am Ende der Ming-Dynastie und zu Beginn der Qing-Ära und war ein Abkömmling der kaiserlichen Ming-Familie, die sich nach ihrem Sturz an diesem, ursprünglich als daoistische Zuflucht angelegten Ort versteckte. Kopien seiner bemerkenswert schlichten, aber aussagekräftigen Bilder sind hier ausgestellt.

Xunyang Lou, die Neuerschaffung einer Taverne der Tang-Zeit

Jiujiang ❾

九江

184 km nördlich von Nanchang.
4,6 Mio. (Großraum).
6 Lufeng Lu, (0792) 856 0600.

Das alte Jiujiang war das Tor zum Lu Shan. In der Hafenstadt wurde in der Ming-Zeit Tee, Reis und Jingdezhen-Porzellan verschifft. Während des Taiping-Aufstands wurde die Stadt stark beschädigt und nach dem Aufbau erst 1861 wieder für den Außenhandel geöffnet. Zu jener Zeit war Jiujiang berühmt für seine Teeziegel.

Nahe am Fluss liegt der ältere, belebtere Teil der Stadt. Zwei Seen grenzen ihn von der Industriezone ab. Yanshui Ting, der Neblige-Wasser-Pavillon, liegt auf einer kleinen Insel im Gantang Hu. Der Pavillon wurde zuletzt in der Qing-Zeit erneuert und beherbergt ein sehenswertes Museum, das alte Fotoansichten der Stadt zeigt.

Der **Nengren Si** wurde 502 gegründet und während der Kulturrevolution geschlossen. Heute leben hier wieder einige Mönche.

Xunyang Lou ist die moderne Variante einer Holz-Taverne aus der Tang-Zeit. Hier war der Schauplatz einer rauen Szene in dem chinesischen Klassiker *Das Wasserufer (siehe S. 29).*

Nengren Si
168 Yuliang Nan Lu. *tägl.*

Xunyang Lou
Binjiang Lu. *tägl. 8–19 Uhr.*

Lu Shan ❿

庐山

Rundtor, Lu Shan

Im 19. Jahrhundert macht der methodistische Geistliche und Grundstücksspekulant Edward Little das schöne Bergland zum Erholungsgebiet für Europäer. Später wurde Lu Shan bei chinesischen Politikern beliebt. Chiang Kai-shek hatte hier ein Sommerhaus. Ab 1949 kamen Mao und seine Minister hierher. Heute ist Lu Shan trotz des Besucheransturms ein erholsamer Ort für Spaziergänge zwischen Seen, Hügeln und Wasserfällen.

★ Blumenweg
Man geht an der westlichen Felskante entlang und hat einen herrlichen Blick ins Jinxui-Tal. Der Pfad führt zur Höhle der Unsterblichen, in der früher daoistische Mönche wohnten.

★ Drachenkopf-Fels
Der imposante Ausblick verbindet sich mit dem Rauschen des Winds im Pinienwald und des Wasserfalls in der Steintor-Schlucht.

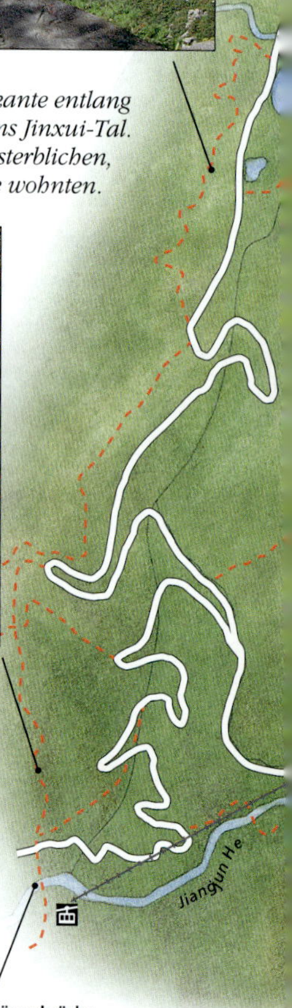

Hängebrücke

NICHT VERSÄUMEN

- ★ Blumenweg
- ★ Drachenkopf-Fels
- ★ Meilu-Villa

Legende

- Busbahnhof
- Seilbahn
- Information
- Fußweg
- Bebaute Fläche

Infobox

Guling, 35 km südlich von Jiujiang. *vom Busbahnhof Jiujiang; Minibus vom Fähr-Parkplatz.* *tägl.* *für Areal und Sehenswürdigkeiten.*

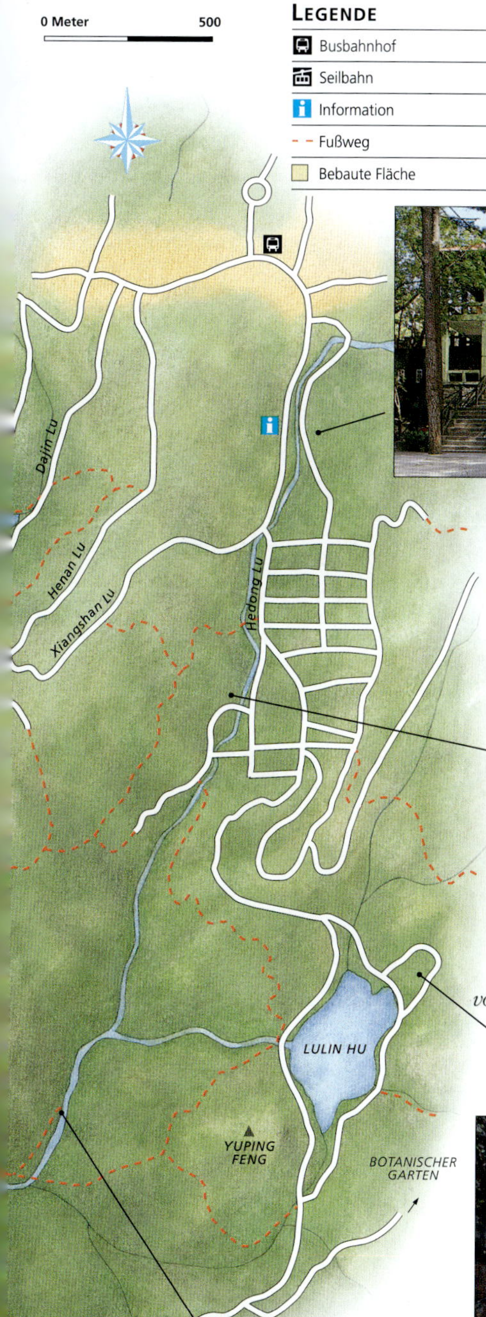

★ Meilu-Villa
Die ehemalige Villa von Chiang Kai-shek – nach seiner Frau Soong Meiling benannt – ist einer der wenigen Orte, die an seine Amtszeit erinnern.

Volkshalle
Wo 1959 der Kongress des Zentralen Volkskomitees tagte, bei dem Peng Dehui Maos »Großen Sprung nach vorn« kritisierte, ist heute ein Museum.

Das Lu-Shan-Museum ist in der ehemaligen Villa Maos untergebracht.

Schwarzer-Drachen-Teich
Fünf Wasserfälle stürzen über einen riesigen Fels in ein Becken, in dem ein dunkler Drache hausen soll – obwohl das Wasser glasklar ist.

Porzellan

Erst in der Bronzezeit (1500–400 v. Chr.) wurde durch besondere Tonsorten und heißere Brennöfen das Brennen von härterem Steingut möglich. Echtes Porzellan gab es ab der Sui-Dynastie. Diese Stücke waren glatt und poliert – eine wesentlich feinere Art Keramik, die, wenn man sie anschlägt, einen kristallenen Klang von sich gibt. Feinstes Porzellan ist sogar halb durchsichtig. Im 16. Jahrhundert wurde Porzellan auch in Europa populär. Portugal, später auch die Niederlande sowie Großbritannien bauten lukrative Handelsbeziehungen zwischen China und dem Rest der Welt auf.

Das blau-weiße Ming-Porzellan *ist der Inbegriff des chinesischen Stils. Die eleganten Designs und die Farbtiefe sind erstaunlich.*

Ton aus Jingdezhen *ist die Basis für Qualitätsporzellan. Er besteht aus einer Mischung aus feinem weißen Kaolin und »Petuntse« (geriebener Feldspat). Das feine Pulver wird gewaschen, durch Seide gesiebt und getrocknet.*

Wie am Fließband *vollführt jeder Handwerker einen einzigen Arbeitsschritt. Der Ton wird auf der Drehscheibe zentriert und zu einer Grundform gedreht, dann mit Spachteln in eine feinere Form gebracht und mit Wasser geglättet.*

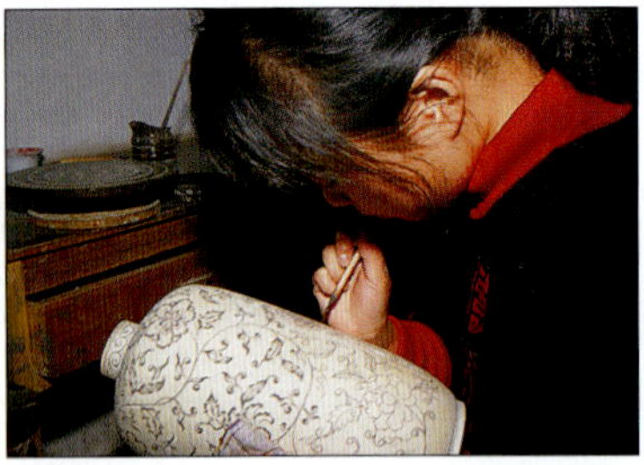

Eine kobaltblaue Unterglasur *wird häufig vor dem Glasieren mit Kalkstein-Asche (die feinste »Petuntse«) aufgetragen. Die Glasur durchdringt den Ton. Das Resultat ist hartes, »verglastes« Porzellan.*

Das Brennen *ist ein kritischer Vorgang. Geringste Temperaturschwankungen können Tausende von Stücken ruinieren. Das beste Porzellan wird in Ton-»Kapseln« gebrannt – Behältnissen, die vor Staub und Temperaturwechseln schützen.*

Rosenmedaillon-Porzellan *wurde speziell für den Export hergestellt. Oft orientierten sich diese Stücke in Form und Dekor an westlichen Vorlagen. Zuweilen wurden Tischsets mit Familienbildern oder sogar einem Königswappen produziert. Die Vorlagen dazu kamen aus Europa und wurden in China reproduziert.*

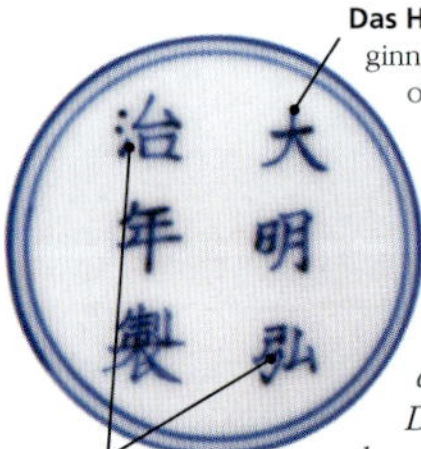

Das Herrschaftszeichen beginnt hier und liest sich von oben nach unten und von rechts nach links.

Zeichen für den Kaiser Hongzhi

Herrschaftszeichen *zeigen den Namen des Kaisers zur Zeit der Herstellung. Doch da diese Angaben leicht zu fälschen sind, ist die Datierung Sache von Experten.*

Einordnung von Porzellan

Han

Haupterrungenschaft dieser Zeit war die Kunstfertigkeit der Glasur. Einfache Gefäße wurden so zu Kunstobjekten.

Tang

Technische Fortschritte ermöglichten die Herstellung neuer Porzellanarten. Besonders berühmt waren die dreifarbigen *Sancai*-Stücke, die Gestalten der Seidenstraße darstellten.

Song

Einfache Formen, einfarbig und glasiert – dies kennzeichnet Song-Porzellan. Neue Formen und die »Haarriss«-Glasur wurden entwickelt.

Yuan

Das Porzellan der Mongolen-Dynastie wies fremde Einflüsse auf. Erstmals gab es die kobaltblaue Unterglasur, die in der Ming-Zeit perfektioniert wurde.

Ming

Die Ming-Dynastie war die Ära des kaiserlichen Patronats über Jingdezhen und des groß angelegten Exports in den Westen. Die Brennöfen liefen heiß. Die Farbpalette erweiterte sich, gegenständliche Dekors wurden aufgebracht.

Qing

Die Qing-Spätphase stand für überladenes Design bei minderer Qualität. Die Frühphase allerdings brachte das zarte *Famille-rose*-Porzellan hervor.

Einer der vielen Keramikläden von Jingdezhen

Jingdezhen ⓫
景德镇

145 km nordöstlich von Nanchang. *1,5 Mio. (Großraum).* *CITS, 8 Lianhuatang Lu, (0798) 822 2939.*

Seit Jahrhunderten ist Jingdezhen Keramik-Hauptstadt von China. Auch heute gibt es hier die wichtigsten Porzellanhersteller. Obwohl die Keramikwerkstätten bereits in der Han-Ära aktiv waren, resultiert die Vorherrschaft von Jingdezhen aus der Erfindung des Porzellans in der Fünf-Dynastien-Ära (907–979). Während der Ming-Herrschaft sorgte die geografische Nähe zur Hauptstadt Nanjing für die weitere Blüte. Jingdezhen wurde für feines Porzellan mit blauer Unterglasur berühmt. Auch wenn heute die Qualität geringer ist als früher, bietet Porzellan immer noch den größten Anreiz für einen Besuch in Jingdezhen. Die Besichtigung einer Fabrik oder einer alten Produktionsstätte muss über das CITS organisiert werden. Es gibt aber auch Orte, die man selbstständig besuchen kann.

Detail am Eingang des Museums

Das **Museum der Keramikgeschichte** (Taoci Lishi Bowuguan) liegt in ländlicher Umgebung am Westrand der Stadt. Dort kann man Stücke aus alten Werkstätten um Jingdezhen bewundern und Töpfern bei der Arbeit zusehen. Das Museum ist in einem eleganten Ming-Haus untergebracht, eines der wenigen erhaltenen, die einst so zahlreich die Stadt zierten. Die angrenzende **Alte Keramikwerkstatt** (Guyao Cichang) führt alte Techniken der Porzellanherstellung vor.

Im **Porzellanmuseum** gibt es eine schöne Sammlung von Stücken aus der Song-, Ming- und Qing-Dynastie sowie einige Beispiele von Porzellankunst nach Gründung der Volksrepublik. Der wichtigste Porzellanmarkt liegt in der Jiefang Lu. Hier wird Porzellan in allen Formen und Größen verkauft: Stücke im klassischen Stil, Gartenschmuck oder kitschige Katzen- und Hundefiguren. Einen exzellenten Blick über das Häusermeer der Stadt hat man vom hölzernen, vier Stockwerke hohen **Longzhu Ge** (Drachen-Perlen-Pavillon).

Museum der Keramikgeschichte
Zhonghua Bei Lu. *(0798) 852 3541.* *tägl. 8-30–17.30 Uhr.*

Porzellanmuseum
21 Lianshe Beilu Lu. *(0798) 852 9783.* *tägl. 8–17 Uhr.*

Der hölzerne Longzhu Ge bietet einen Blick über Jingdezhen

Der Lange Marsch

In den 1920er Jahren gründeten kommunistische Führer die »Sowjets«, Zufluchtsstätten vor der Kuomintang (KMT) in abgelegenen Dörfern in Sichuan, Hunan und in Jinggang Shan in der Provinz Jiangxi. Dort befand sich das Hauptquartier von Mao Zedong und Zhu De. Im Oktober 1934 rückte die KMT näher, sodass der Jiangxi-Sowjet zusammen mit Tausenden von Revolutionären den Rückzug antreten musste. Sie marschierten – meist nachts – 32 Kilometer täglich und legten so in einem Jahr 9500 Kilometer zurück. Den Langen Marsch überlebten viele nicht.

Die Rote Armee – *verfolgt und hungrig – musste kämpfen, ihre besser ausgerüsteten Gegner austricksen und unwegsames Gelände durchqueren.*

⑧ **In Yan'an** *endete der Lange Marsch am 19. Oktober 1935. Mao und 5000 Gefährten gründeten dort den Yan'an-Sowjet als unabhängigen, kommunistischen Staat.*

⑦ **Der Marsch** durch das eiskalte Aba-Sumpfgebiet führte zu enormen Verlusten. Ein Treffen mit dem Erzrivalen Zhang Guotao stärkte Maos Überlegenheit.

LEGENDE

Langer Marsch

0 Kilometer 300

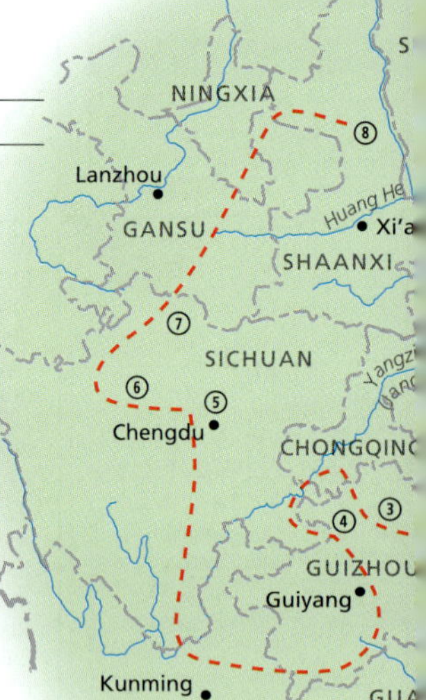

⑥ **Daxue Shan**, *die Großen Schneeberge, zählen zu den höchsten des Landes. Das Überqueren der Pässe war die schwierigste Phase des Langen Marsches. Viele der Rotarmisten starben an Höhenkrankheit, Erschöpfung und Auszehrung.*

④ **Den Lu-Shan-Pass** erreichte die Rote Armee kurz vor der KMT. Dort verschanzte sie sich in einem Hinterhalt, was zu einem unerwarteten Sieg führte.

⑤ **Die Luding-Kettenbrücke** (siehe S. 371) *war der einzige Weg über den Fluss Dadu. Sie wurde von den KMT-Truppen blockiert, die fast alle Brückenplanken entfernt hatten. 22 Rotarmisten kletterten dennoch an den Ketten entlang, wobei sieben von ihnen umkamen.*

③ **Zunyi** *wurde trotz starker Verluste 1935 erobert. Mao wurde Führer der Kommunistischen Partei und später Befehlshaber der Roten Armee. Der von der Sowjetunion unterstützte General wurde verbannt.*

Viele Teilnehmer *am Langen Marsch wurden später Chinas Anführer. Darunter* (von links) *Bo Gu (Kommunistenführer bis 1935), Zhou Enlai, Zhu De und Mao Zedong.*

① **Am Jinggang Shan** *lag die Basis des Jianxi-Sowjets, dessen Position von den herannahenden KMT-Truppen immer mehr gefährdet wurde. Hier begann am 16. Oktober 1934 der Lange Marsch.*

② **Die erste große Hürde** war die Überquerung des Xiang, ein katastrophales Unterfangen, bei dem große Teile der Ausrüstung in den Fluten versanken.

Dicht bewachsene Hänge des Jinggang Shan

Jinggang Shan ⑫

井冈山

Ciping, 320 km südlich von Nanchang. *2 Tianjie Lu, (0792) 655 6788.* *für die meisten revolutionären und landschaftlich schönen Stätten.* **www**.jgstour.com

Es gibt zwei Gründe, Jinggang Shan zu besuchen: die Landschaft, die chinesische Banknoten ziert, und die historische Bedeutung als Revolutionsschauplatz. Die bis zu 1568 Meter hohe Bergkette mit dem höchsten Gipfel Jinggang Shan ist auch als Wuzhi Feng (Fünf-Finger-Gipfel) bekannt. Es gibt dort vor allem bei Sonnenaufgang herrliche Ausblicke sowie eine große Vielfalt an Vögeln, Pflanzen und Schmetterlingen.

Das Dorf Ciping wurde im Bürgerkrieg der 1930er Jahre völlig zerstört, aber nach 1949 als eine Art Gedenkstätte für den kommunistischen Kampf und insbesondere für den Langen Marsch wiederaufgebaut. In einigen Gebäuden ist der Lebensalltag der frühen Revolutionäre nachgestellt, wie ihn Chiang Kai-shek durchzusetzen suchte – was in einem Massaker streikender Arbeiter 1927 in Shanghai gipfelte. Hier erfährt man, wie sich die Revolutionäre auf ihren legendären Marsch nach Shaanxi vorbereiteten. Ganz in der Nähe in Huangyang Jie liegt der Beobachtungsposten, von dem aus 1928 die Rote Armee die Kuomintang-Truppen zurückdrängte.

Denkmal am Rand von Wulong Tan

Ciping auf etwa 1000 Meter Höhe war in den 1920er und 1930er Jahren das Zentrum der revolutionären Basis auf dem Jinggang Shan. Heute hat hier die Regionalregierung ihren Sitz. Mit seiner zentralen Lage in der Gebirgskette und einer wachsenden Anzahl von Hotels ist dies ein guter Ausgangspunkt für Ausflüge in die Region mit ihren vielen landschaftlichen Attraktionen. Die wunderschönen 100 Meter hohen Shuikou-Wasserfälle liegen in einem üppigen, von Felsen umgebenen Tal mit Bambushainen, Azaleen und Kiefern. Wenige Kilometer nördlich von Ciping liegt Wulong Tan mit mehreren glasklaren Seen, die von einigen Strömen und Wasserfällen gespeist werden. Wenn man die Seilbahn nach oben nimmt, genießt man einen atemberaubenden Blick über die gesamte Gegend. Wer entsprechend fit ist, kann das Gebiet auch gut zu Fuß erkunden.

»Perlenbecken« heißt einer der fünf Wasserfälle von Wulong Tan

Hunan & Hubei

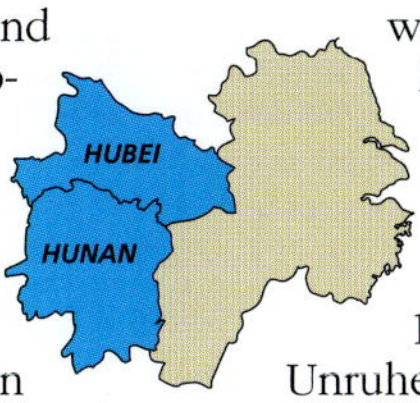

Hunan und Hubei sind die westlichsten Provinzen Zentralchinas. Hubei wird vom gewaltigen Yangzi geprägt. Die Provinzhauptstadt Wuhan ist eine große Industriemetropole am Fluss. In den Drei Schluchten in West-Hubei bei Yichang wurde der größte Staudamm der Welt, der Drei-Schluchten-Damm, errichtet. Das wunderbare Waldreservat von Shennongjia, wo angeblich der legendäre Wilde Mann haust, und das für seine Kampfsportschulen berühmte Wudang Shan sind auf jeden Fall einen Besuch wert.

Das fruchtbare Ackerland von Hunan hat während der politischen Umwälzungen in Nordchina vom 8. bis 11. Jahrhundert Millionen von Einwanderern angezogen. In der Ming- und Qing-Zeit war die Region ein wichtiger Getreideproduzent. Doch im 19. Jahrhundert war sie vollkommen übervölkert. Die daraus resultierenden Unruhen nutzte der Taiping-Aufstand *(siehe S. 422)*. Die Armut in dieser Region beeinflusste auch im 20. Jahrhundert die Geschichte Chinas. Bis heute sind die Zeugnisse der Revolution die Hauptattraktionen Hunans. Das gilt für die Provinzhauptstadt Changsha ebenso wie für Maos Geburtsort Shao Shan. Weitere Sehenswürdigkeiten sind Dongting Hu, der zweitgrößte See Chinas, im Nordosten, die Tempel der Heng-Shan-Berge im Süden und die Bergregion von Wulingyuan im Nordwesten.

Sehenswürdigkeiten auf einen Blick

Städte
Changsha 1
Furongzhen 4
Jingzhou 8
Wuhan S. 266f 7
Yueyang 6

Historische Stätte
Shao Shan 2

Tempel und Heilige Berge
Heng Shan 3
Wudang Shan 11

Naturreservate und Landschaften
Shennongjia 10
Wulingyuan S. 264f 5

Damm
Yichang 9

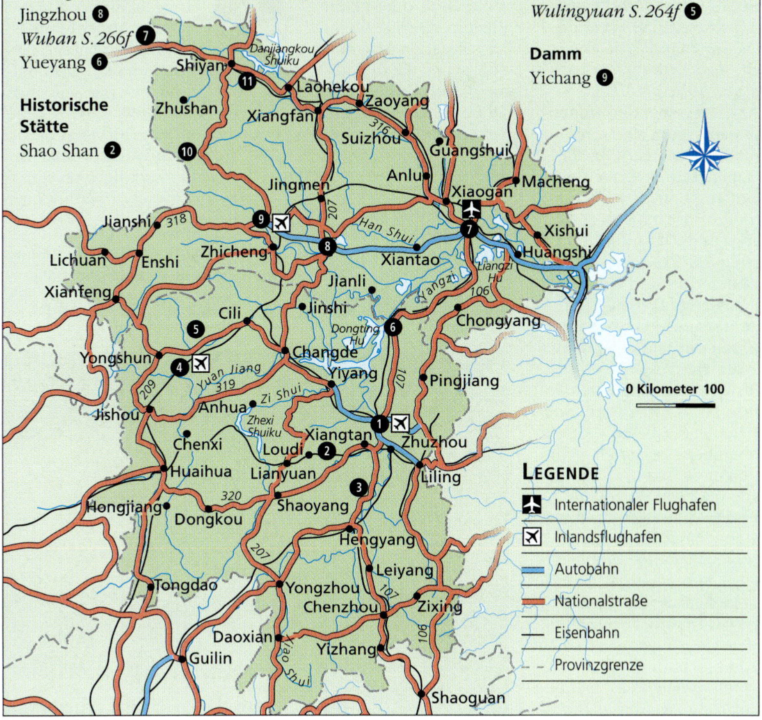

◁ **Kampfkunst, in Vollendung praktiziert in einem der Tempel auf dem Wudang Shan** ***(siehe S. 272)***

Das Hunan First Normal College in Changsha

Changsha ❶
长沙

290 km südlich von Wuhan.
6,1 Mio. (Großraum).
59, 2 Duan, Furong Zhong Lu.

Bis zur Einigung Chinas unter den Qin 280 v. Chr. war die bedeutende antike Stadt Changsha die Hauptstadt des Königreichs Chu. Erst 1903, als die Stadt zum Vertragshafen für den Außenhandel wurde, gewann sie wieder an Bedeutung. Während des Chinesisch-Japanischen Kriegs 1938 zerstörte die Kuomintang Teile der Stadt. Mao Zedong studierte hier von 1912 bis 1918.

Im hervorragenden **Hunan-Provinzmuseum** sind eine Reihe interessanter Objekte zu sehen, darunter auch eine Sammlung bemalter Keramiken und Bronzen aus der Shang- und Zhou-Zeit. Die wichtigsten Exponate entstammen drei Han-Gräbern bei Mawangdui östlich der Stadt. Das erste Grab war das der Frau des Grafen Dai, im zweiten lag der Graf selbst, im dritten sein Sohn. Der Graf wurde 193 v. Chr. als Li Cang Kanzler, er starb 186 v. Chr. In den Gräbern befanden sich mit einer Schutzschicht aus Kohle und Ton umgebene Holzsärge, die wiederum vier weitere, sorgfältig lackierte und bemalte Särge enthielten. Die Leichen waren in mehrere Seidengewänder gehüllt. Die Frau (in einer Spezialflüssigkeit konserviert) war so gut erhalten, dass ihre Haut sogar noch ein wenig Elastizität bewahrt hatte. Wissenschaftlern gelang es, ihr Alter zum Todeszeitpunkt auf 50 Jahre zu bestimmen. Damals war es üblich, Gräber mit Nahrungsmitteln und Möbeln auszustatten, damit der irdische Teil der Seele sich wohlfühlen konnte. Zudem fanden sich Seidenbanner mit Schriften der Han-Zeit. In unmittelbarer Nähe liegt der schön gestaltete **Märtyrer-Park**.

Der interessanteste der vielen Orte, die an Mao Zedong erinnern, dürfte das **Hunan First Normal College** sein. Hier studierte Mao von 1912 bis 1918. Obwohl er durch das Kunstexamen fiel, weil er einen Kreis zeichnete und ihn als Ei bezeichnete, wurde er 1917 zum Studenten des Jahres gekürt. Einen Großteil der Zeit verwandte er dazu, Studentenvereinigungen zu gründen – erste Erfahrungen für seine spätere Führungsrolle. Von 1920 bis 1922 kehrte er als Lehrer ans Seminar zurück. Besucher können durch die heute renovierten Gebäude schlendern oder einen Blick in die Säle werfen, in denen Mao seine politischen Treffen abhielt, und die Quelle sehen, in der er in kaltem Wasser badete.

Mao-Statue, Hunan First Normal College

Hunan-Provinzmuseum und Märtyrer-Park
50 Dongfeng Lu. *(0731) 451 4630.* *tägl. 8.30–17.30 Uhr.*

Hunan First Normal College
207 Shuyuan Lu. *(0731) 512 6089.* *tägl.*

Shao Shan ❷
韶山

130 km südwestlich von Changsha.
tägl. von Changsha.

Der Geburtsort von Mao Zedong, von 1949 bis zu seinem Tod 1976 Chinas Großer Vorsitzender, besteht eigentlich aus zwei Orten. Der neuere Teil liegt in der Nähe des Bahnhofs, während das Dorf Shao Shan Dong, in dem der »Große Steuermann« seine frühen Jahre verbrachte, etwa sechs Kilometer entfernt ist. Zur Blütezeit des Personenkults um Mao drängten sich hier Pilgerzüge voller Rotgardisten – bis zu 8000 Anhänger kamen täglich nach Shao Shan. Noch heute sind alle Häuser, in denen Mao verkehrte, als Museen unter Denkmalschutz gestellt. **Maos Familiensitz**, wo er 1893 zur Welt kam, ist typisch ländlich.

Gleich daneben liegt die **Mao-Zedong-Ausstellungshalle**, ganz in der Nähe **Maos Ahnentempel**. Der Shao-Gipfel, der neben dem Dorf aufragt, ist per Seilbahn erreichbar. Etwa drei Kilometer vor dem Dorf liegt die **Tropfende-Wasser-Höhle**, in der Mao Zedong 1966 die Kulturrevolution »erfunden« haben soll.

Maos Familiensitz & Mao-Zedong-Ausstellungshalle
Shao Shan Chong. *(0732) 568 5157.* *tägl. 8–17 Uhr.*

Maos Gedichte sind auf dem Shao-Gipfel in Steinplatten eingemeißelt

Großes Tor des Klosters Zhusheng Si, Nanyue

Heng Shan ❸
衡山

120 km südlich von Changsha. *(0734) 566 2571.* *von Changsha nach Nanyue.* *tägl.*

Heng Shan, eines der fünf heiligen Berggebiete der Daoisten, ist eine Anhäufung von bewaldeten Gipfeln mit bis zu 1290 Meter Höhe, auf denen seit 1300 Jahren Tempel liegen. Der hübsche Ort Nanyue (etwa fünf Stunden mit dem Bus von Changsha entfernt) ist der beste Zugang zum Heng Shan. Nanyue hat zwei Hauptstraßen sowie einige Tempel. **Nanyue Damiao** ist für Buddhisten und Daoisten seit dem frühen 8. Jahrhundert ein Ort des Gebets. Die heutigen Gebäude stammen aus dem 19. Jahrhundert und sind Beijings Verbotener Stadt nachempfunden. Der **Zhusheng Si** ist ein buddhistisches Kloster aus dem 8. Jahrhundert, das im 18. Jahrhundert neu aufgebaut wurde.

Das Berggebiet kann man zu Fuß oder per Minibus erkunden – bis zum Hauptgipfel sind es 15 Kilometer. Ab der halben Strecke führt eine Seilbahn ganz hinauf. An verschlungenen Pfaden liegen Klöster und Tempel sowie die **Märtyrer-Gedenkhalle**, die an die Toten der Revolution von 1911 erinnert. Daneben steht der **Xuandu Si** (7. Jh.), Hunans daoistischer Haupttempel. An der Minibus-Endhaltestelle liegt der **Shangfeng Si**, gleich dahinter der Gipfel mit dem winzigen Steintempel **Zhurong Gong**. In Gipfelnähe gibt es ein Hotel mit Terrasse, wo man Aussicht und Sonnenaufgang genießen kann.

Furongzhen ❹
芙蓉镇

400 km nordwestlich von Changsha. *nach Mengdonghe, dann Bus oder Boot.* *von Mengdonghe.*

Mengdonghe ist Ausgangspunkt für Furongzhen (Wang Cun), den Schauplatz eines Films von 1986. Furongzhen bedeutet »Hibiskusstadt« und ist Titel einer Verfilmung des Romans *Die Stadt Hibiskus* von Gu Hua. Das Buch war eines der ersten, das die Folgen der politischen Umstürze der 1950er und 1960er Jahre für die Landbevölkerung Chinas thematisierte. Furongzhen ist ein hübscher Ort mit gepflasterten Straßen und alten Holzhäusern. Das **Tujia-Museum** ist der Kultur der Tujia-Minderheit gewidmet. In der Nähe des Orts kann man auf dem Fluss Yuan Jiang Schlauchboot fahren.

Wulingyuan ❺

Siehe S. 264f.

Yueyang ❻
岳阳

100 km nördlich von Changsha. *5,3 Mio. (Großraum).* *in Chenglingji.* *25 Yunmeng Lu, (0730) 821 8922.*

An den Ufern des Yangzi (Jangtse) und des Dongting Hu, Chinas zweitgrößtem See, ist Yueyang eine wichtige Station für Flussfähren und Züge auf der Strecke Beijing–Guangzhou. Hauptattraktion ist der **Yueyang-Turm**, der zu einer Tang-Tempelanlage gehörte. Der heutige Bau mit gelben Dachziegeln stammt aus der Qing-Zeit. Daneben stehen zwei Pavillons, Xianmei Ting und Sanzui Ting. Letzteren soll Lu Dongbin, einer der Acht Unsterblichen *(siehe S. 30f)*, besucht haben, um Wein zu trinken. Südlich liegt **Cishi Ta**, eine Pagode, die 1242 zur Besänftigung der Flut verursachenden Dämonen errichtet wurde. Eine halbe Stunde dauert die Bootsfahrt zur Insel **Junshan Dao**, früher eine daoistische Zuflucht und heute für weißen Tee (Silbernadel) bekannt.

Yueyang-Turm
Dongting Beilu. *(0730) 831 5588.* *tägl.*

Flussboot vor der malerischen Insel Junshan Dao

Kult um Mao

Anstecker der 1960er Jahre

Als Mao Zedong (Mao Tsetung) 1949 Staats- und Parteichef wurde, genoss er bereits Kultstatus als Anführer der Roten Armee seit 1934. Das Tempo, mit dem Mao Reformen durchzog, hatte oft verhängnisvolle Folgen, doch durch die geschickte Führung der Partei sicherte er sich weiterhin die Rolle als heroische Figur. Die 1966 begonnene Kulturrevolution *(siehe S. 64f)* war ein Versuch, Mao zur göttlichen Figur zu erheben. Nach Maos Tod litt sein Renommee, doch seit den 1990er Jahren erfährt seine Beliebtheit eine Renaissance. Bis heute halten viele Chinesen ihn für *weida* – großartig.

Die Darstellung Maos *als Führer und als Mann des Volkes zeigt die Mehrdeutigkeit des Kults. Doch auch hier bleibt Mao der von Frauen bewunderte Bildmittelpunkt.*

Plakatkunst

Chinas Propaganda-Maschinerie produzierte in den 1960er Jahren Millionen von Mao-Plakaten. Sie zeigten den beliebten Politiker als quasi göttliche Figur, die das Leben der Menschen verbessern will.

»Lasst uns die Geburt und das Leben Maos 10 000 Jahre lang feiern.«

Maos Gesicht wurde immer in gesundem Rot dargestellt – das sollte ihm cherubimgleiche Jugendlichkeit verleihen.

Eine Mao-Studiengruppe *diskutiert Ende der 1960er Jahre seine Lehren. Maos Gedanken ersetzten die konfuzianische Philosophie, die jahrtausendelang das Leben Chinas bestimmt hatte.*

Das Kleine Rote Buch (die Mao-Bibel) *hieß eigentlich* Die Worte des Vorsitzenden Mao *und wurde ab 1966 von der chinesischen Regierung herausgegeben.*

Pilger *erweisen Mao in Shao Shan* (siehe S. 260) *die Ehre. Auf dem Höhepunkt der Kulturrevolution brachten Züge täglich Tausende von Anhängern in Maos Geburtsort. In den 1980er Jahren ebbte die Welle völlig ab, rollte in den letzten Jahren jedoch wieder an.*

»Der Vorsitzende Mao ist die Rote Sonne in unserem Herzen« *steht auf diesem Plakat. Die oberen Schriftzeichen bedeuten »Der Osten ist rot«, ein Liedtitel, der zur Hymne der Kulturrevolution wurde.*

Die frühen Plakate *unterschieden sich in ihrer Ausprägung ein wenig von der späteren Propaganda: Hier wird zwar zum Marsch unter dem Banner Mao Zedongs aufgerufen, doch die Flaggen zitieren den sowjetisch geprägten Kommunismus.*

Sonnenstrahlen – die wie ein Heiligenschein wirken – umgeben Mao.

Mao-Andenken *sind in ganz China zu haben. Allerdings werden viele der heute erhältlichen Stücke ausschließlich für Touristenmärkte produziert.*

Nach Maos Tod *musste die Partei die Gratwanderung zwischen Verurteilung seiner Exzesse und Lob seiner Verdienste vollziehen. Noch heute ziert sein Porträt den Tian'an-Men-Platz in Beijing und die chinesischen Banknoten. Möglicherweise ist der Ruhm des Verstorbenen ein Symbol für das vereinte China.*

Hausaltäre *mit Mao-Figuren ersetzten in den 1960er Jahren allmählich die daoistischen und buddhistischen Schreine. Die Hausbewohner vollzogen hier ihre revolutionären Gebete. Noch heute kann man Mao-Schreine finden.*

Kritik an Mao

1994 veröffentlichte Maos Leibarzt Li Zhisui *Das Privatleben des Vorsitzenden Mao*, in dem er Mao als eitlen, kaltherzigen, seine Mitstreiter und das Leid des chinesischen Volkes verachtenden Menschen charakterisiert. Das Buch wurde umgehend von der chinesischen Regierung verboten. Als es veröffentlicht wurde, lebte Li bereits in den USA. Das Werk eröffnet einige überraschende Einblicke in Maos Gewohnheiten und Denkmuster. Doch selbst Mao-kritische Kommentatoren bezeichneten das Buch als schlichtweg opportunistisch.

Li Zhisuis Mao-Biografie

Wulingyuan ❺

武陵源

Sänfte für müde Besucher

Das 391 Quadratkilometer große, auch als Zhangjiajie bekannte Naturreservat ist eine Karstlandschaft von atemberaubender Schönheit. Die UNESCO erklärte das Areal 1992 zum Welterbe. Wulingyuan besteht aus den drei Naturschutzgebieten Zhangjiajie, Tianzi Shan und Suoxi Yu. Hier gibt es über 500 Baumarten, darunter das Chinesische Rotholz. Es galt lange als ausgestorben, bis man es 1948 hier wiederentdeckte. Die Gegend ist ein Tierparadies, z. B. für Riesensalamander, Rhesusaffen und eine Vielfalt an Vogelarten. Häufig ist der Naturpark in Nebelschwaden gehüllt. Im Sommer herrscht hohe Luftfeuchtigkeit.

★ Xianren Qiao

Die »Brücke der Unsterbliche[n]« ist ein schmaler Steinbogen o[hne] Geländer, der eine tiefe Schlu[cht] überspannt.

★ Huang Shi Zhai

Mit 1050 Metern ist Huang Shi Zhai das höchste Areal des Wulingyuan. Um die 3878 Stufen zu erklimmen, braucht man gut zwei Stunden. Wer das zu mühsam findet, kann die Seilbahn nehmen.

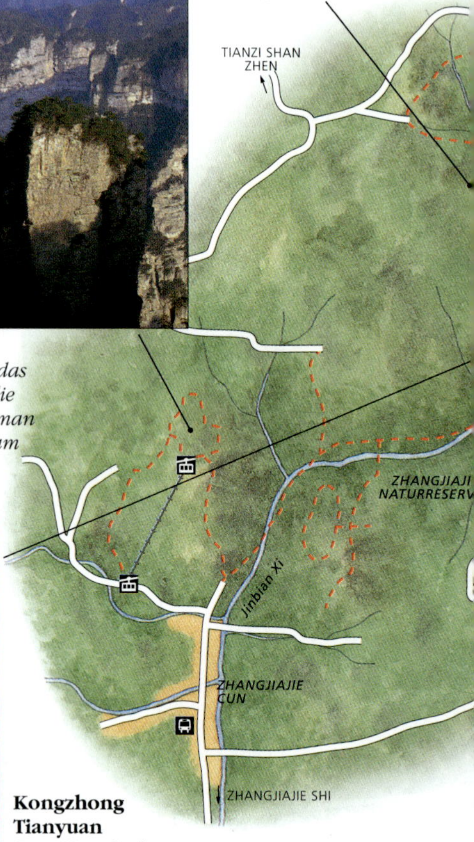

Kongzhong Tianyuan

Der »Himmlische Garten« ist ein frei stehender Felsvorsprung, der grün überwuchert und von mehreren schmalen Felsgipfeln und Steinsäulen umgeben ist.

NICHT VERSÄUMEN

- ★ Huang Shi Zhai
- ★ Huanglong Dong
- ★ Xianren Qiao

Tianzi Ge
Im nördlichen Teil des Reservats hat man vom Gipfel dieses Bergs aus eine herrliche Aussicht auf das mit Tausenden von schmalen Felsspitzen durchzogene Tal. In der Umgebung finden sich zahlreiche Höhlen.

Infobox

250 km nordwestl. von Changsha. Zhangjiajie Shi (Zhangjiajie-Stadt). nach Zhangjiajie Shi. nach Zhangjiajie Shi; 1 Std. Minibus nach Zhangjiajie Cun (Zhangjiajie-Dorf). tägl. 26 Ziwu Zhong Lu, Zhangjiajie Shi, (0744) 828 0882. für 2 Tage. www.zhangjiajie.com.cn

Legende

- Bushaltestelle
- Seilbahn
- Fußweg
- Bebautes Gebiet
- Straße

Yupi Feng
Die Kalksteinsäulen der »Kaiser-Pinsel« zieren chinesische Briefmarken. Sie erinnern an traditionelle Kalligrafie-Pinsel.

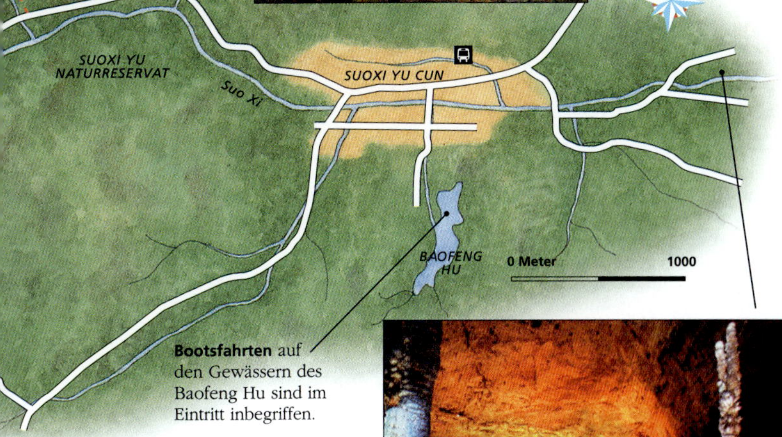

Bootsfahrten auf den Gewässern des Baofeng Hu sind im Eintritt inbegriffen.

★ Huanglong Dong
Trotz greller Beleuchtung verliert die elf Kilometer lange »Gelber-Drache-Höhle« nicht an Wirkung. Boote fahren auf unterirdischen Flüssen.

ERBLICK: WULINGYUAN

Haupteingang liegt gleich hinter Zhangjiajie Folgen Sie dem linken Pfad für einen einalbstündigen Spaziergang, der Sie auch an ng Shi Zhai vorbeiführt. Der rechte Pfad et mehrere Optionen und führt eher weg den Menschenmassen. Unterkünfte gibt es hangjiajie Cun und in Suoxi Yu Cun, das für Ausflüge in den Osten und Norden des iets eignet.

Wuhan ❼

武汉

Daoistische Statue, Changchun Guan

Hubeis Hauptstadt ist eine aus drei Städten zusammengewachsene Hafenstadt am Yangzi. Wuchang, die Hauptstadt von Wu (770–221 v. Chr.), und das in der Sui-Ära (581–618) gegründete Hanyang sind sehr alte Siedlungen. Hankou wurde 1861 als Vertragshafen für den Außenhandel gegründet. Wuhan wurde zum Zentrum der Industrialisierung, als im 19. Jahrhundert Stahl- und Eisenwerke errichtet wurden. Hier ereignete sich auch der erste Aufstand der Revolution von 1911, was zum Sturz der Qing-Dynastie und zur Gründung der Republik China führte.

Alte Musikinstrumente im Hubei-Provinzmuseum

Hubei-Provinzmuseum

156 Donghu Road. *(027) 8679 4127.* *tägl. 8.30–16.30 Uhr.*

Das am Dong Hu gelegene Museum gilt als eines der besten Chinas. Sehenswert sind die 1978 entdeckten Objekte aus dem Grab des Fürsten Yi, einer führenden Figur der Periode der Streitenden Reiche. Er starb 433 v. Chr. und wurde in einem lackierten Sarg zusammen mit seinen Konkubinen, seinem Hund und Tausenden von bronzenen, steinernen und hölzernen Objekten bestattet. Am eindrucksvollsten davon dürfte die Bronzeglocken-Rüstung sein, deren einzelne Glöckchen jeweils zwei Töne erklingen lassen.

Die schöne Gegend am Dong Hu mit ihren vielen Gärten und Pavillons kann man per Fähre besichtigen.

Maos Villa

Donghu Road. *(027) 6888 1918.* *tägl. 8–17 Uhr.*

Das hübsche Haus (Mao Zedong Bieshu) diente Mao von 1960 bis 1974 als Rückzugsort, an dem er in den ersten Jahren der Kulturrevolution längere Zeit verbrachte. Die Villa liegt in einem ausgedehnten Garten. Zu besichtigen sind Privaträume, ein Konferenzraum, ein Bunkerraum und das Schwimmbad.

Gelber-Kranich-Pavillon

Wuluo Road. *tägl.*

Der Pavillon auf dem She Shan, südlich des Yangzi, ist die Nachbildung eines Baus aus dem 3. Jahrhundert, der 1884 niederbrannte. Er soll zu Ehren eines der daoistischen Acht Unsterblichen errichtet worden sein, der seine Zeche damit bezahlte, dass er Kraniche an die Wände malte. Der 50 Meter hohe Pavillon ist ein schöner Qing-Bau. Von oben hat man einen guten Blick über die Stadt. Am östlichen Teil des Hügels liegt **Changchun Guan**, ein daoistischer Tempel mit Apotheke. Südlich davon steht **Hong Ge**, ein roter Ziegelbau, der während des Aufstands von 1911 als Hauptquartier der Militärverwaltung von Hubei diente. Der von Sun Yat-sen *(siehe S. 297)* angeführte Aufstand führte zum Sturz der letzten Qing-Regierung. Hinter dem Pavillon gibt es eine imposante Bronzeglocke, die man gegen ein kleines Entgelt zum Klingen bringen darf.

Große Bronzeglocke hinter dem Gelber-Kranich-Pavillon

Yangzi-Brücke

Die eindrucksvolle 110 Meter lange Brücke wurde 1957 von den Kommunisten gebaut. Bis dahin überquerte der gesamte Schienen- und Straßenverkehr den Fluss mit Fähren. Nur wenig flussabwärts wurde 1995 eine weitere Brücke errichtet.

Zeichenerklärung *siehe hintere Umschlagklappe*

Zentrum von Wuhan

Gelber-Kranich-Pavillon ③
Gui Shan ⑤
Guiyuan Si ⑥
Hankou ⑦
Hubei-Provinzmuseum ①
Maos Villa ②
Yangzi-Brücke ④

Daoistische Priester auf einem Wandbild des Changchun Guan

Gui Shan

Die Sehenswürdigkeiten im Industrieviertel Hanyang liegen fast alle am Gui Shan (Schildkrötenhügel). Er wurde nach einer Zauberschildkröte benannt, die einen bedrohlichen Wasserdämon besiegte und so verhinderte, dass die Flüsse Han und Yangzi die Stadt überfluteten. Auf der **Guqin Tai** (Lautenterrasse) spielte der legendäre Musiker Bo Ya die Laute. Nach dem Tod seines Freundes, des Holzschnitzers, der seine Musik verstand, zerstörte Bo Ya seine Laute und gelobte, nie wieder zu spielen. Am Ostteil des Bergs gibt es einige Gräber. Neben dem Grab von **He Jingyu** (1895–1928), einer der ersten Frauen an der Spitze des kommunistischen China, liegt auch der halbmythische Held einer viel früheren Ära – **Lu Su**, General der Wu zur Zeit der Drei Königreiche.

Infobox

750 km westlich von Shanghai.
4,2 Mio. (Großraum 8,9 Mio.).
Hankou Bahnhof, Wuchang Bahnhof. *CAAC (Busse zum Flughafen), Hankou Busbahnhof, Hanyang Busbahnhof, Wuchang Busbahnhof.*
Yangzi Fährhafen.
26 Taibei Yilu, Hankou, (027) 8578 4125.

Buddha-Statue, Guiyuan Si

Guiyuan Si

20 Cuiweiheng Road. *(027) 8484 4756.* *tägl.*

Der buddhistische Tempel im westlichen Hanyang wurde in der frühen Qing-Zeit (1644–62) gegründet. Die heutigen Bauten stammen aus der späten Qing-Zeit. Es gibt einige alte Relikte, z. B. eine Buddha-Statue der Nördlichen Wei. Am berühmtesten ist die Halle mit 500 *Arhat*-Statuen aus den 1820er Jahren. Die Buddha-Figur der Haupthalle wurde aus einem einzigen Stück Jade gefertigt.

Hankou

Ab 1861 war Hankou das Areal der ehemaligen ausländischen Handelskonzession. Daher findet man hier einige Beispiele europäisch geprägter Kolonialarchitektur. Die schönsten Gebäude stehen zwischen dem Fluss und der Zhongshan Da Dao, insbesondere in der Yanjiang Da Dao und der Jianghan Road. Das alte **Zollhaus** am Fluss besitzt einen Portikus aus grauem Stein mit korinthischen Kapitellen.

Farbenfrohe Drachen werden am Ufer des Yangzi zum Kauf angeboten

Jingzhou-Museum, ein Teil des daoistischen Kaiyuan-Tempels

Jingzhou 8

荆州

240 km westlich von Wuhan. *1,5 Mio. (Großraum 6,2 Mio.).* *52 Jingding Lu.*

Bei einer Flussfahrt sollten Sie in der alten Stadt Jingzhou Station machen. Sie liegt etwa acht Kilometer westlich von ihrem modernen Gegenstück Shashi. Die Altstadt ist von einer sieben Meter hohen Mauer umgeben, die von General Guan Yu aus dem Shu-Staat (221–263) errichtet wurde. Innerhalb der Stadtmauern steht das Jingzhou-Museum. Es zeigt eine umfassende Sammlung alter Seidenstoffe und einige Funde aus einem Grab der Westlichen Han: Der Leichnam des Hofbeamten Sui ist mit Organen erhalten.

Yichang 9

宜昌

Bezirk Yichang, 250 km westlich von Wuhan. *4 Mio. (Großraum).* *(0717) 624 1875.* *52 Jiefang Lu, (0717) 676 0392.*

Yichang war einst Vertragshafen für den Außenhandel. Heute wird die Stadt eher mit dem 1986 fertiggestellten Gezhou-Damm sowie dem überaus umstrittenen, 2006 vollendeten Drei-Schluchten-Staudamm in Verbindung gebracht. In Sandouping, 38 Kilometer flussaufwärts, kann man den Stausee und den Damm besichtigen. Die Stadt ist auch Ausgangspunkt für einen Ausflug in das landschaftlich reizvolle Gebiet von Shennongjia.

Drei-Schluchten-Damm

长江三峡

Kunstvolles Windrad

Der Bau der über 180 Meter hohen und zwei Kilometer breiten Staumauer soll einen enormen Beitrag zur Energiegewinnung leisten, die Hochwassergefahr entlang dem Yangzi eindämmen und so den Wohlstand des Landes, der sich über lange Jahre auf die Küste konzentrierte, ins Binnenland tragen. Der 645 Kilometer lange Stausee hatte die Umsiedlung von 1,3 Millionen Menschen und die Auslöschung bedeutender Kulturdenkmäler zur Folge. Langfristig drohen Umweltschäden.

Der Drei-Schluchten-Damm von der niedrigen Wasserseite aus gesehen

Umweltfragen

Einige Hundert Kilometer flussabwärts leitet die Stadt Chongqing Abwässer und Chemikalien ungefiltert in den Yangzi. Es besteht die Gefahr, dass sie sich im 645 Kilometer langen Staubecken wie in einer Senkgrube anreichern. Die verminderte Fließgeschwindigkeit des Wassers kann zur vermehrten Versandung der Nebenflüsse führen und damit dem empfindlichen Ökosystem schaden, zudem versperrt sie die Migrationsrouten vieler Fischarten. Der seltene Süßwasserdelfin ist vermutlich seit 2006 ausgestorben.

Teil der Drei Schluchten, bevor der Pegel um 175 Meter stieg

Hotels und Restaurants in Hunan & Hubei *siehe Seiten 563f und 590*

★ Jar Hill Observation Platform
Die erhöhte Aussichtsplattform bietet Ausblick auf den Damm und veranschaulicht in einem Museum auch die Baugeschichte.

INFOBOX

35 km westlich von Yichang.
CITS, 72 Yiling Dajie, (0717) 622 0848. *4 vom Bahnhof Yichang aus oder mit einem für einige Stunden gemieteten Minibus bzw. Taxi.* **Besucherzentrum** *tägl.* **www**.ctgpc.com

Die Yangzi-Skulptur ist ein großer erodierter Felsklotz, der angeblich aus dem Yangzi stammt.

Der Schiff-Hebeturm ist ein riesiger und besonders starker Aufzug für Schiffe unter 25 Meter Länge und schneller als die Fünf-Stufen-Schleuse.

★ Fünf-Stufen-Schleuse
Die Doppelschleuse ist über 1600 Meter lang und kann Schiffe 113 Meter hinauf- oder hinabbewegen. Damit ist die Anlage das gewaltigste Schleusensystem der Welt. Es dauert fast drei Stunden, bis man es passiert hat.

NICHT VERSÄUMEN

- ★ Fünf-Stufen-Schleuse
- ★ Jar Hill Observation Platform

Dichte, unberührte Wälder säumen eine Schlucht von Shennongjia

Shennongjia ⑩

神农架

200 km nordwestlich von Yichang. 🚌 *von Yichang zum Eingang bei Muyu, ab dort mit dem Mietauto.* ℹ *18 Longkang Lu, Yichang, (0717) 868 6799.* *vom Yichang Tourist Office & Forestry Office Travel Service, Muyu.*

Das abgelegene, wenig besuchte Wald-Schutzgebiet ist dicht mit seltenen Bäumen und Hunderten von Pflanzenarten bewachsen, die in der traditionellen Medizin verwendet werden. Einige davon wurden Anfang des 20. Jahrhunderts von dem Botaniker Ernest Wilson im Westen eingeführt. Auch einige der seltensten Tierarten Chinas sind hier zu Hause, etwa der Goldstumpfnasenaffe.

Mitten im Schutzgebiet steht **Xiaolong Tan**, ein Museum, das dem Wilden Mann *(ye ren)* gewidmet ist, der wie der Yeti des Himalaya schwer zu finden ist. Eine Sichtung wurde erstmals 1924 dokumentiert. Wanderwege um Xiaolong Tan führen ins Innere des Reservats und bieten die Gelegenheit, Goldstumpfnasenaffen und Riesensalamander zu beobachten. Es gibt auch Pfade auf die Berggipfel. Besucher können die Gegend um Muyu mit bis zu 3105 Meter hohen Bergen besichtigen. Eventuell kann man die Stadt Songbai besuchen – allerdings nur mit Fremdenführer. Bis 2012 soll der Flughafen fertiggestellt sein.

Wudang Shan ⑪

武当山

350 km nordwestlich von Wuhan. 🚆 *von Wuhan oder Xiangfan zum Ort Wudang Shan.* 🚌 *von Shiyan, Xiangfan oder Liuliping zum Ort Wudang Shan.*

Die zahlreichen Gipfel der Wudan-Shan-Berge – der höchste Berg ist der **Tianzhu Peak** (Himmelspfeiler-Gipfel) mit 1612 Meter Höhe – sind seit der Tang-Ära mit dem Daoismus verbunden. Durch den Song-Mönch Zhang Sanfeng wurde Wudang Shan auch in Sachen Kampfkunst ein Begriff. Der Mönch kreierte einen Stil, der Wudang-Boxen genannt wird und ein Vorläufer des Tai Chi Chuan *(tai ji quan)* ist. Nach langer Vernachlässigung wurden einige Tempel renoviert.

Man startet vom Ort Wudang Shan. Dieser hat außer dem Tempelmuseum **Tai Shan Miao** und den Ruinen des Yuxu-Gong-Tempels wenig zu bieten. Das Gebiet des Wudang Shan liegt südlich. Vom Bahnhof aus führt ein Pfad in etwa acht Stunden zum Tianzhu. Zwei Drittel des Wegs kann man mit Minibussen zurücklegen. Danach sind es nur noch etwa zwei Stunden Fußmarsch zum Gipfel. Eine weitere Option sind Sänften und eine Seilbahn, die zwischen Qiongtai und dem Gipfel verkehrt.

Wer den Minibus nimmt, kommt an der **Martial Arts School** und am **Zixiao Gong** (Purpurwolken-Palast) vorbei, einem eindrucksvollen Ming-Tempel, der zu den betriebsamsten der Gegend zählt. Die Haupthalle schmückt eine wunderbare Spiralenkuppel. Von der Endstation des Minibusses führt ein kleiner Umweg an die äußerste Felskante zum Tempel **Nanyan Gong**. Ganz in der Nähe liegt der **Drachenkopf-Felsen** mit seinen Skulpturen. Der Hauptweg führt am **Lang Mei Xian Ci** vorbei, einem dem Mönch Zhang Sanfeng gewidmeten Schrein. Bei Huanglong Dong gabelt sich der Weg. Wählen Sie den, der direkt zu den Tempeln auf dem Tianzhu führt. Oben auf dem Gipfel thront die **Jindian Gong** (Goldhalle), die 1416 aus vergoldetem Kupfer und Bronze erbaut wurde. Dort steht die Statue des Ming-Kaiser Zhen Wu, der sich im 15. Jahrhundert auf den Wudang Shan zurückgezogen hatte. Die Aussicht ist atemberaubend.

Zixiao Gong, der Purpurwolken-Palast aus der Ming-Ära, Wudang Shan

◁ Sonnenuntergang am Yangzi, der sich durch die Drei Schluchten windet

Tai Chi Chuan

Millionen von Chinesen praktizieren täglich Tai Chi Chuan. Das »Schattenboxen« ist eine Form der Bewegungsmeditation und gehört wohl am ehesten zu den inneren Kampfkünsten *(siehe S. 159)*. Es wurde vor über 1000 Jahren von daoistischen Einsiedlern und Mönchen entwickelt und basiert auf Tierbewegungen sowie auf der Harmonie von Yin und Yang. Jede der fließenden Bewegungen folgt einem Yin-Yang-Muster: anspannen und entspannen, heben und senken, einwärts und auswärts. Meist wird nach einer sogenannten Form praktiziert, einer Folge von zwölf bis über 100 Bewegungen, deren Ausführung langsamer oder schneller erfolgen kann. Tai Chi Chuan besitzt Aspekte der Selbstverteidigung und bezieht Qi-Gong-Elemente mit ein, wird jedoch vorwiegend ausgeübt, um den Fluss der Lebensenergie *qi (siehe S. 32f)* zu verbessern.

Daoistisches ***bagua***

Der Mönch Zhang Sanfeng *zog sich auf den Wudang Shan zurück. Inspiriert vom Kampf zwischen Schlange und Kranich sowie daoistischen Gesundheitsprinzipien, »erfand« er die Anfänge von Tai Chi Chuan.*

Bei der Schwertform *wird eine Waffe zur Verbesserung von Gleichgewicht und Konzentration eingesetzt. Die einfache Form geht mit einer Folge von etwa 50 Bewegungen einher und gehört zum Element Wasser. Die Säbelform ist mit dem Element Feuer verbunden.*

Bewegungsabläufe im Tai Chi Chuan

Die zahlreichen Tai-Chi-Schulen lehren unterschiedliche Bewegungsabläufe. Die »Peitsche« gehört zu den Klassikern.

Ein Arm geht nach vorn, der andere »peitscht« seitwärts.

Die Beine stehen in der klassischen Tai-Chi-Stellung: Beine hüftbreit auseinander, Knie über den Zehen.

Der Oberkörper dreht sich im 45-Grad-Winkel, die Beine drehen sich mit, das Gewicht wird auf das hintere Bein verlagert.

Der Rumpf sinkt bei geradem Rücken. Die Arme folgen der Bewegung in angespannt-entspannter Haltung.

Das vordere Bein gleitet vor, der Körper sinkt (Yin) – kann aus dieser Position aber sofort wieder nach oben kommen (Yang).

Tai-Chi-Chuan-Übende *sind in China ein alltäglicher Anblick. Zahlreiche, oft ältere Menschen versammeln sich frühmorgens in Parks und auf öffentlichen Plätzen, um die Übungen in synchroner Grazie auszuführen.*

SÜDCHINA

Südchina im Überblick

Der Süden umfasst die Provinzen Fujian, Guangdong und Hainan sowie Macau und Hong Kong. Dies ist Chinas bekannteste Region, vor allem weil Millionen von Emigranten ihre Traditionen und ihre Küche von hier in die ganze Welt mitgenommen haben. Doch mit Ausnahme von Hong Kong und Guangzhou zieht der Süden bisher nur relativ wenige Urlauber an. Dabei gibt es hier viel zu entdecken und zu genießen – von der alten Ming-Stadt Chaozhou bis zur Landschaft des Wuyi Shan, von den historischen Häfen Quanzhou, Xiamen und Shantou an der Küste über Guangdong und Fujian bis zu den Traumstränden der Insel Hainan.

Fischer am Strand der Insel Meizhou

Der buddhistische Tempel Nan Putuo Si, Xiamen

Im Südchina unterwegs

Die großen internationalen Flughäfen sind Hong Kong und Guangzhou: Hong Kong bietet Direktverbindungen in die ganze Welt, Guangzhou nur innerhalb Asiens. Xiamen, Fuzhou und Haikou haben Inlandsflughäfen. Mit der Bahn sind fast alle Ziele der Region zu erreichen. Manche Züge haben Klimaanlagen. Umsteigen kann ein wenig mühsam sein. Das gut ausgebaute Busnetz bietet verschiedene Grade von Komfort, je nach Fahrziel. Fähren verkehren regelmäßig, vor allem zwischen Hong Kong, Macau und dem Festland.

◁ Hausboote im Hafen von Aberdeen, Hong Kong Island *(siehe S. 322)*

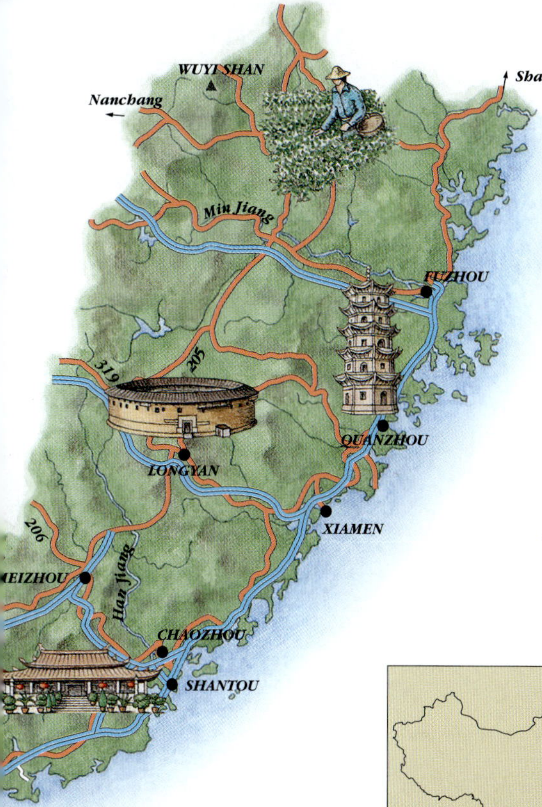

Frauen der Hui'an-Minderheit in Chongwu

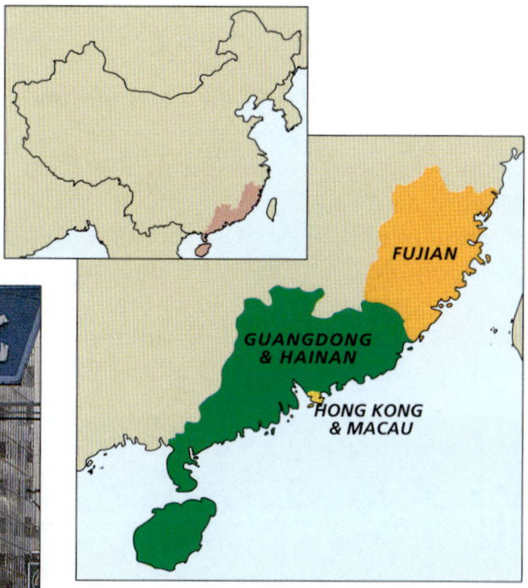

Verkehr und Werbetafeln in der Gloucester Road in Wan Chai, Hong Kong

Legende

- Autobahn
- Nationalstraße
- Nebenstraße
- ▲ Gipfel

Siehe auch

- ***Hotels*** S. 564–567
- ***Restaurants*** S. 590–593

Ein Porträt Südchinas

Alles Leben und damit auch die Kultur waren im Süden immer schon vom Meer beeinflusst. Die lange Küste am Südchinesischen Meer bot den Hafenstädten Fujian und Guangdong leichten Zugang zu den Handelswegen nach Osten und Westen. Der Handel brachte auch die Briten und die Portugiesen in den Süden – die Kolonien Hong Kong und Macau waren die Folge. Nur die Insel Hainan blieb von den Entwicklungen unberührt.

Die Provinzen Guangdong und Fujian sind gebirgig. Obwohl die Berge nicht sehr hoch aufragen, bewirkte die Topografie, dass die Provinzen von den politischen Entwicklungen in Zentral- und Nordchina relativ unberührt blieben. Daher orientierte sich Südchina nach außen, zum offenen Meer hin. Mehr als das restliche China neigte es zum Handel mit dem Ausland.

Bei der Tee-Ernte in Fujian

Vom 7. Jahrhundert an brachten arabische Händler über Häfen wie Guangzhou (Kanton) und Quanzhou den Islam nach China und kauften Seide, Porzellan und Tee. Von diesen Häfen starteten die Chinesen auch ihre großen Schiffsexpeditionen. Die Ming-Kaiser förderten die Entdeckungsfahrten des Admirals Zheng He, eines muslimischen Eunuchen, der im frühen 14. Jahrhundert den Indischen Ozean von Fuzhou nach Afrika überquerte. Nur ein knappes Jahrhundert später wagten sich die Portugiesen mit ihren Schiffen den Zhu Jiang (Perlfluss, Pearl River) hinauf bis Guangzhou und gründeten schließlich 1557 in Macau eine Handelsniederlassung. Bald folgten die Briten. Ihr Versuch, den chinesischen Markt mit illegalem Opium zu überschwemmen, führte zu den beiden Opiumkriegen (1840–42 bzw. 1856–60), nach denen China Hong Kong und die Spitze der Halbinsel Kowloon an England abtreten musste.

Über Jahrhunderte gab es immer wieder Auswanderungswellen. Gezwungenermaßen verließen die Südchinesen

Hong Kongs glitzernde Skyline, gesehen von Kowloon auf der anderen Seite des Victoria Harbour

Dächer über dem kleinen Hafen der Insel Meizhou

ihre Heimat, zuerst in Richtung Südostasien, später westwärts bis Nordamerika, um Arbeit zu suchen. Die globale Präsenz der Südchinesen ist einer der Gründe, warum Besucher diesen Landesteil als den vertrautesten Chinas empfinden. Die kantonesische Küche ist unverwechselbar und weltbekannt. Jedoch werden hier manchmal andere Zutaten verwendet als in den Restaurants im Ausland. Tees aus Südchina werden in die ganze Welt exportiert. Einige der allerbesten chinesischen Tees kommen aus der Provinz Fujian, z.B. die Teesorte Oolong. Überhaupt hat man hier Teekultur und Teezeremonien kultiviert. In der Provinzhauptstadt Fuzhou findet man immer noch sogenannte »Tea Art Halls«, wo Tee-Experten Techniken der Zubereitung demonstrieren und verschiedene Sorten vorstellen.

Traditioneller Hakka-Rundbau

Das subtropische Klima Südchinas förderte einen geselligen Lebensstil. Das Leben findet hier auch auf der Straße statt. Gesprochen wird Kantonesisch, das sich von der Hochsprache (Mandarin) deutlich unterscheidet. Der andere verbreitete Dialekt im Süden ist Fujianesisch *(Minnan hua)*.

Im Süden leben die verschiedensten ethnischen Gruppen, u.a. Hakka und Li. Die Hakka kamen von Nord- und Zentralchina in den Süden. Ihre eindrucksvollen Rundbauten sind Highlights bei Abstechern ins Landesinnere. Die Li gehören zur Urbevölkerung von Hainan und siedeln hier schon fast 2000 Jahre. Bis in die 1930er Jahre lebten sie völlig ungestört. Auf der Hochebene um Tongshi erhält man eine Vorstellung dieser einmaligen Kultur.

Die Verbindungen nach Übersee brachten es mit sich, dass Geld nach Südchina zurückfloss. Die neue flexible Wirtschaftspolitik Chinas und hohe Investitionen aus Hong Kong förderten den Wohlstand der Region. Die Entwicklung ging schnell voran und begünstigte das Wachstum neuer Städte, etwa der Sonderwirtschaftszone Shenzhen. Beeinflusst von Hong Kongs hypermoderner Bauweise, schossen auch in historischen Städten Hochhäuser aus dem Boden. Dennoch gibt es einige Schmuckstücke zwischen den modernen Häusern zu entdecken. Sehenswert ist die Nan-Yue-Grabstätte in Guangzhou. Selten besucht wird Chaozhou, das noch intakte Stadtmauern aus der Ming-Zeit vorzuweisen hat. In Quanzhou steht eine der ältesten Moscheen Chinas. In Macau und auf der Insel Gulang Yu vor Xiamen hat sich kolonialzeitliche Architektur erhalten. Im tropischen Hainan reizen vor allem die Strände, doch auch das gebirgige Zentrum der Insel ist einen Ausflug wert. Hong Kong schließlich ist eine Tag und Nacht vibrierende Stadt der Superlative mit dem Status eines globalen Finanzzentrums.

Frauen der Hui'an-Minderheit in Chongwu

Reis

Flasche mit Reiswein

Reis ist seit langer Zeit für die Chinesen lebenswichtig – nicht nur als Grundnahrungsmittel, sondern auch als Handelsware. »Chi fan le ma?« (Haben Sie Reis gegessen?) ist eine Grußformel. In Südchina wurde vermutlich schon etwa 10000 v. Chr. Reis angebaut. Es dauerte jedoch Tausende von Jahren, bevor mit künstlicher Überflutung oder gezielter Bewässerung der Felder größere Erträge erzielt wurden. Heute wird in weiten Teilen des Landes Reis angebaut. 35 Prozent der Welternte stammen mittlerweile aus China.

Reispflanzen *entwickeln wie die meisten anderen Getreidearten dichte Ähren, die am oberen Ende des Stängels sitzen.*

Wasser *wird durch die Tretkraft der Bauern mittels einer Kette von Holzgefäßen von einer niedriger gelegenen Quelle zu den Feldern transportiert. Obwohl die Bewässerung heute mechanisiert ist, werden vielerorts noch alte Methoden angewandt.*

Japonica-Reis

Klebreis

Japonica, *eine Sorte der Gattung* Oryza sativa, *ist der am weitesten verbreitete Reis in China. Er ist kurzkörnig und leicht klebend. Klebreis, ein Anbauprodukt des Südostens, wird beim Kochen zu einer klebrigen Masse und oft in Bambusblätter gewickelt serviert.*

Reisprodukte

Chinesen waren erfindungsreich in der Verwendung ihres Hauptanbauprodukts. In der Ming-Zeit diente Baumeistern das Wasser, in dem Klebreis gekocht worden war, als Mörtelbestandteil, um Schutzwälle zu bauen. Reisstroh, das nach der Ernte übrig bleibt, wird eingestampft und zu feinem Papier verarbeitet, das sich zum Malen und Drachenbauen eignet. Die Spelzen dienen als Düngemittel, Tierfutter oder Verpackungsmaterial. Aus Reismehl macht man Nudeln. Nicht zu verachten sind die Reisweinsorten: Der süße Shaoxing beispielsweise wird aus Klebreis hergestellt.

Reis liefert auch den flüssigen Extrakt, aus dem man durch Fermentierung *jiu* (Alkohol) gewinnt

Wasserbüffel *dienen als Zugtiere für Pflug, Egge und andere landwirtschaftliche Geräte. Die kräftigen Tiere produzieren wertvollen Dünger und sind kostengünstiger als Traktoren.*

Terrassierte Hügel

Riesige Flächen in China sind geprägt vom Reisanbau – mehr noch: Die Reisfelder haben in den subtropischen Regionen Südchinas die Landschaft komplett verändert. Viele Hügel bestehen nur aus Terrassenstufen. Das Wasser, das die Hänge herunterkommt, wird in flachen Gräben aufgefangen. So entsteht ein Muster von schmalen, individuellen Flächen, die überwiegend von Hand bearbeitet werden. Die Bauern sind bei dieser Anbaumethode nicht völlig vom Regen abhängig, denn das Wasser fließt kontinuierlich und steht etwa 15 Zentimeter tief. Manche Bauern züchten in den Becken Graskarpfen.

Reisanbau

Reisanbau ist oft noch Handarbeit. Vor allem in hügeligen Gebieten wird noch mit traditionellen Methoden gearbeitet. Der Anbau ist sehr arbeitsintensiv, doch die Anstrengung lohnt sich: Immerhin können in Südchina jährlich bis zu drei Ernten eingefahren werden.

Reissetzlinge *werden geschützt in speziellen Beeten aufgezogen und nach etwa 40 Tagen von Hand in die Felder umgesetzt.*

Das Pflanzen *strapaziert den Rücken. Arbeiter waten durch die Felder und müssen jede Pflanze einzeln setzen. In manchen Gegenden wird auch mechanisch gesetzt.*

Zur Ernte *legt man die Felder trocken, bevor die Pflanzen von Hand oder mit einer Maschine geschnitten werden.*

Zum Trocknen *kommt das frisch geerntete Korn in dünnen Schichten in die Sonne.*

Mit einer Kornschwinge *werden Reis und Spelzen voneinander getrennt. Man wirft den getrockneten Reis immer wieder in die Luft. Der Wind weht dann die leichteren Spelzen weg.*

Regionale Küche: Südchina

Die Küche Südchinas (Kanton-Küche) stammt vor allem aus der Gegend um Guangzhou, wo der Zhu Jiang ins Südchinesische Meer fließt. Im Mündungsbereich des Flusses liegt die kulinarische Hochburg Hong Kong. Fisch spielt in dieser Küstenregion natürlich eine große Rolle. Das meistverzehrte Getreide ist Reis. Zudem werden Tee, Erdnüsse, Zuckerrohr sowie subtropische Früchte wie Bananen, Ananas, Orangen und Litschis angebaut. Da viele Südchinesen ausgewandert sind, versteht man im Ausland unter chinesischer Küche meist die Gerichte der südchinesischen Küche.

Bittermelone und Wasserspinat

Knackig frisch ist das Gemüse auf den Märkten Südchinas

Guangzhou (Kanton)

Guangzhou, das Zentrum der chinesischen Kochkunst, verdankt seine kulinarische Vorrangstellung seiner geografischen Lage. In der Hafenstadt lebten gut situierte, weltoffene Kaufleute, die sich teure Lebensmittel leisten konnten. Zudem herrscht hier subtropisches Klima: Der Sommer dauert fast sechs Monate – die restliche Zeit ist entweder Frühling oder Herbst. Es gibt also mehrere Ernten pro Jahr. Seafood findet sich in Hülle und Fülle. Allerdings war hier die Bevölkerungsdichte immer schon so hoch, dass man trotz der Fruchtbarkeit des Landes um Nahrung kämpfen musste. Deshalb verspeisen die Kantonesen auch »Delikatessen«, die weniger kostspielig sind, z. B. Froschschenkel, Schildkröten, Hunde und Schlangen. Einheimische behaupten, dass es in Guangzhou »alle fünf Schritte ein Restaurant« gäbe.

Auswahl an Dim Sum

Typische Spezialitäten

In Soja mariniert: Schinken und Würstchen

Die meisten denken bei Kanton-Küche an Dim Sum, was »Happen« bzw. »gefüllte Teigtaschen« bedeuten kann und wörtlich mit »die das Herz berühren« übersetzt wird. Es sind köstliche Snacks, gedämpft oder frittiert: Teigtaschen mit Garnelen- oder Schweinefleischfüllung, Mini-Spareribs, Frühlingsrollen oder kleine, mit Senf gefüllte Törtchen. Die Snacks werden tagsüber gegessen, nie abends als Hauptmahlzeit. Zu den Spezialitäten zählen auch Gerichte mit Seafood und gebratenem Fleisch – Ente, Cha Shao (Schweinebraten) und Spanferkel. Die frischen Zutaten werden oft nur kurz und mit wenigen Gewürzen gegart. Den letzten Pfiff erhalten die Gerichte durch Saucen wie Austern-, Hoi-Sin- oder Chu-Hou-Sauce sowie durch Pilze, Limonen und schwarze Bohnen.

Pochierter Seebarsch *wird mit Frühlingszwiebeln und Ingwe[r] gedämpft, mit Sojasauce und Reiswein verfeinert.*

Chaozhou und Dongjiang

Chaozhou (auch Teochew) kultiviert eine teurere Küche als Kanton. Hier werden Schaltiere und Meeresfrüchte favorisiert, bei denen es auf absolute Frische ankommt – daher werden sie lebend gekauft, sei es auf dem Markt oder im Restaurant. Man verwendet gern mit Fischsauce, scharfer Sauce oder rotem Reisessig gewürzte Brühe. Dongjiang hat eine derbere und salzigere Küche – Spezialitäten sind mit Sojasauce marinierter Speck und luftgetrocknete Würste. Diese Art zu kochen wird manchmal auch als Hakka bezeichnet, was »zusammengewürfelte Familie«

Stand mit Gewürzen

bzw. »Gastvolk« bedeutet. Gemeint sind damit Flüchtlinge aus Nordchina, die sich im 13. Jahrhundert im Süden angesiedelt haben. Die starken Migrationswellen sind der Grund, warum die meisten China-Restaurants in Europa kantonesisches Essen anbieten.

Fisch hängt zum Trocknen in einem Laden in Hong Kong

Hong Kong

Hong Kong nimmt einen Sonderstatus ein. Die internationale Hafenstadt wurde durch vielfältige Einflüsse geprägt. Zwar kochen die meisten Restaurants kantonesisch, man findet hier jedoch alle Variationen chinesischer, asiatischer und europäischer Küche. Als gastronomischer Supermarkt hat Hong Kong keine eigene Spezialität. Viele behaupten, der »scharfe Tofu« (ein geruchsintensiver, fermentierter Tofu) sei eine solche. Hong Kong pulsiert 24 Stunde am Tag. Rund um die Uhr sieht man überall Menschen essen – sei es an einfachen Straßenständen, sei es in Edelrestaurants. Man sagt, in Hong Kong könne man ein ganzes Jahr lang jeden Tag ein anderes Lokal besuchen und müsse dabei nie das Gleiche essen.

Auf der Speisekarte

Meeresfrüchte mit Gemüse: Beliebtes pfannengerührtes Seafood-Gericht mit Gemüse, zu dem man Nudeln isst.

»White-cut« Chicken: Das Huhn wird ganz in kochender Brühe blanchiert. Dann lässt man es noch sechs bis acht Stunden in der Brühe ziehen. Zart und saftig!

Frittierter Tintenfisch mit Black-Bean-Sauce: Statt Tintenfisch kann man auch anderes Seafood nehmen. Mit Chili wird das Gericht noch pikanter.

Gefüllter Tofu »Acht Kostbarkeiten«: Die Füllung besteht aus Schweinefleisch und Garnelen – Vegetarier sollten das »Eight-treasure Buddha's Special« *(siehe S. 180f)* wählen.

Gedämpftes Huhn mit getrockneten Pilzen: Hühnergeschnetzeltes, gedämpft mit chinesischen Pilzen – einfach, aber lecker.

Hummer mit Ingwer und Frühlingszwiebeln – *der im Sud gegarte Hummer wird auf Nudeln serviert.*

Rindfleisch mit Austernsauce *besteht aus pfannengerührtem Fleisch mit Pilzen und Gemüse in Austernsauce.*

Gemischter Braten *enthält Stücke von Spanferkel, Ente, Huhn und Schwein, serviert mit leckeren Dips.*

Fujian

Meer und Berge prägen die Provinz Fujian. Die größeren Städte haben florierende Häfen. Im Landesinneren kann man die raue Schönheit des Wuyi Shan entdecken. Die Bedeutung Fujians reicht zurück bis in die Zeit der Streitenden Reiche (475–221 v. Chr.), als die Yue-Bevölkerung, die vom Chu-Staat (heute Hubei und Hunan) besiegt worden war, südwärts wanderte und sich in Südchina und in Vietnam ansiedelte. Die Ankömmlinge, die sich im heutigen Fujian niederließen, wurden damals Min Yue genannt, später nur noch Min. Sogar heute noch werden Menschen aus Fujian bisweilen als Min bezeichnet – ihre Sprache heißt Minnan Hua. Es gibt kaum Zeugnisse aus der alten Min-Zeit, nur noch die mysteriösen, bootförmigen Särge, die hoch oberhalb des Flusses in den Wuyi-Bergen gefunden wurden. Auf die meisten Sehenswürdigkeiten trifft man an der Küste, in den historischen Hafenstädten Xiamen und Quanzhou, aber auch in der Hauptstadt Fuzhou, die über 1000 Jahre lang einen bedeutenden Hafen besaß. Interessant sind die Steinstadt Chongwu und die Insel Meizhou, der Ort der Meeresgöttin Mazu. Das Hinterland ist noch so ursprünglich, dass hier sogar die vom Aussterben bedrohten Südchinesischen Tiger überleben. Die traditionellen Bauten der Hakka befinden sich in der Nähe von Yongding.

Sehenswürdigkeiten auf einen Blick

Städte und Orte

Chongwu ❸
Fuzhou ❺
Quanzhou ❷
Xiamen S. 286f ❶

Landschaft

Wuyi Shan ❻

Insel

Meizhou ❹

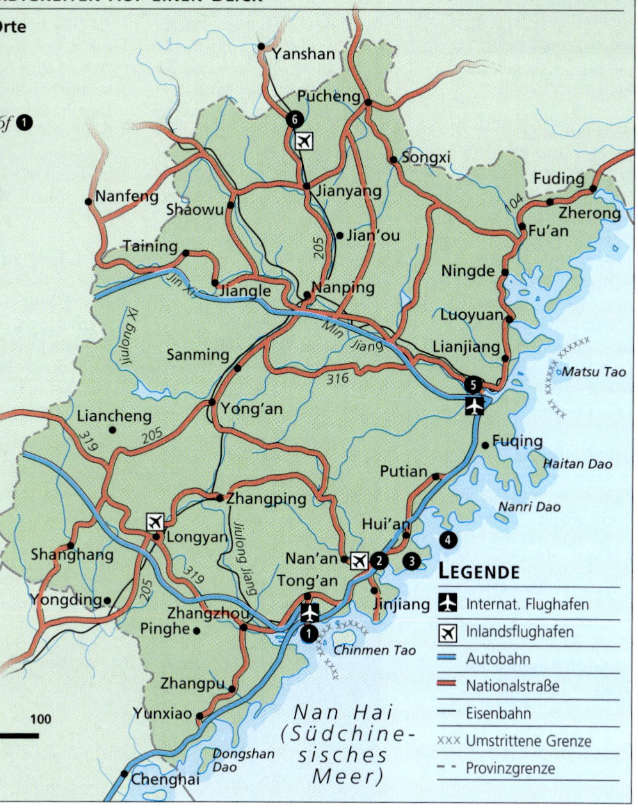

◁ **Blick über geschwungene Dächer aufs Meer, Insel Meizhou *(siehe S. 291)***

Xiamen ❶

厦门

Die attraktive Hafenstadt, die im 19. Jahrhundert noch den Namen Amoy trug, besitzt viel maritimes Flair. Sie wurde zur Zeit der Song-Dynastie (960–1279) gegründet, wurde aber erst in der Ming-Ära ein bedeutender Hafen. Im 17. Jahrhundert diente die Stadt als Festung gegen die einfallenden Mandschu. Hauptfigur des Widerstands war der legendäre Pirat und ergebene Ming-Anhänger Zheng Chenggong, auch bekannt als Koxinga, an den in Xiamen immer noch erinnert wird. Die Stadt wurde im 19. Jahrhundert, als sich die Kolonialherren auf Gulang Yu einrichteten, ein früher Vertragshafen. In den 1980er Jahren erklärte China Xiamen zu einer der ersten Sonderwirtschaftszonen.

Bunter Drache am Dach von Nan Putuo Si

Nan Putuo Si

Siming Nan Road. *(0592) 208 6586.* *tägl. 4–18 Uhr.*

Der Tempel wurde in der Tang-Zeit im südlichen Stil errichtet. Drei Hallen bergen zahlreiche buddhistische Statuen. In der Halle des Himmelskönigs steht Wei Tuo, der Beschützer der buddhistischen Lehre. Sein Stab, der nach unten zeigt, signalisiert, dass der Tempel Pilgern Unterkunft bietet.

Huxiyan

Das seltsame Tempelchen steht auf einem Felsvorsprung beim Huxiyan (Tigerstrom-Felsen). Bailu Dong (Höhle des Weißen Hirsches), ein weiterer Tempel aus der Ming-Ära, liegt noch höher. Die Aussicht ist wundervoll.

Wanshi Botanischer Garten

25 Huyuan Road. *(0592) 203 8471.* *tägl. 6.30–18 Uhr.*

Auf dem großen Areal wachsen über 5000 Pflanzenarten, speziell aus Südchina und Südostasien, u.a. Eukalyptus, Bambus sowie ein Mammutbaum, der vom früheren US-Präsidenten Richard Nixon angepflanzt wurde. Ein Fels markiert die Stelle, an der Koxinga seinen Vetter tötete.

Overseas Chinese Museum

Siming Nan Road. *(0592) 208 4028.* *Di–So 9.30–16.30 Uhr.*

Das Museum hat zwei Abteilungen: Die erste illustriert mit Fotografien, Bildern und Andenken die Geschichte der Emigration. Die zweite zeigt Bronzen, Keramiken und Kunstwerke, die einst Chinesen gehörten, die nicht ortsansässig waren. Die Bronzensammlung präsentiert den Zeitraum von der Shang-Ära (16. Jh. v.Chr.) bis zur republikanischen Zeit.

Huli Shan Paotai

Daxue Road. *tägl.*

Die Kanone im Fort Huli Shan wurde 1891 von einem deutschen Hersteller für die Qing-Regierung gebaut. Sie ist fast 14 Meter lang, wiegt 50 Tonnen und hat eine Reichweite von zehn Kilometern. Von der Abschussrampe aus sieht man Taiwan – faszinierend für die Einheimischen, denen der Zutritt seit 1984 verboten ist.

Kanonen wachen über die Mauern von Fort Huli Shan

Jimei-Schuldorf

tägl.

15 Kilometer nördlich der Stadt liegt das Schuldorf Jimei, das der Philanthrop Tan Kah Kee (Chen Jiageng) 1913 gründete. Er war in Singapur als Geschäftsmann erfolgreich, kehrte 1950 nach China zurück und bekleidete verschiedene Regierungsämter. Das im Stil der chinesischen Neogotik erbaute Kolleg liegt nahe am Meer in einem Park, in dem viele Pagoden stehen. Der frühere Wohnsitz von Tan Kah Kee ist zu besichtigen.

Gulang Yu

Xiamen Seaworld *(0592) 206 7668.* *tägl. 8–17.30 Uhr.* **Shuzhuang-Garten** *tägl.* **Sunlight Rock** *tägl.* **Koxinga-Gedenkhalle** *tägl. 8–17 Uhr.*

Von Xiamen braucht man mit dem Boot nur zehn Minuten

Gulang Yus enge Straßen mit eleganten Kolonialgebäuden

Hotels und Restaurants in Fujian *siehe Seiten 564f und 590f*

zur ruhigen Insel Gulang Yu mit ihren schönen Häusern. Außer batteriebetriebenen Kleinfahrzeugen gibt es keinen Verkehr. Die Insel erlangte erstmals Bedeutung, als sich die Repräsentanten ausländischer Regierungen nach dem Vertrag von Nanking (1842) hier einrichteten. Bald entstand eine europäisch anmutende Stadt mit Kirchen, Konsulaten und Villen. 1903 wurde sie zum »International Settlement for Europeans and Japanese« erklärt. Es gab einen eigenen Stadtrat und eine eigene Polizei. Der Sonderstatus galt bis zum Ende des Zweiten Weltkriegs.

Die 2,5 Quadratkilometer große Insel kann man gut zu Fuß erkunden. Man geht auf südeuropäisch wirkenden Sträßchen und kommt an eleganten Häusern mit Vorgärten vorbei. Nahe am Fährhafen befindet sich **Xiamen Seaworld**, wo man Haie, Robben, Delfine, Pinguine und tropische Fische bestaunen kann.

Im Südosten erinnert die **Statue von Koxinga** an den berühmten Rebellen von Xiamen, der mit seiner Flotte den

Statue des legendären Rebellenanführers Koxinga, Gulang Yu

anrückenden Mandschu jahrelang Widerstand bot. Ihm wird auch nachgesagt, er habe die Niederländer aus Taiwan vertrieben. Weiter südlich an der Küste erstreckt sich der **Shuzhuang-Garten**. 1931 entstand hier eine Privatvilla, ihr Garten wurde erst 1955 öffentlich zugänglich. Entzückend sind die zahllosen tropischen Pflanzen sowie die Anlage traditioneller chinesischer Gärten. Daneben liegt der schöne, allerdings meist sehr volle **Gangzaihou Beach**. Nördlich davon kann man mit der Seilbahn auf den höchsten Punkt der Insel, den **Sunlight Rock**, fahren und dort die Aussicht genießen. Am Fuß des Bergs bewahrt die **Koxinga-Gedenkhalle** persönliche Besitztümer Koxingas, so seinen Jadegürtel und Teile seiner Kleidung, aber auch andere historische Exponate. An der Küste weiter im Südwesten erreicht man **Yingxiong Shan**. In einer Voliere auf dem Dach des Gebäudes kann man bunten Papageien, Reihern und tropischen Tauben zusehen.

INFOBOX

250 km südwestlich von Fuzhou. 2,5 Mio. *Hubin Nan Road Busbahnhof, Xiahe Road Busbahnhof, Siming Busbahnhof.* *wöchentlich von Hong Kong zum Heping Fährhafen; vom Fähranleger beim Lujiang Hotel nach Gulang Yu.* *78 Huajian Building, Xinhua Road, (0592) 204 6847.*

Hakka-Festungsbauten von Yongding

Die Hakka wurden in der späten Tang- und frühen Song-Zeit aus den Ebenen am Huang He (Gelber Fluss) nach Süden vertrieben. Ihr offizieller Name ist Kejia, was »Gastvolk« bedeutet. Vielleicht war es die Erfahrung des Vertriebenseins und der Fremde, die dazu führte, dass sie Häuser wie Festungen bauten. Diese *tulou* aus gestampftem Lehm konnten einige Hundert Menschen beherbergen. Sie sind meist rund, aber auch eckig, um einen Hof angeordnet und enthalten ein Gewirr an Lager- und Versammlungsräumen. Der Ort Hukeng in der Nähe von Yongding ist gut erreichbar und besitzt einige Hakka-Bauten. Züge von Xiamen nach Longyan brauchen eine Stunde (Busse vier). Dann sind es noch zwei Stunden mit dem Bus nach Hukeng.

Glückszeichen an einem Haus

Zahlreiche *tulou* *stehen in der Umgebung von Yongding. Zwar sind die großen Rundbauten am bekanntesten, es gibt aber auch quadratische große Gebäude aus gestampftem Lehm sowie kleinere, die auf einen zentralen Platz hin ausgerichtet sind.*

Kornspeicher

Dicke Feuerwände unterteilen den Bau in acht Segmente, entsprechend dem daoistischen *bagua* *(siehe S. 32f).*

Wohnungen

Die Fenster nach außen sind aus Sicherheitsgründen klein, trapezförmig und nur in den oberen Stockwerken.

Eine Vorfahrenhalle in der Mitte wurde wahrscheinlich für Zeremonien wie Hochzeiten genutzt.

Die Außenwände sind an der Basis oft 1,5 Meter dick und werden nach oben hin dünner.

Auf der unteren Ebene *spielte sich das Gemeinschaftsleben der Hakka ab. Es gab Becken zum Waschen und Bereiche vor den Küchen und Essräumen, um Lebensmittel vorzubereiten.*

◁ **Blick vom Gipfel des Wuyi Shan auf eine verzauberte Welt *(siehe S. 292)***

Eingang zur Qingjing-Moschee, einer der ältesten Moscheen Chinas

Quanzhou ❷
泉州

72 km nördlich von Xiamen.
7 Mio. (Großraum).
Fengze Jie, (0595) 2217 7719.

Quanzhou am Jin Jiang war schon während der Song- und Yuan-Dynastie Chinas Haupthafen. Durch den Handel mit Indien und anderen Ländern siedelte sich hier eine ausländische Gemeinde an. Arabische Geografen kannten die Stadt als Zaitun (woraus sich »Satin« ableitet). Quanzhous Bedeutung nahm in der Ming-Ära ab.

Die **Qingjing-Moschee** wurde 1009 gebaut, jedoch 1309, 1350 und 1609 grundlegend erneuert. Derzeit hat sie kein Dach, dennoch sieht man, dass der Bau im Gegensatz zu vielen anderen Moscheen in Südchina nicht traditioneller chinesischer Architektur folgte, sondern – ganz aus Stein – arabisch wirkt. Man nimmt an, dass das noch existierende Tor nach dem Vorbild einer Moschee in Damaskus errichtet wurde. Das Museum der Moschee erläutert die Bedeutung von Quanzhou als Handelszentrum.

Kaiyuan Si im Norden der Stadt wurde 686 erbaut und damals Lianhua Si (Lotos-Tempel) genannt – nach einer Lotosblume, die wunderbarerweise aus einem Maulbeerbaum wuchs, den es im Westen der Großen Halle immer noch gibt. In der Song-Ära beteten hier 1000 Mönche. Der Tempel hat drei Hallen. In der Vinaya-Halle mit ihrer prächtigen Decke steht ein Bodhisattva Ksitigarbha, der Wächter des Totenreichs. Zwei alte Pagoden mit Schnitzereien säumen die Halle. Im östlichen Teil des Tempels kommt man zum **Museum of Overseas Trade**. Eines seiner Highlights ist ein Handelsschiff von 1274, das 1973 gefunden wurde. Der Schiffsrumpf ist aus Zedernholz, die Segel bestanden einst wohl aus Bambus und Hanf. Damals befuhren solche Schiffe die Meere zwischen Arabien, Afrika und Asien. Handelsgüter waren Porzellan und Seide, importiert wurden Gewürze, Elfenbein und Glas.

Nördlich von Kaiyuan Si steht am landschaftlich schönen **Qingyuan Shan** der große **Laojun Yan**, eine Song-Skulptur von Laozi *(siehe S. 31)*

Qingjing-Moschee
113 Tumen Jie. *(0595) 2219 3553.* *tägl. 8.30–17 Uhr.*

Kaiyuan Si & Museum of Overseas Trade
176 Xi Jie. *(0595) 2238 3036.* *tägl. 7.30–17.30 Uhr.*

Chongwu ❸
崇武

32 km östlich von Quanzhou.
von Quanzhou nach Hui'an, dann Minibus nach Chongwu.

Die Halbinsel Chongwu sollte der Verteidigung dienen. Dazu baute man 1387 die Stadt Chongwu als Bastion gegen Piraten aus. Die umgebenden Mauern sind 6,6 Meter hoch, die Granithäuser dahinter haben Flachdächer und sind vom Meer her so gut wie nicht sichtbar. Heute leben hier vor allem Angehörige der Hui-Minderheit. Die Frauen tragen charakteristische blaue Oberteile zu weiten schwarzen Hosen. Haupteinnahmequelle ist der Fischfang. Zudem werden Steinskulpturen hergestellt.

Meizhou ❹
梅州岛

56 km nordöstlich von Quanzhou.
von Putian nach Wenjia, dann Fähre.

Mazu-Statue auf Meizhou

Für die Menschen in Fujian ist die Insel bei Putian eng mit Mazu, der Meeresgöttin und Schutzpatronin der Seeleute *(siehe S. 149)*, verbunden. Mazu ist die göttliche Verkörperung einer jungen Frau, die im 10. Jahrhundert die Fähigkeit besaß, Vorhersagen über Unwetter auf dem Meer zu machen, und die den Seefahrern und Fischern in Not half. Ihr Geburtstag wird am 23. Tag des dritten Mondmonats gefeiert. Zahlreiche Tempel auf der Insel sind Mazu gewidmet, auf einem Hügel steht ihre Statue. Zum Haupttempel **Mazu Miao** ist es vom Pier nur ein kurzer Spaziergang. Die Anlage ähnelt der Verbotenen Stadt in Beijing. Auf der Insel gibt es zahlreiche Hotels für Übernachtungswillige.

Die Flachdächer der Häuser sind nie höher als die Stadtmauer, Chongwu

Hotels und Restaurants in Fujian *siehe Seiten 564f und 590f*

Elegante Architektur im europäischen Stil auf der Insel Zhongzhou, Fuzhou

Fuzhou 5
福州

250 km nördlich von Xiamen.
6,7 Mio. (Großraum).
128 Wusi Lu, (0591) 8711 9928.

Durch die Lage am Min Jiang war Fujians Hauptstadt bereits vor 1000 Jahren ein wichtiger Handelshafen. Von hier wurden erst Tee und Zucker, später Baumwolle, Lack- und Keramikarbeiten verschifft. Als Marco Polo im 13. Jahrhundert Fuzhou besuchte, berichtete er, die Stadt sei voller kaiserlicher Truppen. Wegen der Nähe zu Taiwan sind auch heute noch Truppen hier stationiert.

Auf dem **Wuyi-Platz** im Zentrum thront eine Statue von Mao Zedong. Nördlich davon befindet sich **Bai Ta**, die Weiße Pagode, westlich **Wu Ta** aus schwarzem Granit (beide 10. Jh.). Nördlich von Wu Ta erinnert die **Lin-Zexu-Gedächtnishalle** an Lin Zexu, den Hofbeamten der Qing-Dynastie, der eine britische Schiffsladung Opium vernichten ließ und damit den Ersten Opiumkrieg *(siehe S. 63)* auslöste. Weiter nördlich im Tempel **Kaiyuan Si** ist ein Eisen-Buddha aus der Tang-Zeit zu sehen. Westlich davon zeigt das **Provinzmuseum** im Xi Hu Gongyuan (Westsee-Park) einen vermutlich 3500 Jahre alten Bootssarg.

Cang Shan auf der Südseite des Flusses war einst Konzessionsareal. Die Flussinsel **Zhongzhou** ist modern bebaut und bietet ausländische Bars und Lokale. Zehn Kilometer östlich führen am **Gu Shan** schöne Wege durch bewaldetes Gebiet. Hier steht der Tempel **Yongquan Si**, der ursprünglich von 908 stammt.

Provinzmuseum
92 Hutou Jie. *(0591) 8375 7627.*
Di–So 9–16.30 Uhr.

Yongquan Si
tägl. 9–18 Uhr.

Wuyi Shan 6
武夷山

230 km nordwestlich von Fuzhou.
nach Wuyi Shan Stadt (Wuyi Shan Shi), dann Bus 6 zum Park.
Shangu Jie Guolu Da Lou, (0599) 525 0380. **www**.wbr.cn

Das Berggebiet Wuyi Shan ist bekannt für seinen Oolong-Tee und gehört zu den schönsten Landschaften Chinas. Meist sind die 36 Sandsteingipfel (»Thirty-six Peaks«) von Wolkenschleiern verhüllt. In der Schlucht fließt der Jiuqu Jiang, die Vegetation ist daher üppig. Der Han-Kaiser Wudi (reg. 141–87 v. Chr.) besuchte die Berge. So wurden sie zum heiligen Ort für die nachfolgenden Kaiser.

Am bequemsten kann man die Szenerie, ein UNESCO-Welterbe, von einem Boot auf dem Fluss aus betrachten. Die Fahrten führen durch **Jin Qu Xi**, die Neun-Windungen-Schlucht. An der fünften Biegung sieht man 3000 Jahre alte Särge, die hoch oben in den Felssäulen deponiert sind. Sie bestehen aus *nanmu* (Zedernholz) und sind etwa fünf Meter lang. Jeder birgt einen in Seide und Hanf eingewickelten Körper. Es ist mysteriös, wie die Särge dorthin gelangten.

Mehrere Pfade führen zu den Gipfeln. Der oben ebene **Da Wang Feng** ist am schwersten zu besteigen. Leichter zu erreichen ist der **Tianyou Shan**. Höchster Gipfel ist mit 718 Metern der **Sanyang Feng**. Am Gipfel des **Shuilian Dong** steht ein Teehaus neben einem Wasserfall.

Lackarbeiten – eine chinesische Tradition

Aus dem Saft des asiatischen Lackbaums *(Rhus verniciflua, Lacksumach)* wird ein Rindensekret gewonnen, das Holz gegenüber hohen Temperaturen und Feuchtigkeit unempfindlich macht. Die Technik wurde schon lange vor der Han-Ära angewandt. Man setzte sie für Platten und Schalen, auf Holz oder auch Stoff ein. Die letzte Schicht wurde bemalt. Eine andere Technik tauchte während der Yuan-Dynastie auf: Bevor der Lack ganz trocknete, wurde ein Muster eingeritzt. Die Vertiefungen wurden mit Gold, Silber oder Perlmutt aufgefüllt.

Stellwand mit Lackbemalung

Hotels und Restaurants in Fujian *siehe Seiten 564f und 590f*

Kleine Geschichte des Tees

Tee *(cha)* gab es in China wahrscheinlich schon vor über 5000 Jahren, obwohl gelegentlich behauptet wird, er wurde vor rund 1800 Jahren aus Indien eingeführt. Anfangs wurde Tee als Tonikum getrunken, heute gehört er zum chinesischen Alltag einfach dazu. Angebaut wird er im wärmeren und feuchteren Süden, vor allem in den Provinzen Fujian, Yunnan und Zhejiang. Auch wenn es viele Teesorten gibt, stammen doch alle von derselben Art ab: *Camellia sinensis.* Ob Grüntee, schwarzer Tee oder Oolong – den unterschiedlichen Geschmack bekommen die Blätter im Wesentlichen von den diversen Arten der Fermentierung. Spezialisten können nicht nur unterscheiden, wie ein Tee behandelt wurde und welche Zusätze beigemengt wurden, sondern auch, wo er wuchs. Tee – oft Grüntee – wird in China immer »pur« getrunken, nie mit Zitrone oder Milch. Nur die Muslime im Nordwesten geben Zucker hinzu. Die Tibeter trinken ihren Tee mit Yak-Butter.

Deutsche Werbung für Tee, 1908

Shen Nong *war der Kaiser, der der Sage nach den Tee entdeckte. Er war ein weiser Herrscher, denn er bestimmte, dass Wasser nur abgekocht getrunken werden dürfe. Eines Tages fielen zwei Teeblätter von einer Pflanze in einen Topf mit kochendem Wasser – ihm schmeckte das Gebräu.*

Während der Tang-Dynastie *wurde Tee im ganzen Reich getrunken. Noch vor dem 8. Jahrhundert bekam Lu Yu von Händlern den Auftrag, die Vorteile des Getränks zu beschreiben. Er verfasste* Cha Jing, *ein Kompendium über Anbau und Behandlung des Tees.*

Der Teehandel *spielte für das Interesse Großbritanniens an China eine wesentliche Rolle. Die Portugiesen tranken als erste Europäer Tee, die Niederländer handelten als erste damit, die Briten jedoch wurden die größten Teehändler, da die Mode, Tee zu trinken, im 17. Jahrhundert über die Niederlande nach England kam.*

Teeplantagen *werden im Süden oft auf Terrassen angelegt. Bis zu fünf Mal pro Jahr wird geerntet. Meist geschieht das von Hand – erfahrene Pflückerinnen sammeln bis zu 32 Kilogramm Blätter pro Tag. Mechanische Erntemethoden sind jedoch auf dem Vormarsch.*

Edle Teeläden *gibt es in den Stadtzentren in großer Zahl. Teure Spezialitäten wie* tie guanyin, *den Oolong-Tee aus Fujian, kann man vor dem Kauf oft auch kosten.*

Guangdong & Hainan

An der äußersten Südspitze von China liegt die Provinz Guangdong. Noch südlicher ragt die Insel Hainan ins Südchinesische Meer. Die Hafenstadt Guangzhou (Canton, Kanton) ist die Hauptstadt Guangdongs. Sie liegt an einem der längsten chinesischen Flüsse, dem Zhu Jiang (Pearl River, Perlfluss). Rund 50 Kilometer südlich vom Festland befindet sich die Insel Hainan mit der Hauptstadt Haikou.

Guangdong ist wohl die bekannteste Region Chinas, da viele chinesische Auswanderer von hier stammen. Auch die Nähe zu Hong Kong, wo viele Kantonesen leben, hat viel zur frühen Öffnung beigetragen. Selbst historisch ist Guangdong eine Ausnahme: Es kam erst im 12. Jahrhundert zu China, als viele Han-Chinesen aus dem Norden hierher zogen. Heute ist Guangdong eine Schlüsselregion für Chinas wirtschaftliche Entwicklung, was man vor allem in Guangzhou und in den jungen Städten Shenzhen und Zhuhai sieht. Trotz dieser Entwicklung gibt es auch einige interessante historische Orte und schöne Szenerien im Landesinneren.

Die tropische Insel Hainan gehörte früher zu Guangdong und ist heute eine eigene Provinz. Jahrhundertelang war sie ein sehr abgeschiedenes Gebiet. Erst in letzter Zeit haben sich die Orte an der schönen Südküste zu Urlaubszentren entwickelt. Man kann noch Spuren der Ureinwohner, der Li, entdecken sowie einige ursprüngliche Berggebiete im Inselinneren.

Sehenswürdigkeiten auf einen Blick

Städte und Orte

Chaozhou ❷
Foshan ❻
Guangzhou S. 298–301 ❹
Shantou ❶
Shenzhen ❸

Historische Stätte

Cuiheng ❺

Tempel

Feilai und Feixia ❽

Landschaften

Shaoguan ❾
Zhaoqing ❼

Insel

Hainan ❿

◁ **Fischer flicken Netze auf der Insel Hainan** *(siehe S. 304f)*

Festung Shipaotai Gongyuan in Shantou

Shantou ❶

汕头

360 km östlich von Guangzhou. *5 Mio.* *42 Shanzhang Lu, (0754) 8897 24555.*

Die Stadt war ursprünglich ein Fischerdorf, doch die strategisch günstige Lage an der Mündung des Han He lockte 1858 viele Kaufleute an. 1860 wurde Shantou für den Außenhandel geöffnet. Damals hieß es Swatow und entwickelte sich schnell. 1980 wurde es Sonderwirtschaftszone. Heute ist Shantou eine moderne Industriestadt.

In der Altstadt gibt es noch einige Sehenswürdigkeiten, etwa den restaurierten Tempel **Tianhou Gong** von 1879, der schöne Skulpturen besitzt. An der nahen **Anping Lu** stehen die Reste von alten Kolonialgebäuden und Lagerhäusern. Östlich der Anping Lu am Wasser erhebt sich **Shipaotai Gongyuan**, eine Kanonenfestung aus den 1870er Jahren.

Shipaotai Gongyuan
Haibin Lu. *(0754) 8854 3120.* *tägl. 7.30–23 Uhr.*

Tianhou Gong
Shengping Lu. *(0754) 8845 4097.* *tägl. 7–17.30 Uhr.*

Chaozhou ❷

潮州

350 km östlich von Guangzhou. *2,5 Mio. (Großraum).*

Die alte Stadt war das Zentrum einer Hochkultur zur Zeit der Ming-Dynastie.

Im 17. Jahrhundert verlor Chaozhou jedoch an Einfluss, nachdem fast 100 000 Menschen als Feinde des Mandschu-Regimes bei einem Massaker ermordet wurden. Im 19. Jahrhundert führten Hungersnöte und Armut zu Auswanderungswellen.

Am Ufer des Han He verlaufen die Reste der sieben Meter hohen **Ming-Stadtmauern** – die Ostgrenze des Altstadtzentrums. Dieses zieht sich bis zur Huangcheng Lu im Westen und ist Chaozhous interessantestes Viertel. Vor allem in den Straßen Zhongshan Lu und Jiadi Xiang sieht man gut erhaltene Gebäude aus der Qing-Zeit. Nördlich von Jiadi Xiang steht der Tempel **Kaiyuan Si**, der 738 gegründet wurde. Er hat hübsche Höfe und mehrere farbenprächtige Hallen. Vom großen **Guangji Men** an der Stadtmauer kommt man über Stufen auf einen Weg, der auf der Mauer entlangführt. Auf der anderen Flussseite steht der Tempel **Hanwen Gong Ci** (10. Jh.), weiter unten am Fluss die verfallene Pagode **Fenghuang Ta** aus der Ming-Ära.

Guangji Men, Chaozhou

Kaiyuan Si
Kaiyuan Lu. *tägl.*

Shenzhen ❸

深圳

100 km südöstlich von Guangzhou. *12 Mio.* *von Hong Kong und Macau.* *1064 Yanhe Lu, (0755) 8232 6437.*

Shenzhen war eine der ersten Städte, die im Rahmen von Deng Xiaopings Reformen in den späten 1980er Jahren zur Sonderwirtschaftszone erklärt wurden. Der Status verwandelte die kleine Gemeinde bei Hong Kong innerhalb weniger Jahre in eine boomende Metropole. Heute ist Shenzhen ein wichtiges Wirtschafts- und Verkehrszentrum und weist das höchste Pro-Kopf-Einkommen in China auf. Am westlichen Stadtrand gibt es einige Themenparks. **Splendid China** und **Window on the World** zeigen Modelle von berühmten Monumenten wie Eiffelturm und Chinesische Mauer. Das **Folk Culture Village** widmet sich mit Pavillons und Tanzaufführungen Chinas Traditionen. Bei Shatoujiao im Osten präsentiert **Citic Minsk World** einen russischen Flugzeugträger mit Flugzeug.

Shenzhen-Themenparks
Guangshen Expressway, Shenzhen Bay. *tägl.* **Citic Minsk World** *tägl.*

Flugzeug auf einem russischen Flugzeugträger, Citic Minsk World, Shenzhen

Hotels und Restaurants in Guangdong & Hainan *siehe Seiten 565f und 591*

Sun Yat-sen

Vielen gilt Dr. Sun Yat-sen, der die Absetzung der letzten chinesischen Kaiser-Dynastie und die Errichtung einer Republik plante, als Vater des modernen China. Er wurde 1866 in Guangdong geboren, studierte Medizin und wurde stark von Hong Xiuquan *(siehe S. 422)* beeinflusst, dem Anführer des Taiping-Aufstands. Sun Yat-sen selbst initiierte 1895 einen Aufstand in Kanton.

Sun heiratet Soong Qingling, 1915

Nach dessen Scheitern floh er aus dem Land und verbrachte 15 Jahre im Exil in Asien, Europa und den USA, wo er für seine Sache warb. Er war im Ausland, als die Qing-Dynastie 1911 fiel, dennoch wurde er am 1. Januar 1912 Präsident der neuen Republik. Schon im Februar musste er zurücktreten. Bis zu seinem Tod 1925 bemühte sich Sun Yat-sen um die Wiedervereinigung Chinas.

»Die Welt gehört allen« *lautet ein Slogan, der Sun Yat-sens demokratisches Verständnis zeigt: das Recht zu wählen und abzuwählen und damit die Macht der Legislative in den Händen des Volkes.*

Sun Yat-sen *in seinem Büro in Guangzhou, von dem aus er das Ziel eines demokratischen, vereinten China verfolgte.*

Chiang Kai-shek *(stehend), der wie Sun Yat-sen eine Soong-Schwester* (siehe S. 198) *heiratete, benutzte Suns Theorien, um seine Herrschaft zu rechtfertigen.*

Über die neue Regierung *wird 1911 verhandelt, bevor Sun Yat-sen (zweiter von links) Präsident wird. Sun trat zugunsten des kaiserlichen Generals Yuan Shikai zurück, der sich 1913 zum Kaiser erklärte und damit einen Bürgerkrieg auslöste.*

Als General *posierte Sun Yat-sen 1922, nachdem er in Guangzhou eine Militärregierung errichtet hatte – Basis der nationalistischen Kuomintang.*

Am Nationalfeiertag *sieht man auf dem Tian'an-Men-Platz Bilder von Sun Yat-sen einträchtig neben Bildern von Marx und Engels. Trotz seiner Verbindung mit der Kuomintang und seiner Ablehnung des Klassenkampfs gilt Sun Yat-sen bis heute als Revolutionär und Wegbereiter des Kommunismus.*

Guangzhou ❹

广州

Bronze-*luohan*, Hualin Si

Guangdongs Hauptstadt – die Europäer nannten Stadt und Provinz im 19. Jahrhundert »Kanton« – ist eine alte Hafenstadt. Schon während der Tang-Ära gab es Handelsbeziehungen mit Asien. Eine große muslimische Gemeinde entstand. Später setzten die ersten westlichen Kaufleute hier ihren Fuß auf chinesischen Boden. Heute ist Guangzhou eine wohlhabende Stadt. In letzter Zeit wurden neue U-Bahn-Linien gebaut und viele alte Gebäude restauriert. Zu den Sehenswürdigkeiten zählen das 2000 Jahre alte Grab und die ausgegrabenen Palastgärten der Nan-Yue-Könige. Die Insel Shamian im Süden der Stadt war eine ausländische Konzession und besitzt noch viele Kolonialbauten.

Hülsenfrüchte, Getreide und Gewürze auf dem Qingping-Markt

Qingping-Markt

Qingping Lu. Ⓜ *Huang Sha.*
◯ *tägl.*

Gegenüber der Straße zur Insel Shamian *(siehe S. 300f)* befindet sich einer der größten und berühmtesten Märkte Chinas. Angeboten werden Arzneikräuter, Gewürze, Gemüse, Getreide, getrocknete Meeresfrüchte, Fisch, Fleisch und lebende Tiere, darunter Katzen und Hunde. Die Atmosphäre des Markts mag für zartbesaitete Besucher vielleicht etwas zu heftig sein, doch viele betrachten das Ambiente als den Inbegriff von Authentizität.

Hualin Si

Nahe Changshou Lu. ☎ *(020) 8139 6228.* Ⓜ *Changshou Lu.* ◯ *tägl.*

Der meistbesuchte buddhistische Tempel der Stadt wurde 526 gegründet und war einer der Schreine, die Bodhidarma, der indische Gründer des Chan-Buddhismus *(siehe S. 159)*, besuchte. Hualin Si ist berühmt für seine Haupthalle, die 500 Statuen von *luohan* oder *arhat (siehe S. 31)* birgt. Eine von ihnen – die Figur mit breitkrempigem Hut – soll Marco Polo sein.

Gläubige vor einem Räuchergefäß, Hualin Si

Shi Shi Jiaotang

56 Yide Lu. Ⓜ *Haizhu Guangchang.*

Die neogotische römisch-katholische Kirche heißt auch Sacred Heart Church und wurde von den Franzosen zwischen 1863 und 1888 gebaut. Das Areal wurde Frankreich als Ausgleich für seine Verluste im Zweiten Opiumkrieg überlassen. Die zwei Kirchtürme sind 58 Meter hoch. Die vier Glocken wurden in Frankreich gegossen.

Institut der Bauernbewegung

42 Zhongshan Lu. ☎ *(020) 8387 3066.* Ⓜ *Nongjiang Suo.* ◯ *Di–So 9–16 Uhr.*

In dem Konfuzius-Tempel aus der Ming-Zeit kann man sich mit der revolutionären Vergangenheit der Stadt beschäftigen. 1924 wurde der Bau eine Schule für revolutionsbereite Bauern, auch Mao Zedong und Zhou Enlai *(siehe S. 250)* lehrten hier. Die Schule schloss 1927 nach dem Guangdong-Aufstand, bei dem 5000 Menschen unter General Chiang Kai-shek *(siehe S. 66)* zu Tode kamen.

Nan-Yue-Palastgärten

Zhongshan Lu. Ⓜ *Nongjiang Suo.* ◯ *tägl. 9–12, 14.30–17.30 Uhr.*

Die Ausgrabungsstätte zeigt die Gärten, die vor 2000 Jahren den Palast von Zhao Tuo, dem Gründer des Nan-Yue-Königreichs *(siehe S. 300)*, umgaben. Zhao Tuo war ein Qin-General aus der Provinz Hebei und gründete nach dem Fall der Qin-Dynastie ein eigenes Reich. Die Stätte ist überdacht, ein erhöht verlaufender Pfad führt an den Sehenswürdigkeiten vorbei. In der südwestlichen Ecke des Geländes kommt man zu den Resten eines Docks, das aus der Zeit der Qin-Dynastie stammt. Ein recht überschaubares Museum präsentiert u.a. Steintafeln, Säulen und Dachziegel, von denen zahlreiche mit der Inschrift »Panyu«, Guangzhous ursprünglichem Namen, versehen sind.

Huaisheng-Moschee

56 Guangta Lu. M *Xi Men Kou.*
nur für Muslime zugänglich.

Die Moschee zählt zu den ältesten in China. Abu Waqas *(siehe S. 300f)* soll sie während der Tang-Dynastie gegründet haben. Die meisten Teile des Gebäudes sind neu. Es gibt allerdings ein altes Minarett im islamischen Stil und viele Stein-Stelen.

Guangxiao Si

109 Guangxiao Lu.
(020) 8108 9831. M *Xi Men Kou.* *tägl.*

Guangxiao Si, der Tempel der Glorreichen Kindesliebe, stammt von den Westlichen Han und ist eine der interessantesten Sehenswürdigkeiten. Er wurde über dem Palast des letzten Nan-Yue-Königs errichtet und im 5. Jahrhundert ein Tempel. Später besuchte ihn Bodhidarma, der Gründer des Chan-Buddhismus. Keines der Originalgebäude ist erhalten. Die meisten Hallen stammen aus dem 19. Jahrhundert, darunter die Haupthalle mit Säulen und mehreren Buddha-Statuen. Die drei Pagoden dahinter sind alt: Eine wurde 676 über einem Haar von Hui Neng, dem in Guangzhou geborenen 6. Zen-Patriarchen (638–713) erbaut. Die anderen beiden stammen aus dem 10. Jahrhundert.

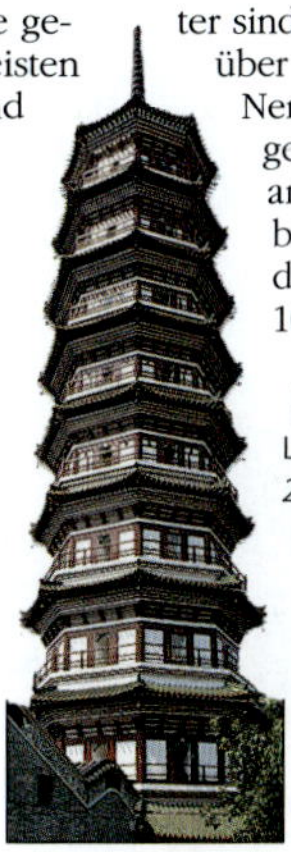

Alte Pagode, Guangxiao Si

Liu Rong Si

Liurong Lu. *(020) 8339 2843.* M *Gongyuan Qian.*
tägl. 8–17 Uhr.

Liu Rong Si, der Tempel der Sechs Banyan-Bäume, wurde 537 gegründet, um einen Teil der Asche Buddhas zu bergen, die aus Indien hierher gebracht und in Hua Ta, der Blumen-Pagode, aufbewahrt wurde. 1097 wurde die Anlage umgebaut. Die 57 Meter hohe, achteckige Pagode sieht von außen aus, als habe sie neun Stockwerke – es sind aber 17, die sich zu besteigen lohnen. Das geschwungene Holzdach weist feine Schnitzereien auf: Vögel, Insekten und Löwen. Ganz oben ist eine Bronzesäule mit meditierenden Figuren. Vom Originaltempel, der mit Hui Neng in Zusammenhang gebracht wird, ist wenig übrig. Die Halle des 6. Patriarchen enthält seine Bronzestatue (989). Den Namen bekam der Tempel vom Song-Dichter Su Dongpo *(siehe S. 304)*, der die Banyan-Bäume würdigte. Seine kalligrafischen Schriftzeichen für »Liu Rong« sind über dem Portal in Stein gemeißelt.

INFOBOX

150 km nordwestlich von Hong Kong. *3,1 Mio. (Großraum 9,5 Mio.).* *Bahnhof Guangzhou und Ostbahnhof.* *Bahnhof für Provinzbusse, Busbahnhöfe Liuhua und Tianhe.* *nach Hong Kong vom Hafen von Nanhai.* *179 Huanshi Xi Lu, (020) 8666 6889.*

Chen Jia Ci
Zhongshan Qi Lu. *(020) 8181 4371* *Chen Jia Ci.* *tägl. 8.30–17 Uhr.*
Gebaut wurde der Tempel 1890 mit Spendengeldern des Chen-Clans. Er sollte als Stätte zur Ahnenverehrung, aber auch als Schule dienen. Chen Jia Ci weist den typischen farbenprächtigen Stil der Tempel Südchinas auf: Sie wirken weniger streng. Die Hallen sind in der Regel niedriger und breiter. Die Dächer, gelegentlich auch die Fassaden und – wie hier – die erste Halle sind mit fantastischen Schmuckornamenten und Figuren aus chinesischen Opern verziert.

Nan-Yue-Grab
867 Jiefang Bei Lu. *(020) 3618 2920.* *Yuexiu Gongyuan.* *tägl. 9–17.30 Uhr (letzter Einlass 16.45 Uhr).*
Das Grab von Zhao Mo, dem Enkel von Zhao Tuo, einem Qin-General aus der Provinz Hebei, ist rund 2000 Jahre alt. Der General wurde 214 v. Chr. hierhergeschickt, um Südchina unter Kontrolle zu halten. Nach dem Fall der Qin-Dynastie etablierte Zhao Tuo das Nan-Yue-Königreich, das die Han-Könige kurz nach dem Tod seines Enkels wieder auflösten. Das Grab enthält schöne Beigaben aus Gold und Edelsteinen, darunter ein Totenkleid aus Jade. Viele Beschriftungen sind auch auf Englisch. Ein Video zeigt die Ausgrabungen im Jahr 1983.

Orchideengarten und Islamischer Friedhof
Jiefang Bei Lu. *Yuexiu Gongyuan.* *tägl. 6–21 Uhr.*
In dem hübschen Garten gibt es Bambushaine und von Palmen beschattete Teiche. Die Blütezeit der Orchideen in den Gewächshäusern reicht vom Winter bis zum Frühling.

An der Westecke des Gartens liegt der Friedhof. Eines

Relief mit einer Szene aus einer Oper, Fassade des Chen Jia Ci

Insel Shamian

沙面岛

Die Insel, die nach dem Zweiten Opiumkrieg (1856–60) an Frankreich und Großbritannien verpachtet wurde, ist nur eine 800 Meter lange Sandbank. Die Franzosen ließen sich im Osten nieder, die Briten im Westen. Dazwischen füllten sich die Straßen mit europäisch anmutenden Villen, Banken und Kirchen. Den Chinesen war es damals verboten, die Insel zu betreten. Deshalb gab auf diesem merkwürdigen Außenposten lange Zeit europäischer Lebensstil den Ton an – vielleicht als Ausgleich dafür, dass die Europäer zuvor ihre Lagerhäuser in den Häfen nicht verlassen durften.

Kanone im Shamian-Park
Die beiden Kanonen im Shamian-Park wurden in der benachbarten Stadt Foshan gegossen und kamen bei den Opiumkriegen Mitte des 19. Jahrhunderts zum Einsatz.

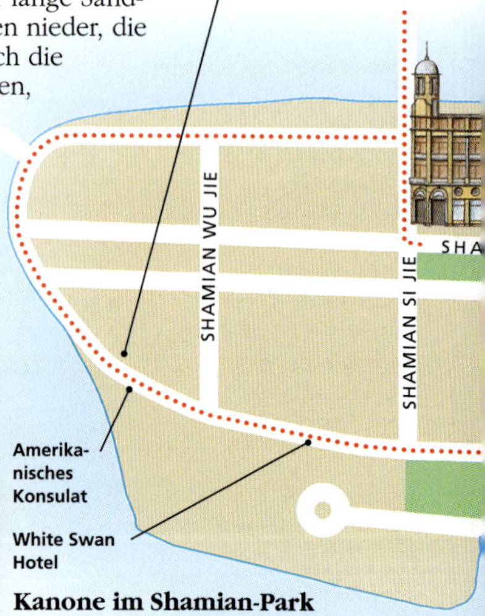

Die Christ Church diente der protestantischen britischen Gemeinde im Westen als Gotteshaus.

Amerikanisches Konsulat

White Swan Hotel

der Gräber soll das von Abu Waqas sein, dem Onkel des Propheten, der den Islam nach China gebracht haben soll. Der Friedhof ist nur für Muslime zugänglich.

Yuexiu Gongyuan

Jiefang Bei Lu. *Yuexiu Gongyuan.*
Mit 90 Hektar ist der Yuexiu-Park einer der größten städtischen Parks in China. Die Straßen Huanshi Zhong Lu und Qingyuan Lu durchziehen ihn. Das auffälligste Gebäude ist die **Sun-Yat-sen-Gedenkhalle** im südlichsten Abschnitt der Dongfeng Zhong Lu. Sie wurde 1931 im traditionellen Stil mit blau gedecktem Dach erbaut und markiert die Stelle, wo Sun Yat-sen *(siehe S. 297)* 1923 zum Präsidenten Chinas ausgerufen wurde.

Die meisten anderen Sehenswürdigkeiten liegen in der Mitte des Parks, darunter die **Statue der fünf Widder**, ein Symbol der Stadt, das auf den Entstehungsmythos eingeht. Guangzhou soll von Fünf Unsterblichen gegründet worden sein, die auf fünf Widdern ritten und Getreide gegen Hungersnöte pflanzten.

Nicht weit entfernt ist das **Stadtmuseum** im Zhenhai Lou untergebracht, einem Wachturm aus der Ming-Zeit. Seine 1200 Exponate datieren von 4000 v. Chr. bis heute.

Sun-Yat-sen-Gedenkhalle, Yuexiu Gongyuan

Kunstmuseum

13 Luhu Lu. *(020) 8365 9337.*
Mo–Fr 9–17, Sa, So 9.30–16.30 Uhr.
Das Museum präsentiert bekannte, zeitgenössische chinesische Künstler. Unter den Werken der Dauerausstellung sind Arbeiten des politischen Cartoonisten Liao Bingxiong, der 1958 wegen seiner Rechtstendenzen verboten wurde.

Fassade in der Shamian Da Jie
Das Bankhaus ist typisch für den europäischen Kolonialstil. An den restaurierten Gebäuden in der Shamian Da Jie weisen Tafeln auf den ursprünglichen Inhaber hin.

Our Lady of Lourdes
Die katholische Kirche war das Zentrum der französischen Gemeinde, die sich im Ostteil der Insel etabliert hatte.

Schlafzimmer in Sun Yat-sens Residenz, Cuiheng

Cuiheng ❺
翠亨

30 km östlich von Zhongshan Stadt. *von Zhongshan und Zhuhai.*

Der Kreis Zhongshan, rund 90 Kilometer südlich von Guangzhou, war die Heimat von Sun Yatsen *(siehe S. 297)*, dessen Mandarin-Name Sun Zhongshan lautet. Der Revolutionsführer wurde 1866 im Dorf Cuiheng am Rand der Kleinstadt Zhongshan geboren. Das Haus, in dem er zwischen 1892 und 1895 mit seinen Eltern lebte, ist Teil eines Gedächtnisparks. In unmittelbarer Nähe wurden andere Häuser aus derselben Zeit renoviert, die ebenfalls zu besichtigen sind.

Sun Yat-sens Residenz
Cuiheng Dadao. *(0760) 8550 1878.* *tägl. 9–17 Uhr.*

Foshan ❻
佛山

28 km südwestlich von Guangzhou. *5,3 Mio.* *Minibusse von Guangzhou.* *14 Zumiao Lu, (0757) 8222 3828.*

Foshan ist seit der Song-Dynastie für seine feinen Keramikarbeiten bekannt, vor allem für Figurinen mit hellblauer Glasur. Das Touristenbüro organisiert Besichtigungen der Keramikfabriken. Weitere Handwerkskunst sieht man im **Foshan Folk Art Studio**, das im ehemaligen Ming-Tempel Renshou Si im Süden untergebracht ist. Der daoistische Tempel **Zuci Miao** wurde 1080 gegründet. Er ist prächtig mit Keramikfiguren geschmückt, die im nahen Shiwan gefertigt wurden und Szenen aus traditionellen Opern (Kanton-Opern) und Volkssagen darstellen. Nahe dem Eingang stehen in einem Garten Kanonen, die in den Opiumkriegen gegen Großbritannien zum Einsatz kamen.

Steindach am Tempel Zuci Miao, Foshan

Foshan Folk Art Studio
Zumiao Lu. *(0757) 8225 4052.* *tägl.* **www.fsfolkart.com**

Zuci Miao
21 Zumiao Lu. *tägl. 8.30–19.30 Uhr.*

Zhaoqing ❼
肇庆

110 km westlich von Guangzhou. *3,9 Mio.* *nach Hong Kong.* *90 Tianming Bei Lu, (0758) 222 9908.*

In der attraktiven Stadt lebte im 16. Jahrhundert der italienische Jesuit Matteo Ricci, bevor der Ming-Kaiser Wanli ihn an den Hof nach Beijing rief. Heute ist Zhoaqing u.a. wegen des **Qixing Yan** (Sieben-Sterne-Felsen), der zwei Kilometer nördlich liegt, bekannt. Bei einem See bilden die meist im Dunst liegenden Gipfel die Konstellation des Großen Bären. Man sagt, es seien vom Himmel gefallene Sterne. Wege und Brücken verbinden die Gipfel.

Eine Sehenswürdigkeit in der Stadt ist **Chongxi Ta** am Xi Jiang, die höchste Pagode Guangdongs aus der Ming-Zeit. Reste der alten **Stadtmauer** sind noch in der Jianshe Lu zu sehen. Im Westen steht das **Pflaumen-Kloster**, das mit Hui Neng, dem 6. Zen-Patriarchen, in Verbindung gebracht wird.

Mit dem Bus erreicht man schnell das bewaldete Gebiet **Dinghu Shan** nordöstlich der Stadt, durch das zahlreiche schöne Wanderwege führen.

Qixing Yan
(0758) 223 4728.
tägl. 7.30–17.30 Uhr.

Der Piyun-Turm auf der alten Stadtmauer von Zhaoqing

Tor des Tempels Feilai Gusi am Ufer des Bei Jiang

Feilai und Feixia 8
飞来 和 飞霞

85 km nordwestlich von Guangzhou. *nach Qingyuan.* *tägl. 8 Uhr ab Qingyuan.*

Die geschäftige Marktstadt Qingyuan ist Ausgangspunkt zu den zwei Klöstern **Feilai** und **Feixia** am Bei Jiang (Nordfluss), die nur mit der Fähre zu erreichen sind. Die Boote legen frühmorgens ab und kommen nachmittags zurück. Man sieht auf der Fahrt Kormoranfischer auf ihren *sampans*.

Feilai Gusi, der erste der beiden Tempel, wurde vor rund 1400 Jahren gegründet und liegt am steilen Abhang einer Schlucht. Stufen führen vom Fluss zum Tor. Die Gebäude stammen überwiegend aus der Ming-Zeit. Der Weg durch die Anlage führt zu einem modernen Pavillon mit schöner Aussicht.

Ein kurzes Stück weiter in der Schlucht stößt man auf Feixia Gusi, eine Anlage aus zwei daoistischen Tempeln: Feixia und Cangxia (spätes 19. Jh.). Feixia ist wesentlich größer. Seine Steinhallen und -tempel sind von Mauern umgeben. Cangxia liegt höher auf einem Hügel und besitzt schöne Fresken. Er wurde während der Kulturrevolution schwer beschädigt und wird gegenwärtig restauriert.

Shaoguan 9
韶关

200 km nördlich von Guangzhou.

Shaoguan selbst hat nur wenige Attraktionen zu bieten, darunter Fengcai Lou, die Rekonstruktion eines alten Stadttors, und das im Jahr 600 gegründete Dajian-Chan-Kloster. Doch in der Nachbarschaft gibt es drei interessante Orte: **Nanhua Si**, der Südliche Blumen-Tempel, liegt 25 Kilometer südöstlich. Er wurde 502 gegründet und wegen seiner Verbindung mit Bodhidarma berühmt, dem Gründer des Chan-Buddhismus (Zen-Buddhismus), der hier 36 Jahre lang meditierte. In einer der Hallen steht eine Statue von Bodhidarma. Sie soll aus dem Abdruck seines Leichnams gefertigt sein. Eine andere ungewöhnliche Statue ist ein Mönch, der auf Stelzen geht. Im Glockenturm hängt eine 700 Jahre alte Bronzeglocke, die zur Zeit der Song-Dynastie gegossen wurde.

Statue eines Mönchs, der auf Stelzen geht, Nanhua Si

50 Kilometer nordöstlich von Shaoguan erstreckt sich am Ufer des Flusses Jin **Danxia Shan**, ein 290 Quadratkilometer großer Naturpark. Hier gibt es zahlreiche faszinierende Felsformationen. Wege führen zu den Gipfeln. Per Boot oder Bus kann man weiter zum Danxia Shan selbst fahren. Sein Name »Berg der Roten Wolke« bezieht sich auf die leuchtend roten Sandsteinfelsen. Einige Wege führen zu Klöstern am Berg.

18 Kilometer südlich von Shaoguan liegt **Shizi Yan**, eine Höhle, in der Überreste unseres Urahns, des *Homo erectus*, gefunden wurden. Ein Museum stellt Pfeilspitzen, Tongefäße und Artefakte von anderen prähistorischen Stätten in der Gegend aus.

Nanhua Si
(0751) 650 1223. *tägl. 7–18 Uhr.*

Danxia Shan
tägl.

Shizi Yan
tägl.

Hainan ⑩

海南

Auch wenn Chinas größte Insel schon in der Han-Zeit zum chinesischen Reich kam, blieb sie doch bis ins 20. Jahrhundert sehr abgeschieden – ein Ort des freiwilligen oder unfreiwilligen Exils, an dem das Volk der Li bis in die 1930er Jahre ein Leben als Jäger und Sammler führen konnte. 1988 wurde Hainan zur Sonderwirtschaftszone erklärt. Ein Boom setzte ein, der jedoch zahlreiche Bauruinen hinterließ, nachdem die Geldquellen versiegt waren. Dennoch hat die Inselprovinz einiges zu bieten: tropische Strände um die Stadt Sanya im Süden, Berglandschaften im Südwesten und Kaffeeplantagen an der Ostküste.

Fisch wird in Xincun an der Ostküste zum Trocknen ausgelegt

Haikou

480 km nördlich von Sanya. *1,4 Mio.* *Fähren zum Festland am Xingang-Pier.*

Die Hauptstadt der Insel, die wie eine tropische asiatische Stadt wirkt, ist ein betriebsamer Hafen und Verkehrsknotenpunkt. Im Südosten steht der **Wugong Ci**, der Gedächtnistempel für die Fünf Beamten. Er wurde in der Ming-Ära erbaut, um eine Gruppe von Gelehrten zu ehren, die in der Tang- und Song-Zeit wegen ihrer regimekritischen Haltung hierher verbannt worden waren. Eine der Hallen erinnert an den Song-Dichter Su Dongpo, der 1097–1100 hier im Exil war.

Westlich des Zentrums steht bei **Xiuyang** eine Festung, die China im 19. Jahrhundert zum Schutz gegen die Franzosen baute. Ihre sechs Kanonen waren unterirdisch miteinander verbunden. Weiter südwestlich liegt das Grab von **Hai Rui**, einem Ming-Beamten, der wegen Kritik ins Inselexil verbannt wurde.

Tongshi und das Hochland im Inselinneren

Tongshi 416 km südwestlich von Haikou. *von Sanya und Haikou.* **Nationality Museum** *tägl.*

Die Gebirgsregion im Inselinneren ist sehr ansprechend, man kann zudem die Kultur der Minderheiten kennenlernen. Größte Stadt ist das hübsche **Tongshi**, die Hauptstadt der autonomen Verwaltungsregion der Li und Miao. Das **Nationality Museum** vermittelt gute Einblicke in Hainans Geschichte und Kultur. In Tongshis Umgebung gibt es Überreste traditioneller Li-Häuser und -Scheunen. Rund 50 Kilometer nordöstlich erhebt sich der 1867 Meter hohe **Wuzhi Shan**, der den Li heilig ist. Die Wanderung zum Gipfel ist relativ leicht zu bewerkstelligen. Ebenfalls im Nordosten von Tongshi liegt die Kleinstadt **Qiongzhong** in landschaftlich schöner Umgebung mit dem 300 Meter hohen Wasserfall Baihua Shan.

Ostküste

Wenchang 109 km südöstlich von Haikou. **Overseas Chinese Tropical Farm** *(0898) 6362 2808.* *tägl.*

Die Stadt **Wenchang** ist Heimat der Vorfahren der Soong-Schwestern *(siehe S. 198)*, von denen zwei, Qingling und Meiling, die Revolutionsführer Sun Yat-sen und Chiang Kai-shek heirateten. Attraktiv sind hier vor allem die Strände und Kokospalmenhaine bei Dongjiao Yelin. Etwa 100 Kilometer südlich, am Rand von Wanning, bildete der **Dongshan Ling** eigenartige Felsformationen. Noch weiter im Süden liegt Xinglong, das in ganz China für seinen Kaffee bekannt ist.

Drei Kilometer südlich der Stadt bieten die **Xinglong Tropical Botanical Gardens** Kaffee- und Teeproben an. Auf Xinglongs **Overseas Chinese Tropical Farm** leben über 20000 Menschen, die aus Vietnam und anderen Ländern Südostasiens emigrierten, um ihren Lebensunterhalt in der Kaffee- und Gummiproduktion zu verdienen. Südlich von Xinglong liegt **Lingshui**, die Hauptstadt des autonomen Kreises Lingshui Li – Heimat vieler Li, deren Vorfahren bereits um 200 v. Chr. auf Hainan lebten. Hier erinnert das Communist Museum an Chinas erste kom-

Kalligrafie am Dongshan Ling

Der geruhsame, von Palmen gesäumte Strand an der Yalong Bay

munistische Regierung, die 1928 in Hainan gebildet wurde. Die Straßen in Lingshui haben sich seit dem frühen 20. Jahrhundert wenig verändert. Häuser und Läden wirken altmodisch.

Zehn Kilometer südlich von Lingshui leben in **Xincun** viele Hakka *(siehe S. 290)*. Von hier bietet sich ein Tagesausflug auf die Insel Nanwan Houdao (Affeninsel) an, auf der eine Kolonie Guangxi-Makaken ihr Zuhause hat.

Sanya und Südküste

480 km südlich von Haikou.
500 000.

Hainans Hauptattraktionen sind die Tropenstrände im Süden nahe der Stadt Sanya – der belebteste ist **Dadonghai** südlich der Stadt mit Hotels, Restaurants und Läden. Der schönste Strand liegt östlich der Stadt in der **Yalong Bay** mit Sand auf einer Länge von sieben Kilometern. Der Strand bei **Tianya Haijiao**, 25 Kilometer nordwestlich, ist bekannt, weil sein Felsen auf der Zwei-Yuan-Banknote abgebildet ist. Zwei Stunden braucht das Boot zur Insel **Ximaozhou**, wo man wandern und schnorcheln kann.

Infobox

25 km südlich von Guangdong.
8,5 Mio. (Provinz).
Zugfähre von Guangzhou.
von Beihai, Shenzhen und Guangzhou. *17 Datong Lu, Haikou, (0898) 6675 7455.*
San-Yue-San-Fest des Li-Volks (3. Tag des 3. Mondmonats).

Jianfeng-Ling-Naturreservat

115 km nordwestlich von Sanya.
nach Dongfang (Basuo) von Sanya, dann lokaler Bus. *tägl.*

Hier erstreckt sich hoch im Bergland Regenwald. Man kann unter Riesenbäumen und zwischen Farnen wandern sowie Vögel und Schmetterlinge beobachten.

citibank
Bank of America
Bank of America

Hong Kong & Macau

Obwohl Hong Kong und Macau keine besonders lange Geschichte vorweisen können, sind es reiche und faszinierende Gebiete. Ihre Besonderheit entwickelte sich aus ihrer Sonderstellung als britische bzw. portugiesische Kolonie. Auch nach der Rückgabe an China 1997 (Hong Kong) bzw. 1999 (Macau) blieben beide Sonderverwaltungszonen.

Die Portugiesen waren die ersten Europäer, die 1557 an der »A-Ma Gau«, der Bucht der regionalen Schutzgottheit A-Ma, eine Handelsniederlassung gründeten. Heute ist Macau (dt. auch Macao) eine bezaubernde Hafenstadt mit pastellfarbenen Häusern und glitzernden Spielbanken, die – zusammen mit dem Tourismus – die Haupteinnahmequelle Macaus bilden.

1840 überzog Großbritannien China mit dem Ersten Opiumkrieg, in dem die Briten Hong Kong Island als Marinestützpunkt nutzten. Der Vertrag von Nanking sprach Hong Kong den Briten zu. 1860 erwarben sie Kowloon. Schließlich pachteten sie 1898 die New Territories für den Zeitraum von 99 Jahren. Vor der Besetzung durch die Briten war Hong Kong ein kleines Fischerdorf, danach entwickelte es sich schnell zum ostasiatischen Handelszentrum. Auch von der vierjährigen Besetzung durch Japan im Zweiten Weltkrieg erholte sich Hong Kong rasch. Während und nach dem Chinesischen Bürgerkrieg, vor allem in den Jahren 1945–49, suchten Hunderttausende hier Zuflucht. Als britische Kronkolonie wurde Hong Kong ein dicht und vor allem hoch bebautes internationales Handels-, Industrie- und Finanzzentrum, das der Autor Pico Iyer einmal als »Traum von Manhattan im Südchinesischen Meer« beschrieb.

Räucherspiralen im daoistischen Man-Mo-Tempel, Hong Kong

◁ **Schiffe wie die Star Ferry wirken wie Spielzeug vor Hong Kongs Hochhäusern**

Hong Kong & Macau im Überblick

Das Zentrum von Hong Kong (dt. auch Hongkong) ist durch den Victoria Harbour zweigeteilt: Die Hauptsehenswürdigkeiten, kulturellen Attraktionen, Läden und Restaurants liegen am Nordufer von Hong Kong Island und an der Südspitze von Kowloon. Zwischen Kowloon und der VR China erstrecken sich die New Territories, hauptsächlich moderne Schlafstädte. Die anderen großen Inseln – Lamma, Cheung Chau und Lantau – liegen westlich von Hong Kong Island. Dahinter kommt Macau. Die Grenzüberschreitung vom chinesischen Festland nach den Sonderverwaltungszonen Macau oder Hong Kong gilt als Ausreise aus der Volksrepublik.

Zur Orientierung
Siehe Karte S. 276f

Sehenswürdigkeiten auf einen Blick

Historische Stätten, Viertel und Orte
Aberdeen 27
Causeway Bay 3
Central 1
Escalator 8
Hollywood Road 9
Lan Kwai Fong 7
Macau S. 326–329 35
Mauerdörfer 24
Nathan Road 15
Stanley 31
Tsim Sha Tsui Waterfront 13
Wan Chai 2

Museen
Heritage Museum 21
Hong Kong Museum of Art 14
Hong Kong Museum of History 17
Hong Kong Science Museum 16

Parks, Gärten und Landschaften
Deep Water Bay und Repulse Bay 29
Hong Kong Zoological and Botanical Gardens 5
MacLehose Trail 26
Mai-Po-Feuchtgebiet 25
Sai Kung Town und die Strände der Halbinsel 23
Victoria Peak S. 312f 6

Tempel und Klöster
Hong Kong Life Saving Society 30
Man-Mo-Tempel 10
Wong-Tai-Sin-Tempel 20
Zehntausend-Buddha-Kloster 22

Weitere Attraktionen
Happy Valley Racecourse 4
Ocean Park 28
Star Ferry 12

Läden und Märkte
Märkte von Sheung Wan 11
Temple Street Market und Jademarkt 18
Vogel- und Blumenmarkt 19

Inseln
Cheung Chau 33
Lamma 32
Lantau 34

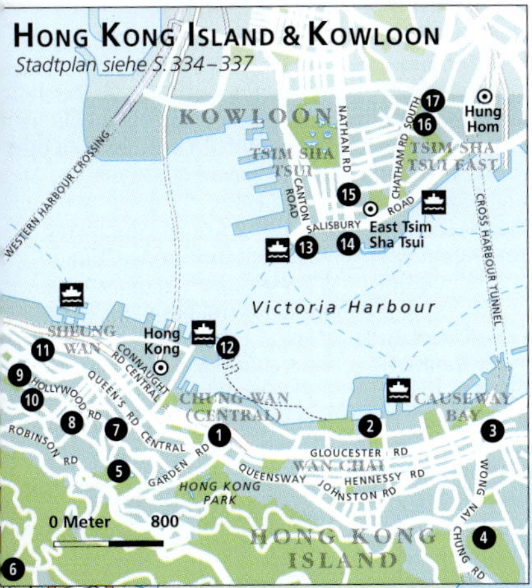

In Hong Kong und Macau unterwegs

Das eng bebaute Zentrum Hong Kongs erkundet man am besten zu Fuß. Die effiziente MTR (Mass Transit Railway) hat Stationen im Zentrum und eine schnelle Linie zum Flughafen. Die KCR (Kowloon–Canton Railway) verbindet das Zentrum mit den New Territories und Festlandchina *(siehe S. 632)*. Busse, Trams und Taxis findet man an allen Knotenpunkten, sie sind im internationalen Vergleich preiswert. Die Star Ferry *(siehe S. 315)* verkehrt zwischen Hong Kong Island und Kowloon. Fähren fahren regelmäßig zu den großen Inseln (Fahrpläne zum öffentlichen Nahverkehr auf www.td.gov.hk). Die Schnellfähren nach Macau legen an einem eigenen Terminal westlich der Inselfähren ab.

Siehe auch

- ***Hotels*** S. 566f
- ***Restaurants*** S. 592f

Der Two IFC Tower in der Nähe des Star Ferry Terminal

Central ❶

中環

Hong Kong Island. **Stadtplan** 2 C3. *Central.* *Star Ferry von Kowloon.*

Die glänzenden Türme der Banken und Firmen werfen ihre Schatten über die Straßen des Finanz- und Verwaltungsviertels im Zentrum. Außer dem **Statue Square** im Herzen von Central gibt es hier wenige tatsächliche Sehenswürdigkeiten, denn die vielen Kolonialgebäude sind längst verschwunden. Platz war in Hong Kong schon seit der britischen Übernahme 1841 knapp, und so entstanden auf Hong Kong Island und Kowloon zahlreiche Hochhäuser.

Das Zentrum erkundet man am besten zu Fuß. Am Statue Square steht das einzige, aus der Kolonialzeit übrig gebliebene Gebäude, das elegante neoklassizistische **Legislative Building** von 1911. Ganz oben thront eine Statue der Themis, der griechischen Göttin der Gerechtigkeit, mit verbundenen Augen. Einst residierte hier Hong Kongs Oberster Gerichtshof. Heute ist es der Sitz des Legislative Council (Legco). Unter historischen Gesichtspunkten ist der Platz eine Enttäuschung, nicht jedoch unter modern-architektonischen. Der nach Feng-Shui-Gesichtspunkten mit offenen Stahlträgern konzipierte Turm von **HSBC (Hong Kong & Shanghai Banking Corporation) Headquarters** ragt imposant empor. Der britische Architekt Sir Norman Foster entwarf damit eines der – bei der Fertigstellung 1985 – teuersten Gebäude Hong Kongs (Kosten: über fünf Milliarden HK$). Mit Rolltreppen kann man zur beeindruckenden Lobby hochfahren. Versäumen Sie nicht, die Pfoten der majestätischen Löwen vor dem Gebäude zu reiben – das soll Glück bringen.

Hinter dem HSBC-Gebäude ragt der Turm der **Bank of China** empor. Der in China geborene Architekt I. M. Pei entwarf ihn sachlich rechteckig und gegen alle Feng-Shui-Regeln. Manche Betrachter sind der Meinung, der Turm sei ein aggressives Statement, das die positiven Energien des HSBC aufhebe.

Nordwestlich des Statue Square, beim Star Ferry Terminal, steht Hong Kongs höchstes Gebäude. Gegenwärtig ist das 2003 fertiggestellte, 415 Meter hohe **Two International Finance Centre (IFC)** mit 88 Stockwerken das siebthöchste Gebäude der Welt. Nahebei wurden zwei neue Hotel- und Wohntürme hochgezogen. Die IFC Mall im Erdgeschoss des IFC ist eines der größten Einkaufszentren Hong Kongs. Man findet im Zentrum jedoch einige weitere Malls mit gehobenen Preisen, etwa **The Landmark**.

HSBC-Gebäude *(rechts)* am Statue Square und Bank of China *(links)*

Mittlerweile wurde gegenüber in Kowloon ein noch höheres Gebäude als der IFC Tower hochgezogen: das International Commerce Centre am Union Square mit 484 Metern Höhe.

Hong Kongs Geschichte wird derzeit in der Winter-Feriensaison in einer Light-and Sound-Show gezeigt. Dann ist die Skyline am Victoria Harbour hell erleuchtet. Riesige Bilder werden auf die Fassaden der Gebäude projiziert.

Das Dach des Convention & Exhibition Centre

Wan Chai ❷

灣仔

Hong Kong Island. **Stadtplan** 3 F3. *Wan Chai.* *Star Ferry von Kowloon.*

Richard Masons 1957 erschienener Roman *Suzie Wong* hat den Rotlichtbezirk Wan Chai weltberühmt gemacht. Heute findet man hier vor allem schicke Bars, Restaurants und Hotels vor. Die MTR-Station Wan Chai ist ein guter Ausgangspunkt für einen Bummel: Wenn Sie die Lockhart Road hinabgehen, stoßen Sie auf die wenigen Überbleibsel der wilden Vergangenheit in Form einiger Go-go-Bars.

Fünf Minuten geht man von der MTR-Station aus durch die Gloucester Road – dann steht man vor dem **Central Plaza**, bei seiner Eröffnung 1992 der höchste Wolkenkratzer Hong Kongs (374 m) und immer noch beeindruckend. Vom 46. Stock bietet sich eine prächtige Aussicht. Gegenüber auf der Harbour Road steht das 4,8 Milliarden HK$

eure **Convention & Exhibition Centre**. Die geschwungenen Dachlinien des Anbaus erinnern an einen losfliegenden Vogel. Hier fanden 1997 die Feierlichkeiten statt, als Großbritannien Hong Kong an China zurückgab. Durch Glaswände blickt man auf den Hafen. Außen gibt es eine Promenade und Sitzbereiche.

Causeway Bay ❸

銅鑼灣

Hong Kong Island. *Causeway Bay.* *ostwärts (nach Shau Kei Wan) fahrende Trams.*

Die glitzernden Neon-Fassaden riesiger Kaufhäuser wie Sogo und Times Square sowie Massen von Shoppern bestimmen den ersten Eindruck, wenn man aus der MTR-Station Causeway Bay auftaucht. Östlich davon erstreckt sich der **Victoria Park**, Hong Kongs größter Park, in dem man schwimmen, Tennis spielen oder Tai Chi praktizieren kann. In der Nähe des Hafens steht die **Noonday Gun**, die seit den 1840er Jahren täglich um 12 Uhr abgefeuert wird. Danach öffnet das zugehörige Gebäude für eine halbe Stunde, sodass man auf einer Tafel nachlesen kann, wie die Tradition (eine Wohltätigkeitsmaßnahme) entstand, die in Noël Cowards Song »Mad Dogs and Englishmen« beschrieben wird.

Der größte Teil der Causeway Bay ist aufgeschüttetes Land. Die natürliche Küstenlinie verlief einst am Tin-Hau-Tempel nahe der MTR-Station Tin Hau und war von britischen Lagerhäusern gesäumt.

Die historische Noonday Gun wird um 12 Uhr abgefeuert, Causeway Bay

Happy Valley Racecourse ❹

快活谷馬場 / 跑馬地馬場

Hong Kong Island. *Happy Valley.* *Informationen über Rennen unter* *1817.* **www**.hkjc.com/english

Die Rennbahn im Happy Valley vibriert während der Rennen vor Spannung. Die Rennen finden immer am Mittwochabend statt. Dann feuern Zehntausende ihre Favoriten lautstark an. Pferderennen ist eine Leidenschaft der Einwohner, eine der wenigen Gelegenheiten für legales Glücksspiel. Das Wettgeschäft liegt ausschließlich in den Händen des Hong Kong Jockey Club.

Früher war Happy Valley ein von Malaria geplagtes Feuchtgebiet. Zur Rennbahn wurde es, da es das größte flache Areal auf Hong Kong Island war. 1845 fand das erste Rennen statt. Heute haben bis zu 54 000 Zuschauer auf den Tribünen Platz. Die Saison dauert von September bis Juni. Ein kleines Museum erläutert die Geschichte.

Happy-Valley-Pferderennen

Viele Hong Konger sind geradezu süchtig nach Pferdewetten. Auf ein einziges Rennen im Happy Valley oder im Sha Tin auf den New Territories wird oft mehr Geld gesetzt als in Großbritannien während einer Woche. 2006/07 belief sich die Wettsumme auf unglaubliche 100 Milliarden HK$. Der Staat zieht von den Wettgeldern hohe Steuern ein. Mit der Einführung von Internet-Wetten sind die Einnahmen allerdings um zehn Prozent gesunken.

Spannendes Finish auf dem Happy Valley Racecourse

Hong Kong Zoological and Botanical Gardens ❺

香港動植物公園

Albany Road. **Stadtplan** 2 B4. *(0852) 2530 0154.* *Central.* *3B, 12, 12A, 12M.* **Zoo** *tägl. 6–19 Uhr.* **Park** *tägl. 6–22 Uhr.* **www**.icsd.gov.hk

Gegenüber dem Hong Kong Park (auf der anderen Seite des Cotton Tree Drive) liegt der Zoologische und Botanische Garten von 1864. Hier leben u. a. Lemuren, Orang-Utans und die weltweit größte Population von Gelbwangen-Schopfgibbons sowie in den Volieren viele farbenprächtige Vögel. Auch die seltenen China-Alligatoren sind vertreten. Alte Bäume liefern willkommenen Schatten. In der Stadtoase gibt es zudem einen Spielplatz, Skulpturen und Brunnen.

Victoria Peak ❻

維多利亞公園

Eine kühlende Brise vom Meer, schattige Wege unter Bäumen und eine grandiose Aussicht auf Stadt, Hafen und Inseln machen »The Peak« attraktiv. Seit den frühen Kolonialtagen wollte man hier wohnen, um der Sommerhitze und der Feuchtigkeit zu entgehen. Gouverneure und reiche Kaufleute ließen bereits ab Mitte des 19. Jahrhunderts ihre Häuser an den Hängen errichten. Die steilen Straßen ließen sie sich in Sänften hinauftragen. Viele Chinesen hatten Arbeit, indem sie die Vorräte hinaufschleppten. Als 1888 die Peak Tram gebaut wurde, verringerte sich der Zeitbedarf von einer Stunde auf angenehme zehn Minuten Fahrt. Lange Zeit war es Chinesen untersagt, auf dem Berg Grundbesitz zu erwerben. Heute steht dies jedem offen. Die Immobilienpreise rangieren unter den höchsten der Welt.

★ Gipfel-Rundweg
Auf dem drei Kilometer langen Weg eröffnen sich atemberaubende Blicke über Victoria Harbour im Norden und die Inseln im Süden.

Victoria Peak Garden
Ein steiler Weg führt zu der gepflegten Gartenanlage. Sie gehörte zur Governor's Lodge, die nach dem Zweiten Weltkrieg abgerissen wurde. Der Gipfel selbst ist eingezäunt. Antennenmasten stehen darauf.

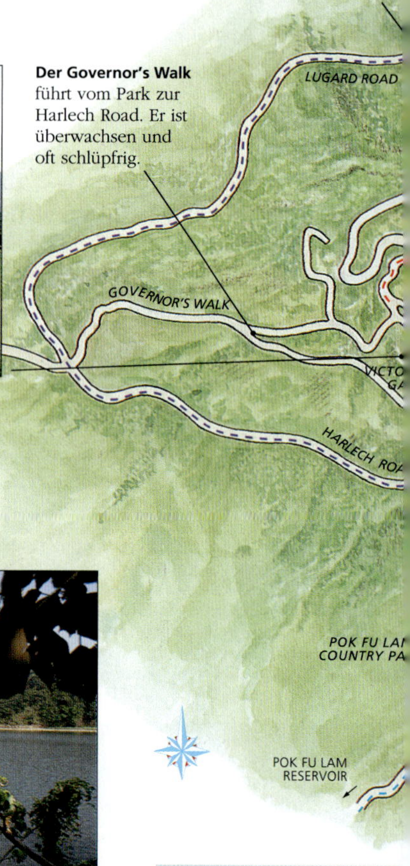

Der Governor's Walk führt vom Park zur Harlech Road. Er ist überwachsen und oft schlüpfrig.

Pok Fu Lam Reservoir
Ein fünf Kilometer langer Weg führt durch die Wäldchen des Country Park und am Stausee vorbei. Er endet an der Pok Fu Lam Road, auf der in kurzen Abständen Busse ins Stadtzentrum abfahren.

Nicht versäumen

- ★ Aussicht
- ★ Gipfel-Rundweg
- ★ Peak Tram

★ Aussicht
Ob am Tag oder Abend: Das Panorama der Hafenstadt mit ihren Wolkenkratzern ist jedes Mal faszinierend. Oft verschleiert aber Dunst die Aussicht. Am frühen Morgen ist es meist klarer.

Infobox

The Peak Tower, 128 Peak Road. **Stadtplan** 2 A5. *(0852) 2849 0668. Lower Peak Tram Terminal, Garden Road. 15C am Busbahnhof Central (Pier 7); Minibus 1 in Central (Two IFC).*

Legende

- Zum Victoria Peak Garden
- Peak Circuit (Gipfel-Rundweg)
- Zum Pok Fu Lam Reservoir
- Old Peak Road nach Central
- Peak Tram

0 Meter 300

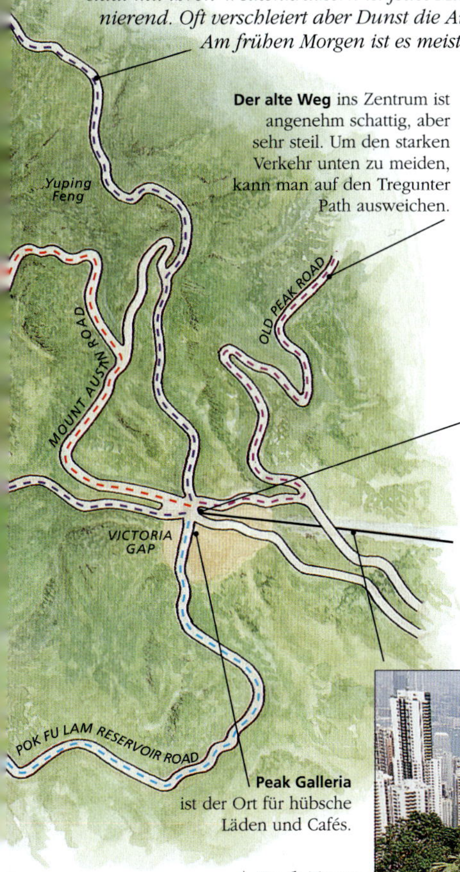

Der alte Weg ins Zentrum ist angenehm schattig, aber sehr steil. Um den starken Verkehr unten zu meiden, kann man auf den Treguntor Path ausweichen.

The Peak Tower
In der imposanten Mall an der Endhaltestelle der Peak Tram findet man 30 Läden, Madame Tussauds, die virtuelle Welt von EA Experience, viele Cafés mit Aussicht und eine 360-Grad-Terrasse.

Peak Galleria ist der Ort für hübsche Läden und Cafés.

★ Peak Tram
Seit über einem Jahrhundert fährt die Standseilbahn von St. John's Cathedral zum Victoria Gap. Sie muss dabei teilweise 30 Prozent Steigung überwinden. Dennoch hat sich die Peak Tram als äußerst sicheres Gefährt erwiesen.

Lan Kwai Fong ❼
蘭桂坊

Central. **Stadtplan** 2 B3. Ⓜ *Central.*

Erst abends erwacht Lan Kwai Fong, der Orchideenplatz, wirklich zum Leben, wenn alle Büroangestellten in die vielen Bars, Clubs und Restaurants drängen. Hier gibt es die angesagtesten Kneipen Hong Kongs. Vor allem am Freitag- und Samstagabend sind die Nachtschwärmer unterwegs, obwohl die meisten Lokale auch unter der Woche lange geöffnet haben. Die Partymeile erstreckt sich über die D'Aguilar Street bis in die kleine Wing Wah Lane mit ihren Bars und den vielen preiswerten indischen, malaysischen und Thai-Restaurants, die oft auch Tische vor der Tür haben.

Massen drängen zu den Bars um den Lan Kwai Fong

Escalator ❽
中環半山自動扶手電梯

Central. **Stadtplan** 2 B3.
Ⓜ *Central.* ◯ *6–24 Uhr.*

Alle Straßen zwischen der Queen's Road und der Conduit Road sind durch ein 792 Meter langes System von Rolltreppen verbunden – das längste der Welt. In den zweieinhalb Jahren Bauzeit verschlang das Projekt über 205 Millionen HK$. Dafür bietet es heute die beste Möglichkeit, schnell die Strecke vom Zentrum (Central) auf mittlere Höhe (Mid-Levels) und nach SoHo (South of Hollywood Road) zurückzulegen. Einige Bars, Cafés, Restaurants und Marktstände gruppieren sich um die Rolltreppen. Die Good Spring Company in der Cochrane Street bietet befremdlich schmeckende Gesundheitsgetränke an. Es bedienen Kräuterexperten, die teils Englisch sprechen und bereit sind, Ihnen Ihren ganz speziellen Trank zu brauen.

Eingang zum Escalator – praktisch für Fußgänger

In den letzten Jahren hat sich SoHo von einem verschlafenen Viertel in eine lebhafte Unterhaltungsmeile verwandelt – nicht zuletzt dank des Escalator-Baus. Elgin, Shelley und Staunton Street eignen sich, wenn Sie einen Happen essen oder etwas trinken möchten. Eine Tafel in der Staunton Street weist auf den Ort hin, wo sich Sun Yat-sen *(siehe S. 297)* Ende der 1890er Jahre mit Gleichgesinnten traf.

Hollywood Road ❾
荷李活道

Central. **Stadtplan** 2 B3.
Ⓜ *Central, dann Escalator.*

Die vielen Antiquitätenläden sind zwar nicht mehr die Fundgrube für Schnäppchen wie früher, doch man findet noch alte Keramiken, Figuren aus Mammutelfenbein oder auch hübsche Schnupftabaksfläschchen. Die Stände an der Upper Lascar Row bieten Antiquitäten, alte Münzen und Kitsch an – Feilschen ist hier üblich. Ein paar Läden am Ostende der Straße verkaufen traditionelle Einrichtungsgegenstände.

Man-Mo-Tempel ❿
文武廟

126 Hollywood Rd. **Stadtplan** 2 A2.
☎ *(0852) 2540 0350.* Ⓜ *Central, dann Escalator.* ◯ *tägl. 8–18 Uhr.*

Der stimmungsvolle Man-Mo-Tempel an der Kreuzung zur Ladder Street erstrahlt innen nur so in Rot und Gold. Rauch steigt von den riesigen Räucherspiralen auf, die von der Decke hängen. In großen Messinggefäßen werden Papier-Opfergaben für die Toten abgebrannt, so auch das beliebte »Höllengeld«. Der 1847 errichtete Tempel ist den beiden Gottheiten für Literatur (Man) und Krieg (Mo) geweiht. Die beiden sollen tatsächlich gelebt haben: Der Verwalter Cheung Ah Tse (3. Jh.) und der Soldat

Löwe, Man-Mo-Tempel

Ahnenverehrung mit Räucherstäbchen und Kerzen, Man-Mo-Tempel

Die Star Ferry ist ein beliebtes Transportmittel in Hong Kong

Kwan Wan Chung (2. Jh.) wurden von Kaisern zu Gottheiten erhoben. Ihre Statuen befinden sich im hinteren Teil des Hauptraums.

Der Tempelhof diente im 19. Jahrhundert als Versammlungsort von Chinesen, die sich gegen die Gesetze der Briten stellten.

Märkte von Sheung Wan ⓫
上環街市

Hong Kong Island. **Stadtplan** 2 A1. M *Sheung Wan.*

Es ist nicht weit von der schicken Moderne des Zentrums zum westlich gelegenen Viertel Sheung Wan – doch es kommt einem vor, als betrete man eine vollkommen andere Welt. Zwischen den heruntergekommenen Wohnblöcken aus den 1950er Jahren reihen sich in der Gegend um die Queen's Road West und die Wing Lok Street Großhändler für chinesische Medizin und getrocknetes Seafood. Hier ist wahrscheinlich der weltweit größte Umschlagplatz für Haifischflossen, eine teure Delikatesse, die in der Regel zu Suppen verarbeitet wird. Die aufgehäuften Finnen erklären, warum die Haipopulation in der Welt zurückgeht.

In der Gegend zwischen Escalator und Morrison Street verkaufen viele Marktstände Obst und Gemüse sowie auch typisch Chinesisches, etwa ganz frischen Tofu und »tausendjährige Eier«, die natürlich nicht so alt sind, sondern durch die Lagerung in mineralhaltiger Erde ihr Aussehen erhalten. Auf den sogenannten »wet markets« wird lebende Ware verkauft, Tiere aller Art, ob sie nun Federn, Schuppen oder Schwimmhäute haben. Die »wet markets« sind ein Erlebnis – allerdings nicht für sensible Naturen.

Frisches Obst an einem Marktstand im Viertel Sheung Wan

Star Ferry ⓬
天星小輪

Star Ferry Terminals: Central, Wan Chai & Kowloon. **Stadtplan** 2 C2, 3 F3, 3 E1. *(0852) 2367 7065.*

Es macht einfach Spaß, eines der grünen Fährschiffe aus den 1960er Jahren zu besteigen, die ständig zwischen Kowloon und Hong Kong Island hin- und hertuckern. Sowohl am Tag als auch in der Nacht ist so eine Fahrt die beste (und zudem eine preiswerte) Möglichkeit, die Skyline Hong Kongs zu bewundern. Die Hauptstrecke verläuft zwischen der Halbinsel Kowloon (nahe am Uhrenturm) und dem Star Ferry Terminal in Central, doch man kann von Kowloon auch bis zum Convention Centre und nach Wan Chai fahren. Die Star-Ferry-Linie, die als beständigste Sehenswürdigkeit Hong Kongs beworben wird, wurde bereits 1898 von Mr. Dorabjee Nowrojee gegründet. Damals durften nur Europäer die Decks der Ersten Klasse betreten. Krawatte zu tragen war seinerzeit unabdingbar für die Fahrt.

Platz vor dem Hong Kong Cultural Centre

Tsim Sha Tsui Waterfront ⓭
尖沙咀沿岸

Kowloon. **Stadtplan** 1 B5. *Tsim Sha Tsui. Star Ferry. Star Ferry Concourse.* **Hong Kong Cultural Centre** *10 Salisbury Rd, (0852) 2734 2009. tägl. 9–23 Uhr.*

Das Hafengebiet Tsim Sha Tsui ist eine bei Besuchern beliebte Gegend mit einigen der nobelsten Arkaden, Museen und Hotels der Stadt. Auch die Star Ferry Docks liegen hier. Östlich des Piers befindet sich das **Hong Kong Cultural Centre**, das Veranstaltungssäle, Theater, Kinos und Galerien beherbergt. Das Space Museum daneben besitzt eine Kuppel, die wie ein riesiger Golfball aussieht, und ist mit seinen interaktiven Exponaten ideal für Kinder. Neue Attraktionen sind die Avenue of Stars und ein Riesenrad mit toller Aussicht.

Hong Kong Museum of Art ⓮
香港藝術館

10 Salisbury Road, Tsim Sha Tsui. **Stadtplan** 1 B5. *(0852) 2721 0116. Tsim Sha Tsui. Star Ferry. Fr–Mi 10–18 Uhr (Sa bis 20 Uhr). Mi frei.* **www**.lcsd.gov.hk

Das Kunstmuseum ist bekannt für seine Sammlungen traditioneller chinesischer Aquarelle und Kalligrafien. Im Obergeschoss gibt es exquisites Kunsthandwerk aus Südchina und ganz Asien zu sehen: über 3000 Objekte aus Keramik, Jade, Bronze, Lack, Email, Glas, Elfenbein sowie edles Mobiliar und feinstes Porzellan.

Nathan Road ⓯
彌敦道

Kowloon. **Stadtplan** 1 B4. *Tsim Sha Tsui.*

An ihrem unteren Ende wird die Nathan Road auch Golden Mile genannt. Auf ganzer Länge ist sie die Hauptstraße von Kowloon, die mitten durch die Halbinsel nach Norden verläuft. Hier ist immer viel los. Zu beiden Seiten liegen Hotels und Läden. Die Bezeichnung »Golden Mile« ist zwar schmeichelhaft, jedoch nicht ganz zutreffend: Weitaus nobler geht es in Central zu. Dennoch gehört ein Bummel über die Nathan Road einfach dazu – schon allein wegen der vielen Menschen, der schrillen Neonschilder, der vielen Schneidereien und der Mischung aus schicken Hotels, kantonesischen Imbissbuden und düsteren Guesthouse-Wohnblocks. Ganz im Norden wird man an die Vergangenheit erinnert: Hier markiert die Boundary Street die Grenze von 1860, dem Jahr, als Großbritannien von China Kowloon für die wachsende Inselkolonie einforderte.

Neonschild, Nathan Road

Hong Kong Science Museum ⓰
科學館

2 Science Museum Rd, Tsim Sha Tsu East. **Stadtplan** 1 C3. *(0852) 2732 3232. Tsim Sha Tsui. Mo–Mi, Fr 13–21 Uhr, Sa, So u. Feiertage 10–21 Uhr. Mi frei.* **www**.lcsd.gov.hk

Für Kinder ist das Wissenschaftsmuseum ein Unterhaltungsparadies. Die vierte Etage ist voller interaktiver Exponate, bei denen man spielerisch naturwissenschaftliche Prinzipien lernen kann, z. B. Phänomene wie Strom und Schwerkraft oder die Entstehung von Tornados. Die Abteilung Technologie erläutert die Funktionsweise von Maschinen – vom Verbrennungsmotor bis zum Computerchip, von Robotern bis zu virtuellen Welten.

Modell eines DNA-Moleküls im Hong Kong Museum of Science

Hong Kong Museum of History ⓱
香港歷史博物館

100 Chatham Road South, Tsim Sha Tsui East. **Stadtplan** 1 C3. *(0852) 2724 9042. Tsim Sha Tsui. Mo, Mi–Sa 10–18 Uhr, So u. Feiertage 10–19 Uhr. Mi frei.* **www**.lcsd.gov.hk

Profitstreben und der damit verbundene schnelle Ausbau hat die kulturelle Vergangenheit Hong Kongs so gut wie ausgelöscht. Dieses Museum zeigt, wie die Region vor der Zeit der Wolkenkratzer aussah. Es gibt Nachbauten von alten Dörfern, Straßen und Läden sowie viele interessante alte Fotos. Zudem kann man Dolche, Tonwaren und Pfeilspitzen aus der Bronzezeit sehen, die auf den Inseln Lamma und Lantau *(siehe S. 324f)* gefunden wurden. Eine Ausstellung zeigt Spielzeug »Made in Hong Kong«.

Temple Street Market und Jademarkt ⑱

廟街及玉石市場

Yau Ma Tei. **Stadtplan** 1 B2.
M *Jordan oder Yau Ma Tei.*

Feilschen sollten Sie beherrschen, wenn Sie etwas auf dem Nachtmarkt an der Temple Street (ab 20 Uhr) erwerben wollen. Anderswo mag es billiger sein, doch hier ist die Atmosphäre zwischen zahllosen Designer-Fakes, Mao-Kitsch und kopierten DVDs unschlagbar. Bereichert wird das Ganze durch Wahrsager, Sänger kantonesischer Opernarien und Essensstände. Der Markt erstreckt sich von der Ning Po Street nach Norden zur Man Ming Lane. Der Jademarkt findet tagsüber statt. Hier kann man hübsche Stücke finden – allerdings ist es woanders billiger.

Singvögel in Käfigen auf dem Vogelmarkt in Mong Kok

Vogel- und Blumenmarkt ⑲

雀仔街及花園街

Flower Market Road, Mong Kok, Kowloon. M *Prince Edward.*

Der Vogel- und Blumenmarkt (Bird and Flower Markets) ist angenehmer und liegt etwas abgelegener als der Temple Street Market. Bunte Blüten und Bambusgebilde säumen die Flower Market Road nördlich der Prince Edward Road West. Am Ende der Straße ist ein kleiner Vogelmarkt, auf dem Käfige und Singvögel angepriesen werden. Hier kann man zusehen, wie die Vögel mit Heuschrecken gefüttert werden – gereicht mit Stäbchen.

Wong-Tai-Sin-Tempel ⑳

黃大仙祠

Wong Tai Sin, Kowloon. ☎ *(0852) 2328 0270.* M *Wong Tai Sin.*
◯ *tägl. 7–17.30 Uhr.*

Der Tempel ist einer der größten, belebtesten und interessantesten Andachtsorte in Hong Kong. In dem Komplex gibt es Altäre und Schreine für buddhistische, konfuzianische und daoistische Gottheiten. Hauptsächlich ist der Tempel Wong Tai Sin geweiht, einem Schäfer, der wunderbare Heilungen vorgenommen haben soll. Neben dem Haupttempel warten Wahrsager, die einem die Zukunft aus Gesicht oder Hand lesen und – gegen Aufpreis – teils auch auf Englisch mitteilen. Manche Gläubige erkunden ihr Los, indem sie Gefäße mit Bambusstöckchen so lange schütteln, bis eines herausfällt. Jedes hat eine Nummer mit einer Bedeutung. Man kann die Zukunft auch durch *bui* (»Buddhas Lippen«), zwei Holzstückchen, erfahren. Man stellt eine Frage, wirft die *bui*, und die »Lippen« antworden mit Ja oder Nein, je nachdem, wie sie fallen.

Wong-Tai-Sin-Tempel, einer der belebtesten Andachtsorte von Hong Kong

Kodak
SANYO
Bank of America

Lebensgroße Buddha-Bildnisse, Zehntausend-Buddha-Kloster

Heritage Museum ㉑
香港文化博物館

1 Man Lam Rd, Sha Tin, New Territories. *Sha Tin KCR, dann kostenloser Shuttlebus oder Bus 68A.* *(0852) 2180 8188.* *Di–Sa 10–18 Uhr (So u. Feiertage bis 19 Uhr).* **www**.heritagemuseum.gov.hk

Das moderne Museum erzählt von 6000 Jahren Menschheitsgeschichte in Hong Kong. Es ist das größte Museum der Stadt mit sechs Dauer- und vielen Wechselausstellungen. In der New Territories Heritage Hall werden das prähistorische Leben, die Entstehung von Siedlungen, die Kolonialzeit und der Boom der New Territories illustriert. Die Ausstellung zur Kanton-Oper erklärt Rituale und Farbsymbolik und zeigt kostbare Kostüme. Schöne Kalligrafie-Rollbilder gibt es in der zweiten Etage. Die Children's Discovery Gallery im Erdgeschoss bietet einen lustigen Blick auf Hong Kongs natürliche Umgebung.

Zehntausend-Buddha-Kloster ㉒
萬佛寺

21 Pai Tau Village, Sha Tin, New Territories. *Sha Tin KCR.* *(0852) 2691 1067.* *tägl. 9–17 Uhr.* **www**.10kbuddhas.org/en

Goldfarbene lebensgroße Buddha-Figuren mit rubinroten Lippen säumen den steilen Weg hinauf zum Zehntausend-Buddha-Kloster, das 15 Gehminuten vom Nordausgang der KCR-Station Sha Tin entfernt liegt. Folgen Sie den Schildern zum Tempel, der auf einem bewaldeten Hügel liegt. Der Haupttempel birgt Hunderte kleiner goldener Buddha-Figuren auf Regalen bis zur Decke. Draußen gibt es weitere Bildnisse, darunter einen Buddha auf einem riesigen weißen Elefanten und einen anderen auf einem Hund. Noch mehr Figuren erwarten Besucher in der leuchtend roten, neun Stockwerke hohen Pagode. Der kleine Anbau oberhalb des Haupttempels beherbergt in einem Glaskasten den einbalsamierten, mit Goldplättchen bedeckten Körper des Gründermönchs.

Pagode, Zehntausend-Buddha-Kloster

Sai Kung Town und die Strände der Halbinsel ㉓
西貢海灘

New Territories. *zur Station Choi Hung, dann Taxi oder Bus 92 nach Sai Kung Town.*

Auch wenn es kaum vorstellbar ist: Nur ein paar Kilometer von den hektischen Straßen Kowloons entfernt findet man leere Strände und klares Wasser an der Küste der Halbinsel Sai Kung. Man erreicht die Gegend am besten über Sai Kung Town, einen hübschen Ort. Hier kann man zwischen Fischständen herumschlendern und in einem der Seafood-Restaurants essen.

Einige der schönsten Strände liegen bei **Tai Long Wan**. Dort gibt es auch ein kleines Dorf sowie einige Cafés und Läden. Am besten nehmen Sie den Bus 94 von Sai Kung Town nach Pak Tam Au am MacLehose Trail *(siehe S. 321)* und gehen dann nach Tai Long Wan. Das erfordert allerdings einige Fitness. Denken Sie daran, eine Karte und genug zum Trinken mitzunehmen. Kürzere Spaziergänge auf ebenem

Smaragdgrünes Wasser und Sandstrände der Halbinsel Sai Kung

◁ Funkelnde Wolkenkratzer im Zentrum von Hong Kong, dahinter Wan Chai und die Causeway Bay

Gelände starten am **Pak Tam Chung Visitor Centre**. Hier gibt es Karten für zahlreiche Wanderwege, darunter auch einen lohnenden Naturpfad. Nehmen Sie ein Taxi oder den Bus 94.

Sie können auch ein *kaido*, eine kleines Boot, mieten und sich damit nach Sai Kung Town oder zu einer der kleinen Inseln bringen lassen. Am Pier gibt es genügend Anbieter. Wenn Sie kein Kantonesisch sprechen, brauchen Sie eine Karte, um zu zeigen, wohin Sie wollen.

Mauerdörfer ㉔
圍村

Fanling, New Territories. *Fanling KCR, dann Minibus 54K.*

Eine der besten Möglichkeiten, einen Eindruck von den New Territories in präkolonialer Zeit zu erhalten, ist eine Wanderung auf dem Lung Yeuk Tau Heritage Trail bei Fanling, der an der **Tang Chung Ling Ancestral Hall** beginnt. Sie geht auf 1525 zurück, ist eine der größten der Region und hat ein schönes Dach. Sie gehört den Tangs, einem der fünf großen Clans der New Territories. Clan-Mitglieder beten hier und zollen den Vorfahren Respekt.

Der Heritage Trail führt an fünf *wais* (ummauerte Dörfer) und sechs *tsuens* (Dörfer) vorbei, die von Clan-Mitgliedern erbaut wurden. Heute sind sie in unterschiedlichen Zuständen des Verfalls. Interessant ist, dass einige *wais* immer noch bewohnt sind. Eines der besser erhaltenen ist Lo Wai Far, ein anderes, Tong Kok, liegt gleich bei der Ancestral Hall und umfasst Dutzende von Häusern, darunter auch einige moderne. Den Weg kann man in ein bis zwei Stunden abgehen. Die Beschilderung ist lückenhaft, aber vor der Ancestral Hall gibt es eine Karte.

Unweit westlich der KCR-Station Fanling steht der moderne daoistische Tempel **Fung Ying Seen Koon**, der den Gottheiten der chinesischen Tierkreiszeichen geweiht ist. Hier werden Räucherstäbchen angezündet und Obst als Opfergaben für die jeweilige Gottheit hingestellt. Ein anderer Raum enthält die Asche der Toten, die in schuhschachtelgroßen Löchern in der Wand aufbewahrt werden.

Innerer Schrein im Tempel Fung Ying Seen Koon

Fung Ying Seen Koon
Fanling, New Territories. *(0852) 2669 9186. Fanling KCR. tägl. 9–17 Uhr.* **www**.fysk.org

Mai-Po-Feuchtgebiet ㉕
米埔自然保護區

New Territories. *(0852) 2471 6306. Sheung Shui KCR, dann Bus 76K oder Taxi.* **Genehmigung** *und Buchung erforderlich. am Wochenende.* **www**.wwf.org.hk

Zwischen Hong Kong und den Vororten Shenzhens ist dieses ökologisch wichtige Feuchtgebiet die Heimat vieler Wildtiere. Da weite Teile des Perl-River-Deltas stark von Umweltverschmutzung betroffen sind, ist das 380 Hektar große Naturschutzgebiet für manche Arten der letzte Zufluchtsort. Neben Reihern und Ottern kann man hier den seltenen Schwarzstirnlöffler entdecken. Vogelbeobachtung-Fans sollten sich mit dem HKTB *(siehe S. 333)* wegen einer Wochenend-Führung in Verbindung setzen. Mitte 2006 wurde der 61 Hektar große **Hong Kong Wetland Park** eröffnet.

MacLehose Trail ㉖
麥理浩徑

New Territories. **Tai Mo Shan**
Taxi von Tsuen Wan MTR.
Government Publications Centre
(0852) 2537 1910.

Mitten durch die New Territories verläuft ein 100 Kilometer langer Wanderweg durch gebirgige Landschaften, von Tuen Mun im Westen bis zur Halbinsel Sai Kung im Osten. Er ist in zehn Abschnitte unterteilt. Auf manchen trifft man keine Menschenseele. Einer der landschaftlich schönsten Abschnitte schließt den **Tai Mo Shan** ein, Hong Kongs höchsten Berg, von dessen Gipfel man an klaren Tagen auf die Stadt sehen kann. Auch der Abschnitt ganz im Osten mit Tai Long Wans schönen Stränden *(siehe S. 320)* ist attraktiv. Festes Schuhwerk, genug zum Trinken und eine gute Karte (erhältlich vom Government Publications Centre) sind unabdingbar.

Unberührter Wasserweg im Mai-Po-Feuchtgebiet

Traditionelles Fischerboot im Hafen von Aberdeen

Aberdeen ㉗

香港仔

Hong Kong Island. 🚌 *7 oder 70 von Central.*

Das einstige Fischerdorf Aberdeen ist heute mit mehr als 60 000 Einwohnern die größte eigenständige Gemeinde auf Hong Kong Island. Benannt wurde es 1845 nach dem Earl of Aberdeen, einem britischen Kolonialsekretär. In Aberdeens Hafen wurde in den 1860er Jahren die erste Werft Hong Kongs gebaut.

Eine kurze Busfahrt von Central aus *(siehe S. 310)* bringt Sie nach Aberdeen, dessen Zentrum sich mit hohen Wohn- und Geschäftsblocks sowie Industriebauten recht unattraktiv präsentiert. Ästhetik darf man hier nicht erwarten, dafür eine überaus lebhafte Atmosphäre, vor allem in der Gegend um den Hafen mit seinen Booten.

Viele der Boote werden von den Fischern und ihren Familien auch als Hausboote genutzt, sodass das Ganze immer noch wie ein Fischerdorf wirkt. Kleine *sampans* (breite Ruderkähne) dienen als Transportmittel zwischen den Fischerbooten und den palastähnlichen schwimmenden Restaurants, bieten sich aber auch für Ausflugs-Rundfahrten durchs Hafenbecken an. Kostenlose Shuttleboote bringen einen zu schwimmenden Lokalen wie dem **Jumbo Floating Restaurant**, dem ersten und bekanntesten dieser Etablissements. Der riesige Koloss bietet Platz für rund 1500 Gäste und erinnert teils an Las Vegas und teils an einen chinesischen Tempel. Hier herumzubummeln und zu essen gehört zu einem Aberdeen-Besuch dazu. Das Oberdeck ist nun zu einem edlen Seafood-Restaurant umgestaltet worden, bisweilen gibt es Live-Jazz.

Das Jumbo Floating Restaurant erleuchtet den Hafen von Aberdeen

Ocean Park ㉘

海洋公園

180 Wong Chuk Road, Aberdeen. ☎ *(0852) 2552 0291.* 🚌 *Ocean Park City Bus vom Star Ferry Pier in Central oder Bus 6A, 6X, 70, 75, 90, 97 bzw. 260.* ◻ ◯ *tägl. 10–18 Uhr.* **www**.oceanpark.com.hk

Seit auf der Insel Lantau Hong Kong Disneyland *(siehe S. 325)* eröffnet hat, bekämpft der Ocean Park, Hong Kongs erster Vergnügungspark, die Konkurrenz mit immer neuen Attraktionen und ist dadurch viel besser geworden. Erwachsene und Kinder finden in den sechs Themenbereichen genug Interessantes für einen ganzen Tag. Die Lowland Gardens gehören zu den angenehmsten Arealen. Hier gibt es ein Schmetterlingshaus und den Stolz des Parks: vier Riesenpandas. Eine Seilbahn führt am Rand der Deepwater Bay entlang und bringt Besucher ins Marine Land. Hier kann man in einem beeindruckend großen Aquarium Fischschwärme aus der Nähe beobachten. Ein Tunnel führt durch ein Haibecken. Im Bird Paradise leben über 1000 Vögel in Volieren, darunter auch ganze Flamingogruppen.

Es gibt zahlreiche aufregende Spaßbahnen und Fahrgeschäfte – Kids World bietet die harmloseren für kleinere Kinder.

Deep Water Bay und Repulse Bay 29

深水灣及淺水灣

Hong Kong Island. 🚌 *6, 6A, 61, 260, 262 von der Bushaltestelle Exchange Square.*

Einige schöne Strände säumen die beiden Buchten, die an der Straße zwischen Aberdeen und Stanley liegen. Deep Water Bay ist eine hübsche Gegend, in der die Reichen luxuriöse Häuser besitzen. Am langen Strand stehen zypressenähnliche Bäume. Das Ganze erinnert ein wenig an die Französische Riviera. Hong Kongs erfolgreiche Mittelklasse wohnt in luxuriösen Apartmentblocks hinter dem langen, gepflegten Strand an der Repulse Bay. Im Sommer kann es hier ziemlich voll werden, vor allem an den Wochenenden. Das recht teure Verandah Restaurant ist das Einzige, was vom staatlichen Repulse Bay Hotel, das in den 1980er Jahren abgerissen wurde, noch steht. Hier kann man gepflegt einen Drink oder Nachmittagstee zu sich nehmen. Hinter dem Verandah gibt es Cafés und einen Supermarkt, in dem man alles Nötige für ein Strandpicknick erhält.

Kitschige Kolossalstatue der Göttin Guanyin, Repulse Bay

Der Strand von Stanley ist nicht nur bei den Einheimischen beliebt

Hong Kong Life Saving Society 30

香港拯溺協會

Repulse Bay, Hong Kong Island.
🕒 *tägl. 7–19 Uhr.*

Am Südende der Repulse Bay liegt der Hong Kong Lifeguards' Club. Das Gebäude dient auch als Tempel – vor allem Kinder haben viel Spaß daran, ihn zu erkunden. Auffällige, sehr kitschige Statuen sind zwischen den Gerätschaften zur Lebensrettung auf dem ganzen Gelände verteilt: eine Menagerie von Göttern, Tieren und mythischen Wesen. Eine der Statuen ist Guanyin, die Göttin des Mitgefühls, der der Tempel geweiht ist. Es gibt einige lächelnde Buddha-Bildnisse aus Bronze. Es soll Glück bringen, wenn man ihren Kopf reibt. Es heißt auch, dass das Überqueren der Bridge of Longevity einem ein drei Tage längeres Leben beschere.

Stanley 31

赤柱

Hong Kong Island. 🚌 *6, 6A, 6X, 260 von der Bushaltestelle Exchange Square.* 🕒 *tägl. 9–18 Uhr.*

Das ehemalige Fischerdorf ähnelt heute einem britischen Badeort, komplett mit englischen Pubs. Die vielen Marktstände, die Kleidung, Seide, Jade und allerlei Krimskrams anbieten, locken vor allem am Wochenende die Massen an. Es gibt eine große Auswahl an Restaurants: Thai, italienisch, spanisch, vietnamesisch und auch chinesisch.

Neben dem Platz liegt das große, neoklassizistische **Murray House**. Es beherbergt Edel-Restaurants mit Blick auf die Bucht. Das Gebäude stand früher an der Stelle im Zentrum, die jetzt das Hochhaus der Bank of China einnimmt. Es wurde abgetragen und 1998 hier wiederaufgebaut. Daneben steht der **Tin-Hau-Tempel** von 1767, eines der ältesten und stimmungsvollsten Heiligtümer der Insel. Das Tin-Hau-Fest *(siehe S. 45)* wird Ende April oder Anfang Mai mit Tänzen und Bootsrennen gefeiert.

Auf der anderen Seite von Stanley erstreckt sich der gepflegte **Stanley Cemetery** aus der frühen Kolonialzeit. Hier findet man u.a. Gräber der im Ersten und Zweiten Weltkrieg gefallenen Soldaten und derjenigen, die im nahen japanischen Konzentrationslager starben. Stanley Beach auf der anderen Seite der Halbinsel ist ein langer Sandstrand.

Von der Insel Lamma blickt man auf Hong Kong Island

Lamma 32

南丫島

von Central (Pier 4); von Aberdeen (via Mo Tat).

Gute Seafood-Restaurants und Kneipen, eine relaxte Atmosphäre, nette Spazierwege und die Abwesenheit von Autos machen das grüne Lamma Island zum perfekten Rückzugsort, wenn es einem in Hong Kong zu hektisch wird. Die beiden Hauptorte, **Yung Shue Wan** an der Westküste und **Sok Kwu Wan** mit seinen vielen Restaurants an der Ostküste, erreicht man in einer halben Stunde mit der Fähre von Central aus. In Yung Shue Wan leben viele Briten. Es gibt zwei oder drei englische Pubs und einige gute chinesische und andere Restaurants. Ein steiler Weg führt auf den Hügel über Yung Shue Wan, von dem man auf Hong Kong Island blickt. Die zwei Orte verbindet auch ein Weg. (Achtung: Die Fähre von Sok Kwu Wan verkehrt unregelmäßig.)

Im Hafen liegt das **Lamma Fisherfolk's Village**, eine hübsche schwimmende Ausstellung zu Leben, Arbeit und Techniken der Fischer.

Cheung Chau 33

長洲

von Central (Pier 5).
Bun-Fest (Mai).

Auch diese hübsche Insel erreicht man mit der Fähre in einer halben Stunde. Hier kann man die traditionellen Läden und Heiligtümer in den engen Gassen erkunden oder in einem der vielen Seafood-Restaurants in der Pak She Praya Road am Hafen essen. Eine lokale Spezialität ist Tintenfisch mit Shrimps-Sauce. Im Süden liegen die schönsten Küstenwege. Sie führen teils unter Bäumen an Kolonialgebäuden vorbei und bieten immer wieder herrliche Aussichten.

Die Insel war bereits vor rund 2500 Jahren besiedelt. Spuren davon sind die geometrischen Felsgravierungen unterhalb des Warwick Hotels. Im 19. Jahrhundert lebten auf der Insel Piraten. Der legendäre Cheung Po-Tsai soll hier Beute versteckt haben. Fischer gibt es aufgrund der Überfischung in den letzten 50 Jahren kaum mehr.

In der Nähe des Hafens steht der **Pak-Tai-Tempel** von 1783. Er wurde für den Schutzpatron der Insel gebaut, der die Insulaner 1777 vor der Pest gerettet haben soll. Im Mai wird das Bun-Fest gefeiert. Junge Männer errichten dann bis zu acht Meter hohe Türme aus Brötchen *(buns)*.

Fischerboote und bunte *sampans* im Hafen von Cheung Chau

Lantau 34

大嶼山

von Central (Pier 6) nach Mui Wo (Silvermine Bay).

Lantau Island ist doppelt so groß wie Hong Kong Island und wurde Großbritannien 1898 zusammen mit den New Territories zugesprochen. Trotz der neuen Brücke und dem großen Chek Lap Kok Airport sind weite Gebiete der Insel immer noch unbebaut. Es gibt zwei Naturparks mit Bergland und zahlreichen Wanderwegen.

Lantaus Abgeschiedenheit hat die Insel zum beliebten religiösen Rückzugsort gemacht: Das **Po-Lin-Kloster** liegt oben auf dem Ngong-Ping-Plateau inmitten eines großen Grundstücks. Der überaus farbenprächtige Haupttempel lohnt durchaus

Fischerdorf Tai O
Traditionelle Häuser auf Pfählen stehen am sumpfigen Ufer dieser ländlich wirkenden Siedlung.

einen Besuch. Hauptattraktion ist **The Big Buddha**, eine 26 Meter hohe Statue, zu der eine Treppe mit 268 Stufen hinaufführt. Seit die Statue 1993 geweiht wurde, zieht sie viele Besucher an. Es gibt zudem einige Orchideengärten sowie zwei Restaurants mit einfachem vegetarischem Essen.

Die Gegend um Ngong Ping ist ein guter Platz für Spaziergänge und Picknicks. Wer den spektakulären Sonnenaufgang auf dem **Lantau Peak** erleben will, kann im SG Davis Youth Hostel übernachten und sich vor Morgengrauen zum Gipfel aufmachen.

Im Westen der Insel liegt das verschlafene Fischerdorf **Tai O**, das mit seinen engen Gassen und kleinen Häusern ein Stück authentisches ländliches China ist. Einst war es

Big Buddha beim Po-Lin-Kloster

Zentrum des Salzhandels, heute werden die alten Salzpfannen als Teiche zur Fischzucht genutzt. Es gibt ein paar Tempel in Tai O und viele Läden, die getrockneten Fisch, die lokale Spezialität, verkaufen. Im Osten der Insel kann man von der **Discovery Bay** zu einem Trappistenkloster gehen. Die Kapelle steht Besuchern offen. Achtung: Das Schweigegebot der Trappisten sollte man unbedingt einhalten.

Lantaus neueste Attraktion ist **Hong Kong Disneyland**, das auf 126 Hektar nach dem Vorbild des originalen Disneyland in Kalifornien gebaut ist. Es gibt auch einige Attraktionen, die speziell für Hong Kong konzipiert wurden, sowie Hotels.

Ngong Ping und The Big Buddha
Bus 2, Taxi oder Seilbahn von Tung Chung MTR.

Hong Kong Disneyland
Yam O MTR zur Station Penny's Bay.

Von Tung Chung aus führt seit 2006 eine sechs Kilometer lange Seilbahn zum Po-Lin-Kloster.

Hong Kong Disneyland ist auf künstlich aufgeschüttetem Land (einst Penny's Bay) erbaut.

Discovery Bay ist ein etwas surreal wirkender Wohnort. Eine Schnellfähre verkehrt von hier nach Central auf Hong Kong Island.

Mui Wo ist der Hauptpier der Insel mit Strand, einigen Restaurants und Bars.

Cheung Shas sauberer Sandstrand ist einer der besten von Hong Kong.

Lantau Peak
Der Weg hinauf zum 934 Meter hohen Gipfel ist steil und führt durch Teeplantagen. Hier ist der beste Ort für Sonnenaufgänge.

LEGENDE

- Internationaler Flughafen
- Seilbahn
- Fährhafen
- Autobahn
- Nationalstraße
- Nebenstraße
- Eisenbahn

Macau ㉟

澳门

Nur eine Stunde braucht man mit der Fähre von Hong Kong nach Macau (dt. auch Macao). Früher war Macau eine nette Option für einen Tagesausflug zur Besichtigung der Kolonialbauten und wegen der Spielcasinos. Die einstige portugiesische Enklave fiel 1999, also zwei Jahre später als Hong Kong, an China zurück – doch schon vorher begann in Macau eine Neustrukturierung mit großen Umbauprojekten, die Hafen, Flughafen, neue Brücken und die Verschmelzung der Inseln Taipa und Coloane in eine umfassten. Das Verbindungsstück ist als Cotai Strip bekannt, der sich seitdem mit luxuriösen Hotelcasinos füllt, allen voran die Las-Vegas-Kopie The Venetian mit *sampans* und Gondeln. Die Sonderverwaltungszone Macau glitzert nun mehr als das benachbarte Hong Kong.

Historische Kanone auf den Mauern der Fortaleza do Monte

Fortaleza do Monte

Rua do Monte. *Mai–Sep: tägl. 6–19 Uhr; Okt–Apr: tägl. 7–18 Uhr.*
Macau Museum Praceta do Museu de Macao, No 112. *(0853) 28 357 911.* *Di–So 10–18 Uhr.*

Die Festung wurde 1616–26 zum Schutz der portugiesischen Siedler in Macau errichtet. Die dicken Mauern, auf denen alte Kanonen stehen, ragen immer noch eindrucksvoll auf und wirken genauso uneinnehmbar, wie sie es 1622 waren, als angreifende niederländische Truppen abgewehrt wurden.

Unterhalb des Forts ist das informative **Macau Museum** in den Hügel gebaut. Über Rolltreppen kommt man bis zum Fort hoch und passiert dabei viele Rekonstruktionen von Elementen des portugiesischen und chinesischen Lebens. Die Exponate beginnen mit der Ankunft der Kaufleute und jesuitischen Missionare, vergleichen beide Kulturen und erläutern die besonderen Traditionen.

Ruinas de São Paulo

Rua de São Paulo. *(0853) 28 358 444.* *tägl. 9–18 Uhr.*

Eine herrliche, abgebröckelte Fassade ist alles, was von der einstmals prächtigen Kathedrale der Jesuiten übrig blieb. Sie erhebt sich über einer steilen Freitreppe. Auffällig sind die vielen Statuen. Eine davon ist eine »Predigt in Stein« und schildert Hauptereignisse aus der Bibel. Japaner, die zum Christentum übergetreten waren und wegen religiöser Repressionen im 16. Jahrhundert nach Macau flüchteten, bauten die Kathedrale. Im 18. Jahrhundert wurden die Jesuiten aus Macau vertrieben. Die Kathedrale nutzte man als Kaserne, bis sie 1835 durch einen Brand zerstört wurde. Restaurierungsarbeiten in den 1990er Jahren verhinderten, dass auch die Fassade zerfiel. Im angrenzenden Museum sind Skulpturen und Gemälde ausgestellt.

Die prächtige Fassade der Ruinas de São Paulo

Alter Protestantischer Friedhof

Praca Luis de Camões. *tägl. 9–17.30 Uhr.*

Die Grabsteine auf diesem Friedhof an der Ecke der Camões-Gärten erzählen viele Details über das Leben der frühen Kolonialherren. Viele von ihnen waren Briten, die in und um Macau Handel trieben, heirateten und kämpften, bevor Hong Kong zum britischen Territorium wurde. Unter den bekannten Namen findet man den Maler George Chinnery (1774–1852) und Robert Morrison, den ersten protestantischen Missionar, der sich nach China wagte. Die Inschrift auf seinem Grab besagt, dass er die erste chinesische Version des Alten und Neuen Testaments verfasste. Ein Grabstein erzählt von einem kurzen Leben, dem des tapferen Lieutenant Fitzgerald. Er starb, nachdem er »ritterlich« eine Kanonenbastion bei Kanton (heute Guangzhou) erstürmte.

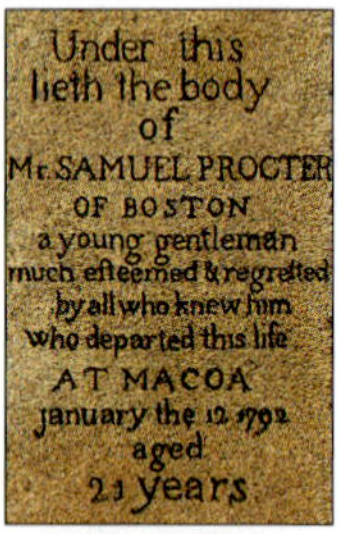

Grabstein, Alter Protestantischer Friedhof

Die angrenzenden Camões-Gärten sind nach dem portugiesischen Dichter Luís Vaz de Camões benannt, dem Autor des Epos *Os Lusíadas* (1572).

Fort Guia und Leuchtturm

Estrada de Cacilhas. *(0853) 28 595 481.* *variabel, tel. erfragen.*

Fort Guia wurde 1622–38 gebaut, um die Grenze nach China zu verteidigen. 1865 kam der Leuchtturm dazu, von dem aus man einen herrlichen Blick über die Stadt hat. Man erreicht das Fort am besten, indem man die Seilbahn zum Gipfel nimmt. Ganz in der Nähe steht eine kleine Kapelle. Um den Gipfel verlaufen mehrere leichte Wanderwege.

Hotels und Restaurants in Hong Kong & Macau *siehe Seiten 566f und 592f*

Fassade am Largo do Senado

The Venetian

Cotai Strip. ☎ *(0853) 28 828 888.*
www.venetianmacau.com

Inspiriert durch das The Venetian in Las Vegas verkauft sich das aufregendste Hotelcasino Macaus als Miniatur-Venedig – komplett mit Campanile, Rialto-Brücke und Gondeln mit singenden Gondolieri. In dem Mega-Resort gibt es zudem Themen-Shopping und ein Theater mit 1800 Plätzen. Die Spielhallen bieten die übliche Auswahl an Automaten, Blackjack, Baccara (Bakkarat), Roulette und *keno* (Bingo). Hinzu kommen einige chinesische Spiele wie das Würfelspiel *dai sui* und das *mahjong*-ähnliche *pai kao*. Macau lebt vom Glücksspiel, das über die Hälfte der Staatseinkünfte einbringt. Zweimal in der Woche finden in Macau auch Pferderennen statt, viermal pro Woche Windhundrennen *(siehe S. 332)*.

Largo do Senado

Im symbolträchtigen Zentrum von Macau, dem Largo do Senado (Senatsplatz) stehen zahlreiche Gebäude aus der Kolonialzeit, darunter der Leal Senado (heute das Rathaus), das Hauptpostamt und die Santa Casa de Misericordia, ein altes Heim für Waisen und Prostituierte. Auch viele Restaurants und das Tourismusbüro findet man hier. Das dekorative Muster der wellenförmig ausgelegten schwarz-weißen Kacheln macht den Platz zu einem oft fotografierten Ort.

INFOBOX

520 000.
Taipa Island, 2 km südlich.
Macau Ferry Terminal, Avenida Amizade (Fähren nach Hong Kong, Hong Kong Airport und Shenzhen Airport).
9 Largo do Senado, (0853) 28 315 566.
Macau Arts Festival (Mai).
www.macautourism.gov.mo

Praia Grande

Den besten Eindruck von der Kolonialarchitektur Macaus bekommt man bei einem Spaziergang entlang der Avenida de Praia Grande. Zwar hat die Landgewinnung am Wasser der Avenida ein wenig von ihrer Eleganz geraubt, doch die großen, gut erhaltenen Häuser sind immer noch sehr schön anzusehen. Das Denkmal für Jorge Alvares, den ersten portugiesischen Forschungsreisenden, steht nahe der Kreuzung zur Avenida do Dr. Mario Soares. Eines der interessantesten Gebäude ist die alte Gouverneursresidenz. Sie ist in Privatbesitz. Man kann sie also nicht besichtigen, sondern nur von der Straße aus bewundern.

ZENTRUM VON MACAU

Alter Protestantischer Friedhof ③
Fisherman's Wharf ⑫
Fort Guia und Leuchtturm ④
Fortaleza do Monte ①
Largo do Senado ⑥
Macau Tower ⑪
Maritime Museum ⑨
Pousada de São Tiago ⑩
Praia Grande ⑦
Rua da Felicidade ⑧
Ruinas de São Paulo ②
The Venetian ⑤

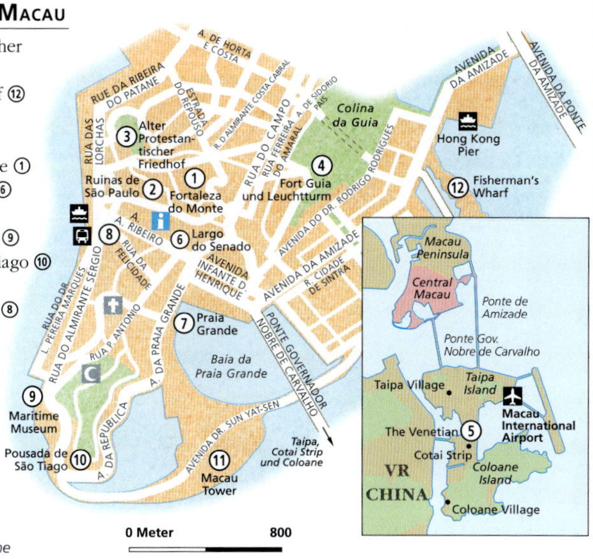

Zeichenerklärung *siehe hintere Umschlagklappe*

Rua da Felicidade

Verschiedenste süße Düfte hängen über der Rua da Felicidade, der Straße des Glücks, wo die Kekse und Kuchen gebacken und verkauft werden. Hier reihten sich einst die Bordelle, daher – nicht von den Süßigkeiten – kommt der etwas ironische Name. Heute gibt es hier viele kleine Lokale: ein guter Ort für ein schnelles Mittagessen.

Maritime Museum

Largo do Pagode da Barra 1. *(0853) 28 595 481.* *Mi–Mo 10–18 Uhr.*

Interessante Schiffsmodelle erzählen davon, wie der Wohlstand Macaus zustande kam. Man sieht verkleinerte chinesische Dschunken, portugiesische Schiffe und einige Fischerboote, aber auch eine nachgebaute Hakka-Anlage *(siehe S. 290)* und ein Drachenboot. Es gibt zudem ein kleines Aquarium. Von hier aus kann man auch auf einer motorisierten Dschunke eine Hafenrundfahrt starten.

Pousada de São Tiago

Avenida da Republica Fortaleza de São Tiago da Barra. *(0853) 28 378 111.* **www**.saotiago.com.mo

Das kleine, bezaubernde Hotel *(siehe S. 567)* war eine Festung, die im 17. Jahrhundert aus dem Felsgestein erbaut wurde, auf dem sie stand. Hier kann man einen Drink auf der Terrasse nehmen, im Restaurant gut essen oder sich über Nacht einquartieren. Eine natürliche Quelle durchfließt die Lobby. Die Korridore sind mit Steinplatten gefliest, doch das Ganze erinnert an eine Höhle. Die Zimmer sind traditionell portugiesisch eingerichtet, mit dunklen Möbeln und Kacheln. Das Hotel besitzt auch ein gutes Restaurant: La Paloma.

Modell einer chinesischen Dschunke, Maritime Museum

Macau Tower

Largo da Torre de Macau. *(0853) 28 933 339.* *Mo–Fr 10–21 Uhr, Sa, So 9–21 Uhr.* **www**.macautower.com.mo

Den 338 Meter hohen Macau Tower sieht man schon von Weitem. Kein Wunder, dass man von oben einen großartigen Blick hat, der an klaren Tagen sogar bis zu den Inseln vor Hong Kong reicht. Gläserne Aufzüge bringen einen schnell in die Höhe. Die Restaurants und Aussichtsgalerien haben teilweise Glasboden. Wagemutige können Overall und Klettergurt anlegen und Teile des Turms von außen erkunden. Es gibt eine Reihe solcher Aktivitäten rund um den Turm. Sie reichen vom noch harmlosen Bungee-Trampolinspringen bis zum schwindelerregenden Gang zwischen Himmel und Erde um den Turm in einer Höhe von 233 Metern.

Der moderne Macau Tower

Fisherman's Wharf

5 Minuten zu Fuß vom Macau Ferry Terminal. *tägl. 24 Stunden.*

In einer Zeit, da Themenparks nicht mehr überall so gefragt sind, hat hier einer eröffnet – einer der größten, farbigsten und durchgestyltesten in der Region. Er nimmt eine Fläche von 120 000 Quadratmetern am äußeren Hafen ein und ist das Projekt von Stanley Ho, der ihn auf aufgeschüttetem Land erbauen ließ. Er ist in drei Areale gegliedert: **Dynasty Wharf** ist ein riesiger Essbereich. In **East Meets West** bricht nachts mit pyrotechnischer Raffinesse ein Vulkan aus. Im Inneren fährt man durch Bergminen. Children's Fort daneben ist für Familien konzipiert. Nachbauten aus verschiedenen Teilen der Welt mit passenden Themenrestaurants und Läden gibt es in **Legend Wharf**. Hier ist auch eine Marina für Luxusyachten.

Avenida da Republica in der Nähe der Pousada de São Tiago

Regionale Küche: Macau

Als die Portugiesen vor 450 Jahren in Macau ankamen, war die Halbinsel so gut wie unbewohnt. Sie kochten wie zu Hause, benutzten aber die chinesischen Zutaten, die es hier gab, und die asiatischen Gewürze, die sie von ihren anderen Außenposten in Afrika, Goa, Malakka, Indonesien und Japan kannten. Im Lauf der Jahre kultivierten die reicheren Familien ihre Kochtraditionen und ließen sich die Zutaten aus Portugal liefern. Die Ärmeren passten sich an die kantonesische Küche an und verwendeten die dafür typischen Ingredientien. So entstand nach und nach die Küche von Macau.

Blühender Pak Choi

Kantonesischer Konfekt in einem Laden in Macau

Portugiesisch

Bacalhau ist wohl der bekannteste portugiesische Grundstoff. Der getrocknete und gesalzene Kabeljau (Stockfisch) taucht überall auf der Iberischen Halbinsel auf. Auf Macau wird er auf alle erdenklichen Arten zubereitet. Die anderen portugiesischen Einflüsse sind schwieriger einzugrenzen. Sicher gehören dazu der reichliche Gebrauch von Olivenöl, aber auch Mandeln, *chorizo* (Paprikawurst), Kaninchen und Safran. Außerdem gibt es hier Brot, Kuchen, Käse, Oliven und Kaffee. Macau besitzt auch eine gut entwickelte Weinkultur. Man bekommt hier alle portugiesischen Weine.

Weitere Einflüsse

Andere Abweichungen von der Kanton-Küche sind der großzügige Umgang mit Gewürzen: Koriander und Chili gehören ins afrikanische Piri-piri. Fischsauce stammt aus Südostasien. Scharfe Currys kommen aus Goa, *feijoada* und Süßkartoffeln aus Brasilien.

Auswahl typischer Zutaten für Macau-Gerichte

Typische Spezialitäten

Safranfäden

Die Küche Macaus verwendet kaum rein kantonesische Rezepte. Tacho, ein winterlicher Eintopf mit Rind, Schwein und Huhn sowie chinesischer Wurst, ist vielleicht die Ausnahme. Wie erwartet ist Bacalhau auf der Speisekarte allgegenwärtig, als *Bacalhau Guisado* (Eintopf), *Bacalhau a Gomes de Sa* (à la Gomes de Sa) und als *Pasteis de Bacalhau* (Pastete), um nur einige Varianten zu nennen. Ein anderes beliebtes Gericht ist *Caril de Camarao* (Shrimps-Curry). Es gibt aber auch traditionelle portugiesische Gerichte wie *Caldo Verde* (Eintopf aus Kohl und Kartoffeln) oder *Carne de Porco a Algarvia* (geschmortes Schweinefleisch mit Muscheln). Auf den ersten Blick sehen die *Pasteis de Nata* (Eiercremetörtchen) aus wie die kantonesischen in Hong Kong, aber sie schmecken ganz anders.

Galinha Africana – *das »Afrikanische Huhn« heißt so wegen der schwarzen Farbe. Es wird in Kokosnussmilch mit Knoblauch und Chili mariniert und dann gebraten.*

Shopping

Keramik, Tsim Sha Tsui

Hong Kong ist ein Shopping-Paradies voller verlockender Möglichkeiten, von noblen Designer-Boutiquen in modernen Shopping Malls bis zu den billigen Straßenmärkten. Preiswert kann man hier elektronische Artikel, qualitativ hochwertige Maßanzüge, Hemden und *cheongsams*, die eng sitzenden traditionellen chinesischen Seidenkleider, erstehen. Es ist jedoch unwahrscheinlich, dass Sie als Besucher wirkliche Schnäppchen entdecken. Die Waren sind nicht billiger als auf dem Festland. Hong Kongs Reiz ist jedoch noch immer die konkurrenzlos große Masse des Angebots. Zögern Sie nicht, auf Märkten und in kleineren Läden zu handeln. In größeren Läden und Kaufhäusern gelten Fixpreise.

Märkte

Straßenmärkte sind die besten Jagdgründe für Schnäppchenjäger – wenn Sie Lust haben, sich durch die Masse kopierter Designer-Artikel zu wühlen. Der **Temple Street Market** *(siehe S. 317)*, ein Nachtmarkt in Yau Ma Tei, besitzt am meisten Atmosphäre und ist auch einer der günstigsten Märkte für Accessoires, Kleider und Kleinkram. Am **Jademarkt** daneben kauft man (tagsüber) Jade. Allein schon die Anfahrt über die Insel zum Markt in **Stanley** *(siehe S. 323)* an der Südküste von Hong Kong Island macht Spaß. Außerdem findet man hier viel Kunst und Kunsthandwerk, aber auch Mode und Accessoires.

Am **Western Market** im westlichen Distrikt Sheung Wan geht es etwas gesetzter zu. In ein paar Gebäuden aus der Kolonialzeit gibt es kleine Stände mit Antiquitäten, Uhren, Chinoiserie und Jade. Die mittlere Ebene quillt über von Stoffballen in allen Materialien, Farben und Mustern. Oben lädt ein gutes Café mit ausgezeichneten Dim Sum zu einer Pause ein.

Einkaufszentren und Kaufhäuser

Selbst für hartgesottene Shopping-Fanatiker bieten Hong Kongs Shopping Malls eine nicht zu bewältigende Fülle. Die Einkaufszentren in **Harbour City** beherbergen Hunderte kleiner Läden und wurden in letzter Zeit noch erweitert und ausgebaut, sodass sie jetzt sogar die großen Schiffe, die neben dem Star Ferry Pier in Kowloons Tsim Sha Tsui vor Anker liegen, klein aussehen lassen. Gegenüber von Victoria Harbour auf Hong Kong Island sind **The Landmark** an der U-Bahn-Station Central und **Pacific Place** an der U-Bahn-Station Admiralty die besten Orte für etablierte Designer-Mode von Prada, Versace, Zegna u. a. sowie superschicke Artikel von Vuitton, Bulgari und Tiffany. **Sogo** an der Causeway Bay *(siehe S. 311)* ist ein Mammut-Kaufhaus. Im nahen **Island Beverley** reihen sich auf einem Dutzend Etagen Hunderte von Läden mit modischer Street-Fashion.

Antiquitäten und Schmuck

Hollywood Road in Central *(siehe S. 314)* ist die beste Straße für Antiquitäten – von winzigen Döschen bis zu riesigen Grabwächtern aus Terrakotta. Zu den etablierten Namen gehören z. B. **Honeychurch Antiques** für Holzschnitzereien, Armbänder und Halsketten, **Gorgeous Arts & Crafts** für alte Möbelstücke und **Dragon Culture**, das eine gute Auswahl an Keramik, Bambusobjekten und Riechfläschchen bietet. Auch in der **Gallery One** kann man schönen Schmuck finden. Ebenso fündig wird man in Macau *(siehe S. 326–329)*. Dort befinden sich die Läden gleich südlich der Ruinas de São Paulo.

Elektronik, Kameras und Computer

Tsim Sha Tsui und der Rest von Kowloon sind die Umschlagplätze für Elektronikartikel und technische Spielereien. Die **Nathan Road** ist zwar nicht mehr so sensationell billig wie einst, aber es gibt immer noch viele Läden mit Kameras und Computerzubehör. Seien Sie aber vorsichtig – man erzählt sich Geschichten von nicht ganz ehrlichen Händlern. Wenn Sie hier etwas Größeres kaufen wollen, sollten Sie sich vorab über Preise informieren und aufpassen, dass das Gerät mit Ihrem Equipment zu Hause kompatibel ist.

Star House gegenüber dem Busbahnhof und den Star Ferry Docks in Tsim Sha Tsui liegt günstig und beherbergt rund 20 Computerläden in der zweiten Etage. Etwas weiter nördlich bieten im **Mongkok Computer Centre** weitere Einzelhändler ihre technischen Produkte an. Hier sind die Preise günstiger, man kann auch noch handeln. Wer weniger Zeit mit Suchen verbringen will, findet in den Läden der Kette **Fortress** akzeptable Preise, vor allem für Kameras und Camcorder. Hier bekommt man auch Beratung und Garantien.

Chinesische Kunst und Kunsthandwerk

Zweifellos sind die Stücke, die man bei **Chinese Arts & Crafts** findet, auf dem chinesischen Festland preiswerter, aber für Mitbringsel in letzter Sekunde ist der Laden in Tsim Sha Tsui bequem. Angeboten werden Seidenartikel, Schnitzereien, Keramik, Jade und Teegeschirr.

Der **Lok Cha Tea Shop** unterhalb der Hollywood Road in Central ist ein angenehmer Laden, in dem man feine Grün- und Jasmintees sowie traditionelles Teegeschirr bekommt. Zu niedrigen Preisen findet man dieses auch im

Culture Club in Macau. Moderne und doch typisch chinesische Objekte für die Inneneinrichtung führt die gehobene Kette **G.O.D.** (Goods of Desire) zu angemessenen Preisen.

Kleidung

Natürlich sind die Shopping Malls und Kaufhäuser der beste Ort für Mode. Auch **Joyce** ist eine gute Adresse, wenn man eine große Auswahl guter Marken unter einem Dach sucht. Günstige Kleidung im Gap-Stil bieten die Läden der Kette **Giordano** an. **Shanghai Tang** in Central führt traditionelle chinesische Kleidung sowie Einrichtungsgegenstände mit zeitgenössischem Touch. Wer als (großer) Europäer Probleme mit den chinesischen Größen hat, kann immer noch zu einer Filiale von **Marks & Spencer** gehen.

Für Ausgefalleneres und Retro-Mode bieten sich die unabhängigen Boutiquen im **King Wah Building** an. Hong Kong ist für seine Schneider berühmt. Wenn Sie sich einen Maßanzug oder ein Maßhemd machen lassen wollen, werden Sie sicher in Tsim Sha Tsui fündig. Etablierte Namen sind **David's Shirts** im Mandarin Oriental oder **Sam's Tailor**, der die eleganten Outfits für Berühmtheiten fertigt. Preiswerte Designer-Mode gibt es in den kleinen Läden in den oberen Stockwerken des **Pedder Building** (ab Etage 4 aufwärts).

Hong Kongs Märkte sind mit kopierter Designer-Mode überschwemmt. Wie bei Fake-Ware üblich, entsprechen Qualität und Schnitt oft nicht ganz dem Original. Wer garantiert das Echte will und nach Qualität sucht, sollte die Straßenmärkte ganz meiden und nur in den Kaufhäusern und in den entsprechenden Boutiquen einkaufen.

Auf einen Blick

Märkte

Jademarkt
Kansu/Shanghai St, Yau Ma Tei. **Stadtplan** 1 B1.
tägl. 10–15.30 Uhr.

Stanley-Markt
Stanley, Hong Kong Island. *tägl. 9–18 Uhr.*

Temple Street Market (Nachtmarkt)
Temple St, Yau Ma Tei. **Stadtplan** 1 B2.
tägl. 18–24 Uhr.

Western Market
Des Voeux Rd, Central, Sheung Wan. **Stadtplan** 2 A2. *tägl. 10–19 Uhr.*

Einkaufszentren

Harbour City
3 Canton Rd, Tsim Sha Tsui. **Stadtplan** 1 A4.
(0852) 2118 8666.

Island Beverley
1 Great George St, Causeway Bay.
M *Causeway Bay.*

The Landmark
12–16 Des Voeux Rd, Central. **Stadtplan** 2 C3.
(0852) 2526 4416.

Pacific Place
88 Queensway. **Stadtplan** 3 D4.
(0852) 2844 8988.

Sogo
555 Hennessy Rd, Causeway Bay.
(0852) 2833 8338.
M *Causeway Bay.*

Antiquitäten und Schmuck

Dragon Culture
231 Hollywood Rd, Central. **Stadtplan** 2 A2.
(0852) 2545 8098.

Gallery One
31–33 Hollywood Rd, Central. **Stadtplan** 2 B3.
(0852) 2545 6436.

Gorgeous Arts & Crafts
30 Hollywood Rd, Central. **Stadtplan** 2 B3.
(0852) 2973 0034.

Honeychurch Antiques
29 Hollywood Rd, Central. **Stadtplan** 2 B3.
(0852) 2543 2433.

Elektronik, Kameras und Computer

Fortress
Laden 3320, The Gateway, Harbour City, Canton Rd, Tsim Sha Tsui. **Stadtplan** 1 A4.
(0852) 2116 1022.

Mongkok Computer Centre
8a Nelson St, Mongkok.
M *Mongkok.*
(0852) 2384 6823.

Star House
3 Salisbury Rd. **Stadtplan** 1 A5.

Chinesische Kunst und Kunsthandwerk

Chinese Arts & Crafts
Star House, 3 Salisbury Rd, Tsim Sha Tsui. **Stadtplan** 1 A5.
(0852) 2735 4061.

Culture Club
390 u. 398 Avenida Almeida Ribeiro, Macau.
(0853) 28 921 811.

G.O.D.
Sharp St, Leighton Centre, Causeway Bay.
(0852) 2890 5555.
M *Causeway Bay.*
Hong Kong Hotel Harbour City, Canton Rd. **Stadtplan** 1 A4.
(0852) 2784 5555.

Lok Cha Tea Shop
290b Queen's Rd, Central, Sheung Wan. **Stadtplan** 2 A2.
(0852) 2805 1360.

Kleidung

David's Shirts
M17, Mandarin Oriental, Queen's Rd, Central. **Stadtplan** 2 C3.
(0852) 2524 2979.

Giordano
Laden 4, Erdgeschoss, China Building, 29 Queen's Rd, Central. **Stadtplan** 2 C3.
(0852) 2921 2028.

Joyce
18 Queen's Rd, Central. **Stadtplan** 2 C3.
(0852) 2810 1120.

King Wah Building
628 Nathan Rd, Mongkok.
M *Mongkok.*

Marks & Spencer
Ocean Terminal, Canton Rd. **Stadtplan** 1 A4.
(0852) 2926 3331.
Central Tower, 24–28 Queen's Rd, Central. **Stadtplan** 2 C3.
(0852) 2921 8365.

Pedder Building
12 Pedder St, Central. **Stadtplan** 2 C3.

Sam's Tailor
Burlington Arcade, Laden K, 94 Nathan Rd, Tsim Sha Tsui. **Stadtplan** 1 B4.
(0852) 2367 9423.

Shanghai Tang
Pedder Building, 12 Pedder St, Central. **Stadtplan** 2 C3.
(0852) 2525 7333.

Unterhaltung

Fruchtige Cocktails

Das Unterhaltungsangebot in Hong Kong ist unglaublich groß. Es gibt mehrere große Veranstaltungsorte, in denen man lokale und internationale Musiker, chinesische Operntruppen, Theater- und Comedy-Shows erleben kann – vor allem während des Arts Festival im Februar und März. Seit einigen Jahren boomt das Nachtleben: Bars, Tanzclubs, Pubs und Musikclubs gibt es massenhaft. Die jüngere Generation hat Geschmack an House- und Techno-Musik gefunden, obwohl auch die Liebe zum kantonesischen Pop blieb. Karaoke-Bars sind bei den Einheimischen populär. Macau gibt sich seriöser. Hier spielt man in einem der Casinos oder geht gut essen.

Information

Veranstaltungskalender für Hong Kong gibt es mehr als genug. Einer der besten ist das kostenlose, wöchentlich erscheinende *HK Magazine*, das in den meisten Cafés und Bars ausliegt. Die Freitagsausgabe der *South China Morning Post* hat einen guten Veranstaltungsteil. Das kostenlose *BC Magazine* erscheint alle zwei Wochen, ist schick aufgemacht und spricht vor allem jüngere Leute an.

Bars und Pubs

Die meisten guten Clubs, Bars und Pubs findet man am Lan Kwai Fong *(siehe S. 314)* nahe Central, in den Straßen um den Escalator und in SoHo. **Goccia** in der Wyndham Street ist eigentlich immer brechend voll mit Hong Kongs »beautiful people«. Im **Le Jardin** um die Ecke geht es weniger laut zu als am nahen Lan Kwai Fong – hier kann man sich sogar noch unterhalten. Für alle, die gern Leute anschauen: Der Jetset Hong Kongs trifft sich in stilvollen Bars wie dem **Felix** über dem Peninsula Hotel und genießt dort die Aussicht auf den Hafen. Angesagt sind auch die **C Bar** in Central oder das modische **Drop** in SoHo, das sich zu etwas späterer Stunde in eine Disco verwandelt. Einen Bio-Drink zur Entspannung erhält man im biologisch-dynamisch angehauchten **Life** in der Nähe des Escalator in SoHo.

Nachtclubs

Nachtclubs sind sehr unterschiedlich – vom eher gewöhnlichen, kostenlosen Club, in dem Musik dröhnt, bis zu den edlen Locations der Reichen und Berühmten. Auch die Gedeckpreise variieren. Im Schnitt liegen sie um 100 HK$. Der kleine **Club 97** am Lan Kwai Fong hat einen guten Ruf. Hier legen die DJs Jazz, Funk und House auf. Der nahe **C Club** unter der C Bar spielt House. **Drop**, **Homebase** und das exklusive **Dragon I** sind einige weitere beliebte Clubs.

Veranstaltungsorte

Konzerte, Opern- und Theaterveranstaltungen finden im **Cultural Centre** statt, manchmal sogar kostenlos. Auch das **Hong Kong Convention & Exhibition Centre** in Wan Chai und das **Hong Kong Coliseum** in Hung Hom sind Orte für große Kulturveranstaltungen. Nahe am Coliseum kann man im **Ko Shan Theatre** chinesische Opern und Konzerte erleben. Das **Hong Kong Arts Centre**, **The Fringe Club** und die **Hong Kong Academy of the Performing Arts** sind alles kleinere Veranstaltungsorte, die von Tanz bis zur Comedy immer ein hohes Niveau bieten. **The Wanch** ist ein relativ kleines Etablissement für Folk- und Indie-Musik.

Auch das **Macau Cultural Centre** lohnt einen Besuch. Hier werden neben Ausstellungen zu Kunst, Geschichte und Architektur regelmäßig Konzerte, Theater, Oper und Tanz geboten, vor allem im Mai während Macaus Kunst- und Kulturfestival.

Sport

Im Frühling beginnt die Saison für die Drachenbootrennen (Termine erhalten Sie beim HKTB). Das Rugby Sevens-Turnier im März ist vor allem für die Europäer in Hong Kong ein Riesenereignis, bei dem eine Unmenge Bier konsumiert wird. Wer sich eher für das sportliche Ereignis interessiert: In 72 Stunden finden 50 Spiele mit internationalen Teams statt. Zwischen Oktober und Dezember werden in Hong Kong einige Profi-Tennisturniere abgehalten.

Wetten und Glücksspiel

Pferderennen auf den Rennbahnen in **Sha Tin** und **Happy Valley** *(siehe S. 311)* sind die einzigen Gelegenheiten, bei denen man in Hong Kong legal wetten darf. Allein schon die Atmosphäre ist hier spannend, egal ob tagsüber oder nachts. Auf Macaus Rennbahn geht es weniger fiebrig zu. Dafür gibt es hier eine sehr gute Bahn für Windhundrennen, das **Canidrome**. Und: Macau ist selbstverständlich der Ort der glitzernden Casinos, in denen Tag und Nacht Betrieb ist. Die grandioseste Spielbank liegt im **The Venetian**, ein Hotelkomplex mit »Kleinvenedig« – komplett mit Campanile, Rialto-Brücke, Gondeln und Themen-Shopping *(siehe S. 327)*.

Spass für Kinder

Gleich zwei Freizeitparks mit den neuesten Raffinessen locken in Hong Kong: Der **Ocean Park** *(siehe S. 322f)* ist älter, hat aber sein Angebot erneuert und ausgebaut. **Hong Kong Disneyland** ist neuer und bietet die ganze Bandbreite von Fahrspaß bis zur Disney-Unterhaltung. Oben auf dem Victoria Peak *(siehe S. 312f)* lockt **EA Experience** mit virtuellem Sport und Autorennzonen sowie mit Computerspielen. Ein wenig »didaktischer« geht es im **Edward Youde Aviary** im Hong Kong Park zu, das einem tropischen Regenwald nachgebaut ist.

Traditionelle Feste

Eines der größten jährlichen Feste in Hong Kong ist das **Chinesische Neujahr**. Victoria Park wird dann zu einem gigantischen Open-Air-Markt. Im Hafen finden wahre Feuerwerksorgien statt. Der **Geburtstag von Tin Hau**, der Meeresgöttin, wird weniger intensiv gefeiert, doch es gibt Umzüge und Löwentänze in den großen Tempeln, darunter auch an der Joss House Bay in den New Territories. Während dieser Feierlichkeiten sind Tempel und Fischerboote in ganz Hong Kong geschmückt. Das **Bun-Fest** im Mai auf der Insel Cheung Chau *(siehe S. 324)* dauert eine Woche lang und gipfelt darin, dass man Unmengen von Brötchen essen muss. Sie stammen von bis zu acht Meter hoch aufgeschichteten Brötchen-Türmen – angeblich zu Ehren der unglücklichen Seelen verstorbener Piraten. Zudem findet ein Umzug »schwebender« Kinder statt, die auf versteckten Pfählen getragen werden. Das **Dragon Boat Festival** (Drachenbootfest) im Juni gehört sicher zu den aufregendsten Events. Andere traditionelle Feste in Hong Kong sind z. B. **Zhongyuan** (Fest des Hungrigen Geistes) im August oder **Zhong Qiu** (Mittherbstfest) Ende September.

Auf einen Blick

Information

Hong Kong Tourist Board (HKTB)
Hong Kong Island: The Centre, 99 Queen's Road, Central. **Stadtplan** 2 C3.
Kowloon: Star Ferry Concourse. **Stadtplan** 1 A5.
(0852) 2508 1234.
www.discoverhongkong.com

Bars und Pubs

C Bar
30–32 D'Aguilar St, Central. **Stadtplan** 2 B3.
(0852) 2530 3695.

Drop
Untergeschoss, On Lok Mansion, 39–43 Hollywood Rd, Central (Eingang Cochrane St).
Stadtplan 3 B3.
(0852) 2543 8856.

Felix
Peninsula Hotel, Salisbury Road. **Stadtplan** 1 B4.
(0852) 2315 3188.

Goccia
Shop 1 u. 2 G/F 73. Wyndham Street.
Stadtplan 2 B3.
(0852) 2167 8181.

Life
10 Shelley Street, SoHo.
Stadtplan 2 B3.
(0852) 2810 9777.

Le Jardin
10 Wing Wah Lane, Central. **Stadtplan** 2 B3.
(0852) 2526 2717.

Nachtclubs

C Club
30–32 D'Aguilar St, California Tower.
Stadtplan 2 B3.
(0852) 2526 1139.

Club 97
9 Lan Kwai Fong.
Stadtplan 2 B3.
(0852) 2810 9333.

Dragon I
The Centrium, 60 Wyndham St. **Stadtplan** 2 B3.
(0852) 3110 1222.
www.dragon-i.com.hk

Homebase
LG/F Au's Building, 17–19 Hollywood Rd, Central.
Stadtplan 2 B3.
(0852) 2537 1000.

Veranstaltungsorte

The Fringe Club
2 Lower Albert Rd, Central.
Stadtplan 2 C3.
(0852) 2521 7251.
www.hkfringe.com.hk

Hong Kong Academy of the Performing Arts
1 Gloucester Rd, Wan Chai. **Stadtplan** 3 E3.
(0852) 2584 8500.
www.hkapa.edu

Hong Kong Arts Centre
2 Harbour Rd, Wan Chai.
Stadtplan 3 E3.
(0852) 2582 0200.
www.hkac.org.hk

Hong Kong Coliseum
9 Cheong Wan Rd, Hung Hom, Kowloon.
(0852) 2355 7233.
Hung Hom KCR.
www.lcsd.gov.hk/CE/Entertainment/Stadia/HKC

Hong Kong Convention & Exhibition Centre
1 Expo Drive.
Stadtplan 3 F3.
(0852) 2582 8888.
www.hkcec.com.hk

Hong Kong Cultural Centre
L5, Auditoria Building, 10 Salisbury Rd.
Stadtplan 1 B5.
(0852) 2734 2009.
www.lcsd.gov.hk/en/cs.php

Ko Shan Theatre
77 Ko Shan Road, Hung Hom.
(0852) 2740 9212.
www.lcsd.gov.hk

Macau Cultural Centre
Avenida Xian Xing Hai S/N NAPE, Macau.
(0853) 28 700 699.
www.ccm.gov.mo/

The Wanch
54 Jaffe Road, Wan Chai.
Stadtplan 3 F4.
(0852) 2861 1621.

Wetten und Glücksspiel

Canidrome
Avenida General Castelo Branco, Macau.
(0853) 28 333 399.
www.macaudog.com

Happy Valley Racecourse
Happy Valley, Hong Kong Island.
(0853) 1817.
www.hkjc.com/english

Sha Tin Racecourse
(0853) 1817.
www.hkjc.com/english

Spass für Kinder

Disneyland
Penny's Bay, Lantau Island.
(0852) 2203 2000.
M *Penny's Bay.*
www.hongkongdisneyland.com/english

EA Experience
Shop 101, Ebene 1, The Peak Tower.
Stadtplan 2 A5.
(0852) 2849 7710.
www.ea.com

Edward Youde Aviary
Hong Kong Park, Cotton Tree Drive, Central.
Stadtplan 2 C4.
(0852) 2521 5041.
www.lcsd.gov.hk/parks

Stadtplan Hong Kong *siehe Seiten 334–337*

Stadtplan

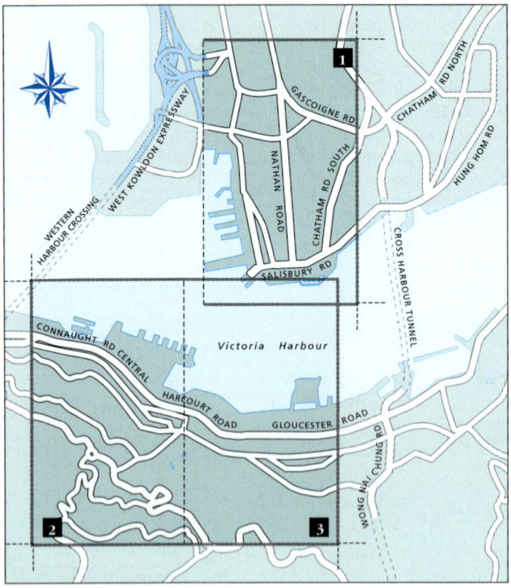

Legende

- Sehenswürdigkeit
- Wichtiges Gebäude
- Bahnhof
- MTR-Station
- Bus-Endhaltestelle
- Fährhafen
- Station der Peak Tram
- Information
- Polizei
- Krankenhaus mit Notaufnahme
- Post
- Tempel
- Eisenbahn
- Linie der Peak Tram

Massstab der Karten 1–3

0 Meter 250

Kartenregister

A
B
C
1
2
3
4
5
YAU MA TEI
KING'S PARK
Yau Ma Tei
Tin-Hau-Tempel
Jade-markt
Queen Elizabeth Hospital
FERRY STREET
SHANGHAI STREET
RECLAMATION STREET
MAN MING LANE
TEMPLE STREET
NATHAN ROAD
PUBLIC SQUARE STREET
YAN CHEUNG ROAD
PRINCESS MARGARET RD
WYLIE ROAD
KANSU STREET
PAK HOI STREET
MAN CHEONG ST
MAN WAI ST
MAN YUEN ST
MAN YING ST
MAN WUI ST
SAIGON STREET
WAI CHING STREET
CANTON ROAD
BATTERY STREET
NING PO ST
WOOSUNG STREET
PARKES STREET
NANKING STREET
CHI WO STREET
GASCOIGNE ROAD
JORDAN ROAD
JORDAN PATH
COX'S ROAD
KING GEORGE V PARK
TAK HING ST
Jordan
TAK SHING ST
BOWRING STREET
KOWLOON CRICKET CLUB
PILKEM ST
AUSTIN ROAD
AUSTIN AVENUE
NATHAN ROAD (THE GOLDEN MILE)
TSIM SHA TSUI
KOWLOON PARK
CHINESE GARDEN
Kowloon-Moschee
Museum of History
Hong Kong Science Museum
OBSERVATORY RD
KNUTSFORD TERR
KIMBERLEY ROAD
KIMBERLEY STREET
GRANVILLE ROAD
CARNARVON ROAD
CHATHAM ROAD SOUTH
THE URBAN COUNCIL CENTENARY GARDEN
TSIM SHA TSUI EAST
China Ferry Terminal
CAMERON ROAD
PRAT AVENUE
HUMPHREYS AVE
HAIPHONG ROAD
HANOI ROAD
MODY ROAD
Tsim Sha Tsui
Harbour City
KOWLOON PARK DRIVE
ASHLEY ROAD
HANKOW ROAD
LOCK ROAD
WING ON PLAZA GARDEN
SIGNAL HILL GARDEN
PEKING ROAD
MIDDLE ROAD
East Tsim Sha Tsui
Tsim Sha Tsui East Ferry Pier
Peninsula Hotel
Ocean Terminal
SALISBURY ROAD
Space Museum
Cultural Centre
Museum of Art
Clocktower
TSIM SHA TSUI WATERFRONT PROMENADE
North Point
Tsim Sha Tsui Star Ferry Pier
AVE OF THE STARS
Victoria Harbour
Chau Island, sland
Central
Wan Chai
Queen's Pier
OON CLUB
3

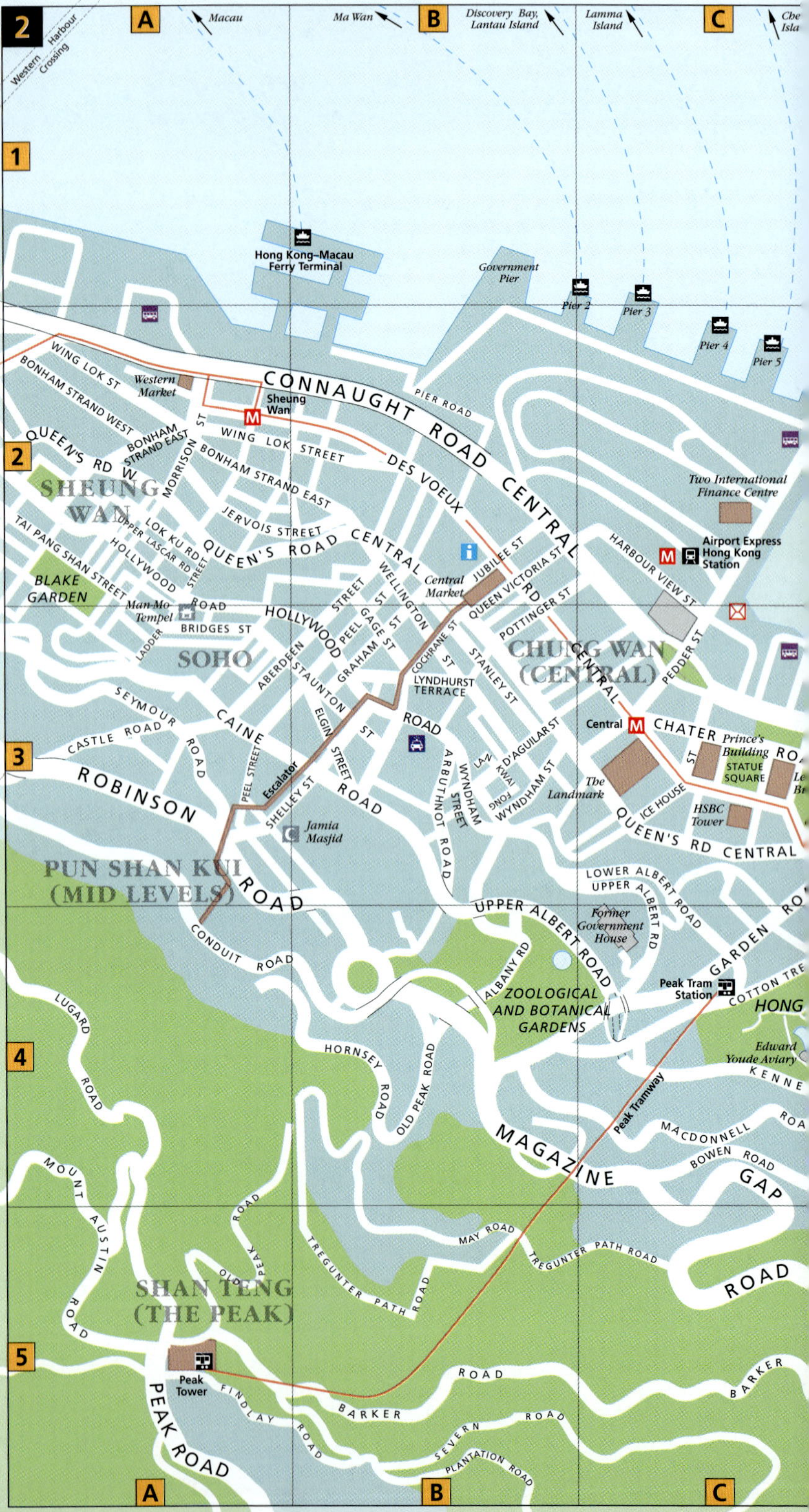
2
Western Harbour Crossing
A
B
C
1
2
3
4
5
Macau
Ma Wan
Discovery Bay, Lantau Island
Lamma Island
Hong Kong–Macau Ferry Terminal
Government Pier
Pier 2
Pier 3
Pier 4
Pier 5
WING LOK ST
BONHAM STRAND WEST
Western Market
CONNAUGHT ROAD CENTRAL
Sheung Wan
PIER ROAD
QUEEN'S RD W
BONHAM STRAND EAST
MORRISON ST
WING LOK STREET
DES VOEUX
SHEUNG WAN
Two International Finance Centre
JERVOIS STREET
LOK KU RD
UPPER LASCAR RD
HOLLYWOOD
TAI PANG SHAN STREET
QUEEN'S ROAD CENTRAL
Airport Express Hong Kong Station
HARBOUR VIEW ST
BLAKE GARDEN
Man Mo Tempel
ROAD
BRIDGES ST
HOLLYWOOD
STREET
PEEL
GAGE ST
WELLINGTON
Central Market
JUBILEE ST
QUEEN VICTORIA ST
RD
POTTINGER ST
LADDER
SOHO
ABERDEEN
STAUNTON
GRAHAM ST
COCHRANE ST
LYNDHURST TERRACE
STANLEY ST
CHUNG WAN (CENTRAL)
PEDDER ST
SEYMOUR
CAINE
CASTLE ROAD
ROAD
ELGIN
ST
ROAD
Central
CHATER
Prince's Building
STATUE SQUARE
D'AGUILAR ST
ROBINSON
PEEL STREET
Escalator
SHELLEY ST
STREET
ROAD
ARBUTHNOT ROAD
WYNDHAM STREET
LAN KWAI FONG
WYNDHAM ST
The Landmark
ICE HOUSE
HSBC Tower
QUEEN'S RD CENTRAL
Jamia Masjid
PUN SHAN KUI (MID LEVELS)
ROAD
LOWER ALBERT ROAD
UPPER ALBERT RD
UPPER ALBERT ROAD
Former Government House
CONDUIT ROAD
GARDEN
Peak Tram Station
COTTON TREE
HONG
ALBANY RD
ZOOLOGICAL AND BOTANICAL GARDENS
LUGARD ROAD
HORNSEY ROAD
OLD PEAK ROAD
Edward Youde Aviary
KENNE
Peak Tramway
MAGAZINE
MACDONNELL ROAD
BOWEN ROAD
GAP
MOUNT AUSTIN ROAD
OLD PEAK ROAD
TREGUNTER PATH ROAD
MAY ROAD
TREGUNTER PATH ROAD
ROAD
SHAN TENG (THE PEAK)
Peak Tower
FINDLAY ROAD
BARKER ROAD
PEAK ROAD
SEVERN ROAD
PLANTATION ROAD
BARKER

D
E
F
3
Tsim Sha Tsui Star Ferry Pier
Cultural Centre
Museum of Art
Hung Hom, Tsim Sha Tsui East
1
2
Victoria Harbour
Pier 9
Hung Hom
Wan Chai Ferry Pier
Hong Kong Convention & Exhibition Centre
EXPO DRIVE EAST
WATERFRONT
LUNG WUI ROAD
COURT ROAD
TIM WA AVE
TIM MEI AVENUE
CONVENTION AVENUE
PIER STREET
FENWICK
STREET
HARBOUR ROAD
FLEMING
Central Plaza
Admiralty
GLOUCESTER ROAD
TAMAR ST
DRAKE STREET
HARCOURT GARDEN
WAN CHAI
JAFFE ROAD
LOCKHART ROAD
LUARD ROAD
ARSENAL STREET
FENWICK
ROAD
Supreme Court
QUEENSWAY
Pacific Place
HENNESSY ROAD
Wan Chai
JOHNSTON RD
SOUTHORN PLAYGROUND
THOMSON ROAD
JOHNSTON RD
Conservatory
JUSTICE DRIVE
QUEEN'S ROAD EAST
WING FUNG ST
STAR STREET
GRESSON STREET
SHIP ST
SWATOW ST
LEE TUNG ST
SPRING GARDEN LA
TAI YUEN STREET
CROSS ST
STONE NULLAH LANE
WAN CHAI ROAD
4
Hung-Shing-Tempel
Hopewell Centre
KENNEDY ROAD
BOWEN ROAD
BORRETT ROAD
Pak-Tai-Tempel
5
PEAK ROAD

Südwest-China

Südwestchina im Überblick

Einige der schönsten Landschaften Chinas liegen im Südwesten: das fruchtbare Rote Becken von Ost-Sichuan, die tiefen Schluchten des Yangzi (Jangtse), die Gebirgsausläufer des tibetischen Hochlands, die Tropenwälder von Xishuangbanna und die Karstkegel von Guizhou und Guangxi. Kulturelle Highlights sind die buddhistischen Kunstschätze in Le Shan und Dazu sowie die Reste der Ming-Stadtmauern in Dali und Songpan. Ethnische Minderheiten sind die Tibeter im Westen, die Miao und die Dong in Guizhou und Guangxi, die Bai in Dali, die Naxi in Lijiang und die Dai in Xishuangbanna. Bei Chengdu findet man Reservate für Große Pandas, Cao Hai ist ein Vogelparadies, und in Xishuangbanna leben Elefanten. Trekkingrouten gibt es in der Tigersprung-Schlucht, am Emei Shan und entlang der Grenze zu Laos im Süden.

Die Spiegel-Seen in den Kalk-Stufen von Huanglong in Sichuan

Das Miao-Dorf Xijiang liegt in einem von terrassierten Hängen umgebenen Tal bei Kaili in Guizhou

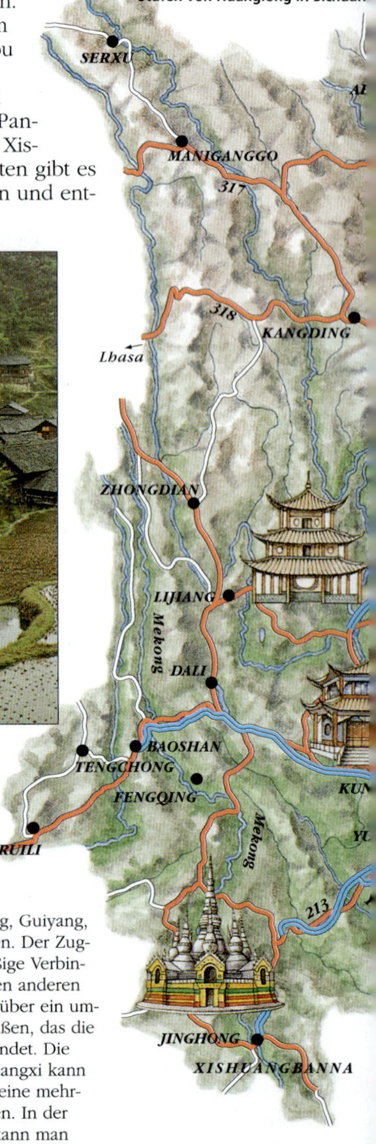

In Südwestchina unterwegs

Größere Städte wie Chengdu, Chongqing, Kunming, Guiyang, Guilin, Lijiang und Jinghong haben einen Flughafen. Der Zugverkehr ist beschränkt, bietet aber relativ regelmäßige Verbindungen zwischen den Provinzhauptstädten und den anderen größeren Städten. Ein Großteil der Region verfügt über ein umfassendes, komfortables Busnetz auf geteerten Straßen, das die wichtigsten Sehenswürdigkeiten miteinander verbindet. Die Reise in abgelegene Gebiete von Guizhou und Guangxi kann beschwerlich sein. Von Chongqing aus kann man eine mehrtägige Bootsfahrt den Yangzi hinunter unternehmen. In der Provinz Guangxi zwischen Guilin und Yangshou kann man schöne Tagesausflüge auf dem Fluss Li machen.

◁ **Bizarre Karstlandschaft bei Yangshuo, Guangxi** *(siehe S. 418f)*

Legende

- Autobahn
- Nationalstraße
- Nebenstraße
- ▲ Gipfel

Dai-Frauen verkaufen eigene Produkte auf einem Markt in Jinghong, Xishuangbanna

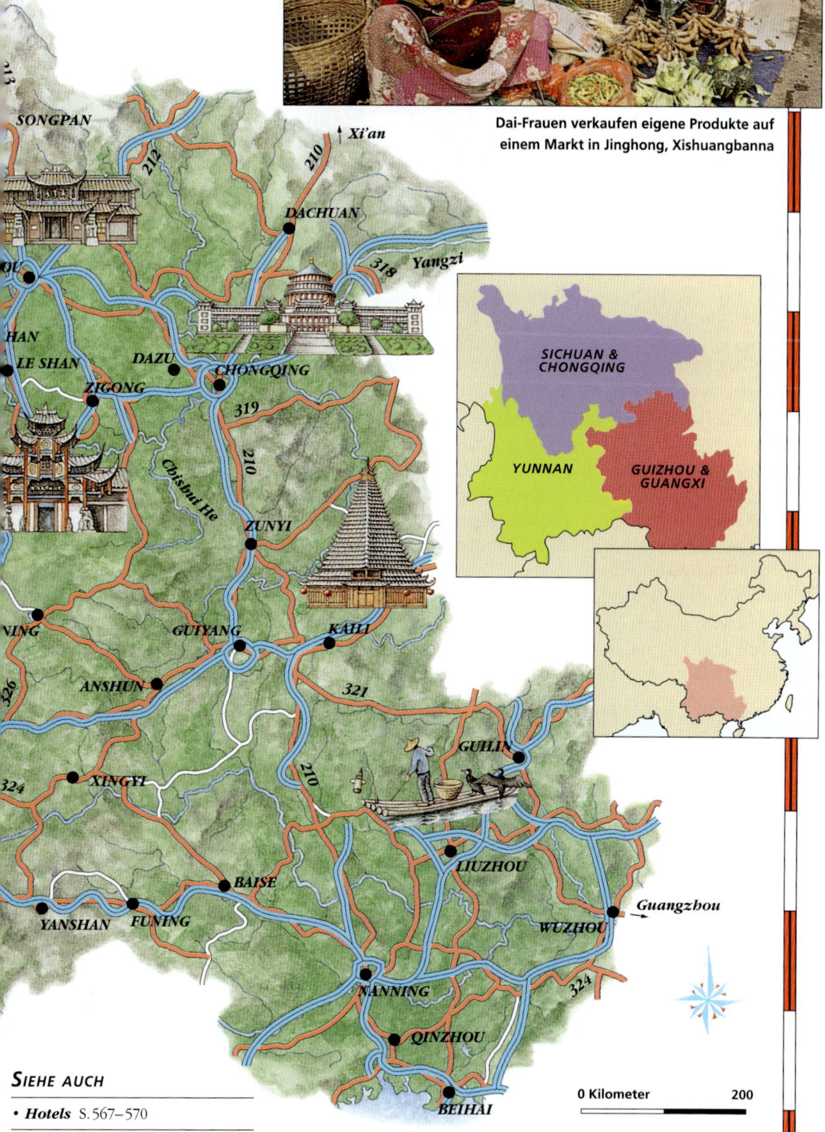

Siehe auch

- ***Hotels*** S. 567–570
- ***Restaurants*** S. 593–595

Ein Porträt Südwestchinas

Die atemberaubenden Szenerien Südwestchinas, eine der landschaftlich attraktivsten Regionen des Landes, reichen von den steilen Karstkegeln am Fluss Li bis zu den tiefen Schluchten des Yangzi (Jangtse). Die ethnische Vielfalt mit den ausgeprägten Traditionen und Lebensweisen der einzelnen Volksgruppen trägt zur Anziehungskraft der Region als exotisches Reiseziel bei.

Die Abgeschiedenheit Südwestchinas hat zu einer ganz eigenen Entwicklung dieser Region geführt. Yunnan pflegte eher engere Kontakte zu seinen Nachbarn im Süden und Osten als zu den chinesischen Herrschern. Während der Ära der Streitenden Reiche (475–221 v. Chr.) wurde Chu-General Zhuang Qiao nach Yunnan entsandt, um die Volksstämme zu unterwerfen. Nach dem Feldzug blieb er und gründete um 300 v. Chr. das Reich von Dian im heutigen Kunming. In den folgenden 500 Jahren bestand dieses Reich aus einem Zusammenschluss tributpflichtiger Stammesfürsten.

Der bedrohte Pandabär lebt in Sichuan

Im 8. Jahrhundert entstand in Dali das Königreich Nanzhao. Es dehnte sein Territorium nach Vietnam und Birma (Myanmar) aus. Der Handel entlang der Seidenstraße brachte der Dynastie Wohlstand, bis im 13. Jahrhundert Kublai Khan, der Herrscher der Yuan, die Macht an sich riss. Einen Großteil der Ming- und Qing-Zeit hindurch wurde das Gebiet, das heute die Provinzen Yunnan, Guizhou und Guangxi umfasst, als kolonialer Außenposten von regionalen Stammesfürsten regiert.

Im 19. Jahrhundert revoltierten die enteigneten, von Kriegsherren und kaiserlichen Steuern gebeutelten Menschen zweimal: 1856 im muslimischen Du-Wenxiu-Aufstand, der um Kunming stattfand, und später im Taiping-Aufstand (1850–64), der in Guangxi begann *(siehe S. 422)*. Beide Rebellionen wurden von den Qing und den Kolonialtruppen gewaltsam niedergeschlagen, was die Region weiter in die Armut

Fischerboote am Ufer des Er Hai (Ohren-See) bei Dali

Räucherschwaden umhüllen die Gläubigen im daoistischen Tempel Qingyang Gong, Chengdu

stürzte. 1870 zettelten die Miao einen Aufstand an. Die Kommunisten trafen in dieser Region 1934 auf ihrem Langen Marsch auf viele revolutionswillige Rekruten.

Sichuan ist die größte Provinz der Region und schon lange ein Teil von China. Um 1000 v. Chr. florierte hier die rätselhafte Ba-Kultur, die schöne Bronzeschwerter fertigte und ihre Hauptstadt nördlich des heutigen Chengdu in Sanxingdui hatte. Nach dem Fall der Han-Dynastie im Jahr 220 wurde der fruchtbare Ostteil während der Zeit der Drei Königreiche (221–263) zum landwirtschaftlich unabhängigen Königreich Shu, dessen Reichtum während der Tang- und Song-Dynastie große Sakralkunst wie den riesigen Buddha in Le Shan hervorbrachte. Sichuan blieb in den folgenden Epochen ein wichtiger Außenposten. Die Großstadt Chongqing wurde unter kommunistischer Herrschaft zu einem Zentrum der Schwerindustrie ausgebaut. Von dieser Stadt aus beginnt eine Drei-Schluchten-Kreuzfahrt auf dem Yangzi (Jangtse) flussabwärts *(siehe S. 352–354)*.

An die dicht besiedelten Ebenen im Osten Sichuans schließen die bevölkerungsarmen Gebirgsausläufer und die hauptsächlich von Tibetern bewohnte Steppenebene an. Im Grenzbereich leben in den wenigen verbliebenen Bambuswäldern die letzten Pandabären. Obwohl die Hauptstadt Chengdu als moderne Metropole gilt, ist sie erstaunlich gemütlich. Das zeigt sich beispielsweise in den zahlreichen Teehäusern, die vor allem in Parks, Tempeln und alten Hinterhöfen zu finden sind.

Yunnan erstreckt sich von den tibetischen Gebirgsausläufern im Norden, wo die Quellflüsse des Yangzi durch zahlreiche Zuflüsse an Kraft gewinnen, bis nach Xishuangbanna und an die laotische Grenze im Süden, die der Mekong passiert. Mittlerweile hat sich Yunnan zu einer der beliebtesten Reiseregionen Chinas entwickelt. Nördlich von Kunming liegen die hübschen Orte Dali und Lijiang. In den Dörfern rundherum leben die ethnischen Minderheiten der Bai und der Naxi. Landschaft und Kultur von Xishuangbanna erinnern ein bisschen an Vietnam, Laos und Myanmar. Guangxi ist für die grandiosen Karstlandschaften um Guilin und Yangshuo berühmt. Doch der wahre Charme von Guizhou und Guangxi liegt in den Hügellandschaften mit ihren Holzhaussiedlungen. Vor allem die Miao sind für ihre geselligen Feste bekannt. Die durch die kargen Böden bedingte Armut der Region hat zur Erhaltung von überwältigenden Naturschönheiten beigetragen. Sie sind bis heute weitgehend in ihrem ursprünglichen Zustand.

Bai-Frauen in Tracht, Shaping

Überwachsene Karstkegel am Fluss Li

Flora Südwestchinas

Leuchtende Bougainvillea

Südwestchina verfügt über die größte Pflanzenvielfalt der Volksrepublik. Dies gilt insbesondere für die Provinz Yunnan mit etwa 15000 Pflanzenarten (rund die Hälfte aller in China vorkommenden Arten). Viele Gartenpflanzen stammen von hier, darunter auch der allgegenwärtige Rhododendron und die Magnolie. Hauptgrund für die üppige Pracht ist der Wechsel von Landschaften auf engstem Raum. Die Naturareale reichen von den Hochebenen der Gebirge bis zu feuchten, subtropischen Dschungelgebieten. Dazwischen liegen isolierte Täler, die Fremdeinflüsse und Pollenflug aufhalten.

Im Botanischen Garten *von Xishuangbanna wird u.a. das Ökosystem des tropischen Regenwalds erforscht.*

Berge und Täler

Endlos sich ausdehnende Bergketten und tiefe Täler scheinen diese Landschaft zu beherrschen. In Nord-Yunnan, West-Sichuan und Südwest-Tibet entspringen die Quellflüsse von drei mächtigen Strömen: der Nu Jiang (Salween), der Lancang Jiang (Mekong) und der Jiansha Jiang (Yangzi). Alle kommen aus den Bergen von Tibet und Qinghai.

Üppige Berghänge mit Rhododendronbüschen und Magnolien

Die Magnolie (Magnolia campbellii) *mit ihrer prächtigen Blüte ist im Himalaya und in China heimisch. Sie wurde 1904 von dem schottischen Botaniker George Forrest entdeckt, aber erst seit 1924 gezielt kultiviert.*

Wilder Rhododendron *wächst ebenso wie viele andere Arten in dieser Region. Fast alle modernen Zuchtpflanzen gehen auf diese aus Südwestchina eingeführte wilde Art zurück.*

Mohn *(*Meconopsis integrifolia) *gedeiht in den hohen Berglagen des Südwestens auf einer Höhe zwischen rund 2700 und 5100 Metern. Feine Härchen schützen seine Blätter. Er wurde von E. H. Wilson entdeckt und wird traditionell als Heilpflanze genutzt.*

Unter den zahlreichen Orchideenarten, *die auf den Bergwiesen von Sichuan oberhalb von 2400 Metern gedeihen, ist* Cypripedium tibeticum *eine der schönsten.*

Kamelien, *die in vielen Gartenvarianten existieren, werden meist wegen ihrer wunderbaren Blüten angepflanzt. Über 200 chinesische Teesorten stammen von der* Camellia sinensis *ab.*

Tropenwald und Dschungel

Nur etwa 0,5 Prozent Chinas sind Dschungelfläche, doch etwa 25 Prozent aller Arten leben dort. Das größte noch erhaltene Gebiet liegt im Südwesten, in der Präfektur Xishuangbanna in der Provinz Yunnan. Zwischen April und Oktober herrscht dort Regenzeit. Insgesamt fallen jährlich etwa 1500 Millimeter Regen, Luftfeuchtigkeit und Temperaturen sind hoch. Weitere Dschungelregionen gibt es auf der Insel Hainan und im Süden von Guangxi.

Dichter tropischer Regenwald in Jinghong im südlichen Teil von Yunnan

Die Pampelmuse (Citrus maxima) *wird seit Jahrtausenden in Südwestchina angebaut. Aus den Blüten wachsen große Zitrusfrüchte mit grüner Schale und saftig-süßem Fruchtfleisch.*

Der Drachenbaum (Dracaena cochinchinensis) *spielt in der traditionellen chinesischen Medizin eine wichtige Rolle. Das blutrote Harz des Baums (Drachenblut) wird in diversen Formen zur Verbesserung der Durchblutung verabreicht. Die in der Wildnis bedrohte Art wird seit einiger Zeit auch angepflanzt.*

Die Yunnan-Zwergbanane (Musella lasiocarpa), *eine enge Verwandte der echten Banane, ist wunderschön, aber in Yunnan und Guizhou nur noch selten zu sehen. Mit ihrem dichten Blütenkopf erinnert sie an eine Artischocke.*

Farne und Büsche *bedecken den Urwaldboden. Darüber schlängeln sich Lianen und Feigen um die Äste. In der konstant hohen Luftfeuchtigkeit gedeihen auch Epiphyten (Aufsitzerpflanzen).*

Die rote Zwergbanane (Musa coccinea) *ist als Zimmerpflanze ausgesprochen beliebt. Sie wird bis zu zwei Meter hoch und hat leuchtend rote Blüten. Inzwischen ist sie wegen der Umweltzerstörung selten geworden.*

Berühmte Pflanzensammler

Anfang des 20. Jahrhunderts machten sich einige unerschrockene Botaniker auf den Weg, um exotische Pflanzen aus aller Welt zu entdecken und mit nach Hause zu nehmen. Die bekanntesten waren George Forrest (1873–1932), E. H.Wilson (1876–1930), Joseph Rock (1884–1962) und Frank Kingdon Ward (1885–1958). Kingdon Ward erforschte und sammelte vor dem Ersten Weltkrieg Pflanzen in der Provinz Yunnan und später in Tibet. Zu seinen gefeiertsten Entdeckungen gehören verschiedene Rhododendronarten. In den 1920er Jahren brachte er Samen des wunderschönen Blauen Scheinmohns *(Meconopsis betonicifolia)* mit nach Großbritannien, der ihn zum Titel seines bekanntesten Buchs inspirierte: *The Land of the Blue Poppy.*

Frank Kingdon Ward, Entdecker und Sammler

Regionale Küche: Südwestchina

Dem warmen Sommer und dem milden, regenreichen Winter ist es zu verdanken, dass Südwestchina als »Reisschale« des Landes bezeichnet wird. Im Becken von Sichuan gedeihen tropische Früchte, Tee und Kräuter. In der regionalen Küche dominieren scharf-würzige Gerichte. Dagegen wird die Küche Yunnans meist unterschätzt, obwohl sie Köstlichkeiten bietet. In Guizhou und Guangxi produzieren Köche eine Mischung aus Sichuan-Schärfe und den subtilen, delikaten Aromen der kantonesischen Küche.

Auberginen und lange Bohnen

Obst und Frittiertes sind für den Südwesten typisch

Sichuan

Die Küche Sichuans ist für ihre Schärfe berüchtigt, doch sie bietet auch mildere Gerichte. Immerhin ist die Chilischote ein relativ junger Import aus Amerika und wird in China erst seit dem 19. Jahrhundert angepflanzt. Köche aus Sichuan behaupten, dass Chilis nicht die Geschmacksknospen betäuben, sondern den Gaumen stimulieren. Jedes Gericht sollte eine ausgewogene Balance aus süß, sauer, bitter, scharf, salzig, aromatisch und duftend sein. Chili sensibilisiert den Gaumen und macht ihn empfänglicher für die gleichzeitige Aufnahme mehrerer Aromen. Das berühmteste Gewürz der Region ist der Sichuan-Pfeffer *(hua jiao)*. Die aromatische Schärfe der getrockneten Blütenknospe kribbelt aromatisch im Mund und macht gegen die Schärfe von Chili unempfindlich. Die letzte Würze gibt schließlich das Salz aus den Minen von Zigong.

Auswahl von Zutaten für Sichuan-Gerichte

Typische Spezialitäten

Frische Wasserkastanien

Jeder Chinareisende wird unweigerlich irgendwann Kung-Po-Huhn und Ma Po Doufu probieren. Doch wahrscheinlich nur in Sichuan wird er die Aromen des Originalgerichts kosten können. Jede Region Chinas verfügt über ihr eigenes »haltbares Gemüse«, aber in Sichuan schmeckt es am besten, etwa die in scharfe Sauce eingelegte Senfwurzel. Die sogenannten »Crossing the Bridge Noodles« von Yunnan erfand angeblich die Frau eines Qing-Gelehrten, um zu verhindern, dass die Nudeln auf dem Weg zum Inselpavillon des Mannes abkühlten. Das Gericht besteht aus einer Hühnerbrühe mit einer heißen Isolierschicht aus Öl, serviert mit Nudeln, Schinken, Gemüse und Ei. Eine weitere Spezialität ist gekochtes Huhn, das mit Gemüse und Heilkräutern zubereitet wird. Es köchelt dabei in einer herzhaften Brühe.

Kung-Po Chicken *ist ein berühmtes Sichuan-Gericht. Kung-Po war ein Beamter aus Guizhou.*

Yunnan

Das Tropenklima Yunnans macht die Provinz zum Paradies für Gemüseliebhaber: Lotoswurzeln, Bambussprossen, Bohnen und Knoblauchkeimlinge. Einige Erzeugnisse der Gegend sind einzigartig, z.B. der kostbare *Pu'er*-Tee. Er wird häufig in der traditionellen chinesischen Medizin eingesetzt. Nicht weniger berühmt ist der Yunnan-Schinken, der dem aus Jinhua in Zhejiang Konkurrenz macht. Yunnan ist zudem für seine Milchprodukte – vor allem für seinen Ziegenkäse – berühmt.

Sobald die Regenzeit endet, sprießen unzählige Pilze aus den Böden der Wälder.

Frisches Gemüse auf einem Straßenmarkt in Guizhou

Dann ziehen die Einheimischen los, um sie zu sammeln. Im Tropenklima gedeihen zudem allerlei exotische Früchte, die auch in den Speisen verarbeitet werden.

Verkaufsstand mit *zongzi*, in Bambusblätter gehüllter Klebreis

Guizhou und Guangxi

Die Provinzen Guizhou und Guangxi sind für ihre speziell bei den Minderheiten verbreitete Hungerküche bekannt – dennoch werden Besucher wohl kaum mit Bienenlarven-Eintopf o.Ä. konfrontiert werden.

Eine Spezialität Guizhous sind feurige Eintöpfe, darunter auch solche mit Hundefleisch, die man allerdings auch umgehen kann *(siehe S.399)*. Die Küche ist scharf-sauer. Das bekannteste Produkt der Provinz ist Maotai, ein starker, aus Sorghum (Hirse) und anderen Getreidesorten gebrannter Schnaps, der zu feierlichen Anlässen getrunken wird. Die Guangxi-Küche bietet kantonesische (süßsauer) und rustikalere Zhuang-Gerichte. Beliebt sind *zongzi* aus süßem oder pikantem Klebreis.

Auf der Speisekarte

Knusprige Ente: Anders als die Pekingente wird diese mariniert und gedämpft, bevor sie gebraten wird. »Tea Smoked Duck« ist eine Variante, die über Tee, Zypressen- und Kampferholz geräuchert wird.

Schwein, zweifach gegart: Bei dem äußerst beliebten Gericht wird das Fleisch erst gekocht und dann gebraten.

Gedämpftes Rindfleisch im Körbchen: In Reismehl paniertes Rindfleisch wird gedämpft und im Dämpfkorb serviert.

Toban-Fisch: Ein ganzer Fisch wird frittiert und anschließend in einer Sauce mit Chilis, Knoblauch, Ingwer, Schalotten, Soja, Zucker, Wein, Chilipaste *(toban jiang)* und Essig geschmort.

Ants Climbing Trees: Schweinehackfleisch (»Ameisen«) mit Reisnudeln (»Bäume«).

Ma Po Doufu, *der »pockennarbige« Tofu, ist ein Klassiker – mit Hackfleisch, Tofu und Chilis in Ingwerbrühe.*

Scharf-saure Suppe *erhält bei richtiger Zubereitung ihre Schärfe von weißem gemahlenem Pfeffer.*

Fish-fragrant Aubergine *bedeutet, dass es sich um ein Fischrezept mit Auberginen handelt.*

Sichuan & Chongqing

Die Provinz Sichuan und die Nachbarprovinz Chongqing nehmen eine Fläche von etwa 570 000 Quadratkilometern ein, auf der über 120 Millionen Menschen leben. Dieses riesige Gebiet lässt sich in mehrere geografische Zonen einteilen: Chongqing im Osten umfasst neben der gleichnamigen Industriestadt auch einen agrarisch genutzten Streifen entlang dem Yangzi (Jangtse), wo auch die berühmten Drei Schluchten *(siehe S. 352–354)* zu finden sind. Das Rote Becken mit der Hauptstadt Chengdu liegt im Zentrum. Das fruchtbare Land bescherte seinen Eignern Wohlstand, der die Tempelanlage auf den bewaldeten Hängen des Emei Shan und die imposanten Buddha-Statuen von Dazu und Le Shan ermöglichte. Als Kontrast erheben sich die schneebedeckten Gipfel der Gebirgsketten des Himalaya im tibetisch geprägten, dünn besiedelten Nord- und West-Sichuan bis zu 5000 Meter hoch. Im Wolong-Naturreservat nördlich von Chengdu hat der vom Aussterben bedrohte Pandabär ein Refugium gefunden. Wunderbare Berglandschaften präsentieren sich im äußersten Norden um Songpan und Jiuzhai Gou.

Sehenswürdigkeiten auf einen Blick

Städte und Orte
Chengdu S. 358f 4
Chongqing S. 350f 1
Huanglong Xi 10
Kangding 19
Songpan 14
Zigong 2

Historische Stätten
Dafo, Le Shan S. 364f 9
Dujiangyan 12
Luding 17
Sanxingdui-Museum 7

Tempel
Baoguang Si 6

Berge, Grotten und Höhlen
Baoding Shan, Dazu S. 356f 3
Emei Shan S. 362f 8
Qingcheng Shan 11

Nationalparks und Zoos
Huanglong 15
Jiuzhai-Gou-Tour S. 370 16
Moxi Xiang und Hailuo-Gou-Gletscher 18
Panda-Zuchtstation 5
Wolong-Naturreservat 13

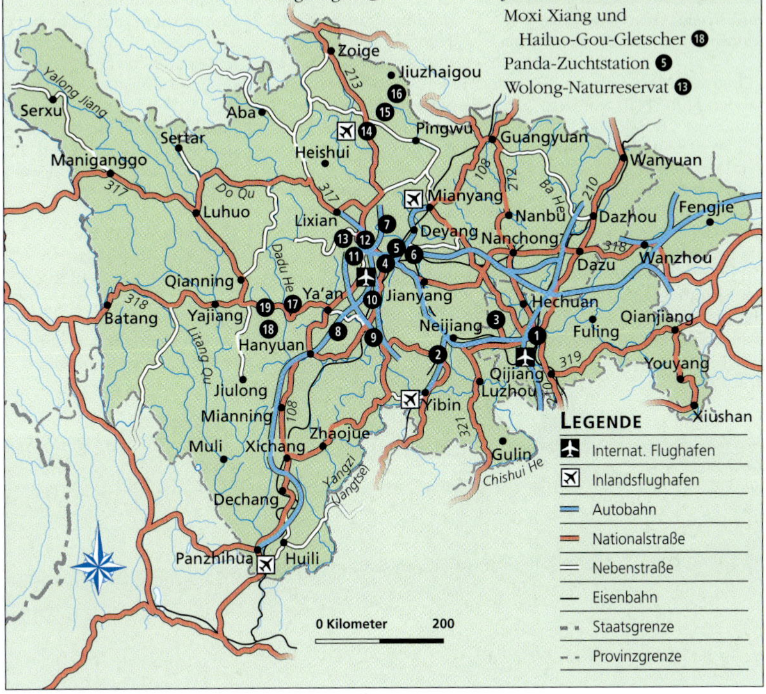

◁ **Die mineralreichen Gewässer und dichten Wälder von Jiuzhai Gou, ein UNESCO-Welterbe** ***(siehe S. 370)***

Chongqing ❶

重庆

Kalligrafie, Luohan Si

Die rasant wachsende Hafenstadt liegt auf einer Halbinsel zwischen Yangzi und Jialing und soll als Hauptstadt des mysteriösen Ba-Reichs um 1000 v. Chr gegründet worden sein. Wegen der Hügel wird sie auch Shan Cheng (Bergstadt) genannt. Aufgrund der hohen Luftfeuchtigkeit gilt sie als eines der »Treibhäuser« im Yangzi-Tal, das durch die Luftverschmutzung noch stickiger wird. Chongqing bietet wenig Historisches, ist aber Ausgangspunkt für Fahrten flussabwärts durch die Drei Schluchten *(siehe S. 352–354)*. 1997 wurde Chongqing Verwaltungszentrum der neuen Stadtprovinz Chongqing Shi, die etwa 500 Kilometer weit nach Osten bis Hubei reicht.

Menschen und Waren kommen per Frachtboot am Kai von Chaotian Men an

Chaotian Men

Chaotian Men (Platz vor dem Himmel) ist Chongqings Kai-Areal an der Spitze der Halbinsel. Dort gehen Kreuzfahrtschiffe vor Anker, bevor sie sich auf den Weg nach Ostchina machen. Eine im Jahr 2000 gebaute Aussichtsplattform mit Blick auf das Flussdelta bietet eine gute Aussicht, die allerdings wegen der überaus starken Luftverschmutzung an vielen Tagen getrübt ist.

Luohan Si

7 Luohansi Jie. *tägl.* www.luohansi.com

Der Tempel aus der Ming-Ära ist für seine *Luohan*-Halle (Halle der vom Wiedergeburtszyklus Befreiten) berühmt. Das indisch-buddhistische Pantheon hatte zunächst nur 18 *luohan*, doch die Chinesen fügten Hunderte der ihren hinzu, darunter buddhistische Figuren, Volkshelden und sogar Daoisten. In der Halle stehen 524 lebensgroße Statuen. Einige sitzen entspannt da, andere schneiden groteske Grimassen.

Befreiungsmonument

Das Denkmal im Herzen Chongqings ist ein schlichter Glockenturm, der an den Sieg der Kommunisten 1949 über die Kuomintang erinnert. Er steht in einer belebten Einkaufsgegend.

Das Befreiungsmonument (Jiefangbei) im Zentrum von Chongqing

Chongqing-Museum

Gegenüber der großen Volkshalle. *tägl. 9.30–17 Uhr.*

Das auch »Drei-Schluchten-Museum« genannte Haus zeigt Grabschätze aus der Han-Ära (25–220), die in Sichuan gefunden wurden. Typisch für die Gegend sind die 50 Zentimeter langen Grabziegel, auf denen religiöse und säkulare Illustrationen zu sehen sind. Häufig taucht der Sonnengott Rishen (mit Drachenkörper) auf. Er steht Fuxi nahe, dem legendären Vorfahren der Chinesen. Prunkstück der Sammlung ist ein Fries mit Soldaten und Kutschen, die vor adligem Publikum defilieren. Im Obergeschoss stehen Bootsärge aus der Ba-Ära.

Große Volkshalle

173 Renmin Lu. *tägl.*

Die 65 Meter hohe Rotunde mit Platz für 4200 Menschen wurde 1954 als Konferenzhalle zum Gedenken an die Rolle Chongqings im Zweiten

Die extravagante Große Volkshalle, nun Teil des Renmin Hotels

Weltkrieg gebaut. Sie ist Beijings Himmelstempel *(siehe S. 96f)* nachempfunden und wird heute als Teil des Renmin Hotels auch als Konzertsaal genutzt. Der Bau mit dreistöckigen roten Säulenreihen und blauem Dach hebt sich von Hochhäusern ringsum ab.

Stilwell-Museum

63 Jialing Xin Lu, Liziba, 5 km südwestlich des Stadtzentrums. *tägl. 9–17 Uhr.*

In dem Haus lebte General Stilwell (1883–1946), der 1942–44 als Befehlshaber der US-Truppen und Chiang Kaisheks Stabschef hier stationiert war. Die USA halfen China gegen Japan. Zu sehen sind u. a. Schaukästen zu den legendären Flying Tigers, einer Gruppe von freiwilligen US-Kampfpiloten, die die Japaner 1941/42 an der chinesisch-burmesischen Grenze in Schach hielten. T-Shirts mit dem Logo der Tigers sind im Museumsladen erhältlich.

Hongyan Cun

52 Hongyan Cun, 5 km westlich von Chongqing. *tägl. 8.30–17 Uhr.*

In den weißen Gebäuden war die Regierung der nationalkommunistischen »Vereinten Front« während des Zweiten Weltkriegs untergebracht, u. a. wohnte hier Zhou Enlai mit seiner Frau Deng Yingchao. Mao besuchte Hongyan Cun (Roter-Fels-Dorf) nach der Kapitulation der Japaner 1945, um an von den USA initiierten Gesprächen mit der Kuomintang unter dem Vorsitz Chiang Kai-sheks teilzunehmen. Heute befindet sich in den Gebäuden eine Sammlung knapp erläuterter Kriegsfotos. Die hügelige Parklandschaft der Umgebung ist ansprechender.

Farbenfroher Snack- und Fast-Food-Stand in der Stadt

Infobox

260 km südöstlich von Chengdu. *5 Mio. (Großraum 8 Mio.). Jiangbei. Caiyuanba u. Hongyan Busbahnhof, CAAC (Busse zum Flughafen). Chaotian Men. Zourong Plaza, Gebäude A (8. Stock), 151 Zourong Lu, (023) 6387 6537.* **www**.ctiscq.com

Ciqi Kou

14 km westlich von Chongqing.

vom Chongqing Hotel.

Das vor 1700 Jahren an den Ufern des Jialing gegründete Ciqi Kou (Porzellanhafen) war in der Ming-Zeit eine berühmte Porzellan-Produktionsstätte und hat heute eher musealen Charakter. Die Uferwege sind noch original gefliest und werden von Holz-, Lehmziegel- und Schieferhäusern flankiert, die mit Steinmetzarbeiten und Schnitzereien an den Fenstern verziert sind. Es gibt viele Teehäuser – man kann zwischen 100 Etablissements wählen. Einige der traditionellen am Fluss bieten auch Opernaufführungen. Porzellan wird nicht mehr produziert, doch Ciqi Kou ist nun für seine modernen und traditionellen Maler bekannt.

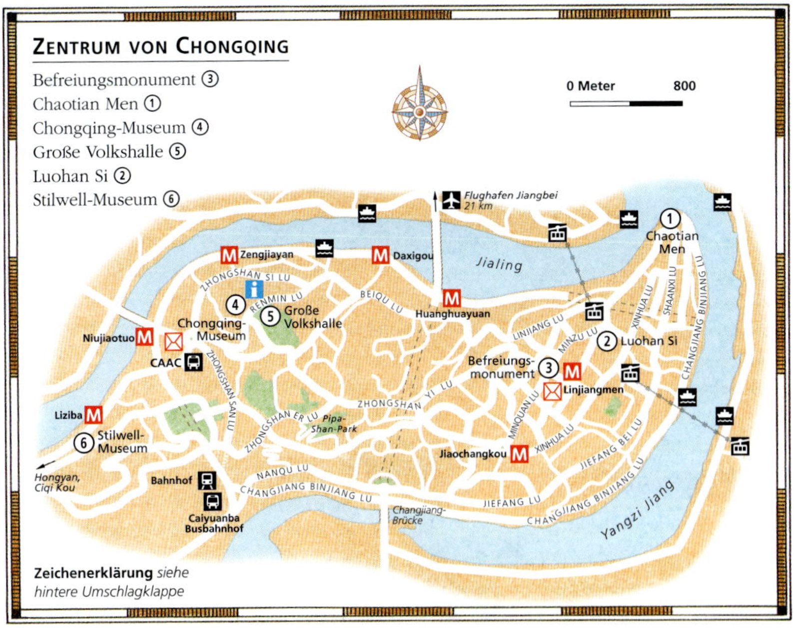

Bootsfahrt auf dem Yangzi

长江

Bis zum 20. Jahrhundert war Sichuan bis auf den 650 Kilometer langen Verbindungsweg über den Yangzi (Jangtse) durch die zerklüfteten Berge völlig von Ostchina abgeschnitten. Der Fluss schlängelte sich durch die steilen Drei Schluchten von Chongqing nach Yichang in der Provinz Hubei. Doch die Reise war gefährlich. Später wurden Bootsfahrten beliebte Ausflugsreisen entlang spektakulärer Landschaften und berühmter Sehenswürdigkeiten. Die Landschaft hat sich durch den Drei-Schluchten-Damm massiv verändert. Das Wasser ist gestiegen. Gleichwohl ist eine Fahrt immer noch lohnend.

Zur Orientierung

Unten dargestelltes Gebiet

Landschaft bei Chongqing
Das sanfte Ackerland um Chongqing mit seiner pastoralen Szenerie verwandelt sich flussabwärts unvermittelt in eine spektakuläre Schluchtenwelt.

★ Shibao Zhai
Das einzigartige Kloster (siehe S. 354) *liegt auf einer Insel. Ganz oben steht Lanruo Dian (Orchideenpalast).*

Die antiken Gräber des Königreichs Ba wurden geflutet.

Fengdu wurde vom gegenüberliegenden Ufer hierher verlegt.

Legende

- - - Provinzgrenze

Geisterstadt
Der Berg Ming Shan ist dem Jenseits und dessen Herrscher Tianzi gewidmet. Er steht voller Tempel, Schreine und Wachsfiguren, die die blutrünstige Seite der Hölle darstellen.

Nicht versäumen

- ★ Drei Mini-Schluchten
- ★ Qutang Xia
- ★ Shibao Zhai

Drei Schluchten
Auch wenn der Fluss nicht mehr das reißende Gewässer ist, das unzählige Reisende beschrieben, sind die Steilwände und Engen von Qutang Xia, Wu Xia und Xiling Xia nach wie vor überwältigend.

Infobox

Von Chongqing nach Yichang oder Wuhan. *Zourong Plaza Building A (8. Stock), 151 Zourong Lu, Chongqing, (023) 6387 6537 (Buchung: CITS). Exkursionen extra.* **www**.hikeyangtze.com

Zhang Fei Miao *(siehe S. 354)* ist dem Shu-Krieger Zhang Fei (168–221) gewidmet.

★ Drei Mini-Schluchten
Die drei Mini-Schluchten bieten die Klippen von Longmen Xia mit Horden wilder Affen.

Der Shennong Xi *(siehe S. 354)* ist einen Abstecher wert.

★ Qutang Xia
Sie ist die erste und kürzeste der Drei Schluchten. Der Tang-Dichter Li Bai beschrieb die einst reißende Qutang-Schlucht als »tausend Meere in einer einzigen Tasse«.

Drei-Schluchten-Damm
Kurz vor Yichang können Sie eines der größten Bauwerke der Welt besichtigen (siehe S. 268f). *Die meisten Touren enden mittlerweile oberhalb des Damms.*

Bootsfahrt auf dem Yangzi

Mit der Fertigstellung des Drei-Schluchten-Damms liegt der Wasserspiegel 175 Meter höher als früher. Bei dem umstrittenen Projekt wurden Millionen Menschen umgesiedelt und Städte oberhalb des neuen Wasserspiegels neu errichtet. Einige archäologische Stätten liegen nun unter Wasser, manche Gebäude wurden versetzt. Wo dies unmöglich war, wurden Schutzdämme errichtet. Die Landschaft hat mittlerweile einiges an Dramatik eingebüßt, doch der Flusscharakter wird weiterhin erhalten bleiben, ebenso wie die wichtigsten historischen und landschaftlichen Merkmale.

***Sampan*-Bootsfahrt flussaufwärts durch die Flussenge des Shennong Xi**

Shennong Xi

Eines der Highlights einer Fahrt auf dem Yangzi ist der Abstecher in die engen Gewässer des Flusses Shennong. Vertiefungen in den Felsen zeugen von einem Plankenweg, der in der Zeit der Han-Dynastie dem Militär diente. Zu sehen sind auch drei hängende Bootssärge, die das ausgestorbene Volk der Bai vor über 1000 Jahren an den Felswänden befestigte. Grabbeigaben und Felsmalereien legen eine Verwandtschaft der Bai mit den Ba, der ältesten bekannten Zivilisation Sichuans, und mit den heutigen Tujia *(siehe S. 24f)* nahe.

Falls der Wasserpegel zu niedrig ist, um den Shennong zu befahren, wird meist eine Fahrt den Daning He hinauf angeboten *(siehe S. 353)*.

Zhang Fei Miao

Zhang Fei (168–221) war der Blutsbruder und General von Liu Bei, dem Herrscher des Shu-Reichs während der Ära der Drei Königreiche. Gewalttätig, verwegen, taktlos und versoffen wie er war, verteidigte er eine strategisch gelegene Brücke ganz allein, indem er der feindlichen Armee solch fürchterliche Drohungen entgegenschmetterte, dass einer der Führer auf der Stelle tot umfiel. Nach dem Tod seines Bruders Guan Yu änderte sich Zhang Feis Stimmung. Er überforderte seine Truppen und wurde von seinen Soldaten im Schlaf ermordet. Im Tempel stellen farbenfrohe Statuen Szenen aus seinem Leben nach.

Routeninfos

Route: *Buchen Sie die Strecke Chongqing–Yichang oder Wuhan (Zusatztag). Fahrten stromaufwärts (Westen) sind billiger, finden aber oft nachts statt.*
Kreuzfahrten: *Teilweise wird englisch gesprochen. Unterschiedliche Unterkünfte (von Schlafsaal bis 4 Sterne). Privatbuchungen sind günstiger als mit CITS.*
Fähren: *Nicht englischsprachig. Sehr einfach, schlechte Verpflegung (selbst mitbringen). Keine Ausflüge, Fahrscheine am Chaotian Men, Chongqing.*
Zeit: *Vorzugsweise Sep u. Okt.*

Shibao Zhai

Das auffallendste Merkmal von Shibao Zhai (Edelstein-Festung) ist der schöne, zwölfstöckige Lanruo Dian, dessen gebogene Dächer an eine Orchidee erinnern sollen. Er wurde 1750 erbaut und ragt 56 Meter über die kleine Steinmauer des Tempels hinaus. Der Name »Edelstein« erinnert an eine Sage, wonach ein Stein im Kloster ein Loch in der Mitte hatte, durch das jeden Tag genug Reis rieselte, um die Mönche zu ernähren. Als einer aus Habgier das Loch vergrößerte, versiegte die Reiszufuhr. Ein Deich schützt Shibao Zhai vor der Überflutung, doch das mittelalterliche Dorf zu dessen Füßen ist versunken.

An Seilen gezogene Boote

Bis in die 1950er Jahre, als die Stromschnellen bereinigt wurden, konnten Boote nur mit der Unterstützung durch Seile flussaufwärts gelangen. Die schlecht bezahlten Handlanger für diese Tätigkeit zogen die Boote gemeinsam durch die Strömungen der drei Schluchten hindurch. Pfade an den Ufern sollten die Mühsal erleichtern. Man kann sie an manchen Stellen noch deutlich erkennen.

Ein Boot wird den Shennong Xi hinaufgezogen

Tor zum Teehaus im ehemaligen Zunftgebäude

Zigong ❷

自贡

170 km südwestlich von Chongqing. 480 000. 3 Tanmu Lin Binguan, (0813) 220 7313.

Seit mindestens 2500 Jahren wird in Sichuan Salz abgebaut. Die meiste Zeit über war Zigong das Produktionszentrum, das Tausende von Händlern aus ganz China anlockte. Die Salzlake wird mit artesischen Brunnen unter der Stadt gewonnen, ebenso wie das für die Verdunstung benötigte Gas. Die chinesische Brunnenbohr-Technik mit Bambusstricken und schweren Eisenbohrköpfen wurde in den 1850er Jahren im Westen angewandt und später für die Erdölgewinnung adaptiert. Bis in die 1960er Jahre war Zigong voller Bambus-Pipelines und 100 Meter hoher Holzbohrtürme. Noch heute kann man einige dieser sehr alten Bauwerke und Minen besichtigen.

Das **Salzmuseum Zigong** wurde 1736 als Zunfthaus von Xiqing für die Händler der Provinz Shaanxi errichtet. Der Prachtbau hat geschwungene Dächer, vergoldetes Innendekor und schöne Holzschnitzereien. Im Atrium fanden einst Theateraufführungen statt. Die Ausstellung illustriert die Geschichte der Salzgewinnung seit der Han-Dynastie.

Interessant sind auch zwei Teehäuser mit alten Inneneinrichtungen, wo Einheimische sitzen und plaudern. Das schönere ist Wangye Miao aus dem 19. Jahrhundert. Die Kleinausgabe der Zunfthalle von Xiqing thront wie eine Burg auf einem Felsvorsprung und überblickt den Fuxi Jiang in der Binjiang Lu. Das zweite Teehaus befindet sich im ehemaligen Zunfthaus der Ladenbesitzer in der Zhonghua Lu. Das geschnitzte Eingangstor öffnet sich zu einem gepflasterten Innenhof, der von einigen privaten Holzbuden umgeben ist.

Der **Xinhai-Brunnen** östlich des Stadtzentrums war 1835 mit 1001 Metern der tiefste der Welt und förderte täglich etwa 14 Kubikmeter Salzlake und 8500 Kubikmeter Erdgas zutage. Heute kann man den 18 Meter hohen Bohrturm, die Bambusrohre und Kabel sowie die ehemals von Büffeln gezogenen Winden besichtigen. Auch die mit Gas arbeitenden Verdunstungspfannen zur heute noch betriebenen Salzgewinnung sind zu sehen.

Weitere »Bodenschätze« von Zigong sind Fossilien, die auf einer riesigen Ausgrabungsstätte im Nordosten in einem Vorort von Dashanpu gefunden wurden. Die Stätte wurde inzwischen überdacht und zum **Dinosaurier-Museum** umgestaltet.

1985 wurden mit britischer Unterstützung ausgiebige Grabungen vorgenommen, bei denen Hunderte von Skeletten zutage gefördert wurden, darunter auch das eines Stegosaurus-ähnlichen *Gigantspinosaurus sichuanensis* und dasjenige eines neun Meter langen, fleischfressenden *Yangchuanosaurus hepingensis*. Die Skelette sind in der Haupthalle neben den nur teilweise ausgegrabenen Überresten am Originalfundort ausgestellt.

Salzmuseum Zigong
107 Jiefang Lu. *(0813) 220 1247.* *tägl. 8–18 Uhr.*

Xinhai-Brunnen
Da'an Jie. *tägl. 8–18 Uhr.*

Dinosaurier-Museum
Dashanpu. *(0813) 580 1234.* *tägl. 9–14.30 Uhr.*

Haupteingang zum Salzmuseum Zigong

Salzabbau in Sichuan

Mit Salz von den Küstenbecken wurde seit der Zeit der Westlichen Han-Dynastie ein großer Teil der kaiserlichen Zolleinnahmen bestritten. In Sichuan war es billiger, das weiße Gold – mit einer den westlichen Standards der Zeit weit überlegenen Methode – aus dem Salzlake-Boden zu gewinnen, als das mit überhöhten Zöllen belegte Salz von der Küste zu kaufen. Dank Tiefbohrung und der Einrichtung von Bambusleitungen boomte die Produktion im 11. Jahrhundert. Die Behörden stoppten die Herstellung wegen der Steuerverluste, doch bald wurde wieder gebohrt. Im 17. Jahrhundert befeuerten die Sichuanesen ihre Öfen mit Erdgas, das beim Salzabbau als Nebenprodukt gewonnen wurde.

Salzminenmodell im Zunfthaus Xiqing

Grotten von Dazu

Meditierende Figur

Die Skulpturen von Dazu kombinieren Elemente des Konfuzianismus, des Daoismus sowie des indischen Tantra-Buddhismus zu einer einzigartigen Synthese. Obwohl sie meist religiös sind, unterscheiden sich die Skulpturen doch stark voneinander. Einige sind naturalistische Darstellungen des Alltagslebens. Die Mehrzahl ist jedoch monumental oder surreal, etwa die zähnefletschenden Wächtergötter und die heiteren, von cartoonähnlichen Szenen umgebenen Buddha-Bildnisse. Sie sind überwiegend in Rot-, Blau- und Grüntönen gehalten.

Rad der Seelenwanderung ③
Ein riesiger Dämon hält eine Scheibe, auf der die möglichen Stadien der Wiedergeburt – vom Buddha-Zustand bis hinunter zu Tieren und Geistern – dargestellt sind.

Tausendarmige Guanyin ⑧
1007 vergoldete Arme umgeben Guanyin wie flackernde Flammen. In jeder Handfläche ist ein anderes Symbol des Bodhisattva.

Liegender Buddha ⑪
Der 15 Meter lange Buddha liegt auf der Seite. Vor seinem stilisierten Gesicht wirken die lebensgroßen Büsten der Würdenträger noch stärker. Die Neun-Drachen-Quelle daneben greift eine Legende auf, der zufolge Buddha nach seiner Geburt von Drachen gewaschen wurde.

Sohnespflichten ⑰
Das konfuzianische Thema der Elternverehrung für die den Kindern gebrachten Opfer zeigt den flexiblen Umgang mit dem Glauben an diesem vorwiegend buddhistischen Ort.

Buddhistische Hölle ⑳
Buddha und Bodhisattvas blicken auf betrunkene Sünder hinab. Tierköpfige Dämonen sieht man auf dem Messerberg und in der Knie-Zerschlagungs-Halle.

Dao-Weisen ㉔
Diese antiken Figuren von zwei weisen alten Männern zeigen Vertreter der daoistischen Philosophie.

Steinlöwe ㉘
Der Löwe symbolisiert Wenshu, der in der buddhistischen Lehre die Weisheit verkörpert. Die zweifach lebensgroße Statue bewacht den Eingang zur Höhle der Vollendeten Erleuchtung.

Die Drei Weisen ④
Die drei Figuren sitzen in ewiger Kontemplation. Die Schriftzeichen bezeichnen den Ort als Baoding Shan.

Elterliche Fürsorge ⑮
Dass an diesem buddhistischen Ort auch die konfuzianische Pflicht der Elternliebe thematisiert wurde, zeigt die Koexistenz religiöser Philosophien in der Tang-Dynastie.

Erleuchteter Buddha ㉙
Er ist das Herzstück in Baoding Shans einziger echter Höhle. Das Bildnis verkörpert den Segen der Selbstperfektion durch den Kreislauf der Reinkarnation.

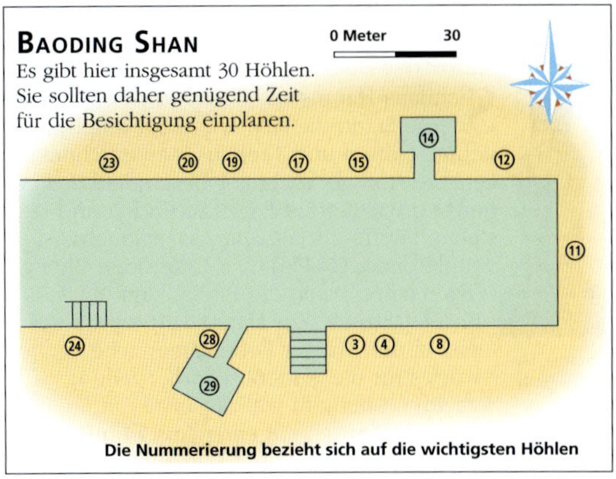

Baoding Shan, Dazu ❸

宝顶山

15 km nordöstlich von Dazu. *vom Caiyuanba Busbahnhof, Chongqing (2 Std.) nach Dazu; Minibus zu den Höhlen (30 Min.).* *8.30–17 Uhr.* *inkl. Bei Shan.* *Video-Aufnahmen kostenpflichtig.*

Die Hügel um Dazu sind von Höhlen und Grotten durchzogen, die mit mehr als 50 000 Skulpturen verziert sind. Sie datieren aus der Tang-Dynastie im 7. Jahrhundert. Die schönste Figurensammlung mit höchster handwerklicher Vollendung findet man in Baoding Shan. Die Figuren entstanden zwischen 1179 und 1245 unter der Aufsicht des Mönchs Zhao Zhifeng. Sie stehen in 30 separaten Nischen, die in die weichen Kalksteinwände einer etwa acht Meter hohen Hufeisen-Schlucht namens Dafo Wan (Großes Buddha-Knie) gemeißelt wurden. Der Name kommt von der großen Skulptur des Liegenden Sakyamuni Buddha.

Bemerkenswert im Areal von Baoding Shan sind die ländlichen Szenen mit Büffelschäfern in Höhle 5. Sie stellen eine Allegorie für die Suche nach der Erleuchtung dar. Eher unbekümmert ist die naturalistische Darstellung von »Katz und Maus« zwischen Höhle 3 und 4: Eine naturalistische Katze schaut zu einer Maus, die einen Bambusstängel hochklettert.

Die Grotten von Dazu sind weltlich-lebensnäher als andere Grotten. Sie stellen das Leben einfacher Menschen dar, um abstrakte buddhistische Lehren zu vermitteln. Nicht nur Buddha-Bildnisse und Bodhisattvas werden dort realistisch präsentiert, sondern auch Herrscher, Minister, Offiziere, Beamte, Mönche, Reiche und Arme. Im Dezember 1999 wurde die Stätte UNESCO-Welterbe.

Umgebung: Bei Shan liegt zwei Kilometer nördlich von Dazu und war ursprünglich ein Militärlager, für das General Wei Junjing im Jahr 892 die Ausstattung in Auftrag gab. Die Höhlen wirken düster, doch einige Skulpturen sind bemerkenswert. Am interessantesten ist Höhle 136, die neben dem Rad des Lebens auch Puxian und eine androgyne Sonne-Mond-Guanyin birgt.

Eine der Skulpturen in den Bei-Shan-Grotten in Dazu

Hotels und Restaurants in Sichuan & Chongqing *siehe Seiten 567f und 593f*

Chengdu ④

成都

Statue, Liu Beis Grab

Sichuans Hauptstadt Chengdu ist eine moderne Stadt, die sich vor allem durch angenehme Gärten und Teehäuser auszeichnet. Letztere sind als wichtiger Bestandteil des Lebens vorwiegend in Parks zu finden und bestehen häufig nur aus ein paar einfachen Stühlen und Tischen. Die Ursprünge Chengdus reichen bis in die Ba-Shu-Ära *(siehe S. 360)* zurück. Zur Hauptstadt wurde es erst in der Ära der Drei Königreiche. Später war es für die Seidenbrokatherstellung wichtig. Chengdu war der erste Ort, an dem Papiergeld gedruckt wurde. Mit einer Ausdehnung von sechs Kilometern ist die Stadt eher kompakt.

Alltag im belebten Teehaus von Wenshu Yuan

Wenshu Yuan

Wenshu Yuan Jie. *tägl. 8–18 Uhr.*

Am Ende einer engen Gasse liegt das Zentrum der Chan-Buddhisten Sichuans. Es ist Wenshu, dem Gott der Weisheit, gewidmet – normalerweise wird er als blauer Löwe dargestellt. Der Tempel wurde um 700 gegründet, die heutigen fünf Hallen stammen aber aus der Ming-Ära. In den kargen Steinbauten stehen zahlreiche Statuen, in den Höfen Räuchergefäße. Der Tempel ist meist gut besucht und oft mit Gebetsgesängen erfüllt. Nach einem Besuch geht man ins Teehaus.

Räucherwerk, zu kaufen im Wenshu Yuan

Yong-Ling-Museum

10 Yong Ling Lu. *42, 48, 54.* *tägl. 8–17.30 Uhr.*

1942 wurde im Nordwesten des Orts Yong Ling das Grab von Wang Jian ausgegraben. Er war selbst ernannter Herrscher von Sichuan, hatte sich 907 an die Macht gekämpft und starb 918. Gefunden wurde u. a. eine sechs Meter lange Steinplattform, die Basis eines mehrschichtigen Holzsarkophags, den ein 22-köpfiges, geschnitztes Frauenorchester ziert. Lebensgroße, bis zur Hüfte in den Boden eingesunkene Krieger tragen die Plattform. Eine Statue von Wang Jian und Blumenfresken zeugen davon, wie kultiviert und bescheiden Wang Jian war.

Sein Sohn verlor 925 die Macht an die Herrscher der Späten Tang-Dynastie.

Du Fus strohgedeckte Hütte

38 Qinghua Lu. *tägl.*

Der gefeierte Tang-Dichter Du Fu kam während eines Aufstands 759 nach Chengdu. Er verbrachte die ersten fünf Jahre in Armut in einer verfallenden, strohgedeckten Hütte in einem Außenbezirk der Stadt. Dort schrieb er etwa 240 seelenvolle Gedichte, in denen er die natürlichen Gewalten mit den Unbilden des Alltagslebens kontrastierte. Im 10. Jahrhundert legten seine Bewunderer hier Gärten an. Ihre heutige Form mit Teichen, Brücken, Pavillons und Bäumen stammt von 1811. In weiß getünchten Hallen sind Ausgaben von Fus Gedichten ausgestellt. Ein Museum zeigt Stationen seines Lebens in Bildern.

Qingyang Gong

9 Xi Er Duan. *tägl.*

Qingyang Gong (9. Jh.) ist Chengdus wichtigster daoistischer Tempel. Der Name bedeutet »Grüne Ziege« und bezieht sich auf die rätselhaften letzten Worte Laozis, des Begründers des Daoismus. Ihnen zufolge könnten diejenigen, die seine Lehren verstanden hätten, ihn auf dem Grüne-Ziegen-Markt finden.

Das herausragendste Gebäude ist der Bagua-Pavillon von 1882. Steinsäulen mit 81 Drachen umschließen die lebensgroße Statue des auf einem Büffel reitenden Laozi. In der Halle ragen drei Gottheiten (Natur, Tugend und Weisheit) über zwei Bronzefiguren auf, die Ziegen darstellen sollen – wenngleich die »Ziege« auf der rechten Seite Tigerpfoten, Einhorn, Schlangenschwanz und andere Merkmale der chinesischen Tierkreiszeichen besitzt. Am Ende der nächsten Halle drängen sich die Gläubigen, um eines der drei Glück bringenden Zeichen zu berühren, die dort auf die Wand gemalt sind.

Gläubige vor dem daoistischen Qingyang Gong

Infobox

260 km nordwestl. von Chongqing. *4,5 Mio. (Großraum 10,5 Mio.). Flughafen Shuangliu. Nordbahnhof, Südbahnhof. Busbahnhof Nord, Xi Men Busbahnhof, CAAC (Busse zum Flughafen), Xin Nan Men Busbahnhof. 22 Renmin Nan Lu, (028) 6648 8000.* **www**.alltrip.cn

Detail des Monuments im Renmin-Park

Renmin-Park

12 Xiao Cheng Lu. *tägl. 7–21 Uhr.*

Der Park mit seiner Blumenpracht, den Teichen, den von Glyzinien umrankten Terrassen und der Halle, in der am Wochenende Schattentheater aufgeführt wird, ist der schönste Chengdus. Das Märtyrerdenkmal erinnert an den Aufstand von 1911.

Wuhou Ci

231 Wuhou Ci Dajie. *tägl. 8–18 Uhr.*

Wuhou Ci, der »Schrein des Kriegsministers«, erinnert an Zhuge Liang (181–234), den brillanten Militärstrategen während der Ära der Drei Königreiche. 1672 wurde der Komplex erweitert, indem tempelähnliche Hallen angefügt wurden. Sie beherbergen diverse Figuren aus der Ära der Drei Königreiche, die alle **Liu Beis Grab** behüten. In der Halle der Drei Königreiche steht die in Gold gekleidete Statue von Liu Bei neben der seines Enkels. Die letzte Halle wird für Aufführungen der Sichuan-Oper genutzt, einer Variante der Beijing Opera.

Museum der Universität Sichuan

Geisteswissenschaftliche Fakultät, Osteingang der Uni, nahe Wangjiang Lu. *(028) 8541 2451. tägl. 9–17 Uhr.*

Das 1914 von dem amerikanischen Gelehrten D. S. Dye gegründete und mittlerweile wiederaufgebaute Völkerkundemuseum zeigt Stickereien, Lederrüstungen, tibetische Kultgegenstände, antike Malereien, Steingravierungen und Texte. Im nahen **Wangjiang-Lou-Park** am Fluss steht eine große Pagode zu Ehren der Dichterin Xue Tao.

Mondtor, Wuhou Ci

Kunstvoll gestaltete, groteske Sanxingdui-Maske

Panda-Zuchtstation ❺
熊猫繁殖中心

10 km nordöstlich von Chengdu. 🚌 *oder Taxi.* ◯ *tägl. 8.30–17 Uhr.* 🎟

Die 1987 eingerichtete Forschungsstätte hat bisher über 88 Pandajunge gezüchtet und aufgezogen, was die Überlebensrate in Gefangenschaft weit übertrifft. Bisher wurden meist Zoos versorgt, doch der eigentliche Zweck ist die Auswilderung der Pandas. Nirgendwo in China kann man die Tiere besser beobachten und den meist untätigen Großen Pandas beim Bambuskauen zusehen.

Baoguang Si ❻
宝光寺

19 km nordöstlich von Chengdu. 📞 *(028) 8397 2247.* 🚌 *oder Taxi.* ◯ *tägl. 8–17 Uhr.* 🎟

Seit der Han-Dynastie ist der Baoguang Si eine Stätte der Andacht. Seinen Namen verdankt er dem Tang-Kaiser Xizong, der 881 bei einer Rebellion hier Zuflucht fand. Er nannte den Tempel »Glänzender Schatz«, weil er ein Licht sah, das angeblich aus den heiligen Reliquien hervorschimmerte. Als Ersatz für die existierende Holzpagode ordnete er den Bau einer Steinpagode an, der 13-stöckigen, 30 Meter hohen **Sheli Ta**, die gleich am Eingang steht. Allerdings brach ihre Spitze bei einem Erdbeben ab.

Der Tempel wird von Gärten mit Ginkgobäumen umrahmt. Daneben befinden sich einige Hallen mit Reliquien, darunter auch ein Raum, der der Tsongkhapa-Sekte (tibetischer Lamaismus) gewidmet ist, sowie eine mit Buddha-Darstellungen geschmückte Steinstele von 540. Größte Attraktion ist die ***Luohan*-Halle** aus der Qing-Ära mit 518 lebensgroßen bemalten buddhistischen Figuren, 59 Buddha- und Bodhidarma-Statuen (Bodhidarma war der indische Gründer des Zen-Buddhismus) und einer riesigen Phönixfigur. Auch Statuen der Kaiser von Kangxi und Qianlong, versehen mit den charakteristischen Bärten, sind zu sehen. Es gibt ein kleines vegetarisches Restaurant.

Sanxingdui-Museum ❼
三星堆博物馆

24 km nördlich von Chengdu in Guanghan. 📞 *(0838) 565 1526.* 🚌 *von Chengdu nach Guanghan.* ◯ *tägl. 8.30–17 Uhr.* 🎟

In den 1980er Jahren begannen Archäologen mit den Ausgrabungen bei Sanxingdui, wo Bauern bereits seit 1929 immer wieder alte Objekte gefunden hatten. Völlig überraschend stießen sie auf die Überreste einer mehr als 3000 Jahre alten Stadt – vermutlich die Hauptstadt der Ba-Shu-Kultur. In mehreren Gräbern wurde ein reicher Schatz aus Gold-, Bronze- und Jade-Artefakten gefunden, darunter eine zwei Meter hohe Bronzestatue mit riesigen Händen, ein »Geisterbaum« voller mystischer Tiere und mehrere metergroße Masken mit hervortretenden Augen. Das Museum zeigt zudem kleinere Exponate und informiert über die Ausgrabungsarbeiten. Die individuell gestalteten Artefakte von Sanxingdui zeugen von größter Kunstfertigkeit. Sie sind insofern historisch relevant, als sie die Theorie, China sei aus einer einzigen Kultur am Huang He (Gelber Fluss) hervorgegangen, infrage stellen.

Sichuan-Oper

Aufwendig kostümierte Schauspieler einer Opernaufführung

Auch nach 300 Jahren hat diese im Sichuan-Dialekt gesungene Kunstform nichts von ihrer Popularität eingebüßt. Die Sichuan-Oper ist weniger formal als ihr Pendant aus Beijing. Sie steckt jedoch voller Witz und Dynamik. Die in hoher Stimmlage aufgeführte Oper thematisiert meist lokale Sagen. Akrobatik ist ein wesentlicher Bestandteil. *Bianlian*, die Kunst des »Gesichterwechselns«, erlaubt den Akteuren, mehrere Rollen zu spielen – meist indem eine Maske ausgetauscht wird. Die Sichuan-Oper wird häufig auf kleinen Bühnen, etwa in Teehäusern, aufgeführt. Karten erhalten Sie im Jinjiang-Theater in der Xianliong Jie und im Shudu-Theater in der Yushuang Lu in Chengdu. Angeboten werden auch geführte Touren mit Erklärung der Handlung und Blick hinter die Kulissen.

Hotels und Restaurants in Sichuan & Chongqing *siehe Seiten 567f und 593f*

Große Pandas

Der Große Panda *(Ailuropoda melanoleuca)* kommt frei lebend nur in China vor. Die Population beträgt nach Schätzungen rund 1600 Exemplare und soll größer werden. Trotz jüngster Zuchterfolge in China sind die Tiere aus der Familie der Bären vom Aussterben bedroht, auch wenn man die rund 370 in Zoos auf der ganzen Welt lebenden Pandas mitrechnet. Durch das Erdbeben von 2008 in Sichuan wurde das Habitat der Pandas weiter verkleinert. Die Tiere ernähren sich fast ausschließlich von Bambus. Sie besitzen ausgeprägte Backenzähne zum Zermalmen der Stängel, tun sich aber mit deren Verdauung schwer. Deshalb verbringen sie fast ihre gesamte wache Zeit fressend. Immer wieder sind sie plötzlichem Nahrungsmangel ausgesetzt. Früher wanderten sie in andere, bambusreichere Regionen ab, doch inzwischen ist ihr Lebensraum durch den Menschen eingeengt. In Shaanxi, Guizhou und Sichuan gibt es 49 Reservate, darunter auch das Wolong-Reservat bei Chengdu *(siehe S. 369)*.

Logo des Hard Rock Café

Pandas fressen *zwischen 15 und 30 Kilogramm Bambus am Tag. Weil sie eigentlich den Verdauungsapparat eines Fleischfressers haben, nehmen sie nur etwa 20 Prozent der Nährstoffe auf und müssen viel schlafen, um so Energie zu sparen.*

Die Pfote *des Pandas ist seiner Spezialkost angepasst. Eine Art »Daumen« hilft ihm, die dünnen Bambusstängel zu greifen.*

Die Fortpflanzungsfähigkeit *ist bei Pandas nicht stark ausgeprägt. Die fruchtbare Phase ist sehr kurz (nur ein paar Tage im Frühjahr) – und Pandas sind sehr wählerisch in Bezug auf ihre Partner.*

Frei lebende Pandas *sieht man nur selten in Familienverbänden, sie verbringen die meiste Zeit ihres ungefähr 25 Jahre dauernden Lebens allein in einem mit Duftmarken gekennzeichneten Revier. Möglicherweise dient ihre auffällige Erscheinung der gegenseitigen Identifizierung als Artgenosse.*

Zuchtprogramme *in Sichuan führten 2008 zu 32 Geburten (29 Überlebende). Mit Brutkästen versucht man, die hohe Jungtiersterblichkeit zu reduzieren.*

Ein Pandababy *wiegt bei der Geburt nur 100 Gramm. Die 200 Kilogramm schwere Mutter trägt es noch 90 Tage lang herum und kümmert sich dann drei Jahre lang um ihr Junges.*

Emei Shan ❽

峨眉山

Puxian auf seinem Elefanten

Sowohl den Daoisten als auch den Buddhisten ist der 3099 Meter hohe Emei Shan seit der Han-Dynastie heilig. Viele der auf den üppig grünen Hängen des Bergs verstreuten Tempel sind Puxian, dem Bodhisattva der Universellen Güte, gewidmet, von dem es heißt, er habe den Berg im 6. Jahrhundert auf einem Elefanten mit sechs Stoßzähnen erklommen. Der Emei Shan bietet aber auch eine große botanische Vielfalt: Über 3200 Pflanzenarten wachsen hier – das sind rund zehn Prozent aller in China gedeihenden Arten. Viele davon findet man in den Gärten der Mönche, so den weiß blühenden Taschentuchbaum, den Ginkgo und den *nanmu*, dessen gerader Stamm für Tempelsäulen genutzt wird. Die meistgesehenen Tiere sind die aggressiven Affen, die Wanderer mit Betteleien nerven.

★ Gipfel
Die drei Hauptgipfel des Emei Shan bilden den Kamm eines Höhenzugs, der auf einer Seite über 1000 Meter jäh abfällt.

Wandern
Wer genug vom Wandern hat, kann sich in einer Sänfte hinauftragen lassen. Um die Route zu verkürzen, sollten Sie von Baoguo aus den Bus zur Seilbahn nehmen, die zum Wannian Si führt oder die Sie ganz nach oben, zum Jieyin Dian, bringt.

Baoguo Si
Im Baoguo Si, dem wichtigsten Tempel auf dem Emei Shan, hängt eine Bronzeglocke aus der Zeit der Ming-Dynastie. Sie wird mit einem Baumstamm angeschlagen und ist kilometerweit zu hören.

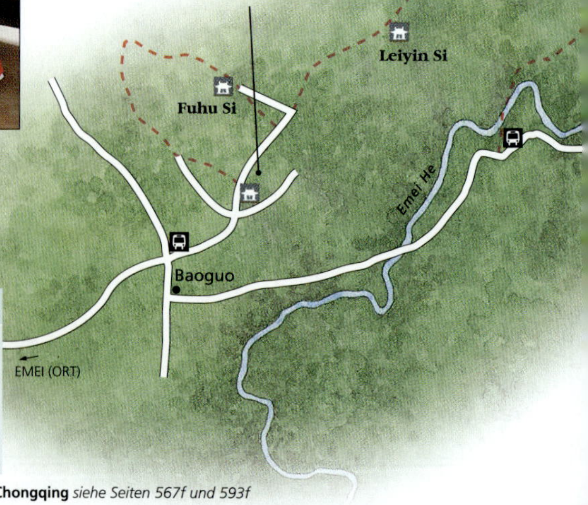

0 Kilometer 3

Nicht versäumen

- ★ Gipfel
- ★ Qingyin Ge
- ★ Wannian Si

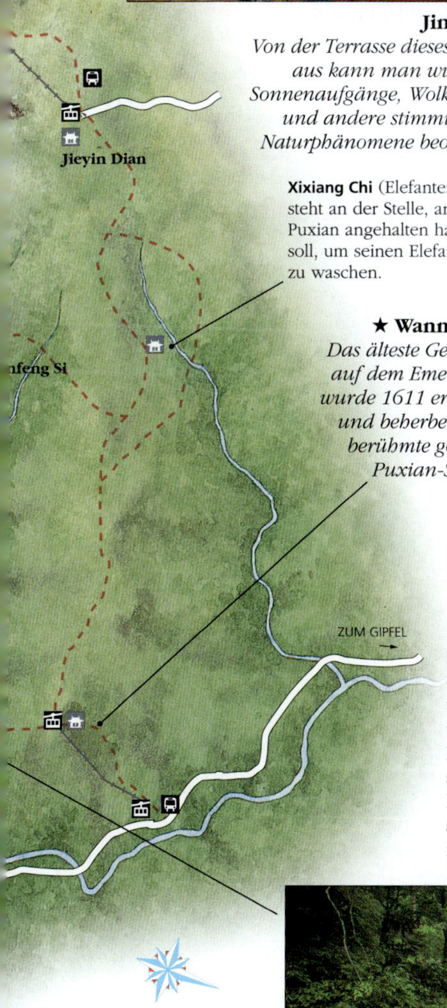

Jin Ding Si
Von der Terrasse dieses Tempels aus kann man wunderbar Sonnenaufgänge, Wolkenmeere und andere stimmungsvolle Naturphänomene beobachten.

Xixiang Chi (Elefantenbad) steht an der Stelle, an der Puxian angehalten haben soll, um seinen Elefanten zu waschen.

★ Wannian Si
Das älteste Gebäude auf dem Emei Shan wurde 1611 errichtet und beherbergt die berühmte goldene Puxian-Statue.

★ Qingyin Ge
Den Pavillon der Reinen Musik erreicht man über Brücken. Er liegt im flachen Waldgebiet an zwei zusammenfließenden Wasserläufen. Im benachbarten Tempel kann man romantisch nächtigen.

INFOBOX

143 km südwestlich von Chengdu. *bei Baoguo Si, (0833) 552 0444. nach Emei. von Chengdu oder Le Shan nach Emei oder Baoguo; Emei nach Baoguo (20 Min.). tägl.*

LEGENDE

- Bushaltestelle
- Seilbahn
- Tempel
- Fußweg
- Straße

ÜBERBLICK: EMEI SHAN

Den Emei Shan zu besteigen dauert etwa drei Tage. Zahlreiche Tempel bieten unterwegs einfache Unterkünfte und Verpflegung. Wanderer brauchen Regenschutz und feste Schuhe, vor allem von Oktober bis April. Straßenhändler verkaufen in dieser Zeit Strohsohlen und Steigeisen. Auf dem Gipfel ist es das ganze Jahr über kalt.

Dafo, Le Shan ❾

乐山

Himmelskönig, Dafo

Der 71 Meter hohe Dafo (Großer Buddha) wurde in die rote Sandsteinwand des Lingyun-Hügels mit Blick auf den Zusammenfluss von Min, Dadu und Qingyi gemeißelt. Im Jahr 713 beschloss der Mönch Haitong, die beschützende Figur für die vorbeifahrenden Schiffe zu errichten – wobei ihm auch klar war, dass durch den anfallenden Schutt Sandbänke entstehen würden. Nachdem Dafo fertiggestellt war, wurden rundherum und auf dem Wuyou-Hügel einige Tempel gebaut. Ein Wegesystem verbindet diese Stätten miteinander – sie sind Welterbe der UNESCO.

Jiazhou Huayuan
Das Museum liegt in einem hübschen Tempel und vermittelt einen umfassenden Überblick über die (Bau-) Geschichte Dafos.

★ Dafo (Großer Buddha)
Aus der Nähe erkennt man noch die Reste des Drainagesystems. Alle zehn Jahre wird die Statue restauriert.

Die Neun-Bogen-Treppe führt in steilen Stufen zu den Zehen hinunter.

Nicht versäumen

- ★ Buddhas Füße
- ★ Dafo (Großer Buddha)
- ★ Haoshang-Brücke

★ Buddhas Füße
Erst wenn man neben den acht Meter langen Füßen steht, kann man die gesamten Ausmaße der Buddha-Statue, eine der größten der Welt, erahnen. Die Maße sind eindrucksvoll: Ohren sieben Meter, Schulterbreite 28 Meter, Nase 5,6 Meter.

Haitong, frommer Mönch mit Hingabe

Haitong, Bildhauer und Mönch

Zunächst wurde Haitongs Vorhaben mit privaten und öffentlichen Geldern aus dem Salzhandel *(siehe S. 355)* finanziert. Der Mönch wohnte in einer Höhle hinter Dafos Kopf. Als ein Beamter ihn unter Androhung der Blendung zwingen wollte, eine Kürzung der Gelder zu akzeptieren, stach sich der Mönch selbst die Augen aus, um seine Ernsthaftigkeit zu beweisen. Doch das Projekt wurde erst nach Haitongs Tod 803 vollendet, nachdem Gouverneur Wei Gao Geld für Beine und Füße gespendet hatte.

Infobox

Le Shan, 155 km südwestlich von Chengdu. *von Chengdu nach Le Shan, dann Bus 3 bis Dafo. von Le Shan nach Wuyou Si, dann zu Fuß zum Dafo.* *Mai–Sep: 7.30–19.30 Uhr; Okt–Apr: 8–18 Uhr.*

★ Haoshang-Brücke

Der elegante, teilweise überdachte Bau wurde im »antiken« Stil errichtet und verbindet den Großen Buddha mit Tempeln der Umgebung.

Der Wuyou-Hügel wurde um 250 v. Chr. vom Lingyun-Hügel getrennt, um die Stromschnellen abzuschwächen. Die Gründung des Tempels erfolgte 742.

Höhlengräber von Mahao

Sie stammen aus der Zeit der Östlichen Han (25–220). In den Grotten liegen die sterblichen Überreste lokaler Adliger. Reiterszenen und Buddha-Figuren zieren die Gräber.

Den besten Blick auf den Großen Buddha hat man von einem Boot aus

Qingcheng Shans verzierter Eingang mit geschwungenen Dächern

Huanglong Xi ⓾
黄龙溪

50 km südwestlich von Chengdu.

Das alte Dorf Huanglong Xi besteht nur aus sieben engen Gassen an einem ruhigen Flussufer. Es diente u.a. als Schauplatz für Ang Lees Film *Tiger and Dragon*. Die meisten Fachwerkhäuser stammen aus der Ming- oder Qing-Ära. Der größte der drei Tempel am Ort ist **Gulong Si** mit seinen wenigen, leicht heruntergekommenen Hallen und einem niedrigen, von zwei Steinlöwen bewachten Eingang. Oberhalb liegt eine Bühne, auf der während der Tempelfeste Theater aufgeführt wird. Das winzige Nonnenkloster **Nanwu Chaoxi Si** besitzt bemalte Steinskulpturen des Drachengeistes Nanwu in menschlicher Gestalt mit rotem Haar und Schnurrbart. **Zhenjiang Si** ist zwar nicht öffentlich zugänglich, bietet aber ein gemütliches Teehaus.

Qingcheng Shan ⓫
青城山

70 km nordwestlich von Chengdu. *bis Dujiangyan, dann Taxi.*

Wie der Name »Green City Mountain« andeutet, ist dieser bekannte daoistische Rückzugsort bewaldet. In zwei gesonderten Arealen liegen verstreut Tempel, die mit Steinwegen verbunden sind. Den vorderen Teil erreicht man über den Haupteingang vom Ort aus. Der rückwärtige Teil mit seinen steilen Hängen und schmalen Pfaden liegt 15 Kilometer westlich davon. Außerhalb des Eingangs steht **Jianfu Gong**, das besterhaltene Heiligtum. Der Haupttempel liegt auf halber Höhe bei **Tianshi Dong**. Vertäfelungen aus der Zeit der Ming-Dynastie zieren die Haupthalle, in der einst der daoistische Meister Zhang Daolin lehrte. Der 1260 Meter hohe Gipfel ist zu Fuß oder per Seilbahn erreichbar. Oben steht der Tempel **Shangqing Gong** (4. Jh.), in dem ein Teehaus eingerichtet ist. Von hier aus ist es nicht weit zum **Laojun-Pavillon**. Den **Tai'an-Tempel** auf der Bergrückseite umgeben festungsähnliche Mauern.

Dujiangyan ⓬
都江堰

60 km nordwestlich von Chengdu. *ab Bahnhof Xi Men, Chengdu.* *tägl. 8–17 Uhr.* *für Bewässerungsgebiet.*

Die Stadt Dujiangyan ist vor allem für ihre Bewässerungssysteme berühmt, die Li Bing, der Statthalter von Sichuan, 256 v. Chr. bauen ließ. Um den Min Jiang zu bändigen, ließ er eine künstliche Insel aufschütten, die den Fluss in zwei regulierbare Kanäle teilte, Sie dienten der Bewässerung der Felder. Noch heute ist die Anlage – ein UNESCO-Welterbe – funktionstüchtig, allerdings wurde sie durch den Bau des Zipingpu-Damms, 15 Kilometer weiter nördlich, beeinträchtigt. Beim Sichuan-Erdbeben 2008 brach der Damm, die Stadt wurde schwer beschädigt. Wissenschaftler vermuten,

Fähre auf dem idyllischen Yuechang Hu (Mondwand-See) am Qingcheng Shan

◁ Andrang herrscht auf der Neun-Kurven-Treppe und der Plattform, um Le Shans Großen Buddha zu sehen

Songpans eindrucksvolle Steinmauer mit Osttor

dass Bauarbeiten am Damm das Beben erst auslösten. Der **Erwan Miao** (Zwei-Königs-Tempel) stürzte ein, derzeit wird er wiederaufgebaut.

Wolong-Naturreservat ⓭
卧龙自然保护区

150 km nordwestlich von Chengdu.
zur Panda-Zuchtstation.
www.chinawolong.com

Wolong war Chinas erste Initiative zum Schutz des Großen Pandas und seines Lebensraums. Das Naturschutzgebiet wurde 1963 gegründet und umfasst etwa 2000 Quadratkilometer Bergland und Wälder entlang der 2000 Meter hohen Qionglai-Kette. Das Hauptquartier des Reservats befindet sich im Ort Wolong, wo neben dem Forschungszentrum auch eine Zuchtstation zu finden ist. Beim Sichuan-Beben wurde das Zentrum zerstört, einige Angestellte und ein Panda starben. Derzeit sind 50 von 63 Pandabären in der Bifengia-Panda-Station (ca. 120 km entfernt) untergebracht. Der Wiederaufbau des Zentrums hat begonnen.

Von Wolong aus führen zwei Wanderwege an den Canyons **Yingxiong** und **Yinchang** entlang. Sie eignen sich nur für erfahrene Bergwanderer. Eventuell sollte man einen Bergführer engagieren. Auch wenn Sie vielleicht keinen der seltenen Pandas sichten, lernen Sie seinen Lebensraum kennen und sehen ganz sicher einige Vertreter der über 280 seltenen Vogelarten.

Songpan ⓮
松潘

220 km nördlich von Chengdu.
ab Bahnhof Xi Men, Chengdu.

Songpan wurde während der Ming-Dynastie als Garnisonsstation zur Kontrolle des 2500 Meter hohen Bergpasses eingerichtet. Heute ist es Verwaltungs- und Geschäftszentrum der umliegenden tibetischen sowie der Qiang- und Hui-Gemeinden. Original erhalten sind noch das kreuzförmige Straßennetz, die Stadtmauern und die vier Tore. Ummauerte Höfe vor dem Südtor dienten früher als Zollstation, in der eintreffende Karawanen kontrolliert wurden. Der Min Jiang teilt Songpans Zentrum und wird von der überdachten **Gusong Qiao**, der Alten Pinienbrücke, überspannt, deren zweistöckiges Dach Tierschnitzereien schmücken. Die beiden großen Moscheen im Zentrum und vor dem Nordtor am Flussufer gleichen – abgesehen von Farbe und arabischen Inschriften über den Türen – chinesischen Tempeln. In den Läden bekommt man Kupferkessel, Türkisschmuck, Mäntel aus Schafspelz, Yak-Butter und luftgetrocknetes Yak-Fleisch. Vor dem Nordtor organisieren zwei Reiseveranstalter mehrtägige Trecks auf Pferden zu den nahen Dörfern. Man schläft in Zelten oder im Freien, die Verpflegung ist einfach. Klären Sie Reiseroute und Preis vorab schriftlich, um Probleme zu vermeiden.

Laterne am Osttor, Songpan

Huanglong ⓯
黄龙

65 km westlich von Songpan. *ab Chengdu oder Songpan.* *Huanglong Tempel-Fest (Juli/Aug).*

Huanglong ist ein etwa 7,5 Kilometer langes, rund 3000 Meter über dem Meeresspiegel gelegenes Tal in den Ausläufern der schneebedeckten Min-Berge. Die Ablagerungen des Flusses haben zwölf Becken und versteinerte Kaskaden gestaltet, deren gelber Stein Huanglong (Gelber Drache) seinen Namen verleiht. Der **Huanglong-Tempel** ist einer von vier fast verfallenen. In ihm steht die Statue von Huanglongs Schutzheiligem. Jedes Jahr findet ein Tempelfest mit Pferderennen statt.

Versteinerte Terrassen in Huanglong

Jiuzhai-Gou-Tour ⑯

九寨沟

Mandarinente

Das UNESCO-Welterbe Jiuzhai Gou ist eine der prachtvollsten Naturlandschaften Chinas und erstreckt sich über 720 Quadratkilometer. Fast 100 außergewöhnlich blaue Seen, von denen es heißt, sie seien die Scherben des Spiegels der tibetischen Göttin Semo, liegen zu Füßen schneebedeckter Berge. Breite, mit Kalksteinablagerungen durchsetzte Wasserfälle verbinden die Seen miteinander. Außer Yak-Herden gibt es Vögel wie die seltene Mandarinente. Pandas sieht man leider eher nicht.

Routeninfos

Unterwegs: Busse sind im Eintritt inbegriffen. Die Wanderroute folgt Straßen und Holzstegen. Nuorilang ist ein guter Ausgangspunkt für Touren.

Reisezeit: Wochenenden im Sommer bitte meiden. September und Oktober bieten Herbstfarben. Im eisigen Winter schneit es.

Zharu-Tempel ①
Zwei Mönche kümmern sich um den kleinen Tempel mit seinen leuchtenden Wandmalereien.

Shuzheng Zhai ②
Das tibetische Palisadendorf mit seinen Schreinen und Mühlen liegt zwischen tiefblauen Becken und Schilfflächen.

Nuorilang-Fälle ③
Am schönsten ist der berühmteste Wasserfall von Jiuzhai Gou im Spätfrühling, wenn die schäumenden Wassermassen tosend die Felsbrocken umspülen.

Perlenstrand-Fälle ④
Das Wasser stürzt eine Kalkwand hinunter und versprüht dabei perlenförmige Tröpfchen.

Urwald ⑤
Ruhe und Abgeschiedenheit findet man im immergrünen Wald am Ende des Reservats.

0 Kilometer 4

Legende

Routenempfehlung

Andere Straße

Fünf-Farben-Teich ⑥
Das tiefe Blau des Wassers wird durch die umstehenden Farne und Bäume sowie durch die dunkelgrünen Algen und die weißlichen Wirbel nach Regenfällen variiert.

Langer See ⑦
Der See ist nicht nur der größte, sondern mit 3100 Metern auch der höchstgelegene.

Der geröllreiche Hailuo-Gou-Gletscher erstreckt sich über die Südosthänge des Gongga Shan

Luding ⑰

泸定

230 km westlich von Chengdu. 🚌

Die kleine Marktstadt Luding liegt von Bergen umgeben am Ufer des Dadu Jiang. Die 100 Meter lange **Luding-Kettenbrücke** über den Dadu besteht aus Eisenketten, die Holzplanken fixieren, und stammt von 1705. Im Mai 1935 wurde die Luding-Kettenbrücke im Zusammenhang mit dem Langen Marsch *(siehe S. 256)* zum nationalen Symbol. Damals entfernten die Truppen der Nationalen Volkspartei die Planken, um der Roten Armee den Weg abzuschneiden, doch »22 Helden« hangelten sich hinüber und nahmen Gefangene im gegnerischen Lager. Auf beiden Seiten der Brücke steht ein Tor. Das Museum am vom Ort entfernten Flussufer zeigt eine Sammlung von Fotos aus jener Zeit.

Die historische Luding-Brücke mit Toren auf beiden Seiten

Moxi Xiang und Hailuo-Gou-Gletscher ⑱

磨西和海螺沟

45 km südwestlich von Luding. 🚌 *Touren über das Hotel buchen.*

Der kleine, von den Qiang bewohnte Ort Moxi Xiang ist Ausgangspunkt für Trekkingtouren durch das benachbarte Hailou Gou (Muscheltal) zum Hailou-Gou-Gletscher. Die Zunge des Gletschers reicht bis auf 3720 Meter Höhe. 1935 fand die Rote Armee in der Holzkirche von Moxi Xiang Zuflucht, bevor sie die Überquerung der Pässe des Daxue Shan (Großer Schneeberg) wagte, bei der ein Drittel der Armee ums Leben kam *(siehe S. 256)*. Der Gletscher fällt zur Südostseite des Gongga Shan, des mit 7556 Metern höchsten Gipfels in Sichuan, ab. Eine Drei-Tage-Tour führt auf dem Weg zur Gletscherzunge durch Rhododendren-Haine. Oben gibt es zwischen grünblauen Eisbrocken Teiche, die sich aus heißen Quellen speisen.

Kirche von Moxi Xiang

Kangding ⑲

康定

50 km westlich von Luding. 🚌 *ab Busbahnhof Xin Nan Men, Chengdu.*

Zwischen China und Tibet liegt die Grenzstadt Kangding, ein Handelszentrum in einem Tal des Flusses Zhepuo. Während der Qing-Ära lebte die Stadt vom grenzüberschreitenden Teehandel. Hier tauschten die Träger die zu Teeziegeln gepressten Teeblätter gegen tibetische Angebote wie Wolle und Kupferwaren. In der Region leben vorwiegend Khampa, eine tibetische Minderheit. Sie haben den Ruf, hartgesotten zu sein, wohl vorwiegend wegen ihres massiven Türkisschmucks, ihrer direkten Art und ihrer Gewohnheit, Messer zu tragen. Das zentral gelegene **Anjue-Lamakloster** ist Zentrum der Khampa-Gemeinde. Im Ort leben zudem noch Qiang, Hui und Han-Chinesen. Am Paoma Shan (Pferderennenberg) im Südosten findet jährlich im vierten Mondmonat ein Bergfest statt, bei dem die Khampa ihre Reitkünste bei rasanten Pferderennen vorführen. Von Kangding sind es etwa 500 Kilometer bis Tibet. Unterwegs lohnt sich ein Halt im Lamakloster von Dege, wo Schriften hergestellt werden.

YUNNAN

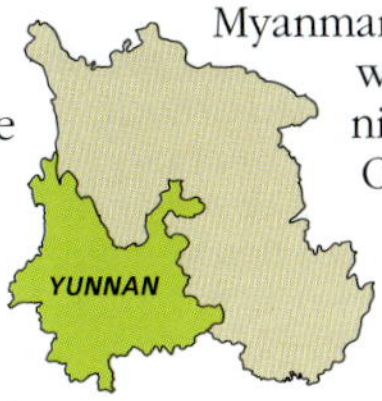

Yunnan liegt an der Südwestgrenze Chinas und besitzt eine große Vielfalt an Landschaften, Klimazonen und Ethnien. Im Nordwesten erstreckt sich das tibetische Hochland. Tropische Regenwälder und Vulkanlandschaften dominieren den Süden. Im Zentrum gibt es Ebenen und Hügel. Hier strömen die wasserreichen Flüsse Yangzi (Yangtse), Salween und Mekong.

Jahrhundertelang war Yunnan, Sitz des im 3. Jahrhundert v. Chr. gegründeten Reichs von Dian, eine isolierte Grenzregion, die – von den Einflüssen der Han-Chinesen unberührt – ihre Identität bewahrte. Noch heute lebt in der Provinz, die viele Gemeinsamkeiten mit den Nachbarstaaten Myanmar, Laos und Vietnam aufweist, gut ein Drittel der ethnischen Minderheiten in China. Die Provinzhauptstadt Kunming zählt zu den gemütlicheren Städten. Ganz in der Nähe ragen die bizarren Steinformationen des Shi Lin (Steinwald) auf. In den Tropenwäldern von Xishuangbanna leben mehrere Minderheiten. Dali im Norden ist die Heimat der Bai. Noch nördlicher liegt Lijiang, die Hauptstadt des Königreichs Naxi, ein UNESCO-Welterbe. In der beeindruckenden Tigersprung-Schlucht kann man Zwei-Tage-Wanderungen unternehmen. Nur Kunming ist gut ans Schienennetz angebunden, die übrigen Orte der Provinz Yunnan erreicht man besser per Bus.

SEHENSWÜRDIGKEITEN AUF EINEN BLICK

Städte und Orte

Dali und Er Hai S. 386–388 ❺
Jinghong ❸
Kunming S. 374–377 ❶
Lijiang S. 390–392 ❾
Ruili ❽
Zhongdian ⓫

Landschaften, Inseln und Berge

Baoshan ❻
Shi Lin (Steinwald) S. 378f ❷
Tengchong ❼
Tigersprung-Schlucht S. 394f ❿
Xishuangbanna S. 384f ❹

◁ **Qianxun Ta** ***(rechts)*** **aus dem 9. Jahrhundert ist die älteste der drei Pagoden (San Ta) bei Dali** ***(siehe S. 386f)***

Kunming ❶
昆明

Sutra-Säule, Stadtmuseum

Kunming, die Hauptstadt der Provinz Yunnan, liegt 2000 Meter hoch. Das milde Klima und die Pflanzenpracht haben ihr den Spitznamen »Stadt des Ewigen Frühlings« eingetragen. Als Teil des Königreichs Nanzhao *(siehe S. 388)* wuchs Kunming bis zum 13. Jahrhundert zu einer blühenden kosmopolitischen Stadt heran. Inzwischen ist es eine der zahllosen Metropolen im Land, die bis zur Unkenntlichkeit modernisiert werden. Gleichwohl gilt Kunming mit dem See im Süden immer noch als eine der gemütlicheren Städte Chinas.

Moderne Hochhausarchitektur prägt das Zentrum Kunmings

Cui Hu Gongyuan

67 Cuihu Nan Lu. *tägl.*

Der Park im Nordwesten besitzt Pavillons und Brücken. Seine Lotosteiche werden im Winter von Rotschnabel-Möwen aufgesucht. Die **Französische Legation** westlich davon zeigt Wechselausstellungen. Das Universitätsviertel mit seinen Studentencafés befindet sich im Nordwesten.

Yuantong Si

30 Yuantong Jie. *(0871) 519 3762.* *tägl. 8–17.20 Uhr.*

Am Fuß des Yuantong-Hügels steht Yunnans größte buddhistische Anlage, ein beliebtes Pilgerziel. Sie wurde unzählige Male renoviert und hat ein imposantes Ming-Tor sowie eine Brücke, die über den zentralen Teich zu einem Qing-Pavillon führt. Dort steht die drei Meter hohe goldene Statue des Maitreya Buddha. Dahinter sitzen auf den beiden Säulen der Großen Halle des Buddha (Ming-Dynastie) zwei Drachen, die an eine Sage erinnern: Demnach wurde der Tempel zur Besänftigung eines Drachen gebaut. In der dahinterliegenden Thai-Halle steht die vom thailändischen König gestiftete Statue von Sakyamuni. Im Hintergrund gibt es einen Felsen mit Stufen, in die religiöse Sentenzen gemeißelt sind.

Vogel- und Blumenmarkt

Die Stände in den engen Gassen an der Jingxing Jie verkaufen eine wilde Mischung von Dingen. Zum einen gibt es eine farbenfrohe Vielfalt an Vögeln, Fischen und anderen Haustieren. Daneben bieten Antik- und Kuriositätenstände Souvenirs wie Tai-Chi-Chuan-Schwerter, Schmuck, alte Münzen, Bambuspfeifen und Revolutionsmemorabilien an.

Provinzmuseum

Ecke Dongfeng Xi Lu und Wuyi Lu. *(0871) 617 9535.* *Di–So 9.30–17 Uhr.* **www**.ynbwg.cn

Im zweiten Stock des Museums sind wertvolle Bronzetrommeln *(siehe S. 423)* ausgestellt, die aus Gräbern am Ufer des Dian-Sees stammen und vor über 2000 Jahren in der Zeit der Streitenden Reiche und der Han-Ära gefertigt wurden. Die Trommeln sind mit Reliefs verziert, die meist Szenen des Landlebens zeigen. Zu sehen sind auch Kampfszenen, Ochse und Tiger oder ein Bambushaus, das in einen Sarg verwandelt ist. Die schönsten Trommeln dienten zur Aufbewahrung von Kauri-Muscheln, die damals als Zahlungsmittel galten. Die anderen wurden als Musikinstrumente oder bei rituellen Handlungen benutzt. Noch heute spielen Bronzetrommeln bei einigen Minderheiten zu Hochzeiten, Beerdigungen und an Feiertagen eine Rolle. In einer weiteren Halle stehen Buddha-Bildnisse aus Bronze und Holz, die aus verschiedenen Epochen stammen. Das Obergeschoss zeigt prähistorische menschliche Überreste sowie Gipsabdrücke von Urfischen.

Pavillons über den fischreichen Teichen des Cui Hu Gongyuan

Hotels und Restaurants in Yunnan *siehe Seiten 568f und 594f*

Infobox

335 km südöstlich von Dali.
5 Mio. (Großraum).
Flughafen Kunming Wujiaba.
Bahnhof Kunming, Nordbahnhof. *Kunming Busbahnhof, Busbahnhof West.*
285 Huancheng Nan Lu, (0871) 356 6666.

Muslimisches Viertel

Shuncheng Jie, die letzte alte Straße in Kunming, auf der noch Rosinen, Pitabrot und luftgetrocknetes Rindfleisch verkauft werden, ist zugleich alles, was vom alten muslimischen Viertel übrig ist. Nanchang Qingzhen Si, die 400 Jahre alte Moschee, die einst in der Zhengyi Lu stand, wurde vor einigen Jahren abgerissen und durch einen modernen Bau mit weißen Ziegeln und grünen Kuppeln ersetzt. Doch die Moschee ist nicht so interessant wie die vielen Gassen rundherum, auf denen religiöse Accessoires, z. B. Kopfbedeckungen oder Mekka-Bilder, verkauft werden. Es ist faszinierend, die Nudelmacher in den kleinen muslimischen Cafés zu beobachten, wie sie den Teig so lange umherwirbeln, bis er Nudelstränge bildet. Köstliches Lamm-Kebab mit Kumin (Kreuzkümmel) gibt es hier auch. Eine weitere Moschee liegt zwischen Huguo Lu und Chongyun Jie.

Beim Lammgrillen, Muslimisches Viertel

Xi Si Ta

Dong Si Jie. *7–20 Uhr.*

Die 13-stöckige Xi Si Ta (West-Pagode) aus der Tang-Ära besitzt Statuen in den Nischen jeder Etage. Die Dong Si Ta (Ost-Pagode) ist hübscher und steht in einem Garten. Obwohl die den Pagoden angegliederten Tempel nicht öffentlich zugänglich sind, kann man gegen Gebühr in den Innenhof von Xi Si Ta gelangen.

Stadtmuseum

71 Tuodong Lu. *(0871) 315 3256.* *Di–So 10–17 Uhr.*

Das Museum ist zwar weniger spannend als das Provinzmuseum, hat aber einige interessante Kunstschätze. Einer davon ist die **Dali-Sutra-Säule**, eine sieben Meter hohe rosa Sandsteinskulptur, die der Dali-König Yuan Douguang zu Ehren von General Gao Ming bestellte. Sie ist mit lebendig wirkenden Wächtern und Dämonen verziert sowie mit einem Ring aus Buddha-Bildnissen, die das Universum tragen. In den oberen Etagen gibt es Bronzetrommeln, eine Ausstellung über Kunming und fünf Dinosaurier-Skelette aus der Gegend, u. a. einen Allosaurus und einen *Yunnanosaurus robustus*.

Skelett eines *Dilophosaurus*, Stadtmuseum

Der bronzene Schrein des Jin Dian mit Doppeldach

Jin Dian

12 km nordöstlich von Kunming. *6, 10, 71, 76 ab Kunming Nordbahnhof.* *tägl.*

Allein für die gepflegten Blumengärten und die schattigen Nadelwälder lohnt sich der Besuch dieser abgeschiedenen Oase in der nordöstlichen Vorstadt. Die Attraktion des Parks ist jedoch Jin Dian (Goldener Pavillon) auf dem zentralen Hügel. Er wurde 1602 in der Ming-Ära errichtet und 1671 als Sommerresidenz des rebellierenden Ming-Generals Wu Sangui neu erbaut. Der ungewöhnliche zweistöckige Schrein ist ganz aus Bronze. Mit seinen Säulen, Trennwänden und geschwungenen Dächern wurde er den traditionellen Holzbauten nachempfunden. Der fast komplett schwarz patinierte Bau thront auf einem Dali-Marmorsockel, ist sechs Meter hoch und wiegt 272 Tonnen. Von den betagten Kamelienbäumen im Innenhof ist einer 600 Jahre alt. In der Haupthalle mit Bronzegittern, Streben und Statuen gibt es zwei magische Schwerter, die einst von daoistischen Kriegern benutzt wurden. Die nach Kamelien duftenden Gärten sind beliebte Picknickplätze. Besucher können mit dem Bus oder einem Mietfahrrad zum Hügel fahren und von dort bequem zum Schrein hinaufgehen.

Auf dem Hügel dahinter steht ein weiterer daoistischer Schrein mit einer 12700 Kilogramm schweren Bronzeglocke (1423) vom zerstörten Südtor Kunmings.

Qiongzhu Si

12 km nordwestlich von Kunming. *ab Kunming Busbahnhof West.* *tägl. 8–17 Uhr.*

Der Qiongzhu Si (Bambustempel) aus der Tang-Ära brannte nieder und wurde im 15. Jahrhundert wiederaufgebaut. Heute steht der elegante Bau mit seinen filigranen schwarz-roten Holzarbeiten auf Fundamenten aus der Yuan-Dynastie. Neben drei Buddha-Statuen sind vor allem die lebensgroßen Tonfiguren von Interesse, die der hoch begabte Bildhauer Li Guangxiu Ende des 19. Jahrhunderts schuf. Der Künstler und seine fünf Assistenten erhielten den Auftrag, Tonfiguren der 500 *arhat* oder *luohan* (vom ewigen Zyklus der Wiedergeburt Befreite) für das Hauptgebäude zu gestalten. Heute zählen diese Figuren zu den Highlights des Tempels, doch zu Lebzeiten Li Guangxius lösten sie so großen Unwillen aus, dass dem Bildhauer verboten wurde, jemals wieder zu arbeiten. Auf einer Wand reiten fremdartige Figuren – bei einer sind die Arme länger als der Körper, eine andere hat Augenbrauen bis zu den Knien – auf schäumenden Wellen voller Meeresgetier. Drei Regale voller Figuren stellen buddhistische Tugenden und Schwächen dar. Die wunderbaren Charaktere illustrieren alle Aspekte des menschlichen Wesens: Einer greift nach dem Mond, ein anderer spielt mit einem Monster, einer gähnt, einer isst einen Pfirsich. Die Figuren zeigen einerseits Li Guangxius Gabe, Mimik und Gestik mit einzigartiger Ausdruckskraft zu gestalten, sollen aber andererseits Porträts von Zeitgenossen sein, was die heftige Ablehnung der Werke erklären würde.

Bemerkenswert in der Haupthalle ist eine Steinplatte aus dem 14. Jahrhundert mit einer in chinesischer und mongolischer Schrift verfassten Auflistung der kaiserlichen Geschäfte mit Yunnan. Auf dem Areal der Tempelanlage gibt es ein gutes vegetarisches Restaurant.

Luftaufnahme der Tempelanlage von Qiongzhu Si (Bambustempel)

Hotels und Restaurants in Yunnan *siehe Seiten 568f und 594f*

Der Haigeng-Park grenzt an den riesigen Dian-See

Dian-See und Westliche Berge

ab Kunming. tägl.
www.dianchi.gov.cn

Südlich von Kunming reihen sich Fischerdörfer am 40 Kilometer langen Dian Chi (Dian-See) aneinander. Der See ist sehr hübsch, vor allem am hügeligen Westufer und am flachen Ostufer. Dschunken *(fanchuan)* mit Bambusmasten und rechteckigen Stoffsegeln gehen hier auf Fischfang. Vom **Daguan-Pavillon** am Nordufer hat man einen guten Blick. Einige Kilometer weiter südlich erstreckt sich der **Haigeng-Park** mit Weiden und Eukalyptusbäumen.

Den schönsten Blick auf den See hat man von den Westlichen Bergen (Xi Shan) aus, die sich etwa 16 Kilometer südwestlich von Kunming erheben. Die geschwungenen Konturen der »Schneewittchenhügel« erinnern an eine liegende Frau, deren Locken in den See fließen. Auf dem Weg zum Gipfel befinden sich herrliche Tempel, die Sie entweder zu Fuß oder per Minibus erreichen. Der erste Tempel – **Huating Si** – liegt etwa zwei Kilometer vom Eingang entfernt. Der Bau war ursprünglich Zufluchtsort für Gao Zhishen, der im 11. Jahrhundert über Kunming herrschte. In den Gärten mit ihren Teichen und Stupas stehen interessante Figuren, u.a. die vier grimmig dreinblickenden Wächter der Himmelsrichtungen, die vergoldeten, blauhaarigen Buddha-Bildnisse und etwa 500 *arhat*.

Vom Huating Si aus führt eine steile Serpentinenstraße zwei Kilometer weit durch Wald zum **Taihua Si**, den der Zen-Wandermönch Xuan Jian 1306 zu Ehren von Guanyin, der Göttin des Mitgefühls, gründete. Der Tempel besitzt Gärten mit Magnolien und Kamelien. Weitere 20 Minuten Aufstieg führen zum **Sanqing Si**, einer Tempelanlage, die im 14. Jahrhundert einem Mongolenprinzen als Sommerresidenz diente. Im 18. Jahrhundert wurde der Komplex zum daoistischen Tempel umgestaltet.

Malerischer Pavillon mit Teich und Garten, Taihua Si

Ganz in der Nähe liegt die **Drachentor-Grotte**, die aus einigen in den Fels gehauenen Kammern und Tunnels besteht. Ende des 18. Jahrhunderts hatte der Mönch Wu Laiqing das mühevolle Großprojekt begonnen, dessen Vollendung ganze 70 Jahre in Anspruch nahm. Man stößt dort auf viele kleine Nischen, in denen mehrere außergewöhnliche Statuen stehen, darunter auch die von Guanyin und die der Götter der Lehre und Tugend. Von der Tempelanlage aus führt eine Seilbahn zum **Großen Drachentor** auf 2500 Meter Höhe – mit fantastischer Aussicht.

Birma-Strasse (Burma Road)

1500 Jahre lang verlief die Südliche Seidenstraße durch Yunnan über Birma (Burma, heute Myanmar) bis Indien und führte dabei durch Dschungel und über Berge. Als die Chinesen in den 1930er Jahren von den Japanern westwärts gedrängt wurden, reaktivierten sie die Route für Nachschubzwecke. Die 1100 Kilometer lange Straße wurde von ca. 300 000 Arbeitern mit einfachen Mitteln gebaut. Sie verband Kunming mit dem britischen Endbahnhof von Lashio in Birma. Im Zweiten Weltkrieg transportierte man auf der strategischen Route Nahrung, Medikamente und Waffen. Die Güter kamen per Bahn in Rangun an und wurden von dort auf Lastwagen nach China gebracht. Als Japan 1942 Lashio besetzte, wurde unter dem Kommando von US-General Stilwell *(siehe S. 351)* eine neue Verbindung von Ledo in Indien zur Birma-Straße in Bhamo gebaut.

Die Birma-Straße auf einem Foto aus den 1930er Jahren

Shi Lin (Steinwald) ❷

石林

Die Kalksteinsäulen des Steinwalds (Shi Lin) sind ein gefeiertes Naturwunder und zählen zu den bekanntesten Sehenswürdigkeiten Yunnans. Die bizarren Steinformationen erinnern an einen versteinerten Wald, sind zum Teil 30 Meter hoch und tragen so fantasievolle Namen wie »Rhinozeros, das den Mond anstarrt« und »Immerwährender Pilz«. Kleine Pfade führen an Teichen und Aussichtspunkten vorbei durch das Gelände. Gelegentlich stauen sich dort die Reisegruppen. Es gibt auch ruhige Ecken, allerdings sollten Sie daran denken, dass man sich hier leicht verirrt. Wer das besondere Erlebnis sucht, kann hier eine Nacht verbringen und die Gegend allein in der Dämmerung erkunden.

★ Wangfeng Ting ③
Viele Wege führen zum Aussichtspavillon. Er ist ein guter Treffpunkt und ermöglicht einen Überblick über das Gebiet.

Xiao Shi Lin ①
Der Kleine Steinwald besteht aus kleineren Felsformationen nördlich des Hauptwalds. Hier herrscht weniger Betrieb. Abends werden Sani-Tänze im Amphitheater aufgeführt.

Ode an die Pflaumenblüte ②
In die Felsen sind Kalligrafien eingeritzt, darunter Maos Lieblingsgedichte in dessen eleganter Handschrift.

Von Erosion gestaltete Form

Shi Lins Entstehung

Fossilienfunde zeigen, dass Shi Lin im Perm-Zeitalter (etwa vor 270 Millionen Jahren) unter Wasser lag. Als sich das Meer zurückzog, blieb Kalkstein übrig, der durch Wind und Regen erodierte und so seine eigenwilligen, bizarren Formen erhielt.

Sani

Um den Shi Lin leben die Sani, einer der vielen Zweige des Yi-Volks. Die Yi siedeln im Südwesten. Sie haben ihre eigene Schriftsprache und sechs Dialekte, Schriften zu Medizin, Geschichte sowie Chroniken ihrer Herrscherfamilien. Bis ins 20. Jahrhundert bestimmte Feudalherrschaft die Yi-Gesellschaft, bis heute wird teilweise Schamanismus praktiziert. Die berühmten Stickereien der Sani gibt es überall in der Gegend. Viele Sani arbeiten als Fremdenführer oder Tänzer.

Sani-Frau als Fremdenführerin am Shi Lin

Nicht versäumen

★ Jianfeng Chi

★ Wangfeng Ting

★ Jianfeng Chi ④
Das Becken ist von steilen Felsen umgeben. Ein schmaler Fußweg führt von hier zum Höhenweg des Steinwalds.

Scharfe Kanten, sogenannte Karren

Die welligen Formen mit scharfen Kanten entstanden durch Zersetzungsprozesse in stehendem Gewässer.

Infobox

120 km südöstlich von Kunming. *(0871) 771 9006.*
24 Std. tägl.
Fackelfest (Ende des 6. Mondmonats).
www.chinastoneforest.com

Frau, die ihren Mann erwartet ⑤
Diese Formation erinnert an eine ungeduldig wartende Frau. Sie liegt im ruhigeren, rückwärtigen Teil des Steinwalds auf der Strecke zum Höhenweg.

Plan von Shi Lin

⑤ Frau, die ihren Mann erwartet
④ Jianfeng Chi
② Ode an die Pfirsichblüte
③ Wangfeng Ting
① Xiao Shi Lin

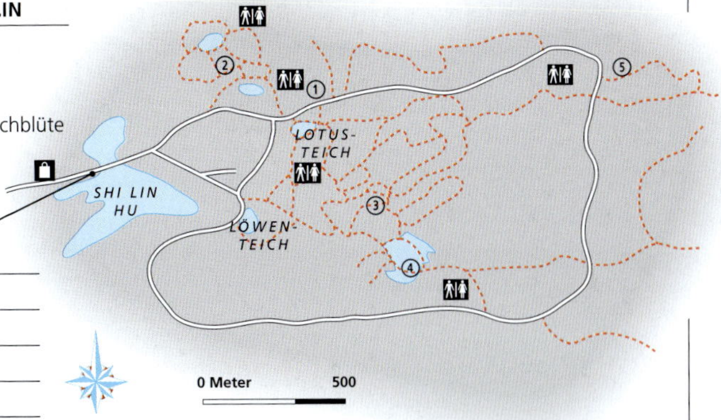

Legende

- Fußweg
- Straße
- Laden
- Toiletten

Dai-Frauen verkaufen Gemüse auf dem Markt in Jinghong

Jinghong ❸
景洪

690 km südwestlich von Kunming. *380 000 (Großraum).* *Luandian Lu, (0691) 212 4479.*

Die tropische Region Xishuangbanna im äußersten Süden von Yunnan ähnelt eher den Nachbarstaaten Myanmar und Laos als dem aufstrebenden China. Die etwas verschlafen wirkende Hauptstadt Jinghong wurde im 12. Jahrhundert vom Dai-Krieger Dazhen gegründet. Heute wird sie von einer Mischung aus Betonarchitektur und Palmenalleen geprägt. Die Beschaulichkeit der Stadt bietet eine ideale Einstimmung auf die Region und die Dai-Kultur *(siehe S. 383)*.

Xishuangbannas größter buddhistischer Tempel **Manting Wat** liegt südöstlich des Stadtkerns. Der Stelzenbau ist komplett aus Holz und hat eine schlichte Innengestaltung mit Fresken, die buddhistische Themen aufgreifen. In der Schule nebenan lernen Dai-Jungen buddhistische Traditionen. Dahinter liegt der üppige **Chunhuan-Park** mit seinen Pfauen, in dem früher die königlichen Sklaven hausten. Mehrere Fußwege führen über den kleinen Fluss zu Nachbauten von Tempeln und Pagoden. Hier kann man lebende Fische kaufen, um sie im Fluss auszusetzen – so erwirbt man Verdienste.

Unweit der Jinghong Xi Lu liegt der **Tropische Blumen- und Pflanzengarten** – mit rund 1000 größtenteils auch auf Englisch beschrifteten Arten ein Muss für jeden Pflanzenliebhaber. Am frühen Nachmittag gibt es traditionelle Dai-Tanzvorführungen für Reisegruppen. Die Statue von Zhou Enlai *(siehe S. 250)* erinnert an ein Gipfeltreffen mit dem birmesischen Staatschef U Nu, das 1961 stattfand, um Spannungen in der Grenzregion abzubauen.

Pflanzenknospe, Tropischer Blumen- und Pflanzengarten

Manting Wat
Manting Lu. *tägl. 8–19 Uhr.*

Tropischer Blumen- und Pflanzengarten
28 Jinghong Xi Lu. *tägl.*

Umgebung: Das 30 Kilometer südöstlich von Jinghong gelegene **Ganlanba** eignet sich gut als Ausgangspunkt für Ausflüge in die Umgebung. Der **Dai Minority Park** im Südosten der Stadt besteht aus renovierten Dai-Dörfern mit ihren traditionellen Bambus- und Holzhäusern auf Stelzen. In der Nähe des Parkzentrums steht die 700 Jahre alte, vergoldete **Wat-Ben-Pagode**. Die größte Attraktion dieses Areals dürfte jedoch seine malerische Lage im üppig grünen Dschungel am Mekong sein. Einige Cafés bieten Ausflugstipps und Mietfahrräder an. Im beliebten, 50 Kilometer nördlich von Jinghong gelegenen **Sanchahe-Elefanten-Reservat** lebt eine Herde von etwa 50 Elefanten. Ohne Führer darf man die markierten Wege nicht verlassen. Von den erhöhten Wanderstegen kann man die Tiere gut beobachten, noch besser ist der Blick vom Sessellift aus. Am Südeingang gibt es einen Vogel- und Schmetterlingszoo. Die Elefantenshows, bei denen die Tiere mit Speeren traktiert werden, sollte man lieber nicht besuchen.

Am ehesten kann man die Kultur der Hani (eine der vier Untergruppen der Xishuangbanna-Dai) im hübschen Dorf **Banla**, 38 Kilometer westlich von Jinghong, kennenlernen. Bei den regelmäßig im Rathaus abgehaltenen Tanzveranstaltungen ist die traditionelle Hani-Tracht mit ihren gestickten Umhängen, den silbernen Brustplatten und dem verzierten Kopfschmuck zu bewundern.

Der üppige Tropische Blumen- und Pflanzengarten, Jinghong

◁ Schwarzer-Drachen-Teich mit Pavillon vor der Kulisse des Jadedrachen-Schneebergs, Lijiang *(siehe S. 392)*

Die Dai

In China leben die Dai in der üppig grünen Region von Xishuangbanna. Früher siedelten sie auch im Yangzi-Tal. Im 13. Jahrhundert wurden sie von den Mongolen vertrieben. Heute leben sie vorwiegend in Thailand, Laos, Myanmar und Vietnam. Sie bewahrten ihre Kultur, die eher vom Theravada-Buddhismus geprägt ist als von der in China vorwiegend praktizierten Schule des Mahayana-Buddhismus. Sie haben ihre eigene Sprache mit einem eigenen Schriftsystem. Die als erfolgreiche Bauern bekannten Dai pflanzen seit langer Zeit in den fruchtbaren Flusstälern Reis, Zuckerrohr, Kautschuk und Bananen an. Die Dai-Küche besitzt ganz eigene süße Aromen und ist probierenswert. Reis wird beispielsweise mit Bambus oder Ananas gedämpft. Spezialitäten sind Ameiseneier und gebratenes Moos.

Silberne Elefantenbrosche

Traditionelle Dai-Häuser *sind aus Bambus und stehen auf Stelzen. Unten leben die Haustiere, oben oft mehrere Generationen einer Familie. Der Brunnen im Freien ist meist von einem Schrein überdacht, da Wasser den Dai heilig ist.*

Dai-Frauen *tragen meist einen Sarong (langer Rock) mit Oberteil und Jacke. Das Haar wird zusammengebunden, mit einem Kamm befestigt und mit Blumen geschmückt. Goldene Zahnkronen gelten als schön. Verheiratete tragen Armreife aus Silber.*

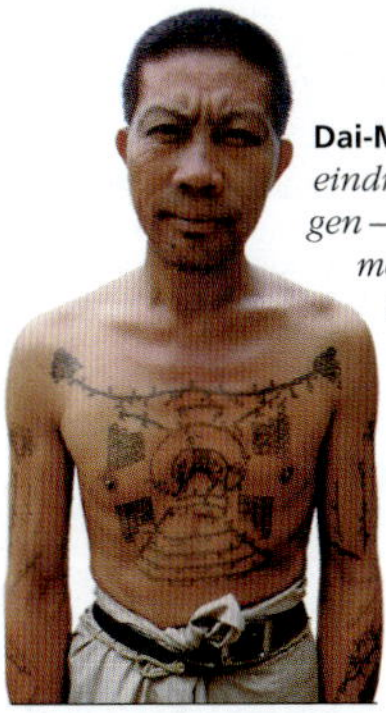

Dai-Männer *haben oft beeindruckende Tätowierungen – Tiere, Blumen, geometrische Formen oder Schriftzüge. An ihrem zwölften Geburtstag werden Jungen am Oberkörper und an den Gliedmaßen tätowiert. Heute existiert diese Tradition allerdings nur noch auf dem Land.*

Die Märkte *sind auf dem Land für viele die einzige Gelegenheit, Dinge zu kaufen, die sie nicht selbst produzieren. Es sind große gesellschaftliche Ereignisse, die montags stattfinden und Menschen aus dem ganzen Umland zum Handeln, Flirten und Tratschen anziehen.*

Wasserfest

Das Wasserfest war ursprünglich ein feierlicher buddhistischer Ritus, mit dem der Sieg über den Dämon Poshui Jie gefeiert wurde. Heute ist es eher ein ausgelassenes, farbenfrohes Karnevalsfest, bei dem Freunde und Fremde gleichermaßen mit Wasser bespritzt werden. Am ersten Festtag gibt es einen großen Markt, am zweiten ein Drachenbootrennen, Feuerwerk, Elefanten- und Pfauenshows und am dritten schließlich eine riesige fröhliche Wasserschlacht.

Yunnans Wasserfest findet Mitte April statt, meist vom 13. bis zum 16. April

Hotels und Restaurants in Yunnan *siehe Seiten 568f und 594f*

Xishuangbanna ❹

西双版纳

Bai-Frau auf einem Markt

Bei Klima und Kultur ist Xishuangbanna im subtropischen Süden von Yunnan schon ein Teil Südostasiens. Ein großes Areal der Region besteht aus Dschungel, dem letzten großen Urwald Chinas. Er bietet Lebensraum für eine ungeheure Vielfalt an Pflanzen und Tieren. Ein Drittel der Bevölkerung gehört zu den Dai *(siehe S. 383)*, ein weiteres Drittel besteht aus Angehörigen diverser anderer Minderheiten. Man kann hier von Ort zu Ort fahren, mit dem Rad die Gegend erkunden oder Dschungeltouren unternehmen.

Turmhohe Palmen im Botanischen Garten von Menglun

Richtung Laos

Diese Route führt durch Anbauflächen und durch Hochlandwald zur laotischen Grenze, die Sie mit Visum auch überqueren dürfen.

Südlich von Ganlanba *(siehe S. 382)* liegt das kleine Dorf **Manting** mit seinen traditionellen Dai-Holzhäusern. Mit **Fo Si** und **Du Ta** wurden die während der Kulturrevolution zerstörten Tempel aus dem 12. Jahrhundert vorbildlich wiederaufgebaut.

Drei Busstunden weiter östlich liegt **Menglun** am Luosuo Jiang. Der wunderbare **Botanische Garten** am gegenüberliegenden Flussufer wurde zur Erforschung der Heilwirkung einheimischer Pflanzen angelegt. Mit seinen mehr als 3000 Arten ist er auch für weniger enthusiastische Blumenfreunde sehenswert. Hier entdeckt man den Drachenblutbaum, dessen Harz zur Wundheilung benutzt wird. Ebenfalls interessant sind Bambus- und alte Palmfarnhaine. Auf dem Gelände kann man auch übernachten.

Die Straße nach **Mengla** führt durch dichten Tropenwald, dem größten der fünf Naturschutzgebiete Xishuangbannas. Mengla selbst ist ein wenig attraktiver Ort.

Mit dem Taxi kommen Sie schnell zum **Bupan Aerial Walkway** (Hängebrücken in den Bäumen) nördlich von Mengla. Er führt auf schmalen Brücken in 40 Meter Höhe durch die Baumwipfel und bietet eine herrliche Aussicht auf den Dschungel darunter. Nur 15 Kilometer weiter erreichen Sie das Yao-Dorf **Yaoqu**. Von der hiesigen Herberge aus kann man Touren in sehr abgelegene Regionen unternehmen – engagieren Sie dafür unbedingt einen Führer.

Shangyong ist das letzte Dorf vor der Grenze zu Laos und gleichzeitig das Miao-Zentrum von Xishuangbanna *(siehe S. 406f)*.

Botanischer Garten
Menglun. tägl. 8.30–18 Uhr.

Bupan Aerial Walkway
30 km nördlich von Mengla. tägl. 8.30–18 Uhr.

Richtung Myanmar

Der Westen von Xishuangbanna ist rückständiger als der Osten und verfügt über schlechtere Straßen und ein lückenhaftes Verkehrsnetz. Doch die interessanten Dörfer diverser ethnischer Minderheiten sind einen Besuch wert. **Menghai** bietet keine Attraktionen, eignet sich aber gut als Ausgangspunkt für Radtouren in die umliegenden Dörfer. Bekannt ist der Ort für seinen Pu'er-Tee und den Sonntagsmarkt.

Pu'er-Tee-Ernte bei Menghai

Das Kloster in **Jingzhen** ist wegen seines *busu*, des achteckigen Pavillons, ein Begriff. Im Haupttempel gibt es schöne Wandmalereien. Ein kleines Stück weiter in **Mengzhe** liegt der **Manlei Si**, ein bizarrer achteckiger Bau aus dem 18. Jahrhundert, in dem eine auf Palmfasern geschriebene Sutren-Sammlung zu sehen ist. **Xiding** ist ein hübsches Hani-Dorf mit großem Markt am Donnerstag.

In **Gelanghe** leben überwiegend Hani, deren Frauen

Wandbild mit Szenen aus dem Leben des Buddha, Jingzhen-Kloster

Hotels und Restaurants in Yunnan *siehe Seiten 568f und 594f*

Die Architektur von Manfeilong Ta soll an Bambussprossen erinnern

reich verzierten Kopfschmuck tragen. Die mit ihnen verwandten Ake tragen ihr Haar in langen Zöpfen und leben in einer Siedlung nördlich des Orts in Richtung See.

Nach Süden in Richtung Grenze liegt der verschlafenen Ort **Menghun**, der sonntags zum riesigen Markt avanciert. Die meisten Besucher sind Dai, aber man sieht auch einige Hani und Bulang. Im Ort gibt es ein recht heruntergekommenes Kloster (19. Jh.).

An der Grenzstadt **Daluo** ist die Reise innerhalb Chinas zu Ende. Für die Einreise nach Myanmar brauchen Sie ein Visum. Doch der Markt an der Grenze ist die Reise wert, ihn besuchen viele Bergvölker und birmesische Händler.

Richtung Bulang Shan

Das 70 Kilometer südlich von Jinghong gelegene **Damenglong** erwacht an Markttagen zum Leben und ist als Ausgangspunkt für diverse Touren geeignet. Unterwegs sollte man sich in **Gasa** das Kloster **Manguanglong Si** mit der hübschen Drachentreppe ansehen.

In einer halben Stunde erreichen Sie zu Fuß **Manfeilong Ta** mit ihren eindrucksvollen grazilen Türmen. Die Pagode entstand 1204 zum Schutz eines angeblichen Fußabdrucks von Buddha. Sie ist ein beliebtes buddhistisches Pilgerziel, das Ende Oktober oder Anfang November Schauplatz des Tan-Ta-Fests ist. Auch **Hei Ta** ist ein Pilgerziel, zwar ein wenig heruntergekommen, dafür in wunderbarer Lage.

Drei Tage braucht man für die angenehme Wanderroute zum **Bulang Shan**, die am Nana Jiang entlangführt und dabei dichten Dschungel und Dörfer der Dai, Hani, Bulang und Lahu durchquert. Man benötigt dafür wegen der Nähe zu Myanmar einen einheimischen Führer. Von Damenglong sind es zehn Kilometer zum Dai-Dorf **Manguanghan** und noch einmal 13 Kilometer zum Bulang-Dorf **Manpo**, in dem man übernachten kann. Am folgenden Tag geht es 22 Kilometer durch dichten Dschungel bis **Weidong**. Der dritte Tag endet nach zehn Kilometern am Bulang Shan. Dort warten eine einfache Unterkunft und der täglich verkehrende Bus nach Menghai.

Routeninfos

Unterwegs: *Autos mit Fahrer mieten Sie in Jinghong. Auf den Hauptstraßen verkehren viele Busse. Räder kann man in Cafés mieten.*

Trekking: *In Jinghong gibt es einige Touren-Veranstalter. Für Dschungeltouren ist ein Führer unbedingt anzuraten, da dies eine heikle Grenzregion ist (Grenze zu Myanmar). Packen Sie Wasser, Sonnencreme, Regenschutz, Kopfbedeckung und Erste-Hilfe-Set ein.*

Übernachten: *Es gibt in den Dörfern einfache Unterkünfte, manchmal von Privatleuten.*

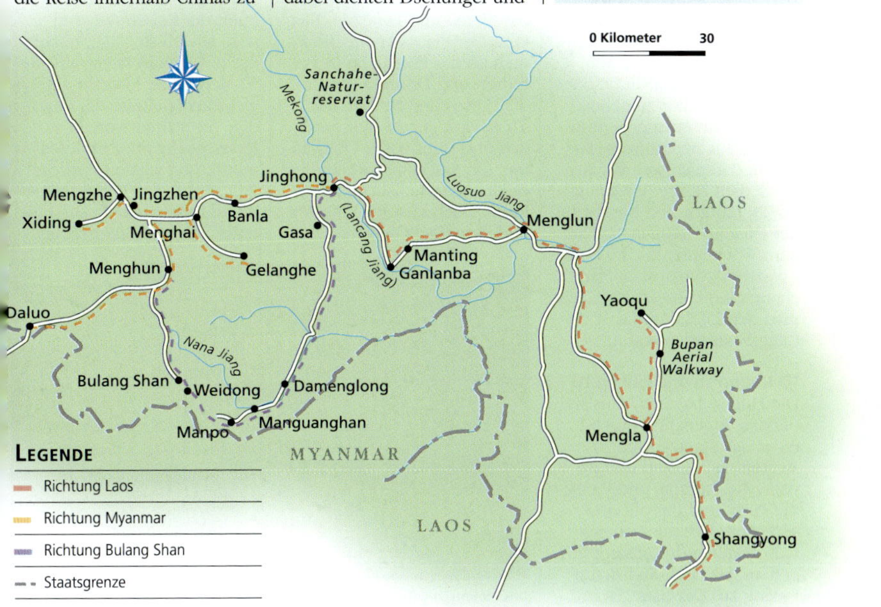

Dali und Er Hai 5

大理 和 洱海湖

Inschrift »Dali« am Südtor

Eingebettet zwischen dem Er Hai im Osten und dem Cang-Shan-Gebirgszug im Westen zieht das pittoreske Dali unzählige Besucher aus dem In- und Ausland an. Die von den Resten einer Mauer aus der Ming-Zeit umgebene Altstadt ist von Pflasterstraßen und Steinhäusern geprägt. In den vielen Bai-Dörfern im Umland erlebt man traditionelle Kultur – an Markttagen sind sie besonders faszinierend. Die Gegend eignet sich gut zum Bergwandern. Man kann auch den Fischern und ihren Kormoranen auf dem Er Hai zusehen. Am besten besucht man Dali zum Frühlingsfest, wenn viele Bai um die Wette reiten, ringen, tanzen und singen.

Blick vom Nancheng Men nach Norden über die Dächer der Stadt

Überblick: Dali

Den alten Stadtkern von Dali mit seinen vier Quadratkilometern kann man an einem Vormittag besichtigen. Um vom Nordtor quer durch die Stadt zum Südtor zu gehen, braucht man etwa eine Stunde. Von kleinen Souvenirläden und Teehäusern bis zu Masseuren ist hier einiges geboten. Bauern und Käufer aus der Gegend drängen sich auf dem Wochenmarkt. Die beste Aussicht hat man vom Nancheng Men (Südtor), von dem man den Er Hai und den Cang Shan sehen kann.

Huguo Lu und Fuxing Lu

Die Huguo Lu, auch »Ausländerstraße« genannt, durchquert das Stadtzentrum von Westen nach Osten und ist voller Restaurants und Cafés, die Pizza und Cappuccino servieren. Fast alle Sehenswürdigkeiten der Altstadt liegen an der Nord-Süd-Achse Fuxing Lu. Der nahe Trommelturm am Museum von Dali gab früher allabendlich das Signal, die Tore zu schließen. Der Platz vor der Bibliothek an der Fuxing Lu ist bei Karten und Domino spielenden Menschen beliebt. Der Yu'er-Park liegt weiter nördlich und steht voller Obstbäume. Ein Stückchen weiter liegt die katholische Kirche mit ihrem Dach aus der Tang-Ära und bemalten Giebeln.

Dali-Museum

125 Erhe Nan Lu. *(0872) 267 0196.* *tägl. 8.30–17.30 Uhr.*

Das Museum liegt gleich hinter dem Nancheng Men. Früher war es die Villa eines Qing-Gouverneurs und diente später als Hauptquartier von Du Wen Xiu, dem Anführer des muslimischen Aufstands von 1856–73. Schön sind die mit Bougainvilleen und Lantana bewachsenen Innenhöfe. Die Bronzeglocke vor dem Pavillon stammt vom Glockenturm. Unter den Exponaten befinden sich u.a. buddhistische Figuren aus der Zeit des Königreichs Nanzhao *(siehe S. 388)*, Dienerinnenstatuen und die Figuren eines Orchesters, die aus einem Ming-Grab geborgen wurden. Eines der vielen Rollbilder dokumentiert die Gründung des Königreichs Nanzhao.

San Ta

2 km nordwestlich von Dali.
(0872) 2666 6107.
www.dalisanta.net

Die charakteristischen San Ta (Drei Pagoden), die Wahrzeichen von Dali, waren Teil der Klosters Chongwen Si, das in der Qing-Ära zerstört wurde. Die Pagoden liegen nördlich der Stadt und sind zu Fuß in 20 Minuten zu erreichen. Man sollte frühmorgens vor Ankunft der Reisebusse dort sein. Die 16-stöckige, quadratische **Qianxun Ta** ist mit 70 Metern die höchste und gleichzeitig älteste der Pagoden. Sie stammt von 800. Jedes Stockwerk ist mit Marmorfiguren verziert. Bei der Renovierung 1979 fand man buddhistische Überreste, darunter Sutren, Kupferspiegel

Das malerisch gelegene Museum von Dali

INFOBOX

420 km nordwestlich von Kunming. 500 000.
Flughafen Xiaguan, 30 km von Dali. *bis Xiaguan, dann 30 Min. Busfahrt bis Dali.*
49 Cangshan Lu, (0872) 219 5635. *Frühlingsfest (15. Tag des 3. Mondmonats – im April oder Mai).*

San Ta, die Drei Pagoden nördlich der Stadt Dali

und Goldornamente. Die beiden achteckigen Pagoden sind 42 Meter hoch und wurden im 11. Jahrhundert errichtet. Einst wurden sie als Reliquienschreine erbaut, sollten aber auch die Götter besänftigen und Naturkatastrophen verhindern. Die Schriftzeichen vor dem Qianxun Ta bedeuten: »Unterwerfe für immer Berge und Flüsse.«

Zhonghe Si

Westlich von Dali.

Der Tempel Zhonghe Si liegt eine Stunde Fußmarsch von der Stadt entfernt und ist über die kleine Brücke im Norden von Dali und durch die Zedern- und Eukalyptuswälder am Fuß des Zhonghe Feng erreichbar. Von dort führen Zickzack-Wege den Berg hinauf zum Tempel. Bequemer ist der Sessellift von der Hauptstraße aus. Der Tempel wurde in der Ming-Ära erbaut und dient heute Daoisten und Buddhisten. Von hier aus hat man einen herrlichen Blick auf See und Stadt. Einheimische offerieren Reittouren auf den Berg. Wer fit ist, wandert die neun Kilometer bis zum **Wuwei Si**, wo die Mönche Tai Chi Chuan praktizieren. Man kann oben übernachten.

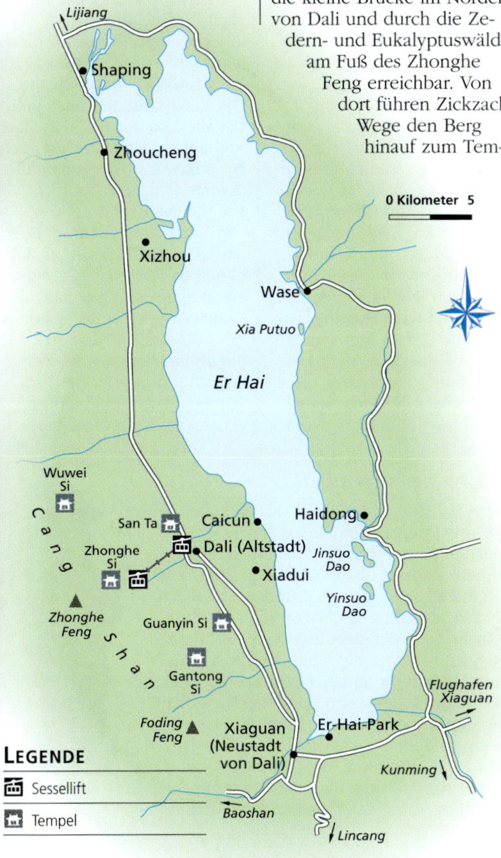

Guanyin Si und Gantong Si

5 km südlich von Dali.

Guanyin Si ist der Göttin des Mitgefühls gewidmet und liegt am Fuß des Foding Shan. Der Tempel hat einen farbenfrohen Eingang und ist reich mit Holz- und Steinornamenten verziert. Ein drei Kilometer langer Fußweg führt vom Guanyin Si weiter hinauf zum Gantong Si. Alternativ können Sie auch den spektakulären, elf Kilometer langen Jadegürtel-Weg vom Zhonghe Si aus nehmen. Gantong Si war früher das größte Heiligtum der Gegend. Auch heute ist er noch beeindruckend, obwohl nur zwei Hallen der Anlage erhalten sind.

Belebter Markt in einem der zahlreichen Dörfer rund um Dali

Ein Fischer mit seinen Kormoranen auf dem jadegrünen Er Hai, Dali

Er Hai

tägl.

Der drei Kilometer östlich von Dali gelegene Er Hai – nach seiner Form »Ohrensee« benannt – ist für die Bai ein Fruchtbarkeitssymbol. Er ist 40 Kilometer lang, bietet Fährverbindungen und ist die Heimat von über 50 Fischarten. Cafés in Dali bieten Ausflüge zum See an, meist in Verbindung mit Besuchen von kleinen Tempeln oder mit Exkursionen zum Ostufer. Man kann Kormoranfischer *(siehe S. 418)* begleiten und zusehen, wie die dressierten Vögel Fische fangen. Die Ausflugsboote variieren von schwimmenden »Pagoden« für große Gruppen bis zu kleinen Booten – alle legen in Caicun am Westufer ab.

Meist führen Ausflüge auch zum **Jinsuo Dao** am Ostufer. Früher verbrachte die Königsfamilie von Nanzhao hier den Sommer – heute ist es ein Fischerdorf. Weiter nördlich liegt **Xia Putao**, ein Fels mit buddhistischem Tempel.

Der **Er-Hai-Park** am Südende des Sees war während der Blüte des Königreichs Nanzhao ein Hirschgehege. Ein schöner Weg führt zum Gipfel mit herrlicher Aussicht.

Umliegende Dörfer

Rund um den See liegen einige Dörfer, die vor allem an Markttagen sehenswert sind. Für einen Ausflug winken Sie einen der zahlreichen vor dem Nordtor startenden Minibusse per Handzeichen heran. 20 Kilometer nördlich von Dali liegt **Xizhou**, das in der Nanzhao-Zeit als wichtiger militärischer Außenposten diente. Heute stehen hier rund 90 Bai-Häuser, deren Räume sich um einen Innenhof gruppieren. Viele liegen östlich des Zentralplatzes, eines wurde in das komfortable Tianzhuang Hotel umgewandelt.

Bai-Frau aus Shaping

Einige Kilometer nordöstlich von Xizhou stößt man auf **Zhoucheng**, das größte Bai-Dorf am See mit mehreren Bindebatik-Färbereien. Gleich im Norden liegt das verschlafene Dorf **Shaping**, das sich jeden Montag dank des riesigen Markts in eine Metropole verwandelt. Hier werden Nahrungsmittel, leckerer Wildhonig, Gewürze und traditionelle Bai-Kleidung verkauft. Ausmaße, Farbenpracht und Betriebsamkeit machen diesen Markt zu einem Erlebnis.

Das auf der Ostseite des Sees gelegene **Wase** ist ein Labyrinth aus engen Gassen. Es gibt dort ein staatliches Gästehaus. Montags findet ein Markt statt, der weniger touristisch ist als der in Shaping. Von **Haidong**, rund zehn Kilometer südlich von Shaping, fahren Boote nach Dali zurück.

Baoshan ❻

120 km südwestlich von Dali.
ab Kunming. *ab Kunming, Tengchong und Ruili.*
www.ynbaoshan.travel/en

Die Garnisonsstadt war schon im 5. Jahrhundert v. Chr. ein wichtiger Handelsposten an der Seidenstraße nach Indien. Auch wenn heute weniger Besucher hierherkommen, hat sich die Stadt ihren alten Charme bewahrt. Der Reiz Baoshans zeigt sich vor allem in der traditionellen Architektur. Hier werden auch spezielle Produkte gehandelt, darunter Salzente, Kaffee, Tee, Lederstiefel und Seide.

Westlich vom Zentrum liegt der landschaftlich schöne **Taibao-Shan-Park**, der sich für einen Spaziergang eignet. Gleich neben dem Eingang steht der dreistöckige **Yuhuang-Pavillon** aus der Zeit der Ming-Dynastie, dessen schräge Säulen eine kleine achteckige Kuppel stützen.

Königreich Nanzhao

In 8. Jahrhundert wurden die Bai unter dem skrupellosen Prinzen Pileguo vereint. Er schaltete seine Gegner aus, indem er sie zu einem Bankett einlud und dann ihr Zelt in Brand steckte. Pileguo gründete das Reich Nanzhao mit Dali als Hauptstadt. Die strategische Lage der Stadt zwischen den Bergen schützte sie vor Angriffen der Tang-Armee und verhalf ihr zu einer Schlüsselposition. Dali kontrollierte den Handel entlang der Seidenstraße. Zu seiner Blütezeit erstreckte sich das Reich bis nach Birma und Vietnam. Im 13. Jahrhundert, als der Mongolenherrscher Kublai Khan die Yuan-Dynastie begründete, ging das Nanzhao-Reich unter.

Nanzhao-Figur

Typische Tropenwaldvegetation, Taibao-Shan-Park

Der Pavillon wird auf beiden Seiten von achteckigen Kiosken flankiert.

Nahebei steht der **Yufo Si**, ein Heiligtum aus der Ming-Ära, das mehrere Buddha-Bildnisse aus Jade besitzt. Auf dem Berggipfel erhebt sich der **Wuhou Si**, ein Gedenktempel mit der großen, bärtigen Statue des weisen Daoisten Zhuge Liang (181–234).

Taibao-Shan-Park
Baoxiu Lu. *(0875) 212 2289.* *tägl.*

Statue des Zhuge Liang, Wuhou Si

Tengchong 7

170 km westlich von Baoshan.

Während der Han-Ära war Tengchong eine florierende Siedlung, die an der Seidenstraße Handel betrieb. Heute ist es ein abgelegenes Nest, besitzt aber noch mehr an traditioneller Holzarchitektur als das benachbarte Baoshan. Die Lage im Dschungel zwischen Vulkanen und heißen Quellen macht Tengchong zum tektonisch aktiven Gebiet. Seit Beginn des 16. Jahrhunderts gab es hier bereits 70 Erdbeben.

In der **Guanghua Lu** im Norden der Stadt steht das britische Konsulat aus dem Jahr 1899. Das verfallene Gebäude im chinesisch-britischen Stilmix soll in ein Museum umgewandelt werden. Auf der westlichen Guanghua Lu ist jeden Morgen Markt. Die schönsten Alleen von Tengchong verlaufen westlich der **Yinjiang Xi Lu**. Dort besuchen Händler aus Myanmar, die man an ihren Sarongs leicht erkennt, das Teehaus. Sie handeln mit Edelsteinen und Jade. Doch Vorsicht vor Käufen – man sollte sich wirklich auskennen. Der **Laifeng-Shan-Park** ist ein Nadelwald mit mehreren Wanderwegen. Im **Laifeng-Kloster** befindet sich ein Heimatmuseum.

Laifeng-Shan-Park
tägl. 8–19 Uhr.

Umgebung: Die Sehenswürdigkeiten außerhalb der Stadt besucht man am besten im Rahmen einer Tour, wie sie jedes größere Hotel in Tengchong anbietet. Das Postkartenidyll **Heshun**, heute ein Freilichtmuseum, liegt vier Kilometer westlich der Stadt und wurde in der Ming-Zeit gegründet. Mithilfe von Spenden ehemaliger Bürger war es möglich, die schönen Häuser, Pavillons und Gärten zu erhalten. Zu den imposantesten Gebäuden gehört der Holzbau der Bibliothek von 1928.

Die Gegend ist von Vulkanen, Lavabecken, Geysiren und heißen Quellen durchzogen. Der eindrucksvollste der rund 100 Vulkane, der 250 Meter hohe **Dakong Shan**, liegt etwa 20 Kilometer nördlich der Stadt. Der kleinere **Heikong Shan** daneben misst nur 80 Meter, doch sein Krater reicht über 100 Meter in die Tiefe. Felsstufen führen in den Krater hinab. Nur zwölf Kilometer südwestlich von Tengchong befindet sich der Ort **Rehai** (Heißes Meer) in einem Gebiet voller geothermischer Quellen. Die Thermalbäder sind bei den Chinesen sehr beliebt.

Dakong und Heikong Shan
tägl.

Rehai
tägl. 24 Std.

Ruili 8

125 km südwestlich von Tengchong.
ab Kunming.

Das an der Grenze zu Myanmar gelegene Ruili ist in jeder Hinsicht Grenzstadt mit einem Hauch von Exotik und Verruchtheit. Obwohl ein Großteil des birmesischen Heroins hier gehandelt wird, Prostitution und Glücksspiel florieren, ist die Stadt durchaus einen Besuch wert. Die birmesischen Händler sowie die Dai und Jingpo machen diesen Ort zu einem der faszinierendsten im gesamten Südwesten Chinas. In einer Parallelstraße der **Nanmao Jie** wird ein sehenswerter Jade- und Edelsteinmarkt abgehalten, auf dem es sich zu bummeln lohnt. In der Nacht, wenn die Glücksspiel- und Essensbuden auf den Nebenstraßen aufgestellt werden, erwacht die Stadt zum Leben. Zahlreiche Hotels bieten arrangierte Touren nach Myanmar an.

Üppige Landschaft bei Tengchong mit Bergkulisse

Im Detail: Lijiang ❾

丽江

Zopf von Maiskolben

Lijiang liegt in einem malerischen Tal und ist die Heimat der Naxi *(siehe S. 393)*. Die Stadt gehört zu den angenehmsten Chinas. Dayan, Lijiangs Altstadt, besteht aus einem verwinkelten Straßenlabyrinth mit Holzhäusern, Cafés und traditionellen Werkstätten. Internationale Aufmerksamkeit erregte Lijiang 1996, als bei einem Erdbeben, das die Stadt verwüstete, über 300 Menschen ums Leben kamen. Mit viel Geld wurde Dayan im traditionellen Stil wiederaufgebaut. Hotels und ein Flughafen entstanden. 1999 wurde Lijiang in die Liste des UNESCO-Welterbes aufgenommen.

Typische Gasse im Zentrum der Altstadt

Wasserräder
Früher gab es in Lijiang zahlreiche Mühlen. Heute zieren die Räder den Eingang zur Altstadt als Dekoration.

Nächtliche Aufführungen von Naxi-Musik gibt es in der Naxi-Musikakademie.

Kegong Fang
Der charakteristische Turm ist Schauplatz des Sanduo-Festes, das zu Ehren des Naxi-Schutzgotts Sanduo gefeiert wird.

Joseph Rock

Der exzentrische österreichische Botaniker Joseph Rock lebte von 1922 bis 1949 in Lijiang. Er sammelte mehr als 80 000 Pflanzenarten, leistete Pionierarbeit auf dem Gebiet der Pflanzenfotografie und verfasste Artikel für *National Geographic*. Rock setzte sich für die Naxi-Kultur ein und veröffentlichte ein Wörterbuch. Er brachte allerdings einen ganzen Hofstaat aus Köchen und Dienern mit sowie Unentbehrliches wie Grammophon, Goldbesteck und Faltbadewanne.

Joseph Rock *(rechts)* mit dem Prinzen von Choni, 1925

Legende

– – – Routenempfehlung

Nicht versäumen

★ Mishi Xiang

★ Sifang Jie

Blick auf die Dächer von Dayan vom Wangu Lou aus

INFOBOX

530 km nordwestlich von Kunming. 1,1 Mio. Busbahnhof Süd und Nord. Bangbang-Fest (am 15. des 1. Mondmonats), Sanduo-Fest (am 8. des 2. und 8. Mondmonats), Pferdemesse (7. Mondmonat). CITS, Xianggeli Dadao, Lifang Plaza, 3. Stock, (0888) 516 0371. für Dayan.

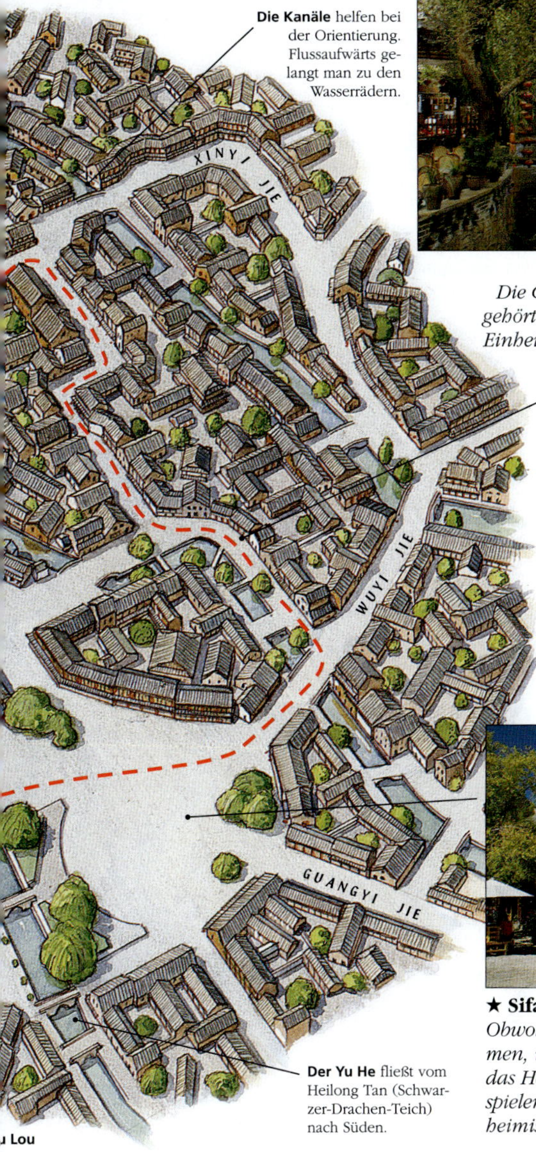

Die Kanäle helfen bei der Orientierung. Flussaufwärts gelangt man zu den Wasserrädern.

★ Mishi Xiang

Die Gasse am plätschernden Kanal gehört zu den hübschesten der Stadt. Einheimische trinken hier Wasser an der Quelle vor dem vegetarischen Restaurant Blue Page.

ALTSTADT

Die autofreie Altstadt ist ein Geflecht aus Pflastergassen, die von Kanälen durchzogen sind. Sie ist überaus hübsch und sehr beliebt. Halten Sie sich an die Seitengässchen, wenn Sie dem Besucherstrom entkommen und eher Einheimische sehen möchten.

★ Sifang Jie

Obwohl viele Urlauber hierherkommen, ist der Marktplatz immer noch das Herz Lijiangs. Naxi-Männer spielen Karten und plaudern. Einheimische Falkner zeigen ihre Vögel.

Der Yu He fließt vom Heilong Tan (Schwarzer-Drachen-Teich) nach Süden.

In und um Lijiang unterwegs

Shizi Shan, der Löwenberg, teilt die Altstadt (Dayan) vom neueren Teil, wo die meisten Hotels und öffentlichen Einrichtungen stehen. Südlich von Dayan gibt es einige Sehenswürdigkeiten, etwa auf dem Shizi Shan und um den Heilong Tan (Schwarzer-Drachen-Teich) nördlich von Dayan. In der Umgebung Lijiangs liegen zahlreiche Dörfer mit Tempeln. Man erreicht sie entweder per Fahrrad oder mit dem Bus.

Wangu Lou bietet eine perfekte Aussicht auf Dayan

Wangu Lou

Shizi Shan. *tägl. 7.30–19 Uhr.*
Der 33 Meter hohe Pavillon steht auf dem höchsten Punkt Lijiangs und ist von der Altstadt oder der Minzu Lu auf der Westseite des Hügels aus erreichbar. Von dem neu errichteten, vierstöckigen Bau mit den riesigen Holzsäulen blickt man auf die Altstadt.

Mu Fu

Südwestlich der Altstadt. *tägl.*
Bis 1723 herrschte die Mu-Familie über Lijiang. Ihr Herrschaftssitz mit über 100 Gebäuden liegt am Südende der Altstadt. Die Anlage wurde von den Qing zerstört und erst nach dem Erdbeben auf den Ruinen traditioneller Häuser im Stil der Han, der Naxi, der Bai und der Tibeter neu errichtet.

Heilong Tan Gongyuan

Xin Dajie. *tägl. 7.30–18 Uhr.*
Am Nordende der Stadt liegt der Schwarzer-Drachen-Teich-Park mit dem eleganten Pavillon Deyue Lou in der Mitte des Karpfenteichs vor der Kulisse des Yulong Xue Shan (Jadedrachen-Schneeberg).

Das **Dongba Research Institute** im Südwesten ist eine Einrichtung zur Erhaltung der Naxi-Kultur. Rund 30 Dongba-Schamanen studieren und übersetzen dort religiöse Naxi-Texte. Im Norden stehen einige Hallen, die in den 1970er Jahren aus Lijiangs größtem Kloster **Fuguo Si** hierher versetzt wurden. Die größte ist mit etwa 20 Metern Wufeng Lou (Fünf-Phönix-Halle) mit einem dreifachen Dach aus dem Jahr 1601. Das **Museum der Naxi-Kultur** am Nordtor zeigt eine Ausstellung über Bräuche und Trachten der Naxi.

Umgebung: Das verschlafene Nest **Baisha** liegt zehn Kilometer nördlich von Lijiang. Bis zur Invasion des Kublai Khan war es die Hauptstadt des Naxi-Königreichs. Außer zwei großen Tempeln erinnert heute nur wenig an die ehemalige Bedeutung des Orts. Der erste Tempel am Ortseingang ist verfallen, doch der zweite, Liuli, besitzt einige gut erhaltene Fresken aus dem 14. Jahrhundert, die das Thema »Pantheismus« darstellen. In Baisha lebt auch der daoistische Arzt Dr. Ho, der durch den Reiseschriftsteller Bruce Chatwin berühmt wurde. Er wird Sie sicherlich abfangen und Ihnen gegen eine geringe Spende stärkenden Kräutertee anbieten.

Einige Kilometer nördlich von Baisha steht im Dorf Yulong der Tempel **Beiyue Si**, der Sanduo gewidmet ist, einer Schutzgottheit, die mit weißem Hut und Speer dargestellt wird. Seit fast 1000 Jahren steht der Tempel unter der Obhut ein und derselben Familie.

Der kleine Lama-Tempel **Yufeng Si** wurde 1756 nördlich von Lijiang am Fuß des Schneebergs gebaut. Jedes Frühjahr blüht hier ein uralter Kamelienbaum, der von den Mönchen hingebungsvoll umsorgt wird. Oft spielt nachmittags ein Naxi-Orchester. Das Bergmassiv des **Yulong Xue Shan** beherrscht die Landschaft um Lijiang. Wenn Sie hinaufmöchten, müssen Sie sich einer Reisegruppe anschließen oder per Taxi hinfahren. Vom Eingang des Gebiets aus gibt es zwei Sessellifte bis oberhalb der Schneegrenze. Einer führt zum »Gipfel der Liebesselbstmorde«, der andere ist der höchste Lift Asiens (4506 m). Bei Nebel oder drohender Höhenkrankheit sollten Sie auf den Trip verzichten.

Trocknende Chilischoten

Gipfelpanorama des Yulong Xue Shan (Jadedrachen-Schneeberg)

Hotels und Restaurants in Yunnan *siehe Seiten 568f und 594f*

Die Naxi

Rund 280 000 Angehörige der Naxi-Minderheit leben in Sichuan und Yunnan mit Lijiang als spirituellem Zentrum. Bis vor Kurzem waren die von tibetischen Nomaden abstammenden Naxi noch in matriarchalischen Familien organisiert, wenngleich die lokalen Anführer immer Männer waren. Die matriarchalischen Einflüsse sind gesellschaftlich und vor allem in der Sprache spürbar. So wird der Superlativ durch das Suffix »weiblich« gebildet, die Verkleinerung durch den Zusatz »männlich« erreicht. Ein »weiblicher Stein« ist ein Felsbrocken, ein »männlicher« ein Kieselstein. Die Dongba-Schrift besteht aus etwa 1400 Piktogrammen und ist die einzige noch benutzte Hieroglyphenschrift der Welt. Die Religion der Naxi ist polytheistisch und vermischt Elemente des Daoismus und tibetischen Lamaismus mit animistischen Vorstellungen. Haupt- und Schutzgott ist der Kriegsgott Sanduo. Zweimal im Jahr wird er mit Tanz und Gesang sowie mit einem Ziegenopfer gefeiert.

Dongba-Piktogramm

In der Naxi-Gesellschaft *kontrollieren die Frauen die Geschäfte, verrichten aber auch einen Großteil der Arbeit. Das Erbe geht von der Mutter an die älteste Tochter über. Naxi-Männer vertreiben sich ihre Zeit meist als Gärtner oder Musiker.*

Dongba-Zauberer *werden geladen, um bei Hochzeiten, Begräbnissen oder zu Neujahr und bei Festen alte Schriften vorzutragen. Nur wenige Schamanen überlebten die Säuberungsaktionen der Kulturrevolution. Eine neue Generation erlernt nun die Naxi-Rituale.*

Die traditionellen Schals *haben oben ein blaues Segment, das die Nacht darstellt, unten ein Stück Schaffell, das Tageslicht bedeutet, sowie kleine Kreise als Sterne. Zwei Kreise auf der Schulter symbolisieren die Augen eines Frosches, einer Naxi-Gottheit.*

Naxi-Musik *ist einzigartig – sie verbindet daoistische Riten mit konfuzianischer Zeremonie und Poesie. Gespielt wird auf Instrumenten wie Flöte, Rohrpfeife, Laute und Zither.*

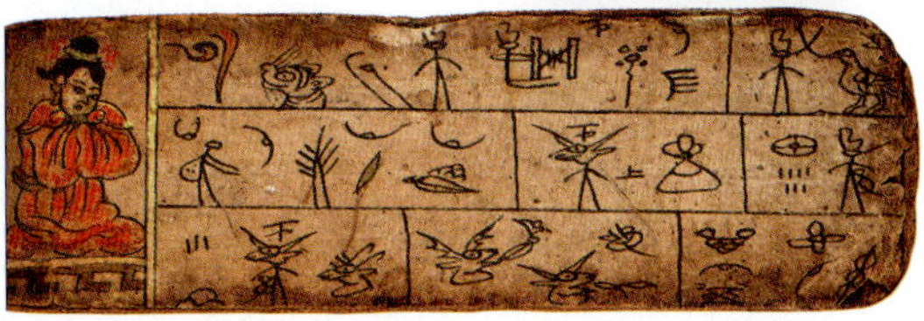

Diese Seite *mit piktografischer Dongba-Schrift entstammt dem Naxi-Manuskript »Opfer an die hohe Gottheit«. Joseph Rock* (siehe S. 390) *übersetzte dieses und viele andere Dokumente.*

Tigersprung-Schlucht ⑩

虎跳峡

Pfeile markieren den oberen Weg

Der beliebte Wanderweg folgt dem tosenden Jinsha Jiang durch eine der tiefsten Schluchten Chinas. Die Hutiaoxia wurde nach einem Tiger benannt, der seinen Jägern mit einem Sprung über die schmalste Stelle entkommen sein soll. Die Gipfel zu beiden Seiten sind im Schnitt 4000 Meter hoch. Der 30 Kilometer lange Weg entlang dem Grat ist gut markiert, aber stellenweise mühsam. Er führt durch ländliche Weiler, wo man in traumhafter Landschaft Rast machen kann. Die Strecke ist in zwei Tagen zu bewältigen. Viele Wanderer bleiben eine Nacht länger. Es gibt Busausflüge von Lijiang aus in die Schlucht entlang der unteren Straße, die derzeit bis Walnut Grove führt.

Bendiwan
Bendiwan ist ein winziges Dorf, das 16 Kilometer von Qiaotou entfernt eine herrliche Aussicht bietet und mehrere Gästehäuser hat.

★ Schlucht-Aussichten
Wenn man in Qiaotou am Ende der Schlucht startet, genießt man durchgehend eine herrliche Aussicht. Die Gipfel des Jadedrachen-Schneebergs erheben sich über dem Jinsha Jiang, dem Fluss des Goldenen Sands.

Ein kurzer Abstecher vom Weg führt zum Longdong-Wasserfall.

24 Kehren
Wenn man von Qiaotou kommt, sind die 24 Kehren das härteste Wegstück. Sie bestehen aus quälenden Auf- und Abstiegen. Manche Wanderer mieten sich in Nuoyu für diesen Teil ein Pferd.

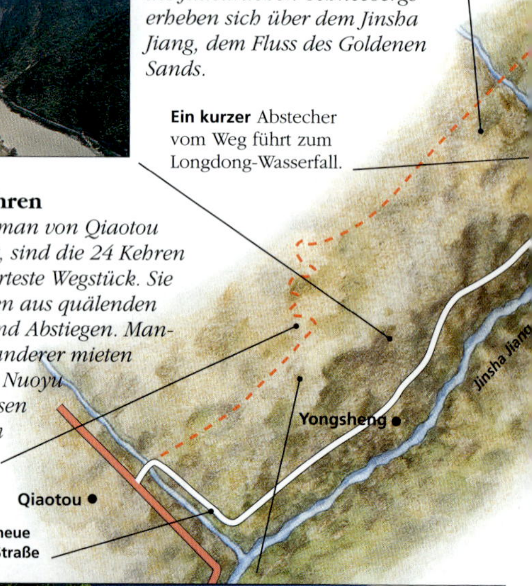

Relativ neue untere Straße

Gehöfte in Nuoyu
Von Qiaotou aus braucht man zum zauberhaften Dorf Nuoyu rund zwei Stunden. Einige Gästehäuser bieten Schlafsäle, Essen und Pferde an.

Nicht versäumen

- ★ Schlucht-Aussichten
- ★ Walnut Grove

Ziege
Ziegenherden haben die Hänge weitgehend leergefressen.

INFOBOX

70 km nordwestlich von Lijiang.
ab Lijiang bis Daju oder Qiaotou; letzter Bus von Daju nach Lijiang: 13.30 Uhr. *für Zugang über Daju und Fähre.*

WANDERN IN DER SCHLUCHT

Der obere Weg folgt in beiden Richtungen den Gipfeln zwischen Qiaotou und Daju. Sowohl Bendiwan als auch Walnut Grove sind etwa einen Tagesmarsch von beiden Enden entfernt und eignen sich gut zum Übernachten. Wandern Sie weder allein noch bei starkem Regen oder Nebel. Vor allem nach Regenfällen im Juli oder August kommt es hier zu Erdrutschen.

LEGENDE

	Fährhafen
	Hauptstraße
	Nebenstraße
- -	Fußweg

★ Walnut Grove
Das stille Dörfchen mit den Terrassenfeldern, Walnussbäumen und Häuschen aus Holz oder Stein liegt 23 Kilometer von Qiaotou entfernt und ist ein idealer Ort zum Rasten. Hier befindet sich auch die engste Stelle der Schlucht.

Traditionell tibetische Häuser in Ganden Sumtseling Gompa

Zhongdian ⓫

中甸

200 km nordwestlich von Lijiang.
3 bis 5 Std. von Lijiang.
Changzheng Lu, (0887) 822 5657.

Zhongdian (der Name der Stadt wurde 2002 in Xianggelila geändert) ist die Hauptstadt der Autonomen Tibetischen Region Diqing und wird als das eigentliche Shangri-La, ein sagenumwobener buddhistischer Ort, betrachtet. Wenn Sie in der Gegend sind, aber nicht nach Tibet kommen, sollten Sie unbedingt einen Abstecher hierher machen. Die baufällige Stadt mit ihren klobigen Bauten macht ihrem Ruf keine wirkliche Ehre, doch es gibt eine Reihe von interessanten tibetischen Gebäuden im südlichen Teil. Im Norden liegt Ganden Sumtseling Gompa (Songzanlin Si). Mit über 600 Mönchen ist es das größte tibetische Kloster im Südwesten Chinas. Es wurde vor fast 400 Jahren vom fünften Dalai Lama erbaut, während der Kulturrevolution zerstört und 1981 wiedereröffnet. Vom Dach aus kann man über Zhongdian blicken.

Umgebung: Es gibt unzählige Ausflugsoptionen, etwa nach **Baishui Tai** mit seinen Steinterrassen oder zum smaragdgrünen See **Bita Hai**, in dem viele bedrohte Arten leben. Buchen Sie bei örtlichen Veranstaltern, diese können auch Reisen nach Tibet arrangieren. Bis Lhasa benötigt man mit Allradantrieb etwa eine Woche.

GUIZHOU & GUANGXI

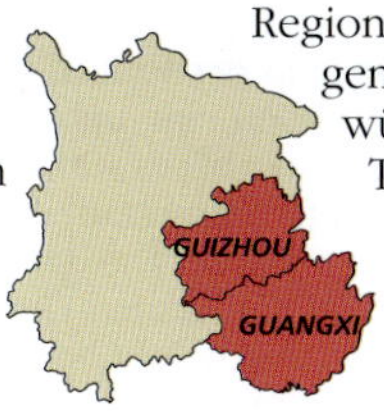

Guizhou und Guangxi sind von faszinierenden Berglandschaften mit Karstkegeln geprägt, in denen sich Chinas längste Höhlensysteme verbergen. Trotz vieler Niederschläge ist der Boden eher karg. Die Han-Chinesen ließen sich deshalb erst in der späten Ming-Periode hier nieder. Die Gegend entwickelte sich schleppend, weshalb viele ethnische Minderheiten, etwa die Miao und die Dong, ihre Traditionen bewahren konnten. In Guangxi leben die Zhuang, die größte Minderheit Chinas. Die Region wurde 1958 zur Autonomen Region Guangxi Zhuang.

Guizhou und Guangxi gehören bis heute zu den weniger entwickelten Regionen Chinas. Dennoch verfügen sie über einige Sehenswürdigkeiten, die für den Tourismus erschlossen wurden und daher gut zugänglich sind. Guilin in Ost-Guangxi ist wegen des Flusses Li berühmt, der sich durch eine erstaunliche Karstszenerie schlängelt und in Yangshuo, dem Paradies der Rucksack-Reisenden, endet. Kaili wird immer beliebter und ist Ausgangspunkt für Ausflüge zu den Miao-Dörfern. Per Bus kommt man zu den Detian-Fällen, zur atemberaubenden Landschaft entlang der vietnamesischen Grenze, zu den Dong-Dörfern bei Zhaoxing oder zum Vogelschutzgebiet am See Cao Hai.

SEHENSWÜRDIGKEITEN AUF EINEN BLICK

Dörfer, Orte und Städte

- Anshun 2
- Beihai 22
- *Guilin S. 414f* 11
- Guiping 17
- *Guiyang S. 398f* 1
- Longsheng 13
- *Miao-Dörfer S. 408f* 8
- Nanning 18
- Pingxiang 20
- Sanjiang 14
- Wuzhou 16
- Zhaoxing 15
- Zunyi 9

Wasserfälle, Höhlen und Landschaften

- Chishui 10
- Detian-Fälle 21
- Huangguoshu-Fälle 4
- Longgong Dong 3
- Weining und Cao Hai 6
- Xingyi und Maling Canyon 7
- *Yangshuo S. 418f* 12
- Zhijin Dong 5
- Zuo Jiang 19

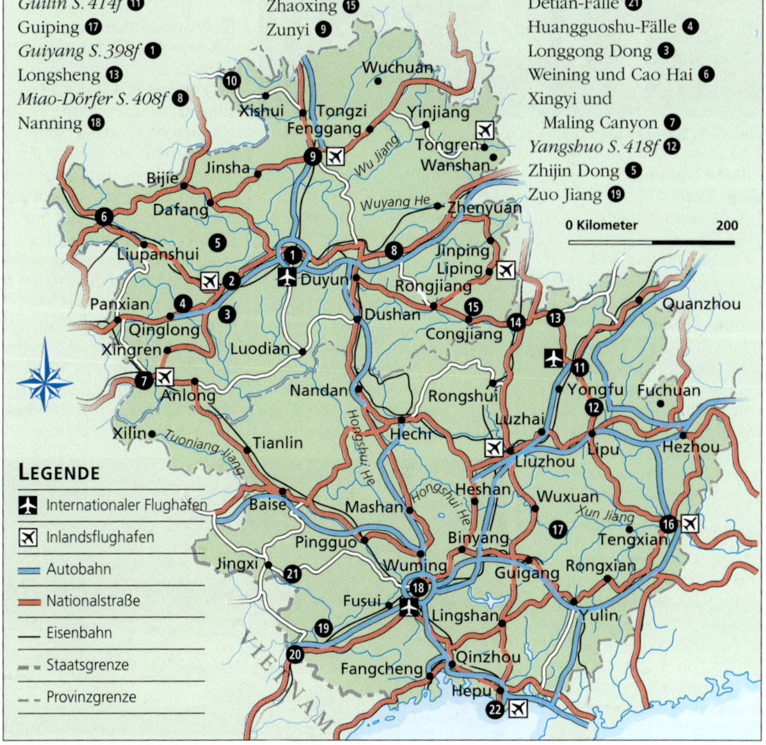

◁ **Bunu-Frauen mit trocknenden Chilischoten, Guizhou**

Guiyang ❶

贵阳

Verziertes Fenster, Cuiwei Yuan

Guiyang wurde in der Han-Ära gegründet und blieb eine unbedeutende ländliche Stadt, bis es Anfang des 20. Jahrhunderts Hauptstadt der Provinz Guizhou wurde. Die Stadt liegt in einem Tal am kleinen Fluss Nanming und wird durch hohe Berge vom regenreicheren Norden abgeschirmt. Guiyang heißt »Südlich der Berge«. Eine weitere Übersetzung mit »Wertvolle Sonne« zeigt jedoch, wie man in China über das feuchte Klima der Provinz denkt. Guiyang ist von Grünland umgeben, wird stetig modernisiert, birgt aber noch einige historische Reste inmitten der Hochhäuser. Im Huaxi-Distrikt im Süden liegen Bouyi-Dörfer *(siehe S. 400)* und eine gut erhaltene Stadt aus der Ming-Ära.

Traditionelle Tempelbauten in Cuiwei Yuan

Jiaxiu Lou und Cuiwei Yuan

2 Cuiwei Xian Nanming Lu.

tägl.

Der kleine Jiaxiu-Pavillon wurde 1598 auf einem schildkrötenförmigen Felsen im Nanming He gebaut. Er war für Gelehrte gedacht, die sich auf die kaiserlichen Beamtenprüfungen vorbereiten sollten. Heute wird er als Teehaus genutzt. Vom oberen Stockwerk kann man auf das moderne Stadtzentrum Guiyangs sehen. Der 29 Meter hohe, dreistöckige Holzturm ist über die Fuyu Qiao (Schwimmende Jadebrücke) mit dem Ufer verbunden. Der Cuiwei-Garten auf der Südseite war früher Teil eines Tempels, der Guanyin, der Göttin des Mitgefühls, geweiht war. Er wurde um 1500 gegründet. Heute stehen hier allerdings nur noch Gebäude aus der Ära der späten Qing-Dynastie.

Qianming Si, Jue Yuan und Wenchang Ge

Zentrum, nördlich des Flusses.

tägl.

Nur wenige Beispiele für Guiyangs klassische Architektur haben im Stadtzentrum überlebt. Interessant ist der Qianming Si in der Yangming-Gasse am Nordufer des Flusses. Hier werden auf der Straße Fischereizubehör, Bonsai-Bäumchen, Haustiere und Revolutionsmemorabilien verkauft. Im Jue-Yuan-Tempel in der Fushui Nan Lu gibt es ein exzellentes vegetarisches Restaurant, das seine Tofu-, Gemüse- und Seitan-Gerichte mit jeder Menge Chili würzt. Um die Ecke der Wengchang Bei Lu steht Wenchang Ge mit einem eleganten dreistöckigen Turm, der zwischen 1609 und 1669 errichtet wurde. Ursprünglich war er Teil der Stadtmauer.

Jiaxiu Lou und die Brücke Fuyu Qiao über den Nanming He

Provinzmuseum

168 Beijing Lu. *(0851) 682 2214.*

Di–So 9–17 Uhr.

Im zweiten Stock des etwas angestaubten Baus findet sich eine interessante, wenngleich kaum erläuterte Sammlung lokaler Funde. Prunkstücke sind das ein Meter große Bronzepferd mit Kutsche aus der Han-Ära sowie einige Tonfiguren aus einem Ming-Grab bei Zunyi. Ein Dokument erzählt von den Miao-Aufständen (19. Jh.) in Guizhou. Zudem sieht man Silberwaren, Batikstoffe und Stickereien der vielen Minderheiten von Guizhou sowie Architekturmodelle ihrer Baustile.

Zinnoberrotes Räucherwerk vor dem Qianming Si

Steinstufen führen im Qianling-Shan-Park den dicht bewaldeten Hügel hinauf

Qianling-Shan-Park

187 Zhaoshan Lu. *tägl.*

Der Park im Norden der Stadt hat einige dicht bewaldete Hügel. Ein Steinstufenweg führt – vorbei an Schreinen, mit roten Bändern geschmückten Bäumen und Horden von Affen – hinauf zum **Hongfu Si**. Der Tempeleingang liegt hinter einer zehn Meter hohen Marmor-Stupa und einer Fliesenwand mit einer Darstellung von Buddha als Säugling, den neun Drachen waschen. Der Tempel wurde 1672 gegründet, doch große Teile sind neu, darunter auch die *Luohan*-Halle mit Hunderten von bemalten Heiligenstatuen. Auf dem Hügel hat man vom Kanzhu-Pavillon aus eine schöne Aussicht.

Huaxi-Distrikt

17 km südlich von Guiyang. *16, 25, 47.*

In der Kleinstadt Huaxi liegen die Universität Guizhou und der schöne Huaxi-Park, ein fünf Quadratkilometer großes Gebiet mit Wald, Fluss und Ziergärten. In der Nähe gibt es einige Bouyi-Dörfer, darunter **Zhenshan**, das ganz aus Stein erbaut wurde. Das Dorf ist für seine Oper berühmt, die aus animistischen Ritualen hervorging, bei denen Tänzer Holzmasken tragen. Zwölf Kilometer südlich liegt **Qingyang**, ein 1373 gegründeter Garnisonsposten. Die zehn Meter hohe Stadtmauer (18. Jh.) ist intakt. Gleiches gilt für die Wachtürme, die Steintore und 17 Tempel.

Infobox

1400 km nordwestlich von Guangzhou. *2 Mio.* *Flughafen Longdong Bao.* *Guiyang Busbahnhof, CAAC (Busse zum Flughafen), Tiyu Guan Busbahnhof.* *11 Zhonghua Nan Lu Haitian Building, (0851) 584 1886.* **http://**en.gygov.gov.cn

Hundefleisch

Sie sollten wissen, dass man in Guizhou und Teilen von Guangxi wie in anderen südostasiatischen Ländern auch gern Hundefleisch isst. In der traditionellen Medizin gilt Hundefleisch ähnlich wie Chili als »wärmend« und soll gegen Impotenz helfen. Das Fleisch wird oft im Eintopf serviert. Sie müssen allerdings keine Angst haben, dass man Ihnen versehentlich Hundefleisch serviert. Restaurants, die darauf spezialisiert sind, machen dies meist sehr deutlich, indem sie außen Hundegerippe präsentieren.

Schriftzeichen für »Hundefleisch« auf einem Restaurant-Schild

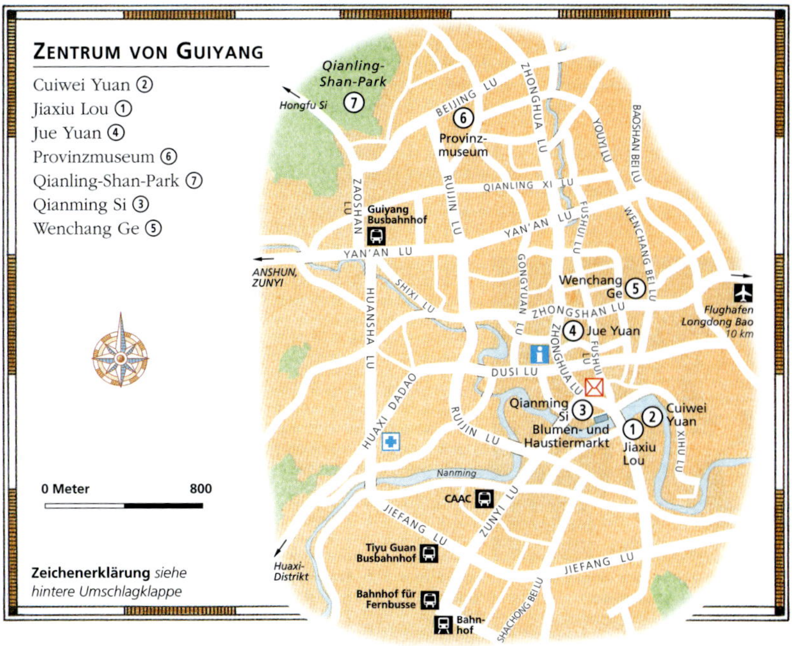

Traditionelle Häuser der Bouyi-Gemeinde bei Anshun

Anshun ❷

安顺

100 km südwestlich von Guiyang. *Tashan Donglu, (0853) 322 3173.*

Anshun wurde im 13. Jahrhundert als Garnison gegründet und wuchs dank seiner strategisch günstigen Lage an den Handelsrouten zwischen Zentral- und Südostchina zu einem Handelszentrum an. Heute lebt die Stadt vom Tourismus und von der traditionellen Batikherstellung, die auf die Kunstfertigkeit der Bouyi-Minderheit zurückgeht. Es gibt etwa drei Millionen Bouyi. Sie leben in ganz West-Guizhou. In den 1950er Jahren wurde ein Schriftsystem eingeführt und die reiche Sammlung an Volkssagen verschriftet.

Anshun ist von Karstkegeln umgeben und liegt in einer der schönsten Landschaften von Guizhou, auch wenn die nahen Minen die Luft oft mit Kohlestaub verpesten. Die Stadt hat viele belebte Märkte und bietet gute Anbindung an die umliegenden Dörfer. Das geschäftige Zentrum liegt um die Kreuzung von Nanhua Lu und Tashan Lu. Die **Bai Ta** (Weiße Pagode) auf dem Xixiu-Hügel ist eines von zwei Ming-Gebäuden, die noch stehen geblieben sind. Das zweite ist der Konfuzius-Tempel **Wen Miao** in einer Nebenstraße im Nordosten. Der 600 Jahre alte Bau war einst mit prächtigen Steinmetzarbeiten verziert. Heute stehen nur noch die beiden Hauptsäulen, deren wunderbare eingemeißelte Drachenspirale im ganzen Land ihresgleichen sucht.

Rund um das Zentrum herrscht geschäftiges Treiben. Unzählige Läden mit Batikprodukten verkaufen Wandbehänge und farbenfrohe Fahnen, wie man sie etwa auf der Fassade der **Batikmanufaktur** in der Nanhua Lu sieht.

Obststand auf dem Sonntagsmarkt, Anshun

Umgebung: Etwa 15 Kilometer östlich von Anshun liegt das Festungsdorf **Yunshan**. Es wurde von Ming-Truppen gegründet. Zum Teil existieren die alten Bauten noch, so etwa Qiyan Qiao, eine siebenbogige Brücke. **Tiantai Shan** ist ein 400 Meter hoher Hügel, der 25 Kilometer nordöstlich der Stadt liegt. Seine Felsen sind baumbewachsen, auf dem Gipfel thront ein buddhistischer Tempel von 1616. Im Bezirk **Zhenning**, 25 Kilometer südwestlich von Anshun, gibt es viele traditionelle Bouyi-Dörfer. Die Häuser zeigen kunstvolle Bruchsteinmauern und sind mit Schiefer gedeckt. Das fast gänzlich aus Stein erbaute Dorf **Shishao** ist für seine Opernaufführungen bekannt. Die hiesige Oper ist eine regionale Variante der Han-Oper, die Soldaten aus Nanjing zur Zeit der Ming-Dynastie einführten.

Longgong Dong ❸

龙宫洞

27 km südwestlich von Anshun. *ab Anshun. tägl. 8–18 Uhr.*

Die Drachenpalasthöhlen bilden ein 15 Kilometer langes Höhlensystem aus rund 90 Höhlen, die durch einen unterirdischen Fluss

Überraschend modern: zeitgenössische Batik mit leuchtendem Rot

Anshun-Batik

Bei mehreren ethnischen Gruppen im südwestlichen China ist Batiken eine alte Tradition. Seit fast 1000 Jahren benutzen die Bouyi um Anshun Batik als Hintergrund für Stickereien auf Kleidung. Als in den 1950er Jahren eine Fabrik in Anshun entstand, erlangten sie damit auf dem heimischen Textilmarkt eine Monopolstellung. Die Motive – ursprünglich waren es abstrakte Pflanzen- und Tierdarstellungen – werden mit Wachs auf das Gewebe gezeichnet. Dann wird das Tuch mit Indigo gefärbt und schließlich ausgekocht, damit sich das Wachs wieder löst. Die Motive der monochromatischen Batikarbeiten bleiben Weiß auf Dunkelblau stehen. Heute gibt es auch mehrfarbige, industriell gefertigte Designs. Beliebt sind vor allem stilisierte Motive der Tierkreiszeichen, Szenen aus Bouyi-Sagen und Fabelwesen.

Hotels und Restaurants in Guizhou & Guangxi *siehe Seiten 569f und 595*

Mit Booten fährt man in die wasserreichen Longgong Dong

miteinander verbunden sind. Nur sechs Höhlen mit einer Gesamtlänge von 854 Metern sind per Boot über den Eingang am Tian Chi (Himmelsteich) zugänglich, der sich zum Teil hinter einem 40 Meter hohen Wasserfall verbirgt. Die größte Höhle ist 80 Meter hoch. Die Stalaktiten, Stalagmiten und andere bizarre Felsformationen sind beleuchtet. Während der Regenzeit endet die Bootsfahrt am **Tiger Lair**, einer breiten Plattform. Von dort aus kann man die Höhle verlassen und durch einen Steinwald mit verwitterten Karststelen von außen wieder zum Höhleneingang zurückwandern.

Huangguoshu-Fälle ❹

黄果树瀑布

50 km südwestlich von Anshun. 🚌 ◯ *tägl. 7–18 Uhr.* **www**.hgscn.com

Bei Chinesen sind die Huangguoshu Da Pubu (Yellow Fruit Tree Falls, Gelbfruchtbaum-Fälle) eine beliebte Sehenswürdigkeit. Die Wasserfälle des Sanche sind 68 Meter hoch. Während der Regenzeit im Juni und Juli wird der Fluss zum reißenden Strom, der als 81 Meter breiter Wasservorhang in den Flusspferd-Teich stürzt. Dennoch gelten die Huangguoshu-Fälle nicht als größte Wasserfälle Chinas, denn in der trockenen Zeit schrumpfen sie zu einzelnen Strömen, die über die Felswand herabrinnen. Wegen des niedrigen Wasserstands kann man dann durch das herabfallende Wasser hindurchwaten. Treppen und Brücken gegenüber den Fällen verbinden die Aussichtspunkte miteinander. **Shuilian Dong** ist ein 134 Meter langer Tunnel, der hinter den Wasserfällen verläuft. Natürliche »Fenster« erlauben einen Blick auf die Wasserwand. Achtung: Man wird dabei nass.

Das sehenswerteste der etwa ein Dutzend Wasserschauspiele am Sanche sind die **Doupotang-Fälle**. Sie sind zwar nicht sehr hoch, aber erstaunliche 105 Meter breit. Fünf Kilometer stromabwärts bei **Tianxing** liegen ein Höhlensystem, einige bis zu 20 Meter hohe Karsttürme sowie die Yinlianzhuitan (Silberketten-Kaskaden), wo das Wasser in vielen Strömen zwischen Felseninselchen fließt.

Zhijin Dong ❺

织金洞

130 km nördlich von Anshun. *(0857) 781 2015.* 🚌 *ab Anshun, via Zhijin. Taxis vorhanden.* *obligatorisch.* ◯ *tägl.* **www**.gzzjd.com

Die Höhlen erstrecken sich mehr als zwölf Kilometer in die Kalksteinberge hinein und gehören mit 150 Meter Höhe nicht nur zu den größten Höhlen Chinas, sondern auch der Welt. Zhijin Dong liegt 25 Kilometer nordöstlich des alten, aber recht unansehnlichen Orts Zhijin, der einige Gästehäuser bietet. Fußpfade und Treppen verbinden die Höhlen, die versteinerten Wasserfälle und die riesigen Stalaktiten und Stalagmiten miteinander. Die imposanten Felsformationen tragen Namen wie »Puxian, der den Elefanten reitet«, »Göttin und Schlange« oder »Alte Frau und Schwiegertochter«.

Guanghan Dong, die größte Höhle, ist etwa 400 Meter lang. Dort steht der überaus elegante, 17 Meter aufragende Stalagmit »Silberregenbaum«. Man kann ihn nur im Rahmen einer Führung besichtigen. Die Tour dauert über zwei Stunden und findet erst ab mindestens zehn Teilnehmern statt. Man muss also warten, bis sich genügend Interessierte eingefunden haben.

Die Huangguoshu-Fälle sind selbst in der Trockenzeit beeindruckend

Mit dem Stechkahn auf dem Cao Hai, im Hintergrund niedrige Berge

Weining und Cao Hai ❻

威宁 / 草海湖

275 km westlich von Guiyang. *bis Weining oder Liupanshui, dann Bus.* *Yi-Fackelfest (Juni/Juli).*

Die bettelarme Region West-Guizhou lebt vom Kohleabbau. Die Landschaft ist von zerklüfteten Karstbergen und Dschungel geprägt. Im Westen an der Grenze zu Yunnan liegt das 2195 Meter hohe Weining-Plateau. Dessen Hauptort ist das kleine, wenig attraktive, vorwiegend von Hui, Yi und Da Hua Miao bewohnte Weining. Die in ganz China verstreuten, muslimischen Hui sind Nachfahren der persischen und arabischen Händler, die während der Tang- und Yuan-Zeit auf der Seidenstraße nach China kamen. Die Yi-Minderheit zählt etwa 6,6 Millionen in ganz Südwestchina verstreute Mitglieder. Ihr Fackelfest ist alljährlich ein großes Ereignis mit Wettkämpfen im Bogenschießen und Ringen. Die Da Hua Miao *(siehe S. 406f)* unterscheiden sich von den Miao bei Kaili sowohl durch die Sprache als auch in den Stickereimustern, denen ein stilisiertes Blumenmotiv zugrunde liegt, was ihnen den Namen Da Hua (Große Blume) eintrug.

Unmittelbar südwestlich von Weining liegt Cao Hai, das in ganz China als einer der besten Orte für Vogelbeobachtung bekannt ist. Das 45 Quadratkilometer große Naturreservat wurde 1992 eingerichtet. Der seichte, ovale See ist von niedrigen Bergen umgeben und am Ufer mit Schilf bewachsen, in dem Tausende von Vögeln von November bis März überwintern. Unter den wichtigsten jährlichen Gästen sind beispielsweise der Schwarzhalskranich, der Graue Kranich, die Streifengans und diverse Entenarten.

Man kann entweder am Uferweg entlanggehen oder einen Stechkahn mieten und die Vögel vom See aus beobachten. Auch Bootsrundfahrten sind im Angebot.

Xingyi und Maling Canyon ❼

兴义 和 马岭河峡谷

300 km südwestlich von Guiyang. *bis Xingyi. Wildwasser-Rafting im* **Maling Canyon** *über Hotels buchbar.*

Die kleine, etwas abgelegene Marktstadt Xingyi in der äußersten südwestlichen Ecke Guizhous ist von niedrigen, runden Kalksteinhügeln und flachen Reisfeldern umgeben. Unmittelbar außerhalb der Vororte, nordöstlich von Xingyi, beginnt der 15 Kilometer lange Maling Canyon. Der an manchen Stellen etwa 100 Meter tiefe Canyon wurde von einem reißenden Fluss in den Fels eingeschnitten. Quellen sprudeln an moosigen Felswänden in Miniatur-Wasserfällen hinunter. Mit ihren Stromschnellen und Wasserfällen ist die Schlucht bestens für Wildwasser-Rafting geeignet. Im unteren Teil des Canyons gibt es mehrere Wanderwege und Brücken, die im Zickzack bis hinunter zum Wasser verlaufen, dem Flusslauf stromaufwärts folgen und dabei zuweilen durch natürliche Tunnel führen.

Flusslauf im unteren Teil des Maling Canyon

Chinesische Kraniche

Chinas Sumpfgebiete und Seen sind für acht der weltweit 15 Kranicharten lebenswichtig, denn einige sind vom Aussterben bedroht. Die meisten Kranicharten brüten in Nordchina, vor allem im Naturreservat Zhalong in der Provinz Heilongjiang. Obwohl sie alle Zugvögel sind, kommen einige – etwa der Saruskranich und der Schwarzhalskranich, Chinas einzige endemische Art – nur im zentralen und südwestlichen Teil des Landes vor. Kraniche werden wegen ihrer Anmut bewundert. Sie haben spezielle Paarungstänze. Dabei springen und flattern sie umher, um ihren künftigen Lebenspartner anzulocken. Kraniche gelten als Symbol für Treue und Langlebigkeit. Der daoistische Gott der Langlebigkeit, Shou Lao (auch Shao Xing), wird häufig auf einem Kranich reitend abgebildet.

Sarus, der größte Kranich

Balzende Kraniche *paaren sich fürs Leben. Ihre Bindung zementieren sie mit einem ausgedehnten Balztanz: Sie schlingen die Hälse umeinander, drehen die Köpfe zurück, werfen Zweige und Muscheln und springen hoch in die Luft.*

Der Kranich *ist ein Symbol für Glück und Weisheit, für das Streben nach spiritueller Erneuerung und für Treue. Daher ist er oft auf offiziellen und kaiserlichen Roben abgebildet.*

Hängende Beine

Die Fluggeschwindigkeit *beträgt bis zu 70 Stundenkilometer.*

Kraniche überwinden *große Entfernungen. Manche Arten legen bis zu 4000 Kilometer zwischen ihren Sommerbrutstätten und ihren Winterquartieren zurück. Die jüngeren Vögel fliegen dabei in V-Formation hinter den älteren her.*

Jungfernkraniche *wurden schon in Schwärmen von einigen Tausend Exemplaren beobachtet. Sie fressen vorwiegend Frösche, Fische und Insekten, aber auch Getreide und Aas.*

Kraniche *sind sehr laut. Ihre tiefen, lauten Schreie und das heisere Krächzen bringen sie durch eine spezielle Luftröhre hervor.*

Miao-Feste und -Kunsthandwerk

Geometrische Stickerei

Das Volk der Miao oder Hmong, wie sie sich nennen, stammt eigenen Angaben zufolge aus der Tibetischen Hochebene und wanderte im Lauf der Jahrtausende in seine heutige Heimat in Südwestchina, Laos, Kambodscha, Vietnam und Myanmar ein. Die Miao leben vorwiegend in abgelegenen Bergregionen. Deshalb entwickelte jedes Dorf ganz eigene Traditionen und eine besondere Tracht. Die unverheirateten Mädchen fertigen und tragen Stickereien und Silberschmuck – zu sehen bei den zahlreichen Tanzveranstaltungen von Miao-Festen.

Miao-Gemeinden in Asien

Miao-Bevölkerung

Die Miao *in der Gegend von Kaili nennen sich Hei Miao oder Schwarze Hmong. Ihre bunte Kleidung ist von Ort zu Ort unterschiedlich. Diese Frau stammt aus der Region Leigong Shan.*

Riesige Hörner zieren die prachtvollen Kopfbedeckungen.

Die Da Hua Miao *(Große-Blume-Miao) aus West-Guizhou tragen Batikröcke und an Festtagen leuchtend rote Kopfbedeckungen.*

Sisters' Meal Festival

Während des dreitägigen Festes wählen die jungen Frauen ihre Ehemänner aus. Der Mann reicht der Frau ein Päckchen Klebreis, das sie ihm mit Essstäbchen oder Chilischoten zurückgibt – je nachdem, ob sie ihn will oder nicht.

Die Gejia-Haube *mit orangefarbenen Fransen zeigt, dass das Gejia-Mädchen unverheiratet ist. Das Ungewöhnliche an diesen Batikstoffen ist die Verzierung mit Stickereien.*

Die Changjiao Miao *(Langhörnige Miao) aus West-Guizhou binden an Feiertagen ihr eigenes Haar und das ihrer Vorfahren zu diesem schweren Kopfschmuck.*

◁ **Ausgeklügelt angelegte Reisterrassen von Longji Titian (Drachenrückgrat-Terrassen) bei Ping An** ***(siehe S. 420)***

Sticken *ist eine wesentliche Kunstfertigkeit der Miao. Die Mädchen beginnen schon früh damit. Je aufwendiger die Besätze ihrer Kleider sind, desto besser sind die Aussichten auf eine gute Partie.*

Dieser Mantel *mit dunklen geometrischen Mustern ist typisch für die Gejia. Er ist zudem mit Stickereien sowie mit gebatikten abstrakten Büffel- und Pflanzenmotiven versehen.*

Miao-Silber *reicht von einfachen Ohrringen bis hin zu gezwirbelten schweren Halsketten und prächtigen Hauben mit Glocken, Hörnern und Tierfiguren.*

Aufwendige Silberschmiedekunst wie diese Kopfhauben, Brustplatten und Ketten sammeln die Familien der Hei-Miao-Mädchen von Geburt an.

Traditioneller, langer Faltenrock

Drachenbootrennen *finden in der Region Kaili mindestens zweimal im Jahr zur Feier des Siegs über die chinesische Armee statt. Jedes Dorf stellt ein Ruderteam und ein langes Boot mit einem geschnitzten Drachen am Bug.*

Büffelkämpfe *gehören bei Miao-Festen dazu. Allerdings werden Büffel verehrt, weshalb es normalerweise nicht zu Blutvergießen kommt.*

Lusheng *spielen nur Männer, meist bei Feierlichkeiten. Das Instrument besteht aus einem Kürbis, einem Mundstück und Bambusrohren. Es produziert einen nasalen Klang.*

Miao-Dörfer ❽

凯里苗寨

Fenster einer Pagode, Kaili

Chinas Miao *(siehe S. 406f)* betrachten die Gegend um Kaili und die alte Stadt Zhenyuan als ihre Heimat. Dazwischen erhebt sich eine mit Kiefern bepflanzte und von Flusstälern durchzogene Hügellandschaft. In einigen Dörfern sind die Holzhäuser und gepflasterten Straßen noch erhalten. Andere sind weniger hübsch, feiern aber große Feste. Auf den Märkten herrscht fünf Tage die Woche Feststimmung. Von Kaili aus fahren Busse. Einige Dörfer erreicht man nur per Taxi oder zu Fuß.

Eingebettet in ein tiefes Tal liegt das traditionelle Dorf Langde

Kaili

170 km östlich von Guiyang.
Yingpanpo Hotel, 53 Yingpan Dong Lu, (0855) 822 2506.

Kaili ist eine große, architektonisch eher unattraktive Stadt. Märkte in den Seitenstraßen sorgen für ein wenig Farbe. Das **Minderheitenmuseum** zeigt Silberwaren und Stickereien aus der Gegend. Im Dage-Park steht eine Holzpagode mit ungewöhnlicher daoistischer Ikonografie und rituell mit blutigen Hühnerfedern beschmierten Statuen.

Minderheitenmuseum
5 Guangchang Lu. *tägl.*

Langde und Xijiang

Die Route führt zu den zugänglichen Dörfern, die auch der Bus aus Kaili ansteuert. Per Taxi reicht ein Tag zur Besichtigung, ansonsten sollte man in Xijiang nächtigen.

Langde ist von der Hauptstraße aus in 20 Minuten bequem zu Fuß erreichbar. Es umfasst 50 Holzhäuser, die dicht gedrängt in einer Senke stehen. In der Mitte liegen ein Teich und eine Tanzfläche, die in konzentrischen Kreisen um einen mit Büffelhörnern verzierten und mit Drachen bemalten Baumstamm gepflastert wurde.

Lei Shan ist eine Ansammlung von Betonbauten am Fuß des **Leigong Shan** (2178 m). Hier liegen die abgeschiedensten Dörfer, zu denen man wandern kann. Von Lei Shan führt ein Schotterweg (30 km) nach **Xijiang**, das mit ca. 1200 Holzhäusern größte Miao-Dorf. Am besten besichtigt man es am Fest des Neuen Reises im Herbst oder zum Miao-Neujahrsfest.

Ostroute

Täglich fahren mehrere Busse von Kaili über Taijiang und Shidong nach Zhenyuan. In beiden Städten finden große Feste statt. Planen Sie jeweils einen Tagesaufenthalt ein. Es gibt mehrere Hotels in Taijiang und ein einfaches Gästehaus in Shidong.

Taijiang ist ein schlichter, 55 Kilometer von Kaili entfernter Marktort. Zum Sisters'-Meal-Fest kommen Tausende aus den Bergen, um dabei zu sein, wenn Miao-Mädchen ihre Ehemänner auswählen. Ansonsten eignet sich das alte Dorf **Fanpai** besser für einen Aufenthalt.

Shidong ist ein teilweise aus Holz erbautes Dorf am Fluss mit etwa sechs Straßen. An Markttagen können Sie hier schöne Silberwaren oder Stickereien erhalten bzw. sie während der mindestens zweimal im Jahr abgehaltenen Drachenbootrennen an den Menschen bewundern. Die Rennen werden von Trommelwirbeln begleitet. Abends gehen alle zum Tanz – bisweilen bis zu 10 000 Menschen.

Terrassenhänge am Leigong Shan

Westroute

Zahlreiche Busse fahren von Kaili nach Shibing, für Verbindungen nach Zhenyuan muss man hier umsteigen. In Chong'an gibt es einfache Unterkünfte. In Shibing stehen Hotels zur Verfügung.

Im ländlichen **Matang** leben vorwiegend Gejia, eine Untergruppe der Miao. Die Straße führt dicht daran vorbei. Falls Sie die letzten fünf Kilometer nicht zu Fuß gehen möchten, müssen Sie in Kaili ein Taxi nehmen. Zehn Kilometer westlich liegt der **Xianglu Shan** (1300 m). Dort wurde Zhang Xiumei, ein Anführer des Miao-Aufstands von 1873, von Regierungstruppen besiegt. Ihm zu Ehren findet hier alljährlich ein Kletterfest statt.

Chong'an liegt am Fluss. Im alten Ortskern wird ein Markt abgehalten. Dort kann man den Menschen dabei zusehen, wie sie um die Waren – vom Entenküken bis zu selbst gebrannten Schnäpsen – feilschen. Direkt an der Straße liegt **Feiyun Dong**, ein 1443 gegründetes daoistisches Heiligtum, dessen moosbedeckte Hallen direkt in ein natürliches System von Grotten gebaut wurden. Eine Halle beherbergt ein Museum für Miao-Artefakte. Von **Shibing** am Südufer des Wuyang He kann man den Shanmu Jiang hinunterfahren oder den Yuntai Shan mit seiner Tempelruine aus der Zeit der Ming-Dynastie besteigen.

Alte, aus Stein gebaute Wassermühlen in Chong'an

Miao-Frau mit Baby

Zhenyuan

100 km nordöstlich von Kaili. 🚉 🚌 ℹ *26 Ximen Jie, Wuyangzhen.*

Die alte Garnison Zhenyuan liegt eingepfercht zwischen Felswänden zu beiden Seiten des Wuyang He. Die Gebäude aus der Qing-Zeit mit ihren geschwungenen Dächern und den filigranen Steinmetzarbeiten wurden sorgfältig restauriert. Eine steinerne Ming-Brücke östlich der Altstadt führt zur Heilong Dong (Schwarzer-Drachen-Höhle). Die daoistische Anlage wurde direkt in einen Felsüberhang gesetzt, von dem Wasser auf die verschiedenen Göttern gewidmeten Schreine sickert. Östlich von Zhenyuan kann man auf dem Wuyang He per Boot durch Kalksteingrotten fahren.

Feste

Jan: *Trommelfest, Gaowu, bei Taijiang*

Feb/März: *Lusheng-Feste in der ganzen Region*

Apr/Mai: *Sisters' Meal, Taijiang und Shidong*

Juni/Juli: *Drachenbootrennen in vielen Dörfern und Städten*

Juli/Aug: *Fest am Xianglu Shan*

Aug/Sep: *Fest des Neuen Reises in Kaili und Lei Shan; Lusheng-Fest, Chong'an*

Okt/Nov: *Lusheng-Fest und Pferderennen, Yongxi, Zhenyuan*

Dez: *Miao-Neujahr in Xijiang und in den Dörfern um Kaili*

Stufen zum Denkmal für die Märtyrer der Roten Armee, Zunyi

Zunyi 9
遵义

150 km nördlich von Guiyang. 800 000 (Großraum 7,3 Mio.).

Die größte Stadt in Nord-Guizhou ist Zunyi. Hinter Zementwerken und Bahnhöfen geht das ältere Viertel nördlich des Flusses fast unter. Historisch bedeutend ist die Stadt für die Kommunistische Partei Chinas (KPCh). Im Januar 1935 erreichte die Rote Armee während des Langen Marsches *(siehe S. 256)* Zunyi. Nach mehreren Niederlagen gegen die Nationalisten beriefen Mao, Zhou Enlai und Otto Braun, der sowjetische Berater, die Konferenz von Zunyi ein. Aus dieser Sitzung ging Mao als Parteichef hervor. Er distanzierte sich vom Kommunismus sowjetischer Prägung, ein bedeutender Schritt auf dem Weg zum Sieg der KPCh über die Nationale Volkspartei und zu ihrer Etablierung als Staatspartei. Der **Konferenzort**, ein schlichtes graues Ziegelhaus, stellt heute Memorabilien aus. Nahebei stand früher das Gebäude der Staatsbank der Chinesisch-Sowjetischen Republik und der Enteignungs- und Sammlungskommission, die Banknoten druckte und das Vermögen in der Bevölkerung umverteilte. Das angrenzende **Langer-Marsch-Museum** liegt in einer ehemaligen katholischen Kirche. Im Fenghuang-Shan-Park erinnert das **Denkmal für die Märtyrer der Roten Armee** an die Helden des Langen Marsches.

Detail am Denkmal für die Märtyrer der Roten Armee

Konferenzort
80 Hongqi Lu. *tägl. 8.30–17 Uhr.*

Umgebung: Etwa zehn Kilometer südlich von Zunyi liegt **Yang Can Mu**, letzte Ruhestätte des Militärbeamten Yang Can, der um 1250 starb. Das gut erhaltene Mausoleum aus der Song-Zeit besitzt schöne Steinreliefs mit Darstellungen von Pflanzen, Wächtern und Drachen, die sich um ein Tor schlängeln. Zu sehen ist auch ein Porträt von Yang Can in Hoftracht.

Chishui 10
赤水

180 km nordwestlich von Zunyi.

Am Ufer des Chishui Jiang in Nordwest-Guizhou bei Sichuan liegt zwischen Kalksteinhügeln Chishui. Der tropische Wald ist in mehrere Naturreservate gegliedert, die man von der Stadt per Minibus erreicht. Das schönste davon ist **Shizhang Dong**, 37 Kilometer südlich, mit einem 72 Meter hohen Wasserfall. 16 Kilometer südwestlich liegt das Tal **Sidong Gou**, dessen rot-sandiger Fluss der Stadt Chishui ihren Namen (»Rotes Wasser«) gab. Über vier Wasserfälle führt der Fluss durch einen dichten Bambuswald. Die Einheimischen ernten die essbaren Bambusschoten. Die reiferen Triebe verarbeiten sie zu Matten. Weltberühmt ist das Alkoholgetränk *baijiu* aus **Maotai**, 80 Kilometer südöstlich im Bezirk Xishui *(siehe S. 581)*.

Naturreservate
Minibus ab Chishui. tägl.

Fassade des Mausoleums Yang Can Mu aus der Zeit der Song-Dynastie

Bambus

Der schnell wachsende, langlebige Bambus ist in ganz Zentral- und Südchina heimisch und wird auf unterschiedlichste Weise verwertet. Aus den holzartigen Rohren entstehen Hüte, Möbel, Matten und Kochutensilien, Bambussprossen sind Nahrungsmittel. Bambusrohr entwickelt sich aus Rhizomen (waagrechten, unterirdischen Speichersprossen), aus denen je nach Typ in regelmäßigen Abständen Triebe schießen, die etwa 60 Zentimeter pro Tag in die Höhe wachsen. Die Pflanze blüht nur alle paar Jahrzehnte, manche Arten nur einmal in 100 Jahren, danach stirbt sie ab. Bambus spielt eine wichtige Rolle in der Religion, Philosophie und Kultur Chinas: Er repräsentiert die konfuzianischen Werte der Hingabe und Rechtschaffenheit. Die Segmente des Rohrs symbolisieren die Stufen auf dem Pfad der Erleuchtung. Stärke, Anmut und Langlebigkeit des Bambus machen ihn zum beliebten Dichter- und Malermotiv.

Vielseitiges Bambusrohr

In freier Natur *wächst Bambus in dichten, hohen Wäldern, die sich wellenartig wiegen und daher als »Bambusmeer« bezeichnet werden. In Gärten setzt man kleinere Pflanzen als symbolisches Element.*

Bambus-Malerei (mozhu) *ist eine der Kalligrafie* (siehe S. 219) *ebenbürtige Kunstform. Mit einfarbiger Tinte versucht der Maler, mit wenigen, fast abstrakten Strichen den »Geist« des Bambus einzufangen, und nicht, eine exakte Darstellung anzufertigen.*

Gespaltener Bambus *wird zu vielen nützlichen Objekten verarbeitet, etwa zu Vorhängen oder zu Körben wie diesen, in denen Hühner zum Markt getragen werden.*

Bambusrohr *ist ein vielseitiges Material. Man kann es sägen, bohren, biegen oder spalten, ohne dass es seine Spannkraft verliert. Geübte Handwerker fertigen Teehausstühle wie diese in wenigen Minuten.*

Die Stabilität *von Bambus ist so groß, dass er in Südchina oft anstelle von Stahl im Gerüstbau – auch bei Wolkenkratzern – eingesetzt wird. Chinas Bauboom gründet teilweise auf der Nutzung dieses Riesengrases.*

Karstlandschaften

Riesige Gebiete in Südwestchina bestehen aus grandiosen Karstlandschaften, verwitterten Kalksteinformationen. In China hat sich der Kalkstein aus am Meeresboden verfestigten Sedimenten entwickelt, die durch geologische Veränderungen an die Erdoberfläche gelangten. Der alkalireiche Kalkstein wurde allmählich von den natürlichen Säuren des Regenwassers korrodiert. Daraus können zum einen dichte »Steinwälder« entstehen, zum anderen riesige Kegel, wie sie in Guizhou verbreitet sind, oder auch schmale, hohe Türme wie die um Guilin. Unter der Erde formen Sickerwasser und Flüsse lange Höhlensysteme mit bizarren Steinformationen.

»Steinwälder« *wie Shi Lin bei Kunming* (siehe S. 378f) *sind in urzeitlichen Meeresarealen erhalten gebliebene und durch Wind und Wetter erodierte Karstformationen.*

Karstformationen

Der poröse Kalkstein Südwestchinas ist zu spektakulären Landschaften erodiert. Das feuchtwarme Klima mit saurem Regen und aus dem Boden freigesetzten chemischen Verbindungen beschleunigt die Verwitterung.

1. Von der Oberfläche *dringt Wasser in Höhlensysteme, die im Kalkstein entstehen. Wasser fließt durch Sickerlöcher tief in den Untergrund.*

2. Nach der Korrosion *entstehen Spitzen. Das Höhlensystem wächst, während unterirdische Flüsse den Kalkstein aushöhlen. Gleichzeitig sinkt der Grundwasserspiegel.*

3. Ein Teil des Kalksteins *ist über die Höhlen hinaus bis hinunter zu anderen Schichten erodiert. Übrig bleiben durchlöcherte Kalksteintürme.*

Sickergruben oder ***tiankeng*** *(himmlische Gräben) entstehen durch wiederholte Unterhöhlung. Die Löcher können erschreckend groß werden. Dieses hier in Xiaozhai, Chongqing, ist fast so breit wie tief: 666 Meter.*

Die Kalksteinschicht Südchinas ist ungewöhnlich dick und großflächig, wodurch spektakuläre Karstgebiete entstanden.

Karstlandschaft

Dieses Modell zeigt eine idealtypische Karstlandschaft im Querschnitt, in der alle Erscheinungsformen vereint sind. Karstlandschaften bestehen meist aus einer von Höhlen durchzogenen Kalksteinschicht, je nach Gegend gefolgt von einigen der hier gezeigten Phänomene.

Der Li (siehe S. 416f) *durchfließt vielfältige Karstformationen. Bootsfahrten beginnen in Guilin mit* feng-lin, *die allmählich zu dichtem* feng-cong *werden.*

Fenglin-Karst *heißt Steinwald-Karst und ist an den Türmen erkennbar, die sich wie Bäume fast senkrecht 30 bis 80 Meter über die flachen Ebenen erheben. Diese spektakulären, turmähnlichen Karstformen entstanden vor allem in und um Guilin* (siehe S. 414f).

Ein Fluss an der Oberfläche kann in den Untergrund versickern und Teil des unterirdischen Entwässerungssystems werden.

Höhlen, *die sich zu großen Sälen voller Kalksteinformationen öffnen, findet man in allen Karstgebieten. Versickernde Gewässer und darin enthaltene Ablagerungen von Mineralen gestalten diese Formen.*

Das Sickerloch wird Teil der Höhlen.

Fengcong-Karst *unterscheidet sich vom senkrechten* fenglin. *Die Erhebungen sind eher konisch und stehen dicht beieinander, getrennt von Dolinen genannten Vertiefungen. Eine herrliche* Fengcong-*Landschaft gibt es in der Nähe der Kleinstadt Xingping* (siehe S. 417).

Guilin ⓫
桂林

Tai Chi Chuan im Park

Guilin ist für seine bis zu 200 Meter hohen Karstkegel bekannt. Sie sind in der ganzen Stadt verteilt, insbesondere im Süden am Fluss Li *(siehe S. 416f)*. Guilin stammt aus der Qin-Ära, schon im 6. Jahrhundert besangen Dichter seine Kalksteinerhebungen. Unter den Ming stieg Guilin zur Provinzhauptstadt auf, ein Status, den es 1914 an Nanning verlor. Heute ist Guilin ein Besuchermagnet mit etwa zehn Parks, die um die Kegel und Kalksteinhöhlen angelegt sind. Guilin bedeutet »Osmanthus-Wald« – wegen der duftenden Bäume, wie sie etwa in der Binjiang Lu stehen.

Karsthügel ragen zwischen den Wohnblöcken im Stadtzentrum empor

Rong Hu und Shan Hu
Ronghu Bei Lu und Shanhu Bei Lu. *Pagoden* *tägl.*

Die zusammenhängenden Seen Rong und Shan liegen zu beiden Seiten der Zhongshan Lu, die mitten durch die Stadt verläuft. Ursprünglich waren sie Teil der Befestigungsanlagen der Ming-Stadt. Inzwischen wurden die Ufer gepflastert und mit Schatten spendenden Weiden und Banyan-Bäumen bepflanzt. Am Ufer des Rong Hu gab ein 800 Jahre alter Banyan-Baum dem See seinen Namen. Am Nordufer steht **Gu Nan Men**, Guilins altes Südtor und einziger Überrest der Ming-Stadtmauern. Mehrere geschwungene Brücken verbinden die beiden Ufer. Der Shan Hu an der Ostseite der Zhongshan Lu wird von zwei 40 Meter hohen Pagoden, den **Riming Shuang Ta**, überragt.

Eine der beiden Riming Shuang Ta

Xiangbi Shan
Nahe Minzhu Lu. *2, 58.* *ab Nanhuan Lu.* *tägl. 7–18 Uhr.*

Die berühmteste Felsformation der Stadt ist der 100 Meter hohe Xiangbi Shan (Elefantenrüssel-Hügel). Mit dem Loch an einem Ende ähnelt er einem Elefanten, der aus dem Li trinkt. Der Sage nach wurde ein Arbeitselefant eines kaiserlichen Konvois vom rücksichtslosen Kaiser am Fluss zurückgelassen, weil er krank war. Ein älteres Ehepaar pflegte ihn gesund. Als er sich danach weigerte, zum Kaiser zurückzukehren, wurde er von diesem umgebracht und verwandelte sich in einen Hügel, der noch heute hier steht. Von der kleinen Stupa, die auf dem Gipfel steht, heißt es, sie sei der Griff des kaiserlichen Schwerts im Elefantenrücken. Von der Nanhuan Lu aus fahren Fähren zum Berg. Auf dem Weg zum Gipfel kommt man an einer alten, leider verfallenden Pagode vorbei.

Qixing Gongyuan
Qixing Lu. *tägl. 7–20 Uhr.*

Der erholsame Qixing Gongyuan (Sieben-Sterne-Park) nimmt auf der Ostseite des Li eine Fläche von zwei Quadratkilometern ein. Er ist nach den vier Gipfeln des Putuo Shan und drei weiteren Bergspitzen benannt. Zusammen ergeben sie die sieben »Sterne« des Großen Wagens oder Großen Bären, der gemäß der chinesischen Mythologie das Schicksal regiert. Das Berggebiet ist dicht bewachsen und bietet etwa 100 halbzahmen Affen einen Lebensraum. Mehrere Wege führen zu den Aussichtspavillons hinauf.

Guilins Felsen sind für ihre Zeichnungen und Höhlen bekannt. In die Überhänge des »Halbmondbergs« wurden über 200 Gedichte und Kommentare eingeritzt, von denen einige aus der Zeit der Tang-Dynastie datieren sollen. Auf dem Putuo Shan mit dem 22-stöckigen Putuo Si liegt auch Qixing Yan (Sieben-Sterne-Höhle), eine breite Höhle mit ein paar kleinen unterirdischen Wasserfällen und überraschend wenigen Felsformationen. Der 75 Meter hohe Luotuo Shan (Kamelhügel) nördlich des Parks ähnelt einem Dromedar. Von oben hat man einen Blick auf den Chuan Shan (Hügel mit Maulwurf) und den benachbarten Ta Shan (Pagodenhügel), auf dem eine Ming-Pagode steht.

Der hübsche Qixing Gongyuan (Sieben-Sterne-Park)

Farbig beleuchtete Formationen in der Ludi Yan (Rohrflöten-Höhle)

Prinzenpalast Jinjiang und Duxiu Feng

Nahe Xihua Lu. *tägl.*

Der Palast mit seiner Schutzmauer und den vier Toren ähnelt einer Miniaturausgabe der Verbotenen Stadt. Er wurde 1372 für den Ming-Prinzen Zhou Shouqian gebaut, entstand also 34 Jahre früher als der in Beijing. Erst lebten dort nacheinander 14 Ming-Prinzen, dann diente er Sun Yat-sen in den 1920er Jahren als Hauptquartier. Heute ist dort das Guangxi-Lehrerseminar untergebracht. Eine Marmortafel mit eingemeißelten Wolken am Eingang weist den Bau als kaiserliche Residenz aus, zeigt durch das Fehlen von Drachen aber, dass hier Prinzen wohnten, nicht Kaiser.

Auf dem Areal erhebt sich der **Duxiu Feng** (Einsame-Schönheit-Berg, 216 m), der den Palast vor dem bösen Nordwind abschirmt. Am Fuß ließ der Gouverneur Yan Yanzhi (5. Jh.) eine Tafel anbringen, die den Zauber von Guilin rühmt. Stufen führen zum Gipfel.

Infobox

420 km nordöstlich von Nanning. *620 000 (Großraum 5 Mio.). Internationaler Flughafen Liangjiang Guilin Bahnhof. Guilin Busbahnhof, CAAC (Flughafenbusse), Minibus-Bahnhof (nach Yangshuo). 11 Binjiang Lu, (0773) 286 1623.*

Fubo Shan

Binjiang Lu. *tägl.*

Der gelbgraue Fels ragt aus dem Fluss Fubo Shan empor und soll ihn beruhigen – daher sein Name »Wellenbesänftigender Hügel«. Oben, im verfallenen Tempel, sieht man eine riesige Bronzeglocke und Hunderte von Buddha-Bildnissen aus der Song-Zeit.

Ludi Yan

5 km nordwestlich des Stadtzentrums. *3, 58. tägl.*

Die Rohrflöten-Höhle diente den Bürgern Guilins in den 1940er Jahren als Versteck vor den Japanern. Zehn Meter hohe Gänge führen 500 Meter weit in den Guangming Shan. Die Felsformationen im Inneren werden künstlich beleuchtet.

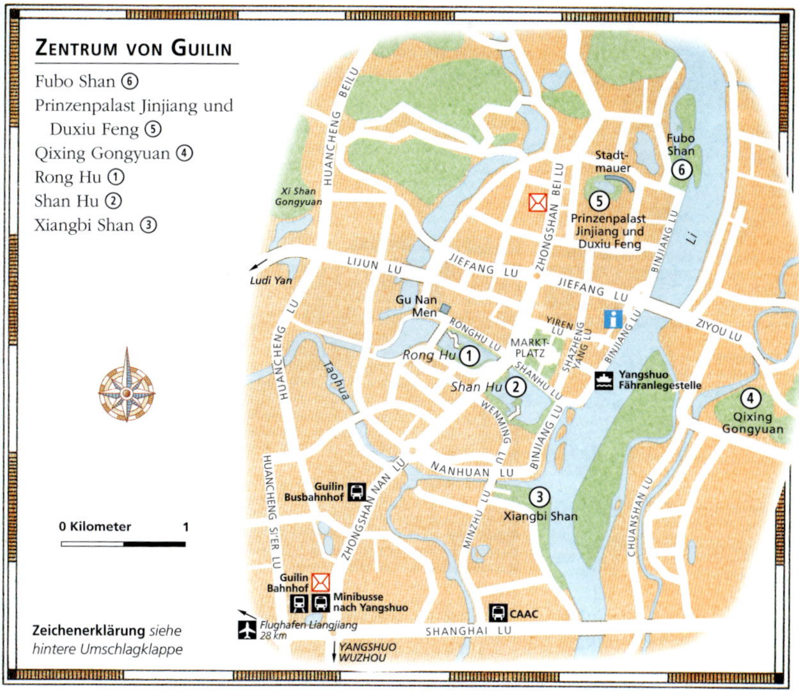

Bootsfahrt auf dem Li

漓江

Fischer mit Kormoran

Eine Fahrt auf dem Li (Li Jiang) von Guilin Richtung Süden nach Yangshuo führt durch eine Landschaft, die geradewegs aus einem chinesischen Gemälde entsprungen scheint. Der seichte Fluss schlängelt sich durch steilwandige, bis 300 Meter hohe Karsttürme, die bizarre Formen aufweisen, vorbei an Dörfern und Bambushainen, die typisch für Südwestchinas ländliche Gegenden sind. Noch heute benutzen die Menschen Bambusflöße und gehen der Kormoranfischerei *(siehe S. 418)* nach. Die Fahrt dauert sechs Stunden, Mittagessen inklusive. Ausländer bezahlen mehr und fahren in separaten Booten.

Bambusflöße eignen sich für den niedrigen Wasserstand im Winter

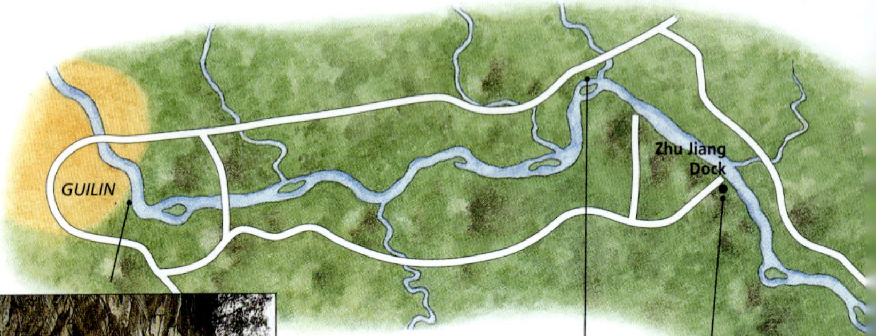

★ Elefantenrüssel-Hügel
Der Xiangbi Shan liegt am Flussufer im Zentrum von Guilin und ist ein Wahrzeichen der Stadt (siehe S. 414). *Er sieht aus wie ein Elefant, der aus dem Fluss Li trinkt.*

Viele Touren beginnen am Bootssteg des Zhu Jiang.

0 Kilometer 5

LEGENDE

- Nebenstraße
- Bebautes Gebiet

NICHT VERSÄUMEN

- ★ Elefantenrüssel-Hügel
- ★ Gegend um Xingping
- ★ Pinselhalter-Hügel

Daxu
Flussabwärts von Guilin liegt Daxu, eine Marktstadt aus der Song-Ära. An der gepflasterten Hauptstraße stehen noch viele alte Stein- und Holzhäuser. Außerhalb des Orts ist eine Qing-Brücke erhalten.

Spitze *Fengcong*-Karstformationen bei Yangdi

INFOBOX

Von Guilin nach Yangshuo
85 km, 6 Std. *11 Binjiang Lu, Guilin, (0773) 286 1623 (CITS für Buchung).* *zum Startpunkt und ab Yangshuo.*

★ Pinselhalter-Hügel

Kurz nach Yangdi gegenüber dem Writing-brush Mountain (Pinsel-Berg) steht dieser Berg, dessen Form tatsächlich an eine Pinsel- oder Federbank (siehe S. 219) *erinnert. Hier beginnt der spektakulärste Abschnitt.*

Fischschwanz-Gipfel
(Fish Tail Peak)

Der Neun-Pferde-Freskenhügel (Nine Horse Fresco Hill) ist eine braune Felswand, deren Zeichnung an neun galoppierende Pferde erinnert.

★ Gegend um Xingping

Eine 20 Kilometer lange Panoramafahrt beginnt in der alten Holz- und Fährstadt Xingping. Besonders sehenswert unterwegs: Fünf-Finger- und Schnecken-Hügel.

Fünf-Finger-Hügel
(Five Fingers Hill)

Die Gelbtuch-Untiefe (Yellow Cloth Shoal) ist so flach, dass man die gelben Steine auch bei hohem Wasser sieht.

Schnecken-Hügel
(Snail Hill)

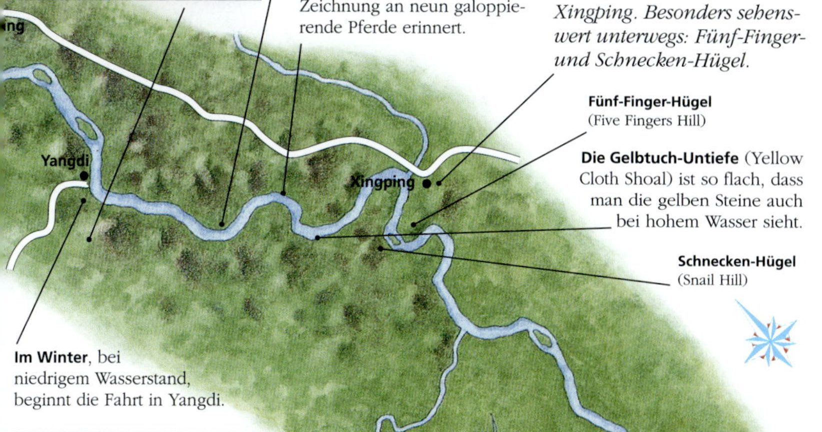

Im Winter, bei niedrigem Wasserstand, beginnt die Fahrt in Yangdi.

Drachenkopf-Hügel

In Yangshuo empfängt dieser imposante, einem zähnefletschenden Drachenkopf ähnelnde Fels die Besucher.

Yangshuo ⓬

阳朔

Die Kleinstadt Yangshuo ist Endpunkt der Bootsfahrten auf dem Li *(siehe S. 416f)*. Sie ist von spektakulären Karsthügeln und einzelnen Reisfeldern umgeben. Bis Ende der 1980er Jahre bestand hier kaum mehr als ein ländlicher Marktflecken, doch dann strömten die Urlauber nach der Flussfahrt von Guilin hierher. Nun geht es zwar nicht mehr so beschaulich zu wie früher, doch Yangshuo bleibt weiterhin ein guter Ausgangspunkt für Ausflüge in die umliegenden Berg- und Flusslandschaften. Am besten mietet man ein Fahrrad, um die Gegend zu erkunden. Zu den kulinarischen Spezialitäten der Region gehören Pomelos und der »Bierfisch«. Yangshuo gilt mit über 200 ausgewiesenen Kurzrouten als Kletterparadies.

Fährboote auf dem Li, dahinter die Szenerie der Karstberge

Xi Jie

In der Xi Jie (Weststraße), einer 250 Meter langen Pflasterstraße zwischen der Hauptstraße und dem Li, stehen restaurierte ländliche Bauten aus der Qing-Ära. Heute beherbergen sie viele Restaurants, Cafés, Gästehäuser und Souvenirläden für ausländische Besucher. In den Restaurants werden westliche Gerichte wie Holzofenpizza und Steaks ebenso serviert wie einheimische Spezialitäten und Fischgerichte. In den Läden gibt es preiswerte chinesische Souvenirs von Mao-Andenken über hölzerne Theatermasken bis hin zu Holztafeln, Batiktüchern, Seiden-T-Shirts, Malereien, moderner und traditioneller Kleidung sowie raubkopierten westlichen Musik-CDs. In manchen Läden erhalten Sie auch Designermode zweiter Wahl zu Schnäppchenpreisen. Das auf halber Strecke gelegene Hongfu Hotel wurde im 19. Jahrhundert als Raststätte für Händler aus Jiangxi gebaut. Am Kai legen die Boote aus Guilin an. Er ist mit Mosaiken gepflastert und bietet eine gute Aussicht auf die Karstkegel. Nördlich der Hauptstraße gibt es hübsche Nebenstraßen und einen lebhaften Markt, auf dem die Einheimischen einkaufen.

Der am Fluss gelegene bewaldete Bilian Feng

Bilian Feng und Yangshuo Gongyuan

tägl.

Nicht weit von der Stadtmitte liegen zwei 100 Meter hohe Berge, die man besteigen kann. Im Südosten der Stadt ragt der Bilian Feng (Grüner-Lotos-Gipfel) vor dem Fluss turmgleich empor – ein steiler Weg führt zum Gipfel. Der zweite Berg, Xilang Shan (Menschen-Berg), liegt in Yangshuo Gongyuan im Westen der Stadt. Hier führen angenehme Stufen zu einem Aussichtspavillon hinauf. Auch im Park kann man umherschlendern und morgens den Tai-Chi-Chuan-Übenden zusehen.

Jianshan Si und Höhlen

5 km südlich von Yangshuo. *oder Fahrrad.* *tägl. 8–17 Uhr.*

Jianshan Si ist der einzige Tempel in der Umgebung von Yangshuo. Er wurde im einfachen Stil der späten Qing-Zeit erbaut und besitzt Pferdekopf-Giebel, die den Eingang

Kormoranfischer

Seit Jahrtausenden setzen die Chinesen zahme Kormorane zum Fischen ein. Noch heute wird dies in südlichen Gegenden praktiziert. Bei Dunkelheit ziehen die Fischer in Bambusbooten mit den Kormoranen los. Die Vögel tragen Halsbänder, um zu verhindern, dass sie die Fische verschlucken. Die Vögel schwimmen beim Schein einer Laterne neben dem Boot. Fängt ein Kormoran etwas, zieht der Fischer ihn hoch und holt den Fisch aus seinem Schnabel. Im Sommer organisieren viele Hotels einstündige Beobachtungsfahrten.

Kormoranfischer mit Laterne bei Nacht

beschützen. In der Nähe liegen die in den 1990er Jahren entdeckten unterirdischen Höhlen Black Buddha, Assembled Dragons und New Water. Mit Taschenlampen führen Einheimische, die gut Englisch sprechen, die Besucher in den feuchtkühlen Höhlen herum. Obwohl man auf Bambusleitern absteigen muss und befestigte Wege fehlen, ist dies eine erfrischende Abwechslung zu den ansonsten in China meist unnatürlich hell ausgeleuchteten Höhlen.

Marktstand mit Pomelos

Yueliang Shan

7 km südlich von Yangshuo.
oder Fahrrad. *tägl.*

Wegen seines mondsichelförmigen Bogens ist der Yueliang Shan (Moon Hill) der berühmteste Berg von Yangshuo. In einer halben Stunde erreicht man durch Bambusdickichte und Büsche auf einer zuweilen steilen Treppe den Gipfel. Vom äußersten Rand des Bogens hat man einen herrlichen Blick ins Flusstal des Li und auf die Felder zwischen den zerklüfteten Karstkegeln. Beste Reisezeit ist während des sommerlichen Regens, wenn alles grün ist. Mit dem Fahrrad fährt man auf der Hauptstraße südlich der Stadt in Richtung Fluss und biegt etwa 200 Meter vor der Brücke rechts ab. Von dort dauert es noch eine Stunde zum Yueliang Shan. In dem nahe gelegenen Dorf **Longtan** stehen einige alte, nicht renovierte Gebäude mit weiß getünchten Ziegelmauern, Holztüren und Ziegeldächern mit geschwungenen, spitzen Giebeln.

Fuli Village

8 km östlich von Yangshuo. *oder Fahrrad.*

Das hübsche Dorf Fuli ist ein ruhiger, ländlicher Marktflecken. Nur wenn dort an Tagen, die mit eins, vier oder sieben enden, der Markt stattfindet, strömen scharenweise Menschen hierher, um Vieh, Obst und Gemüse, Plastikeimer, Holzrohre und Bambusfächer, für die die Gegend berühmt ist, zu kaufen. Im Norden liegt Donglang Shan, ein schmaler Hügel, der in Sagen meist zusammen mit dem Xilang Shan in Yangshuo erwähnt wird.

Infobox

70 km südlich von Guilin.
310 000. *ab Guilin.*
8. Etage, 362 Zhongshan Zhong Lu, Da Shijie. *Touren und Bootsfahrten.* **Klettertouren** *in Cafés in der Xian Qian Jie erfragen, vor allem im Lizard Lounge und im Karst Café.*

Landschaft rund um die Assembled-Dragons-Höhle, Yangshuo

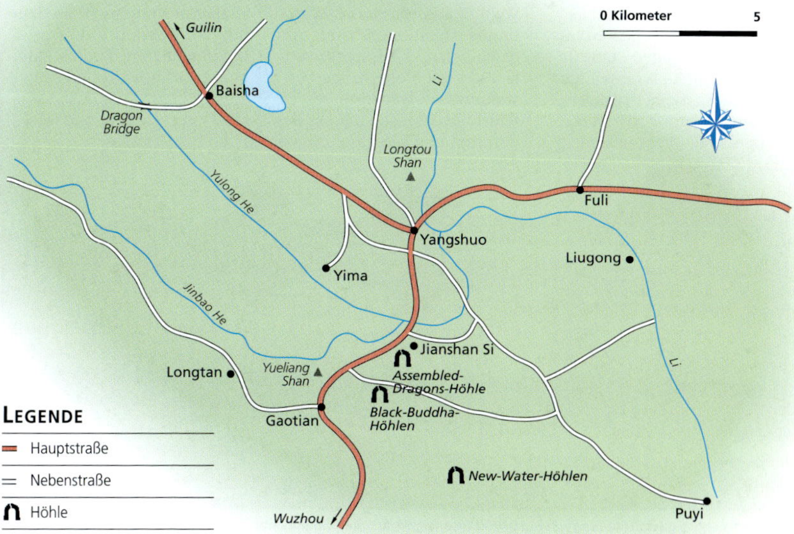

Blick auf die Terrassenfelder von Longji Titian, Longsheng

Longsheng ⓭

龙胜

90 km nordwestlich von Guilin. *170 000. Minibusse von Longsheng nach Ping An.*

Die Höhenzüge des Rongshui-Tals umgeben die Stadt Longsheng, die sich gut als Ausgangsbasis für Ausflüge in die Umgebung mit ihren Zhuang- und Yao-Dörfern eignet. Im Südwesten liegt eine Kette von steilen, etwa 1000 Meter hohen Bergen, die **Longji Titian** (Drachenrücken-Terrassen) heißen und deren untere und mittlere Lagen von der ethnischen Gruppe der Zhuang *(siehe S. 424)* in Reisterrassen umgewandelt wurden. Die Zhuang bilden in Longsheng die Bevölkerungsmehrheit und leben in traditionellen Holzhäusern. In einigen Dörfern auf den Hügeln wohnen Yao. Sie zählen zu einer weitverzweigten Gruppe, die zum Teil noch als Jäger und nicht als Bauern lebt. Bekannt sind sie für ihre Stick-, Web- und Färbtechniken. Das Zhuang-Dorf **Ping An** liegt fast auf der Kuppe des Höhenzugs im Herzen von Longji Titian. Dort gibt es einfache Unterkünfte in traditionellen Holzhäusern. Zahlreiche Wanderwege führen zu anderen Siedlungen in der Gegend.

Sanjiang ⓮

三江 程杨

175 km nordwestlich von Guilin. *350 000.* *Wind & Rain Bridge Travel Service, (0772) 861 7088.*

Das am Fluss Rongshui liegende Sanjiang war im Zweiten Weltkrieg Zentrum des Widerstands gegen die Japaner, weil damals der 35 Kilometer südlich gelegene ehemalige Verwaltungssitz Danzhou besetzt wurde. Heute ist Sanjiang das Zentrum einer Region, die vor allem von den 2,5 Millionen in Indigo gekleideten Dong geprägt ist. Typische Dong-Architektur mit Holzhäusern, Brücken und Türmen findet man in einigen Dörfern auf den Hügeln im Norden. Die gastfreundlichen Dong bieten Besuchern normalerweise ihren *douxie cha* (Öltee) an, eine recht bitter schmeckende Brühe aus Reis und gebratenen Teeblättern.

Am südlichen Ufer des Flusses steht der elf Etagen hohe **Trommelturm**, der größte der Region. Er wurde 2003 in traditioneller Bauweise errichtet. Das Gebäude wird von vier 47 Meter hohen Säulen aus Baumstämmen gestützt. Im dritten Stock des Turms befindet sich eine große Trommel.

Das kleine buddhistische Nonnenkloster **Fulu** liegt auf dem Hügel dahinter. Ein solches Kloster ist eher ungewöhnlich, da die Dong vorwiegend Daoisten sind. In den drei Hallen stehen verschiedene Statuen aus beiden Religionen. Nördlich des Flusses befindet sich neben einem staatlichen Gästehaus das Provinzmuseum. Es zeigt Modelle unterschiedlicher Dong-Bauweisen sowie Fotos und Karten, die Sanjiangs strategische Bedeutung im Zweiten Weltkrieg dokumentieren. Zudem kann man hier farbenfrohe Festtagstrachten sehen, wie sie die Dong, Zhuang und Yao noch heute tragen.

Angebot an Bambustrieben, Sanjiang

Eine aufwendig gestaltete *fengyu qiao* (Wind-und-Regen-Brücke), Chengyang

Dong-Architektur

Da die Dong in bewaldetem Hügelland leben, benutzen sie Holz als Baustoff. Nägel kommen kaum zum Einsatz. Sogar große Bauten werden kunstvoll ohne Nägel zusammengefügt. Als das Einkommen in der Gegend stieg, trat auch eine Wiederbelebung der traditionellen Bauweise ein. Einzelne Dörfer reißen sich darum, den Bau von Brücken und Türmen zu finanzieren. Trommeltürme stehen auf einem rechteckigen Fundament, ihr Dach ist achteckig. Früher dienten Trommeltürme als Wachtürme und Versammlungsorte und hatten oft ein angegliedertes Theater. Auch die Wind-und-Regen-Brücken, die Unheil abwenden sollten, waren Treffpunkte der Dorfbewohner.

Traditioneller Trommelturm in einem der hübschen Dörfer von Chengyang

Umgebung: Am einfachsten sind die 18 Kilometer nördlich von Sanjiang in **Chengyang** gelegenen Dong-Dörfer erreichbar. Sie liegen auf der anderen Seite des Linxi und können per Bus oder Sammeltaxi von Sanjiang aus angesteuert werden. Über 100 Brücken verbinden Chengyang mit der Hauptstraße. Eine der schönsten ist eine *fengyu qiao* (Wind-und-Regen-Brücke) von 1916. Das 78 Meter lange Bauwerk aus Zedernholz wurde ganz ohne Nägel hergestellt – der Bau soll zwölf Jahre gedauert haben. Besonders aufwendig ist das Dach mit fünf Pavillons, die jeweils im Stil einer anderen Region gehalten sind. Die Brücken erfüllten nicht nur einen praktischen Zweck, sondern dienten zugleich als Heiligtümer für Flussgeister. Die meisten Altäre wurden mittlerweile ans Flussufer verlegt, da Räucherstäbchen als Brandauslöser angesehen werden.

Wer die Dörfer erkunden möchte, findet hier einfache Unterkünfte. In jedem Weiler von Chengyang steht ein kleiner Trommelturm. Die umliegenden Felder werden über Bambusrohre bewässert, diese werden von riesigen, aus geflochtenem Bambus konstruierten Wasserrädern gespeist.

Die hoch gelegene Marktstadt **Dutong** befindet sich zwei Busstunden nördlich von Sanjiang hinter einigen Dong-Dörfern an der Grenze zu Hunan. Sie bietet einfache Unterkünfte. Ein Fußweg führt nach **Gaoding** hinauf, wo sechs Trommeltürme und etwa 100 Holzhäuser stehen.

Zhaoxing ⓯

肇兴

120 km nordwestlich von Sanjiang.

ab Sanjiang.

Eines der schönsten Dong-Dörfer ist Zhaoxing. Das durch einen Fluss zweigeteilte Dorf mit zahlreichen Teichen liegt jenseits des Linxi in einem breiten, flachen Tal. Es wird in ganz China für seine Vielzahl traditioneller Bauten (es gibt einige wenige moderne Bauten in den Außenbezirken) gepriesen. Zhaoxing besteht aus fünf Bezirken, die jeweils ein anderer Clan bewohnt, mit jeweils eigenem Trommelturm, Theater und eigener Wind-und-Regen-Brücke. Die Originalbauten wurden in der Kulturrevolution zwar zerstört und später wiederaufgebaut, doch sie sind erstaunlich liebevoll erneuert worden und haben bereits ein wenig Patina. Die Brücken und Theater sind mit Spiegelstücken und Formgießereien verziert.

Die Dong-Bevölkerung produziert und trägt die traditionelle indigoblaue Kleidung, die weich geklopft und mit Eiweiß gegen Moskitos imprägniert wird.

Schlammige Wege führen zu den Terrassen in der Umgebung. Einer verläuft sieben Kilometer hügelaufwärts zum Weiler **Tang An** mit hübschen Holzhäusern. Auch der steile Aufstieg ins drei Kilometer südlich von Zhaoxing gelegene **Jitang** lohnt sich. Hier stehen einige Trommeltürme, die den Vandalismus der 1970er Jahre überlebten.

Dicht aneinandergedrängte Dong-Holzhäuser, Zhaoxing

Wuzhou 16
梧州

220 km südöstlich von Guilin.
3 Mio. (Großraum).

Am nördlichen Ufer des Xi Jiang liegt an der Grenze zu Guangdong die Stadt Wuzhou. Im 19. Jahrhundert, als Waren zwischen Guangzhou und dem Südwesten verschifft wurden, war sie Dreh- und Angelpunkt für europäische Geschäftsleute. Noch heute stehen im altem Ostviertel Kolonialbauten, vor allem in der verkehrsberuhigten **Dadong Shang Lu**, wo moderne chinesische Märkte einen schrillen Kontrast zu den europäisch geprägten Gebäuden bilden.

Das **Snake Repository** (Schlangen-Lager) nordöstlich des Zentrums in Shigu Chong ist das größte Chinas. Hier werden bis zu einer halben Million Schlangen, darunter Kobras, Kraits (Giftnattern der Gattung Bungarus), Erdnattern und Dreieckskopfottern für Restaurants und den Markt für traditionelle chinesische Medizin gezüchtet. Schlangen werden wegen ihrer hohen Biegsamkeit und ihrer Fähigkeit zur Häutung gegen Arthritis und Hautkrankheiten eingesetzt. Die beste Besuchszeit ist der Sommer, denn im Winter sind die Tiere träge und die Bestände reduziert.

Snake Repository
Yugai Lu, Shigu Chong. tägl.

Nebelverhangene Bäume umgeben die Teeplantagen am Xi Shan, Guiping

Guiping 17
桂平

220 km südlich von Guilin.
1,5 Mio.

Guiping ist eine unauffällige, von Bergen umgebene Stadt an der Mündung des Yu in den Xun. In den letzten Jahren hat sie ihre Bedeutung als regionaler Knotenpunkt eingebüßt, weil der Flussverkehr in den 1990er Jahren eingestellt wurde. Heute ist Zuckerrohr die Haupteinnahmequelle.

Guiping ist für seinen hochwertigen Grüntee, *xi shan cha*, berühmt, der auf dem **Xi Shan** (West-Berg) vor der Stadt gedeiht. Die langen Teeblätter werden zusammengerollt und sehen dann aus wie kleine Stumpen. Man lässt sie einzeln zu einem bitteren, aber belebenden Getränk ziehen.

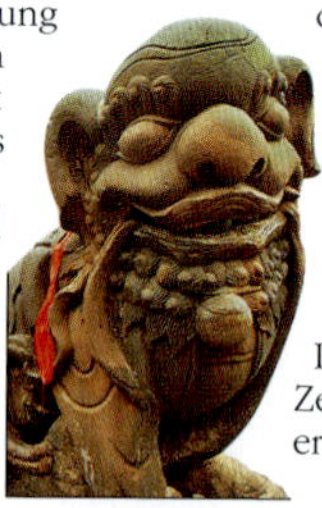

Löwenstatue aus Longhua Si, Guiping

Den Xi Shan erreicht man leicht von der Stadt aus. Die Zwei-Stunden-Wanderung durch Teeplantagen und Bambushaine führt an einigen buddhistischen Tempeln aus der Tang-Ära vorbei. Der weiter oben, mitten im Wald gelegene Longhua Si wurde zur Zeit der Song-Dynastie errichtet und in den 1980er Jahren umfassend renoviert. Dort stehen zahlreiche buddhistische Statuen. Die Tempel verkaufen auch Xi-Shan-Tee, der besser sein soll als der, den

Darstellung der Befreiung Nanjings von den Taiping-Rebellen 1864

Taiping-Aufstand

Nach der Niederlage im Ersten Opiumkrieg (1840–42) musste China immense Reparationen an Großbritannien zahlen. Man erhöhte die Steuern, was in ländlichen Gebieten wie Guangxi zu großer Not führte. Die Unzufriedenheit der Menschen wurde von Hong Xiuquan zusätzlich geschürt, der im Januar 1851 in Jintian eine 10000 Mann starke Miliz bildete und Taiping Tianguo, das »Himmlische Reich des vollkommenen Friedens«, ausrief. Hongs Truppen nahmen Nanjing ein und machten es im März 1853 zur Hauptstadt. Die Rebellen planten die Abschaffung der Qing-Herrschaft und der Religionen sowie die Einrichtung einer egalitären Gesellschaft. Doch mangelhafte Militärstrategie und Hong Xiuquans Paranoia ließen das Unternehmen scheitern. Im Juli 1864 eroberten kaiserliche Truppen Nanjing zurück. Hong beging Selbstmord. Der 13 Jahre lang dauernde Taiping-Aufstand war einer der blutigsten Bürgerkriege der Welt mit 20 Millionen Toten.

man in den Läden von Guiping bekommt. Vom Gipfel hat man eine herrliche Aussicht auf die Flussebene.

Umgebung: Etwa 25 Kilometer nördlich der Stadt, rund 40 Minuten Fahrt mit dem Minibus von Guiping, liegt der Weiler **Jintian**. Von der Bushaltestelle aus geht man noch fünf Kilometer bis zum ersten Hauptquartier von Hong Xiuquans Taiping-Armee. Im dortigen Museum sind Waffen, Bilder und Karten zum Taiping-Aufstand ausgestellt.

Wasserfall an einer Felswand des Xi Shan, Guiping

Dongson-Trommel

Die ältesten der nach einer Ausgrabungsstätte in Vietnam »Dongson« genannten Trommeln sind über 2200 Jahre alt. Sie stammen aus Thailand oder Vietnam und breiteten sich von dort in ganz Südostasien aus. Die gongähnlichen Trommeln sind aus Bronze und haben bis zu einem Meter Durchmesser. Ihre Erscheinungsform variiert von Region zu Region. In Guangxi tragen sie einen zwölfzackigen Stern und sind häufig mit Froschfiguren verziert. In der Mitte finden sich meist stilisierte Darstellungen von Kriegern mit Federkopfschmuck in Booten. Zunächst wurden sie als Gefäße zur Vorratshaltung verwendet, doch später symbolisierten sie laut Ming-Historikern die Autorität der Zhuang. Sie kamen bei Erntezeremonien zum Einsatz und tauchen noch heute als Perkussionsinstrumente bei den Miao-Festen in Guizhou auf.

Bronzetrommel aus Nanning

Nanning ⓲

南宁

350 km südöstlich von Guilin. 2,4 Mio. (Großraum 6,5 Mio.). 40 Xinmin Lu, (0771) 280 4960.

Nanning, Guangxis Hauptstadt, liegt etwas im Abseits – im südlichen Teil der Provinz und nur etwa 200 Kilometer von Vietnam entfernt. Sie wurde zur Zeit der Song-Dynastie gegründet und 1912 Provinzhauptstadt, bis sie die japanischen Streitkräfte im Zweiten Weltkrieg besetzten. 1949 wurde Nanning wieder Hauptstadt und diente in den 1960er Jahren während des Vietnamkriegs als Nachschubzentrale für Nordvietnam. 1979 verschlechterten sich die Beziehungen zu Vietnam, es kam zum Grenzkrieg mit dem südlichen Nachbarn. Erneut wurde Nanning zur Militärhochburg.

Heute wächst die Stadt rasant, was auch dem in den 1990er Jahren wieder aufgenommenen Grenzverkehr zuzuschreiben ist. Nanning ist ein guter Ausgangspunkt für alle, die nach Vietnam oder zu den Sehenswürdigkeiten im Südwesten der Provinz, etwa zu den Detian-Fällen oder zum Fluss Zuo Jiang *(siehe S. 424)*, reisen wollen. Nanning selbst hat außer einigen Märkten relativ wenig Sehenswertes zu bieten, dennoch ist die Atmosphäre angenehm. Die Stadt ist Zentrum der Zhuang-Minderheit *(siehe S. 424)*, der hier mehr als 60 Prozent der Bevölkerung angehören.

Das Geschäftsviertel der **Xingning Lu** mit den schön renovierten europäischen Gebäuden erinnert daran, dass sich Nanning ab 1907 dem Außenhandel öffnete. Das **Provinzmuseum** in der Minzu Dadao zeigt über 50 antike Dongson-Trommeln in diversen Stilen. Einige der Trommeln sind über 2000 Jahre alt.

Im **Renmin-Park** an der Renmin Dong Lu wachsen Tropenpflanzen wie Riesen-Taro, Nestfarn und Philodendron. Im Osten der Stadt (Chahua Yuan Lu) gedeiht in den **Jinhua-Cha-Gärten** die seltene Goldene Kamelie, die nur in den Bergen von Guangxi wächst und wahrscheinlich in der Wildnis bereits ausgestorben ist. Ihre großen Blütenblätter sind sehr stabil.

Gemüsehändler mit ihren Körben auf einem Markt in Nanning

Provinzmuseum
Minzu Dadao. *(0771) 281 0907.* *tägl. 9–17.30 Uhr.*

Renmin-Park
1 Renmin Dong Lu. *tägl.*

Alte Felszeichnungen am Hua Shan entlang dem Zuo Jiang

Zuo Jiang ⓳
左江

100 km südwestlich von Nanning. *bis Ningming.* *bis Ningming.* *Sampan bis Hua Shan ab Ningming.* *Flussfahrten: Nanning Tourist Office.* **Longrui-Reservat**

In Ningming, einer kleinen Siedlung an der Eisenbahnstrecke zwischen Nanning und Pingxiang, kann man ein *Sampan*-Boot mieten und den Zuo Jiang entlangfahren. Unterwegs kommt man an Felszeichnungen und turmhohen Karstfelsen vorbei. Mehr als 2600 menschliche Figuren sind an 70 Stellen auf den Fels gezeichnet. Sie entstanden vor 2000 Jahren zwischen der Ära der Streitenden Reiche und der späten Han-Zeit. Die mit rostrotem Eisenoxid gemalten Szenen zeigen schamanische Massenzeremonien, die große Ähnlichkeit mit den Abbildungen auf den bronzenen Dongson-Trommeln *(siehe S. 423)* haben, die man in Vietnam und Südwestchina fand. Wahrscheinlich stammen sie von den Luo Yue, Vorfahren der Zhuang.

Die ersten Bilder tauchen etwa 20 Kilometer flussaufwärts von Ningming auf, die meisten am **Hua Shan** (Blumenberg) nach etwa drei Stunden Flussfahrt. Dort steht eine steile Felswand mit rund 1200 vorwiegend männlichen Figuren, die eine Art rituellen Tanz vollführen. Ein häufiges Symbol ist der Kreis – möglicherweise eine Bronzetrommel –, um den mehrere Figuren mit erhobenen Armen wie zur Götterbeschwörung tanzen. Einige tragen Schwerter oder reiten auf Tieren. Es gibt nur zwei Frauen, die mit langem Haar dargestellt sind. Auch zu sehen: Hunde, ein Pferd, Bauern und Ruderer beim Drachenbootrennen. Ein Schamane, zu erkennen am Kopfschmuck, befindet sich im Zentrum.

Panlong ist ein winziges Dorf am Fluss zwischen Ningming und Hua Shan. Es bietet eine herrliche Aussicht auf die Landschaft. Hier kann man in hübschen Holzhäusern übernachten. Von Panlong aus führen Wege durch das **Longrui-Reservat**, in dem der sehr seltene Weißkopflangur, ein Schlankaffe, einen Rückzugsort hat. Dass Sie einen dieser schwarz-weißen Affen zu Gesicht bekommen, ist in dem Dickicht eher unwahrscheinlich, dennoch lohnt sich die Wanderung durch das Gebiet.

Torturm in Pingxiang an der vietnamesischen Grenze

Pingxiang ⓴
萍乡

150 km südwestlich von Nanning. *1,8 Mio. (Großraum).*

Das von riesigen Zuckerrohrfeldern und den hier typischen zerklüfteten Hügeln umgebene Pingxiang ist eine

Zhuang-Frauen in traditioneller Kleidung

Zhuang

Mit etwa 18 Millionen Menschen stellen die Zhuang Chinas größte Minderheit. Die meisten von ihnen leben in der Autonomen Region Guangxi Zhuang. Es gibt auch einige Gemeinden in Vietnam. Sie sprechen ihre eigene Sprache und benutzen das lateinische Alphabet. In der Region sind die Straßenschilder zweisprachig, vor allem in Guilin und Nanning. Abgesehen von der Sprache ist es schwierig, städtische Zhuang von Han-Chinesen zu unterscheiden. Anders ist das auf dem Land, wo die Männer häufig Turbane und schwarze Pyjama-artige Kleidung, die Frauen blaubestickte Jacken tragen. Die Zhuang sind vorwiegend Animisten, was das Fehlen von buddhistischen und daoistischen Tempeln in Guangxi erklärt. Wichtigster Feiertag ist der Büffelseelen-Tag zu Ehren des Geburtstags des Büffelkönigs am achten Tag des vierten Mondmonats (April/Mai). Dann werden alle Büffel gewaschen und gebürstet, bekommen ein Reisgericht und einen arbeitsfreien Tag.

Die Detian-Fälle vor der Kulisse der spektakulären Karsthügel

geschäftige Marktstadt und letzter Bahnhof vor Vietnam. Besucher brauchen für den Übertritt an der Grenzstation **Youyi Guan** (Friendship Pass), etwa 15 Kilometer weiter, ein gültiges Visum. Die Grenzlinie stammt noch aus der Ming-Ära. Bis heute stehen noch ein Großteil der zehn Meter hohen Mauer, ein Wachturm und ein Tor. Im zweiten Stock des Turms ist ein Diorama der Gegend ausgestellt. Das Anfang des 20. Jahrhunderts im europäischen Stil errichtete Gebäude auf der chinesischen Seite stammt aus der Zeit, als die Franzosen die damals als »Indochina« bezeichnete Region kontrollierten. Wer nach Vietnam weiterreisen möchte, kann erst fünf Kilometer weiter in Dong Dang wieder in den Zug nach Hanoi steigen.

Detian-Fälle ㉑

德天

150 km westlich von Nanning. *via Daxin bis Shuolong, Minibus ab Shuolong bis zu den Wasserfällen, 16 km.*

Mit den spektakulären breiten Wasserfällen, die China und Vietnam trennen, ist Detian nach den Niagara-Fällen (zwischen den USA und Kanada) der zweitgrößte grenzüberschreitende Wasserfall der Welt. Ansonsten haben die beiden Attraktionen wenig gemeinsam. Die Detian-Fälle stürzen eher behutsam und in Etappen über Felsen und umspülen Inselchen vor einer smaragdgrünen Karstlandschaft mit zerklüfteten Bergen und gepflügten Feldern. Im großen Becken unter den Fällen kann man schwimmen oder mit einem Bambusfloß in den Wasserstrahl rudern. Achtung: Mitten durch das Wasser verläuft die Landesgrenze – fahren Sie also nicht zu weit vor. Eine Straße führt zu einer Steinplatte, die die Grenze auf Französisch und Chinesisch kennzeichnet.

Beihai ㉒

北海

150 km südlich von Nanning. *800 000.* *zur Insel Hainan.*

Beihai ist eine tropische Hafenstadt und Ausgangspunkt für Fähren zur Insel Hainan *(siehe S. 304f)*. Viele Stadtbewohner sind Chinesen aus Vietnam, die in den 1980er Jahren nach dem gescheiterten Versuch der Chinesen, Vietnam zu besetzen, verjagt wurden.

Die vor über 2000 Jahren gegründete Stadt blühte in der Han-Ära auf. Das alte, etwa drei Kilometer lange Kolonialviertel entlang der Zhongshan Lu besteht aus engen Gassen, langsam abbröckelndem Stuckfassaden aus den 1920er Jahren, einer ehemaligen Kirche sowie mehreren Arkadenläden, in denen regelmäßig der Fischmarkt stattfindet.

Drei Kilometer westlich des Zentrums, die Zhongshan Lu weiter hinunter, liegt der **Fährhafen** nach Hainan, dahinter ein kleiner Hafen mit Motorbooten, rostigen Frachtern und verbeulten Kuttern.

Eine weitere Attraktion von Beihai ist **Yin Tan** (Silberstrand) zehn Kilometer südlich der Stadt. Obwohl es hier eine Reihe von Hotels und Restaurants gibt, kann Yin Tans monotoner Küstenstreifen nicht mit den Traumstränden von Hainan mithalten.

Fassade der alten Kolonialkirche in der Zhongshan Lu, Beihai

NORDOST-CHINA

Nordostchina im Überblick

Chinas Nordosten (Dongbei) mit seinen reichen Bodenschätzen ist von herber Schönheit. Jahrhundertelang lebten hier unbeugsame Stämme wie die Khitan, Mongolen und Jurchen (Mandschu) – Letztere herrschten mehr als 250 Jahre lang über China. Heute bilden die Provinzen Liaoning, Jilin und Heilongjiang Chinas industrielles Zentrum. Gleichwohl gibt es hier Seen, Berge und ein landschaftlich schönes Grenzgebiet. In Liaoning stehen Shenyangs Paläste für die Mandschu-Vergangenheit. Dalian ist die moderne Stadt der architektonischen Wunder. Jilin, die ehemalige Hauptstadt des von den Japanern installierten Marionettenstaats Manchukuo (1933–45), bietet herrliche Winterlandschaften. In Changchun, Hauptstadt der Provinz Jilin, floriert die Automobilindustrie. Heilongjiang ist für die Eisskulpturen beim Harbin Ice Festival berühmt.

Prunkvolles *paifang* (Schmucktor) inmitten der wilden Berglandschaft des Bingyu-Tals (Bingyu Gou) in Liaoning

Sehenswürdigkeiten auf einen Blick

Städte und Orte

Changchun 6
Dalian S. 444f 5
Dandong 3
Harbin S. 450f 9
Jilin 7
Jinzhou 2
Shenyang S. 438f 1

Naturreservate, Berge und Landschaften

Bingyu-Tal 4
Changbai Shan S. 448f 8
Jingpo Hu 10
Wu Da Lian Chi und Flussgrenze 12
Zhalong-Naturreservat 11

◁ Der Nen Jiang, ein Zulauf des Amur, schlängelt sich durch die Winterlandschaft von Heilongjiang *(siehe S. 454)*

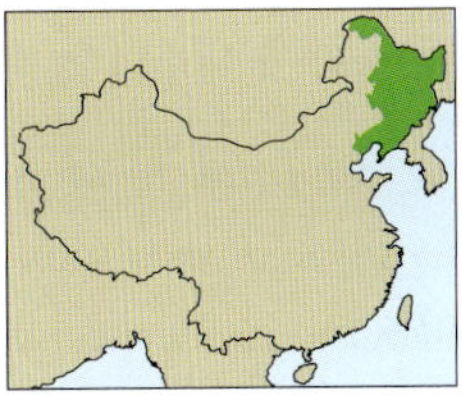

Siehe auch

- ***Hotels*** S. 570f
- ***Restaurants*** S. 595f

Weihrauchopfer im buddhistischen Jile Si, Harbin

Legende

- Internationaler Flughafen
- Inlandsflughafen
- Autobahn
- Nationalstraße
- Nebenstraße
- Eisenbahn
- Provinzgrenze

0 Kilometer 100

Das eisblaue Wasser des vulkanischen Tian Chi (Himmlischer See) im Gebiet des Changbai Shan

In Nordostchina unterwegs

Größere Städte wie Shenyang, Dalian, Changchun, Harbin und Jilin sind per Bahn und Flugzeug mit Beijing verbunden. Es gibt Expressbusse von Beijing nach Shenyang, Dalian und Changchun sowie regelmäßige Bus- und Bahnverbindungen innerhalb der Region und Flüge zwischen Harbin und Dalian. Im Winter ist es relativ unkompliziert, beliebte Ziele wie Jilin und Harbin zu erreichen. Schwieriger ist es jedoch mit Jingpo Hu und Changbai Shan. Innerhalb der Städte sind Taxis ein geeignetes Transportmittel.

EIN PORTRÄT NORDOSTCHINAS

Umgeben von Russland, Korea und der Inneren Mongolei bilden drei Provinzen Chinas östlichste Region: Liaoning, Jilin und Heilongjiang. Auch wenn hier die Kultur der Han-Chinesen vorherrscht, haben Geografie, Geschichte und die erweiterten Außengrenzen eine besondere regionale Identität entstehen lassen. Die Attraktionen der Region reichen von wuchernden Städten über wilde Natur bis zum multikulturellen Mix der Grenzorte.

Es ist schwierig, den Nordosten (Dongbei) einer Kategorie zuzuordnen. Heiße Sommer kontrastieren mit eisigen Wintern. Während Schwerindustrie und sozialistische Planung einige Städte prägen, finden sich in anderen kleine Inseln kolonialer Architektur. In manchen Teilen boomt die Wirtschaft, in anderen besteht Massenarbeitslosigkeit.

Zwillings-Buddha-Statue, Bei Ta, Shenyang

Der aus den drei Provinzen Liaoning, Jilin und Heilongjiang bestehende Nordosten wurde erst spät ins Chinesische Reich eingegliedert und wird daher zuweilen heute noch als Anhängsel des Landes betrachtet. Doch als Teil der früheren Mandschurei ist er gewissermaßen die Wiege der glanzvollen Zivilisation, die China von 1644 bis zum Ende des Kaiserreichs 1912 beherrschte. Shenyang, die heutige Provinzhauptstadt Liaonings, wurde 1625 Hauptstadt der Mandschurei und erhielt einen imposanten Kaiserpalast. Von diesem aus perfektionierten die Mandschu-Herrscher ihr Acht-Banner-System, eine spezielle Verwaltungsform *(siehe S. 432f)*. Von hier aus planten sie auch den Sturz der Ming-Dynastie 1644. Danach verlegten sie ihren Herrschaftssitz in die Verbotene Stadt nach Beijing. Bis heute ist die Mandschu-Minderheit stolz auf ihr Erbe und hält an den Acht Bannern fest.

Russische Prachtbauten im Daliqu-Viertel in Harbin

Tanzende Menschen vor dem Palast des Marionettenkaisers in Changchun

Erst in jüngerer Zeit wurden Japan und Russland auf den Nordosten aufmerksam. Beide wirkten auf das Schicksal der Region ein. Ende des 19. Jahrhunderts versuchten die Russen aus Interesse am Freihafen von Lushun, Teile der Mandschurei zu annektieren. Sie bauten Abschnitte der Transsibirischen Eisenbahn, wurden aber von den Japanern gestoppt. Von 1931 bis 1945 litt die Region unter japanischen Besatzern, die das Gebiet Manchukuo (Mandschukuo) nannten und Pu Yi zum Marionettenkaiser machten. Die brutale Besetzung hinterließ neben Narben in der Volksseele auch Erschreckendes wie die Versuchsanlage für biologische Waffen bei Harbin.

Türklopfer am Konfuzius-Tempel

Die japanische Besatzung wurde nach dem Zweiten Weltkrieg von einer Phase starker Industrialisierung unter Mao abgelöst. Seine Verbrüderung mit Russland in den 1950er Jahren mündete in der Einführung der stalinistischen Staatswirtschaft. Doch bald flammten Konflikte im Grenzgebiet auf.

Reiche Bodenschätze machten den Nordosten zum Industriezentrum der Volksrepublik. Mangelnde Investitionen sowie rücksichtslose Massenentlassungen in staatlichen Betrieben führten jedoch zu hoher Arbeitslosigkeit. Heute haben z.B. Volkswagen/Audi ein Joint Venture in Changchun.

Jahrhunderte der Not haben die *Dongbeiren* (Nordostchinesen) geprägt. Sie sind resolut, geradlinig und gastfreundlich und gelten bei ihren Landsleuten als zäh, robust und trinkfest. Sie sind größer und stämmiger als die Menschen im Süden und sprechen das Hochchinesische mit derbem Akzent. Die Küche mit typischen Gerichten wie *jiaozi* (Teigtaschen), *dun* (Eintopf) und *tudou* (Kartoffelgericht) ist herzhaft und schwer. Das Temperament der Menschen passt zur wilden Landschaft, die von dichtem Wald über vulkanische Regionen bis zu unzugänglichen Gegenden an der Grenze zu Russland und Nordkorea reicht. Das Gebiet ist ideal für Wanderungen und zur Vogelbeobachtung, etwa im Naturreservat Zhalong. In der Grenzstadt Dandong blüht der Tourismus, vor allem mit Gästen aus Nordkorea. Trotz der Auswirkungen der Industrialisierung gibt es viel zu sehen. Die russisch inspirierten Zwiebeltürme und byzantinischen Einflüsse in der Architektur Harbins zeugen von den interkulturellen Verbindungen der Stadt. Das am Gelben Meer gelegene Dalian ist eine dynamische Metropole, deren Wirtschaftsboom mit dem Shanghais vergleichbar ist. Dalian gilt als »Hong Kong des Nordens« und verströmt einen Hauch von Luxus in Nordostchina.

Abgelegene Bucht am blauen Wasser des Jingpo Hu in Heilongjiang

Mandschu-Dynastie

Ornament, Mandschu-Palast

Die letzten Herren des Reichs der Mitte waren die Mandschu aus dem Nordosten. Sie fielen in das von Aufständen geschwächte China ein und gründeten 1644 die Qing- oder »reine« Dynastie. Sie übernahmen den Großteil des chinesischen Machtapparats und passten sich vielen Gepflogenheiten an. Obwohl sie einige von Chinas bekanntesten Kaisern stellten, darunter Kangxi *(siehe S. 122)* und Qianlong, verfielen die Qing in Lethargie. Sie verloren Gebiete an fremde Mächte und versäumten es, Reformen durchzuführen, was die Legitimation der Mandschu infrage stellte und sie zu Fall brachte.

Der geflochtene Zopf, *Inbegriff chinesischer Traditionen, war ein den Han-Chinesen aufgezwungener Import der Mandschu.*

Hofstaat in der Verbotenen Stadt

Wie schon die Ming, richteten auch die Qing-Herrscher ihren Hof in Beijing ein. Sie waren die letzten kaiserlichen Bewohner der Verbotenen Stadt. 3000 Eunuchen dienten den Mandschu in einem Hofstaat, der von obskuren Zeremonien und verstaubten Ritualen beherrscht wurde, bis 1912 die Gründung der Republik China dem ein Ende setzte.

Nurhachi (1559–1626), *der erste Mandschu-Kaiser, fasste die einzelnen Stämme des Nordostens Anfang des 17. Jahrhunderts zu den Acht Bannern zusammen und verlegte die Hauptstadt nach Shenyang. Nach seinem Tod gründete sein Sohn Abahai 1636 die Qing-Dynastie und eroberte China.*

Der Bau des Kaiserpalasts *in Shenyang wurde von Nurhachi begonnen und von dessen Sohn Abahai vollendet. Als die Mandschu 1644 die Ming-Dynastie stürzten, wurde Shenyang zum »Reisepalast«, den der Kaiser auf seinen Inspektionstouren besuchte.*

Als Erholung vom konfuzianischen Hofleben *unternahmen die frühen Qing-Herrscher Sommerreisen in die Innere Mongolei. Dort jagten sie, übten Bogenschießen und schliefen in Jurten, um bei Kräften zu bleiben.*

Qianlong (reg. 1735–96), *der vierte Qing-Kaiser, war Förderer der Künste. Seine lange, von territorialer Expansion u. a. nach Xinjiang geprägte Regentschaft war eine Phase des Wohlstands.*

Yuanming Yuan, *der Garten der perfekten Klarheit, wurde von Jesuiten für Kaiser Qianlong entworfen. Ein Großteil seiner grandiosen Architektur wurde 1860 von französischen und britischen Truppen zerstört.*

Der Jesuitenmissionar *Adam Schall von Bell (1591–1666) beherrschte neben Astronomie die konfuzianischen Klassiker und Mandarin – beides unabdingbar, um in China bei Hof Einfluss auszuüben.*

Lord Macartney *kam 1793 mit kostbaren Gaben aus England nach China, um Handelsbeziehungen zwischen beiden Ländern aufzubauen. Doch Kaiser Qianlong lehnte jedes Zugeständnis an die Briten ab.*

Boxeraufstand

Die Boxer, fremdenfeindliche Rebellen aus Nordchina, die sich zusammengefunden hatten, um China von den »ausländischen Teufeln« zu befreien, hingen dem Aberglauben an, sie seien unverwundbar. Die Kaiserwitwe Cixi, die eine Gelegenheit suchte, es den Ausländern heimzuzahlen, verbündete sich mit ihnen. 1900 legten sie Beijings Regierungsviertel in Trümmer und belagerten die ausländische Bevölkerung des Viertels. Schließlich schlug eine Armee der Alliierten zurück. Das Boxerprotokoll trat in Kraft, das u. a. die Stationierung ausländischer Truppen in Beijing erlaubte.

Boxer ermorden chinesische Christen

Die Kaiserwitwe Cixi (siehe S. 101) *war extrem konservativ und raffiniert. Ungeachtet ausländischer Mächte ernannte sie den Boxer-freundlichen Prinzen Duan zum Außenminister.*

Transsibirische Eisenbahn

Die Transsibirische Eisenbahn umfasst drei Linien: die Transsibirische, die Transmongolische und die Transmandschurische Linie. 1891 beschloss Russland, die Endpunkte seines Reichs miteinander zu verbinden. Mit China wurde eine Abkürzung durch die Mandschurei ausgehandelt und 1903 vollendet. 1905 mussten die Russen die Bahn an Japan abtreten und eine neue Strecke um die Mandschurei herum bauen – die Transsibirische Route wurde 1916 fertig. In den 1940er und 1950er Jahren kam die Transmongolische Strecke hinzu. Die Fahrt dauert eine Woche.

Schaffner der Transsibirischen Eisenbahn

Orthodoxe Priester *halten einen mobilen Gottesdienst in der Mandschurei ab (frühes 20. Jh.). Hinweise auf die russische Präsenz sind heute noch in Harbin, Lushun und Grenzstädten wie Manzhouli zu sehen.*

Dampfmaschinen *wurden erst 2002 ausrangiert, obwohl bereits 1939 Strombetrieb möglich war. Weil chinesische und russische Züge verschiedene Spurbreiten haben, heben riesige Kräne die Waggons beim Überqueren der Grenze auf die richtigen Gleise.*

Die Bahn durchquert das Grasland der Nordmandschurischen Ebenen.

Dieses Plakat von 1907 *wirbt für eine romantische Winterreise mit der Transsibirischen Eisenbahn. Der Stil des Plakats zeugt von der japanischen Besetzung der Mandschurei.*

Angenehmer Luxus *prägt die Eisenbahn (der chinesische Waggon Deluxe hat Duschen). Wer nicht im Speisewagen essen will, dem liefern fliegende Händler an den Bahnsteigen Waren.*

Die längste Bahnstrecke *der Welt – fast 9500 Kilometer – zurückzulegen dauert mindestens sieben Tage.*

LEGENDE

- Transsibirisch
- Transmongolisch
- Transmandschurisch

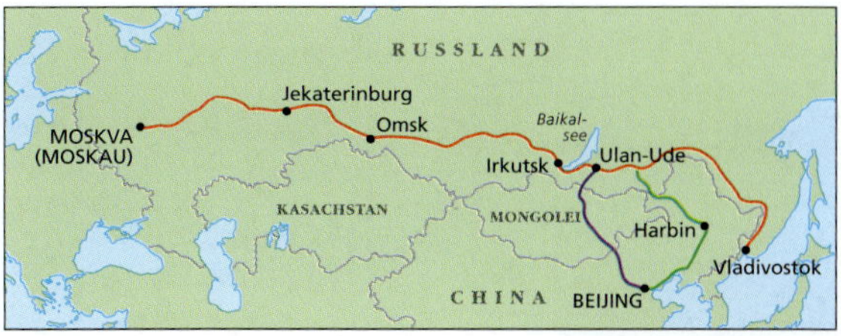

TRANSMANDSCHURISCHE EISENBAHN

Die *Vostok* macht sich einmal pro Woche auf die sechstägige Reise von Beijing über Shanhaiguan und Harbin durch die spektakuläre Mandschurische Ebene, die Weiten Russlands und zurück.

Die meiste Zeit schaut man aus dem Fenster – wenn man nicht gerade mit anderen Reisenden plaudert.

Die Transmongolische Route *ist die wohl interessanteste Strecke: Sie führt durch China, an der Chinesischen Mauer und an Datong mit den Yungang-Höhlen vorbei, via Mongolei schließlich durch die russischen Weiten. Man braucht dafür drei Visa.*

Die Klippen *des Baikalsees waren ein großes Problem für die Konstrukteure. Unzählige Tunnel mussten dafür gegraben werden. Brücken wurden gebaut. Die Mühe hat sich gelohnt: Am Südende des Sees eröffnet sich auf allen drei Strecken die schönste Landschaft der ganzen Reise.*

TIPPS

- Fahrkartenbuchung u. a. über Seat 61 (www.seat61.com).
- Im Sommer ist Hochsaison, der Herbst ist ruhiger. Die Bahn ist zwar beheizt, aber der Winter kann sehr kalt sein.
- Nehmen Sie getrocknete Nudelgerichte, Kakao und eine Schale mit – es gibt kochendes Wasser.
- Planen Sie ein oder zwei Zwischenstopps ein (separate Fahrkarten erforderlich).
- Stellen Sie sich auf reichlich Wodka ein.

Moskau *ist End- oder Anfangsstation aller drei Bahnlinien. Man kann bis St. Petersburg und ins Baltikum weiterreisen. Es lohnt sich aber, Moskau mit seinen Museen, Kirchen und großartigen Bauten einige Tage zu widmen.*

Liaoning, Jilin & Heilongjiang

Von Shanhaiguan, dem Ende der Großen Mauer am Gelben Meer, bis an die Grenze Sibiriens im Norden – die Provinzen Liaoning, Jilin und Heilongjiang sind mit insgesamt 800 000 Quadratkilometern mehr als doppelt so groß wie Deutschland. 100 Millionen Menschen leben dort. Die vielfältige Landschaft bietet alles – von Küsten bis zu Wäldern und Bergen.

Einst war die Region Teil der Mandschurei, von deren Macht der prächtige Mandschu-Palast in Shenyang im Herzen Liaonings noch heute zeugt. Dalian an Liaonings milderer Südküste bietet herrliche Küstenstraßen und schöne Sandstrände. Als einziger eisfreier Hafen der Gegend weckte er die Begehrlichkeiten Japans und Russlands, die ihn zwischen 1895 und 1955 abwechselnd besetzten.

Japans imperialistischer Einfluss ist in Changchun, der Hauptstadt Jilins, von der aus der letzte Kaiser Pu Yi den japanischen Marionettenstaat Manchukuo regierte, noch heute spürbar. In Heilongjiang ist die Stadt Harbin wiederum russisch geprägt, was an den Häusern und Restaurants zu erkennen ist. Koreanischer Einfluss dominiert in Dandong an der Grenze zu Nordkorea. Direkt an der Grenze liegt auch das Changbai-Shan-Reservat, das mit seinen zerklüfteten Gipfeln ein interessantes Wandergebiet ist. Der dortige Vulkansee Tian Chi ist der tiefste in China und beherbergt angeblich ein rätselhaftes Wassermonster.

Zudem gibt es in Liaoning turmhohe Felsformationen im Bingyu-Tal, in Heilongjiang die Vulkanseen Wu Da Lian Chi und Jingpo Hu sowie ein riesiges Vogelschutzgebiet im Zhalong-Naturreservat, in dessen sumpfigen Weiten Hunderte von Arten im Sommer brüten.

Abgeschiedene Sandbucht in Bangchuidao vor den Toren von Dalian

◁ **Jeder rudert gern: Vergnügungsfahrten auf dem Fluss Songhua bei Jilin** ***(siehe S. 447)***

Shenyang ❶

沈阳

Riesige Mao-Statue

Die Provinzhauptstadt von Liaoning und größte Stadt des Nordostens hat nicht den Schwung Dalians, stellt aber ein wichtiges Verkehrs- und Industriezentrum dar. Sie war im Yan-Reich während der Ära der Streitenden Reiche (475–221 v. Chr.) strategisch wichtig und erhielt den Namen Shenyang zur Zeit der mongolischen Yuan-Dynastie. 1625 gewann sie als erste Hauptstadt der Mandschu an Bedeutung. Damals trug sie den Namen Mukden und wurde Sitz des Kaiserpalasts, vergleichbar mit Beijings Verbotener Stadt.

Besucherstrom vor der Dazheng-Halle, Kaiserpalast

Kaiserpalast

171 Shenyang Lu. *(024) 2484 4192.* *tägl. 9–16.30 Uhr.* *innen.*

Der Kaiserpalast (Shenyang Gudong) in Shenyang ist die wichtigste historische Stätte der Stadt und kann sich mit der Verbotenen Stadt in Beijing durchaus messen. Sein Bau wurde während der Regentschaft von Nurhachi (1559–1626), dem Herrscher der Mandschu, begonnen. 1644 durchbrachen Mandschu-Truppen in Shanhaiguan *(siehe S. 128)* die Chinesische Mauer und strömten nach China, um dort die Qing-Dynastie zu gründen. Der Palast mit seinen 300 Räumen diente sowohl Nurhachi als auch seinem Sohn Abahai als Residenz.

Wenngleich mandschurische und mongolische Einflüsse deutlich erkennbar sind, sollte der Palast offensichtlich die Verbotene Stadt in Beijing an Pracht übertreffen. Er besteht aus drei Teilen. Dominierender Part im zentralen Bereich ist die **Chongzheng-Halle**, von der aus Abahai die politischen Geschicke leitete und in der er Gesandte von Vasallenstaaten und Nachbarländern empfing. Im Hof hinter der Halle, im **Qingning-Palast**, residierten der Kaiser und seine Konkubinen. Hier steht das höchste Gebäude der Anlage, der Phönix-Turm.

Der Wensu-Pavillon im Westflügel der Anlage beherbergte einst sieben Ausgaben der 36 078-bändigen *Siku Quanshu* (Vollständige Bibliothek der Vier Schätze), einer enzyklopädischen Sammlung chinesischer Literatur, die während der Qing-Zeit zusammengetragen wurde. Nur vier Ausgaben überlebten. Die **Dazheng-Halle** bildet das Zentrum des Ostflügels. Vor dieser Halle stehen mit Drachen verzierte Säulen. Hier wurde Shunzhi (Aisin Gioro Fulin) zum ersten Qing-Kaiser gekrönt, bevor er 1644 China eroberte. Vor der Halle befinden sich die Zehn Königspavillons, die Amtssitze der Anführer der Acht Banner (mandschurisches Verwaltungssystem). Der Kaiserliche Palast wird seit einiger Zeit renoviert, weshalb einige Gebäude zeitweise geschlossen sein können. Seit 2004 ist die Stätte UNESCO-Welterbe.

Mao-Statue

Zhongshan-Platz.

Die Statue von Mao Zedong auf dem Zhongshan-Platz im Zentrum von Shenyang erinnert an eine vergangene Ära. In ganz China thront Mao auf Plätzen, auch in so abgelegenen Vorposten wie Lijiang *(siehe S. 390f)* in Yunnan und Kashgar *(siehe S. 510f)* in Xinjiang. Hier wirkt er jedoch besonders theatralisch, weil seine riesige Gestalt als eine Art »Superman« im Umhang dargestellt ist.

Nordpagode

27 Beita Jie. *Sommer: tägl. 8.30–17 Uhr; Winter: tägl. 9–16.30 Uhr.*

Die 1643 erbaute Bei Ta ist der einzige Bau von vier Tempeln und Pagoden am Stadtrand, der noch einigermaßen erhalten ist. Von der Pagode haben die große Halle und der Falun-Tempel überlebt.

Wei-Tuo-Buddha, Nordpagode

18.-September-Museum

46 Wanghua Jie. *wie Nordpagode.*

Jiuyiba Lishi Bowuguan erinnert an die Besetzung Shenyangs durch japanische Truppen am 18. September 1931. In der Ausstellung ist die japanische Aggression auf verständliche Weise erläutert. Wie in anderen Museen mit ähnlichen Themen sind manche der Darstellungen allerdings recht blutrünstig.

Prächtige Westmauer mit Eingangstor zum Nordgrab

Infobox

700 km nordöstlich von Beijing. *7,4 Mio. (Großraum).* *Flughafen Shenyang.* *Südbahnhof, Nordbahnhof.* *Busbahnhof Süd, Expressbus-Bahnhof, CAAC (Busse zum Flughafen).* *Gebäude 4, 290 Shi Fu Lu, (024) 2295 8888.*

Nordgrab

12 Taishan Lu, Beiling Gongyuan, Nord-Shenyang. *tägl. 7–18 Uhr.* *innen.*

Im riesigen Beiling-Park steht das Grab von Abahai (1592–1643), dem Sohn Nurhachis, und dessen Frau, Kaiserin Borjijit. Das Nordgrab (Bei Ling) ist eines der am besten erhaltenen Kaisermausoleen. Es wurde im Todesjahr des Kaisers 1643 erbaut. Der Grundriss ist typisch für chinesische Kaisergräber *(siehe S. 104f)*. Es ist über das Zhenghong-Tor auf der Südseite zugänglich. Von den Pavillons, die auf beiden Seiten des Tors stehen, wurde der östliche als Ankleidezimmer für Kaiser auf Besuch benutzt, während im westlichen Tiere geopfert wurden. Eine von Tierstatuen gesäumte Straße der Seelen *(shendao)* führt zur Halle der Großen Gunst (Ling'en Dian). Unmittelbar dahinter liegen die drei kaiserlichen Grabhügel, die früher auch Zhao Ling (Leuchtendes Grab) genannt wurden, sowie eine schön gestaltete Drachenwand.

Mythenwesen, Nordgrab

Ostgrab

5 km östlich von Shenyang. *tägl. 8–16 Uhr.* *innen.*

Das 1651 errichtete, beeindruckende Ostgrab (Dong Ling) ist die letzte Ruhestätte von Nurhachi und seiner Frau Yehenala. 108 Stufen führen zum Haupttor der Anlage an den Hängen des Bergs Tianzhu nahe dem Fluss Hun. Die Zahl 108 ist den Chinesen heilig: In der himmlischen Ordnung der Daoisten steht sie für die 36 Himmelssterne und die 72 Höllensterne. Die Zahl 108 ist aber auch den Buddhisten heilig, wie man an den 108 Perlen der buddhistischen Rosenkränze oder der Anzahl der *luohan* bei buddhistischen Schulen sehen kann.

Bijia Shan ist bei Ebbe über einen Landstreifen vom Festland aus erreichbar

Jinzhou 2

锦州

200 km südwestlich von Shenyang.
3 Mio. (Großraum).

Die am Ostufer des Golfs von Liaoning gelegene Industriestadt Jinzhou ist wegen ihrer fossilen Schätze bekannt, von denen mehr als 300 im privaten **Wenya-Museum** (Bowuguan) zu sehen sind. Der Privatsammler Du Wenya richtete es in einem unauffälligen dreistöckigen Gebäude in der Heping Lu ein, allerdings ist ein Umzug im Gespräch. Die Hauptattraktion ist ein Exemplar des *dushi kongzi niao (Confuciusornis dui hou)*, ein gefiederter Flugsaurier, der 1998 in West-Liaoning gefunden wurde, wo es viele Dinosaurierfossilien gibt. Auch zu sehen sind ein weiterer vogelartiger Saurier, *Sinosauropteryx*, ein 120 Millionen Jahre alter, sieben Meter hoher fossiler Baum und versteinerte Saurierei aus dem Jura. 34 Kilometer südlich der Stadt ragt der **Bijia Shan** (Pinselhalter-Berg) in der Jinzhou-Bucht empor. Er ist durch einen Landsteg, der bei Ebbe aus dem Meer auftaucht, mit dem Festland verbunden. Auf den Gipfeln der Insel, die ein wenig an Pinselbänkchen erinnern, stehen buddhistische Tempel, von denen aus man einen herrlichen Blick hat. Wer über den Landsteg zum Bijia Shan wandern möchte, sollte sich vorher vergewissern, wie lang die Ebbe dauert. Man kann auch mit einem Fischerboot hinfahren.

Wenya-Museum
33–13 Erduan, Heping Lu.
(0416) 234 3999. tägl. 8.30–17 Uhr.

Bijia Shan
tägl. 8.30–17 Uhr.

Dandong 3

丹东

277 km südöstlich von Shenyang.
2,4 Mio (Großraum).
20 Shiwei Lu, (0415) 213 7493.

Im Herzen der am Yalu Jiang (Yalu-Fluss) im Ostteil der Provinz Liaoning gelegenen Stadt Dandong steht die Statue Mao Zedongs. Läge der Ort nicht so nah an Nordkorea, bliebe er wahrscheinlich weitgehend unbeachtet. Doch heute trägt Dandong als größte Grenzstadt Chinas eindeutig koreanische Züge – angefangen bei den *shaokao* (Grillgerichte) über die Straßenschilder in *hangul* (koreanische Schrift) bis hin zu den koreanischen Läden und Souvenirs.

Unweit von Dandong liegen einige Sehenswürdigkeiten, die Stadt eignet sich jedoch auch hervorragend als Ausgangspunkt für Ausflüge zum Changbai Shan *(siehe S. 448f)* und zum entzückenden Bergsee Tian Chi. Dandongs Wahrzeichen ist die **Yalu Jiang Duan Qiao** (Yalu-Brücke), die neben der Verbindungsbrücke zwischen China und Nordkorea liegt. Sie ist Teil der Bahnstrecke von Beijing nach Pjöngjang (Pyongyang). Die Stahlbrücke bricht auf halber Höhe ab – Nordkorea hat die andere Hälfte abmontiert. Auf der chinesischen Hälfte sind die Spuren noch erkennbar,

Die Brücke Yalu Jiang Duan Qiao im Vordergrund verband früher China mit Nordkorea

Imposante Karstberge säumen den Fluss im Bingyu-Tal

die US-Kampfjets im Koreakrieg in den 1950er Jahren hinterließen. Die Ruine ist ein Denkmal für den **Kang Mei Yuan Chao Zhanzheng** (Krieg gegen die US-Aggression und die Hilfe für Korea), wie die Chinesen ihre Rolle im Konflikt umschreiben.

Mit Booten und Schnellbooten kann man sich auf dem Yalu bis auf einen halben Meter dem abgeschlossenen Staat Nordkorea nähern. Sogar fotografieren ist erlaubt – es gibt aber nur wenige lohnende Motive, lediglich Fabriken, Zivilisten und stalinistischen Wohnungsbau.

Verkehrspolizistin

Wer gern mehr über Chinas Rolle im Koreakrieg erfahren möchte, besucht das **Museum zur Erinnerung an die Hilfe für Korea und an den Widerstand gegen Amerika**, das eine Fülle von Material zum Thema ausstellt. Wenngleich die Erläuterungen allein auf Chinesisch sind, wird die nationalistische Ausrichtung schnell klar.

50 Kilometer nordwestlich der Stadt liegt der 840 Meter hohe und in der daoistischen Mythologie bedeutende **Fenghuang Shan** (Phönix-Kaiser-Berg). Neben herrlichen Wanderrouten gibt es hier einige Tempel und Höhlen. Eine geeignete Besuchszeit ist der April während des Tempelfests *(miaohui)*.

Die **Große Mauer von Hushan**, ein Teil der Chinesischen Mauer, befindet sich 20 Kilometer nordöstlich von Dangdong in der Nähe des Orts Jiuliancheng. Von hier hat man einen schönen Blick auf den Yalu und die nordkoreanische Grenze. Dieses Teilstück markiert den östlichsten Punkt der Mauer und stammt aus der Zeit des Ming-Kaisers Wanli. 2003 eröffnete dort das **Große-Mauer-Museum**, das Überreste der Wehranlagen ausstellt. Da die Grenze zu Nordkorea nicht überall deutlich markiert ist, sollte man von Wanderungen in dieser Gegend absehen, um nicht versehentlich nach Nordkorea zu geraten.

Yalu Jiang Duan Qiao
(0415) 212 2145. tägl.

Fenghuang Shan
Fengchen. tägl.

Bingyu-Tal ❹

冰峪谷

240 km nordöstlich von Dalian.
von Dalian bis Zhuanghe, dann Bus. *von Dalian bis Zhuanghe, dann Bus nach Bingyu Fengjingqu.*

Das pittoreske Flusstal Bingyu Gou umfasst eine Fläche von über 110 Quadratkilometern. Man kann dort lange Wanderungen am Flussufer inmitten von Bergen mit Karstformationen, Tempeln und zahlreichen Höhlen unternehmen, aber auch klettern, angeln oder Schlauchboot fahren. Das Bingyu-Tal erreicht man über die Stadt Zhuanghe nordöstlich von Dalian. Dort gibt es auch Unterkünfte. Allerdings sollte man die Ferienzeit ebenso meiden wie die Wochenenden im Sommer, denn dann tummeln sich die Ausflügler in großen Scharen in diesem beliebten Tal.

Stufen zu einem daoistischen Tempel auf dem Fenghuang Shan

Dalian ❺

大连

Riesenfußball, Labor Park

Als attraktivste und dynamischste Stadt Nordostchinas strotzt Dalian vor Selbstbewusstsein. In ganz China wird sie für ihre Top-Hotels, die fortschrittliche Wirtschaft, die moderne, europäisch angehauchte Architektur, das Fußballteam und die Sauberkeit gepriesen. Mit der Hafenlage, dem kosmopolitischen Flair, dem Status als Sonderwirtschaftszone und einer Geschichte der Fremdherrschaft erinnert die Stadt an Shanghai, hat aber den zusätzlichen Vorteil einer Küste mit Sandstränden. Dank der Lage am südlichsten Zipfel der Liaodong-Halbinsel genießt Dalian Meeresbrisen und wärmere Winter als der Rest der Region.

Kolonialbauten und moderne Hochhäuser am Zhongshan-Platz

Überblick: Dalian

In Dalian gibt es nur wenige bemerkenswerte Tempel und Denkmäler, doch die meisten Besucher kommen ohnehin wegen der Strände, der Meeresfrüchte und der Shopping-Möglichkeiten her. Belebter Hauptknotenpunkt ist der von Kolonialbauten aus der Zeit der russischen und japanischen Besatzung umgebene **Zhongshan Guangchang** (Zhongshan-Platz) mit seinen Grünflächen. Abends kommen die Einheimischen hierher, um Musik zu hören, zu tanzen oder eine der Aufführungen zu sehen. Die interessantesten Gebäude am Platz dürften das Dalian Hotel (Dalian Binguan) in Nr. 4 im Süden und die Bank of China (Zhongguo Yinhang) in Nr. 9 am Nordende sein.

Die Shopping-Meile Dalians ist die **Tianjin Jie**, die nördlich vom Zhongshan-Platz verlaufende Fußgängerzone. Westlich unter dem Shengli-Platz befindet sich ein riesiges unterirdisches Shopping-Center.

Der Friendship Store liegt etwas weiter östlich in der Renmin Lu.

Über ganz Dalian verstreut finden sich großzügig angelegte Parks und Alleen. Südwestlich des Zhongshan-Platzes liegt der **Park der Arbeit** (Laodong Gongyuan) mit seinem Wahrzeichen, dem Riesenfußball, in der Mitte. Hier findet jedes Frühjahr das bekannte Heuschreckenfest statt. Weiter südwestlich liegt Dalians zweiter Hauptplatz, der **Renmin-Platz**. Ursprünglich zierte das früher Stalin-Platz genannte Areal die Statue eines russischen Soldaten, der jetzt in Lushun steht. Der Platz ist begrünt und wird in der Nacht beleuchtet.

Dalian ist für seine Strände bekannt, die man mit dem Bus oder dem Taxi erreicht. Gleich in der Nähe der Binhai Lu bei den »18 Kehren« im Nordosten der Halbinsel von Dalian beginnt der Landschaftspark **Donghai**. Er umfasst etwa 450 Hektar und bietet über 1200 Meter Strand. Der Park wurde anlässlich des hundertjährigen Jubiläums der Stadt angelegt und steht voller überlebensgroßer Statuen von Meereswesen. Der Blick ist schön, das Wasser klar, aber bis Mitte Juli eher kalt. Am Kiesstrand tummeln sich die Badenden.

Weiter südlich an der Binhai Lu liegt die **Bangchuidao Scenic Area** (Bangchuidao Jingqu) mit den schönsten Stränden an Chinas Ostküste. Sie waren einst Parteifunktionären vorbehalten, sind heute aber für jedermann zugänglich sind. In der Binhai Lu kann man wunderbare Spaziergänge mit fantastischem Blick über die Klippen aufs Gelbe Meer unternehmen.

An der **Tiger Beach Scenic Area** (Laohutan Jingqu) geht es touristischer zu. Hier gibt es einen Vergnügungspark und ein Aquarium. Einige Kilometer weiter westlich liegt die **Fujiazhuang Scenic Area** (Fujiazhuang Jingqu), die meist überfüllt ist. Noch ein Stück weiter kommt man zur Xinghai Beach Scenic Area mit der beliebten **Sun Asia Ocean World**. Dieses vor allem bei Kindern populäre

Statue eines Ruderteams, Xinghai-Platz

◁ **Eindrucksvolle Eisskulpturen beim Harbin Ice Festival** ***(siehe S. 450f)***

Aquarium besteht aus einem 116 Meter langen Unterwassertunnel und mehreren mit verschiedenen Meerestieren gefüllten Aquarien. Der Xinghai-Platz nahe der Küste entstand 1997 anlässlich der Rückgabe Hong Kongs an China.

Donghai-Park
Binhai Lu. *tägl. 8–17 Uhr.*

Bangchuidao Scenic Area
tägl.

Sun Asia Ocean World
tägl. 9–17 Uhr.

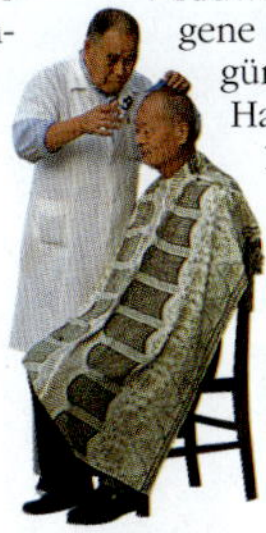

Barbier mit Kundschaft

Umgebung: Das 35 Kilometer südwestlich von Dalian gelegene **Lushun** besitzt eine günstige Lage als eisfreier Hafen. Ab Mitte des 19. Jahrhunderts diente der als Port Arthur bekannte Hafen der chinesischen Beiyang-Flotte als Haupthafen, bis er im Chinesisch-Japanischen Krieg 1894/95 von den Japanern eingenommen wurde. Bald danach gaben sie ihn zurück. Doch 1897 fiel er an die Russen, die dort ihre Pazifik-Flotte stationierten. Die Japaner eroberten Lushun 1905 zurück und verloren es Ende des Zweiten Weltkriegs. Von den russischen Bauwerken blieb der 1898 als Endstation der Transmandschurischen Eisenbahn *(siehe S. 434f)* gebaute **Bahnhof** erhalten. Das **Japanisch-Russische Gefängnis**, in dem Russen, Japaner und Chinesen inhaftiert waren, hat eine Folterkammer und einen Galgen. Es gibt Führungen durch das Gelände. Nördlich der Bucht steht der **Baiyu-Hügel** mit Kanonen und einem Aussichtsturm.

Besucher benötigen eine Genehmigung des Sicherheitsbüros am Zhongshan-Platz, da Lushun militärisches Sperrgebiet ist.

INFOBOX

300 km südlich von Shenyang. *2 Mio. (Großraum 5,5 Mio.). Flughafen Dalian. Dalian, Heishijiao Busbahnhof, CAAC (Busse zum Flughafen). ab Yantai und Weihai. Heuschreckenfest (Frühling).* 145 Zhongshan Lu, Xiangzhou Hotel (0411) 836 91165. **www**.citdsl.net

Kreuzfahrtschiff vor Anker am Xinghai-Platz

Japanisch-Russisches Gefängnis
139 Xiangyong Jie. *tägl.*

ZENTRUM VON DALIAN

Bangchuidao Scenic Area ⑥
Donghai-Park ⑤
Fujiazhuang Scenic Area ⑧
Park der Arbeit ③
Renmin-Platz ④
Sun Asia Ocean World ⑨
Tianjin Jie ②
Tiger Beach Scenic Area ⑦
Zhongshan-Platz ①

0 Kilometer 2

Zeichenerklärung *siehe hintere Umschlagklappe*

Wohngebäude im Palast des Marionettenkaisers, Changchun

Changchun ❻
长春

300 km nordöstlich von Shenyang. *2,6 Mio. (Großraum 7 Mio.). bis Dalian, Shanghai und Tianjin. Zimmer 701, Guoji Dasha, Xi'an Da Lu, (0431) 8851 20001.*

Die ausufernde, moderne Hauptstadt der Provinz Jilin ist trotz des harten Winters auch als »Ewiger Frühling« bekannt. Am Ende des Zweiten Weltkriegs wurde sie stark beschädigt, was zugleich ihr Ende als schmachvolle Hauptstadt des japanisch kontrollierten Reichs Manchukuo bedeutete. Dank der Industrialisierung nach dem Krieg ist Changchun heute eine attraktive, für ihre Autoindustrie bekannte Stadt in Chinas Industriegürtel.

Die einzige Sehenswürdigkeit ist die Residenz des letzten Kaisers: der **Palast des Marionettenkaisers** Pu Yi, den die Japaner zum Kaiser von Manchukuo machten. Der Bau liegt im Nordosten der Stadt und verkörpert die Tragik von Pu Yis Leben. Er strahlt nichts Majestätisches aus, sondern wirkt wie die Zufluchtsstätte eines vertriebenen Monarchen. Mittlerweile wurde er renoviert und ist ein wenig würdevoller. Ein faszinierendes Museum dokumentiert die machtlosen 13 Jahre, die Pu Yi hier verbrachte. Einige Szenen aus Bertoluccis Filmepos *Der Letzte Kaiser* wurden 1987 hier gedreht. Ein weiteres historisches Gebäude ist das Mandschu-Staatsratsgebäude in der Xinmin Dajie im Südosten der Stadt – ebenfalls eine Hinterlassenschaft der japanischen Besatzung. Das Regierungsgebäude ist öffentlich zugänglich und verfügt über einen Messingaufzug, der einst Pu Yi beförderte.

Amtsgebäude im Palast des Marionettenkaisers in Changchun

In der Nordostecke des Platz des Volkes in der Hauptstraße Renmin Dajie liegt der 1921 erbaute buddhistische **Banruo-Tempel**. In der zentralen Halle steht eine Statue von Sakyamuni mit einem *arhat* (*siehe S. 30f*).

Changchun ist für seine Filmproduktion bekannt. Das Filmstudio kann man besichtigen, allerdings dürfte dies nur etwas für wahre Cineasten sein.

Palast des Marionettenkaisers
5 Guangfu Lu. *tägl. 8.30–16.40 Uhr.* **www**.wmhg.com.cn

Der letzte Kaiser

Aisin Gioro oder Pu Yi bestieg den Qing-Thron 1908 im Alter von drei Jahren nach dem Tod seines Onkels, des Kaisers Guangxu. Seine kurze Regentschaft als Xuantong-Kaiser endete am 12. Februar 1912, als er abdankte und den Weg für die neue republikanische Regierung freigab. Der entmachtete Pu Yi lebte bis 1924 im Palast. Dann stellte er sich unter den Schutz Japans, um mit dessen Hilfe wieder an die Macht zu kommen. Später wurde er zum japanischen Marionettenkaiser von Manchukuo und residierte im Palast in Changchun. Nach dem Zweiten Weltkrieg wurde er verhaftet und den Kommunisten überstellt, die ihn 1950 einsperrten. 1959 gewährte Mao ihm Amnestie. Pu Yi kehrte nie wieder in die Verbotene Stadt zurück. Er starb kinderlos 1967 an Krebs, nachdem er sieben Jahre lang als Gärtner im Botanischen Garten von Beijing gearbeitet hatte.

Pu Yi (1905–1967), der letzte Kaiser Chinas

Hotels und Restaurants in Liaoning, Jilin & Heilongjiang *siehe Seiten 570f und 595f*

Jilin ❼
吉林

100 km östlich von Changchun. 2 Mio. (Großraum 7 Mio.). bis Shanghai, Dalian und Tianjin. 2288 Chongqing Lu, (0432) 244 3451.

Unter der japanischen Besatzung zwischen 1931 und 1945 war Jilin als Kirin bekannt. Heute ist die Stadt eine Industrieansiedlung zu beiden Seiten des Flusses Songhua (Sungari). Wie viele andere Städte im Nordosten hat Jilin eine recht kurze Geschichte und war bis ins 17. Jahrhundert ein unbedeutender Ort. Unter den Japanern erlebte es mit dem Bau des riesigen Wasserkraftwerks in Fengman am Songhua eine starke Industrialisierung.

Das Kraftwerk produziert im Winter eine der Hauptattraktionen der Stadt: *shugua* (weißer Reif), der die Äste der Kiefern und Weiden am Fluss überzieht. Er entsteht dadurch, dass aus dem vom Kraftwerk erwärmten Songhua Wasserdampf aufsteigt. Dieser kondensiert an den Ästen, gefriert zu einer glitzernden Schicht und lässt die Äste wie zerbrechliche Korallen aussehen. Wie auch in Harbin ist der Winter die Hauptsaison für den Tourismus. Jilin veranstaltet von Januar bis Ende Februar ein Eisfestival.

Im hügeligen **Beishan-Park** im Westen der Stadt kann man an Heiligtümern und Pavillons vorbeispazieren. Im Park steht eine Reihe daoistischer und buddhistischer Tempel, die sehenswert sind, darunter etwa der Guandi-Tempel (Guandi Miao), der Drei-Könige-Tempel (Sanwang Miao) und der Jadekaiser-Tempel (Yuhuang Ge), vor dem sich zahlreiche Wahrsager tummeln.

Die Einheimischen sind stolz auf ihre schöne **Katholische Kirche**, die die Franzosen Anfang des 19. Jahrhunderts bauten. Sie ragt in der Songjiang Lu westlich von Jilins Hauptbrücke am Nordufer des Flusses empor. Während der Kulturrevolution wurde sie verwüstet. Seit ihrer Wiedereröffnung 1980 ist sie ein Wahrzeichen der Stadt.

Katholische Kirche, Jilin

Östlich der Kirche steht der **Konfuzius-Tempel** (Wen Miao). Einst kamen die kaiserlichen Beamtenanwärter vor den Prüfungen hierher, um die Hilfe und den Segen des großen Weisen zu erbitten.

Im Süden zeigt das **Meteorite Shower Museum** Brocken von Meteoriten, die 1976 auf Jilin herabregneten. Unter den Exponaten befindet sich ein fast zwei Tonnen schwerer Felsklotz.

Beishan-Park
tägl.

Winterlicher Raureif auf Jilins Bäumen

Statuen am Gelehrtenaltar im Konfuzius-Tempel, Jilin

Katholische Kirche
3 Songjiang Lu. *tägl. während der Gottesdienste.*

Konfuzius-Tempel
2 Nanchang Lu. *tägl.*

Umgebung: Nicht weit von Jilin liegt der als Skigebiet bekannte **Zhuque Shan** (Gimpel-Berg, Rosefinch Mountain). Wo früher nur Tempel und Wanderwege waren, gibt es heute zwei Pisten für Ski- und Schlittenfahrer. Das Restaurant steht auf einer beheizten Plattform und bietet einen Panoramablick.

Etwa 24 Kilometer südöstlich von Jilin liegt der pittoreske **Songhua-See** (Songhua Hu), der ein riesiges Areal bedeckt und von Berggipfeln umgeben ist. Es ist ein wunderbares Naherholungsgebiet, in dem man in einem großen, bewaldeten Park wandern und Boot fahren kann. Jeden Winter zieht das weitläufige, hochmoderne Skigebiet auf den Hängen am See zahlreiche Skifahrer an. Am südliche Ende wird der See vom Fengman-Damm begrenzt. Dort steht das Wasserkraftwerk der Stadt. Weil der Fluss alljährlich über die Ufer tritt, sorgen vier Schleusentore dafür, dass Jilin nicht überschwemmt wird.

Zhuque Shan
Taxi ab Jilin Bahnhof. tägl. Vermietung von Ski-Ausrüstung möglich.

Songhua-See
Nr. 338 von Jilin nach Fengman, dann Taxi in die Skigebiete.

Changbai Shan ❽

长白山

Koreaner in Volkstracht

Der zum UNESCO-Biosphärenreservat erklärte Changbai Shan (Immerweißer Berg) ist mit seinen 1965 Quadratkilometern Fläche und den vielen Pflanzen- und Tierarten das größte Naturschutzgebiet Chinas. Die dichten Laub- und Nadelwaldgebiete bieten sowohl Heilpflanzen wie dem Ginseng Lebensraum als auch bedrohten Arten wie dem Sibirischen (Mandschurischen) Tiger. Oberhalb der Baumgrenze befindet sich die einzige Bergtundra Asiens. Besonders malerisch ist der auf dem Berg gelegene Tian Chi (Himmelssee), ein glitzernder Vulkankrater genau auf der Grenze zu Nordkorea. Hier liegt das wilde China, mit Wanderwegen in grandioser Landschaft. Allerdings ist die Gegend nur im Sommer und Frühherbst zugänglich.

Weiße Birken

Trotz der massiven Rodung gibt es noch einen Bestand von über 80 Baumarten, wie etwa diese Birken.

★ Changbai-Wasserfall

Riesige Mengen Wasser stürzen den Tian Chi hinab (zwischen Oktober und Juni sind die Berge schneebedeckt), wodurch der 68 Meter hohe Wasserfall am Vulkankrater entsteht.

0 Kilometer 1

Legende

- Staatsgrenze
- Wanderweg

Ginseng

Wurzel und Blätter der Ginsengpflanze

Die Ginsengwurzel *(Panax ginseng)* wird in China schon seit Jahrtausenden wegen ihrer Heilkraft hoch geschätzt. Der langsam wachsende Ginseng stammt ursprünglich aus Korea und Nordostchina und wird großflächig angebaut (Wildpflanzen erzielen die höchsten Preise). Ginseng aus Nordostchina steht besonders hoch im Kurs. Für ihn galt früher ein kaiserlicher Schutzerlass, um die Übererntung zu verhindern. Die Wirksamkeit der Pflanze entfaltet sich erst nach sechs Jahren. Premium-Wildginseng ist teuer: Ein Gramm kostet zwischen 100 und 400 Euro. Also Vorsicht beim Kauf: Billigimitate überschwemmen den Markt.

Nicht versäumen

★ Changbai-Wasserfall

★ Tian Chi (Himmelssee)

Infobox

25 km südlich von Baihe, 560 km östlich von Jilin. (0432) 243 5683. oder bis Baihe, dann Bus oder Taxi. Juni–Sep (den Rest des Jahres liegt Schnee). Letzter Bus nach Baihe 16 Uhr. ab Jilin (CITS).

★ Tian Chi (Himmelssee)
Als der Vulkan zuletzt 1702 ausbrach, vernichtete er den umliegenden Wald. In den Tiefen des Tian Chi, des tiefsten Sees in China, soll ein Wassermonster ähnlich dem von Loch Ness hausen.

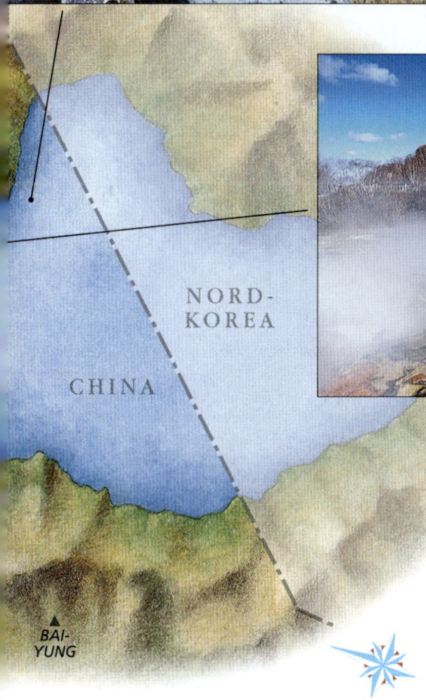

Heiße Quellen bei Tian Chi
Viele Quellen sind über 80 °C heiß – heiß genug für die Einheimischen, um Eier zu kochen, und für Besucher, um ein therapeutisches Dampfbad zu nehmen.

Besteigung des Changbai Shan

Wegen der starken Schneefälle ist der Changbai Shan nur von Juni bis Oktober zum Wandern freigegeben. Obwohl er nur 13 Kilometer Umfang hat, kann man den Tian Chi nicht umrunden, da er zum Teil in Nordkorea liegt. Stellen Sie sich auf wechselhafte Witterung ein, und führen Sie reichlich Wasser und Proviant mit. Wer es bequem mag, kann mit dem Jeep-Taxi bis zum Gipfel hinauffahren. Es gibt Hotels auf dem Changbai Shan und einen Zeltplatz am Ufer des Sees. Auch Ausflüge mit zwei Hotelübernachtungen kann man buchen.

Wandermöglichkeiten
Auch in der Hauptsaison ist die Wildnis des Changbai Shan wenig überlaufen – man sollte sich allerdings nicht nach Nordkorea verirren.

Harbin ❾

哈尔滨

Das im äußersten Norden Chinas nahe dem Sibirischen Tiefland gelegene Harbin ist die hübsche Hauptstadt der Provinz Heilongjiang. Bis die Russen es im 19. Jahrhundert per Eisenbahn mit Wladiwostok und Dalian *(siehe S. 444f)* verbanden, war es ein unbedeutendes Fischerdorf am Fluss Songhua. Die Eisenbahn und die Folgen der bolschewikischen Revolution brachten viele Russen nach Harbin, was die Stadt prägte. Noch heute sieht man im einst als »Klein-Moskau« bezeichneten Harbin die Reste russischer Architektur. Der Sommer ist angenehm, doch im Winter fallen die Temperaturen auf unter minus 30 °C – die richtige Temperatur für das bekannte Eisfestival der Stadt.

Spaziergänger flanieren am Flussufer von Harbin

Überblick: Harbin

Am schönsten ist Harbin im Daoli-Viertel (Daoli Qu), das sich vom Hauptbahnhof bis zum Fluss Songhua erstreckt. Im Zentrum befinden sich einige gehobene Geschäfte, Pelzläden und Kaufhäuser. Besucher gehen am besten die Fußgänger- und Einkaufsstraße **Zhongyang Dajie** entlang, um von dort aus die gepflasterten Gassen und architektonischen Hinterlassenschaften der Russen zu entdecken. Zahlreiche Läden und Gebäude in der Zhongyang Dajie wurden restauriert. Erläuterungen zu ihrer Geschichte sind auf englischsprachigen Tafeln zu lesen. Auf den Nebenstraßen der Zhongyang Dajie kann man wunderbar umherschlendern. Unterwegs kommt man an guten Bars und Restaurants vorbei. Wo im Winter Eisskulpturen um die Gunst der Besucher wetteifern, konkurrieren im Sommer die Straßencafés miteinander.

Im Osten der Zhongyang Dajie befindet sich die **Kirche St. Sofia**, das schönste russische Bauwerk der Stadt. Es stammt von 1907 und ist die größte russisch-orthodoxe Kirche im Fernen Osten. Die im byzantinischen Stil erbaute rote Ziegelkathedrale hat einen grünen Zwiebelturm. Heute befindet sich dort eine Fotoausstellung des Architektur- und Kunstzentrums, die den russischen Einfluss auf Harbin dokumentiert.

Motorradtaxi in Harbin

Im weiter nördlich gelegenen **Zhaolin-Park** stehen alljährlich zahlreiche Skulpturen des Ice Festival (Bingdeng Jie), das vom 5. Januar bis zum 25. Februar dauert. Jahr für Jahr verwandelt sich der Park in ein glitzerndes Märchenland voller beleuchteter Eisfiguren.

Auch am nahe gelegenen Flussufer gibt es einiges zu sehen. Das **Flood Control Monument** (Überschwemmungskontroll-Denkmal) am Nordende der Zhongyang Dajie wurde 1958 zum Gedenken an die zahlreichen Überschwemmungen der Stadt aufgestellt. Der **Stalin-Park** erstreckt sich 42 Kilometer am Fluss entlang und ist gleichzeitig Chinas letztes Denkmal für Josef Stalin. Die Einheimischen treffen sich gern an dieser belebten Promenade. Im Sommer kann man mit Booten auf dem Fluss und zum **Sun Island Park** hinüberfahren. Das Naherholungsgebiet ist auch per Seilbahn erreichbar. Im Winter friert der Fluss völlig zu, sodass man mit Miet-Gokarts oder ganz einfach zu Fuß hinüberkommt. Jedes Jahr findet auf Sun Island eine Schneeskulpturen-Ausstellung statt.

Einen Teil der Anlage bildet der Siberian Tiger Park mit einer Zuchtstation für die bedrohte Art. Allerdings sind die Großkatzen, die in ihren winzigen Gehegen von Busladungen voller Schaulustiger geärgert werden, eher ein trauriger Anblick, den Sie sich ersparen können.

Südöstlich des Hauptbahnhofs präsentiert das **Provinzmuseum** eine Sammlung von Exponaten ohne jegliche englischen Erläuterungen. Weiter östlich in der Dong Dazhi Jie

Die russisch-orthodoxe Kirche St. Sofia im byzantinischen Stil

Tiger im Siberian Tiger Park, Harbin

stehen einige buddhistische Tempel, die allerdings alle während der Kulturrevolution beschädigt wurden.

Die aktive buddhistische Gemeinde ist im **Jile Si** zu Hause. Der Komplex ist im typisch buddhistischen Stil angelegt – mit Trommel- und Glockenturm, der Halle der Himmelskönige und einer Haupthalle, in der Statuen von Sakyamuni, dem historische Buddha, und diverse Bodhisattvas stehen. Gleich daneben befindet sich die siebenstöckige **Qiji-Futu-Pagode**. Sehenswert ist auch das konfuzianische Heiligtum in der Wenmiao Jie.

Der Zoo von Harbin wurde 41 Kilometer nach außerhalb der Stadt verlegt und in **Harbin Northern Forest Zoo** umbenannt. Er ist heute einer der größten Zoos in China.

Kirche St. Sofia
Diduan Jie. tägl.

Sun Island Park
3 Jingbei Lu. tägl.

Jile Si
9 Dong Dazhi Jie. tägl.

Harbin Northern Forest Zoo
Gezidong. tägl.

Umgebung: 20 Kilometer südwestlich von Harbin befindet sich der berühmte **Japanische Biowaffen-Versuchsstützpunkt**. Die grausigen Reste der einst von der 731. japanischen Armeedivision betriebenen Basis sind heute öffentlich zugänglich. Hier nahmen japanische Militärs unter Leitung von Dr. Shiro Ishii, dem »japanischen Mengele«, entsetzliche Experimente, u. a. mit Milzbrand, an meist chinesischen Gefangenen vor. Ende des Zweiten Weltkriegs zerstörten die Japaner den Stützpunkt, die Verantwortlichen kamen meist ungeschoren davon. Der Journalist Morimura Seiichi machte die Existenz dieser Einrichtung öffentlich bekannt.

Die siebenstöckige Pagode Qiji Futu im Nordosten der Stadt

Zwar besteht die Ausstellung nur aus chinesisch beschriftetem Material, dennoch dient die Gedenkstätte als düsteres Mahnmal.

Infobox

550 km nördlich von Shenyang.
3,2 Mio. (Großraum 9,5 Mio.).
Busbahnhof Harbin, CAAC (Busse zum Flughafen).
14 Songhuajiang Jie, (0451) 5360 1717. Ice Festival (5. Jan–25. Feb), Harbin Musikfestival (Juli).

Japanischer Biowaffen-Versuchsstützpunkt
Pingfang. tägl.

Gewagter Sprung am Wasserfall Diaoshuilou Pubu, Jingpo Hu

Jingpo Hu ⑩

镜泊湖

100 km südwestlich von Mudanjiang. *von Mudanjiang bis Dongjing, dann Minibus bis Jingpo Hu (nur im Sommer, im Winter mit Taxi).* *von Harbin und Mudanjiang.* *34 Jingfu Lu, Mudanjiang, (0453) 695 0061.* *tägl.*

Der Jingpo Hu ist ein attraktiver, 50 Kilometer langer, schmaler See. Sein Becken wurde vom Fluss Mudan nach Vulkanausbrüchen vor Tausenden von Jahren in den Boden gegraben. Die bewaldeten Hügel der Umgebung spiegeln sich im Wasser, daher auch der Name »Spiegelsee«. Im Sommer tummeln sich Busladungen von Besuchern – hauptsächlich Chinesen und Russen – in dem am Nordufer gelegenen Dorf Jingpo Shanzhuang. Auch wenn der Tourismus die natürliche Schönheit des Gewässers zum Teil verdorben hat, lohnt es sich noch immer, den von bewaldeten Hügeln umgebenen See zu erkunden. Der 40 Meter breite Wasserfall **Diaoshuilou Pubu** liegt am Nordende des Sees. Besonders beeindruckend sind seine Kaskaden in den feuchteren Sommermonaten. Im Winter gefrieren sie zu einem spektakulären Eisvorhang.

Auch im Winter kann man den See besuchen, allerdings können die Temperaturen bis in den April hinein unter den Gefrierpunkt fallen. Es gibt wenige Verkehrsmittel, Unterkünfte sind rar. In den feuchten Monaten Juli und August herrscht dagegen Hochbetrieb – buchen Sie unbedingt im Voraus. Sie können auch in Mudanjiang im Norden übernachten. Von dort fahren Busse zum Jingpo Hu. Von Angeln und Wandern bis zu Rundfahrten auf dem See ist alles geboten. Nicht weit vom Wasserfall gibt es ein Dorf mit Angehörigen koreanischer Minderheiten.

Die Umgebung ist vulkanisch geprägt. Neben einigen Lavahöhlen lockt **Dixia Senlin** (Unterirdischer Wald), 50 Kilometer nordwestlich vom Jingpo Hu. Der Wald ist nicht wirklich unterirdisch. Er steht in zehn Vulkankratern, einem Ökosystem, in dem Tiere wie Leopard, Schwarzbär und besondere Baumarten vorkommen. Taxis und Busse fahren von Jingpo Hus Haupttor nach Dixia Senlin. Es gibt auch Tourbusse zum See, die über Dixia Senlin fahren.

Jetski-Fahrer auf dem Jingpo Hu

Dixia Senlin
50 km nordwestlich von Jingpo Hu.
tägl.

Zhalong-Naturreservat ⑪

扎龙自然保护区

27 km südöstlich von Qiqiha'er. *bis Qiqiha'er, dann Bus.* *tägl.*

Chinas größtes Sumpfgebiet, das 210 000 Hektar große Zhalong-Naturreservat, liegt in der Flussebene des Songhua Nen an einer der wichtigsten Flugrouten von Zugvögeln auf dem Weg von der Arktis nach Südostasien. Zhalongs Schilfgebiete, Teiche und Sümpfe bieten einen idealen Lebensraum für mehr als 300 Vogelarten, darunter z. B. Schwäne, Enten, Störche, Gänse, Reiher, Ibisse und andere Wasservögel. Das 1979 eröffnete Reservat ist im Fernen Osten eines der wenigen Brutgebiete des Riedsängers *(Megalurus pryeri)*. Sechs der weltweit 15 Kranicharten leben hier. Am berühmtesten sind der bedrohte Mandschurenkranich *(Grus japonensis)*, ein großer Vogel mit schwarz-weißem Gefieder und rotem Schnabel, der in China für Langlebigkeit steht, und der Weißnackenkranich *(Grus vipio)*. Beide werden auf der hiesigen Forschungsstation gezüchtet. Weitere seltene Arten, die nach Zhalong kommen, sind die Schwanengans *(Anser cygnoides)* und der Schneekranich *(Grus leucogeranus)*. Die Vögel kommen im Frühjahr an und brüten im Sommer. Beste Besuchszeit ist zwischen April und Juni. Vergessen Sie das Fernglas nicht.

Sumpfgebiet des Zhalong-Naturreservats – ein Paradies für Zugvögel

Hotels und Restaurants in Liaoning, Jilin & Heilongjiang *siehe Seiten 570f und 595f*

Fossilien in Nordostchina

China war lange Zeit ein ideales Land für Fossiliensammler. Vor über 130 Millionen Jahren waren weite Teile Nordchinas vulkanisch, dicht bewaldet und voller Leben. Die Vulkane brachen aus und bedeckten das Land mit Staub, heißer Asche und Schlamm. Unter diesen Schichten fand man unzählige Fossilien – von einfachen, muschelähnlichen Mollusken bis hin zu vollständigen Skeletten großer Dinosaurier. In jüngster Zeit rückte Nordostchina ins Visier der Forscher, weil dort mindestens fünf gefiederte Dinosaurierarten gefunden wurden. Die Federn dienten nicht nur zum Fliegen, sondern auch der Isolation und möglicherweise auch der Dekoration. Die Aufregung und auch die investierten Geldsummen waren so groß, dass Fossilien zum Renner der Region wurden. Einheimische verkaufen illegal, was immer sie finden, und gehen sogar so weit, mit gefälschten Fossilien auch Wissenschaftler zu verwirren.

Spiralgehäuse einer Molluske

Paläontologie *ist in China zu einem boomenden Geschäft geworden und hat im Land einen wichtigen Diskurs über Evolution eingeleitet. Die Regierung unterstützt daher Forschung und Museen.*

Fossile Libellen *wie diese zeigen sogar noch die filigrane Struktur der Flügel. Sie hat sich erhalten, weil auf einer dünnen Vulkanstaubschicht eine Lage Schlamm lag, die den Oxidationsprozess verhinderte.*

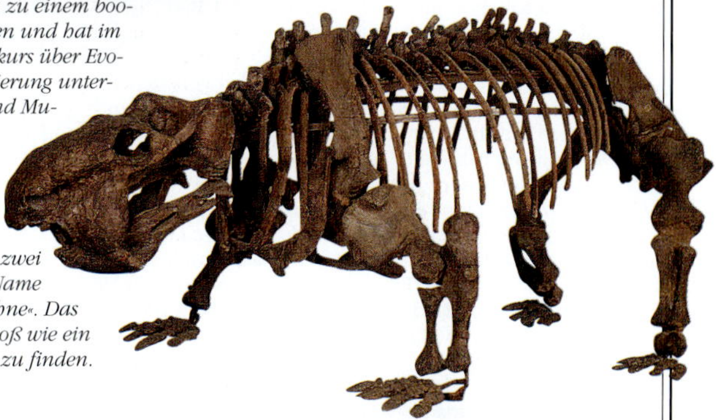

Dieser Dicynodont *war ein pflanzenfressendes Reptil. Er hat zwei große Vorderzähne, sein Name bedeutet »Zwei Hundezähne«. Das Saurierfossil ist so groß wie ein Schwein und weltweit zu finden.*

Dinosauriereier *werden nach Größe und Art der Schalen eingeteilt, da es schwierig zu beurteilen ist, von welcher Dinosaurierart sie stammen. Einige ähneln Vogeleiern und untermauern die Theorie, dass Vögel von bestimmten Dinosauriern abstammen.*

Microraptor gui *war eine vierflügelige Kreatur mit gefiederten Beinen, die von Baum zu Baum schwebte. Der Umriss der Federn ist hier deutlich erkennbar. Möglicherweise handelt es sich um eine Zwischenform von Saurier und Vogel.*

Einer der fünf Vulkanseen von Wu Da Lian Chi

Wu Da Lian Chi und Flussgrenze ⑫
五大连池

375 km nördlich von Harbin.
von Harbin oder Qiqiha'er bis Beian, dann Bus bis Wu Da Lian Chi.
von Harbin.

Das große, auf einem Vulkanfeld gelegene Naturschutzgebiet Wu Da Lian Chi gehört zu einer Region in West-Heilongjiang, die noch vom alten Stamm der Daur bewohnt wird. Die Bezeichnung »Fünf Verbundene Seen« rührt von den fünf in einer Folge von Vulkanausbrüchen entstandenen Gewässern her. Der letzte Ausbruch fand im 18. Jahrhundert statt. Der Lavafluss sperrte den Fluss Bei ab und schuf so die Seen. Er verwandelte den Wu Da Lian Chi in ein vulkanisches Mineralbad mit heißen Quellen und Schwefelbecken, deren Heilkräfte in ganz China gerühmt werden.

Die 14 Vulkane im Wu Da Lian Chi geben dem flachen Gelände einen gewissen dramatischen Anstrich und einen ganz besonderen Charakter. Westlich des dritten Sees erheben sich die Vulkankegel **Lao Hei Shan** (Alter Schwarzer Hügel) und **Huoshao Shan** (Feuerhügel). Die beiden feuerspeienden Berge brachen zuletzt zwischen 1719 und 1721 aus und können gefahrlos bestiegen werden. Lao Hei Shan, der von Lavafeldern umgeben ist, produzierte den Großteil der Lava, die in die Umgebung strömte. Aber wie alle Vulkane im Wu Da Lian Chi ist er inzwischen inaktiv. Unerschrockene können in den übel riechenden heißen Quellen baden oder das örtliche Mineralwasser kosten. Da es voller Mineralien und Heilsubstanzen sein soll, reisen Kranke, Schwache und Alte zum Wu Da Lian Chi, um sich in einem der zahlreichen Sanatorien vor Ort behandeln zu lassen. Auch beim alljährlich im Mai abgehaltenen Wasser-Trinkfest der Daur-Minderheit spielt das Wasser eine Schlüsselrolle.

Die Gegend ist von Höhlen durchzogen. Darunter finden sich der eiskalte **Crystal Palace** (Kristallpalast) und **Bai Long Dong** (Weißer-Drachen-Höhle). In den beiden mit Eisskulpturen verzierten Eishöhlen wimmelt es im Sommer von Besuchern. Das nächste Dorf ist Wu Da Lian Chi mit einigen Hotels. Da die geführten Touren teure und unnötige Umwege erfordern, sollten Besucher lieber ein Taxi oder ein Motorradtaxi nehmen und sich auf eigene Faust auf den Weg machen.

Bai Long Dong
tägl.

Umgebung: Der **Heilong Jiang** (Schwarzer Drachenfluss, in Russland Amur), der der Provinz ihren Namen gab, markiert die Grenze zwischen China und Sibirien. Früher siedelten einige der ethnischen Minderheiten Nordostchinas in der Region und bestritten ihren Lebensunterhalt aus dem Fluss. Inzwischen haben sie sich weitgehend den Han-Chinesen angepasst. An der Grenze kann man sibirische Wälder und kleine Siedlungen sehen. Für ein weiteres »Eindringen« braucht man eine Sondergenehmigung. Fragen Sie im Büro für Sicherheit (Public Security Bureau) in Harbin nach.

Es gibt von Harbin aus eine Zugverbindung in die große Grenzstadt **Heihe**, die vom Grenzhandel mit dem russischen Blagoveshchensk lebt. Mit einem in Beijing erhältlichen Touristenvisum können Sie dorthin fahren. Es gibt auch einstündige Rundfahrten auf dem Heilong Jiang. An der Nordspitze der Provinz Heilongjiang liegt **Mohe**, dessen Hauptattraktion im Winter das Nordlicht *(aurora borealis)* ist. Im Juni bleibt es 22 Stunden am Tag hell.

Der zugefrorene Heilong Jiang dient als Reiseroute durch das Waldgebiet

Hotels und Restaurants in Liaoning, Jilin & Heilongjiang *siehe Seiten 570f und 595f*

Minderheiten an der Flussgrenze

Die Mehrheit der Bevölkerung von Heilongjiang sind Han-Chinesen, doch an der Flussgrenze leben noch mehrere Minderheiten wie die Oroqen, Hezhen und Ewenki. Die Nomadenvölker fristen in der unwirtlichen Gegend ein karges Dasein. Sie verarbeiten Tierhäute zu Kleidung und nutzen Pflanzen als Heilmittel. Wenn sie unterwegs sind, bauen sie Zelte aus Baumrinde. Die Oroqen sind Jäger und stammen von den Khitan-Nomaden ab. Sie sprechen eine altaische Sprache und sind für ihre Schamanen und animistischen Rituale bekannt. Die Hezhen sind mit wenigen Tausend Angehörigen die kleinste Minderheit Chinas, doch wegen ihrer Fähigkeiten beim Fischfang legendär. Die Ewenki fischen und jagen nicht nur, sondern züchten auch Rentiere. Die Lebensweise dieser Völker ist gefährdet, denn die Jagd wurde in einigen Bergreservaten verboten. Die Nomaden waren gezwungen, sich als Bauern niederzulassen oder in der Stadt ihren Lebensunterhalt zu sichern.

Heilkräftige Beeren des Huaqiu-Baums

Die Ewenki *leben mit und von Rentieren, die optimal an das kalte Klima angepasst sind. Doch die nomadische Lebensweise dieser Volksgruppe stirbt langsam aus.*

Ewenki-Zelte *bestehen aus einem Gerüst aus Birkenästen, das im Sommer mit Birkenrinde, im Winter mit Tierhäuten bezogen wird. Nach den Feng-Shui-Regeln ist der Eingang nach Süden ausgerichtet, um den schädlichen Nordwind abzuwehren.*

Die Oroqen *sind exzellente Jäger. Die erlegten Tiere verarbeiten sie restlos – zu Nahrung und zu Kleidung. Mit staatlichen Fördermitteln versucht man nun, die Oroqen sesshaft zu machen.*

Die Hezhen *sind für ihre Hemden, Hosen und Schuhe aus Fischhaut berühmt. Sie vernähen die getrockneten Karpfen-, Hecht- und Lachshäute zu wertvollen, wasserdichten Stücken.*

Die traditionellen Jagdgründe der Oroqen *wurden durch die fortschreitende Industrialisierung dezimiert, aber auch durch die wiedererwachte Begeisterung der Chinesen für den Tierschutz, der zu großräumigen Jagdverboten geführt hat.*

Innere Mongolei & Seidenstrasse

Innere Mongolei & Seidenstraße

Die riesige Region bildet den nordwestlichen Verbindungsbogen zwischen Sibirien und Zentralasien und macht zwei Drittel der Gesamtfläche Chinas aus. Geografisch reicht die Palette von Wald bis Sandwüste und Steppe. Hier leben Minderheiten wie Mongolen, Uiguren und Hui ebenso wie Russen, Kasachen und Kirgisen. Drei Provinzen – die Innere Mongolei, Ningxia und Xinjiang – sind als autonome Regionen ausgewiesen. Die Hauptattraktionen von Xinjiang und Gansu sind die staubigen Oasenstädte der Seidenstraße mit ihren buddhistischen Höhlenmalereien, Ruinen und chaotischen Märkten. Ein weiterer Reiz ist die grandiose Wildnis dieses Areals.

Ein Mönch beim Gebet im Gao Miao, Zhongwei

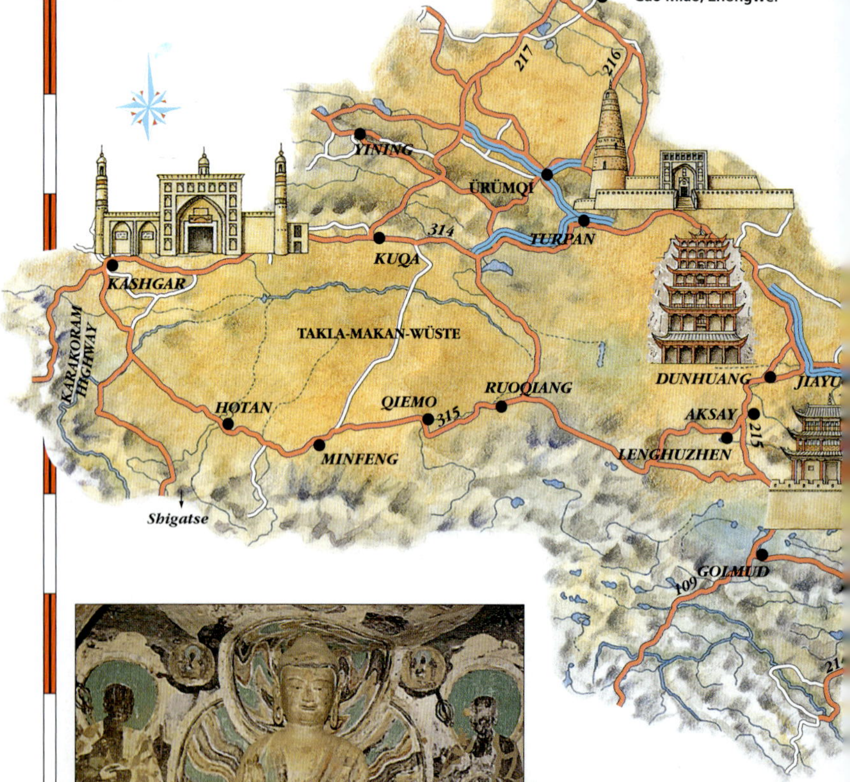

Buddha-Skulptur mit Resten der Originalbemalung im Bingling Si, Gansu

In der Inneren Mongolei unterwegs

In größeren Städten gibt es Flughäfen. Die Eisenbahn beschränkt sich auf den Gütertransport. Individualreisende müssen auf das Busnetz zurückgreifen, das zwar umfassend, aber unbequem ist. Oft sind die Busse überfüllt. Wegen der Distanzen sollten sich Besucher einzelne Gebiete vornehmen, z. B. die Seidenstraße oder die mongolische Steppe.

◁ **Baktrische Kamele am Karakoram Highway bei Kashgar** ***(siehe S. 510–513)***

Der Gelbe Fluss bei Shapotou, einer Oase am Rand der sich ausbreitenden Wüste

Siehe auch

- ***Hotels*** S. 571–573
- ***Restaurants*** S. 596f

Legende

- Autobahn
- Nationalstraße
- Nebenstraße
- ▲ Gipfel

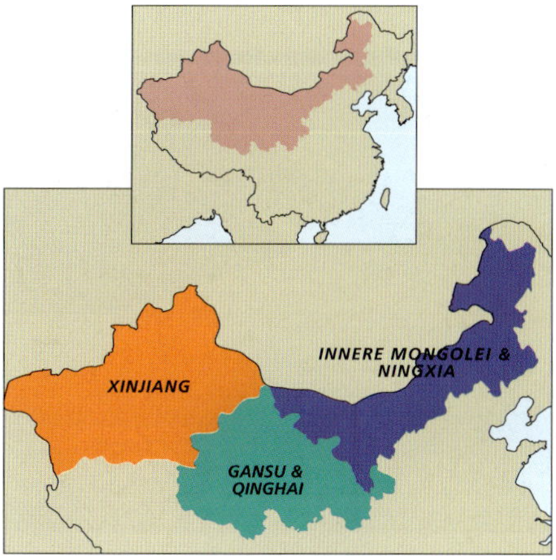

Nomaden am Qinghai Hu, dem größten See Chinas

Ein Porträt der Inneren Mongolei & der Seidenstrasse

Mit der Inneren Mongolei, Ningxia, Gansu, Qinghai und Xinjiang macht diese Region einen beträchtlichen Teil von Chinas Gesamtfläche aus. Der Reiz des dünn besiedelten Gebiets liegt in der Landschaft, den Lebensweisen der Minderheiten und der ehemaligen Seidenstraße. Das Erbe dieser sagenhaften Route zeigt sich in den historischen Stätten und dem isalmischen Einfluss.

Die Region grenzt an die Mongolei und Russland im Norden, an die zentralasiatischen Staaten im Westen und den indischen Subkontinent im Süden. Die Bevölkerung besteht mehrheitlich aus Han-Chinesen, die nur wenig mit den einheimischen Ethnien gemein haben. Nur der östliche Teil Gansus gliedert sich unproblematisch in das chinesische System ein. Die Haltung des westlich von Lanzhou gelegenen Gansu sowie die der anderen Provinzen gegenüber Beijing, das die Belange der lokalen Minderheiten mit Missachtung übergeht, ist bestenfalls gleichgültig. Schlimmstenfalls fühlen sich die Ethnien wie unfreiwillige Leibeigene. Noch heute herrscht unter den Chinesen ein historisch gewachsenes Misstrauen gegenüber den sogenannten »Barbaren« jenseits der Chinesischen Mauer.

Schmuckfliese in der Gebetshalle, Ta'er Si

Diese »Barbaren« konnten – nicht zuletzt dank der Geografie – ihre jeweilige kulturelle Identität wahren, was dazu führt, dass sich die Innere Mongolei komplett vom Rest Chinas unterscheidet. Aus diesem Grund sind Ningxia, Xinjiang und die Innere Mongolei offiziell keine Provinzen, sondern Autonome Regionen, in denen die Hui, die Uiguren und die Mongolen theoretisch ein gewisses Maß an Selbstverwaltung ausüben. In der Praxis greift die Autonomie nur oberflächlich, doch immerhin verfügen die betreffenden Regionen über ihre eigene Sprache und Religion.

Wenngleich die Gemeinden über ihre jeweilige Ethnie definiert werden, bilden die Regionen keineswegs gewachsene Einheiten. So verbindet Mongolen und Uiguren nur die Tatsache, dass sie sich innerhalb der politischen Grenzen

Erhabene Sanddünen am See des Zunehmenden Mondes, Dunhuang

Rituelles Räuchergefäß im Innenhof des multikonfessionellen Tempels Gao Miao in Zhongwei

Chinas befinden. In der mongolischen Steppe leben Nomaden, die dort ihre Pferde und Schafe grasen lassen. Dagegen ist Xinjiang, die Heimat der eine Turk-Sprache sprechenden Uiguren, eine Steinwüste mit vereinzelten Oasen, die durch ein komplexes unterirdisches Bewässerungssystem gespeist werden. Die einzige Gemeinsamkeit ist das extreme Klima. Xinjiang ist flach, aber von einigen der höchsten Gebirge der Welt umgeben, darunter dem Pamir im Südwesten und dem Tian Shan im Nordwesten. Mittendrin liegt die Wüste Takla Makan, eine schier unendliche Sandfläche, deren Name passenderweise »Geh hinein und komm nicht wieder« bedeutet. Im Sommer ist es unerträglich heiß, im Winter trocken und sehr kalt. Qinghai liegt auf einem Bergplateau, während Ningxia und Gansu allein durch die Nutzung des Wassers aus den Flüssen bewohnbar werden. Die Innere Mongolei besteht aus Grasland, Steppe, Wüste und Bergen, hat kurze, angenehme Sommer, aber kalte, sehr stürmische Winter.

Statue im Fuxi Miao, Tianshui

Geschichtlich am bedeutendsten für die Region war die Ära der legendären Seidenstraße, als Karawanen mit Seide, Gewürzen und Tee das ungastliche Terrain durchquerten und unterwegs in Oasen und Städten haltmachten. Jahrhunderte später wurde dieselbe Gegend vom Mongolenherrscher Dschingis Khan *(siehe S. 471)* unsicher gemacht. Noch heute sind die damaligen Zwischenstationen belebte Märkte, auf denen von Rosinen über Dolche bis zu Sätteln so ziemlich alles verkauft wird.

Die wichtigsten Monumente der Seidenstraße sind die Mogao-Grotten von Dunhuang, eine der großartigsten Fundstätten buddhistischer Wandmalereien, Skulpturen und Handschriften. Andere buddhistische Attraktionen wie das Labrang-Kloster in Gansu und Ta'er Si in Qinghai verdanken ihren Ursprung dem Einfluss des tibetischen Buddhismus. Neben Karawansereien, Grotten und Klöstern sind auch Steppenlandschaften und Seen wie der Qinghai Hu als einige der größten wilden Naturlandschaften Chinas sehenswert.

Auch wenn der Wohlstand in China sich mittlerweile ganz langsam westwärts verlagert, wird es wohl noch einige Zeit dauern, bis die Händler und Nomaden ihre tradierte Kultur aufgeben. In der ganzen Region gibt es daher auch nur wenige große Städte, darunter Gansus Provinzhauptstadt Lanzhou und Ürümqi, die Hauptstadt von Xinjiang.

Tibetische Nonnen vor ihrem Kloster in Xiahe, Qinghai

Mongolen der Steppe

Unter Dschingis Khan *(siehe S. 471)* wurden die Steppenstämme vereint und beherrschten ab dem 13. Jahrhundert einige Zeit die zivilisierte Welt. Heute ist die mongolische Nation in zwei Teile geteilt: die Republik Mongolei im Norden und die Autonome Region Innere Mongolei in China. Die Mongolen sind nomadisierende Hirten, die sich auf Pferden durch die riesige Grassteppe bewegen. Ihre Kost besteht aus Fleisch und Milchprodukten wie etwa der fermentierten Stutenmilch, dem berauschenden *airaq*. In der Inneren Mongolei leben sie sesshaft als Bauern. Sie versuchen aber mit Veranstaltungen wie dem jährlichen Nadaam-Fest, ihre Traditionen am Leben zu halten.

Motorräder *ersetzen in vielen Familien die Pferde. Oft sieht man ganze Familien rittlings auf einem Fahrzeug, das dann ähnlich wie früher die Pferde vor dem* ger *geparkt wird.*

Reitkunst

Der Erfolg des Yuan-Reichs basierte auf der Reitkunst der Mongolen. Noch heute ist sie wichtig – manche Kinder lernen reiten, bevor sie laufen können. Das stämmige Mongolische Pony ist ein wichtiger Begleiter im Leben der Nomadenhirten.

Der Name »Mongol« *tauchte erstmals in der Tang-Dynastie auf und bezeichnet mehrere Stämme. Diese Illustration von 1350 zeigt, dass sich die Lebensweise der Mongolen bis ins 20. Jahrhundert nur wenig verändert hat.*

Gers (Jurten) *sind die transportablen Filzbehausungen der Nomaden und meist im ländlichen Grasland zu finden. Bei Hohhot stehen auch einige dauerhaft.*

Das Gerüst *ist schnell für den Transport zerlegt. Die Holzstangen (orangefarben wie die Sonne) heißen* uni. *Zehn bis 15 Stangen tragen jeweils die* khanas, *die Wandsegmente.*

Außen- und Innenhaut *sind aus Stoff, dazwischen ist eine Isolierschicht aus Filz. Alles wird kunstvoll befestigt, um Stürmen standzuhalten.*

Das wichtigste traditionelle *Kleidungsstück, der* deel, *ist ein mit einer leuchtenden Schärpe gebundener Mantel, den Männer und Frauen tragen. Für den Winter ist er mit Schaffell gefüttert. Die Frühlingsvariante ist gesteppt, die Sommervariante aus leichtem Stoff.*

Mongolischer Ringkampf *ist neben Reitkunst und Bogenschießen eines der Highlights beim Nadaam-Fest. Es gibt weder Gewichtsklassen noch Zeitlimits. Wer es schafft, dass sein Gegner den Boden mit dem Körper berührt, hat gewonnen.*

Mit farbigen Fahnen treten die Reiter beim Nadaam-Fest gegeneinander an.

Ledersättel haben die weniger bequemen traditionellen Holzversionen abgelöst.

Robustes Mongolisches Pony

Buddhismus *ist die Hauptreligion der Mongolen. Am Hof des Kublai Khan wurde der tibetische Einfluss bald sehr stark. Ab dem 16. Jahrhundert waren lamaistische Buddha-Bilder in jedem* ger *zu finden.*

Innen *ist es warm und gemütlich. In der Mitte des* ger *steht ein Ofen. Der Platz im Hintergrund ist dem Familienaltar vorbehalten und gleichzeitig Ehrenplatz für ältere Menschen und Gäste.*

Ausbreitung der Wüste

Wegen mangelhafter Bewässerung und exzessiver Bodenbewirtschaftung breitet sich die Wüste in China immer weiter aus. In der Inneren Mongolei hat dies Auswirkungen auf die traditionelle Lebensweise, da Weidegründe zerstört werden. Arme Bauern ernten *facai*, wo immer es wächst, und reduzieren dadurch die Grasnarbe. Mongolen wurden zur Sesshaftigkeit ermuntert und tragen nun als Bauern zur Desertifikation bei.

Sandwüste, wo einst fruchtbares Grasland war

Seidenstraße

»Langnasiger« Händler

Obwohl die Route de facto aus mehreren alten Handelswegen zwischen China und Osteuropa besteht, prägte Baron von Richthofen im 19. Jahrhundert den Begriff Seidenstraße. In der Han-Dynastie wurde sie wichtig und setzte erst Chinas Hauptstadt Chang'an (Xi'an) und später ganz China fremden Einflüssen aus. Technischer Fortschritt, das große Angebot an Arbeitskräften und das Monopol auf einige gefragte Produkte führten in China zu einer Handelsexplosion.

Kamelkaravane vor den Sanddünen an der Seidenstraße

Handel auf der Seidenstrasse

Die Händler der Seidenstraße führten nicht nur Gewürze, Seide, Porzellan und Jade mit sich, sondern auch Gold und Silber, Wolle, Araberpferde und vieles mehr. Doch es war vor allem die Seide *(siehe S. 208f)*, diese rätselhafte chinesische Erfindung, die die Menschen im Westen faszinierte.

Dieses Stück Seide *wurde um 1500 v. Chr. gefertigt und in Baktrien im heutigen Afghanistan entdeckt. Die Handelswege wurden also schon unter den Tang, lange vor der Blütezeit der Seidenstraße, benutzt.*

Rom *importierte viel Seide und kannte China als »Seres« (Land der Seide). Diese Goldmünze fand man auf der Seidenstraße bei Xinjiang.*

Gold und Silber *wurden in China erst nach dem Kontakt zum Westen wertvoll. In der Tang-Ära kamen Edelmetalle in Mode, wie bei dieser goldenen Teetasse im orientalischen Stil zu sehen ist.*

Kaiser Wudi & General Zhang Qian

Im 2. Jahrhundert v. Chr. bemerkte der Han-Kaiser Wudi, dass seine Kavalleriepferde eher als Kutschpferde geeignet waren – und im Vergleich zu den Pferden der feindlichen Xiongnu einfach zu langsam. Er schickte seinen General Zhang Qian los, um die legendären Pferde aus Sogdiana und Ferghana zu beschaffen. Die Mission schlug fehl, führte aber zur Aufnahme von Handelsbeziehungen an der Seidenstraße – und die Ferghana-Pferde gelangten doch noch nach China.

Statue eines »himmlischen« Ferghana-Pferds

Dieses chinesische Räuchergefäß *zeigt, dass Silberschmiedetechniken zusammen mit dem Faible für Edelmetalle nach China kamen.*

Die Seidenstraße *war ein Routennetz, das China im Westen mit dem Römischen Reich verband. Die Hauptrouten verliefen südlich und nördlich der Wüste Takla Makan und trafen auf dem Weg zum Mittelmeer und nach Persien mit Straßen aus Sibirien und Indien zusammen. In Friedenszeiten florierte der Handel, in Kriegszeiten stagnierte er.*

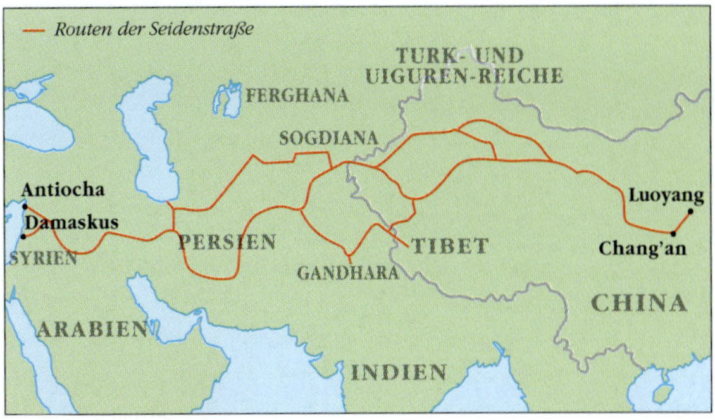

Detail einer katalanischen Karte

Diese im 14. Jahrhundert für Charles V von Frankreich gefertigte Karte zeigt, auf welchem Stand das geografische Wissen im Mittelalter war. Dank der Berichte von Marco Polo konnte man nun auch China hinzufügen.

Fremde Ideen und Religionen

Aus der Fremde brachten die Händler Religionen wie den Buddhismus mit, der schließlich zur Staatsreligion wurde, aber auch Philosophien und Kunststile.

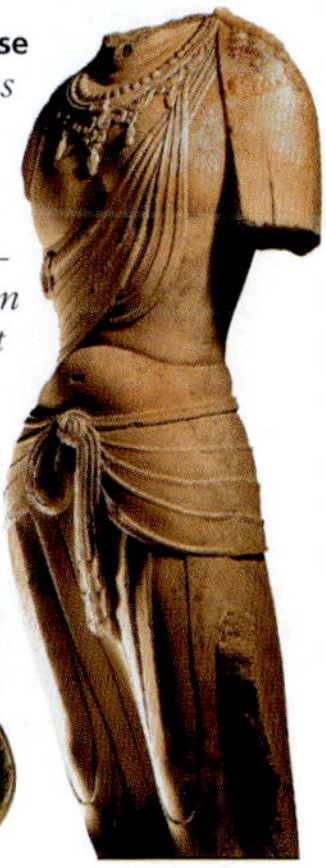

Künstlerische Einflüsse *kamen vor allem aus Gandhara, einem Zentrum des Buddhismus. Der Gandhara-Stil entwickelte sich nach der Eroberung durch Alexander den Großen im 4. Jahrhundert v. Chr. Diese von Gandhara inspirierte chinesische Statue erinnert an eine griechische Skulptur.*

Dieses Kreuz *spricht für Nestorianische Einflüsse im China des 8. Jahrhundert v. Chr. Zudem gelangten Judentum, Islam und der Manichäismus, ein auf Licht und Schatten basierender babylonischer Kult, nach China.*

Die Phase der Unruhen *nach dem Ende der Tang-Dynastie erschwerte den Handel. In der Zeit der Yuan-Dynastie unter mongolischer Herrschaft florierte die Seidenstraße wieder. China hatte das Seidenmonopol zwar verloren, doch Porzellan war nun weltweit gefragt.*

Das Ende *kam mit den großen Schiffen im 15. Jahrhundert. Mit ihnen reiste man billiger, sicherer und unbeschwerlicher. Die Karawansereien, die den Händlern als Unterkunft gedient hatten, verfielen langsam.*

INNERE MONGOLEI & NINGXIA

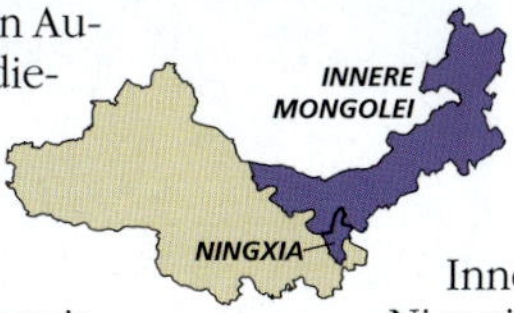

Die zwei sogenannten Autonomen Gebiete dieser Region sind die Innere Mongolei, die in einem Bogen entlang der Grenze zur Republik Mongolei verläuft, und Ningxia, nach der Insel Hainan Chinas kleinste Provinz. Hauptattraktionen für Besucher sind die grandiosen Landschaften und die ethnische Vielfalt.

Ein Großteil der Inneren Mongolei besteht aus sanft gewelltem Grasland, übersät mit den Jurten *(ger)* der nomadischen Mongolen. Von der Hauptstadt Hohhot aus gibt es Touren in die Steppe, bei denen man deren traditionelle Lebensweise kennenlernen kann. Wer es abenteuerlich mag, kann Richtung Norden nach Xilinhot und Haila'er reisen, wo riesige unberührte Landstriche ihrer Entdeckung harren. Einst bestand die Mongolei aus der Republik Mongolei, der Inneren Mongolei (heute China) sowie Teilen von Sibirien.

Das im Süden an die Innere Mongolei grenzende Ningxia wurde 1928 gegründet, war in den 1950er Jahren Teil von Gansu und wurde 1958 zur autonomen Region für die muslimischen Hui *(siehe S. 475)* erklärt. Die von arabischen Händlern an der Seidenstraße abstammenden Hui haben in ganz China eigene Gemeinden und passten sich weitgehend an die Han-Kultur an. Trotz Industrialisierung ist Ningxia kaum entwickelt. Am Fuß der Helan-Berge nahe der Hauptstadt Yinchuan stehen die verfallenen Grabstätten der Westlichen Xia-Dynastie. Sehenswert sind auch die Xumi-Shan-Grotten bei Guyuan mit ihren buddhistischen Skulpturen.

◁ **Traditionelle mongolische Jurte *(ger)* in der Steppe der Inneren Mongolei**

Hohhot ❶
呼和浩特

410 km westlich von Beijing. *2,5 Mio. (Großraum.* *16 km östlich der Stadt.* *Hohot Travel Agency, (0471) 460 7395.*

Das seit der Ming-Ära bestehende Hohhot wurde 1952 Hauptstadt der Inneren Mongolei. Obwohl sie in den vergangenen Jahren stark gewachsen ist, hat sich die Stadt etwas von ihrem Charme bewahrt, den vor allem die Lehmziegelhäuser im Süden sowie die wenigen Tempel ausmachen. Es gibt auch ein exzellentes Museum. Interessant sind das umliegende Grasland und die damit verbundene Lebensweise der Mongolen. Beste Besuchszeit ist der Sommer. In Hohhot leben meist Han-Chinesen und nur wenige Hui und Mongolen.

Dinosaurierskelette im Museum der Inneren Mongolei

Museum der Inneren Mongolei
Hulunbei'er Lu.
tägl. 9.30–17 Uhr.
Das im Zentrum des neuen Teils der Stadt gelegene Inner Mongolia Museum ist unbedingt einen Besuch wert. Es gewährt Einblicke in die Geschichte und Traditionen der Mongolen. Das Erdgeschoss zeigt spezielle Gegenstände der nomadischen Mongolen, darunter Sättel, Trachten, Bogen und Polo-Equipment sowie ein *ger* (transportable Jurte der zentralasiatischen Nomaden). Außerdem besitzt das Museum eine ausgezeichnete Sammlung von Fossilien aus der Inneren und Äußeren Mongolei, darunter das vollständige Skelett eines Wollrhinozeros, das in einer Kohlemine in Manzhouli *(siehe S. 474)* gefunden wurde, sowie mehrere eindrucksvolle Dinosaurierskelette. Das Obergeschoss des Museums ist dem Leben von Dschingis Khan gewidmet, der die zersplitterten Mongolenstämme im 13. Jahrhundert vereinte und eines der größten Reiche der Menschheitsgeschichte schuf. Einige der Karten und Objekte der Ausstellung sind auch englisch beschriftet.

Mobiler Obststand eines Einheimischen

Große Moschee
Tongdao Nan Jie. *tägl.*
Die schöne Große Moschee (Qingzhen Da Si) im alten Südwestteil der Stadt ist bekannt für ihren Mix an arabischen und chinesischen Baustilen. Das Hauptgebäude aus der Qing-Dynastie wurde aus schwarzen Ziegeln erbaut.Das Minarett trägt ein Pagodendach im chinesischen Stil. Auch Nicht-Muslime dürfen diesen Ort des Gebets besuchen, vor allen in Begleitung eines gläubigen Hui. Der Gebetsraum der Moschee ist allerdings nur für Muslime zugänglich. Es lohnt sich, auch die Umgebung mit ihren engen Gassen voller Restaurants zu erkunden. Dort gibt es leckere Nudelgerichte und Kebab.

Xilitu Zhao
Tongdao Nan Jie. *tägl.*
Von der großen Moschee ist es ein kurzer Spaziergang durch die Altstadt nach Süden zum Xilitu Zhao. Der ehemals kleine Tempel aus der Ming-Dynastie ist eines der ältesten Heiligtümer in Hohhot. Der tibetisch-buddhistische Tempel wurde 1735 die spirituelle Heimat des Elften Großen Lebenden Buddha. Seitdem dient er als Residenz seiner Wiedergeburten. Der Tempel wacht über die buddhistischen Angelegenheiten der Stadt. Der heutige Bau wurde im 19. Jahrhundert errichtet, nachdem der vorherige abgebrannt war. Auch in der Kulturrevolution nahm Xilitu Zhao Schaden, wurde seitdem aber grundlegend renoviert.

Hauptgebetshalle im tibetisch-buddhistischen Xilitu Zhao

Hotels und Restaurants in der Inneren Mongolei & Ningxia *siehe Seiten 571 und 596*

Der Stil ist chinesisch mit tibetischen Einflüssen. Man sieht diese an der Dagoba (tibetische Stupa) mit Sanskrit-Inschriften, den chinesischen Drachen und den tibetischen Wandmalereien, die die Schrecken der Hölle zeigen. Die im Tempel lebenden Mönche sind freundlich, sprechen Englisch und führen Besucher gern herum.

Da Zhao

Tongdao Nan Jie. *tägl.*

Da Zhao, der größte buddhistische Tempel der Stadt, steht in einer engen Gasse westlich der Tongdao Nan Jie. Er ähnelt erstaunlicherweise der Moschee Xilitu Zhao, wurde 1579 gebaut und in den 1990er Jahren renoviert. Ende des 17. Jahrhunderts wurde das Heiligtum dem Qing-Herrscher Kangxi gewidmet. Wandgemälde in der Haupthalle erinnern an dessen Besuch. Eine erstaunliche, drei Meter hohe silberne Sakyamuni-Buddha-Figur gehört zu den vielen Schätzen des Tempels. Da Zhao verfügt zudem über riesige Musikinstrumenten- und Drachenfigurensammlungen. Zudem werden hier jedes Jahr die buddhistischen Feste begangen.

Wusutu Zhao, Hohhots mongolischer Tempel

Wu Ta Si

tägl. 9–19 Uhr.

Südlich des Qingcheng-Parks, mitten in den Resten der Altstadt, steht der indisch geprägte Wu Ta Si (Fünf-Türme-Tempel), eines der schönsten Gebäude Hohhots. Er wurde 1727 als Teil eines anderen Tempels errichtet, der nicht mehr steht. Die fünf charakteristischen Pagoden ragen über einer massiven Basis auf, in der ein Tempel residiert. 1563 Buddha-Bilder befinden sich an seinen Wänden. Innen sieht man eine seltene mongolische Sternenkarte, die in einen großen Stein eingraviert ist. Sie zeigt die Position zahlreicher Sterne.

Wächterfigur, Wusutu Zhao

Wusutu Zhao

12 km nordwestlich von Hohhot. *tägl. 9.30–16.30 Uhr.*

Der vorwiegend mongolisch geprägte Wusutu Zhao wurde 1606 gegründet und trägt chinesische und tibetische Züge. Im Tempelinneren sieht man Wandmalereien aus der Ming-Zeit sowie Holzschnitzereien mit kaiserlichen Drachenmotiven. Der Name »Wusutu« bedeutet auf Mongolisch »nahe am Wasser«. Von der Stadt aus kann man Tagesausflüge in die Steppe und die Daqing-Berge unternehmen.

Bai Ta

15 km östlich von Hohhot.

tägl. 8–17.30 Uhr.

Bai Ta, die Weiße Pagode, ist ein achteckiger, über 50 Meter hoher Bau mit sieben Stockwerken. Der Turm aus Holz und Ziegeln wurde das erste Mal im 10. Jahrhundert errichtet, um buddhistische Schriften der Liao-Dynastie *(siehe S. 58)* zu beherbergen. Das jetzige Gebäude weist Figuren aus der chinesischen Mythologie und Naturmotive auf: Drachen, Blumen und Vögel. Eine Wendeltreppe führt nach oben. Von dort bietet sich ein Panoramablick. Bai Ta erreicht man mit dem Taxi.

Das weite Grasland, Heimat der nomadischen Mongolen

Grasland

Die Geschichte der Mongolei ist mit dem Grasland verknüpft – für viele ist das klassische Bild der Mongolei das einer endlosen Steppenlandschaft. Sie bietet Nahrung für Pferde und Schafe, Grundlage des Nomadenlebens der Mongolen. Die drei von Hohhot erreichbaren Graslandgebiete sind Xilamuren, 80 Kilometer nördlich, Huitengxile, 120 Kilometer westlich, und Gegentela, 150 Kilometer nördlich. Sie können eine Tour buchen: Sie enthält Übernachtung in einem traditionellen Jurtendorf, Bankett und mongolische Sportveranstaltungen. Obwohl das hauptsächlich Show ist, trägt es doch zur Erhaltung der mongolischen Kultur bei. Alternativ können Sie auch ein Pferd mieten, sich unabhängig bewegen und eventuell bei einem Einheimischen eine Übernachtung in dessen *ger* aushandeln.

Buddhistische Wandmalerei im Kloster Wudang Zhao, Baotou

Baotou ❷

包头

170 km westlich von Hohhot.
2,1 Mio. von Beijing.
Baotou Hotel, (0472) 515 4615.

Baotou ist die größte Stadt der Inneren Mongolei. Früher war der Ort eine unterentwickelte Region, in der mongolische Schaf- und Pferdehirten lebten. Heute ist Baotou eine Industriestadt, die vorwiegend von Han-Chinesen bewohnt ist und einen großen Anteil Mongolen hat. Die Stadt teilt sich in drei Areale: **Donghe** im Osten ist der älteste Teil, **Qingshan** im Westen das Haupteinkaufsviertel und **Kundulun** das Industriegebiet. Während Qingshan mit seinen Hochhäusern und Shopping-Meilen aussieht wie jede moderne Stadt Chinas, ist Kundulun mit öden Plätzen eine triste Betonwüste aus kommunistischen Tagen. Donghe hingegen ist ein nettes Viertel, das der Stadt mit seinen Lehmziegelhäusern und verstreuten Höfen Farbe verleiht.

Umgebung: Das am besten erhaltene Lama-Kloster der Region, **Wudang Zhao**, liegt 70 Kilometer nordöstlich von Baotou in einem beschaulichen Tal. Es wurde 1749 im tibetischen Flachdachstil gebaut und schnell zur wichtigen Pilgerstätte. Mehrere Hundert Mönche des Gelbmützen-Ordens lebten hier. Das Kloster besitzt einige buddhistische Wandgemälde aus der Qing-Dynastie.

Zehn Kilometer südlich von Baotou macht der **Huang He** (Gelber Fluss) eine große Schleife, in der sich das sogenannte Ordos-Gebiet befindet, das China erst zur Qing-Ära erobern konnte. Die vom Fluss gespeisten Bewässerungssysteme machten es zu einer fruchtbaren Oase. Außer dem beeindruckenden Fluss gibt es hier nicht viel zu sehen.

Südlich von Baotou erstreckt sich die Wüste Gobi, die den Norden der Inneren Mongolei sowie die Republik Mongolei durchzieht. In der **Resonant Sand Gorge** (Widerhallende Sandschlucht), 60 Kilometer südlich von Baotou, sind die Sanddünen bis zu 90 Meter hoch. Besucher rutschen hier zum Spaß hinunter. Der Name bezieht sich auf das Geräusch des rollenden Sandes. Im Angebot sind auch Paragliding und Kamelreiten. Ein Sessellift bringt Besucher von der Hauptstraße hierher.

Wudang Zhao
tägl.

Resonant Sand Gorge
tägl.

Dongsheng ❸

东胜

100 km südlich von Baotou.
430 000.

Die Stadt Dongsheng ist recht nett, dient aber vor allem als Ausgangspunkt für einen Besuch von **Dschingis Khans Mausoleum** (Ejin Horo Qi), das 50 ungemütliche Bus-Kilometer südlich liegt. Es gilt als gesichert, dass Dschingis Khan nicht hier begraben ist, sondern wohl in den Hentei-Bergen bei Ulan Bator in der Mongolei. Dennoch meinen einige Gelehrte, dass Reliquien des Großen Khan hier liegen. So wurde das Mausoleum zur Pilgerstätte der Mongolen. Es besteht aus drei Hallen, die jeweils die Form eines *ger* haben und mit Wandmalereien verziert sind. Die mittlere enthält eine große Dschingis-Khan-Statue mit einer Karte seines Reichs. In den anderen stehen kleinere *gers*, Altäre und religiöse Objekte. Vereinzelt hängen sehenswerte Teppiche an den Wänden. Viermal jährlich finden hier Zeremonien zu Ehren von Dschingis Khan statt, die Pilger aus der ganzen Mongolei anlocken.

Tafel mit vier Schriften, Wudang Zhao

Dschingis Khans Mausoleum
tägl. 8–19.30 Uhr.

Gebetsfahren auf dem Areal von Dschingis Khans Mausoleum

Dschingis Khan

Dschingis Khan wurde vermutlich 1162 geboren und erhielt als Anführer des Kiyat-Borjigen-Stamms zunächst den Namen Temujin. Der halbwüchsige Kämpfer tötete seinen Halbbruder und wurde 1206 zu Dschingis Khan (universeller König). Er vereinte die zerstrittenen mongolischen Lehen und stellte eine Armee von 200 000 Kriegern auf, die China und große Teile Asiens eroberte. So gründete er eines der größten Reiche der Geschichte. Zum Erfolg trugen die Reitkunst und Tapferkeit seiner anspruchslosen mongolischen Krieger bei. Ihre Nahrung bezogen sie von der Natur oder den Pferden. Dschingis Khan starb 1227 nach einem Sturz vom Pferd – noch vor der Eroberung Beijings. Tatsächlich fanden die großen Feldzüge der Mongolen nach seinem Tod statt, doch sein Organisationstalent und seine Überzeugungskraft hatten den Boden dafür bereitet.

Dschingis Khans Reiterdenkmal am Mausoleum

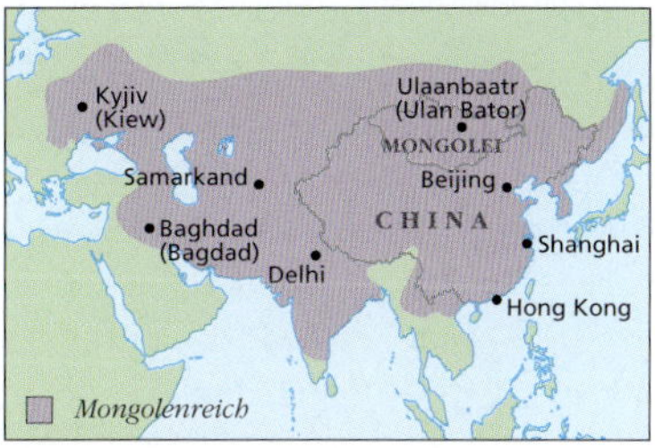

Das Reich von Dschingis Khans Nachfolgern in seiner größten Ausdehnung

Dschingis Khan *war ein genialer Organisator und Stratege. Er schuf den ersten mongolischen Gesetzescode, den Yasak, und förderte den Handel zwischen China und Europa.*

Mongolische Bogen hatten eine größere Reichweite als Standardbogen.

Lanze für den Nahkampf

Die mongolischen Pferde waren klein, aber robust.

Die Kavallerie bestand aus geschickten Reitern, die auf dem Pferderücken kämpften.

Mongolische Krieger

Dieses persische Bild entstand 100 Jahre nach Dschingis Khans Tod. Es zeigt ihn im Kampf gegen die Tartaren. Den Erfolg brachten die mongolischen Reiter. Sie waren diszipliniert und mobil. Ihr Können und ihre Grausamkeit waren beispiellos.

Dschingis Khans Mausoleum *erinnert an eine mongolische Jurte* (ger). *Nach seinem Tod trugen Tausende seiner Anhänger seine Leiche in die Mongolei zurück. Niemand weiß, wo er genau begraben wurde.*

Das endlos erscheinende Grasland Hulunbuir um Haila'er

Xilinhot ❹
锡林浩特

500 km nordöstlich von Hohhot. *ab Beijing.* *bis Erlianhot, dann Bus.* *ab Hohhot, beim PSB klären, ob* ***Genehmigung*** *erforderlich.* *Xilinhot Travel Agency, (0479) 824 9165.*

Mitten im Herzen des Graslands liegt Xilinhot. Besucht wird es wegen der umliegenden Wildnis, die nur nomadische Schafhirten in ihren *muchang jia* (Weideland-Behausungen) bewohnen. Die Touren sind billiger und ruhiger als die in Hohhot. Private Agenturen bieten individuelle Ausflüge an.

Haila'er ❺
海拉尔

350 km nordöstlich von Xilinhot. *ab Beijing und Hohhot.* *ab Harbin, Qiqiha'er und Beijing.* *Beiyuan Hotel, Shengli Jie, (0470) 822 4017.*

Nahe der russischen Grenze liegt Haila'er, der nördlichste Ort der Inneren Mongolei. Die kleine Ansiedlung am Fluss Amur eignet sich als Ausgangspunkt für Sommerausflüge ins Grasland. Hauptsehenswürdigkeit im Ort ist das von chinesischen Gefangenen im Zweiten Weltkrieg erbaute Tunnelnetz der Japaner. Es wurde als Verteidigungsbunker entlang dem Nordwestrand von Haila'er genutzt, der die westliche Vorstoßlinie der Japaner in China markierte. Hinter Haila'er beginnt das **Hulunbuir-Grasland**, eine von Flüssen durchzogene Ebene, in der Schafe und Pferde grasen. Das Tourismusbüro organisiert Touren.

Manzhouli ❻
满洲里

186 km westlich von Haila'er. *ab Haila'er und Harbin.* *ab Haila'er.* *Lantian Travel, (0470) 622 3003.*

Lange Zeit lebten hier nur Nomaden, bis sich 1901 der Grenzort Manzhouli als Bahnhof der Transmandschurischen und Transsibirischen Eisenbahn etablierte. Noch heute sind auf dem Rangierbahnhof von Zalainuo'er Dampfloks zu sehen. Russische Einflüsse zeigen sich an der Architektur der Holzhäuser mit bemalten Fensterläden und den vorrevolutionären Stuckbauten. Als Hauptattraktion gilt **Dalai Hu** (auch Hulun Nur) im Süden. Zugvögel, Schwäne, Gänse und Kraniche nisten an diesem See, der zu den größten Chinas zählt. Das Tourismusbüro organisiert Touren mit Übernachtungen im *ger*.

Xanadu ❼
夏那都

450 km nordöstlich von Hohhot. *von Xilinhot Travel Agency, (0479) 824 9165.*

Nahe der Grenze bei Duolun liegen die Ruinen von Yuanshangdu (Xanadu), wo der Palast des legendären Kublai Khan, des Enkels von Dschingis Khan *(siehe S. 471)*, stand. Kublai Khan, einem der größten Kaiser Chinas, und seinem Palast widmete Samuel Taylor Coleridge 1798 ein Gedicht, das so beginnt: »In Xanadu did Kubla Khan a stately pleasure-dome decree« (»In Xanadu ließ Kublai Khan ein stattliches Lustschloss errichten«). Der Palast wurde zu Lebzeiten des Khan aufgegeben und verfiel. Zu besichtigen ist nicht mehr viel.

Grenzbahnhof Manzhouli der Transmandschurischen Eisenbahn

◁ **Buddha-Darstellungen an den Wänden des Wu Ta Si, Hohhot *(siehe S. 469)***

Yinchuan ❽
银川

525 km südwestlich von Hohhot. *1,3 Mio.* *25 km südöstlich von Yinchuan.* *(0951) 672 7898.*

Das nördlich von Ningxia im Windschatten der Helan-Berge gelegene Yinchuan ist vor dem rauen Wüstenklima geschützt und eignet sich als Ausgangsbasis für Ausflüge in die Umgebung. Die üppig grüne Stadt wird vom Huang He (Gelber Fluss) gespeist und war ab dem 11. Jahrhundert die Hauptstadt des wenig bekannten Königreichs der Westlichen Xia, von dessen kurzer Existenz nur ein paar Dagobas und vereinzelte Kaisergräber, 20 Kilometer vor der Stadt *(siehe S. 476)*, zeugen. Die rätselhafte Dynastie entstand im 11. Jahrhundert nördlich von Han-China. Nach einer Expansionsphase (982–1030) umfasste das Reich der Westlichen Xia das heutige Ningxia sowie Teile von Shaanxi, Gansu, Qinghai und der Inneren Mongolei. Obwohl die Chinesen sie für Barbaren hielten, erreichten die Xia bis zum Untergang ihres Reichs 1227 durch den Einmarsch der Mongolen einen gewissen Standard, der auch durch die Anpassung an die Tang-Kultur entstand.

Heute ist Yinchuan eine belebte Stadt mit einigen Sehenswürdigkeiten. Sie besteht aus der neuen Stadt (Xin Cheng) im Westen nahe dem Bahnhof und der Altstadt (Lao Cheng), sieben Kilometer östlich, wo auch der zentrale Busbahnhof und die meisten Sehenswürdigkeiten liegen.

In der Jiefang Jie, der Hauptstraße der Altstadt, stehen zwei renovierte traditionelle chinesische Türme, der große **Gulou** (Trommelturm) und weiter östlich der **Yuhuang Ge** (Yuhuang-Pavillon), der aus der Ming-Dynastie stammt. Die südlich des Trommelturms verlaufende Gulou Jie ist die Einkaufsstraße, in der ein Kaufhaus neben dem anderen steht.

Der mächtige Gulou (Trommelturm) in Yinchuans Altstadt

Westlich der Gulou Jie erhebt sich die 13-stöckige, achteckige **Xi Ta** (Westpagode) auf dem Gelände des Chetian-Tempels. Dieser wurde im 11. Jahrhundert erbaut und beherbergt heute das **Ningxia-Provinzmuseum**, das eine große Sammlung von Kunstgegenständen der Westlichen Xia besitzt. Das Museum zeigt außerdem herrliche Objekte aus der Blütezeit der Seidenstraße und widmet sich der Lebensweise der Hui. Die muslimischen Hui sind die Nachfahren arabischer und persischer Händler aus dem Nahen Osten, die während der Tang- und der Yuan-Ära nach China kamen.

Werbeschild eines Wahrsagers am Haibao Ta

Südöstlich des Museums nahe dem Busbahnhof steht das **Südtor** (Nan Men), das wie eine Miniatur des Tian'an Men in Beijing wirkt. Südwestlich davon stößt man auf die **Nanguan-Moschee**, einen modernen Bau von 1981, der das Original von 1915 ersetzt. Das Gotteshaus wird von den Hui der Stadt besucht. Im Gegensatz zu den meisten Moscheen in China hat diese keine chinesischen Bestandteile und ist im typischen Stil des Mittleren Osten erbaut. Im nördlichen Teil der Altstadt steht **Haibao Ta** auf dem Gelände eines Klosters. Quellen zufolge wurde die 54 Meter hohe Bei Ta (Nordpagode) bereits im 5. Jahrhundert errichtet und im 18. Jahrhundert – nach der Zerstörung 1739 durch ein Erdbeben – wieder aufgebaut. Es ist ein ungewöhnlich eckiger Bau mit Vorsprüngen und Nischen auf jeder Etage. Es lohnt sich, die neun Stockwerke zu erklimmen, da sich von oben ein schöner Ausblick auf die Stadt, den Huang He (Gelber Fluss) und die Helan-Berge bietet.

Gulou und Yuhuang Ge
Jiefang Jie. *tägl. 8.30–17 Uhr.*

Ningxia-Provinzmuseum und Xi Ta
Jinning Nan Jie. *tägl. 9–17 Uhr. separater Eintritt für Tempelgelände, Pagode und Museum.*

Nanguan-Moschee
Yuhuangge Nan Jie. *tägl.*

Die ungewöhnliche Haibao Ta im Norden von Yinchuan

Xi Xia Wang Ling, die Westlichen Xia-Gräber am Helan Shan

Helan Shan ❾

贺兰山

20 km westlich von Yinchuan. 🚌 *oder Taxi.* ℹ *Yinchuan Information, 116 Jiefang Xijie, (0951) 688 9276.*

An dem etwa 20 Kilometer westlich von Yinchuan gelegenen, 3556 Meter hohen Gebirgszug Helan Shan gibt es einige historisch interessante Orte. An den Osthängen liegen die **Xi Xia Wang Ling**, die Kaisergräber der Westlichen Xia-Dynastie (1038–1227). Die verfallenen, aber beeindruckenden Grabhügel sind über ein recht großes Areal verteilt und erinnern an zwölf Xia-Kaiser. Ein Stück weiter westlich lädt der **Gunzhong Pass** bei entsprechender Witterung zu Wanderungen in die Berge ein. Acht Kilometer nördlich des Passes stehen die beiden zwölf Meter hohen, mit Buddha-Statuen verzierten Pagoden **Baisikou Shuang Ta**. In der Nähe gibt es bei **Suyu Kou** zahlreiche Felszeichnungen unbekannten Alters, die Tiere und Menschen zeigen. Alle Attraktionen sind an einem Tag mit Minibus oder Mietauto von Yinchuan aus zu besichtigen.

Xi Xia Wang Ling
35 km westlich von Yinchuan.
8–19 Uhr.

108 Dagobas ❿

Siehe S. 477.

Zhongwei ⓫

中卫

170 km südwestlich von Yinchuan. *Zhongwei Travel Service, Yixing Dajiudian, (0995) 701 2620.*

Der hübsche Ort Zhongwei liegt zwischen der Tengger-Wüste im Norden und dem Huang He im Süden. Zu Fuß oder per Rikscha ist dieser Ort bequem zu besichtigen. Im Zentrum steht ein **Trommelturm** (Gulou) aus der Ming-Ära. Die Attraktion Zhongweis ist **Gao Miao**, ein bizarrer Tempel aus dem 15. Jahrhundert, der gleichermaßen Buddhisten, Daoisten, Konfuzianern und Christen dient. Ursprünglich wurde er für Buddhisten erbaut, entwickelte sich aber zum ökumenischen Zentrum, wie das Durcheinander von 200 Kapellen und Räumen zeigt. Der Tempel wurde mehrmals renoviert und ist inzwischen ein wilder Mix diverser Stile.

Gemälde im oberen Pavillon, Gao Miao

Umgebung: Etwa 15 Kilometer westlich von Zhongwei liegt das grandiose Erholungsgebiet **Shapotou** am Ufer des Huang He zwischen Ufervegetation auf der einen und Wüstendünen auf der anderen Seite. Das per Minibus von Zhongwei erreichbare Shapotou Desert Research Center (Wüsten-Forschungszentrum) wurde 1956 gegründet, um der Wüste wieder fruchtbares Land abzugewinnen – offenbar mit Erfolg, wie die grünen Haine und Bäume zeigen. Heute kann man hier auf Kamelen reiten oder auf traditionellen Booten, die ihren Auftrieb durch aufgeblasene Schafshäute erhalten, den Fluss hinunterfahren. Wer es schnell mag, kann auch Sandschlitten mieten.

Gao Miao
Gulou Bei Jie. *tägl.*

Shapotou
tägl. 8.30–17 Uhr.

Verzierter Eingang des multikonfessionellen Gao Miao, Zhongwei

Guyuan ⓬

固原

460 km nordwestlich von Yinchuan. **Xumi-Shan-Grotten** *ab Guyuan bis Sanying, dann Taxi.*

Im Süden von Ningxia kann man von Guyuan aus die 50 Kilometer nordwestlich gelegenen **Xumi-Shan-Grotten** (Schatzberg-Grotten) besuchen. Es gibt über 100 dieser in landschaftlich faszinierenden Sandsteinbergen gelegenen buddhistischen Höhlen, die noch aus der Blütezeit der Seidenstraße stammen, aus der Zeit der Nördlichen Wei, der Sui und der Tang-Dynastie. Die Grotten beherbergen über 300 intakte Buddha-Statuen. Die berühmteste ist die Kolossalstatue des 19 Meter hohen Maitreya Buddha (Buddha der Zukunft) in Höhle 5.

108 Dagobas ⑩

108塔

Die in der Wüste nahe dem Ort Qingtongxia Zhen gelegenen 108 Dagobas stehen in zwölf Reihen, die in perfekter Dreiecksformation den Huang He (Gelber Fluss) überblicken. Es ist unklar, welchem Zweck dieses buddhistische Monument diente. Bis vor Kurzem glaubte man, die Gebäude stammten aus der Yuan-Dynastie (1279–1368). Heute meint man eher, dass sie mit dem Reich der Westlichen Xia zu tun haben. 108 ist eine wichtige Zahl in der chinesischen Numerologie: Der buddhistische Rosenkranz hat 108 Gebetsperlen – entsprechend der Anzahl der Sünden und Sorgen.

Infobox

85 km südlich Yinchuan.
oder von Yinchuan bis Qingtongxia Zhen, dann Minibus oder Taxi. tägl.

Ein Parasol schützt vor Bösem

Die höchste Daseinsstufe

Die 13 Stufen der Erleuchtung

Der Mittelteil repräsentiert den Urhügel

Manchmal hohl – für Reliquien

Der Sockel steht für die Erde

★ Dagobas

Die Dagoba ist – wie die indische Stupa – höchst symbolisch. Die frühe buddhistische Kunst zeigte Buddha nie als Menschenfigur, sondern verkörperte ihn als Dagoba.

★ Hanglage

So beeindruckend die Dagobas sind, allein der Ausflug und das Wandern in der Ruhe der Berge lohnen den Besuch. Hier findet man stille Tempel am Ende von schweißtreibenden Stufen oder inspirierende Zeichnungen.

Gesamtansicht

Die beste Aussicht hat man von einem Boot auf dem Fluss aus – wenn der Pegel hoch genug ist. Die Stätte ist allerdings fast ein wenig zu gründlich renoviert.

Nicht versäumen

- ★ Dagobas
- ★ Hanglage

Das Reich der Westlichen Xia

Münze der Westlichen Xia

Im 11. Jahrhundert schuf die Dynastie nördlich des damaligen Han-China das Xia-Reich. Die Menschen wurden Tanguten genannt und stammten wohl aus Tibet. Für kurze Zeit waren sie stark genug, um ihr kleines Reich aufzubauen und sogar Tribut von Chinas Song-Herrschern einzutreiben. 1227 wurden sie von den Mongolen bezwungen. Außer einigen Münzen, Büchern und der berühmten mit Schriftzeichen bedeckten Stele (nun in Xi'an) sind kaum Relikte ihrer Existenz erhalten.

Gansu & Qinghai

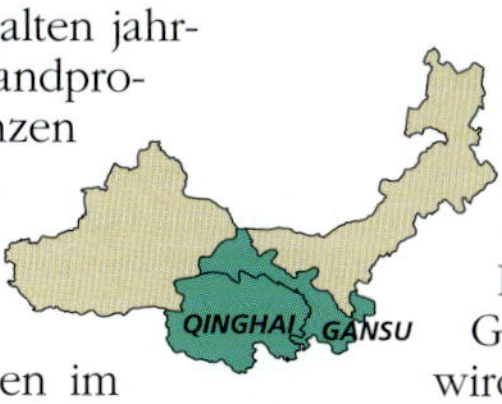

Gansu und Qinghai galten jahrhundertelang als Randprovinzen, die die Grenzen des alten China markierten. Die unwirtliche Region Gansu verbindet das chinesische Kernland mit den riesigen Wüstenregionen im Nordwesten. Der etwa 1200 Kilometer lange Hexi-Korridor bildete zwischen Bergketten und an Oasen vorbei eine Verbindungsroute zwischen China und dem Westen. Die Seidenstraße verlief hier ebenso wie einst die Chinesische Mauer und später die einzige Bahnstrecke der Region. Der Huang He (Gelber Fluss) durchfließt Lanzhou, das lange eine wichtige Station an der Seidenstraße war. Im Südwesten befindet sich der tibetische Ort Xiahe mit seinem faszinierenden Labrang-Kloster. Die Wüstenregion Lanzhou bietet zwei großartige historische Stätten – die mächtige Ming-Festung von Jiayuguan und die Höhlenmalereien bei Dunhuang.

Qinghai (»Blaues Meer«) ist eine riesige Hochebene zwischen Gansu und Tibet und wird nur von fünfeinhalb Millionen Menschen bewohnt. Die ehemalige tibetische Provinz hieß zeitweise Amdo. 1928 wurde sie chinesische Provinz. Qinghai gehört kulturell, historisch sowie geografisch zur Tibetischen Hochebene. Weil die Region so abgelegen ist, wurden dort mehrere Gefangenenlager für Dissidenten errichtet. Gleichzeitig strotzt die Provinz vor üppigen Landschaften und unberührter Wildnis. Hier befindet sich Ta'er Si, eines der bedeutendsten Lama-Klöster des Landes. Von Golmud und Xining aus gelangt man über einige der höchsten Gebirgszüge der Welt nach Tibet.

Sehenswürdigkeiten auf einen Blick

Städte und Orte
Dunhuang S. 494–497 12
Golmud 18
Jiayuguan 11
Langmusi 3
Lanzhou S. 484f 6
Linxia 5
Pingliang 8
Tongren 13
Wuwei 9
Xining 15
Zhangye 10

Klöster und Tempel
Ta'er Si S. 500f 14
Xiahe S. 482f 4

Berge, Höhlen und Seen
Bingling Si 7
Luomen 2
Maiji Shan S. 480f 1
Mengda Tian Chi 16
Qinghai Hu 17

Historische Stätte
Fort Jiayuguan S. 492f 11

Legende
Inlandsflughafen
Autobahn
Nationalstraße
Nebenstraße
Eisenbahn
Staatsgrenze
Provinzgrenze
Chinesische Mauer

◁ **Kolossalstatue des Maitreya Buddha oder Jampa im Ta'er Si in Qinghai** ***(siehe S. 500f)***

Maiji Shan ❶

麦积山

Buddha-Schüler

Spektakulär wie der Sumeru, der heilige Berg aus der buddhistischen Mythologie, ragt der Maiji Shan (Corn Rick Mountain, Weizenlager-Berg) empor, auf dem sich superbe buddhistische Höhlenskulpturen befinden. Die ersten Figuren stammen wahrscheinlich aus dem 4. Jahrhundert. Bis zur Qing-Dynastie wurde weitergearbeitet, deshalb kann man hier einen Querschnitt buddhistischer Kunstgeschichte sehen. Fast 200 Grotten sind erhalten und über steile Treppen erreichbar. Die schönsten sind verschlossen und dürfen nur durch Luken betrachtet werden. Tipp: Bringen Sie eine Taschenlampe mit!

Maiji Shan, dessen Form auch als »Heuhaufen« bezeichnet wird

★ Kolossal-Buddha in Höhle 98

Die fein gearbeite, 16 Meter hohe Statue des Amitabha Buddha wird von zwei kleineren Avalokitesvara-Statuen flankiert. Die Abweichung vom klassisch-indischen Stil der Buddha-Darstellung ist hier deutlich erkennbar.

Höhle 5, Kalbshalle

Höhle 135, Himmelshöhle

Höhle 133 ist eine Grabstätte mit zahlreichen Statuen und Gravuren. Sie gilt als eine der schönsten heiligen Höhlen.

Tonarbeiten

Weil der Stein des Maiji Shan sehr porös ist, wurden viele Statuen nicht aus dem Fels gehauen, sondern über ein Holzgerüst aus Ton modelliert. Deshalb sind sie teilweise weniger gut erhalten, doch viel detaillierter und lebendiger gestaltet als ähnliche Statuen in anderen buddhistischen Höhlen wie etwa in Dunhuang. Auf dem Maiji Shan gibt es zwar auch einige Steinfiguren, doch diese wurden aus speziell importiertem Stein gehauen.

Statue mit detaillreicher Kleidung und Frisur

Nicht versäumen

- ★ Galerieausblick
- ★ Kolossal-Buddha

Obere Sieben Buddha-Bildnisse in Höhle 4
In der oberen Buddha-Galerie findet man diesen Wächter aus der Song-Ära. Das Höhlensystem selbst soll im 6. Jahrhundert von Li Yunxin, dem Gouverneur der Region, gebaut worden sein.

INFOBOX

45 km südöstlich von Tianshui. (0938) 223 1075. ab Beidao, Tianshui. tägl. 8.30–17.30 Uhr. gegen Extrazahlung werden die geschlossenen Höhlen bisweilen geöffnet. im Eintritt enthalten.

Höhle 3, Tausend-Buddha-Korridor

★ Kolossal-Buddha-Bildnisse in Höhle 13
Die riesigen Statuen stammen aus der Zeit der Sui-Dynastie, wurden aber während der Ming-Ära restauriert. Die zahllosen Löcher um die Figuren stammen wahrscheinlich von einem Schutzgerüst.

Mittlere Sieben Buddha-Bildnisse in Höhle 9
An diesen Figuren zeigt sich der Stilmix von indischem Einfluss und später, rein chinesischer Song-Ära. Die Kleider der schlanken Statuen haben realistische Faltenwürfe.

Höhle 43 ist das Grab einer Kaiserin der Wei-Dynastie.

★ Galerieausblick
Auf der Felsseite des Maiji Shan hat man von den Galerien des Wegesystems aus eine fantastische Aussicht auf die Landschaft. Auch ein Spaziergang durch den Botanischen Garten am Fuß der Steilwand lohnt sich.

Steinarbeiten mit Sakyamuni Buddha am Lashao Si in Luomen

Luomen ❷
洛门

250 km südöstlich von Lanzhou. **Water Curtain Thousand Buddha Caves** *Minibus ab Luomen.*

Der kleine Ort Luomen ist Ausgangspunkt für einen Ausflug zu den **Water Curtain Thousand Buddha Caves** (Wasservorhang-Tausend-Buddha-Grotten), die in einer grandiosen Bergschlucht liegen. Sie sind nur über ein ausgetrocknetes Flussbett und auch nur bei gutem Wetter erreichbar. Die Highlights der Grotten sind der 30 Meter hohe, in eine Felswand gehauene Sakyamuni Buddha (historischer Buddha) und der Lashao Si, ein in eine Höhle am Berghang gebauter Tempel, der Malereien und Skulpturen aus der Zeit der Nördlichen Wei-Dynastie (386–534 v. Chr.) enthält. Luomen ist per Bus oder Bahn von Tianshui oder von Lanzhou aus erreichbar.

Langmusi ❸
郎木寺

380 km südlich von Lanzhou. ab Lanzhou, Linxia oder Xiahe bis Hezuo, dann direkter Bus bis Langmusi.

Der abgelegene Bergort Langmusi ist die beschauliche Heimat von Tibetern, Hui und Han-Chinesen. In der unberührten Berglandschaft kann man ausgiebig wandern oder reiten. Im Ort selbst gibt es einige Tempel. In dem 1413 errichteten **Dacheng Lamo Kerti Gompa** leben einige Hundert Mönche, die sich neben tibetisch-buddhistischer Theologie auch der Astrologie und Medizin widmen. Hier finden noch die traditionellen Himmelsbestattungen statt, bei denen die Toten Aasgeiern überlassen werden. Bei den Zeremonien selbst sind keine Fremden zugelassen.

Dacheng Lamo Kerti Gompa
tägl.

Xiahe ❹
郎木寺

280 km südwestlich von Lanzhou. *Monlam-Fest (Großes Gebetsfest) (Feb/März).*

In 2900 Meter Höhe liegt in einem Tal am Rand der Tibetischen Hochebene (die heute zu Gansu gehört) der bedeutende tibetische Klosterort Xiahe, dessen **Labrang-Kloster** alljährlich Scharen von buddhistischen Pilgern anzieht. Im Ort leben Hui, Tibeter und Han-Chinesen.

Die Lage Xiahes bietet vielfältige Ausflugsmöglichkeiten auf dem Pferderücken oder per Rad in das umliegende Grasland. Der Ort selbst besteht aus einer einzigen Straße, die am Fluss Daxia entlang verläuft. Die Läden und Unterkünfte liegen am östlichen Ende. Das Labrang-Kloster befindet sich im Zentrum und das tibetische Viertel im Westteil. Dort kann man einen Eindruck von tibetischer Lebensweise gewinnen. Der Besuch von Xiahe lohnt sich vor allem dann, wenn Sie nicht vorhaben, nach Tibet weiterzureisen.

Umgebung: Zehn Kilometer westlich von Xiahe, nicht weit vom Dorf **Sangke**, befindet sich ein von Sangke-Grasland umgebener See. Nomaden lassen ihre Yaks hier grasen. Über eine Mautstraße gelangt man in das riesige Wiesen- und Blumengelände. Weitere 30 Kilometer nördlich breitet sich das noch größere **Ganjia-Grasland** aus.

Atemberaubendes Bergpanorama bei Langmusi

Hotels und Restaurants in Gansu & Qinghai *siehe Seiten 571f und 596f*

Labrang-Kloster

拉卜楞寺

Labrang-Mönch

Als wichtigstes Zentrum des Gelbmützen-Ordens (Gelugpa) außerhalb von Tibet zieht das Labrang-Kloster (Labuleng Si) Tausende von tibetischen Pilgern an. Nach der Kulturrevolution musste das Kloster bis 1980 schließen. Die Zahl der Mönche verringerte sich von 4000 auf etwa 1500. Um die Klosteranlage, die nach Feng-Shui-Regeln günstig zwischen den Drachenbergen im Norden und dem Fluss Daxia liegt, schlängeln sich labyrinthische Gässchen – sie zu durchstreifen ist ein faszinierendes Erlebnis.

Infobox

Xiahe, 280 km südwestlich von Lanzhou. *Linxia, Lanzhou oder Tongren.* *tägl. 8–12, 14–18 Uhr.* *Nov–Feb.* *für Haupttempel obligatorisch.* *Monlam-Fest (4.–16. Tag des 1. Mondmonats).*

Hauptgebetshalle, Labrang-Kloster

Überblick: Labrang-Kloster

Das Kloster wurde 1709 im 48. Regentschaftsjahr des Qing-Kaisers Kangxi von dem einheimischen Mönch E'Ang Zongzhe errichtet. Er war der erste Lebende Buddha bzw. Jiemuyang, der in der tibetischen Hierarchie an dritter Stelle nach dem Dalai Lama und dem Panchen Lama steht. Die Anlage überlebte die Kulturrevolution weitgehend unbeschadet, doch 1985 wurde die Große-Sutra-Halle durch einen Brand verwüstet und musste komplett renoviert werden. Heute prägt das Klostergelände den ganzen Ort. Alles ist so miteinander verbunden, dass man nicht erkennen kann, wo der Ort aufhört und das Kloster beginnt.

Das Kloster wurde im typisch tibetischen Stil erbaut und besteht aus sechs großen Hallen, in denen Sutren (heilige Schriften) studiert werden, 18 Buddha-Tempeln, Büroräumen für den Lebenden Buddha und Hunderten von Mönchsunterkünften. Das Kloster ist auch eine akademische Institution, die eine Sammlung von rund 60 000 Sutren und Fachbüchern besitzt. Die großen Hallen sind Seminare, in denen die Mönche diverse Disziplinen wie Mathematik, Astronomie, Medizin sowie esoterische Fächer studieren können. **Die Große-Sutra-Halle** ist von allen Bauten am eindrucksvollsten und bietet 4000 Studierenden Platz. Es ist eine besondere Erfahrung, die Mönche morgens vor den Gebeten singen zu hören. Zahlreiche Gebetsmühlen bilden einen losen Kreis um das ganze Kloster. Die Mühlen zu drehen war und ist für die zumeist analphabetischen Tibeter eine Art zu beten.

Innerhalb der Gebetsmühlen südlich der Hauptstraße steht die **Gongtang-Pagode**. Die fünfstöckige, 31 Meter hohe Pagode wird von einer goldenen Stupa mit Tausenden von Sutren und Buddha-Statuen gekrönt. Die oberste Etage bietet eine herrliche Aussicht auf das Kloster und den Ort.

Gelbmützen-Mönch

Teile von Labrang kann man nur mit einer geführten Gruppe besichtigen. Der größte Teil des Klosters ist jedoch frei zugänglich. Es gibt täglich einige englischsprachige Führungen. Bitte nehmen Sie Rücksicht auf den religiösen Charakter der Stätte.

Xiahe ist für sein Monlam-Fest (Gebetsfest) bekannt. Vor Tausenden von Zuschauern aus dem ganzen Land wird ein riesiges *thangka* (Rollbild) von Buddha ausgebreitet und auf der Südseite des Daxia gesegnet. Es folgen mehrtägige Festivitäten mit Prozessionen, Musikveranstaltungen und Tanzaufführungen.

Blick über das Kloster, links die glänzende Gongtang-Pagode

Zusammengebundene, verkaufsfertige Nudeln in Linxia

Linxia ❺

临夏

100 km südwestlich von Lanzhou. *200 000.* *ab Lanzhou, Xining und Xiahe.*

Das durch die Hui muslimisch geprägte Linxia lädt zum Schlendern durch belebte Straßen ein. Früher war es Station zwischen Lanzhou und dem Südpass entlang der Seidenstraße. Auch heute eignet sich der Ort für einen Zwischenstopp zwischen Lanzhou und Xiahe. Neben zahlreichen Moscheen gibt es hier allerdings nur wenige Sehenswürdigkeiten. Am imposantesten ist die große **Nanguan-Moschee** gleich neben dem Hauptplatz.

Den Charme von Linxia machen die farbenfrohen Märkte und Teehäuser aus. Auf den Märkten werden beschnitzte Kürbisse, Teppiche und Sättel verkauft. Kurios sind die hiesigen Brillen aus in Metallrahmen eingepassten Kristalllinsen, die vor allem ältere Männer tragen. Am Ende der Jiefang Nan Lu im Süden von Linxia befindet sich der herrliche Nachtmarkt mit vielen Ständen, die aromatisches Curry-Brot *(bing)* sowie riesige Berge frischer und getrockneter Nudeln verkaufen.

In Linxia leben auch Angehörige der Dongxiang-Minderheit, die ihre eigene altaische Sprache sprechen und wahrscheinlich Nachfahren von zentralasiatischen, im 13. Jahrhundert vor Kublai Khan geflohenen Einwanderern sind.

Lanzhou ❻

兰州

Elefanten-Trommel

Lanzhou, die Industriemetropole und Hauptstadt von Gansu, war traditionell ein zentraler Stützpunkt zwischen chinesischem Kernland und dem Nordwesten. Die Stadt war eine Station der Seidenstraße am Anfang des Hexi-Korridors und steht daher dem Nordwesten kulturell näher als Zentralchina. Der Huang He (Gelber Fluss) fließt mitten durch die Stadt, die jahrhundertelang die Hauptstelle zu seiner Überquerung war. Noch bis ins 19. Jahrhundert dienten zusammengekettete Boote als Brücke. 1907 wurde die erste Eisenbrücke gebaut. Auch wenn die meisten Attraktionen weit außerhalb des Zentrums liegen, bietet Lanzhou leckeres Essen, gute Einkaufsmöglichkeiten und ein ausgezeichnetes Museum.

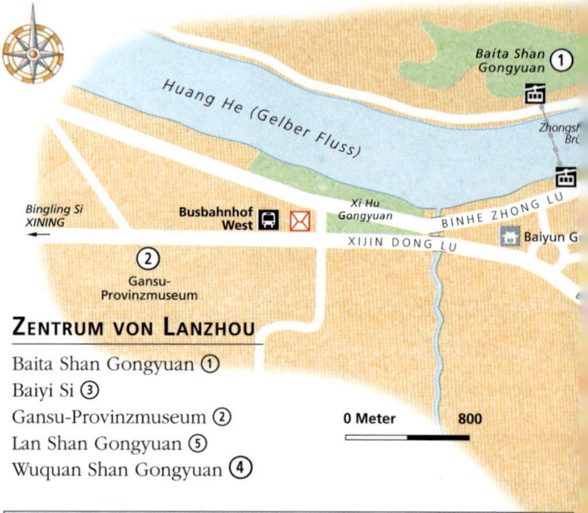

Der Huang He zwischen Baita Shan Gongyuan und Lanzhou

Baita Shan Gongyuan

tägl. 6.30–20.30 Uhr.

Nördlich vom Fluss, nahe der Zhongshan-Brücke, liegt der Baita Shan Gongyuan (Park am Berg der Weißen Pagode). Namensgebend war die Pagode Bai Ta aus dem 13. Jahrhundert, die als Teil eines Tempels auf dem Berggipfel gebaut wurde. Stufen führen die steilen Hänge hinauf. Der Weg läuft an Teehäusern, Moscheen, einer Baumschule und diversen Pavillons entlang. Vom Park und von der Stadt aus gibt es jeweils einen Sessellift zum Gipfel.

Hotels und Restaurants in Gansu & Qinghai *siehe Seiten 571f und 596f*

Gansu-Provinzmuseum

Xijin Xi Lu. *Di–So.*

Das Museum ist in einem alten Sowjet-Bau im Westen untergebracht. Im Erdgeschoss befindet sich die naturhistorische Sammlung mit einem Mammutskelett, das 1973 im Huang He gefunden wurde. Die Geschichtsabteilung (mit englischen Erläuterungen) zeigt u. a. das 2000 Jahre alte bronzene Fliegende Pferd, das mit einem Huf auf einer Schwalbe steht. Man fand es in einem Grab der Östlichen Han in Wuwei. Auch die Bronzekutschen mit Pferden und Kutschern sind sehenswert. Sie stammen aus einem Grab der Gegend. Zudem gibt es Yangshao-Töpferwaren aus dem späten Neolithikum, Seidenstraßen-Reliefs, Statuen und Schreibtabletts. In einem nachgebildeten Grab kann man die Begräbnisrituale der Jiayuguan (spätes 3. und 4. Jh.) studieren. Eine Abteilung widmet sich dem Langen Marsch.

Fliegendes Pferd im Provinzmuseum

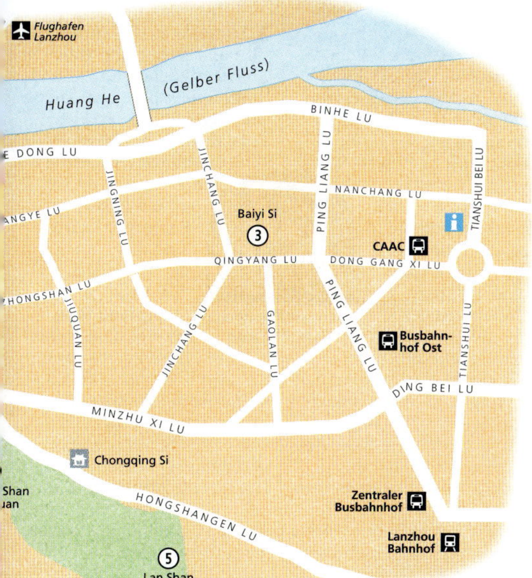

Zeichenerklärung *siehe hintere Umschlagklappe*

Baiyi Si

Baiyi Si mit Tempel und Stupa wurde in der Ming-Dynastie (1368–1644) gebaut. Er liegt nur wenige Hundert Meter östlich der belebten Jinchang Lu auf der Nordseite der Qingyang Lu. Die Lage neben den turmhohen, protzigen Kaufhäusern von Lanzhous Haupteinkaufsviertel lassen den Tempel winzig klein und ein wenig verloren wirken – allein schon deshalb lohnt der Besuch.

Verzierter Türknauf, Rui Yuan Si, Wuquan Shan

Lan Shan Gongyuan

tägl. 8–20 Uhr.

Südlich der Stadt liegt der Lan Shan Gongyuan (Lan-Shan-Park). Er ist in 20 Minuten per Sessellift von Wuquan Shan Gongyuan aus erreichbar. Oben entkommt man der Sommerhitze, kann Sonnenuntergänge beobachten – oder die Lichter der Stadt. Es gibt einen Vergnügungspark und Restaurants sowie einen Fußweg zum Wuquan Shan Gongyuan.

INFOBOX

680 km westlich von Xi'an.
3,3 Mio. (Großraum). Flughafen Lanzhou, 90 km nördlich.
Lanzhou Bahnhof. CAAC (Flughafenbusse), Busbahnhof Ost, Privatbusse, Zentraler Busbahnhof, Busbahnhof West.
2. Etage, Tourism Building, Nongmin Xiang, (0931) 881 3222.

Wuquan Shan Gongyuan

tägl. 6–17 Uhr.

Ebenfalls im Süden befindet sich Wuquan Shan Gongyuan (Park am Berg der Fünf Quellen), der mit seinen verwitterten Felsen, den Wasserfällen, Schmucktoren und zahllosen Pavillons an einen traditionellen Garten erinnert und wunderbar für Spaziergänge geeignet ist. Auf dem Berg soll angeblich Han-General Huo Qubin seine Kavallerie untergebracht haben, als er eine Expedition in den Nordwesten plante. Er soll so lang auf die Felsen eingeschlagen haben, bis Wasser für seine Männer und Pferde hervorsprudelte. Einer der Tempel auf diesem Gelände ist der **Chongqing Si** von 1372. Er enthält eine 1202 gegossene Eisenglocke. Ungeachtet seines Alters wurde der Tempel einige Male auch unter Verwendung moderner Materialien wie Beton umgebaut und präsentiert sich heute als Mischung aus sowjetischem und chinesischem Stil. Zu den ältesten Bauten im Park zählt der **Jingang-Palast** aus der Ming-Ära mit seinem fünf Meter hohen Bronze-Buddha, der auf 1370 datiert wird.

Tor in Form eines vierblättrigen Monds, Wuquan Shan Gongyuan

Der in den Fels gehauene Sitzende Buddha, Höhle 172, Bingling Si

Bingling Si ❼

炳灵寺

90 km südwestlich von Lanzhou. *bis Liujiaxia-Stausee, dann per Boot zu den Grotten.* *bei hohem Wasserpegel im Stausee.* *ab Lanzhou.*

Zu den eindrucksvollsten Sehenswürdigkeiten Gansus zählen die buddhistischen Grotten beim Bingling Si (Heller-Geist-Tempel). Der Buddhismus kam über die Seidenstraße nach China, und diese Grotten waren die ersten buddhistischen Monumenten des Landes. Sie sind in den Fels gehauen und erstrecken sich über 1,6 Kilometer an einer 60 Meter tiefen Schlucht. Da sie durch den Liujiaxia-Stausee am Huang He von der Außenwelt abgeschnitten waren, überlebten die Skulpturen die Kulturrevolution unbeschadet und sind in überraschend gutem Zustand. Die Grotten sind als Tausend-Buddha-Höhlen bekannt – de facto sind es nur 183. 149 von ihnen muss man eher als Nischen bezeichnen.

Die Grotten entstanden vor 1600 Jahren zur Zeit der Nördlichen Wei- und Westlichen Jin-Dynastie. Vermutlich hingen die Bildhauer an Seilen, als sie die Figuren aus dem Fels schlugen. Der Stil gleicht dem der Figuren von Datong und Luoyang. Die meisten Höhlen beherbergen Statuen, Tonskulpturen und farbige Fresken. Nr. 169, eine der ältesten Grotten (420 v. Chr.), enthält einen Buddha und zwei Bodhisattvas, mit die ältesten und besterhaltenen Chinas. Die meisten anderen Grotten wurden in der Tang-Ära fertiggestellt. In Nr. 172, der eindrucksvollsten, befindet sich die 27 Meter hohe Statue des Sitzenden Maitreya Buddha (Buddha der Zukunft). Zudem gibt es dort vier Pagoden aus Ton und eine aus Stein.

Die Arbeit an den Skulpturen wurde noch fortgeführt, als die Seidenstraße längst ihre Bedeutung verloren hatte. Einige Arbeiten stammen aus der Song-, Ming- und Qing-Ära. Die Blütezeit der Malerei war zur Zeit der Song- und Ming-Dynastie. Es existieren auch einige, allerdings ungleich gröbere Arbeiten aus der Tang-Ära.

Es gibt keinen zuverlässigen Zugang zu den Grotten, da sie nur mit dem Boot erreichbar sind, was wiederum vom Wasserpegel des Stausees abhängt. Am besten besucht man Bingling Si im Herbst. Erkundigen Sie sich bei anderen Reisenden, bevor Sie den Ausflug arrangieren. Die Busfahrt von Lanzhou zum Stausee dauert zwei Stunden, die Bootsfahrt von dort weitere drei Stunden. Sie führt an herrlichen Landschaften, an Fischern sowie mit Weizen und Reis bewachsenen Uferregionen vorbei.

Stele am Kongtong Shan, Pingliang

Pingliang ❽

平凉

250 km südöstlich von Lanzhou.

Versteckt in den Hügeln einer Bergregion nahe der Grenze zwischen Gansu und Ningxia liegt der verschlafene Ort Pingliang. Die von bis zu 2100 Meter hohen Berggipfeln umrahmte Ortschaft gehört zu den am wenigsten besuchten Ecken der Provinz und dient höchstens als Ausgangslager für Ausflüge zum **Kongtong Shan**, einem daoistischen Kloster, etwa zehn Kilometer westlich. Das Kloster thront auf dem gleichnamigen Felsgipfel nicht weit von einem glitzernden See und einigen anderen, in der Landschaft verstreuten Tempeln. In der Umgebung kann man ausgedehnte Wanderungen unternehmen.

Der nördliche Gipfel des Kongtong Shan, Pingliang

Verbreitung des Buddhismus

Bis sich der Buddhismus in China durchsetzen konnte, ging einige Zeit ins Land. Seine Anfänge sind ungewiss. Erste Anzeichen gab es mit der Gründung des Baima Si (Tempel des Weißen Pferdes, *siehe S. 152*) während der Han-Dynastie in der Nähe der Hauptstadt Luoyang. Die auf den Lehren des im 6. Jahrhundert v. Chr. in Indien lebenden Buddha basierende Religion wurde vermutlich ab dem 1. Jahrhundert n. Chr. von zentralasiatischen Auswanderern über die Seidenstraße verbreitet. In China blühte der Buddhismus in Zeiten der Instabilität auf, als der konfuzianische Obrigkeitsglauben beim Volk nicht gut ankam *(siehe S. 30)*. Chinas Herrscher nahmen den Glauben schließlich an. Die Mahayana-Schule *(siehe S. 31)* spaltete sich in mehrere Schulen auf, etwa in die Chan-Schule, die in Japan als Zen-Buddhismus großen Zulauf hatte.

Steinerne Buddha-Statue

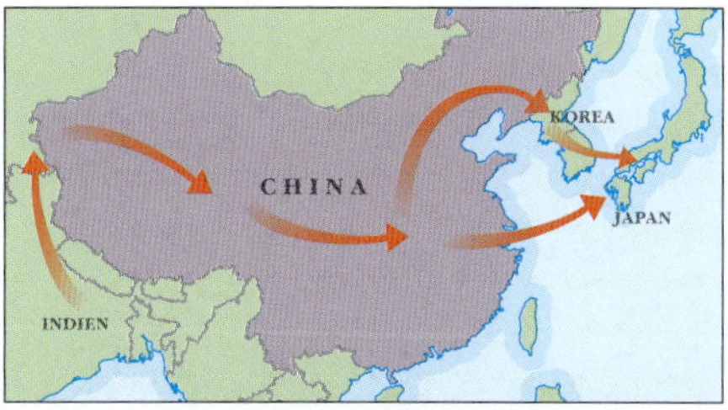

Der Mahayana-Buddhismus *kam im 1. Jh. in Indien auf und verbreitete sich um 600 über China nach Japan.*

Die Große Wildgans-Pagode *in Xi'an wurde 652 für den Mönch Xuanzang und die Sutren, die er aus Indien mitbrachte, erbaut. Die* Reise nach Westen (siehe S. 29) *berichtet davon. Den Rest seines Lebens verbrachte Xuanzang damit, die Sutren zu übersetzen.*

Die Grotten *von Dunhuang* (siehe S. 496f) *waren für Pilgermönche die letzte Station auf der Seidenstraße vor der Grenze nach Indien. Die Fresken und Skulpturen aus dem 4. bis 11. Jahrhundert erzählen von der Verbreitung des Buddhismus. Sie gehören zu den wichtigsten buddhistischen Frühwerken Chinas.*

Guanyin, *Bodhisattva des Mitgefühls, war zuerst eine männliche Gottheit. Die Wandlung zur Frau zeigt, wie die Chinesen den Buddhismus auf ihre Bedürfnisse zuschnitten. Guanyin ist die meistverehrte Gottheit Chinas und die Schutzgöttin der Mütter.*

Eine Renaissance *erfuhr der Buddhismus in der frühen Tang-Zeit, als er kaiserlichen Schutz genoss. Doch im 9. Jahrhundert führten Rebellionen wieder zu seiner Unterdrückung.*

Wuwei ❾
武威

225 km nordwestlich von Lanzhou.

Das zwischen Lanzhou und Zhangye gelegene kleine Wuwei ist der Fundort von Gansus Fliegendem Pferd aus Bronze. 1969 fand man es in einem Grab der Östlichen Han auf dem Gelände des **Leitai Si** nördlich der Stadt. Heute steht es im **Provinzmuseum** von Lanzhou, doch Abbildungen sind in ganz Wuwei zu sehen. Das begehbare Grab beherbergt Nachbildungen der Originalfunde.

Sehenswert sind auch die **Luoshi Ta** unweit der Bei Dajie und der weiter östlich gelegene **Glockenturm** mit seinen Gärten. Im Süden befindet sich **Wen Miao**, ein Museum auf einem ehemaligen Tempelgelände. Das Südtor (Nan Men) wurde mittlerweile erneuert und verkörpert noch die gute alte Zeit in diesem sich rasch wandelnden Ort.

Wen Miao
tägl. 8.30–18 Uhr.

Zhangye ❿
张掖

450 km nordwestlich von Lanzhou.

Die einstige Station an der Seidenstraße bietet einige Attraktionen. Im Zentrum von Zhangye steht ein **Gulou** (Trommelturm) aus der Ming-Ära mit einer großen Trommel. Östlich davon liegt **Daode Guan**, ein daoistisches Heiligtum. Südlich an der Nan Jie liegt **Tu Ta**, ein ehemals buddhistisches Kloster mit großer Stupa. Der nahe **Dafo Si** besitzt Chinas größten Liegenden Buddha.

60 Kilometer südlich von Zhangye, im tibetischen Mati, stößt man auf **Mati Si**, ein faszinierendes buddhistisches Höhlensystem, das in den Fels gehauen wurde.

Traditionelles Räuchergefäß auf dem Gelände des Dafo Si in Zhangye

Stupa des Dafo Si

Jiayuguan ⓫
嘉峪关

765 km nordwestlich von Lanzhou.
ab Dunhuang.

Das als Chinas Außenposten und letzter zivilisierter Ort vor der Wüste angesehene Jiayuguan ist vorwiegend wegen seines Forts *(siehe S. 492f)* aus der Ming-Ära bekannt. Das **Große-Mauer-Museum** dokumentiert die Geschichte der Chinesischen Mauer von der Han- bis zur Ming-Ära. Neben Fotos von entlegenen Teilen der Mauer sind auch Modelle ausgestellt.

Rund um Jiayuguan gibt es einige Attraktionen. Sechs Kilometer nördlich des Forts liegt **Xuanbi Changcheng** (Überhängende Mauer), ein restaurierter Mauerabschnitt aus dem 16. Jahrhundert, der früher das Fort mit den Bergen verband. Die Hei-Shan-Felsbilder in derselben Gegend zeigen Alltagsszenen aus der Ära der Streitenden Reiche. Sechs Kilometer südlich der Stadt steht der verfallene **Erster-Sonnenstrahl-Turm**, der den Anfang des westlichen Teils der Chinesischen Mauer markiert. Etwa 20 Kilometer östlich des Orts liegen Gräber aus der Wei- und Jin-Ära (220–420 n. Chr.), deren Ziegel Festszenen zieren. Zu den 120 Kilometer südlich gelegenen Gipfeln des **Qilian Shan** mit dem Qiyi Bingchuan (1.-Juli-Gletscher) gelangt man per Zug und Taxi und dann zu Fuß.

Große-Mauer-Museum
Xinhua Nanlu. *tägl.*

Die 500 Jahre alten Wehranlagen von Xuanbi Changcheng (Überhängende Mauer), Jiayuguan

◁ Fort Jiayuguan, der letzte Außenposten, der die Ming-Dynastie beschützen sollte *(siehe S. 492f)*

»Great Game«

Mit dem Begriff »Great Game« umschrieb Rudyard Kipling in seinem Roman *Kim* den Kampf der Briten und Russen im 19. Jahrhundert um die Vorherrschaft in Zentralasien. Afghanistan war das erste Ziel der beiden Großmächte, in dem beide Seiten die Hegemonie anstrebten. Schließlich fiel sie den Briten zu, die dort 1880 ein ihnen wohlgesonnenes Regime etablierten. Unterdessen lösten sich die Muslime in Ostturkestan (Xinjiang) von China und gründeten 1863 unter Jakub Beg einen eigenen Staat. Die Russen marschierten ins Ili-Tal ein und errichteten dort Konsulate, nachdem die Chinesen Xinjiang 1877 zurückerobert hatten. Daraufhin gründeten die Briten in Kashgar eine Handelsmission und verstärkten ihre Aktivitäten in Tibet. 1907 endete der Konflikt mit der anglorussischen Konvention, die die Territorialgrenzen festlegte.

Rudyard Kipling

In Zentralasien *trafen Russen, Briten und Chinesen aufeinander. Die Briten sahen ihre Macht in Indien durch die Russen bedroht und wollten mit Kashgar, Afghanistan und Tibet eine Pufferzone schaffen.*

Sher Ali *(1825–1879), Sohn des Dost Mohammed, der im ersten anglo-afghanischen Krieg gegen die Briten kämpfte, erlaubte den Russen, Konsulate einzurichten, nicht aber den Briten. Dies löste den zweiten Krieg aus, infolge dessen die Briten Abdur Rahman 1880 auf den Thron setzten.*

Der offene Mund (1899), *eine Karikatur im* Punch, *zeigt den britischen Löwen und den russischen Bären beim Kampf um einen verängstigten Chinesen. Das durch innere Unruhen geschwächte China musste mehrmals Verträge unterzeichnen, die beiden Mächten die Gründung von Handelsmissionen erlaubten.*

Über die Pässe des *Pamir-Gebirges fielen schon Alexander der Große und Timur (Tamerlan) in Indien ein. 1885 und 1896 kamen von dort russische Einheiten, was zur Mobilisierung britischer Truppen führte. Beide Male verhinderten Verträge den Krieg.*

Als Tibet *durch die Briten unter Chinas Einfluss kam, wurde es Teil des Konflikts. Tibet stellte sich gegen die Einrichtung britischer Handelsposten, was 1903 zum Angriff Younghusbands auf Gyantse* (siehe S. 543) *führte.*

Fort Jiayuguan ⓫

嘉峪关

Eckturm der Mauer

Am äußersten westlichen Ende der Chinesischen Mauer thront das Fort Jiayuguan über der zwischen zwei Bergketten gelegenen, steinigen Ebene. Es wurde 1372 im Stil der Ming-Dynastie aus gestampftem Lehm erbaut und »Uneinnehmbarer Hohlweg unter dem Himmel« genannt. Es war von enormer strategischer Bedeutung, da es die militärischen Routen und Handelswege zwischen China und den zentralasiatischen Wüsten kontrollierte. Die Grenze lag zwar weiter westlich, doch Jiayuguan war für die Chinesen der letzte Außenposten der Zivilisation – dahinter begann »Barbarenland«.

Detail im Turm
Wie an diesen Holztüren erkennbar ist, wurden die Türme im Inneren im typischen Ming-Stil bemalt.

Hoffalle
Hier lockte man den Feind hinein, um ihn von oben angreifen zu können. Außerdem diente der Hof als Unterkunft für Karawanen.

Jiayuguan Men ist dreistöckig mit den typischen geschwungenen Ming-Dächern.

Am »Seufzertor« schrieben die, die China verließen, sorgenvolle Sprüche an die Wände.

Rou Yuan Men (Tor der Versöhnung)

In den Ecktürmen verschanzten sich die Bogenschützen beim Kampf gegen Feinde.

★ Fortmauern
Die zehn Meter hohen, aus gestampftem Lehm und Ziegeln errichteten Mauern waren so konzipiert, dass man mit Pferden zu den Zinnen gelangen konnte. Die Gesamtlänge beträgt etwa 750 Meter.

Nicht versäumen

- ★ Fortmauern
- ★ Guanghua Men

★ Guanghua Men
17 Meter erhebt sich der 1506 erbaute Torturm über die Mauern. Allerdings wurde er, wie die anderen auch, in der Vergangenheit immer wieder renoviert.

INFOBOX

5 km westlich von Jiayuguan.
(0937) 639 6058. Juli–Okt: tägl. 7–22 Uhr; Nov–Juni: tägl. 8–20 Uhr. inkl. Eintritt ins **Große-Mauer-Museum**.

Guandi-Tempel
Er gab den Truppen spirituelle Wegzehrung. Die Zeremonien waren eine Mischung aus buddhistischen, daoistischen und konfuzianischen Riten.

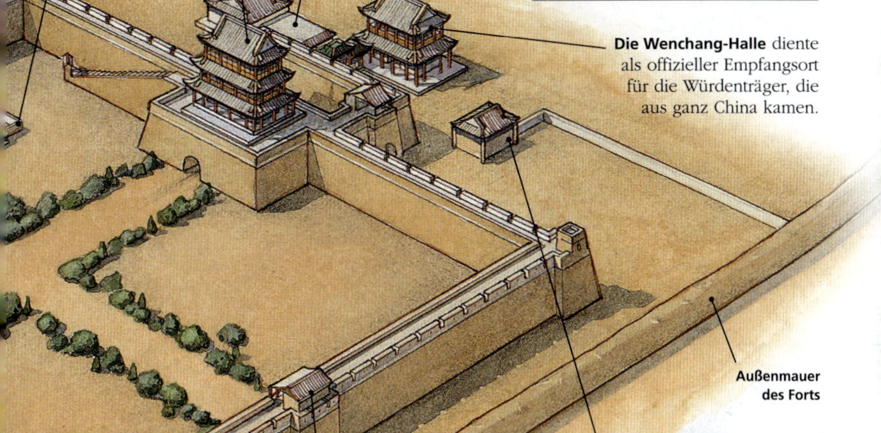

Altes Theater
Es wurde erst in der Qing-Dynastie angebaut und diente der Unterhaltung der im Fort und in den Garnisonen an der Mauer stationierten Truppen.

Ende der Chinesischen Mauer
Auf beiden Seiten des Forts wird die Ebene durch die Mauer abgeschlossen. Sie ist aus gestampfter Erde erbaut, einem Baustoff, den die Wüste reichlich liefert.

Kamelritt durch die Dünen am Mingsha Shan, Dunhuang

Dunhuang ⓬
敦煌

✈ 🚉 *Liuyuan, 130 km nach Norden, dann Bus.* 🚌 ℹ *John's Information Café, 22 Ming Shan Lu, (0937) 882 7000.*

Die kleine Oase Dunhuang florierte einst als letzte Station der Seidenstraße, bevor diese sich in zwei Routen gabelte, die südlich bzw. nördlich der Wüste Takla Makan verliefen. Die hübsche Ortschaft erreichte vor allem als Ausgangsbasis für Ausflüge zu den berühmten Mogao-Grotten *(siehe S. 496f)* einen gewissen Wohlstand. Mit einigen preisgünstigen Hotels und Restaurants versorgt der Ort die ausländischen Gäste.

Interessante Objekte im **Dunhuang-Kreismuseum** (Xian Bowuguan) sind verschiedene chinesische und tibetische Manuskripte aus Mogaos berühmter Höhle 17. Außerdem zeigt das Museum Seidenstoffe und Haushaltsgegenstände, die bei den Türmen gefunden wurden, die zur äußersten Verteidigungslinie Chinas gehörten. Im Sommer wird abends ein Souvenirmarkt an der Hauptstraße Dong Dajie abgehalten. Das Angebot reicht von Schattenspielpuppen aus Leder über chinesische Schriftrollen, Objekte aus Jade, Münzen und tibetische Hörner bis zu Buddha-Statuen.

Bedruckter Stoff, Markt von Dunhuang

Fünf Kilometer südlich von Dunhuang liegt der **Yueya Quan** (Zunehmender-Mond-See), ein kleiner See, der seit Tausenden von Jahren als lebenswichtige Wasserquelle dient. Er grenzt an den Mingsha Shan (Singender-Sand-Berg), der sich mehrere Hundert Meter erhebt. Das Geräusch des Sands, der unter den Füßen knirscht, gab ihm seinen Namen. Für eine schöne Aussicht kann man – am besten abends, wenn es kühl ist – auf die Dünen steigen. Zudem gibt es hier die Möglichkeit zum Paragliding, Sandschlittenfahren und Kamelreiten. In der Nähe ist ein kleines Volkskunstmuseum.

Etwa vier Kilometer westlich von Dunhuang steht die neunstöckige **Baima Ta** (Pagode des Weißen Pferdes) im tibetischen Stil. Sie wurde für das 384 n. Chr. gestorbene Pferd des Mönchs Kumarajiva errichtet, der aus dem an der Seidenstraße gelegenen Königreich Kuqa *(siehe S. 509)* stammte.

Dunhuang-Kreismuseum
Yangguan Dong Lu.
(0937) 882 2981.
tägl. 9–18 Uhr (Winter geschlossen).

Yueya Quan
tägl. 8–17.50 Uhr.

Umgebung: 20 Kilometer südwestlich von Dunhuang liegt **Dunhuang Gucheng** (Dunhuang Ancient City), eine Filmkulisse aus den 1990er Jahren, die einfach stehen blieb. Lage und Aussicht sind ausgesprochen hübsch, doch aus der Nähe wirkt alles ein wenig baufällig. Dennoch ist dies ein beliebtes Ausflugsziel mit Souvenirläden und Übernachtung in Jurten.

80 Kilometer westlich von Dunhuang befinden sich zwei Tore aus der Han-Dynastie: **Yu Men Guan** (Jadetor-Pass) und **Yang Guan** (Süd-Pass). Sie sind durch fünf Kilometer Wüste voneinander getrennt und waren einst durch die Chinesische Mauer verbunden. Die vor rund 1000 Jahren verlassenen Türme sind beeindruckend. Yu Men Guan mit seinen zehn Meter hohen Mauern ist weit und breit der einzige Hinweis auf menschliche Einflüsse.

Die Dünen von Mingsha Shan und Yueya Quan

Wettlauf zu den Oasen der Seidenstraße

Der Wettlauf der Archäologen und Entdecker um die »verlorenen Städte« der Seidenstraße stand im Zusammenhang mit dem politischen Wettstreit der Großmächte Ende des 19. Jahrhunderts. Diese Pioniere entdeckten zahllose vergessene Wüstenstädte und gewannen neue Erkenntnisse über das Leben entlang der Seidenstraße. Sie bewahrten viele Objekte vor der völligen Zerstörung. Andererseits raubten sie auch große Mengen unersetzlicher Kunstschätze, was schließlich die chinesische Regierung erzürnte. Heute findet man diese Schätze in Museen auf der ganzen Welt. Zunächst war das Interesse der Briten an der Region nur strategisch begründet *(siehe S. 491)*. Erst als nach und nach Geschichten über die »verlorenen Städte« in Umlauf kamen, wurde das Interesse von Antiquitätensammlern auf der ganzen Welt geweckt. Die umstrittenen Ausgrabungen erregten rund um den Erdball Aufmerksamkeit.

Tang-Musiker, Dunhuang

Ende des 19. Jahrhunderts *kamen Gerüchte auf, dass Sandstürme begrabene Städte freigelegt hätten. Die von Le Coq entdeckten Gaochang-Ruinen waren ein buddhistisch-nestorianisches Zentrum* (siehe S. 505).

Sven Hedin *(1865–1952) aus Schweden war der erste von vielen offiziell entsandten Entdeckern, die diese Regionen erforschten. Es folgten der Deutsche Albert von Le Coq, der Japaner Otani, der Franzose Paul Pelliot, der Brite Sir Aurel Stein und Langdon Warner aus den USA.*

Der Buddha-Kopf *stammt aus den von Le Coq 1904 entdeckten Bezeklik-Grotten. Sie enthielten Wandmalereien, die vom Sand konserviert worden waren. Le Coq riss sie einfach heraus und schickte sie nach Deutschland. Leider fielen die Wandbilder im Zweiten Weltkrieg Bombenangriffen zum Opfer.*

Die Seidenmalerei *stammt aus den Mogao-Grotten, die Aurel Stein 1907 erreichte. Dort erhielt er über Kontakte Zutritt zu den kurz zuvor entdeckten Seidenstücken und Schriften aus Höhle 17.*

Das Fresko *eines Bodhisattva und andere Wandmalereien der Mogao-Grotten waren heilig und durften nicht entfernt werden* (siehe S. 496). *Doch Stein und andere verhandelten mit Abt Wang und trugen Tausende von Kunstschätzen davon.*

Höhlenmalereien von Dunhuang

Die durch ihre relative Isolation geschützten Höhlenmalereien von Dunhuang gehören zu den interessantesten Kunstschätzen Chinas. Über 700 Jahre lang, zwischen dem 4. und 11. Jahrhundert, gruben und malten buddhistische Mönche die Höhlen aus, bis eine islamische Invasion die Arbeit zum Erliegen brachte. Die Gemälde gerieten bis 1907 in Vergessenheit, als der Entdecker Sir Aurel Stein zufällig die Höhlen und den sie bewachenden daoistischen Priester Wang Yuanlu kennenlernte. Unter den Schätzen, die Stein entdeckte, waren auch das Diamant-Sutra, das erste gedruckte Buch (in Schriftrollenform) der Welt, und viele Schablonen, mit denen die Mönche die Wände bemalten malten.

Höhle 275: Sechzehn Königreiche 366–439: *Diese alte Höhle aus der Nördlichen Liang-Periode ist Maitreya, dem Buddha der Zukunft, gewidmet, der in Wandmalereien und Statuen dargestellt ist.*

Höhle 272: Sechzehn Königreiche 366–439: *Die devas (buddhistische Engel) lauschen verzückt den Lehren des Buddha.*

Höhle 254: Nördliche Wei 439–534: *Diese Höhle zeigt Szenen aus der Jugend des Buddha, darunter auch das Prinzenopfer. Die Gemälde sind inhaltsreicher als in den älteren Höhlen, der Malstil ist kunstfertiger.*

Höhle 249: Westliche Wei 535–556: *Die Nordwand ziert eine herrliche Jagdszene mit einem reitenden Jäger, der nach hinten schießt – eine Technik, die erst durch die Erfindung des Steigbügels möglich wurde.*

Höhle 428: Nördliche Zhou 557–580: *In dieser Geschichte vom guten Prinzen opfert er sich einer hungernden Tigerin, damit sie ihre Jungen füttern kann.*

Höhle 419: Sui 581–618: *In der Ära der kurzen Sui-Dynastie wurde China vereint, der Buddhismus wurde Staatsreligion. In dieser Zeit der Harmonie konnte der chinesische Kunststil aufblühen – eine fruchtbare Schaffensperiode in Dunhuang. Diese Höhle zeigt den guten Prinzen auf der Jagd mit seinen Brüdern.*

Höhle 420: Sui 581–618: *Das Fresko zeigt eine Reise auf der Seidenstraße, über die auch der Buddhismus nach China kam, sowie Bilder von Häusern eines bestimmten Stils, von denen kein Exemplar überlebt hat.*

Höhle 220: Frühe Tang 618–704: *Reiche Clans tauchten häufig in den Gemälden auf – hier die zehn Generationen der Zhai-Familie.*

Höhle 217: Frühe bis Mittlere Tang 618–780: *Detail des Westlichen Paradieses von Amitabha Buddha. Diese Höhle enthält unvollendete Bodhisattva-Bilder.*

Höhle 17: Späte Tang 848–906: *Detail der berühmten Höhle, in der Abt Wang die umfangreiche Sutren-Bibliothek fand.*

Höhle 263: Westliche Xia 1036–1226: *Während der Westlichen Xia-Dynastie wurden viele Höhlen übermalt. Ursprünglich war dies eine Höhle der Nördlichen Wei.*

Die Dunhuang-Felswand birgt 1000 Jahre buddhistischer Geschichte

Mogao-Grotten
敦煌石窟

Mogao, 25 km südöstlich von Dunhuang, Provinz Gansu. *(0937) 886 9071.* *8–18 Uhr.*

Die Grotten von Mogao wurden in Felsen geschlagen, die aus der weitgehend flachen, konturlosen Wüstenlandschaft emporragen. Es gibt Pauschaltouren mit Führung, die von Dunhuang aus angeboten werden. Die Anfahrt ist allerdings auch für Individualreisende mühelos, da in Dunhuang viele Minibusse bereitstehen. Die Fahrer warten normalerweise, bis alle Plätze belegt sind – auf diese Weise wird die halbstündige Fahrt preisgünstiger. Achtung: Über Mittag sind die Höhlen von 11.30 bis 14.30 Uhr geschlossen.

Nur etwa 20 der ungefähr 600 erhaltenen Höhlen sind zugänglich. Im Eintrittspreis enthalten ist ein Chinesisch sprechender Führer. Es lohnt sich jedoch, gegen Aufpreis einen englischsprachigen Führer anzuheuern. Dadurch verkleinert sich meist die Teilnehmergruppe, und die Auswahl der Höhlen ist weniger rigide festgelegt. Gegen einen weiteren Aufpreis erhält man möglicherweise auch Zutritt zu den Höhlen, in denen tantrische Sexstellungen abgebildet sind. In der Regel wissen die Führer recht gut über die Malereien und Skulpturen Bescheid. Nehmen Sie eine Taschenlampe mit, und denken Sie daran, dass Fotografieren in den Höhlen (ohne teure Sondergenehmigung) verboten ist – hier wird das ausnahmsweise auch kontrolliert.

Statue aus einer Pagode in Mogao

Die Standardführung dauert einen halben Tag und umfasst den Besuch von etwa 15 Höhlen und des Museums, in dem einige der hier gefundenen Manuskripte ausgestellt sind. Der Besuch des Forschungs- und Ausstellungszentrums, in dem sieben Höhlen rekonstruiert wurden, lohnt ebenfalls. Zwar fehlt hier das Flair der Originalhöhlen, dennoch kann man die Malereien viel genauer betrachten und interessante Details entdecken.

Wer bei den Grotten übernachten will: Ein einfaches Gästehaus bietet Unterkünfte. Wer zurück nach Dunhuang fahren möchte, kann bis etwa 18 Uhr einen Minibus erreichen.

Die Fassade der Höhle 96 schützt eine 30 Meter hohe Buddha-Statue

Hotels und Restaurants in Gansu & Qinghai *siehe Seiten 571f und 596f*

Die reich verzierte Tür zur Gebetshalle des Longwu Si, Tongren

Tongren ⑬
同仁

107 km westlich von Xiahe.
Lurol-Fest (6. Mondmonat), Buddhistisches Fest (1. Mondmonat).

Das auf Tibetisch als Repkong bekannte Tongren ist ein Verkehrsknotenpunkt zwischen Xiahe und Xining. Der Ort gewährt faszinierende Einblicke in die Lebensweise der Tibeter. Vor der Stadt steht der farbenfrohe Lama-Tempel **Longwu Si**, der schöne Kunstschätze in seinen zahlreichen Hallen birgt. Die ursprünglich 1301 in der Yuan-Dynastie errichtete Anlage wurde vollständig erneuert und beherbergt heute Seminare und einige Lama-Sitze des Gelbmützen-Ordens – einer Richtung des tibetischen Buddhismus *(siehe S. 522f)*. Bei Sonnenuntergang können Besucher zusehen, wie Mönche sich beim Debattieren der alten formalisierten Körpersprache bedienen. Vielleicht sehen Sie auch, wie sie eine Sandzeichnung anfertigen.

Hinter dem Kloster fließt ein Fluss etwa anderthalb Kilometer lang durch grüne Wiesen in ein hübsches tibetisches Dorf. Im Dorf Sengeshong, etwa vier Kilometer vom Ortszentrum entfernt, befinden sich die Klöster **Wutan** und **Gomar**, die die besten tibetischen Künstler beherbergen. In den zwei Klöstern sind alle Flächen mit Malereien und Schnitzereien versehen. Die Dorfbewohner sprechen eine Mischung aus tibetischen, mongolischen und anderen Dialekten.

Ta'er Si ⑭

Siehe S. 500f.

Xining ⑮
西宁

232 km westlich von Lanzhou.
1,8 Mio. (Großraum).
Qinghai Tourism Bureau, (0971) 820 3271.

Qinghais Hauptstadt Xining hat zwar wenige Sehenswürdigkeiten, besticht aber durch ihre Mischung verschiedener Ethnien. Hier leben muslimische Hui, Tibeter sowie Kasachen und Mongolen. Die Stadt ist Startpunkt der täglichen Züge nach Lhasa.

Vom 16. Jahrhundert an diente Xining als Station auf der wenig benutzten Südroute der Seidenstraße. Heute ist es ein guter Ausgangspunkt, um die Region Qinghai zu erkunden. Xining liegt in einem abgelegenen Tal auf 2275 Meter Höhe. Die Sommer sind kühl, die Winter eiskalt. In der Dongguan Dajie im Zentrum steht die **Große Moschee** (14. Jh.), eine der imposantesten im Nordwesten Chinas. Mit Elementen wie den geschwungenen Dächern und den bunten Bogen ist sie durch und durch chinesisch. Im Innenhof stößt man auf Tausende Gläubige.

Betender Mann in der Großen Moschee

Jenseits des Flusses Huangshui im Norden der Stadt steht der daoistische Tempel **Bei Shan Si** auf der Spitze eines Hügels. Der Fußweg dorthin führt über Steinstufen und Holzstege – vorbei an vielen mit daoistischen Symbolen verzierten Schreinen.

Auf dem **Shuijing-Xiang-Markt** nahe der Xi Dajie im Westen der Stadt bekommt man einen guten Eindruck von Xinings verschiedenen Ethnien. Über 3000 Stände verkaufen dort Lebensmittel aller Art, vor allem warmes Brot, Hammelgerichte und Fleischspieße. Hier kann man sich vor einem Ausflug mit Proviant versorgen.

Die chinesisch geprägte Architektur der 600 Jahre alten Großen Moschee in Xining

Hotels und Restaurants in Gansu & Qinghai *siehe Seiten 571f und 596f*

Im Naturreservat Mengda Tian Chi am Huang He (Gelber Fluss)

Mengda Tian Chi ⑯
孟达天池

200 km südöstlich von Xining.
bis Guanting oder Xunhua, dann weiter per Taxi.

Der außergewöhnlich schöne Tian Chi (»Himmlischer See«) ist Herzstück des Naturreservats Mengda Tian Chi am Huang He. Anders als im Rest der Provinz ist das Land hier fruchtbar und strotzt nur so vor Pflanzen. Ein Großteil des Reservats ist Waldgebiet, in dem man spazieren gehen und Vögel beobachten kann. Im Park gibt es auch Unterkünfte. Touren bucht man am besten über das Tourismusbüro von Xining. Die Fahrt von Xunhua zum Mengda Tian Chi ist spektakulär. Xunhua ist seit Jahrhunderten die Heimat der eine Turksprache sprechenden Salar, die aus dem heutigen Usbekistan stammen.

Medaillon mit tibetischer Kalligrafie

Qinghai Hu ⑰
青海湖

150 km westlich von Xining. **Bird Island** *Nov–Feb.*

Der Qinghai Hu, der größte See Chinas, erstreckt sich über 4500 Quadratkilometer. Er liegt abgeschieden auf der Tibetischen Hochebene in etwa 3200 Meter Höhe und ist fast nur im Rahmen einer gebuchten Tour erreichbar. Um den See gibt es tibetische Nomaden, die hier ihre Yak- und Schafherden grasen lassen. Vor allem im Sommer sieht man hier zahlreiche Herden. Im eisigen Salzwasser leben viele Fische, die Vögeln als Nahrung dienen. Das Hauptinteresse der Besucher gilt in der Regel **Bird Island** (Vogelinsel), einem Felsen auf der Westseite des Sees. Dort nisten während der Brutzeit u.a. Schwäne, Kormorane, Streifengänse und die seltenen Schwarzhalskraniche.

Gelegenheiten für Bootsfahrten sowie zum Angeln, Reiten und Trekking bietet das Qinghai Lake Tourist Center am Südufer an. Übernachtungsmöglichkeiten gibt es auch im Besucherzentrum.

Golmud ⑱
格尔木

762 km westlich von Xining.
200 000. *Golmud Hotel, Geermu Binguan, (0979) 413 003.*

Golmud liegt im äußersten Westen von Qinghai rund 2800 Meter hoch auf der einsamen Tibetischen Hochebene, im Bereich des Qaidam-Beckens. Als einzige nennenswerte Stadt im Umkreis von Hunderten von Kilometern ist das vorwiegend von Han-Chinesen bewohnte Golmud nach Xining die zweitgrößte Stadt der Provinz. Heute ist es vor allem Knotenpunkt zwischen Xining, Dunhuang und Lhasa. Der Bus, der nach Lhasa in Tibet fährt, ist nicht gerade billig – und nur noch wenige nutzen ihn, seit es die gut 1000 Kilometer lange Eisenbahnverbindung nach Lhasa gibt. Auf der höchstgelegenen Eisenbahnroute der Welt fahren spezielle Waggons mit zusätzlicher Sauerstoffzufuhr. Der Golmud-Lhasa-Abschnitt wurde übrigens als letzter gebaut, da diese Strecke am schwierigsten war. Die Zugfahrten beginnen allerdings nicht in Goldmud (wie viele fälschlich glauben). Der Startpunkt für die Qinghai-Tibet-Bahn nach Lhasa ist Xining.

Die Stadt selbst ist nicht sonderlich attraktiv, doch die Mondlandschaft der Umgebung mit ihren Salzseen hat ihren ganz eigenen Charme. Eine Möglichkeit, um aus Golmud herauszukommen, ist eine Jeep-Tour in die ruhigeren Ecken von Xinjiang.

Bunte tibetische Gebetsfahnen am Ufer des Qinghai Hu

Ta'er Si ⓮

塔尔寺

Gebetsmühlen mit Schriftrollen

Die zwischen Hügeln eingebettete Tempelanlage, auch Kumbum-Kloster genannt, ist eine der wichtigsten tibetisch-buddhistischen Stätten Chinas. Tsongkhapa, der Gründer des Gelbmützen-Ordens *(siehe S. 522)*, wurde 1357 hier geboren. Der erste Tempel entstand 1577 ihm zu Ehren. Unter kommunistischer Herrschaft musste das Kloster zeitweise schließen, doch die Gebäude wurden während der Kulturrevolution geschützt und 1979 wiedereröffnet. Nach einem Erdbeben 1990 wurde der Bau gründlich renoviert. Ta'er Si ist von Xining aus gut erreichbar und daher bei Urlaubern wie bei Pilgern beliebt.

★ Große Golddach-Halle

Der Tempel wurde am Geburtsort von Tsongkhapa erbaut. Hier soll ein Baum gestanden haben, dessen Blätter das Bild des Buddha zeigten. Die Silberstupa trägt sein Abbild.

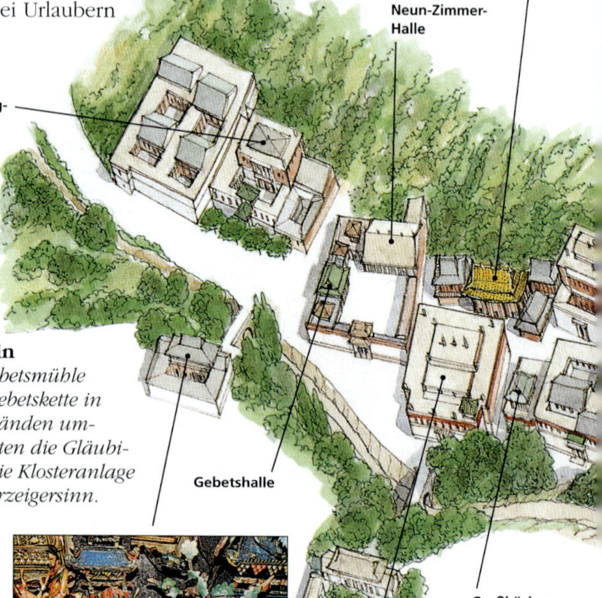

Pilgerin

Mit Gebetsmühle und Gebetskette in den Händen umschreiten die Gläubigen die Klosteranlage im Uhrzeigersinn.

★ Halle der Butterskulpturen

Diese geruchsintensive Ausstellung ist voller Skulpturen aus Yak-Butter. Die grellbunten Figuren zeigen Szenen aus buddhistischen Erzählungen.

Nicht versäumen

- ★ Große Golddach-Halle
- ★ Große Meditationshalle
- ★ Halle der Butterskulpturen

★ Große Meditationshalle

In der Halle finden bis zu 2000 Mönche Platz, um Sutren zu singen. Sie hängt voller seidener thangkas. *Das Flachdach ruht auf großen Säulen, die in wertvolle Teppiche gehüllt sind.*

Mönch
Ta'er Si ist ein Kloster, in dem noch über 650 Mönche wohnen, die ihr Leben dem Studium der buddhistischen Lehre widmen. Früher lebten hier rund 3500 Mönche.

INFOBOX

Huangzhong. 28 km südlich von Xining. *ab Xining (westlich des Xi Men).* *8.30–18 Uhr.* *Monlam (8.–15. Tag, 1. Mondmonat), Saka Dawa (8.–15. Tag, 4. Mondmonat), Tsongkhapa (20.–26. Tag, 9. Mondmonat).*

Eine herrliche Aussicht über das Tal bietet sich, wenn man die Stufen hinaufsteigt.

Dafangzhang-Halle

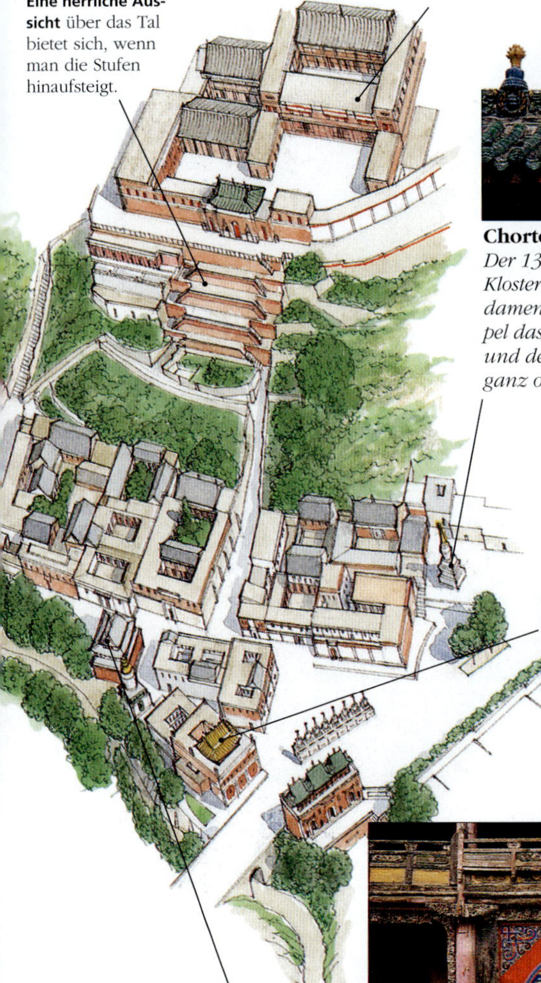

Chorten
Der 13 Meter hohe chorten *steht am Klostereingang. Das rechteckige Fundament symbolisiert die Erde, die Kuppel das Wasser, die Stufen das Feuer und der Schirm den Wind. Die Krone ganz oben steht für Ewigkeit.*

Kleine Golddach-Halle
Der bizarre Pavillon ist ein den Tieren gewidmeter Tempel. Ausgestopfte Rehe, Schafe und Ziegen mit Gebetsschals blicken von oben herab.

Gebetshalle
Der verwitterte Tempel wird noch immer für Religionsunterricht genutzt. Die neueren Außenmauern sind eine Mischung aus chinesischem und tibetischem Stil.

XINJIANG

Xinjiang, eine Autonome Region, ist die größte Provinz Chinas. Sie grenzt an acht Länder, von der Mongolei im Nordosten bis Indien im Südwesten. Die isolierte Region besteht überwiegend aus Wüste und Grasland und ist von den höchsten Bergen der Welt umgeben. Vor 2000 Jahren wurden entlang den beiden Routen der Seidenstraße um die Wüste Takla Makan Oasenstädte errichtet. Der Handel zog Kaufleute aus Indien und Europa an. Xinjiang wurde zum Treffpunkt zwischen Ost und West, in dem christliche Kirchen und buddhistische Tempel existierten. Am Ende der Tang-Ära fielen immer wieder Turk-Stämme in dieses Gebiet ein. Im 15. Jahrhundert setzte sich schließlich der Islam durch.

Im 18. Jahrhundert übernahm China die Kontrolle über den damaligen Staat Kaschgarien und behielt sie trotz zahlreicher Aufstände bis heute. Nahezu 50 Prozent der Bevölkerung dieser Region gehören ethnischen Minderheiten an. 1955 wurde das Gebiet zur Autonomen Region Xinjiang Uigur mit der Hauptstadt Ürümqi erklärt. Attraktionen sind die Tian-Shan-Bergkette und die üppige Landschaft um den Tian Chi (Himmelssee) außerhalb von Ürümqi sowie die Seidenstraßenorte Turpan und Kashgar vor der eindrucksvollen Wüsten- und Gebirgskulisse. Man kann im Südwesten über das mächtige Karakorum-Gebirge nach Pakistan oder im Westen auf den alten Handelsrouten nach Kasachstan reisen.

SEHENSWÜRDIGKEITEN AUF EINEN BLICK

Städte und Orte

- Ghost City 5
- Hotan 14
- Karghilik 13
- Kashgar 9
- Kuqa 8
- Turpan 1
- Ürümqi 2
- Yarkand 12
- Yengisar 11

Seen, Berge und Landschaften

- Altai 4
- Karakoram Highway 10
- Sayram-See 6
- Tian Chi 3
- Yining 7

LEGENDE

- Internationaler Flughafen
- Inlandsflughafen
- Autobahn
- Nationalstraße
- Nebenstraße
- Eisenbahn
- Staatsgrenze
- Provinzgrenze
- Umstrittene Grenze

◁ **Auf dem »Dach der Welt« – Tal im Pamir am Westrand Chinas** ***(siehe S. 514)***

Imin Ta und die persisch geprägte Moschee

Turpan ❶
吐鲁番

187 km südöstlich von Ürümqi. *250 000.* *Daheyan, 54 km nördlich von Turpan, dann Minibus.* *Oasis Hotel, (0995) 852 1352.*

Die Oasenstadt an der nördlichen Seidenstraße liegt in der Turpan-Tiefebene, einem der tiefstgelegenen Gebiete der Erde. Sie wird von Uiguren bewohnt. Diese stammen von einem sibirischen Nomadenvolk ab, das sich im 9. Jahrhundert in der Gegend niederließ. Später konvertierten sie zum Islam, der sich damals in Zentralasien verbreitete. Der von Lehmziegelhäusern geprägte Ort ist für seine Weinstöcke bekannt, die an den Häusern emporranken. Die Seidenstraßenorte Jiaohe und Gaochang liegen wie andere Sehenswürdigkeiten außerhalb. In der Sommerhitze empfiehlt es sich, die einheimischen Eselskarren als Taxis zu nutzen.

Getrocknete Früchte im Basar von Turpan

Imin Ta

2,5 km östlich der Stadt. *Sonnenaufgang bis Sonnenuntergang.*

Wegen des alten Minaretts (Imin Ta) ist dies wahrscheinlich die interessanteste von Turpans Moscheen. Der Turm wurde 1778 erbaut. Prinz Suleiman ließ ihn zu Ehren seines Vaters, Prinz Emins, errichten. Das Minarett hat ein breites Fundament und läuft nach oben spitz zu. Sein Treppenhaus im persischen Stil mit üppigem Ziegeldekor wurde 1989 gesperrt.

Basar

Laocheng Lu. *tägl.*

Auf dem kleinen Markt kann man einheimische Produkte, darunter medizinisch wirksame Getränke, verzierte Messer, Kleidung, Stoff, Nüsse und Trockenobst (vor allem Rosinen) erstehen.

Turpan-Museum

Gaochang Lu. *tägl. 9–20 Uhr.*

In dem kleinen Museum gibt es ein paar interessante Objekte zu sehen, darunter die Funde aus den heute leeren Astana-Gräbern der Tang-Dynastie vor der Stadt: alte Seidenstoffe, Kleidung, Nahrungsmittel und sogar einige konservierte Leichen.

Jiaohe-Ruinen

10 km westlich von Turpan. *Minibus oder Rad.* *9–18 Uhr.*

Die Ruinen von Jiaohe sind zwar kleiner als die von Gaochang, dafür aber besser erhalten. Jiaohe wurde als Garnisonsstadt gegründet und stand ab dem 6. Jahrhundert unter uigurischer Gerichtsbarkeit. In der Yuan-Ära wurde es verlassen – möglicherweise wegen Wassermangels. Die Ruinenstadt mit ihrem klar erkennbaren Straßenraster liegt spektakulär auf einem steilen Hochplateau.

Auf dem Rückweg von Jiaohe kann man unterwegs das *Karez*-Bewässerungsgebiet besichtigen. Das geniale Verfahren ist in ganz Xinjiang in Gebrauch. Es zapft mit einem unterirdischen Tunnelsystem natürliche Wasserquellen an, um die Felder zu bewässern. Brunnen entlang dem Tunnelsystem bringen das Wasser an die Oberfläche.

Die Ruinenstadt Jiaohe liegt auf einem Hochplateau vor einer Bergkulisse

Huoyan Shan – die Flammenberge – bei Turpan leuchten rötlich

Putao Gou

Minibus von der Stadt. *tägl.*

Die recht hübsche Wüstenoase Putao Gou (Grape Valley, Traubental) besucht man am besten im Hochsommer. Der Ort mit seinen üppigen Reben ist ideal für eine Pause bei Weintrauben und Rosinen. In der Nähe liegt ein Weingut mit Ziegelsilos zum Trocknen der Trauben.

Buddha-Bildnis in den Bezeklik-Grotten

Huoyan Shan

Minibus von der Stadt.

Die Straße Richung Osten nach Bezeklik führt an Sandsteinbergen vorbei, die durch den Roman *Reise nach Westen* berühmt wurden. Er schildert die fiktive Reise des Pilgermönchs Xuanzang nach Indien. Im Buch werden die Huoyan-Shan-Berge (Flaming Mountains, Flammenberge) als »brennend« beschrieben. Tatsächlich taucht die Sonne sie zu bestimmten Tageszeiten in ein intensives Rot. Dann sehen sie aus, als würden sie vor Hitze glühen.

Bezeklik-Grotten

50 km nordöstlich der Stadt. *Minibus von der Stadt.* *Sonnenaufgang bis Sonnenuntergang.*

Die Bezeklik-Grotten, die vom 6. bis 14. Jahrhundert Teil eines buddhistischen Klosters waren, liegen malerisch in einer Wüstenschlucht hoch über dem Fluss Sengim. Ursprünglich enthielten die Höhlen Wandgemälde im indopersischen Stil, der deutliche westliche Einflüsse aufwies.

Leider sind davon nur Bruchstücke übrig, weil sie nach Jahrhunderten der Vernachlässigung um 1900 von den deutschen Entdeckern Le Coq und Grünwedel herausgerissen und nach Berlin gebracht wurden. Dort fielen sie den Bomben des Zweiten Weltkriegs zum Opfer.

Astana

40 km südöstlich von Turpan. *Minibus von der Stadt.* *Sonnenaufgang bis Sonnenuntergang.*

Der Friedhof der alten Stadt Gaochang befindet sich in Astana, einige Kilometer nordwestlich von Gaochang. Die Gräber stammen aus der Zeit zwischen dem 3. und 8. Jahrhundert und wurden ab 1959 systematisch ausgegraben. Dabei wurden einige im trockenen Wüstenklima mumifizierte Leichen gefunden. Sie waren in Seide gehüllt und zusammen mit Gegenständen wie Keramik, Holzschnitzereien, Münzen und den Besitzstand ausweisenden Dokumenten bestattet worden. Die meisten dieser Objekte sind heute in Museen in Turpan und Ürümqi. Drei öffentlich zugängliche Gräber enthalten Tang-Gemälde und einige konservierte Leichen.

Gaochang-Ruinen

46 km südöstlich von Turpan. *Minibus von der Stadt.* *Sonnenaufgang bis Sonnenuntergang.*

Südöstlich der Astana-Gräber liegen die Ruinen von Gaochang hinter zehn Meter hohen Mauern. Gaochang wurde im 1. Jahrhundert als Garnisonsstadt gegründet und im 4. Jahrhundert Hauptstadt des Westlichen Han-Reichs. Die kosmopolitische Stadt war vom nestorianischen Christentum und vom Manichäismus (eine persische synkretistische Religion) geprägt. Um 630 besuchte der Mönch Xuanzang sie auf dem Weg nach Indien. Vom 9. bis 13. Jahrhundert war die Stadt Uiguren-Hauptstadt, bis sie in der frühen Ming-Ära aufgegeben wurde. Das Gelände ist weitläufig. Die Gebäude sind zerstört und leider kaum mehr erkennbar.

Die Bezeklik-Grotten liegen in einer grandiosen Schlucht

Ürümqi ❷
乌鲁木齐

1470 km nordöstlich von Kashgar. 2,6 Mio. 33 Renmin Lu, (0991) 281 7006.

Das schön inmitten der schneebedeckten Gipfel des Tian Shan gelegene Ürümqi ist seit dem 19. Jahrhundert Hauptstadt von Xinjiang. Bis ins 20. Jahrhundert diente es als Stützpunkt für eine Reihe von Kriegsherren, unter ihnen der berüchtigte Yang Zengxin, der 1916 alle seine Feinde zum Essen einlud und sie dann köpfte. Heute ist Ürümqi eine moderne, schnell wachsende Millionen-Metropole mit Hochhäusern und Designerläden. Seit 1949 haben sich hier viele Han-Chinesen niedergelassen, sodass die Bevölkerung je zur Hälfte aus Han und aus ethnischen Minderheiten wie Uiguren, Mandschu, Kasachen, Mongolen und Tadschiken besteht. Seit dem Bau der Bahnlinie Ürümqi–Almaty 1991 ist Ürümqi auch mit Zentralasien und Europa verbunden. Die meisten Besucher kommen wegen des Tian Chi (Himmelssee), doch auch die Stadt ist mit ihren belebten Märkten und der Mischung diverser Volksgruppen attraktiv. Das **Xinjiang-Provinzmuseum** zeigt Funde aus Turpan und Umgebung, darunter mumifizierte Leichen, Seidenmalereien und Brokatstoffe. Eine Abteilung ist den einheimischen Minderheiten gewidmet und zeigt Jurten *(ger)*, Schmuck und Trachten. Auf einem Hügel im Norden liegt der **Hong-Shan-Park** mit einer kleinen Pagode (18. Jh.). Von hier hat man eine tolle Aussicht.

Pagode in Hong-Shan-Park, Ürümqi

Xinjiang-Provinzmuseum
Xibei Lu. *tägl. 8.30–17 Uhr.*

Die Gipfel des Tian Shan umgeben das tiefblaue Wasser des Tian Chi

Tian Chi ❸
天池

100 km östlich von Ürümqi. *(0994) 323 1238.* *von Ürümqi.* *im Winter.* *Pferde für Ausflüge an den See vorhanden.*

Als erfrischende Abwechslung von den unwirtlichen Wüsten im Nordwesten Chinas präsentiert sich der Tian Chi (Himmelssee), ein wunderschönes, von üppigen Wiesen und dichten Nadelwäldern umgebenes Gewässer. Der Himmelssee liegt auf 1980 Meter Höhe inmitten von schneebedeckten Gipfeln wie dem Bogda Feng (knapp 6000 m). Tian Chi ist ein wunderbarer Ort, um einen oder mehrere Tage dort zu verbringen und Wanderungen im Seegebiet und im Umland mit seinen kasachischen *gers* zu unternehmen.

Die Kasachen leben vorwiegend als nomadische Schafzüchter, die sich nun auch im Tourismus betätigen. Sie sind äußerst gastfreundlich und organisieren für Besucher Führer und Pferdetrecks um den See und in die Berge.

Tian Chi ist nur im Sommer, von Mai bis September, zugänglich. Normalerweise gibt es genügend Unterkünfte in den einheimischen kasachischen Rundzelten um den See. Die Übernachtung ist meist noch reizvoller als die Tagestouren, die manchmal sehr touristisch durchgeführt werden.

Trauben und Weinproduktion

Fast jeder Haushalt in dieser Gegend hat etwas mit Trauben zu tun, sei es mit Weinbau oder mit dem Trocknen von Trauben in belüfteten Scheunen. In Xinjiang wurde der Weinbau erstmals 138 v. Chr. von einem chinesischen Gesandten dokumentiert. Wahrscheinlich wurden hier bereits in der Shang-Ära Trauben angebaut. Das Keltern der Trauben lernte China von westlichen Ländern. Bis zur Yuan-Zeit hatte es sich in Xinjiang durchgesetzt. Zur Zeit der Ming-Dynastie wurden hier Kristall-, Violett- und die kernlosen Hasenaugentrauben gezüchtet. Die Weinproduktion Chinas floriert. Bis heute werden die meisten Sorten noch angepflanzt.

Obsthändler wiegen Trauben auf dem Marktplatz von Ürümqi

Islam in China

Der Islam kam wahrscheinlich im 9. Jahrhundert über die Seidenstraße nach Xinjiang, etwa 200 Jahre, nachdem arabische Seeleute in Südchina gelandet waren. Bis zur Ming-Ära waren die Muslime vollständig in die Han-Gesellschaft integriert, ohne ihre Kleider- und Ernährungsvorschriften aufzugeben. Trotz feindlich gesinnter Regierungen und diverser Aufstände leben heute etwa 13 Millionen Muslime hier. Unter ihnen sind die Xinjiang-Völker – Uiguren, Kasachen, Kirgisen, Tadschiken, Tataren und Usbeken – und ein großer Anteil weit verstreut lebender, chinesisch sprechender Hui. Alle Muslime in China sind Sunniten der Hanafi-Schule, einer der vier Schulen des islamischen Rechts. Sie gilt als älteste und liberalste Richtung und ist tolerant gegenüber Abweichungen innerhalb der muslimischen Gemeinden.

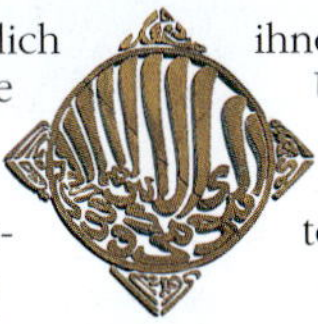

Arabische Inschrift an einer Moschee

Moscheen in China *haben islamische Elemente, doch die Pagoden und geschwungenen Dächer sind eindeutige Zeichen des chinesischen Einflusses.*

Der Muezzin *ruft wie in allen muslimischen Gemeinden die Gläubigen fünfmal täglich zum Gebet. Heute kommt seine Stimme allerdings vom Band.*

In der Moschee *knien sich die Gläubigen, meist Männer, vor dem* mihrab *nieder. Diese Nische in der Wand ist nach Mekka ausgerichtet. Die Haupthalle ist für die Freitagsgebete reserviert.*

Dongxiang-Muslime *stammen aus der Provinz Gansu und sprechen Mongolisch. Ihr Hirtendasein gaben sie zugunsten des sesshaften Bauernlebens auf.*

Die Hui *sollen von arabischen und persischen Händlern abstammen, die in der Tang-Ära kamen und Chinesinnen heirateten. Sie sind die größte muslimische Minderheit in China.*

Der Koran *wurde erst 1927 ins Chinesische übersetzt. Die Koraninterpretationen Gelehrter machen ihn für China lebendig.*

Schöne Bergszenerie im Hanas-See-Naturreservat, Altai

Altai ❹

阿勒泰

650 km nördlich von Ürümqi. *Altai, dann Bus.* *von Ürümqi bis Burqin, dann 150 km nördlich mit Bus oder reserviertem Auto.* *(0906) 652 4464.*

Der entlegene Norden zeigt sich im Gegensatz zu den ungastlichen Wüsten von Süd-Xinjiang voller Seen, Flüsse und Wälder und von bis zu 4000 Meter aufragenden Bergen umgeben. Die an die Mongolei, Russland und Kasachstan angrenzende Altai-Region ist für ihre schöne Naturlandschaft berühmt, die vor allem im **Hanas-See-Naturreservat** (Hanas Lake Nature Reserve) – von Burqin aus erreichbar – bewundert werden kann.

Das 1370 Meter hoch im Altai-Gebirge gelegene Reservat beherbergt unzählige Tierarten. Es eignet sich hervorragend zum Wandern und für Bootsfahrten. Touren von Ürümqi werden ganzjährig angeboten.

Ghost City ❺

魔鬼城

Bei Urho, 100 km nördlich von Karamay. *13 000.* *(0906) 652 4464.* *Karamay, dann Bus.* *von Karamay.*

Über dem Meer von Ölbohrtürmen entlang der Dsungarischen Pforte erheben sich die als »Geisterstadt« bekannten Felsformationen. Durch Filme wie *Tiger and Dragon* wurden sie bekannt und sind nun ein beliebtes Reiseziel. Kamele, Mountainbikes und Fahrzeuge mit Allradantrieb kann man mieten.

Sayram-See ❻

塞里木湖

120 km nördlich von Yining.

Der riesige, glitzernde Sayram-See (Sailimu Hu) liegt in einer großartigen Bergkulisse. Durch seine Lage in 2000 Meter Höhe ist es am See die meiste Zeit recht kühl. Nur im Sommer, wenn er von einem Blumenmeer umgeben ist, wird es wärmer. Der fast unberührte Ort ist mit dem Bus von Yining aus erreichbar. Es gibt ein einfaches Gästehaus und Jurten *(ger)*.

Yining ❼

伊宁

390 km westlich von Ürümqi. *220 000.* *ab Ürümqi.* **Ili-Tal** *ab Yining.*

An der Grenze zu Kasachstan liegt Yining, Hauptstadt der Präfektur Ili Kasach

Schafhirtin mit ihren Tieren auf einer blühenden Wiese am Ufer des Sayram-Sees

Hotels und Restaurants in Xinjiang *siehe Seiten 572f und 597*

Traditioneller Stand auf einem Uiguren-Basar in Yining

und einstiger Transitort der nördlichen Route der Seidenstraße. 1872 wurde Yining von den Russen besetzt, als Jakub Beg die Region – damals Kaschgarien – beherrschte. Später lebten hier in Zeiten der chinesisch-sowjetischen Freundschaft in den 1950er Jahren zahlreiche Russen. Als sich das Verhältnis zwischen China und der UdSSR Anfang der 1960er Jahre verschlechterte, gab es am Fluss Ili (Yili He) Grenzkämpfe. 1997 kam es in Yining zu Aufständen der muslimischen Uiguren.

Die freundliche Kleinstadt Yining mit ihren Alleen ist für ihr Honigbier und den Hartkäse bekannt. Ein Erlebnis sind die Uiguren-Basare in der Altstadt südlich des Qingnian-Parks. Im Sommer erwacht die Stadt mit Nachtmärkten und Essensständen zum Leben.

Fünf Kilometer südlich liegt das idyllische **Ili-Tal** (Ili Gu), ein agrarisch genutztes Gebiet mit Feldern und Milchkühen. Hier leben die Xibo, eine winzige Minderheit, deren Zentrum Chapucha'er ist. Sie sind mit den Mandschu verwandt und kamen während der Qing-Ära hierher, um die Souveränität der Region zu sichern. Die Xibo grenzen sich von den Han-Chinesen und anderen Ethnien im Ort ab und haben u.a. Sprache und Schrift bewahrt.

»Straßenstand« mit Trauben, Yining

Kuqa ❽
库车

300 km südwestlich von Ürümqi. *75 000.* *Kuqa Travel Agency, (0997) 712 9558.* *Fr.*

Die kleine Oasenstadt ist ein Uiguren-Ort mit interessanter Geschichte. Bis zum 8. Jahrhundert, als Kuqa unter chinesische Herrschaft kam, war es ein unabhängiges Königreich und eng mit Indien verbunden. Bereits im 4. Jahrhundert war es ein bedeutendes buddhistisches Zentrum. Damals blühte die Schule von Kumarajiva auf. Kumarajiva wurde hier geboren, ging im nordindischen Kaschmir zur Schule und kam als Gelehrter, der Texte aus dem Sanskrit ins Chinesische übersetzte, nach China zurück. Die Stadt wurde zur Keimzelle der Verbreitung des Buddhismus in ganz China. Der durch den Seidenstraßenhandel erworbene Reichtum ermöglichte den Bau mehrerer großer Tempel. Im 7. Jahrhundert kam der Mönch Xuanzang durch Kuqa und sagte, er habe dessen geistigen Führer in einer philosophischen Debatte bezwungen. Mit der Ankunft des Islam im 9. Jahrhundert wurden so gut wie alle Spuren der buddhistischen Vergangenheit getilgt.

Kuqa ist ein Zwischenstopp auf dem langen Weg nach Kashgar und besteht aus Neu- und Alt-Kuqa. Die Altstadt besitzt Basar-Atmosphäre und einige enge Gassen mit alten Lehmhäusern. Die 1923 errichtete **Große Moschee** mit grünen Ziegeln zeigt keinerlei chinesische Einflüsse, sondern weist den traditionellen Arabeskenstil auf.

Ein Grund, Kuqa zu besuchen, sind die **Tausend-Buddha-Grotten** bei Kizil, 70 Kilometer westlich. Die Höhlen entstanden 500–700 – ihre Fresken im indo-persischen und griechischen Stil sind faszinierend unchinesisch. Die Höhlen wurden Anfang des 20. Jahrhunderts leider von Archäologen und Entdeckern wie Le Coq und Paul Pelliot geplündert. In den meisten gibt es keine Fresken mehr. Einige wenige sind erhalten, darunter die Musiker in Höhle 38 und die häuslich-ländlichen Szenen in Höhle 175.

Etwa 30 Kilometer nördlich von Kuqa liegt die Ruinenstadt **Subashi** (12. Jh.).

Tausend-Buddha-Grotten
Mietwagen oder Taxi. *tägl.* *über das Tourismusbüro in Kuqa.*

Die Tausend-Buddha-Grotten von Kizil, außerhalb von Kuqa

Kashgar 9

喀什

Hüte vom Markt, Altstadt

Die Stadt Kashgar liegt an der Seidenstraße im Westen Xinjiangs, am Fuß des Pamir-Gebirges. Da hier, westlich der Wüste Takla Makan, die nördliche und südliche Route der Seidenstraße zusammenkamen, war es einst ein wichtiger Ort. Im Jahr 78 wurde zwar eine chinesische Garnison stationiert, aber im 9. Jahrhundert beugte sich die Gegend dem Einfluss des Islam. Es dauerte bis zum 18. Jahrhundert, bis Kashgar wieder Teil des chinesischen Reichs wurde. Später erklärte sich der zentralasiatische Kriegsherr Jakub Beg zum Khan des Staats Kaschgarien. Nach seinem Tod 1877 annektierte China die Provinz. Heute ist Kashgar wieder ein betriebsamer Umschlagplatz, der trotz der Modernisierung seinen Charme bewahrt hat.

Bauern beim Viehhandel auf dem Markt in Kashgar

Sonntagsmarkt

Bei Ayziret Lu. *tägl.* **Viehmarkt** *So.*

Einer der berühmtesten Märkte Chinas, der Sonntagsmarkt, wird in einem nordöstlichen Vorort jenseits des Flusses abgehalten. Obwohl er inzwischen in zwei Märkte geteilt wurde – der Viehmarkt findet ein paar Meilen südöstlich der Stadt statt –, strömen Tausende von Händlern auf Pferden, Eselskarren, zu Fuß und mit jedem denkbaren fahrbaren Untersatz hierher. In dem Gewühl werden Decken, Teppiche und Obst verkauft. Hauptattraktion ist jedoch der Viehmarkt (Karren verkehren zwischen beiden Märkten). Hier werden Pferde beim Galopp geprüft, kleine Schafherden warten auf neue Besitzer. Es ist ein staubiger, lauter, fotogener Ort, der im Morgengrauen erwacht und bis abends pulsiert.

Id-Kah-Moschee

Id-Kah-Platz. *tägl. 8.50–22 Uhr (während des Gebets geschlossen).*

Die größte Moschee in Xinjiang und eine der größten in China ist die Id-Kah-Moschee (Aitika Qingzhen Si). Sie wurde wahrscheinlich 1738 gegründet, könnte aber auf den Fundamenten einer kleineren Moschee aus dem 15. Jahrhundert stehen. Die heutige Form der im zentralasiatischen Stil errichteten und über die Jahre veränderten Moschee entstand 1838. Allerdings wurde der Bau in der Kulturrevolution stark beschädigt. Das von zwei kleinen Minaretten flankierte Haupttor wirkt mit seinen hellen Ziegeln wie Marzipankonfekt. Im Hof befinden sich ein achteckiger Pavillon, ein Becken sowie ein 100-Säulen-Raum mit Platz für 7000 Gläubige. Frauen ist der Zutritt zur Moschee generell verwehrt. Angemessen gekleidete männliche Besucher haben meist kein Problem. Verboten ist der Zutritt während der Gebete, zu denen Nicht-Muslime nicht zugelassen sind. Vor Betreten der Teppiche müssen Sie die Schuhe ausziehen.

Altstadt

Nordöstlich der Id-Kah-Moschee.

Nordöstlich des Id-Kah-Platzes liegt der quirlige Uiguren-Basar. Er ist in spezialisierte Bereiche aufgeteilt, etwa Stände für Hüte, Musikinstrumente, Teppiche und Eisenwaren. Gern gekauft werden Kashgar-*kilims* (Webteppiche) und bunte Hüte. Ein Teil des Areals besteht aus Lehmziegelmauern und Innenhöfen mit Teehäusern und winzigen Restaurants, die Fladenbrot, Nudeln, Lammbraten und Fleischspieße anbieten. Am Ende der Seman Lu, östlich der Moschee, sieht man Teile der alten Stadtmauer, ebenso in der Yunmulakxia Lu, südwestlich der Moschee.

Id-Kah-Moschee in Kashgar mit dem Pamir-Gebirge im Hintergrund

Hotels und Restaurants in Xinjiang *siehe Seiten 572f und 597*

Eine der vielen alten Gassen mit Lehmziegelhäusern in Kashgar

Grab des Yusup Hazi Hajup

tägl.

Der große Sohn Kashgars war ein uigurischer Dichter und Denker des 11. Jahrhunderts, der durch das Epos *Das Wissen um Glück* berühmt wurde. Zunächst wurde er außerhalb der Stadt begraben, doch als eine Überschwemmung das Grab gefährdete, bettete man seinen Leichnam in die Nähe von Kashgars Hauptplatz um. Die Grabstätte ist innen schlicht, sieht aber von außen mit der blauen Kuppel und den Minaretten beeindruckend aus.

Aba-Khoja-Mausoleum

Siehe S. 512f.

Grotten der Drei Unsterblichen

18 km nördlich von Kashgar.

Die Grotten der Drei Unsterblichen (Sanxian Dong) zählen zu den ältesten buddhistischen Höhlen Chinas. Sie stammen wahrscheinlich aus dem 2. Jahrhundert. Da sie ganz oben in die Sandfelsen gebaut sind, sind sie nicht immer gut zugänglich. Unsachgemäße Restaurierungsversuche haben die Gemälde und Statuen über die Jahre verunstaltet. Einige Buddha-Statuen sind noch erhalten, die man mit Genehmigung des örtlichen Tourismusbüros besichtigen darf – allerdings nur im Rahmen einer offiziellen Führung.

Infobox

1470 km südwestlich von Ürümqi. *350 000. Internatioaler Flughafen Kashgar. Kashgar Bahnhof. Internationaler Busbahnhof, CAAC (Busse zum Flughafen). So.*

Ruinen von Ha Noi

35 km nordöstlich von Kashgar.

Die Überreste der Tang-Stadt Ha Noi liegen malerisch in der Wüste nordöstlich von Kashgar. Die Stadt aus dem 7. Jahrhundert wurde im 12. Jahrhundert verlassen und bietet an Sehenswertem nur die **Mor-Pagode**, eine große Stupa, die Mönch Xuanzang auf seiner historischen Indien-Reise besucht haben soll.

Opal

30 km westlich von Kashgar.

In Opal (auch Wupoer) steht das restaurierte Grabmal von Mohammed Kashgari – einem bedeutenden Gelehrten und Philologen des 11. Jahrhunderts, der das erste Turk-Arabische Lexikon herausgab. Das angegliederte Museum illustriert sein Leben und Werk. Montags findet hier ein bunter Markt statt.

Kashgar: Aba-Khoja-Mausoleum

阿巴克霍加 – 香妃墓

Das im 17. Jahrhundert erbaute Aba-Khoja-Mausoleum und die angegliederten Bauten sind beispielhaft für die islamische Architektur in China. Es handelt sich um die Grabstätte der Familie von Aba Khoja, einem gefeierten islamischen Missionar. Es ist zudem als Xiangfeis Grab bekannt, da hier Ikparhan, eine berühmte Nachfahrin Aba Khojas, liegen soll, angeblich die legendäre »duftende Konkubine« Xiangfei. Die Frau eines besiegten Rebellenführers war von Kaiser Qianlong gefangen genommen und als kaiserliche Konkubine nach Beijing gebracht worden. Da sie sich weigerte, sich ihm hinzugeben, soll sie ermordet oder von der Kaisermutter in den Selbstmord getrieben worden sein.

Der von Platanen gesäumte Eingang zum Aba-Khoja-Komplex

★ Ornamentaler Schmuck
Nur florale und geometrische Muster sind in der islamischen Kunst verbreitet, da die Kreation lebender Wesen (außer als »unbelebt« geltender Blumen) allein Allah vorbehalten war.

Die Kuppel hat 17 Meter Durchmesser. Die Hälfte der Fliesen ist abgefallen.

Ikparhans Sarkophag steht in der Grabhalle. Die Kutsche, mit der ihre Leiche von Beijing hierher gebracht worden sein soll, ist auch ausgestellt.

Minarette
Die vier Ecktürme sind weniger grazil als andere Minarette. Ihr Charme rührt von dem Streifenmuster der bunten Ziegel mit ihren detaillierten islamischen Motiven und Mustern.

★ Sarkophage
Die mit blau glasierten Ziegeln verzierten Sarkophage der Familie Aba Khoja liegen unter Seidentüchern auf einer Plattform.

Nicht versäumen

★ Ornamentaler Schmuck

★ Sarkophage

Friedhof
Auf dem Friedhof, der heute noch von den Uiguren benutzt wird, befinden sich unzählige charakteristisch zugespitzte Lehmgräber. Die Leichname werden in der benachbarten Moschee gewaschen und für das Begräbnis vorbereitet.

INFOBOX

Rund 4 km nordöstlich der Altstadt. *oder* *vom Volksplatz. Auch zu Fuß oder mit dem Fahrrad.* **Mausoleum** *tägl. 8–17.30 Uhr.* **Moschee** *tägl. (Fr ist Feiertag).*

Minarettverzierung
Jede Fensterfüllung hat ein anderes Bleiglasmuster. Die Rahmen sind mit filigranen Arabesken verziert. Das Türmchen selbst trägt eine Rippenkuppel mit abschließenden Kugeln.

Mausoleumseingang
Die beeindruckende Fassade des Mausoleums hat wie viele zentralasiatische Moscheen eine gekachelte Eingangsnische (iwan).

ABA-KHOJA-KOMPLEX

Säule mit arabischen *muqarnas*

Obwohl der Islam bereits im 9. und 10. Jahrhundert mit arabischen Händlern über die Seidenstraße nach Xinjiang gelangt war, wurde er erst im 15. Jahrhundert zur dominanten Religion der Gegend – mit Kashgar als wichtigem islamischem Zentrum. Der Aba-Khoja-Komplex ist ein architektonisches Ensemble mit Mausoleum, vier Gebetshallen, Unterrichtshalle und Friedhof. Er hat ein mit blauen Fliesen verziertes Tor und im Innenhof einen Teich, in dem die Gläubigen sich vor dem Gebet waschen. Die Hallen schmücken schöne bemalte Balken, die von Säulen mit herrlichen *muqarnas* – typisch islamischen Spitzbogenelementen (»Stalaktitendekor«) – an den Kapitellen getragen werden.

Lastwagen am Checkpoint auf dem Karakoram Highway, im Hintergrund die Gipfel des Pamir

Karakoram Highway ⑩
中巴友谊公路

Südwestlich von Kashgar nach Pakistan. 🚌

Der Karakoram Highway (Zhongba Gonglu) war einst eine Nebenstrecke der Seidenstraße und die einzige Route über das Karakorum-Gebirge auf dem Weg von und nach Indien. In den 1970er und 1980er Jahren wurde entlang der alten Karawanenroute eine Passstraße über die Berge gebaut, um China mit Pakistan zu verbinden. Die 1300 Kilometer lange Strecke von Kashgar nach Islamabad in Pakistan führt über den Pamir mit seinen bis nahezu 8000 Meter hohen Gipfeln – sie ist atemberaubend schön. Im Hochland grasen die Kamele und Yaks der Tajik-Hirten. In klaren Seen wie dem Karakul spiegeln sich die majestätischen Berge der Umgebung wider. Hie und da liegen verfallene Karawansereien am Wegrand.

Der letzte Ort in China ist **Tashkurgan**, ein öder Außenposten auf den Überresten eines alten Forts. Dahinter erhebt sich der 4800 Meter hohe **Khunjerab-Pass**, das Tor nach Pakistan. Die Grenze liegt gleich dahinter in Sost. Sie ist im Winter geschlossen. Besucher benötigen ein Visum, um nach Pakistan einzureisen (in Beijing oder Hong Kong erhältlich). Der Bau der Straße erforderte 20 Jahre. Die Fahrt dauert vier Tage. Obwohl sich die Bedingungen bessern, sollten Besucher warme Kleidung, Essen und Getränke mitnehmen.

Yengisar ⑪
英吉沙

60 km südlich von Kashgar. 🚌

Das kleine, verschlafene Yengisar auf der südlichen Route der Seidenstraße ist für seine Messer bekannt. Jahrhundertelang wurden hier handgefertigte Messer für die uigurischen Männer hergestellt, die diese traditionell bei sich tragen. Dutzende von Läden verkaufen Messer in allen Größen und Formen. Die meisten davon sind maschinell gefertigt. Doch es gibt noch einige Handwerker im Stadtzentrum, die die alte Kunst des Messerschmiedens beherrschen.

Mit einfachen Werkzeugen produzieren die Angestellten der **Yengisar Country Small Knife Factory** exquisite Griffe aus edlen Hölzern mit Silber- und Hornintarsien. Trotz der Aufschrift »No Entrance« kann man einige Fabriken besichtigen. Allerdings bedarf es spezieller Genehmigungen, um ein Messer als Souvenir mit nach Hause zu nehmen.

Messer und Dolche auf einem Stand des Sonntagsmarkts in Yengisar

Hotels und Restaurants in Xinjiang *siehe Seiten 572f und 597*

Jade

Roher Nephrit, Basis für Jadeschmuck

Jadeit oder Nephrit wird bei den Chinesen bereits seit mehreren Tausend Jahren abgebaut und bearbeitet – neben Speckstein und Chalcedon. Letzterer wird auch *yu* genannt, Nephrit und Jadeit (echte Jade) heißen *zhen yu*. Jade wurde zunächst für Werkzeug benutzt und setzte sich erst in der Han-Ära als Schmuckstein durch. In der Qing-Zeit stellten die Schnitzer aufwendige Stücke wie filigrane Jadetiere her. Jade ist nicht nur grün, sondern auch braun, schwarz oder trüb-weiß. Für die Chinesen symbolisiert Jade Langlebigkeit und Reinheit und dient als Amulett gegen Krankheit. Die einzige Nephrit-Mine Chinas liegt in Xinjiang um Hotan. Dort gab es bereits zu neolithischen Zeiten ein ausgeklügeltes Fördersystem.

Yarkand ⓬
莎车

170 km südöstlich von Kashgar.

Ähnlich wie Kashgar spielte Yarkand, das ehemalige Handelszentrum an der Südroute der Seidenstraße, eine wichtige Rolle beim »Great Game«, dem Machtkampf zwischen China, Russland und Großbritannien *(siehe S. 491)*. In der Altstadt mit ihren Lehmmauern und engen Gassen liegen ein paar Sehenswürdigkeiten wie die **Altyn-Moschee** mit herrlichen Deckenbemalungen und dem Grab der Aman Isa Khan (1526–1560), der dichtenden Ehefrau eines Khans. Auf dem Friedhof hinter der Moschee sind die Khane von Yarkand begraben. Es gibt auch einen Sonntagsmarkt.

Händler mit Rettichen in Yarkand

Karghilik ⓭
椰城

230 km südöstlich von Kashgar.

Karghilik diente auf der Südroute der Seidenstraße als Zwischenstopp zwischen Hotan und Kashgar. Die farbenfrohe alte Uiguren-Stadt ist unbedingt einen Besuch wert. Sehenswert ist die **Jama Masjid** (15. Jh.) mitten im Arkaden-Basar.

Hotan ⓮
和田

400 km südöstlich von Kashgar. *270 000.* *Hotan Travel, (0903) 251 5660.*

Die Oasenstadt Hotan (auch Hetian) war ein frühes Zentrum des Buddhismus, bevor im 9. Jahrhundert der Islam China erreichte. Die ehemalige Hauptstadt des Königreichs Yutian wurde wie die meisten Städte an der Seidenstraße zeitweise dem chinesischen Reich einverleibt. Jade, Teppiche und Seide aus Hotan gelten seit Jahrhunderten als die feinsten in China. Die Produktion läuft noch heute. Angeblich gelangte die Technik der Seidenherstellung mit einer chinesischen Prinzessin in die Region. Sie soll um 440 Seidenraupeneier in ihrem Haar eingeschmuggelt haben. Auf der Tanai Lu wird Jade bearbeitet. Die Teppichfabrik auf der anderen Flussseite ist für alle einen Besuch wert, die günstig einen Teppich erstehen wollen. Wer sich für die Seidenherstellung interessiert, kann die **Hotian-Seidenfabrik** im Nordosten der Stadt besuchen.

Reste der alten Stadtmauer stehen noch auf beiden Seiten der Nuerwake Lu. Freitags und sonntags gibt es im Nordosten der Stadt einen unübersichtlichen Markt. Er ist zwar nicht so groß wie der Markt in Kashgar, aber mit Vieh, Obst und Gemüse, Teppichen und Seide mindestens ebenso lebhaft und farbenfroh.

Ende des 19. Jahrhunderts kamen erste Gerüchte über die »verschwundenen« Städte der Region auf und zogen Expeditionen an. Im kleinen **Hotian-Kulturmuseum** zeigt eine Karte alle versunkenen Städte. Außerdem zu sehen sind dort Seidenfragmente, Wollwaren und Schmuck, der in der Nähe bei Ausgrabungen gefunden wurde. Dort entdeckte man auch die 1500 Jahre alten mumifizierten Leichen eines zehnjährigen Mädchens und eines 35-jährigen Mannes mit indo-europäischen Gesichtszügen.

Die Ruinenstadt **Melikawat** liegt etwa 30 Kilometer südlich der Stadt. Von dem einst so bedeutenden Zentrum des Buddhismus stehen heute nur noch verfallene Mauern.

Hotian-Kulturmuseum
Tanai Lu. *tägl.*

Handwerker auf dem Open-Air-Markt in Hotan

Tibet

Tibet im Überblick

Drei der höchsten Gebirge der Welt umgeben Tibet: Himalaya, Karakorum und Kulun. Dadurch ist diese Region äußerst abgeschieden. Früher bedeutete die Isolation für das »Dach der Welt« Schutz. Als es per Flugzeug erreichbar wurde, marschierten die Chinesen ein. Tibet ist noch nicht allzu lange für Besucher zugänglich. Die einzige größere Stadt, die Hauptstadt Lhasa, ist mit dem Jokhang-Tempel, dem Potala-Palast als traditioneller Residenz des Dalai Lama und mit Klöstern wie Drepung und Sera auch das spirituelle Zentrum. Überall hat man einen atemberaubenden Blick auf gewaltige Berggipfel. Absolut sehenswert sind der Namtso-See und die kühne Gipfelregion des Mount Everest.

Thangka an der Tür des Jokhang-Tempels in Lhasa

Yamdrok, der größte See im Süden Tibets, vom Kamba-la-Pass aus gesehen

Sehenswürdigkeiten auf einen Blick

Städte und Orte
Gyantse 5
Grenze zu Nepal 9
Lhasa S. 528–537 1

Tempel und Klöster
Sakya-Kloster 7
Samye-Kloster S. 540f 2
Shigatse und Tashilunpo 6
Tsurphu-Kloster 3

Landschaften
Mount-Everest-Basislager 8
Namtso-See 4

◁ **Der majestätische Mount Everest, den die Tibeter Chomolungma nennen *(siehe S. 546f)***

Der Potala-Palast vom Dach des Jokhang-Tempels, dem heiligsten Tempel Lhasas, aus gesehen

Siehe auch

- ***Hotels*** S. 573
- ***Restaurants*** S. 597

Anreise nach Tibet

Die meisten Flugreisenden nach Lhasa kommen von Chengdu, Sichuan oder Kathmandu (Nepal). Die Straßenverbindung zwischen Kathmandu und Lhasa steht nur Reisegruppen offen. Die Busroute vom chinesischen Golmud in Qinghai hat seit der neuen schnellen Tibet-Bahn das Nachsehen. Die meisten Reisenden nehmen den Zug nach Lhasa von Xining oder Chengdu aus. Für jede Art der Einreise benötigt man eine Genehmigung des Tibetan Tourism Bureau (TTB) – (0086) 0891 691 2080. In Tibet darf man nicht individuell umherreisen. Am besten bucht man eine Tour bei einer Agentur in Lhasa, die sich auch um die Genehmigungen kümmert.

Legende

- Internationaler Flughafen
- Nationalstraße
- Nebenstraße
- Eisenbahn

Ein Porträt Tibets

Der Ruf Tibets als exotisches, mysteriöses Land geht auf seine lange Isolation zurück und auf die einzigartige theokratische Kultur, die auf dem Buddhismus beruht, aber von der älteren, schamanistisch geprägten Bon-Religion beeinflusst wurde. 1950 marschierten chinesische Truppen ein und brachten Tibet unter ihre Kontrolle. Dennoch konnten sich hier viele Traditionen halten.

Buddha-Wandbild, Jokhang-Tempel

Seit der Einführung des Buddhismus im 7. Jahrhundert sind alle Lebensbereiche Tibets religiös geprägt. Die Klöster waren Paläste, Verwaltungsgebäude und Schulen zugleich. Tibet war ein feudaler Staat, der jeglicher Modernisierung widerstand. Das Land wurde ohne vernünftiges Bildungssystem, ohne Straßen und mit einem technischen Standard, bei dem nur die Gebetsmühlen ausgereift waren, mit der modernen Welt konfrontiert.

Der Buddhismus wurde in Tibet von Songsten Gampo (608–650) eingeführt, der das Land auch einte. Unterstützt wurde er von seinen zwei Frauen, einer chinesischen und einer nepalesischen Prinzessin. Der nächste religiöse König, Trisong Detsen (742–803), konsolidierte den Buddhismus, indem er den indischen Meister Padmasambhava (Guru Rinpoche) nach Tibet holte. Ein Aufflackern der traditionellen Bon-Religion führte zur Verfolgung der Buddhisten. Obwohl der Buddhismus später wieder erstarkte, zerfiel das Königreich daraufhin in Fürstentümer.

Im 13. Jahrhundert ergab sich Tibet den Mongolen. 1247 machten diese den führenden Lama des Sakya-Klosters zum Herrscher Tibets. Später gründete der Reformer Tsongkhapa (1357–1419) den Gelugpa- oder Gelbmützen-Orden. Seine Schüler wurden die Dalai Lamas, die Tibet 500 Jahre lang regieren sollten. Jeder neue Dalai Lama gilt als Reinkarnation des vorhergehenden.

Die weitläufige Anlage des Ganden-Klosters aus dem 15. Jahrhundert

Buddhas Augen sehen alles – im Kumbum-Kloster, Gyantse

1950 nahmen die Chinesen einen Gebietsanspruch zum Vorwand und marschierten in Tibet ein. Sie bezeichneten dies als »Befreiung«. Während der Aufstände von 1959 floh der 14. Dalai Lama (geb. 1935) nach Indien, wo er immer noch lebt. Bis 1970 kamen mehr als eine Million Tibeter entweder durch die Chinesen oder durch Hungersnot zu Tode. Tibets kulturelles Erbe wurde ausgelöscht. Über 6000 Klöster wurden zerstört.

Tibetisches Mandala, ein Tantra-Diagramm

Viele dieser während der Kulturrevolution vernichteten Anlagen sind inzwischen wiederaufgebaut worden und werden auch als Klöster genutzt. Doch es ist nach wie vor verboten, ein Bild des Dalai Lama anzufertigen oder zu besitzen.

Das alte Lhasa ist das Herz Tibets, obwohl dort die Han-Chinesen die Tibeter zahlenmäßig bereits übertreffen. Durch die neue Eisenbahnverbindung, die Golmud in Qinghai mit Lhasa verbindet, wird ihre Anzahl vermutlich noch steigen. Die Altstadt mit Potala-Palast und Jokhang-Tempel zeugt jedoch eindrücklich von der Entschlossenheit, mit der Tibet an seinen kulturellen Traditionen festhält. Fromme Pilger, die Gebetsmühlen drehen, sich auf die Knie werfen oder in der *kora* heilige Stätten umrunden, sind ein vertrauter Anblick.

Der größte Teil von Tibet besteht aus Wüste. Die durchschnittliche Höhe liegt bei über 4000 Metern. Im Winter fallen die Temperaturen weit unter den Gefrierpunkt. Den harten Lebensbedingungen entsprechend haben sich auch die Bräuche entwickelt. Erklärbar werden auf diese Weise die Himmelsbestattungen, bei denen die Toten den Aasgeiern überlassen werden. Feuerbestattungen sind mangels Holz unüblich, und die Erde ist zu hart, um ein Grab zu schaufeln. Polyandrie (Ehegemeinschaft einer Frau mit mehreren Männern) und das Zölibat des Klerus waren notwendige Formen der Geburtenkontrolle.

Fast ein Viertel der Bevölkerung sind Nomaden, die mit ihren *Dzo*-Herden (eine Kreuzung zwischen Yak und Kuh) umherziehen und in Zelten leben. Das Vieh liefert lebenswichtige Produkte. Beispielsweise wird Yak-Butter für Buttertee und als Brennstoff für Lampen benutzt. Tibet besitzt kaum Straßen. Das Reisen ist also entsprechend zeitaufwendig. Die am häufigsten befahrene Strecke ist der Friendship Highway zwischen Lhasa und der nepalesischen Grenze, vorbei an Shigatse, Gyantse und dem Sakya-Kloster. Eine lange, holprige Strecke führt zum Mount-Everest-Basislager – die Belohnung der Mühe ist ein großartiger Blick auf den welthöchsten Gipfel. Auch von Lhasa aus kann man Touren machen: Die Klöster Drepung, Sera, Ganden und Tsurphu sind leicht erreichbar. Die Seen Namtso und Samye liegen weiter entfernt.

Mönche diskutieren rituell unter einem Baum – ein häufiger Anblick im Sera-Kloster

Tibetischer Buddhismus

Wächtergottheit *(dharmapala)*

Der Mahayana-Buddhismus kam im 7. Jahrhundert von Indien nach Tibet. Er übernahm viele Aspekte der ursprünglichen, schamanistischen Bon-Religion, auch deren Rituale und Gottheiten. Wie die meisten Buddhisten glauben die Tibeter an Reinkarnation – die Qualität der späteren Leben ist abhängig vom Karma (Verdienst), das man im vorhergehenden Leben gesammelt hat. Für viele Tibeter ist das Alltagsleben so von Religion durchdrungen, dass das eine ohne das andere nicht denkbar ist. Nicht von ungefähr gibt es im Tibetischen gar keinen Begriff für Religion.

Chorten *bergen die Asche spiritueller Meister. Der quadratische Sockel steht für Erdverbundenheit, die spitze Krone für Himmelssphären.*

Der Gelugpa-Orden *(Gelbmützen-Orden) wurde um 1300 vom Reformer Tsongkhapa gegründet. Oberhäupter sind der Dalai Lama und der Panchen Lama* (siehe S. 520 und S. 544).

Mönche und Klöster

Auf dem Höhepunkt klösterlicher Macht gab es in Tibet etwa 6000 Klöster und zahllose buddhistische Schulen. Viele Familien schickten einen ihrer Söhne ins Kloster, wo er dann ehelos lebte.

Der Nyingma-Orden *ist die älteste aller traditionellen Schulen. Er wurde im 6. Jahrhundert von Guru Rinpoche gegründet.*

Bon – Tibets ursprüngliche Religion

Bon, eine animistische Religion, bei der Magie, Spiritismus und die Bändigung von Dämonen eine große Rolle spielten, war in Tibet vor der Einführung des Buddhismus verbreitet. Viele der heutigen buddhistischen Bildnisse, Rituale und Symbole bis hin zu den Gebetsfahnen und den Himmelsbegräbnissen – dabei werden die zerhackten Körper der Toten auf Bergen ausgelegt und von Geiern gefressen – haben ihren Ursprung in der Bon-Religion. Einige Klöster in Tibet lassen die Bon-Religion wieder aufleben.

Bronzefigur (19. Jh.) einer Bon-Gottheit

Eine Seele kann zwischen zwei Pfaden wählen: dem hellen und dem dunklen.

Im Mittelpunkt jagen die drei Grundübel Schlange (Wut), Schwein (Verblendung) und Hahn (Gier) einander in alle Ewigkeit.

Lebensrad

Der Zyklus von Sein und Wiedergeburt wird symbolisiert durch das Lebensrad, das häufig von einem zähnefletschenden Ungeheuer, dem Yama, in den Klauen gehalten wird. Nur Erleuchtung überwindet diesen Kreislauf.

Eine Gebetsmühle *enthält Gebetstexte, die sie, im Uhrzeigersinn gedreht, gen Himmel schickt. Die größten Gebetsmühlen werden mit einer Kurbel oder mit Wasserkraft gedreht.*

Der Außenring zeigt die zwölf Faktoren, die das Karma bestimmen. Dazu gehören spirituelles Bewusstsein (blinder Mann mit Stock) sowie Willenskraft (Töpfer).

Das innere Rad zeigt sechs Daseinsbereiche, in denen eine Wiedergeburt erfolgen kann – Götter, Halbgötter, Menschen, Tiere, Geister und Dämonen.

Gebet und Ritual

Götterverehrung ist verbunden mit Ritualen, die einen Heilszuwachs ermöglichen. *Koras*, die im Uhrzeigersinn gegangen werden, können kurze Umrundungen heiliger Stätten, aber auch Pilgerreisen sein. Die bedeutendste *kora* ist der Weg um den Berg Kailash, der als Zentrum des Universums gilt. Nach der 108. Umrundung ist einem das Nirwana sicher.

Die rituelle Trommel, *die aus zwei Schädeldecken gefertigt wurde, gilt als besonders starkes Gebetsutensil, da sie aus menschlichen Gebeinen besteht.*

Eine Gläubige *dreht eine Gebetsmühle und läutet mit einer* drilbu *(Glocke). Diese Rituale sowie Geldopfer sollen die Gebete unterstützen.*

Mani-Steine *tragen das Sanskrit-Mantra »om mani padme hum« eingemeißelt. Übersetzt heißt dies: »Heil dem Juwel in der Lotosblüte«.*

Tibetisches Pantheon

Eine überwältigende Vielfalt von Gottheiten, Buddha-Inkarnationen und Dämonen bevölkert die tibetische Götterwelt. Viele sind Reinkarnationen, gute oder böse. Ein Buddha, »Erwachter«, ist erleuchtet und hat das Nirwana erreicht. Bodhisattvas haben aus Mitgefühl das Nirwana ausgeschlagen und helfen anderen.

Jampalyang *(Manjusri) ist der Herr der Wissenschaft und Inspiration. In seiner Rechten hält er das Schwert gegen die Unwissenheit erhoben.*

Dharmapalas *schützen die Lehre und bekämpfen die Feinde des Buddhismus. Ursprünglich waren es Dämonen, die Guru Rinpoche aber zähmte und dem Glauben verpflichtete. Mahakala ist der bekannteste* dharmapala, *eine zornige Manifestation des Chenresig.*

Buddhistische Gottheiten

Jowo Sakyamuni: Buddha der Gegenwart
Jampa (Maitreya): Buddha der Zukunft
Dipamkara (Marmedze): Buddha der Vergangenheit
Guru Rinpoche (Padmasambhava): Manifestation von Buddha auf Erden
Chenresig (Avalokitesvara): Vielarmiger Bodhisattva des Mitgefühls
Drolma (Tara): Weiblicher Aspekt des Mitgefühls

Nomadenleben

Junger Nomade mit einem *dzo*

Die Hochebene Chang Tang, die fast 70 Prozent der Fläche Tibets ausmacht, ist Heimat von rund einem Viertel der Tibeter. Ein Großteil davon sind Nomaden *(drokba)*, denn das strenge, trockene Klima macht Ackerbau fast unmöglich. Ihr Leben wird von der modernen Zivilisation kaum berührt. Sie hüten Schafe, Ziegen und *dzo* (eine Kreuzung aus Yak und Kuh). Die Tiere sind an extreme Höhen angepasst, haben größere Lungen und mehr Hämoglobin im Blut. Auch die nomadische Kultur trägt dem harten Klima Rechnung.

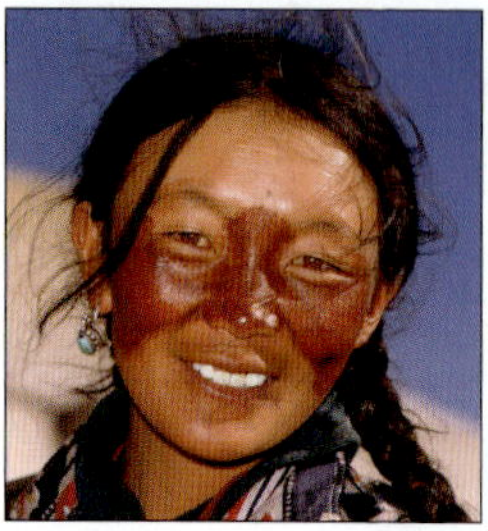

Getrockneter Joghurt *soll die Haut vor Sonne schützen. Männer wenden ihn nicht an, doch Frauen tragen diese Maske fast wie Schmuck.*

Diese Männer *trinken den in ganz Tibet beliebten salzigen Tee, der mit Yak-Butter gemacht wird. Salze sind lebensnotwendig, Fett gibt die nötige Energie. Sie tragen die traditionelle tibetische Bekleidung für Männer: knielange* lokbars *mit einem schwarzen Streifen.*

Traditionell *tragen die Nomaden gegürtete Mäntel aus Ziegenfell, sogenannte* lokbars, *die in der Nacht auch als Decke verwendet werden. Das Fell ist innen, das robuste Leder schützt vor Wind und Wetter. Die Ärmel sind extra lang, damit die Hände gewärmt werden. Die Frauen tragen ihr Haar geflochten und schmücken es. Korallen sind dafür sehr beliebt.*

Die Herde

Für Nomaden sind die Tiere lebensnotwendig. Sie bedeuten Essen, Kleidung, Schutz und manchmal auch Geld. Ziegen liefern z. B. Milch für Joghurt, Haut für Kleidung, Wolle zum Verkaufen und Dung als Brennmaterial.

Jeder Haushalt *hat ein eigenes Zelt mit »vier Wänden«. Der Stoff ist aus den starken Haaren vom Yakbauch gefertigt. Oft schützen Steinmauern das Zelt gegen Wind. Für unterwegs wird ein anderes Zelt verwendet.*

Eine Frau *breitet Yak-Dung zum Trocknen auf einer Steinmauer aus. Getrocknet wird er wieder abgekratzt und als Brennmaterial beim Kochen verwendet. Die Arbeiten werden geschlechtsspezifisch aufgeteilt. Frauen kümmern sich ums Melken, Buttern, Weben und um die Beschaffung des Brennmaterials. Sie arbeiten meist härter als die Männer.*

Ein Nomade *gießt Yak-Butter aus einem Fass, sie bewirkt u. a. die salzige Note des starken Tees. Die Nomaden ernähren sich einfach. Hauptnahrungsmittel ist* tsampa, *geröstetes Gerstenmehl, das häufig pur und trocken gegessen wird. Joghurt aus Ziegenmilch, Rettich und gelegentlich Fleisch ergänzen den Speiseplan.*

Yak-, Schaf- und Ziegenwolle *wird auf dem Webstuhl verarbeitet. Aus den robusten Stoffe entstehen dann Zeltplanen, Decken oder Kleidungsstücke. Wegen der zunehmenden Beliebtheit der Kaschmirwolle, der weichen Wolle vom Unterbauch der Ziegen, ist das Einkommen vieler Nomaden in letzter Zeit gestiegen.*

Weidegründe der Herden

Nomaden des Chang-Tang-Plateaus ziehen nicht ständig umher, und wenn, dann nur in einem relativ kleinen Radius (bis 60 km), denn die Wachstumsperioden sind auf der gesamten Hochebene gleich. Sie versuchen sogar, das Umherziehen zu beschränken, weil sie glauben, dass es das Vieh schwächt. Manche Familien bauen an ihrem Hauptlagerplatz sogar ein Haus. Wenn das Vieh die Weidegründe abgegrast hat, ziehen die Nomaden in andere Gebiete weiter. Das Vieh muss dort acht bis neun Monate im Jahr in karger Vegetation mühsam nach Fressbarem suchen. Später bringen die Nomaden einige Herden auf noch höher gelegene Weiden und kehren dann zu ihrem Hauptlager zurück.

Ein Hirte führt seine Yaks über einen verschneiten Gebirgspass

TIBET

Das gewaltige tibetische Hochland erstreckt sich über eine Fläche von 1,2 Millionen Quadratkilometern. Der nördlichste Ausläufer ist die wüstenähnliche, fast unbewohnte Hochebene Chang Tang mit riesigen Salzseen. Nahezu alle Sehenswürdigkeiten und Städte wie auch die Hälfte der etwa 2,8 Millionen Tibeter konzentrieren sich im milderen südlichen Teil.

Das vom Tsangpo (Brahmaputra) geschaffene fruchtbare Tal wird entlang der Südgrenze Tibets vom Himalaya begrenzt. Das »jüngste«, erst 14 Millionen Jahre alte Gebirge hat insgesamt 70 Gipfel mit über 7000 Meter Höhe. Höchster Gipfel des Himalaya und auch der Welt ist der Mount Everest (8848 m). Die ganzjährig schneebedeckten, grandiosen Gipfel haben Tibet den Namen »Land of Snows« eingetragen. Die durchschnittliche Höhe von über 4000 Metern und die dünne Luft intensivieren die Sonneneinstrahlung und machen für Besucher längere Akklimatisierung und Sonnenschutz notwendig.

Im Osten Tibets entspringen wasserreiche Flüsse, die tiefe Schluchten ins Land gegraben haben: Yangzi (Jangtse), Salween und Mekong. Das weite, offene Land im Norden von Tibet ist der karge Lebensraum nomadischer Hirten mit ihren Herden. Doch die ursprüngliche Weite dieser Region schrumpft allmählich zusammen, eine Folge des Vordringens der industrialisierten Welt.

Tibet hat sein kulturelles Erbe bewahrt – trotz schneller Modernisierung und 50 Jahren chinesischer Verwaltung. Besonders deutlich zeigen dies die wiederbelebten Klöster. Auch der Tourismus gewinnt an Bedeutung, da immer mehr Gegenden zugänglich werden und Besuchern Einblicke in vormals verbotene Welten gestatten.

Hauptgebetshalle im Ganden-Kloster, dem ersten Gelugpa-Kloster in Tibet

◁ **Mönch vor einer prächtigen Tür im Labrang-Kloster** ***(siehe S. 483)***

Lhasa ❶

拉萨

Statue, Tsepak Lhakhang

Lhasa ist seit dem 7. Jahrhundert Tibets Hauptstadt und zugleich das Tor zu dem geheimnisumwobenen Land. Die frühere Residenz des Dalai Lama, der Potala-Palast auf dem Marpo-Hügel, ist ihr Wahrzeichen. Der interessanteste Stadtteil ist das alte tibetische Viertel im Osten mit seinem Herzstück, dem Jokhang-Tempel. Um ihn herum erstreckt sich der Barkhor, der mit rauchigen Tempeln und gepflasterten Gassen immer noch mittelalterlichen Charakter hat. Die meisten Tibeter kommen als Pilger hierher. Neue Betonbauten zeugen allerdings von Veränderungen.

Zentrum von Lhasa

Ani-Tsankhung-Nonnenkloster ④
Jokhang-Tempel ⑤
Lukhang ②
Norbulingka ⑦
Potala-Palast ①
Ramoche ③
Tibet-Museum ⑥

Legende

Detailkarte *siehe S. 530f*

0 Meter 500

Zeichenerklärung *siehe hintere Umschlagklappe*

Farbenfrohes Wandbild im Lukhang-Tempel

Potala-Palast

Siehe S. 534f.

Lukhang

Ching-Drol-Chi-Ling-Park.

Der Tempel liegt malerisch auf einer Insel im See hinter dem Potala-Palast und wird im Sommer von Weidenbäumen beschattet. Er ist dem König der Wassergeister *(lu)* geweiht. Auf der Rückseite der Haupthalle sieht man, wie *lu* auf einem Elefanten reitet. Die oberen Geschosse sind mit Wandmalereien aus dem 18. Jahrhundert geschmückt, die den buddhistischen Pfad der Erleuchtung zeigen. Die detailreichen Darstellungen hatten die Dalai Lamas *(siehe S. 520)* vor Augen, für die der Lukhang-Tempel spiritueller Rückzugsort war.

Buddhistische Mythen sind auf den Wänden der zweiten Etage dargestellt. Ganz oben sieht man esoterische Yoga-Praktiken indischer Tantra-Meister. Zu bewundern sind auch Episoden aus dem Leben Pema Lingpas, einem Ahnen des 6. Dalai Lama.

Ramoche

tägl. 9–17 Uhr. Gebühr.

Der dreigeschossige Ramoche nördlich des Barkhor-Viertels *(siehe S. 530f)* ist der Schwestertempel des Jokhang. Die Anlage wurde im 7. Jahrhundert von Songtsen Gampo *(siehe S. 520)* als Heimstatt für die Statue des Jowo Sakyamuni erbaut, Tibets meistverehrtes Buddha-Bild und Mitgift von Songtsens chinesischer Gattin Wencheng. Ein Gerücht besagt, dass die Familie die Statue nach dem Tod des Königs aus Angst vor einer chinesischen Invasion im Jokhang-Tempel versteckte. Ersetzt wurde sie durch die Statue eines kleinen Sakyamuni *(siehe S. 532f)*, eine Mitgift von Songtsens nepalesischer Gemahlin Bhrikuti.

Der rekonstruierte Tempel besitzt große Gebetsmühlen, doch hierher kommen weniger Gläubige als in den Jokhang. Die Kapelle **Tsepak Lhakhang** birgt ein Bild von Jampa (Buddha der Zukunft).

Gebetsmühlen im Ramoche-Tempel

INFOBOX

500 000. Flughafen Lhasa bei Gongkhar, 65 km von Lhasa, dann Bus. Lhasa. Busbahnhof, CAAC (Busse zum Flughafen), Minibus-Bahnhof. Allradantrieb. Tibet Tourism Bureau, (0891) 691 2080.

Der Sommerpalast des Dalai Lama im Norbulingka

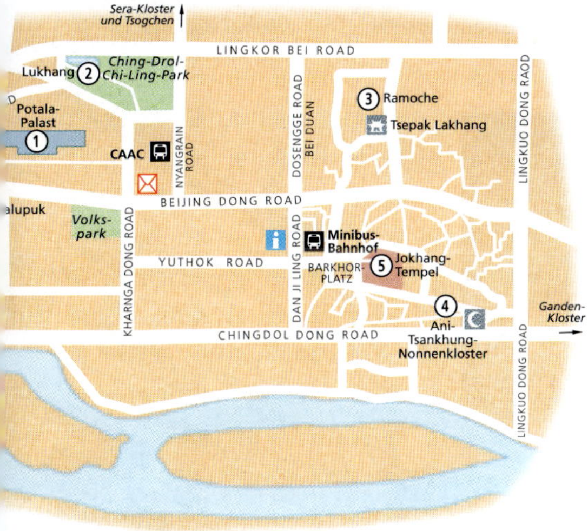

Ani-Tsankhung-Nonnenkloster

tägl.

Das Kloster im alten tibetischen Viertel ist nicht ganz leicht zu finden. Doch auf der Suche danach kann man beim Durchstreifen der geschäftigen Gassen südlich des Barkhor das spezielle Flair dieses Areals erleben. Das gelbe Klostergebäude befindet sich nördlich einer Parallelstraße der Chingdol Dong Road. In der Haupthalle sieht man ein schönes Bild von Chenresig, dem vielarmigen Bodhisattva des Erbarmens, dahinter befindet sich ein Meditationsraum von Songtsen Gampo aus dem 7. Jahrhundert. Ruhige Gelassenheit liegt über dem zurückhaltend gestalteten Raum. Die größte Anziehungskraft des Klosters stellt jedoch die warmherzige Art dar, mit der die Nonnen Besucher willkommen heißen.

Jokhang-Tempel

Siehe S. 532f.

Tibet-Museum

Sommer: tägl. 9–18.30 Uhr; Winter: tägl. 10.30–17 Uhr.

Das beeindruckende Gebäude zeigt eine recht einseitige Version tibetischer Geschichte. Doch wenn man die Propaganda der Erläuterungen ignoriert, sind die 30 000 Exponate auf jeden Fall einen Besuch wert. Es gibt viele religiöse Artefakte. Am interessantesten sind die seltenen tibetischen Musikinstrumente und die medizinischen Geräte.

Norbulingka

tägl. 9.30–18 Uhr.

Norbulingka (Juwelen-Park), die frühere Sommerresidenz der Dalai Lamas mit schönen Gärten, wurde 1755 vom 7. Dalai Lama angelegt und von seinen Nachfolgern erweitert. Man findet hier Paläste, Kapellen und andere Gebäude – ideal für einen meditativen Spaziergang am Nachmittag. Der Weg westlich des Eingangs führt zum ältesten Palast **Kelsang Potrang**, der vom 8. bis zum 13. Dalai Lama genutzt wurde. In der Haupthalle kann man viele *thangkas (siehe S. 536)* und einen Thron bewundern. Spannender ist allerdings der nördlicher gelegene **Sommerpalast**, der 1954 für den gegenwärtigen (nach Indien emigrierten) Dalai Lama erbaut wurde. Die Wandgemälde im Audienzraum schildern die tibetische Geschichte von der Anlage der ersten Felder bis zum Bau der großen Klöster. Meditationsraum und Schlafzimmer des Dalai Lama sind in dem Zustand erhalten, wie er sie 1959 verließ, als er, als tibetischer Soldat verkleidet, über die indische Grenze floh. Die Versammlungshalle besitzt einen goldenen Thron und eine Reihe farbenprächtiger Wandgemälde, die Szenen vom Hof des Dalai Lama sowie Episoden aus dem Leben von Sakya Thukpa (Sakyamuni, historischer Buddha) und von Tsongkhapa, dem Gründer des Gelugpa-Ordens *(siehe S. 520)*, zeigen.

Bemalte Tür, Sommerpalast des Dalai Lama, Norbulingka

Im Detail: Barkhor

富

Dachornament, Jokhang-Tempel

Das lebendigste Areal von Lhasa ist das Barkhor-Viertel. Hier sind Pilger, Einheimische und Besucher unterwegs, die zum Jokhang *(siehe S. 532f)* wollen – wenn es dämmert, wird der Betrieb noch stärker. Die rituelle Umrundung des Jokhang-Tempels, *kora* genannt, ist das heiligste Ritual in Tibet. Es besteht seit dem 7. Jahrhundert. Überall gibt es bunte Marktstände. Viele Bauten im Barkhor-Viertel sind alt, manche stammen noch aus dem 8. Jahrhundert. Leider wurden einige der bedeutendsten Bauten zerstört und durch weniger interessante ersetzt. Dennoch spürt man in den gepflasterten Gassen noch den archaischen Charakter.

Butterstand
Ein Verkäufer bietet am Jokhang-Tempel Yak-Butter für Butterlampen an. Überall riecht es hier danach.

★ Jokhang-Tempel
Tibets bedeutendstes religiöses Bauwerk liegt im Herzen von Barkhor. Um den Tempel herum hat sich Lhasa entwickelt.

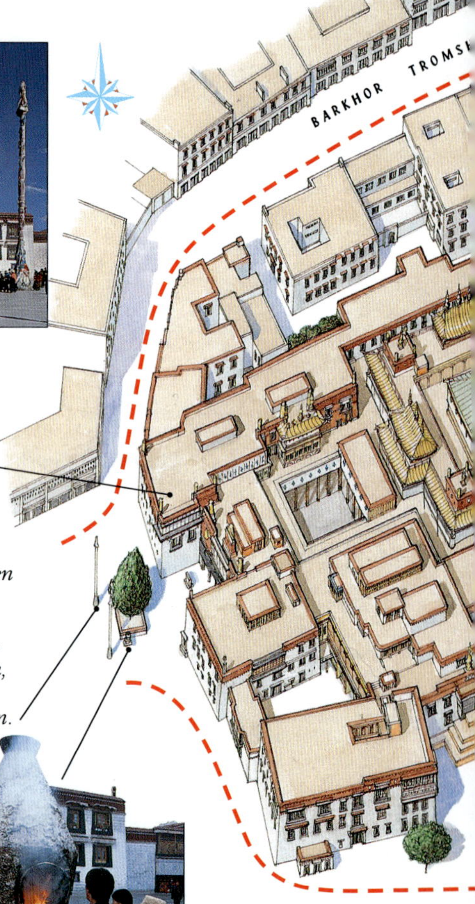

Gebetsfahnen
Zwei Masten mit Gebetsfahnen stehen vor dem Jokhang. Die senkrechten Fahnenstangen stammen aus der Region Amdo und repräsentieren Kriegsflaggen, die zu Friedenszeichen wurden.

Räuchergefäße
In den vier Räuchergefäßen (sangkang), *die die* kora *markieren, werden Wacholderzweige verbrannt.*

Legende

– – – *Kora* (Heiliger Weg)

Nicht versäumen

★ Jokhang-Tempel

★ Meru Nyingba

Tromzikhang
Der Bau (18. Jh.) war Regierungssitz der Ambans, der Repräsentanten der Qing-Dynastie. In den 1980er Jahren wurde bis auf die Front fast alles zerstört. Heute befinden sich hier Wohnungen.

Der Jamkhang (15. Jh.) besitzt ein über zwei Stockwerke reichendes Maitreya-Bildnis.

Der Nangmano-Komplex bietet Wohnraum für 22 Familien.

★ Meru Nyingba
Das im 9. Jahrhundert erbaute Kloster wurde um 1800 erweitert, um in Lhasa einen Sitz für das Nechung-Orakel (siehe S. 536f) *zu schaffen. Das Gebäude wurde 1999 restauriert. Ein Flügel wird für sozialen Wohnungsbau genutzt.*

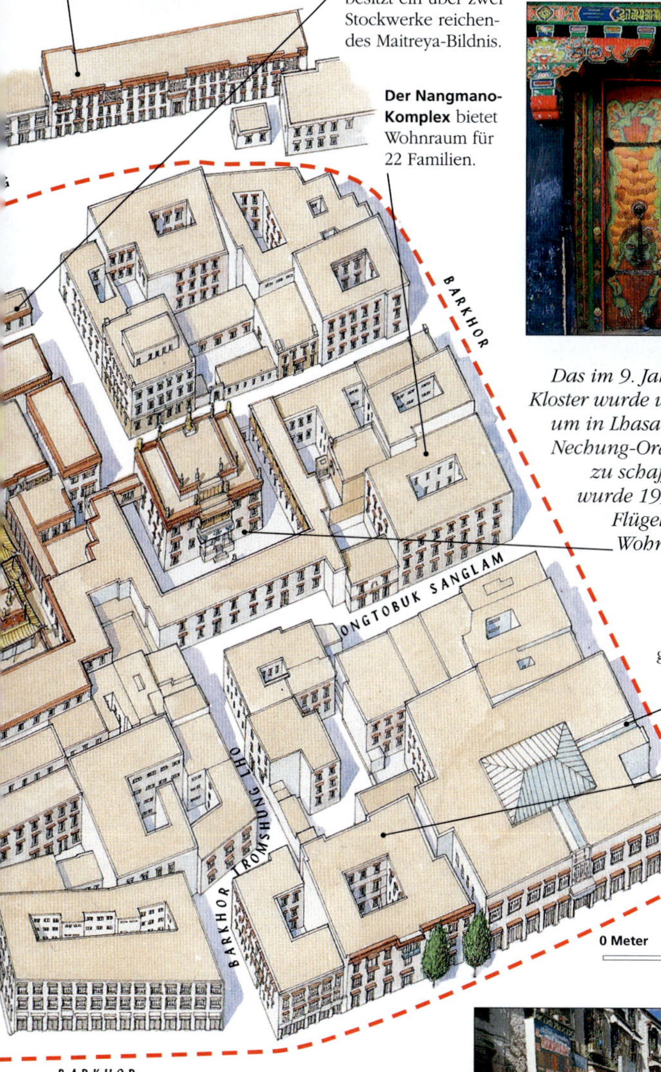

Der alte Schrein ist Palden Lhamo, der weiblichen Schutzgöttin Lhasas, gewidmet. Moderne Bauten umgeben ihn.

Labrang Nyingba war Sitz des 5. Dalai Lama und zuvor Residenz von Tsongkhapa.

Marktstände entlang der *kora*
Die Stände, in denen man vom Cowboyhut bis zu Gebetsfahnen alle möglichen Artikel kaufen kann, säumen den Pilgerweg. Die dahinterliegenden Läden haben qualitativ bessere Ware, z. B. Teppiche oder religiöse Statuen.

Lhasa: Jokhang-Tempel

大昭寺

Detail am Dach

Geschäftiges Treiben, bunte Gebetsutensilien, flackernde Butterlampen und Weihrauchschwaden – das alles macht den Jokhang-Tempel zum Erlebnis. 639 n. Chr. wurde er für eine Buddha-Statue errichtet, eine Mitgift der nepalesischen Prinzessin Bhrikuti anlässlich ihrer Heirat mit Songtsen Gampo. Der genaue Bauort wurde allerdings von einer anderen Gemahlin des Königs, der chinesischen Prinzessin Wengcheng, festgelegt. Sie erklärte, dass an der Stelle ein riesiger weiblicher Dämon schlummere und dass genau über dessen Herzen ein Tempel gebaut werden müsse, um ihn zu bändigen. Nach dem Tod des Königs wurde auch Wenchengs Mitgift, die Statue des Jowo Sakyamuni, aus dem Ramoche *(siehe S. 528)* hierher gebracht.

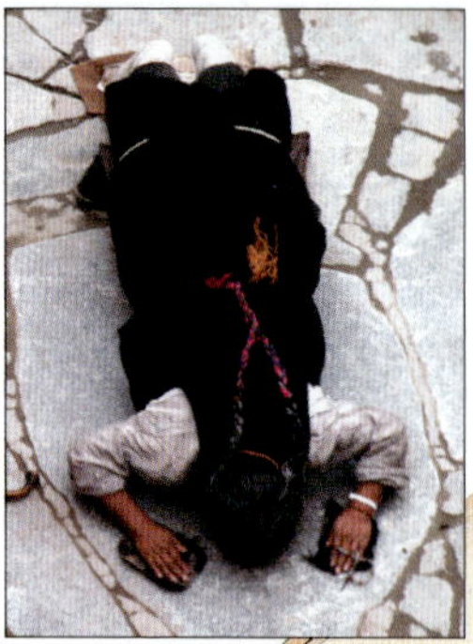

Betender Pilger
Der Jokhang ist die meistverehrte Stätte Tibets. Auf den Steinplatten vor den Tempeltoren beten die Pilger.

Innenhof
Der offene Hof (dukhang) *ist Mittelpunkt der Zeremonien. Ein langer, mit Hunderten von Butterlampen bestückter Altar kennzeichnet den Eingang zum Innenraum.*

Gleich hinter dem Eingang wird man von den Chokyong, den vier Wächtern der Himmelsrichtungen, empfangen.

Die Stele ist beschriftet mit den Klauseln des chinesisch-tibetischen Vertrags von 822, in dem die beiden Nationen garantieren, die Grenzen zu respektieren.

Dachverzierung
Die acht Speichen des Gesetzesrads stehen für die acht Pfade zur Erleuchtung.

Nicht versäumen

- ★ Chenresig-Kapelle
- ★ Inneres Heiligtum
- ★ Jowo-Sakyamuni-Kapelle

Die Tsongkhapa-Kapelle enthält ein sehr realistisches Bild des Gründers des Gelugpa-Ordens.

Infobox

Barkhor, Lhasa. *tägl. 9–18 Uhr. Man besichtigt von links nach rechts im Uhrzeigersinn.*
Innere Kapellen *8–12 Uhr.*
Monlam (1. Mondmonat).

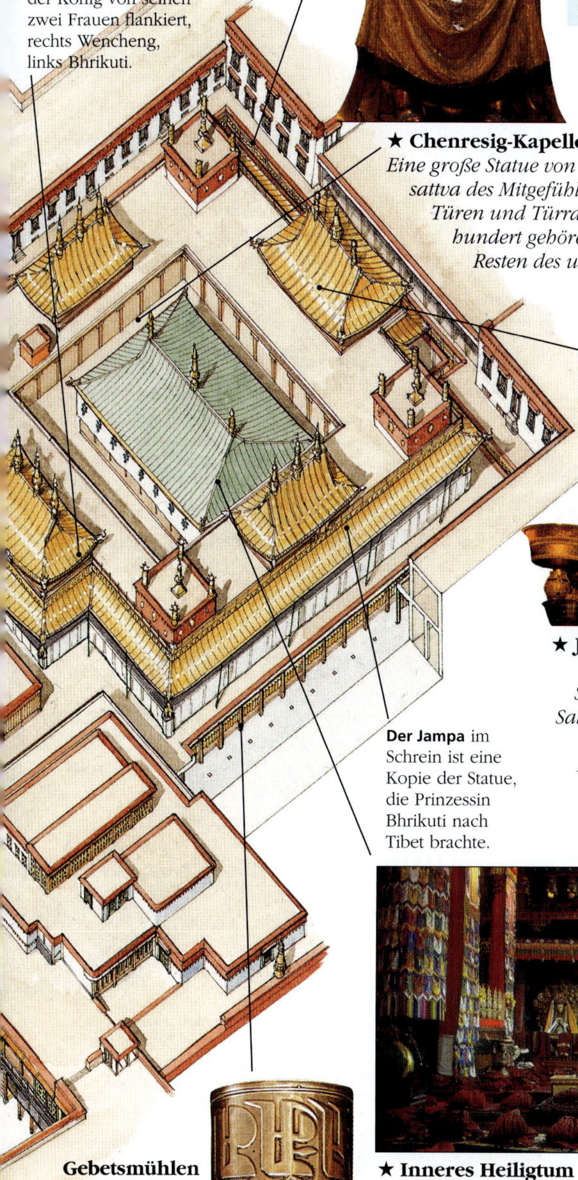

In der Songtsen-Gampo-Kapelle wird der König von seinen zwei Frauen flankiert, rechts Wencheng, links Bhrikuti.

★ Chenresig-Kapelle
Eine große Statue von Chenresig, dem Bodhisattva des Mitgefühls, prägt den Raum. Türen und Türrahmen aus dem 7. Jahrhundert gehören zu den wenigen Resten des ursprünglichen Tempels.

★ Jowo-Sakyamuni-Kapelle
Pilger scharen sich um die Statue des zwölf Jahre alten Sakyamuni, um Opfer darzubringen und zu beten. Die Mitgift der Prinzessin Wencheng ist die meistverehrte Statue in Tibet.

Der Jampa im Schrein ist eine Kopie der Statue, die Prinzessin Bhrikuti nach Tibet brachte.

★ Inneres Heiligtum
Hier stehen die bedeutendsten Statuen, darunter die Bildnisse von Guru Rinpoche, Jampa und des tausendarmigen Chenresig. Die Kapellen rundherum sollen im Uhrzeigersinn besucht werden. Sperrlinien und Mönche sorgen dafür, dass sich die Menschenmassen diszipliniert verhalten.

Gebetsmühlen
Pilger drehen Gebetsmühlen beim Rundgang im Nangkor, einem der drei heiligen Rundgänge in Lhasa.

Lhasa: Potala-Palast

布达拉宫

Bronzene Dachfigur

Der Potala-Palast steht als größter Bau Tibets auf dem höchsten Punkt Lhasas, dem Marpo-Hügel. Er besitzt 13 Stockwerke und über 1000 Zimmer. Vormals war er Sitz des geistigen und politischen Oberhaupts, des Dalai Lama, und das religiös-politische Zentrum des Landes. Seit der Flucht des Dalai Lama 1959 nach Indien ist der Palast nur noch ein großes Museum der reichen religiösen Kultur Tibets, doch größere politische Veranstaltungen und religiöse Zeremonien werden immer noch hier abgehalten. Der ursprüngliche Palast, der 631 von Songtsen Gampo errichtet wurde, verschmolz mit dem heutigen Bau. Man unterscheidet zwei Hauptgebäude: den 1645 unter dem 5. Dalai Lama erbauten Weißen Palast und den 1693 fertiggestellten Roten Palast.

★ »Goldene« Dächer

Die Dächer (sie sind aus Kupfer) über den Grabkapellen der früheren Dalai Lamas scheinen über dem Palast zu schweben.

Die Kapelle des 5. Dalai Lama enthält eine Stupa, die mit 3700 Kilogramm Gold verkleidet ist.

Hof des Roten Palasts

Eine Mauerbasis dient auf dem steilen Hügel als Fundament des Palasts.

***Thangka*-Lager**

★ Kapelle des 13. Dalai Lama

Die Stupa des 13. Dalai Lama, in der seine mumifizierten sterblichen Überreste ruhen, ist mit Gold und Juwelen verziert und fast 13 Meter hoch.

★ 3-D-Mandala

Das Mandala in Form eines Palasts ist mit Edelmetallen und Juwelen besetzt und verkörpert einen Teil des Pfades zur Erleuchtung.

Nicht versäumen

- ★ 3-D-Mandala
- ★ »Goldene« Dächer
- ★ Kapelle des 13. Dalai Lama

Blick vom Dach des Roten Palasts
An klaren Tagen ist der Blick über das Tal und auf die Berge dahinter unvergleichlich, obwohl die neueren Stadtteile von Lhasa weniger eindrucksvoll sind.

Infobox

Beijing Zhong Road, Lhasa. (0891) 683 4362. *tägl. 9–17 Uhr.* *Extra-Gebühr für »Goldene« Dächer und Ausstellungsraum.* *in den Kapellen, sonst mit Extra-Gebühr.* *nicht für Besucher geeignet, die schlecht Treppen steigen können.*

Weißer Palast
Zum Eingang des Hauptgebäudes führt eine dreigeteilte Treppe – den mittleren Teil darf nur der Dalai Lama beschreiten.

Wandbilder der Himmelskönige
Am Osttor zeigen Wandgemälde die Vier Himmelskönige, buddhistische Wächterfiguren.

Große Westhalle
Die Halle im Erdgeschoss des Roten Palasts ist der größte Raum des Potala. Hier steht der heilige Thron des 6. Dalai Lama.

Umgebung von Lhasa

Unweit von Lhasa liegen die großen Klöster Sera, Drepung, Nechung und Ganden. Man erreicht sie leicht mit (Mini-)Bus oder Mietauto. Sie sind ideal für Tagestouren. Agenturen in Lhasa vermieten Wagen mit Fahrer und Führer (obligatorisch). Bis zu fünf Personen können mitfahren. Für die Einreise nach Lhasa/Tibet ist eine Spezialgenehmigung (TAR-permit, bei chinesischen Auslandsvertretungen) erforderlich. Nur durch Veranstalter organisierte Gruppenreisen werden gestattet.

Typisches Tantra-Gemälde im Nechung-Kloster

Drepung-Kloster

8 km westlich von Lhasa. *tägl. 8–16 Uhr (die Kapellen schließen zwischen 12 und 15 Uhr).*

Drepung bedeutet »Reishaufen«. Das Kloster wurde 1416 von Jamyang Choje errichtet, einem Schüler von Tsongkhapa, dem Gründer des Gelugpa- oder Gelbmützen-Ordens *(siehe S. 520)*. In seiner Blütezeit während des 17. Jahrhunderts war Drepung mit vier Schulen und 10000 Mönchen das reichste Kloster Tibets. Heute leben hier zwischen 500 und 600 Mönche.

Das Gelände ist weitläufig. Am einfachsten ist es, sich den Pilgern anzuschließen, die den Komplex im Uhrzeigersinn umrunden. Vom Eingang aus links kommt man zum **Ganden-Palast**, den sich der 2. Dalai Lama 1530 als Residenz erbauen ließ. Seine einfachen Räume liegen im siebten Stockwerk. Im Hof tummeln sich meist Holzschnitzer und Holzdrucker, die Gebetsdrucke per Hand erstellen. Anschließend kommt man zum **Tsogchen**, der Versammlungshalle, dem stimmungsvollsten Gebäude des Komplexes. Das Dach wird von 180 Säulen gestützt. Verziert ist der Raum mit *thangkas*, Wandteppichen sowie Rüstungen und Statuen. Die schönsten findet man in der **Kapelle der Drei Zeitalter** im hinteren Teil.

Von der Eingangshalle führen Treppen nach oben. Von dort kann man Kopf und Schultern des drei Stockwerke hohen **Maitreya Buddha** (Jampa, der Buddha der Zukunft) aus der Nähe betrachten. Pilger werfen sich vor der Statue nieder und trinken aus einem heiligen Muschelhorn. In der **Tara-Kapelle** daneben sieht man Holzregale mit Schriften sowie die Statue von Prajnaparamita, der Mutter aller Buddhas, eine Erscheinungsform der Göttin Tara. Das Amulett in ihrem Schoß soll einen Zahn Tsongkhapas bergen. Im **Manjusri-Tempel** hinter Tsogchen befindet sich ein Relief von Jampalyang, dem Bodhisattva der Weisheit. Der Rundweg führt weiter zur Ngapa-Schule im Norden und zu weiteren Schulen im Südosten.

Wer genügend Energie hat, geht den Pilgerweg um Drepung, vorbei an Felsmalereien, Wohnhöhlen und großartigen Ausblicken. Wem das zu anstrengend ist, der kann im Hof vor dem Tsogchen rasten.

Nechung-Kloster

7 km westlich von Lhasa. *tägl. 8–16 Uhr (die Kapellen schließen zwischen 12 und 15 Uhr).*

Nur 15 Minuten Fußmarsch von Drepung entfernt liegt Nechung, lange Zeit der Sitz des Tibetischen Orakels. Das Orakel sagte nicht nur die Zukunft voraus, sondern schützte auch die Lehren Buddhas sowie seine Anhänger. Während der Befragungen durch den Dalai Lama war das Orakel in kunstvolle, schwere

Thangkas und Mandalas

Thangkas sind religiöse, auf Stoff gemalte oder gestickte Bilder. Man findet sie in Tempeln, Klöstern und Privathäusern. Abgebildet sind Lehrgeschichten, Szenen aus dem Leben des Buddha, Themen der tibetischen Religion oder Astrologie sowie Mandalas oder Darstellungen des Kosmos. Das Tashilunpo-Kloster *(siehe S. 544f)* besitzt riesige *thangkas*, die an den jährlichen Festen entrollt werden. Mandalas, bei denen Kreise und Felder um ein Zentrum angeordnet sind, werden als Meditationshilfe genutzt. Im Potala-Palast in Lhasa *(siehe S. 534f)* gibt es ein dreidimensionales Mandala aus Edelmetallen. Mönche verbringen Tage damit, Mandalas aus buntem Sand zu erschaffen, um sie dann wieder wegzufegen – ein Sinnbild für Vergänglichkeit.

Mandala des Universums

Mönche debattieren in ritualisierter Form miteinander, Sera-Kloster

Gewänder gehüllt und verfiel in Trance oder gar in Ohnmacht, bevor es Weissagungen äußerte. Tibets letztes Orakel floh 1959 nach Indien. Heute leben im Kloster nur noch wenige Mönche. Der erste Eindruck von Nechung ist erschreckend: Im Hof sieht man blutrünstige Malereien und dämonische Folterknechte. In den Tempeln selbst werden unheimliche Schädelskulpturen sichtbar. Der luftige Audienzsaal im zweiten Stockwerk ist hingegen erholsam. Hier befragte der Dalai Lama das Orakel. Die Kapelle im Dachgeschoss ist Padmasambhava geweiht, auch Guru Rinpoche genannt.

Sera-Kloster

4 km nördlich von Lhasa. *tägl. 15–17 Uhr.*

Das Kloster wurde 1419 von Schülern des Gelugpa-Ordens gegründet und war für seine kriegerischen Mönche, die Dob-Doa, berühmt. Einst lebten hier 5000 Mönche, heute sind es nicht einmal 500, obwohl der Wiederaufbau Hoffnung macht.

Das Leben spielt sich vorwiegend um die drei Schulen herum ab, die man auf dem Rundgang besichtigt. Hält man sich links vom Hauptpfad, kommt man zur Schule Sera Me. Hier wurde die buddhistische Grundunterweisung vorgenommen. Sera Ngag-Pa liegt etwas höher auf dem Hügel und war die Schule für tantrische Studien. Im Sera Je daneben wurden Gastmönche unterwiesen. Jede Schule hat eine dämmrige Haupthalle, dahinter liegen Kapellen mit Skulpturen. Das größte und eindrucksvollste Gebäude ganz oben ist der **Tsogchen**. Hier sieht man *thangkas*, die ganze Wände bedecken, den Thron des 13. Dalai Lama sowie Bilder von ihm und von Sakya Yeshe, dem Gründer des Sera-Klosters. Am höchsten Punkt liegt ein offener Versammlungshof. Die Mönche versammelten sich hier, um mit ritualisierten Gesten (u. a. Händeklatschen, Aufstampfen) zu diskutieren. Die faszinierenden Debatten sind derzeit leider ausgesetzt.

Bemaltes Felsrelief, Sera-Kloster

Die *kora* beginnt westlich vom Haupteingang (Dauer ca. eine Stunde). Man kommt an schönen Felsreliefs vorbei.

Ganden-Kloster

45 km östlich von Lhasa. *Shuttle vom Platz vor dem Jokhang-Tempel.* *tägl. 8.50–16 Uhr.*

Ganden ist das am weitesten von Lhasa entfernte, dafür aber sehenswerteste Kloster – vor allem wegen seiner Lage hoch auf dem Gokpori-Kamm. Man sollte, um seine Magie zu spüren, gemeinsam mit den Pilgern den Bus nehmen, der jeden Morgen um 6.30 Uhr vom Barkhor in Lhasa startet und um 14 Uhr wieder zurückfährt. Das Kloster wurde 1410 von Tsongkhapa gegründet. Im Hauptbau **Serdung Lhakhang** steht ein großer, aus Gold und Silber gefertigter *chorten* (Stupa oder Grabhügel) mit den sterblichen Überresten des Gründers. Schöner als die Bauten ist allerdings der Pilgerweg. Auf der etwa einstündigen *kora* sieht man grandiose Landschaft. Auf dem Weg liegen *chorten*, die die Pilger auf einem Bein hüpfend umrunden.

Ein Yak grast an den steilen Hängen um das Ganden-Kloster

Gebetsfahnen hängen auf den Bergen um das Ganden-Kloster, damit der Wind die Gebete forttrage ▷

Samye-Kloster ❷

桑耶寺

Tantra-Schutzgott, Gongkhan-Kapelle

Das Kloster hinterlässt mit seiner strengen Architektur, seiner Fülle an religiösen Schätzen und seiner fantastischen Lage einen tiefen Eindruck. Tibets erstes Kloster wurde im 8. Jahrhundert unter der Regierung von Trisong Detsen erbaut. Den Anstoß gab der große Lehrer Guru Rinpoche. Indische und chinesische Schüler, die nach Samye gekommen waren, um buddhistische Schriften ins Tibetische zu übersetzen, stritten sich über die Auslegung der Lehre. Deshalb veranlasste Trisong Detsen eine große Debatte über die Form des Buddhismus in Tibet. Dabei setzte sich die Indische Schule durch. Der chinesische Einfluss wurde allmählich zurückgedrängt. Noch heute spürt man, dass das Kloster lange Zeit von den verschiedensten Orden beeinflusst wurde.

★ Jowo-Sakyamuni-Kapelle
Wegen der Statue von Sakyamuni, die ihn im Alter von 38 Jahren zeigt, ist dies die meistverehrte Kapelle. Zwei Schutzgottheiten und zehn Bodhisattvas flankieren Sakyamuni.

★ Chenresig-Kapelle
Prunkstück ist eine großartige Chenresig-Statue. Auf jede seiner »1000 Hände« ist ein Auge gemalt.

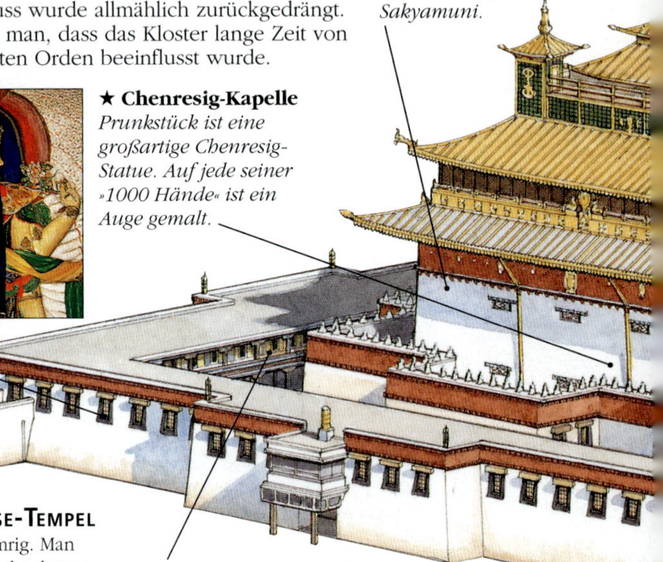

Die Mönche leben im oberen Geschoss der Außenmauer.

Die Außenmauer gegenüber dem Ütse-Tempel ist mit Gebetsmühlen und Buddha-Bildern geschmückt.

Überblick: Ütse-Tempel

Im Ütse ist es dämmrig. Man sollte daher mit Taschenlampe losgehen. Der Eingang führt direkt in die Haupthalle, von der aus links die Chenresig- und rechts die Gongkhan-Kapelle liegt. Die Jowo-Sakyamuni-Kapelle befindet sich hinten. Im zweiten Geschoss sind weitere Kapellen und das Quartier des Dalai Lama. Die offene Galerie in der dritten Etage ist mit eindrucksvollen Wandmalereien geschmückt.

Nicht versäumen

- ★ Chenresig-Kapelle
- ★ Jowo-Sakyamuni-Kapelle

Blick auf das Samye-Kloster
Von den umliegenden Hügeln hat man einen großartigen Blick auf das Kloster und kann erkennen, dass es als dreidimensionales Mandala (siehe S. 536) *angelegt ist.*

Guru Rinpoche
Dem Mönch aus dem 8. Jahrhundert, der als Königssohn im Swat-Tal im heutigen Pakistan aufwuchs, wird nachgesagt, er habe Dämonen bezwungen und den Buddhismus nach Tibet gebracht.

INFOBOX

150 km südöstlich von Lhasa. *Ein Besuch muss über eine Reiseagentur gebucht werden.* *gegen Gebühr.* *Samye-Fest (15. Tag des 5. Mondmonats).*

Quartier des Dalai Lama
Die Unterkunft, bestehend aus Vorraum, Schlafraum und Thronsaal, ist voller Reliquien. Dazu gehören auch die Haare und der Gehstock von Guru Rinpoche.

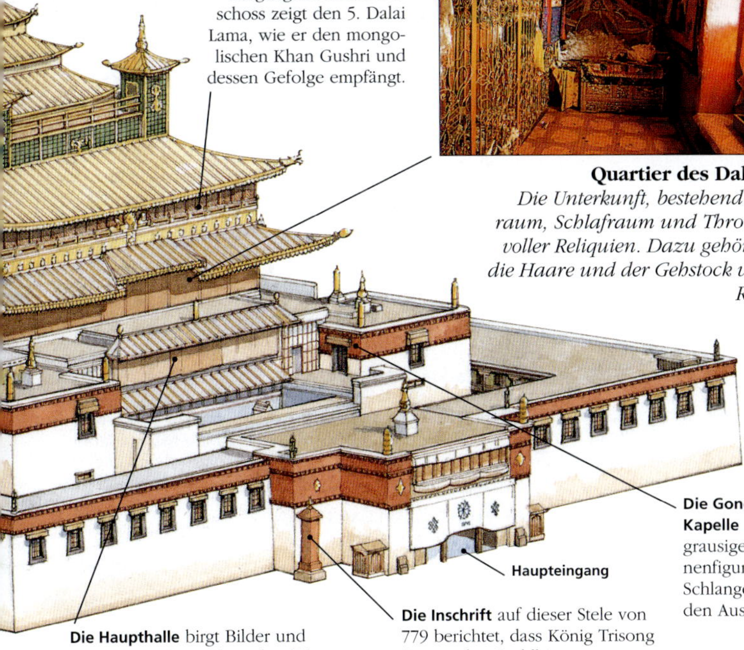

Das Wandbild links vom Eingang im dritten Geschoss zeigt den 5. Dalai Lama, wie er den mongolischen Khan Gushri und dessen Gefolge empfängt.

Die Gongkhan-Kapelle ist voller grausiger Dämonenfiguren. Eine Schlange bewacht den Ausgang.

Haupteingang

Die Haupthalle birgt Bilder und Statuen von Guru Rinpoche, Trisong Detsen und Songtsen Gampo.

Die Inschrift auf dieser Stele von 779 berichtet, dass König Trisong Detsen den Buddhismus zur Staatsreligion erklärt hat.

PLAN DES SAMYE-KOMPLEXES

Der Grundriss zeigt das kosmologische Weltbild des tibetischen Buddhismus. Viele der 108 Gebäude sind inzwischen zerstört, doch die vier Ling-Kapellen, die die vier Inselkontinente um den Berg Sumeru (Ütse) symbolisieren, sind erhalten. Im Jampa Ling gibt es ein Wandgemälde, das den Komplex zeigt, wie er einmal war. Die 1008 *chorten* auf der Außenmauer stehen für die 1008 Berge, die das Universum begrenzen.

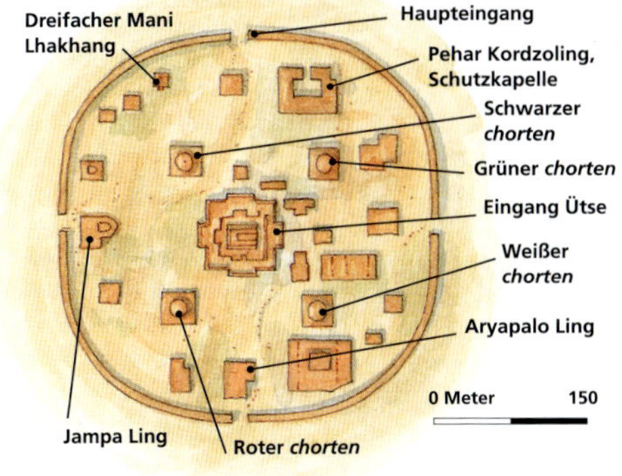

Nomadenzelte am Ufer des grandios gelegenen Namtso-Sees

Tsurphu-Kloster ❸
楚布寺

Tolung-Tal. 70 km westlich von Lhasa. *tägl. vom Barkhor-Platz in Lhasa. Letzter Bus zurück nach Lhasa um 15 Uhr.* *Mit Allradantrieb (2–3 Std von Lhasa).* *tägl. 9–14 Uhr.*

Das Kloster auf 4480 Meter Höhe wurde im 12. Jahrhundert vom Karmapa-Orden (Schwarzmützen-Orden) gegründet und ist Sitz des Karmapa Lama, des dritten bedeutenden religiösen Führers in Tibet nach Dalai Lama und Panchen Lama *(siehe S. 544)*. Der derzeitige Amtsinhaber, der 17. Karmapa, floh 1999 im Alter von 14 Jahren nach Indien. Seine Flucht war bedeutsam, weil er der einzige hochrangige tibetische Buddhist war, der sowohl von den Chinesen als auch vom Dalai Lama anerkannt wurde. Seit es keinen Pilgerstrom mehr gibt, ist es im Kloster ziemlich ruhig geworden, obwohl noch einige Hundert Mönche dort leben.

Der Thron des Karmapa, ein hochverehrtes Objekt, steht im Audienzraum der Haupthalle. Der *chorten* (Stupa oder Grabhügel) enthält die sterblichen Überreste des 16. Karmapa, der 1981 in Chicago starb. Für die *kora* benötigt man hier drei Stunden und wird mit großartigen Panoramen belohnt. Vorsicht: Besucher sollten sich bereits akklimatisiert haben.

Eines der vielen farbenfrohen Wandbilder im Tsurphu-Kloster

Namtso-See ❹
纳木错湖

200 km nordwestlilch von Lhasa. *Mit Allradantrieb (Rundfahrt von Lhasa 2–3 Tage).* *tägl.*

Der Namtso-See – ein beliebtes Ausflugsziel von Lhasa aus – bietet alles, was man sich vom tibetischen Hochland erwartet: azurblaues Wasser, Schneegipfel und Weiden mit Yaks. Der See ist mit 70 Kilometern Länge und 30 Kilometern Breite der zweitgrößte Salzwassersee Chinas nach dem Qinghai Hu

Die Acht Kostbarkeiten

Die Acht Kostbarkeiten symbolisieren die Gaben, die Sakyamuni Buddha nach seiner Erleuchtung zugesprochen wurden. Geboren wurde er als Siddhartha Gautama, Prinz des Königreichs Kapilavastu. Mit 30 Jahren kehrte er dem höfischen Leben den Rücken und machte sich auf die Suche nach Antworten auf die Fragen menschlichen Leidens und Seins. Nach Jahren der Buße erfuhr Siddharta, als er im indischen Bodh Gaya unter einer Pappelfeige (Bodhi-Baum) saß, die Erleuchtung. Die Tibeter betrachten die Symbole als Schutzmotive und schmücken Fahnen und Medaillons damit, aber auch die Fliesen in Tempeln, Klöstern und Privathäusern. Das Muschelhorn wird geblasen, um Sakyamunis Erleuchtung zu feiern. Der endlose Knoten steht für Harmonie und die Unendlichkeit des Lebens. Das Rad der Lehre symbolisiert Buddhas achtfachen Pfad der Erleuchtung. Weitere Symbole sind der Goldene Fisch für die Befreiung vom Lebensrad und die Lotosblume, das Zeichen der Reinheit.

Muschelhorn

Endloser Knoten

Rad der Lehre

(siehe S. 499). Die umliegenden Flächen sind gutes Weideland. Viele Nomaden haben hier ihr Sommerlager aufgeschlagen. Von November bis Mai ist der See zugefroren und kann nicht erreicht werden. Die meisten Besucher übernachten im Kloster **Tashi Dor** (Taschenlampe und warmer Schlafsack erforderlich). Der See liegt 4178 Meter hoch – an diese Höhe sollte man angepasst sein.

Britische Invasion in Tibet

Der britische Vizekönig in Indien entsandte – alarmiert durch den Einfluss des zaristischen Russland in Tibet – eine diplomatische Mission mit dem Auftrag, den Freihandel zu fördern. Die Mission schlug fehl. Deshalb marschierte 1903 im Rahmen des »Great Game« *(siehe S. 491)* ein Expeditionskorps von 1000 Soldaten und 10 000 Trägern unter dem 26-jährigen Colonel Francis Younghusband in Tibet ein. Auf dem Weg töteten sie 700 Bauern, die sich teils mit Amuletten gegen die Gewalt zu schützen versuchten. Im höchstgelegenen Gefecht der Welt nahmen sie Fort Gyantse ein. Sie hatten vier, die Tibeter Hunderte von Opfern zu beklagen. Das Korps drang bis nach Lhasa vor. Der »Friedensvertrag« garantierte den Briten Handelsmissionen.

Francis Younghusband

Prachtvolles Portal zur Hauptkapelle, Kumbum, Gyantse

Gyantse ❺
江孜

255 km südwestlich von Lhasa. *Minibus jeden 2. Tag vom Busbahnhof Lhasa aus.* *Mit Allradantrieb von Lhasa aus.* **Genehmigung** *erforderlich (siehe S. 519).*

Der Marktflecken ist ein typisch tibetischer, wenn auch staubiger Ort, in dem man auf dem Weg nach Nepal *(siehe S. 547)* Station macht. Berühmt ist Gyantse für seine Teppiche. Die »Heroische Stadt« war im 14. Jahrhundert Hauptstadt des damaligen Königreichs. Die Ruine des **Dzong**, des alten Forts, wacht über dem Ort. Während der britischen Invasion 1903 wurde der Dzong schwer bombardiert und schließlich erobert, was viele Tibeter das Leben kostete. Heute ist er eine Ruine mit kleinem Museum. Eine propagandistische chinesische Inschrift beschreibt den Kampf als »heroische Schlacht zur Verteidigung des chinesischen Mutterlands«, obwohl China damals keinen Einfluss auf Tibet hatte. Vom Dach des Dzong aus hat man einen grandiosen Rundblick.

200 Meter nordwestlich liegen der **Kumbum** und das Kloster **Pelkor Chode**. Der um 1440 erbaute Kumbum ist ein sechsgeschossiger, 35 Meter hoher *chorten*, um den wabenförmig kleine Kapellen angelegt sind. Der Baustil ist unverwechselbar tibetisch. Ein im Uhrzeigersinn angelegter Pfad führt hinauf, vorbei an den Kapellen, in denen Statuen und Wandmalereien aus dem 14. Jahrhundert zu bewundern sind (*kumbum* bedeutet »100 000 Bilder«). Von der vierten Etage schauen gemalte Augenpaare (die allessehenden Augen Buddhas) in jede Himmelsrichtung. Die Stufen in der Ostkapelle führen zur Kuppel des *chorten*. Der Rundblick von hier ist unvergleichlich.

20 Jahre nach dem Kumbum wurde das Kloster Pelkor Chode erbaut. In der düsteren Haupthalle stehen zwei Throne, für den Dalai Lama und den Sakya Lama. In der Hauptkapelle findet man eine Sakyamuni-Statue. Die Shalyekhang-Kapelle birgt schöne Mandalas *(siehe S. 536)*. Auf der Fahrt nach Gyantse lohnt sich ein Umweg zum **Yamdrok-See**, einem der vier heiligen Seen Tibets.

Dzong
Mo–Sa.

Kumbum und Pelkor Chode
Mo–Sa 9–12, 15–19 Uhr.
gegen Gebühr.

Kumbum in Gyantse, ein dreidimensionales Mandala

Shigatse und Tashilunpo 6

日喀则

Bunter Stoff am Webstuhl

Shigatse ist die Hauptstadt der Region Tsang und liegt auf 3900 Meter Höhe. Im Norden erhebt sich steil der Drolma-Pass mit den Ruinen des alten Dzong, einst Sitz der Könige von Tsang. Shigatse ist Tibets zweitgrößte Stadt und war im frühen 17. Jahrhundert Hauptstadt. Auch nachdem Lhasa den Hauptstadtstatus wiedererlangt hatte, blieb Shigatse als Sitz des Panchen Lama, des zweitmächtigsten religiösen Herrschers, einflussreich. Der Panchen Lama residierte im Tashilunpo-Kloster, der wichtigsten Sehenswürdigkeit der Stadt. Shigatse ist nach Lhasa die komfortabelste tibetische Stadt. Es gibt gutes Essen und anständige Unterkünfte.

Teppichknüpfer verarbeiten die bunten Wollfäden in kunstvoller Handarbeit

Gang Gyen Carpet Factory

Qomolangma Lu. *(0891) 822 2733. Mo–Fr 9–12.30, 14.30–19 Uhr.*

In der Teppichfabrik stellen Frauen aus dem Ort herrliche Teppiche her, indem sie die Wolle erst zu Fäden spinnen und dann verweben. Auch wenn man keinen Teppich kaufen will, sollte man sich dieses Schauspiel nicht entgehen lassen. Das Projekt wurde 1987 vom 10. Panchen Lama initiiert und gehört zum Teil dem Kloster. Teppiche werden auf Wunsch auch versandt.

Nachtmarkt

Eine kleine Ansammlung von Essbuden findet man an der Ecke Qomolangma Lu und Jiefang Zhong Lu. Stühle, Tische und sogar vereinzelte Sofas säumen hier die Gehsteige. Probieren Sie Nudeln oder einen Fleischspieß.

Streit um den 11. Panchen Lama

Der Tod des 10. Panchen Lama 1989 führte zwischen Tibets führenden Köpfen und der chinesischen Regierung zum Konflikt. Die Positionen von Dalai Lama und Panchen Lama werden durch die Reinkarnationen der Vorgänger bestimmt. Traditionell machen sich auserwählte Mönche auf die Suche, um den Betreffenden zu finden. Nach einer sehr langen Suche ernannte der 14. Dalai Lama 1995 Gedhun Choeki Nyima, einen sechsjährigen Jungen, zum 11. Panchen Lama. Der erwählte Junge wurde kurz darauf samt seiner Familie entführt, der Aufenthaltsort ist seither unbekannt. Die Chinesen dagegen erklärten in einer geheimen Zeremonie Gyancain Norbu zum »offiziellen Panchen Lama« und brachten ihn dann sofort nach Beijing.

Der junge Gyancain Norbu, der von China als 11. Panchen Lama »inthronisiert« wurde

Dzong

Die Herrscher von Tsang regierten von der gewaltigen Festung **Shigatse Dzong** aus. Sie liegt im Norden der Stadt, wurde im 14. Jahrhundert von Karma Phuntso Namgyel, einem Tsang-König, erbaut und hatte, obwohl sie kleiner ist, eine gewisse Ähnlichkeit mit dem Potala. 1959 wurde sie von den Chinesen zerstört. Nur klägliche Reste niedergebrannter Mauern stehen noch. Man kann den Dzong nicht betreten, aber darum herumgehen. Eine mit Gebetsfahnen und *Mani*-Steinen markierte *kora* (Rundweg) führt vom Tashilunpo-Kloster hierher. Achtung vor den streunenden Hunden!

Tibetischer Markt

In der Tomzigang Lu am Fuß des Dzong gibt es einen kleinen tibetischen Markt, wo Gebetsmühlen und Weihrauch verkauft werden, aber auch Artikel für die Einheimischen wie Medizin, Lammkeulen und Messer. Westlich vom Markt liegt das alte tibetische Viertel mit engen Gassen.

Sakralobjekte auf einem tibetischen Marktstand

Tashilunpo-Kloster

(0891) 822 2114. Sommer: Mo–Sa 9–12.30, 16–18 Uhr; Winter: Mo–Sa 10–12, 13–18 Uhr.

Es würde einige Tage in Anspruch nehmen, den riesigen Klosterkomplex mit den goldenen Dächern und den gepflasterten Gassen zu erkunden. Das Kloster wurde 1447 von Genden Drup gegründet, der posthum zum 1. Dalai Lama erklärt wurde. Große

Tashilunpo-Kloster, dahinter die Drolma-Bergkette

Infobox

280 km westlich von Lhasa.
90 000. *Touren müssen über Reiseagenturen in Lhasa gebucht werden.* *Tashilunpo-Fest (2. Woche des 5. Mondmonats).*

Bedeutung erlangte es 1642, als der 5. Dalai Lama seinen Lehrer, den Abt des Klosters, zur Reinkarnation des Amithaba Buddha und zur 4. Reinkarnation des Panchen Lama, des Großen Lehrers, erklärte. Seither war das Kloster der Sitz des Panchen Lama, der zweitwichtigsten Autorität nach dem Dalai Lama.

Zu den wichtigsten Sehenswürdigkeiten gelangt man auf dem Hauptpfad durch den Komplex. In dem golden und silbern schillernden *chorten* direkt am Anfang befinden sich die sterblichen Überreste des 4. Panchen Lama. Er wurde 1662 erbaut und ist der einzige *chorten* des Klosters, der die Kulturrevolution überlebt hat. Der größere, mit Juwelen besetzte *chorten* im Westen birgt die Überreste des 10. Panchen Lama, der 1989 starb. Er wurde 1994 für acht Millionen US-Dollar erbaut.

Gesetzesrad, ein Glückssymbol

In der Jampa-Kapelle steht das beeindruckendste Kunstwerk des Klosters, eine 1914 gefertigte, 26 Meter hohe Jampa-Statue. 1000 Handwerker arbeiteten vier Jahre lang an der Skulptur und verarbeiteten dabei über 275 Kilogramm Gold.

Der Gebäudekomplex im Osten ist der Kelsang. Er ist um einen Hof herum angelegt, wo man den Mönchen beim Beten und Debattieren zusehen kann. In der Versammlungshalle an der Westseite steht der imposante Thron des Panchen Lama.

Für die *kora* um das Kloster benötigt man etwa eine Stunde. Sie führt im Uhrzeigersinn entlang den Außenmauern hinauf zum Dzong. Auf diesem Weg kommt man an Steinreliefs – einige zeigen Guru Rinpoche – und einer großen weißen Mauer vorbei, an der während des dreitägigen Tashilunpo-Fests ein Buddha-*thangka* befestigt wird.

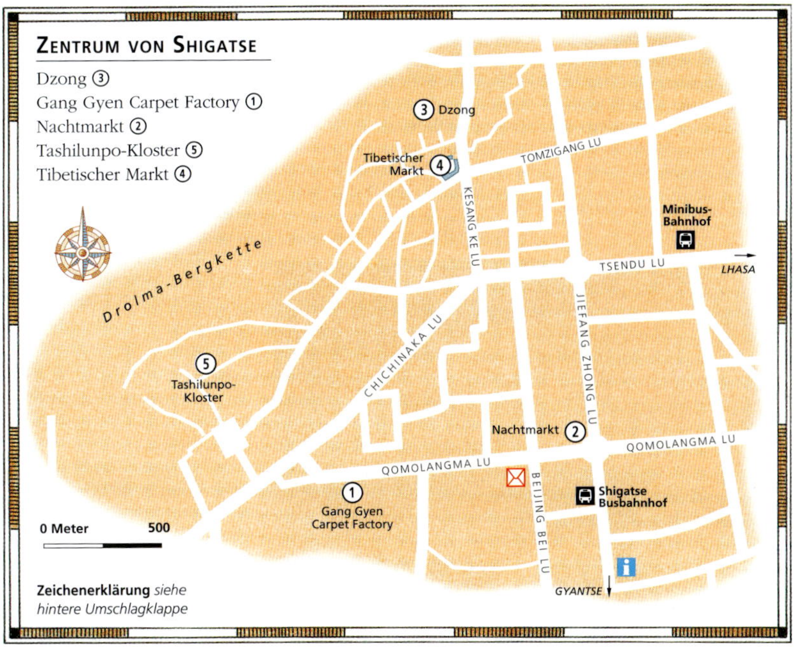

Sakya-Kloster 7

萨迦寺

500 km südwestlich von Lhasa. *von Lhasa aus; Touren müssen über eine Reiseagentur in Lhasa gebucht werden.* *Mo–Sa 9–18.30 Uhr.* *gegen Gebühr.* **Genehmigung** *erforderlich (siehe S. 519).*

Das Ortsbild wird von dem riesigen, festungsartigen Kloster beherrscht. Sakya bedeutet »graue Erde« und war im 13. Jahrhundert die Hauptstadt Tibets. Mönche des Sakyapa-Ordens verbündeten sich damals mit den Mongolen: Sakya Pandita, das Oberhaupt des Sakyapa-Ordens, reiste 1247 in die Mongolei und schloss einen Pakt mit den Mongolen, bei dem diese als Lehnsherren und die Sakya-Mönche als Regenten fungierten – damit war ein Lama erstmals auch weltlicher Herrscher. Sakya Panditas Neffe Phagpa wurde später geistiger Beistand von Kublai Khan, dem Eroberer Chinas. 1354 nahm die Macht der Mongolen ab. Die Zwistigkeiten zwischen verschiedenen religiösen Schulen im Kloster ließen den Einfluss Sakyas schwinden.

Ursprünglich gab es zwei Klöster, eines auf jeder Seite des Flusses Trum. Das nördliche wurde während der Kulturrevolution zerstört. Das **Südkloster**, das von Phagpa Mitte des 13. Jahrhunderts als mongolisches Bauwerk errichtet wurde, wirkt mit seinen dicken Mauern und Wachtürmen wie eine Trutzburg. Der Eingang führt zu einem Hof mit einer Gebetssäule. Links befindet sich der **Puntsok-Palast**, der traditionelle Sitz des Panchen Lama. Abgesehen von der an Statuen reichen Kapelle sind die Räume meist leer. Geht man im Uhrzeigersinn weiter, gelangt man zur nächsten Kapelle, zum **Purkhang**, wo man Bilder von Jowo Sakyamuni und Jampalyang sowie Wandmalereien tantrischer Gottheiten sieht. Die **Versammlungshalle** prunkt mit 40 riesigen Holzsäulen. Die dickste der Säulen soll ein Geschenk von Kublai Khan sein. In der mit Brokatstickerei, Statuen und Butterlampen reich ausgestatteten Halle werden Tausende von Sutren aufbewahrt. In der zentralen Buddha-Statue ruhen die sterblichen Reste von Phagpa. Der rechte Seitenbau enthält elf Gedenk*chorten* für verstorbene Sakya Lamas. Die Häuser des Dorfs sind traditionell grau mit roten und weißen vertikalen Streifen. Die Farben symbolisieren die Bodhisattvas Channa Dorje, Jampalyang und Chenresig.

Detail eines farbenfrohen Wandbilds im Sakya-Kloster

Die Häuser im Dorf Sakya sind grau mit roten und weißen Streifen

Mount-Everest-Basislager 8

珠峰大本营

Rongphu 540 km südwestlich von Lhasa. *von Lhasa aus 2 Tage; Touren müssen über eine Reiseagentur in Lhasa gebucht werden.* *für das Everest-Gebiet.* **Genehmigung** *erforderlich (siehe S. 519).*

Trotz der strapaziösen vierstündigen Fahrt auf der Schotterpiste des Friendship Highway, auf dem man von Lhasa nach Zhangmu an der nepalesischen Grenze kommt, nimmt einen die karge Mondlandschaft sofort gefangen. Rongphu, auf 4980 Meter Höhe das höchstgelegene Kloster der Welt, empfiehlt sich als Zwischenstopp. Obwohl es hier interessante Wandmalereien gibt, fasziniert vor allem die fantastische Lage mit Blick auf die Nordflanke des Everest. Das Kloster wurde 1902 errichtet, an einem Ort, den Nonnen über Jahrhunderte hinweg zum meditativen Rückzug genutzt hatten. Heute leben hier etwa 30 Mönche.

Das Everest Base Camp liegt acht Kilometer südlich. Im Fahrzeug benötigt man über die vergletscherte Hochebene 15 Minuten, zu Fuß braucht man zwei Stunden. Das Camp besteht lediglich aus Zelten, einer behelfsmäßigen Teestube und dem höchstgelegenen Briefkasten der Welt – doch der Anblick des Mount Everest mit seinen atemberaubenden 8848 Höhenmetern ist ein unvergessliches Erlebnis.

Die Rongphu- und Everest-Region, ein 34 000 Quadratkilometer großes Areal, wurde zum Naturreservat erklärt. Es grenzt an drei Nationalparks in Nepal. Auf dem Pangla-Pass gibt es einen spektakulären Aussichtspunkt, von dem aus man die umliegenden

Vom Mount-Everest-Basislager aus hat man den höchsten Berg der Welt im Blick

Achttausender sieht – Cho Oyu, Lhotse, Makalu, Gyachung sowie natürlich den Mount Everest (Chomolungma in Tibet).

Die dünne Luft in dieser Höhe (5150 m) macht größere Anstrengungen unmöglich. Für Besucher, die nicht sehr gut akklimatisiert sind, ist es ratsam, zurück zum Friendship Highway und weiter nach Shegar zu fahren, um dort zu übernachten.

Grenze zu Nepal ❾

尼泊尔边境

Zhangmu an der nepalesischen Grenze, 750 km südwestlich von Lhasa. *Mit Allradantrieb von Lhasa aus 2 Tage (direkt) oder 5/6 Tage (über Gyantse, Shigatse und Mount-Everest-Basislager); Touren müssen über eine Reiseagentur in Lhasa gebucht werden.* **Genehmigung** *für alle Orte zwischen Shigatse und der Grenze erforderlich (siehe S. 519).*

Der Friendship Highway, der Lhasa mit der nepalesischen Grenze verbindet, ist wahrscheinlich die meistbefahrene Straße Tibets. Von Rongphu biegt man auf den Highway ab. Nach 50 Kilometern in westlicher Richtung erreicht man auf der hier erstaunlich guten Straße **Tingri**, eine traditionelle tibetische Kleinstadt mit gutem Blick auf das Everest-Massiv. Nachdem es 90 Kilometer lang immer bergauf geht, fällt die Straße dann in steilen Kurven ab. Plötzlich sind die Berghänge links und rechts bewaldet – ein erstaunlicher Anblick nach dem kargen Hochland. Jetzt sind es noch 33 Kilometer zur Grenzstadt **Zhangmu**, wo einem die Luft auf 2200 Meter Höhe wieder sauerstoffreich vorkommt. Obwohl Zhangmu fast nur aus baufälligen Hütten besteht, die an den Berghängen zu kleben scheinen, geht es bunt und lebendig zu. Die Grenzformalitäten für die Einreise nach Nepal werden sehr locker gehandhabt. Die Grenzstation **Kodari** liegt zehn Kilometer weiter und händigt Einreisevisa aus. Man benötigt dafür ein Passfoto und muss in US-Dollar bezahlen. Von hier aus sind es noch vier Stunden bis Kathmandu.

Friendship Highway

Die 750 Kilometer lange Strecke zwischen Lhasa und der nepalesischen Grenze ist die von Tibet-Besuchern meistgenutzte Straße. Unterwegs gibt es einige lohnende Abstecher. Viele Agenturen in Lhasa und Kathmandu arrangieren Trips, besorgen die notwendigen Genehmigungen und stellen ein passendes Fahrzeug samt Fahrer und Führer zur Verfügung. Ein solcher Trip kann, je nach Reiseroute, bis zu einer Woche dauern – es ist üblich, auch die Städte Shigatse und Gyantse zu besuchen. Allerdings sollte man genau darauf achten, dass der Vertrag die gewünschten Leistungen und den vereinbarten Preis enthält.

Der Friendship Highway führt über die Hochebene nach Nepal

Zu Gast in China

Hotels

Das ganze Jahr hindurch gibt es in China trotz des rasanten Wachstums des Inlandstourismus ein reiches Hotelangebot. In den Großstädten und Hauptreisezielen fehlt es nicht an Vier- und Fünf-Sterne-Hotels, die zum Teil von ausländischen Hotelketten betrieben werden. In anderen Orten gibt es viele Mittelklassehotels und preiswerte Unterkünfte mit einfacher Ausstattung.

Logo des White Swan Hotel

Eine Reservierung ist meist nicht nötig, es sei denn, man reist in der Hauptsaison – in der ersten Oktoberwoche und zum Chinesischen Neujahr (Januar oder Februar). Auch zum Frühlingsfest ist es voller. Der Bequemlichkeit halber können Sie die ersten Nächte nach ihrer Ankunft im Voraus reservieren, doch es ist kein Problem, spontan zu buchen und gute Konditionen zu erhalten.

Hotelkategorien

Besucher, die auf der Suche nach internationalen Standards von Komfort und Service sind, sollten entweder in den von westlichem Management geführten Fünf-Sterne-Hotels oder in den Hotels der Luxusketten von Hong Kong und Singapur absteigen. Internationale Gruppen, z. B. Hyatt, Shangri-La, Marriott und Sofitel, betreiben Hotels in den größeren Städten (Infos auf deren Websites).

Chinesisch geführte Hotels bemühen sich, westliche Standards zu erfüllen – was sie auch mit atemberaubender Geschwindigkeit tun. Tatsächlich sind die Grundpreise der chinesischen Vier- und Fünf-Sterne-Hotels mit anderen vergleichbar, allerdings entspricht der Service (noch) nicht ganz dem westlichen Vorbild. Viele akzeptieren auch noch keine internationalen Kreditkarten. Dennoch herrscht das Bemühen vor, Besucher zufriedenzustellen, vor allem abseits der Top-Urlaubsgebiete.

Das chinesische System von Hotelkategorien nach Sternen hat keinerlei Aussagekraft. Obwohl die Behörden einen Standardkatalog von Kriterien herausgegeben haben, ist dieser wegen fehlender Kontrollen nutzlos. Hat ein Hotel einen Stern erhalten, spielt es keine Rolle, in welch armseligen Zustand die Ausstattung ist – der Stern bleibt. Deshalb haben einige internationale Hotels entschieden, sich ganz ohne Sterne zu präsentieren. Diese Hotels sind den vielleicht seit vielen Jahren nicht renovierten Fünf-Sterne-Etablissements ihrer chinesischen Kollegen nicht selten weit überlegen. Generell gilt für chinesische Hotels: je neuer die Anlage, desto besser.

Sehen Sie im Internet nach, um neue Hotels, Preise und Bedingungen ausfindig zu machen. Eine gute Adresse ist: www.ctrip.com

Begrünte Lobby des White Swan Hotel, Guangzhou *(siehe S. 565)*

Preiswerte Hotels und Unterkünfte

Preisbewusste Reisende finden auf dem chinesischen Festland und in Hong Kong durchaus einfache, preiswerte Unterkünfte. Ein Bett im Schlafsaal kostet im Durchschnitt 25 bis 30 Yuan, insbesondere abseits der Großstädte. In manchen Metropolen eröffnen inzwischen blitzsaubere Jugendherbergen. Dort kostet eine Übernachtung etwa 50 Yuan. Viele Universitäten vermieten Zimmer in ihrem »Flügel für Ausländer«.

Am oberen Ende des preiswerten Segments stehen etwa Motel 168 und die Jinjiang-Kette, die exzellente Unterkünfte mit Bad, freiem Internet-Zugang und TV auf dem Zimmer zu akzeptablen Preisen anbieten.

Camping ist in China nicht möglich. Wer ein Zelt aufstellt, erregt Aufmerksamkeit und bekommt früher oder

Das grandiose Xinhao Ying Hotel auf dem Xinhao Shan, Qingdao

◁ Bai-Händler auf dem Markt von Shaping bei Dali in Yunnan *(siehe S. 388)*

Hübscher Treppenaufgang im Novotel Peace Hotel, Beijing ***(siehe S. 554)***

später Besuch von der Polizei. Doch Sie können Übernachtungen in einem *ger*, den runden Jurten der nomadischen Mongolen und Kasachen in der Inneren Mongolei und in Xinjiang, buchen. Allerdings sind diese Unterkünfte auf Reisende abgestimmt – seien Sie also nicht enttäuscht, falls der Aufenthalt nicht die erwartete authentische Erfahrung wird.

In einigen Klöstern und Lama-Sitzen gibt es Pilgerunterkünfte, in denen man gegen geringe Bezahlung offen empfangen wird, doch sind die Räume oft recht spartanisch. Auf heiligen Bergen wie dem Emei Shan bieten viele Tempel zwar einfache, aber stimmungsvolle Übernachtungsmöglichkeiten an.

Hotelbuchung

Der Preis eines Hotelzimmers in China wird davon bestimmt, wie viel der Gast auszugeben bereit ist. Einheimische fragen immer nach Rabatten – das sollten Sie auch tun. Die Zeiten offizieller Aufpreise für Nicht-Chinesen sind vorbei. Selbst wenn einige Hotels Ausländern immer noch höhere Preise nennen, sind sie das Feilschen gewöhnt und werden die Preise drastisch senken, wenn die Zimmer ansonsten leer bleiben.

Die meisten von Ausländern betriebenen Hotels haben Sonderangebote auf ihrer Website. Falls das Hotel nicht ausgebucht ist, fallen die Preise, je näher der infrage kommende Termin rückt. Chinesische Hotels dagegen geben auf ihren Websites oft völlig überhöhte Preise an. Die einzigen, die diese bezahlen, sind Ausländer, die von zu Hause aus buchen. Im Internet werden manchmal angeblich enorme Rabatte angeboten. Tatsächlich handelt es sich für Vorausbucher um durchschnittliche Preise, die Sie drücken können, wenn Sie persönlich an der Rezeption reservieren. Rabatte von zehn bis 20 Prozent sind das Mindeste, 30 bis 40 Prozent üblich, 50 Prozent durchaus möglich. In stark von saisonaler Nachfrage geprägten Orten können Sie noch bessere Konditionen aushandeln.

Die Einführung von breiten Betten (anstelle der bisherigen zwei Einzelbetten) in chinesisch geführten Hotels hat zu Verwirrung geführt. Ältere Hotels bieten »echte« Einzelzimmer, also ein einzelnes Bett in einem relativ kleinen Raum zu günstigeren Preisen an. Die Bezeichnung »Single« meint meist Zimmer mit einem Doppelbett für zwei Personen, was billiger ist als der »Twin-Bed-Room« derselben Größe.

Die Auflistung von Kreditkartensymbolen heißt nicht, dass das Hotel auch die internationale Version dieser Karten akzeptiert. Das sollte vor dem Einchecken geklärt werden. Mit Reiseschecks kann man selten direkt bezahlen. Obwohl viele internationale Hotels Wechselstuben haben, wird man meist zu einer lokalen Bank geschickt. In kleineren Hotels müssen Sie bar in Renminbi (»Volkswährung«) bezahlen.

Versteckte Kosten

Die von großen internationalen Hotels angegebenen Preise verstehen sich zuzüglich Service und Kurtaxe, wobei Letztere nur in seltenen Fällen verlangt wird. Viele gehobene chinesisch geführte Hotels nehmen seit einiger Zeit Servicegebühren zwischen fünf und 15 Prozent. Da dies jedoch eine neue Praxis ist, weigern sich viele Chinesen, die Gebühr zu entrichten, was häufig toleriert wird. Ausländische Gäste sollten Rechnungen immer genau studieren, denn viele Hotelrestaurants versuchen, die Servicegebühren aufzuschlagen. Der Inhalt von Minibars ist in China genauso überteuert wie überall sonst. Telefonate vom Zimmer kosten hingegen nur unwesentlich mehr.

Charmante ländliche Unterkunft in Ping An bei Longsheng, Guangxi

Saisonale Nachfrage

Zimmer sind fast überall in China nahezu das ganze Jahr über problemlos buchbar, nur während der Reisezeiten zu den einwöchigen Nationalfeiertagen um den ersten Oktober und zum Chinesischen Neujahr (Januar oder Februar) ist es schwierig. Anders als im Westen können nur wenige Chinesen ihre Urlaubstage frei wählen, sodass das ganze Land gleichzeitig unterwegs ist. Auch die Zeit um das Frühlingsfest sollte man meiden, dann ist es sehr schwierig, eine Unterkunft zu finden. Die genauen Daten stehen erst kurzzeitig im Voraus fest, aber sobald sie bekannt werden, schießen die Hotelpreise in die Höhe.

Frühling und Herbst mit den milderen Temperaturen und der geringeren Feuchtigkeit sind beliebtere Reisezeiten als Sommer und Winter mit ihren Extremen. Im Sommer können kühlere Urlaubsziele in Stadtnähe – etwa die per Kurzstreckenflug oder Fähre von Shanghai aus erreichbare Insel Putuo Shan – am Wochenende zwar überfüllt und teuer, unter der Woche jedoch sehr günstig sein. Ebenso beeinflussen die Feste der ethnischen Minderheiten die Verfügbarkeit von Unterkünften. Auch Messen wie die alle zwei Jahre in Guangzhou stattfindende muss man berücksichtigen.

Das Oriental Plaza, eines von Beijings größeren Hotels

Hotelauswahl

Bei der Hotelsuche sollten Sie bedenken, dass die neuesten Hotels immer die bessere Wahl sind, da viele Betreiber der chinesisch geführten Häuser Reparatur- und Renovierungsarbeiten offenbar nur bei Notfällen vornehmen. Derzeit schießen im ganzen Land neue Hotels wie Pilze aus dem Boden. Meist sind es private Einzelunternehmen, die hoffen, vom wachsenden heimischen Tourismus zu profitieren. So konkurrieren von Polizei, Banken, Postämtern, Tabakfirmen und ähnlichen Institutionen betriebene Hotels mit den alteingesessenen Häusern der Regionalverwaltungen. Hotels mit dem Wort »Business« im Namen sind neuer und bieten oft guten Service.

Generell gilt, dass Hotels, deren Namen mit der Provinz oder Stadt, in der sie stehen, beginnen und mit einem chinesischen Wort für Hotel wie etwa *dajiudian*, *jiudian*, *fandian* oder *binguan* weitergehen, sehr wahrscheinlich der Regionalverwaltung gehören. Diese Hotels meiden Sie besser, denn die meisten unterliegen der Planwirtschaft. Sie bieten zwar Arbeitsplatzgarantien, haben aber oft schäbige, verwahrloste Zimmer und ein meist gleichgültiges Personal, das nicht viel vom kommunistischen Motto »dem Volk zu Diensten« zu halten scheint.

Lobby des Dalian Hotel, Dalian *(siehe S. 570)*

Information

Auschecken muss man normalerweise bis mittags, doch wenn Sie einen halben Übernachtungszuschlag bezahlen, können Sie das Zimmer auch bis 18 Uhr behalten. Nach dem chinesischen Gesetz sind Hotelgäste zwar verpflichtet, das Hotel bis 11 Uhr zu verlassen – dies wird allerdings meist ignoriert. In den meisten gehobeneren Hotels gibt es täglich geöffnete Wechselstuben, die allerdings nur für Gäste des Hauses zugänglich sind.

In den meisten Regionen Chinas brauchen Hotels, die an Ausländer vermieten, eine spezielle Lizenz. Deshalb werden einige Hotels ohne Lizenz Sie möglicherweise abweisen, doch das ist immer seltener der Fall. Beijing und Yunnan haben ihr Lizenzsystem schon abgeschafft, ein Trend, der sich nun auch in anderen Regionen allmählich durchsetzt.

Viele Hotels in China, auch die unter ausländischem Management, werben mit Extras wie Nachtclubs, Schönheitssalons und Karaoke-Bars, wohinter sich oft Prostitution verbirgt. Machen Sie sich auf unerwartete Anrufe gefasst, in denen man Ihnen *»anmo«* (Massage) anbietet. Wenn Sie Angebote dieser Art verhindern wollen, sollten Sie Ihr Telefon einfach ausstecken.

Fast immer als Fehler erweist sich das Buchen von Transportdiensten über das Hotel. Sie kosten oft vier Mal so viel wie normale Taxis. Viel einfacher ist es, auf der Straße ein Taxi heranzuwinken. Allerdings sind Taxis, die in der Nähe der Hoteleingänge in beliebten Urlaubsorten warten, teils mit Vorsicht zu genießen.

Bei der Hotelwahl sollten Sie immer bedenken, dass die im Internet oder in Broschüren veröffentlichten Bilder aus der Zeit der Eröffnung stammen und nicht den aktuellen Zustand der Zimmer zeigen. Auch vollmundige Beschreibungen von Saunas, Fitness-Center, Schwimmbädern und Jacuzzis in den chinesischen Hotels in abgelegenen Gegenden bedeuten nicht, dass diese Extras betriebsbereit sind. Das Wichtigste ist allerdings: Die genannten Preise sind niemals Festpreise.

Mit Kindern reisen

Kinder sind überall in China willkommen, gleichwohl sind kinderfreundliche Ausstattungen in Hotels selten. In den meisten Hotels dürfen Kinder unter zwölf Jahren kostenlos bei ihren Eltern übernachten. Für ältere Kinder stellt das Personal gegen eine symbolische (und meist verhandelbare) Gebühr ein Zusatzbett auf. Vierergruppen mit zwei Kindern über zwölf Jahre müssen häufig zwei Zimmer bezahlen, auch wenn sie sich ein Zimmer teilen. Viele ältere chinesische Hotels bieten Drei- und Vierbettzimmer an – ideal für Familien.

Behinderte Reisende

Für Behinderte ist China generell ein ungeeignetes Reiseziel. Nur die teuersten und neuesten Häuser bemühen sich, barrierefreie Zugänge oder behindertengerechte Zimmer einzurichten. In den meisten Standardsuiten sitzen die Lichtschalter ungünstig. Nur manche Zimmer haben breite Badtüren. Allerdings gibt es fast überall Fahrstühle.

Trinkgeld

Da Trinkgeld für die meisten Chinesen ein Fremdwort ist, erwartet das Hotelpersonal meist auch keines. Internationale Hotels berechnen fünf bis 15 Prozent Service. Inzwischen haben auch einige chinesische Hotels damit begonnen.

Das Yunjincheng Folk Custom Hotel in Pingyao, Shanxi

Auf einen Blick

Hotelketten

Accor
08706 090 964.
www.accor.com

Crowne Plaza
0800 8222 8222.
www.ichotelsgroup.com

Four Points by Sheraton
0800 3253 5353.
www.starwood.com

Grand Hyatt
0845 888 1234.
www.hyatt.com

Harbour Plaza
(2) 9929 2829.
www.harbour-plaza.com

Hilton
08705 909 090.
www.hilton.com

Holiday Inn
0800 405 060.
www.ichotelsgroup.com

Howard Johnson
0845 602 1532.
www.hojo.com

Hyatt Regency
0845 888 1234.
www.hyatt.com

Ibis
www.ibishotel.com

Intercontinental
0800 028 9387.
www.ichotelsgroup.com

Jinjiang Inn
400 820 999.
www.jinjianginns.com

Kempinski
0800 4263 1355.
www.kempinski.com

Marco Polo
www.marcopolohotels.com

Marriott
0800 221 222.
www.marriott.com

Motel 168
400 820 7168.
www.motel168.com

Novotel
08706 090 962.
www.novotel.com

Park Hyatt
0845 888 1234.
www.hyatt.com

Peninsula
0800 1010 1111.
www.peninsula.com

Radisson
1706 0200.
www.radisson.com

Ramada
1800 272 6232.
www.ramada.com

Ritz Carlton
0049 6196 496 2750.
www.ritzcarlton.com

Shangri-La
020 8747 8485.
www.shangri-la.com

Sheraton
0800 3253 5353.
www.starwood.com

W Hotels
0800 3252 5252.
www.starwood.com

Westin
0800 3259 5959.
www.starwood.com

Hotelauswahl

Die Hotels wurden wegen ihres Preis-Leistungs-Verhältnisses, ihrer Lage, ihres Komforts oder Stils ausgewählt. Die folgende Übersicht ist nach Preiskategorien innerhalb jeder Region aufgelistet. Viele Hotels bieten Büro-Ausstattung, Fitness-Center und Schwimmbad an. Erwähnt sind hier allerdings nur die besseren.

Preiskategorien
Die folgenden Preise gelten für ein Standard-Doppelzimmer (oder ein Bett im Schlafsaal) inkl. Steuern in der Hochsaison. Ohne Frühstück.
¥ unter 200 Yuan
¥¥ 200–400 Yuan
¥¥¥ 400–800 Yuan
¥¥¥¥ 800–1400 Yuan
¥¥¥¥¥ über 1400 Yuan

Beijing

Beijing City Youth Hostel Beijing (Chengshi Guoji Qingnian Lüshe) ¥¥
1–5 Beijing Zhan Qian Jie, Dongcheng *(010) 6525 8066* FAX *(010) 6525 9066* ***Zimmer*** *200* ***Stadtplan*** *4 F1*

Das Haus gehört zu den besten preiswertesten Unterkünften. Es ist sehr angenehm und liegt in der Nähe des Bahnhofs (günstig für alle, die frühmorgens zum Zug müssen). Für Leute, die es gern etwas privater haben, gibt es preisgünstige Doppelzimmer. Fax und Internet-Zugang vorhanden. **www.centralhostel.com**

Far East International Youth Hostel (Yuan Dong Qingnian Lüshe) ¥¥
90 Tieshuxie Jie, Xuanwu *(010) 5195 8561* FAX *(010) 6301 8233* ***Zimmer*** *24* ***Stadtplan*** *3 B2*

Die schönste YHA-Jugendherberge Beijings bietet sowohl Mehrbett- als auch Einzelzimmer an. Hübsches Gebäude mit separatem Hofhaus auf der gegenüberliegenden Straßenseite. Die Gegend war in der Kaiserzeit das Rotlichtviertel und ist heute noch sehr belebt. U-Bahn und Tian'an-Men-Platz liegen in Gehweite. **www.fareastyh.com**

Red Hotel (Ruixiu Binguan) ¥¥
10 Chunxiu Lu *(010) 6416 7810* FAX *(010) 6416 7600* ***Zimmer*** *36*

Das Etablissement war früher eine Herberge und ist nun ein kleines Boutique-Hotel. Die Räume sind mit dunklem Holz ausgestattet und mit Fake-Antikmöbeln eingerichtet. Alle haben Dusche. Sowohl für Kurz- als auch für Langzeitaufenthalte geeignet.

Templeside House Hostel (Guangji Lin Guoji Qingnian Lüshe) ¥¥
Liu He Er Tiao, Fucheng Men Nei Dajie, Xicheng *& FAX (010) 6617 2571* ***Zimmer*** *9* ***Stadtplan*** *1 A4*

Das traditionelle Hofhaus im Gassengewirr eines *hutong* liegt in Gehweite zur Weißen Dagoba und anderen Sehenswürdigkeiten, zum Xi Dan Shopping-Center und zu einer U-Bahn-Station. Es gibt Schlafsäle und Doppelzimmer. Alle haben Duschen. Extras: Waschmaschinen und eine Bar im Hof. **www.templeside.com**

Guxiang 20 ¥¥¥
20 Nanluoguxiang, Dongcheng *(010) 6400 5566* FAX *(010) 6400 3658* ***Zimmer*** *28*

Das Highlight dieses kleinen Boutique-Hotels ist seine Lage in einem der interessantesten *hutongs* der Stadt. Von außen sieht es aus wie ein traditionelles altes Haus, doch das Innere ist modern und stilvoll. Exzellente Badezimmer. Allerdings spricht das Personal nicht gut Englisch. **www.guxiang20.com**

Hotel Kapok ¥¥¥
16 Donghuamen Dajie, Dongcheng *(010) 6525 9988* FAX *(010) 6528 9512* ***Zimmer*** *89*

Das Hotel, das nur einen Steinwurf von der Verbotenen Stadt und dem Tian'an-Men-Platz entfernt liegt, hat ein gitterartiges Äußeres und eine mit Bambus verzierte Rezeption. Die Zimmer, vor allem diejenigen um den Hof, sind stilvoll. Das 2006 eröfffnete Haus stammt von dem renommierten Architekten Zhu Pei. **www.hotelkapok.com**

Lu Song Yuan Binguan ¥¥¥
22 Banchang Hutong, Dongcheng *(010) 6404 0436* FAX *(010) 6403 0418* ***Zimmer*** *50* ***Stadtplan*** *2 D3*

Die Details – Papierleuchten über dem Bett, schön bemalte Decken, alte Türgriffe – sind ähnlich wie in den anderen Innenhof-Hotels, doch hier ist die Atmosphäre einfach angenehmer. Allerdings hat eine übereifrige Modernisierung etwas vom alten Charme genommen. **www.the-silk-road.com**

Novotel Peace Beijing (Beijing Nuofute Heping Binguan) ¥¥¥
3 Jinyu Hutong, Dongcheng, *(010) 6512 8833* FAX *(010) 6512 6863* ***Zimmer*** *337* ***Stadtplan*** *2 D5*

Das Haus gehört zur Accor-Gruppe und ist das günstigste unter ausländischem Management. Es liegt in der Einkaufsgegend um Wangfujing. Der Service erreicht nicht ganz französisches Niveau. Geschäftszimmer sind preiswert. Restaurants mit breiter Palette (Kanton- und Sichuan-Küche, koreanisch und französisch). **www.accorhotels-asia.com**

Traders Hotel Beijing (Guomao Fandian) ¥¥¥
1 Jianguo Men Wai Dajie, Chaoyang *(010) 6505 2277* FAX *(010) 6504 3144* ***Zimmer*** *570*

Ideal für eilige Geschäftsreisende – eher kleine Zimmer mit Büro-Einrichtungen. Der Service ist prompt, das ständig aufgefüllte Büfett lecker. Man hat Zutritt zu den Fünf-Sterne-Wellness-Centern im China World Hotel. Sehr gutes Preis-Leistungs-Verhältnis. **www.shangri-la.com**

Zeichenerklärung *siehe hintere Umschlagklappe*

The Ascott Beijing (Beijing Yashige) ¥¥¥¥
108b Jianguo Men Wai Dajie ☎ *(010) 6567 8100* FAX *(010) 6567 8122* **Zimmer** *272*

Empfehlenswerte Nobelabsteige für Geschäftsreisende im Herzen des Geschäftsviertels. Das Ascott bietet Apartments mit ein, zwei oder drei Schlafzimmern für Lang- und Kurzzeitaufenthalte. Komfortabel und elegant möbliert. Sehr guter Service. In Gehweite zur China World Mall und zur Guo-Mao-U-Bahn. **www.theascottbeijing.com**

Commune by the Great Wall Kempinski (Changcheng Jiaoxia de Gongshe) ¥¥¥¥
Große Mauer, Ausgang 16, Shuiguan Badaling Highway ☎ *(010) 8118 1888* FAX *(010) 8118 1866* **Zimmer** *57*

Das Commune liegt etwa eine Stunde von Beijing entfernt und genießt eine grandiose Lage bei der Chinesischen Mauer. Gäste können unter verschiedenen asiatischen Villenstilen wählen – und Butlerdienste beanspruchen. Es gibt einen Privatzugang zur Großen Mauer und einen Club. **www.commune.com.cn/en**

Hotel de Côté Cour SL ¥¥¥¥
70 Yan Yue Hutong, Dongcheng ☎ *(010) 6526 6688* FAX *(010) 6512 8020* **Zimmer** *14*

Das kleine Hofhaus verbindet traditionellen chinesischen Stil mit Antikmöbeln und erweist sich als wundervoller Rückzugsort. Das Frühstück ist im Preis enthalten und wird im Sommer im Garten serviert. Stilvolle Bar nur für Hotelgäste. Das Personal spricht ausgezeichnet Englisch. **www.hotelcotecoursl.com**

Kerry Centre Hotel (Jiali Zhongxin Fandian) ¥¥¥¥
1 Guanghua Lu ☎ *(010) 6561 8833* FAX *(010) 6561 2626* **Zimmer** *487*

Das neueste Shangri-La-Haus in Beijing kombinierte die hohen Standards der Gruppe mit hellem modernem Dekor in den Zimmern. Luxusläden im Hotel. Das Kerry beherbergt auch Beijings bestes Kanton-Restaurant und das Centro, die angesagteste Bar der Stadt. Ausgedehnter Wellness-Bereich. **www.shangrila.com**

Peninsula Beijing (Wangfu Fandian) ¥¥¥¥
8 Jinyu Hutong, Dongcheng ☎ *(010) 8516 2888* FAX *(010) 6510 6311* **Zimmer** *530* **Stadtplan** *2 E5*

Hier verbinden sich gute Lage mit dem erlesenen Luxus von Beijings Top-Hotels. Zu danken ist das dem Management, das auch für das berühmte Peninsula Hotel in Hong Kong verantwortlich zeichnet. Einzigartig ist auch die »Peninsula Academy« mit Koch- und Antiquitäten-Shopping-Kursen. In U-Bahn-Nähe. **www.peninsula.com**

Westin Beijing Chaoyang ¥¥¥¥
1 Xinyuan Nan Lu, Chaoyang ☎ *(010) 5922 8888* FAX *(010) 5922 8999* **Zimmer** *550*

Das zweite Westin in Beijing ist ausgesprochen beliebt. Die Suiten sind den Extrapreis wert und haben bewegliche Fernseher vor dem Betten. Der Service ist freundlich und hilfsbereit. Trotz der Größe des Hauses hat man den Eindruck persönlicher Betreuung. Grandioses Spa mit Swimmingpool. **www.starwoodhotels.com**

Aman beim Sommerpalast ¥¥¥¥¥
15 Gong Men Qian Jie ☎ *(010) 5987 9008* FAX *(010) 5987 9900* **Zimmer** *34*

Das erste Aman-Aushängeschild in China ist erstaunlich. Die Gäste fühlen sich wie in einer Filmkulisse. Viele der Gebäude sind über 100 Jahre alt, auch die neuen Gebäude spiegeln die traditionelle Architektur wider. Schöne Umgebung mit eigenem Zugang zum Sommerpalast. Drei gute Restaurants. **www.amanresorts.com**

China World Hotel (Zhongguo Dafandian) ¥¥¥¥¥
1 Jianguo Men Wai Dajie ☎ *(010) 6505 2266* FAX *(010) 6505 3165* **Zimmer** *716*

Die in die Renovierung investierten 30 Millionen Dollar machten dieses Haus zum luxuriösesten Hotel in Beijing und zu einem der Top-Hotels Chinas. In der opulenten Lobby treffen sich die Reichen und Schönen. Hervorragende Fusionsküche und ein Wellness-Center vom Feinsten. **www.shangri-la.com**

Grand Hyatt Beijing (Beijing Dongfang Junyue) ¥¥¥¥¥
1 Dong Chang'an Jie, Dongcheng ☎ *(010) 8518 1234* FAX *(010) 8518 0000* **Zimmer** *825* **Stadtplan** *4 E1*

Kein anderes Hotel Beijings ist im glitzernden Oriental-Plaza-Komplex, der das Einkaufsviertel dominiert, besser untergebracht als dieses – und nur wenige sind besser ausgestattet. Die wenigen technischen Mängel stammen noch aus der Zeit, bevor Hyatt das ansonsten konkurrenzlos exzellente Hotel übernahm. **beijing.grand.hyatt.com**

Park Hyatt Beijing ¥¥¥¥¥
2 Jianguo Men Wai Dajie, Chaoyang ☎ *(010) 8567 1234* FAX *(010) 8567 1000* **Zimmer** *237* **Stadtplan** *3 A1*

Das luxuriöse Hotel der Hyatt-Gruppe wurde 2008 eröffnet und wurde sofort für die stilvolle Bar und das exzellente Restaurant gelobt, die zudem wunderbare Ausblicke über die Stadt bieten. Die glamourösen Zimmer haben Marmorbäder und Espressomaschinen. Sehr gute Business-Einrichtungen. **www.beijing.park.hyatt.com**

Raffles Beijing Hotel (Beijing Fandian Laifoshi) ¥¥¥¥¥
33 Dong Chang'an Jie, Dongcheng ☎ *(010) 6526 3388* FAX *(010) 6527 3838* **Zimmer** *171* **Stadtplan** *4 D1*

Teile des alten Beijing Hotel wurden von der Raffles-Gruppe aus Singapur aufgemöbelt. So entstand eine der besten Adressen Beijings. Die großen Räume des Gebäudes von 1900 verstrahlen Alte-Welt-Charme, kombiniert mit modernster Ausstattung. Himmelbetten und grandiose Aussicht aufs Zentrum. **www.beijing.raffles.com**

Ritz-Carlton Beijing (Beijing Jinrong Jie Lisi Kaerdun Jiudian) ¥¥¥¥¥
1 Jinchengfang Dong Jie ☎ *(010) 6601 6666* FAX *(010) 6601 6029* **Zimmer** *253*

Der nagelneue Turm liegt innerhalb der zweiten Ringstraße im Finanzviertel in einem edlen Shopping-Center und bietet mit die größten Zimmer der Stadt sowie einen labyrinthartigen Spa-Bereich. Das Hotel liegt günstig für die Sehenswürdigkeiten im Zentrum und im Westen der Stadt. Der Nachmittagstee ist legendär. **www.ritzcarlton.com**

Stadtplan Beijing *siehe Seiten 114–119*

Shangri-La Beijing (Beijing Xianggelila Fandian) ¥¥¥¥¥

29 Zizhuyuan Lu, Haidian, *(010) 6841 2211* FAX *(010) 6481 8003* ***Zimmer*** *528*

Shangri-Las erstes Haus in Beijing liegt etwas ungünstig, aber sehr ruhig im Westen der Stadt. Die Zimmer sind top ausgestattet und zeigen ein minimalistisches Dekor. Der herrliche Garten besitzt einen Koi-Teich und verschiedene Pavillons. **www.shangri-la.com**

Hebei, Tianjin & Shanxi

CHENGDE Mountain Villa Hotel (Shanzhuang Binguan) ¥¥

127 Xiao Nanmen *(0314) 209 5511* FAX *(0314) 203 4143* ***Zimmer*** *370*

In sechs Gebäuden sind unterschiedliche Unterkünfte eingerichtet. Sie reichen von einfachen Zimmern für den schmalen Geldbeutel bis zu gediegenem Luxus in Vier-Sterne-Zimmern mit hohen Decken. Dazu gibt es mehrere Restaurants. Gegenüber dem Zugang zum Wandergebiet. Einige Gäste bemängeln den Rauchgeruch der Zimmer.

CHENGDE Qi Wang Lou ¥¥¥

1 Bi Feng Men Dong Lu Bei (links vom Park-Haupteingang) *(0314) 202 4385* FAX *(0314) 202 1904* ***Zimmer*** *80*

Hofbauten aus dem 18. Jahrhundert in den Bergen, die schon Kaiser Qianlong schätzte. Das Haus ist mit allem Komfort ausgestattet und die erste Adresse hoher Parteifunktionäre. Was Lage und Service betrifft, verspricht das Qi Wang Lou einen angenehmen Aufenthalt. *Nov–März geschlossen.*

DATONG Datong Binguan ¥¥¥

37 Yingbin Xi Lu *(0352) 586 8666* FAX *(0352) 586 8200* ***Zimmer*** *221*

Staatliches Gebäude mit gewichtiger Lobby und Konferenzräumen auf jeder Etage. Lange Gänge führen zu den Zimmern, die einer Vier-Sterne-Kategorie entsprechend ausgestattet und mit Balkonen versehen sind. Alle wesentlichen Kommunikationsmittel sind vorhanden. **www.datonghotel.com**

DATONG Yungang International Hotel (Yungang Guoji Jiudian) ¥¥¥

38 Daxi Jie *(0352) 586 9999* FAX *(0352) 586 9666* ***Zimmer*** *236*

Das recht neue Vier-Sterne-Hotel mitten im Stadtzentrum wird vom erfahrenen Management des Beijinger Jianguo Hotel geführt, das weiß, wie man seine ausländischen Gäste verwöhnt. Angenehme Zimmer und zwei Restaurants im Hotel. Günstige Lage. **www.ygih.com**

PINGYAO Deju Yuan Folk-Style Guesthouse (Deju Yuan Minfeng Binguan) ¥¥

43 Xi Da Jie *(0354) 568 5266* FAX *(0354) 568 5366* ***Zimmer*** *19*

Seit der Ming-Dynastie logieren hier Reisende. Damals kamen Händler, um mit der Bank gegenüber Geschäfte zu machen, heute sind es Ausländer wie etwa Frankreichs ehemaliger Präsident Valéry Giscard d'Estaing. Unterschiedlich große Zimmer mit Hofblick und Ruhe vor dem Trubel in Pingyao. **www.pydjy.net**

PINGYAO Tian Yuan Kui Ke Zhan ¥¥

73 Nan Da Jie *(0354) 568 0069* FAX *(0354) 568 3052* ***Zimmer*** *25*

Angenehm minimalistische Zimmer – schwarze Steinböden, einfache Bäder und antike Betten und Möbel – in einem 300 Jahre alten Haus mit Innenhof. Für weniger asketische Zeitgenossen gibt es modernen Komfort wie Klimaanlage, kabellosen Internet-Zugang und 24 Stunden am Tag Warmwasser. Familiäre Atmosphäre. **www.pytyk.com**

SHANHAIGUAN Friendly Cooperate Hotel (Yihe Jiudian) ¥¥

4 Nan Hai Xi Lu *(0335) 593 9069* FAX *(0335) 507 0351* ***Zimmer*** *37*

Einfaches Zwei-Sterne-Hotel mit Drei-Sterne-Standard. Mit größeren Bädern und angenehmer Einrichtung ist es besser als alles andere in Shanhaiguan. Nicht weit vom Bahnhof gelegen und ebenso nah am südlichen Haupteingang zur Altstadt. Das Hotel hat ein Restaurant, aber keine Bar. Das kostenlose Frühstück ist nicht empfehlenswert.

SHIJIAZHUANG Yanchun Garden Hotel (Yanchun Huayuan Jiudian) ¥¥

195 Zhongshan Dong Lu *(0311) 8667 1188* FAX *(0311) 8604 8689* ***Zimmer*** *185*

Zur Abwechslung gibt es einmal nicht das übliche L-förmige Zimmer wie in allen chinesischen Hotels. Das Interieur des Fünf-Sterne-Hauses passt zu seiner besonderen Fassade. Es liegt zwei Häuserblocks östlich vom Bahnhof an einem Park. Die ungewöhnlichen Restaurants erfüllen auch Kinderwünsche. **www.gardenhotel.com.cn**

SHIJIAZHUANG Hebei Century Hotel (Hebei Shiji Dafandian) ¥¥¥

145 Zhongshan Xi Lu *(0311) 8703 6699* FAX *(0311) 8703 8866* ***Zimmer*** *439*

Überdurchschnittlicher Service, geräumige Zimmer mit etwas ausgefallenerer Dekoration als andere chinesische Fünf-Sterne-Hotels. Gute Ausstattung in einem glänzenden Glasturm westlich des Stadtzentrums. Vier Restaurants und zwei Bars. **www.hebei-centuryhotel.com**

TAIYUAN Jingang Hotel (Jingang Dajiudian) ¥¥¥

37 Binzhou Bei Lu *(0351) 472 8888* FAX *(0351) 472 8333* ***Zimmer*** *300*

Das neue Hotel im Stadtzentrum hat luftige Zimmer mit runden Fenstern. Das freundliche Personal steht unter einheimischem Management. Kostenloser Internet-Zugang, Schwimmbad und zentrale Lage unweit des Yingze-Parks und des Wuyi-Platzes. Halbtagespreise für Durchgangsreisende. **www.jgjt.net/jgit-jdjj.htm**

Preiskategorien *siehe S. 554* **Zeichenerklärung** *siehe hintere Umschlagklappe*

TAIYUAN World Trade Hotel (Shanxi Guomao Dafandian) ¥¥¥¥

69 Fuxi Jie (0351) 868 8888 FAX (0351) 868 8000 ***Zimmer*** *398*

Das Hotel liegt auf den Etagen 23 bis 41 im 42-stöckigen Shanxi World Trade Center, dem höchsten Gebäude der Provinz. Große Zimmer mit riesigen Badezimmern mit Dusche und Wanne. Nützlicher Touchscreen-Computerguide auf der ersten Etage. Vier Restaurants. **www.sxwtc.com**

TIANJIN Hyatt Regency (Kaiyue Fandian) ¥¥¥

219 Jiefang Bei Lu (022) 2330 1234 FAX (022) 2331 1234 ***Zimmer*** *360*

Hotelturm am Fluss mit Standardausstattung, gut versorgt mit süd- und nordchinesischen Restaurants sowie japanischer und westlicher Küche. Zimmer und Lobby sind ein bisschen düster. Das Hotel liegt gegenüber den europäischen Bauten der ehemaligen westlichen Handelskonzessionen. **www.tianjin.regency.hyatt.com**

TIANJIN Sheraton Tianjin (Xilaideng Dajiudian) ¥¥¥¥

Zijin Shan Lu, Hexi (022) 2334 3388 FAX (022) 2335 8740 ***Zimmer*** *296*

Das in Gärten am Rand eines großen Parks gelegene Sheraton ist eine Oase inmitten der Hektik der Stadt. Klassisch möblierte Fünf-Sterne-Zimmer und bester Service. Chinesische, westliche und japanische Restaurants. Das Hotel ist Wohnsitz zahlreicher Ausländer. Hübsch sind die Zimmer mit Gartenblick. **www.starwoodhotels.com**

WUTAI SHAN Guangren Temple (Guangren Si) ¥

Taihuai Zhen (0350) 654 5352 ***Zimmer*** *20*

Hier können Sie das Leben in einem Kloster testen, beim Duft von Räucherstäbchen einschlummern und morgens zu den Gesängen der tibetischen Mönche erwachen. Die Zimmer sind asketisch, viele davon allerdings mit Bad. Gäste frühstücken zusammen mit den Mönchen. Das Fehlen einer Bar überrascht da nicht. Etwas für robuste Gäste.

WUTAI SHAN Wolong Binguan ¥¥

Taihuai Zhen Jiayou Zhan Duimian (gegenüber Tankstelle) (0350) 654 5037 FAX (0350) 654 5688 ***Zimmer*** *100*

Das größte Hotel in Familienbesitz in Wutai Shan bietet eine schöne Alternative zu den leicht unpersönlichen staatlichen Betrieben. Die Fan-Familie gibt ihr Bestes, um den Aufenthalt in den eher kleinen Zimmern angenehm zu gestalten. Eines der wenigen Hotels am Ostufer des Qingshui. Hotelrestaurant. Keine Bar.

WUTAI SHAN Yinhai Shanzhuang ¥¥¥

Wutaishan Yinhai Shanzhuang (0350) 654 3676 FAX (0350) 654 2949 ***Zimmer*** *83*

Dies ist – obwohl nur als Drei-Sterne-Hotel gekennzeichnet – die eleganteste Bleibe im Tal. Saubere Zimmer und ein Bad wie im Fünf-Sterne-Hotel. Das Haus liegt südlich der Stadt, viele Zimmer haben Bergblick. Einfache Büro-Ausstattung. Es gibt auch ein Restaurant und eine Bar für diejenigen, die nicht mehr ausgehen wollen.

SHANDONG & HENAN

JI'NAN Crowne Plaza Ji'nan (Ji'nan Guihe Huangguan Jiari Jiudian) ¥¥¥¥

3 Tian Di Tan Lu (0531) 8602 9999 FAX (0531) 8602 3333 ***Zimmer*** *306*

Bestens ausgestattetes Nobelhotel mit den größten und luxuriösesten Zimmern in Ji'nan. Einige haben Blick auf den Daming-See und an klaren Tagen sogar auf den Huang He (Gelber Fluss). Andere haben Berg oder Stadtblick. Extras: Schwimmbad, Reisebüro und Internet-Zugang auf den Zimmern. **www.ichotelsgroup.com**

KAIFENG Kaifeng Binguan ¥¥

66 Ziyou Lu Zhongduan (0378) 595 5589 FAX (0378) 595 3086 ***Zimmer*** *184*

Riesiges Hotel im neoklassizistischen chinesischen Stil. Sehr komfortable, allerdings etwas dunkle, traditionell chinesisch eingerichtete Zimmer mit großen Bädern. Angesichts des Straßenlärms vor der Tür erstaunlich ruhig. Das Haus liegt um einen großen Steingarten. Drei Restaurants und ein Café.

KAIFENG Dongjing Hotel (Dongjing Dafandian) ¥¥¥

99 Yingbin Lu (0378) 398 9388 FAX (0378) 393 8861 ***Zimmer*** *200*

Ein etwas abgewohntes »Garden-Style«-Hotel an einem großen Goldfischteich innerhalb der Stadtmauern. Trotz der vielen Zimmer sehr beliebt und oft ausgebucht. Diensteifriges Personal steht zahlreich zur Verfügung. Einige Zimmer haben Balkon. Gute Büro-Serviceleistungen (etwa Übersetzung und Schreibarbeit).

LUOYANG Jing'an Peony Plaza (Jing'an Mudan Cheng) ¥¥¥

2 Nanchang Lu (0379) 6468 1111 FAX (0379) 6493 0303 ***Zimmer*** *200*

Das Vier-Sterne-Hotel liegt nahe beim Neubaugebiet. Die Zimmer besitzen gediegenen Business-Standard, allerdings sind die Betten recht hart. Drehrestaurant auf der 25. Etage und Kunstgalerie in der Lobby. Sehr freundliches, hilfsbereites Personal. Gute Büro-Ausstattung vorhanden. **www.jingan-peonyplaza.com**

LUOYANG Peony Hotel (Mudan Dajiudian) ¥¥¥

15 Zhongzhou Xi Lu (0379) 6468 0000 FAX (0379) 6485 6999 ***Zimmer*** *165*

Joint-Venture-Hotel zwischen China und Hong Kong, das gegenüber dem Wangcheng-Park liegt. Die geräumigen Zimmer sind mit Leopardenteppich und Dusche/Bad ausgestattet. Die Einkaufsarkaden in der großzügigen Lobby führen Souvenirs. Besonders freundliches Personal, gute Business-Ausstattung. **www.peonyhotel.net**

QINGDAO Crowne Plaza Qingdao ¥¥¥¥

76 Xianggang Zhong Lu ☎ *(0532) 8571 8888* FAX *(0532) 8571 6666* ***Zimmer*** *388*

Gefragtestes Hotel der Stadt in bester Lage mit adäquatem Service. Exzellentes brasilianisches Grillrestaurant und Konditorei. Gleichermaßen beliebt bei Geschäftsleuten und Urlaubern mit Anspruch. In der Lobby trifft man häufig auf Golfer. **www.ichotelsgroup.com**

QINGDAO Grand Regency Hotel Qingdao (Qingdao Lijing Dajiudian) ¥¥¥¥

110 Xianggang Zhong Lu ☎ *(0532) 8588 1818* FAX *(0532) 8588 1888* ***Zimmer*** *393*

Als erstes Fünf-Sterne-Hotel in Qingdao hat das Grand Regency exzellentes Personal und eine noch bessere Ausstattung mit Fitness-Center, Billardzimmer, Squashplätzen, Schwimmbad, Tenniszentrum und Kegelbahn. Beste Lage am Stadtrand, von wo aus man schnell in Erholungsgebieten und Einkaufszentren ist. **www.grandregencyqd.com**

QUFU Queli Hotel (Queli Binshe) ¥¥¥

1 Queli Jie ☎ *(0537) 486 6523* FAX *(0537) 486 6524* ***Zimmer*** *165*

Gut gelegenes chinesisches Hotel im neoklassizistischen Stil, etwas abgenutzt, aber komfortabel. Zimmer mit Aussicht auf einen Konfuzius-Tempel und ein konfuzianisches Herrenhaus. Effektiver Service, doch im Restaurant zahlen Ausländer manchmal zu viel. Chinas ehemaliger Präsident Jiang Zemin übernachtete hier. **www.quelihotel.com**

QUFU Qufu Confucia (Kongfu Xiyuan) ¥¥¥¥

Ban Bi Jie ☎ *(0537) 442 3666* FAX *(0537) 422 3888* ***Zimmer*** *35*

Das wohl beste klassisch-chinesische Hotel in China. Herrliche Unterkünfte im antiken Stil mit Schiebetüren und Glasfluren. Die geräumigen Zimmer haben traditionelle, gleichwohl funktionale Einrichtung. Makellose Badezimmer und tadelloser Service. Zwei Restaurants, keine Bar. *Nov–Feb geschlossen.*

TAI'AN Tai Shan Overseas Chinese Hotel (Tai Shan Huaqiao Dasha) ¥¥¥

15 Dongyue Dajie ☎ *(0538) 822 0001* FAX *(0538) 822 8171* ***Zimmer*** *209*

Die komfortablen Zimmer haben Internet-Zugang – sie bieten vor allem Blick auf den Tai Shan. Die Badezimmer sind angemessen, doch die günstigeren Zimmer liegen eine Qualitätsstufe tiefer. Freizeitangebote wie Schwimmbad und Minigolf-Anlage vorhanden. Sehr aufmerksames Personal. **www.huaqiaohotel.com**

WEIHAI Golden Bay Hotel (Jinhaiwan Guoji Fandian) ¥¥¥

128 Beihuanhai Lu ☎ *(0631) 568 8777* FAX *(0631) 568 7999* ***Zimmer*** *154*

Mit seiner Lage am ruhigen Jinhai Wan wiegt das Golden Bay Hotel seine Entfernung vom Stadtzentrum mehr als auf. Geräumige Zimmer mit Meerblick. Allein für die Aussicht von den Restaurants lohnt sich der Aufenthalt. Beheiztes Salzwasser-Schwimmbad und Privatstrand. **www.whgoldenbayhotel.com**

YANTAI Golden Gulf Hotel (Jinhaiwan Jiudian) ¥¥¥

34 Haian Lu ☎ *(0535) 663 6999* FAX *(0535) 663 2699* ***Zimmer*** *274*

Das beste Hotel in Yantai, in schöner Lage am Eingang zum Yantai-Shan-Park. Große Kopien alter Renaissance-Meister verleihen dem Haus Eleganz, die auch in den Zimmern herrscht. Das Hotel hat fünf hauseigene Restaurants. Kostenloser Internet-Zugang in den Zimmern. **www.yantaigoldengulfhotel.com**

ZHENGZHOU Crowne Plaza Zhengzhou ¥¥¥

115 Jinshui Lu ☎ *(0371) 6595 0055* FAX *(0371) 6599 0770* ***Zimmer*** *449*

Große Säulen und ein breiter Treppenaufgang in der Lobby geben diesem Hotel die Grandezza eines Opernhauses. Voll ausgestattete Zimmer mit Holzvertäfelung und Erkerfenstern. Schwimmbad und Fitness-Center. Drei Restaurants mit hervorragendem Service. **www.ichotelsgroup.com**

ZHENGZHOU Sofitel Zhengzhou ¥¥¥

289 Chengdong Lu ☎ *(0371) 6595 0088* FAX *(0371) 6595 0080* ***Zimmer*** *241*

Fünf-Sterne-Hotel mit geschmackvoll eingerichteten Zimmern und großen Bädern. Dreistöckiges Glasatrium in der Lobby mit riesiger Glasblume, die von der Decke hängt. Drei Bars und zwei Restaurants. Der Service lässt keine Wünsche offen und entspricht dem Standard eines internationalen Hauses. **www.sofitel.com**

Shaanxi

HUA SHAN Bei Feng Yuntai Shanzhuang ¥¥

Nordgipfel (5 Min. von der Seilbahn entfernt) ☎ *(0913) 430 00622* FAX *(0913) 436 5568* ***Zimmer*** *20*

Das Hotel auf dem Nordgipfel des Hua Shan liegt nur einige Minuten von der Seilbahn entfernt. Das Bei Feng Yuntai bietet einfache Schlafsäle, aber auch Doppelzimmer an. Die Bäder muss man sich teilen. Was dem Hotel an Komfort fehlt, wird durch das grandiose Erlebnis eines Sonnenuntergangs bzw. Sonnenaufgangs ausgeglichen.

HUA SHAN Xiyue Binguan ¥¥

Yuquan Lu Zhong Duan ☎ *(0913) 436 8299* FAX *(0913) 436 8222* ***Zimmer*** *55*

Die Zimmer des einfachen Hotels mit traditionellem Dach sind eher dunkel und schäbig, doch der Service ist warmherzig. Anders als die Zimmer oben auf dem Berg haben diese eine Dusche. Zu empfehlen sind die Südzimmer im zweiten Stock. Das Haus liegt am Eingang zum Yuquan-Tempel am Fuß des Bergs.

Preiskategorien *siehe S. 554* **Zeichenerklärung** *siehe hintere Umschlagklappe*

XI'AN Xi'an Shuyuan Youth Hostel ¥

2a Nan Dajie Xi Shun Cheng Xiang (029) 8728 7721 FAX (029) 8728 7720 **Zimmer** 40

In dem um drei Höfe angeordneten, traditionellen und mit Sorgfalt renovierten Haus innerhalb der Stadtmauern herrscht – wie man an der Ming-Einrichtung sieht – die Liebe zum Detail. Keine Teppiche und einfache Einrichtung. Doch man hat nicht oft die Gelegenheit, an solch einem atmosphärischen Ort zu weilen. **www.hostelxian.com**

XI'AN Jiefang Fandian ¥¥

181 Jiefang Lu (029) 8769 8888 FAX (029) 8769 8666 **Zimmer** 368

Für eilige Gäste ist das Hotel gegenüber von Bahnhof und Busbahnhof günstig gelegen. Busse zur Terrakotta-Armee, zum Famen Si und zum Hua Shan fahren vor dem Hotel ab. Die Preise können variieren. Sie können allerdings manchmal bis zu 50 Prozent Nachlass aushandeln. **www.jiefanghotel.com**

XI'AN Xi'an Melody Hotel (Xi'an Meilun Jiudian) ¥¥

Xi Dajie 86 (029) 8728 8888 FAX (029) 8727 3601 **Zimmer** 135

Die einfachen Zimmer sind makellos sauber – allerdings ist der Service an der Rezeption, sofern überhaupt vorhanden, zuweilen etwas unfreundlich. Herrliche Bademöglichkeiten auf höchstem Niveau. Versuchen Sie, ein Zimmer mit Blick auf den Trommelturm zu bekommen. In der Nähe des lebhaften muslimischen Viertels.

XI'AN Hyatt Regency Xi'an (Kaiyue Fandian) ¥¥¥¥

Dong Dajie 158 (029) 8769 1234 FAX (029) 8769 6799 **Zimmer** 404

Das Hyatt ist das zentralste aller Luxushotels in Xi'an und liegt innerhalb der Stadtmauern. Effektiver, unaufdringlicher Service, aber eher kleine Zimmer. Hervorragende Kanton-Küche im Restaurant The Pavilion. Das Haus liegt etwa zwei Kilometer südlich des Bahnhofs und Busbahnhofs. **www.xian.regency.hyatt.com**

YAN'AN Silver Seas International Hotel (Yinhai Guoji Dajiudian) ¥¥¥

Daqiao Street (0911) 213 9999 FAX (0911) 213 9666 **Zimmer** 212

Eines der besseren Vier-Sterne-Hotels in Yan'an. Es bietet Blick auf die Bao-Pagode und die umliegenden Berge. Internet-Zugang in allen Zimmern, großes Schwimmbad und Fitness-Center sowie Konferenzraum. Zehn Minuten vom Flughafen und fünf Minuten vom Bahnhof entfernt. **www.yinhaihotel.cn**

SHANGHAI

Mingtown Hiker Youth Hostel ¥

Jiangxi Zhong Road 450 (021) 6329 7889 FAX (021) 6329 8099 **Zimmer** 80

Das Haus liegt perfekt zwischen Bund, Nanjing Road und dem Fluss Suzhou. Das Mingtown ist eine typische Herberge mit einem Schwarzen Brett voller Tipps und Rucksackreisenden, die vor Waschmaschinen warten. Etwas abgewohnt, aber sauber. Klimatisierte Schlafsäle und Einzelzimmer. Fahrradverleih sowie ein Pub.

Motel 168 (Motai Liansuo Lüdian) ¥¥

Yan'an Xi Road 1119 (021) 5117 7777 **Zimmer** 510

Das Motel 168 gehört zu einer preiswerten Kette und bietet kleine farbenfrohe Zimmer. Es gibt ungefähr ein Dutzend dieser Hotels in Shanghai, doch die Lage dieses Hauses in der Yan'an Xi Road, nahe dem Jing'an-Tempel, ist ideal für Sightseeing. **www.motel168.com/english/index.htm**

Okura Garden Hotel Shanghai (Hua Yuan Fandian) ¥¥¥

Maoming Nan Road 58 (021) 6415 1111 FAX (021) 6415 8866 **Zimmer** 492

Das von Japanern gemanagte Luxushotel hat die allerbeste Lage in der Nähe der U-Bahn, des französischen Viertels und der pulsierenden Maoming Road. Üppige Gärten, Leitungswasser in Trinkqualität, Marmorbäder und polyglottes Personal runden den hervorragenden Eindruck ab. Gute Geschäftsräume. **www.gardenhotelshanghai.com**

Old House Inn (Lao Shiguang) ¥¥¥

No. 16, Lane 351 Huashan Road (021) 62498 6118 FAX (021) 6249 6869 **Zimmer** 12

Möglicherweise das beste Boutique-Hotel in Shanghai. Es liegt zentral, aber ruhig – man hört nur das Knirschen auf den Holzböden. Schöne alte Möbel zieren die zwölf individuell eingerichteten Zimmer. Die Fenster öffnen sich zu einem Innenhof. Unten gibt es ein innovatives Lokal mit westlicher Küche. **www.oldhouse.cn**

Seagull on the Bund Hotel (Hai'ou Fandian) ¥¥¥

Huangpu Road 60 (021) 6325 1500 FAX (021) 6324 1263 **Zimmer** 128

Das Hotel liegt grandios am Wasser – am Zusammenfluss von Suzhou und Huangpu. Die neu möblierten Zimmer sind eher Mittelmaß, doch der Ausblick auf Bund und Lujiazui entschädigt dafür. Auf der Dachterrasse kann man unter dem Neonlicht der Epson-Reklame, die das Hotel krönt, speisen. **www.seagull-hotel.com**

Tai Yuan Villa (Tai Yuan Bieshu) ¥¥¥

Taiyuan Road 160, nahe Yongjia Road (021) 6471 6688 FAX (021) 6471 2618 **Zimmer** 19

Hier atmet man Geschichte. Das Haus aus den 1920er Jahren hat einst Ho Chi Minh und Kim Il Sung beherbergt und war das frühere Heim von Jiang Qing (Maos letzter Ehefrau). Im Inneren gibt es zuhauf poliertes Holz und Kuriositäten. Draußen kann man in einem hübschen Garten entspannen.

Dong Hu Hotel ¥¥¥¥

Dong Hu Road 70 (021) 6415 8158 FAX (021) 6415 7759 **Zimmer** 280

Das Hotel mit üppigem Garten liegt nur einen Steinwurf von der Huaihai Road entfernt. Es ist von geschichtsträchtigen hohen Mauern umgeben. Der neuere Teil ist etwas charakterlos. Man sollte versuchen, im ersten Gebäude ein Zimmer mit traditioneller chinesischer Einrichtung zu bekommen. **www.donghuhotel.com**

Hotel Equatorial Shanghai (Shanghai Guoji Guidu Dajiudian) ¥¥¥¥

Yan'an Xi Road 65 (021) 6248 1688 FAX (021) 6248 1773 **Zimmer** 509

Wahrscheinlich das preiswerteste Vier-Sterne-Hotel der Stadt. Es liegt günstig gegenüber dem Jing'an-Park, nur fünf Gehminuten vom Jing'an-Tempel und der U-Bahn entfernt. Die Zimmer sind trotz der Nähe zur Yan'an-Überführung ruhig. Gute Business-Ausstattung mit WLAN. **www.equatorial.com**

Jia Shanghai ¥¥¥¥

West Nanging Road 931 (021) 6217 9000 FAX (021) 6287 9001 **Zimmer** 55

Das Jia Shanghai ist mit 55 Zimmern sowie dem Issimo – einem der besten Italiener der Stadt – das luxuriöseste Boutique-Hotel Shanghais. Es liegt in einem renovierten Stadthaus aus den 1930er Jahren. Die Zimmer sind mit hellem Holz, Ledersofas und Hightech ausgestattetet. Zwei exzentrische Penthouse-Suiten. **www.jiashanghai.com**

Jin Jiang Hotel ¥¥¥¥

Maoming Nan Road 59 (021) 6258 2582 FAX (021) 6472 5588 **Zimmer** 515

Einst war das Haus als Cathay Mansions bekannt und Schauplatz wichtiger politischer Ereignisse. Das berühmte Gartenhotel auf dem Areal der einstigen französischen Konzession hat sich nun für das 21. Jahrhundert herausgeputzt. Elegante Zimmer mit zahllosen Annehmlichkeiten. Edle Restaurants in der Nähe. **www.jinjianghotels.com**

Pudong Shangri-La Shanghai (Pudong Xianggelila Dajiudian) ¥¥¥¥

Fucheng Road 33, Pudong (021) 6882 8888 FAX (021) 6882 6688 **Zimmer** 957

Das glamouröse Hotel mit eleganter Lobby und der moderne Neubau des Grand Tower verbinden das beste zweier Welten. Das Shangri-La ist für seinen Service berühmt. Viele Zimmer bieten eine schöne Aussicht auf den Bund. Im Keller-Nachtclub tummeln sich die in Shanghai lebenden Ausländer. **www.shangri-la.com**

Ruijin Guesthouse Binguan ¥¥¥¥

Ruijin Er Road 2 (021) 6472 5222 FAX (021) 6473 2277 **Zimmer** 62

Das einstige Heim eines britischen Unternehmers im Tudor-Stil (1917) vermittelt eine etwas angestaubte Eleganz, hat aber große, moderne Badezimmer. Es ist das Zentrum einer Reihe von Villen, die alle inmitten großer Gärten liegen – voller nostalgischer Erinnerungsstücke an Shanghais »glory days«. Bars und Restaurants.

Grand Hyatt Shanghai (Shanghai Jinmao Junyue Dajiudian) ¥¥¥¥¥

Jinmao Dasha, Shijie Dadao 88 (021) 5049 1234 FAX (021) 5049 1111 **Zimmer** 555

Die Spitze des Jinmao Dasha ist weithin sichtbar – das Hotel belegt in einem der höchsten Gebäude Chinas den 53. bis 88. Stock. Große, ultramoderne Zimmer mit großem Bad und separater Duschkabine sowie einer sensationellen Aussicht auf den Bund und nach Pudong. Super Nightlife in der Umgebung. **www.shanghai.grand.hyatt.com**

Hilton Hotel (Xierdun Dajiudian) ¥¥¥¥¥

Huashan Road 250 (021) 6248 0000 FAX (021) 6248 3848 **Zimmer** 772

Die Führungsposition des seit 1987 bei Geschäftsreisenden beliebten Hauses scheint durch weitere Hoteleröffnungen in Gefahr zu sein. Dennoch: erstklassiger Service, herrliche Verwöhnbäder und opulentes Ambiente. Die Bar ganz oben bietet wunderbare Aussichten auf das ehemalige »Franzosenviertel«. Nahe Jing'an-Park **www.hilton.com**

JW Marriott Hotel Tomorrow Square Shanghai ¥¥¥¥¥

Nanjing Xi Road 399 (021) 5359 4969 FAX (021) 6375 5988 **Zimmer** 342

Holzvertäfelte Türen, wunderbarer Service und 360-Grad-Panoramablick auf den Volksplatz und Shanghais Zentrum. Allein der Blick aus dem komplett verglasten 38. Stock ist atemberaubend. Dieser neue Anwärter auf den Titel »Shanghais bestes Hotel« liegt in der Nähe aller Hauptattraktionen. **www.marriott.com**

Le Royal Méridien Shanghai ¥¥¥¥¥

Nanjing Dong Road 789 (021) 3318 9999 FAX (021) 6361 3388 **Zimmer** 770

Jedes Zimmer im neuen edlen Méridien am Volksplatz bietet einen fantastischen Panoramablick und ein großes Badezimmer. In dem labyrinthartigen Hotel gibt es auch edle Speiseangebote (das französische und das italienische Restaurant sind fantastisch) sowie ein Schwimmbad mit natürlichem Licht. **www.lemeridien.com/royalshanghai**

Park Hyatt Shanghai ¥¥¥¥¥

Century Avenue 100, Pudong (021) 6888 1234 FAX (021) 6888 3400 **Zimmer** 174

Von dem in Hong Kong ansässigen Designer Tony Chi wurde das Park Hyatt als moderne chinesische Residenz gestaltet. Die Lobby ist im 86. Stock, Bar und Restaurant liegen auf den Etagen 91 bis 93. Die Zimmer haben absolute Top-Ausstattung. Die Aussicht ist einfach grandios. **www.parkhyattshanghai.com**

Portman Ritz-Carlton (Shanghai Poteman Lijia Jiudian) ¥¥¥¥¥

Nanjing Xi Road 1376 (021) 6279 8888 FAX (021) 6279 8800 **Zimmer** 590

Das Ritz-Carlton besitzt eine große, effektive Check-in-Lobby. Der zuvorkommende Service erkennt und erfüllt diskret die Wünsche von Gästen. Der Tower steht mitten in einem Meer aus exklusiven Shops, Banken, Reisebüros und anderen Einrichtungen. Komfortable Zimmer mit herrlicher Aussicht. **www.ritzcarlton.com**

Preiskategorien *siehe S. 554* **Zeichenerklärung** *siehe hintere Umschlagklappe*

St. Regis Shanghai (Shanghai Ruiji Hongta Dajiudian) ¥¥¥¥¥

Dong Fang Road 889, Pudong (021) 5050 4567 FAX (021) 6875 6789 **Zimmer** 328

Moderne, gestylte und schön möblierte Zimmer mit großem Bad und Duschkabinen. 24-Stunden-Zimmerservice auf Knopfdruck. Gratiscocktails und VIP-Leistungen für alle Gäste – man kann sich z.B. die Kleidung aufbügeln lassen. Wen wundert es da, dass das Hotel sehr beliebt ist. **www.stregis.com/shanghai**

The Westin Shanghai (Shanghai Weisiting Dafandian) ¥¥¥¥¥

Henan Zhong Road 88 (021) 6335 1888 FAX (021) 6335 2888 **Zimmer** 550

Das Lotos-Dach des Westin im Herzen der Shopping-Meilen ist ein Wahrzeichen Shanghais. Die farbenfrohe Lobby mit der von innen beleuchteten Glastreppe nimmt den Geschmack der Zimmer auf. In den Bädern gibt es Massage-Duschköpfe. Richtig verwöhnt wird man im Banyan Tree Spa. **www.westin.com/shanghai**

Jiangsu & Anhui

HEFEI Holiday Inn Hefei (Hefei Gujing Jiari Jiudian) ¥¥¥

Changjiang Dong Road 1104 (0551) 220 6666 FAX (0551) 220 1166 **Zimmer** 388

Das erste internationale Hotel in Anhuis Hauptstadt bleibt die beste Option im Zentrum von Hefei. Manche Zimmer bieten einen Panoramablick auf die City und den Xiaoyaojin-Park, so auch das Drehrestaurant auf der 29. Etage. Shuttle-Service zum Flughafen. Das Haus liegt nur drei Kilometer vom Bahnhof entfernt. **www.holidayinn.com**

HEFEI Sofitel Grand Park Hefei ¥¥¥

Faughua Dadao 258, Hefei Economic & Tech. Dev. Zone (0551) 221 6688 FAX (0551) 221 6699 **Zimmer** 261

Nicht zentral, doch wegen der Nähe zur Wirtschafts- und Technologiezone im internationalen Messezentrum für Geschäftsreisende geeignet. Die Architektur ist für Hefei ungewöhnlich, Gleiches gilt für die Hochzeitskapelle und das brasilianische Grillrestaurant. Acht Minuten zum Flughafen, 20 Minuten zur Stadtmitte. **www.sofitel.com**

NANJING Central Hotel (Nanjing Zhongxin Dajiudian) ¥¥¥¥

Zhongshan Road 75 (025) 8473 3888 FAX (025) 8473 3999 **Zimmer** 360

Für preisbewusste Reisende, die gern eine »einheimische« Erfahrung machen möchten: Dieses Hotel wird vorwiegend von Chinesen frequentiert. Unzählige Restaurants, Konferenzräume und gute Büro-Ausstattung. Im Freibad kann man auch sonnenbaden. Das Hotel liegt nicht weit von den Geschäfts- und Einkaufsvierteln entfernt.

NANJING Crowne Plaza Hotel and Suites Nanjing ¥¥¥¥

Han Zhong Road 89 025 8471 8888 FAX 025 8471 9999 **Zimmer** 290

Das Hotel im Stadtzentrum ist mit seiner Aussicht für Geschäftsreisende und Urlauber gleichermaßen geeignet. Gehobene Büro-Ausstattung sowie einige Restaurants. Fitness-Center mit Schwimmbad und Sauna, Kaufhäuser und eine Kunsthalle sind im selben Gebäude untergebracht. **www.crowneplaza.com**

NANJING Parkview Dingshan Hotel (Dingshan Huayuan Dajiudian) ¥¥¥¥

Cha Er Road 90 (025) 5880 2888 FAX (025) 5882 1729 **Zimmer** 555

Abgeschiedenes Berghotel mit mehreren Abteilungen: Fünf-Sterne-Hotel, Vier-Sterne-Trakt für Familien, Mini-Apartments und eine große 14-Zimmer-Villa. Außerdem vorhanden: ein schattiges Freibad und ein gut besuchtes chinesisches Restaurant, das Huaiyang-Gerichte serviert. **www.nanjing-dingshan.com**

NANJING Jinling Hotel (Jinling Fandian) ¥¥¥¥¥

Xinjie Kou (025) 8472 2888 FAX (025) 8471 1666 **Zimmer** 592

Das mitten in der Stadt gelegene Haus war das erste Fünf-Sterne-Hotel von Nanjing. Es sieht von außen ein wenig schäbig aus, ist aber eines der besten Hotels und durchaus für anspruchsvolle Gäste geeignet. Riesiges Shopping- und Restaurantangebot, darunter das Drehrestaurant in der Spitze des Gebäudes. **www.jinlinghotel.com**

NANJING Metro Park Hotel (Nanjing Weijing Guoji Dajiudian) ¥¥¥¥¥

Zhongshan Dong Road 319 (025) 8480 8888 FAX (025) 8480 9999 **Zimmer** 530

Fünf-Sterne-Haus in einem ruhigen Teil der Stadt an der alten Stadtmauer, mit Blick über den See und die Berge sowie einer Reihe von guten Restaurants (italienisch bis chinesisch). Extras: ein Delikatessenladen mit frischem Brot, ein Fitness-Center mit Schwimmbad, Tennisplätze und ein Golfsimulator.

NANJING Sheraton Nanjing Kingsley Hotel and Towers ¥¥¥¥¥

Han Zhong Road 169 (025) 8666 8888 FAX (025) 8666 9999 **Zimmer** 350

Zentrale Lage, eindrucksvolle Erscheinung und tadelloser Service machen dies mit zum besten Fünf-Sterne-Hotel der Stadt. Innen ist es elegant und gemütlich. Gehobene Restaurants und Bars servieren nur das Beste. Der Blick über die Stadt ist fantastisch. Besuchen Sie die Jazzbar im obersten Stock. **www.sheraton.com**

SUZHOU Shangri-La Hotel Suzhou ¥¥¥¥

Ta Yuan Road 168 (0512) 6808 0168 FAX (0512) 6808 1168 **Zimmer** 390

Das Shangri-La nimmt die Spitze eines der höchsten Gebäude der ganzen Provinz ein und bietet eine fantastische Aussicht. Die bekanntesten Sehenswürdigkeiten sind in knapp zehn Minuten zu erreichen. Gleiches gilt für Läden und Restaurants im Geschäftsviertel. Alle Annehmlichkeiten. **www.shangri-la.com**

SUZHOU Garden Hotel Suzhou ¥¥¥¥¥

Daicheng Qiao Road 39 (0512) 6778 6778 FAX (0512) 6778 6159 **Zimmer** 235

Das bekannte staatliche Gästehaus wurde zu einem Luxusresort umgewandelt – mit Zen-Spa, üppigem Garten sowie verschiedenen Restaurants und Bars. Die niedrigen Gebäude sind im weiß getünchten traditionellen Stil gehalten. Hier stieg schon internationale Politikprominenz ab. **www.gardenhotelsz.com**

SUZHOU Regalia Suzhou ¥¥¥¥¥

Ligongdi 2 (0512) 6295 0888 FAX (0512) 6895 0260 **Zimmer** 50

Das Boutique-Hotel im Thai-Stil liegt etwa 30 Minuten Autofahrt vom Zentrum entfernt. Die schön gestalteten Zimmer, Terrassen und das Spa haben es zum beliebten Wochenend-Hotel für die Einheimischen der Region gemacht. Nachts ist der Blick über den See und die Umgebung fantastisch. **www.regalia.com.cn**

SUZHOU Sheraton Suzhou Hotel and Towers ¥¥¥¥¥

Xinshi Road 259 (0512) 6510 3388 FAX (0512) 6510 0888 **Zimmer** 400

In der Architektur des makellosen Hotels spiegelt sich das Erbe des alten Suzhou wider. Durch die eleganten Gärten winden sich Kanäle. Die luxuriösen Zimmer haben ein großes Marmorbad. Von der traditionellen Lobby bis zum rustikalen Schwimmbad ist das Design bemerkenswert. 2009 kam ein Hochbau dazu. **www.sheraton.com/suzhou**

TUNXI Huang Shan Hongta Jiudian ¥¥¥

Huangkou Luyou Dujia Qu (0559) 232 6666 FAX (0559) 231 3009 **Zimmer** 108

Das Hongta hat gehobene Ausstattung, wenngleich der Service zu wünschen übrig lässt und auch die Lage in der Vorstadt für Gäste ohne Auto oder Fahrer ungünstig ist. Das Hotel hat zwei Restaurants. Das Areal ist landschaftlich schön. Breitband-Internet-Anschluss in den Zimmern. **www.hshongta.com**

TUNXI Huangshan Pine Golf Hotel (Huang Shan Gaoerfu Jiudian) ¥¥¥

Longging 78, Jichang Dadao (0559) 256 8000 FAX (0559) 256 8111 **Zimmer** 293

Dies ist das beste Hotel am Huang Shan und das einzige mit fünf Sternen. Obwohl der Service immer besser wird, kann es nicht mit dem der Metropolen an der Ostküste mithalten. Das Hotel verfügt über umfassende Konferenz-Einrichtungen und liegt günstig in der Nähe des neuen Flughafens. **www.chinahsgolf.com**

Zhejiang & Jiangxi

HANGZHOU Fuchun Resort (Fuchun Shanju) ¥¥¥¥¥

Fuyang Section, Hangfu Yanjiang Road (0571) 6346 1111 FAX (0571) 6346 1222 **Zimmer** 110 und fünf Villen

Die wahrscheinlich beste Einrichtung im Yangzi-Delta kombiniert traditionelle Architektur mit moderner Ausstattung. Das Hotel ist toll, doch wirklich fantastisch sind die Villen, jede mit Schwimmpavillon und wunderbarer Aussicht auf die Teeterrassen. 18-Loch-Golfplatz der Spitzenklasse. **www.fuchunresort.com**

HANGZHOU Hyatt Regency Hangzhou ¥¥¥¥¥

Hu Bin Road 28 (0571) 8779 1234 FAX (0571) 8779 1818 **Zimmer** 390

Überdurchschnittliche Hufeisenvilla mit riesiger Lobby, in der auch Cafés und Boutiquen sind. Viele Zimmer haben Seeblick, andere haben Terrassen mit Minigärten. Die Marmorbäder bieten auch separate Duschkabinen. Kindertagesstätte und großer Pool im Hotel. **www.hangzhou.regency.hyatt.com**

HANGZHOU Radisson Plaza Hotel Hangzhou ¥¥¥¥¥

Tiyu Chang Road 333 (0571) 8515 8888 FAX (0571) 8515 7777 **Zimmer** 284

Der makellos gemanagte Tower im Stadtzentrum am West-See hat ein derart reiches Angebot an Unterhaltung, Fitness-Angeboten und Restaurants, dass man ihn gar nicht verlassen will. Große, gut ausgestattete Zimmer mit Duschkabinen und Bädern. Persönlicher Butlerservice auf den Chefetagen. **www.radisson.com**

HANGZHOU Shangri-La Hotel Hangzhou ¥¥¥¥¥

Bei Shan Road 78 (0571) 8797 7951 FAX (0571) 8707 3545 **Zimmer** 383

Hier wurden zwei ursprünglich nur hohen Funktionären vorbehaltene, auf dem Areal eines ehemaligen Tempels errichtete Hotels zu einem zusammengeschlossen. Viele der hohen Zimmer bieten Ausblick auf den West-See. Eines der angenehmsten Hotels in China. Gute Konferenz- und Büroeinrichtungen. **www.shangri-la.com**

HANGZHOU Sofitel Westlake Hangzhou ¥¥¥¥¥

Xi Hu Dadao 333 (0571) 8707 5858 FAX (0571) 8707 8383 **Zimmer** 200

Das am Ende des West-Sees gelegene Sofitel bietet ein schickes, buntes Ambiente und effizienten Service. Das recht übersichtliche Hotel mit seiner zentralen Lage am See ist verdientermaßen populär und grenzt an die Bar- und Restaurantmeile von Xi Hu Tiandi. Die Bar ganz oben bietet einen herrlichen Seeblick. **www.sofitel.com**

JINGDEZHEN Jinye Hotel (Jinye Dajiudian) ¥¥

Chashan Road 2, Cidu Dadao (0798) 858 8888 FAX (0798) 856 2233 **Zimmer** 228

Mit drei Sternen ist dieses Hotel die erste Wahl in einer Stadt voller öder Billigabsteigen. Saubere und komfortable Zimmer. Mit Konferenzräumen und ADSL-Breitband in den teureren Zimmern ist das Hotel auch für Geschäftsreisende interessant. Das gute Hotelrestaurant serviert lokale Spezialitäten sowie panchinesische Küche.

Preiskategorien *siehe S. 554* **Zeichenerklärung** *siehe hintere Umschlagklappe*

LU SHAN Chevalier Hotel ¥¥¥

Binjiang Road 68 ☎ *(0792) 823 3388* FAX *(0792) 812 1288* ***Zimmer*** *232*

Das Hotel in Jiujiang am Ufer des Yangzi bräuchte dringend ein wenig Auffrischung, ist aber immer noch besser als die heruntergekommenen Absteigen auf dem Lu Shan. Viele Zimmer haben Aussicht auf den Fluss. In den unerwartet guten Restaurants brüten Ausländer über ihren Geschäften. **www.jjqishi.com**

NANCHANG Gloria Plaza (Kailai Dajiudian) ¥¥¥¥

Yanjiang Bei Dadao 35 ☎ *(0791) 673 8855* FAX *(0791) 673 8533* ***Zimmer*** *327*

Vier-Sterne-Hotel am Fluss Gan unter Hong-Kong-Management. Viele der gepflegten Zimmer bieten eine herrliche Aussicht auf den Fluss. Prachtvolle Lobby in einer Mischung aus ägyptischen, mexikanischen und indianischen Elementen. Breitband-Internet-Zugang in allen Zimmern. **www.gloriahotels.com**

NANCHANG Regal Hotel (Fuhao Jiudian) ¥¥¥¥

Hongcheng Road 160 ☎ *(0791) 640 8888* FAX *(0791) 640 7777* ***Zimmer*** *234*

Gleich südlich des Stadtzentrums steht dieser 2001 eröffnete prachtvolle Vier-Sterne-Turm. Er ist noch glamouröser als das Gloria Plaza, liegt aber weniger gut. Die Zimmer sind im Gegensatz zu den extrem betriebsamen Lobby-Räumen ruhig und dezent. Neben anderen Besonderheiten gibt es auch eine reine Frauenetage.

PUTUO SHAN Xilei Xiao Zhuang ¥¥¥

Xianghua Jie 1 ☎ *(0580) 609 1505* FAX *(0580) 609 2109* ***Zimmer*** *160*

Das Hotel liegt beim Puji Si und nur wenige Gehminuten von einem der Hauptstrände der Insel entfernt. Es bietet bis hin zu Vier-Sterne-Luxus unterschiedliche Komfortstandards an, die allesamt preiswerter sind als die Konkurrenz. Zwei Restaurants und zwei Bars sowie Business-Einrichtungen. **www.xlxzhotel.com**

WENZHOU Shangri-La Wenzhou ¥¥¥

Jiangxin Road ☎ *(0577) 8998 8888* FAX *(0577) 8998 8899* ***Zimmer*** *409*

Das Hotel im Herzen des Geschäftsviertels belegt einen Wolkenkratzer. Das Shang Palace Cantonese Restaurant serviert sowohl kantonesische als auch lokale Huaiyang-Küche. Es gibt eine Bar sowie Swimmingpool und Fitness-Center. Die hochmodernen Zimmer haben u. a. Plasma-Bildschirme. **www.shangri-la.com**

WENZHOU Wanhao Grand Hotel (Wanhao Shangwu Dajiudian) ¥¥¥¥

Wenzhou Dadao ☎ *(0577) 8808 9888* FAX *(0577) 8808 9222* ***Zimmer*** *200*

Dieses Vier-Sterne-Hotel liegt zwar weiter vom Stadtzentrum und vom Fluss entfernt als die Konkurrenten, dafür ist es luxuriöser als alle anderen. Moderne Einrichtung und komfortable Zimmer sowie besonders aufmerksames Personal. Nicht weit von Bahnhof und Busbahnhof entfernt.

Hunan & Hubei

CHANGSHA Hunan Bestride Hotel (Hunan Jiacheng Jiudian) ¥¥¥

Laodong Xi Lu 215 ☎ *(0731) 511 8888* FAX *(0731) 514 4452* ***Zimmer*** *238*

Das Fünf-Sterne-Hotel (Hong-Kong-Mangement) im Süden der Stadt liegt in bequemer Nähe zum Flughafen. Die konventionell ausgestatteten Zimmer sind überdurchschnittlich groß. Westliche und chinesische Restaurants. Als einziges Hochhaus der Gegend garantiert das Hotel eine phänomenale Aussicht. **www.hnbrhotel.com**

CHANGSHA Dolton Hotel Changsha (Tongcheng Guoji Dajiudian) ¥¥¥¥

Shaoshan Bei Lu 149 ☎ *(0731) 416 8888* FAX *(0731) 416 9999* ***Zimmer*** *450*

Das luxuriöse Fünf-Sterne-Dolton bietet alle Annehmlichkeiten: tadellose, bequem ausgestattete Zimmer mit Marmorböden im Eingangsbereich, moderne Einrichtungen aller Art und freundlichen Service. Die Restaurants sind populär. Größter Hotel-Pool der Provinz. **www.dolton-hotel.com**

CHANGSHA Huatian Dajiudian ¥¥¥¥

Jiefang Dong Lu 300 ☎ *(0731) 444 2888* FAX *(0731) 444 2270* ***Zimmer*** *700*

Die ungewöhnlich geformten Zimmer in diesem Hochhaus sind die besten der Stadt. Modern, gestylt und komfortabel – die Bäder mit separaten Duschkabinen und Massageduschkopf sind überdurchschnittlich. Personal mit ausgezeichneten Englischkenntnissen. **www.huatian-hotel.com**

WUHAN Marco Polo Wuhan ¥¥¥

Yanjiang Avenue 15a, Hankou ☎ *(027) 8277 8888* FAX *(027) 8277 8866* ***Zimmer*** *380*

Das luxuriöse Fünf-Sterne-Hotel bietet gut eingerichtete moderne Zimmer. Diejenigen mit Blick auf den Fluss sind empfehlenswert. Das Haus ist bei Geschäftsreisenden wegen seiner Lage und den Einrichtungen beliebt. Drei Restaurants mit kantonesischer und panchinesischer Küche sowie gutes Büfett-Lokal. **www.marcopolohotels.com**

WUHAN Wuhan Shangri-La Hotel (Wuhan Xianggelila Jiudian) ¥¥¥

Jianshe Da Dao 700, Hankou ☎ *(027) 8580 6868* FAX *(027) 8577 6868* ***Zimmer*** *448*

Gut geführtes Hotel. Die belebte Lobby ist beliebter Treffpunkt von Reisenden, Geschäftsleuten und der hiesigen Ausländergemeinde. Das Hotel hat große, komfortable Zimmer mit geräumigen, gut ausgestatteten Bädern. Diverse Hotelrestaurants. **www.shangri-la.com**

WUHAN Best Western Premier Mayflowers Hotel ¥¥¥¥

Wuluo Road 385, Wuchang (027) 6887 1588 FAX (027) 6887 1599 **Zimmer** 280

Das Hotel kann sich mit den besten Hotels im alten Ausländerviertel Hankou messen und verfügt bei Weitem über die komfortabelsten Zimmer. Gut ausgestattetes Fitness-Center und ein großes Hallenbad sorgen für sportliche Auslastung. Zentrale Lage unweit der Sehenswürdigkeiten. **www.bwmayflowers.com.cn**

WUHAN Holiday Inn Tian'an Wuhan City Center ¥¥¥¥

Jiefang Da Dao 868, Hankou (027) 8586 7888 FAX (027) 8584 5353 **Zimmer** 355

Solides Hotel im Herzen von Wuhan, in der Nähe von Zhongshan-Park, Einkaufsviertel und dem früheren Ausländerviertel. Das Hotel gehört zu den beliebteren Adressen der gehobenen Klasse. Freibad und Tennisplatz vorhanden. Günstiger Shuttle-Service zum Flughafen. **www.china.ichotelsgroup.com**

WULINGYUAN Minnan International Hotel (Minnan Guoji Jiudian) ¥¥¥

Ziwu Xi Road 18 (0744) 822 8888 FAX (021) 822 9888 **Zimmer** 152

Die Zimmer erfüllen nicht das, was die edle Lobby des einzigen Vier-Sterne-Hotels der Stadt verspricht. Dennoch ist es das beste Hotel vor Ort und in Flughafennähe, also insbesondere für geschäftliche Meetings geeignet. Zwei Hotelrestaurants. Der Service ist um die Gäste bemüht. **www.zjjtour.com/mn**

WULINGYUAN Xiangdian International Hotel ¥¥¥

Senlin Gongyuan (0744) 571 2999 FAX (0744) 571 2666 **Zimmer** 156

Andere Hotelzimmer mögen größer sein, doch diese sind im Vier-Sterne-Standard eingerichtet. Auch der Service ist sehr gut. Das Hotel liegt nahe dem Eingang zum Senlin-Gongyuan-Park. Die Zimmer – viele davon mit Balkon – gruppieren sich um hübsche Innenhöfe und bieten schöne Aussichten. **www.xiangdianhotel.com.cn**

FUJIAN

FUZHOU Ramada Plaza (Meilun Huameida Guangchang Jiudian) ¥¥¥¥

Bei Huan Xi Lu 118 (0591) 8788 3999 FAX (0591) 8786 9631 **Zimmer** 328

Vom gut ausgestatteten, makellosen Standardhotel an der nördlichen Ringstraße sind die meisten Gebiete der Stadt schnell zu erreichen. Gute westliche und kantonesische Restaurants. Zudem gibt es ein Business-Center mit Internet-Zugang, Computer, Fax und Sekretariatsservice. **www.ramada.com**

FUZHOU Shangri-La ¥¥¥¥

Xin Quan Nan Lu 9 (0591) 8798 8888 FAX (0591) 9798 8222 **Zimmer** 414

Das zentral gelegene Hotel übertrifft die Konkurrenz um Längen. Fuzhous Shangri-La ist definitiv luxuriös und bietet eine Vielzahl an Annehmlichkeiten, darunter einen großen Swimmingpool. Die Restaurants servieren Köstliches. Die Preise sind »provinziell« – man hat also ein sehr gutes Preis-Leistungs-Verhältnis. **www.shangri-la.com**

QUANZHOU Quanzhou Jiudian ¥¥¥

Zhuangfu Xiang 22 (0595) 2222 9958 FAX (0595) 2218 2128 **Zimmer** 377

Das Drei-, Vier- und Fünf-Sterne-Hotel besteht aus drei Bauten unterschiedlicher Epochen auf einem Grundstück. Ein Flügel ist aufwendig eingerichtet, doch alle Zimmer sind in gutem Zustand. Einige bieten Ausblick auf die Zwillingspagoden des Kaiyuan Si. Gute Konferenzeinrichtungen. **www.quanzhouhotel.com**

QUANZHOU Xiamen Airlines Quanzhou Hotel ¥¥¥

Fengze Jie (0595) 216 4888 FAX (0595) 216 4777 **Zimmer** 175

Nominell ein Drei-Sterne-Hotel, tatsächlich aber – was Service und Einrichtung angeht – besser. Zimmer mit Videos on demand und Breitband-Internet-Zugang. Kostenloser Shuttlebus zum Flughafen Xiamen. Das Hotel liegt westlich des Altstadtkerns in einem Geschäftsviertel. **www.qzair-hotel.com**

WUYI SHAN Wuyi Mountain Villa (Wuyi Shan Zhuang) ¥¥¥¥

Wuyi Gong (0599) 525 1888 FAX (0599) 525 2567 **Zimmer** 153

Das Haus konkurriert zwar mit dem Ramada, doch die meisten Gäste sind seit Jahren zufrieden mit dem Aufenthalt in den im lokalen Stil gehaltenen niedrigen Bauten. Das Haus liegt jenseits des Flusses Chongyang Xi im Grünen. Die Zimmer variieren von preiswert und einfach bis zum großen Vier-Sterne-Domizil. **www.513villa.com**

XIAMEN Crowne Plaza Hotel Harbourview Xiamen ¥¥¥¥¥

Zhen Hai Lu (0592) 202 3333 FAX (0592) 203 6666 **Zimmer** 349

Am Rand der Altstadt, in der Nähe des alten Hong-Kong-Fährhafens und nur einen Katzensprung vom Landesteg der Fähren nach Gulang Yu entfernt, steht dieses 22-stöckige Hochhaus mit herrlichem Meerblick. Amex-Büro im Hotel und Breitband-Internet-Zugang in den Zimmern. Gute Geschäftsausstattung. **www.millenniumhotels.com**

XIAMEN Marco Polo Xiamen (Xiamen Mageboluo) ¥¥¥¥¥

Jianye Lu 8 (0592) 509 1888 FAX (0592) 509 2888 **Zimmer** 318

Gut geführtes Hotel mit Vier-Sterne-Luxus. Freibad mit Poolbar und Blick über den Yuandang-See und die Stadt. In der achtstöckigen Atrium-Lobby spielt oft ein Pianist. Mit diversen Konferenzräumen und Multifunktionszimmern ist das Hotel auch für große Gruppen geeignet. **www.marcopolohotels.com**

Preiskategorien *siehe S. 554* **Zeichenerklärung** *siehe hintere Umschlagklappe*

XIAMEN Sheraton Xiamen Hotel ¥¥¥¥¥

Jiahe Lu 386-1 (0592) 552 5888 FAX (0592) 553 9088 **Zimmer** 360

Das Luxushotel liegt zwar etwas abseits der historischen und kulturellen Sehenswürdigkeiten von Xiamen, doch dafür bietet es Fünf-Sterne-Annehmlichkeiten, etwa ein ultramodernes Fitness-Center, einen großen Swimmingpool und das erste Spa in Xiamen. Glitzerndes, modernes Design. **www.starwoodhotels.com**

Guangdong & Hainan

GUANGZHOU Customs Hotel ¥¥¥

Shamian Dajie (Insel Shamian) (020) 8110 2388 FAX (020) 8121 8552 **Zimmer** 49

Das kleine Hotel steht inmitten von jahrhundertealten Kolonialbauten. Es bietet sehr helle, freundlich möblierte Zimmer, die um ein fünfstöckiges Atrium gruppiert sind. Eine angenehm preiswerte Unterkunft auf der grünen, ruhigen Insel Shamian im ansonsten teuren Guangzhou. **www.gzhotel.com**

GUANGZHOU Guangdong Victory Hotel (Guangdong Shengli Binguan) ¥¥¥

Shamian Bei Jie 53 (Insel Shamian) (020) 8121 6688 FAX (020) 8121 6062 **Zimmer** 330

Zwei Hotels in zwei Kolonialgebäuden auf der wunderbaren Insel Shamian. Eines ist ein überdurchschnittliches Drei-Sterne-, das andere ein Vier-Sterne-Haus mit einer riesigen kulinarischen Auswahl unter 20 Restaurants. Der Service ist freundlich und effektiv. Fax- und Computerzugang, Internet via TV in den Zimmern. **www.vhotel.com**

GUANGZHOU Lido Hotel (Lidu Dajiudian) ¥¥¥

Beijing Road 182, Guangzhou (020) 8332 1988 FAX (020) 8332 3413 **Zimmer** 300

Allein die Lage am Beginn der Fußgängerzone der Beijing Road zeichnet das Mittelklassehotel aus. Standardmäßige Zwei-Sterne-Ausstattung auf 30 Etagen. Man ist schnell im Stadtzentrum, die U-Bahn liegt um die Ecke, und der Expressbus nach Hong Kong fährt in der Nähe ab. Business-Center und Chefsuite. **www.lido-hotel.cn**

GUANGZHOU Hotel Canton (Guangzhou Dasha) ¥¥¥¥

Beijing Road 374 (020) 8318 9888 FAX (020) 8330 1230 **Zimmer** 465

Eines der schönsten Hotels von Guangzhou. Mit Kronleuchtern, poliertem Stein und unfehlbarem Service. 38 Etagen aus himmelblauem Glas in der Beijing Road im historischen Stadtkern. Full-Service-Business-Center und Konferenzzimmer. Extra-Angebot: eine Motoryacht auf dem Pearl River (Perlfluss). **www.hotel-canton.cn**

GUANGZHOU Asia International Hotel (Yazhou Guoji Dajiudian) ¥¥¥¥¥

Huan Shi Dong Lu 326, Duan 1 (020) 6128 8888 FAX (86 20) 6120 6666 **Zimmer** 442

Polierter Guangdong-Marmor und Granit zieren die Mauern des 442-Zimmer-Hotels und halten den Lärm draußen. Angenehm zentrale Lage in der Nähe der Nachtclubs. Guangzhous elegantestes Hotel bietet große, komfortable Zimmer, professionellen Service und ein gutes Fitness-Center. Empfehlenswert: das Drehrestaurant ganz oben.

GUANGZHOU Garden Hotel (Huayuan Jiudian) ¥¥¥¥¥

Huanshi Dong Lu 368 (020) 8333 8989 FAX (020) 8335 0467 **Zimmer** 828

Gigantisches Hotel mit allem nur erdenklichen Luxus. Vielleicht haben andere Mega-Hotels mehr Restaurants, aber das Garden hat den besseren Service und die komfortableren Zimmer. Die Anlage umfasst einen Kinderspielplatz, Tennis- und Squashplätze sowie Shopping-Arkaden. **www.thegardenhotel.com.cn**

GUANGZHOU White Swan Hotel (Bai Tian'e Binguan) ¥¥¥¥¥

Shamian Nan Jie 1 (020) 8188 6968 FAX (020) 8186 1188 **Zimmer** 843

Das Hotel liegt preislich über dem Durchschnitt (kann aber leicht runtergehandelt werden). Es ist ganzjährig beliebt und liegt sehr hübsch auf der Insel Shamian. Wegen der guten Einrichtungen für Kinder steigen hier gern Reisegruppen ab. Blick auf den Pearl River (Perlfluss). **www.whiteswanhotel.com**

HAINAN Sheraton Sanya Resort (Sanya Xilaideng Dujia Jiudian) ¥¥¥¥

Yalong Bay National Resort District (0898) 8855 8855 FAX (0898) 8855 8866 **Zimmer** 511

Diese tropische Oase liegt an einem Privatstrand in der schönen Yalong-Bucht und war bereits zweimal Austragungsort des Miss-World-Finales. Angeblich das schönste Strandbad in China. Beeindruckende Open-Air-Lobby aus Teakholz, wunderbare Swimmingpools, Lagunen und Wassersportangebote. **www.starwoodhotels.com**

HAINAN Sofitel Boao (Hainan Boao Suofeite Dajiudian) ¥¥¥¥

Boao (Insel Dongyu) (0898) 6296 6888 FAX (0898) 6296 6999 **Zimmer** 437

Hier wurde ein erstklassiges Konferenzhotel auf Sumpfgebiet errichtet. Das Sofitel verfügt über Zimmer mit herrlicher Aussicht, der vom Balkon oder der frei stehenden Badewanne genossen werden kann. Eine Stunde vom Flughafen Haikou und 90 Minuten vom Flughafen Sanya entfernt. **www.accorhotels.com/asia** oder **www.sofitel.com**

SHENZHEN Crowne Plaza Shenzhen ¥¥¥¥

Shennan Dadao 9026, Overseas Chinese Town (0755) 2693 6888 FAX (0755) 2693 6999 **Zimmer** 375

Shenzhens erstes Fünf-Sterne-Hotel präsentiert sich im venezianischen Stil – vom Schwimmbad mit mediterranen Motiven bis zum italienischen Restaurant. Die Themenparks in der Nähe, etwa das China Folk Cultural Village, machen es vor allem für Familien attraktiv. Es eignet sich aber auch für Geschäftsreisende. **www.crowneplaza.com**

SHENZHEN Shangri-La Shenzhen (Xianggelila Dajiudian) ¥¥¥¥

Jianshe Lu (0755) 8233 0888 FAX (0755) 8233 9878 **Zimmer** 553

Trotz harten Wettbewerbs rühmt sich das Shangri-La noch immer seiner hervorragenden Lage und seiner guten Ausstattung – von der glamourösen Lobby bis hinauf ins Drehrestaurant. Ausgezeichnetes Fitness-Center; kantonesische, japanische und amerikanische Küche. **www.shangri-la.com**

Hong Kong & Macau

HONG KONG Caritas Bianchi Lodge ¥

4 Cliff Road, Yau Ma Tei (852) 2388 1111 FAX (852) 2770 6669 **Zimmer** 160 **Stadtplan** 1 B1

Eher seelenloses, sehr einfaches Haus, das aber sehr preisgünstig ist und günstig in der Nathan Road liegt. Die altmodischen Zimmer sind groß und blitzsauber, eine ideale Unterkunft für Preisbewusste. Nahe der U-Bahn-Station Yau Ma Tei. Das Hotel verfügt über keinerlei Extras wie Restaurant oder Bar. **www.caritas-chs.org.hk**

HONG KONG Mount Davis Youth Hostel ¥

Mt Davis Path, Mt Davis, Hong Kong Island (852) 2817 5715 FAX (852) 2788 3105 **Betten** 130

Es liegt zwar weit vom Stadtzentrum entfernt (Hostel-Shuttlebus oder Taxi) und bietet barackenähnliche Schlafsäle, dafür entkommen Sie hier der Hektik der Stadt und haben nirgendwo sonst eine so herrliche Aussicht auf den See und die Wälder für so wenig Geld. Ideal für Reisende, die ein ruhiges Quartier suchen. **www.yha.org.hk**

HONG KONG Garden View International House ¥¥

1 MacDonnell Rd, Central, Hong Kong Island (852) 2877 3737 FAX (852) 2845 6263 **Zimmer** 130 **Stadtplan** 2 B4

Billigste und zentralste Unterkunft auf Hong Kong Island. Die Zimmer sind funktional. Das Dekor ist altmodisch, doch es gibt einen Swimmingpool. Auch die Peak Tram ist in der Nähe. Der Hong Kong Park und der Botanische Garten liegen in Gehweite und sind von einigen Zimmern aus zu sehen. **www.ywca.org.hk**

HONG KONG The Wesley ¥¥

22 Hennessy Road, Wan Chai, Hong Kong Island (852) 2866 6688 FAX (852) 2866 6633 **Zimmer** 251 **Stadtplan** 3 E4

Gutes, preiswertes Haus ohne Schnickschnack in der Nähe von Wan Chais Kneipen, Bars und Restaurants. Die Zimmer sind in Anbetracht ihrer Größe und der guten Lage preisgünstig. Das Hotel verfügt über Bar und Restaurant, doch rundherum gibt es auch so einiges zu entdecken. **www.hanglung.com**

HONG KONG YMCA – The Salisbury ¥¥

41 Salisbury Road, Tsim Sha Tsui, Kowloon (852) 2268 7000 FAX (852) 2739 9315 **Zimmer** 363 **Stadtplan** 1 B4

Preiswerter geht es in Hong Kong nicht. Die Lage am Hafen ist spektakulär. Viele Zimmer haben eine wunderbare Aussicht und sind einigermaßen geräumig. Für Familien ideal: Es gibt große, preiswerte Familiensuiten und ein angegliedertes Freizeitzentrum. **www.ymcahk.org.hk**

HONG KONG The Fleming ¥¥¥¥

41 Fleming Road, Wan Chai (852) 3607 2288 FAX (852) 3607 2299 **Zimmer** 66 **Stadtplan** 3 F3

Gelungener Umbau von einstigen Apartments in kleine, komfortable und auch preiswerte Zimmer. Viele haben Küchen und sind für Familien ideal. Das Haus liegt günstig zum Messegelände, zu den Fähren nach Kowloon sowie zu den Läden und zum Nachtleben in Wan Chai. **www.thefleming.com.hk**

HONG KONG The Peninsula Hong Kong ¥¥¥¥

Salisbury Road, Tsim Sha Tsui, Kowloon (852) 2920 2888 FAX (852) 2722 4170 **Zimmer** 300 **Stadtplan** 1 B4

Eine Rolls-Royce-Flotte wartet darauf, Gäste vom Flughafen ins Hotel zu bringen. Das Peninsula bietet Marmor-Opulenz und Alte-Welt-Charme. Die modernen Zimmer haben einen unvergleichlichen Blick auf den Hafen. Das Luxushotel beherbergt auch die besten Restaurants Hong Kongs und ein preisgekröntes Spa. **www.peninsula.com**

HONG KONG Island Shangri-La ¥¥¥¥¥

Pacific Place, Supreme Court Road, Central (852) 2877 3838 FAX (852) 2521 8742 **Zimmer** 565 **Stadtplan** 3 D4

Das Island Shangri-La gehört zu den besten Hotels in Hong Kong und bietet exquisiten Service, superbe Ausstattung und einige der größten Zimmer weit und breit. Es liegt direkt über dem Admiralty MTR-Bahnhof und in der Nähe der edelsten Shopping-Meilen. Nehmen Sie ein Peak-View-Zimmer. **www.shangri-la.com**

HONG KONG JIA Boutique Hotel ¥¥¥¥¥

1–5 Irving Street, Causeway Bay (852) 3196 9000 FAX (852) 3196 9001 **Zimmer** 54

Diskret versteckt in der Mitte des Einkaufszentrums der Causeway Bay wartet das JIA (Mandarin für »Heimat«) mit gemütlichen Studios und Suiten (Marmorküchen und -bäder) auf. Hier tobte sich Designer Philippe Starck aus. Höchst komfortabel und voller Überraschungen. **www.jiahongkong.com**

HONG KONG The Landmark Mandarin Oriental ¥¥¥¥¥

15 Queens Road Central, Central (852) 2132 0188 FAX (852) 2132 0199 **Zimmer** 113 **Stadtplan** 2 C3

Intelligente Umwandlung früherer Büros zu den größten Hotelzimmern in Hong Kong. Geschwungene Glaswände und Marmorbäder trennen Schlaf- und Wohnbereich. Alle Zimmer haben HDTV, abgesenkte Badewannen und WLAN. Perfekte Stadtlage. **www.mandarinoriental.com**

Preiskategorien *siehe S. 554* **Zeichenerklärung** *siehe hintere Umschlagklappe*

HONG KONG The Luxe Manor ¥¥¥¥¥

39 Kimberley Rd, Tsim Sha Tsui, Kowloon (852) 3763 8888 FAX (852) 3763 8899 **Zimmer** 159 **Stadtplan** 1 C3

Der eklektische Mix von Orient, Postmoderne und europäischem Stil vermittelt Gästen ein »surreales« Erlebnis. Man kann zwischen De-luxe- und Garten-Suiten wählen. Es gibt aber auch Themen-Suiten, darunter die Suite Liaison mit Rundbett und gepolsterten Wänden. Hightech und Bäder mit »Regen-Duschen«. **www.theluxemanor.com**

HONG KONG Mandarin Oriental ¥¥¥¥¥

5 Connaught Road, Central (852) 2522 0111 FAX (852) 2903 1626 **Zimmer** 502 **Stadtplan** 2 C3

Das Mandarin gehört immer noch zu den Spitzenhotels von Hong Kong. Die öffentlichen Bereiche des Hotels sind ausgesprochen beliebte Treffpunkte und strahlen Club-Atmosphäre aus. Das ganze Hotel vermittelt ein frisches Design und bietet alle Hightech-Annehmlichkeiten. **www.mandarinoriental.com**

MACAU Pousada de São Tiago ¥¥¥

Fortaleza de S. Tiago da Barra, Ave. da Republica, Macau (853) 2837 8111 FAX (853) 2855 2170 **Zimmer** 12

Das in einem Felsfort auf einem Hügel in West-Macau untergebrachte Hotel verströmt koloniales Flair und verwöhnt mit besonders charmantem Service. Die Zimmer sind üppig dekoriert und mit dunklen Holzmöbeln und portugiesischen Fliesen ausgestattet. Kleines Schwimmbad und annehmbares Restaurant. **www.saotiago.com.mo**

MACAU Mandarin Oriental ¥¥¥¥

Avenida da Amizade, Äußerer Hafen, Macau (853) 2856 7888 FAX (853) 2859 4589 **Zimmer** 416

Die neuen Hotel-Casinos glitzern, doch dies wird vom Alte-Welt-Service des Mandarin überstrahlt. Es ist eine Oase der Ruhe – abseits vom »neuen« Macau. Man blickt auf den palmenumstandenen Pool und entspannt sich im Spa bei einer Behandlung durch die besten Masseure Asiens. Exzellente Restaurants. **www.mandarinoriental.com/macau**

MACAU The Venetian ¥¥¥¥¥

Cotai Strip, Macau (853) 2882 8888 FAX (853) 2882 8853 **Zimmer** 2908

Das spektakulärste Hotel-Casino Macaus ist ein Las-Vegas-Traum von Italien – komplett mit Miniatur-Campanile, Rialto-Brücke und *sampans* (einheimische Boote) neben 51 Gondeln. Das Mega-Resort bietet nur Suiten. Es gibt Luxusläden und ein Theater (1800 Plätze) für eine Show des Cirque de Soleil. **www.venetianmacau.com**

MACAU Wynn Macau ¥¥¥¥¥

Rua Cidade de Sintra, Nape (853) 2888 9966 FAX (853) 2832 9966 **Zimmer** 600

Das extravagante Resort mit Casino bietet eine große Palette an öffentlichen Bereichen, darunter drei Restaurants und ein Luxus-Spa. Die schönen Zimmer besitzen hohe Decken, grandiose Ausblicke und für alles eine Fernbedienung. Alle Bereiche und Restaurants kann man betreten, ohne durchs Casino zu gehen. **www.wynnmacau.com**

Sichuan & Chongqing

CHENGDU California Garden Hotel (Jiazhou Huayuan Jiudian) ¥¥¥

Shawan Lu 258, Intl. Exhibition & Convention Center (028) 8764 9999 FAX (028) 8764 0988 **Zimmer** 419

Das Hotel gehört zu einem großen Geschäftskomplex mit Kino und Messezentrum. In der großzügigen Lobby sind Skulpturen und Gemälde ausgestellt. Der Komplex beherbergt zudem ein Opernhaus und eine Eislaufbahn. Im VIP-Turm gibt es gehobene Zimmerkategorien. **www.etghotel.com**

CHENGDU Holiday Inn Crowne Plaza Chengdu ¥¥¥¥¥

Zong Fu Lu 31 (028) 8678 6666 FAX (028) 8678 9789 **Zimmer** 434

Das Holiday Inn hat die beste Lage der Stadt: gegenüber der Modemeile Chunxi-Straße. Leider wird der Service dem Standard der weltmännischen Lobby nicht gerecht, doch die Ausstattung ist gut. Vier verschiedene Restaurants lassen keine kulinarischen Wünsche offen. Bank und Postbüro vorhanden. **www.crowneplaza.com**

CHENGDU Kempinski Hotel Chengdu (Kaibin Siji Fandian) ¥¥¥¥¥

Renmin Nan Lu, Duan 4, #42 (028) 8526 9999 FAX (028) 8512 2666 **Zimmer** 483

Das Kempinski gehört ebenfalls zu Chengdus modernen Hotels. Es hat eine weitläufige Lobby und ein noch größeres Wellness-Bad mit 24-Meter-Becken, Mineralbädern, diversen Massage-Angeboten und Fitness-Center. Zigarrenzimmer und Tee-Lounge. **www.kempinski.com/en/hotel/index.html**

CHENGDU Sheraton Chengdu Lido Hotel ¥¥¥¥¥

Renmin Zhong Lu, Duan 1, #15 (028) 8676 8999 FAX (028) 8676 8888 **Zimmer** 404

Das Sheraton liegt nur fünf Gehminuten vom Tianfu-Platz entfernt und bietet den besten Service in Chengdu. Einige der Zimmer blicken auf das benachbarte Sportstadion und die Panda Mall. Die Business-Ausstattung ist ebenso umfangreich wie der Wellness-Bereich. **www.sheraton.com**

CHENGDU Sofitel Wanda Chengdu (Suo Fei Te Wangda Dajiudian) ¥¥¥¥¥

Binjiang Zhong Lu 15 (028) 6666 9999 FAX (028) 6666 3333 **Zimmer** 262

Das Sofitel gehört zu den besten Hotels von Chengdu, mit Top-Service und angenehmem zeitgenössischem Flair. Von hier aus blickt man über den Fluss Nan und den Park. Nachts ist alles hübsch beleuchtet. Dienstags und freitags gibt es eine beliebte »English Corner«. Große Konferenzräume. **www.sofitel.com**

Stadtplan Hong Kong *siehe Seiten 334–337*

CHONGQING Chongqing Carlton Hotel (Nanfang Junlin Jiudian) ¥¥¥¥¥

Ke Yuan Si Lu 259, High-Tech Development Zone *(023) 6806 6806* FAX *(023) 6806 6666* ***Zimmer*** *330*

Das Carlton umfasst zwei Wolkenkratzer in der High-Tech Development Zone und liegt nicht weit von der beliebten Gegend um das Freiheitsmonument in einem eher charakterlosen Viertel. Eindrucksvolle Lobby und guter Service. Ballsaal, Disco, Fitness-Center und Sauna vorhanden. **www.cqcarltonhotel.com**

CHONGQING Hilton Chongqing (Chongqing Xi'erdun Jiudian) ¥¥¥¥¥

Zhong Shan San Lu 139, Yuzhong District (023) 8903 9999 FAX *(023) 8903 8700* ***Zimmer*** *434*

Das Hilton liegt in einem Erholungsgebiet, etwa vier Kilometer vom Stadtzentrum entfernt, und bietet Aussicht auf die Mündung des Jailing in den Yangzi. Überall hängen Kunstwerke. Das Hotel besitzt ein wunderbares Saunabad namens Cloud 9. Bester Service und diverse Freizeiteinrichtungen. **www.chongqing.hilton.com**

CHONGQING JW Marriott Hotel (Chongqing Wanhao Jiudian) ¥¥¥¥¥

Qingnian Road 77, Yu Zhong District (023) 6388 8888 FAX *(023) 6399 999* ***Zimmer*** *462*

Das Hotelhochhaus mit seiner eindrucksvollen Lobby steht mitten in einem belebten Geschäftsviertel. Es hat Zimmer auf 45 Etagen und eine Panorama-Lounge im Obergeschoss. Die beste Adresse in Chongqing, die mit gutem Personal und allerlei Extras die hässliche Fassade vergessen macht. **www.marriott.com**

EMEI SHAN Emei Shan Dajiudian ¥¥¥¥

Baoguo Si (0833) 552 6888 FAX *(0833) 559 5453* ***Zimmer*** *458*

Wenn Sie den Emei Shan besichtigen wollen und eine gehobenere Unterkunft suchen, ist dies die richtige Adresse. Das Hotel liegt am Fuß des Emei Shan in einem Waldgebiet neben dem Baoguo-Tempel. Überraschend guter Service. Nachts ist hier einiges geboten. Extras: Fitness-Center und Beauty-Salon. **www.emeishanhotel.com.cn**

LE SHAN Jinhaitang Dajiudian ¥¥¥

Hai Tao Lu 99 (0833) 212 8888 FAX *(0833) 213 2988* ***Zimmer*** *141*

Das Hotel liegt nur wenige Minuten vom Ortszentrum entfernt, aber weit genug weg von den lauten Straßen. Es erstreckt sich über ein gepflegtes Areal. Man ist gleich am Bootshafen, vom dem aus alle paar Minuten Aussichtsfahrten zum Großen Buddha ablegen. Schöne Gärten, gute Geschäftseinrichtungen. **www.jht-hotel.com**

ZIGONG Huidong Dajiudian ¥¥¥

Huidong Dong Lu 16 (0813) 828 8306 FAX *(0813) 828 8618* ***Zimmer*** *220*

Das Hotel mit beeindruckender Lobby liegt im Osten der bergigen Stadt mit Blick auf die Altstadt. Der Service ist etwas nachlässig. Auch die Zimmer könnten mehr Zuwendung vertragen. Großes Freizeitangebot und Ticket-Büro. Extras: Beauty-Salon, Billardzimmer und Sauna. **www.huidonghotel.com**

YUNNAN

DALI Landscape Hotel (Lan Lin Ge Jiudian) ¥¥

Yu Er Lu 96 (0872) 266 6188 FAX *(0872) 266 6189* ***Zimmer*** *284*

In dem ehemaligen Bai-Wohnsitz wurde 2002 ein Hotel mit den besten Zimmern der Stadt eröffnet – hochmodern und mit allem Komfort. Es gibt durchbrochene Stellwände, Innenhöfe mit Marmor, Blumen, Steinbänke und sogar einen kleinen Fluss auf dem Areal. Sehr ruhige Lage im Norden der Altstadt. **www.lanlinge.com**

DALI Asia Star Hotel (Yaxing Dafandian) ¥¥¥¥

Gucheng Nanjiao (0872) 267 9999 FAX *(0872) 267 0399* ***Zimmer*** *310*

In dem Hotel auf einem Hügel haben alle Zimmer Berg- oder Seeblick. Das über sechs Stockwerke gehende Wandgemälde in der Lobby ist nur eines von vielen Details, die auf die Kultur der ethnischen Minderheiten hinweisen. Vegetarisches Restaurant im zweiten Stock. Nachts halbstündlicher Shuttlebus zur Altstadt. **www.asiastargroup.com**

KUNMING Green Lake Hotel (Cui Hu Binguan) ¥¥¥¥

Cuihu Nan Lu 6 (0871) 515 8888 FAX *(0871) 515 7867* ***Zimmer*** *302*

Das Hotel gehört zu den schönsten Fünf-Sterne-Etablissement von Kunming. Von der Galerie-Bar aus hat man einen Panoramablick auf den Green Lake Park. Das durchdachte, moderne Hotel bietet Privatausflüge (mit Fahrer) in die Gegend an. **www.greenlakehotel.com**

KUNMING Harbour Plaza Hotel (Haiyi Jiudian) ¥¥¥¥

Hong Hua Qiao 20 (0871) 538 6688 FAX *(0871) 538 1189* ***Zimmer*** *300*

Das bei Geschäftsreisenden beliebte Hotel lässt einen mit seiner ruhigen Lage im Grünen nordwestlich vom Stadtzentrum vergessen, dass man nur fünf Minuten in die hektische Innenstadt braucht. Es liegt einen Steinwurf vom schönen Green Lake Park entfernt. Drei Restaurants und zwei Bars im Haus. **www.harbour-plaza.com/hpkm**

KUNMING Horizon Hotel (Tianheng Dajiudian) ¥¥¥¥

Qingnian Lu 432 (0871) 318 6666 FAX *(0871) 318 6888* ***Zimmer*** *436*

Das bei chinesischen Geschäftsreisenden und Urlaubern gleichermaßen beliebte Hotel besticht mit seiner zentralen Lage und den sauberen, gut ausgestatteten Zimmern. Die Panorama-Lounge auf der obersten Drehetage ist nachts der Renner. Eine Kegelbahn gibt es in der dritten Etage. **www.horizonhotel.net**

KUNMING Kai Wah Plaza International Hotel ¥¥¥¥

Beijing Lu 157 (0871) 356 2828 FAX (0871) 356 1818 **Zimmer** 525

Von der überwältigenden Glaslobby bis zur spektakulären Aussicht auf die Stadt und die Berge bietet das elegante Hotel einfach alles, was man von einem internationalen Fünf-Sterne-Haus erwarten darf. Im selben Komplex befindet sich ein fünfstöckiges Shopping-Center. Es gibt jede Menge Freizeitangebote. **www.kaiwahplaza.com**

KUNMING Zhen Zhuang Ying Binguan ¥¥¥¥

Beijing Lu 514 (0871) 316 5869 FAX (0871) 313 9756 **Zimmer** 86

Das einzigartige Hotel liegt inmitten einer wunderbaren traditionellen Gartenanlage und diente ursprünglich als Wohnsitz des ersten Gouverneurs des modernen Yunnan. Hier übernachten chinesische Spitzenpolitiker, wenn sie Yunnan besuchen. Einziges Minus: Die Englischkenntnisse des Personals sind dürftig. **www.ynzzhotel.com**

LIJIANG Grand Lijiang Hotel (Gelan Dajiudian) ¥¥¥

Xin Yi Jie (0888) 512 8888 FAX (0888) 512 7878 **Zimmer** 127

Eines der ältesten Luxushotels von Lijiang. Es besitzt jedoch alle modernen Annehmlichkeiten, darunter Swimmingpool, Fitness-Center, Minigolf und Boutiquen. Etwas abgewohnte, aber preiswerte Standardzimmer. Gute Küche in zwei Restaurants mit täglich wechselndem Büfett.

LIJIANG Sanhe Hotel (San He Jiudian) ¥¥¥

Jishan Xia, Xin Yi Jie 4 (0888) 512 0891 FAX (0888) 512 0892 **Zimmer** 47

Das kleine Gästehaus bietet trotz der traditionellen Bauweise sehr saubere und moderne Zimmer mit Parkett und eigenem Bad. Besonders luxuriös ist es nicht, doch dafür ruhig und zentral in der Altstadt gelegen. Man braucht nur wenige Gehminuten vom Taxistand bis zum Hotel in der Fußgängerzone.

LIJIANG Guanfang Hotel Lijiang (Guanfang Dajiudian) ¥¥¥¥

Xiange Lila Dadao (0888) 518 8888 FAX (0888) 518 1999 **Zimmer** 289

Das große, moderne Fünf-Sterne-Hotel bietet Zimmer mit Blick auf die Altstadt und auf die Landschaft. Im VIP-Gebäude hinter dem 30-stöckigen Haupttrakt gibt es gehobenere Standardzimmer. Das Hotel verfügt über barrierefreie Räume sowie Nichtraucherzimmer mit Luftbefeuchter. **www.gfhotel-lijiang.com.cn**

LIJIANG Guan Fang Garden Villas (Guanfang Huayuan Bieshu) ¥¥¥¥

Shangri-La Dadao (0888) 518 8888 FAX (0888) 518 1999 **Zimmer** 904

Das große Anwesen wurde 2003 eröffnet und bietet zwei Arten von Unterkünften: moderne Hotelzimmer und Villen (zwei- und dreistöckige Villen in kleinen Sackgassen). Die Villen haben vier Nichtraucherzimmer, ein Wohnzimmer und eine komplett eingerichtete Küche. Neben dem Jade-Frühlingspark. **www.gfhotel-lijiang.com.cn**

Guizhou & Guangxi

GUILIN Sheraton Guilin Hotel (Guilin Dayu Da Fandian) ¥¥¥¥

Binjian Nanlu 15 (0773) 282 5588 FAX (0773) 282 5598 **Zimmer** 430

Das Fünf-Sterne-Hotel liegt sehr günstig am Fluss Li inmitten der Shopping- und Restaurant-Meile. Es bietet den besten Service der Stadt, auch wenn an der Anlage selbst der Zahn der Zeit nagt. Angenehme Business-Einrichtungen sowie Internet-Anschluss in allen Zimmern. Zwei Restaurants und eine Bar. **www.sheraton.com/guilin**

GUILIN Guilin Lijiang Waterfall Hotel ¥¥¥¥¥

Shanhu Beilu 1 (0773) 282 2881 FAX (0773) 282 2891 **Zimmer** 646

Das unter chinesischem Management stehende Hotel mit seiner dunklen Lobby ist derzeit die beste Adresse in Guilin und für den größten künstlichen Wasserfall berühmt, der 45 Meter an der Seite des Gebäudes hinunterrauscht. Fünf Restaurants und hervorragende Business-Einrichtungen. **www.waterfallguilin.com**

GUIYANG Nenghui Jiudian ¥¥¥

Ruijin Nan Lu 38 (0851) 589 8888 FAX (0851) 692 8622 **Zimmer** 149

Hilfsbereites Personal und komfortable Zimmer – meist mit stark reduzierten Preisen – machen das zentral gelegene Vier-Sterne-Haus zur guten Wahl. Es liegt an der Flughafenbus-Strecke, hat zwei Bars, zwei Restaurants, Business-Ausstattung und kostenlosen Breitband-Internet-Zugang in den Zimmern. Ideal für Geschäftsreisende.

GUIYANG Shengfeng Jiudian ¥¥¥¥

Shenqi Lu 69 (0851) 556 8888 FAX (0851) 556 9999 **Zimmer** 319

Das Hotel bietet dafür, dass es in einer Provinzhauptstadt liegt, überraschend guten Service. Pluspunkte sind das im Preis inbegriffene Frühstücksbüfett und die freundliche Einrichtung der überdurchschnittlich großen, hellen Zimmer. Einfache Business-Ausstattung. Bestes Haus am Ort. **www.shengfenghotel.com**

NANNING Ming Yuan Xindu Jiudian ¥¥¥

Xinmin Road 38 (0771) 211 8988 FAX (0771) 283 0811 **Zimmer** 290

Im Zentrum der Altstadt, gleichzeitig Geschäftsviertel, steht dieses Hotel mit Schwimmbad, Sauna, Mineralbad und Tennisplatz sowie Satellitenfernsehen und Videothek. Hervorragende Büro-Ausstattung, drei Restaurants und zwei Bars sowie Limousinen-Service und Bereitschaftsarzt. **www.nn-myxd.com**

NANNING Trans Century Hotel (Kua Shiji Dajiudian) ¥¥¥¥

Minzu Avenue 111 (0771) 551 9200 FAX (0771) 551 9210, 551 9477 **Zimmer** 206

Das Kua Shiji bietet persönlichen, tadellosen Service und liegt nur einige Gehminuten vom Nan Hu und fünf Taximinuten vom Messezentrum entfernt. Es verfügt über eine hervorragende Büro-Ausstattung und zahlreiche Freizeitangebote. Zum Börsenviertel ist es nicht weit. Daher ist das Hotel für Geschäftsleute ideal. **www.ksjhotel.com**

YANGSHUO Aiyuan Binguan ¥¥¥

Xi Jie 115 (0773) 881 1868 FAX (0773) 881 1916 **Zimmer** 72

Eines von mehreren neuen Hotels, die dem Paradeso Konkurrenz machen. Das Aiyuan Binguan liegt praktisch genau gegenüber dem älteren Paradeso. Besserer Service, traditionell chinesisch eingerichtete Zimmer, in der gehobeneren Preisklasse mit Balkon zur Straße. Es gibt zwei Restaurants. Basis-Geschäftsausstattung. **www.aiyuanhotel.net**

YANGSHUO Paradeso Yangshuo Resort Hotel ¥¥¥

Xi Jie 116 (0773) 882 2109 FAX (0773) 882 2106 **Zimmer** 146

Das Paradeso Hotel besitzt ein eigenes Seegrundstück an der schönen Weststraße. Das Traditionshaus gilt als bestes Hotel in Yangshuo und bekam nach der Eröffnung eines luxuriösen Anbaus vom Tourismusverband einen vierten Stern verliehen. **www.paradesahotel.com**

Liaoning, Jilin & Heilongjiang

CHANGCHUN Paradise Hotel (Yuefu Dajiudian) ¥¥¥¥

Renmin Dajie 1078 (0431) 8209 0999 FAX (0431) 8271 5709 **Zimmer** 214

Mit Vier-Sterne-Standard zu Drei-Sterne-Preisen ist dies das beste Mittelklassehotel nicht nur der Stadt, sondern der ganzen nordöstlichen Region. Die Zimmer sind zwar klein, aber überraschend gut ausgestattet und gepflegt. Freundliches Personal und kulinarische Vielfalt in drei Restaurants.

CHANGCHUN Shangri-La Changchun ¥¥¥¥¥

Xi'an Dalu 569 (0431) 8898 1818 FAX (0431) 8898 1919 **Zimmer** 458

Das älteste Luxushotel der Stadt ist auch das beste, was vor allem am hervorragenden Service liegt, den kein anderes Haus bietet. In Gehweite von Volksplatz und Einkaufsviertel gelegen. Falls es Sie nach westlicher Küche gelüstet, ist der Coffee Garden unschlagbar. Biergarten vorhanden. **www.shangri-la.com**

DALIAN Dalian Hotel (Dalian Binguan) ¥¥¥

Zhongshan Guangchang 4 (0411) 8263 3111 oder -1101 FAX (0411) 8263 4363 **Zimmer** 63

Das Hotel liegt attraktiv am architektonisch beeindruckenden Zhongshan-Platz. Es wurde 1909 gebaut und galt damals als edelstes Hotel der Mandschurei. Unter den Kommunisten verfiel es. Ende der 1990er Jahre wurde es renoviert. Wenige, aber wunderschöne Zimmer. **www.chinadalianhotel.com**

DALIAN Swissôtel Dalian (Dalian Ruishi Jiudian) ¥¥¥¥¥

Wuhui Lu 21 (0411) 8230 3388 FAX (0411) 8230 2266 **Zimmer** 327

Das am zentralsten gelegene Luxushotel der Stadt hat den besten Service und bietet aus den höher gelegenen, eher kleinen Zimmern eine hübsche Aussicht auf den Park. Die direkte Anbindung ans Einkaufszentrum ermöglicht bequemes Shopping. Seafood-Büfett und gelegentlich BBQ. **www.swissotel.com.cn**

DANDONG Zhonglian Dajiudian ¥¥¥

Binjiang Zhong Lu 62 (0415) 233 3333 FAX (0415) 233 3888 **Zimmer** 165

Die schönsten Unterkünfte von Dandong mit unübertroffener Aussicht. Die Zimmer sind komfortabel und sehr geschmackvoll eingerichtet, der Service ist angenehm professionell. Vom Café aus können Sie nach Nordkorea sehen. Kegelbahn, Zigarrenzimmer und opulentes westliches Büfett. **www.zlhotel.com.cn**

HARBIN Modern Hotel (Madie'er Binguan) ¥¥¥¥

Zhongyang Dajie 89, Daoli (0451) 8488 4000 FAX (0451) 8461 4997 **Zimmer** 141

Das 1913 erbaute Hotel voller Charakter galt als das charmanteste der vorkommunistischen Zeit und war Treffpunkt für einige Hauptfiguren des revolutionären Kampfes. Hier spürt man noch den Hauch der Geschichte. Unschlagbare Lage im Herzen der historischen Zhongyang Dajie. **www.modern.com.cn**

HARBIN Harbin Shangri-La (Ha'erbin Xianggelila Dafandian) ¥¥¥¥¥

Youyi Lu 555, Daoli (0451) 8485 8888 FAX (0451) 8462 1777 **Zimmer** 340

Eigenen Angaben zufolge ist es das am wenigsten imposante der zahlreichen Shangri-La-Hotels im Nordosten, gilt aber dennoch als das beste Nobelhotel der Stadt. Nicht sehr zentral gelegen, aber ideal im Winter, wenn der Fluss Sungari zufriert und die Eisskulpturen kreiert werden. Fitness-Center mit Blick auf den Fluss. **www.shangri-la.com**

JILIN Crystal Hotel (Wusong Binguan) ¥¥¥¥

Longtian Dajie 29 (0432) 398 6200 FAX (0432) 398 6501 **Zimmer** 223

Weit von den Sehenswürdigkeiten entfernt, aber vor allem im Winter wunderbar in der herrlichen Landschaft um den Fluss Jilin gelegen. Das älteste Luxushotel der Stadt bietet saubere Zimmer in angenehmer Größe sowie geschultes Personal. Schönes Thermalbad mit Blick auf den Fluss – vor allem im Winter, wenn Reif die Bäume ziert.

Preiskategorien *siehe S. 554* **Zeichenerklärung** *siehe hintere Umschlagklappe*

MUDANJIANG Jialin Fandian
¥¥

Xinhua Lu 46 *(0453) 653 0888* FAX *(0453) 655 4888* ***Zimmer*** *61*

Dies ist die sprichwörtliche Ausnahme in einer Stadt der düsteren Hotels. Das charmante, kleine Hotel bietet saubere, komfortable Zimmer. Die Ausstattung ist einfach, aber funktional. Fax und Internet-Zugang. Hauseigenes Restaurant und Bar.

QIQIHA'ER Guomai Dasha
¥¥

Junjiao Jie 1 *(0452) 241 0000* FAX *(0452) 242 0638* ***Zimmer*** *218*

Das Hotel liegt im höchsten Gebäude der Stadt an der Ost-West-Verbindungsstraße. Vom Bahnhof aus sieht man seine merkwürdig wirkende Antenne. Als neuestes Haus am Ort ist es zugleich das beste. Es bietet nicht ganz Vier-Sterne-Standard, ist aber dennoch sauber und komfortabel. Bahnhof und Stadtzentrum liegen in Gehweite.

SHENYANG Liaoning Hotel (Liaoning Binguan)
¥¥¥

Zhongshan Lu 97 *(024) 2383 9166* FAX *(024) 2383 9103* ***Zimmer*** *80*

Das schöne historische Hotel gehörte während des Zweiten Weltkriegs zu einer bekannten japanischen Kette. Die Lobby mit grünen Bodenfliesen und das marmorne Treppenhaus mit den Messing-Handläufen sind noch original. Komfortable Zimmer und gute Lage nahe dem Zentrum. Zwei Restaurants.

SHENYANG Sheraton Shenyang Lido (Lidu Xilaideng Fandian)
¥¥¥¥

Qingnian Dajie 386 *(024) 2318 8888* FAX *(024) 2318 8000* ***Zimmer*** *590*

Das Luxushotel wurde Ende 2002 eröffnet (finanziert von Hong Kongs Unternehmer und Milliardär Li Ka-Shing). Die schönen Räume sind dezent mit Kunst geschmückt. Etwas von den Attraktionen entfernt, dafür mit hohem Service-standard. Fitness-Center und Zigarren-Lounge mit Live-Musik. **www.sheraton.com/shenyang**

Innere Mongolei & Ningxia

HOHHOT Hohhot Holiday Inn (Huhehaote Jiari Jiudian)
¥¥¥

Zhongshan Xi Lu 33 *(0471) 635 1888* FAX *(0471) 635 0888* ***Zimmer*** *198*

Zimmer und Bäder dieses 2003 eröffneten Hotels sind edel und groß. Das Haus liegt an der exklusiven Zhongshan Xi Lu, der Hauptgeschäftsstraße der Stadt. Es gibt zwei Bars und zwei Restaurants, außerdem einen praktischen Shuttle-Service zum Flughafen. **www.ichotelsgroup.com**

HOHHOT Phoenix Hotel (Neimenggu Guohang Dasha)
¥¥¥

Xincheng Bei Jie *(0471) 660 8888* FAX *(0471) 623 0959* ***Zimmer*** *280*

Hier sind die Zimmer elegant und die Angestellten hilfsbereit. Zudem gibt es nette Kleinigkeiten wie etwa Obst-schalen für Gäste mit Reservierung und Boarding-Karten für Reisende, die von Hohhot aus abfliegen. Das Dach-restaurant serviert französische Küche in schwindelerregender Höhe. **www.ni-phoenix.com.cn**

HOHHOT Wuhua Hotel
¥¥¥

Xining Da Jie 43 *(0471) 881 8055* ***Zimmer*** *230*

Das 2008 eröffnete moderne Hotels liegt ideal im Stadtzentrum, in der Nähe der Geschäfte, Restaurants und Nahver-kehrsverbindungen. Das Haus mit Drei-Sterne-Status bietet hübsche, hell möblierte Zimmer. Vor allem der Internet-Zugang auf den Zimmern ist nützlich.

HOHHOT Xincheng Binguan
¥¥¥

Hulun Nan Lu 40 *(0471) 666 1888* FAX *(0471) 693 1141* ***Zimmer*** *320*

Das große Hotel eröffnete 1959 und verfügt über mehrere Restaurants und Bars. Es bietet große, wenngleich ein wenig abgewohnte Zimmer. Seit der Modernisierung verfügen sie über kostenlosen Breitband-Internet-Zugang. Ex-tras: Schwimmbad, Tennisplätze und Kegelbahn. **www.xincheng-hotel.com.cn**

YINCHUAN Rainbow Bridge Hotel (Hong Qiao Dajiudian)
¥¥

Jiefang Xi Jie 38, Laocheng Qu *(0951) 691 8888* FAX *(0951) 691 8788* ***Zimmer*** *231*

Das hässliche Drei-Sterne-Hochhaus hält sich für etwas Besseres und ist in dieser verschlafenen Provinzhauptstadt noch immer das erfolgreichste Hotel. Der Service ist bescheiden, aber bemüht. Die Zimmer sind schlicht, aber einigermaßen sauber und bieten Aussicht auf die Stadt. Wenige Häuserblocks vom Altstadtkern entfernt.

Gansu & Qinghai

DUNHUANG The Silk Road Dunhuang Hotel (Dunhuang Shanzhuang)
¥¥

Dunyue Lu *(0937) 888 2088* FAX *(0937) 888 3245* ***Zimmer*** *267*

Dies ist das beste Hotel in Gansu. Es liegt mitten in der Wüste auf dem Weg zu den Mingsha-Dünen. Die Zimmer sind makellos und gut eingerichtet und passen zur wilden Umgebung. In der angrenzenden »Jugendherberge« gibt es günstigere Zimmer. Kostenloser Shuttle-Service in die Stadt. **www.the-silk-road.com**

GOLMUD Goldmud Mansion (Ge'ermu Dasha) ¥

Yingbin Lu 33 (0979) 845 2208 ***Zimmer*** *65*

Das hübsche Hotel liegt in der Nähe des Bahnhofs im Zentrum. Es gibt drei Arten von Zimmern: mit einem, zwei oder drei Betten. Alle sind komfortabel und sauber. Im Haus gibt es ein hilfreiches Reisebüro, das Touren zu den Salzseen in der Umgebung von Golmud organisiert.

JIAYUGUAN Jinye Binguan ¥¥

Lanxin Lu 12 (0937) 620 1333 ***Zimmer*** *75*

In dem sauberen, einfachen Hotel in der Nähe des Busbahnhofs gibt es beträchtliche Ermäßigungen bei den Standardzimmern – sogar im Sommer. Einige Zimmer habe eigene Bäder, alle besitzen einen Fernseher. Es gibt kein hauseigenes Restaurant, doch das empfehlenswerte Restaurant Liuyan liegt gleich nebenan.

LANZHOU Lanzhou JJ Sun Hotel (Jinjiang Yangguang Jiudian) ¥¥¥

Donggang Xi Lu 589 (0931) 880 5511 FAX (0931) 885 4700 ***Zimmer*** *236*

Die mittelgroßen Zimmer dieses Vier-Sterne-Außenpostens der Accor-Gruppe haben einen hohen Standard und sind mit Fön, Safe, Kühlschrank und Breitband-Internet-Zugang ausgestattet. Das enthusiastische Personal spricht gut Englisch und gewährt hohe Rabatte, wenn man nicht im Voraus bucht. **www.jjsunhotel.com**

LANZHOU Sunshine Plaza (Yangguang Dasha) ¥¥¥¥

Qingyang Lu 428 (0931) 460 8888 FAX (0931) 460 8509 ***Zimmer*** *223*

Das 2002 eröffnete chinesische Fünf-Sterne-Hotel bietet exzellenten Service. Der Betreiber, ein einheimischer Treibstoff-Konzern, liefert das für ständige Renovierungen nötige Kapital. Es gibt Massage-Duschen in allen Zimmern sowie ein kinderfreundliches Spielzimmer mit unendlichen Mengen an Spielzeug. **www.soluxe.com.cn**

TIANSHUI Maiji Dajiudian ¥¥

Tianshui Huoche Zhan Guangchang Xice (0938) 492 0000 FAX (0938) 492 9323 ***Zimmer*** *123*

Effizienter Service und lupenreine Zimmer sprechen für dieses ansonsten eher bescheidene Zwei-Sterne-Hotel. Im Obergeschoss wurden einige Zimmer kürzlich renoviert. Die Lage am Bahnhofsplatz ist zwar praktisch, aber laut. Lärmempfindliche sollten ein Zimmer zur anderen Seite hin buchen.

TONGREN Telecom Hotel (Dianxin Binguan) ¥

Zhongshan Lu 38 (0973) 872 6888 FAX (0973) 872 2666 ***Zimmer*** *33*

Der weiße Ziegelbau ist für ein Zwei-Sterne-Haus erstaunlich gut in Schuss. Man bekommt gut ausgestattete Zimmer mit blitzsauberen Bädern für sein Geld. Der Service entspricht dem nicht allzu hohen Standard in Tongren. Das Hotel hat außerdem drei Kegelbahnen.

XIAHE Overseas Tibetan Hotel (Huaqiao Fandian) ¥¥

Renmin Xijie 77 (0941) 712 2642 FAX (0941) 712 1872 ***Zimmer*** *35*

Der Manager dieses einst schäbigen Hotels hat aus dem Haus die beste Adresse der Stadt gemacht. Die Zimmer in der dritten Etage sind im tibetischen Stil und mit bequemen Betten möbliert. Vorzügliche nepalesische Küche und westliches Frühstück im Everest Café. Im Sommer gibt es ein Reisebüro im Haus.

XINING Lethe Youth Hostel ¥

Guo Ji Cun Gong Yu, Gebäude 5 (0971) 820 2090 FAX (0971) 820 3271 ***Zimmer*** *25*

Xinings Jugendherberge liegt im 16. Stockwerk eines hohen Gebäudes, von dem aus man die Stadt überblickt. Das englischsprachige Personal ist hilfsbereit. Das Reisebüro im Haus arrangiert Touren nach Qinghai und Tibet. Die Doppelzimmer verfügen über ein Bad. Die Schläfsale sind sauber. Fahrradvermietung.

Xinjiang

HOTAN Tianhai Binguan ¥¥

Beijing Xi Lu 49 (0903) 202 6666 FAX (0903) 202 2000 ***Zimmer*** *180*

Hotans luxuriösestes Hotel liegt gleich westlich vom Postamt. Es wurde 2002 eröffnet und bietet gutes Drei-Sterne-Niveau. Die mittelgroßen Zimmer sind gemütlich eingerichtet, die Bäder in tadellosem Zustand. Jedes Zimmer hat einen Kühlschrank, was bei heißem Wetter eine segensreiche Einrichtung ist.

KASHGAR Chini Bagh Hotel (Qiniwake Binguan) ¥¥

Seman Lu 144 (0998) 298 0671 FAX (0998) 298 2299 ***Zimmer*** *322*

Das am Rand der Altstadt gelegene britische Konsulatsgebäude stammt aus dem frühen 20. Jahrhundert und fällt unter den modernen Hotelbauten auf. Auch wenn der Nachmittagstee und die gepflegten Rasenflächen aus der Zeit des »Great Game« mittlerweile verschwunden sind, bleibt das Chini Bagh empfehlenswert.

KASHGAR Seman Binguan ¥¥

Seman Lu 337 (0998) 258 2150 FAX (0998) 258 2861 ***Zimmer*** *222*

Das florierende Zwei-Sterne-Hotel bietet die Möglichkeit, in einem kolonialen Konsulatsgebäude (russisch) hinter dem Haupttrakt zu nächtigen. Es bietet kleine, verwinkelte Zimmer mit einfachen Bädern. Hohe Decken und Wandbilder mit militärischen Themen prägen die öffentlichen Bereiche. Die Übernachtung in den Schlafsälen ist sehr preiswert.

Preiskategorien *siehe S. 554* **Zeichenerklärung** *siehe hintere Umschlagklappe*

KUQA Jiaotong Binguan ¥

Tian Shan Dong 87 (0997) 712 2682 FAX (0997) 712 7230 ***Zimmer*** *56*

Die spartanischen Zimmer des preiswerten Gästehauses wurden 2001 renoviert, aber noch heute geniert sich das Personal für den früheren Ruf als billige Klitsche. Vorsicht: Falls Sie früh abreisen, verpassen Sie vielleicht die Heißwasserphase für die Dusche. Die rückwärtigen Zimmer sind am ruhigsten. In der Nähe des Busbahnhofs.

TURPAN Grand Turpan Hotel (Tulufan Dafandian) ¥¥

Gaochang Lu 422 (0995) 855 3918 FAX (0995) 855 3919 ***Zimmer*** *154*

Das verschlafene Hotel ist Teil einer Hong Konger Kette und verfügt über zwei Flügel, der moderne hat Vier-Sterne-Zimmer. Die Standardzimmer sind sauber und groß. Man bekommt in der Nebensaison bis zu 60 Prozent Nachlass. Die komfortablen Schlafsaalbetten im älteren Flügel sind die billigsten der Stadt. **www.xjturpanhotel.com**

ÜRÜMQI Ürümqi City Hotel (Chengshi Dajiudian) ¥¥

Hong Qi Lu 27 (0991) 220 7666 FAX (0991) 230 5321 ***Zimmer*** *226*

Das Drei-Sterne-Hotel liegt im Stadtzentrum in der Nähe von Volksplatz, Bahnhof und Busbahnhof. Obwohl es klein aussieht, bietet es viele Zimmer. Diese sind sauber und annehmbar. Sie haben Kühlschrank, Kabel-TV und westliche Toiletten. Falls Ihr Budget sehr klein ist, fragen Sie nach einem Zimmer ohne Fenster.

ÜRÜMQI Hoi-tak Hotel (Haide Jiudian) ¥¥¥

Dongfeng Lu 1 (0991) 232 2828 FAX (0991) 232 1818 ***Zimmer*** *318*

Das 36-stöckige Hoi-tak Hotel liegt ideal im Stadtzentrum und bietet Fünf-Sterne-Standard. Die modernen Zimmer sind mit großen Betten ausgestattet. An klaren Tagen hat man von den oberen Etagen aus einen fantastischen Blick auf den Tian Shan. Ganzjährig sind bis zu 70 Prozent Nachlass möglich. **www.hoitakhotel.com**

YINING Yili Binguan ¥

Yingbin Lu 8 (0999) 802 3799 FAX (0999) 802 4964 ***Zimmer*** *210*

In diesem Hotel finden Sie eine Lenin-Büste und eine Karte. Letztere brauchen Sie, um sich auf dem weitläufigen Gelände zurechtzufinden. Zum luxuriösen Trakt 5 haben nur Parteifunktionäre Zutritt. Die Gebäude 2, 3, und 4 sind für Normalmenschen gedacht. Preiswerte Zimmer gibt es im charmanten, aber bröckelnden Trakt 4.

TIBET

GYANTSE Jiang Zang Fandian ¥¥

Yingxiong Nan Lu 14 (0892) 817 3720 ***Zimmer*** *60*

Das von Tibetern geführte Hotel ist die beste Wahl in Gyantse. Es liegt etwa fünf Minuten von der Festung entfernt. Die geräumigen Zimmer sind sauber. Die Standardzimmer haben 24 Stunden lang heißes Wasser. Die neueren Räume haben Holzböden und tibetisches Dekor. Im Restaurant gibt es tibetische und westliche Gerichte.

LHASA Kyichu Hotel (Jiqu Fandian) ¥¥

Beijing Dong Road 149 (0891) 633 1541 FAX (0891) 633 5728 ***Zimmer*** *50*

Hier lohnt es sich, im Voraus zu reservieren, da die gemütlichen Zimmer dieses Hotel oft ausgebucht sind. Sehr freundlicher Service. Die Zimmer im Südwestflügel blicken auf einen sonnigen Innenhof und sind den Aufpreis wert. Vom Hotel aus ist es nur ein kurzer Spaziergang ins Zentrum von Lhasa. **www.kyichuhotel.com**

LHASA Oh Dan Guesthouse (Oudan Binguan) ¥¥

In der Nähe des Ramoche-Klosters, Xiaozhao Si Road 15 (0891) 634 4999 FAX (0891) 636 3992 ***Zimmer*** *40*

Das Gästehaus in einer atmosphärischen Seitengasse in Lhasa liegt in Gehweite zum Barkhor-Viertel und bietet Aussicht auf den Potala-Palast und das Ramoche-Kloster. Die sauberen Zimmer sind hübsch eingerichtet. Es gibt sowohl Schlafsäle als auch Einzelzimmer. Die Doppelzimmer mit eigenem Bad sind preisgünstig.

SHIGATSE Hotel Mansarovar (Shenhu Jiudian) ¥¥

Qingdao Dong Road 14 (0892) 883 9999 FAX (0892) 882 8111 ***Zimmer*** *82*

Die Standardzimmer sind einfach, aber elegant ausgestattet, die Schlafsäle blitzsauber, aber überteuert. Meist freundliches und professionelles Personal, trotz der engen Verbindung des Managements zu Tibets Tourismusmonopolisten FIT. Gut sind die nepalesischen Currys im angegliederten Restaurant. **www.hotelmansarovartibet.com**

TINGRI Tingri Snowland Hotel ¥

Lao Dingri (0892) 826 2775 FAX (0892) 826 2818 ***Zimmer*** *46*

Das von Tibetern geführt Hotel liegt am westlichen Ende von Tingri. Das Personal ist freundlich, die tibetischen und westlichen Gerichte sind köstlich. Leider kann man nur abends heiß duschen, doch der Blick auf den Himalaya ist einfach grandios und macht das Hotel zu einem besonderen Ort.

TSETANG Xuege Binguan ¥¥

Hubei Road 1 (0893) 782 8888 FAX (0893) 782 7777 ***Zimmer*** *74*

Während die Angestellten in allen anderen Unterkünften am Ort die Polizei anrufen, um zu erfahren, ob Sie bleiben »dürfen«, versucht es das Personal des Drei-Sterne-Hotels in Tsetang mit Gastfreundschaft. Die Zimmer des Hauses sind makellos sauber, die Betten stabil und die Bäder klein, aber rein. Vier Kegelbahnen.

Restaurants

Kaum ein anderes Volk ist so vom Essen besessen wie die Chinesen. Statt mit der Frage »Wie geht's?« begrüßt man sich in China mit *»Ni chi fan le ma?«* (»Hast du heute schon gegessen?«). Wenn Sie das erste Mal nach China reisen, können Sie sich das Gleiche fragen: Haben Sie jemals schon chinesisch gegessen? Außerhalb Chinas wohl kaum, denn die allermeisten chinesischen Restaurants im Ausland servieren nur einen schwachen Abklatsch von dem, was und wie man im Reich der Mitte kocht. Es gibt unzählige Kochstile und Spezialitäten – von Nudelgerichten, Lammspießen und Pekingente im Norden, Krebsen und Abalone in Shanghai über die scharfe Sichuan-Küche bis hin zu den zahllosen köstlichen Dim Sum, den »Häppchen, die das Herz berühren«, im Süden.

Yin-Yang-Dekor einer Reisschale

Gemeinsame Mahlzeiten – Chinesen essen gern in der Gruppe

»Göttliches Vergnügen«

Ein altes Sprichwort besagt, Essen sei ein »göttliches Vergnügen«. Die chinesische Begeisterung fürs Essen stammt noch aus der Zeit der Götter- und Dämonenverehrung, als die Kaiser sich zu den Tempeln und heiligen Bergen tragen ließen, um dort mit Opfergaben wie Fleisch und Reiswein für eine gute Ernte zu bitten. Heute wird jedes Ereignis als Anlass für ein Festmahl genommen. Dabei kommt die Familie zusammen, Beziehungen werden geschmiedet und gefestigt, Streitigkeiten beigelegt und Geschäfte abgeschlossen. Für Chinesen ist essen nicht nur ein soziales Ereignis, sondern auch ein Eckpfeiler ihrer Zivilisation.

Küche gegen Hungersnot

Eine der ständigen Fragen Chinas war, wie lange eine so große Bevölkerung (derzeit ein Fünftel der Weltbevölkerung) zu ernähren ist, wenn nur zehn Prozent der Fläche landwirtschaftlich genutzt werden können. Die Antwort auf dieses Problem waren viele Erfindungen, die eine Steigerung der Effizienz in der Landwirtschaft, aber auch in der Küche bewirkten. Das Land entwickelte eine »Küche gegen Hungersnot«, in der wild wachsende Pflanzen wie Bambussprossen, Lotoswurzeln, Algen, Pilze und Moos verarbeitet werden, aber auch jedes Teil eines gezüchteten oder erlegten Tiers. Die Märkte sind daher für empfindliche Gemüter nicht geeignet, doch interessant für alle, die erleben wollen, wie Fischköpfe, Hühnerfüße, Geflügelinnereien, Entenflossen, Meerschnecken, Stierhoden oder selbst Skorpione zu wohlschmeckenden Delikatessen verarbeitet werden.

Das erste Fast Food

Eigentlich kochen und dämpfen chinesische Hausfrauen und Köche die meisten Gerichte, bekannt wurde ihre Küche aber wegen der im Wok »pfannengerührten« Speisen. Restaurants im Ausland griffen die schnelle Zubereitungsart für hochwertige Zutaten auf, auch wenn das dafür nötige Kleinschneiden der Zutaten arbeitsintensiv ist.

Kochkunst

Aufzeichnungen berichten, dass Chinas erster Küchenmeister, Yi Yin, schon im 16. Jahrhundert v. Chr. den ersten Shang-Kaiser bekochte. Ein Kochbuch aus dem 6. Jahrhundert n. Chr. setzt immer noch Standards für heutige Küchenchefs, so etwa die Forderung, dass Spanferkel »wie Eis auf der Zunge schmelzen« müsse. Jahrhundertelang verfassten Poeten Lobpreisungen auf das Essen. Der Song-Dichter Su Dongpo schrieb eine berühmte Ode an das Schwein. Bis heute ist Dongpo-Schwein das berühmteste Hangzhou-Gericht. Die alte Philosophie von Yin und Yang – die Harmonie der Kontraste – gilt immer noch in der chinesischen Küche: Es

Spieße mit Skorpionen – gekocht sind die Tiere ungiftig

Gedämpftes Essen vom Straßenstand – praktisch, schnell und gut

ist gesund und wohlschmeckend, wenn ein Gericht aus Yin- (weich, kalt, dunkel, weiblich) und Yang-Elementen (stark, heiß, hell, männlich) besteht. Deshalb kombiniert man Yin-Elemente (z. B. Gemüse, Krabben, Tofu) gern mit Yang-Elementen wie Fleisch und Chili. Ein Menü besteht aus Fleisch und Gemüse, Heißem und Kaltem, Süßem und Saurem, Mildem und Scharfem. Zudem sollte ein ausgewogenes Essen *fan* (Getreide) und *cai* (Gemüse) enthalten – und nicht zu viel Fleisch. Viele Aspekte der chinesischen Küche stammen aus der alten Philosophie, die heute noch – bewusst oder unbewusst – das chinesische Leben prägt.

»Man ist, was man isst«

Ernährungswissenschaft gab es bereits im 7. Jahrhundert v. Chr. am Hof der Zhou-Dynastie, denn in China erkannte man schon früh den heilkräftigen Aspekt des Essens. Im Repertoire eines chinesischen Kochs gibt es für jedes organische Leiden und für alle Beschwerden ein Gericht. Manche Zutaten und Gerichte sollen das *qi* stimulieren, z. B. Ginseng und Vogelnestersuppe. Andere enthalten einfach nur bestimmte Stoffe wie z. B. das eisenhaltige Entenblut. Von vielen Tierteilen glaubt man, dass sie den gleichen Teil auch beim Menschen kräftigen. Wenn Sie also wollen, können Sie Entenhirn für mehr Intelligenz, Ochsenzunge für mehr Eloquenz oder Stierhoden für mehr Potenz ausprobieren.

Die fünf Geschmacksrichtungen

Chinesen halten sich nicht wirklich an Rezepte. Sie gehen das Kochen pragmatisch an und entscheiden erst vor dem Topf oder dem Wok, wie viel von jeder Zutat notwendig ist. Dennoch bemüht sich jeder Koch in China ganz besonders um den Geschmack, das Aroma, die Farbe und die Konsistenz. Jede dieser Eigenschaften wurde zur Kunstform mit festem Vokabular und genauen Regeln erhoben. *Xian* beschreibt die Seele einer Speise (flüchtig, süß, aber natürlich frisch), *cui* ist Ziel aller Zubereitungen (knusprig wie die Haut einer perfekten Pekingente). Gut trainierte chinesische Gaumen unterscheiden fünf verschiedene Geschmacksrichtungen: süß, sauer, bitter, scharf und salzig. Nur die richtige Kombination ist wohlschmeckend. Zutaten mit einem starken Eigenaroma verbinden sich gut mit Zutaten, die wenig Geschmack, aber eine feste Konsistenz mitbringen. So ergänzt und erhöht z. B. die Verwendung von Seegurke die anderen Zutaten.

Reisschale mit Stäbchen

Symbolisches Essen

In einer Kultur, die ebenso viel Wert auf Symbolik wie auf Essen legt, ist es nicht erstaunlich, dass viele Gerichte eine besondere Bedeutung haben und zu festgelegten Anlässen gegessen werden müssen. Runde Mondkuchen gehören zum Mittherbstfest, bei dem die Familienmitglieder zusammenkommen. Beim Frühlingsfest isst die Familie *tangyuan*, runde, süße Teigtaschen aus Klebreismehl, da *yuan* auch »Wiedervereinigung« bedeutet. Fisch ist besonders beliebt, da das Zeichen für Fisch *(yu)* wie das für Überfluss klingt und die Hoffnung auf ein erfolgreiches nächstes Jahr eröffnet. Geburtstage werden oft mit Nudeln gefeiert, einem Symbol für langes Leben. Rote Bohnen symbolisieren Sehnsucht und Liebe. Zur Geburt eines Kindes verteilen Eltern rot gefärbte »Glückseier« – eine gerade Anzahl für einen Jungen, eine ungerade für ein Mädchen.

Beim Kochen müssen Farbe, Geschmack und Konsistenz stimmen

Restaurantvielfalt

Restaurants boomen in China, ob es sich um Lokale in einem kaiserlichen Pavillon in Beijing, ein vornehmes Café in Shanghai oder ein Teehaus in Sichuan handelt. Nach dem Ende der staatlichen Kontrolle sind Unternehmer erfinderisch geworden, was das liebste Freizeitvergnügen der Chinesen betrifft. Man muss nie weit gehen, um ein Restaurant zu finden. Wenn Sie vor einem stehen, lassen Sie sich vom äußeren Eindruck nicht abschrecken: Viele Gourmet-Restaurants sehen schlicht aus, haben ungemütlich helles Licht, servieren aber Köstlichkeiten. Ein Kriterium sind eher die vielen fröhlichen Gäste – in chinesischen Augen ist ein Lokal umso besser, je lauter *(renao)* es zugeht.

Ein typisches Restaurant – voll, laut und eher zweckmäßig eingerichtet

Öffnungszeiten

Früh ins Bett und früh wieder raus, so lautete das Muster des chinesischen Lebensstils bis in die 1990er Jahre hinein. Da war es bisweilen schwierig, ein Abendessen zu einer für Besucher angemessenen Zeit zu finden. Auch heute noch essen Chinesen früher als Europäer, doch die Öffnungszeiten verlängern sich allmählich.

Frühstück auf der Straße bekommen Sie ab 6 Uhr. Hotels servieren es bis 10 Uhr oder länger. Mittagessen gibt es von 11.30 bis 14.30 Uhr. Danach schließen viele Restaurants und öffnen zum Abendessen um 17 Uhr wieder. Überhaupt haben viele Lokale lange auf – manche sogar rund um die Uhr. Reservierungen sind unüblich, außer in edlen oder sehr beliebten Etablissements. In der Regel warten Sie einfach an der Bar, falls das Restaurant wirklich voll ist. Manchmal stellt man auch einfach einen zusätzlichen Tisch für Sie auf – in einer Ecke oder im Hof.

Hotelrestaurants

Falls Sie müde und hungrig sind, wird man Ihnen in einem teureren Hotel auch Essen westlicher Art aufs Zimmer bringen. Hübscher ist es, wenn Sie es im Hotelrestaurant probieren, das meist verschiedene Küchenstile anbietet.

In den größeren Städten befinden sich einige der besten Restaurants in Hotels. Hier kann man edle Gerichte probieren. Es ist übrigens ein Vorurteil, dass Hotels überteuerte chinesische Gerichte so »unscharf« zubereiten würden, dass ausländische Gaumen nichts zu beanstanden haben. Im Gegenteil: Chinas fantastische Küche hat viel zu bieten. Lassen Sie sich nicht davon abhalten, Gerichte außerhalb der Vier-Sterne-Hotels zu probieren – eine Erkundungsreise dieser Art lohnt sich bestimmt.

Straßenstände

Seit China sich für die Olympischen Spiele fit gemacht hat und sich für die EXPO und andere Events »rüstet«, müssen Straßenverkäufer oft Verstecken mit der Polizei spielen. Doch die tragbaren Stände sind ein elementarer Teil des Alltags in China: Diese mobilen Garküchen bieten preiswertes, anständiges Essen – beispielsweise Frühstück mit Brotstangen *(youtiao)* und Tofu *(doujiang)* oder Snacks wie Zwiebelpfannkuchen *(jianbing)*, gebackene Süßkartoffeln *(shanyu)*, frittierte Tofuwürfel *(zhadoufu)* und frisches Obst.

Nachtmärkte *(yeshi)* sind ein Fest für alle Sinne. Überall steigen köstliche Gerüche aus den Bambus-Dampfkörbchen auf. Der Himmel glüht rot, wenn die Flammen aus den Öfen (meist umfunktionierte Ölfässer) schlagen. Das Brutzeln und die Rufe der Verkäufer wecken den Appetit. Es müssen ja nicht gerade Spieße mit Skorpionen und Zikaden sein – es gibt genügend vertrautere Speisen. Wenn sie heiß und frisch zubereitet sind, gibt es auch selten Verdauungsprobleme. Der Markt an der Wangfujing Dajie *(siehe S. 94)* in Beijing ist der berühmteste, doch auch die anderen Märkte im Land sind eine Verheißung.

Dunhuangs Nachtmarkt mit Ständen für Gewürze, Seidenstoffe und Teppiche

Standbesitzer beim Zubereiten von *xiaochi* (Snacks) in Dalian

Snacks

Snacks, wie man sie auf den Nachtmärkten findet, heißen *xiaochi*, wörtlich übersetzt »little eats« oder »Häppchen«. Restaurants, die sich darauf spezialisieren, nennt man *xiaochidian*. Sie bieten verschiedene Nudelgerichte, Teigtaschen, gefüllte Brötchen oder Pfannkuchen an und öffnen schon am Vormittag zum Frühstück. Oft servieren Sie auch Frittiertes und schließen erst, wenn der letzte Gast geht. Das Ambiente ist schlicht, das Essen herzhaft und preiswert. Die bekanntesten und besten *xiaochi* sind die Dim Sum der kantonesischen Küche *(siehe S. 282)*.

Hübsch geformte Teigtaschen

Fast Food

Die Beliebtheit der Fast-Food-Ketten McDonald's, Pizza Hut und Kentucky Fried Chicken in den großen Städten hat die chinesische Konkurrenz auf den Plan gerufen. Yonghe King, eine große taiwanesische Kette, bietet den ganzen Tag Frühstück mit Sojamilch, *congee* (Reis-Porridge) und Pfannkuchen mit Frühlingszwiebeln. Bei 85 °C gibt es Kaffee, Kuchen und Brot. Wem Straßenstände zu schlicht sind, sollte die Essensabteilungen in Kaufhäusern testen. Sie sind sauber und klimatisiert.

Themenrestaurants

Da die Städter immer anspruchsvoller werden, ziehen die Wirte und Köche mit und eröffnen Restaurants, in denen Essen, Dekoration und Location um ein bestimmtes Thema kreisen. Eisenbahnwaggons oder auch Gefängnisse sind begehrte Orte. Der Charakter der Lokale ist oft nostalgisch. In einem Lokal im Stil des »Alten Beijing« (Lao Beijing) wird man lauthals begrüßt. Angestellte in vorrevolutionären Uniformen klappern mit dem Teegeschirr. Die Wände im Kulturrevolutionslokal sind mit bittersüßen Memorabilien aus jener Zeit gepflastert. In Sichuan konzentriert man sich auf ländlich-rustikale Themen.

Das »andere« China

Nicht nur bei den Han-Chinesen gibt es ein breites Spektrum regionaler Küchen, auch die ethnischen Minderheiten haben Spezialitäten – von der koreanischen Grenze bis zur Tibetischen Hochebene. Diese Ethno-Küchen sind für Chinesen übrigens ebenso »exotisch« wie für Besucher.

In Dai-Restaurants isst man die Thai-ähnliche Küche des südlichen Yunnan und wird mit Duftwasser begrüßt. In Uiguren-Restaurants serviert man die muslimische Kost des Nordens. Danach wird bisweilen Bauchtanz vorgeführt.

Vegetarische Gerichte

Das chinesische Verständnis vom guten Leben ist unabdingbar mit Fleisch verknüpft. Deshalb ist es für Chinesen schwer zu verstehen, warum jemand, der sich Fleisch leisten kann, freiwillig keines isst. Dennoch findet man in den Großstädten ein paar vegetarische Restaurants, oft in der Nähe buddhistischer Tempel. Viele Speisen heißen dort wie Fleischgerichte und sind exakte Kopien ihrer Namensvettern auf Tofu-Basis. Auch in normalen Restaurants kann man fleischloses Essen bekommen, wenn man oft genug den Satz *»wo chi su«* (»ich esse Gemüse«) wiederholt und sich nicht allzu sehr daran stört, dass sich hier und da doch ein Stück Schweinefleisch oder Huhn in die Schale verirrt hat.

Ausländisches Essen

Westliche Restaurants gibt es inzwischen in allen größeren Städten. In der Regel bieten sie italienische und französische Küche oder eine »internationale« Mischung an. Manche finden zu Recht großen Zuspruch, etwa das Maison Boulud in Beijing und das M on the Bund in Shanghai. In kleineren Städten sind westliche Restaurants schwerer zu finden, italienische am ehesten, wohl weil Spaghetti und Ravioli den chinesischen Nudeln und Teigtaschen eher entsprechen. Auch koreanische, japanische und Thai-Restaurants treffen den chinesischen Geschmack.

Uigurischer Brotstand auf dem Markt von Linxia, Gansu

Tischsitten

Von Konfuzius ist bekannt, dass er bei Mahlzeiten nie sprach. 2500 Jahre später sehen die Chinesen das lockerer. In der Regel ist es in einem gut besetzten Restaurant ohrenbetäubend laut. Kellner stapeln das Geschirr mit Schwung aufeinander, die Bestellungen werden meist gebrüllt. Auch wenn es anfangs schwierig erscheint: Essen mit Stäbchen ist recht einfach. Vor allem: Ihre Bemühungen werden gewürdigt.

Geschäftsessen in einem »privateren« Nebenraum

Das »Gesicht wahren«

Chinesen erwarten von Besuchern keineswegs, dass sie alle ausgefeilten Regeln eines Festmahls beherrschen, doch ein paar grundsätzliche Verhaltensweisen gereichen Ihnen und Ihrem Gastgeber zur Ehre. Jeder wird es zu schätzen wissen, dass Sie die chinesische Kultur und Tradition achten.

Bei einem formellen Essen sitzt der Ehrengast immer auf dem Stuhl in der Mitte, von dem aus er die Tür im Blick hat. Der Gastgeber saß ihm früher meist gegenüber, heute sitzt er oft daneben.

Seien Sie als Gast pünktlich. Setzen Sie sich nicht, bevor Ihnen ein Platz zugewiesen wird – die Sitzordnung kann sehr ausgeklügelt sein. Allein der Gastgeber gibt das Signal, mit dem Essen und Trinken zu beginnen. Auch wenn Ihnen einige Spezialitäten unheimlich sind, probieren Sie sie trotzdem, sonst ist das beleidigend. Lassen Sie immer einen Rest übrig. Eine leere Schale würde bedeuten, dass Ihr Gastgeber zu arm oder zu geizig ist und nicht genügend Essen herbeigeschafft hat.

Bestellung

Wenn Sie von jemandem in ein Restaurant eingeladen werden, bittet man Sie meist, sich etwas zu bestellen oder Wünsche zu äußern. Tun Sie das (notfalls zeigen Sie auf etwas) – denn falls Sie es nicht tun, wird man Ihnen bald ein zehngängiges Menü vorsetzen.

Englischsprachige Speisekarten gibt es mittlerweile häufiger. Immer mehr Restaurants gehen dazu über, dass sich der Gast aus den verschiedenen Wasserbecken, Käfigen oder Regalen selbst aussuchen kann, was er zubereitet haben möchte. (Frische Zutaten sind ein wichtiger Faktor bei echtem chinesischem Essen.) Falls jede Verständigung scheitert und jeder Sprachführer versagt, dürfen Sie natürlich auch auf Gerichte deuten, die andere Gäste bestellt haben, oder sogar selbst in die Küche gehen.

Eine Mahlzeit beginnt oft mit einer kalten Vorspeise: eingelegtes Gemüse, »Tausendjährige« Eier, Quallensalat oder kalter Braten.

Die Hauptgänge werden nach den Gesichtspunkten von Yin und Yang möglichst harmonisch und ausgewogen zusammengestellt: So kann man z. B. süßsaures Schweinefleisch mit scharf gewürztem Huhn kombinieren. Auch die Zubereitungsart ist wichtig: Gedünsteter Fisch oder Braten bedingen die Kombination mit etwas Kurzgebratenem. Gemüse muss man sich nicht extra als Beilage bestellen, es ist Teil des Gerichts.

Der letzte Gang ist in der Regel die Suppe. Erst danach kommt *fan*, entweder Reis oder Nudeln oder Brot *(mantou)*. Bei informellen Essen können Sie auch zu Beginn des Essens schon Reis bekommen, nie jedoch bei einem Festessen. Falls Sie da nach Reis fragen, wird Ihr Gastgeber denken, sein Essen genüge Ihren Ansprüchen nicht.

Nachspeisen sind in China unüblich, doch frisches Obst wird in chinesischen Restaurants immer serviert, vor allem bei Festessen. Im ganzen Land bekommt man saftige Früchte.

An einem Essensstand auf dem Markt in Dali

Einladungen

Ein formelles Essen findet oft in einem Nebenraum statt und beginnt mit einem Trinkspruch. Der Gastgeber legt dem Hauptgast die feinsten Stücke vor, dann erst dürfen sich die anderen bedienen. Nur manchmal gibt es Vorlegebesteck oder Vorlege-Stäbchen. Falls nicht, nehmen Sie die eigenen Stäbchen.

Konfuzius sagte, es sei unzivilisiert, Messer auf dem Tisch zu haben. Wenn Sie allerdings Probleme haben, wird man Ihnen Messer und Gabel geben. Der Gastgeber bestellt immer mehr als nötig – und Sie sollten immer Reste übrig lassen. Es ist allerdings höflich, von allem zu kosten.

Mit Stäbchen essen

1) Legen Sie das erste Stäbchen mit dem dickeren Ende in die Höhlung zwischen Daumen und Zeigefinger. Den unteren Teil des Stäbchens legen Sie auf den Ringfinger.
2) Das zweite Stäbchen wird fast wie ein Stift mit Mittelfinger, Zeigefinger und Daumenspitze gehalten.
3) Beim Essen bleibt das untere Stäbchen festgeklemmt. Dann können Sie das obere Stäbchen leicht mit Daumen und Zeigefinger auf und ab bewegen. Es erfordert nur ein bisschen Übung.

Tischnachbarn

Es ist höflich, die Teetassen seiner Nachbarn nachzufüllen. Wenn Sie nicht wollen, dass man Ihnen nachschenkt, trinken Sie die Tasse einfach nicht aus. Um sich bei einem aufmerksamen Tischnachbarn zu bedanken, klopft man mit gekrümmtem Zeige- und Mittelfinger sanft auf den Tisch. Diese Geste geht auf den Qing-Kaiser Qianlong zurück, der gern inkognito durchs Land reiste. In einem Teehaus schenkte er einmal seinen Begleitern nach. Eigentlich hätten sie daraufhin einen Kotau machen müssen. Da Sie aber die Identität des Kaisers nicht verraten durften, deuteten sie mit den Fingern einen Mini-Kotau an.

Krebse sind mit Stäbchen wirklich schwierig zu essen

Weitere Besonderheiten

Chinesische Tischmanieren sind locker. Schlürfen zeugt davon, dass es einem schmeckt. Man kann so das Aroma besser aufnehmen und verbrennt sich nicht die Zunge. Gern dürfen Sie die Schale hochnehmen und den Reis in den Mund schaufeln. Allerdings sollten Sie nie versuchen, das Essen mit den Stäbchen aufzuspießen. Man steckt sie auch nicht in eine Schale mit Reis – das ist den Opfergaben für die Ahnen vorbehalten. Wenn Sie mit Essen fertig sind, legen Sie die Stäbchen auf das vorgesehene Bänkchen oder auf den Tisch. Gräten, Knochen- oder Schalenstücke holt man nicht mit dem Finger aus dem Mund – man spuckt sie auf den Unterteller oder in eine Serviette. Zahnstocher benutzt man hinter vorgehaltener Hand. Bitte schnäuzen Sie sich nicht bei Tisch – gehen Sie dazu auf die Toilette.

Das Ende der Mahlzeit

Eine Platte mit frischem Obst und ein heißes Tuch läuten das Ende der Mahlzeit ein. Stehen Sie nie vor Ihrem Gastgeber auf. Meist wird er Sie fragen, ob Sie genug hatten. Die Antwort lautet »Ja«. Wer eingeladen hat, bezahlt in der Regel die Rechnung. Wenn Sie anbieten, das zu übernehmen, ist das höflich; wenn Sie zu sehr darauf bestehen, unterstellen Sie allerdings dem Gastgeber, dass er dazu nicht in der Lage ist.

Es soll vorkommen, dass Ausländer bei der Rechnung übers Ohr gehauen werden, doch die Regel ist das nicht. »Kapitalistische« Trinkgelder wurden im China Maos abgeschafft, sind aber heute wieder möglich, wenn auch selten. Die angegebenen Preise sind meist inklusive Service. In edleren Restaurants kann Service hinzugerechnet sein. Dies sind auch die einzigen Lokale, die internationale Kreditkarten akzeptieren.

Eine alte Frau demonstriert die perfekte Esstechnik für Nudeln

Geschäftsessen

Wichtige Geschäfte werden oft bei »Business Banquets« abgeschlossen. Zu den genannten Regeln kommen dann einige dazu: Seien Sie 15 Minuten vor der angegebenen Zeit da. Wenn Sie mit Applaus begrüßt werden, applaudieren Sie zurück. Den Willkommens-Toast sollten Sie mit einem eigenen Toast oder einer kleinen Rede erwidern. Vermeiden Sie sensible Themen! Älteren und Vorgesetzten erweisen Sie Respekt, indem Sie beim Anstoßen darauf achten, dass deren Glasrand höher bleibt als Ihrer. Trinken Sie Ihr Glas dann zur Gänze aus. Vorsicht: Es fließt meist viel Alkohol.

Chinesische Getränke

Frische Teeblätter

Das Standardgetränk in China ist natürlich Tee. Es gibt zahllose gute Gründe, den Aufguss aus den Blättern der Staude *Camellia sinensis* zu trinken, und ebenso viele Sagen über den Ursprung des Tees *(siehe S. 293)*. Bier wird gern zu Mahlzeiten getrunken, Wein gibt es nur in Lokalen der gehobenen Preisklasse. Chinesische Schnäpse rangieren von stark bis gefährlich. Auch »Gesundheitsgetränke« wie etwa Schlangenwein sind durchaus mit etwas Vorsicht zu genießen. Als ob das Schlangen-»Sediment« am Boden der Flasche nicht genug wäre, sind sie auch noch äußerst hochprozentig.

Teeplantage in den Fujian-Hügeln, Südchina

Tee ist nicht gleich Tee

Meist wird Grüntee getrunken. Er wird nicht fermentiert, sondern nach der Ernte nur kurz »geröstet«. »Blumentee« ist eine Mischung aus Grüntee mit Blütenblättern. Schwarztee dunkelt durch die Fermentierung. In China hat er eine rötliche Farbe und heißt »roter Tee«. Der teuerste Tee ist der halbfermentierte Oolong. Für *Brick tea* wird Schwarzer oder Grüner Tee zu Blöcken gepresst. Der Acht-Schätze-Tee *babaocha* hat viele Zutaten. In Tibet genießt man Yak-Butter-Tee.

Schwarz: Hongcha *heißt wörtlich »roter Tee«.*

Grün: Lucha *wird nicht fermentiert.*

Pu'er: *Er stammt aus Yunnan und wird zu Blöcken gepresst.*

Blumen: Huacha *ist ein Mix aus Jasmin, Rosen und Chrysanthemen.*

Der berühmte Maofeng-Tee

Kaffee: *Die Kaffeekultur hält auch in China Einzug. Gleichwohl ist frisch gemahlener Kaffee außer in großen Hotels selten zu bekommen. Starbucks hat eine Filiale in der Verbotenen Stadt.*

Tee- und Kaffeegetränk: *Diese Mischung aus Kaffee und Tee ist derzeit schick – wahrscheinlich mehr bei den Chinesen als bei Besuchern.*

Soft Drinks

Eistee ist vor allem bei jungen Leuten beliebt. Neben den üblichen Saftgetränken gibt es in Xinjiang Granatapfel-Saft, weiter im Süden auch Litschi- und Zuckerrohr-Saft. Unter den Erfrischungsgetränken findet man die weltweit bekannten Marken, aber auch lokale Namen wie Tianfu Cola und den Energy Drink Jianlibao, der mit Honig gesüßt wird. Sogar Milch und Joghurtgetränke halten in China Einzug. Zudem gibt es Sojagetränke *(doujiang)* und Hainans berühmte Kokosnussmilch.

Bambusrohr-Saft

Grüner Eistee

Kokosnussmilch

Tsingtao-Bier

Yanjing-Bier

Bier

Europäer führten das Bier im frühen 20. Jahrhundert in China ein. Im 21. Jahrhundert ist China zum größten Bierproduzenten der Welt geworden. Es gibt ein sehr gutes helles Lager und auch dunklere Sorten. Fast jede Stadt hat ihre eigene Brauerei.

Wein

Obwohl Trauben auf der Seidenstraße schon früh nach China gelangten, wurde Alkohol traditionell aus Getreide gewonnen. Die Qualität chinesischer Weine steigt. Es wird fast nur Rotwein getrunken. Er soll gut fürs Herz sein – und er hat zudem eine »Glücksfarbe«.

Great Wall

Dragon Seal

Brände

Schon vor Jahrtausenden destillierte man in China aus Getreide *baijiu* (»Weiße Geister«). Heute rangiert Schnaps von stark bis »tödlich«. Es gibt drei Arten: Zu *qingxiang*, dem leichteren, gehört Fenjiu aus Shanxi. Maotai aus Guizhou ist ein *jiangxiang* mit Soja-Geschmack. *Nongxiang*, den starken Schnaps, stellt vor allem Wuliangye in Sichuan her.

Reiswein

Obwohl er »Wein« heißt, kann Reiswein milde 15 oder 16 Prozent, aber auch 38 Prozent Alkohol haben. Guter Reiswein wird am besten warm getrunken und passt hervorragend zu kalten Vorspeisen.

Maotai – *»acht Mal fermentiert und sieben Mal gebrannt« – wird zum Anstoßen bei Geschäftsessen favorisiert. Am unteren Ende der Skala steht der billige* erguotou, *das Volksgetränk.*

Maotai

Erguotou

Shaoxing-Reiswein

Shaoxing: *Die Sorte gehört zu den besten* huangjiu *(»Gelbe Geister«). Er hat eine milde, feine Geschmacksnote und auch nur 16 Prozent Alkohol.*

Starker Reiswein

Trinkkultur

Teehäuser erleben in China derzeit ein Revival – nach Jahren proletarischer Schlichtheit besinnt man sich wieder auf die alte Teekultur. *Cha* (Tee) stimuliert die stille Kontemplation, *jiu* (Alkohol) passt besser zu lauter Feierstimmung. Obwohl sie die Trunkenheit von Dichtern wie Li Bai *(siehe S. 28)* feiern, haben sich die Chinesen nicht so sehr vom Alkoholismus anstecken lassen wie andere Länder. Legendär ist allerdings die Trinkfestigkeit der Menschen in Nordostchina (oft auch bei Geschäftsessen). In der Öffentlichkeit betrunken zu sein gilt eher als anstößig, außer vielleicht in den zunehmend beliebten Karaoke-Bars. Traditionell trank man zum Essen Suppe, das hat sich geändert. *»Gan bei«* (»Trockne die Tasse«) entspricht unserem »Prost und ex« bei Trinkritualen.

Der Jazz Club, eine typische Bar in Hong Kong

Restaurantauswahl

Die hier vorgestellten Restaurants decken ein breites Preissegment ab und wurden wegen ihrer hervorragenden Küche, des guten Preis-Leistungs-Verhältnisses oder ihrer interessanten Lage ausgesucht. Die Reihenfolge der Regionen entspricht den Kapiteln im Buch. Manche Restaurants haben auch englische Namen.

PREISKATEGORIEN
Die folgenden Preiskategorien beziehen sich auf ein Essen für zwei Personen mit mehreren Gängen inkl. Tee und Service.

¥ unter 100 Yuan
¥¥ 100–250 Yuan
¥¥¥ 250–500 Yuan
¥¥¥¥ über 500 Yuan

BEIJING

Qin Tang Fu V ¥

59 Chaoyang Men Nan Xiaojie, Chaoyang ☎ *(010) 6559 8135*

Das charmante rustikale Restaurant ist laut. Es serviert die regionale Küche der Provinz Shaanxi. Das delikat gewürzte Essen ist magenfüllend. Versuchen die *rou jia mo* (Schweine-Burger), *paomo* (Lamm und Brotsuppe) oder die leckeren Nudelsuppen. Die Speisekarte ist englisch, doch das Personal hat bisweilen Verständnisschwierigkeiten.

Ding Tai Fung (Ding Tai Feng) ¥¥

22 Hujiayuan Yibei Building ☎ *(010) 6462 4502*

Das Lokal gehört zu einer international bekannten taiwanesischen Kette, die gute Shanghai-Küche anbietet und auf *xiao long bao* (gefüllte Teigtaschen in Brühe) spezialisiert ist. Das Lokal erstreckt sich über zwei Stockwerke, hat zahlreiche Nebenräume und eine offene Küche zur Unterhaltung der Gäste. Einige Bedienungen sprechen Englisch.

Han Cang ¥¥

Ping'an Dadao, gegenüber dem Nordtor des Bei-Hai-Parks ☎ *(010) 6404 2259* **Stadtplan** *1 C3*

Das immer volle zweistöckige Etablissement mit einer großen Essfläche im Freien liegt am Ufer des Qian Hai (Qian-See). Hier trifft man auf Einheimische und Besucher, die die einfachen herzhaften Hakka-Gerichte genießen. Eine Armee von Obern serviert eilig die Hausspezialitäten, darunter Fisch in Folie und Shrimps in Salzkruste.

Huajinyiyuan V ¥¥

235 Dongzhimen Nei Dajie, Dongcheng ☎ *(010) 6403 0677*

Laut und spaßig mit viel Atmosphäre – so kann man diese Beijinger Institution am besten charakterisieren. Sie zieht Einheimische und Besucher gleichermaßen an. Neben dem guten, preiswerten Essen bietet das Lokal abends Unterhaltung mit Vorführungen von Nudelmachen und Teezeremonien. Das freundliche Personal spricht Englisch.

Yuxiang Renjia ¥¥

20 Chaoyang Men Wai Dajie, 5. Stock des Lianhe Dasha (hinter dem Restaurant Bellagio) ☎ *(010) 6588 3841*

Das Restaurant gehört zu einer Restaurantkette, ist aber mindestens so gut und deutlich preiswerter als seine bekannteren Konkurrenten. Trotz der Standardeinrichtung bleibt hier die Atmosphäre einer kleinen Dorfkneipe bestehen. Typische Sichuan-Küche: ölig, gut gewürzt und süchtig machend. Die geräucherte Ente ist ein Muss.

Beijing Roast Duck Restaurant (Beijing Dadong Kaoyadian) ¥¥¥

Gebäude 3, Tuanjiehu Beikou, Dong San Huan ☎ *(010) 6582 2892*

Das beste Lokal für Pekingente – gut gewürzt und mit ausgewogener Balance zwischen zartem Fleisch und knuspriger Haut. Das Restaurant übertrifft die Quanjude-Etablissements, die es überall in Beijing gibt, bei Weitem. Da es immer beliebter wird, sind die Preise gestiegen. Es gibt auch typische Sichuan-Gerichte.

Cepe ¥¥¥

1 Jinchengfang Jie (im Ritz-Carlton Hotel) ☎ *(010) 6601 6666*

In diesem Restaurant mit zeitgenössischer italienischer Küche hängen silbrig glänzende Pilze von der Decke. Auf der Speisekarte stehen exzellente Pasta-, Fisch- und Biergerichte – alle mit Pilzbeigaben. Die Pilze werden nämlich in einem speziellen Raum des Restaurants kultiviert.

Dali Courtyard V ¥¥¥

67 Xiaojingchang Hutong, Dong Cheng ☎ *(010) 8404 1430*

Da es ausgesprochen beliebt ist, muss man in diesem Restaurant reservieren. Der Schwerpunkt liegt auf Gerichten aus der Provinz Yunnan. Der Ziegenkäse, Schinken und die würzigen Speisen liegen nicht ganz leicht im Magen. Es gibt keine Speisekarte, der Koch entscheidet nach Saison. Im Sommer kann man im hübschen Hof speisen.

Huang Ting ¥¥¥

8 Jinyu Hutong (im Peninsula Palace Hotel) ☎ *(010) 8516 6707* **Stadtplan** *2 E5*

Hier ist das alte Beijing wiederauferstanden – mit Tausenden Ziegeln von Häusern aus zerstörten *hutongs*, mit durchbrochenen Stellwänden, Steinfriesen und steinernen Wächterskulpturen. Spezialitäten des Hauses sind etwa Gambas mit Wasabi-Creme (ein Tribut an die Küche von Hong Kong) und die klassische Pekingente.

Zeichenerklärung *siehe hintere Umschlagklappe*

Lotus in Moonlight (Hetang Yuese Sushi) ¥¥¥

12 Liufang Nanli (010) 6465 3299

Hier atmet alles Gesundheit – das lichte Interieur trägt viel zum Flair bei. Das vegetarische Restaurant ist wegen seiner Auswahl und der kreativen Küche enorm beliebt. Man kann zwischen Gerichten auf Tofu-Basis und innovativen Gemüsekreationen genau das Richtige für seinen Geschmack finden. Das Angebot an Tees ist riesig.

My Humble House (Sai She) ¥¥¥

W307/Erdgeschoss Oriental Plaza West Tower, Dong Cheng (010) 8518 8811 **Stadtplan** 4 D1

Die schicke Filiale einer Kette aus Singapur serviert überzeugende Fusionsküche in einem modernen Ambiente. Das Lokal ist außergewöhnlich, vom dekorativen Teich im lichterfüllten Atrium bis zu den Gedichtzeilen, die zur Beschreibung der Gerichte dienen.

Pure Lotus (Jin Xin Lian) ¥¥¥

3f Holiday Inn Lido, Jiangtai Lu (010) 8703 6668

Der Speisesaal dieser Filiale einer vegetarischen Restaurantkette ist mit asiatischer Kunst ausgestattet und bietet »fleischähnliche« Gerichte an. Zu den Spezialitäten gehören »vegetarisches Lamm« (aus Tofu), »Schweinefleischgerichte« (aus Bohnen) und eine vegetarische Variante der Pekingente.

Three Guizhou Men (San Ge Guizhouren) ¥¥¥

6 Guanghua Xili (hinter dem Restaurant Bellagio) (010) 6507 4761

Das Lokal bietet authentische Guizhou-Gerichte an. Sie sind scharf-sauer und stark gewöhnungsbedürftig. Da sie für viele ausländische Gaumen meist zu exotisch sind, hält der Küchenchef auch traditionelle Gerichte bereit, die mit milderen chinesischen Aromen gewürzt wurden. Stilvolle Atmosphäre.

The Tree (Yinbide Shu) ¥¥¥

43 Bei Sanlitun, hinter der 3.3 Mall (010) 6415 1954

Die heimelige Kneipe im Zentrum des Nachtlebens von Sanlitun serviert gute Holzofen-Pizzas und eine Auswahl an belgischen Bieren. Man hört den Sound von Filipino-Bands und starrt auf abstrakte Aktbilder an der Wand. Stammgäste schwören auf die niederländisch inspirierte Bitterballen-Pizza. Im Sommer ist der Innenhof geöffnet.

Whampoa Club ¥¥¥

23a Jinrong Jie, Haidang (010) 8808 8828

Das Whampoa ist das angesagteste Restaurant in der Financial Street, Beijings Antwort auf die Wall Street. Es bietet neue Varianten lokaler Spezialitäten – leicht, aber zu Designerpreisen. Nachts ist die Atmosphäre wunderbar, was an den funkelnden Lichtern des verführerischen Speiseraums liegt. Gestylte Bar für die Cocktails danach.

China Grill ¥¥¥¥

2 Jianguo Men Wai Daijie, Chaoyang (010) 8567 1234

Das Lokal liegt im 66. Stockwerk – der grandiose Panoramablick ist daher das Highlight, obwohl das Essen auch sehr gut ist. Die westlich inspirierte Speisekarte bietet Grillgerichte. Auf der chinesischen Karte ist der süßsaure Dorsch empfehlenswert. Exzellenter Service.

Court Yard (Siheyuan) ¥¥¥¥

95 Donghuamen Dajie (010) 6526 8883 **Stadtplan** 2 F5

Dies ist Beijings bekanntestes Restaurant mit Fusionsküche – es galt lange als eines der besten der Welt. Ganz so sensationell kommt es einem nicht mehr vor, doch ist es ausgezeichnet. Das Angebot wechselt ständig, die Kochkunst ist nach wie vor qualitativ hochstehend. Unvergleichliche Weinkarte und angeschlossene Kunstgalerie.

Domus ¥¥¥¥

95 Donghuamen Dajie (010) 6526 8883 **Stadtplan** 2 F5

Das stilvolle Lokal nahe der Verbotenen Stadt ist anziehend. Der chinesische Besitzer hat viel Geld investiert, um einen Hof in einem versteckten *hutong* in ein modernes Restaurant mit Bar zu verwandeln. Der französische Koch serviert Köstliches. Der Speiseraum ist schwach beleuchtet, Bar und Café im Obergeschoss sind licht und luftig.

Hazara ¥¥¥¥

26 Face Bar, Song Cao Yuan, Gangli Nan Lu, Chaoyang (010) 6551 6788

Beijings bester Inder bietet köstliche, allerdings nicht ganz billige nordindische Currys (u. a. Cashew-Curry) in einem erstaunlichen Ambiente mit Antiquitäten aus ganz Indien. Es gibt eine Speisekarte auf Englisch. Exzellenter Service. Das Lokal ist Teil des Face-Komplexes, der diverse Bars und Restaurants in einem umgewandelten Schulhaus vorweist.

Jaan ¥¥¥¥

33 Dong Chang'an Jie (im Raffles Beijing Hotel) (010) 6526 3388 **Stadtplan** 4 D1

Mit einer Kombination aus besten regionalen und internationalen Zutaten kreiert dieses Restaurant moderne französische Küche. Seafood-Gerichte dominieren und werden fantasievoll angerichtet. Elegante Innenausstattung mit großen Fenstern und Kristalllüstern – plus einem originalen Tanzsaal aus den 1920er Jahren.

Jing ¥¥¥¥

8 Jinyu Hutong (im Peninsula Palace Hotel) (010) 8516 2888 oder -6714 **Stadtplan** 2 E5

Die Küchenchefs setzen auf Einflüsse aus ganz Asien und Europa und kreieren daraus innovative Köstlichkeiten. Hier legt man Wert auf optische Eindrücke – wenige Restaurants in China sind so eindrucksvoll schick eingerichtet. Das Interieur ist ganz aus Metall und Glas mit guten Einblicken in diverse offene Küchen.

Stadtplan Beijing *siehe Seiten 114–119*

Made in China (Chang'an Yi Hao) ¥¥¥¥

1 Dong Chang'an Jie (im Grand Hyatt Hotel) (010) 8518 1234 oder -3608 **Stadtplan** *4 D1*

An den Ziegelwänden hängen Küchenutensilien, was einen familiären Eindruck erweckt. In den offenen Küchen kann man sehen, wie Enten gebraten werden und emsige Finger Teigtaschen formen und mit Füllungen versehen. So entstehen die kleinen köstlichen Teigtaschen, die als *jiaozi* bekannt sind, eine Spezialität aus Beijing. Superb.

Hebei, Tianjin & Shanxi

CHENGDE Xin Qianlong Dajiudian ¥

Da Jingyuan Dasha, Xinhua Lu (0314) 207 6768

Wie viele andere Restaurants in Chengde serviert auch dieses Wild aus der Region mit frischen Zutaten aus den Bergen – in schöner Umgebung und zu niedrigen Preisen. Die mit Wildbret gefüllten Teigtaschen sind eine leckere Variante zu den üblichen Standardgerichten und ein schnelles, preiswertes Essen

CHENGDE Qianyang Dajiudian ¥¥

18 Pule Lu (0314) 590 7000

Die klassische chinesische Küche des Hotelrestaurants verarbeitet vor allem Zutaten, die sich auf Chengdes Vergangenheit als Jagdrevier der Qing-Kaiser beziehen. Die Betonung liegt auf Wild (Hirsch, Reh, Wildschwein). Regionale Produkte wie Pilze und Kräuter werden gekonnt verarbeitet.

DATONG Dongfang Mianshi Guan ¥

Yingze Jie (0352) 201 5518

Stellen Sie sich auf eine gewisse Wartezeit ein, denn schon ab 11.30 Uhr stauen sich hier Hungrige, die *dao xiao mian* – Datongs Nudelspezialität – aus den klassischen hellgrünen Schalen schlürfen wollen. Man sitzt auf leuchtend orangefarbenen Stühlen. Brühe kann man beliebig nachfüllen. Ideal, wenn Sie etwas Authentisches suchen.

DATONG Yonghe Hongqi Meishicheng ¥¥

8 Yingbin Dong Lu (0352) 203 9940

Datongs bekanntestes Restaurant ist unerhört groß. Schon beim Eintreten werden Sie von sechs Hostessen begrüßt. Spezialisiert ist man hier auf kantonesische Küche, es gibt aber auch Shanxi-Gerichte und würzige Speisen aus Sichuan und Hunan. Ein riesiger Steingarten befindet sich im Zentrum des Speiseraums.

JI'NAN Luneng Ju Ji Wang ¥¥

65 Heihuquan Xi Lu (0531) 602 1888

Hier gibt es alles von Steak bis Schlange. Sie können zwischen Braten, chinesischem Sushi, traditionell Pfannengerührtem, frischem Seafood und verschiedenen kalten Gerichten aus Shandong wählen. Himmlisch sind die Teigtaschen, etwa mit Chrysanthemenblüten- und Shrimpsfüllung, oder Huhn in Salzkruste. Tadelloser Service.

PINGYAO Yuanheng Jiujia ¥

111 Xi Da Jie (0354) 568 7052

Hier hat man leider die fade Atmosphäre eines typischen chinesischen Restaurants, doch es ist ein Ort, um mit Einheimischen lokale Gerichte zu essen: Pingyao-Spezialitäten wie *qiao mian wan tuan* (dünne, in Streifen geschnittene Pfannkuchen in Brühe). Es gibt auch Shanxi-Gerichte. Keine Speisekarte auf Englisch.

PINGYAO Dejuyuan Folk-style Guesthouse (Dejuyuan Mingfeng Binguan) ¥¥

Xi Da Jie 43 (0354) 568 5266

Eine bebilderte Speisekarte auf Englisch hilft bei der Bestellung in dem oft vollen Restaurant in der Hotel-Lobby. Die Küche gleicht die normalerweise sehr salzigen und scharfen Pingyao-Spezialitäten dem Geschmack ausländischer Gäste an. Empfehlenswert: das kalte Pingyao-Rindfleisch oder *you mian kao lao* (große Hohlnudeln mit Sauce).

SHIJIAZHUANG The Greenery Café (Lüyin Ge Kafeiting) ¥¥

195 Zhongshan Dong Lu (im Yanchun Garden Hotel) (0311) 8667 1188

Als Abwechslung zur chinesischen Küche gibt es hier panasiatische und westliche Gerichte – von malaysischem Huhn bis zu Spaghetti bolognese. Außerdem wird ein ausgezeichnetes Frühstück serviert. Das Dekor greift auf Transportthemen zurück. Sie können sich das Vergnügen gönnen, in einem Flugzeugrumpf zu essen.

SHIJIAZHUANG Quanjude ¥¥

7 Jianshe Nan Dajie (0311) 8621 1566

Helles, modernes Restaurant in einem Gästehaus, das zu einer Kette gehört und typische Entenspezialitäten aus Beijing serviert. Das Ambiente ist hier netter als in Beijing, die Preise sind niedriger. Wer keine Ente mag, kann auch Shandong-Gerichte bestellen.

TAIHUAI (WUTAI SHAN) Fo You Yuan Quan Su Zhai ¥

Wuyue Miao Dong Ce (0350) 654 6283

Hier ist alles vegetarisch, wenn auch nicht vegan – von schlichten Kartoffeln mit Kräutern bis hin zu Tofu, der als Chicken Wings oder Schnitzel daherkommt. Man isst oft in Gesellschaft von Mönchen, denn das Lokal ist bei den Angehörigen des nahen Klosters beliebt. Es hat nur in der Pilgersaison (März, April) geöffnet.

Preiskategorien *siehe S. 582* **Zeichenerklärung** *siehe hintere Umschlagklappe*

TAIHUAI (WUTAI SHAN) Yinhai Shanzhuang Canting ¥

Taihuai Zhen (0350) 654 3794

Karges, fensterloses Restaurant im Yinhai-Hotel mit einem schlichten Seitenraum. Die Einheimischen halten es allerdings für das schickste Lokal vor Ort. Serviert wird schlichte Regionalküche mit Fasan, Kaninchen, Berggemüse und Wildpilzen. Es gibt auch Pekingente und kantonesische Gerichte.

Shandong & Henan

KAIFENG Diyilou Baoziguan V ¥

Sihou Jie 8 (0378) 599 8655

Anscheinend serviert jedes Familienrestaurant in Kaifeng *Guangtang*-Teigtaschen, doch diese sind die edle Variante. Das Restaurant ist so beliebt, dass es 40 Filialen davon in China gibt. Zu den typischen Geschmacksrichtungen gehören Lauch und Schwein sowie würziges Huhn. Aufmerksamer Service – auch bei bis zu 1000 Gästen.

KAIFENG You Yi Xin ¥

22 Gulou Jie (0378) 255 5186

Typisches chinesisches Restaurant mit recht einfachem Dekor, aber sehr gutem Essen und freundlichem Service. Serviert werden schlichte Gerichte aus Henan. Was die Henan-Küche ausmacht, ist schwer zu definieren – die Chinesen sagen, sie sei weder zu süß noch zu scharf, noch zu sauer oder salzig.

LUOYANG Mudan Ting ¥¥

15 Zhongzhou Xi Lu, 2. Stock (0379) 6468 0028

Das Lokal ist nicht so bekannt wie das Zhenbutong, dafür liegt es angenehmer und hat englische Speisekarten. Bis zu 20 Gänge verschiedener Suppen werden hier beim »Wasser-Bankett« serviert, aber auch Grillfleisch auf koreanische Art. Musik und Volkstänze von Minderheiten begleiten das Dinner. Der Service ist freundlicher als anderswo.

LUOYANG Zhenbutong Fandian ¥¥

369 Zhongzhou Dong Lu (0379) 6399 5080

Ein »Wasser-Bankett« steht im Zentrum des berühmten Restaurants. In seiner 110-jährigen Geschichte hat sich das Zhenbutong zahlreiche Goldmedaillen von internationalen Kritikern verdient. Stufen führen an Bildern der Berühmtheiten und Staatsmänner vorbei, die hier gegessen haben – einer davon war der frühere Premier Zhou Enlai.

QINGDAO La Villa Bar & Restaurant (Weila Faguo Canguan) ¥¥

5 Xianggang Zhong Lu, Hao (0532) 8388 6833

Von früh bis spät ist es hier voll. La Villa Bar bietet den Komfort einer Lounge in einer schön renovierten Villa. Hier wird dem westlichen Geschmack Rechnung getragen. Es gibt Tapas an der Bar sowie eine riesige Auswahl an Salaten, Suppen, Pizzas und Spaghetti. Das Lokal hat den ganzen Tag über geöffnet.

QUFU Confucia Dining Room (Kongfu Xiyuan Canting) ¥¥

8 Ban Bi Jie (0537) 442 3666

Das recht durchschnittliche Restaurant liegt nicht weit vom Qufu Confucia und steht in deutlichem Kontrast zum eleganten Hotel, zu dem es gehört. Gekocht wird Kong-Familienküche, eine Variante der Shandong-Küche, die dunkle Farben und starke Aromen betont. Beim Bestellen hilft eine Speisekarte mit Bildern.

QUFU Queli Hotel Dining Room (Queli Binshe Canting) ¥¥

1 Queli Jie (0537) 486 6660

Im Restaurant des Queli Hotel werden Kong-Familiengerichte serviert, die ursprünglich offiziellen Empfängen und besonderen Anlässen vorbehalten waren. Es gibt englische Erklärungen zu einigen Gerichten. Beim Essen hört man traditionelle chinesische Musik. Angeboten werden auch gebratene, herzhafte Dim Sum und süße Stückchen.

TAI'AN Taishan Restaurant (Taishan Caiguan) ¥

20 Hongmen Lu, Daizongfang (0538) 626 7888

Nettes Restaurant, um sich nach einer Besteigung des Tai Shan zu stärken. Es liegt vor spektakulärer Kulisse. Serviert wird typische Shandong-Küche, bei der Sojasauce, Essig und Salz großzügig verwendet werden. Besonders beliebt sind die Eintöpfe – und auch das lokale Tai-Shan-Bier.

Shaanxi

XI'AN Fanji Lazhi Roudian ¥

46 Zhubashi Jie (029) 8785 5333

Ein Lokal aus einer anderen Zeit – man denkt an Filme, die in der Zeit spielen, als der Staat noch Essensmarken ausgab. Da dies das bekannteste Lokal für Xi'ans beliebtesten Snack ist, sollten Sie ihn hier kosten: ein eher sanft gewürzter Burger aus Schweinefleisch *(rou jia mo)*, der besser schmeckt, als der Name klingt.

XI'AN Highfly Pizza (Gaofei Bisa) ¥¥

Heping Men Wai, Shengli Fandian ☎ *(029) 8785 5333*

Exzellentes Frühstück westlicher Art (mit Müsli!) und Hausmannskost, die wirklich an zu Hause erinnert: herzhafte Suppen, Pasta-Gerichte und dick mit Käse belegte Pizzas. Pizzas werden gegen Aufpreis auch ins Hotel geliefert – ideal, wenn man des chinesischen Essens gerade etwas überdrüssig ist.

XI'AN Lao Sun Jia ¥¥

78 Dong Guan Zhengjie ☎ *(029) 8248 2828*

Ein idealer Ort, um das berühmteste Gericht der Shaanxi-Küche (*yangrou paomo* – Lamm-Brot-Suppe) zu probieren, ist die 3. Etage dieses lebhaften Restaurants. Brechen Sie das Brot in Stücke, dann gießt die Kellnerin Brühe darüber. Chili und Koriander geben Sie nach Belieben dazu. In der 2. Etage können Sie preiswert essen.

XI'AN The Tang Dynasty (Tang Yue Gong) ¥¥

75 Chang'an Lu ☎ *(029) 8782 2222*

Die leichten Gerichte der südchinesischen Küche mit Namen wie »Princess Pin« oder »Pearls of Cathay« sind ausgezeichnet zubereitet, das musikalische Unterhaltungsprogramm mit Instrumenten und Kostümen aus der Tang-Dynastie ist ein Spektakel. Das Dinner beginnt um 18.30 Uhr, die Show um 20.30 Uhr. Reservierung unabdingbar.

SHANGHAI

Nan Xiang Steamed Bun Restaurant (Nan Xiang Mantou Dian) ¥

Yu Yuan Road 85 ☎ *(021) 6355 4206*

Wenn Sie nicht schon um 10.30 Uhr oder erst um 15 Uhr zu Mittag essen wollen, müssen Sie in diesem 1900 gegründeten Lokal warten. Doch die Teigtaschen mit Krebsfüllung oder das Schweinefleisch machen dies wieder wett. Im Obergeschoss gibt es einen teureren Speisesaal. Apropos: Sie müssen gehen, sobald Sie aufgegessen haben.

1221 ¥¥

Yan'an Xi Road 1221 ☎ *(021) 6213 6585*

Kantonesisch beeinflusste und weniger ölige Version der Shanghai-Küche. Auf der Karte stehen u. a. Schweinefleisch-Papaya-Suppe und herzhaftes Rindfleisch mit warmem Sesambrot. Westliche und japanische Einflüsse machen das Lokal nicht nur bei Besuchern beliebt. Das 1221 liegt nicht im Zentrum, doch die Fahrt lohnt sich.

1931 ¥¥

Maoming Nan Road 112 ☎ *(021) 6472 5264*

Das gemütliche Restaurant in einem Privathaus der 1930er Jahre hat nur wenige Tische und ist bei Chinesen und Europäern, die in Shanghai leben, gleichermaßen beliebt. Auch wenn es unter Shanghai-Küche firmiert, kommen doch wenige Gerichte direkt aus der Region. Allerdings sind die Speisen leicht, lecker und ihr Geld wert.

A Future Perfect ¥¥

Gasse 351, Haus 16, Huashan Road ☎ *(021) 6248 8020*

Das erstaunliche Restaurant in einer ruhigen Gasse serviert in futuristischem Dekor fantasievolle, perfekt zubereitete Fusionsküche. Probieren Sie die Muschelsuppe mit Seafood (sie ist voller Lachsstücke und wird in einem ausgehöhlten Brotlaib serviert). Weine gibt es zu fairen Preisen. Die Cocktails sind einsame Klasse.

Bao Luo ¥¥

Fumin Road 271 ☎ *(021) 6279 2827*

Lassen Sie sich vom Eingang nicht abschrecken. Das Restaurant ist ein beliebter Treffpunkt einheimischer Gourmets (und auch des renommierten Starkochs Jean-Georges Vongerichten). Das Lokal ist bekannt für seine preiswerte klassische Shanghai-Küche. Lecker: pfannengerührte Auberginen im Pfannkuchen.

Crystal Jade (Fei Cui Jiujia) ¥¥

Südblock des Xintiandi-Komplexes, Gasse 123, Xingye Road ☎ *(021) 6385 8752*

Im gehobenen Xin-Tiandi-Komplex gibt es außergewöhnlich gute kantonesische und Shanghaier Gerichte. Zu den Highlights zählen die aromatisch nussigen *dan dan mian* (lange frische Sichuan-Nudeln mit scharfer Sauce). Ausgezeichnete Shanghaier Teigtaschen und viele gedämpfte Gerichte. Am Wochenende unbedingt reservieren.

Dong Bei Ren ¥¥

Shanxi Nan Road 1 ☎ *(021) 5228 9898*

Die farbenfrohe preiswerte Esshalle serviert deftige Gerichte des Nordostens, darunter auch *jiaozi* (Teigtaschen mit Fleischfüllung) und überraschend schmackhaften Tofu. Beliebte Begleiter zum Essen sind Flaschen mit *baijiu* (»Weiße Geister«). Der Schnapsgenuss führt dazu, dass es manchmal etwas laut und ruppig zugeht.

Element Fresh (Xin Yuan Su) ¥¥

4. Stock, KWah Centre, Huaihai Zhong Road 1028 ☎ *(021) 5403 8865*

Wenn Sie die Nudelgerichte der Garküchen satthaben, bietet das Element Fresh eine Alternative mit großen Salaten und Sandwiches. Labend bei Hitze: Salade niçoise und dazu ein frisch gepresster Apfel-Karotten-Saft. Das neue Lokal im KWah Centre gehört einer der besten Ketten an. Große, schattige Terrasse mit schönem Blick auf die Stadt.

Preiskategorien *siehe S. 582* **Zeichenerklärung** *siehe hintere Umschlagklappe*

Gu Yi

Fumin Road 87 *(021) 6249 5628*

An der Ecke der Straßen Julu und Fumin gibt es nun einige ansprechende Lokale, darunter das Gu Yi. Stellen Sie sich auf »Gaumenfeuer« ein, denn in dem hervorragenden Hunan-Restaurant kommt alles mit viel Chilischoten, von den Schweinerippchen über das kalte Hühnerfrikassee bis zur Gurkensalatbeilage.

Lost Heaven Yunnan Folk Cuisine (Huama Tiantang Yunnan Canting)

Gaoyou Road 38 *(021) 6433 5126*

Das Lokal in einer dreistöckigen Villa in der einstigen französischen Konzession ist dank der komfortablen südostasiatischen Ausstattung, des aufmerksamen Personals und der Auswahl an herzhaften Speisen beliebt. Zu essen gibt es Gerichte der Minderheiten in Yunnan mit dem Schwerpunkt auf Seafood, Huhn und Gemüse.

Vegetarian Lifestyle (Zao Zi Shu)

Fengxian Road 258 *(021) 6215 7566*

Hier gibt es weder Eier noch Fleisch, Geflügel, Fisch oder Glutamat. Serviert werden vor allem Tofu-Gerichte, die Fleischspeisen imitieren. Unter den Gästen sind viele Mönche. Nach dem Essen können Sie im New-Age-Buchladen des Lokals zwischen buddhistischer Literatur und vegetarischen Kochbüchern stöbern.

Whisk Choco Café

Huaihai Road 1250 *(021) 5404 7770*

Trotz des Namens gibt es hier nicht nur Schokolade. Das Café eines Neuseeländers serviert zunächst einmal guten Kaffee – aber auch grandiose Panini Prosciutto Caprese. Heiße Schokolade und verführerische Desserts komplettieren das positive Bild.

Palladio (Paladuo)

Nanjing Xi Road 1376 (im Portman Ritz-Carlton) *(021) 6279 8888*

Das Palladio bietet eine große Auswahl italienischer, teils neapolitanisch geprägter Gerichte. Mittags gibt es ein schnell serviertes, preiswertes Menü, abends sollten Sie sich mehr Zeit lassen. Die umfangreiche Weinkarte weist hervorragende Tropfen auf (dreimal Gewinner des Wine-Spectator-Preises). Fazit: überaus empfehlenswert.

Shintori Null II (Xinduli Wu Er Dian)

Julu Road 803 *(021) 5404 5252*

Man nähert sich den Metallschiebetüren des ehemaligen Lagerhauses, das heute eines der besten japanischen Restaurants von Shanghai beherbergt, durch Bambus. Innen herrscht schickes Industriedesign vor. Genießen Sie das Beefsteak im *Pu*-Blatt (Variante der Pekingente), aber lassen Sie Platz für das Tiramisu mit grünem Tee.

Shui Yuan

3. Stock, Yan'an Dong Road 1 *(021) 6330 8098*

Das biologische Health-Restaurant ist rauch- und glutamatfrei und bietet cholesterinarme Gerichte an. *Shui Yuan* (Kürbissuppe mit Hühnerfleisch) ist zwar nicht vegetarisch, doch erdig schmeckende Pilze, Seiden-Tofu und verschiedene Speisen aus Bohnen und Hülsenfrüchten dominieren die Karte. Ein Lokal der anderen Art am Bund!

South Beauty 881 (Qiao Jiang Nan)

Yan'an Zhong Road 881 *(021) 6247 5878*

Das Setting des schön dekorierten Gebäudes mit Dachterrasse und großen Gartenanlagen stellt die Sichuan- und Kanton-Gerichte der Speisekarte fast in den Schatten. Gleichwohl: Einige der scharf-feurigen Speisen, vor allem die Seafood-Gerichte, sind sehr aromatisch und werden fantasievoll angerichtet serviert.

Vedas

Jianguo Xi Road 550 *(021) 6445 8100*

In einer stillen Ecke des alten Franzosenviertels stößt man auf diesen komfortablen Inder, der sich schnell als gute Adresse für *Biryani*-Gerichte einen Namen gemacht hat. Hervorragendes Management, stilvolle Präsentation und wunderbar aromatische Samosas, Currys und Brote. In der Maharaja Lounge speist man abgeschieden-diskret.

Whampoa Club (Huangpu Hui)

5. Stock, Three on The Bund, Zhongshan Dong Yi Road 3 *(021) 6321 3737*

In edelster Umgebung wird hier ein Riesenangebot traditioneller Shanghai-Spezialitäten serviert, manche mit einem überraschend modernen Touch (z. B. Spareribs mit Mandeln und Kakao) oder auch einfach mit fantastischen Aromen. Ein Tee-Sommelier berät bei der Wahl unter 50 verschiedenen Teesorten aus ganz China.

Haiku by Hatsune

Taojing Road 28b, nahe Hengshan Road *(8612) 6445 0021*

Die Marke aus Beijing hat elegantes Interieur und modernes japanisches Essen in ein kleines, aber feines Lokal im einstigen Franzosenviertel transferiert. Exzellenter Service. Die langen niedrigen Tische eignen sich für Gruppen. Die Sake- und Bierangebote sind sehr gut. Auf der Karte: alles von California-Sushi bis zu vegetarischen Gerichten.

Jean Georges (Rangqiaozhi)

4. Stock, Three on The Bund, Zhongshan Yi Road 3 *(021) 6321 7733*

Der Shanghaier Ableger des New Yorker Restaurants von Jean-Georges Vongerichten serviert französische Küche mit asiatischen Anklängen (Zitronengras, Kokosnuss). Jedes der kleinen Gerichte ist in jeder Hinsicht perfekt. Probieren Sie das saisonale Menü, das die frischesten Zutaten verarbeitet. Im Keller lagern 5000 Weine.

Laris (Lu Wei Xuan) ¥¥¥¥

6. Stock, Three on the Bund, Zhongshan Dong Yi Road 3 (021) 6321 9922

Der komplett in Weiß komponierte Speisesaal des Australiers David Laris ist das perfekte Setting für seine »Global Cuisine«. Die Gerichte sind subtil, kreativ, aber nie prätentiös. Das macht Laris zum wahrscheinlich besten ausländischen Restaurant in Shanghai. Ein Menü garantiert einen unvergesslichen Abend.

M on The Bund (Mishi Xi Canting) ¥¥¥¥

7. Stock, Guangdong Road 20 (021) 6350 9988

Michelle Garnaut, die Pionierin der Gourmet-Restaurants außerhalb von Hotels, serviert Gerichte aus Europa und dem Nahen Osten, die schon ihr Lokal in Hong Kong zur Legende werden ließen. Superb: das butterweiche Lamm in Salzkruste. Das Lokal liegt im oberen Stock einer Bank aus den 1920er Jahren mit Blick auf den Fluss. Beliebte Bar.

The Yongfoo Elite (Yongfu Hui) ¥¥¥¥

Yongfu Road 200 (021) 5466 2727

Nicht billig, aber das Geld wert. Die Karte mit Shanghai- und Kanton-Gerichten ist vielleicht etwas Abalone-lastig. Das Yongfoo Elite liegt im Gebäude des früheren britischen Konsulats und ließ sich mit dem Design zwei Jahre lang Zeit. Das Ergebnis ist umwerfend – von der Veranda mit alten Magnolienbäumen bis zu den Kandelabern.

Jiangsu & Anhui

HEFEI The Golden Lotus (Jin Lian Ge) ¥¥

Wuhu Road 199 (0551) 228 6200

Das Ambiente mag unspektakulär sein, doch das Hotelrestaurant liegt im schönsten Teil von Hefei mit Blick auf den Baogong-Tempel und den Kinderpalast. Kantonesische Küche beherrscht die Speisekarte. Es gibt aber auch lokale Anhui-Spezialitäten wie *caocao chicken*, das mit traditionellen chinesischen Heilkräutern zubereitet wird.

NANJING Dingshan Yixian ¥¥

Zhongshan Dong Road 458, 2. Stock (025) 8445 6622

Einheimische empfehlen das Lokal als eines der besten in der Stadt, um Jiangsus Huaiyang-Küche kennenzulernen. Das Dekor ist durchschnittlich, doch die Gerichte sind lecker nach Hausmacherart zubereitet. Auf der englischen Speisekarte stehen u. a. Ente und Fleischbällchen, aber auch Schildkrötenfleisch mit Eiern und Tofu.

NANJING Great Nanjing Eatery (Da Pai Dang) ¥¥

Shizi Qiao Jie 2 (025) 8330 5777

Üppiges Angebot von Huaiyang-Spezialitäten, alle nach Hausmacherart zubereitet. Unbedingt testen: den Gelee-ähnlichen Tofu in Hummersauce *(xihuang dofu)* und die Schweinelungen-Suppe *(zhufei luobo tang)*. Falls es Ihnen hier nicht gefällt – in dieser Straße finden Sie zahlreiche ähnliche Lokale. Keine englische Speisekarte.

NANJING Behind the Wall ¥¥¥

Shanghai Road 150 (025) 8368 6481

Freundliches Restaurant mit einem schönen, sanft beleuchteten Speisebereich im Innenhof. Vor allem hier lebende Europäer lieben es wegen der frischen Zutaten, der üppigen, lecker zubereiteten Portionen und des Live-Jazz am Wochenende. Es gibt auch europäische und mexikanische Gerichte.

NANJING Ming Yuen ¥¥¥

Untergeschoss, Shangri-La Hotel, Cha Er Road 90 (025) 5880 2888 oder -21

Eine gute Wahl, um die lokale Huaiyang-Küche in erstklassigem Ambiente zu probieren. Das Angebot konzentriert sich auf Frisches aus dem Fluss, etwa Flussbarsch oder Shrimps. Andere Huaiyang-Spezialitäten sind Ente und Aal. Es gibt aber auch kantonesische Gerichte wie Haifischflossen und Abalone. Englische Speisekarte.

NANJING Nihero Cantonese Cuisine (Yue Hong He) ¥¥¥

Suning Universal Shopping Centre, 11. Stock, Hunan Road 18 (025) 5792 3588

Das derzeit beliebteste kantonesische Feinschmecker-Restaurant der Stadt liegt ganz oben in einem Einkaufszentrum. Die Küche verarbeitet frische, hochwertige Zutaten. Das Angebot enthält viel Seafood. Es gibt auch Sushi. Keine englische Speisekarte, doch die Kellnerinnen beraten Sie gern.

NANJING Sui Yuan ¥¥¥

Erdgeschoss, Grand Metro Park Hotel, Zhongshan Dong Road 319 (025) 8480 8888 oder -7760

Ein konstant hoher Standard prägt die Küche des Fünf-Sterne-Hotelrestaurants, die sich auf regionale Fischgerichte wie Huaiyang-Aal konzentriert, aber auch andere lokale Spezialitäten wie Nanjing-Ente, *shizi tou* (»Lions' Heads«, siehe S. 180) und Dim Sum anbietet. Englische Speisekarte. An den Wänden hängt farbenfrohe Kunst aus Jiangsu.

SUZHOU The Bookworm V ¥¥

Gun Xin Fang 77 (0512) 6526 4720

Das Café bietet weit mehr als Essen: Es ist ein großartiger Ort, um herumzuhängen oder die lokale Szene mitzubekommen. Es gibt eine große Auswahl an internationalen und chinesischen Gerichten – Frühstück, Mittagessen und Abendessen. Man kann sich Bücher ausleihen. Kostenloses WLAN. Im März findet hier ein Literaturfestival statt.

SUZHOU Chuanfulou Dajiudian ¥¥

Guanqian Jie Bifeng Fang 1 (0512) 6522 8877

Mitten in Suzhous Gastronomie-Zone werden hier in charmantem Ambiente Sichuan- und Suzhou-Gerichte serviert. Zu den Highlights auf der umfangreichen Speisekarte gehören das zischend heiße *Chuan-Fu*-Roastbeef und die schlichten, aber leckeren, pfannengerührten Pilze der Region.

SUZHOU Deyue Lou ¥¥

Guanqian Jie Taijian Nong 8 und 43 (0512) 6523 8940

Das 400 Jahre alte Restaurant war schon zweimal Schauplatz eines chinesischen Kinofilms. Es gehört zu den besten Plätzen, um Suzhou-Spezialitäten wie eichhörnchenförmig angerichteten Mandarinfisch zu probieren. Alles wird ungewöhnlich angerichtet, vor allem die Teigtaschen, die in Form von Igeln oder Gänsen auf den Tisch kommen.

SUZHOU Wang Si Wineshop (Wang Si Jiujia) ¥¥

Guanqian Jie Taijian Nong 23 (0512) 6522 7277

Trotz seiner ältlichen Inneneinrichtung serviert das Lokal denkwürdige lokale Küche. Besonderen Wert legt man hier auf absolut frische Zutaten mit gesundheitsfördernden Eigenschaften. Versuchen Sie eines der Gerichte mit Wildgemüse oder das saftige »Beggars Chicken«, das mit Lotosblättern umwickelt in einer Lehmhülle zubereitet wird.

Zhejiang & Jiangxi

HANGZHOU Crystal Garden (Yuqilin) ¥

Dongpo Road 12 (0571) 8706 7777

Schickes, hell erleuchtetes Atrium. Auf den Balustraden, die um den zentralen Teich verlaufen, stehen traditionelle quadratische Tische und Holzstühle. Eine bebilderte Speisekarte auf Englisch macht die Bestellung einfach. Empfehlenswert: gedünstetes Schweinefleisch, Fischrogenbällchen und Huhn in Sake. Günstig im Zentrum gelegen.

HANGZHOU Zhangshengji ¥

Shuangling Road 77 (0571) 8602 6666

Die Speisekarte ist teils bebildert, die Küche leicht und delikat. Das palastartige Restaurant mit den vielen Etagen ist immer voll mit Einheimischen. Die Preise sind niedrig – im Gegensatz zu den Preisen der Restaurants, die die Tour-Führer empfehlen. Es gibt Hangzhou- und Huaiyang-Gerichte mit viel Fisch.

HANGZHOU Shang Palace (Shang Gong) ¥¥

Bei Shan Road 78 (im Shangri-La Hotel) (0571) 8797 7951

Im »Shang-Palast« werden lokale Hangzhou-Gerichte wie »Beggars Chicken« und Dongpo-Schweinefleisch serviert. Hinzu kommen leichte, leckerste Kanton-Spezialitäten. Allles ist perfekt zubereitet. Traditionelle chinesische Motive schmücken die Wände des angenehmen Restaurants im Shangri-La Hotel.

HANGZHOU Va Bene (Huabinni) ¥¥¥

Nan Shan Road 147, Xi Hu Tiandi (0571) 8702 6333

Ein Italiener ist Chef in der großen, offenen Küche. Das Va Bene ist der Ableger eines italienischen Lokals in Hong Kong und Hangzhous Antwort auf Shanghais trendige Restaurantszene. Das Lokal liegt am See zwischen Ahorn- und Bambushainen. Es gibt z. B. Rindfleisch-Carpaccio oder Lachs mit Meerrettich. Pizzas ab 70 ¥, Menüs ab 220 ¥.

NANCHANG The New Oriental Hotel (Xin Dongfang Dajiudian) ¥

Binjiang Nan Road 18 (0791) 670 9999

Das palastähnliche, vierstöckige Restaurant liegt gegenüber dem Teng Wang Ge, hat mehrere Räume und alle Arten von chinesischem Essen, die man sich vorstellen kann – von Dim Sum bis zum Feuertopf. Lokale Spezialität ist der Fischkopf-Tofu. Der Eigentümer kann sich den einzigen Rolls-Royce der Provinz leisten, er ist in der Lobby geparkt.

NANCHANG Yuan Dong Dajiudian ¥

Fuzhou Road 95 (0791) 621 8888

Einst war dies Nanchangs renommiertestes Restaurant. Heute ist es etwas schäbig und wurde von neuen Lokalen mit besserem Service überholt. Doch das Yuan Dong hat lange offen und serviert gute, herzhafte Gerichte der Region. Zutaten und Schaugerichte sind am Eingang ausgestellt. Man bestellt, indem man auf eines zeigt.

PUTUO SHAN Seafood-Restaurants ¥

Am Hafen

Die kleinen, einfachen Restaurants findet man entlang zweier Straßen, die von den Hafendocks wegführen. Die Lokale bieten eine große Vielfalt an frischesten Seafood-Gerichten. Die Fische in den Körben oder in Wasserbecken leben noch. Der Gast wählt einen aus und bestimmt die Art der Zubereitung.

PUTUO SHAN Xilei Xiao Zhuang ¥

Xianghua Jie 1 (0580) 8080 8000

Wie viele Lokale am Putuo Shan bietet auch das Restaurant im Xilei Xiao Zhuang Hotel für gläubige Pilger vegetarische Gerichte an, für weniger konsequente Besucher auch Fleischgerichte aller Art. Die Auswahl ist für beide Fraktionen genügend groß. Angenehmes Ambiente.

WENZHOU Haigang Meishi Fang

Wang Jiang Dong Road (0577) 819 7008

Auf der zweistöckigen Barkasse vor der Insel Jiangxin hat man eine noch bessere Aussicht als im Jinwangjiao *(siehe unten)*. Die Qualität der Gerichte und die Preise sind vergleichbar. Man bestellt durch Fingerzeig. Zum Essen sitzt man auf weißen Plastikstühlen, am oberen Deck auch im Freien. Genießen Sie die Lage und das Seafood.

WENZHOU Jinwangjiao Dajiudian

Wang Jiang Dong Road (0577) 819 7008

Hier gibt es superfrisches Seafood. Im Vergleich zu den meist pseudowestlichen Hotelrestaurants zahlen Sie etwa die Hälfte. Gäste deuten einfach auf alles, was sie zubereitet haben wollen. Man kann auch eines der ausgestellten Gerichte wählen.

Hunan & Hubei

CHANGSHA Boton (Bodun Xicanting)

Wuyi Da Dao 591 (0731) 227 7518

Wer Hunans Küche zu scharf findet, kann hier im angenehm-modernen Ambiente Steaks und annähernd westlich zubereitete internationale Klassiker essen. Es gibt sogar guten, wenn auch teuren Kaffee. Auf den schicken Sofas kann man sich von Easy-Listening-Musik (live mit Piano und Saxofon) einlullen lassen.

CHANGSHA Huo Gong Dian

Wuyi Da Dao 93 (0731) 411 6803

Auf Wagen werden alle erdenklichen Hunan-Gerichte herumgefahren, von Pickles bis Seafood, und schnell serviert. Diese Methode und eine bebilderte Speisekarte machen das Bestellen einfach. Alles ist sehr scharf gewürzt, außer das süße Reisgericht *ba bao zhou*. Es gibt auch kantonesische Gerichte wie Entensuppe und Dim Sum.

WUHAN Changchunguan Sucaiguan

Wuluo Lu 269, Wuchang (027) 8885 4229

Das Restaurant »Ewiger Frühling« kopiert das Dekor des daoistischen Tempels von nebenan und serviert alle Arten von vegetarischen Gerichten. *Xiaopinpan* ist eine große gemischte Platte, auf der kleine Portionen verschiedenster Speisen liegen. Versuchen Sie *lazi tianluo*, eine vegetarische Version der hier beliebten Flussschnecken.

WUHAN Fang Fang Caiguan

Jixing Jie 168, Hankou (027) 8281 0115

Die Speisen schmecken ausgezeichnet, und gegen ein wenig Geld singen Ihnen lokale Musiker aktuelle Pop-Hits oder chinesische Klassiker zum Essen. Das älteste und größte Restaurant Wuhans fällt durch sein großes gelbes Zeltdekor auf. Lecker: *caiyu lianou* (Fisch und Lotoswurzel) oder *ya bozi* (Entenhals), beides lokale Spezialitäten.

WUHAN Mr. Xie Restaurant & Pub (Xie Xiansheng Canting)

Jiefang Da Dao 910 (027) 8581 3580

Mr. Xie arbeitete einige Jahre in der US-amerikanischen Gastronomie und kehrte dann zurück, um dieses beliebte Restaurant im Zentrum von Wuhan zu eröffnen. Die Speisekarte ist teils auf Englisch. Der Eigentümer begrüßt seine Gäste oft persönlich. Gedünsteter Wuchang-Fisch *(qingzheng Wuchang yu)* gehört zu den lokalen Spezialitäten.

WUHAN Sunny Sky (Yanyangtian)

Jiefang Da Dao 588, Baofeng Lukou (027) 8375 0706

Die geschmackvolle Inneneinrichtung gleicht den Lärm im Hauptspeisesaal etwas aus. Das Essen ist exzellent. Die chinesische Speisekarte hat ein paar Bilder. Man findet u. a. *suzha oujia* (frittierte, weich geklopfte Lotoswurzel-Scheiben mit einer Füllung aus Schweinefleisch) sowie *nongjia xiaochaorou*, ein scharfes Schweinefleischgericht.

Fujian

FUZHOU Juchun Yuan Dajiudian

Dong Jie 2 (0591) 8750 2328

Fo tiao qiao (»Buddha, der über eine Mauer springt«) ist ein Eintopf aus mehr als 20 überwiegend recht teuren Zutaten und brachte Fuzhou als einziges Gericht kulinarischen Ruhm. Das Originalrestaurant wurde in einem modernen Hotel gleichen Namens im Zentrum nachgebaut. Die Theke aus der Ming-Zeit ist noch original.

XIAMEN Nan Putuo Si

Im Tempel Nan Putuo Si (0592) 208 5908

Zu Recht berühmtes vegetarisches Restaurant, das nicht Fleischgerichte imitiert, sondern frisches Gemüse, Salate und Tofu lecker zubereitet. Schlichte Einrichtung. Man wählt, bestellt und bezahlt das Essen an einem Schalter und händigt der Bedienung die Quittung aus. Zu den Gästen zählen hauptsächlich Mönche und Pilger.

XIAMEN Guan Hai Canting ¥¥¥

Lujiang Dao 54 (oben im Lujiang Binguan) *(0592) 202 2922*

Die Qualität mag in einem der ungleich teureren Restaurants der Vier-Sterne-Hotels besser sein, doch keines kann die Aussicht des Guan Hai (»Blick aufs Meer«) bieten. Es gibt viel frisches Seafood, aber auch Standardgerichte aus ganz China und – als Reverenz an Hong Kong – den ganzen Tag über Dim Sum, die auf Servierwagen vorbeirollen.

Guangdong & Hainan

GUANGZHOU Mao Jia Fandian ¥

Beijing Nan Lu Da Xia, 6. Stock *(020) 8326 4869*

Weitläufiges Lokal mit künstlichen Bäumen, Teichen und Brücken. Serviert wird scharfes Hunan-Essen, wie es der Vorsitzende Mao – repräsentiert durch Mao-Bronzebüste und Fotos seines Heims – liebte: *hong shao rou* (»fatty pork«, fettes Schwein), Marshall-Ente, gebratene Schweinsfüße sowie »stinky tofu«.

GUANGZHOU East River Seafood Restaurant (Dong Jiang Hai Xian Jiu Jia) ¥¥

Yan Jiang Zhong Lu 198 *(020) 8318 4901*

In dieses Lokal gehen die Kantonesen, wenn sie Seafood essen wollen – es ist das beste von 18 Franchise-Unternehmen in Guangdong. Im Obergeschoss gibt es Stände mit frischem Fisch und frischen Säften. Auf jeder Etage befinden sich Bars. Die Auswahl auf der Karte ist überraschend klein für so ein großes Restaurant.

GUANGZHOU Guangzhou Jiujia ¥¥

Wenchang Nan Lu 2 *(020) 8138 0388*

In dem alteingesessenen, über mehrere Etagen verteilten Labyrinth von Speiseräumen werden Gerichte für jedes Budget serviert – von preiswerten Dim Sum und Festpreismenüs bis zu teuren ausgetüftelten kantonesischen Luxusgerichten. Hier ist immer viel los. Es gibt eine kleine englischsprachige Karte.

GUANGZHOU Taotao Ju ¥¥

Dingshipu Lu 20 *(020) 8139 6111*

Schlangen (und Schlangenblut) zu essen ist eine kantonesische Tradition. Das Taotao Ju serviert Schlangenfleisch in Brühe und in anderen Zubereitungsarten. Es gibt aber auch weniger exotische kantonesische Gerichte. Etwas kleiner und gediegener als andere Guangzhou-Restaurants, aber mit der lärmenden Hektik, die zur Tradition gehört.

GUANGZHOU Taste Of India (Yinsi Weishiguan Jiulang) V ¥¥

Tao Jin Lu 165 *(020) 8350 7688*

Hier wird das beste indische Essen von Guangzhou serviert, wie in China lebende Inder bestätigen. Abendessen gibt es in dem plüschigen Lokal ab 18.30 Uhr – u. a. arabischer Salat, Fisch-Curry aus Goa und Hammel-Vindaloo (sehr scharfes indisches Currygericht). Im TV laufen Kricket-Turniere, im Aquarium schwimmen Fische.

GUANGZHOU Qiaomei Shijia V ¥¥¥

Shamian Nan Jie 52 *(020) 8121 7018*

Das Personal empfiehlt jedes Gericht, herausragend ist jedoch das Seafood: Haifischflossen-Suppe mit Hühner- und Schweinefleisch, gebratene Seegurke und Schildkrötensuppe mit Tian-Shan-Schärtling (Pilzart). Weitere Spezialitäten sind gepfefferter Aal, zweifach gekochtes Huhn mit Puppenkernkeulen (Pilzart) und gebratene Jungtaube.

HAINAN Heyou Seafood Restaurant (Haikou Heyou Haixianguan) ¥¥¥

Haixiu Dadao 28, Haikou *(0898) 6676 0006*

Renommiertes Seafood-Lokal, in dem früher die Offiziere aßen (was den roten Stern an der Decke des Hauptspeisesaals erklärt). Aus einem der Wasserbecken kann man sich seinen Fisch oder die Krustentiere aussuchen. Empfehlenswert: gedünsteter Hummer mit Knoblauch. Der Hele-Krebs ist eine lokale Spezialität.

HAINAN Symposium (Sofitel da Judian) ¥¥¥

Sofitel Boao, Insel Dong Yu, Boao, Hainan *(0898) 6296 6888 oder -63*

Kreative chinesische Küche in stilvollem Ambiente. Das Symposium ist bei Politikern und Wirtschaftsbossen beliebt, die zum Boao Forum for Asia kommen. Es gibt alle Arten von Hainan-Spezialitäten – von Seafood bis Wenchang-Huhn. Zudem kann man beim Essen den Blick über den Jade Belt Beach genießen.

HAINAN Haigang Dajiulou ¥¥¥¥

Xinfeng Lu, gegenüber dem Mingri Hotel, Sanya *(0898) 3828 3333*

Der Manager stammt aus Hong Kong – daher serviert das Lokal gute Kanton-Küche in netter Umgebung. Das Etablissement bietet zwar keinen Blick aufs Meer, dafür eine offene Küche und absolut frisches Seafood. Versuchen Sie doch einmal die Suppe aus Fischköpfen oder das Zhongshan-Täubchen.

HAINAN The Spice Garden (Xiangliaoyuan Yazhou Canting) ¥¥¥¥

2. Stock, Sheraton Sanya Resort, Yalong Bay National Resort District, Sanya *(0898) 8855 8855 oder -8411*

Südostasiatische Küche passt gut nach Hainan, das sich südöstlicher fühlt als der Rest Chinas. Serviert wird ausgezeichnetes frisches Seafood. Die *Tom-yum*-Suppe ist besonders empfehlenswert. Auf der Terrasse genießt man den Meerblick unter Kokospalmen. The Spice Garden ist das bestgelegene Restaurant im Sheraton Sanya Resort.

Hong Kong & Macau

HONG KONG Kung Tak Lam
V ¥¥

7. Stock, 1 Peking Road, Tsim Sha Tsui, Kowloon ☎ *(852) 2367 7881* **Stadtplan** *1 B4*

Zwischen den glitzernden Läden von Tsim Sha Tsui serviert das vegetarische Restaurant Gerichte, deren Zutaten auf eigenen Feldern produziert werden. Ausgezeichnete Zubereitung, Kreativität auf chinesischer Basis. Lassen Sie sich vom unansehnlichen Ambiente nicht abschrecken. Probieren Sie lieber den köstlichen Kürbiseintopf.

HONG KONG Woodlands
V ¥¥

Erdgeschoss, Mirror Tower, 61 Mody Road, Tsim Sha Tsui, Kowloon ☎ *(852) 2369 3718* **Stadtplan** *1 B4*

Das Essen übertrifft alle Erwartungen, die man angesichts des reizlosen Ambientes oder der niedrigen Preise hegt. Ein ganz und gar vegetarisches Lokal ohne Alkohol, dafür mit vielen Säften und Lassi-Getränken. Eine Empfehlung ist das Büfett *(thali)*, aber was auch immer Sie wählen – Sie werden nicht enttäuscht sein.

HONG KONG Gaylord
¥¥¥

Ashley Centre, 1. Stock, 23–25 Ashley Road, Tsim Sha Tsui, Kowloon ☎ *(852) 2376 1001* **Stadtplan** *1 B4*

In der Gegend gibt es massenhaft kitschige Curry-Häuser, das Gaylord ist eines der besseren. Die Gerichte sind gut gewürzt, aber nicht allzu scharf – und vor allem ganz frisch zubereitet. Empfehlenswert sind die leckeren Angebote aus dem Tandoor-Ofen. Sie können aber auch nordindische Speisen wählen.

HONG KONG Luk Yu Tea House
¥¥¥

Erdgeschoss, Luk Tea Building, 24–26 Stanley St, Central, Hong Kong Island ☎ *(852) 2523 1970* **Stadtplan** *2 B3*

Hübsche Umgebung und absolut authentische Kanton-Küche – das Ganze in einem Gebäude mit Alte-Welt-Charme. Wer mehr ausgeben will, kann sich an Vogelnestersuppe und Abalone gütlich tun. Für weniger Geld gibt es ausgezeichnete Dim Sum, aber auch *prawn fu yung* oder gebratenes Täubchen.

HONG KONG DiVino
¥¥¥¥

73 Wyndham Street, Central ☎ *(852) 2167 8883* **Stadtplan** *2 B3*

Eine Rarität in Hong Kong: Der stilvolle Italiener hat auch ein paar Tische im Freien. Die unprätentiösen Gerichte des Lokals werden aus frischen, meist importierten Zutaten zubereitet. Erinnerungswürdig sind der cremige Büffel-Mozzarella und der exzellente Schwertfisch. Bei Hong Kongs Ausländergemeinde beliebt.

HONG KONG Gaddi's
¥¥¥¥

The Peninsula, Salisbury Road, Tsim Sha Tsui, Kowloon ☎ *(852) 2315 3171* **Stadtplan** *1 B4*

Wenn Ihnen der Sinn nach Außergewöhnlichem steht, erwartet Sie hier ein kulinarisches Abenteuer in einem prächtigen Speisesaal. Klassische französische Küche mit kreativem Touch aus den feinsten Zutaten. Sensationelle Weinkarte. Entsprechend astronomisch sind die Preise. Für Männer besteht Jackett- und Krawattenpflicht.

HONG KONG Miso
¥¥¥¥

Shop 15, Untergeschoss, Jardine House, Central, Hong Kong Island ☎ *(852) 2845 8773* **Stadtplan** *2 C3*

Nirgendwo in Hong Kong gibt es besseres japanisches Essen für weniger Geld. Ausgezeichnete Sushi und Sashimi, auch die gegrillten Spießchen sind eine gute Wahl. Natürlich sollten Sie weder die hervorragende Miso-Suppe verpassen noch die fantastischen Nachspeisen. Ein Gewinner auf allen Ebenen.

HONG KONG Opia
¥¥¥¥

JIA, 1–5 Irving Street, Causeway Bay ☎ *(852) 3196 9100*

Das stilvolle Innere des Opia besitzt ein ebensolches Light-Design. Auf der Speisekarte findet sich Edles wie Wagyu-Rindfleisch und australischer Barramundi (Riesenbarsch). Empfehlenswert: die ungewöhnliche Kombination von *foie gras*, Kaviar und *mousse au chocolat* oder die Opia-Spezialität geschmorte Rinderbacke.

HONG KONG Petrus
¥¥¥¥

Island Shangri-La, Pacific Place, Central ☎ *(852) 2820 8590* **Stadtplan** *3 D4*

Das Petrus bietet zeitgenössische, unprätentiöse französische Küche. Hier spürt man noch den Charme einer längst untergegangenen Welt. Die großen Fenster eröffnen Panoramablicke. Der Service ist so aufmerksam wie diskret. Mit derselben Hingabe ist die kompromisslose, vegetarische Speisekarte komponiert.

HONG KONG Pierre
¥¥¥¥

5 Connaught Road, Central (im Mandarin Oriental Hotel) ☎ *(852) 2522 0111* **Stadtplan** *2 C3*

Das Pierre im obersten Stock des Mandarin Oriental ist eine Orgie aus schwarzem Marmor mit Silber. Durch die bis zum Boden gehenden Fenster blickt man auf den Hafen. Die Speisekarte ist modern-französisch. Man sollte mehrmals hingehen, um die Kreativität des mit drei Michelin-Sternen gekrönten Starkochs Pierre Gagnaire zu erfassen.

HONG KONG Shang Palace
¥¥¥¥

Kowloon Shangri-La, 64 Mody Road, Tsim Sha Tsui, Kowloon ☎ *(852) 2733 8754* **Stadtplan** *1 C4*

Dies ist Gourmet-Küche auf chinesische Art. Die Aromen sind subtil, die Rezepte stammen aus vielen Regionen Chinas, und die Küchenchefs gehen gekonnt und kreativ damit um. So gibt es etwa eine zarte Shrimps-Rolle oder den wunderbaren Schweinehalsgrat mit Honig. Ausgeklügeltes, opulentes chinesisches Ambiente in Rot.

Preiskategorien *siehe S. 582* **Zeichenerklärung** *siehe hintere Umschlagklappe*

HONG KONG Spoon by Alain Ducasse ¥¥¥¥

Intercontinental, 18 Salisbury Road, Tsim Sha Tsui (852) 2313 2323 **Stadtplan** *1 C5*

550 Gabeln aus venezianischem Glas hängen von der Decke dieses Top-Restaurants, das eine moderne Version der französischen Haute Cuisine serviert. Von *foie gras* bis *feuillet aux framboises* ist hier alles grandios. Die umfangreiche Weinkarte steckt voller Überraschungen – vertrauen Sie einfach dem Sommelier.

HONG KONG Top Deck ¥¥¥¥

Oberdeck, Jumbo Kingdom, Sum Wan Pier Drive, Aberdeen (852) 2552 2331

Auf dem Oberdeck des sehr touristischen »Schwimmenden Restaurants« Jumbo – man erreicht es nach zweiminütiger Fahrt mit der Fähre – gibt es nun ein separates Seafood-Lokal der Oberklasse. Serviert wird alles, von der Bouillabaisse bis zu Hummer aus Boston. Bisweilen gibt es Live-Jazz.

HONG KONG Yung Kee ¥¥¥¥

32–40 Wellington Street, Central, Hong Kong Island (852) 2522 1624 **Stadtplan** *2 B3*

Zentral gelegenes, authentisches Kanton-Restaurant, groß, etwas unpersönlich und oft überfüllt. Die Gerichte sind immer frisch (keine Tiefkühlprodukte), die Standards konstant hoch. Die Küchenchefs sind ganz vorn dabei, wenn Gastro-Preise verliehen werden. Daneben liegt das Luk Yu Tea House.

MACAU Clube Militar ¥¥

Avenida da Praia Grande 795 (853) 2871 4009

Das Clube Militar geht auf das Jahr 1870 zurück, mit Ventilatoren an der Decke, knarzendem Parkett und Wänden voller Bilder aus Macaus glorreicher Vergangenheit. Viele der hier noch verbliebenen Portugiesen kommen hierher, um afrikanisches Huhn (mit Chili und Kokosnuss) zusammen mit portugiesischem Weißwein zu genießen.

MACAU Espaco Lisboa ¥¥¥

Rua das Gaivotas 8, Coloane (853) 2888 2226

In einem der Dörfer von Coloane (die Taxifahrt von der Halbinsel Macau kostet etwa 20 Dollar) versteckt sich dieses kleine rustikale Restaurant, das einem portugiesischen Besitzer untersteht. Das Espaco Lisboa ist ein Überbleibsel des vergangenen, gemütlichen Lebensstils auf Macau. Die Karte bietet herzhafte portugiesische Klassiker.

MACAU Naam ¥¥¥¥

Avenida da Amizade (im Mandarin Oriental Hotel) (853) 2856 7888

Das Naam liegt sehr schön inmitten der üppigen tropischen Gärten des Mandarin Oriental. Das meist thailändische Personal des Restaurants macht es zusammen mit dem Thai-Chefkoch Nui möglich, nicht nur authentische Thai-Gerichte zu genießen, sondern sich einem kompletten Thailand-Feeling hinzugeben.

MACAU Robuchon a Galera ¥¥¥¥

2–4 Avenue de Lisboa (853) 2837 7666

Das Restaurant soll den besten Weinkeller in ganz Asien haben und gehört dem mit Michelin-Sternen überhäuften französischen Küchenchef Joel Robuchon. Es ist das beste Lokal Macaus für westliche Küche: französische Basis mit modernem europäischem Touch und portugiesischer Note – und das alles preiswerter als irgendwo in Hong Kong.

Sichuan & Chongqing

CHENGDU Hailingge Grand Restaurant (Hailingge Dajiudian) ¥¥

Shang Nan Da Jie 4, Tianfu Guangchuang, 2. und 3. Stock (028) 8612 3111

Das beste Restaurant für regionale Chengdu-Küche besitzt Luxusflair. Der Service ist tadellos, das Essen kunstvoll arrangiert. Die Spezialität des Hauses heißt »Happy Family« *(hai ling ge quan jia fu)* und kombiniert verschiedene Fleischsorten mit Seafood. Das Interieur ist von den weißen Wänden und heller Beleuchtung geprägt.

CHENGDU Huang Cheng Lao Ma ¥¥

Er Huan Lu Nan Duan 3, 20 (028) 8513 9999

In dem fünfstöckigen Gebäude findet man eine Tea Lounge im großen Atrium, ein Museum, Babysitter-Service und eine Bühne. In einem Raum gibt es ein Hotpot-(Feuertopf)-Büfett auf einer Drehscheibe. Am Wochenende muss man abends reservieren. Wohl der beste Ort für Sichuan-Hotpot, der nicht so scharf ist wie der Chongqing-Hotpot.

CHENGDU Shunxing Ancient Tea House – Chengdu Snack City ¥¥

Shawan Lu 258, Chengdu International Exhibition and Convention Centre Mall, 3. Stock (028) 8769 3202

Das Restaurant/Teehaus nimmt ein großes Areal ein und bietet ein angenehmes, authentisches Ambiente für Sichuans bekannte Snack-Spezialitäten, die leicht ein ganzes Mahl ersetzen können. Abends finden hier Vorstellungen der Sichuan-Oper statt, die sich durch Vitalität, Dynamik und Akrobatik auszeichnet.

CHENGDU Sichuan Mantingfang Langting Guibin Huisuo ¥¥

Er Huan Lu 15, Nan San Duan (028) 8519 3111

Das gut durchdachte Interieur mit seiner kunstvollen Raumaufteilung durch Stellwände und Säulen schafft eine Behaglichkeit, die man in den oft zu groß wirkenden Restaurants selten findet. Serviert werden klassische chinesische Gerichte, die keineswegs durchschnittlich sind, sondern ungewöhnlich und lecker.

Stadtplan Hong Kong *siehe Seiten 334–337*

CHENGDU China Grand Plaza (Zhongguo Huisuo) ¥¥¥

Huoche Nan Zhan Xi Lu 8 (028) 8515 9896

Komplex mit verschiedenen Restaurants der Luxusklasse. In den weitläufigen, opulenten Räumen bekommt man Sichuan-Küche ebenso wie westliche Gerichte. Es gibt auch einige teure Hotelzimmer mit Spa-Einrichtungen. Der Service ist vom Feinsten – Hostessen geleiten Sie mit viel Geduld durch alle Restaurants.

CHENGDU Ginko Restaurant (Yinxing Chuancai Jiulou) ¥¥¥¥

Lin Jiang Zhong Lu 12 (028) 8555 5588

Dreistöckiges Gebäude mit einer Lounge im Erdgeschoss, dem Hauptspeisesaal im ersten Stock und Nebenzimmern im zweiten. Spezialitäten sind Sichuan-Ente *(zhang cha ya)*, würziges Hühnchen *(ma la tu ji)* und gedämpfter Fisch *(qing zhen gui yu)*. Die Panoramafenster blicken auf den Fluss, dessen Ufer nachts von Laternen beleuchtet wird.

CHONGQING Chongqing Dezhuang Huoguo, Qi Xing Gang Branch ¥¥

Dong Shan Lu 148 (023) 6352 1934

Es gilt als eines der berühmtesten Restaurants für Chongqing-Hotpot und gehört zu einer landesweiten Kette. Die lebhafte Atmosphäre, die brennend scharfen Zutaten für den Feuertopf und der aufmerksame Service zeichnen das Lokal aus. Ein idealer Ort, sich beim Besichtigungsprogramm zu stärken.

CHONGQING Da Du Hui Wai Po Qiao ¥¥

Da Du Hui, 7. Stock (023) 6383 5988

Hier gibt es eine Vielzahl von Chongqing-Spezialitäten und -Snacks. Das Ambiente lässt zwar zu wünschen übrig, doch die kunstvolle Präsentation der Gerichte macht das wett. Unter den typischen regionalen Gerichten findet man geräuchertes Schweinefleisch (*lao shao zhi zheng la rou*) und Ente.

CHONGQING Tao Ran Ju Dajiulou ¥¥

Zhou Rong Plaza, 6. und 7. Stock (023) 6379 2466

Das Lokal, das zu einer landesweiten Kette gehört, erstreckt sich über zwei Etagen. Als praktischer Stopp auf dem Weg zu den Attraktionen Chongqings bietet es klassische Sichuan-Küche an, darunter auch Unübliches wie gebratene Schnecken, Tarowurzel und Eintopf mit Huhn. Traditionelle Einrichtung und aufmerksames Personal.

CHONGQING Xiaotian'e Ba Yu Shi Fu ¥¥

Ming Zu Lu 22, Xin Chongqing Guangchang, 6. Stock (023) 6378 8811

Dies ist eines der beliebtesten Hotpot-Restaurants in Chongqing, es gehört zu einer landesweiten Kette. Wer die scharfen Gewürze nicht verträgt, sollte sich einen halb weißen/halb roten Hotpot bestellen und darum bitten, dass die Chilischoten weggelassen werden und nur Fleisch auf der roten Seite liegt. Typische chinesische Einrichtung.

LE SHAN Honglilai Jiulou ¥¥

Jiading Zhong Lu 268 (0833) 213 3252

Es wird empfohlen, einen Tag vorher zu reservieren. Die Tische in dem großen Speisesaal sind ein wenig zu dicht gestellt. Auf der Karte stehen viele traditionelle vegetarische Sichuan-Gerichte mit viel Tofu. Hinzu kommen leckere Snack-Klassiker.

Yunnan

DALI Jim's Peace Café (Jimu Heping Kezhan) ¥

Boai Lu 63 (0872) 267 1822

Das originale Café-Gästehaus ist auf die Ansprüche ausländischer Gäste fixiert. Von der Speisekarte bis zur Dekoration – alles sieht aus, als sei man in Lhasa. Die tibetischen Gerichte sind besser als die westlichen. Vorbestellen muss man das 20-gängige tibetische Bankett (nur für Gruppen ab sechs Personen).

DALI Marley's Café (Mali Kafei Guan) ¥¥

Boai Lu 105 (0872) 267 6651

Hier ist es sauberer und gediegener als in den typischen Rucksackurlauber-Lokalen Dalis. Die Speisekarte hat eine Bandbreite von chinesischem Essen über Gerichte der Bai-Minderheit bis hin zu schlichten westlichen Klassikern, vom guten Frühstück bis hin zum Bai-Bankett. Netter Balkon, von dem aus man die Welt vorüberziehen sieht.

KUNMING The Brother Jiang (Qiao Xiang Yuan) ¥

Renmin Dong Lu 84 (0871) 339 5267

Das Restaurant gehört zu einer Kette, die das berühmteste Gericht Kunmings anbietet. Viergängige Menüs vereinfachen die Bestellung, denn normalerweise muss man zwischen mindestens zehn und maximal 60 Zutaten auswählen. Zu den »Crossing-the-bridge«-Nudeln gehören Hühnerfleisch oder Entensuppe mit rohen Beilagen.

KUNMING Xianyun Jie Meishi Cheng ¥

Ding Ying Jie Bei Men A11–A18 (0871) 317 9995

Größtes unter den Dutzenden kleiner Snack-Lokale in der Ding Ying Jie und Nan Qiang Jie, das bei Besuchern und Einheimischen beliebt ist. Man kann viele kleine Gerichte für wenig Geld kosten. Es gibt keine Speisekarte. Zeigen Sie einfach auf das, was Sie wollen – und seien Sie nicht überrascht, wenn gleich vier Bedienungen zur Stelle sind.

Preiskategorien *siehe S. 582* **Zeichenerklärung** *siehe hintere Umschlagklappe*

KUNMING Yu Quan Zhai ¥

Pingzheng Jie 88 (0871) 511 1672

Das Restaurant in einem Hotel gegenüber einem buddhistischen Tempel serviert ausschließlich Vegetarisches, auch wenn auf der englischen Speisekarte »vegetarian duck« steht. Man ahnt es schon: Hier werden mit Sojaprodukten Fleischgerichte imitiert. Die Portionen sind riesig, bestellen Sie also nicht zu viel.

KUNMING New Yun Yuan Restaurant (Xin Yun Yuan Jiulou) ¥¥

Qingnian Lu 452 (0871) 315 9668

Einheimische zählen es zu den besten Restaurants in Kunming. Angeboten werden eine große Auswahl an Yunnan-Spezialitäten sowie andere regionale chinesische Speisen. Die englische Karte listet 184 Gerichte auf – vom Hundefleisch-Eintopf bis zum gebratenen Täubchen. Lecker ist der gegrillte Fisch. Im Obergeschoss gibt es Nebenräume.

KUNMING Shiping Huiguan ¥¥¥

Cuihu Nan Lu, Zhong He Xiang 24 (0871) 362 7222

Selbst wenn Sie nichts essen wollen, lohnt es sich, dieses originale zweistöckige Hofhaus aufzusuchen. In das Restaurant gehen Sie am besten mit Menschen, die Chinesisch sprechen, denn es gibt keine englische Speisekarte, keine Bilder und keinen, der Englisch kann. Beliebt und empfehlenswert ist das im Tontopf gegarte Huhn.

LIJIANG Lijiang Naxi Yinshi Wenhua Cheng ¥

Fuhui Zhong Lu (0888) 518 2870

Freundliches Lokal, das eine Mischung aus Speisen für Einheimische und Besucher bietet. Hier kann man traditionelle Naxi-Küche und deren Snacks kennenlernen, etwa ein ganzes Hühnchen, frittierte Weizenkuchen und Yak-Produkte. Traditionelles Dekor mit Sing- und Tanzvorführungen.

LIJIANG Sakura Café (Yinghua Wu) ¥

Xinhua Jie, Cuiwen Duan 123 (0888) 518 7619

Das freundliche, unaufdringliche Café gilt als eines der besten in der Altstadt. Die zweisprachige Speisekarte bietet mit 354 Einträgen eine riesige Auswahl. Es gibt zudem deutsche, französische und regionale Weine. Die Gerichte rangieren von asiatisch über jüdisch bis westlich. Versuchen Sie das köstliche gefüllte Fladenbrot.

Guizhou & Guangxi

GUIYANG Siheyuan ¥¥

Qianling Xi Lu 79 (0851) 682 5419

Hier gibt es einfaches Guizhou-Essen zu äußerst günstigen Preisen in einem Hofhaus. Es geht laut und etwas ungehobelt, aber freundlich zu. Die Fleischgerichte sind in der Regel scharf. Milder sind Speisen wie mit Bohnenpaste gefüllte und mit Kokosnuss bestreute Kartoffel-Pfannkuchen.

GUIYANG Guizhou Long ¥¥¥

Jiandao Jie 23 (0851) 586 3333

Eines der schicksten Restaurants in Guiyang. Auf vier Stockwerken liegen elegante, kleine Räume, in denen man sogar Handtuchwärmer und (auf Wunsch) Fernseher vorfindet. Große Auswahl von guten Klassikern aus Guangdong, Sichuan und Shanghai. Man blickt über den Fluss auf einen kleinen Tempel. In der Nähe sind weitere Lokale.

YANGSHUO Le Vôtre (Le De) ¥¥

Xi Jie 79 (0773) 882 8040

Wer Yangshuo besucht, entkommt China. Zwischen all den vielen mittelmäßigen Pizzerien, die es hier gibt, hat Vincent Christophe in einem früheren chinesischen Zunfthaus ein solides, manchmal überraschendes französisches Restaurant eröffnet. Von der *soupe à l'oignon* bis zu den *crêpes Suzette* ist alles lecker. Bezauberndes Ambiente.

Liaoning, Jilin & Heilongjiang

CHANGCHUN Xiangyang Tun ¥

Dong Chaoyang Lu 433 (0431) 8898 2876

Dass das Lokal bei den Einheimischen so unglaublich beliebt ist, liegt am guten Essen zu spottbilligen Preisen. Die Gerichte sind einfach, aber voller Geschmack und Würze (zum Teil sehr scharf). Das meiste schmeckt köstlich. Beliebt sind die Spareribs *(dapaigu)*. Der Service ist freundlich – und geduldig mit Ausländern.

DALIAN Mingzhu Revolving Restaurants ¥¥

Shen Li- Platz 8, Bohai Pearl Hotel, Zhongshan (0411) 8265 0888

Das Drehrestaurant im obersten Stock des Bohai Pearl Hotel gehört zu den beliebtesten Ausgeh-Spots in Dalian. Der fantastischen Aussicht auf die Stadt steht die innovative Küche in nichts nach. Hier wirkt ein preisgekrönter Küchenchef. Des Lokal ist auf Seafood spezialisiert.

DALIAN Tian Tian Yugang ¥¥¥¥

Renmin Lu 10 ☎ *(0411) 8280 1118*

Dies ist einfach der netteste Ort, um das berühmte Seafood der Stadt zu kosten. Die Preise sind hoch, doch die Auswahl, die man in einem Raum voller Wasserbecken mit Meeresgetier treffen kann, zeigt, dass alles frisch und vom Feinsten ist. Bezüglich der besten Zubereitungsart wird man freundlich und kompetent beraten.

DANDONG Andong Ge Jiudian ¥¥

Zwei Blocks westlich der Yalujiang Qiao ☎ *(0415) 314 5801*

In Anbetracht der Abgelegenheit der Stadt gibt es hier überraschend kreativ zubereitete Gerichte. Basis ist Sichuan-Küche. Man findet auch Anklänge an Kanton- und Macau-Küche. Das Lokal liegt am Fluss Yalu. Der helle Speisesaal ist sauber. Beim Essen blickt man Richtung Nordkorea, was allerdings nicht gerade malerisch ist.

HARBIN Dongfang Jiaozi Wang ¥

Qidao Jie 2 ☎ *(0451) 8469 0888*

Das beste Restaurant für Teigtaschen (chin. *jiaozi*, engl. *dumpling*) in der Region, wenn nicht sogar im Land. Sie sind schlicht, überaus köstlich und unvorstellbar preiswert. Dies war das erste Lokal einer schnell wachsenden Kette – es wird oft imitiert, wurde aber nie erreicht. Die Küche ist nur durch Glas abgetrennt, man kann der Show zusehen.

HARBIN Portman (Boteman Xicanting) ¥¥¥

Xiqi Daojie 53 ☎ *(0451) 8468 6888*

Das Essen hier ist nicht authentisch russisch, kommt aber nahe ran. Das Restaurant ist immer voll besetzt, nicht zuletzt wegen des Biers, das hier gebraut wird, und wegen der Live-Unterhaltung. Aber auch die herzhafte Hausmacherkost ist nicht zu verachten – vor allem im bitterkalten Winter stärkt sie Leib und Seele.

JILIN Liyade Shifu ¥¥¥

Jiyuan Shangchang in der Jiefang Da lu ☎ *(0432) 201 7999*

Es gibt nur wenige Restaurants im Zentrum, doch für das Hui-Lokal mit seiner guten muslimischen Küche lohnt es sich, das Hotel zu verlassen. Im Gegensatz zur Uiguren-Küche ähneln die Hui-Gerichte dem chinesischen Essen. Es wird viel Knoblauch und Chili verwendet. Fleischgerichte dominieren. Lecker: *shousi yangrou* (Hammelhackfleisch).

SHENYANG Laobian Jiaozi House (Laobian Jiaozi Guan) ¥

Zhongjie 206 ☎ *(024) 2484 3965-0*

Das berühmteste Teigtaschen-Restaurant südlich von Harbin wurde vermutlich schon vor 170 Jahren in einem anderen Gebäude gegründet. Hier genießt man ein wenig Ruhe mitten im hektischen Einkaufsviertel. Die Teigtaschen (chin. *jiaozi*, engl. *dumpling*) werden einfach zubereitet. Man kann aus Dutzenden von Füllungen auswählen.

Innere Mongolei & Ningxia

HOHHOT Jinhuolu Shaokao Cheng ¥

Dongying Niu Jie Beikou ☎ *(0471) 490 8074*

Das schlichte, nüchterne Lokal wurde vor ein paar Jahren eröffnet. Hauptattraktion ist das mongolische Barbecue: Sie wählen das Fleisch aus, Helfer legen es auf die Grillplatte in der Tischmitte. Es raucht nur wenig und schmeckt köstlich. Man sagt, die Methode wurde von mongolischen Reitern erfunden, die ihren Schild zum Grillen benutzten.

HOHHOT Little Fat Sheep Hotpot (Xiaofeiyang Huoguo) ¥

Wulanchabu Dong Lu, Zhaojun Huayuan Shizi Lukou ☎ *(0471) 490 1998*

Xiaofeiyang besitzt Hunderte von Filialen im Land und ist der anerkannte König des mongolischen Feuertopfs. Das Lokal legt großen Wert auf die Qualität von Küche und Zutaten. Man wird aufgefordert, keine Sauce zu nehmen, die den natürlichen Lammgeschmack verfälschen würde. Es gibt auch individuell zusammengestellte Hotpots.

HOHHOT Xin'anju ¥¥

Xin Cheng Bei Jie ☎ *(0471) 660 8888*

Das 1999 eröffnete Restaurant hat eine hilfreiche englische Speisekarte, die die Speisen nach den Regionen Shandong, Shaanxi, Sichuan und Mongolei gliedert. Zu den Spezialitäten zählen Lammgerichte. Dazu gibt es trinkbaren Hauswein. Hübsch dekorierter Speisesaal mit verzierten Holzwänden und roten chinesischen Draperien.

Gansu & Qinghai

DUNHUANG Charley Johng's Cafe ¥

Mingshan Lu ☎ *(0937) 388 2411*

Lokal im Zentrum von Dunhuang, gleich beim Feitian Hotel. Charley Johng's bietet eine große Auswahl an chinesischem und westlichem Essen. Das Personal spricht Englisch, es gibt auch eine englische Karte. Das Restaurant ist recht einfach, besitzt allerdings eine kleine Internet-Abteilung. Hier kann man auch Räder ausleihen.

Preiskategorien *siehe S. 582* **Zeichenerklärung** *siehe hintere Umschlagklappe*

JIAYUGUAN Lin Yuan Jiudian ¥¥

Xinhua Nan Lu 34 (0937) 628 6918

Selbst nach chinesischen Standards sind die Hotelrestaurants in Jiayuguan indiskutabel. Kein Anlass zur Sorge, denn dieses vierstöckige Restaurant, das immer brechend voll ist mit Einheimischen, serviert leichte, tadellose kantonesische und Huaiyang-Küche. Es gibt zwar keine englische Speisekarte – doch nur Mut!

LANZHOU Mingde Gong ¥¥

Qing Yang Lu 171 (0931) 466 8588

Flaggschiff-Restaurant für Gansu-Küche *(long cai)*, ein Mix aus bodenständiger chinesischer Kost und Lammgerichten des Nordwestens. Ironischerweise kommen die meisten Küchenchefs aus Guangzhou. Es gibt einen riesigen Speisesaal im Erdgeschoss und Nebenräume im ersten Stock. Aufmerksamer Service. Keine englische Karte.

TIANSHUI Tianshui Maiji Dajiudian V ¥

Tianshui Huoche Zhan Guangchang Xi Ce (029) 492 0000

Es gibt nicht viel Anregendes in Tianshui, was das Essen anbelangt. Der Ort ist ein Zwischenstopp für Besucher, die die Grotten des Maiji Shan besichtigen wollen. Das Lokal im Maiji Hotel ist weit und breit das beste Angebot. Annehmbares chinesisches Essen und freundlicher, allerdings sprachunkundiger Service. Keine englische Karte.

XINING The Greenhouse V ¥¥

Xia Du Da Jie 222-22 (0971) 820 2710

Unglaublich, aber doch: ein richtiges Café im Zentrum von Xining. Es gibt eine Auswahl an Lattes, Cappuccinos und anderen Kaffeegetränken. Dazu kann man hausgemachte Donuts, Gebäck und Sandwiches genießen. Englische Speisekarte – auch das Personal spricht Englisch.

Xinjiang

KUQA Wuqia Guoyuan Canting ¥

Tuanjie Lu

Das hier angebotene uigurische Essen ist deftig. Es gibt Gerichte mit ganzen Hühnern und mit »dicken« Nudeln sowie solide Rindfleischgerichte. Aufgepeppt wird alles mit Kartoffeln, Tomaten und Paprikaschoten. Das unprätentiöse Lokal ist bei den Einheimischen sehr beliebt. Fremde werden sehr freundlich aufgenommen.

TURPAN Oasis Hotel (Lüzhou Binguan) ¥¥

Qingnian Lu 815 (0995) 852 2491

Hier gibt es große Stücke vom Lamm am Spieß und andere uigurische Fleischgerichte. Hinzu kommen Berge an Fladenbrot und Nudeln, die auch den hungrigsten Reisenden sättigen. Wer etwas Abwechslung von der fleischlastigen Kost sucht: Im selben Gebäude gibt es ein durchschnittliches Chinarestaurant und ein kleines Café.

ÜRÜMQI The Texas Café (Dekesasi Xicanting) ¥

Nan Men Mashixiaoqu (0991) 281 0025

Hier wird überwiegend Tex Mex serviert, etwa Enchiladas und Nachos. Es gibt allerdings auch Burger sowie importiertes Bier und hausgemachten Kuchen. Internet-Zugang und Leihbibliothek. Das Café liegt in einer von wildem Wein überwucherten Gasse beim Computermarkt und vermittelt das richtige Xinjiang-Gefühl.

Tibet

LHASA New Mandala Restaurant V ¥

Westlich des Barkhor-Platzes (0891) 634 2235

Das New Mandala bietet mit die beste Auswahl an nepalesischem und tibetischem Essen in Lhasa – neben einigen westlichen Gerichten. Englisch sprechendes Personal und englische Karte. Man blickt auf das Barkhor-Viertel. Im Sommer kann man an den Tischen auf dem Dach speisen.

LHASA Snowland Restaurant V ¥

Dan Jie Ling Road (0891) 632 0821

Das Snowland gehört zu den beliebtesten Restaurants in Lhasa und serviert eine große Auswahl an preiswerten tibetischen, westlichen, chinesischen und nepalesischen Gerichten. Englisch sprechendes Personal und englische Karte. Probieren Sie das Yak-Pfeffersteak und die *momos* (gefüllte Teigtaschen) aus Kartoffeln.

SHIGATSE Gongkar Tibetan Restaurant V ¥

Xuegiang Road (0892) 992 1139

Das Gongkar ist ein beliebter Treff für Reisende. Es bietet preisgünstige leckere Tibet-Küche. Das Personal spricht zwar nicht Englisch, doch es gibt eine englische Karte. Spezialität des Lokals sind *momos* (gefüllte Teigtaschen) und Nudelgerichte. Unerschrockene sollten die Yakzungen-Suppe probieren.

Shopping

Chinas reiche künstlerische Vergangenheit spiegelt sich in ganz eigenen Arbeiten wider – von stilisierten Landschaftsbildern und Kalligrafien bis zu feinstem Porzellan und schön geschnitztem Bambus. Seit der Tourismus aufblüht und privates Unternehmertum offiziell begrüßt wird, schießen in den Städten Läden und Märkte aus dem Boden, die eine oft befremdliche Mischung von Krimskrams und Souvenirs anbieten. Auch wenn der Markt mit billigen Imitationen überschwemmt ist, werden viele Objekte noch mit jahrhundertealten Techniken hergestellt. Authentische Dinge sind nicht schwer zu finden. Zu den wirklich einzigartigen Souvenirs zählen Arbeiten der ethnischen Minderheiten, vor allem ihre schönen Stickereien. In den Kaufhäusern und Shopping Malls der Großstädte bekommt man für Schmuck und Halbedelsteine ein Zertifikat (jedoch keine Garantie). In den großen Hotels gibt es oft Läden, die Seide und Jade zu überhöhten Preisen anbieten.

Buddhistische Statue

Öffnungszeiten

Läden in China machen in der Regel um 8.30 Uhr auf und schließen gegen 20 Uhr. Edlere Läden und Shopping Malls öffnen von 10 bis 22 Uhr, doch dies variiert von Laden zu Laden und von Region zu Region. Einkaufszentren in Beijing, Shanghai und Hong Kong haben bis 21 Uhr geöffnet, einige Lebensmittelläden und Märkte manchmal sogar bis spätnachts. Viele Geschäfte bleiben an den wichtigsten Feiertagen geschlossen: am Chinesischen Neujahr, am 1. Oktober und zum Frühlingsfest – die Malls haben allerdings offen.

Bezahlung

Chinas Währung ist der Yuan oder Renminbi (wörtlich: Volksgeld, abgekürzt RMB). Ein Yuan teilt sich in zehn Jiao oder Mao – diese wiederum in zehn Fen. Kreditkarten werden nur in den Läden der großen Hotels und in staatlichen Läden akzeptiert. Einige Geldautomaten in den größeren Städten akzeptieren ausländische Kredit- und teils Maestro-/EC-Karten. Doch bisweilen gibt es Schwierigkeiten, auch wenn die Symbole an den Automaten stehen. Versuchen Sie es am besten in den Hauptfilialen der internationalen Banken und der Bank of China. Die Zahl der Geldautomaten steigt allerdings.

Kalligrafie-Pinsel an einem Marktstand in Beijing

Nehmen Sie Reiseschecks oder Bargeld in US-Dollar oder Euro mit, die man am leichtesten umtauschen kann. Die Bank of China hat Wechselschalter für Fremdwährungen und Reiseschecks. Solche Schalter gibt es auch an Flughäfen, in großen Hotels und in manchen Läden. Bewahren Sie Quittungen auf, Sie benötigen sie beim Rücktausch *(siehe S. 620f)*.

Bunt glitzernde Neonwerbung in der Nanjing Road, Shanghai

Handeln

Um den Preis zu handeln ist in China üblich, vor allem auf Straßenmärkten, Nachtbasaren und an Souvenirständen. Sie können es sogar in modernen Läden, Kaufhäusern und in teureren Hotels versuchen. Selbst dort, wo angeblich Fixpreise gelten, wie in den staatlichen Läden und Friendship Stores, kann man oft noch reden. Gehen Sie davon aus, dass Standbesitzer von Fremden zunächst mindestens das Dreifache des »realen« Preises verlangen (es kann auch das Zehnfache sein). Vergleichen Sie Preise. Achten Sie darauf, was Chinesen zahlen. Bei höheren Beträgen lohnt es sich vielleicht, einen vertrauenswürdigen chinesischen Mittelsmann einzuschalten.

Modernes Kaufhaus in Zhaoqing, Guangdong

Kaufhäuser und Boutiquen

Die Konsumrevolution in China hat dazu geführt, dass es in den meisten Städten Edelkaufhäuser, Shopping Malls und Modeboutiquen gibt, vor allem in Beijing und Shanghai. Es gibt viele Markenprodukte – in Shanghai findet man von D&G über Zara, Apple u.a. alles. Auch der Einzelhandel in Beijing rüstet auf. In Kaufhäusern findet man Luxuswaren wie Designer-Mode, Parfüms und Schmuck. Supermärkte wie die französische Kette Carrefour bieten neben Lebensmitteln auch Souvenirs und Haushaltswaren zu vernünftigen Preisen an. Einige Kaufhäuser sind unabhängig, die meisten werden allerdings vom Staat betrieben.

Staatliche Läden

Spezielle Läden für Besucher werden Friendship Stores genannt, ein Überbleibsel aus den Tagen Maos. Ursprünglich verkauften diese Geschäfte Luxuswaren und hochwertiges chinesisches Kunsthandwerk an Diplomaten und die wenigen Besucher, aber nicht an Chinesen. Heute gibt es nur noch wenige Friendship Stores (die Konkurrenz ist besser und oft preiswerter). Im Angebot sind Tee, Seide, Jade, Kalligrafien und Miao-Stickarbeiten. Zum Teil bekommt man in den Friendship Stores auch englischsprachige Literatur und Zeitschriften.

Märkte

Die beste Möglichkeit, um Chinas Vielfalt und die zahlreichen ethnischen Gruppen zu erleben, ist der Besuch eines Markts, insbesondere in ländlichen Gegenden. Meist wird der Markt an einem bestimmten Wochentag abgehalten. Diese Tage heißen *ganji* (»zum Markt gehen«) oder *gangai* (»auf die Straße gehen«). Nur wenige Märkte werden noch nach dem für Besucher meist undurchschaubaren Mondkalender abgehalten.

Teppichverkäufer auf dem Markt in Linxia, Gansu

Am Markttag kommen die Bauern aus der Umgebung in die Kleinstadt, um ihre Produkte und Waren anzubieten und selbst einzukaufen. Neben Agrarprodukten gibt es heute immer mehr Stände mit Haushaltswaren und Gebrauchsgegenständen – von der Zahnbürste bis zum Wok kann man sich mit allem versorgen. Und natürlich findet man hier auch Souvenirs – stellen Sie sich aber aufs Handeln ein. Am lebhaftesten geht es am späten Vormittag und frühem Nachmittag zu.

Antiquitäten

Wenn Sie kein Experte sind, ist die Chance groß, dass man Ihnen auf einem der vielen »Antiques Markets« eine Fälschung andreht. Doch solange Sie sich dessen bewusst sind, dass fast alles nachgefertigt wurde, macht das nichts. Stöbern Sie herum, und haben Sie Spaß an den vielen Dingen, die zwar nicht alt, aber handwerklich schön gearbeitet sind. Die staatlichen Antiquitätenläden wie die Friendship Stores machen nach und nach zu und hatten zudem noch nie wirklich günstige Preise. Auch Läden in Kunstgalerien und Museen verkaufen Bilder, Kalligrafien und schöne Seidentücher. Gegenstände, die vor 1795 gefertigt wurden, dürfen nicht ausgeführt werden. Ein rotes Wachssiegel steht für Exporterlaubnis. Bewahren Sie die Quittungen auf – der Zoll kann sie verlangen.

Souvenirshop im Qingcheng-Shan-Park bei Chengdu

Souvenirs

Opern-Maske

Stände und Läden mit Souvenirs gibt es überall, wo Besucher hinkommen. Viele Waren sind nach alten Vorlagen gearbeitet. Manches ist regional geprägt: Man findet Stickereien im Südwesten, Gebetsmühlen und -fahnen in Tibet, Teppiche in Xinjiang und Ginseng im Nordosten. Auf Märkten müssen Sie handeln. In Friendship Stores und Fabrikläden gelten Fixpreise. Schauen Sie sich vor der Reise in einem Chinaladen zu Hause um, dann haben Sie eine Orientierung, ob das Angebotene wirklich einmalig ist.

Mao-Figuren in vielen verschiedenen Formen und Posen

Kalligrafie

Die alte chinesische Kunst ist so geachtet wie die Malerei. Der Künstler bringt seinen eigenen Stil mit ein. Meisterkalligrafen üben ihre Kunst gewissenhaft aus. Zum Teil sind ihre Werke ziemlich teuer. Weniger Meisterhaftes dagegen ist oft preiswert zu haben.

Marmorstempel *werden traditionell benutzt, um das Siegel eines Kalligrafen auf seine Arbeit zu drucken. Oft gibt es Stände, an denen Ihnen ein persönlicher Siegelstempel angefertigt wird.*

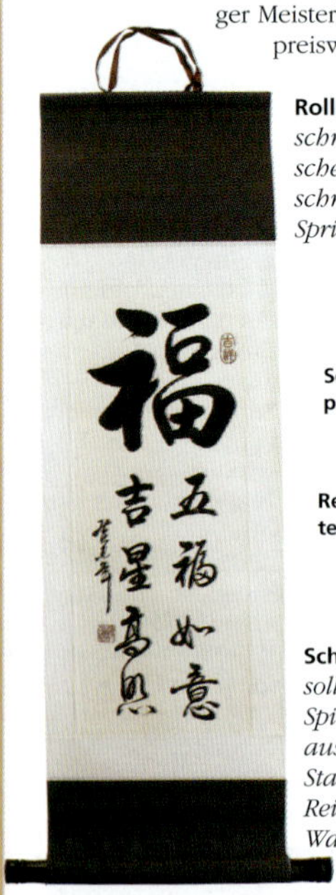

Rollbilder *mit eleganten handschriftlichen Zeichen sind hübsche Souvenirs. Kalligrafen schreiben Ihnen auch das Sprichwort Ihrer Wahl auf.*

Schreibpinsel *sollten eine feine Spitze und feste Borsten aus Tierhaar haben. Die Stangentusche wird auf dem Reibstein verrieben und mit Wasser vermischt.*

Malereien *auf Papier oder Seide gehören zu den traditionellen Kunstformen. Heute zeigen die Motive oft zeitgenössische Einflüsse.*

Keramik

Chinesische Keramik ist in der ganzen Welt bekannt. Seit Jahrhunderten ist sie schon ein Massenprodukt. Jedes Teil wird nacheinander von verschiedenen Handwerkern bearbeitet, die jeweils eine Schicht darüberlegen. Porzellan wurde in der Sui-Ära erfunden. Bis heute werden hochwertige Stücke hergestellt.

Jingdezhen *in Jiangxi gehört seit dem 10. Jahrhundert zu den Hauptproduzenten von Porzellan* (siehe S. 254f). *Man findet Einzelstücke, aber auch viele Teile, die mit Schablonen bemalt wurden.*

Yixing *nennt man die Purpursand-Tonwaren aus Ding Shan in Anhui* (siehe S. 218). *Am beliebtesten sind Teekannen und -schalen.*

Seide

Aus den Fäden des Seidenraupenkokons spann man in China schon früh Seide und webte dann Stoffe *(siehe S. 208f)*. Seidenkleider wie *cheongsams* findet man häufig. Achten Sie auf Märkten darauf, dass es echte Seide ist und nicht Kunstseide (Rayon). Oft ist Seide auch schön bestickt.

Seidenkissen

Bestickte Untersetzer aus Seide

Seidentäschchen

Jade, *ein Halbedelstein, wird in China mit Unsterblichkeit verbunden. Üblich ist grüne Jade. Es gibt aber auch graue oder braune Stücke.*

Anderes Kunsthandwerk

Nur manchmal sind die Stücke noch handgefertigt. Vieles wird industriell produziert. Fast immer aber weisen chinesische Artikel viele Verzierungen und kräftige Farben auf. Die Bandbreite reicht von Miniaturfläschchen bis zu kommunistischen Memorabilien.

Dekorative Troddel

Scherenschnitte *werden von Meistern oft in wenigen Minuten gefertigt. Die meisten stammen jedoch aus der Massenproduktion.*

Holzfächer

Riechfläschchen *waren während der Qing-Dynastie in Mode. Mit einem gebogenen Pinsel werden sie heute noch von innen bemalt.*

Schmuckdose aus Lack

Cloisonné *heißt das Verfahren, bei dem Vasen, Schachteln und Krüge mit verschiedenen Farben und Kupferdraht emailliert werden. Das Ergebnis ist ein schöner Glanz.*

Klangkugeln *wurden zuerst in Baoding hergestellt. Die beiden Kugeln – meist mit je einer kleinen Kugel im Inneren – lässt man in einer Hand kreisen. Das stärkt das* qi (siehe S. 232).

Mao-Erinnerungsstücke *haben immer noch das Design, das unter Mao üblich war. Manche sind echt. Die meisten werden aber für Urlauber produziert.*

Mao-Sticker

Mao-Feuerzeug

Tee *wird fast überall in hübschen farbigen Dosen angeboten.* Tie guanyin *und andere Oolong-Tees aus Fujian sind sehr fein. Pu'er-Tee ist eine Spezialität aus Südwestchina.*

Unterhaltung

Traditionelle Tänzerin

Die Menschen in China arbeiten hart, aber sie wollen auch ihr Vergnügen und genießen die vielen traditionellen und modernen Unterhaltungsmöglichkeiten. Die Tradition der darstellenden Künste reicht weit zurück. Schon sehr früh gab es Oper, Theater, Schatten- und Puppenspiele sowie Zirkusaufführungen. Viele Arten von Tanz und Musik stammen von den Minderheiten des Landes. Seit China sich westlichen Einflüssen geöffnet hat, sieht man auch westliche Filme und hört klassische Konzerte ebenso wie Rock (2006 traten die Rolling Stones in Shanghai auf). Karaoke ist in China enorm beliebt. Die meisten Städte haben zahlreiche Bars, wo zu chinesischer und westlicher Musik und den neuesten Video-Clips gesungen wird. Die Popularität des (zensierten) Internets ist hoch. Chinas Jugend verbringt viele Stunden in Internet-Cafés. Glücksspiel ist nur in der Sonderverwaltungszone Macau erlaubt. Pferderennen sind in Hong Kong beliebt *(siehe S. 332)*.

In den Nebenstraßen von Xi'an sieht man oft Männer beim *xiangqi*

Spiele

Sich in Parks die Zeit mit Spielen zu vertreiben ist eine alte chinesische Sitte. Manche Spiele sind Tausende von Jahren alt. Bekanntestes Brettspiel ist *mahjong*, bei dem man identische Plastiksteine – ursprünglich waren sie aus Bambus oder Elfenbein – paarweise oder im Viererpack entfernen darf, wenn sie frei stehen. Oft sieht man auf den Steinen die vier Winde, die vier Jahreszeiten, vier Drachen oder Blumen. Wenn das Spiel gerade flott läuft, klackern die Steine – eine populäre Übersetzung von *mahjong* ist »schwatzende Spatzen«.

Auch das chinesische Damespiel *(xiangqi)* ist beliebt. Hier gibt es zwei gegnerische Sätze mit Spielsteinen. Das Brett hat neun senkrechte und zehn waagrechte Felderreihen. Das Brettspiel Go *(weiqi)* ist über 4000 Jahre alt. Die ersten Bücher über *weiqi* wurden in der Tang-Ära geschrieben. Ziel ist es, durch Setzen von Steinen Flächen zu besetzen und durch Umzingeln der gegnerischen Steine Gebiete zu gewinnen. Bei dem Spiel kommen insgesamt 181 schwarze und 180 weiße Steine zum Einsatz.

Sport und Sportveranstaltungen

Die beliebtesten Sportarten in Schule und Hochschule sind Basketball, Badminton und Tischtennis – vor allem in den letzten beiden Disziplinen ist China international führend. Auch Fußball wird mit Begeisterung gespielt und angeschaut. Europäische Spitzenclubs haben auch in China viele Fans. Manche rekrutieren dort auch schon Nachwuchsspieler. Fitness-Center werden in den Städten immer beliebter. Vorwiegend die ältere Generation betreibt Tai Chi Chuan, das auch bei uns populär geworden ist. Die Menschen praktizieren Tai Chi vor allem frühmorgens in Parks und auf öffentlichen Plätzen.

Traditionelle Theaterformen

Die Beijing Opera *(jingju, Peking-Oper)*, eine der ältesten Theaterformen Chinas *(siehe S. 74f)*, hat längst ihren Siegeszug durch die Welt angetreten. Sie ist sehr stilisiert. Die Figuren tragen aufwendige Kostüme und haben stark geschminkte Gesichter oder Masken. Vorstellungen finden meist auf einer schlichten Bühne mit wenigen Requisiten statt.

Der chinesische Zirkus genießt weltweit einen guten Ruf wegen der hochtrainier-

Szene aus der Beijing Opera mit farbenfrohen Kostümen

ten Artisten, die atemberaubende Akrobatik vorführen. Bei den Balance-Akten kommen oft auch Gegenstände wie Besen, Teller oder Stühle ins Spiel. Zu den beliebtesten Nummern gehört die, bei der rund 20 Artisten als Pyramide auf einem Fahrrad fahren. Oft werden bei den Darbietungen auch Tiere eingesetzt, doch derzeit geht der Trend vor allem zur Akrobatik.

Formen traditionellen Tanzes existieren noch, vor allem bei den ethnischen Minderheiten. Manche entstammen dem Schamanismus oder anderen religiösen Ritualen. Oft tragen die Tänzer Masken.

Schattenspiel und Puppentheater

Schattenspiele *(piyingxi)* sind beliebt. Gewöhnlich wird mit beweglichen Lederpuppen agiert, die hinter einem weißen Tuch angestrahlt werden und so Schatten werfen. Die Vorstellung wird von Musik und Gesang begleitet. Beim Puppentheater *(mu'ouxi)* kommen fein gearbeitete und farbenprächtig gekleidete Marionetten zum Einsatz, die entweder über Fäden von oben, mit Stäben oder als Handpuppen bewegt werden.

Traditionelle Musik

Chinesische Musik kann man bis in die Zeit der Shang-Dynastie zurückverfolgen. Bei Ausgrabungen kamen Sätze von 65 Glocken zutage, die aus dem 5. Jahrhundert v. Chr. stammen. Während der Tang-Ära begannen sich die musikalischen Formen zu etablieren. Musik wurde auch ein wichtiger Teil der konfuzianischen Erziehung.

Zu den traditionellen Instrumenten gehören Saiten-, Blas- und Schlaginstrumente. Die Saiteninstrumente werden gezupft oder gestrichen. Am häufigsten hört man die Chinesische Violine, die Querharfe oder die vielsaitige Zither *(zheng)*, vor allem aber die lautenähnliche *pipa*. Die

Menschen vor den vielen Bars in der Lan Kwai Fong in Hong Kong

gebräuchlichsten Bambusflöten sind die quer gehaltene *xiao* und die längs gehaltene *di*. Das aus Bambus und einem Kürbis gefertigte *hulusu* wird häufig in der Volksmusik eingesetzt. Das *sheng*, eines der ältesten chinesischen Instrumente, hat bis zu 17 Bambuspfeifen und ein vibrierendes Blatt. Schon vor 8000 Jahren gab es das tönerne *xun*, das damals teilweise aus Knochen oder Elfenbein gefertigt wurde. Es hat ein Mundstück und Löcher, um die Töne zu variieren. Wichtige Schlaginstrumente sind Gongs, Glockenspiele, Trommeln und Xylofone.

Musikerin mit der lautenähnlichen *pipa*

Drachen

Drachen steigen zu lassen ist ein beliebtes Hobby der Chinesen. Vor allem an Feiertagen schweben über Parks, Gärten und selbst über Plätzen mitten in der Stadt zahlreiche farbenfrohe, fantasievoll gestaltete Objekte – oft bis in beachtliche Höhen. Die beliebtesten Drachen sind Vögel, und der Namenspate des Flugobjekts, der richtige Drache.

Bars, Discos und Karaoke-Bars

In den letzten Jahren sind Bars, Discos und Karaoke-Bars buchstäblich aus dem Boden geschossen, vor allem in Beijing und Shanghai. Gelegentlich gibt es Live-Musik, dann sind die Drinks teuer. Auch Café-Bars werden bei den Jüngeren immer beliebter. Die Älteren bleiben den Teehäusern treu.

Rock und Pop

Chinas Musikszene ist jung, rebellisch und erst seit den 1980er Jahren öffentlich präsent. Bei den Demonstrationen am Tian'an-Men-Platz traten lokale Gruppen auf. Die staatlichen Radiosender spielen keine Rock- und Popmusik. Die Bands vertrauen aufs Internet. Konzerttermine verbreiten sich durch Mundpropaganda. In Hong Kong ist Kanto-Pop beliebt. Die süßlichen Texte handeln oft von Liebe. Ein neueres Phänomen sind Mando-Popstars, die auf Mandarin singen.

Film

Traditionell basieren Chinas Filme auf Volkssagen und Liebesgeschichten oder auf patriotischen Themen. In jüngster Zeit hat man sich dem modernen Geschmack angepasst. So mischt Zhang Yimous extrem erfolgreicher Film *Hero* (2004) Martial-Arts-Szenen mit Special Effects. Außer in Hong Kong findet man kaum englischsprachige oder untertitelte Filme.

Zum Kauf angebotene Drachen flattern in Wuhan im Wind, der vom Yangzi herweht

Themenferien und Aktivurlaub

Blütenpracht

China stand als Gastgeber der Olympischen Spiele 2008 im Mittelpunkt des Weltinteresses. Die Hauptstadt Beijing ist auch das Zentrum einer Nation, die Sporthelden mit demselben Enthusiasmus feiert wie ehedem politische Ikonen. Fußball- und Basketballspiele finden inzwischen das Interesse der Massen. Die Kaufkraft und mehr Freizeit der aufstrebenden chinesischen Mittelklasse führen zu mehr Sportangeboten – auch für Besucher. Man kann Ski fahren, golfen, klettern und vieles mehr. Kurse für Kampfsportarten gibt es in vielen touristischen Zentren, natürlich auch im Shaolin-Kloster. Viele Reiseveranstalter bieten Touren mit einem Schwerpunkt – von Fotografieren bis zu Trekkingtouren.

Nach der Olympiade

Die Olympischen Sommerspiele im August 2008 haben die Hauptstadt verändert: Es gab ehrgeizige Verbesserungen der Infrastruktur und gigantische Bauprojekte. Beijing versprach »Green Olympics, Hi-tech Olympics, People's Olympics«. Besucher konnten riesige Parklandschaften und futuristische Stadien genießen. Die Hälfte des Olympiageländes, das sich als Verlängerung der kaiserlichen Achse in Nord-Süd-Richtung durch Beijing zieht, wird derzeit in Freizeitflächen und -anlagen umgewandelt.

Bei der Olympiade wurden 43 Weltrekorde und 132 neue olympische Rekorde aufgestellt. China gewann 100 Medaillen, darunter 51 Goldmedaillen – folglich wurden die Spiele in China als Erfolg gepriesen.

2010 finden in Guangzhou die Asienspiele statt. Dafür wurde die Stadt auf Hochglanz gebracht.

Sportveranstaltungen

China ist dem Fußball verfallen, ein Phänomen der jüngsten Zeit, auch wenn alte Aufzeichnungen ein Spiel mit drei Kickern auf jeder Seite beschreiben und Bilder einen Song-Kaiser zeigen, der mit dem Fuß einen Ball jongliert. 1994 wurde eine Profi-Fußball-Liga gegründet. Die **China Super League** existiert seit 2004. Es gibt zahlreiche Fans. Schwierigkeiten gibt es eher mit Sponsoren. Auch **Basketball** gewinnt an Popularität. In den USA spielende chinesische Stars wie der große Yao Ming trugen dazu bei.

Das jährliche Rugby-Sevens-Turnier im März ist ein gigantisches, recht rüdes Spektakel in Hong Kong: Fast 70 internationale Teams treten dabei drei Tage lang gegeneinander an. Die **Hong Kong Rugby Football Union** spielt regelmäßig während der Saison zwischen November und März.

Shanghai und Beijing richten nun auch die **ATP Masters** (Tennismeisterschaften) aus.

Shanghai war 2004 erstmals Gastgeber eines Grand-Prix-Rennens der **Formel 1**. Die Tickets sind teuer, doch 80 Prozent der Strecke sind von den Tribünen einsehbar.

Chinesischer geht es bei den alle vier Jahre stattfindenden Minority Nationalities Traditional Sports Games zu (nächstes Mal 2011). Dabei geht es um ausgefallenere Sportarten wie etwa Drachenbootrennen und Elefanten-Tauziehen.

Golf

Golf wird auch in China immer beliebter, selbst wenn sich die Kommunistische Partei anfangs nicht mit dem elitären, viel Land beanspruchenden Sport anfreunden konnte. Besucher finden über 200 Golfplätze in China vor. **Mission Hills** in Shenzhen mit zehn einzelnen Plätzen steht im Guinness-Buch der Rekorde. Der Platz am Jade Dragon Snow Mountain (Jadedrachen-Schneeberg) bei Lijiang, Yunnan, ist der weltweit höchstgelegene. Vielleicht am reizvollsten ist der schöne Platz **Spring City** bei Kunming. Die meisten Golfplätze stehen Gästen offen. Die Preise ähneln denen in westlichen Ländern.

Schwimmen

China besitzt viel Küste, doch – verglichen mit den südostasiatischen Nachbarn – wenige schöne Strände. Die Insel Hainan wird jedoch als

Auf dem Maultier »ersteigt« sich die Tigersprung-Schlucht in Yunnan leichter

Kamelausritt in den Sanddünen von Mingsha Shan bei Dunhuang, Gansu

»Chinas Hawaii« beworben. Die Urlaubsorte dort gewinnen schnell an Qualität. Beihai in Guangxi hat einen langen Sandstrand. Näher an Beijing liegen Beidaihe, das lange Zeit der Ferienort der KPCh-Funktionäre war, und die hübsche Stadt Qingdao.

Skifahren

Chinesen entdecken langsam den Kick, auf Skiern den Berg hinunterzurasen. Die besten Skigebiete liegen in den Provinzen Heilongjiang und Jilin. **Yabuli**, rund 160 Kilometer von Harbin entfernt, ist einer der etablierten Skiorte. Hier fanden 2008 die Universiade-Winterspiele statt. In Beijings Vororten gibt es mindestens zehn Hänge, die zum Skifahren künstlich beschneit werden. Shanghai besitzt eine der größten Indoor-Pisten der Welt. Falls Sie nicht sehr kleine Füße haben, bekommen Sie möglicherweise Schwierigkeiten, wenn Sie sich Ausrüstung leihen wollen.

Touren

Unzählige Veranstalter kutschieren knipsende Urlauber zu den Top-Sehenswürdigkeiten Chinas. Bevor Sie eine Tour buchen, sollten Sie sich gut informieren, damit Sie eine auswählen, die zu Ihnen und Ihren Interessen passt. Außer den wichtigsten Punkten wie Unterkünfte, Transportmittel, Gruppengröße und Route sollten Sie – vor allem wenn Sie eine kleinere Tour buchen – folgende Aspekte beachten: Ist der Eintritt inklusiv? Erwartet jeder Führer Trinkgeld (das kann ins Geld gehen)? Werden Stopps zum Einkaufen gemacht? Umwege, die dem Führer Provision einbringen, sind meist langweilig und stehlen Ihnen nur Zeit.

Es gibt eine breite Auswahl bewährter Tour-Veranstalter. **Deviko Reisen** ist ein Unternehmen mit großem Angebot. **Ikarus Tours** bietet Reisen in mehrere Landesteile an. **Laxmi-Reisen** ist vor allem auf die Ansprüche Individualreisender sowie Gruppenreisender eingestellt. **China Tours** bietet die Organisation von Reisen in alle Teile des Landes an. Zu den Schwerpunkten gehören u. a. Reisen durch Tibet und den Himalaya, Reisen entlang der Seidenstraße sowie Sonderreisen mit Highlights wie Drachenfesten oder Touren auf Pilgerpfaden zu Klosterfesten. Der Schweizer Anbieter **Intertreck** organisiert Trekkingtouren. Die Stärken von **Wild China** liegen in Südwestchina. Es gibt Ausflüge zu abgelegenen tibetischen Klöstern im westlichen Sichuan und auch durch dichten Dschungel zu Dörfern in Xishuangbanna. Doch schauen Sie am besten auch ins Internet, wo man diverse Angebote findet.

Für Eisenbahnfans

Mit seinem umfangreichen Eisenbahnnetz ist China seit Jahren ein beliebtes Ziel von Eisenbahn-Liebhabern. Hier waren noch Dampflokomotiven in Betrieb, als sie anderswo längst abgeschafft waren. Leider rangiert die letzte dampfbetriebene Strecke, Jitong Railway, die den Jinpeng Pass in der Inneren Mongolei überquert, derzeit ihre Dampfloks aus. Doch viele private Bergwerkslinien fahren noch mit Dampf. Man findet leicht Internet-Seiten von und für »Train Spotter«.

Traditionelles Floß auf dem Huang He, das durch aufgeblasene Schafsmägen Auftrieb hat

Mit dem Ballon inmitten der Karstkegel von Yangshuo in Guangxi

Radtouren

Obwohl Autos auch im Reich der Fahrräder immer zahlreicher werden, bleibt China noch ein gutes Land für Radfahrer. Auf dem Sattel sehen Sie mehr als aus dem Busfenster. Außerdem sind Sie näher an den Menschen und lernen ihre Lebensweise besser kennen. Ein guter Veranstalter sorgt für geeignete Transportalternativen, sollten Sie zu sehr außer Atem geraten oder krank werden. Zudem kümmern sich die Mechaniker bei Pannen. Es gibt Touren für alle Trainingsstufen – von leicht bis sehr schwierig. Manche Veranstalter stellen Fahrräder zur Verfügung, bei anderen muss man sie selbst mitbringen. Ein Spezialist für Fahrradtouren und für Wochenend-Trips in der Nähe von Beijing ist z. B. **Bike China Adventures** in Chengdu.

In ländlichen Gebieten lohnt es sich meist, ein oder zwei Tage ein Rad zu mieten, um die Umgebung zu erkunden. Es gibt viele Fahrrad-Verleiher. Auch Hotels arrangieren das oft. In Städten muss man sein Rad in ausgewiesenen Arealen parken – bewahren Sie die Pfandmünze gut auf. Bleiben Sie möglichst auf Radwegen.

Martial Arts

Was auf Deutsch Kampfsport heißt, gilt in China als Kunst mit philosophischem Hintergrund. Viele Martial-Arts-Anhänger pilgern zum berühmten Shaolin-Kloster in Henan *(siehe S. 158)*, in dem Bodhidarma im 6. Jahrhundert die Mönche in der Kunst unterrichtet haben soll, aus der sich *shaolin quan* entwickelte. Rund um den Tempel konzentrieren sich Kung-Fu-Schulen. Kurse dauern zwischen einer Woche und sechs Monaten. Das weniger bekannte Kloster Wudang Shan in Hubei *(siehe S. 272)* ist die Heimat des Tai Chi Chuan und ebenfalls Zentrum von Martial-Arts-Schulen.

Die meisten Kung-Fu-Formen, die in China gelehrt werden, sind verwässerte Versionen der originalen Kampftechniken und begreifen sich eher als allgemeines Fitness-Training. Wenn Sie an reinen Kampftechniken interessiert sind, finden Sie wahrscheinlich nur in Hong Kong das Richtige. In Beijing, Shanghai und anderen Großstädten werden Kurse angeboten, man findet allerdings selten einen Englisch sprechenden Lehrer vor. Mehr Glück haben Sie in touristischen Zentren wie Yangshuo, Dali oder Lijiang. Wenn Sie Tai Chi Chuan betreiben, können Sie sich den zahllosen Menschen anschließen, die es landesweit jeden Morgen in einem der Parks praktizieren.

Wer mit mehr als den bloßen Händen kämpfen will: Paintball ist in China auf dem Vormarsch (Infos in den Veranstaltungsmagazinen). Auf dem Schießplatz zwischen Beijing und der Chinesischen Mauer bei Badaling kann man auch mit einer Kalaschnikow oder Flugabwehrgeschützen schießen.

Bergsteigen

An den teils heiligen und landschaftlich reizvollen Bergen Chinas (z. B. Tai Shan und Huang Shan) findet man Treppen vor, Seilbahnen und massenhaft Menschen auf dem Weg zum Gipfel. Einige der Berge haben weniger überlaufene Fußwege, auf denen man gut wandern kann. Als Bergsteiger sollten Sie in den Westen Chinas reisen. Das Dach der Welt erwartet Sie in Tibet. Zwar erfordert der Mount Everest viel Training, Geduld und eine Genehmigung, doch Veranstalter bieten Trecks bis zum Basislager im Rongbuk-Tal an. Spektakuläre Aufstiege hat auch der Gongga Shan in Sichuan. Der Muztaghata in Xinjiang ist leichter zu besteigen, abwärts kann man Ski fahren. Achtung: Holen Sie Genehmigungen ein.

Leichter zu realisieren ist Klettern bei Yangshuo in Guangxi. Jahrhundertelang inspirierten die Kalksteinzacken Dichter zu Versen, heute

Eine Klasse fortgeschrittener Kung-Fu-Schüler im Shaolin-Kloster, Henan

Großer Panda in der Zuchtstation bei Chengdu

spornen sie Kletterer zu Höchstleistungen an. Das sich am schnellsten entwickelnde Klettergebiet Asiens hat viele Hänge mit wunderbarer Aussicht, tiefe Flusstäler und gute Unterkünfte.

Wenige Freizeit-Höhlenforscher haben bisher das Netz aus Karsthöhlen in Guangxi erkundet. Einige Unternehmen bieten Höhlenerkundungen auch für Laien an. Für die meisten Höhlen braucht man Erfahrung.

Trekking und Camping

Südwestchina bietet einige der besten Trekking-Möglichkeiten, etwa Touren im Dschungel von Xishuangbanna oder zu abgelegenen tibetischen Klöstern. Ausflüge auf dem Pferderücken sind in den Bergen von Xinjiang und in den Nationalparks von Sichuan möglich. Es gibt Unternehmen, die sich auf solche Touren spezialisiert haben. Auch die **Northwest Yunnan Ecotourism Association** ist dabei hilfreich.

Wildwasser-Rafting ist im Südwesten und in Tibet beliebt. Bevor Sie sich für einen Veranstalter entscheiden, sollten Sie seine Seriosität prüfen und sich vergewissern, dass Schwimmwesten, Helme und eventuell Neoprenanzüge vorhanden sind.

Campen ist in China nicht zu empfehlen. Derzeit gibt es auch keine Campingplätze. Das kann sich jedoch schnell ändern, da sich in China eine Caravan-Begeisterung breitmacht. Noch steckt alles in den Kinderschuhen. Allerdings: Ausländer dürfen Wohnmobile nicht fahren.

Tierwelt und Vogelbeobachtung

Um einen Panda zu Gesicht zu bekommen, braucht man im Wolong-Naturreservat *(siehe S. 369)* etwas Glück. Sicher gelingt es in der Panda-Zuchtstation bei Chengdu *(siehe S. 360)*. Touren zur Vogelbeobachtung führen in die Provinz Qinghai zum Bird Island im Qinghai Hu *(siehe S. 499)* und in Parks wie das Zhalong-Naturreservat *(siehe S. 452)* in der nordöstlichen Provinz Heilongjiang. Dort tummeln sich in dem größten Feuchtgebiet Chinas über 300 Vogelarten.

Chinas Umwelt wurde im 20. Jahrhundert stark vernachlässigt und geschädigt. Da im 21. Jahrhundert das rasante wirtschaftliche Wachstum und die Überbevölkerung die Artenvielfalt gefährden, entstehen immer mehr Umweltschutzbewegungen, die sich für Chinas in Teilen bedrohte Natur einsetzen. Northwest Yunnan Ecotourism in der Nähe von Lijiang in Yunnan bietet ökogerechte Touren und Unterkünfte an.

Auf einen Blick

Sport

ATP Masters Tennis
www.atpworldtour.com

Basketball
www.nbachina.com

Formel Eins
www.icsh.sh.cn

Fußball
www.sinosoc.com

Rugby
www.hkrugby.com

Golf

HSBC Champions Golf
Meist jährlich in Shanghai.
www.hsbcgolf.com

Mission Hills
1 Mission Hills Road, Shenzhen, PRC 518110.
Tel. *(0755) 2802 0888.*
FAX *(0755) 2801 0713.*
www.missionhillsgroup.com

Spring City
Tangchi, Yilang, Yunnan, PRC 652103.
Tel. *(0871) 767 1188.*
www.springcityresort.com

Skifahren

Yabuli
160 km östlich von Harbin, Heilongjiang.
Tel. *(86451) 5345 6017.*
www.yabuliski.com

Touren

China Tours
Wandsbeker Allee 72, D-22119 Hamburg.
Tel. *(040) 819 7380.*
FAX *(040) 819 73888.*
www.chinatours.de

Deviko Reisen
Friedrichstr. 11, D-10969 Berlin.
Tel. *(030) 253 7730.*
FAX *(030) 2537 7315.*
www.deviko.de

Ikarus Tours GmbH
Am Kaltenborn 49–51, D-61542 Königstein.
Tel. *(06174) 290 20.*
FAX *(06174) 229 52.*
www.ikarus.com

Intertreck
Haselstr. 15, CH-9014 Sankt Gallen.
Tel. *(0041) 712 786 464.*
FAX *(0041) 712 787 177.*
www.intertreck.com

Laxmi-Reisen
Bornstr. 18, D-20146 Hamburg.
Tel. *(040) 4162 2814.*
FAX *(040) 4162 2815.*
www.china-und-reisen.de

Studiosus Reisen München GmbH
Riesstr. 25, D-80992 München.
Tel. *(089) 500 600.*
FAX *(089) 500 60100.*
www.studiosus.com

Wild China
Raum 801, Oriental Palace, 9 East Dongfang Road, North Dongganhuan Road, Chaoyang, Beijing, PRC 100027.
Tel. *(010) 6465 6602.*
FAX *(010) 6465 1793.*
www.wildchina.com

Radtouren

Bike China Adventures
6 Yi Guan Miao Fang Cao Jie, Wangfu Huayuan 64-1-17, Chengdu, Sichuan, PRC 610041.
Tel. *1-800 818 1778 (gebührenfrei).*
Tel. *(138) 8226 6575.*
www.bikechina.com

Ökotourismus

Northwest Yunnan Ecotourism Assoc.
Tel. *(86139) 8882 6672.*
www.northwestyunnan.com

GRUND-INFORMATIONEN

Praktische Hinweise

Symbol des China Tourist Board

China erlebt gerade einen Boom an internationalem und auch nationalem Tourismus. Die Qualität der touristischen Einrichtungen verbessert sich zwar allmählich, doch immer noch sind zahlreiche Sehenswürdigkeiten mühsam zu erreichen. Die Attraktionen, zu denen man besser gelangt, sind vor allem im Sommer sehr überlaufen. Es gibt kein verlässliches landesweit operierendes Netz von Informationszentren. Deshalb ist man für Informationen aller Art, Führungen etc. oft auf die Ratschläge von Hotels angewiesen. In den größeren Städten entspricht die touristische Infrastruktur mit Verkehrsnetz, Hotels und Restaurants internationalen Standards. In abgelegenen Regionen gibt es nur sehr einfache Unterkünfte. Schwierigkeiten verursacht auch die Verständigung. Englisch sprechende Menschen trifft man in der Regel nur in größeren Städten, als Führer, in Vier- oder Fünf-Sterne-Hotels und in auf Urlauber ausgerichteten Restaurants an.

Reisezeit

Obwohl die Klimaunterschiede in China groß sind, empfehlen sich im Allgemeinen der Frühling und der Herbst als beste Reisezeit. Hauptsaison ist zwischen Juni und September, allerdings ist es da fast überall sehr heiß, teils mit hoher Luftfeuchtigkeit. Die Winter in Nordchina sind extrem kalt, vor allem im Nordosten. In Südchina ist es dann angenehm, insbesondere auf der Insel Hainan und in der Provinz Yunnan. Temperatur- und Niederschlagstabellen finden Sie auf S. 48f.

Wenn Ihre Reise mit einem der großen Feste *(siehe S. 47)* zusammenfällt, können Sie China am lebendigsten erleben. Allerdings ist dann auch das halbe Land unterwegs, sodass Flüge und Tickets für Züge und Busse schwer zu bekommen sind. Die Sehenswürdigkeiten sind übervoll, Hotels erhöhen ihre Preise.

Reisegepäck

Im Winter, also von November bis März, erfordert eine Reise nach Nordchina Daunenjacke, Handschuhe, Thermohosen und warme Stiefel. In der kalten Jahreszeit brauchen Sie auch im Süden bis hinunter nach Hong Kong warme Kleidung. Im Sommer ist es heiß, leichte Hemden oder T-Shirts genügen dann.

Empfehlenswert sind Regen- und Sonnenschutz, eine Taschenlampe, ein Taschenmesser sowie ein Erste-Hilfe-Set *(siehe S. 618)*. Auf jeden Fall ins Reisegepäck gehören Medikamente, die Sie regelmäßig einnehmen.

Buchung

Zwischen Mai und Oktober und um das Chinesische Neujahr empfiehlt es sich, Hotels vorab zu buchen. Für Zugfahrten ist es ratsam, die Fahrkarte einige Tage im Voraus zu kaufen, allerdings geht das in China nur bis zu fünf Tage vorher. Bustickets und Inlandsflüge muss man außerhalb der großen Festtermine nicht unbedingt vorab buchen.

Angenehmer Aufenthalt in einem Teegarten in Chengdu

Einreise

Für die Einreise in die VR China ist ein Visum erforderlich, das vor der Reise eingeholt werden muss. Teilnehmer von Gruppenreisen können das Visum über den Veranstalter besorgen lassen. Einzelreisende müssen es direkt bei einer der chinesischen Auslandsvertretungen beantragen. Antragsformular im Internet unter:
www.china-botschaft.de
www.chinaembassy.at
www.china-embassy.ch

Für den Antrag wird ein noch mindestens sechs Monate gültiger Reisepass benötigt. Der deutsche Kinderausweis wird anerkannt. Er muss allerdings ein Lichtbild des Inhabers (gilt auch für Säuglinge) haben.

Visa gibt es für 30, 60 oder 90 Tage. Die Überziehung zieht ein empfindliches Bußgeld nach sich.

In die Sonderverwaltungsregionen Hong Kong und Macau können Deutsche, Österreicher und Schweizer bis zu drei Monate visumfrei einreisen. Erfolgt die Einreise von »Festlandchina« aus, so ist zu beachten, dass dies eine Ausreise aus der VR China bedeutet. Eine Wiedereinreise ist

◁ Beijing ist noch immer eine Stadt für Radfahrer *(siehe S. 633)*

nur möglich, wenn das chinesische Visum für zwei- bzw. mehrfache Einreisen ausgestellt ist. Hierauf müssen Sie bereits bei der Beantragung achten (und dabei Ihren Reiseplan angeben).

Alle Ausländer benötigen eine Spezialgenehmigung (TAR-permit) für Tibet. Innerhalb Tibets sind nur von chinesischen Reiseagentouren arrangierte Reisen oder Touren (mit Führer) möglich.

Nach Einreise in die VR China ist für eine eventuelle Neuausstellung eines Visums das Public Security Bureau (PSB, *siehe S. 616*) zuständig. Tragen Sie immer Ihren Pass mit sich. Bei Verlust sollte man Fotokopien von Pass und Visum haben. Für Ausländer besteht Meldepflicht bei der lokalen Polizei bei Aufenthalten über 24 Stunden an einem Ort. Bei Übernachtung im Hotel erledigt dies das Hotel.

Genehmigungen

Die meisten Regionen Chinas sind frei zugänglich. Zu den Regionen, für die man eine Sondergenehmigung durch das PSB braucht, gehören Lushun (Liaoning), Xanadu (Innere Mongolei) und Teile von Shennongjia (Hubei). Im westlichen Sichuan ist die Lage unklar. Für Reisen ins Autonome Gebiet Tibet benötigen Sie ein TAR-permit, erhältlich bei chinesischen Auslandsvertretungen oder beim Tibetischen Reisebüro in Beijing, 118 Beisihuan Douglu (1. Etage des Tibet-Gebäudes), Tel. 010-6498-0373 (Merkblatt: www.peking.diplo.de/Vertretung/peking/de/Startseite.html).

Botschaften und Konsulate

Die Botschaften Deutschlands, Österreichs und der Schweiz befinden sich in Beijing (*siehe S. 617*). Zudem unterhält Deutschland Generalkonsulate in Chengdu, Guangzhou, Hong Kong und Shanghai (Adressen unter: www.auswaertigesamt.de).

Zoll

Bei der Einreise nach China darf man 1,5 Liter Spirituosen und 400 Zigaretten einführen. Fremdwährungen über 5000 US-$ müssen deklariert werden. Nicht einführen darf man frisches Obst, Waffen und Munition.

Die Ausfuhr von Medikamenten auf Kräuterbasis ist limitiert. Die Ausfuhr von Antiquitäten orientiert sich an deren Bedeutung. Auf jeden Fall müssen sie das rote Siegel des chinesischen Kulturamts tragen. Münzen vor 1949 dürfen überhaupt nicht mehr außer Landes gelangen. Es ist auch ratsam, keine Literatur zu politisch brisanten Themen mitzuführen. Vor allem in Tibet ist es vorgekommen, dass solche Bücher konfisziert wurden.

Bronze-Dreifuß, Shang-Dynastie

Impfungen

Als sinnvollen Impfschutz bei Reisen in die VR China empfiehlt das Auswärtige Amt: Immunisierung gegen Tetanus, Diphtherie, Polio und Hepatitis A, bei Langzeitaufenthalt über drei Monate auch gegen Hepatitis B. Je nach Reiseplanung (Landaufenthalt, Sport) kann ein Impfschutz gegen Tollwut und Typhus sinnvoll sein.

Eine gültige Gelbfieberimpfung wird nur bei Einreise aus einem Gelbfiebergebiet verlangt. Eine Malariaprophylaxe kann für Reisen in die ländlichen Gebiete von Yunnan und Hainan sinnvoll sein, saisonbedingt und bei längerem Aufenthalt in ländlichen Gebieten auch die Impfung gegen Japan-Enzephalitis. Informieren Sie sich aktuell bei einem Tropen- oder Reisemediziner.

Versicherung

Eine ausreichende Auslandsreise-Krankenversicherung inklusive Kranken-Rücktransport ist dringend zu empfehlen. Falls Sie in China Extremsport treiben wollen, sollten Sie vorab klären, ob Ihre Versicherung auch Unfälle bei Risikosportarten abdeckt. Eine Versicherung gegen Diebstahl, die Gepäck, Ticket und eine bestimmte Geldsumme ersetzt, ist unter Umständen ebenfalls empfehlenswert.

Auf einen Blick

China International Travel Service (CITS)

www.cits.net

Beijing
28 Jianguo Men Wai Jie.
(010) 6522 2991.

Dalian
Central Plaza Hotel,
145 Zhongshan Lu.
(0411) 8368 7843.

Guangzhou
185 Huanshi Xi Lu.
(020) 8666 6889.

Shanghai
1277 Beijing Xi Lu.
(021) 6289 8899.

Suzhou
251 Ganjiang Xi Lu.
(0512) 6515 1369.

Xi'an
50 Chang'an Bei Lu.
(029) 8524 1864.

Charakteristische *Tai-hu*-Felsen am Ufer des Yu Yuan (Jadegarten) in Shanghai

Information

In größeren Städten findet man reichlich Informationen. In kleineren Städten hat man den Stellenwert eines offiziellen Informationsbüros noch nicht erkannt. Die Tourismusbüros in Beijing und Shanghai sind nicht gut ausgestattet, doch man bekommt kostenlose Karten. Der **China International Travel Service** (CITS) *(siehe S. 611)* wurde zwar gegründet, um sich um die Belange ausländischer Gäste zu kümmern, operiert aber wie jeder andere lokale Anbieter als Reisebüro, das Touren, Tickets und Mietwagen anbietet (deutschsprachige Website von CITS: www.goldenerdrachen.de)

Einige staatliche Agenturen vertreten den China-Tourismus im Ausland. Sie bieten aber oft keine wirkliche Hilfe für Individualreisende, sondern empfehlen hauptsächlich Gruppenreisen (Adresse: Fremdenverkehrsamt der VR China, Ilkenhansstr. 6, 60433 Frankfurt am Main, Tel. 069-520 135, Fax 069-528 490 – www.fac.de).

Eine deutsche Website ist: www.chinafokus.de. Offiziell von der Regierung anerkannt und auch auf Deutsch: www.china.org.cn. Aktuelle Infos bietet China Radio International unter http://de.china broadcast.cn. Für Geschäftsreisende empfiehlt sich: www.china-a.de. Gute englischsprachige Sites sind www.travelchinaguide.com und www.cnta.com, die Seite der China National Tourism Administration (CNTA), der nationalen Tourismusbehörde.

Eintritt

So gut wie jede Sehenswürdigkeit in China kostet Eintritt: die meisten Tempel und Parks, alle Museen, Paläste, historischen Monumente, heiligen Berge und Reservate. Tempel verlangen zwischen fünf und 80 Yuan. Die Preise anderer Einrichtungen variieren stark. Oft sieht man nicht, wohin das Geld fließt, denn viele Tempel und Monumente machen einen vernachlässigten Eindruck. Bis vor Kurzem mussten ausländische Besucher mehr zahlen als chinesische. Diese Praxis ist so gut wie abgeschafft, dennoch sollten Sie mit höheren Preisen rechnen.

Bei den meisten Sehenswürdigkeiten und Parks kann man ein Ticket für den Eintritt *(men piao)* lösen. Für die einzelnen Tempel, Hallen, Pagoden etc. der Anlage muss man dann extra bezahlen. Als Alternative gibt es ein Ticket für alles *(tao piao)*. Manchmal wird eine Gebühr für die Gepäckaufbewahrung verlangt. Die Ticket-Schalter machen oft eine halbe Stunde vor der Schließung der Sehenswürdigkeit zu. Am Eingang von größeren Sehenswürdigkeiten wimmelt es oft von Führern, die ihre Dienste anbieten, auch wenn Sie kein Interesse zeigen. Testen Sie erst die Englischkenntnisse des Führers. Manche wiederholen nur auswendig gelernten Text und können Fragen nicht beantworten.

Straßenschild mit chinesischen Schriftzeichen und in Pinyin-Umschrift

Feiertage

Die Hauptfeiertage liegen um das Chinesische Neujahr im ersten Mondmonat, um den 1. Mai (Frühlingsfest) und um den 1. Oktober (Nationalfeiertag). Chinesisches Neujahr und Nationalfeiertag dauern offiziell drei Tage, können sich aber auf sieben Tage ausweiten *(siehe S. 47)*. Dann kommt das öffentliche Leben fast zum Erliegen. Banken sind an Feiertagen geschlossen, Sehenswürdigkeiten geöffnet. Die Preise der Hotels steigen in diesen Zeiten an. Züge und Busse sind überfüllt.

Sprache

Die Amtssprache in China ist *Putonghua* (wörtlich »Allgemeinsprache«). Sie beruht auf dem Beijinger Dialekt und wurde früher als Mandarin bezeichnet. *Putonghua* wird in China konsequent verbreitet: über Schulen, Medien und Theater. Alle Han-Chinesen verständigen sich – trotz ihrer verschiedenen Dialekte – auf *Putonghua*. Kantonesisch ist ein weitverbreiteter Dialekt im Süden. Englisch wird auch heute in China meist nur von Leuten beherrscht, die in der Tourismus-Branche arbeiten oder beruflich international tätig sind. Eine Ausnahme bildet Hong Kong, wo Englisch verbreiteter ist.

Der Umgang mit den Vokalen, die im Chinesischen auf mindestens vier verschiedene Arten ausgesprochen werden, macht es nicht einfach, sich *Putonghua* anzueignen. Pinyin, die standardisierte Umschrift mit lateinischen Buchstaben, erleichtert es deutlich. Für Besucher des Landes ist es hilfreich, dass zumindest die Schilder in den Großstädten zusätzlich mit Pinyin beschriftet sind. Einige häufig benutzte Ausdrücke auf *Putonghua* sowie die allerwichtigsten Ausspracheregeln finden Sie im Sprachführer *(siehe S. 668–672)*.

Fassade des beeindruckenden Shaanxi Geschichtsmuseums in Xi'an

Behinderte Reisende

Wenn Sie auf den Rollstuhl angewiesen sind, ist China kein empfehlenswertes Reiseziel. Mit Ausnahme von Hong Kong und zum Teil auch von Macau bietet China sehr wenige Einrichtungen für Behinderte – weder in öffentlichen Verkehrsmitteln noch in öffentlichen Gebäuden, Sehenswürdigkeiten und Hotels. Die Gehwege in den Städten sind voller Hindernisse, Löcher und Schwellen. Im Zuge der Olympischen Spiele 2008 hat sich die Situation in Beijing etwas verbessert. Auch moderne Stadtteile in Shanghai sind dabei, behindertengerechter zu werden.

Da sichere Übergänge mit Ampeln in den Städten eher selten sind, weicht man auf Fußgänger-Überwege aus. Nur in Hotels der gehobenen Klasse findet man Räume mit Einrichtungen für Behinderte. Aufzüge gibt es allerdings in den meisten Hotels, die mehr als drei Etagen haben.

Mit Kindern reisen

Chinesen lieben Kinder. Sie sind praktisch überall willkommen. Wickeltische findet man zwar extrem wenige, auch Kindersitze in Restaurants sind selten. Es ist jedoch in China in manchen Situationen eher hilfreich, wenn Sie ein kleines Kind dabeihaben: In der Regel wird sich jeder außerordentlich bemühen, hilfreich zu sein oder eine geeignete Unterkunft o. Ä. für Sie aufzutreiben.

Die Supermärkte in den Städten bieten so gut wie alles an, was man für Babys braucht – von Windeln bis hin zu Babynahrung. Die Nahrung ist jedoch süßer als bei uns und immer behandelt. Biologische Produkte gibt es nicht. Chinesen geben ihren Kindern fast nie Schnuller, dennoch findet man welche in den Kaufhäusern größerer Städte. Es ist keine schlechte Idee, ein eigenes Kinderbesteck mitzubringen: Viele Restaurants haben nämlich nur Ess-Stäbchen.

Kinder sind in chinesischen Restaurants gern gesehene Gäste

Fotografieren

Chinesische Besucher im Westen sind als fotografierwütig bekannt, auch zu Hause fotografieren sie gern. Man findet in jeder Stadt Läden, die Filme entwickeln, 35-mm-Filme bekommt man fast überall, Dia- oder Highspeed-Filme meist nur in Spezialläden, da die meisten Menschen mittlerweile Digitalkameras benutzen. Kamerabatterien sind zwar zu bekommen, es ist dennoch besser, eigene mitzubringen. Viele Fotoläden in Hong Kong, Macau und auch auf dem Festland bieten den Service an, Ihre Bilder von der Digitalkamera auf eine CD oder DVD zu überspielen.

Menschen in China zu fotografieren ist meist kein Problem. Es ist jedoch immer netter, wenn Sie höflich um Erlaubnis fragen. In den Tempelhallen und Museen sowie an archäologischen Stätten ist das Fotografieren im Allgemeinen nicht erlaubt, meist zeigen Schilder dies an. Im Zweifelsfall sollten Sie fragen.

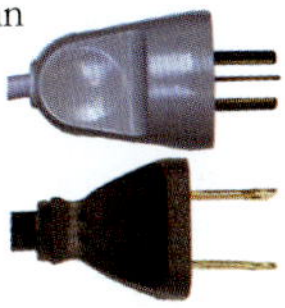

Stecker mit zwei oder drei Pins

Das Fotografieren aller militärischen Einrichtungen ist strengstens untersagt. Auch Fotos von Flughäfen, Häfen und Eisenbahnanlagen sind verboten. Zuwiderhandlungen werden glücklicherweise selten geahndet. Wenn Sie aber politisch sensible Objekte oder Situationen fotografieren oder filmen, kann es passieren, dass Ihr Film oder der Datenträger konfisziert wird.

Elektrizität

Die Stromspannung in China beträgt 220 Volt/50 Hertz. Manchmal funktionieren einfache Stecker ohne Schutzkontakt (z. B. Rasierer). Doch je nach Region gibt es zweifache bzw. dreifache Stecker. Geeignete Adapter kann man in den meisten größeren Städten kaufen. In besseren Hotels werden Sie Ihnen zur Verfügung gestellt. Billige chinesische Batterien sind sehr kurzlebig. Wiederaufladbare Batterien mit Ladegerät gibt es in den meisten Läden. Stromausfälle sind keine Seltenheit. Es ist also ratsam, eine Taschenlampe dabeizuhaben oder sich in China eine zuzulegen.

Zeit und Kalender

Trotz der gewaltigen Größe des Landes (das sich über fünf Zeitzonen erstreckt) gilt in China nur eine einzige Zeitzone (chinesische Standardzeit) – ohne Sommerzeit. Chinas Ortszeit ist der Mitteleuropäischen Zeit (MEZ) um sieben Stunden voraus, während der Mitteleuropäischen Sommerzeit (MESZ) sind es nur sechs Stunden.

Für alle offiziellen Termine gilt auch in China der westliche Gregorianische Kalender. Feste und Feierlichkeiten werden allerdings nach dem traditionellen Mondkalender begangen. Sie liegen also von Jahr zu Jahr etwas anders. Die nächsten Termine für das Chinesische Neujahr sind: 14. Februar 2010, 03. Februar 2011, 23. Januar 2012.

Etikette

Trotz aller Modernisierung bleibt China ein Land mit festen Traditionen und starker Familienorientierung. Auch wenn manche Städte auf den ersten Blick einen fast westlichen Eindruck vermitteln, sind ihre Bewohner doch in den meisten Fällen konservativ und werteorientiert. Der Konfuzianismus fordert den Respekt vor Älteren und vor Autoritätspersonen. Auch Konformität ist positiv besetzt. Religiosität spielt im Leben der Menschen eine große Rolle, wird aber aus dem Alltagsleben herausgehalten. Im Allgemeinen sind Chinesen warmherzig, großzügig und freundlich. Über ihre Gastfreunschaft ist man als Besucher oft erstaunt. Falls Sie zu jemandem nach Hause eingeladen werden, wird man sich über ein kleines Gastgeschenk freuen.

Begrüssung

Händeschütteln ist zwar in China nicht üblich, chinesische Männer tun es bei Ausländern dennoch bzw. erwarten, dass diese es tun. Berührungen bei der Begrüßung sind unter Freunden durchaus üblich. Der normale chinesische Gruß ist *ni hao* (oder *nimen hao* in der Mehrzahl). Darauf antwortet man *ni hao* oder *nimen hao*, wenn man sehr höflich sein will, auch *nin hao* bzw. *ninmen hao*.

Chinesen können überaus direkt sein. Wundern Sie sich nicht, wenn man Sie fragt, wie alt Sie sind, ob Sie verheiratet sind und wie viel Geld Sie verdienen. Derartige Fragen gehören selbst zu einem oberflächlichen Kennenlernen dazu.

Eine Visitenkarte wird in China sehr sorgfältig überreicht und entgegengenommen: Benutzen Sie dafür beide Hände, und fassen Sie die Karte nur mit den Fingerspitzen an. Auch wenn Sie nicht auf Geschäftsreise sind, ist es keine schlechte Idee, Visitenkarten dabeizuhaben: Gelegenheiten, sie zu verteilen, ergeben sich oft.

Kleidung

Menschen über 30 oder 40 kleiden sich in China konservativ, meist in dunklen Farben. In den Städten tragen viele Jeans und Hemd oder T-Shirt. Von Ausländern ist man gewohnt, dass sie sich weniger dezent kleiden – Sie müssen sich also wenig Sorgen machen, solange Sie saubere Kleidung tragen. Sogar Shorts sind bei Männern und Frauen akzeptabel, wenn es entsprechend heiß ist. Am Strand ist »oben ohne« oder gar Nacktheit völlig unüblich. Passen Sie sich mit dezenter Badekleidung den Chinesen an.

Anleitung für den Umgang mit Räucherwerk

Das »Gesicht wahren«

Chinesen sind in der Regel reserviert-respektvoll, gleichzeitig sind sie stolz. Diesen Stolz aufrechtzuerhalten und »Schande« zu vermeiden heißt, »das Gesicht wahren«. Wer gerügt wird, verliert das Gesicht *(mianzi)*, was bei Chinesen großes Unbehagen auslöst. Bedenken Sie also: Auch wenn Sie sich über Bürokratie, schlechte Organisation und Verspätungen ärgern sollten, machen Sie die Sache nicht besser, wenn Sie sich lauthals beschweren. Agieren Sie in schwierigen Situationen entschieden, aber höflich. Lautstarke Konfrontation sollte die letzte Stufe sein.

Religiöse Stätten

Für buddhistische, daoistische oder konfuzianische Tempel gibt es keine feste Kleiderordnung. Auch herrscht hier ein entspannter Umgang mit Besuchern. Sie können umhergehen, sollten aber Rücksicht auf Gläubige nehmen. Häufig besteht in Tempelhallen ein Fotografierverbot, nicht jedoch in den Höfen. In manchen buddhistischen und daoistischen Tempelanlagen leben Mönche. Begegnen Sie ihnen mit Respekt.

Wenn Sie eine Moschee besuchen wollen, sollten Oberarme und Beine auf jeden Fall bedeckt sein. Shorts und Miniröcke sind hier tabu.

Höflichkeit

Wenn man sich mit Chinesen in einem Restaurant zum Abendessen verabredet, wird die Rechnung in den seltensten Fällen geteilt. Meist wetteifern alle darum, sie zu bezahlen. Wenn Sie bei diesem Kampf um die Rechnung mitmachen, schätzt man das, und Sie gelten als höflich. Eine ernsthafte Chance haben Sie vermutlich nicht.

Chinesen vermeiden es, über politische Themen zu reden – höflicherweise tun Sie es auch nicht.

Hof des Jade-Buddha-Tempels in Shanghai

Widrigkeiten

Insbesondere auf dem Land werden Sie es öfter erleben, dass man Sie anstarrt. Das ist jedoch nicht provozierend gemeint: Bedenken Sie, dass China teilweise bis in die frühen 1990er Jahre für ausländische Besucher nicht zugänglich war. Ebenso nervend kann es sein, dass man Ihnen in kleineren Orten andauernd »Hellooo!« oder *laowai* (Fremder) entgegenruft. Das ignorieren Sie am besten – oder Sie lächeln. Wenn Sie antworten, ruft dies oft nur Gelächter hervor.

In größeren Städten werden Sie erleben, dass Menschen mit Ihnen ein Gespräch anfangen, um Englisch zu üben. Manchmal versuchen Kunststudenten, Sie in eine überteuerte Galerie zu locken. Lehnen Sie das Angebot einfach entschieden ab.

Schlangestehen löst zwar allmählich das übliche Chaos vor Kassen und anderen Schaltern ab, rechnen Sie dennoch mit Geschubse und Gedrängel.

Seit dem Ausbruch von SARS im Jahr 2002 haben die öffentlichen Gesundheitsstellen viel getan, um das Spucken auf der Straße zu unterbinden. Dennoch ist es weitverbreitet, vor allem auf dem Land – selbst in Bussen und Zügen. Es gilt auch nicht als unhöflich, wenn jemand mitten in einer Unterhaltung ausspuckt. Seien Sie nicht beleidigt.

Zigaretten und Alkohol

Als weltweit größter Zigarettenproduzent ist China ein Raucherparadies. Es gibt zwar erste Nichtraucherzonen und rudimentäre Kampagnen gegen das Rauchen, dennoch wird fast überall gequalmt. Rauchen ist jetzt auf Inlandsflügen und in Zugabteilen verboten, in Regionalbussen dagegen immer noch erlaubt. Vier- oder Fünf-Sterne-Hotels haben Nichtraucher-Bereiche und -Zimmer, preiswertere Hotels nicht. Selbst während

Souvenirs auf einem Straßenmarkt in Tianjin

am Tisch noch gegessen wird, ist es keineswegs unüblich, sich eine Zigarette anzuzünden. Chinesen bieten sehr gern Zigaretten *(xiangyan)* an – revanchieren Sie sich.

Alkohol wird gern getrunken. Eine moderate Alkoholisierung ist nicht verpönt. Zum Essen trinkt man in der Regel Bier *(pijiu)* oder klaren Schnaps *(baijiu)*. Wein *(putaojiu)* wird in Städten zunehmend populärer und ist mittlerweile in großen Supermärkten erhältlich. Wenn jemand einen Toast auf Sie ausruft *(ganbei!)*, gebietet es die Höflichkeit, dies etwas später zu erwidern.

Klarer Schnaps, das Getränk bei Geschäftsessen

Handeln

Als Ausländer müssen Sie in China handeln *(jiangjia)*. Auf Märkten und überall dort, wo keine Preise angeschrieben sind, werden Sie sonst übervorteilt und bezahlen teils deutlich zu viel. In manchen Restaurants sind die Preise auf der englischen Speisekarte immer noch höher als auf der chinesischen. Auch der Preis eines Hotelzimmers ist eine Frage des Verhandelns, vor allem außerhalb der Hauptsaison.

Beim Handeln geht es in keinster Weise aggressiv zu. Sagen Sie einfach, was Sie bezahlen wollen, aber seien Sie nicht unrealistisch. Wenn der andere nicht darauf eingehen will, gehen Sie einfach weg. Das ändert oft seinen Sinn. In größeren Geschäften und staatlichen Läden *(guoying shangdian)* gelten in der Regel Fixpreise.

Trinkgeld

Trinkgeld *(xiaofei)* wird in China, Hong Kong und Macau selten gegeben. Die Menschen erwarten es auch nicht. Manche Restaurants setzen eine Service-Gebühr auf die Rechnung.

Bettler

Chinas unausgewogene wirtschaftliche Entwicklung hat auch dazu geführt, dass es viele sehr arme Menschen gibt. Vor allem in Städten sieht man zahlreiche Bettler. Ausländische Besucher sind für sie natürlich interessant. Oft werden Kinder vorgeschickt, die Geld erbetteln sollen. Am einfachsten ist es, wenn Sie sie ignorieren bzw. weggehen.

Ein Bettler in Lhasa in bunter buddhistischer Aufmachung

Sicherheit und Gesundheit

Die Polizei in China heißt Public Security Bureau *(gonganju)*, abgekürzt PSB. Als Besucher werden Sie kaum mit dem PSB in Kontakt kommen, außer wenn Ihr Visum abgelaufen ist, wenn Sie eine genehmigungspflichtige Region besuchen oder einen Diebstahl melden wollen. China ist ein Polizeistaat. Man sagt dem PSB Korruption und Bürokratie nach. Nicht auf allen Polizeirevieren *(paichusuo)* gibt es jemanden, der Englisch spricht. Am besten nehmen Sie einen Dolmetscher mit, wenn Sie einen Vorfall melden wollen. In ernsten Fällen wenden Sie sich am besten an Ihre Botschaft oder Ihr Konsulat. Die Notrufnummer in China ist 110. Achten Sie auf Ihre Wertgegenstände und Ihre Dokumente. Im Krankheitsfall wenden Sie sich besser an eine Privatklinik als an ein staatliches Krankenhaus.

Im Einkaufsviertel an der Causeway Bay, Hong Kong

Persönliche Sicherheit

China ist im Allgemeinen ein sicheres Land. Zwar hat die Kriminalität seit der wirtschaftlichen Liberalisierung zugenommen, denn Millionen Migranten sind in die Städte gezogen und lungern teils ohne Arbeit herum, dennoch müssen Sie als Ausländer keine Gewaltverbrechen befürchten. Vor Taschendieben sollten Sie allerdings auf der Hut sein.

Urlauber in Bussen oder Zügen, vor allem wenn sie in der »Hard-Seat«-Klasse *(siehe S. 629)* und nachts unterwegs sind, werden oft Opfer von Dieben. Behalten Sie Ihre Wertgegenstände im Auge. Tragen Sie einen Geldgurt, und verstauen Sie Ihr Gepäck oben in der Ablage, wo man es nicht so leicht erreichen kann.

Hotelzimmer sind im Allgemeinen sicherer als Schlafsäle, dennoch verschwinden auch dort Dinge aus dem Zimmer. Bringen Sie alles Wertvolle im Hotelsafe oder in Aufbewahrungsräumen unter. Lassen Sie sich dafür eine Quittung geben. Am besten lassen Sie unnötigen Schmuck überhaupt zu Hause. Lassen Sie in Schlafsälen keine Dokumente (offen) herumliegen, und seien Sie anderen Gästen gegenüber vorsichtig mit detaillierten persönlichen Auskünften.

In überfüllten Straßen sollten Sie sich unauffällig und keinesfalls teuer kleiden. Achten Sie auf Ihre Tasche. Sichern Sie Ihr Geld. Auch in öffentlichen Waschräumen und Toiletten sollte man auf der Hut sein.

Bargeld, Pass, Reiseschecks und unersetzbare Tickets gehören in einen Geldgurt unter der Kleidung. Machen Sie Fotokopien wichtiger Dokumente (vor allem von den Hauptseiten des Passes und vom Visum). Bewahren Sie die Kopien und die Seriennummern der Reiseschecks an einem anderen, sicheren Ort auf.

Beamter des PSB in Beijing

Allgemeine Sicherheit

Seit den Olympischen Spielen 2008 wurden die Sicherheitsvorkehrungen in ganz China verschärft, vor allem bei Flughäfen und Bahnhöfen. Bei einer Reihe von Sehenswürdigkeiten muss man seine Tasche deponieren. Tragen Sie immer Ihren Pass mit sich.

Allein reisende Frauen

China gilt als sicheres Reiseland für Frauen. In der Regel begegnen chinesische Männer Frauen respektvoll. Sexuelle Belästigung ist sehr unwahrscheinlich. Dennoch ist es in manchen Gegenden sicherer, sich einer Gruppe anzuschließen. Wenn Sie allein unterwegs sind, begeben Sie sich auf dem Land nicht in allzu einsame Gegenden, vor allem nicht nach Einbruch der Dunkelheit.

Hinsichtlich der Kleidung passen Sie sich am besten den einheimischen Frauen an. Kleiden Sie sich nicht auffällig. Tragen Sie in muslimischen Regionen keine kurzen Röcke. Vermeiden Sie – wenn möglich – Schlafsäle. Wählen Sie am besten ein Hotel im Zentrum der Stadt, wo es auch abends beleuchtet und belebt ist.

Schwule und Lesben

Die Schwulen- und Lesbenszene in Chinas Metropolen wächst, vor allem in Shanghai und Hong Kong. Dennoch ist China immer noch ein sehr konservatives Land. Homosexualität wird im Allgemeinen zumindest missbilligt, meist aber auch missverstanden. Erst 2001 nahm die Chinesische Psychiatrische Gesellschaft Homosexualität von der Liste der Geisteskrankheiten. Homosexualität ist zwar legal, doch es gibt kein Gesetz, das Homosexuelle schützt. Es kommt vor, dass die Polizei in Lokalen der Schwulenszene ohne Grund Razzien durchführt. Selbst in Großstädten ist es nicht ratsam, seine gleichgeschlechtliche Sexualität offen zu zeigen. Man sieht zwar viele junge Chinesen, die Arm in Arm gehen, aber diese Art des Körperkontakts gilt als unverfänglich.

Medizinische Versorgung

Eine umfassende Auslandsreise-Krankenversicherung ist unabdingbar für einen China-Aufenthalt. Die Qualität der staatlichen Krankenhäuser variiert beträchtlich. Die besser ausgestatteten Hospitäler *(yiyuan)* finden sich in den Städten, doch oft gibt es auch dort ein Verständigungsproblem. Städte mit »ausländischer« Vergangenheit als Kolonie oder mit früheren Konzessionen haben meist private Kliniken mit Englisch sprechenden Mitarbeitern. Im Notfall wenden Sie sich an Ihre Botschaft bzw. an das Konsulat und fragen nach einer Liste mit empfehlenswerten Krankenhäusern.

Grünes Kreuz – Logo der Apotheken

Im Allgemeinen kommt ein Arztbesuch in China nicht teuer. Viele Krankenhäuser erheben einen »Aufschlag« für Ausländer, der bessere Pflege sichern soll. Wo immer Sie sich behandeln lassen – Sie müssen die Behandlung bar bezahlen.

Apotheken *(yaodian)* erkennt man am grünen Kreuz. Viele führen sowohl westliche Arzneien *(xi yao)* als auch traditionelle chinesische Medizin *(zhong yao)*. Die meisten behandeln auch kleinere Beschwerden. Nehmen Sie die Medikamente, die Sie regelmäßig brauchen, in ausreichender Menge mit. Schreiben Sie sich die Namen der Wirkstoffe auf, falls Sie doch Nachschub brauchen sollten. In Beijing und Shanghai sind viele, bei uns rezeptpflichtige Medikamente frei erwerblich, darunter Antibiotika und Schlaftabletten.

Einige große Hotels haben eine eigene Krankenstation für ihre Gäste. Sie haben auch manchmal einen Dolmetscher, der Sie in ein Krankenhaus begleitet.

Wer sich für traditionelle chinesische Medizin *(siehe S. 232)* interessiert und vielleicht ein chronisches Leiden behandeln lassen will, geht in ein TCM-Institut. Diese sind an Krankenhäuser und medizinische Fakultäten angeschlossen. Einige Hotels haben sich darauf spezialisiert, ihren Gästen eine Behandlung mit traditionellen Methoden anzubieten.

Öffentliche Toiletten

Öffentliche Toiletten kosten ein paar Jiao und sind in der Regel schäbig und schmutzig. Es ist fast normal, dass die Türen zu den Kabinen fehlen oder zumindest nicht abschließbar sind oder dass es nur niedrige Trennwände gibt. Toilettenpapier ist eine Seltenheit – vergessen Sie nicht, immer einen kleinen Vorrat dabeizuhaben. Toilettenpapier sollte man in den Abfalleimer werfen (sofern einer vorhanden ist), denn Spülung und Abwasserrohre sind oft nicht ausreichend funktionsfähig. Benutzen Sie lieber die Toiletten von Hotels und Fast-Food-Restaurants, wenn es sich einrichten lässt.

Wegweiser zu den Toiletten

Hygiene-Tipps

Es kann nicht schaden, unterwegs neben Toilettenpapier auch Seife in fester oder flüssiger Form dabeizuhaben. Auch feuchte Reinigungstücher sind manchmal nützlich. Wenn Sie nicht ganz exklusiv wohnen: Warzen holt man sich leicht von schlecht gereinigten Duschen. Oft stehen in Hotels Badeschuhe unter dem Bett, die dafür gedacht sind, dass man sie unter der Dusche trägt – doch vielleicht ziehen Sie eigene vor!

Auf einen Blick

Im Notfall

Polizei 110.

Feuerwehr 119.

Ambulanz 120.

Krankenhäuser

Beijing

Hong Kong International Medical Clinic, 9. Etage, Office Tower, Hong Kong Macau Center, Swissôtel, 2 Chaoyang Men Bei Dajie.
(010) 6553 2288.
www.hkclinic.com

International SOS, Suite 105, Flügel 1, Kunsha Building, 16 Xin Yuan Li, Chaoyang. Terminvereinbarungen unter:
(010) 6462 9112 .

Guangzhou

Can-Am International Medical Center, 5. Stock, Garden Tower, Garden Hotel, 368 Huanshi Dong Lu. *(020) 8386 6988.*

Hong Kong

Queen Elizabeth Hospital, 30 Gascoigne Rd, Yau Ma Tei.
(0852) 2958 8888.

Shanghai

Parkway Health 203/204, West Retail Plaza, Shanghai Centre, 1376 Nanzung West Road. *(021) 6445 5999 (24 Std).*

Botschaften in Beijing

Deutschland

17 Dong Zhi Men Wai Dajie, 100600 Beijing.
(010) 8532 9000.
FAX *(010) 6532 5336.*
www.peking.diplo.de

Österreich

5 Xiushui Nanjie, 100600 Beijing.
(010) 6532 2061.
FAX *(010) 6532 1505.*
www.bmeia.gv.at/botschaft/peking

Schweiz

3 Sanlitun Dongwujie. 100600 Beijing.
(010) 8532 8888.
FAX *(010) 6532 4353.*
www.eda.admin.ch/beijing

Gesundheit

Deutsche Gesellschaft für Tropenmedizin
www.dtg.org

Café am Wasser im Botanischen Garten von Hangzhou, Zhejiang

Hitze, Feuchtigkeit und Luftverschmutzung

Im Sommer ist es im ganzen Land heiß. Trinken Sie viel, um sich vor Dehydrierung zu schützen, und nehmen Sie mehr Salz zu sich als sonst. Tragen Sie lockere Kleidung aus Baumwolle, und halten Sie die körperlichen Anstrengungen in Grenzen. Ohne Kopfbedeckung und Sonnenbrille sollten Sie sich nicht im Freien aufhalten. Der südliche Teil des Landes liegt in den Tropen. Dort steht die Sonne vor allem im Sommer sehr hoch. Die Verwendung einer Sonnencreme mit hohem Lichtschutzfaktor ist auf jeden Fall anzuraten. Wenn Sie wegen starker Hitze und Sonneneinstrahlung Kopfschmerzen verspüren, benötigen Sie viel Flüssigkeit und Ruhe an einem kühlen Ort, in schwereren Fällen einen Arzt. Die meisten Hotels und fast alle Restaurants haben Klimaanlagen. Denken Sie daran, dass man sich so leicht erkälten kann.

Viele Städte Chinas, auch Beijing, weisen extreme Luftverschmutzung auf. Das verschlimmert Krankheiten der Atemwege. Asthmatiker sollten ihre Medikamente unbedingt dabeihaben. Vermeiden Sie in Städten körperliche Anstrengung im Freien. Teilweise hilft eine Atemmaske.

Motorradfahrerin mit Mundschutz

Kälte und Unterkühlung

Die Winter können vor allem im Norden Chinas sehr streng sein. Wer sich in die Berge wagt, muss sich auf plötzliche Wetterumschwünge einstellen. Gleiches gilt für die Hochgebirgsregionen Tibets. Auch wenn man nicht bis in die höchsten Gipfelregionen vordringen will – wasser- und winddichte Kleidung (mit wärmenden Schichten darunter) sind ein geeigneter Schutz gegen die große Kälte. Zudem braucht man gute Handschuhe, warme Schuhe und eine Kopfbedeckung. Erste Anzeichen für Unterkühlung sind Zittern und ein erhöhter Puls. Hier helfen Wärme und heiße Getränke (auf keinen Fall Alkohol – der weitet die Blutgefäße und beschleunigt die Unterkühlung).

Erste-Hilfe-Set

Ein kleines Set kann bei kleineren Beschwerden und Verletzungen helfen. In den Erste-Hilfe-Koffer gehören die Medikamente, die Sie regelmäßig brauchen, aber auch Aspirin oder Paracetamol gegen Schmerzen und Fieber, Mittel gegen Übelkeit und Reisekrankheit, eine antiseptische Salbe, eine gegen Pilze, Pflaster, Mullbinden und feste Bandagen, Insektenschutzmittel, Pinzette, Schere und Fieberthermometer. Auch Mittel gegen Durchfall gehören ins Gepäck sowie Antihistamine gegen Allergien und ein Breitband-Antibiotikum. Alle Medikamente bekommt man aber auch in einer chinesischen Apotheke.

Magenprobleme und Durchfall

Ungewohntes, fettes und scharf gewürztes Essen sowie Hitze sind oft Auslöser für kleinere Beschwerden. Nach ein paar Tagen gewöhnt sich der Körper meist daran. Nehmen Sie – vor allem in den ersten Tagen – westliches Essen zu sich. Alternativ halten Sie sich an Reis und gekochtes Gemüse. Bei Durchfall müssen Sie viel trinken, um den entstandenen Flüssigkeitsverlust auszugleichen. Eine orale Rehydrationslösung (Oral Rehydration Solution, ORS) ist ideal. Ein Teelöffel Salz und ein Löffel Honig, in heißem Wasser aufgelöst, haben ähnliche Wirkung. Falls Sie empfindlich sind, vermeiden Sie rohes Gemüse, Salate und Obst, aber auch frisch gepresste Obstsäfte und offenen Joghurt. Außer in Hong Kong sollten Sie kein unabgekochtes Leitungswasser trinken. Bei Essen von den Straßenständen sollten Sie darauf achten, dass es vor Ihren Augen frisch zubereitet wird.

Falls Durchfall länger anhält, müssen Sie einen Arzt konsultieren. Eine bewährte chinesische Medizin gegen Beschwerden des Magen-Darm-Trakts heißt *Huangliansu*.

SARS, Vogel- und Schweinegrippe

Die 2003 in China neu aufgetretene akute infektiöse respiratorische Erkrankung SARS konnte erfolgreich eingedämmt werden. Bis zum April 2004 gab es nur noch vereinzelt neue SARS-Fälle. Derzeit scheint die Lage unter Kontrolle zu sein. Über die aktuelle Situation informiert das deutsche Auswärtige Amt (www.auswaertigesamt.de).

Die Vogelgrippe ist eine Viruskrankheit, die vor allem Wildvögel und Geflügel befällt. Mit dem auch auf Men-

Hier sollten Sie darauf achten, dass alles frisch zubereitet wird

schen übertragbaren Virus H5N1 haben sich bisher vereinzelt Menschen infiziert, die sehr eng mit Geflügel zusammenlebten. 2004 traten erste Erkrankungen in Südostasien auf. Vermeiden Sie den Kontakt mit lebendem oder totem Geflügel.

Die Schweinegrippe (H1N1) hat China erreicht. Einreisende müssen sich einem Fieber-Screening unterziehen. Das Land hat ein Impfprogramm für Risikogruppen gestartet. Informieren Sie sich aktuell.

Aids und Infektionskrankheiten

Jahrelang wurde es abgestritten – schließlich gestand China die Verbreitung von Aids ein. Experten schätzen, dass derzeit in China rund zehn Millionen Menschen mit dem HI-Virus infiziert sind. Dennoch gibt es vor allem in ländlichen Gebieten noch wenig Aufklärung – und die meisten Prostituierten in Städten kommen vom Land.

Hepatitis B wird meist durch Blut übertragen. Möglichkeiten sind ungeschützte Sexualkontakte, unsterilisierte Spritzen, Tattoonadeln oder die Rasur beim Barbier an der Straße. Eine Impfung schützt gegen Hepatitis B.

Bei einem Arztbesuch sollten Sie wenn möglich darauf achten, dass Spritzen neu aus der Verpackung kommen (man kann auch selbst Einweg-Spritzen mitnehmen). Tattoos oder Piercings sollten Sie besser nicht in Asien machen lassen.

Krankheiten aufgrund des Wassers

Als China-Besucher sollte man zumindest von der Existenz der Krankheit Ruhr wissen. Man unterscheidet zwischen Bakterien- und Amöbenruhr. Beide Infektionskrankheiten gehen mit Durchfall, Fieber und Erbrechen einher. Bei der Amöbenruhr dauert es länger, bis sich diese Symptome zeigen.

Eine Impfung gegen Hepatitis A ist unbedingt anzuraten, wenn man sich in ländlichen Gebieten aufhalten will. Auch Cholera und Typhus können durch Impfungen vermieden werden – für eine Gefahr gibt es jedoch derzeit keinen Anhaltspunkt.

Mineralwasser

Schistosomiasis (Bilharziose) wird durch Saugwürmer übertragen. Vor allem am Yangzi sind viele Menschen infiziert. Vermeiden Sie es, im Flusswasser zu baden. Trinken Sie nur Mineralwasser bzw. andere Flaschengetränke – ohne Eiswürfel.

Tollwut

Tollwut ist eine lebensbedrohliche Krankheit, die von infizierten Säugetieren und Vögeln auf Menschen übertragen werden kann. Wenn Sie gebissen werden, reinigen Sie die Wunde mit einer antiseptischen Lösung. Dann sollten Sie so schnell wie möglich einen Arzt aufsuchen. Eine Impfung ist nur dann erforderlich, wenn Sie in einem gefährdeten Gebiet viel mit Tieren in Berührung kommen.

Durch Insekten übertragbare Krankheiten

Moskitos sind im Sommer eine Plage. Meist sind sie nur lästig, doch im Süden Chinas können Sie Krankheiten übertragen. Wenn Sie sich in einem Malaria-Gebiet aufhalten wollen, sollten Sie vor, während und nach der Reise Malaria-Prophylaxe betreiben. Erkundigen Sie sich bei einem Tropeninstitut, einem Reisemediziner oder auf der Website der Deutschen Gesellschaft für Tropenmedizin *(siehe S. 617)*. Moskitos können auch Dengue-Fieber und Japanische Enzephalitis übertragen. Schützen Sie sich vor Stichen durch geeignete Kleidung (lange Ärmel, lange Hosen), eventuell Moskitonetz und Mückenschutzmittel.

Höhenkrankheit

Höhen über 2500 Meter können eine Unterversorgung des Gehirns mit Sauerstoff verursachen. Gewöhnen Sie sich langsam an große Höhen. Beim Bergaufstieg sollten Sie längere Pausen einlegen. Auch die ausreichende Zufuhr von Flüssigkeit und Elektrolyten hilft. Falls die Symptome (Kopfschmerz, Schwindel, Appetitlosigkeit) nicht nach zwei Tagen verschwinden, müssen Sie einen Arzt aufsuchen.

Trekking am Chomolungma (Mount Everest)

Banken und Währung

Bank-Logo für 24-Stunden-Service

Banken und Wechselstuben befinden sich in größeren Städten, an internationalen Flughäfen und in großen Hotels. Reiseschecks sind die sicherste Methode, größere Summen mitzunehmen. Man sollte jedoch immer Bargeld dabeihaben. Geldautomaten (ATM), die internationale Kreditkarten oder Maestro-/EC-Karten akzeptieren, findet man problemlos in größeren Städten, immer häufiger auch in anderen Städten. Eine Ausnahme bilden noch sehr ländliche Gebiete. Hotels und Läden in touristischen Gebieten akzeptieren oft alle Zahlweisen.

Banken und Öffnungszeiten

Die Bank of China hat die meisten Filialen im Land. Auch einige andere Banken sind in ganz China vertreten, darunter die Industrial and Commercial Bank of China, China Construction Bank und China Merchants Bank. Banken haben normalerweise montags bis freitags von 9 bis 16.30 oder 17 Uhr geöffnet, manche auch samstags. In der Woche des Chinesischen Neujahrs sind die Banken an den ersten drei Tagen geschlossen. An anderen Feiertagen gelten verkürzte Öffnungszeiten.

Geldautomaten

Geldautomaten (ATMs), die ausländische Kreditkarten akzeptieren, gibt es in allen größeren Städten des chinesischen Festlands sowie in Hong Kong und Macau. In ländlichen Gegenden kann es vorkommen, dass Karten nicht akzeptiert werden. Am besten informieren Sie sich auf der Website Ihres Kreditkartenunternehmens, wo Sie abheben können. Geldautomaten finden sich in den Städten in Banken, Shopping Malls, Fünf-Sterne-Hotels und am Flughafen. Bargeld aus Automaten unterliegt demselben Wechselkurs wie bei Kreditkartenzahlung, hinzu kommen Gebühren.

Geldautomaten der Hong Kong & Shanghai Banking Corporation

Geldwechsel

Die chinesische Währung Yuan (Renminbi) ist nicht konvertibel. Sie besitzt allein im Land Gültigkeit. Sie sollten also im Land wechseln und die übrigen Yuan vor Ihrer Rückreise auch wieder in China zurücktauschen. Das geht bei Banken, an internationalen Flughäfen sowie in vielen größeren Hotels – der Kurs ist einheitlich festgelegt. Bewahren Sie die Umtauschbelege auf, sonst können Sie das Restgeld nicht wieder zurücktauschen. Der chinesische Schwarzmarkt bietet kaum bessere Kurse als die offiziellen Stellen. Es lohnt sich also überhaupt nicht, dafür Risiken auf sich zu nehmen und am Ende vielleicht Falschgeld in den Händen zu halten.

Hong-Kong-Dollar sind im Gegensatz zum Yuan konvertibel, man bekommt sie auch außerhalb des Landes. Sie werden in Hong Kong, Macau und in den meisten Sonderwirtschaftszonen in Südchina akzeptiert.

Kreditkarten

Kreditkarten werden in besseren Restaurants und Hotels sowie in edleren Läden akzeptiert. Gängig sind **MasterCard**, **Visa**, **Diners Club** und **American Express**. Fragen Sie allerdings besser vorher nach. Flugtickets kann man in den Büros der Civil Aviation Administration of China (CAAC) mit Kreditkarten erwerben. Zugtickets müssen

Auf einen Blick

Bank of China

Beijing
Asia Pacific Building, Yabao Lu, Chaoyang, 100020. 1 Fuxing Men Nei Dajie, 100818.

24-Std.-Geldautomaten
Ankunftshalle, Flughafen Beijing. Sundongan Plaza/ Wangfujing Dajie. Oriental Plaza/1 Dongchang'an Jie.

Shanghai
39. Etage, Bank of China Tower, 200 Yincheng Rd, Central, Pudong, 200120.

Hong Kong
2a Des Voeux Road, Central. 24–28 Carnarvon Road, Tsim Sha Tsui.

American Express

Beijing
Raum 2101, Tower 1, China World Trade Center, 1 Jianguo Men Wai Dajie, 100004.

Shanghai
Raum 206, Retail Plaza, Shanghai Center, 200040.

HSBC

Beijing
Block A, Beijing COFCO Plaza 8, Jianguo Men Nei Dajie, Dong Cheng District, 100005.

Citibank

Shanghai
Marine Tower, 1 Pudong Avenue, Pudong, 200120.

24-Std.-Geldautomaten
Beim Peace Hotel, Zhongshan Dong Lu.

Kartenverlust

Allg. Notrufnummer
0049 116 116.

American Express
1-336 393 1111.

Diners Club
0049 1805 336 695.

MasterCard
10-800 110 7309.

Visa (Nord-/Südchina)
10-800 711 2911.
10-800 110 2911.

Maestro-/EC-Karte
0049 69 740 987.

bar bezahlt werden. Vorauszahlungen mit Kreditkarten kann man nur in der Bank of China tätigen.

Reiseschecks

Reiseschecks sind nicht nur sicherer als Bargeld, sie bieten auch einen besseren Kurs. Reiseschecks aller gängigen Institute werden akzeptiert. American Express und Visa sind am weitesten verbreitet. Man kann sie in den größeren Filialen der Bank of China und in großen Hotels einlösen, nicht jedoch in den meisten kleineren Hotels und Restaurants. Bewahren Sie Kaufbeleg und Seriennummern sicher auf, für den Fall, dass Ihnen Reiseschecks gestohlen werden. Auch die Belege beim Einlösen sollten Sie aufbewahren, um übrige Yuan später zurücktauschen zu können.

Währung

Chinas Währung ist der Renminbi (»Volkswährung«), Währungseinheit ist der Yuan. Ein Yuan unterteilt sich in zehn Jiao, ein Jiao wiederum in zehn fast wertlose Fen. Umgangssprachlich wird der Jiao auch »Mao«, der Yuan »Kuai« genannt. Die gängigen Münzen sind 1 Yuan, 5 Jiao und 1 Jiao, die Banknoten 1, 2 und 5 Jiao sowie 1, 2, 5, 10, 20, 50 und 100 Yuan. Es gibt auch noch Fen-Münzen und -Scheine, die aber kaum noch akzeptiert werden. Nehmen Sie keine allzu beschädigten Scheine an. Man bekommt sie schwer wieder los. Da Falschgeld verbreitet ist, überprüfen Ladenbesitzer die Scheine genau.

Hong-Kong-Dollar (HK$) unterteilen sich in 100 Cent. Die Währung Macaus, der Pataca, teilt sich in 100 Avo.

Banknoten
In jüngerer Zeit gedruckte Scheine zeigen Mao Zedong auf der einen und eine Sehenswürdigkeit auf der anderen Seite. Auf älteren Scheinen sieht man Trachten der Minderheiten.

1-Yuan-Banknote

5-Yuan-Banknote

10-Yuan-Banknote

20-Yuan-Banknote

50-Yuan-Banknote

100-Yuan-Banknote

Münzen
Chinesische Münzen sind nicht weitverbreitet. Es gibt eine Münze zu 1 Yuan, einige Jiao-Werte und dünne, fast wertlose Fen-Münzen.

5 Jiao

1 Jiao

1 Yuan

Kommunikation

Zeichen für öffentliches Telefon

China hat eine effiziente Post mit Serviceleistungen wie z. B. Einschreiben und Expresspost. Das Telefonnetz funktioniert recht gut. Internationale Gespräche kann man fast aus jedem Hotel führen. Es gibt auch Handynetze, z. B. von China Mobile. Das Internet ist sehr populär. Internet-Cafés, oft mit WLAN, sind entsprechend verbreitet. Die Regierung überwacht dies jedoch und kann unerwünschte Seiten blockieren. Ausländische Zeitungen und Zeitschriften findet man in den Buchläden der Fünf-Sterne-Hotels, in einigen Supermärkten und Buchläden.

Telefonzelle, die auch Rollstuhlfahrer benutzen können, Beijing

Internationale und lokale Telefongespräche

Es gibt zwar öffentliche Telefone, doch in den größeren Städten werden sie kaum benutzt. China hat die weltweit größte Anzahl an Mobiltelefonen. In den großen Städten gibt es Kartentelefone, die die verschiedensten Karten akzeptieren – wohl die billigste Variante für Gespräche. IC-Karten (Integrated Circuit Cards) gibt es zu 20, 50 und 100 Yuan. Sie können für nationale und internationale Anrufe genutzt werden. Für internationale Gespräche sind die Gebühren in China nicht sehr günstig. IP-Karten (Internet Phone Cards) kosten 100 Yuan und sind die preiswerteste Variante.

Ihr Handy können Sie benutzen, falls Ihr Anbieter einen Roaming-Vertrag mit China Mobile oder China Unicom abgeschlossen hat.

Preiswerter kommen Gespräche innerhalb Chinas, wenn Sie eine hiesige Prepaid-SIM-Karte (in Kiosken erhältlich) ins Handy einlegen. An jeder Ecke erhält man auch preiswerte Handys. Zudem gibt es einen großen Secondhand-Markt.

E-Mails und Internet-Zugang

Noch besitzen nur wenige Chinesen einen eigenen PC. Deshalb sind Internet-Cafés *(wangba)* fast überall zu finden. Manche sind sehr primitiv. Es sind auch weniger geworden, seit die Lizenzbestimmungen nach einigen Bränden verschärft wurden. Die meisten Internet-Cafés finden Sie um Universitäten und in Wohnvierteln. Auch in den Büros von China Telecom bekommt man Zugang ins Internet. Falls Sie sich in den Business-Centern der großen Hotels vor den Computer setzen oder aber in einem ausgesprochenen Touristen-Internet-Café landen, wird es teurer. Mit Ihrem eigenen Laptop haben Sie in Drei-Sterne-Hotels (und höheren Kategorien) meist kostenlosen Breitband-Zugang. Internet-Cafés bieten meist WLAN. China reguliert das Internet und blockiert den Zugang zu unerwünschten Websites.

Postdienste

Die chinesische Post ist in der Regel zuverlässig und relativ schnell. Lokale Sendungen kommen meist innerhalb eines Tages an. Zwei bis drei Tage dauern Sendungen innerhalb Chinas. Internationale Post kann hingegen bis zu zehn Tagen unterwegs sein, auch wenn sie per Luftpost geschickt wird. Man kann Briefe als Standardbriefe oder als Einschreiben *(guahaoxin)* versenden. Dokumente und Päckchen verschickt man am besten per EMS (Express Mail Service).

Die Hauptpostämter haben sieben Tage die Woche von 8 bis 20 Uhr geöffnet. Kleinere Postämter machen früher oder über Mittag zu und bleiben am Wochenende geschlossen. In großen Hotels gibt es häufig einen Postschalter.

Bringen Sie Ihre Post lieber ins Postamt, anstatt sie in einen Briefkasten zu werfen. Es hilft bei der Sortierung, wenn Sie das Land in ordentlichen Druckbuchstaben oder besser noch in chinesischen Schriftzeichen darauf vermerken.

Überall in China kann man sich Sendungen postlagernd schicken lassen. Sie müssen sich beim Abholen mit Ihrem Pass ausweisen. Bei der

Aztec, eines der größten Internet-Cafés in Shanghai

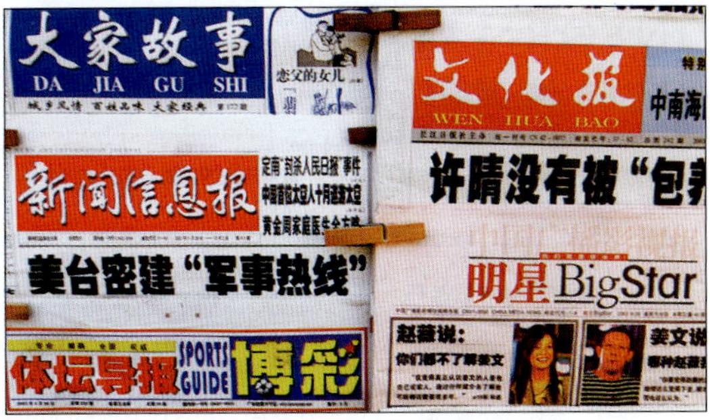

Eine Auswahl chinesischer Zeitungen am Stand

Adresse sollte Ihr Nachname unterstrichen und in Druckbuchstaben geschrieben sein. Chinesische Adressen beginnen mit der Provinz, dann kommen Ort, Straße, Hausnummer und schließlich der Name. Die Postleitzahl steht ganz am Ende.

Kurierdienste

Kurierdienste sind in Städten leicht zu bekommen. Pakete kann man günstiger mit der normalen Post verschicken. Wichtige Briefe, Dokumente und wertvolle Päckchen schickt man besser mit einem Kurierdienst, auch wenn das wesentlich teurer kommt. **United Parcel Service** (UPS), **Federal Express** und **DHL Worldwide Express** sind internationale Kurierdienste mit einem weitverzweigten Netzwerk.

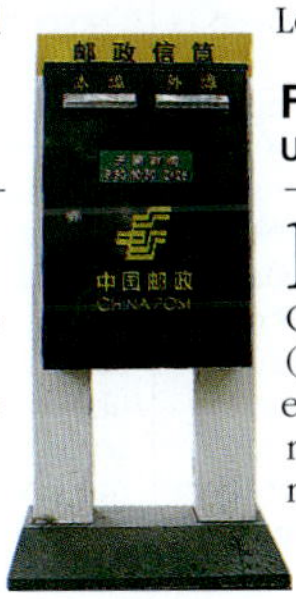

Briefkasten in Beijing

Zeitungen und Zeitschriften

Chinas englische Zeitung heißt *China Daily*. Sie ist sehr dünn und wenig interessant. Es gibt auch die Montagszeitung *China heute*. Internationale Zeitungen und Zeitschriften gibt es an den Bücherständen in großen Hotels. Man findet *International Herald Tribune*, *Financial Times*, *Time*, *Newsweek* und *The Economist*, aber auch deutsche Zeitungen. Zeitungen unterliegen der Zensur.

Online-Zeitungen werden zwar seltener blockiert, dafür bekommt man keinen Zugang zu Nachrichtensendern wie BBC oder ARD. In Beijing, Shanghai, Tianjin, Guangzhou und anderen Großstädten geben oft Ausländer Magazine zum Thema Unterhaltung und Kulturveranstaltungen heraus. Darin findet man die besten Lokalnachrichten.

Fernsehen und Radio

Der Staatliche Fernsehsender Chinese Central Television (CCTV) bietet zwei englischsprachige Kanäle an. CCTV9 ist einigermaßen erträglich. Die Nachrichten sind allerdings nicht objektiv, das Programm ist ziemlich öde. Einige englische Programme laufen auch auf CCTV4. Kabel- oder Satellitenfernsehen gibt es in den internationalen Hotelketten. Hier kann man BBC News 24 oder CNN sehen. Chinesische Programme rangieren zwischen Kostümschinken und Soaps, Tierdokus und Kriegsfilmen. Die Nachrichten sind sehr einseitig.

Es gibt viele Radiosender, aber wenig englischsprachige Programme. Nur mit einem Kurzwellen-Gerät können Sie BBC World Service, die Deutsche Welle oder andere Sender empfangen. Wenn der Empfang solcher Programme, die auch auf Chinesisch gesendet werden, schlecht ist, dann wird das Signal meist bewusst gestört.

Auf einen Blick

DHL Worldwide Express
(010) 6466 2211 oder 400 810 8000 (für Handys in Beijing und Shanghai).
(021) 6536 8888 oder 800 810 8000 (Shanghai).
www.dhl.com

Federal Express
(010) 6464 8855 oder 800 820 1336 (Beijing).
(021) 5257 4620 (Shanghai).
www.fedex.com

General Post Office
134 Changjiang Lu, Dalian. Beim Glockenturm, Bei Dajie, Xi'an.

International Post Office
Jianguo Men Bei Dajie, Beijing. Sichuan Bei Lu, Shanghai.

United Parcel Service
(010) 3896 5599 (Beijing).
(021) 6505 5005 (Shanghai).

Nützliche (Vorwahl-)Nummern

- Um aus dem Ausland in China anzurufen, wählen Sie in Europa **00**, dann die Ländervorwahl **86**, die Vorwahlnummer ohne die anfängliche Null und schließlich die Rufnummer des Teilnehmers.
- Hong Kong und Macau haben keine Vorwahlnummern, nur die Ländervorwahl **852** bzw. **853**.
- Für ein Ferngespräch innerhalb Chinas wählen Sie die Vorwahl (Beijing **010**, Shanghai **021**, Kunming **0871**, Guangzhou **020**, Chongqing **023**) und die Teilnehmernummer.
- Für Ortsgespräche braucht man keine Vorwahl.
- Internationale Gespräche aus China beginnen mit **00**, dann Ländervorwahl, Ortsvorwahl (ohne Null) und Teilnehmernummer.
- Ländervorwahlen: Deutschland **49**, Österreich **43**, Schweiz **41**.
- Internationale Auskunft: **115**.
- Lokale Auskunft (auf Chinesisch): **114**. Für Anfragen in einer anderen Stadt wählt man deren Vorwahl und dann die 114.
- Deutschland Direkt: **108 490** und **108 7490**.

Reiseinformationen

Fast jeder Europäer wird mit dem Flugzeug nach China reisen, auch wenn es Zugverbindungen von Russland, der Mongolei, Kasachstan und Vietnam sowie eine Busverbindung von Pakistan aus gibt. Von Japan und Südkorea aus verkehren Fähren nach China. Im Land selbst kann man in der Luft, auf Schienen und Straßen reisen. Es existieren auch einige Fährverbindungen. Das Eisenbahnnetz ist gut ausgebaut und wächst schnell. In der Feriensaison ist es bisweilen schwierig, Tickets zu bekommen, vor allem für Schlafwagen. Das Busnetz wird besser. Busse fahren zu Zielen im ganzen Land. Es gibt immer mehr »Luxusbusse«. Mit einem Mietwagen zu reisen ist nicht empfehlenswert: Ausländer dürfen in vielen Regionen gar nicht fahren. Auch die Straßen sind meist in schlechtem Zustand.

Nehmen Sie nur wenig Gepäck mit

Anreise per Flugzeug

Alle großen internationalen Fluggesellschaften fliegen China (meist die drei Hauptflughäfen in Beijing, Shanghai und Hong Kong) an. **Air China** ist die staatliche Gesellschaft Chinas für Auslandsflüge. Der Service ist relativ einfach, doch die Sicherheitsstandards sind fast makellos und die Preise sehr wettbewerbsorientiert.

Von europäischen Flughäfen aus bieten u.a. **Lufthansa**, **Austrian Airlines**, **Swiss**, **KLM**, **Air France** und **British Airways** regelmäßige Linienflüge nach China. Günstige Flüge gibt es auch bei Air China, China Eastern, Aeroflot (über Moskau), Finnair (über Helsinki) und Malaysia Airlines (über Kuala Lumpur).

Am preiswertesten kommen Sie mit Charterfluggesellschaften von Deutschland aus nach Beijing, Shanghai oder Hong Kong.

Internationale Flüge und Flughäfen

Die vier wichtigsten internationalen Flughäfen in China sind Hong Kong, Beijing, Shanghai und Guangzhou. Die Regierung investiert viel Geld, um die Airports auf bestem internationalem Standard zu halten. Beijing Capital International Airport hat drei große Terminals – der dritte (von Norman Foster) wurde anlässlich der Olympischen Spiele 2008 eröffnet. 1999 wurde der Pudong Airport in Shanghai gebaut. Shanghai war damit die erste Stadt mit zwei internationalen Flughäfen. Macau besitzt einen schicken internationalen Flughafen auf der Insel Taipa, dennoch kommen die meisten Besucher mit dem Schiff von Hong Kong aus an.

Ein Direktflug von Frankfurt am Main nach Beijing oder Shanghai dauert etwa zehn Stunden. Flüge mit Zwischenstopp dauern manchmal bis zu 18 Stunden oder noch länger.

Unter den anderen internationalen Flughäfen, die Flüge zu Auslandsdestinationen bieten, sind: Changchun (Nagoya, Seoul und Tokio), Changsha (Seoul), Chengdu (Amsterdam, Bangkok, Kathmandu, Singapur und Tokio), Dalian (Hiroshima, München, Sendai, Seoul und Tokio), Guangzhou (Kuala Lumpur, Los Angeles, Sydney, Singapur, Paris u.a.), Guilin (Seoul und Bangkok), Haikou (Bangkok, Osaka und Seoul), Hangzhou (Bangkok, Kuala Lumpur, Seoul und Tokio), Harbin (Seoul, Chabarowsk und Wladiwostok), Kunming (Bangkok), Lhasa (Kathmandu), Nanjing (Bangkok, Seoul und Singapur), Qingdao (Osaka, Seoul und Tokio), Shenyang (Osaka und Seoul), Shenzhen (Bangkok, Manila und Tokio), Tianjin (Nagoya und Seoul), Xi'an (Nagoya, Pusan, Seoul und Tokio), Xiamen (Manila, Singapur, Osaka und Tokio), Ürümqi (Almaty, Bischkek, Islamabad, Moskau und Nowosibirsk) und Wuhan (Seoul).

Modernes Terminal im Beijing Capital Airport

Preise

Die Preise schwanken je nach Airline und Saison. Die teurere Hauptreisezeit für China ist zwischen Juni und September sowie um das Chinesische Neujahr, den Tag der Arbeit und den Nationalfeiertag (erste Oktoberwoche). Meist sind Flüge mit Umsteigen preiswerter als Direktflüge. Chinesische Fluglinien wie

Air China oder China Eastern versuchen, die Konkurrenz zu unterbieten. Es gibt viele Rabatte, auch für Linienflug-Tickets, die für den Rückflug zwölf Monate lang gültig sind und mehrere Zwischenstopps zulassen. Im Internet finden Sie die aktuellsten und besten Angebote, oder Sie buchen direkt bei der Fluggesellschaft Ihrer Wahl.

Bei der Ankunft

Im Flugzeug bekommen Sie ein Formular ausgehändigt, das Angaben zur einreisenden Person und zum Zoll sowie Gesundheitsinformationen enthält. Es muss ausgefüllt und bei der Einreise zusammen mit dem Pass den Kontrollbeamten (zwischen Flugzeug und Ankunftshalle) ausgehändigt werden.

Internationale Flughäfen in China haben ein beschränktes Angebot an Servicestellen, doch Sie finden Schalter zum Geldwechseln, Geldautomaten, Telefone, eine Gepäckaufbewahrung, Restaurants (überteuert), Läden und Toiletten. Die Tourismusbüros in Flughäfen sind von unterschiedlicher Qualität. Zum Teil sprechen die Angestellten nur schlecht Englisch.

Vom Flughafen in die Stadt

Von den Flughäfen fahren Expresszüge in die Zentren oder Busse, die an mehreren Stellen halten. Sie sollten die überteuerten Taxis meiden, die ihre Dienste gern aufdrängen. Gehen Sie zu den Wagen am Taxistand, die korrekt nach Taxameter abrechnen. Zu den großen Vier- und Fünf-Sterne-Hotels fahren meist Shuttlebusse des Hotels. Civil Aviation Administration of China (CAAC) betreibt ebenfalls Busse zu ihren Büros im Zentrum.

Check-in

Die Check-in-Zeit für internationale Flüge ist offiziell zwei Stunden vor Abflug. In der Regel hat man 20 Kilogramm Freigepäck (bei First Class oder Business Class sind es meist 30 Kilogramm). Zusätzlich können Sie normalerweise ein bis zu fünf Kilogramm schweres Handgepäck mitnehmen. Klären Sie am besten schon zu Hause mit der Fluggesellschaft, wie viel Übergepäck kostet. Vielleicht entscheiden Sie sich dann, weniger mitzunehmen. Kalkulieren Sie beim Packen auch ein, dass Sie während Ihres Aufenthalts in China bestimmt Souvenirs kaufen oder Einkäufe tätigen wollen.

Logo von Air China

Die Mitnahme von Flüssigkeiten im Handgepäck auf innerchinesischen Flügen und auf ausgehenden internationalen Flügen ist verboten – ausgenommen sind kleine Mengen für kosmetische Zwecke.

Flughafensteuer

Die früher erhobene Flughafensteuer ist mittlerweile in den Tickets mit eingeschlossen und muss nicht länger bar am Flughafen bezahlt werden.

Auf einen Blick

Büros der Airlines

Air China
4008 100 999, Beijing, (010) 6605 0875 (nachts).
4006 100 666, Shanghai.
(010) 66016667 (international).
www.airchina.com.cn

Air France
4008 808 808, Beijing.
www.airfrance.com

Austrian Airlines
(010) 6455 8365, Beijing (Terminal 3).
05 51766 1002, Info und Reservierung in Österreich.
www.aua.com

British Airways
800 7440 031, Beijing.
800 4400 031, Shanghai.
www.britishairways.com

China Eastern Airlines
800 820 3883 oder (010) 64681166, Beijing.
(010) 6468 1166 (international).
www.chinaeasternair.com.cn

KLM
4008 808 222, Beijing und Shanghai. **www**.klm.com

Lufthansa
(010) 6468 8838, Beijing (Terminal 3).
021 5352 4999, Shanghai.
1805 805 805 (Info und Reservierung in Deutschland).
www.lufthansa.com

Swiss
(10) 8454 0180, Beijing.
(0852) 3002 1330, Hong Kong.
4008 820 880, Shanghai.
www.swiss.com

Flughafen	Information	Entfernung zum Zentrum	Durchschnittliche Fahrzeit
Beijing Capital International Airport	(010) 6454 1100	25 km nordöstlich	40 Min. (Taxi)
Hongqiao Airport (Shanghai)	(021) 6268 8899	19 km westlich	30 Min. (Taxi)
Pudong Airport (Shanghai)	(021) 6834 1000	45 km östlich	45 Min. (Taxi)
Hong Kong International Airport	(0852) 2181 8888	32 km westlich	25 Min. (Zug)
Macau International Airport	(0853) 2851 1213	5 km nordwestlich	15 Min. (Taxi)

Inlandsflüge

Auch wenn Flüge teurer sind als Zugfahrten, lohnt es sich, große Entfernungen schnell mit dem Flugzeug zurückzulegen. Es gibt einige regionale Fluggesellschaften, die im Land mehr als 150 Flughäfen anfliegen. Beijing, Nanjing, Chengdu, Tianjin, Chongqing, Hong Kong, Shanghai, Guangzhou, Dalian und Xi'an sind besonders gut mit Inlandsflughäfen im ganzen Land verbunden. Tickets für Inlandsflüge muss man nicht unbedingt im Voraus buchen, sondern kann sie direkt kaufen und die Preise vergleichen. Es kommt häufig vor, dass Flüge ausfallen oder sich stark verspäten, vor allem im Winter oder auf weniger gebuchten Strecken in die abgelegeneren Provinzen. Deshalb ist es sinnvoll, dass Sie ein paar Tage vorher anrufen und sich ihr Ticket sowie die Abflugzeit bestätigen lassen.

Inlands-Fluggesellschaften

Ein paar wenige private Fluggesellschaften operieren von Hong Kong und Macau aus, doch die meisten anderen werden von der Civil Aviation Administration of China (CAAC) betrieben. Es gibt derzeit etwa zehn Fluggesellschaften für Inlandsflüge (die Zeichen in Klammern sind der Airline-Code bzw. der Anfang der Flugnummern). **China Southern Airlines** (CZ) und **China Eastern Airlines** (MU) fliegen auch internationale Routen. Flüge dieser Airlines kann man auch im Ausland buchen. Günstiger ist es, das Ticket in China zu kaufen. Zu den anderen Fluggesellschaften gehören **Sichuan Airlines** (3U), Shanghai Airlines (FM), Shenzhen Airlines (4G), Hainan Airlines (HU) sowie Xiamen Airlines (MF).

Der Mangel an Wettbewerb hat dazu geführt, dass sich die Fluggesellschaften wenig bemühen, Standards und Service zu verbessern. Manchmal gibt es eine warme Mahlzeit an Bord, oft auch nur ein Sandwich. Die Ansagen sind auf Chinesisch – und auf Englisch, wenn Ausländer an Bord sind. Die Flugbegleiter(innen) verhielten sich bisweilen unhöflich, sodass sich manche Besucher schlecht behandelt fühlten – doch das hat sich mittlerweile gebessert.

Der Sicherheitsstandard der internationalen Flüge von Air China ist gut. Auch für Inlandsflüge werden nun meist neue Flugzeuge eingesetzt, sodass sich die Sicherheit verbessert hat. In den Grenzregionen kommen bisweilen aber ältere Flugzeuge zum Einsatz. Vielleicht erkundigen Sie sich nach dem Flugzeugtyp, bevor Sie buchen.

Logo der staatlichen Fluggesellschaft

Bei Inlandsflügen ist das Freigepäck auf 20 Kilogramm in der Economy Class und 30 Kilogramm in der Business und First Class beschränkt. Jedes einzelne Kilogramm Übergepäck kostet ein Prozent des Flugpreises extra.

Inlandsflughäfen

Derzeit sind einige neue Flughäfen in Bau, die älteren werden renoviert und erweitert, sodass Flugreisen angenehmer werden. Die Verbesserung der städtischen Flughäfen wurde von China zum nationalen Ziel erklärt. Moderne Einrichtungen gibt es bereits am Beijing Capital International Airport, an Shanghais Pudong International Airport und am Hong Kong International Airport bei Chek Lap Kok. Diese Flughäfen können es mit den besten der Welt aufnehmen. Auch die Flughäfen eher touristischer Städte wie Xi'an, Hangzhou, Chengdu und Nanjing sind up to date.

Verbindungen zum Flughafen

Die Entfernungen der Flughäfen zu den Stadtzentren variieren beträchtlich. Rechnen Sie unvorhergesehene Verspätungen unterwegs mit ein, wenn Sie auf dem Weg zum Flughafen sind. In vielen großen Städten verkehren CAAC-Busse zwischen dem Stadtbüro der CAAC und dem Flughafen. In Metropolen wie Beijing, Shanghai und Hong Kong gibt es Flughafenbusse und -züge. Die Flughäfen von Hong Kong, Shanghai und Beijing bieten alle Expresszug-Verbindungen in die Stadtzentren. Shanghais Pudong Airport ist mit der U-Bahn durch die Magnetschwebebahn (Transrapid,

Auf einem Flug der Sichuan Airlines nach Chengdu

Maglev) verbunden, die für die Entfernung von 30 Kilometern nur sieben Minuten Fahrzeit braucht.

Taxistände gibt es überall vor dem jeweiligen Flughafen. Die Wagen, die dort aufgereiht stehen, rechnen nach Taxameterpreisen ab, während die Taxifahrer, die sich Ihnen vor der Ankunftshalle aufdrängen, meist völlig überzogene Preise ohne Taxameter fordern. Wenn Sie ein Hotel gebucht haben, fragen Sie nach, ob es vielleicht einen Shuttlebus direkt zum Hotel gibt.

Straßenschilder zum Flughafen in Hong Kong

Check-in

Für die meisten Inlandsflüge gilt eine Check-in-Zeit von eineinhalb Stunden, obwohl die wenigsten Passagiere so früh kommen. Achten Sie darauf, dass alle Ihre Gepäckstücke den richtigen Anhänger bekommen. Packen Sie keine spitzen oder scharfen Gegenstände wie Scheren, Pinzetten oder Nagelfeilen ins Handgepäck. Die Flughafensteuer von 50 Yuan zahlt man beim Ticketkauf.

Quittung über 50 Yuan Flughafensteuer im Inland

Tickets, Reservierung und Stornierung

Inlandsfluggesellschaften haben in vielen Städten sowohl ein Reservierungsbüro in der Stadt als auch einen Schalter am Flughafen. Sie können Tickets dort direkt kaufen, aber auch über Agenturen oder die besseren Hotels. Normalerweise kostet das keine Gebühr. Im Gegenteil: Reisebüros bieten oft interessante Rabatte an. Die meisten Reiseagenturen und alle CAAC-Büros akzeptieren Kreditkarten. Beim Ticket-Kauf müssen Sie als Ausländer Ihren Pass vorzeigen.

Normalerweise bekommt man leicht ein Ticket zum gewünschten Termin. Eine Ausnahme bildet die Strecke zwischen Hong Kong und dem chinesischen Festland. Auch vor und am Chinesischen Neujahr, am 1. Mai und in der ersten Oktoberwoche kann es schwierig werden. Buchen Sie in diesen Zeiten möglichst im Voraus.

Die CAAC gibt einen kombinierten Flugplan mit internationalen und Inlandsflügen heraus. Diese Publikation kann man in den meisten Airline-Büros und bei der CAAC selbst bekommen. Es gibt auch Flugpläne der einzelnen Fluggesellschaften. Achtung: Sie werden jedes Jahr im April und im Oktober geändert.

Die Tickets werden nach einfacher Flugstrecke berechnet. Ein Rückflug-Ticket kostet also genau das Doppelte. Rabatte sind eigentlich die Regel. Vergleichen Sie die Angebote einzelner Reisebüros. Meist bekommt man in der Stadt, aus der man abfliegen will, auch die preisgünstigsten Angebote. Business-Class-Tickets kosten 25 Prozent Aufschlag, First-Class-Tickets 60 Prozent mehr. Kinder über zwölf Jahren zahlen dasselbe wie Erwachsene. Für jüngere Kinder gibt es Preisnachlässe.

Wenn Sie Ihr Ticket zurückgeben oder umtauschen wollen, bekommen Sie den vollen Preis erstattet, wenn Sie dies mindestens 24 Stunden vor Abflug und an derselben Stelle tun, an der Sie es gekauft haben. Selbst wenn Sie den Flug verpassen, bekommen Sie 50 Prozent des Preises zurück. Manche Reisebüros bieten Ihnen auch eine Reise-Rücktrittsversicherung an, doch das lohnt sich in der Regel nicht.

Auf einen Blick

CAAC-Büros

Beijing
(010) 6256 7811.

Lhasa
(0891) 633 3446.

Luoyang
(0379) 393 1120.

Zhengzhou
(0371) 599 1111.

China Eastern Airlines

www.ce-air.com

Beijing
(010) 8441 5000.

Guangzhou
(020) 8139 0071.

Haikou
(0898) 6670 3191

Shanghai
(021) 6267 8346.

China Southern Airlines

www.cs-air.com

Beijing
(010) 6567 2203.

Guangzhou
(020) 8668 2000.

Haikou
(0898) 6534 9433.

Hong Kong
(0852) 2861 0322.

Dragonair

www.dragonair.com

Beijing
(010) 6518 2533.

Haikou
(020) 8388 2498.

Hong Kong
(0852) 3193 3888.

Shanghai
(021) 6375 6375.

Xi'an
(029) 8426 9288.

Sichuan Airlines

www.scal.com.cn

Beijing
(010) 6606 8763.

Chengdu
(028) 8888 8888.

Gebührenfrei
800 86699.

Mit dem Zug unterwegs

Wer mit dem Zug durch China fährt, sieht viel von der Landschaft und lernt Menschen kennen. Das Eisenbahnnetz ist gut ausgebaut (über 52 000 km) und wird immer noch erweitert. Die Züge in China sind pünktlich, relativ sicher und schnell. Oft ist es jedoch problematisch, einen Sitzplatz zu reservieren. Da die Züge oft überfüllt sind, sollten Sie darauf jedoch nicht verzichten und lieber auf die Dienste Ihres Hotels oder eines Reisebüros zurückgreifen, um rechtzeitig eine Fahrkarte mit Reservierung zu bekommen.

Streckennetz

Da die Kosten eines Flugs die Mittel der meisten Chinesen übersteigen, ist der Zug auch über lange Distanzen ein beliebtes Transportmittel. Das Streckennetz bedient jede Provinz, auch die Insel Hainan (spezielle Zugfähre). Die neue Tibet-Bahn fährt nun auf der höchstgelegenen Bahnstrecke der Welt von Xining über Golmud nach Lhasa. Auch zwischen Hong Kong und dem chinesischen Festland verkehren Züge. Die Züge können – je nach Klasse – recht bequem sein. Zwischen den meisten größeren Städten verkehren Expresszüge.

Züge und Fahrpläne

Die Züge in China sind zwar bemerkenswert pünktlich, doch den Fahrplan (der jedes Jahr im April und Oktober neu veröffentlicht wird) zu lesen ist ein Ding der Unmöglichkeit, wenn man nicht Chinesisch kann. Ein längerer Aufenthalt im Bahnhof kann etwas frustrierend sein, da hilft nur Geduld. Selbst in Metropolen wie Beijing und Shanghai ist es meist

Essensstand am Bahnsteig, Bahnhof Yinchuan

schwierig, einen Beamten zu finden, der Englisch spricht. Auch telefonische Auskünfte zum Fahrplan werden nur auf Chinesisch erteilt.

Jeder Zug hat eine Nummer, die außen an jedem Waggon steht und damit die Strecke sowie den Zielbahnhof anzeigt. Ankommende und abfahrende Züge zwischen den Endstationen haben in der Regel fortlaufende Nummern. So fährt beispielsweise der Zug K79 von Shanghai nach Kunming, der Zug K80 von Kunming nach Shanghai.

Es gibt drei Typen von Zügen: diejenigen mit den Buchstaben T oder K vor der Zahl sind Expresszüge *(te kuai)* oder Schnellzüge *(kuai)*. Züge ohne Buchstaben sind normale Züge *(pu kuai)*, die oft halten. Expresszüge haben Wagen mit allen Klassen und sind am modernsten und komfortabelsten. Sie halten selten und bieten einen ausgezeichneten Service. Doppeldecker-Züge mit gepolsterten Sitzen verkehren auf ein paar wenigen Intercity-Strecken, etwa zwischen Beijing und Tianjin oder zwischen Shanghai und Hangzhou. Alle Langstreckenzüge haben Schlafwagen.

In den Abteilen darf man nicht rauchen (außer in der »Hard-Seat-Klasse«), wohl aber auf den Korridoren. Die meisten Züge haben einen Speisewagen. Auch in den Abteilen kommt ständig jemand vorbei, der z. B. Nudeln, Snacks, Mineralwasser, Kaffee und Zeitungen anbietet. Der Lärmpegel in den Abteilen ist oft recht hoch, da durch die Lautsprecher nicht nur Ansagen kommen, sondern auch Musik abgespielt wird. Die vielen neuen Züge sind wesentlich sauberer als die alten und zudem klimatisiert. Wer das Pech hat, mit einem alten Zug zu fahren, muss sich leider auf ziemlich ungepflegte Toiletten und Waschräume einstellen.

Klassen

Es gibt vier verschiedene Klassen. Die luxuriöseste ist der **Soft Sleeper** *(ruan wo)*, der pro Abteil vier Bettkojen hat. Der Preis ist hoch (auf manchen Strecken kostet es fast so viel wie ein Flug), aber durch größere Sauberkeit, Privatsphäre und auch Sicherheit gerechtfertigt.

Der Bahnhof von Taiyuan sieht fast sowjetisch aus

Moderner Bahnhof aus Glas und Stahl in Changzhou

Für Fahrten, die über sechs Stunden dauern, empfiehlt sich der **Hard Sleeper** *(ying wo)*, der in etwa unserem Liegewagen entspricht. Diese Klasse ist auf langen Strecken beliebt. Folglich sind Tickets dafür selten kurzfristig zu bekommen. Die Waggons bestehen aus türlosen Abteilen, jedes hat sechs Schlafkojen. Es gibt drei Arten von Tickets: oben *(shang pu)*, Mitte *(zhong pu)* und unten *(xia pu)*. Der Preis variiert leicht. Die untere Koje ist am teuersten, die obere am billigsten. Am angenehmsten empfinden viele jedoch die mittlere Koje. Die obere hat sehr wenig Platz und ist den Lautsprechern am nächsten. Untertags dient die untere Ebene als Sitzbank für alle. Kissen, Laken und Decken werden gestellt, auch zwei Thermoskannen mit heißem Wasser, das man sich zudem aus einem großen Boiler am Ende jedes Wagens nachfüllen kann. Wenn Sie zusteigen, tauscht der Kontrolleur Ihre Fahrkarte gegen eine Metallmünze aus und gibt Ihnen das Ticket am Ende der Reise wieder zurück.

Die billigste Klasse wird nicht ohne Grund **Hard Seat** *(ying zuo)* genannt: Hier sitzt man auf jeder Seite zu dritt auf recht harten Bänken. Für eine kurze Fahrt ist das in Ordnung, doch wer über vier Stunden oder gar nachts unterwegs ist, sollte sich überlegen, ob er nicht mehr ausgeben will. Die Wagen sind in der Regel überfüllt, schmutzig und verqualmt. Die Lautsprecher plärren ohne Unterbrechung, und die Lichter bleiben auch nachts an. Fahrgäste können ihr Ticket auch umtauschen bzw. aufwerten *(bu piao)*, wenn sie schon unterwegs sind – vorausgesetzt es ist ein Platz in einer besseren Klasse frei. Hard-Seat-Tickets, die am selben Tag gekauft werden, haben keine Reservierung, garantieren also nicht, dass Sie einen Sitzplatz bekommen.

Nur auf manchen Strecken gibt es **Soft Seat** *(ruan zuo)*, eine Klasse, bei der die Wagen wesentlich komfortabler und geräumiger sind: Man sitzt hier nur zu zweit nebeneinander. Die Plätze sind nummeriert. Eine Fahrkarte kostet etwa so viel wie ein Hard Sleeper.

Hinweisschild, Bahnhof Zhenjiang

Tickets, Preise und Reservierung

Für Zugfahrten braucht es Planung. Auf den meisten Strecken sollten Sie Ihr Ticket mindestens zwei oder drei Tage vorher kaufen – länger als fünf Tage vorher ist es nicht möglich. Nur für kurze Strecken kann man darauf spekulieren, dass man direkt vor Abfahrt noch eine Fahrkarte bekommt. Für alle längeren Strecken sind die Plätze in der Regel dann ausgebucht. Mit Sicherheit gibt es auch keinen Hard-Sleeper-Platz mehr.

Der Preis berechnet sich nach der Klasse und der Entfernung. Alle Tickets gelten nur für die einfache Strecke. Für die Rückfahrt müssen Sie sich ein neues besorgen. Im Gedrängel vor den Fahrkartenschaltern am Bahnhof sind Sie als Besucher ziemlich verloren. Nur der Bahnhof Beijing hat Schalter für ausländische Reisende. Ansonsten sollten Sie Ihr Ticket über Ihr Hotel, das Tourismusbüro oder ein Reisebüro buchen – auch wenn dies eine kleine Gebühr kostet. Schwarzmarkthändler kaufen oft eine ganze Anzahl von Tickets auf und verkaufen sie mit Aufschlag vor den Bahnhöfen. Falls Sie Ihre Fahrkarte so erwerben, prüfen Sie genau, ob Abfahrtstermin, Zielort und Klasse stimmen.

Vor der Abfahrt wartet man in einer Halle. Dann geht man an Fahrkartenkontrolleuren vorbei auf den Bahnsteig. Bewahren Sie Ihr Ticket auf. Es wird noch einmal kurz vor dem Reiseziel kontrolliert. Achtung: An den großen Feiertagen (Chinesisches Neujahr, 1. Mai und erste Oktoberwoche) sind kaum Tickets zu erhalten.

Uniformierte Bahnsteigwache vor einem Doppeldecker-Zug in Dalian

Mit Bus und Fähre unterwegs

Chinas Straßennetz verbindet nicht nur die Städte, sondern führt auch in abgelegene Gegenden, die man mit dem Zug nicht erreicht. Bustickets sind leichter zu erwerben und preiswerter als Zugfahrkarten. Es gibt auch mehr Auswahl bei den Abfahrtszeiten, Haltestellen und Reiserouten. Da es jedoch kein Unternehmen gibt, das ganz China bedient, konkurrieren zahlreiche lokale Unternehmen, die wenige Vorschriften einhalten müssen. Die Fahrzeuge sind oft in schlechtem Zustand, die Straßen in abgelegenen Regionen meist auch. Chinesische Busfahrer zeichnen sich leider nicht durch Vorsicht aus. Ein paar wenige Fährlinien verbinden die Küstenstädte und befahren teilweise auch die Flüsse.

Langstreckenbusse

Noch gibt es viele Regionen Chinas, die nicht mit dem Zug erreichbar sind, sodass man hier auf Busse angewiesen ist. In Fujian etwa gibt es zwar ein Schienennetz, doch die Verbindungen sind extrem umständlich. Busse machen die Sache leichter. In Guizhou und Guangxi sind die interessanteren, von ethnischen Minderheiten bewohnten Gegenden nur per Bus zu erreichen. Auch die tropische Region Xishuangbanna in Yunnan kann man nur mit dem Bus oder Taxi erkunden. Nach Lijiang im nördlichen Yunnan und in den Westteil von Sichuan muss man entweder fliegen oder mit dem Bus fahren. Wer Tibet erleben will, ist auf lange Busfahrten angewiesen. Auch Reisende, die die Nordwestgrenze Chinas jenseits der Hauptstrecke der Eisenbahn erkunden wollen, fahren Bus. Viele Sehenswürdigkeiten liegen abseits der Eisenbahnstrecken.

Die großen Städte, vor allem an der Ostküste, sind heute meist durch breite Straßen verbunden, was eine Reise mit dem Bus erheblich erleichtert. Zum Teil sind Langstreckenbusse sogar schneller als Züge.

Alle Städte und die meisten größeren Ortschaften haben mindestens einen Busbahnhof *(changtu qiche zhan)*, wo staatliche Busse ankommen und abfahren. Private Busunternehmen haben manchmal eigene Busbahnhöfe. Oft liegen sie gleich neben dem Bahnhof. Von Busbahnhöfen am Rand der Städte fahren meist die Busse in die entsprechende Richtung ab. Herauszufinden, welcher Busbahnhof für Ihr Reiseziel der richtige ist, kann manchmal kompliziert sein und eine Menge Fragen erfordern. Die Ziele stehen leider auch nur auf Chinesisch vorn an den Bussen.

Langstreckenbusse sind von unterschiedlichster Qualität. Da oft mehrere Unternehmen dieselbe Strecke befahren, sollten Sie herausfinden, welcher Bus der schnellste und bequemste (oder auch der billigste) ist. Lange Busfahrten sind im Allgemeinen anstrengend – vor allem da die Straßen oft schlecht sind und es häufig Baustellen gibt, sodass man nicht besonders schnell vorankommt. Die Fahrer sind zum Teil nicht sonderlich vorsichtig. Busunfälle sind keine Seltenheit. Auch der hohe Lärmpegel im Bus kann nerven, da meist Musik aus den Lautsprechern tönt und die Fahrer gern auf der Hupe stehen (Ohrenstöpsel helfen in diesem Fall). Die meisten Busse sind stark verqualmt.

Bushaltestelle, Hong Kong

Ordinary Buses *(putong che)* sind am billigsten. Sie haben harte Holzsitze und halten oft. Es gibt nur wenig Raum für das Gepäck: Unter den Sitzen kann man nichts verstauen; die Ablagen sind winzig. Koffer, Reisetaschen und Rucksäcke werden oft neben dem Fahrer übereinandergestapelt. Manchmal muss man für das Gepäck extra zahlen. **Sleeper Buses** *(wopu che)* fahren nachts und halten selten. Sie haben oft zwei Reihen mit Kojen oder aber Sitze, die sich zurückstellen lassen. Die älteren Modelle können recht schmutzig sein. Kojen unten *(xia pu)* kosten mehr als die oberen *(shang pu)*. Die Mehrausgabe lohnt sich allerdings. Wenn der Fahrer nämlich eine Kurve mit etwas zu viel Schwung nimmt, kann man leicht aus dem Bett fallen.

Kürzere Strecken werden von ratternden **Minibuses** *(xiao ba)* bedient, die erst dann losfahren, wenn jeder Platz besetzt ist. Sie sind oft bis unters Dach vollgepackt. Die Fahrt kann dann sehr unbequem werden.

Express Buses *(kuai che)* sind die angenehmste Variante. Manche sind fast Luxusklasse *(hao hua)* und klimatisiert. Es herrscht zudem Rauchverbot. Das Gepäck wird sicher verstaut. Es gibt wenige Stopps unterwegs.

In manchen Teilen Chinas – etwa in Gansu und Sichuan – muss man vor der Busfahrt eine Versicherung bei der People's Insurance Company of China (PICC) abschließen.

Einfacher Überlandbus *(putong che)* an einer Haltestelle, Qinghai

Fähre auf dem Huangpu in Shanghai

Meist ist sie im Ticketpreis inbegriffen. Die Versicherung hilft Ihnen jedoch wenig im Fall eines Unfalls. Es ist nämlich sehr mühsam, seine Ansprüche geltend zu machen.

Bustickets und Preise

Busfahrten sind wesentlich billiger als Bahnreisen. Tickets erhält man an den Busbahnhöfen. Man muss nicht reservieren, außer Sie legen Wert auf einen Sitz in der ersten Reihe eines Luxusbusses. Fahrkarten für private Busse und Minibusse kauft man direkt vor der Abfahrt im Bus. Die großen Busbahnhöfe haben jedoch Fahrkartenschalter mit Computern. Die Schlangen sind erfreulicherweise viel kürzer als die in Bahnhöfen.

Hinweisschild auf Flussfahrten vor einem Tourismusbüro

Fähren und Schiffe

Es gibt nur noch wenige Fährrouten an der Küste. Einige Fähren fahren auch noch auf dem Yangzi (Jangtse), doch im Allgemeinen spielen Schiffe keine große Rolle mehr für den Personenverkehr.

Die beliebteste Flussroute ist eine Fahrt auf dem Yangzi zwischen Chongqing und Yichang durch die Drei Schluchten *(siehe S. 352–354)*. Eine Nachtfähre für Besucher verkehrt auf dem Großen Kanal zwischen Suzhou und Hangzhou sowie zwischen Wuxi und Hangzhou *(siehe S. 217)*. Es gibt auf dem Yangzi keine regelmäßig verkehrenden Passagierfähren für Besucher bis Wuhan.

Beliebte Fährrouten an der Küste sind die zur Insel Hainan von den Häfen in der Provinz Guangdong (etwa Guangzhou) sowie von Beihai in Guangxi aus. Zahlreiche Schiffe verkehren zwischen Hong Kong und Macau, viele davon als Schnellboote rund um die Uhr. Macau hat auch Verbindungen zu Häfen in Guangdong. Von Hong Kong fahren Schiffe nach Zhuhai und zu einigen Häfen im Delta des Perlflusses (Zhu Jiang). Innerhalb des Gebiets von Hong Kong sind die Inseln durch Fähren und andere Boote verbunden. Es gibt auch Fähren von Hong Kong zum chinesischen Festland, obwohl die Zahl ständig abnimmt.

Wegen der langen Landwege verbinden Fähren die boomende nordöstlich gelegene Stadt Dalian mit Yantai und Tianjin. Yantai und Weihai an der Südspitze der Halbinsel Shandong kann man per Schiff von Shanghai, Dalian und Tianjin aus erreichen. Achtung: Die Fahrpläne von Fähren ändern sich oft. Verbindungen werden eingestellt oder kommen neu hinzu.

Einige internationale Routen verbinden China mit anderen Ländern. Vom japanischen Kobe gibt es Fähren nach Tianjin und Shanghai. Es besteht auch eine Verbindung Osaka–Shanghai. Von Südkoreas Hafen Inchon gehen Fähren in die chinesischen Hafenstädte Dalian, Weihai, Qingdao und Tianjin ab.

Boote für Rundfahrten auf dem großen Qinghai-See

In Städten unterwegs

Hong Kongs MTR-Logo

Die öffentlichen Verkehrsmittel in chinesischen Städten sind sehr unterschiedlich. Die Metropolen haben Netze einschließlich U-Bahn (oft im Ausbau). In Beijing und Shanghai kommt man am besten mit der U-Bahn *(ditie)* voran. Hong Kong besitzt ein Netz öffentlicher Verkehrsmittel, in dem U-Bahnen, Züge und Busse gleichermaßen empfehlenswert sind. In den meisten Städten sind die Busse langsam und überfüllt, aber sehr billig. Um Taxis *(chuzu qiche)* kommt man als Besucher meist nicht herum. Trotz Sprachbarrieren und Missverständnissen sind Taxis angenehm. Fahrräder beherrschten bis vor Kurzem das Straßenbild. Heute sind sie weniger beliebt, aber immer noch eine gute Möglichkeit für Erkundungen.

Beijings U-Bahn

Die U-Bahn in Beijing wurde anlässlich der Olympischen Spiele 2008 ausgebaut. Das Liniennetz wurde erweitert, eine Linie führt nun direkt zum Beijing Capital International Airport.

Die U-Bahn ist ein ideales Verkehrsmittel, um schnell und sicher durch die Stadt zu kommen. Sie ist leicht zu benutzen. Nur die unterirdischen Wege beim Umsteigen sind teilweise sehr lang. Die Fahrkarten (3 ¥ bzw. 5 ¥) kauft man an Schaltern in der Nähe des Eingangs. Sie sind undatiert, man kann sie sich also auch auf Vorrat besorgen. Wachen am Bahnsteigeingang kontrollieren das Ticket. Auf der Linie 13 gibt es automatische Schranken.

U-Bahn-Schild, Beijing

Die Fertigstellung der neuen Stationen und Linien ist für 2012 geplant. Die künftigen Ticketpreise werden nach der Länge der Fahrt berechnet.

Shanghais U-Bahn

Das sich rasch vergrößernde U-Bahn-Netz Shanghais ist sauber und effizient. Die erste Linie wurde 1995 eröffnet. Der Ausbau soll 2012 abgeschlossen sein. Linien 1 und 2 sind für Besucher am wichtigsten. Die oberirdische Linie 3 (Pearl Line) bedient die westlichen Vorstädte. Tickets für die Linien 1 und 2 kosten zwischen drei und sieben Yuan, je nach Anzahl der Stationen. Den Preis können Sie leicht auf der Karte erkennen. Tickets kauft man am Schalter oder am Automaten. Es gibt ein Prepaid-Ticket für 50 Yuan, das an den elektronischen Barrieren, die Sie beim Eingang und Ausgang passieren, eingeführt werden muss. Der viel gerühmte Transrapid oder Maglev Train *(magnetic levitation train)* verkehrt seit Ende 2002 zwischen Pudong Airport und der östlichen Endstation der Linie 2. Er erreicht Spitzengeschwindigkeiten von bis zu 430 km/h. Der Hochgeschwindigkeitszug braucht für die ca. 30 Kilometer lange Strecke zum Flughafen rund sieben Minuten. Er fährt etwa alle 15 Minuten.

Hong Kongs MTR und KCR

Hong Kong besitzt einen Verkehrsverbund und das beste Nahverkehrsnetz in ganz China. Man kann sich entscheiden zwischen MTR (U-Bahn), KCR (Zug), Bussen, Trams und Fähren. Die meisten Schilder sind auf Englisch. Sie können Einzeltickets für jede Fahrt kaufen – damit können Sie allerdings nicht umsteigen. Die Octopus Card gilt dagegen für die allermeisten Verkehrsmittel. Es gibt die Karte mit Chip für mindestens 150 HK$. Darin ist ein Pfand von 50 HK$ enthalten, das Sie erstattet bekommen, wenn Sie die Karte zurückgeben. Die Karte halten Sie einfach an die gelben Lesegeräte der Drehkreuze – der jeweilige Fahrpreis wird dann abgebucht. Aufladen können Sie die Karte an den MTR- und KCR-Stationen. Die unterirdische Mass Transit Railway (MTR) hat derzeit sieben Linien. Weitere sind geplant. Der Fahrpreis richtet sich nach der Streckenlänge. Auf der Airport Express Line wird ein höherer Preis verlangt. Ein Einzelticket stecken Sie ins Drehkreuz am Eingang. Sie bekommen es auf der anderen Seite zurück und müssen es am Ausgang des Zielorts nochmals einführen, um nach draußen zu kommen.

Die oberirdische Kowloon-Canton Railway (KCR) bedient mit drei Linien vor allem die New Territories. KCR East Rail war die erste Linie und fährt nach Norden aufs chinesische Festland. Falls Sie kein Visum für China haben *(siehe S. 610)*, dürfen Sie nur bis zur vorletzten Haltestelle, Sheung Shui, fahren.

Busse und Trams

Das Busnetz in den Städten ist ausgedehnt. Fahrten sind billig. Die Busse *(gonggong qiche)* sind jedoch oft so überfüllt, dass man meist nicht aus dem Fenster schauen kann. Das Gedrängel ist ideal für Taschendiebe (auf Wertsachen achten). Für kurze Strecken kann man gut einen Bus nehmen. Eine Fahrt durch die ganze Stadt dauert

Motor-Rikscha in Harbin

Fahrräder in Beijing – sie sind die traditionellen Fortbewegungsmittel

endlos, da die Straßen oft verstopft sind. Den richtigen Bus und die richtige Haltestelle herauszufinden kann relativ schwierig werden, da die Fahrpläne und Schilder meist auf Chinesisch sind. Hong Kong besitzt das komfortabelste Busnetz, obwohl auch hier oft Staus das Vorankommen erschweren. Es gibt zudem eine alte Tram in Hong Kong, die zwischen Sheung Wan und der Causeway Bay auf Hong Kong Island verkehrt. Auch Dalian hat Trams. Fahrpläne bekommt man ohne Schwierigkeiten, meist im Bahnhof.

Stadttaxi in Beijing

Taxis

Das bequemste Fortbewegungsmittel in Städten ohne U-Bahn sind Taxis *(chuzu qiche)*. Man sieht sie in großen Mengen, die meisten stehen vor den Bahnhöfen. Hotelrezeptionen und auch Restaurants rufen ihren Gästen ein Taxi. Bei der Ankunft am Flughafen sollten Sie alle aufdringlichen Angebote ignorieren und ein Taxi am Taxistand nehmen – sie rechnen die Preise regulär nach Taxameter ab. Achten Sie bei jeder Fahrt darauf, dass der Fahrer das Taxameter *(biao)* einschaltet. Erst wenn Sie sich mit den Preisen etwas auskennen, können Sie Fixpreise vereinbaren. Taxis haben hinten selten Sicherheitsgurte *(anquan dai)*. Wenn Sie allein fahren, können Sie sich auch nach vorn setzen und sich anschnallen. Nur wenige Taxifahrer sprechen Englisch – das hat sich auch nach der Olympiade nicht geändert. Es ist klug, wenn Sie dem Fahrer das chinesisch geschriebene Fahrziel auf einem Zettel zeigen. Das Hotelpersonal wird es gern für Sie aufschreiben.

Der Fahrpreis variiert von Stadt zu Stadt, doch im Allgemeinen sind Taxis nicht allzu teuer. In manchen Städten haben unterschiedliche Wagenmodelle unterschiedliche Preise. Der Fahrer erwartet kein Trinkgeld.

Taxis kann man auch tageweise mieten, eine angenehme Lösung, wenn man Sehenswürdigkeiten außerhalb einer Stadt besichtigen will. Vereinbaren Sie den Preis vorab. Vergewissern Sie sich, dass der Fahrer verstanden hat, wie weit Sie fahren und wie lange Sie unterwegs sein wollen. In Tibet ist ein Jeep mit Fahrer und Führer (organisiert von einem Reisebüro) die einzige Möglichkeit, Sehenswürdigkeiten zu erkunden. Es ist üblich, dem Fahrer ein Mittagessen zu bezahlen. In kleineren Städten sind Motorrad-Rikschas *(sanlun motuoche)* und Fahrrad-Rikschas *(sanlun che)* ein bequemes Fortbewegungsmittel – bisweilen das einzige. Handeln Sie den Preis vorher aus. In Großstädten sind Rikschas nicht empfehlenswert. Sie kosten etwa dasselbe wie Taxis. Die Fahrer suchen sich gezielt Besucher aus, um sie abzuzocken.

Für längere Strecken gibt es auch Motorrad-Taxis. Bestehen Sie auf einem Helm.

Radfahren

Ein Fahrrad zu mieten ist die beste Möglichkeit, um Städte und ihre Umgebung zu erkunden. Es gibt oft Fahrradwege (die nicht von allen Fahrern respektiert werden). Bei einer Panne finden Sie schnell eine kleine Werkstätte an der Straße. Beijing mit seinen weit verstreut liegenden Sehenswürdigkeiten und dem flachen Gelände ist ideal für Radfahrer. Der Verkehr ist allerdings heftig und gewöhnungsbedürftig. Achten Sie darauf, dass Ihr Mietfahrrad ein gutes Schloss hat. Fahrradabstellplätze gibt es häufig. Meist passt gegen ein kleines Entgelt auch jemand auf ihr Zweirad auf.

Strassennamen

Hauptstraßen sind oft in mehrere Abschnitte unterteilt. Jeder trägt als Zusatz die Himmelsrichtung. Zhongshan Lu etwa kann in Zhongshan *Xi* Lu (Weststraße) und Zhongshan *Dong* Lu (Oststraße) unterteilt sein oder aber in Zhongshan *Bei* Lu (Nordstraße) und Zhongshan *Nan* Lu (Südstraße). Straßenschilder in Großstädten wie Beijing und Shanghai zeigen auch die Pinyin-Umschrift. In kleineren Städten liest man alles nur auf Chinesisch. Der Gebrauch von Pinyin nimmt allerdings ab. In vielen größeren Städten sieht man nur noch die chinesische Schrift und darunter die Bezeichnung auf Englisch.

Taxis und Busse verstopfen die engen Straßen im Zentrum von Macau

Textregister

Eintragungen in **fetter** Schrift beziehen sich auf Haupteinträge.

H

K

L

T

Y

Danksagung und Bildnachweis

DORLING KINDERSLEY bedankt sich bei allen, deren Mitarbeit dieses Buch ermöglichte.

PUBLISHER
Douglas Amrine.
PUBLISHING MANAGER
Kate Poole.
MANAGING EDITORS
Vicki Ingle, Anna Streiffert.
PRODUCTION CO-ORDINATOR
Linda Dare.
ZUSÄTZLICHE TEXTE
Calum Macleod, Helen Glaister, Sarah Waldram, Martin Walters.
REDAKTIONSASSISTENZ
Katherine Haw, Alka Thakur.
KARTEN-DESIGN
Alok Pathak.
KARTEN-KORREKTUR
Tony Chambers.
ILLUSTRATIONEN
Other Shore Arts Inc.
KORREKTUR
Stewart Wild.
KORREKTUR CHINESISCH
Jiewei Cheng.
REGISTER
Hilary Bird.
WEITERE MITARBEIT
Claire Baranowski, Sonal Bhatt, Tessa Bindloss, Gary Bowerman, Caroline Evans, Anna Freiberger, Rose Hudson, Helena Iveson, Olivia King, Priya Kukadia, Maite Lantaron, Neil Lockley, Carly Madden, Nicola Malone, Peter Neville-Hadley, Rosie Mayer, Sangita Patel, Marianne Petrou, Pollyanna Poulter, Supriya Sahai, Meredith Smith, Josh Summers, Janis Utton, Conrad Van Dyk, Ros Walford, Christine Watts, Jamin York, Gui Zhiping.
DTP
Shailesh Sharma,Vinod Harish.
DIGITAL MEDIA TEAM
Nishi Bhasin, Manjari Rathi Hooda, Pramod Pant, Mahesh Singh.

ZUSÄTZLICHE FOTOGRAFIEN
Max Alexander, Geoff Brightling, Chen Chao © Rough Guides/Tim Draper, Andy Crawford, Gadi Farfour, Steve Gorton, Colin Keates, Dave King, Stephen Lam, Ian O'Leary, Jane Miller, Hugh Thompson, Walia BPS, Paul Williams.

FOTOGRAFIER-ERLAUBNIS
DORLING KINDERSLEY dankt allen Tempeln, Klöstern, Museen, Hotels, Restaurants, Läden und anderen Stätten für ihre Unterstützung und die freundliche Erlaubnis, in ihren Räumen zu fotografieren.

BILDNACHWEIS
ol = oben links, oml = oben Mitte links, om = oben Mitte, omr = oben Mitte rechts, or = oben rechts, mol = Mitte oben links, mo = Mitte oben, mor = Mitte oben rechts, mgl = Mitte ganz links, ml = Mitte links, m = Mitte, mr = Mitte rechts, mgr = Mitte ganz rechts, mul = Mitte unten links, mu = Mitte unten, mur = Mitte unten rechts, u = unten, ul = unten links, uml = unten Mitte links, um = unten Mitte, umr = unten Mitte rechts, ur = unten rechts, d = Detail.

Kunstwerke wurden mit freundlicher Genehmigung folgender Rechte-Inhaber abgedruckt: *Zhang San Feng* aus *The Explanation of Taijiquan Shi Yi* von Dong Yingjie, gescannt von Chip Ellis, mit Genehmigung von Gordon Jolly 273ml.

4CORNERS IMAGES: SKME/Grandadam Laurent 10um, 186ul; SIME/Hans-Peter Huber 11ul.

AKG-IMAGES: Archives CDA/St-Genes 254or; Han Kan 208mgl; Laurent Lacat 53or; VISIOARS 462mgl.

ALAMY IMAGES: 524ol; Pat Behnke 74ur, 613or; Tibor Bognar ur linke vordere Umschlaginnenseite, 306m; Peter Bowater 33mr; Jon Bower 307um; China Span/Keren Su 352mol; David Crausby 620mu, 630mr; Nick Dawson 44um; Eagle Visions/Craig Lovell 524ol; First Light/ Ken Straiton 73om; Robert Harding World Imagery 153ml; Dallas & John Heaton mol linke vordere Umschlaginnenseite, 182; Iain Masterton 623ol; Colin Monteath 510ur; Jake Norton 619ur; Panorama Stock mur rechte vordere Umschlaginnenseite, 103um, 128ur, 132um, 160, 288–289, 462ur; /Li Jiangshu 110ur; /Ru Suichu 102um; /Zhang Zhenguang 206or; Rochaphoto 507mor; David Sanger 464or; Sami Sarkis or rechte vordere Umschlaginnenseite, 120; Snap 2000 Images/David Robinson 89m; Valery Rizzo 42ul; View Stock China 122m, 153mul; Matthew Wellings 45um; Ron Yue 44om, 46mr.

ANCIENT ART & ARCHITECTURE COLLECTION: 477um.

ARDEA.COM: Chris Martin Bahr 22ol; Mary Clay 23mur; David Dixon 20mur, 344mgl; Kenneth W. Fink 22ul; Nick Gordon 23mol; Pascal Goetgheluck 411mol; Joanna Van Grulsen 20mul, 20mul; C. Clem Haagner 22mul; Keith & Liz Laid 344mor; Tom & Pat Leeson 21ur; Adrian Warren 361mor; M. Watson 22mul, 23ur, 403ur.

THE ART ARCHIVE: Bibliothèque Nationale de Paris 53mor, 217mol, 464–465, /Marc Charmet

28or; British Library 26ur, 28ul, 57or; British Museum/Eileen Tweedy 74or; Freer Gallery of Art 38–39m, 57mr, 280mo; Genius of China Exhibition 38or, 51um, 54ul, 464ul, 464mgl; Musée Thomas Dobrée Nantes/Dagli Orti 63ol; National Palace Museum of Taiwan 30mgl; Palace Museum Beijing 432–433; Privatsammlung Paris/Dagli Orti 135um; School of Oriental & African Studies/Ellen Tweedy 422ul; William Sewell 263or.

Steven Baigel: 533ur.

Benoy Behl: 523um.

Biblioteca Nazionale Centrale – Roma: 232mul.

Bibliothèque Nationale De France, Paris: 26or, 36mo.

www.bridgeman.co.uk: 30mgr, 31mor, 31mgl, 36or, 36mul, 37mol, 37mul, 43or, 262or, 434ul, 62mur, 433ul; Bibliothèque des Arts Décoratifs, Paris 293om, 433mur; Bibliothèque Municipal, Poitiers 209mor; Bibliothèque Nationale Paris 4or, 8–9, 28mgl, 31or, 60uml, 62umr, 143um, 471mu; British Museum 487ur; Giraudon 54mur; James Gray (1757–1815) 433mgr; Miss E. M. Gregson 345ur; Hermitage 495mu; Illustrated London News 434mgl; National Palace Museum, Taipei, Taiwan 471mor; Privatsammlung 209ol, 262ml; Société Asiatique, Collège de France, Paris 293mol; V & A Museum 432ul; Yu Zhiding (1647–1709) *Die Beschreibung des Dichters Wang Yuang* (1634–1711) Aquarell 178or (d).

British Library, London: 57ol.

© The British Museum: 29omr, 38mur, 38um, 38mul, 39or, 39mu, 39ul, 39ur, 39mor, 56–57m, 522um.

China Stock: umr rechte vordere Umschlaginnenseite, 53ul, 59m, 59bml, 64mul, 65mor, 256ur, 294, 416ur; Dennis Cox ol rechte vordere Umschlaginnenseite, 436; Liu Liqun 36mu, 36ur, 353ol, 353mor, 403mor, 414ml; Liu Xiaoyang 183u, 268mo.

Chinapix: 186or; Zhang Chaoyin 534ml, 534um.

China Span: Keren Su 179ml, 217mr.

Corbis: 63m, 66ul, 67om, 86m, 101ol; Archivo Iconografico, S.A. 433mor; Asian Art & Archaeology Inc. 51mo, 52mul, 54mo, 56mul, 58um, 58om, 464mur; Tiziana & Gianni Baldizzone 29mor, 546om; Dave Bartruff 262ul, 575ur, 578mol; Bettman 37or, 65ol, 65ur, 66ol, 159ul, 197ur, 250um, 257ol, 297mur, 297mor, 377ur, 491om; Bohemian Nomad Picturemakers mul linke vordere Umschlaginnenseite, 238, 575ol; Bohemian Nomad Picturemakers/Kevin R. Morris 217mur; Bowers Museum of Cultural Art 153om; Burstein Collection 30ur, 50m, 53mul, 55om, 60uml, 208um, 495ur; China features 544ul, /Li Gang 19or; Christie's Images 52or; ChromoSohm INC/Joseph Sohm 106um; Stephanie Colasanti 5or, 414mol; Pierre Colombel 156–157, 487mur, 496or, 496mol, 496mo, 496mul, 496ul, 496umr, 496mgr, 497ol, 497mol, 497mul, 497ul; Dean Conger 135mor, 243ur, 507mgl, 579mo; The Cover Story 463ol; Ric Ergenbright 217ul; Macduff Everton 67ul, 67mgr, 193om; Eye Ubiquitous/Bennett Dean 395or, 540um; /Julia Waterlow 28ur, 462mul, 510ol; Free Agents Limited 34or, 435mor; Alain Le Garsmeur 608–609; Lowell Georgia mor rechte vordere Umschlaginnenseite, 140; Christel Gerstenberg 208mul; Philip Gould 280or; Peter Guttman 513ol, 513mor; Historical Picture Archive 293mul, 433or; Angelo Hornak 495ul; Dave G. Houser 43ul; Hulton Collection 243ul, 434mol, 543or; Hanan Isachar 24um; Langevin Jacques 442–443m; Robbie Jack 41ul; Wolfgang Kaehler 133ul, 154or, 434or, 434ur, 434–435m, 435mur; Kelly-Mooney Photography 97om; Christine Kolisch 532or; Earl & Nazima Kowall 25or, 33ol, 45om, 454ur, 455mor, 455mul, 455mur, 455ur, 455mgl, 462ul, 515ml, 579um; Daniel Lainé 393mur; Charles & Josette Lenars 59or, 145mol; Paul W. Liebhardt 407ul; Liu Liqun 16om, 25ur, 109om, 193mul, 305om, 353mul, 463ul; Chris Lisle 533m; Craig Lovell 525ur, 535ur, 540or; Ludovic Maisant 393mgl; Lawrence Manning 263ul; Tom Nebbia 412umr; Papilio/John R. Jones 504ol; Louie Psihoyos 453ul; Carl & Ann Purcell 24or, 31mur, 505ur; Reuters 32ul, 42ur, 47om, 269ur, 574ul, 626ul; Roger Ressmeyer 94m, 94mr; David Samuel Robbins 535ul; Galen Rowell 514om, 524m, 524–525, 524um, 525m, 533om; Royal Ontario Museum 38ul, 39mgr, 56mo, 60mo, 254umr, 255ol, 411mgr; Royalty-Free 43mu; Sean Sexton Collection 197ul; Stapleton Collection 75ol; Keren Su 1, 24mul, 42mol, 235ml, 235ur, 236mol, 237ur, 268ul, 354ur, 406ur, 406ur, 406mul, 407ol, 407mgr, 413ol, 462–463m, 506ml, 510mgl, 512mul; Vince Streano 423ul; Swim Ink 263ol; Robert van der Hilst 180mgl, 495mol; Ron Watts mol linke vordere Umschlaginnenseite, 202; Reza Webistan 515ur; Nevada Weir oml linke vordere Umschlaginnenseite, 463mgr, 502, 509ol; Nick Wheeler 232mur; Janet Wishnetsky 465ur; Alison Wright 456–457, 491mul, 514ur; Michael S. Yamashita 179ur, 411ur; Liang Zhuoming 504um; Xinhua Photo 453ur.

CPA Media: 62mo, 64or, 197om, 197mgl, 297om, 432mul, 433ol; David Henley 225mor,

229mur; Meng Qingbiao/Chinesische Regierung (1961) 65mur; Oliver Hagreave 297mul; Oliver Hagreave/Bibliothèque Nationale Paris 60mul.

DK Images: British Museum 37oml, 38mol, 219ul, /David Gower 208or, /Alan Hills 38ol, 219mul, 219mr, 232mor; Glasgow Museum/ Ellen Howdon 523mor; The Jazz Club 581ur; MTR (Mass Transit Railways) 632ol; Judith Miller Archive 254ul, /Wallis & Wallis 10om, /Sloan's 254ul, 487ul; mit freundlicher Genehmigung des National Maritime Museum/David Spence 149um, /James Stevenson 37mur; mit freundlicher Genehmigung des Pitt Rivers Museum/Geoff Brightling 36ol; Privatsammlung 339mo, 457mo, 515om; mit freundlicher Genehmigung des Science Museum 37ul, /Dave King 37um; Yorkshire Museum/Harry Taylor 453mur.

Tim Draper: 404–405, 421ur.

Ray Dunning: 219m.

Eye Ubiquitous: Bennett Dean ul linke vordere Umschlaginnenseite, 396.

FOTOE: 30or, 297mu; A. Chun 352um; An Ge 21mor; Wang Yizhong 383mul; Wu Dongjun 406–407m; Yang Xingbin 376ol; Ying Ge 352mor; Yu Zhi Yin 147ur; Zhang Weiqing 30mul.

Getty Images: AFP 42–43m; Walter Bibikow omr rechte vordere Umschlaginnenseite, 78; China Photos/Stringer 631o; Robert Harding or linke vordere Umschlaginnenseite, 466; Hulton 446ur; Image Bank uml linke vordere Umschlaginnenseite, mul linke vordere Umschlaginnenseite, 68–69, 244–245, 258, 270–271, 348; 426–427; Image Bank/Scott R. Barbour 189um, /Angelo Cavalli 624ul, /Yann Layma 10mol; National Geographic 52mol, /Louis Mazzatenta 453mor; Photodisc/John Wang 187ul; Photographer's Choice/John Warden 107om, /Nikolay Zurek 263ml; Stone 2–3, 274–275, Stone/Vince Streano 10or.

Sally & Richard Greenhill: S.A.C.U. 64ol, 64umr, 64mgl, 65or.

Hemispheres Images: Frank Guizou 11ol.

Nigel Hicks: 168–169, 278um; 338–339, 344mul, 344mur, 344uml, 344umr, 371om, 452ur, 504m, 505ol, 506or, 506ul, 508ol.

Hong Kong Tourism Board: 311om, 320um, 324om.

Imagine China: 66mur, 109um, 122um, 262–263; Adrian Bradshaw 193mol, 453mol; Chen Shuyi 95u; Chen Yun 491ur; CNS 75mr; Dong Jinlin 264or; Fan Chongzhi 281ol, 281or, 281mor; Fang Zhonglin 192mul; Gong Weizhi 87mr; Guo Guangyao 178mr; Hu Qingming 153ur; Huang Jinguo 179mr; Huang Shaoyi 280um; Huang Yizhu 356mol; Jia Guorong 219mur; Jiang Chao 33mor; Jiang Guohong 40umr; Jiang Ren 159mor; Jin Baoyuan 179or; Kan Kan 30mu; Lang Congliu 229om; Li Jiangsong 29mur; Li Wei 254mol, 254mur, 281mur; Liang Weijie 440ol, 440um; Lin Weijian 178ul, 186ml, 186mr; Ling Long 46ur; Liu Jianming 376ur; Liu Ling 253ur; Liu Liqun 128ol, 264ml, 264ul, 354mol; Liu Quanju 46ol; Liu Zhaoming 474ur, 474om; Long Hai 74um, 75umr, 189om, 219ur; Luoxiaoyun 454ol; Lu Baohe 293ul; Ma Kang 511ol, 512or; Olivia Savoure 512mol, 513mur, 522or; Pan Guoji 363mgr; Shen Yu 178ur, 198um, 280ol, 622ul; Shui Xiaojie 272ur, 412mor; Tang Jianwei 272ol; Wang Jianxin 75uml, 360ol; Wang Mengxiang 424mgr, 425ur; Wei Hui 41mur; Wu Changqing 104or, 297mol; Wu Hong 41ur, 85ur; Xiong Yijun 23mor; Xu Ruikang 179om; Yan Shi 145mur; Yang Xi 228m, 281mr; Yi Zhou 187ol; Yin Zi 26–27m; Yuan Yanwu 32–33m, 273om; Yue Sheng 525ol; Zeng Yun 280mul; Zhan Xiadong 525or; Zhang Fenquan 441ur; Zhang Guosheng 91ul; Zhang Jie 297ul; Zhang Xing 281ur; Zhang Xinmin-Xinjiang 505m, 508ul, 509ur; Zhang Yongzhe 209mur; Zhou Kang 97m, 190or; Zhu Xuesong 265ol, 265mr, 265ur; Zhuge Ming 447ul, 524or; Zou Xian 32ur; Zuo Shan 383ur.

Institute of History & Philology: Academia Sinica 26mul.

Kobal Collection: Columbia 41or; Tomson Films 41mol.

www.kungfumagazine.com: 2005: 159om, 159mur, 159mul.

David Leffman: 424ol.

Leonardo Media Bank: 551ol.

Library Of Congress, Washington, D.C.: 393ul.

Magnum: Rene Burri 256or; Steve McCurry ol linke vordere Umschlaginnenseite, 526.

Mary Evans Picture Library: 33mur, 275mo, 491mur, 491mor; Kieou King 232mu.

NASA: 153mgr.

National Trust Photographic Library: John Hammond 293mr.

NATURE PICTURE LIBRARY: Bernard Castelein 20mur; G. & H. Denzau 21mol, 460um; Elio Delia Ferrera 403ul; Martha Holmes 22mol; Pete Oxford 20umr, 23ul, 411om; David Pike 403mol; Jose B. Ruiz 22umr, 22mur; Warwick Sloss 22mur; Lynn Stone 20mor, 20ul; Solvin Zankl 23mul; Xi Zhinong 403mu.

NATURAL VISIONS: Heather Angel 345mur, 361mur.

NATIONAL GEOGRAPHIC IMAGE COLLECTION: Doug Stern 168um; Joseph Rock 390um.

N.H.P.A.: 20mol; James Warwick 361ul.

OSF/PHOTOLIBRARY.COM: 21ul; Deni Bown 21mul; Irvine Cushing 21mur; Robert A. Lubeck 23mur; Richard Packwood 403om; George Reszeter 23mul; Konrad Wothe 21mul.

PANOS PICTURES: 27mor.

THE PEAK: 313mr, 313ol.

MARIANNE PETROU: 522ml.

PHOTO12.COM: OIPS 109m, 111oml; Panorama Stock 22mor, 98um, 105ol, 106m, 425om, 432mur; Panorama Stock/Zhao Guangtian 464ol, 464mul.

PHOTOLIBRARY.COM: Jiangshu Li 25mr; James Montgomery 14m; Keren Su 43m, 44mol; Ming Li 424ul; Panorama 463ur; Xin Li 463or.

PHOTO SCALA, FLORENZ: British Museum 522ol.

POPPERFOTO.COM: 64–65m, 197mor, 197mu.

POWERSTOCK: age fotostock 126–127, 72–73; Digital Vision Royalty Free 280–281.

Mit freundlicher Genehmigung der RANDOM HOUSE GROUP LTD: 263ur.

RED GATE GALLERY: 95om.

THE RED MANSION LTD: Cang Xin *The Unification of Heaven and Man (Ice)* 40mol; Fang Lijun *Series 2 No. 2* 40–41m; Zhan Wang *Torso* 40mul.

REUTERS: 353ur; Lason Lee 111or.

ROBERT HARDING PICTURE LIBRARY: 199om, 513ul; Nigel Blythe 512um; Gina Corrigan mor linke vordere Umschlaginnenseite, 478; Oriental Touch 318–319; Panorama Stock 61om, 488–489, 516–517; A. C. Waltham 524ul.

SCIENCE & SOCIETY PICTURE LIBRARY: 27mul.

SHAANXI HISTORY MUSEUM: 56ur, 56mgl, 166mu, 167mor, 167mur.

SHANGHAI MUSEUM: 190ol, 190mol, 190m, 190mul, 191ml, 191mr, 191om.

SINOPIX PHOTO AGENCY: Lou Linwei 42or, 168ur; Saigo-Jones 361om.

TERRACOTTA ARMY MUSEUM: 168ol, 168mul, 169ol, 169mor, 169ur, 169mgr.

TERRA GALLERIA PHOTOGRAPHY: Quang Tuan Luong 362or, 362mor, 363ur, 363oml, 364or, 366–367, 378–379.

THAMES & HUDSON LTD: Photo Eileen Tweedy 28–29.

TIBET IMAGES: 522m.

TIBET HERITAGE FUND: André Alexander 531om; Yutaka Hirako 531mo.

TOPFOTO.CO.UK: 256mol, 256mul; British Museum 31um, 63ul; Sven Hedin Foundation 495mgr; The Museum of East Asian Art/HIP 61mur, 465mr.

Mit freundlicher Genehmigung der TRUSTEES OF THE V&A: 209mur, 464ur; Ian Thomas 208–209, 209mol.

THE WELLCOME INSTITUTE LIBRARY, LONDON: 32mul, 55mur.

WERNER FORMAN ARCHIVE: Stelenwald-Museum, Xi'an 465mgr; Pjöngjang-Galerie, Nordkorea 31mol; Peking Palace Museum 58mur; Privatsammlung 53ur, 61m, 63ur; Privatsammlung/Sotheby's 1986 57ur; Tanzania National Museum 465um; Victoria & Albert Museum 55mu; Yang-Tzu-Shaw 54mur.

UMSCHLAG
Vorn: ALAMY IMAGES: Tibor Bognar (Hauptbild); DK IMAGES: Eddie Gerald mul.
Hinten: DK IMAGES: Nigel Hicks ul; Colin Sinclair mol; Chris Stowers mul; Karen Trist ol.
Buchrücken: ALAMY IMAGES: Tibor Bognar o; DK IMAGES: Colin Sinclair u.

Glossar

Architektur

Cheng Stadt, auch Stadtmauer
Chorten oder Stupa, ein buddhistischer Turm, der Sakralobjekte enthält
Dian Pavillon
Dougong Tragstütze, besondere Balkenkonstruktion für gebogene Dächer
Ge mehrstöckiger Pavillon
Geisterturm Pavillon am Eingang zu einem Kaisergrab
Gompa tibetisches Kloster
Gong Palast, bezeichnet meist einen daoistischen Tempel
Gulou Trommelturm
Hutong Gasse, Viertel mit Gassen
Ling Grab
Lou mehrstöckiges Gebäude
Men Stadttor
Miao Tempel, meist konfuzianisch
Mu Grab
Nanmu Zeder mit geradem Stamm, die als Säule verwendet wird
Paifang Schmucktor
Pailou Schmucktor
Qiao Brücke
Si Tempel, meist buddhistisch
Siheyuan Hofhaus
Stele frei stehende Säule mit Text
Straße der Seelen gerade Straße, die zu einem Kaisergrab führt, oft von Wächterstatuen gesäumt
Stupa buddhistischer Turm mit Sakralobjekten *siehe* Chorten
Ta Pagode
Tang Halle
Yuan Garten
Zhanglou Glockenturm

Kultur und Kunst

Cloisonné Email-Technik mit Draht
Erhu zweisaitiges Streichinstrument
Huaju Sprechtheater
Jingju Beijing Opera (Peking-Oper)
Lusheng Bambus-Blasinstrument mit mehreren Pfeifen
Modelloper Oper, die auf einer proletarischen heroischen Vorlage basiert, während der Kulturrevolution gefördert von Maos Frau Jiang Qing
Pipa lautenähnliches Instrument
Sancai dreifach glasierte Keramik (meist gelb, grün und weiß) während der Tang-Dynastie
Sanxian dreisaitige Laute
Seladon Tonwaren mit grüner Glasur
Sheng modernes Instrument, ähnlich einem *lusheng* mit 17 bis 37 Pfeifen
Suona Blasinstrument, einer Oboe ähnlich
Taotie Muster auf einer Shang-Bronze, oft ein mythisches, menschenfressendes Wesen
Xiao Bambusflöte
Xun rundes Instrument aus Lehm
Zheng vielsaitige Zither

Geschichte und Politik

Concession bzw. Konzession; extraterritoriales Areal, in dem sich Ausländer ansiedelten
Großer Sprung nach vorn Maos wirtschaftliche, soziale und politische Kampagne 1958–60; Hauptziel war die Förderung der Landwirtschaft und Industrie
Kader Funktionäre der Kommunistischen Partei
Kanton Gebiet, in dem im 18. und 19. Jahrhundert ausländische Händler wohnten
Kleines Rotes Buch oder »Mao-Bibel«; Maos Aussprüche, 1966 zusammengestellt von Verteidigungsminister Lin Biao, der die »Mao-Bibel« zur Pflichtlektüre der Roten Garden machte
KPCh Kommunistische Partei Chinas, regiert seit 1949
Kulturrevolution politische Kampagne 1966–76 mit dem Versuch, Chinas Kultur zu reformieren *(siehe S. 64f)*
Kuomintang (KMT) bzw. Nationale Volkspartei, gegründet 1911 von Dr. Sun Yat-sen; war unter Chiang Kai-shek 25 Jahre lang Gegner der KPCh; 1949–2000 regierende Partei in Taiwan
Langer Marsch Rückzug der Kommunisten vor den nationalen Truppen (1934/35), später als moralischer Sieg uminterpretiert *(siehe S. 256f)*
Legalismus chinesische Staatsphilosophie, die sich in der Qin-Dynastie mit der Staatskunst befasste und davon ausging, dass das Volk durch Strafen kontrolliert werden muss
Nationale Volkspartei *siehe* Kuomintang
Rote Garden unter militärischer Aufsicht stehende Verbände aus Schülern und Studenten, die während der Kulturrevolution eine wichtige Rolle spielten und später bekämpft wurden
Sonderverwaltungsregionen die ehemaligen Kolonien Hong Kong und Macau, die ein hohes Maß an Autonomie und ein eigenes Wirtschaftssystem haben
Sonderwirtschaftsregionen Regionen wie Shenzhen, das in den 1980er Jahren einen wirtschaftlichen Sonderstatus erhielt, um ausländische Investoren anzuziehen
Sowjet regionale kommunistische Basis, z. B. Jiangxi-Sowjet
Triade Geheimbund, meist Basis für organisiertes Verbrechen
Viererbande abwertende Bezeichnung für Spitzenpolitiker der KPCh mit extrem linksdogmatischer Position *(siehe S. 65)*
Volksbefreiungsarmee militärische Streitkräfte Chinas

Natur

Chi See
Dao Insel
Dong Höhle
Feng Gipfel
Gongyuan Park
Gou tiefer Wasserlauf
Hai Meer
Haitan Strand
He Fluss
Hu See
Jiang Fluss
Pubu Wasserfall
Shan Berg, Gebirge
Shui Wasser
Shuiku Stausee
Tan Teich, See
Xi Fluss, Strom
Xia Schlucht

Religion und Philosophie

A-Ma Macaus Meeresgöttin *siehe auch* Tianhou
Acht Unsterbliche daoistische Schüler mit übermenschlicher Kraft
Amitabha Buddha Buddha des unendlichen Glanzes
Analekten *(Lunyu)* Sammlung konfuzianischer Maximen
Arhat oder *luohan*; vollendeter buddhistischer Schüler
Avalokiteshvara Bodhisattva des Mitgefühls
Bagua acht Trigramme um ein Yin-Yang-Symbol; Kodifizierung der Lebenskraft *qi (siehe S. 32f)*
Bodhidarma indischer Mönch, der im 6. Jahrhundert nach China reiste und dort den Chan-Buddhismus (Zen-Buddhismus) begründete
Bodhisattva buddhistischer »Heiliger«, der geistige Vollkommenheit erreicht hat, jedoch das Nirvana aufschiebt, um andere zur Erleuchtung zu führen

Bon animistischer Glaube in Tibet
Buddha der »Erleuchtete«, Ehrentitel des indischen Gautama Buddha (6. Jh. v. Chr.); in China und Tibet hat Buddha viele Formen *(siehe S. 31f, 487, 522f)*
Buddhismus Religion, die auf den Lehren von Gautama Buddha basiert
Chan Schule des Buddhismus, in Japan Zen-Buddhismus genannt
Chenresig tibetischer Name des Bodhisattva Avalokitesvara
Dafo Großer Buddha
Damo chinesischer Name für Bodhidarma
Dao im Daoismus der »Weg« und die kosmische Grundordnung
Daode Jing *Buch vom Dao und seiner Kraft*, eine Textsammlung, die Laozi zugeschrieben wird
Daoismus religiös-philosophische Lehre, die das Nicht-Handeln in den Vordergrund stellt und den Praktizierenden dazu anregt, das Dao zu erkennen *(siehe S. 31)*
Dharmapala Schutzgottheiten des tibetischen Buddhismus
Dipamkara im tibetischen Buddhismus der Buddha der Vergangenheit
Feng Shui wörtlich »Wind und Wasser«; versucht die räumliche Umgebung optimal zu gestalten, damit das *qi (siehe S. 32f)* fließt
Fo Buddha in Putonghua
Gelugpa »Gelbmützen«; mächtigster Orden des tibetischen Buddhimus; Oberhaupt ist der Dalai Lama
Guanyin Bodhisattva des Mitgefühls
Guru Rinpoche Verbreiter des Buddhismus in Tibet
Jampa tibetischer Maitreya Buddha oder Buddha der Zukunft
Jampalyang tibetischer Bodhisattva der Weisheit
Jowo Sakyamuni in Tibet der Buddha der Gegenwart
Karma bezeichnet im Buddhismus die Gesamtheit aller Taten, die zu einer Seele gehören und die Zukunft bestimmen
Konfuzianismus bedeutendste philosophische Geisteshaltung in China, die auf einem Wertesystem der Tugenden beruht *(siehe S. 30)*
Konfuzius oder Kong Fuzi (551–479 v. Chr.); entwickelte die Philosophie des Konfuzianismus, die seine Anhänger verbreiteten
Kora Rundgang (um einen Tempel) der tibetischen Buddhisten, um Verdienste zu erwerben
Lachender Buddha oder Milefo, der Buddha der Zukunft
Laozi auch Lao-tse (6. Jh.); Begründer des Daoismus und angeblicher Verfasser des *Daode Jing*
Lunyu Konfuzius' Schriften, die *Analekten*
Luohan oder *arhat;* vollendeter buddhistischer Schüler
Mahayana Form des Buddhismus in China und Japan
Maitreya Buddha der Zukunft
Mandala kosmologisches Diagramm, Fixierpunkt bei der Meditation
Manjusri Bodhisattva der Weisheit
Marmedze Gautama Buddha, der Buddha der Vergangeheit
Mazu Meeresgöttin; *siehe auch* Tianhou
Milefo Maitreya Buddha, Buddha der Zukunft, meist als Milefo dargestellt
Nirvana im Buddhismus ein von Leiden und individueller Existenz freier Zustand; beendet den Kreislauf der Wiedergeburt
Nyingma älteste tibetische Schule; begründet von Guru Rinpoche
Padmasambhava Guru Rinpoche
Puxian Bodhisattva des Universellen Wohlwollens; reitet auf einem Elefanten
Qi Konzept der kosmischen und Lebensenergie *(siehe S. 32f)*
Sakyamuni Gautama Buddha, Buddha der Vergangenheit
Sutra heilige buddhistische Schrift
Thangka buddhistische Malerei auf Seide, dient als Meditationsbild
Theravada (Hinayana) eine der Hauptschulen des Buddhismus in Südostasien und Indien, die die Askese betont
Tianhou daoistische Himmelskaiserin und Meeresgöttin, entspricht Guanyin *(siehe S. 149)*
Tinhau Tianhou in Hong Kong
Trigramm eines der acht Grundzeichen aus unterbrochenen Linien (Yin) und durchgezogenen Linien (Yang), die jeweils paarweise die 64 Hexagramme des *Yijing* bilden
Wächterkönige vier Schutzgottheiten der Himmelsrichtungen, oft am Eingang eines Tempels
Wenshu Bodhisattva der Weisheit
Yang männlich positive Kraft (Sonne), interagiert mit Yin
Yijing oder *I Ging – Buch der Wandlungen*; chinesischer Klassiker des Daoismus, wird für Weissagungen verwendet
Yin weiblich negative Kraft (Mond), interagiert mit Yang

Vermischtes

Bei Norden
Binguan Touristenhotel
Bowuguan Museum
CAAC Civil Aviation Administration Authority
Canting Restaurant
Cheongsam traditionelles Kleid
CITS China International Travel Service; Organisation für internationalen Tourismus, die Touren und Tickets anbietet
CTS China Travel Service; ähnlich wie CITS
Cun Dorf
Da groß
Dadao Boulevard, breite Straße
Dajie Avenue, breite Straße
Dong Osten
Fandian Hotel oder Restaurant
Fen kleinste Währungseinheit; 100 Fen sind ein Yuan
Ger Jurte der Steppennomaden
Jiao Währungseinheit; zehn Fen sind ein Jiao (auch »Mao« genannt); zehn Jiao sind ein Yuan
Jie Straße
Jinguan Hotel
Kantonesisch chinesischer Dialekt, der im Süden gesprochen wird
Kuai umgangsprachlich für Yuan
Laowai Ausländer
Lokbar traditionelles tibetisches Gewand aus schwerer Wolle
Lu große Straße
Mahjong beliebtes Spiel
Mao umgangssprachlich für Jiao
Nan Süden
Pinyin Transkriptionssystem des Chinesischen mit lateinischen Buchstaben
PRC People's Republic of China, Volksrepublik China, chinesisch: Zhonghua Renmin Gongheguo
PSB Public Security Bureau; Zweig der Polizei, der mit Ausländern zu tun hat
Putonghua oder Mandarin; Hochchinesisch und Amtssprache
Qi Gong Meditationsform mit Bewegungen, die sich auf den Atem und das *qi* konzentrieren
Renminbi chinesisches Geld; wörtlich »Volkswährung«
Sheng Provinz
Shi Stadt oder Gemeinde
Tai Chi Chuan »Schattenboxen«; meditative Bewegungsform mit Elementen aus »inneren« Kampfsportarten *(siehe S. 273)*
Xi Westen
Yuan oder Renminbi; Chinas Währung (auch »Kuai« genannt)
Zhong Mitte

Sprachführer

Chinesisch gehört zur sinotibetischen Sprachfamilie und benutzt Ideogramme. In der Amtssprache *Putonghua* (Hochchinesisch, veraltet »Mandarin«) ist jedes Zeichen einsilbig. Traditionell wird in senkrechten Spalten von oben rechts nach unten links geschrieben. Die westliche waagrechte Schreibweise ist allerdings weitverbreitet. Es gibt mehrere Transkriptionssysteme (z. B. Wade-Gilles). International hat sich die Umschrift Pinyin durchgesetzt, die auch diesem Buch zugrunde liegt. Mit ein paar wenigen Ausspracheregeln können Sie die rechte Pinyin-Spalte dieses Sprachführers durchaus anwenden.

Aussprache

Die meisten Konsonanten werden ähnlich wie im Deutschen (eher stimmlos) ausgesprochen, Abweichungen sind:

c	wie tz in »Katze«
ch	wie tsch in »hatschi«
h	wie ch in »ach«
j	wie im Englischen »jeep«
q	wie tj in »tja«
r	wie im Englischen »right«
sh	stimmloses sch wie in »Schnee«
x	wie ch in »ich«
zh	wie dsch in »Maharadscha«

Für Vokale gilt – sehr vereinfacht – folgende Aussprache

a	wie in »Vater«
e	wie in »Ruder«; nach i, u und y wie kurzes ö in »Böttcher«
i	langes i; wird nach c, ch, r, s, sh, z, und zh nicht gesprochen
o	offen kurz wie in »Wolke«
u	wie in »Hut«; nach j, q, x und y wie ü in »über«
ü	wie in »Hügel«
y	langes i wie in »Igel«

Für Diphthonge (Vokalkombinationen) gilt sehr grob: wie im Deutschen aussprechen.

Jedes chinesische Schriftzeichen steht für eine Silbe. In der Umgangssprache werden etwa 6000 Zeichen gebraucht. Diese werden in der Aussprache durch vier verschiedene Betonungen unterschieden. Die Betonung wird als Akzent über dem Vokal der Silbe vermerkt: ˉ ˊ ˇ ˋ für gleichbleibend, ansteigend, fallend und ansteigend sowie fallend. Dem chinesischen Schriftzeichen sieht man diese Information nicht an. Die Aussprache muss mit dem Schriftzeichen gelernt werden.

Dialekte

Es gibt viele chinesische Dialekte. Sie werden meist einer der sieben großen Sprachgruppen (Hochchinesisch, Kantonesisch, Hakka, Hui etc.) zugeordnet. Die Dialekte sind sehr unterschiedlich. Oft können sich Nordchinesen mit Südchinesen nur schriftlich verständigen – oder auf Englisch.

Notfälle

Hilfe!	请帮忙！	Qing bangmang!
Halt!	停住！	Ting zhu!
Einen Arzt!	叫医生！	Jiao yisheng!
Die Ambulanz!	叫救护车！	Jiao jiuhuche!
Die Polizei!	叫警察！	Jiao jiingcha!
Feuer!	火！	Huo!
Wo ist das nächste Krankenhaus/Polizeirevier?	医院/警察分局在哪里?	Yiyuan/jingcha fenju zai nali?

Grundwortschatz

Hallo	你好	Nihao
Auf Wiedersehen	再见	Zaijian
Ja/nein	是 / 不是	shi/bushi
… nicht …	不是	bushi
Ich bin aus …	我是 … 人	Wo shi … ren
Ich verstehe.	我明白	Wo mingbai.
Ich weiß nicht.	我不知道	Wo bu zhidao.
Danke	谢谢你	Xiexie ni
Danke vielmals	多谢	Duo xie
Danke (nebenbei)	谢谢	Xiexie
Bitte	不用谢	Bu yong xie
Nein, danke	不，谢谢你	Bu, xiexie ni
Bitte (anbietend)	请	Qing
Bitte (fragend)	请问	Qing wen
Ich verstehe nicht.	我不明白	Wo bu mingbai.
Sprechen Sie Englisch?	你会讲英语吗?	Ni hui jiang yingyu ma?
Ich spreche nicht Chinesisch.	我不会讲汉语	Wo buhui jiang hanyu.
Bitte sprechen Sie langsamer!	请讲慢一点	Qing jiang man yidian!
Verzeihung!	抱歉 / 对不起	Baoqian/duibuqiI
Können Sie mir bitte helfen? (nicht im Notfall)	你能帮助我吗?	Ni neng bang zhu wo ma?

Nützliche Redewendungen

Mein Name ist …	我叫 …	Wo jiao …
Wie geht es Ihnen? Nett, Sie zu treffen.	你好，很高兴见到你。	Ni hao, hen? Gaoxing jiandao ni
Wie geht's?	你好吗?	Ni hao ma?
Guten Morgen	早上好	Zaoshang hao
Guten Nachmittag/Guten Tag	下午好/你好	Xiawu hao/Ni hao
Guten Abend	晚上好	Wanshang hao
Gute Nacht	晚安	Wan an
Auf Wiedersehen	再见	Zaijian
Passen Sie auf	保重	Bao zhong
Alles Gute	注意身体	Zhuyi shenti
Dasselbe für Sie	你也是	Ni yeshi
Was ist das?	（这）是什么?	(zhe) shi shenme?
Wie benutzt man das?	你怎样用这个东西?	Ni zenyang yong zhege dongxi?
Kann ich vielleicht … bekommen? (sehr höflich)	能不能请你给我 …?	Neng buneng qing ni gei wo …
Gibt es hier … ?	这儿有 … 吗?	Zhe'r you … ma?

Wo kriege ich …?	我在哪里可以得到 ...?	Wo zai na li keyi de dao …?
Wie viel kostet es?	它要多少钱?	Ta yao duoshao qian?
Wie viel Uhr ist es?	... 什么时间?	Shenme shijian?
Prost! (Toast)	干杯	Ganbei!
Wo sind die Toiletten?	卫生间 / 洗手间在哪里?	Weishengjian/ Xishoujian zai nali?
Hier ist meine Visitenkarte.	这是我的名片。	Zhe shi wo de mingpian.

Nützliche Wörter

Ich	我	wo
Frau	女人	nüren
Mann	男人	nanren
Ehefrau	妻子	qizi
Ehemann	丈夫	zhangfu
Tochter	女儿	nü'er
Sohn	儿子	er'zi
Kind	小孩	xiaohai
Kinder	儿童	er'tong
Geschäftsmann/ Geschäftsfrau	商人 / 女商人	shangren/ nüshangren
Student	学生	xuesheng
Herr/Frau/ Fräulein	先生 / 太太 / 女士	xiansheng/taitai/ nüshi
Groß/klein	大/小	da/xiao
Heiß/kalt	热/凉	re/liang
Kalt (anzufassen)	冷	leng
Warm	暖	nuan
Gut/nicht gut/ schlecht	好 / 不好 / 坏	hao/buhao/ huai
Genug	够了	goule
Frei, kostenlos	免费	mianfei
Hier	这里	zheli
Dort	那里	nali
Dies	这个	zhege
Jenes (nahe)	那	na
Jenes (weit weg)	那个	nage
Was?	什么?	Shenme?
Wann?	什么时候?	Shenme shihou?
Warum?	为什么?	Wei shenme?
Wo?	在哪里?	Zai nali?
Wer?	谁?	Shui?
Welcher Weg?	哪个方向?	Nage fangxiang?

Schilder

Offen	开	kai
Geschlossen	关	guan
Eingang	入口	rukou
Ausgang	出口	chukou
Gefahr	危险	weixian
Notausgang	安全门	anquanmen
Information	信息	xinxi
Toiletten (Herren/Damen)	卫生间 / 洗手间（男士）（女士）	Weishengjian/ Xishoujian (nanshi) (nüshi)
Besetzt	占用	zhanyong
Frei	空闲	kongxian
Herren	男士	nanshi
Damen	女士	nüshi

Geld

Können Sie das in … wechseln, bitte?	请你把它换成 ..., 好吗?	Qing ni ba ta huancheng … hao ma?
Ich möchte diese Reiseschecks einwechseln.	我想把旅行支票换成现金。	Wo xiang ba lüxing zhipiao huancheng xianjjin.
Nehmen Sie Kreditkarten/ Reiseschecks?	你收信用卡 / 旅行支票吗?	Ni shou xinyongka/ lüxing zhipiao ma?
Bank	银行	yinhang
Bar (cash)	现金	xianjin
Kreditkarte	信用卡	xinyongka
Währung	外汇兑换处	waihui
Wechselstube		duihuanchu
US-Dollar	美元	meiyuan
Britisches Pfund	英镑	yingbang
Yuan	元	yuan

Kommunikation

Wo ist ein Telefon?	电话在哪里?	Dianhua zai nali?
Darf ich Ihr Telefon benutzen?	我可以用你的电话吗?	Wo keyi yong nide dianhua ma?
Handy	手机	shouji
SIM-Karte	卡	sim ka
Hallo hier ist …	你好，我是 ...	Nihao, wo shi …
Ich möchte ins Ausland telefonieren.	我想打个国际长途电话。	Wo xiang da ge guoji changtu dianhua.
Wo kriege ich Online-Anschluss?	我可以在哪里上网?	Wo keyi zai nali shangwang?
Luftpost	航空	hangkong
E-Mail	电子邮件	dianzi youjian
Fax	传真	chuanzhen
Internet	互联网	hulianwang
Postkarte	明信片	mingxinpian
Postamt	邮局	youju
Briefmarke	邮票	youpiao
Telefonzelle	电话亭	dianhua ting
Telefonkarte	电话卡	dianhua ka

Shopping

Wo kann ich … kaufen?	我可以在哪里买到 ...?	Wo keyi zai nali maidao …?
Wie viel kostet dies?	这要多少钱?	Zhe yao duoshao qian?
Zu viel!	太贵了！	Tai gui le
Ich schaue nur.	我只是看看。	Wo zhishi kankan.
Haben Sie …?	你有 ... 吗?	Ni you …… ma?
Kann ich das anprobieren?	我可以试穿吗?	Wo keyi shi chuan ma?
Meine Größe?	我的尺寸?	Wo de chicun?
Bitte zeigen Sie mir das.	请给我看看那个。	Qing gei wo kankan na ge.
Gibt es auch andere Farben?	有没有其它颜色?	You meiyou qita yanse?
Schwarz	黑色	heise
Blau	蓝色	lanse
Braun	棕色	zongse
Grün	绿色	lüse
Lila	紫色	zise
Rot	红色	hongse
Weiß	白色	baise
Gelb	黄色	huangse
Billig/teuer	便宜 / 贵	pianyi/gui
Audio-Equipment	音响设备	yinxiang shebei
Buchladen	书店	shudian
Boutique	时装商店	shizhuangshang-dian
Kleidung	衣服	yifu
Kaufhaus	百货商店	baihuo shangdian
Elektronikladen	电器商店	dianqi shangdian
Fischmarkt	鱼市	yu shi
Kunsthandwerk	民间工艺品	minjian gongyipin
Damenmoden	女式服装	nüshi fuzhuang
Lokale Spezialität	地方特产	difang techan
Markt	市场	shichang
Herrenmoden	男式服装	nanshi fuzhuang
Zeitungsstand	报摊	baotan
Apotheke	药剂师	yaojishi
Postkarte	图片明信片	tupian mingxinpian
Ausverkauf	廉价出售	lianjiachushou
Souvenirladen	纪念品店	jinianpin dian
Supermarkt	超市	chaoshi
Reisebüro	旅行社	lüxing she

Sightseeing

Wo ist …?	… 在哪里?	… zai nali?
Der Weg nach …?	我怎么到 …?	Wo zenme dao …?
Ist es weit?	远不远?	Yuan bu yuan?
Kunstgalerie	美术馆	meishu guan
Schalter	订票台	dingpiao tai
Brücke	桥	qiao
Stadt	城市	chengshi
Stadtzentrum	市中心	shi zhongxin
Freier Eintritt	免费入场	mianfei ruchang
Gärten	花园	huayuan
Heiße Quelle	温泉	wen quan
Informations-büro	旅游信息处	lüyou xinxi chu
Insel	岛	dao
Kloster	寺院	siyuan
Berg	山	shan
Museum	博物馆	bowuguan
Palast	宫殿	gongdian
Park	公园	gongyuan
Hafen	港口	gangkou
Fluss	江，河	jiang, he
Ruinen	废墟	feixu
Einkaufsviertel	购物区	gouwu qu
Heiligtum	神殿	shendian
Straße	街	jie
Tempel	寺庙	si/miao
Tour/Fahrt	旅行	lüxing
Kleinstadt	镇	zhen
Dorf	村	cun
Provinz/Kreis	省 / 县	sheng/xian
Zoo	动物园	dongwuyuan
Norden	北	bei
Süden	南	nan
Osten	东	dong
Westen	西	xi
Links/rechts	左 / 右	zuo/you
Geradeaus	一直向前	yizhi xiangqian
Zwischen	在 … 之间	zai … zhijian
Nah/weit weg	近 / 远	jin/yuan
Hinauf/hinunter	上 / 下	shang/xia
Neu	新	xin
Alt, ehemalig	旧	jiu
Oben/unten	更高 / 更低	genggao/gengdi
Mitte/innere	中间	zhongjian
In …	在 … 里	zai … li
Vor …	在 … 前面	zai … qianmian

Unterwegs

Flughafen	机场	jichang
Fahrrad	自行车	zixingche
Rikscha	人力车	renliche
Ich möchte ein Fahrrad mieten.	我想租一辆自行车。	Wo xiang zu yiliang zixingche.
Bus (normal)	公共汽车	gonggong qiche
Expressbus	特快公共汽车	tekuai gonggong qiche
Minibus	面包车	mianbaoche
Haupt-Busbahnhof	公共汽车总站	gonggong qiche zong zhan
Welcher Bus fährt nach …?	哪一路公共汽车到 … 去?	Nayilu gonggong qiche dao … qu?
Wann fährt der nächste Bus?	下一辆公共汽车是什么时候?	Xiayiliang gonggong qiche shi shenme shihou?
Sagen Sie, wo ich aussteigen muss.	请告诉我在哪里下车?	Qing gaosu wo zai nali xia che.
Auto	小汽车	xiaoqiche
Fähre	渡船	duchuan
Fährhafen	渡口	du kou
Gepäckraum	行李室	xingli shi
Motorrad	摩托车	motuoche
Fahrkarte, einfach	单程票	dancheng piao
Rückfahrschein	往返票	wangfan piao
Taxi	出租车	chuzuche
Ticket	票	piao
Ticketverkauf	售票处	shoupiao chu
Zeitplan	时刻表	shikebiao

Eisenbahn

Wo geht es nach …?	去 … 的票价是多少?	Qu … de piaojia shi duoshao?
Wo fährt der Zug nach … ab?	去 … 的火车什么时候开车?	Qu … de huoche shenme shihou kai?
Wie lang fährt man bis …?	去 … 要多少时间?	Qu … yao duoshao shijian?
Ein Ticket nach … bitte.	买一张去 … 的票。	Mai yizhang qu … de piao.
Muss ich umsteigen?	我要不要换车?	Wo yao buyao huanche?
Ich möchte einen Platz reservieren.	我想预定一个座位。	Wo xiang yuding yige zuowei.
Welcher Bahnsteig für Zug nach …?	去 … 的火车在哪个站台?	Qu … de huoche zai nage zhantai?
Welche Station ist das?	这是什么车站?	Zhe shi shenme chezhan?
Ist das der richtige Zug nach …?	这火车是不是去 …?	Zhe huoche shi bushi qu …?
Bahnhof	火车站	huoche zhan
Express-Zug	直达快车	zhida kuaiche
Schnellzug	快车	kuai che
Normaler Zug	普通列车	putong lieche
Linie	线路	xianlu
Lokalzug	地方列车	difang lieche
Plattform	站台	zhantai
Reservierter Platz	预定座位	yuding zuowei
U-Bahn	地铁	ditie
Zug	火车	huoche
Unreservierter Platz	未预定的座位	wei yuding de zuowei
Harter Sitz	硬座	yingzuo
Weicher Sitz	软座	ruanzuo
Harter Schlafplatz	硬卧	yingwo
Weicher Schlafplatz	软卧	ruanwo
Upgrade-Ticket	升级车票	shengji chepiao

Im Hotel

Haben Sie ein Zimmer frei?	你们有没有空房间?	Nimen you meiyou kong fang jian?
Ich habe reserviert.	我有预定的房间。	Wo you yuding de fangjian.
Ich möchte ein Zimmer mit Bad.	我想要一个有卫生间的套间。	Wo xiang yao yige you weishengjian de taojian.
Was kostet es pro Nacht?	每晚的收费是多少?	Mei wan de shoufei shi duoshao?
Sind die Steuern im Preis inbegriffen?	价格有没有包括税?	Jiage you meiyou baokuo shui?
Kann ich mein Gepäck eine Weile hierlassen?	我可以把行李放在这里一会儿吗?	Wo keyi ba xingli fang zai zheli yihui 'er ma?
Kann ich mir das Zimmer ansehen?	我可以看一看房间吗?	Wo keyi kan yi kan fangjian ma?
Klimaanlage	空调	kongtiao
Bad	洗澡	xizao
Check-out	退房	tui fang
Kaution	定金	dingjin
Doppelbett	双人床	shuangren chuang
Fön	吹风机	chuifeng ji
Heißes Wasser	热（开）水	re (kai) shui
Hotel (besser)	饭店	fangdian
Hotel (einfach)	旅馆	lüguan
Pension	招待所	zhaodaisuo
Zimmer	房间	fangjian
Billiges Zimmer	经济房	jingji fang
Schlüssel	钥匙	yaoshi
Empfang	前台	qiantai

Einzel-/Doppelzimmer	单人／双人房	danren/shuangren fang
Einzelbetten	单人床	danren chuang
Dusche	淋浴	linyu
Standardzimmer	标准房间	biaozhun fangjian
Suite de luxe	豪华套房	haohua taofang

Im Restaurant

Einen Tisch für einen/zwei/drei bitte.	请给我一／两／三个人的桌子。	Qing gei wo yi/liang/san ge ren de zhuozi.
Kann ich die Karte sehen?	请给我看看菜单。	Qing gei wo kankan caidan?
Gibt es ein Festpreis-Menü?	有没有套餐?	You meiyou taocan?
Ich möchte	我想要 ...	Wo xiang yao ...
Kann ich eines davon haben?	请给我这个。	Qing gei wo zhege?
Ich bin Vegetarier.	我是素食者。	Wo shi sushizhe.
Kellner/Kellnerin!	服务员!	Fuwuyuan!
Was würden Sie empfehlen?	你建议那几个?	Ni tuijian na jige?
Wie isst man das?	这个怎么吃?	Zhege zenme chi?
Bitte eine Gabel/Messer/Löffel.	请给我一把叉／刀／汤匙。	Qing gei wo yiba cha/dao/tangshi.
Die Rechnung bitte.	请把帐单开给我们。	Qing ba zhangdan. kaigei women.
Können wir mehr haben?	请再给我们一些 ...	Qing zai gei women yixie?
Das Essen war sehr gut, danke.	饭菜很好吃，谢谢。	Fancai hen hao chi, xiexie.
Auswahl	混合餐	hunhe can
Lunch-Paket	盒装午餐	hezhuang wucan
Frühstück	早餐	zaocan
Büfett	自助餐	zizhucan
Essstäbchen	筷子	kuaizi
Köstlich	好吃	haochi
Abendessen	晚餐	wancan
Trinken	喝	he
Getränk	一杯饮料	yibei yinliao
Essen (Verb)	吃	chi
Essen	食品	shipin
Satt	饱	bao
Heiß/kalt	热／冷	re/leng
Hungrig	饿	e
Mittagessen	午餐	wucan
Festpreis-Menü	套餐	taocan
Scharf gewürzt	酸辣	suan la
Sehr scharf	辣	la
Süß	甜	tian
Mild	淡	dan
Westliches Essen	西餐	xi can

Restaurants, Cafés und Co.

Cafeteria/Kantine	自助餐馆／餐厅	zizhucanguan/canting
Coffee Shop	咖啡店	kafei dian
Internet-Café	网吧	wang ba
Einfache Bar	当地酒吧	dangdi jiuba
Nudelstand	面铺	mianpu
Restaurant	餐馆	canguan
Edleres Restaurant	饭店	fangdian
Teegarten (Teehaus)	茶室	chashi
Vegetarisches Restaurant	素菜馆	sucai guan

Auf der Speisekarte

Apfel	苹果	pingguo
Frühstücksspeck	咸肉	xianrou
Bambussprossen	笋	sun
Tofu	豆腐	doufu
Bohnensprossen	豆芽	dou ya
Bohnen	豆	dou
Rindfleisch	牛肉	niurou
Bier	啤酒	pijiu
Brot	面包	mianbao
Butter	黄油	huangyou
Kohl	卷心菜	juanxincai
Kuchen	蛋糕	dangao
Huhn	鸡	ji
Bonbons	糖果	tangguo
Krebse	蟹	xie
Ente	鸭	ya
Aal	鳗	man
Ei	蛋	dan
Aubergine	茄子	qiezi
fermentierte Sojapaste	酱	jiang
Fisch	鱼	yu
Spiegelei	炒蛋	chao dan
Gebratener Tofu	油豆腐	you doufu
Obst	水果	shuiguo
Obstsaft	果汁	guo zhi
Ingwer	姜	jiang
Schinken	火腿	huotui
Hamburger	汉堡包	hanbaobao
Haute Cuisine	美味佳肴	meiwei jiayao
Vorspeise	冷盆	leng pen
Speiseeis	冰淇淋	bingqilin
Marmelade	果酱	guojiang
Hummer	龙虾	longxia
Makrele	鲭鱼	qingyu
Mandarinorange	柑橘	gan ju
Fleisch	肉	rou
Melone	瓜	gua
Wild wachsendes Gemüse	山地蔬菜	shandi shucai
Nudeln	面	mian
Eiernudeln	鸡蛋面	jidan mian
Nudeln aus Weizenmehl	面粉面	mianfen mian
Nudeln aus Reismehl	米粉面	mifen mian
Oktopus	章鱼	zhangyu
Omelett	煎蛋饼	jiandanbing
Zwiebel	洋葱	yangcong
Auster	牡蛎	muli
Pfirsich	桃子	taozi
Pepperoni	胡椒粉，辣椒	hujiaofen, lajiao
Pickles	泡菜	paocai
Schweinefleisch	猪肉	zhurou
Kartoffeln	土豆	tudou
Reis	米饭	mifan
Reiscracker	爆米花饼干	baomihua bing'gan
Reiswein	米酒	mi jiu
Roastbeef	烤牛肉	kao niurou
Salat	色拉	sela
Grüner Salat	绿菜色拉	lücai sela
Gemischter Salat	混拌色拉	hunban sela
Lachs	鲑鱼，大马哈鱼	guiyu, damahayu
Salz	盐	yan
Sandwich	三明治	sanmingzhi
Wurst	香肠	xiangchang
Frühlingszwiebel	韭葱	jiucong
Tang	海带	haidai
Shrimps	虾	xia
Snapper (Fisch)	笛鲷	didiao
Suppe	汤	tang
Sojasauce	酱油	jiangyou
Tintenfisch	鱿鱼	youyu
Steak	牛排	niupai
Zucker	糖	tang
Toast	烤面包	kao mianbao
Forelle	鳟鱼	zunyu
Gemüse	蔬菜	shucai
Wassermelone	西瓜	xigua
Joghurt	酸奶	suannai

Getränke

Bier	啤酒	pijiu
Schwarzer Tee	红茶	hong cha
Kaffee (heiß),	（热）咖啡	(re) kafei
schwarz	不加牛奶	bu jia niunai
mit Milch	加牛奶	jia niunai
Filterkaffee	过滤	guolü
Cappuccino	卡普契诺咖啡	kapuqinuo kafei
Colagetränk	可乐	kele
Grüner Tee	绿茶	lü cha
Eiskaffee	冰咖啡	bing kafei
Zitronentee	柠檬茶	ningmeng cha
Milch	牛奶	niunai
Mineralwasser	矿泉水	kuang quanshui
Orangensaft	橙汁	cheng zhi
Sojamilch	豆浆	dou jiang
Tee (westlich)	茶（西式）	cha (xi shi)
Tee mit Milch	加牛奶的茶	jia niunai de cha
Wasser	水	shui
Whiskey	威士忌	weishiji
Wein	葡萄酒	putaojiu
Joghurtgetränk	酸奶饮料	suannai yinliao

Gesundheit

Ich fühle mich nicht wohl.	我感觉不舒服。	Wo ganjue bu shufu.
Ich habe Schmerzen.	我 ... 疼。	Wo ... teng.
Ich bin allergisch.	我对 ... 过敏。	Wo dui ... guomin.
Acetaminophen (Paracetamol)	扑热息痛	purexitong
Aspirin	阿司匹林	asipilin
Asthma	哮喘	xiaochuan
Erkältung	感冒	ganmao
Kondom	避孕套	biyuntao
Husten	咳嗽	kesou
Zahnarzt	牙医	yayi
Diabetes	糖尿病	tangniaobing
Durchfall	腹泻	fuxie
Arzt	医生	yisheng
Fieber	发烧	fashao
Grippaler Infekt	流感	liugan
Kopfschmerzen	头疼	touteng
Krankenhaus	医院	yiyuan
Medizin	药品	yaopin
Moskitospirale	蚊香	wenxiang
Moskitonetz	蚊帐	wenzhang
Traditionelle chines. Medizin	传统中医	chuantong zhongyi
Apotheke	药店	yaodian
Rezept	处方	chufang
Slipeinlagen	卫生巾	weishengjin
Bauchschmerzen	胃痛	weitong
Papiertaschentuch	纸巾	zhijin
Zahnschmerzen	牙疼	yateng

Zahlen

0	零	ling
1	一	yi
2	二	er
3	三	san
4	四	si
5	五	wu
6	六	liu
7	七	qi
8	八	ba
9	九	jiu
10	十	shi
11	十一	shiyi
12	十二	shier
20	二十	ershi
21	二十一	ershi yi
22	二十二	ershi er
30	三十	sanshi
40	四十	sishi
100	一百	yi bai
101	一百零一	yi bai ling yi
200	二百	er bai
300	三百	san bai
400	四百	si bai
500	五百	wu bai
600	六百	liu bai
700	七百	qi bai
800	八百	ba bai
900	九百	jiu bai
1000	一千	yi qian
1001	一千零一	yi qian ling yi
2000	两千	liang qian
10000	一万	yi wan
20000	两万	liang wan
100000	十万	shi wan
1 Million	一百万	yi bai wan
123456	十二万三千四百五十六	shier wan san qian si bai wushi liu

Zeitangaben

Montag	星期一	xingqiyi
Dienstag	星期二	xingqi'er
Mittwoch	星期三	xingqisan
Donnerstag	星期四	xingqisi
Freitag	星期五	xingqiwu
Samstag	星期六	xingqiliu
Sonntag	星期天	xingqitian
Januar	一月	yiyue
Februar	二月	eryue
März	三月	sanyue
April	四月	siyue
Mai	五月	wuyue
Juni	六月	liuyue
Juli	七月	qiyue
August	八月	bayue
September	九月	jiuyue
Oktober	十月	shiyue
November	十一月	shiyiyue
Dezember	十二月	shi'eryue
Frühjahr	春	chun
Sommer	夏	xia
Herbst	秋	qiu
Winter	冬	dong
Mittags	中午	zhongwu
Mitternacht	午夜	wuye
Heute	今天	jintian
Gestern	昨天	zuotian
Morgen	明天	mingtian
Heute Morgen	今天上午	jintian shangwu
Heute Nachmittag	今天下午	jintian xiawu
Heute Abend	今天晚上	jintian wanshang
Den ganzen Tag über	一整天	yi zheng tian
Jeden Tag	每天	mei tian
Monat	月	yue
Stunde	小时	xiaoshi
Zeit, Stunde (Dauer)	时间	shijian
Minute	分钟	fenzhong
Dieses Jahr	今年	jin nian
Letztes Jahr	去年	qu nian
Nächstes Jahr	明年	ming nian
Ein Jahr	一年	yi nian
Spät	晚	wan
Früh	早	zao
Bald	很快	henkuai
Jetzt	现在	xianzai

HANS-ALBERS-PLATZ
FRIEDRICHSTRASSE

U-Bahn Beijing

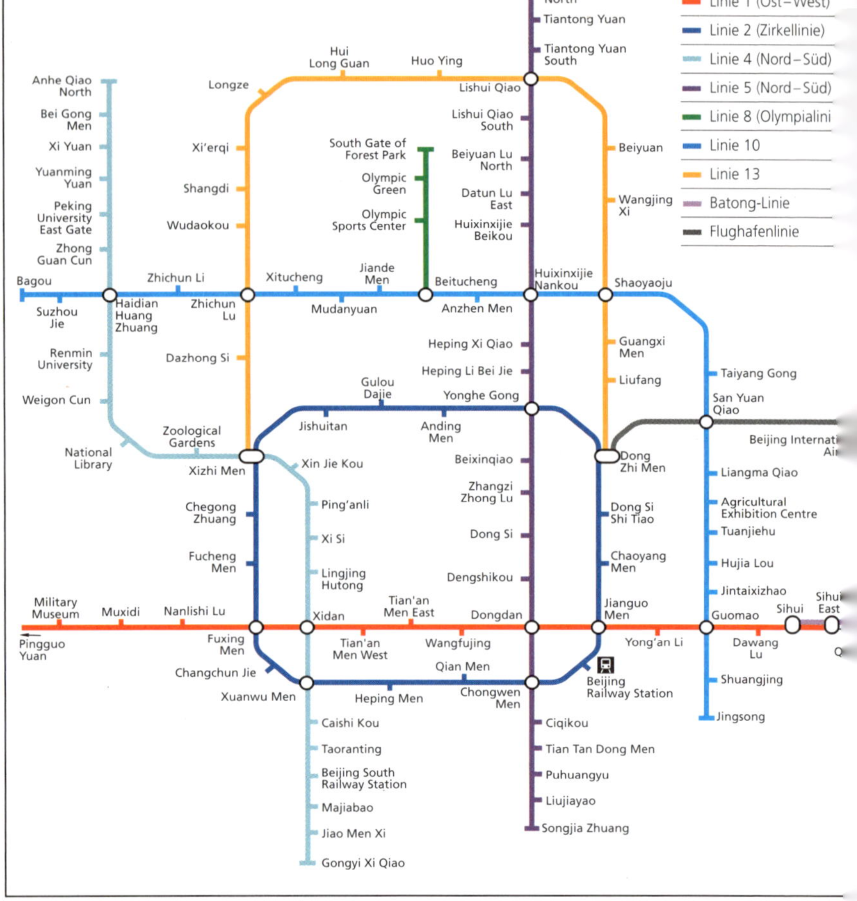

Hong Kong MTR & KCR

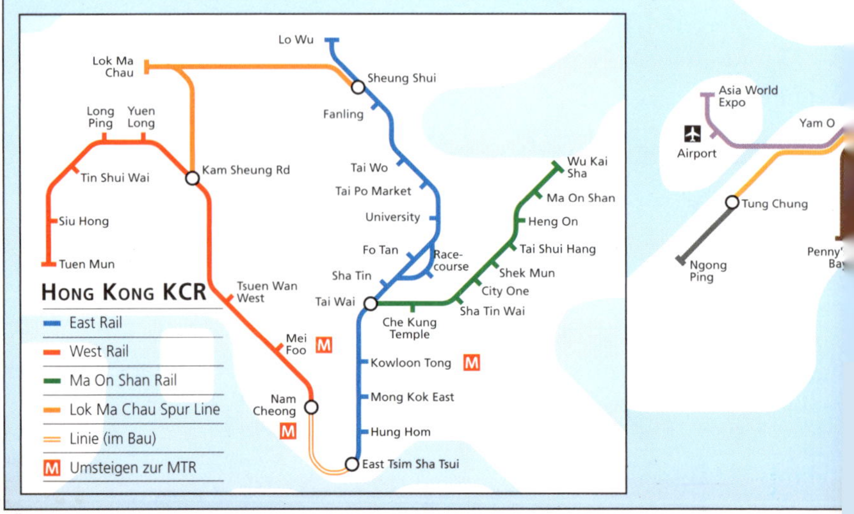